本书出版受司法鉴定科学研究院资助

奈特法医病理学

KNIGHT's Forensic Pathology

（原书第四版）

Fourth Edition

〔芬〕P. 绍科（Pekka Saukko）〔英〕B. 奈特（Bernard Knight） 著

丛　斌　主审

黄　平　王振原　马开军　主译

成建定　陈　峰　何光龙　赵　锐　孙俊红　百茹峰　副主译

科　学　出　版　社

北　京

图字：01-2021-6803号

内 容 简 介

《奈特法医病理学》（原书第四版）是一本享有盛誉的权威法医学著作，由国际知名的法医学家Pekka Saukko和Bernard Knight联手打造。本书以全面系统的方式，深入剖析了法医病理学领域的各个方面，涵盖了诸如死因分析、损伤鉴定及中毒检验等核心内容。通过清晰阐述和系统整理，书中将复杂的法医学概念展现得通俗易懂。此外，本书还运用了丰富的案例，将抽象的理论与实际鉴定紧密结合，使得读者能够更直观地理解和掌握。这种理论与实践的结合，为法医学从业者提供了宝贵的指导和参考，是一本不可或缺的重要工具书。

本书适用于司法鉴定相关从业者，也可供公安、法官、检察官、仲裁员、律师及政法院校师生等参考使用。

图书在版编目（CIP）数据

奈特法医病理学：原书第四版 /（芬）P. 绍科（Pekka Saukko），（英）B. 奈特（Bernard Knight）著；黄平，王振原，马开军主译. —北京：科学出版社，2024.3

书名原文：KNIGHT's Forensic Pathology（Fourth Edition）

ISBN 978-7-03-077887-1

Ⅰ. ①奈… Ⅱ. ①P… ②B… ③黄… ④王… ⑤马…
Ⅲ. ①法医学—病理学 Ⅳ. ①D919.1

中国国家版本馆CIP数据核字（2024）第009290号

责任编辑：谭宏宇 / 责任校对：郑金红
责任印制：黄晓鸣 / 封面设计：殷 靓

科学出版社 出版
北京东黄城根北街16号
邮政编码：100717
http: // www. sciencep. com

南京展望文化发展有限公司排版
上海锦佳印刷有限公司印刷
科学出版社发行 各地新华书店经销

*

2024年3月第 一 版 开本：889×1194 1/16
2024年3月第一次印刷 印张：41 1/2
字数：1 112 000

定价：300.00元

（如有印装质量问题，我社负责调换）

KNIGHT's Forensic Pathology, Fourth edition/by Pekka, Bernard Knight/ISBN: 978-0340972533

以科学
捍卫公正

原著者介绍

Pekka Saukko 教授，医学博士 Dr. med. (Vienna, Austria), DMSc, Dr. h.c., FFFLM (Hon), FBAFM (Hon) 芬兰图尔库大学法医学名誉教授；德国利奥波第那科学院（Leopoldina）（德国国立科学院）院士；匈牙利法医学会、比利时皇家法医学会、德国法医学会和日本法医学会荣誉会员。

Bernard Knight 教授，医学博士 MD, BCh, MRCP, FRCPath, FHKCPath, DMJ (Path), FRSM, FFFMRCP, LLD (Hon), DM (Hon), DSc (Hon), Ph D (Hon), DPhMed (Hon), Barrister of Gray's Inn 威尔士卡迪夫大学法医病理学名誉教授；比利时皇家医学院、匈牙利法医学会、芬兰法医学会、德国法医学会和中国法医学会荣誉会员。

当解剖被社会逐步接受，那些心存质疑的解剖工作者将更坚定执业的信心。
Giovanni Battista Morgagni 1682～1771 年
病理解剖学之父

让争吵失声，让嘲讽遁形，这是逝者为生者正言之地！
——拉丁谚语

不说“从不”，不说“总是”！
——法医谚语

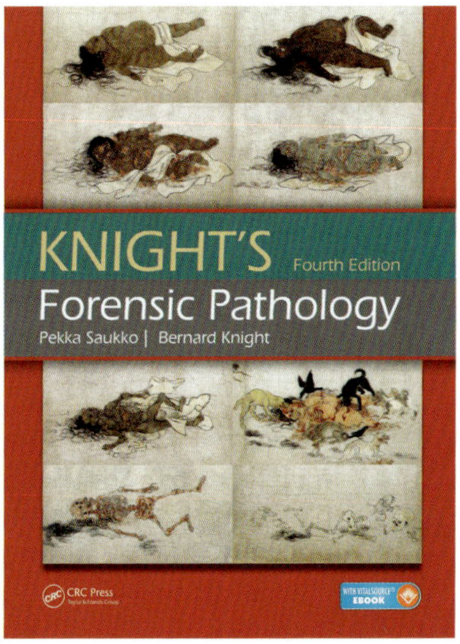

原著封面设计说明

作品名称：*The Poem of the Nine Stages of a Decaying Corpse* 插图手卷
日期：14 世纪
介质：卷轴画

这幅有插图的手卷 *The Poem of the Nine Stages of a Decaying Corpse*，从解剖学角度精确描绘了一具不同腐败阶段的女性尸体。

它的起源可以追溯到五世纪早期的古印度佛经教义，提倡对腐烂尸体的不洁进行系统冥想，以此来征服肉欲并获得开悟。

在一般情况下，它被理解为人类生命无常的象征，但这在法医病理学家的日常工作中却很常见。

在学术背景下，它可以与其他法医病理学内涵相关联，体现了人体腐败过程的事实（时间顺序如封底所示），从早期死亡开始，逐渐进展到腐败的不同阶段，如变色、肿胀、蛆虫破坏软组织、动物捕食、白骨化和尸体的完全分解。

[illegible]（Giovanni Battista Morgagni，1682—1771年）

[illegible]

原著封面设计说明

作品名称：*The Poem of the Nine Stages of a Decaying Corpse*（局部）[illegible]

[illegible]

[illegible]

译者名单

主　审　丛　斌

主　译　黄　平　王振原　马开军

副主译　成建定　陈　峰　何光龙　赵　锐　孙俊红　百茹峰

译　者（按姓氏笔画排序）

于笑天　司法鉴定科学研究院
马开军　上海市公安局
王　起　南方医科大学
王　涛　苏州大学
王　琪　重庆医科大学
王金明　司法鉴定科学研究院
王振原　西安交通大学
王鹏飞　中国医科大学
云利兵　四川大学
文　迪　河北医科大学
邓建强　海南医学院
邓恺飞　司法鉴定科学研究院
田志岭　司法鉴定科学研究院
史为博　河北医科大学
托　娅　上海健康医学院
百茹峰　中国政法大学
成建定　中山大学
吕叶辉　上海健康医学院
刘　茜　华中科技大学
刘宁国　司法鉴定科学研究院
闫　杰　中南大学
孙俊红　山西医科大学
李　开　南京医科大学
李　洋　公安部鉴定中心
李正东　司法鉴定科学研究院
李立亮　复旦大学
杨明真　司法鉴定科学研究院
吴茂旺　皖南医学院
何光龙　公安部鉴定中心
余荣军　宁波市公安局
邹冬华　司法鉴定科学研究院
汪家文　贵州医科大学
张　吉　司法鉴定科学研究院
张　奎　四川大学
张　慧　司法鉴定科学研究院
张东川　上海市公安局
张建华　司法鉴定科学研究院
陈　庆　北京市公安局
陈　峰　南京医科大学
陈　敏　司法鉴定科学研究院
陈丽琴　内蒙古医科大学
林汉成　复旦大学
卓　荦　福建省公安厅
岳　霞　南方医科大学
庞宏兵　宁波市公安局
赵　东　中国政法大学
赵　建　广州市公安局
赵　锐　中国医科大学
俞尤嘉　南京医科大学
洪仕君　昆明医科大学
秦志强　司法鉴定科学研究院
夏　冰　贵州医科大学
徐　祥　皖南医学院
高　原　苏州大学
郭亚东　中南大学
郭相杰　山西医科大学
郭昱成　西安交通大学
黄　平　司法鉴定科学研究院
曹　玥　南京医科大学
曹　洁　山西医科大学
曹永杰　南京医科大学
董红梅　华中科技大学
董贺文　司法鉴定科学研究院
曾晓锋　昆明医科大学
黎世莹　司法鉴定科学研究院

学术秘书　黎世莹　吕叶辉

主审简介

丛斌

中国工程院院士，教授、主任法医师，博士生导师，法医学与病理生理学专家。

1989 年获西安交通大学法医学硕士学位，1998 年获河北医科大学病理学与病理生理学博士学位。1988 年获律师资格。现任河北医科大学法医学院院长。兼任中国中西医结合学会副会长，中国医学科学院及中国中医科学院学部委员，中国科学院学术委员会生命与健康领域专门委员会委员，生态环境部（环保部）环境损害鉴定评估专家委员会主任委员，国家药品监督管理局中药管理战略决策专家咨询委员会委员，国家自然科学基金委冠状病毒重大研究计划专家顾问组成员，国家药典委员会执行委员，国家生命科技伦理委员会委员，《食品科学与人类健康》（*Food Science and Human Wellness*）总编，*Gut microbiota and Integrative Wellness* 主编；中国工程院医药卫生学部常委会委员，全国人大常委会委员，宪法和法律委员会副主任委员，九三学社中央副主席。曾任中国法医学会副会长。

迄今获国家科技进步奖一等奖 1 项、二等奖 2 项，河北省科技进步奖一等奖 4 项；何梁何利基金奖获得者；2022 年度河北省科学技术突出贡献奖获得者；主持国家自然科学基金重大项目 1 项、重点项目 2 项、面上项目 7 项。发表学术论文 520 余篇，其中 SCI 收录 160 余篇，单篇最高影响因子 41.298；主编《实用法医学》《中国大百科全书司法鉴定学分支》《法医病理学》等著作、统编教材 13 部。获授权发明专利 13 项、实用新型专利 4 项、软件著作权 3 项。2017 年获“全国最美司法鉴定人”称号。

主要译者简介

黄平，法医学博士，司法鉴定科学研究院研究员、主任法医师，博士研究生导师。国家自然科学基金优秀青年基金获得者，中华医学会医疗鉴定专家，上海医学会医疗事故技术鉴定特聘专家。任司法部司法鉴定重点实验室、上海市法医学重点实验室学术委员会委员。*Forensic Imaging* 与《法医学杂志》编委、*Forensic Sciences Research* 青年编委。主持多项国家自然科学基金、国家重点研发计划和上海市科研项目。在国内外学术刊物上发表论文 60 余篇，主编 / 主译专著 2 部，获国家专利授权 3 项，软件著作权 1 项。曾获上海市科技进步奖二等奖、三等奖，参与多项行业标准研制和国际法医鉴定指南的编写。

王振原，西安交通大学法医学院教授，博士生导师。长期从事法医病理学教学、科学研究与鉴定工作，主编、副主编、参编专著、教材 28 部，副主编的人民卫生出版社出版的规划教材《法医病理学》（第 5 版）获首届全国教材建设奖二等奖。培养博士、硕士研究生 50 余名，在国内外发表学术论文 180 余篇，在命案发生时间推断研究方向发表的国际期刊论文数量居全球第一位。主持“十四五”国家重点研发计划专项课题、多项国家自然科学基金重点项目与面上项目。主持、参与数千例死亡案件鉴定工作，担任国际证据科学协会理事等学术兼职。

马开军，主任法医师，硕士生导师。上海市公安局物证鉴定中心主任、上海市刑事科学技术研究院院长。主要从事刑事技术现场勘查、法医学检验鉴定等工作。享受国务院特殊津贴、全国公安系统二级英雄模范、上海工匠。省部级重点实验室学术委员会委员、《法医学杂志》编辑、CNAS 和 CMA 技术评审员。主持、参与科研 25 项，参与编撰著作 7 部，发表论文百余篇。

成建定，教授，主任法医师。曾任中山大学中山医学院法医学系党支部书记、系副主任，法医学研究所副所长、法医病理教研室主任；广东省司法鉴定协会法医病理专业委员会副主任委员。长期从事法医学教学、科学研究和司法鉴定工作。自攻读博士学位以来，长期从事心源性猝死的分子病理学及猝死机制研究，在不明原因猝死尤其是青壮年不明原因夜间睡眠中猝死的流行病学、形态学、分子病理学及猝死机制研究领域取得了一定的研究成绩，获得国家自然科学基金项目的系列资助，发表 SCI 收录论文 30 余篇。

陈峰，二级教授、博士生导师。南京医科大学基础医学院党委书记，法医学科负责人。国家杰出青年科学基金获得者，优秀青年科学基金获得者，江苏省创新创业团队领军人才，江苏省杰出青年基金获得者，江苏省高校“青蓝工程”优秀教学团队负责人，江苏省特聘教授，新时代江苏司法为民好榜样。全国司法鉴定专家库法医病理鉴定专业组专家，中国法医学会理事、法医病理专业委员会副主任委员，中国遗传学会法医遗传分会委员，江苏省司法鉴定协会法医病理专业委员会主任委员，南京市司法鉴定协会会长。主要从事心血管损伤及猝死的研究工作，主持国家和省部级基金项目 10 余项，在顶级学术刊物和法医学国际著名期刊等上发表 SCI 学术论文 100 多篇；获得国家专利授权 8 项；参与多项行业标准和法医国家级教材专著编写。

何光龙，正高级警务技术任职资格，现任公安部鉴定中心法医病理损伤技术处副处长，兼任中国法医学会理事、全国刑事技术标准化技术委员会法医检验分技术委员会（全国刑标委法医分委会）秘书长，被聘为公安部刑事技术特长专家、公安部“侦破爆炸、投放危险物质、放火案件”专家，主要从事法医病理损伤的检案、科学研究和培训等工作，多次参与国内外重特大案（事）件的法医检验、鉴定工作，主持或参与多项国家级和省部级课题研究。

赵锐，中国医科大学法医学院副院长、法医病理生理学研究室主任，教授，博士生导师，入选辽宁省高等学校杰出青年学者成长计划、沈阳市拔尖人才、沈阳市中青年科技创新人才支持计划。主要从事中枢神经系统损伤 / 疾病发生发展机制以及复杂死因鉴定的法医病理学研究。主持国家级课题 6 项，省市级课题及其他横向课题 7 项。获批国家专利授权 9 项。在领域内权威期刊以第一作者或者通讯作者发表 SCI 论文 40 余篇。参编法医学专业教材及专著 9 部次。荣获司法部“全国法律援助和公共法律服务工作先进个人”“辽宁省优秀科技工作者”荣誉称号。兼任辽宁省司法鉴定协会副秘书长、沈阳市司法鉴定协会副会长；兼任《法医学杂志》第十一届编委、*Forensic Sciences Research* 青年编委。

孙俊红，博士，教授，博士研究生导师。山西省“三晋英才”支持计划拔尖骨干人才，山西省学术技术带头人，山西省青年学科带头人。主要从事法医损伤病理学与猝死病理学研究与教学工作。主持国家自然科学基金项目 3 项，参与国家自然科学基金项目 4 项，发表与法医损伤时间及死亡原因有关的学术论文 70 余篇，在损伤时间推断数学模型建立及应用方面提出了创新性的研究思路。

百茹峰，医学博士、博士后；中国政法大学刑事司法学院教授，主任法医师，博士生导师；中华医学会、北京市医学会聘任专家；主要从事法医损伤学、法医分子人类学的研究；*Forensic Science International*、《法医学杂志》审稿人；以项目负责人承担国家自然科学基金课题 3 项、省部级课题 2 项，以主要研究人员参与多项国家级、省部级科学研究基金。共发表期刊论文 40 余篇，其中发表 SCI 收录论文 20 余篇；出版专著《科学证据与法医病理学新技术》，参编国家“十三五”规划教材《法医现场学》等多部著作。

序

《奈特法医病理学》（原书第四版）是经典法医病理学著作 *KNIGHT's Forensic Pathology*（*Fourth Edition*）的中文译本，原版由享誉全球的法医病理学者 Pekka Saukko 和 Bernard Knight 教授合著，被公认为当今法医病理学领域最权威的专著之一。

KNIGHT's Forensic Pathology（*Fourth Edition*）通过深入透彻的方式阐明了法医病理学在司法实践中的重要地位，尤其在澄清疑难案件、还原真相方面。每一起案件都蕴含难解的谜题，每具遗体都隐藏着需要破译的奥秘，而法医病理学正是解开这些谜题的钥匙。Bernard Knight 和 Pekka Saukko 两位教授，通过几十年的笃心钻研和广泛实践，总结了他们丰富的从业经验并提出了精辟的学识见解，帮助读者更好地理解和运用法医病理学原理，为法医病理鉴定实践提供指导。

译者团队汇聚了我国高校、科研机构和公安机关中从事法医病理学教育、科研和鉴定工作的中青年学者，他们有着丰富的研究与实践经验，使翻译任务得以圆满完成。该书的出版为法医病理学知识传播做出了重要贡献。

我有幸将该书推荐给广大读者，希望其可以对法医病理学工作者开展研究和实践有所裨益和启发。

2023 年 10 月

译者前言

法医病理学作为一门探索犯罪真相、还原死亡过程的重要学科，对国家法治建设和维护社会公平正义发挥着极为关键的作用。它不仅为破解案件真相提供了科学依据，也在医学领域充分发挥着重要作用。

法医病理学作为司法鉴定领域的重要组成部分，通过对尸体、组织以及死亡现场物证的详细检验，揭示死亡事件真相，还原死亡事故或犯罪现场。正如本书所阐述，每一道损伤都蕴含着一个故事，每一种死亡都是真相的一部分。在法医病理学中，科学技术的发展、医学知识的积累以及法律法规的支撑共同构成了探寻死亡真相的基石。

《奈特法医病理学》（原书第四版）是由 Pekka Saukko 和 Bernard Knight 两位国际法医学领域权威专家合著的一部重要著作。本书在国际法医病理学领域享有卓越的声誉和处于权威地位，为广大法医病理学从业者和学术界提供了宝贵的参考资料。本书涵盖了广泛而深入的主题，系统地介绍了法医病理学领域的各个方面，旨在为读者提供全面的知识体系。其中，对死因判定、损伤分析及中毒鉴定等关键领域进行了深入研究和论述，使读者能够深入了解这些领域的理论、实践和方法。本书不仅仅是一个知识库，更是一个学术指南。本书以清晰而系统的方式呈现了复杂的法医学概念，并通过对案例的研究和详细的解释，使抽象的理论变得更为实际和易于理解。无论是法医学研究者还是实际工作的从业者，都可以从中获得丰富知识和得到实用指导。Pekka Saukko 和 Bernard Knight 两位教授是在法医学领域最具有国际声誉的专家，他们的经验和见解为本书赋予了独特的价值，他们对案例分析的深入思考和对理论的精准阐释使本书成为法医学界的瑰宝。

本书译者团队均为国内法医学鉴定与研究一线的专家学者，是近年来国内法医病理学界极其活跃、颇具口碑的中青年学者代表。他们共同投入了大量心血，旨在为读者呈现一本内容丰富、易于理解的法医病理学入门教材。当然，译著也存在一定的不足之处，期待能得到更多法医学界专家和学者的批评指正。

在本书付梓之际，突闻成建定教授离世噩耗，令人痛惜不已。成教授的儒雅风姿、渊博学识有目共睹，其对我国法医事业的杰出贡献更是令人敬仰。然人生难免诀别，谨此怀念建定教授，希冀本书能传承其学识典范。追思有时，怀念无期，先生之风，吾辈共勉。

最后，我们由衷地向所有支持本书译者团队的人表示深深的感谢。同时，也向原著作者致以诚挚的敬意，正是因为他们的杰出贡献，得以呈现出这样一部如此精彩的著作。我真诚地期望每位读者在阅读本书的过程中都能够获得丰富的知识，得到内心的满足。更进一步地，我们希望通过这本书，读者能够更加深刻地认识法医病理学的价值。让我们携手踏上一段深入探索死亡与损伤的学术之旅，领略法医学领域的无限魅力，一同揭开死亡真相的神秘面纱。这不仅是一次对知识的追求，更表达了对科学和真理的敬意。让我们在这个学术的海洋中探求，汲取智慧的营养，用理性的眼光审视世界，为法医病理学的发展贡献一份微薄的力量。

本书的出版得到了“十四五”国家重点研发计划项目（2022YFC3302002）、国家自然科学基金（82072115，81722027）的大力支持。感谢司法鉴定科学研究院（司法部司法鉴定重点实验室、上海市法医学重点实验室）对本书出版所提供的资助。

黄　平　王振原　马开军

2023 年 12 月

前　言

Bernard Knight 教授，一名全职法医病理学家，英国内政部法医病理学顾问、学术教师以及数本法医病理学和法医学教科书的编者，他通过数十年的经验编写了本书第一版。第一版出版于 1990 年，第二版出版于 1996 年。第二版巩固了第一版作为英语法医病理学最重要手册之一的国际声誉。在第二版出版之后，Knight 教授将编辑职务移交给 Pekka Saukko 教授，第三版是 Pekka Saukko 教授与原作者 Knight 教授合作并于 2004 年以 *KNIGHT'S Forensic Pathology* 为书名出版的，第四版也是如此。本书经过全面修订，在必要的地方进行了更新，以 200 幅新的彩色插图取代了旧的黑白插图，并将书中所有黑白图重绘为彩色图。本书仅在相关的部分使用照片，每张图片配有完整的标题。本书中作者使用了很多线条图，线条图能比照片更好地传达信息，这是因为照片必然包含一些无关的甚至可能是分散注意力的特征。

第四版增加了许多未在上一版中列出的引文。然而，每年有超过 1 000 篇法医病理学论文和约 4 000 篇法医学相关的文献发表在法医学及其他专业期刊，因此也难以涵盖所有开创性的论文。这就提醒我们，目前的科学知识很大程度上建立在前几代人的研究以及历史参考资料的基础上。例如，许多在 19 世纪和更早时期建立的对尸检结果的解释以及病理解剖学原则至今仍然有效。正如 Harvey 的 *De Motu Cordis* 和 Morgagni 的 *De Sedibus* 所述，一个出版物的价值在于其内容，而不是出版日期。一些最有价值的法医病理学论文写于几十年甚至一个世纪以前；Moritz、Shapiro、Adelson、Helpern、Gonzales 和 Polson，以及追溯到 19 世纪的 Taylor 和 Tardieu，他们的批判性著作都经过仔细观察和逻辑思考，现代病理学家若能多次研读，将会从中受益。

这是一本法医病理学的教科书，而不是法医学的教科书。虽然两者有相当多的重叠部分，但法医学包括医学法律学、医疗实践的法律方面和许多伦理问题，由于各地法律、种族、文化甚至宗教的差异，这些议题具有明显的地域局限性，故这些内容在本书中均未涉及。本书仅涉及与医学法律有关的尸检问题，但即使在这个有限的领域，警方的程序和病理学家的惯例会因国家和资源的不同而有很大差异。希望这本书中提供的常规、技术和理论能为实践提供指导，然后可以根据当地的情况进行调整。

这些内容旨在指导病理学家，在某些国家可能是非病理学家，帮助他们明确在犯罪情况不明、可疑或坦白的情况下进行尸检所需要的程序。在拥有完善法医系统的发达国家，尸体解剖在这些国家由经验丰富的法医病理学家或组织病理学家执行，但在世界上的许多地区，尤其是发展中国家，由于缺乏人力和资源以及距离和设施的因素，几乎任何医生都可能被要求对尸体进行法医学检查。对于这两类医疗人员，本书仅作为一个指南或参考资料。本书使用代词“他”之处，代词“她”一词同样适用。

本书遵循传统的模式，但每个主题的处理都旨在提供与哲学方法相联系的实用建议，引导医生分析并质疑从躯体发现中得出的解释。很多时候，教条式的观点来源于不可靠的事实基础和重复以前教条的讲座或教科书，而几乎没有批判性的评价。在世界上的一些地方，法医病理学是由同样通过死记硬背来学习的老师进行教学的，这些老师几乎没有或根本没有在停尸房或证人席的实践经验。我们希望本书能指引见习的法医病理工作者三思而后行，并鼓励他们勇于提出质疑和反对意见。

Pekka Saukko

Bernard Knight

感　谢

我们对编写和准备 *KNIGHT'S Forensic Pathology (Fourth Edition)* 过程中得到的帮助表示衷心的感谢。我们感谢对本书做出贡献的同事们，他们通过鼓励、建议、批评，或允许使用材料，对本书做出贡献。特别要感谢下列人员的建议和批评：Claus Henssge 教授（具体参见第 2 章，死亡的病理生理学）；Cristina Cattaneo 教授（具体参见第 3 章，人类遗骸个体识别；第 18 章，性侵相关的死亡；第 26 章，法医牙科学）；Hannu Kalimo 教授（具体参见第 5 章，头部和脊柱损伤）；Stefan Pollak 教授（具体参见第 8 章，枪弹和爆炸损伤）；Antti Saraste 教授（具体参见第 25 章，猝死病理学）。感激 Christian Jackowski 教授和 Ilari Sääksjärvi 副教授在尸体解剖成像和昆虫学方面的建议。

以下个人和机构为本书提供了标本和（或）纳入全文的图形、图像或案例材料：意大利米兰大学法医人类学和牙科学实验室 Cristina Cattaneo 教授；意大利米兰 Edi.Ermes 公司；英国罗伯特·黑尔出版社（Robert Hale Publishers）；英国伦敦自然历史博物馆 Martin Hall 和 Amoret Whitaker 博士；瑞士伯尔尼大学法医学研究所 Christian Jackowski 教授；芬兰图尔库大学 Hannu Kalimo 教授；芬兰赫尔辛基大学 Hjelt 研究所 Terhi Launiainen 博士；英国威尔士卡迪夫大学医学院法医病理学 Stephen Leadbeatter 博士；德国 Eberhard Lignitz 教授；英国 Thomas K. Marshall 教授；芬兰赫尔辛基大学 Hjelt 研究所 Ilkka Ojanperä 教授；芬兰万塔国家调查局；芬兰图尔库大学解剖学系 Juha Peltonen 教授；德国弗赖堡大学法医学研究所 Stefan Pollak 教授和 Thomas Rost 先生；芬兰赫尔辛基大学 Hjelt 研究所 Antti Sajantila 教授；芬兰图尔库大学生物系副教授 Ilari Sääksjärvi 博士；芬兰图尔库，芬兰西南部警察局；芬兰图尔库国家卫生福利研究所 Sauli Toivonen 博士；葡萄牙科英布拉大学法医学研究所 Duarte N. Vieira 教授；英国 David Whittaker 教授。

非常感谢 Kristiina Nuutila 女士和 Vilma Pääkkö 博士在更新文献数据库方面提供的帮助。

感谢 CRC 出版社提供机会出版此书，尤其要感谢 Caroline Makepeace、Stephen Clausard、Rachael Russel、Kay Conly 和 Jennifer Blaise。最后，感谢 Ruth Maxwell 博士和 Paul Bennett 在本书的制作阶段提供的指导。

Pekka Saukko

Bernard Knight

缩略词

ABFO	American Board of Forensic Odontology	美国法医牙科学委员会
ADD	accumulated degree day	累积日度
ADP	adenosine diphosphate	腺苷二磷酸
AER	alcohol elimination rate	乙醇清除率
AF	acid fuchsin	酸性品红
AFE	amniotic fluid embolism	羊水栓塞
AHA	American Heart Association	美国心脏协会
AHT	abusive head trauma	虐待性头部外伤
AI	axonal injury	轴突损伤
AIDS	acquired immunodeficiency syndrome	获得性免疫缺陷综合征
AIS	Abbreviated Injury Scale	简化损伤量表
APP	amyloid precursor protein	淀粉样前体蛋白
ARVC	arrhythmogenic right ventricular cardiomyopathy	致心律失常型右心室心肌病
ATP	adenosine triphosphate	腺苷三磷酸
AV	atrio-ventricular	房室
AVM	arteriovenous malformation	动静脉畸形
βAPP	β -amyloid precursor protein	β -淀粉样前体蛋白
BAC	blood-alcohol content	血液乙醇浓度
BBB	blood-brain barrier	血脑屏障
BMI	body mass index	身体质量指数
BP	before period	前时期
BSAC	British Sub-Aqua Club	英国潜水协会
BZP	benzylpiperazine	苄基哌嗪
CDC	Centers for Disease Control and Prevention	疾病控制与预防中心
CEMD	Confidential Enquiry into Maternal Deaths	对产妇死亡进行保密调查
CFC	chlorofluorocarbon	氯氟烃
CHD	coronary heart disease	冠心病
CiRCA	cardioinhibitary reflex cardiac arrest	心脏抑制反射性心脏停搏
CL	chemiluminescence	化学发光
CLSM	confocal laser scanning microscopy	共聚焦激光扫描显微镜
CMACE	Centre for Maternal and Child Enquiries	母婴咨询中心
CNS	central nervous system	中枢神经系统
CO	carbon monoxide	一氧化碳
COM	calcium oxalate monohydrate	草酸钙-水合物
CPR	cardiopulmonary resuscitation	心肺复苏

CSF	cerebrospinal fluid	脑脊液
CSI	crime scene investigator	犯罪现场调查员
CT	computed tomography	计算机断层扫描
D2PM	diphenylprolinol	二苯基脯氨酸
D&E	dilatation and evacuation	扩张和排空
DAI	diffuse axonal injury	弥漫性轴索损伤
DAN	divers alert network	潜水员警报网络
DCM	dilated cardiomyopathy	扩张型心肌病
DI	dysbaric illness	减压病
DIC	disseminated intravascular coagulation	弥散性血管内凝血
DIMS	diving incidence monitoring study	潜水事故监测研究
DNA	deoxyribonucleic acid	脱氧核糖核酸
DNOC	dinitro-orthocresylphosphate	二硝基邻甲酚磷酸酯
2-DPMP	2-benzhydrylpiperidine, desoxypipradrol	2-二苯甲基哌啶
DPR	dermatopathia pigmentosa reticularis	网状色素性皮病
DVT	deep vein thrombosis	深静脉血栓
EA	European Co-operation for Accreditation	欧洲认证合作组织
ECG	electrocardiogram	心电图
EDH	extradural haemorrhage	硬膜外出血
ECLM	European Council of Legal Medicine	欧洲法律医学理事会
EDTA	ethylenediamine tetra-acetate	乙二胺四乙酸
EDX	energy dispersive X-ray microanalyser	能量色散 X 射线微分析仪
ELISA	enzyme-linked immunosorbent assay	酶联免疫吸附试验
ENFSI	European Network of Forensic Science Institutes	欧洲法庭科学研究所
FABP	fatty acid binding protein	脂肪酸结合蛋白
FDA	Food and Drug Administration	食品药品监督管理局
FDCM	familial dilated cardiomyopathy	家族性扩张型心肌病
FISH	fluorescent *in situ* hybridization	荧光原位杂交
GBL	gamma-butyrolactone	γ-丁内酯
GC-MS	gas chromatography-mass spectrometry	气相色谱-质谱联用
GCS	Glasgow Coma Scale	格拉斯哥昏迷评分
GINA	Global Initiative for Asthma	全球哮喘防治创议
GSR	gunshot residues	枪弹残留物
GTN	glyceryl trinitrate	硝酸甘油
H&E	haematoxylin and eosin	苏木精-伊红染色
HbCO	carboxyhaemoglobin	碳氧血红蛋白
HBFP	haematoxylin/basic fuchsin/picric acid	苏木精 / 碱性品红 / 苦味酸
HCM	hypertrophic cardiomyopathy	肥厚型心肌病
HETP	hexaethyltetraphosphate	六乙基四磷酸
HIV	human immunodeficiency virus	人类免疫缺陷病毒

H-MRS	proton magnetic resonance spectroscopy	质子磁共振波谱
ICP	intracranial pressure	颅内压
IDCM	idiopathic dilated cardiomyopathy	特发性扩张型心肌病
IEC	International Electrotechnical Commission	国际电工委员会
IIH	idiopathic intracranial hypertension	特发性颅内高压
ILAC	International Laboratory Accreditation Cooperation	国际实验室认可合作
INVM	isolated non-compaction of the ventricular myocardium	单纯性致密化不全
ISO	International Organization for Standardization	国际标准化组织
IVCT	*in vitro* muscle contracture test	体外肌肉挛缩试验
IVH	intraventricular haemorrhage	脑室出血
IVRA	intravenous regional anaesthesia	局部静脉麻醉
LAD	left anterior descending	左前降支
LFB	luxol fast blue	固蓝染色
LOC	loss of consciousness	意识丧失
LOQ	limit of quantification	定量限
LSCB	Local Safeguarding Children Board	地方保护儿童委员会
LSD	lysergic acid diethylamide	麦角酰二乙胺
LSS	live skeletal survey	活体骨骼检查
LUCAS	Lund University Cardiac Arrest System	隆德大学心脏停搏系统
MDA	methyl 3，4-methylenedioxyamphetamine	3，4-亚甲基二氧基苯丙胺
MDMA	3，4-methylenedioxymethamphetamine	3，4-亚甲基二氧基甲基苯丙胺
MH	malignant hyperthermia	恶性高热
MI	myocardial infarction	心肌梗死
miRNA	micro ribonucleic acid	微小核糖核酸
MMR	maternal mortality ratio	孕产妇死亡率
MRI	magnetic resonance imaging	磁共振成像
MRSI	magnetic resonance spectroscopic imaging	磁共振波谱成像
MSB	Martius scarlet blue	马休猩红蓝
MSCT	multislice computed tomography	多层计算机断层扫描
msw	metres of sea water	海水消耗量
mTBI	mild traumatic brain injury	轻度创伤性脑损伤
mtDNA	mitochondrial deoxyribonucleic acid	线粒体脱氧核糖核酸
NAA	*N*-acetylaspartate	*N*-乙酰天冬氨酸
NAHI	non-accidental head injury	非意外头部损伤
NAI	non-accidental injury	非意外伤害
NFJS	Naegeli-Franceschetti-Jadassohn syndrome	纳杰利-弗朗切斯切蒂-贾达森综合征
NICHD	National Institute of Child Health and Human Development	国家儿童健康和人类发展研究所
NMR	nuclear magnetic resonance	核磁共振
NSCLC	non-small cell lung carcinoma	非小细胞肺癌

NSPCC	National Society for the Prevention of Cruelty to Children	全国防止虐待儿童协会
OC	oleoresin capsicum	辣椒油树脂
OFSTED	Office for Standards in Education, Children's Services and Skills	教育、儿童服务和技能标准办公室
OI	osteogenesis imperfecta	成骨不全症
OMPA	octamethylpyrophosphamide	八甲基焦磷酰胺（八甲磷）
OP	organophosphorus	有机磷
PBT	pulmonary barotrauma	肺气压伤
PCP	piperidine hydrochloride	哌啶盐酸盐
PCR	polymerase chain reaction	聚合酶链反应
PCS	post-concussive symptoms	脑震荡后遗症
PD	Parkinson's disease	帕金森病
PDS	Pokkuri death syndrome	猝死综合征（波克里死亡综合征）
PG	prostaglandin	前列腺素
PICA	posterior inferior cerebellar artery	小脑后下动脉
PMCTA	post-mortem computed tomography angiography	死后计算机断层血管造影
PMI	post-mortem interval	死亡时间
PMN	polymorphonuclear neutrophil	多形核中性粒细胞
PMSS	post-mortem skeletal survey	尸体骨骼检查
PSA	prostate-specific antigen	前列腺特异性抗原
PTAH	phosphotungstic acid-haematoxylin	磷钨酸苏木精
PVC	polyvinylchloride	聚氯乙烯
RCA	right coronary artery	右冠状动脉
RIA	radioimmunoassay	放射免疫法
SA	sino-atrial	窦房结
SAH	subarachnoid hemorrhage	蛛网膜下腔出血
SAP	standardized autopsy protocol	标准化尸体解剖程序
SCLC	small cell lung carcinoma	小细胞肺癌
SCR	serious case review	严重案件审查
SDH	subdural haemorrhage	硬膜下出血
SEM	scanning electron microscopy	扫描电子显微镜
SG	semenogelin	精胶蛋白
SIADH	syndrome of inappropriate antidiuretic hormone hypersecretion	抗利尿激素分泌异常综合征
SIB	sacroiliac joint bridging	骶髂关节
SIDS	sudden infant death syndrome	婴儿猝死综合征
SOCO	scene of crime officer	现场勘察官
SOP	standard operating procedure	标准操作程序
SS	skeletal survey	骨骼检查
STD	sexually transmitted disease	性传播疾病

STR	short tandem repeat	短串联重复序列
SUDI	sudden unexpected death in infancy	婴儿意外猝死
TAI	traumatic axonal injury	创伤性轴索损伤
TBSA	total body surface area	体表面积
TEPP	tetraethylpyrophosphate	焦磷酸四乙酯
THC	tetrahydrocannabinol (cannabis)	四氢大麻酚（大麻）
TSS	toxic shock syndrome	中毒休克综合征
UAC	urine alcohol content	尿液乙醇浓度
UV	ultraviolet	紫外线
VR	volume rendering	立体渲染
WHO	World Health Organization	世界卫生组织

目 录

第1章

法医学尸体解剖

- 尸体解剖类型
- 尸体解剖的法规、指南及标准
- 法医学尸体解剖程序
- 死亡现场勘查
- 衣物、随身物品检查及个体识别
- 案情资料的使用
- 针对解剖室潜在感染和其他风险的防护措施
- 尸检：尸表检验
- 尸检：尸体解剖
- 器官检查
- 脑组织检查
- 辅助检查
- 尸体解剖放射学及影像学检查
- 法医学摄影
- 尸体解剖报告
- 死后人为现象
- 开棺验尸
- 腐败尸体的解剖
- 抢救性人为损伤
- 大规模灾害中法医的作用
- 阴性尸体解剖
- 参考文献

"necropsy"（人或动物的尸体解剖）一词在语义上是对尸体剖开调查最为准确的描述，而"autopsy"（人的尸体解剖）一词则被广泛使用，以至于现在关于这个词语的含义已经没有歧义。

"死后检查"（post-mortem examination）是尸体解剖的另一个常用的代名词，尤其是在英国，其含义是毫无争议的。然而，该词对于检查范围的描述不够准确。因为在一些国家，许多尸体仅被安排进行尸表检验。

显然，即使在原始的部落社会，人们也一定会关注其成员的死亡原因。特别是，一个突然的、无任何征兆的或没有目击证人的死亡一定预示着某种来自其自身群体或者外部敌人的潜在危险[1]。因此，当社会得到初始发展且组织能力不断提升后，为满足司法体系需求，人们较早地开展法医学死因调查工作是完全合乎情理的。已知最为古老的尸表检验官方指南应追溯到中国古代的秦朝（约公元前200年）。中国古代宋朝于公元995年（公元960～1279年）颁布的法令规定，政府官员必须在案发4 h内对暴力或可疑死亡进行调查，逾期处理将会受到相应的处罚[2, 3]。已知最早的法医学尸体解剖大概是在13世纪中叶的意大利博洛尼亚（Bologna）大学进行的，被该校医学院里一位名为Guglielmo de Placentinus Saliceto或Saliceto William（1210～1277年）的外科医生（也是一名教师）记录。他的《外科学》一书中提到了一个大约发生在1275年的案例[4]。然而，尚不确定该案例是尸体解剖抑或是单纯的尸表检验。供职于博洛尼亚市法医部门的Bartolomeo da Varignana教授或许在同一时期明确记录了第一例法医学尸体解剖过程。1302年2月，检察官要求对一名疑似中毒死亡的贵族Azzolino进行尸体解剖，该解剖由Varignana教授带领2名内科医生和3名外科医生完成[2, 5, 6]。

现代法医学调查的基本原则是基于16世纪欧洲的法典：1507年的班贝克法典（the Bamberg Code），1532年的卡洛琳法典（the Caroline Code）

以及后来1769年的特雷西亚法典（the Theresian Code）。其中，法医学尸体解剖的发展往往受本国司法系统的影响较大，多数国家法医学尸体解剖的目标在于调查和侦破与刑事犯罪或非正常、意外死亡相关的案件。

在随后的几个世纪内，尸体解剖及留存的记录逐渐增多，促进了病理学的发展。得益于Carl von Rokitansky（1804～1878年）和Rudolf Virchow（1821～1902年）对尸体解剖技术的改进以及现代疾病机制理念的引入（如Virchow提出的细胞病理学）[7]，院内或临床尸体解剖的价值日益突显。

尸体解剖类型

尽管各国之间的医疗、司法体系存在明显的差异性，但有关尸体解剖类型则主要分为以下两种：

- 临床型或研究型尸体解剖：在亲属同意的情况下，医生为探究死亡患者的病变程度而进行的尸体解剖。临床医生在法律专业方面存在一定的局限性，因此多数国家或地区普遍认为该类解剖不应该用于死者死亡性质的定性工作，需要汇报有关部门开展法医学调查工作。
- 法医学尸体解剖：由相关司法人员主导的一类尸体解剖。这些公职人员多来自地方上的验尸官、法医、检察官、执政官、法官或警察，主要负责意外、可疑、非正常、诉讼或刑事死亡案件的调查工作。其具体执行机制在各国家之间存在较大差异。

在大多数体制中，征得死者亲属同意并不是开展尸体解剖的必要条件。而且，犯罪嫌疑人可能会通过阻挠法医学尸体解剖从而影响案件调查。

法医学尸体解剖可以进一步细分为：

- 明确为意外、自杀、疾病发作，或者与医疗损害、工伤等涉及非刑事死亡案件的尸体解剖。
- 由警方提出的疑似或明确为他杀、过失杀人、杀婴等涉及刑事死亡案件的尸体解剖。

尸体解剖的法规、指南及标准

关于尸体解剖操作指南及质量问题的讨论起于19世纪初。1844年，担任柏林夏里特（Charité）医院解剖助理的Virchow发现，解剖室设施摆放杂乱无章，且多数尸体解剖由缺乏相关技术培训和执业资质的年轻医师完成。这也是他日后出版尸体解剖技术丛书的初衷[8]。

1855年的奥地利法令和1875年的普鲁士法令可能是当时有关法医学尸体解剖最著名的法规。前者在其第134段中非常详细地阐述了法医学尸体解剖的具体操作流程。值得注意的是，该内容在奥地利至今仍具有法律效力[1, 9, 10]。直到100年后，工业化国家的相关机构，主要是专业技术部门，才开始对尸体解剖指南的制定工作产生兴趣[11-14]。

除了制定本国尸体解剖指南以及协调相关工作的机制外，制定可用于协调各国之间解剖工作开展的公认技术指南也是整个国际社会的迫切需求。1991年，联合国大会批准了《联合国尸体解剖示范议定书》（*Model Autopsy Protocol of the United Nations*）。1995年，在伦敦举办的欧洲法医学委员会（European Council of Legal Medicine，ECLM）全体大会批准了《法医学尸体解剖规范》（*Harmonisation of the Performance of the Medico-Legal Autopsy*）。基于后者及其解释性备忘录的第R（99）3号提案在1992年2月被欧洲部长委员会批准作为泛欧洲理事会的基础性文件用于服务多数国家（见附录1）[15]。尽管这些文件的性质是“推荐”，但由于欧洲理事会各成员国必须在其法律体系中执行这些原则性的规定。因此，该文件仍具有重要的法律学意义。

20世纪，质控、质保理念逐渐进入工业生产领域，随后其又以实验室医学的形式进入医学领域。尽管在这方面各个国家和地区存在巨大的分歧，且发展速度过于缓慢，但现在人们更加认识到对专业教育、持续职业发展、规范调查程序和

质量体系标准需求的必要性。指南通常是推荐性的，允许在实践中进行调整，但最新趋势是其似乎正朝着要符合标准化操作程序的方向发展，尤其在法医学领域。

知识拓展 1.1　认可

认可是指由权威部门对参与评定的机构或个人在特定领域内的专业能力进行评价、认证的过程。认可的目的在于提高评定机构或个人所出具官方报告或证明的可信度和可接受性，其前提是参与主体需在配套设施、人员配置及技术方法等方面符合权威部门事先颁布的行业标准。质量手册中包含待认证机构组织架构、技术流程、规章制度以及从业目标等内容。此外，机构还需撰写标准操作规程（standard operating procedure，SOP）以用于阐述即将实施的具体项目内容。

国际标准化组织（International Organization for Standardization，ISO）及国际电工委员会（International Electrotechnical Commission，IEC）是全球最大的国际标准制定和颁布机构，在瑞士日内瓦设立了中央秘书处来协调、统筹相关工作。截至 2011 年 1 月 10 日，已有 163 个国家（地区）的标准化机构加入［一个国家（地区）仅一个成员］国际标准化组织。

国际实验室认可合作组织（International Laboratory Accreditation Cooperation，ILAC）是由多个实验室和检验认可机构组成的国际化合作组织。欧洲认可合作组织（European co-operation for Accreditation，EA）是由涵盖欧洲多个国家级认可机构组成的区域性合作机构。据欧洲议会和理事会于 2008 年 7 月 9 日颁布的（EC）No.765/2008 号条例，EA 的主要职责是推进建立一个公开透明且以质量为导向的评估系统，用于评价欧洲地区各机构的标准化能力以及管理欧盟成员国及其他欧洲国家内各认可机构之间的同行评议系统。

认可程序通常用于校准和测试实验室，但 EA 和欧洲法庭科学联盟（European Network Forensic Science Institutes，ENFSI）目前正在开展一个联合项目，旨在确定在不同的法医学领域中应当使用 ISO/IEC 17020，还是 ISO/IEC 17025。近期，德国、瑞士的几家法医学机构通过了各自国家认可机构对法医学业务的评审，其中包括对尸体解剖的评审。

处理各种尸体的法医类型也随着地域变化而变化，由于体制的多样性，在其细节上几乎没有什么可讨论的。更重要的是，无论是处理何种案例的法医，都应当经过训练且具备该领域的经验。可惜的是，现实中由于人员、资源的匮乏或体制的缺陷，法医学尸体解剖，尤其是在重大刑事案件中，通常由对法医学程序经验不足的法医完成。正如 Spitz 所述，在 20 世纪 80 年代，美国大多数法医学尸体解剖是由缺乏法医学经验或者没有经过法医学培训的医院病理医生进行[16]。即使是在现如今的美国，仍有超半数州政府将如此重任委托给没有经过医学培训的验尸官处理。在 2009 年，全美 3 000 多个县仅有约 500 名训练有素的法医[17]。

另一个许多国家都存在的严峻问题是，那些从事法医学实践的人与那些自称在大学里教授法医学的人之间存在分离现象。脱离持续的法医学实践，仅单纯教授法医学理论知识的老师是难以让人信服的。

当质控措施缺失或失效时，系统的差错可能被长时间忽视。这个差错一旦被发现，可能会对社会造成严重的不良后果。这些严重的后果不但涉及经济层面，而且会造成民众对法制信心的丢失以及当事人的个人悲剧。

近期，加拿大安大略省关于儿童死亡的法医学质询报告就是一个很好的例子。基于公共质询法案，安大略省政府于 2007 年 4 月 25 日启动了此次质询工作，旨在回应社会各界对政府部门 1981～2001 年处理的涉及儿童死亡的疑似刑事案件的严重关切。本次质询的授权是对安大略省儿童死亡法医学鉴定的系统回顾，以及对相关政策、操作章程、实践效果、责任监督、质控措施以及制度建立方面的评估[18]。

更严重的情况是，法医学尸体解剖是由完全没有接受过病理学培训的医生完成。尽管这种情况多发生于资源匮乏的发展中国家，但令人遗憾的是，部分欧美地区也出现了类似的现象。这将不利于相关专业技术的高质量发展，从而最终丧失其对司法系统执法、管理的支撑作用。错误的鉴定意见要比无法明确的结果更为致命，因为后者至少令执法人员意识到证据链方面存在缺陷，从而避免了被缺乏经验的医生所误导。

法医学尸体解剖程序

各类死亡性质的尸体解剖程序基本是一致的，但也会因具体情况变化而发生变化。例如，他杀案中所要求的程序性预防措施在猝死案件中不是必需的；溺死尸体的解剖与非法堕胎或强奸致死也有所区别。

针对不同死因的尸体解剖在很多方面是一致的。有关内容将在本章进行讨论，而更细节的问题则会在其他章予以阐述。

知识拓展 1.2　尸体解剖的任务

- 识别尸体的特征并评估死者的身高、体格及营养状态。
- 明确死亡原因或判断新生儿是否为活产。
- 必要且可行时，明确死亡方式与死亡时间。
- 发现体表及体内的所有异常、畸形及疾病。
- 探查、描述及测量体表和体内的损伤。
- 提取检材供化学、毒物、遗传学分析，以及微生物、组织病理学和其他必要性检查。
- 保留组织、器官等相关生物学证据。
- 留存尸体解剖过程中拍摄的照片、视频资料以作为证据和供教学使用。
- 出具完整的尸体解剖报告。
- 提供尸体解剖发现的专业解释。
- 在尸体归还家属前，恢复遗体最佳外观状态。

尸体解剖的准备

开展尸体解剖工作之前，法医应完成一系列必要的准备。

尸体解剖委托及知情同意

法医学尸体解剖需要在有关部门委托后方可开展。法医在尸体解剖工作开展前务必确认已收到针对该死亡案件的委托。具体委托形式因地而异，可以是书面、口头、电话通知或是其他常用的方式。

当案件涉及两个机构时，务必明确哪个机构是具有优先权进行尸体解剖的委托方。例如，在英格兰和威尔士地区，警方可能仅要求法医在现场对尸表进行检查，而验尸官才有权利委托尸体解剖。在一些严重的事件中，验尸官可以采纳警察局局长的关于选择法医的建议，但最终的决定权仍在验尸官手中。

如前所述，法医学尸体解剖不能被拒绝，因此可以在未征得家属同意的情况下开展尸体解剖。除非在紧急情况下，一般都会出于尊重的考虑而在解剖前通知亲属。在大多数情况下，一名亲属在检查开始前对尸体身份进行确认。法医在委托或知情同意内容不清楚时需要谨慎开展尸体解剖。有时仅有一张院内死亡的知情同意书，但该案在后续却被移交开展法医学调查。因此，在验尸官或其他机构没有决定是否委托进行尸体解剖前，法医不应仅根据知情同意书擅自开展进一步的工作（也可能委托其他法医）。当验尸官决定继续后续调查时，之前的知情同意书则再次变得有效。

委托书中一般会注明是否同意保留解剖过程中提取的生物检材（小到微小的体液样本大到整个尸体均可）。然而，各个国家针对组织器官保存问题存在不同的法律性解读。因此，每一位法医都应充分了解工作所在地的有关法律、法规。

在英国验尸官司法管理制度体系中，法医有权利和义务保留对后续案件调查有帮助的组织检材。

然而，当组织器官可能被用于除案件调查以外的事情时，验尸官（或者苏格兰地方检察官）仅对此情形持有否定权。因此，他们没有将这些检材用于器官移植、教学或科学研究等目的的决定权。基于 2004 年的《人体组织法案》（the Human Tissue Act 2004），经验尸官同意，上述情形必须由死者家属自行决定[19-21]。

参与尸体解剖的人员

再次需要强调的是，每个国家或地区都拥有各自有关法医学检查的法律、法规。试图全面了解这些法律、法规毫无意义，但法医必须学习并遵守那些适用于本职工作岗位的法律条文。

通常需要向死者亲属或案件指控对象告知解剖时间和地点，以便于他们聘请律师或医生作为自己的代理人。在包括英国在内的部分国家，并没有相关法律条文禁止死者亲属以个人身份参与解剖，作者就曾遇到几例这样的案例。对于法医而言，其有权利因家属在场而拒绝开展尸体解剖工作。

在多数他杀案件中，被告律师聘请的法医会

进行第二次尸体解剖。第二次尸体解剖通常会在被告被起诉和聘请律师后较晚启动，但复审法医有时也会参加首次尸体解剖。相较于后续去检验已经被剖验过并发生自溶的器官来说，这是一种相当高效且富有意义的方式。

经验尸官或其他相关人员同意后，复审法医方可参与第二次尸体解剖。首次鉴定法医应当给予他们同行充分的尊重和便利，以期在角色交换时受到同样的礼遇。

验尸官、地方行政官或法官等公职人员本身就有权利和义务参与见证尸体解剖工作。如案件涉嫌刑事犯罪，警方及其专业技术团队也应在场见证。其他医务人员或医学生是否能够参与见证则取决于委托方的意见。如死者生前接受过院内治疗，则应允许，甚至是应鼓励熟悉死者病史过程的主治医生参与此次尸检工作。

在处理涉嫌刑事犯罪的案件时，法医应尽量将参与人员限制在最少，这有助于降低案件细节泄露的风险。因为参与人员过多会导致空间狭小、人员拥挤、互相干扰，从而影响正常的尸检工作，同时也增加了交叉感染或污染的风险，尤其是具有传染性的各类肝炎（乙型肝炎、丙型肝炎、丁型肝炎、戊型肝炎）、结核病和人类免疫缺陷病毒（HIV）感染的风险。任何见证人员都不应以一名漫无目的的旁观者状态出现在工作现场，即使是没有直接参与案件调查的高级警务人员也不例外。随着司法程序的日趋烦琐，形形色色的工作人员将带着照相机、录像机、录音机、现场勘查工具等设备“涌入”尸体解剖室，使得法医操作空间狭窄。

涉及刑事犯罪的案件，法医应在解剖报告中将所有参与见证尸检的人员名字予以记录。

死亡现场勘查

在涉及他杀、疑似他杀或其他可疑的或性质不明的案例中，法医应当在尸体转移前前往现场进行勘查（图 1.1～图 1.3）。

图 1.1　强奸杀人案现场。参与勘查工作的法医必须记录受害者的姿势、衣着状况以及尸体与周围环境的大致位置关系。此外，法医应尽量减少在现场的尸检工作，以免干扰重要微量物证的提取。当提取完所有的拭子后，才可以对肛温进行测量，该过程通常在解剖室完成。还可测量耳道内或鼻腔深处的温度，存在严重的颅脑损伤的时候，操作需要更加小心

图 1.2　杀人 / 自杀的现场，在尸体旁广泛区域设置警戒线，禁止无关人员进入现场；同时，使用遮挡物保护尸体，避免天气干扰或群众围观

图 1.3　图 1.2 中警戒区的内部有多名现场勘查人员和一名受害者尸体

尽管各地区存在差异性，但任何具备法医资质的医生都应时刻做好陪同警方前往死亡现场的准备。无论是全职，还是兼职的法医，这种责任都是明确的，并且被写入了服务合约之中。在英国的英格兰和威尔士，“内政部聘用的法医”随时待命出发前往死亡现场；而在美国、欧洲国家一些大学的法医学研究所，则是由预先安排的值班人员参与死亡现场勘查。作为一名经验丰富的法医，他们在现场的作用通常是评估周围环境、现场条件以及尸体的位置、状态。多数情况下，他们可以很快排除刑事案件，并做出是意外、自杀甚至还是自然死亡的判断。这将有效避免因误判为他杀案件后投入大量警力、车辆及其他昂贵的公共设施。一旦无刑事犯罪的依据，这些非必要的公共资源投入将立刻停止。

法医应当事先准备好合适的工具，这样可以在收到通知后快速将它们携带至现场。如果解剖需要在条件简陋的地方开展，则需要携带更多的工具。多数法医会在车内放置一个“案件包”（murder bag）。每位专家对工具都有自己的选择，下面是一个比较合理的“案件包”装备清单：

知识拓展 1.3　现场勘查装备

- 防水围裙、橡胶手套、一次性工作服和口罩。
- 温度计、注射器和针头、无菌棉签。
- 包含手锯在内的解剖器械包。
- 用于缝合尸体的缝针和麻线。
- 棉签和盛放血液、体液的容器。
- 用于存放病理样本的福尔马林缸。
- 塑料袋、信封、纸张、备用钢笔及铅笔。
- 用于记录体表损伤的记录图表。
- 放大镜、手电筒、数码录音笔或迷你录音机。
- 配有电子闪光灯的数码相机或 35 mm 单反相机或数码摄像机。

可选择测量范围在 0～50℃的水银温度计或配有热电偶探头的电子数码温度计。装备的数量可根据具体条件而定。在发达国家，医院或市级解剖室通常拥有良好的条件，警方有足够的现场拍摄装备、样本提取瓶等耗材。在发展中国家或其他偏远地区，法医则需要自备工具完成现场勘查及后续的解剖工作。

除医用工具外，经验丰富的法医还会准备适当的衣物（如雨靴、雨衣、羽绒服等）以备随时出发。

在死亡现场，法医需要根据现场具体情况开展工作。大部分工作取决于警方和法庭科学相关人员的通力配合。例如，在英国，多个专业团队共同进行现场勘查，其中包括现场拍照人员、摄影人员以及犯罪现场调查官（scenes of crime officer，SOCO），即之前的犯罪现场调查员（crime scene investigator，CSI）。犯罪现场调查官的主要职责是保护犯罪现场，避免证据被损坏或破坏；收集纤维、血液、毛发、油漆或玻璃碎片等微量物证；搜寻并采集指纹、足迹以及工具作用痕迹。附近法庭科学实验室的人员通常与警方联络官、指纹技术人员以及刑事调查部门的人员共同参加现场勘查工作。

在没有上述人员支持的情况下，法医则必须在自己的专业能力范畴内亲自采集微量物证。

法医应当在警方的指导下靠近尸体，尽可能地保护犯罪现场不被破坏。在室外现场，法医常常通过警戒线围成的通道接近尸体；而在室内现场，则一般是根据负责现场的侦探员指引接近尸体。

非必要的情况下，法医不应随意触碰现场内的任何物品，更不能在现场吸烟或遗留自己的个人物品或碎屑。勘查人员在穿戴好一次性防护服、鞋套后进入现场的情况日趋普遍，这一措施将有效避免勘查人员的纤维、头发等不慎被遗留在现场。

如法医需要同时开展法医病理学和法医临床学检查（检查幸存受害者或者嫌疑人），则必须在检查犯罪嫌疑人时更换着装或穿戴新的防护服，以防止纤维、毛发等微量物证从受害者转移至嫌疑人身上。

法医在现场应该多看少做，留意尸体与周围物品之间的位置关系。如在室内，则需要绘制现场平面图。绘制草图或拍摄照片有时候很有用，建议使用数码相机或摄像机来快速记录现场信息。

在明确任何显著死因的同时，法医还需要留意现场血泊或溅落血迹与尸体之间的位置关系。

溅落血迹的形状也是关注的重点。例如，血液垂直滴落到物体表面可形成圆形血迹，而以特定角度溅落的血迹外形则呈梨形，其尖端指向血液飞溅的方向（图 1.4）。

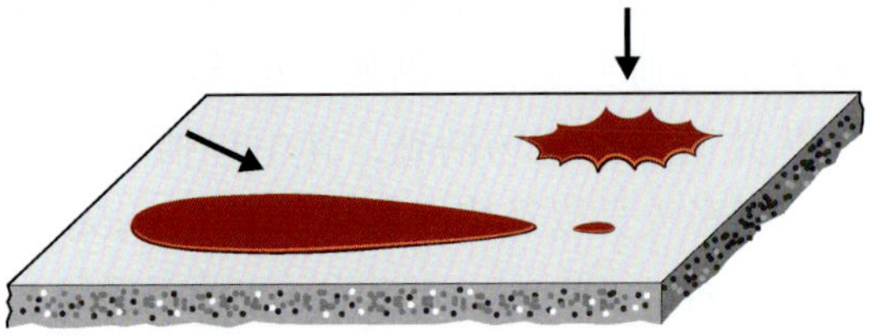

图 1.4　在犯罪现场，有时可通过观察挥动工具形成的血迹溅落方向或者血手印来判断死者在被袭击时的姿势。血液垂直滴落可形成圆形或边缘呈锯齿状的圆圈状血迹；若血液以一定角度溅落的血迹则呈长条状，其相对较窄的末端指向血液溅落的方向。在这类血迹的前方还经常会发现有一微小血滴，两者形态类似于“感叹号”

在对尸体进行原位拍照后，法医可在现场调查人员的许可下靠近尸体。然后对尸体进行近距离检查，可通过触摸受害者皮肤感受尸温。在检查死者眼部、颈部和双手的同时，必要时还可轻轻掀开死者衣物以便于观察喉结或上胸部等易遮挡部位。任何相关发现均应在警方拍照后进行检查。

如果法庭科学家或犯罪现场调查官在这个阶段要求提取样本，法医应积极予以配合。他们可能会使用胶带粘取皮肤或衣物上附着的零散毛发和纤维。随后，法医可翻动尸体观察其侧面和背面。再次强调的是，这一过程应小心、谨慎，避免凶器、现场其他物品或微量物证遭到破坏或位置移动。每个案件都具备自身的独特性；因此，作者难以推荐一成不变的程序化检查方案。其原则性目标在于开展整个现场评估的同时，应尽量确保尸体及其衣物维持原始状态以便随后跟进的法庭科学团队能够顺利完成物证采集工作（图 1.12）*。

现场死亡时间推断

死亡时间推断的具体内容将会在第 2 章中进行详细阐述，但其也与本章法医在死亡现场的工作有关。

手、面部的大致温度可以通过触摸来评估，扳动四肢关节可以评估尸僵程度。尸体周围环境温度在尸体被发现后务必尽早测量，最好由先于法医到场的现场调查官完成。因为建筑内或室内可以形成微环境，所以测量环境温度的位置应尽可能靠近尸体。此外，还应意识到现场环境温度可能受到多方面因素的影响，如敞开的门窗、启动或关闭的火源或中央供暖系统。影响尸体温度的因素将在后面章中加以讨论。某些教科书中提及并主张的通过现场将温度计插入肛门从而测量尸温的做法仍存在争议。

现场测量尸体直肠温度时，法医需要脱去死者的裤子或是内裤，或是在空间狭小且光线昏暗的条件下弄乱死者的衣着，这种情况也时常发生于许多人在场的情况下。该行为有时会将肛门周围的精液带入直肠内，导致直肠和会阴之间出现区域交叉污染，从而大幅度降低该部位检查结果（提取的精液拭子）的可靠性。当今暴力性案件可能涉及异性或同性性行为，因此，只有在法庭科学家或犯罪现场调查官确定从衣物上提取的微量物证以及在外阴、阴道、肛门等部位提取的拭子均可靠、无误时，法医才可进行肛门温度测量。

换言之，法医务必要在现场充分权衡肛温测量的利弊，明确是否能够承受因过早测量而带来的潜在污染风险。在很多案例中，因尸体放置时间过长，其内部核心温度早已趋同于周围环境；或者是现场其他证据提示了比温度测量更加准确的死亡时间信息。在这些情况下，将尸体运送至解剖室后再进行肛温测量也不失为一种明智之举。在英国，多数情况下是将尸体搬离现场后直接进行测量。

如因转运困难或是缺乏必要的设施使得尸体解剖要延误数小时，则不得不在现场开展更多的工作，此时测量尸温便是合理的。

除肛门外，法医也可对其他部位温度进行测量。腋窝和口腔因不同程度地暴露于外部空气环境，其温度值往往较低，不能真实反映尸体的内部温度。相较而言，耳道或鼻腔的温度测量更为可取。测量时，可将水银温度计或是电子温度计

---

* 本书图片正文序号与原版英文保持一致。

的感温探头尽可能地插入耳道或鼻腔的深处。该方法获取的温度数值稳定而可靠，可在不脱去死者衣物的情况下轻松完成，而且也没必要在这些部位提取拭子以用于性侵案件的调查。基于尸体温度推断死亡时间的具体内容将会在第 2 章中详细探讨。

当法医在现场顺利完成所有的检查工作后，接下来的任务是将尸体转移至解剖室进行解剖；并且，此过程应最大限度地减少证据的破坏及丢失。法医应当亲自监督尸体的转运或者至少授权其他称职的工作人员来负责。尸体的双手应套上袋子，并在手腕处用胶带或细绳扎牢。类似的袋子也应该放置在头部。袋子类型并没有特殊规定，但是一般推荐使用纸袋。

尸体应当轻轻地放入带有拉链的尸袋中，或是放置在一个至少 2 平方米的新塑料布上。若使用塑料布，边缘处应当可以包裹住尸体并用胶带封好。这样做的目的是保留诸如毛发、纤维等与尸体或衣物黏附不紧密的物质。待尸体运送至解剖室后，可在法庭科学实验室内对尸袋或塑料布进行微量物证提取。尸体的运输主要由警方或验尸官等其他人员负责。尸体经包裹后放入水晶棺或普通棺木中，随后用灵车、厢式货车或警用车辆运送至指定的解剖室。

转移过程中应极力避免尸体遭到破坏；然而，在一些条件有限的地方能够做到这一点仍非易事。受火场烟雾、水浸及燃烧残骸的影响，现场尸体的存在往往会被人们所忽略以致于他们在搜救前后遭到严重破坏。作者就曾有类似的经历，两具尸体被消防人员踩踏数小时后才发现他们被埋在烧毁的家具及其他残骸下。搬运烧焦尸体时会因脆性增加而造成被压尸体关节发生多处皲裂，这些皲裂易被误认为生前损伤（具体参见第 12 章）。

综上所述，法医在上述可疑死亡现场中的主要职责包括观察现场环境、保存易被破坏的证据、监督尸体转移，并基于经验就死亡性质提供合理的意见。他们并不能像夏洛克·福尔摩斯那样在非医学问题上发表无依据的言论，也不能从无足轻重的事实中强加过多的解读。

法医是专业团队的一部分，所有领域的专家都需要通力合作、互相配合，做出自己的最大贡献。

衣物、随身物品检查及个体识别

不论法医是否在死亡现场，尸体的衣物和随身物品都应在解剖前得到关注。这不仅局限于刑事或存疑死亡案例，在交通事故、高坠、溺水等各类死亡案件中也同样适用。

多数情况下，法医没有太多机会对穿有衣物的尸体进行检查：在院内或交通事故死亡案例中，衣物可能在尸体转移到解剖室前就被脱掉了。在涉及交通事故或外伤致死的案例中，法医应建议警方或护士在尸体转运前不要脱去死者衣物；除非受害者在到达医院时仍然存活，需要脱去衣物进行治疗和抢救等。而且，脱去的衣物应当随尸体一同运往解剖室，以便于对衣物上的破损、污渍及其他证据进行检查。遗憾的是，此类衣物通常在检查前已遭到损坏。

解剖室工作人员应树立将尸体衣物、随身物品视为重要物证的意识。从证据以及贵重物品保管的角度出发，应建立一套留存、鉴别以及长期保存的管理体系。识别死者口袋内文件、钥匙等物品将有助于对其个人身份的认定。虽然这项工作主要由警方完成，但法医仍应该对此保持一定的敏感性。此外，衣物本身特征，如样式、穿搭、面料、颜色及品牌等，也是个人身份识别的主要关注点。

在外伤死亡中，尸体上的损伤应与衣物上的破损相匹配。在面对衣服上的撕裂、砍痕、刺痕，特别是火器痕时，法医务必要在尸体对应或邻近体表部位处进行检查，从而推断死者受伤时的体位状态。存在自残行为时，对应衣物部位有时不存在破损（具体参见第 8 章）。

有时会在衣物上发现血液、精液和阴道分泌物等痕迹。虽然这项工作主要由法庭科学实验室人员负责、完成，但在个别情况下法医可能是最先或者是唯一发现这些痕迹的人。在火器致死案例中，衣物上的火药残留是判断枪击距离及子弹规格的关键证据。

在交通事故中，衣物上的破损以及表面附着

的油污、灰尘、油漆、车体零部件金属、挡风玻璃或车灯碎片等都可能为事故现场重建及识别肇事逃逸车辆提供帮助。

死者衣物中的物品有时能够反映其生前健康状态。例如，在一些自杀现场，尸体旁可发现空药瓶或盛装毒物的容器。助听器、注射器、外置起搏器以及哮喘呼吸器等物品也应予以关注。在涉及刑事或性质存疑的案件中，应小心、谨慎脱去死者的衣物。解剖室技术人员应意识到衣物检查在案件重建中的重要性。对于这方面意识淡薄的技术人员来说，法医应格外留意并在他们脱去死者衣物过程中予以必要的监督和辅助。

当尸体没有出血创口或是体表干净时，经头部及双上肢将衣物脱去不失为一种最佳方案。

如尸僵过强或面部、双手有血迹沾染，则建议局部或完全剪开衣物。可事先咨询在场的法庭科学人员，以避免影响后续的实验室检查。无论何时都应保证衣物上的破损或污渍不被破坏。衣物被剪开后的每个部分应当分别装在独立的透气纸袋内。

死者身份确认

无名尸体的身份确认是法庭科学的主要任务之一，该部分内容将会在第 3 章予以详细阐述。然而，在此关注的内容则是在解剖前对死者官方身份的认定。法医在解剖前，尤其是要开展破坏性解剖时，务必要对死者身份予以确认以保证解剖台上的尸体未被送错。

在所有法医学案件中，相关责任人务必要对死者身份进行确认。通常是死者亲属、亲密朋友在看到尸体的样貌后，口头向办案警方、医生或殡仪馆工作人员证明其身份。例如，称“这的确是约翰·史密斯”。如尸体因焚毁、肢解及腐败等因素无法辨认时，其身份认定则完全依赖于亲属文件、衣物及首饰等。

在猝死和多数意外、自杀等非刑事案件中，警察、护士及殡仪馆工作人员将写有死者姓名、住址、编号和其他相关信息的标签系在尸体上，以保证尸体身份的一致性。这些标签通常系在尸体的手腕或踝关节处。部分殡仪馆会使用不易擦除的记号笔将死者姓名写在其腿部，但这经常会在解剖过程中被涂抹从而变得模糊不清。

法医应确认委托书上注明的身份信息是否与尸体标签保持一致。如存在不同，则应在辩明原因后才可开展尸体解剖。必要时，可再次邀请办案警察或死者亲属重新确认死者身份。

办案疏忽所引起的负面报道、调查窘境，甚至是不良法律后果在过去屡见不鲜。尸体身份的认定对于解剖工作的开展、死因结论的出具、葬礼的筹办、火化的进行有着深远影响，在这些方面出现的乌龙事件频有报道。为避免上述情况，尸体应在被运送至殡仪馆后立即贴上身份标签。裹尸布上的标签会随着时间的延长而发生脱落；冰柜门上的标签也可能因非专业的值班人员擅自更换尸体存放位置而变得不可靠。

一些大型殡仪馆采用了特别的身份录入方式。据作者所知，在殡仪馆入口的屋顶上设置一个自动摄像头。会在每具新到的尸体胸部上放置一个编号牌；随后在推车上对尸体面部和编号牌进行拍照。尸体样貌与编号牌的一致性将有助于避免身份认定错误的发生。

在他杀等恶性案件中，法医绝不能轻信二手身份信息，如脚趾上的标签。在解剖前务必向死者亲属或知情办案警察再次口头确认尸体身份。

法医必须在解剖报告中记录日期、时间及辨尸人员姓名，确保证据的法律连续性，避免在后续庭审中遭到质疑。

保证证据的连续性符合法律要求，不至于在后续庭审中被质疑。出于司法程序的考虑，这些信息将有助于维护证据采集的连续性；同时也经得起后续庭审过程中因对尸检结果不满而引起的质询。

案情资料的使用

与临床医学相一致的是，死者或受害者生前病史资料是案件调查中不可或缺的组成部分。如下文所述，这些材料对于法医判断死亡原因有着一定的影响，但其影响程度备受争议。

与医院的临床案例相比，法医学尸体解剖的案情通常是有限的、缺失的，甚至是具有误导性的。若死者生前未接受过任何治疗，则几乎无相

关资料供法医参考。在刑事案件中，犯罪嫌疑人或许是了解整个死亡过程最多的见证人；出于本能考虑，他们通常会保持沉默或是提供误导性的甚至是完全虚假的信息。因此，法医经常会勉为其难地以这些有限的或是错误的案件信息为依据而开展后续的调查工作。

死者家属即便是愿意配合调查，但也会因医学知识上的匮乏以及理解上的偏差而曲解相关案件事实。警察或非医务人员也会在传递案件信息过程中进一步加剧这种曲解，最终法医将会得到完全失真的案件资料。如遇到这种情况，法医应向验尸官、办案警察等委托人员请求提供更为完善的案件信息。如条件允许，法医还应联系近期为死者提供服务的医务人员。然而，一些紧急案件通常发生在夜间或周末，法医不得不在没有额外信息的情况下仓促开展尸体解剖工作。

虽然可以事后补充更为详细的案件信息，但如能对其事先掌握则会为解剖工作提供更好的检查方向。作者曾参与解剖一具尸体，当时案情仅反映死者为一名煤矿工人并患有慢性肺部疾病。解剖时也发现其心肺病变程度足以导致死亡，待解剖后将尸体返还家属。直至死者被埋葬后的次日，当地警方才提供了在尸体身上发现的有安眠药空瓶以及自杀遗书的案情。这个案情对于暴力性死亡案件则没有那么重要，因为尸体上的各处损伤本身就足以说明一切。当然，全面的案件信息将有助于解释损伤角度、致伤物性质等问题。

对于多数尸体解剖来说，案件信息可以用来适当地指导法医开展如上述案例所提及的额外调查工作。在过去，部分学者提倡应在无案情支持的情况下开展尸体解剖工作，从而防止这些案情左右法医的鉴定意见。这种观点显然是不切实际的，因为这将预示着每一例尸检都必须开展极为“细致、全面”的检查工作。例如，每具尸体都必须检查其脊髓且需要涵盖毒理学、微生物学、病毒学、影像学、硅藻、组织学等所有辅助检查项目，以至于我们无法甄别哪些工作是必要的或是不相关的。一旦这种工作模式被真正推广于法医学实践，除了繁重的工作负担外，其巨大的成本开销也足以让人望而却步。

在处理境外案件时，将尸体运回国内是一件极其困难的事情，其复杂程度受异于本国行政管理制度的影响较大。在一些制度极度欠缺的国家，获取真实甚至是完整的案件材料都是一种奢望，即使是后期动用国际刑警或外交渠道也是如此。

通过电话、邮件及传真等方式与对方同行进行沟通有时候也不失为一种明智之举。有时候法医难以从对方国家获取有价值的死因结论，可能是无法出具死因结果，也可能是提供过于模糊的鉴定结论（如心力衰竭）。自境外开展的首次解剖可能是片面的、欠缺的，甚至是虚假的。例如，尸检中发现有解剖缝合切口，但未对体腔内的器官进行检查和剖验。类似的问题已以调查报告的形式公开发表并呼吁推广多种形式的国际死亡证明[22, 23]。

当解剖中的客观发现存在不足甚至缺失时，死因鉴定的难度将会随之增加。此时，法医将会陷入两难的境地，一方面是根据现有案情对死亡原因进行推断，但有时候会得出错误的结论，另一方面则是接受无法明确死因的现实。

上述情况并不少见，Lead beatter、Knight Cordner 和 Pollanen 曾对此进行了充分讨论[24–26]。例如，已知的癫痫或是哮喘等疾病可引起人体突发意外死亡，但法医在尸体解剖中通常难以发现有价值的形态学改变来解释其死亡原因。类似的情况也多见于本书第 21 章中提及的新生儿猝死综合征，该疾病单从定义上即可得知其缺乏特征性解剖学改变且所提供的案情资料通常也是寥寥无几。

低温患者可在院内保暖治疗后 1～2 天死亡，其尸体解剖结果虽呈阴性，但病历资料可准确无误地反映死者生前肛温为 26℃，其也为后续得出冻死的鉴定结论提供了关键性的依据。类似的案件不胜枚举，如在对一具从水中打捞回来的尸体进行解剖时，也存在无典型溺水征象的情况，但在河岸边却发现了死者的生前衣物和自杀遗书。

面对上述案件，法医往往缺乏足够客观的证据支持低温或溺水死亡。如法医以缺乏客观依据为由拒绝出具死因报告，则有可能以影响案件调查或诉讼程序推进等理由而备受指责；反之，法医如果出具了“低温”或者“溺水”死亡的意

见，则有可能在法庭上遭到律师的质询，认为该结论缺乏客观证据，存在捕风捉影的嫌疑。

法医如果认为所提供的案情足够充分、可靠，则应尽可能出具接近真实情况的死因结论，但需要在尸检报告讨论部分中阐明该结论是在现有案情分析的基础上而得出的，应避免类似描述“受害者被直接击穿头部”等片面而刻板的内容。就法医个人而言，其应在尸检报告的起始部分阐明所谓的“传闻”内容。因此，他们与其描述“死者头部遭到两名男性重击”，不如说是“据了解，死者头部曾遭到两名男性重击”。

除解剖过程中的客观发现外，尸检报告中还应涉及基于该内容而进行的结论性分析。如死因不够明确，该部分内容还应包括鉴别诊断分析；此外，对最终意见的合理解释以及存在多种情况的内容也应在结论性分析中予以阐述。

撰写尸检报告的最大难点是如何对实际“死亡原因”进行表述。相关词语需要根据世界卫生组织（World Health Organization，WHO）的规定以官方的形式记录于本国法律性文件中，这也使得法医没有太多的操作空间出具倾向性或解释性鉴定意见。法医最多可以根据现有案情资料出具最为合理的结论，或是在符合正当法律程序的情况下形成无法明确死因的意见。

法医面对的是控辩双方律师质询的质疑和责难。双方律师认为法医的意见是基于传闻的，该结论建立在偏听偏信的虚假材料之上，而非以客观证据事实为依据。

如法医认为委托方提供的案情资料足够可靠，那么对他们来说最好的办法是给出最可能的、最合理的死亡原因。如果受害者的大脑被子弹击穿，那就需要在尸体解剖报告的讨论部分分析清楚，说明得出的意见是基于具体情况考虑，而不是武断的表述。尸体解剖报告前的案情简介，法医应该注意介绍“听闻”的情况。案情资料充分且案件调查事实客观、准确时，则应在尸检报告鉴定意见中摘录相关内容，以表达自己所得出的死因结论是出于真实案件情况的考虑，而不是类似于受害者被子弹穿过大脑时可提示的教条式陈述，证明其结论不是一种无依据的推断。在鉴定意见中记录病史摘要时，法医应该小心地指明案情资料的来源。因此，法医不应该写“死者被两名男性击中头部”，而应该写“有人告诉我死者被两名男性击中头部”。当然，还应避免因过度依赖案情资料而忽视尸检中的客观发现，出现类似只根据案情判断受害者死因，而忽视其头部枪弹创的情况。法医在对案情资料进行甄别后可将相关内容摘录于尸检报告的首页并在报告论证部分对其进行客观陈述。例如，案情资料记载“死者被两名男性击打头部”的内容可在论证部分描述为“据案情资料反映，死者被两名男性击打头部”。

尸体解剖报告鉴定意见书与其被认为不应该仅仅是对解剖学发现而进行单纯描述的一种空洞无物的客观陈述性材料，不如说其应该是一种基于法医学专业知识所凝练的论证分析性书证材料。在死亡原因不够明确的时候，论证分析中应当包括“鉴别诊断”，以及对最终意见的合理解释，不能在多个可能死亡原因之间摇摆不定。报告鉴定意见书中的鉴别诊断部分往往需要在明确和不能明确死因之间进行翔实的逻辑论证。

按照死亡原因描述需要同时满足本国官方及世界卫生组织的规范，“死亡原因”的相关用语应当进入法律和国家的词库，这也让死亡原因表述的困难增加。这样可避免法医出具多倾向性或过于分散的解释性意见及结论。但根据出于“最佳猜测”原则实际案件需求，法医可选择摘录他们认为最合乎理性的意见内容，也可以合法诚实地出具或是出于法律上的诚信而出具“死亡原因不能确定”的意见结论。

针对解剖室潜在感染和其他风险的防护措施

解剖室作为工作场所，会给相关工作人员带来许多健康和安全风险。可通过加强安全意识、搭建安全设施、规范技术操作以及配套监督管理机制等形式将这些潜在安全风险降至最低。相关风险包括：① 感染风险；② 由于接触解剖锐器、骨折碎片、滞留于死者体内的5B5弹残片等异物以及死者身上沾染的毒物和放射性物质所造成的

人体物理性损害；③ 搬运重物时或是因地面湿滑发生摔跌后所产生的损伤；④ 因仪器故障、适配错误及维护不周所引起的触电事故。

感染风险

法医需要意识到，在解剖每一具尸体时都有可能存在被感染的风险，尤其是那些无目击证人、现场环境和案情缺失以及死者身份不明的案例。在面对吸毒及滥交的死者人群，法医在尸体解剖过程中感染艾滋病、结核病或肝炎的风险或许远高于其他一般人群。法医、办案警察、停尸房工作人员以及后续处理样本的实验室人员等都存在被感染的风险。

病原体可通过破损皮肤或是眼睛、口腔黏膜，甚至是吸入含血的气溶胶进入人体。其中，皮肤损伤可因在解剖时接触边缘锋利的骨折碎片、解剖刀具以及缝合针所造成，也可以是法医解剖前即已存在的伤口。这方面的论文非常多，但并未有达成一致性的观点[27]。Burton 在一篇近期发表的综述中提及了发生于 1984 年的首个在工作中感染 HIV 的案例[28]。随后，英国卫生安全局于 2005 年发布的报告显示，全球范围内已累计发现 106 例与职业相关的 HIV 感染案例，还有 238 例疑似因职业因素感染 HIV（截至 2002 年 9 月）。然而，实际感染人数尚未明确，也许远高于现有统计学数据。在这些报道的案例中，有 4 人是尸体防腐工作人员或停尸房技术人员。其中 1 人明确是由在解剖时被骨锯划伤皮肤后形成深层创口所致[29]。其余 3 人则疑似在工作中被感染[30]。Johnson 等完整报道了一例类似事件，即一名法医在剥离头皮时被手术刀割伤手部并形成深达 1.0 cm 的创口，随后被确诊患有艾滋病[31]。

一派学者坚持认为，每次解剖前都应该采取全面的防护措施从而避免被感染，这与处理何种类型的案件无关。然而，该措施对于工作任务繁重的验尸官和法医来说几乎是无法做到的，且难以避免存在感染风险的样本检材被送往其他实验室。

另一派学者则认为，可在尸体解剖前抽取股动脉血用于 HIV、肝炎病毒检测。这种检测通常可在数小时内收到结果，随后根据该结果制订进一步的尸体解剖计划。极端情况下可以“风险-回报率”过高为由放弃本次解剖。更常见的方式是，针对这些“问题”尸体解剖给予格外的关注，即加穿防护服以及佩戴防护面具、口罩及金属防割划手套，限制见证人数，遴选经验丰富的高级技术人员以及对提取的生物性检材加贴警示性标签。

至于尸体需要放置多长时间才可有效降低 HIV 感染性的问题尚无定论。在室温条件下放置 2 个月的血液样本仍可以检测出高滴度的 HIV 且 HIV 在 3 周内仍保持较高活性[32]。在死后 21 h 的尸体内，其血浆、单核细胞碎片中仍有 51% 的病毒处于存活状态[33]。另有研究显示，在死后 18 h～11 天均可检出具有活性的病毒。死后 14 天的脾脏也曾检测出病毒成分。冷藏可能会对病毒存活时间产生些许影响。Douceron 等对从冷藏尸体中获取的血液和渗出物进行了微生物培养，发现在死后 16 天仍可以提取到具有较强活性的病毒，并认为没有可靠的最大时间窗确保尸体不具有感染性[34]。针对皮肤接触艾滋病患者血液或组织的情况，工业化国家形成了一系列补救预防措施、标准。

针对如结核、肝炎、炭疽、鼠疫、克-雅病、马尔堡病毒病等其他感染性疾病，这些国家同样制定了符合本国国情的健康安全防护规章、制度。

其他有毒生物化学物质

知识拓展 1.4　生化武器古代史

自古以来就有利用有毒生物、化学物质作为战争或者暗杀的武器。例如，利用有毒植物的根茎（藜芦——围攻基尔哈战役，公元前 595 年）和有毒尸体（托尔托纳战役，1155 年）污染水源；俄国人于 1346～1347 年及 1710 年分别向被围困的卡法（费奥多西亚，乌克兰）城内以及由瑞士人占领的雷瓦尔（现在的爱沙尼亚塔林）城内投放因瘟疫死亡的尸体[35-36]。尽管 1899 年和 1907 年颁布的海牙公约明文禁止在战争中使用填装有窒息性或有毒气体的弹药，但仍有大量刺激性化学物品、损害人体肺脏或皮肤的物质在第一次世界大战中被试验和应用。据 Wheelis 报道，在 1915～1918 年，德国甚至制订了一项主要针对服务于盟军的中立贸易伙伴国的生物作战计划[37-38]。在第二次世界大战爆发前后，各类有毒生物、化学物质被用于个人犯罪、国际争端、军事冲突及恐怖主义活动。

尸检：尸表检验

相较于以明确疾病死亡为目的的临床尸体解剖，尸表检验在法医学调查中则显得极为重要，特别是涉及外伤致死的案件。在这类案件中，体表损伤的重要性在于通过法医学分析为推断致伤物性质、作用方向等重要问题提供外部依据。因此，在操刀解剖前需要给予法医充足的体表损伤分析时间（图 1.5）。

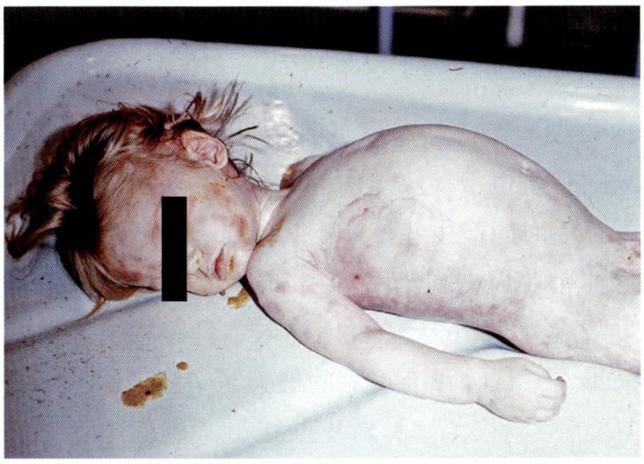

图 1.5　尸表检验必须注意每一个特征。图示是一名颜面部挫伤的受虐儿童，存在明显的腹部膨隆；肠管受到击打而破裂，并且救护人员给其输氧过程中因氧气溢出扩张了其腹腔

尸表检验常规流程依案件性质的不同而有所差异，但应遵循特定的基本原则。我们将会在下文中提供一些非常有用的原则，读者可根据个人习惯在此基础上予以适当调整。关于如何在各类刑事案件中根据办案和团队实际需求调整尸表检验原则将会在后面部分进行探讨。

- 尸体种族和性别信息可在确定死者个人身份及脱去死者衣物后得知。通过测量尸体大小评估儿童死者的年龄；成年人则根据皮肤弹性、老年角化症、坎贝尔·德·摩根斑点（血管瘤 / 樱桃血管瘤）、老年性紫癜和老年斑等皮肤及眼部特征予以确认[39]。头发色泽、牙齿脱落及关节病变也能反映出死者年龄状况。鉴于以往时常发生尸体被错误解剖的教训，应将根据体表特征推断的结果与案件信息中死者的年龄进行比较，确认两者之间是否存在矛盾。
- 尸长是指死者颅顶至足跟的距离（新生儿尸长的测量方法将在后续内容中予以详述）。测量尸长时，应避免从足尖处开始测量，这是由于受尸僵影响产生的足跖屈可使从足尖开始测量的尸长结果高于死者实际身高数厘米。
- 需要注意的是，死者生前和死后身高之间可能存在数厘米的误差。该现象是由多种相互排斥且共存的因素所引起。例如，尸僵形成前肌肉松弛可造成关节间隙增宽，而椎间盘收缩则会引起尸长缩短。
- 如条件允许，应以千克为单位对尸体的重量进行称量；如果不具备条件，则需要进行大致估算。婴儿的尸体必须进行称量。肥胖、消瘦、脱水、水肿、恶病质等一般营养和体质状态也需要进行评估。
- 死者的体表清洁程度、个人卫生状况、头发胡须长度、指（趾）甲状态、有无尿液和粪便沾染以及身体营养等征象均反映了死者本人或其看护者对死者个人生活的重视程度，是否存在刻意而为之的情况，如尸体上有无蛆虫虫卵附着（图 2.13～图 2.15）。由于死者身上出现的跳蚤或虱子等寄生虫会对尸检工作产生干扰，因此需要在开展后续工作前对其进行清理。
- 观察尸体皮肤颜色变化，尤其是尸斑（具体参见第 2 章）。观察面部、双手和双足是否充血或者发绀。局部皮肤是否有颜色改变，尤其是单侧肢体（图 1.6），提示动脉栓塞或早期坏疽；大关节处出现的粉红色或棕粉红色斑块提示体温过低（具体参见第 17 章）。其他异常的颜色改变包括高铁血红蛋白增多可引起皮肤棕褐色改变；梭状芽孢杆菌败血症可导致皮肤出现青铜色斑点；氰化物中毒，皮肤一般呈暗红色；一氧化碳中毒，皮肤呈樱桃红色。不同种族的肤色会影响观察异常皮肤颜色改变的难易程度。
- 记录所有先天性畸形，如内翻足（马蹄足）、脊柱裂、痣或者多趾。

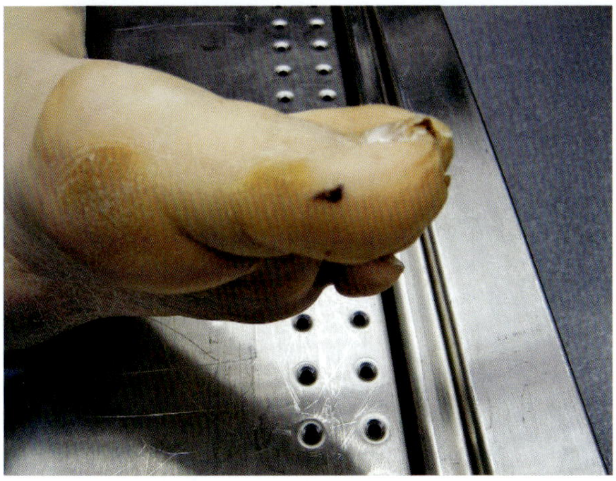

图 1.6 对尸表检验发现的微小变化合理解释，可为潜在死亡原因提供线索。本案中，细菌性心内膜炎脱落的脓毒性栓子导致拇趾皮肤坏死

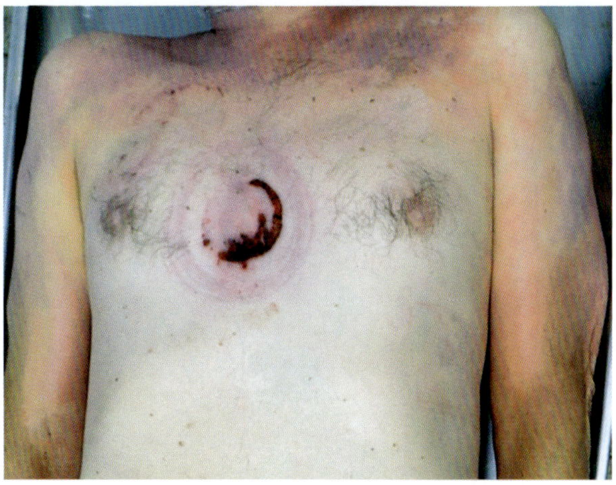

图 1.7 心源性猝死者体表的死后人为损伤。该男性倒在街上，护理人员使用隆德大学心脏停搏系统（Lund University cardiac arrest system，LUCAS）对其进行了闭胸心脏按压

后天形成的体表标志对于确定身份很重要，可能和生前损伤、疾病有关。注意观察文身（图 3.1～图 3.4）、身体打孔、包皮环切、截肢、手术瘢痕、陈旧性骨折畸形、外伤瘢痕、烧伤或者腕部和喉部的自杀试切痕等（具体参见第 3 章）。仔细鉴别体内外的人为抢救损伤与原始损伤，以确定心肺复苏（cardiopulmonary resuscitation，CPR），该操作由经过训练的人执行（图 1.7）。

- 仔细检查手部，观察陈旧和新鲜伤、抵抗伤或电流斑。电流斑通常不明显，难以发现，必要时需要掰开手掌或切断腕屈肌腱来观察。
- 口鼻周围发现呕吐物、泡沫或血液，而粪便和尿液已排空。死后腐败通常导致液体从体内排出。有时，非法医专业人员在现场所见的所谓的“致命大出血”，实际上仅是受腐败气体压迫而产生的血性液体。

记录阴道分泌物或出血，检查是否存在耳道出血或脑脊液渗漏。死后体外射精无意义，常出现在各种死因中，且与窒息死亡无关联[40]。

- 通过臂、腿弯曲抗阻评估尸僵程度。应检查双侧臂、腿，因为单关节僵硬可能是疾病或陈旧性损伤导致的。仅测试一个关节可能会

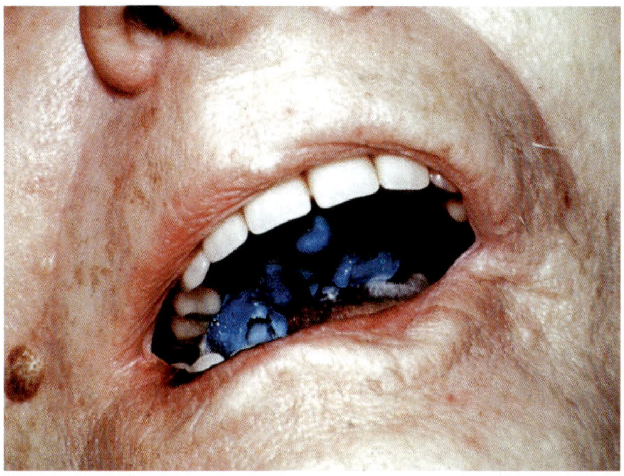

图 1.8 全面的尸表检验至关重要。本案在口腔内部发现多颗戊巴比妥胶囊，为死亡原因提供线索

造成错误判断。尸僵和尸斑的法医学意义在第 2 章中进行了讨论。

- 仔细检查体表新近损伤（除既有瘢痕外）。体表损伤具有重要意义。妥善在人体图上记录损伤，进而将其转换为尸体解剖报告的书面表述。妥善保存原始记录，如有争议，法庭可能要求出示（图 1.9）。

据第 4 章定义，损伤应被清晰地分为擦伤、挫伤、挫裂伤、切割伤及烧伤等。应当描述每个损伤的形状和边缘情况，必须测量其长度、宽度、体表方向以及与特定解剖部位的相对位置。例如，用普通医学术语对胸部刀伤进行如下描述：

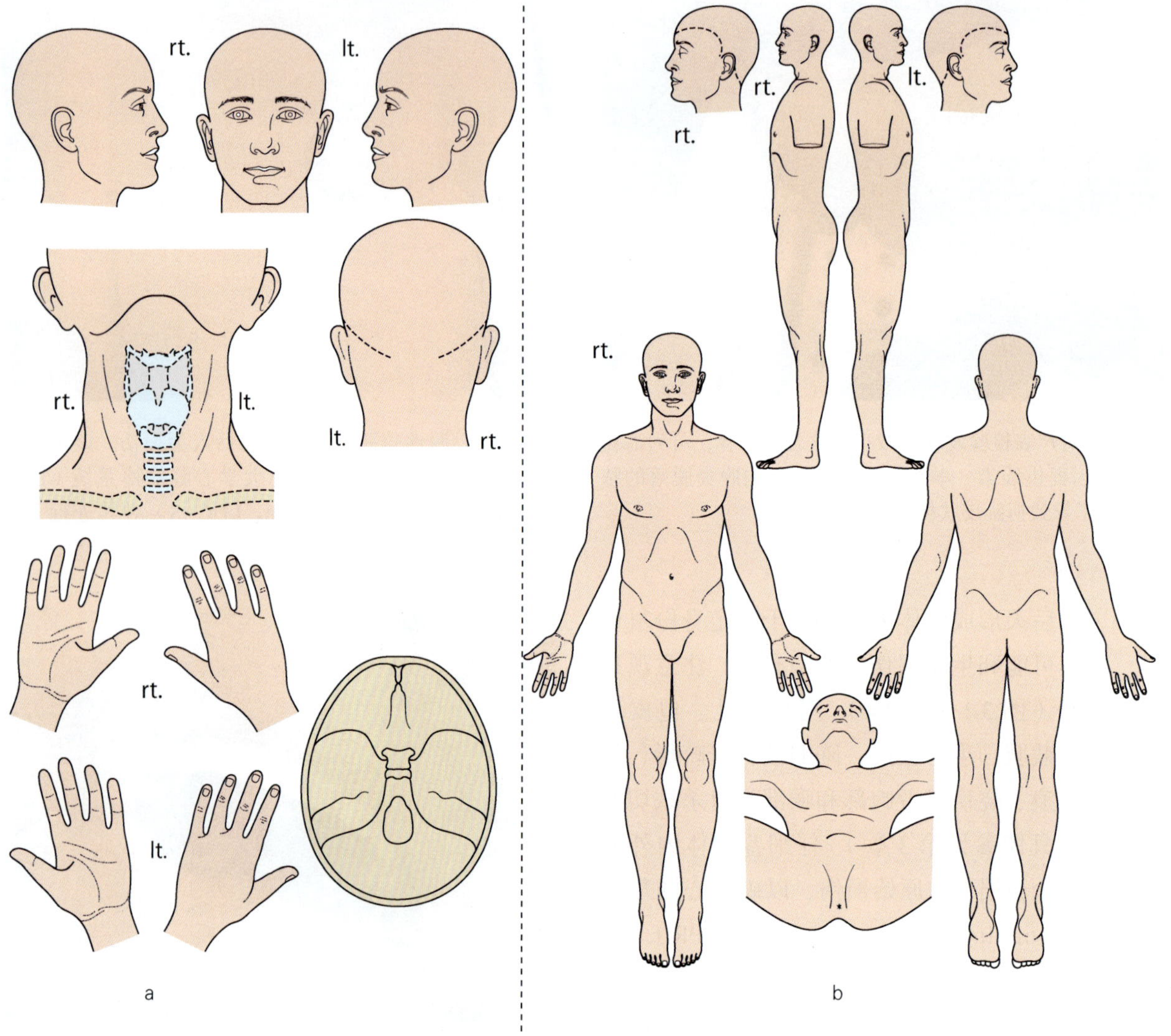

图 1.9　尸表检验记录所用各类人体解剖图（a，b）（rt. 表示右侧；lt. 表示左侧）

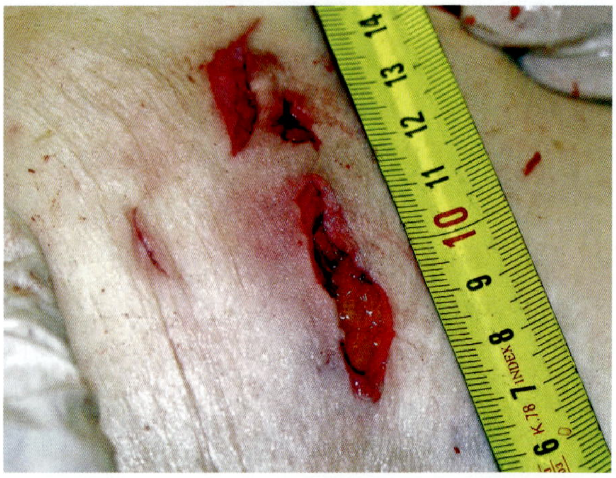

图 1.10　体表损伤检验和拍摄。完成初步检查并取样后，清洁伤口区域，必要时刮除周围毛发，同时放置比例尺并拍照

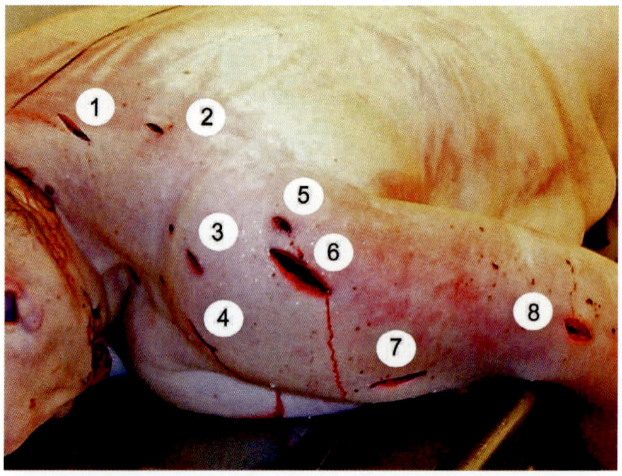

图 1.11　有多个相似损伤时，摄影与解剖记录一致有助于提高尸体解剖报告的清晰度

左上胸部见一斜行刺创，内侧创角低，外侧创角高。创口长 20 mm，合拢创口长 22 mm。中心最大宽度为 4 mm。创口中心位于乳头连接线下方，距离中线 6 cm，距左侧乳头 7 cm，距左锁骨中线 18 cm。创口距足跟 132 cm，呈卵圆形，上钝下锐。创口方向自上而下，上缘内侧边缘见皮下组织外露。

此类描述结合警方提供照片在此后任何时间都可以清晰地说明损伤情况。损伤与解剖学标志的位置关系、损伤距离地面的高度都和受害者、攻击者的姿态以及攻击的角度有关，这些都是法律关注的问题。头皮参考点包括枕部、耳尖、头顶点及头部中线，面部主要参考点有眉毛、鼻根、鼻尖、口唇、颏部以及下颌角。擦伤或挫伤面积大时，只需要测量大概损伤范围，不需要详细描述，如“左大腿外侧广泛分布”“右胸腋窝至肋缘处 23 cm × 18 cm 范围的广泛挫伤”。

广泛分布的烧伤可采用“九分法”估算总面积，具体参见第 11 章[41-43]。

可用同样方式描述其他损伤，如火器伤。但需要注意在法庭科学技术人员采集样本前，不要清除创口周围的残留粉末或其他微量物证。

头部损伤，首先要检查原始状态的头皮，收集微量物证。然后用海绵和水轻轻去除创口内血凝块。刮除创口周围头发，以便对损伤全貌和创缘形态进行分析和拍摄。使用新手术刀片刮头发，使刀刃几乎与头皮保持平行以避免人为损伤。应由法医亲自操作，避免技术人员介入，如此可区别人为损伤与原始损伤。

- 仔细检查眼睛，特别检查眼睑、结膜和巩膜外部的点状出血。虽然出血不意味着窒息，但仍需要对其进行解释。应检查耳后、面部，尤其是口周、下颌及前额是否存在出血点。务必仔细鉴别细小的出血点和更加明显的坠积性出血。坠积性出血常见于肩部、上胸部，是死后静脉充血坠积形成，特别容易出现在体表未受压处。死后体位性出血没有法医学诊断意义，其与生前出血很难区分。

  瞳孔大小无关紧要，尸僵会影响调节瞳孔大小的虹膜开大肌，导致其收缩程度不同，进而导致两侧瞳孔大小不一致（具体参见第 2 章）。检查是否存在义眼、隐形眼镜、晶状体混浊和其他的眼部问题。虽然白内障和玻璃体积血等眼部病变可能影响视力，但尸检无法评估死者生前视力情况。
- 检查口腔是否有异物、药物（图 1.8），牙齿是否受损、牙龈和口唇是否受伤、是否有癫痫的舌咬伤或下颌的外伤。在尸体解剖前检查并取下义齿。如第 14 章所述，口腔中有胃内容物未必表明生前有反流现象，但仍需要注意。口唇周围干性粉末可能提示近期服用药物或毒物（图 31.1）；口唇和下颌的腐蚀常见于刺激性毒物中毒（图 33.4）。记录口鼻或耳道出血，解剖时查明原因。在溺水等引起的肺水肿中，口腔、鼻孔可见泡沫状液体流出。泡沫可能呈粉红色或显血性。大量泡沫才具备法医学意义。肺部小血管或咽喉部血管破裂出血使泡沫呈血性。
- 仔细检查肛门及外生殖器。死后肛门状态具有误导性，括约肌松弛导致肛门扩张形成大开口，甚至可观察到内部黏膜。此种情况亦可见于儿童，没有新鲜黏膜撕裂或精液拭子阳性等确凿证据，无法假定儿童遭受虐待。

传统教科书将漏斗形肛门视为长期同性恋性行为的标志，但由于其罕见，真实性受到质疑。漏斗形肛门是正常解剖变异，位于臀部深处，在肛门黏膜皮肤交接处更明显。所谓“习惯性肛交者光滑、银色角质过度化的皮肤”无诊断价值，因慢性刺激引发的抓挠（与痔疮、病毒感染或蠕虫有关）也可形成同样症状。肛门新鲜撕裂、瘢痕、齿状线消失等特征可用于判断。然而，慢性便秘也可导致这些状况（具体参见第 18 章）。

外阴和阴道检查可排除损伤和疾病，如有性侵可能，应进行详细和特殊解剖技术检查（具体参见第 18 章）。男性生殖器常规检查阴茎、龟头和阴囊，并触诊睾丸。包皮环切术痕迹有助于个人身份认定。

尸检：尸体解剖

法医学尸体解剖与其他类型解剖一致，视案件性质（刑事、民事以及意外）变化（图 1.12）。

已有大量尸体解剖操作手册及解剖室技术人员指南[44-47]。本书为非专业人员及因环境限制而被迫进行尸检操作的人员提供了技术大纲。此外，本书亦会介绍一些特殊解剖术式，详见本书不同章内容。婴儿尸体解剖在本书第 20～22 章讨论。

常规解剖术式是自喉结向下绕脐至耻骨联合处，几乎是一条直线。因高领寿衣无法遮挡颈部缝合痕迹，故上端切口不宜超过喉结（图 1.13，图 1.14）。

另一种常见的方法是自两侧耳后交汇至胸骨柄上方，然后向下形成“Y”形切口。此切口常用于婴幼儿或需要保护颈部结构的尸体解剖中。美国法医倾向于使用此术式，甚至会使用深“U”形切口。

应用“Y”形解剖切口可轻松剥离颈部上方及下颌部皮肤并充分暴露颈部皮下深层组织结构，因此其也被认为是检查扼死、勒死及缢死等颈部损伤的首选解剖术式。颈部组织剥离应在开颅或提取脑组织后进行。Prinsloo 与 Gordon 发现，若首先剥离颈部组织，可能出现假性出血，其表现可能难以与生前颈部损伤鉴别[48]。Pollanen 等在其构建的人体实验模型中发现相似情况，将无任何体表损伤且尸斑尚未稳定的尸体头部朝下放置于 25° 倾斜角的木板上，并在室温（～22℃）及冷藏（4℃）条件下先后各放置 24 h 后解剖，发现尸体颈前区软组织及肌肉出现大范围的坠积性出血或出血性尸斑，其镜下组织学改变甚至难以与急性挫伤、出血相鉴别[49]。经过多次尸体实验，结果相同，但并非所有尸体都有出血现象。Gorden 等还指出，优先开颅可

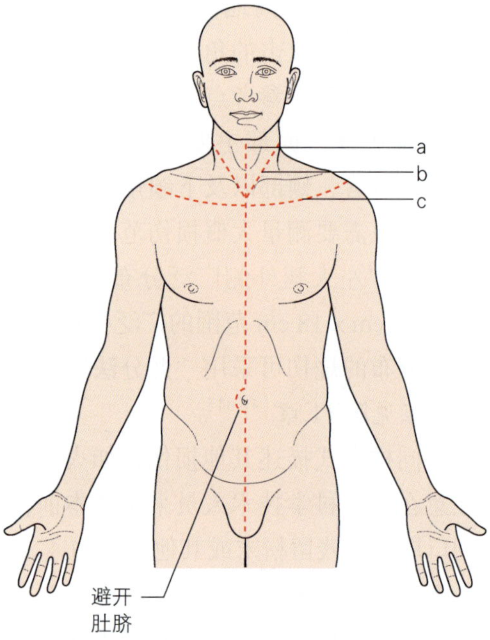

图 1.13　尸体解剖切口：（a）标准中线切口；（b）“V”形切口；（c）锁骨下切口

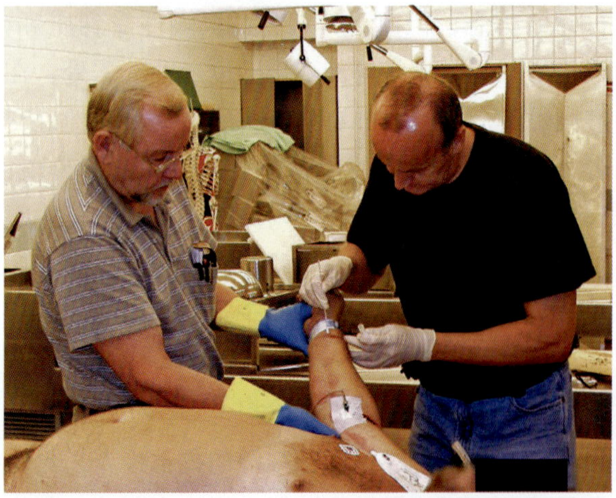

图 1.12　一例他杀尸体解剖前，警方提取受害者手部微量物证。法医必须在解剖时提供所有设施以便帮助其他人员完成工作

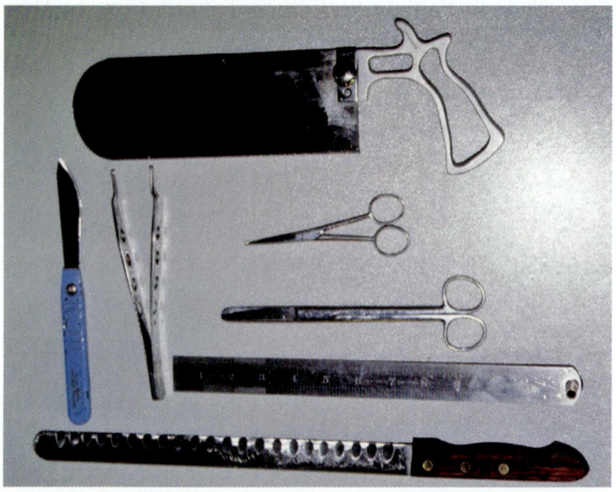

图 1.14　用于尸体解剖的必备工具。可根据实际需要添加额外工具

有效避免腹腔内腐败气体对尸体自身异常气味的干扰[50]。

“Y”形切开术同样适用于颅面部的检查。其可检查皮下软组织挫伤或面颅骨骨折等情况。如解剖手法足够细致，法医可剥离死者完整面部皮肤，复原后几乎不会影响死者原貌。此外，颈部两侧切口可于耳后与头部冠状解剖切口相接，进而完整剥离颅面部及颈前区皮肤。

颈部切口应浅，避免损伤皮下软组织和器官（如气管）；而胸部切口则需要深达胸骨骨质。腹部切口深度应限于皮肤及皮下脂肪组织。为防止手术刀将肠管划破，可在腹部某处切开一小口，沿切口将手指伸入腹腔内并分离腹膜与肠管；最后，沿腹部长轴将腹壁皮肤切开。

解剖头部时，手术切口应自两耳后交汇于颅顶部，其切口应深达骨质。对于头发稀疏或秃顶的死者，应在颅顶部偏后侧切开头皮，便于隐藏头部缝合切口。而对于头发浓密的死者（如儿童），可将死者头发湿润后上、下分离并暴露头皮切割轨迹。如此即可防止切断头发，亦可在解剖后用头发掩盖缝合切口（图 1.15）。

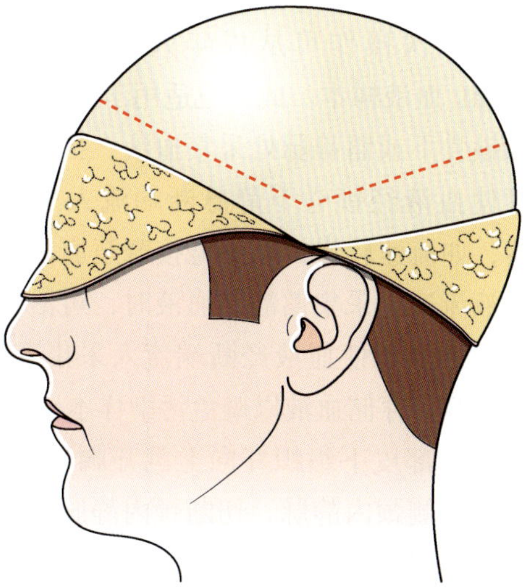

图 1.15　斜角锯开颅骨，可防止复原时颅盖骨滑脱

暴露体腔

沿解剖切口分离周围皮肤及皮下组织。为保护尸体外观，注意不要刺破皮肤，尤其是颈部皮肤。颈部软组织应分离至颈部外侧缘及锁骨外1/3 处；胸部软组织（包括胸壁肌肉）应分离至腋中线，可沿后肋缘继续向后分离。

腹前壁可采取与颈胸部相似的方法进行分离。具体而言，可先分离皮肤及皮下脂肪组织，暴露腹壁肌肉；或者一同剥离包括皮肤、脂肪及肌肉在内的所有腹壁软组织。应从后肋缘处开始剥离腹壁肌肉，如尸体皮下脂肪较厚，可在腹壁下方壁腹膜处做多个横向切口以缓解腹壁张力。需要注意，在做横向切口时应避免将腹壁皮肤划破。

暴露胸腔

死后影像学检查（如 CT 扫描等）是诊断气胸的有效技术手段。在尸体解剖过程中，可剥离肋间隙软组织，然后用手术刀尖划破顶部胸膜直接观察肺组织膨胀情况，但其观察效果受胸膜粘连程度影响较大。此外，还可将分离的胸壁贴近肋骨围成囊状结构并向其内注入清水；随后，在水面下近腋中线处刺破胸壁，观察是否有气泡逸出。当胸腔与支气管存在明显贯通时，气胸实验往往难以成功。但针对张力性气胸，其检验效果较好，刺破胸壁时即可听到气泡溢出的嘶嘶声。

分离胸锁关节是打开胸腔的首要步骤。通过晃动尸体肩部确认胸锁关节位置，将刀尖垂直插入关节囊内并沿弧形边缘切割、分离胸锁关节。老年人关节多僵硬，可在切断双侧肋骨后再将锁骨锯断。手锯或骨钳是切割的主要工具。手术刀可直接离断儿童或多数成年人的肋软骨，但此操作的胸腔暴露范围相对有限。手术刀可轻松切断婴幼儿所有肋骨；老年尸体解剖则应用高质量手术刀，以防止提取后续器官时刀刃变钝。离断第 1 肋骨时，建议选用电锯、骨钳等工具。

沿肋骨侧缘，用锯子向上锯至胸锁关节区域。在切割肋骨时，应保持较小的入锯角度，尤其是在胸膜粘连时，避免损伤肋骨下方肺组织。应提起胸骨及离断肋骨并分离附着的软组织。分离纵隔软组织时，手术刀应紧贴胸骨内侧面以避免损伤心包。观察胸骨和离断肋骨是否有骨折及软组织损伤：心肺复苏术后该部位多见损伤。

此时，胸腹腔已完全暴露，随后可开始检查

各组织器官。应观察双肺膨胀程度，是否存在萎陷、气肿、弥漫性或局部不对称性肿胀。同时，评估双侧胸腔有无粘连、渗出、脓液、积血和纤维蛋白渗出，以及有无胃内容物残留。

腹腔检查

在切开腹壁时，可能会看见腹水、粪便排泄物、脓液和血液等异常液体。尽管如此，仍需对腹腔各器官进行深入检查（图 1.16）。

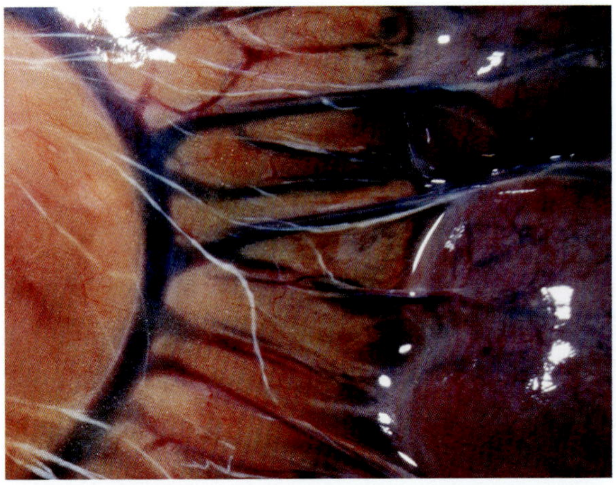

图 1.16　肠系膜淋巴管中白色闪亮的脂肪滴（乳糜微粒）提示为餐后状态

首先，评估大网膜是否存在炎症或脂肪坏死等改变。随后，将其翻起，检查有无肠袢梗死、腹膜炎或肠梗阻。此外，应鉴别死后血液坠积与肠坏死（可能由肠系膜血管栓塞或绞窄性肠梗阻引起）。虽然两者颜色相似，但展开肠管后可见血液坠积多呈不规则节段性分布，而坏死的肠管区域连续，表面缺乏光泽，且质地较脆。

将肠管拨至腹部一侧后检查是否存在腹主动脉破裂引起的腹膜后广泛性血肿或是有无动脉瘤形成。

体液样本采集

在多数情况下，尤其在涉嫌刑事犯罪时，法医在解剖过程中常常采集血液、体液及组织样本供后续实验室检查。关于性犯罪的拭子等样本采集细节，请参见第 18 章。通常，在解剖初期采集血液及体液，主要用于毒理学、生物化学、微生物学及血清学检测分析，具体参见第 27 章。

样本采集部位往往取决于实验室检测目的和需求。当样本需要进行毒物分析时，采样操作应格外小心，具体参见第 27 章。

作者不建议采集内脏器官血液样本，尤其是需要检测那些死后易于弥散的小分子物质，如乙醇和多数的化学合成药物。考虑到样本获取的便捷性，传统教材多推荐采集心脏血液用于后续实验室检查，但心脏血液常常因胃肠道弥散作用而受到污染。人体死亡后，组织器官的黏膜及浆膜细胞屏障遭到破坏，导致呼吸道、消化道内的分子物质向周围胸腹腔器官弥散，进而明显增高器官内血液物质浓度。

Pounder 和 Yonemitsu（具体参见第 27 章）模拟了死后胃内容物弥散现象，将混有乙醇和对乙酰氨基酚的黏稠液体灌入尸体气管内。实验结果表明，两种物质在胸腔血液中的浓度明显增高，而在股动、静脉血液中则未检出[51]。

不同于碳氧血红蛋白，乙醇这类小分子物质在不同器官内的血液浓度差异显著。鉴于此，以下为推荐采血部位：

- 在尸体解剖前，用注射器对股静脉穿刺抽血。多次操作可从成年人体内抽出至少 20 mL 血液样本。此法也适用于尸表检验。
- 从锁骨下或髂静脉处采集血液。抬高尸体双臂使血液经锁骨下静脉断端流入采集内容器，如流速较慢，从手臂按摩至肩部以增加血液流速。采集髂静脉血液时，可沿大腿内侧向上揉压使血液经断端流入采集容器内。用新容器存储血液以避免污染样本。
- 分离颈部皮下组织并向上翻开胸锁乳突肌，暴露双侧颈内静脉。切断颈内静脉后可采集足够血液样本。但剪断颈内静脉时，混有心脏血液的上腔静脉血可能自胸腔入口处涌出，导致血液物质浓度检测有偏差。可剪开颈静脉上段收集头部血液样本，调整头部位置促进血液流动。

碳氧血红蛋白等物质难以经消化道吸收。对于这类物质，可采集任意部位血液样本进行血清学和毒物分析，但体腔内的残留血液因易受胃肠内容物、黏液、尿液、脓液及浆液污染，故不宜采集。

尸体解剖前，可用导尿管引流或在耻骨联合上方穿刺获取尿液。常规方式是在开腹后、取器官前，原位抽取膀胱内尿液。膀胱充盈时，直接从膀胱底部抽取或放入器皿以收集尿液。膀胱空虚萎缩时，需要先牵拉膀胱底部，充分展开后剪开膀胱用注射器抽取尿液。避免附近血液污染尿液样本。

尸体解剖中，可采集玻璃体液和脑脊液以检测钾离子，帮助毒物筛查或推断死亡时间（具体参见第 2 章）。提取玻璃体液时要谨慎，将眼睑掀起，然后将接有皮针的 5 mL 注射器刺入眼球外眦。提取完成后，眼睑覆盖穿刺针眼，如此可避免损伤视网膜并使眼球外观不变。视网膜与玻璃体液化学组成不同，应尽量避免提取到视网膜脱落物。针头抽取位置应远离视网膜靠近眼球中央，动作宜缓慢、轻柔。考虑两眼玻璃体液成分差异，足量的两眼样本混合为佳。采集后，注入清水使眼球恢复原状。

采用临床腰椎穿刺法提取尸体脑脊液。对婴幼儿，需要将其身体垂直扶起并屈曲其身体；成人则侧卧于解剖台上并屈曲其身体。也可选择经寰枕间隙穿刺至小脑延髓池内抽取脑脊液样本。

死后，神经系统无液体压力，必须主动穿刺抽取脑脊液。如此方法无法获取足量脑脊液，可开颅后经大脑表面穿刺至脑室抽取。但提取脑组织后，难以从颅骨间隙内抽取到可用于实验室检查的清亮而透明的脑脊液。但是经多次离心，液体化学成分改变，可导致实验结果缺乏可靠性。

器官提取

检查胸腹腔后，可采用改良 Rokitansky 术式或 Letulle 术式（Maurice Letulle，1853～1929 年）。首先分离并切除肠管，而后联合取出其余器官样本，具体操作如下：

向上提起大网膜，充分暴露小肠肠管，在腹膜后与十二指肠末端交界处（空肠起始段）切断肠管及其肠系膜。如需保留胃肠（十二指肠、小肠）内容物，则用缝线结扎肠管两侧断端，避免内容物流失。随后，切断肠管与肠系膜的连接，游离小肠至回盲部。

将盲肠向正中推开，分离周围软组织。尽量避免使用手术刀，以防划破肠管。分离至结肠右曲时，下拉网膜，使横结肠与其系膜保持张力，并切断系膜，避免划破邻近胃壁。分离至脾曲时，将降结肠、乙状结肠游离出腹壁。最后在直肠上段切断肠管或将连接至直肠的其余肠管全部取出。

颈部器官提取

为便于颈部器官提取，可在尸体肩部下方放置一 10～15 cm 高的衬垫物，使尸体头部后仰并伸展颈前区。放置衬垫物时动作宜轻柔，避免 C6～C7 椎间盘撕裂，导致颈椎下段半脱位，即所谓死后假性骨折。这类颈部脱位会被误认为是生前损伤，特别是在颈椎前纵韧带发现有假性出血时[48]。手术刀经颈部皮下组织插入口腔底部，沿下颌骨内侧分离舌头，而后分离咽后壁、侧壁，切除扁桃体区域。用手指经下颌骨伸入口腔，将舌头拉出，同时切除咽后壁周围软组织，游离颈内动脉及所有颈部器官。完成后，检查喉头及声门，观察上呼吸道内是否有异物阻塞、出血等异常改变。

胸腔器官提取

于锁骨及第 1 肋内侧缘处切断血管和神经组织，游离出气管和食管。提起游离颈部组织并向下牵拉，保持张力，用手术刀小心分离附着于胸椎上的软组织。刀刃应朝向胸椎，避免损伤食管或主动脉。

提取胸腔器官时，牵拉动作应轻柔。可将两手指衬垫于双肺上叶下方，同时抬起肺叶和纵隔，另一只手则用手术刀分离脊柱周围软组织至膈肌。手握颈部组织并牵拉胸腔器官，易扯断颈部组织；同时，过度牵拉会导致降主动脉形成类似交通事故损伤中的横向“阶梯状”内膜撕裂（具体参见第 9 章）。

胸膜粘连会妨碍双肺提取。对于轻度粘连，可直接切断粘连处；对于广泛性胸膜粘连，可沿胸廓边缘用手钝性分离粘连组织与双肺。若粘连组织致密、坚硬，甚至钙化（多见于职业性肺病或陈旧性肺结核），可用手术刀游离胸前壁的内侧胸膜壁层，并沿缺口将带有胸膜壁层的肺组织完整剥离。

腹腔器官提取

将分离的胸腔器官放回原位，并开始分离膈肌。首先，将肝脾向内侧牵拉，使其与同侧膈肌保持紧张；另一只手持手术刀，在近肋缘处沿膈肌边缘将其切断。手术刀切至脊柱前纵韧带时，用手向上托起对侧肾，继续向后切割腰大肌周围软组织，至骨盆骶尾部。对侧腹腔器官同样步骤分离切割，必要时可移动至对侧操作。

将胸腹器官提起并小心地向双足方向牵拉，阻力通常由未完全切断的前纵韧带引起。最终，倒置胸腹腔器官于解剖台上，器官间仅通过髂部血管、输尿管相连。切断这些连接组织后，将器官放置于带有水源、照明良好的取材台上。

盆腔器官提取

法医根据案件需要决定是否提取盆腔器官。若死因与盆腔器官无关，只需要原位检查。男性剪开膀胱壁检查膀胱三角及黏膜，而后检查前列腺，切开腹股沟管推出睾丸。女性，原位切开卵巢、输卵管，随后自子宫底至子宫颈沿中线切开子宫。

联合提取法有利于全面检查男、女性盆腔器官。对于男性，先剥离膀胱，沿盆壁切断前列腺及直肠下方组织，提取盆腔器官。对于女性，先向前牵引卵巢和输卵管，同时用手术刀分离膀胱前下方及盆壁周围软组织。最后切断阴道穹及直肠，提取盆腔器官。如怀疑存在性侵或堕胎时，则参照第 19 章的特定术式进行操作。

脑组织提取

着重讲述脑组织的提取。在耳后切开一侧头皮并经顶部延伸至对侧耳后。在颈部使用“Y”形切口时，可将颈部切口延伸至耳后切开头皮，进行面部解剖。

冠状切开头皮，上、下头皮分别翻至额部、后枕部。徒手或手术刀辅助分离头皮深层组织与颅骨。若存在头皮损伤如擦伤时，下头皮需要翻至颈项部，同时观察耳后或耳下方是否存在潜在损伤，可能提示椎基底动脉受伤。若存在面部损伤时，可从额部或下颌缘处剥离皮肤，剥离过程应小心谨慎，避免损伤面部皮肤，影响死者容貌。

用手锯或电锯开颅。颅骨切割轨迹避免圆形，以防颅盖骨滑动影响头部外观。锯颅骨时需要保持一定角度，从额部水平锯至耳后，再以小角度斜锯至枕部上方。水平和斜行锯口角度过小会导致骨窗过小，难以完好取出脑组织。

环绕头部锯开颅骨后，沿锯口撬起颅盖骨。为保持硬脑膜完整，避免过度锤凿颅骨，且锤凿颅骨可能产生新骨折或加大原骨折，导致无法准确分析硬脑膜状态。虽然专业法医能辨别硬脑膜破损，但关键是观察硬脑膜和大脑表面，确认是否存在脑水肿、出血或炎症。取下颅盖骨，观察内部是否存在骨折。必要时，剥下硬脑膜以查看颅骨内板。

沿锯口剪开硬脑膜，用两根手指轻柔地抬起双侧额叶，暴露视交叉、前部脑神经并将其切断。剪开大脑镰，用手术刀沿颅底逐一切断脑神经、颈动脉及垂体至小脑幕切迹。沿颞骨岩部向颅外侧壁剪开小脑幕，应用手托住脑组织，防止其与颅骨锯口接触造成脑组织局部受损。继续切除剩余脑神经，在枕骨大孔底部横断颈部脊髓。一手托大脑，另一手托小脑及延髓，牵引拖出整个脑组织。操作过程中，剪断附于脑组织的硬脑膜。取出的脑组织需要先称重，再切开、固定保存。

用止血钳剥离颅底硬脑膜，检查颅底有无骨折。剪开静脉窦观察有无血栓栓塞。在特定情况如婴幼儿尸体，使用骨钳或凿子暴露颞骨岩部，检查中耳和内耳有无感染。

脊髓的提取和检查

脊髓检查并非法医学尸体解剖的常规程序，除非有线索表明死者存在脊髓损伤。但若脊柱、其血管或椎管内容物有轻微损伤的可能性，就应将解剖范围扩大到该区域。

有多种方法可提取脊髓样本（具体详见 Ludwig 或 Knight 的教材[45, 47]），但主要以椎管前或椎管后两种方式打开脊髓腔。

取出胸腹腔器官后，锯断椎体两侧下的椎弓根，取出椎体，可从前侧暴露脊髓腔。此方法不必将尸体翻到俯卧位，并可避免在背部做额外的切口和缝合。但在法医实践中，此方法可能费时费力，尤其在胸椎部位，受肋骨末端阻挡难以进行有效切割。

法医学解剖中，脊柱后侧暴露脊髓腔为更常用的方法。从枕部至腰部中线做一纵行解剖切口，分离剥除脊柱旁皮下组织与肌肉。接着锯开棘突两侧椎弓板，推荐用电动摆锯，避免锯得过深而损伤硬脊膜。完成操作后，自下而上移除游离椎骨并逐步暴露脊髓腔（图 1.17）。

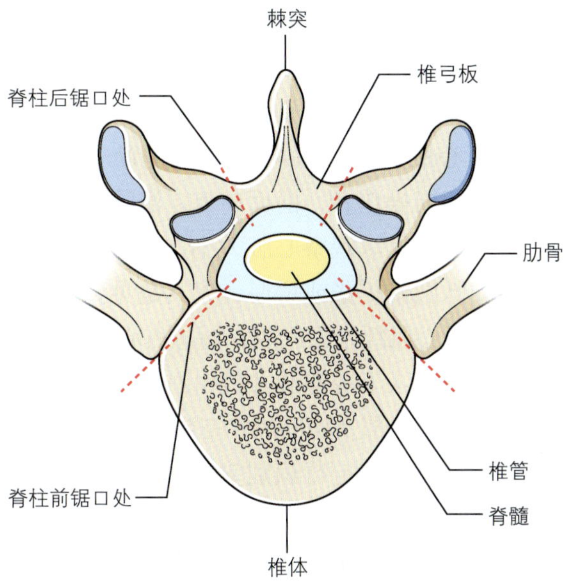

图 1.17　打开脊髓腔的两种解剖方法

棘突两侧切口位置应稍靠外侧，以便于取出脊髓。暴露后，检查硬脊膜有无出血或感染。再切断周围神经根，取出硬脊膜及其内的脊髓。用钳子夹开或剪开硬脊膜，观察脊髓表面。脊髓可先固定于福尔马林溶液内，或直接取样进行组织学检查。法医学中，脊髓病变主要为挤压、坏死、感染、出血和退行性改变。取出脊髓后，还需要检查椎管内有无椎间盘突出、肿瘤、骨折、出血、脱位或塌陷等。

疑有脊柱损伤时，取出胸腹器官后，可用手衬于尸体背部并向上托起脊柱，观察其凸起情况。如有骨折或脱位，会出现成角性异常凸起而非生理弯曲。颈椎也可如此检查。如发现可疑成角畸形，可在脊柱前侧用电锯或手锯切断异常区域上、下方的椎间盘和椎体，如此可充分观察有无挤压、出血或椎间盘撕裂。如有损伤，完整地取出损伤区域椎骨。

器官检查

脏器检查

将胸腹腔脏器置于高度合适、光照良好的解剖台上。配备水管以便冲洗组织。即使有观点认为水会影响组织切片质量，仍建议冲洗[52]。若不冲洗血液，会降低肉眼观察效果。尤其在法医学尸体解剖中，外观检查尤其重要。

按固定顺序摆放脏器：舌面朝向操作者，主动脉向上。不论案件性质，都应保持同样的检查顺序以避免遗漏。

颈部结构检查

检查舌头有无疾病和损伤，如有咬伤可提示下颌受力或癫痫。怀疑勒颈时，切开舌头查看其中部有无深部出血。舌后部充血可提示颈部受压或其他充血性死亡。同时检查扁桃体和咽壁。

检查声门是否有机械性或感染性梗阻；观察舌骨和甲状软骨有无骨折。剪开食管，此时宜用 20 cm 长的钝头剪、10～15 cm 的刀和更长的脑切片刀。

切开颈动脉，包括其分支及颈动脉窦，必要时暴露颈动脉至颅底部分。怀疑血栓时应检查颅内段的海绵窦。

检查甲状腺，打开食管至胃贲门，提取并分析胶囊、片剂或粉末等可疑物质。

用剪刀从后部打开喉头、气管至气管隆嵴。怀疑勒颈等颈部受压时，按照第 14 章中的特殊检查方式进行检查。

检查气管和主支气管有无疾病和阻塞。气管和主支气管中常发现胃内容物，具体参见第13章。不能因在呼吸道中发现胃内容物就断定死前有过误吸。

肺检查

原位检查肺外观是否存在局部肺萎陷、肺气肿、肺出血点等，而后取出两肺。肺部几乎都会有出血点，尤其在肺门周围和肺叶间，具体参见第13章。

用长刃刀如脑切片刀，将肺从胸廓中取出。将刀的钝缘朝上放在肺门下，而后旋转刀刃朝上，从肺门处将肺分离。先分离膈膜粘连并切断肺韧带。肺韧带是连接肺下叶下缘与纵隔的一层薄薄的组织。

注意切开肺门时肺动脉内的血栓。血栓常滑出并被冲走。一些法医建议先打开肺动脉主干和右心室查找鞍状栓子，再取出双肺。但大血栓在常规检查中易被发现。

取出两肺、检查肺门后，将两肺置于一旁切开。切开前应先称重，避免水肿液流失。两肺肺门朝下放解剖板上，评估重量及水肿、气肿情况。

操作者左手（或衬垫柔软毛巾）放于肺表面，脑切片刀与解剖板平行，沿肺矢状面从肺尖至肺底切开，得前后两切面，其中下部含肺门。检查切面有无水肿、肿瘤、炎症、梗死等。检查小气管有无黏膜增厚、感染及堵塞等。较小肺动脉可能有大血管内不可见的血栓或栓塞。

肺组织福尔马林灌注

尘肺或石棉肺等工业性肺病的尸体解剖中，肺切开之前需要用福尔马林固定，以良好地保存肺形状及组织结构，但这样操作会延后检查时间。将导管插入或固定于支气管内，肺上方约1 m高处放置储液器，通过导管向肺灌注10%甲醛溶液。再将肺浸泡在福尔马林溶液中，并用浸湿福尔马林的布覆盖于肺表面。Sutinen等描述了一种与肺相关的放射学与组织学尸体解剖方法，包括充气后摄片、福尔马林-聚乙二醇-乙醇溶液固定、空气干燥及系统性肺组织取材[53]。

心脏和大血管检查

有多少位法医，几乎就有多少种检查心脏的方法，每个检查人员都必须在多种最吸引人的方法中进行抉择。本文不讨论死后血管造影技术，该技术目前正从研究领域进入常规实践应用。本文介绍一种常见且实用的心脏检查方法。

切除肺后，翻转胸腹腔脏器使其下端朝上。沿髂总动脉向上切至主动脉弓并绕到主动脉瓣上方几厘米处，停留在心包反折处外侧。检查主动脉有无硬化、动脉瘤或创伤。从进入肝的末端打开下腔静脉，翻转脏器使心脏在最上面。外部检查心包有无液体和血液填塞。剪开心包，暴露心脏。外部检查有无心包炎、心包粘连、潜在梗死灶变色和心室壁瘤等。对于儿童，应检查分离胸腺。

左手提起心脏，使其附属组织与其他器官之间连接绷紧。用长刀（脑切片刀）在心包反折处水平横断主动脉根部以及心房上方大血管。

清理心脏，按照解剖结构将其置于解剖板上，心尖朝向操作者，前面向上。清除心腔血液和血凝块后称重。观察心脏大小、形状等一般情况。肺动脉圆锥扩张或增厚，尤其是见到肺动脉圆锥处横行心肌纤维条纹时，标志右心室肥厚。

用剪刀插入下腔静脉并经由右心耳打开右心房。检查心房内部及房间隔、三尖瓣（图1.18）。

依据外部血管走行识别室间隔。用刀在右心室表面、距室间隔右侧约15 mm处平行切开，深及心腔，避免切到心室后壁。将剪刀插入切口，向上经由肺动脉圆锥进入肺动脉直至心脏离断处。向下延伸至心室底端，将剪刀插入直线切口中间，以直角向外，将左手手指从打开的心房伸入三尖瓣，在其指引下打开三尖瓣，暴露右心。清洗后检查心内膜、瓣膜。

采用类似步骤打开左心。将剪刀水平穿过相对的两根肺静脉，打开左心房。手指向下穿过二尖瓣，评估二尖瓣大小，检查是否狭窄。

将心脏恢复到解剖位置，于室间隔左侧平行处切开。由于左心室心肌较右心室厚，切口需要

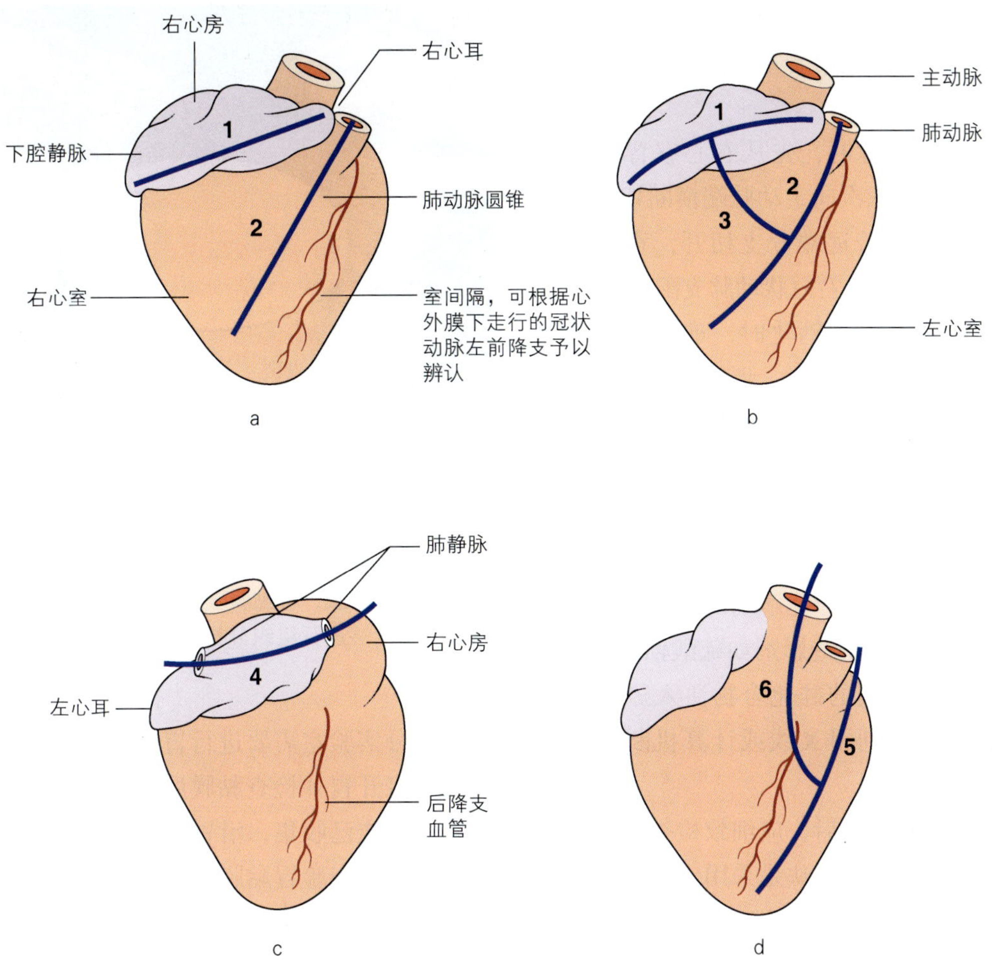

图 1.18　尸体解剖时心脏的切开方法。(a) 沿切口（1）将右心房切开，连接腔静脉与右心耳；切口（2）位于右心室前壁，与室间隔平行，向上延伸穿过肺动脉圆锥；(b) 切口通过三尖瓣连接（3）；(c) 翻转心脏，经切口（4）打开左心房，连接肺静脉；(d) 切口（5）位于左心室前壁，与前室间隔平行，通过二尖瓣，且与主动脉瓣相连接（6）

加深。经手指在二尖瓣处引导，切口向上穿过二尖瓣延伸至心房顶端。

用手指经流出道穿过主动脉瓣评估主动脉瓣大小。用剪刀在二尖瓣的一侧向上剪开，打开主动脉瓣及其残端。此时已打开整个心脏，清洗后可称重。

正常心脏重量变化较大。它与性别和体重有关，但这种说法并不完全合理。因为一个中等身高肥胖者的心脏重量与一个肌肉发达者的心脏重量并无显著差异，除非患有高血压心脏病。此处对这个争议不做过多讨论，但作者（BK）根据经验认为中等身材成年男性的心脏重量约为 380 g。

称重后，先检查心内膜和瓣膜，再检查冠状动脉。冠状动脉检查方法存在争议，但多数倾向于用刀连续横断切开冠状动脉，而非用小剪刀纵向剪开冠状动脉。纵向剪开冠状动脉后，无法有效评估管腔狭窄百分比或管腔是否完全堵塞，且剪刀尖端可能剥离血栓或损伤内膜。横断切开可评估管腔狭窄百分比。尽管横向切割后的血管内径可能与生前的实际内径存在微小差异，但其评估相对更为稳定，并可以与之前的基准值进行比较。

因此，连续间隔的横向切开冠状动脉应该作为首选。在切开之前，先检查冠状动脉开口是否存在发育异常（很常见）和堵塞。因为冠状动脉堵塞和严重狭窄可能发生在冠状动脉开口处，所以切开左冠状动脉时，尽可能从心外膜靠近开口处切开。连续切开时，间隔不应超过 3 mm。先切开主干，然后沿着侧向的左旋支逐段切开，直至血管变细，通常是在冠状动脉从心外膜向下进入心肌间质时。前降支沿着室间隔前缘向下延伸直至心尖。

检查右冠状动脉时，先从右心室背侧中段切开右冠状动脉，依次向主动脉端横断切开近心端，然后向外侧沿着远端分支切开，直至后降支。过程中注意观察左右冠状动脉支配范围。

冠状动脉存在严重钙化时，难以切割或因施加力过大导致破裂。此时，评估狭窄程度变得困难。虽然有时剪刀可能更适用，但更有效的方法是进行脱钙。但脱钙过程耗时，可能需数日至数周，因此除非研究需求特殊或问题重要性高，否则不常使用脱钙。另外，也可以对尸体血管进行造影，但在多数尸体解剖研究机构也难以实施。在此方法中，将造影剂如硫酸钡 / 明胶悬浮液或放射性不透明的硅化合物注入冠状动脉（原位或离体），再利用 X 线或计算机断层扫描观察[54-56]。

冠状动脉检查完成后，应细致检查心肌。有效切开较厚左心室壁的方法是采用“三明治”切割法。此法在心室肥大时尤为适用，但实际上可用于所有情境下的左心室检查。首先，心内膜朝下置于解剖板，使用长刀（如脑切片刀）从左心室壁中部横向切开，保持心内、外膜之间等距。心肌便可像书本般展开，观察切面有无梗死或纤维化。如需心肌壁的组织学切片，应在此步骤前取材。部分法医初次打开心脏前从心尖取 8～10 mm 的横切切面，以显示远端心肌，但此操作影响近端观察与冠状动脉的检查。

腹部器官检查

腹部器官按照解剖学次序放置于解剖台台面，肝脏与胃朝前放在法医远侧。

打开胃壁前，若需要分析胃内容物，则应准备适当的容器。用水洗净胃外表面，于胃大弯处切小口。收集胃内容物时，让胃大弯悬于解剖板或水槽边，并将容器置于其下方（图 1.19）。接着剪开胃大弯，使内容物直接流入容器，剩余内容物刮出或排空。若胃黏膜有粉末或异物，可将其刮入容器或放入试管内以分析。

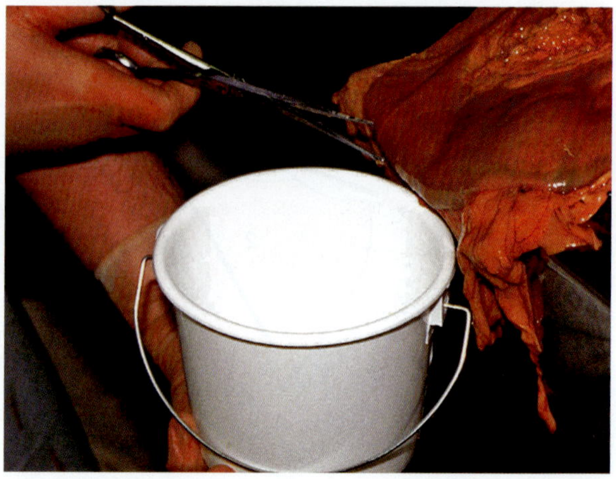

图 1.19　尸体解剖时收集胃内容物。冲洗胃表面血液，并将其移到解剖板上。将洁净容器置于胃大弯下方，用剪刀剪开胃大弯，胃内容物就会流入容器内。然后打开胃，检查胃黏膜，将黏膜上黏附的物质刮入容器内。如果实验室能够进行组织分析，应切除胃壁并将其加入胃内容物中

部分实验室需要进行胃壁及内容物分析，可在完整打开胃并检查黏膜后取材。如胃内容物非必须收集或已收集，沿胃大弯从贲门至幽门剪开胃，清洗后查验胃黏膜。沿幽门剪开十二指肠至分离肠段。挤压胆囊确认胆管畅通。胆汁是毒物分析的关键样本，特别是缺少尿液时。右肾上腺位于肾上方，左肾上腺在肾内侧。提起右肾对抗肝脏时，肝脏与肾之间的牵拉组织上切口即可见右肾上腺。左肾上腺藏于胰、脾和肾之间。需要观察腺体中皮质类脂质数量，以及是否有出血或其他异常。

切断脾蒂取出脾脏，称重后切开。胰腺位于胃下方，应从十二指肠球部至靠近脾门处的尾部纵行切开。

切开肾囊暴露肾脏时，需要穿越厚实的肾周脂肪。若没有粘连，通常较容易将肾从肾囊剥离。

打开主动脉后可初步查验肾血管，剥离肾时进一步观察肾血管和输尿管。分离肾于肾门，称重并纵行切开检查内部。注意皮质厚度，正常约 1 cm。检查肾表面是否呈颗粒状、皮髓界清晰度及肾盂扩张程度。

虽早期已检查小肠，现应再次查验。理想情况下应打开整个肠管，但常规法医解剖则不必，除非有特殊情况。

脑组织检查

脑组织称重后，面临的选择是立即进行所谓的“湿切”检查，还是经福尔马林固定后切开。固定后的脑组织更坚韧、更好保存，切片亦可更薄、更精准。当涉及神经问题时，无论是由创伤还是由疾病引起的神经损伤，常需要先固定大脑。阐述高标准的优势，即可化解部分调查的不耐烦。

脑组织固定方法概述：脑组织悬浮在约 10 L 的 10% 福尔马林溶液中，至少 10～14 天。48 h 和 10 天后更换固定液[57]。具体操作：解剖时取出硬脑膜和脑组织，保持矢状窦旁桥静脉及大脑镰完整，借大脑镰使脑组织悬浮于福尔马林溶液中（图 1.21）。或用线、金属回形针穿基底动脉将脑组织固定于容器支架，并使其悬浮（图 1.20）。

多数尸体解剖不需要固定脑组织，除非存在脑损伤或外部检查时发现明显脑损伤。如在“湿切”中意外发现损伤，应立刻停止检查，将脑组织切片放入含福尔马林溶液的容器内固定，容器底部放棉绒垫防止脑组织变形。

最好在固定前检查有无蛛网膜下腔出血。未固定的脑组织以冲水和钝性分离方式更易去除新鲜、未固定的血液，具体参见第 5、25 章。

图 1.20　脑组织切开前将其悬浮于福尔马林溶液中固定。图中是一个由玻璃纤维特制的、立方体带盖（未显示）的水箱。水箱两侧有耳片用来固定吊绳，吊绳通过基底动脉下的金属回形针支撑大脑。水箱内应保证足够液体以便大脑能够悬浮

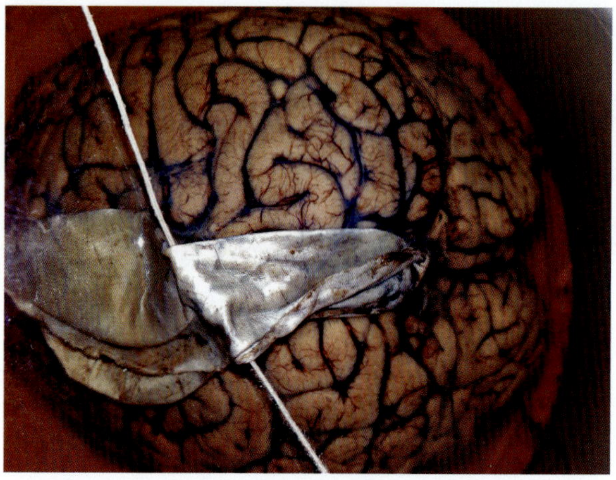

图 1.21　另一种悬挂的方法是保持大脑镰完整并用大脑镰将脑组织悬浮于福尔马林溶液中

不论“湿切”还是固定后检查，检查脑组织顺序一致。首先称重，年轻成年男性脑组织正常重量为 1 300～1 450 g，女性为 1 200～1 350 g。注意，经福尔马林固定后，脑重量约增加 8%。

检查脑组织表面有无异常，如出血（具体参见第 5 章）。脑膜腔出血（硬膜外出血、硬膜下出血、蛛网膜下腔出血）是法医病理学中的关键病变，需要仔细检查脑血管，特指 Willis 动脉环和椎动脉，寻找小动脉瘤也尤为重要（图 5.38）。观察脑组织对称性、颅骨或脑膜肿块是否压迫皮质。脑组织重量变化可推测脑水肿，但主要是依据脑回增宽、脑沟变浅以及小脑幕形成的海马沟回疝等证据。在较小程度上，部分表现为一个或两个海马旁的沟槽，尽管通常存在不明显的正常解剖沟槽。事实上，海马沟回疝的表现非常明显并常因初期梗死而褪色。需要鉴别小脑扁桃体经枕骨大孔膨出形成的疝或斜角与小脑扁桃体的常见解剖凸起；真实的小脑扁桃体疝的压力性成角常因局部梗死而变色（图 5.48～图 5.50）。仔细检查脑底血管和脑组织外观后，需要触摸皮层下有无包块、出血、脓肿或囊性肿瘤，然后再切开脑组织。

具体操作首先应横断大脑脚，分离大脑、脑干和小脑。持小脑，脑干朝上，检查中脑黑质、导水管有无原发或继发性出血。继发性出血常由颅内压增高引起。垂直向下切开小脑和脑桥，暴露第四脑室、齿状核和小脑内部结构。脑桥下部

和延髓可进一步横切或纵切。

将大脑半球底朝下置于解剖板上，沿冠状面从额叶至枕叶作连续切面。切面厚约 1 cm，每个切面按照顺序连续排列以保持方向。切割时应粗中有细，动作不稳定会导致切面不规则，从而影响观察。未固定的脑组织切开效果较差，尤其在死后自溶或软化的情况下以及大脑缺血后机械通气的脑组织。

辅助检查

尸体检查的全程需要收集大量样本。选择什么样的样本辅助调查取决于死亡性质、病史及法医关注点。

微生物学检测

微生物学检测在临床实践中更为常见，但法医学也需要进行细菌、病毒和真菌（极少）标本的培养。Tsokos 和 Püschel 推荐用脾脏血液和心脏血液进行死后细菌培养，其认为肺部细菌培养常出现假阳性，所以并不可靠[58]。他们还建议至少采集两个不同样本，以防止潜在感染。尸体解剖时，普通拭子或是浸泡在运输介质中的拭子都可用于各部位取样。无菌容器适用于收集组织样本，如肺和大脑的病毒培养样本。进行血液细菌培养时，考虑到尸体易受腐败微生物污染，建议在解剖前从大血管中（如股静脉）取血，或使用无菌器械从刚打开的心腔中取血。若怀疑感染性心内膜炎，宜用无菌手术刀切开心脏并直接切取二尖瓣、主动脉瓣尖或赘生物进行培养。

根据 Morris 等对死后细菌学研究的综述，死后细菌可通过四种机制出现：① 生命期入侵（真阳性）；② 濒死期扩散，即死亡或抢救过程中人工维持循环和呼吸过程中细菌入侵；③ 细菌从黏膜表面到血液或组织的死后迁移；④ 取样污染可导致细菌进入血液、脑脊液或组织[59]。污染是假阳性的主要原因，但细致取样可大大减少其发生；濒死期扩散较少见；如果尸体被妥善保存，死后微生物易位生长的情况可能性不大。因此，病原体在血液或脑脊液中的生长应被视为导致所有年龄层死亡的一个潜在因素。在此，建议咨询微生物学专家，对实验室的细菌生长提供专业意见。

毒理学分析

详细内容请参阅本书后续章节。取样对确保分析结构可靠性至关重要。毒理学分析可能需要收集血液、尿液、胃内容物、器官（特别是肝脏）、肠内容物、脑脊液、胆汁和玻璃体液等样本。

容器需要满足严格的化学清洁标准，可由进行分析的实验室提供。

法医应提交一份取样清单，列明分析项目、死者信息、疑似毒物描述及死者是否存在传染病如肝炎或艾滋病（图 1.22）。

组织学检查

早在 1893 年，Virchow 在关于法医学实践解剖技术的书中指出，某些病理变化肉眼无法识别，只能通过显微镜或放大镜来观察[60]。

若条件允许，尽可能对尸体解剖中所有组织进行组织学检查。在刑事或诉讼案件中，组织学检查可确认或排除自身疾病。其他情况下，组织学检查可提供关于损伤时间、生活反应和损伤原因，或者呼吸道或肠道内外源性物质性质的相关证据。例如，在大规模灾害中，分子生物学方法对于确定个人身份是必需的，但仍需要进行组织学检查来明确离体组织碎片的来源。

欧洲委员会关于法医学尸体解剖规范的建议为，每例尸体解剖都需进行组织学检查[15]。《英国皇家病理学院尸体解剖实践指南》[*Royal College of Pathologists* (*United Kingdom*) *Guidelines on autopsy practice*]（2002 年 9 月）建议对所有解剖中的主要器官进行组织学取样[14]。

内政部法医病理学政策咨询委员会和皇家病理学院制定的《法医实践和操作标准守则》（*The Code of practice and performance standards for forensic pathologists*）[61]，苏格兰政府、皇家检察署财政处（COPFS）以及皇家病理学院制定的《苏格兰可疑死亡处理的法医实践和操作标准守

毒理学分析申请单

姓名 ________________________ 年龄 ________

尸体解剖案号 ____________ 尸体解剖日期 ____________

死亡时间 ____________ 法医 ____________

提交样本 ________ 血液 ______ 尿液 ______ 肝 ______

胃内容物 ________ 肾 ______

肠 ________ 脑 ______

其他样本 ________________________

任何疑似感染情况 ________________________

检测要求

背景信息

图 1.22　毒理学分析样品申请表格

则》（*Code of Practice and Performance Standards for Forensic Pathologists dealing with Suspicious Deaths in Scotland*）均建议：

“法医应该对所有可疑死亡的主要器官（假设没有严重腐败）进行组织学检查。其意义在于明确、评估和回顾可能导致死亡的疾病的自然进程。根据案件情况，采集其他样本进行组织学检查，如判定创口愈合程度。充分记录所有不进行组织学检查决定的背后原因，以便法医在需要时进行辩护。[62]”

即使验尸官或其他委托机构拒绝承担组织学检验的费用，仍应当尽量遵循以上建议。一般情况下至少保留脑、心、肺、肝、肾、胰腺、脾、甲状腺、肾上腺和肌肉样品。即使尸体发生腐败，组织学检查偶尔也能显示出肉眼难以发现的疾病进程。作者（PS）曾对一名院内死亡的患者进行尸体解剖，该患者因背部疼痛、在楼梯上摔倒而入院，之后出现双腿无力、进行性瘫痪及相关感觉障碍等症状。患者在确诊前死亡，医院病理医生以死因不明为由拒绝对其进行尸体解剖。由于官方延误，法医进行解剖时尸体已经腐败。尸体解剖结果呈完全阴性，但临床症状集中于背部，因此对脊髓和其他器官进行组织学检查。包括毒理学在内的所有的辅助检查结果均为阴性。但是，脊髓的组织学检查显示脊髓有大量炎症细胞浸润（尽管尸体已经严重腐败，但仍可识别为粒细胞），提示患者有脊髓炎。

常规取样外，当迹象指示需要检查尸体的其他部位时，也应进行组织例行取样检查。操作工具应保持锋利，以减少对组织的机械损伤并确保结果的真实性。所有取样部位必须按照解剖流程进行记录和编号，以确保组织学检查与尸体的发现形态一致且可比，同时保证质量以便日后审查。组织取样可以在解剖时取较大尺寸或直接按标准尺寸（如 20 mm × 12 mm × 3 mm）采集。选择适当的组织学检查方法是获得可靠结果的关键。在常规组织病理学检查中，绝大部分组织应使用福尔马林溶液固定，防止其自溶和由细菌造成的降解的同时稳定蛋白质。固定的组织大小和厚度需要与所选固定和染色方法相符。组织应置

于足够的福尔马林溶液中固定数日，但特殊技术如免疫组织化学要求缩短固定时间以避免破坏组织抗原性。固定液的体积应是组织总体积的6倍，以避免组织固定不足或干燥。

尸体解剖放射学及影像学检查

历史回顾

自1895年11月威廉·康拉德·伦琴（Wilhelm Conrad Roentgen，1845～1923年）首次发现X射线以来，X射线以超乎寻常的速度应用于法医学实践中[63，64]。X射线在法医学领域中的首次使用可追溯到1895年，加拿大蒙特利尔的一例临床法医案件中使用X线片寻找残留于受害者腿部的子弹。这也是北美第一个被法庭接受作为证据的X线片[65，66]。

曼彻斯特欧文斯学院*的Arthur Schuster教授与Lord Kelvin是当时英国两位杰出的物理学家，他们于1896年从伦琴处获得了原始的专著论文和摄片资料。同年4月，Schuster教授应邀协助一起调查兰开夏郡北部的枪击案。受害女性遭其丈夫近距离射击4次，Schuster的任务是寻找其头部残留子弹。鉴于健康原因，Schuster派遣助手C.H.Lees和A.Stanton进行了首次X线拍摄，发现了3颗残留于受害者颅骨内的子弹。随后，Schuster亲自拍摄并侦测到最后一颗子弹。受害者因未能及时接受手术而在一周后逝世。这起事件标志着放射学技术在他杀案侦查中的首次应用[63，67，68]。

1986年12月，美国科罗拉多州阿拉珀霍县的一起医疗纠纷案中，X线片首次被接受作为法庭证据。James Smith修剪树木时不慎跌落下扶梯并摔伤臀部。他随后寻求当地外科医生的治疗。医生为Smith推荐了一系列与脑震荡后的恢复运动相似的治疗，但并未建议其进行大腿制动。因此，Smith认为其诊治不当并对医生提起诉讼。7个月后，Smith的X线检查显示其左股骨嵌入性骨折。尽管该X线片最初未被法庭接受，但经过仔细评估，法院最终确认了其证据价值[68]。

放射学技术在法医学各个领域中逐渐取得广泛应用。例如，通过比对额窦[69–71]、颅骨（头影测量）[72]及牙齿形态[73–75]进行个体识别或借助死后血管造影来明确血管有无异常[76–79]。

计算机断层扫描术（computer tomography，CT）**自20世纪70年代初问世后，即在法医学中用以检查受害者头部的枪弹伤[80]。20世纪90年代，伯尔尼大学法医学研究所与放射学诊断和神经影像学研究所联合研究，探讨多层螺旋CT（multislice sprral CT，MSCT）和磁共振成像（magnetic resonance imaging，MRI）在尸检中的应用，并将影像学结果与实际尸体解剖结果对照。目前，全球仅有少数机构能在尸体解剖前进行常规CT和MRI检查（图1.23）。始建于2010年11月的Postmortales影像学中心（隶属于瑞士苏黎世大学法医学研究所）是近年来实施此类常规影像学检查的代表性机构。该机构的CT和MRI检查室紧邻尸体解剖室，确保高效的尸体解剖前的影像学检查。

有关法医影像学技术的文献逐年增加，该技术的利弊也逐渐浮现。考虑到这些设备的昂贵成本及运行所需的专业人员，目前这些设备对大多数法医部门来说仍然遥不可及[81–112]。

本书将深入探讨与各章相关的影像学内容，特别聚焦于虐待儿童、枪伤、个体识别及牙科学。

影像学检查在尸体解剖中的辅助作用主要依赖于仪器室内专业人员、设备质量及解剖条件。其中包括放射学设备的精确度、相关操作人员与影像诊断人员的专业能力。有时，法医可能在缺乏上述条件的偏远停尸房或其他场所进行尸体解剖。

---

* 现为曼彻斯特大学。

** 原版英文为computed tomography。

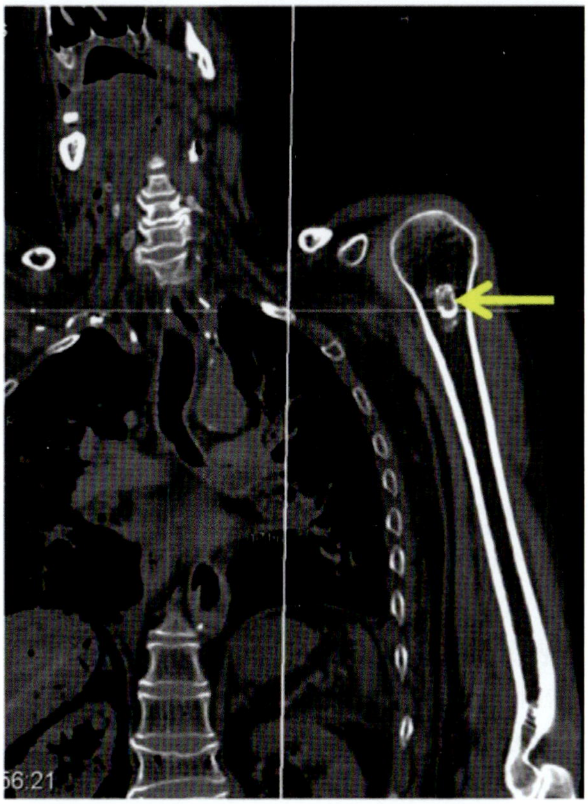

图 1.23 放射学检查是一些尸体解剖前的必要步骤。有需要时，更先进的死后影像学技术，如 CT、MRI，可作为初步筛查工具。肱骨多平面重建发现肱骨近端脓肿（箭头所示），尸体解剖也证实此处含有脓液（图片来源获得了 C. Jackowsk 教授的许可）

在许多发展中国家，影像学检查尚未能满足临床需求，更遑论其在法医学尸体解剖中的应用。即使在相对发达的国家，其边远地区也面临着类似的窘境。鉴于此，部分法医采纳了便携式设备作为解决方案。便携式 X 线工具箱（仪器零部件通常能装在两个手提箱内）可在配备普通家用电源或燃油发电机的条件下使用。此外，这些国家地区的解剖室内也会配有小型便携式影像学设备，其中部分可能为医院的淘汰型号。使用时，设备被移至指定位置，借助附近医院人员的技术支持（如阅片、仪器操作等）进行尸体的影像学检查。

柜式影像学设备在初级放射学技师操作下可完成对特定器官或组织的影像学检查。

大型法医研究机构通常具备完善的影像学设备、专业技术人员以及用于分析和处理影像的软硬件。若这些机构同时进行相关研究（如死后冠状动脉造影），则能为常规尸体影像学检查提供深入的技术支撑。

影像学检查的时机通常基于尸体解剖的需求，但通常会在体表检查完毕后进行。在处理以外伤为主的案例时，通常不需要对骨折区域进行检查，因为这些损伤会在解剖过程中直观呈现。但在处理涉及虐待儿童的案件（具体参见第 22 章）时，则必须在尸体解剖前对全身骨骼进行影像学检查。事实上，多数法医和儿科病理医生均建议对非疾病死亡的婴幼儿尸体进行解剖前的全面影像学检查。

在处理疑似空气栓塞、气胸、气压伤、枪击和爆炸死亡的案例时，也应在尸体解剖前进行影像学检查。在怀疑外伤性蛛网膜下腔出血时，则应考虑是否需要进行椎动脉血管造影来明确出血部位（具体参见第 5 章）。

大规模灾害现场的尸体残骸，尤其是火场残骸，由于其外观的严重破坏，可能需要对其进行 X 线检查以协助解剖。在爆炸相关案件中，X 线检查可用于识别嵌入人体组织内的爆炸性异物。

尽管解剖前常规 X 线检查主要针对尸体全身，但特定组织和器官的直接影像学检查则能更明确地显示出其内部的损伤和病变。在虐待儿童案件中，胸腔的 X 线检查可以显示出潜在的肋骨陈旧性骨折愈合线，或在未进行胸腔解剖前评估双侧肋骨的骨折情况。颈椎的横截面 X 线评估可识别横突骨折或椎动脉的损伤；而喉部的体外 X 线检查能准确显示舌骨或甲状软骨的骨折。

法医学摄影

多数法医会在现场勘查或尸体解剖过程中承担拍摄工作，这项工作也可由办案警方、医学摄影师等专业人员完成。其中，部分医学摄影师拍出的照片质量极高，为诸多专业讲座和教科书的编撰提供了优良的素材。下文是对拍摄水平相对有限的技术人员提出的些许意见。

电子设备迅速更新换代，摄影行业的变化翻天覆地，这也反映在法医学尸检领域。现有的数码相机种类繁多，分辨率和价格各异。数码相机可实时将照片保存至不同的储存介质内，以便于日后在相机或计算机上查看，还可通过喷墨或彩色激光打印机将照片印刷成纸质照片。快速打印的优点在于可在尸体解剖工作开展前便获得现场勘查信息；同时，也可通过图片将尸体解剖中的发现与现场勘查所见进行比对和验证。例如，尸体解剖中发现死者腿上有线状痕迹，法医可根据现场数码照片确认该处是否与某些特定物体发生接触。在书写尸体解剖报告时，法医在纸质照片印刷出来前就可通过浏览电子照片对死者身上多处损伤的数量、位置及大小予以确认。有时现场照片中展现的血液飞溅情况对于明确死者体表创伤性质具有一定的参考价值。

数码照片可通过多种形式进行处理，如局部放大或色彩平衡校正，也可通过互联网进行传输或直接将其插入文本和报告材料中。此外，传统纸质照片或组织学切片经数分钟扫描后可转化成电子数据并可采取相同的方式予以保存和处理。

数码照片可保存于诸如光盘（CD、DVD、BD）、闪存储存器、机械硬盘及固态硬盘等多种储存介质内，以便日后文件浏览、记录及教学展示等。此外，法医还可从视频资料中提取单帧静态图片实现电子化保存。

35 mm 单反相机因型号多样且较平价而广受欢迎。考虑到清晰度，选择的相机应具备精准聚焦功能，如自动或分屏聚焦。

镜头选择基于个人喜好。一般而言，标准 50 mm 焦距镜头足以满足多数拍照需求；但 28 mm 或 30 mm 镜头更适用于在空间相对狭小的案发现场或解剖场所拍摄尸体全貌。更长焦距（如 80 mm）镜头则主要用于拍摄微小损伤、病变。100～200 mm 的远焦镜头对于法医的日常需求而言并非必要。

许多法医偏好使用 28～80 mm 的变焦镜头，不必更换镜头且照片同样高清。

物体补光主要依赖于相机的电子闪光灯。使用自动闪光模式时，拍摄距离对照片质量影响较小，但在微距摄影中效果可能不佳。为此，可考虑采用近摄环扩大镜头与焦平面的距离；或通过将闪光灯照射于天花板以减少曝光，同时利用环形闪光以减少阴影影响。

部分法医选择在钨丝灯下摄影，但这通常需要复杂而笨重的设备。除特定尸体解剖机构能提供固定拍摄场所外，泛光灯在尸体解剖或现场勘查中难以应用。

法医可依据感光特性选择胶片类型。100 或 200 ASA* 胶片能满足绝大部分冲洗需求，而 400 ASA 胶片亦应用广泛。部分医学摄影爱好者选择携带装有 1 000 ASA 高速感光胶片的可拆式设备至特定场合。

紫外或红外感光胶片能揭示肉眼难以识别的体表伤害或病变。有研究显示，紫外线摄影能显现出隐秘的皮肤挫伤，特别在虐待儿童案件中。但需要注意，照片解读需要谨慎并有丰富经验的专业人员以避免假阳性。交替光源技术已应用于咬痕摄影[113]。David 和 Sobel 在一起强奸案中拍摄了咬痕照片，但咬痕周围并未摆放比例尺，5 个月后他们利用反射紫外线摄影技术重新定位原始体表咬痕并补上比例尺[113, 114]。

适当的物体场景布局能显著提高摄影质量。面对空间有限的死亡现场，法医可直接对现场物体进行拍摄，不需要考虑背景有无影响。多数情况下，需要调整相机角度，排除无关背景。在解剖室，应多角度取景以获得最佳拍摄视野。部分照片因背景杂乱（包含了解剖工作人员、水桶、靴子等）而无法有效使用。拍摄范围应准确覆盖目标，近距离拍照时更需要限制背景。必要时，可标记解剖标志等以反映目标物体。损伤、病变拍摄应选择合适角度，确保相机垂直于目标，以避免特征缩小和形状畸变。最后，应在损伤、病变处放置带刻度标尺或白胶带（图 1.10，图 1.11）。

如视野内目标物体局部特征不突出，可用探针或手指从特定方向对其进行标注。对于含金属

* 译者注：ASA 为旧单位，为计算胶片感光度的度量单位，与现使用的国际标准值的 ISO 是同一个度量值，即 ISO100= 100 ASA。

或瓷砖等强反光物体的解剖台和取材台，应调整闪光灯曝光度以避免感光参数异常。

推荐使用移动 / 转动式解剖台，将尸体摆放至背景相对干净的空白墙壁前进行全身或半身摄影。如不能移动尸体，相关辅助人员可在解剖台后面撑幕布以隔绝远处背景干扰。

拍摄内脏器官时，应尽量靠近目标物并确保其填充于整个视野。拍摄时，应确保相机垂直于器官损伤、病变处，通常可将器官放在解剖板或地面上，拍摄者可站在凳子上，或采用其他抬升装置对器官进行上下拍摄。

单个器官可放置于绿色或蓝色背景布上，如手术服。白色作为背景时，会影响曝光时间，导致器官周围区域过度曝光。为避免背景布沾染湿的暗色污渍，放置好器官后，应避免再次移动。法医应准备干布或海绵，以擦拭器官和背景布的水渍，防止反光而造成过度曝光。

对于器官拍摄，理想的选择是使用带有彩色背景（通常是绿色）的专用玻璃桌面。将有色幕布（绿色为佳）放置在玻璃平面靠下处，以避免在摄影中失焦模糊，从而凸显目标物的细节特征。若平台配备钨丝灯，则能进一步优化照片拍摄效果。

尸体解剖报告

法医向委托方出具的尸体解剖报告与尸体解剖中的发现同样重要。若法医不能清晰、有效地描述解剖发现并提供鉴定意见，则该解剖对调查而言毫无价值。作为司法鉴定的重要组成部分，尸体解剖报告的出具应与解剖室内其他操作规范同样重要。然而，部分法医对于撰写尸体解剖报告漫不经心，缺乏专业精神。

尸体解剖报告需要详细记录解剖过程中的所有发现，为后续司法审判提供关键参考。无论经过多少时间，报告中内容都必须能在法庭上经受验证。并且，法医之后能够通过此报告回顾其所有检查发现。此外，医院内的尸体解剖可依报告内容与其他感兴趣的医师进行深入探讨。作为一份可能具有决定性的法律文件，尸体解剖报告的编写应尽可能全面和有效。

尸体解剖报告的格式

尸体解剖报告类型主要分为两种，其选择受当地司法实践和法律制度制约，但通常受案件性质影响。

- 自由书写格式：遵循传统书写顺序，但法医可按其估算的重要性自行扩展内容。此格式多应用于刑事死亡或潜在诉讼案件，其优势在于可以无限制地细化解剖内容，并可将其直接引用至法庭陈述或书面证词中。
- 印刷表格式：将各类尸体、器官检查项目以标题的形式进行罗列，法医在相应空白区填写解剖所见。此格式可帮助初级法医回忆关键解剖发现；同时，便于非医学人员了解尸体解剖报告的内容梗概。然而，受标题下书写空间限制，法医难以灵活地描述解剖过程中的发现；若模板提供了充足书写空间，也可能会浪费空间。报告结尾部分往往缺乏足够书写空间来深入讨论前述事实性结果。此格式多应用于猝死或自杀等非诉讼性案件。

涉及重大案件时，无论采用何种书写形式，尸体解剖报告必须按照逻辑顺序包含与案件有关的特定信息。是否在报告中加入标题编号、案号等案件管理信息则取决于当地司法办案习惯，但任何尸体解剖报告中都应包含以下内容（顺序位置以地方情况而定）：

- 除非身份不明，报告中都应包括死者的个人基本信息，如姓名、性别、年龄、职业和地址。
- 尸体解剖地点、日期和具体时间。
- 尸体解剖参与人姓名、资质和职位。
- 尸体解剖见证人员的基本信息。
- 尸体解剖委托方人员姓名或机构名称。
- 尸体辨认记录。
- 死者经常（最后）看病的医务人员姓名和住址。
- 已知死亡日期、死亡具体时间。

- 死亡经过和情节，考虑其部分存疑性，某些地区可能不许在解剖报告中记载此信息。但若未明确禁止，法医应将其记录以供参考。在缺乏解剖证据时，死因可能会受到其他死亡情境的影响，此时可以参照病史与死亡经过以做出相对可靠的鉴定。在法庭引用解剖报告时，可能会省略反映病史的信息。
- 尸表检验所见。
- 解剖检验所见。
- 器官组织样本目录。在将样本转交至其他部门（如法庭科学实验室）前，尸体解剖报告中应列明样本编号及接收人。
- 组织学、微生物学、毒理学、临床学和（或）法医遗传学的检查结果。解剖报告完成后，应补充上述检测结果。
- 记录解剖中发现的损伤与病变，并编号，便于后续的计算机检索、浏览。
- 基于尸体解剖所见进行分析说明，必要时可结合病史、案情信息进行讨论。
- 阐述导致死亡的事件顺序。
- 根据世界卫生组织建议出具正式死亡原因，便于完成死亡证明。
- 法医签名。

尸表检验应记录本章中前段所描述的细节，其主要应包括：

- 记录死者身高、体重和营养状况。
- 描述水肿、腹胀、皮肤异常、老化等自然病变。
- 记录尸体肤色、文身、瘢痕、先天或后天畸形、义齿、虹膜、发色等身份特征，尤其在尸源不明时。
- 描述尸僵、尸斑、腐败程度及体表肤色异常。如条件允许，记录尸温及周围环境温度以推断死亡时间。死亡时间的判定应基于解剖所见与最终鉴定结论进行综合评估。
- 描述眼部瞳孔大小、虹膜和晶状体状况以及有无出血点。
- 描述口腔内有无异物、外伤以及牙齿完整情况。
- 描述外生殖器和肛门检查所见。
- 罗列并描述所有体表损伤，包括新鲜损伤和陈旧性损伤。

按习惯依次描述、记录以下组织器官内的异常发现：

- 心血管系统：心室是否扩张、心室是否肥大、是否有先天性缺陷；心脏（重量）、心包、心内 / 外膜、各瓣膜、冠状动脉、心肌、主动脉及其分支、外周血管的异常发现。
- 呼吸系统：外鼻部、声门、喉头、气管、支气管、胸膜腔、胸膜、双肺（称重）和肺动脉的异常发现。
- 消化系统：口腔、咽部、食管、腹膜腔、大网膜、胃、十二指肠、小肠、结肠、肝（称重）、胰腺、胆囊、直肠的异常发现。
- 内分泌系统：垂体、甲状腺、胸腺和肾上腺。
- 免疫系统：脾脏（称重）和淋巴结的异常发现。
- 泌尿生殖系统：肾脏（重量）、输尿管、膀胱、前列腺、子宫、卵巢和睾丸的异常发现。
- 肌肉骨骼系统：颅骨、脊柱及其他骨骼、肌肉组织的异常发现。
- 中枢神经系统：头皮、颅骨、脑膜、脑血管、脑组织（重量）、中耳、静脉窦、脊髓的异常发现。

尸体解剖报告的出具时间

尸体解剖报告出具时间主要分为两种情况。一种是，在尸体解剖后的 1～2 天应提交一份尽可能全面的初步临时性解剖报告。随后，依据后续获得的辅助检查结果进行完全或局部性的修订。若涉及微生物检测，而鉴定机构缺乏聚合酶链反应（polymerase chain reaction，PCR）设备，细菌或病毒的培养则可能需要数周才能完成。

在大部分案件中（特别是涉及暴力的案件），法医的初步意见通常不会因为后续辅助检查结果的添加而有实质性改变。但在收集所有辅助资料前，可能会存在例外。

另一种是，法医在获取所有辅助检测结果

后，经过综合分析出具最终报告。在此过程中，法医可与相关人员口头分享初步意见。

解剖时的详细记录对于确定报告出具形式至关重要。法医应在完成检查后数小时内对所见情况做出客观评估。所有结果应经验证后，通过手写、打字或转述等方式纳入尸体解剖报告，或保存在录音设备中。完成此记录后，法医不需要刻意记住解剖发现，有时仅需要参考当时的笔记即可回顾解剖过程。

在英国及世界某些其他地区，法官可能要求法医提供所有尸体解剖记录，甚至包括录音磁带、图表、笔记、草稿等，以备法官、验尸官或辩护律师查阅。若有内容已转述或录音，法医应及时将其整理为纸质材料，与原始解剖记录及人体示意图一同形成初步解剖报告。

在人体解剖示意图上标注解剖所见是非常高效的记录手段。临床神经医学为体表描述提供了多种男性、女性及婴幼儿发育阶段的解剖图，以便于对体表各个部位进行准确描述。在存在多处体表损伤或大面积烧伤、擦伤时，此方法可以精确标明损伤位置及其与解剖标志的距离。尸体解剖完毕后，法医应将此草图信息书写至报告结尾。

尸体解剖报告的分析说明和结论

某些法医，尤其是不常参与刑事和诉讼案件的法医，主张尸体解剖报告仅为对所观察现象的客观描述，不应涉及太多结果分析、讨论等主观内容。然而，报告中的分析说明和鉴定结论恰恰是刑事案件中办案人员、律师和法官的关注焦点，对案件的侦办和审判具有关键价值。

在完成尸体内外客观描述后，法医应梳理并分析阳性发现与死亡间的因果关联。多数情况下，仅凭单一或几项阳性发现，如头部枪伤，法医便能确定死因。但这类案件仍需要对致伤物、致伤距离、致伤角度及濒死时间进行深入分析。

在尸体解剖无法确定死因或存在复合死因时，法医需要进行鉴别诊断，并分析各因素在死亡中的关联，必要时对这些因素对死亡的参与程度进行排序。为满足调查需求，法医有时还应向侦办方提供死亡时间的推断过程，并告知其所用方法的局限性。关键在于，法医必须对其鉴定结论进行充分阐释，避免无根据的推测或过度的联想。历史上及现今，部分法医正是受此思维模式的影响，此思维模式对其执业的声誉造成了不利影响。

死后人为现象

法医病理学家需要在实际案例中不断总结经验来精进业务。一名合格的法医必须能够鉴别常见的死后人为现象。被人为现象误导的经验欠缺的法医会因此出具有损司法公正的鉴定结论。

Shapiro 和 Moritz 曾详述死后人为现象导致误解的经典案例。实际上，每个年代的法医都会遇到新的挑战，然而糟糕的是，他们有时甚至无法意识到问题所在[115, 116]。死后人为现象与特定病变、损伤的鉴别将在本书后续章节予以详细阐述，本章将就几个重要方面开展讨论：

- 胰腺因富含蛋白水解酶，是死后最早自溶的器官之一。这种自溶常伴随一定程度出血，从而使其与急性出血性胰腺炎在肉眼下难以鉴别，需要组织学检查以明确诊断。
- 食管颈段后方软组织中常见多发灶性出血，有时出血灶融合为片。这主要由颈椎前区静脉丛扩张和血液渗漏导致。Prinsloo 和 Gordon 首次详细描述了此现象，某些情境下，此出血现象会以他们的名字命名[48]。需要注意的是，要将其与扼、勒所导致的颈部深层肌肉出血相鉴别（有时需要与死后颈椎骨折鉴别）。这也阐明了处理扼死、勒死或自缢死因时，首先进行头部解剖的理由，即降低颈静脉压。
- 据 18 世纪的 John Hunter 所述，在儿童或成年人尸体内可观察到自溶性胃破裂[117]。这种“胃壁软化性改变”主要是由于胃底黏膜破溃、穿孔，黑褐色胶状胃内容物流入腹腔。有时，胃内容物会经左侧膈肌不规则裂孔处漏入胸腔。
- 严重烧伤的尸体上有时会因为热作用发生颅骨或四肢长骨骨折，但这并不是生前暴力损伤的证据。在火灾现场高温作用下，颅骨可能呈现类似外伤的硬脑膜外热血肿，多见于顶骨或枕骨处。其与外伤性出血的区别在于，顶骨的硬脑膜外热血肿并不伴随横跨脑膜中动脉的骨折线，而后者为外伤性硬脑膜外出血的好发部位。法医可根据血肿形态（多为棕色泡沫状）以及周围脑组织热效应改变来鉴别。硬脑膜在热作用下会收缩、撕裂；随后，脑组织从裂缝处进入硬脑膜外间隙。体表严重烧伤时可能会造成四肢挛缩以及多个关节处（如肘关节）假裂创，需要将其与生前撕裂创或割创相鉴别。

- 法医不应将尸体腐败现象（如肿胀、皮肤变色及腐败水疱等）与伤病引起的皮肤改变相混淆。腐败水疱与烧伤性水疱在形态上有显著差异，前者多为深黑色，该色泽可助于其与皮下出血相鉴别；如鉴别困难，则可切开对应皮下软组织观察有无真皮层出血。尽管常规组织学检查有助于这两者的区分，但尸体严重腐败时则需要采取特殊染色予以明确，如α-糖蛋白可检测红细胞细胞膜成分。遗憾的是，在大多数情况下，将尸体腐败所导致的皮肤颜色改变与真正的皮下出血相鉴别仍是一大挑战。
- 即使尸体保存状况完好，仍需要考虑其口中流出的血液或血性液体可能由腐败所引起。若观察到肺组织及气道黏膜颜色改变并充满血性液体，则可认定此现象是导致尸体口、鼻腔血性液体溢出的主要原因。
- 心脏膈面暗红色改变多为血液坠积所致，应与早期心肌梗死相鉴别。血液坠积同样也可导致肠壁节段性暗紫色改变，而肠坏死引起的类似颜色改变常见于连续肠管，其浆膜缺乏光泽、肠管质地较脆。
- 在充血性死亡或尸体上半身下垂状态下，未受压皮肤可能呈现点状或片状出血，甚至形成肿胀、凸起的血疱。其好发部位多为上胸前区及肩背部，但若头部无支撑，脸部也可能表现出类似的出血现象。
- 心肺复苏引起的尸体改变对法医学关于尸体的鉴定越发关键，后续章节将深入探讨。

开棺验尸

开棺验尸是指挖掘已埋葬的尸体并对其进行尸检，常因初次尸检结束后，基于新的线索再次对其进行尸检。开棺通常是指将合法入殓的尸体从墓地或坟场移出（“土葬”），而非挖掘可疑死亡未经正式入殓而秘密埋葬的尸体。对于法医病理学而言，后者应归属于案发现场的范畴。

存在以下情况时，法医可以进行开棺验尸：

- 涉及土地开发，需要清理部分或全部墓地。如无历史或人类学研究需要，不必对每具尸体进行检验。
- 涉及交通、工业事故后的民事法律问题，如由人身伤害引发的保险理赔或因过失导致的民事诉讼。
- 涉及新证据或被指控的刑事死亡案件，如外伤或中毒。
- 涉及古代或历史环境中个人或某一人群的学术研究。为研究古代人群疾病和营养状况，英国对中世纪以后的入殓尸体进行了大量研究，这些尸体多保存在干燥的地窖，而不是埋于地下。

关于尸体挖掘的授权法律程序在不同国家间有所差异，因此并非我们的关注焦点。然而，每个司法管辖区都应确立严格的保障措施，确保坟墓和棺材的具体信息，避免尸体被错误认领。殡葬管理部门需要依据规划与记录确定墓地中的个体信息；相关官员应亲临现场确认需要开启的棺木。

尸体挖掘常在黎明开始，若非为避免公众视线，则不需要在天亮前黑暗的墓地里进行。理想的方式是事先使用挖掘机或人力移除棺材上的土壤。随后，警方、验尸官及法医等相关人员在早晨抵达，观察打开的棺材和暴露的尸体。必要时清洗棺材的铭牌以确认尸体个人身份。如条件允许，还应召集原葬礼负责人确认棺材和铭牌信息（图 1.24，图 1.25）。

图 1.24　尸体发掘；最后走进棺材。有时必须使用金属外壳来保护坟墓边缘使坟墓不坍塌（非此图）。坟墓必须由墓地管理员确认

图 1.26　尸体发掘后，尸体被运送到停尸房进行全面尸体解剖。以前在墓地附近直接进行尸体解剖的做法已不再合理。图中，腐烂的原始棺材被放置在临时棺材中以供运输

图 1.25　尸体发掘；暴露棺材后，必须由殡仪人员确认相关信息，并检查棺材盖板。如果怀疑死者死于中毒，就必须从棺材上、下、两侧以及墓地的远处采集土壤样本，以及任何坟墓用水的样本

疑似中毒时，相关技术人员需要从墓地周围（包括浅表与深层）和棺材上方取土壤样本。当棺材露出时，进一步从其侧面和下方取样。此任务常由法医学家执行。

棺材从墓地取出后，应在现场使用螺丝刀轻微打开盖板或撬开一定缝隙，待腐败气体散发后，再将其运至停尸房。若棺材腐烂严重，需要将其放在稳固支架上或将其转移到更大的棺材或纤维玻璃罩内。运输前确保清除残余泥土，避免污染解剖室（图 1.26）。

如怀疑涉及刑事犯罪，应严格记录和保存从棺材辨识至尸体解剖的所有环节材料。相关材料由警方保存。

当棺材被运至停尸房后，将其完全打开并再次核对棺内物品；如条件允许，可由原殡葬负责人亲自确认。除了棺材外观外，他们也可对其内部配件和物品（如织物、裹尸布）进行核实。若尸体埋葬时间短，尸体的特定体貌特征也可供鉴别。

如疑似中毒，应采集裹尸布、棺材装饰以及棺内其他样本物品（如包装材料、可疑液体）以用于后续的毒物分析。根据尸体条件，可将其从棺材内抬出、脱去衣物后进行全面系统的尸检。腐败、尸蜡或木乃伊化将会增加尸体解剖的操作难度，有时上述三种情况可同时发生于同一具尸体身上。

法医提议的尸检方案常受办案人员及当事律师质疑，视其为非必要措施。法医必须权衡坚持解剖的潜在益处与其后续成本、社会影响以及对死者家属的二次伤害。然而，法医依然能从已埋数月或数年的尸体中挖掘出有意义甚至意外的证据，这主要取决于埋葬环境（图 1.27～图 1.29）。例如，相对于低洼潮湿区域，高地砾石或砂土中的尸体保存状况较好。作者（BK）经历了一次在泥炭酸性土壤中 20 年的棺木挖掘工作，除了大量淤泥，未发现人体组织或骨骼，该现象可能与当地水位不断升降有关。

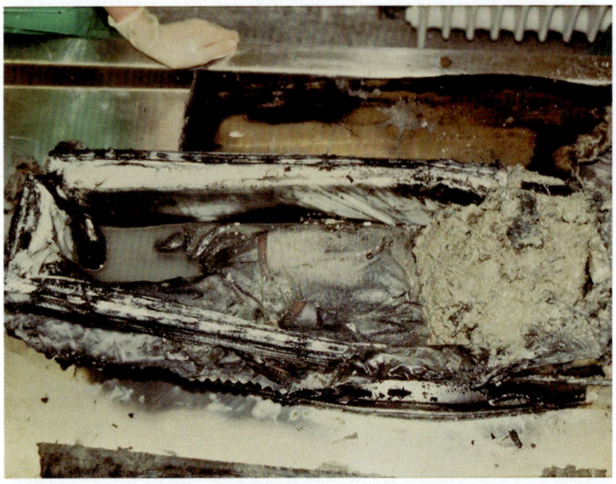

图 1.27 当在停尸房首次开棺时，殡葬负责人应再次确认棺材配件和面料，以及尸体和衣服（若能回忆）。婴儿已葬 3 年，棺材上部破损泄漏，导致婴儿头部被泥浆覆盖而被严重破坏

图 1.28 怀疑医源性死亡，9 个月后开棺验尸

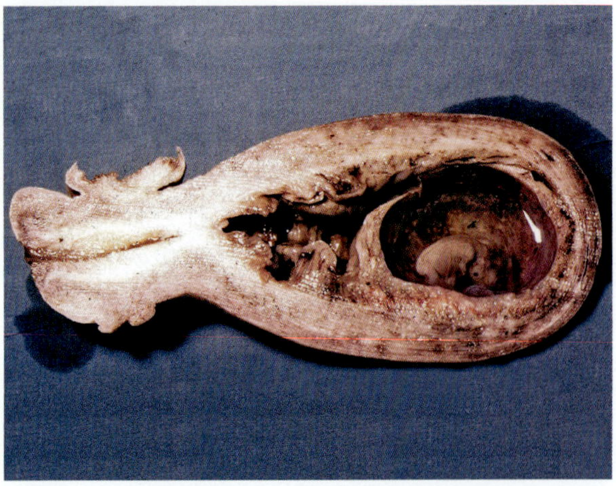

图 1.29 在一具腐烂尸体中意外发现了早期妊娠，这证实了即使表面上看似无价值的检材其实也有进行尸体解剖的价值

即使开棺验尸结果为阴性（如未发现案情反映或可疑的骨折情况），其仍可能会为后续案件调查提供有价值的法律性参考。某些毒物（如重金属）可在已埋葬尸体体内存留数年之久，并在尸体被挖掘出来后仍能够被检测出来[118]，甚至部分有机毒物也具有类似的特点[119-124]。在所有疑似中毒案件中，有关工作人员务必在墓地及其周边提取足够的对照样本，以避免阳性检测结果受到环境干扰，从而质疑中毒与死因的相关性。

腐败尸体的解剖

在法医实践中，腐败尸体很常见，尤其是在气候温暖地区。虽然尸体解剖的价值会随着腐败程度的进展而逐渐降低，但法医仍不能因腐败尸体造成的不适而简化程序。无论尸体状态如何，都应按照标准流程开展尸体解剖工作。在开棺验尸过程中，尸体解剖有时能有意外发现。尸体内部往往比尸表保存得要完好，因此永远不能忽略尸体的内部解剖导致粗略检查的失败主义策略。

腐败可能会掩盖部分挫伤，其特征与皮肤的黑绿色可混淆。但擦伤、撕裂创、切割创和枪伤即使在高度腐败尸体中仍可能保留。口、鼻腔内的腐败液体常被公众、警察甚至医务人员误认为是出血。在高度腐败的尸体上，浆液性、血性或泡沫性液体可能从体表孔隙结构溢出（图 2.12）。

表皮脱落可能会遮挡皮肤擦伤，但去除表皮后即可明确损伤区域。死者衣领有时会嵌入腐败肿胀的颈部皮肤软组织内，其所留下的体表痕迹甚至会被误认为扼、勒伤。

如前所述，腐败尸体的体表检验程序应尽量与常规新鲜尸检相近。背部和会阴区的检查不应因腐败而被刻意忽视。

腐败膨胀导致的面部扭曲可能会妨碍死者个人身份确认。如需要详细程序规范，可参见下一章。警方可能需要提取尸体指纹以确认死者身份，但腐败可严重破坏指尖结构，表现为肿胀、脱皮、皱缩或皮革样改变。有专家建议将皱缩的指尖浸泡在 20% 的乙酸中 28～48 h 至膨胀至正常大小；也有推荐使用甘油浸泡。

内部器官的保存状态与尸体整体腐败程度有关。胸腹器官通常较体表组织保存更好。皮下组织在腐败气体作用下可能膨胀，膨胀伴随特定声音，腹部膨胀同样存在此情况。在这种情况下，可适当用刀尖划破腹壁释放内部气体，减小腹壁张力。不推荐使用燃烧报纸点燃逸出的腐败气体，尽管其景象引人注目，但对异味缓解效果甚微。

腐败器官的检查可基于常规方法并将其加以调整。心脏因腐败而瘫软，部分区域颜色可能改变，如心内膜和血管内膜发生溶血性血红蛋白浸染。冠状动脉结构的保存则较完好，无论正常或病变，如粥样硬化和（或）钙化。腐败后，肌肉软化分解，但其血管中的血栓可持续存在。喉头黏膜因组织腐败发生颜色变化，与生前出血难以区分，可进一步检查舌骨和甲状软骨上角有无骨折，必要时应用 X 线检查。骨折并不因腐败而消失，法医应使用 X 线检查，对于弹片等异物也应进行相应检查。

大脑在早期可发生腐败和分解，从而使硬脑膜下形成粉灰色糊状物质。尽管有时肉眼能够直接观察到广泛的脑膜或颅内出血，但在开颅或剥离硬脑膜时需要谨慎，以避免损害这种半流体状的脑组织结构。

比利时的根特大学发明了一种检查腐败脑组织的方法。首先将尸体头部分离并予以深度冷冻，使其变硬，随后用板锯将其沿冠状面分割成两半；然后将脑部浸入福尔马林溶液中固定，待脑组织质地较坚韧时将其取出检查。

腐败变色使皮下出血的法医检查变得困难。因红细胞自溶及变性，组织学检查结果往往不尽如人意。血红蛋白特殊染色可以帮助确定红细胞溶解的部位，但这种染色在正常区域也可能产生广泛的阳性反应。有研究显示，使用标记红细胞膜上的血型糖蛋白 A 染色方法可有效避免这种溶血弥散性效应[125]。

抢救性人为损伤

近些年，侵入性抢救措施增加了法医学尸体解剖的复杂性。尸体解剖中发现的损伤或异常改变可能源于死者在濒死期的抢救。当法医意识到此类情况时，他们通常可以区分这些人为损伤区，避免将其纳入解剖记录；或者法医被告知这些假性外伤会掩盖原体表损伤或与原体表损伤相似时，他们依然能够做到这一点。但若法医经验不足且缺少相关信息支持，解释这些损伤便变得困难。

多篇文献已报道心肺复苏所致的人为损伤[48，126-129]。法医应着重关注以下几种类型的抢救性损伤：

- 胸外心肺复苏术可引起胸前区挫伤、胸壁皮下软组织及肌肉出血、胸骨及肋骨骨折、血胸、肺挫（裂）伤、心包出血，甚至是脊柱骨折。儿童的肋骨柔韧性较高，因此该部位的骨折较为少见，但在一些极少数情况下仍然可观察到抢救性骨折；在涉及虐待儿童案件时，法医应特别将其与生前外伤相鉴别。

  抢救过程中可造成心房或心室破裂、室间隔破裂、瓣膜撕裂等多种类型的心脏损伤。文献中也报告了抢救措施导致的大血管损伤。胸外心肺复苏术后可引起肺脂肪或骨髓栓塞。心肺复苏以及剧烈打喷嚏或咳嗽可能导致眼睑、球结膜点状出血或眼内出血的情况，这种情况多见于百日咳患者。
- 在抢救中，医务人员为固定患者而导致患者产生面部和颈部的皮肤挫伤及指甲印痕。进行人工呼吸时，可能会损伤患者的唇和齿龈黏膜。在建立人工气道或气管插管，特别是紧急救治或救治设备有限时，可能会损伤患者的唇、齿龈黏膜、牙齿和咽部。

  抢救也可导致喉部损伤，甚至舌骨和甲状软骨骨折。在案情不明的情况下，有时很难将其与勒死相鉴别。
- 静脉穿刺痕迹与吸毒者的注射痕迹相鉴别时有时具有挑战性。建立颈部静脉通道时可能会造成局部血肿或血液弥散至咽喉周围软组织内。手臂和腹股沟也可能出现相似的软组织出血。心内注射可在胸壁留有针眼，甚至会导致心包腔内少量积血。有研究表明，注射去甲肾上腺素和实施电除颤后可导致以收缩带坏死为特征的心肌组织学改变，其经常会被误认为是早期心肌缺血。

- 喉镜或气道检查可能会导致口腔、咽、腭和喉头损伤，甚至导致下颌骨折。手指清理婴幼儿喉腔时也可能会导致黏膜出血。对于此类出血，警方和家属通常将其视为不祥之兆；血液与肺水肿液混合生成的粉红色血性泡沫是婴儿猝死综合征的典型表现。
- 除颤仪的电垫会在胸部留下痕迹，不过这些痕迹通常很容易辨认，除非有不寻常的形状。此外，电除颤及注射儿茶酚胺类激素（如去甲肾上腺素）可引起心肌组织广泛性损伤，包括凝固性及收缩带样坏死，其常常与心肌梗死或电击死亡相混淆。若电除颤和儿茶酚胺同时使用于抢救中，心肌损伤则更为明显[126]。
- 有关报告显示，海姆立克急救可能导致食管及胃肠破裂[130-132]。气管插管的不当操作甚至会引起食管穿孔。闭胸心脏按压可导致胃、肝、脾及胰腺等腹腔器官的破裂损伤。
- 气道内胃内容物可能是由于自发反流或在复苏过程中胸腔和上腹部的挤压而形成。这使得喉和气管中发现的呕吐物作为死亡原因依据的意义更小，具体参见第 14 章。
- 面罩或鼻管输氧或过度口对口人工呼吸可导致食管和肺组织破裂。此外，其他类型气压损伤还会引起胃肠破裂，尤其是肠管已有病变时，医用输送气体可能会将气体溢漏至腹腔。若死者被动给予通气治疗，则几乎难以诊断其生前存在气胸。
- 在中枢神经系统中，蛛网膜下腔出血时常由闭胸心脏按压、口对口人工呼吸，或为充分开放气道过度伸展颈部所引起。颈部的过度伸展还可导致椎动脉的撕裂，使得难以鉴别相应区域的潜在损伤（具体参见第 5 章）。
- 据报道，闭胸心脏按压可引起心肌梗死和肺骨髓栓塞[133]。
- 视网膜出血是颅内压升高和头部损伤的典型征象，在百日咳和心肺复苏后出现视网膜出血的案例也有报道。
- 对法医而言，需要关注以下死后人为尸体现象：尸体置于尿液、煤油等液体中可导致皮肤局部或全面浸软；尸体接近热源或热水瓶可导致皮肤烧伤；体位性血液坠积可引起面部点状或小片状出血。

大规模灾害中法医的作用

除社会广泛关注的他杀案件外，法医在大规模灾害现场的工作也受到密切关注。由于恐怖主义活动激增、旅游设施扩建以及民航客机载客量的加大，大规模灾害悲剧的发生越来越常见。例如，泽布吕赫港渡轮倾覆事件，“爱沙尼亚”号渡轮倾覆事件，埃布罗克斯惨案*，海瑟尔惨案，莫斯科惨案，希尔斯堡惨案等足球相关惨案，2·1 沙特麦加踩踏事故，大规模飞机坠毁事件（特内里费空难、5·22 印度航空公司坠机事件、日本航空空难事件、洛克比空难和 2001 年美国 9·11 恐怖袭击事件）或是重大自然灾害（2004 年印度洋地震和海啸以及 2010 年海地地震，两次灾害预估死亡人数均超过 22 万）[134,135]。法医在处理这些事件时应掌握灾害处理的专业知识，因为灾害处理本身就是一个重要学科。本章将对此进行概述，并在章节提供相关参考资料（图 1.30～图 1.32）。

准备工作

大规模灾害现场的处理并非法医的常规职责。一般单次灾害造成超过 12 人死亡时则可被定义为大规模死亡案件。这些悲剧通常难以预料，正如 1988 年泛美航空公司飞机爆炸事件（洛克比空难），近 300 具尸体从天而降，砸落在

* 原版英文为 Ibrox Park，即埃布罗克斯公园。

图 1.30　将“爱沙尼亚”号渡轮倾覆遇难者从群岛运送到尸体解剖场所使用的临时棺材［经芬兰国家调查局（NBI）许可转载］

图 1.31　在温暖气候下的大规模灾害面临着特殊问题，尸体腐败的进展迅速，导致视觉识别的时间非常短。此图来自 2004 年 12 月印度洋地震和海啸［经芬兰国家调查局（NBI）许可转载］

图 1.32　印度洋地震和海啸规模之大，遇难者之多，冷冻设备之缺乏，导致了使用大块干冰冷却尸体的非常规方法［经芬兰国家调查局（NBI）许可转载］

安静且毫无防备的苏格兰村庄内[136-138]。因此，对于可能发生的此类事件，法医部门和个人的前瞻性准备至关重要。为此，英国皇家病理学院发布了一本实用手册，详述了法医在此类突发事件中的职责[139]。

在多数发达国家，各地区已制定了涉及医疗、消防、警务等部门的大规模伤亡事件应对方案。这些方案详尽地覆盖了输血、药物供应、伤员运输、急诊手术及麻醉等各个方面。这些方案主要关注临床救治，但经常会忽略死亡人员的妥善处理，如仅提及提供停尸房。此外，尽管临床救治方案在多车相撞的交通事故或城市爆炸事件中至关重要，但在涉及鲜有幸存者的空难中，过度依赖此类方案可能会导致处理死者不当，从而产生人道问题。

法医须对其管理区域进行事先合作规划，确保大量死者得到妥善的收集、安置、检查与处理。通常情况下，法医无法以一己之力完成这项工作，但他们可以依靠其专业知识在各责任机构（如警局和卫生部门）中充当协调者。面对重大伤亡事故，如果预案在死者处置上存在严重疏漏，或根本没有预案，法医就应当积极推动有关主管部门完善预案。筹备预案需要召开会议，确定高风险地区（如机场、高速、铁路、军事区域），定位临时停尸处所，以及短时期内提供必需物资，如记号笔、塑料袋和标签。同时，应确立警方、法医、停尸房管理人员、实验室技术员、放射技师及牙科医生等团体间的联系。有处理国际大规模灾害事务经验的专家往往是极其宝贵的。

大规模灾难的法医学调查目的：

- 寻找并复原尸体和尸块。
- 进行个体识别。
- 进行尸表检验和尸体解剖。
- 确定人员死亡原因，特别是驾驶员和机组人员，并协助重建事故经过。
- 提取毒物分析检材（特别是检验乙醇和一氧化碳）。
- 从尸体解剖中寻找灾难原因的证据，如嵌入尸体内的炸弹或雷管碎片。

大规模灾害必需品概要

法医和其他人员准备

在大型灾害中，可能需要外部法医协助。大都市通常拥有充足的法医学专家，但某些地区可能须依赖医院的病理医生；在特殊情况下，其他地区的法医可能会被调派支援。大灾难的处理可能历时数日、数周至数月，其间可能出现人力短缺。即使救援人员士气高昂，也应限制其工时，避免生理和心理负担。疲劳可导致病理医生和法医效率降低。为确保调查进程，必须要有足够的专业人员，这点知易行难。整体调查工作应由专门负责人员统筹，常由高级警官担任，医学方面则由首席法医负责。负责人应统筹大局，而非事必躬亲、事无巨细，以保证工作效率。灾害规模会影响到灾害处理的方方面面，如餐饮、休息及洗漱设施的规划，这虽次要但至关重要。特定医学领域，如法医牙科学、法医影像学等，应由专家独立执行，但总体仍需要首席法医作为医疗协调与仲裁者。

在偏远或国外灾难（尤其是坠机事件）中，通常面临法医病理学技术支持不足的问题。此时，飞机起源地的救援团队或由相关政府组织的援助团队需要前往现场，协同当地政府应对。一些发达国家如英国，其武装部队拥有专门的航空病理医生，以处理全球军事飞机事故，其在民用航空灾害中提供直接处理或咨询服务。

提供停尸设施

多数医院与公共停尸房的容量有限，自然无法同时进行尸体解剖。灾难发生的同时，殡仪馆的常规业务依旧进行。因此，在大规模灾难中，应重点强化现有设施，而非完全替代。当大多数停尸房无法容纳超过 10 具尸体，且身份识别需时较长时，尸体保存时间会更长。此时，应在适当位置预先准备额外设施。灾难地点若远离常规停尸房，考虑运输和后勤因素，尸体的储存和检查应尽量靠近事故地点。预先规划应考虑附近的机库、仓库、废弃工厂等潜在场所。集中的尸体处理地点更利于工作按流程进行，以提高效率。在特定情境下，如偏远地区，搭建帐篷式停尸房是必要的。例如，在极度偏远的事故地，如埃雷布斯山（Mount Erebus）坠机，死者需要由当局或武装部队用飞机运送回新西兰。

当使用仓库、工厂或同等规模的建筑时，至少应确保基本设施完备。这包括充足的电气照明、便携式检查灯和电子设备电源接口。确保有充足的自来水供应，清洁和卫生设施也必不可少。在设备不足的情况下，应依赖武装部队或警察提供便携式发电机和水罐车。通信手段如电话、互联网和传真机对于数据输入至关重要。

在热带或温带的夏季，为确保尸体和待鉴定组织的保存，尸体冷冻是必要的。当常规设施不可用时，可考虑租用冷链卡车，并在规划中确保这些资源的可获得性。若能将便携式空调设备引入停尸房，将其温度维持在适宜水平也是一个解决方法。为避免对幸存者、其亲属和媒体产生负面影响，应确保停尸房与救援场所有足够距离或有得当的遮挡。

临时停尸房需要具备承受预期负荷的空间，确保检查及解剖区域宽敞。非工作人员不论身份，均应禁止进入，由警察负责入口管理。地面必须具备防水功能，并能进行冲洗。为防止血液、泥浆及烧伤尸体残渣沾染，建议使用大片聚乙烯薄膜覆盖。简易解剖台可采用聚乙烯薄膜覆盖木架。相邻解剖台间距应为 1 m，行间距应为 2 m。

搜寻尸体

搜寻尸体为警察或武装部队的职责，但须得到法医鉴定小组的批准。搜寻尸体的首要任务为由现场医生确认死亡。初到现场的通常为志愿急救外科医生，负责救助幸存者及确认死亡情况。

用连续、不重复的序列号标记每具尸体或尸块，并在网格图上定位，同时尽可能进行原位摄影。后将尸体或尸块存入贴有编号标签的袋中，运至停尸房。不同小组处理数据的方式不同，数据的处理多在微型计算机或与中央计算机相连的终端上完成。因为警察负责收集和记录对个体识别至关重要的服装和个人物品，所以数据处理由警察来负责。

在解剖阶段，可以沿用搜寻阶段的序列号或采用独特的病理编号，但必须与搜寻阶段的序列号保持一致。该尸体所关联的所有物品，如衣物、钱包、戒指及珠宝，均需要标有相应编号。

法医和外勤助理脱去尸体衣物，并对尸体随附的人工制品进行描述。将衣物存放于结实的纸袋中，以避免真菌在塑料袋中潮湿的织物上滋生。

现场散落的物品需要标记清楚，并尽量与附近尸体相联系起来，尽管此过程可能出错。尸体相关物品的记录应列入物品清单以及一个专用于医学与法医病理学的表格中（常为国际刑警组织文件）。该表格数据基于详尽的体表检查，若有必要，则进行进一步的尸体解剖。

是否对部分或全部遇难者进行尸检将取决于设备条件、法医人数、法律准则和特定国家的实践。法律当局，如验尸官、法官、法医或警方的意向将决定尸体解剖的数量。如当局不同意尸体解剖，法医应强调尸体解剖数据对于航空事故调查的重要性。

在事故调查中，对机组人员及交通工具负责者进行详细检查和体液分析是必要的。应记录其衣物及身体特征，如身高、体重、性别、种族、肤色、瘢痕、文身和畸形。对难以通过常规手段确定身份的尸体，应进行法医牙科鉴定。

推荐进行影像学检查，利用骨骼和牙齿的特征辅助个体识别，影像学检查也可辅助事故重建，如飞机炸弹的爆炸会使金属碎片（如炸弹或雷管）嵌入大腿和臀部，这种情况在陆地恐怖袭击中更典型。

尽管某些尸体不需要解剖，但宜广泛进行毒理学检验。所得数据后续转交警方，后者持续收集受害者信息与亲属数据以寻求匹配。此工作日益依赖计算机，且国际机构如国际刑警组织努力确保数据系统的兼容性，实现全球范围内的数据获取和交换。

阴性尸体解剖

经多国研究显示，医生在无尸体解剖结果支持下所出具的院内死亡证明，其错误率在 25%～50%。显然，尸体解剖对于提高医学死亡证明可靠性的作用举足轻重。然而，我们必须意识到，尸体解剖并不总能明确死因，这常受法医对死因分类的理解所影响。例如，婴儿猝死综合征由于缺乏明显的阳性发现，可被认定为阴性尸体解剖。

除婴儿猝死综合征外，大型医疗中心及法医学机构在解剖时仍存在 5% 的阴性结论概率，此概率受法医解剖习惯、性格及经验的影响。令人意外的是，经验丰富的法医提出阴性结论的概率高于资历较浅的法医。年轻法医对于未能确定死因常感自责，而资深法医由于其在医学和法律领域的稳固地位，更能坦然面对不明确的死因。

阴性尸体解剖在年轻人群中更为常见。除婴儿猝死综合征外，许多针对新生儿的解剖及实验室检查也无法明确形态学病变。这类死亡常涉及生化及缺氧因素。尽管儿科病理专家可基于临床病史推测死因，但部分案例几乎无阳性发现。35 岁以下的青少年尸体解剖的阴性结论概率要高于老年人，后者为解剖的主要受检对象。有例发生在东亚的典型的阴性尸体解剖案例：一名在新加坡工作的泰国建筑工人突然死亡，解剖未发现明确病理原因。中国、日本均有相似案例；日本将其命名为 Pokkuri death syndrome（PDS），泰国将其命名为 Lai Tai，菲律宾将其命名为 Bangungut，夏威夷将其命名为 Dream disease，美国南亚移民则将其命名为 Sudden unexpected night death syndrome[140]。

老年群体中普遍存在的退行性心血管疾病在年轻人中则不常见。老年人可能存在与年轻人相似的隐匿性疾病过程，但因后者无其他明确病变可作为死因，法医往往无法确定死因。例如，一名 22 岁男子在足球比赛后突然死亡，无不良病史，全身检查无异常。后续的特殊染色组织学检查、毒理学检查、微生物和病毒学检验均未得阳性结果。此病例标记为“未查明”，或如菲尔德大学的 Alan Usher 教授所说，如果法医自认为有足够的把握甚至可以直接定性该案为“无法明确”。

一名 60 岁男性被发现已死亡，无病史资料。检查显示其左冠状动脉前降支存在 60% 狭窄，但

心肌无陈旧性或新生梗死。组织学检查亦无明确结果。尽管许多法医可能将其死因诊断为冠状动脉疾病，但其实际死因可能与先前提及的 22 岁男性相似。该男性的冠状动脉退行性病变可能刚好足以致命，而且也是公认的最有可能的死因，所以大多数法医会诊断冠状动脉疾病导致死亡。这种幻灭感会在第三个案例死者身上体现得更加明显，该男子 60 岁，死于火器，虽然其三个冠状动脉血管都有约 80% 的狭窄，但是显然其死因与冠状动脉病变无关。

无论这个问题的哲学层面如何，面对阴性尸检结果的法医病理学诊断仍存在实际性的困难。

在完成尸体解剖检查后，如无明确发现，法医可以借助其他技术，如毒理学、生物化学、微生物学、病毒学及组织学实验室检查。

进行深入解剖前，须收集足够样本以供辅助检查。在多数案例中（主要涉及年轻人），病史会使经验丰富的法医警觉到可能的复杂性，因而在初步的脏器检查和切除过程中，常规采集血液、尿液及胃内容物样本。

在解剖后如未采集血液样本，应从腋下或股静脉等外周静脉中取血，规避来自体腔的污染。若膀胱中无尿液，仍可使用注射器抽取残留尿样。若无胃内容物，可用肝脏进行毒物分析；若两者均缺，可考虑取玻璃体液。

部分血液适用于血培养，而拭子可供微生物学检查。如疑似肺部感染，需要取肺组织放于无菌瓶或从支气管或肺实质获取拭子。由于解剖中器官表面可能受到污染，应使用新的无菌手术刀在肺上切取未受污染组织进行培养。同时，应将肺或其他需要研究的器官置入无菌容器以进行病毒学分析。

在组织学检查前，需要对关键解剖部位进行深入复检。在年轻患者中，冠状动脉系统应是首先需要重新评估的组织；在年长且死因不明的个体中，这些血管的复检则更为关键。尽管初次检查时冠状动脉已以短间隔被切断（不超过 3 mm），但为谨慎起见，应从升主动脉远端细致追踪每条血管，并检查每个切段，如间隔过大则需要进一步切断。纵向连接所有切段有助于避免遗漏小的孤立血栓。左主干、前降支、左回旋支和右冠状动脉均应进行此项检查。

冠状动脉系统的复检在某些情境下更加重要，尤其是当中年患者的初步评估表明冠状动脉状况良好时。单纯的动脉粥样硬化、内膜下出血、斑块破裂或局部血栓形成可使长仅 2～3 mm 的动脉闭塞或严重狭窄。若快速检查瓣膜和大血管后没有阳性发现，则可以广泛切取心肌，选取代表性组织进行组织学检查，以便探索心肌炎或其他不明原因的心肌病。

也应重新检查其他脏器，尤其需要对小的肺动脉分支进行仔细检查，以确定是否存在肺栓塞。尽管这种情况较为罕见，但作者（BK）在外围肺血管中曾多次发现多个小栓子，虽然其作为合理的死亡原因仍是有争议的。

此外，还应再次检查大脑，特别注意对基底动脉的检查。应用冠状动脉剪刀将其切开，继续剥离至大脑中动脉，并将其置于外侧裂处。尽管在初次剥离主动脉至颈动脉窦远端时，颈部的颈动脉通常会被打开检查，但仍需要对其进行仔细评估；颅底上部的颈动脉也曾有重要发现的报道。这个通常被忽视的部位应纳入常规法医学检查中，因为偶尔可在这些血管中发现完全血栓闭塞，尤其是在某些颈部损伤病例中。

当大体病理检查结果为阴性时，需要进行全面的组织学检查，特别是心肌。应采用如磷钨酸苏木精染色、脱氢酶组织化学（需要用未固定的冰冻切片）、吖啶橙荧光染色等特殊染色技术及其他病理医生推荐的方法。尽管在无心脏扩张或冠状动脉狭窄的背景下，检测到异常的可能性较低，但仍应警惕孤立性心肌炎的存在。

如果没有理由怀疑存在特定的药物或毒药，进行毒理学检查既困难又昂贵，实验室筛查未知物质需要大量时间，这会导致公共资源的巨大支出。尽管乙醇及酸碱性物质筛查不尽完备，但能够有效排除大部分常见毒物。只有当患者在逝世前存在明确的临床症状和体征时，微生物学和病毒学才可能揭示此前未识别的致命病理过程。

在获得所有分析结果后（这可能耗时数周），案件须经审查，并评估阳性结果是否为致死因

素。依据经验，大多数辅助检查常无法提供有效帮助，其偶尔能提供决定性证据。在条件允许的情况下，开展这些辅助检查以排除潜在因素是必要的，确保避免未进行充分死因调查而被指责。

若完成所有检查后仍无法明确死因，应通知相关机构，表示基于现有的医学和科学知识无法确定确切死因。法医应进一步提供证据，指出尸体解剖中未发现明显损伤、中毒、致命感染或疾病性改变。这些发现既可确认死者非因上述原因死亡，也可暗示死者可能因自然因素而死，而非异常的外部影响。

法医有时需要坦然接受无法明确死因这一事实。应避免使用模糊的死因描述，如心力衰竭或心脏停搏呼吸骤停，这只会让非医疗人员如警察或法官更加迷惑。如上所述，很少参与法医案件的年轻病理医生或组织病理医生可能过度强调未经证实的疾病和无关紧要的发现。死亡方式并不等同于死亡原因，在没有目击者能证实死者生前行为的情况下，用像“吸入呕吐物”来解释死者的死因是不妥的。用“迷走神经反射性心脏停搏”“反射性心脏停搏”“窒息”来猜测一些完全无法证实的过程既无效又具风险。虽然在特定情况下这些条件是成立的，但并非所有无痕迹的死亡都可以归咎于这些原因，正如本书第 14 章与第 15 章所述。此类不合理的推断在历史上已导致了多起鉴定错误引起的司法误判，给多个家庭带来了深重的伤痛。

经验丰富的法医更倾向于合理地做出无法明确死因的意见。在司法鉴定工作中，这并非推卸责任，而是客观、理智和公正地对待工作的表现。在后续法庭证据或法律声明中若无法证实，推断其死因便毫无意义。当然，与负责调查死亡的机构讨论各种可能的死因是完全合理的，也属于法医的职责范畴。但若武断地诊断死因，而缺乏充分的依据，这对任何人都没有帮助，还可能导致不幸的后果。

“凡是有出错的可能，就一定会出错”，这一观点众所周知，1949 年被正式命名为“墨菲定律”[141]。

当人的错误按墨菲定律累积，并干扰了法医学的死因调查时，就会产生灾难性后果，作者（PS）经历的一个案例突显这一风险：一名 46 岁女服务员被她的兄弟和前夫发现死于床上，睡姿正常。由于某不明原因，其死亡被报告至警方，并考虑为他杀。现场侦查未发现可疑迹象，但鉴于死亡的突然性和意外性，对死者进行了法医学尸体解剖。应墨菲定律，尸体解剖被推迟至一周后。尸表检验时发现了相当明显的典型勒颈痕迹。此迹象告知警察后并在尸体解剖前对勒颈痕迹进行拍照记录，但次日得知摄影设备没有胶卷。一周后，组织学实验室的技术人员打电话说所有的组织学样本都已腐败。尸体解剖当天，值班的停尸房技术人员因病缺勤，而代班的人错误地使用蒸馏水而非福尔马林装满容器。

因为受害者与其男友及儿子共度前夜，其男友及儿子随后遭逮捕。尽管男友因有不在场证明而迅速获释，儿子被拘留至最长限期，但警方未能从他那里获取任何信息。

调查中的诸多失误使得难以查明死因。解剖中虽发现可能的争议死因——心脏病和血液乙醇含量 1.7 U/mL，但真实死因尚不明确。

一年后，又有一名受害者被勒死，嫌疑人在案件侦破后即被拘捕。审讯中，该人承认曾勒死了自己的母亲[142]。显然，细致的工作方式能降低此类失误，但错误或难以彻底避免。

（司法鉴定科学研究院法医病理学研究室　译）

参考文献

[1] Saukko P, Pollak S. Autopsy, procedures and standards. In: Jason P-J (ed). *Encyclopedia of Forensic and Legal Medicine*. Oxford: Elsevier, 2005, pp.166–71.

[2] King LS, Meehan MC. A history of the autopsy. A review. *Am J Pathol* 1973; 73(2): 514–44.

[3] Tz'u S. The washing away of wrongs. In: Sivin N (ed). *Science, Medicine, and Technology in East Asia*, Vol. 1. Ann Arbor: The University of Michigan Center for Chinese Studies, 1981, p.181.

[4] Cunha F. William of Saliceto — The School of Bologna. *Am J Surg* 1941; 52(1): 144–9.
[5] Rabl R. [Approach to postmortem examination in the change of times; a study in history of culture.]. *Virchows Arch* 1952; 321(2): 142–52.
[6] O'Neill YV. Innocent III and the evolution of anatomy. *Med Hist* 1976; 20(4): 429–33.
[7] Virchow R. Die cellularpathologie. In: *Ihrer Begründung auf Physiologische und Pathologische Gewebelehre*, 1st edn. Berlin: August Hirschwald, 1858.
[8] Virchow R. Die sections-technik. In: *Leichenhause des Charité-Krankenhauses, mit Besonderer Rücksicht auf Gerichtsärztliche Praxis*, 1st edn. Berlin: Verlag von August Hirschwald, 1876.
[9] Saukko P, Pollak S. Postmortem examination, procedures and standards. In: Siegel JA (ed). *Encyclopedia of Forensic Sciences*. Oxford: Elsevier, 2000, pp.1272–5.
[10] Saukko PJ, Pollak S. Autopsy. In: Jamieson A, Moenssens A (eds). *Wiley Encyclopedia of Forensic Science*. Chichester: John Wiley & Sons, 2009, pp.256–62.
[11] Hutchins GM. Practice guidelines for autopsy pathology. Autopsy performance. Autopsy Committee of the College of American Pathologists. *Arch Pathol Lab Med* 1994; 118(1): 19–25.
[12] Powers JM. Practice guidelines for autopsy pathology. Autopsy procedures for brain, spinal cord, and neuromuscular system. Autopsy Committee of the College of American Pathologists. *Arch Pathol Lab Med* 1995; 119(9): 777–83.
[13] Randall BB, Fierro MF, Froede RC. Practice guideline for forensic pathology. Members of the Forensic Pathology Committee, College of American Pathologists. *Arch Pathol Lab Med* 1998; 122(12): 1056–64.
[14] Royal College of Pathologists. Guidelines on Autopsy Practice. London: Royal College of Pathologists, 2002.
[15] Council of Europe. Recommendation no. R (99) 3 of the Committee of Ministers to member states on the harmonization of medico-legal autopsy rules. *Forensic Sci Int* 2000; 111(1–3): 5–58.
[16] Spitz WU. The medicolegal autopsy. *Hum Pathol* 1980; 11(2): 105–12.
[17] Holden C. Science and the law. Forensic science needs a major overhaul, panel says. *Science* 2009; 323(5918): 1155.
[18] Goudge ST. Inquiry into Pediatric Forensic Pathology in Ontario. Toronto: Ontario Ministry of the Attorney General, 2008.
[19] Samuels A. Human Tissue Act 2004: the removal and retention of human organs and tissue. *Med Leg J* 2004; 72(4): 148–50.
[20] Brahams D. How should we amend the Human Tissue Act 1961? *Med Leg J* 2004; 72(2): 37–8.
[21] Baum M. The use and abuse of human tissue: an analysis of the ethical issues raised by the proposed Human Tissue Act. *Med Leg J* 2004; 72(2): 67–9.
[22] Green MA. Sudden and suspicious deaths outside the deceased's own country — time for an international protocol. *Forensic Sci Int* 1982; 20(1): 71–5.
[23] Leadbeatter S. Deaths of British nationals abroad — a 10-year survey. *Forensic Sci Int* 1991; 49(1): 103–11.
[24] Leadbeatter S. Knight B. The history and the cause of death. *Med Sci Law* 1987; 27(2): 132–5.
[25] Pollanen M.S. Deciding the cause of death after autopsy — revisited. *J Clin Forensic Med* 2005; 12(3): 113–21.
[26] Cordner SM. Deciding the cause of death after necropsy. *Lancet* 1993; 341(8858): 1458–60.
[27] Burton JL. Health and safety at necropsy. *J Clin Pathol* 2003; 56(4): 254–60.
[28] Anon. Needlestick transmission of HTLV-III from a patient infected in Africa. *Lancet* 1984; 2(8416): 1376–7.
[29] Jarke J. Accident compensation and occupationally acquired HIV infections in German health care workers. *Euro Surveill* 1999; 4(3): 37–8.
[30] Tomkins S, Ncube F (eds). Occupational transmission of HIV. In: Summary of Published Reports. London: Health Protection Agency Centre for Infections, 2005, p.39.
[31] Johnson MD, *et al.* Autopsy risk and acquisition of human immunodeficiency virus infection: a case report and reappraisal. *Arch Pathol Lab Med* 1997; 121(1): 64–6.
[32] Cao Y, *et al.* Decay of HIV-1 infectivity in whole blood, plasma and peripheral blood mononuclear cells. *AIDS* 1993; 7(4): 596–7.
[33] Bankowski MJ, Landay AL, Staes B. Postmortem recovery of human immunodeficiency virus type 1 from plasma and mononuclear cells. Implications for occupational exposure. *Arch Pathol Lab Med* 1992; 116(11): 1124–7.
[34] Douceron H, *et al.* Long-lasting postmortem viability of human immunodeficiency virus: a potential risk in forensic medicine practice. *Forensic Sci Int* 1993; 60(1–2): 61–6.
[35] Wheelis M. Biological warfare at the 1346 siege of Caffa. *Emerg Infect Dis* 2002; 8(9): 971–5.
[36] Szinicz L. History of chemical and biological warfare agents. *Toxicology* 2005; 214(3): 167–81.
[37] Redmond C, *et al.* Deadly relic of the Great War. *Nature* 1998; 393(6687): 747–8.
[38] Wheelis M. First shots fired in biological warfare. *Nature* 1998; 395(6699): 213.
[39] Rosser EM. Campbell De Morgan and his spots. *Ann R Coll Surg Engl* 1983; 65(4): 266–8.
[40] Hofmann E. *Lehrbuch der Gerichtlichen Medicin*, 2nd edn. Wien und Leipzig: Urban & Schwarzenberg, 1881.
[41] Berkow SG. A method of estimating the extensiveness of lesions (burns and scalds) based on surface area proportions. *Arch Surg* 1924; 8: 138–48.
[42] Lund CC, Browder NC. The estimation of areas of burns. *Surg Gynecol Obstet* 1944; 79: 352–8.
[43] Wallace AB. The exposure treatment of burns. *Lancet* 1951; 1(6653): 501–4.
[44] Knight B. *The Post-Mortem Technician's Handbook*. Oxford: Blackwell Scientific Publications, 1984.
[45] Ludwig J (ed). *Handbook of Autopsy Practice*, 3rd edn. Totowa, NJ: Humana Press, 2002.

[46] Saukko P, Knight B. *Knight's Forensic Pathology*, 3rd edn. London: Arnold, 2004.
[47] Knight B. *The Coroner's Autopsy*. London: Churchill-Livingstone, 1983.
[48] Prinsloo I, Gordon I. Post-mortem dissection artefacts of the neck and their differentiation from ante-mortem bruises. *South African Med J* 1951; 25: 358–61.
[49] Pollanen MS, Perera SD, Clutterbuck DJ. Hemorrhagic lividity of the neck: controlled induction of postmortem hypostatic hemorrhages. *Am J Forensic Med Pathol* 2009; 30(4): 322–6.
[50] Gordon I, S. H.A., B.S. D. *Forensic Medicine; a Guide to Principles*, 3rd edn. Edinburgh: Churchill Livingstone, 1988.
[51] Pounder DJ, Yonemitsu K. Postmortem absorption of drugs and ethanol from aspirated vomitus — an experimental model. *Forensic Sci Int* 1991; 51(2): 189–95.
[52] Cotton DW, Stephenson TJ. Impairment of autopsy histology by organ washing — a myth. *Med Sci Law* 1988; 28(4): 319–23.
[53] Sutinen S, Paakko P, Lahti R. Post-mortem inflation, radiography, and fixation of human lungs. A method for radiological and pathological correlations and morphometric studies. *Scand J Respir Dis* 1979; 60(1): 29–35.
[54] Kornegoor R, *et al*. Digitalization of post-mortem coronary angiography. *Histopathology* 2009; 55(6): 760–1.
[55] Rah BR, *et al*. Post-mortem three-dimensional reconstruction of the entire coronary arterial circulation using electron-beam computed tomography. *Circulation* 2001; 104(25): 3168.
[56] Weman SM, *et al*. Post-mortem cast angiography in the diagnostics of graft complications in patients with fatal outcome following coronary artery bypass grafting (CABG). *Int J Legal Med* 1999; 112(2): 107–14.
[57] Kalimo H, Saukko P, Graham D. Neuropathological examination in forensic context. *Forensic Sci Int* 2004; 146(2–3): 73–81.
[58] Tsokos M, Püschel K. Postmortem bacteriology in forensic pathology: diagnostic value and interpretation. *Leg Med (Tokyo)* 2001; 3(1): 15–22.
[59] Morris JA, Harrison LM, Partridge SM. Postmortem bacteriology: a re-evaluation. *J Clin Pathol* 2006; 59(1): 1–9.
[60] Virchow R. Die sections-technik. In: *Leichenhause des Charité-Krankenhauses, mit Besonderer Rücksicht auf Gerichtsäztliche Praxis*, 4th edn. Berlin: Verlag von August Hirschwald, 1893.
[61] Home Office Policy Advisory Board for Forensic Pathology and The Royal College of Pathologists, Code of practice and performance standards for forensic pathologists. London: The Royal College of Pathologists, 2004, p.23.
[62] Scottish Government, Crown Office Procurator Fiscal Service, and the Royal College of Pathologists, Code of Practice and Performance Standards for Forensic Pathologists Dealing with Suspicious Deaths in Scotland. Edinburgh: Scottish Government, 2007, p.27.
[63] Schuster N.H. Early days of roentgen photography in Britain. *Br Med J* 1962; 2(5313): 1164–6.
[64] Brogdon BG (ed). *Forensic Radiology*. Boston: Boca Raton/CRC Press, 1998.
[65] Cox J, Kirkpatrick RC. The new photography with report of a case in which a bullet was photographed in the leg. *Montreal Med J* 1896; 24: 661–5.
[66] Brogdon BG, Lichtenstein JE. Forensic radiology in historical perspective. In: Brogdon BG (ed). *Forensic Radiology*. Boston: CRC Press/Boca Raton, 1998, p.477.
[67] Evans KT, Knight B. *Forensic Radiology*, 1st edn. 1981, Oxford: Blackwell Scientific Publications.
[68] Withers S. The story of the first roentgen evidence. *Radiology* 1937; 17(1): 99–103.
[69] Schüller A. A note on the identification of skulls by X-ray pictures of the frontal sinuses. *Med J Aust* 1943; 25: 554–556.
[70] Schüller A. Das Röntgenogram der stirnhöhle. *Monatschrift Ohrenheilkunde* 1921; 55: 1617–20.
[71] Culbert WL, Law FM. Identification by comparison of roentgenograms. *JAMA* 1927; 88(21): 1634–6.
[72] Sassouni V. A roentgenographic cephalometric analysis of cephalo-facio-dental relationships. *Am J Orthod* 1955; 41(10): 735–64.
[73] Adams BJ. The diversity of adult dental patterns in the United States and the implications for personal identification. *J Forensic Sci* 2003; 48(3): 497–503.
[74] Adams BJ. Establishing personal identification based on specific patterns of missing, filled, and unrestored teeth. *J Forensic Sci* 2003; 48(3): 487–96.
[75] Wood RE. Forensic aspects of maxillofacial radiology. *Forensic Sci Int* 2006; 159(Suppl 1): S47–55.
[76] Huittinen VM, Slatis P. Postmortem angiography and dissection of the hypogastric artery in pelvic fractures. *Surgery* 1973; 73(3): 454–62.
[77] Karhunen PJ. Neurosurgical vascular complications associated with aneurysm clips evaluated by postmortem angiography. *Forensic Sci Int* 1991; 51(1): 13–22.
[78] Karhunen PJ, *et al*. Vertebral artery rupture in traumatic subarachnoid haemorrhage detected by postmortem angiography. *Forensic Sci Int* 1990; 44(2–3): 107–15.
[79] Karhunen PJ, *et al*. Diagnostic angiography in postoperative autopsies. *Am J Forensic Med Pathol* 1989; 10(4): 303–9.
[80] Wüllenweber R, Schneider V, Grumme T. [A computer-tomographical examination of cranial bullet wounds (author's transl)]. *Z Rechtsmed* 1977; 80(3): 227–46.
[81] Plattner T, *et al*. Virtopsy-postmortem multislice computed tomography (MSCT) and magnetic resonance imaging (MRI) in a fatal scuba diving incident. *J Forensic Sci* 2003; 48(6): 1347–55.
[82] Thali MJ, *et al*. Virtopsy, a new imaging horizon in forensic pathology: virtual autopsy by postmortem multislice computed tomography (MSCT) and magnetic resonance imaging (MRI)– a feasibility study. *J Forensic Sci* 2003; 48(2): 386–403.
[83] Aghayev E, *et al*. Virtopsy — fatal motor vehicle accident with head injury. *J Forensic Sci* 2004; 49(4): 809–13.

[84] Aghayev E, *et al.* Virtopsy post-mortem multi-slice computed tomography (MSCT) and magnetic resonance imaging (MRI) demonstrating descending tonsillar herniation: comparison to clinical studies. *Neuroradiology* 2004; 46(7): 559–64.
[85] Yen K, *et al.* Virtopsy: forensic traumatology of the subcutaneous fatty tissue; multislice computed tomography (MSCT) and magnetic resonance imaging (MRI) as diagnostic tools. *J Forensic Sci* 2004; 49(4): 799–806.
[86] Jackowski C, *et al.* Postmortem diagnostics using MSCT and MRI of a lethal streptococcus group A infection at infancy: a case report. *Forensic Sci Int* 2005; 151(2-3): 157–63.
[87] Jackowski C, *et al.* Virtopsy: postmortem imaging of the human heart *in situ* using MSCT and MRI. *Forensic Sci Int* 2005; 149(1): 11–23.
[88] Jackowski C, *et al.* Virtopsy: postmortem minimally invasive angiography using cross section techniques — implementation and preliminary results. *J Forensic Sci* 2005; 50(5): 1175–86.
[89] Thali MJ, *et al.* VIRTOPSY — scientific documentation, reconstruction and animation in forensic: individual and real 3D data based geo-metric approach including optical body/object surface and radiological CT/MRI scanning. *J Forensic Sci* 2005; 50(2): 428–42.
[90] Aghayev E, *et al.* Virtopsy hemorrhage of the posterior cricoarytenoid muscle by blunt force to the neck in postmortem multislice computed tomography and magnetic resonance imaging. *Am J Forensic Med Pathol* 2006; 27(1): 25–9.
[91] Dirnhofer R, *et al.* VIRTOPSY: minimally invasive, imagingguided virtual autopsy. *Radiographics* 2006; 26(5): 1305–33.
[92] Grabherr S, *et al.* Postmortem angiography after vascular perfusion with diesel oil and a lipophilic contrast agent. *Am J Roentgenol* 2006; 187(5): W515–23.
[93] Jackowski C, *et al.* Postmortem unenhanced magnetic resonance imaging of myocardial infarction in correlation to histological infarction age characterization. *Eur Heart J* 2006; 27(20): 2459–67.
[94] Jackowski C, *et al.* Postmortem imaging of blood and its characteristics using MSCT and MRI. *Int J Legal Med* 2006; 120(4): 233–40.
[95] Thali MJ, *et al.* Dental CT imaging as a screening tool for dental profiling: advantages and limitations. *J Forensic Sci* 2006; 51(1): 113–9.
[96] Jackowski C, *et al.* Intrahepatic gas at postmortem computed tomography: forensic experience as a potential guide for in vivo trauma imaging. *J Trauma* 2007; 62(4): 979–88.
[97] Oesterhelweg L, *et al.* Virtopsy: fatal stab wounds to the skull — the relevance of ante-mortem and post-mortem radiological data in case reconstructions. *Leg Med (Tokyo)* 2007; 9(6): 314–7.
[98] Thali MJ, *et al.* VIRTOPSY — the Swiss virtual autopsy approach. *Leg Med (Tokyo)* 2007; 9(2): 100–4.
[99] Aghayev E, *et al.* Virtopsy — the concept of a centralized database in forensic medicine for analysis and comparison of radiological and autopsy data. *J Forensic Leg Med* 2008; 15(3): 135–40.
[100] Bolliger SA, *et al.* Virtual autopsy using imaging: bridging radiologic and forensic sciences. A review of the Virtopsy and similar projects. *Eur Radiol* 2008; 18(2): 273–82.
[101] Grabherr S, *et al.* Two-step postmortem angiography with a modified heart-lung machine: preliminary results. *Am J Roentgenol* 2008; 190(2): 345–51.
[102] Jackowski C, Persson A, Thali MJ. Whole body postmortem angiography with a high viscosity contrast agent solution using poly ethylene glycol as contrast agent dissolver. *J Forensic Sci* 2008; 53(2): 465–8.
[103] Jackowski C, *et al.* Ultra-high-resolution dual-source CT for forensic dental visualization-discrimination of ceramic and composite fillings. *Int J Legal Med* 2008; 122(4): 301–7.
[104] Jacobsen C, *et al.* Unusually extensive head trauma in a hydraulic elevator accident: post-mortem MSCT findings, autopsy results and scene reconstruction. *J Forensic Leg Med* 2008; 15(7): 462–6.
[105] Ross S, *et al.* Postmortem whole-body CT angiography: evaluation of two contrast media solutions. *Am J Roentgenol* 2008; 90(5): 1380–9.
[106] Verhoff M.A, *et al.* Digital forensic osteology — possibilities in cooperation with the Virtopsy project. *Forensic Sci Int* 2008; 174(2-3): 152–6.
[107] Weilemann Y, *et al.* Correlation between skeletal trauma and energy in falls from great height detected by post-mortem multislice computed tomography (MSCT). *Forensic Sci Int* 2008; 180(2–3): 81–5.
[108] Bolliger SA, *et al.* Is differentiation of frequently encountered foreign bodies in corpses possible by Hounsfield density measurement? *J Forensic Sci* 2009; 54(5): 1119–22.
[109] Pomara C, *et al.* Virtopsy versus digital autopsy: virtual autopsy. *Radiol Med* 2009; 114(8): 1367–82.
[110] Ampanozi G, *et al.* Virtopsy: CT and MR imaging of a fatal head injury caused by a hatchet: a case report. *Leg Med (Tokyo)* 2010; 12(5): 238–41.
[111] Christe A, *et al.* Clinical radiology and postmortem imaging (Virtopsy) are not the same: specific and unspecific postmortem signs. *Leg Med (Tokyo)* 2010; 12(5): 215–22.
[112] Filograna L, *et al.* Diagnosis of fatal pulmonary fat embolism with minimally invasive virtual autopsy and post-mortem biopsy. *Leg Med (Tokyo)* 2010; 12(5): 233–7.
[113] Golden GS. Use of alternative light source illumination in bite mark photography. *J Forensic Sci* 1994; 39(3): 815–23.
[114] David TJ, Sobel MN. Recapturing a five-month-old bite mark by means of reflective ultraviolet photography. *J Forensic Sci* 1994; 39(6): 1560–7.

[115] Shapiro H. Medico-legal mythology; some popular forensic fallacies. *J Forensic Med* 1954; 1: 144–69.
[116] Moritz AR. Classical mistakes in forensic pathology. *Am J Clin Pathol* 1956; 26: 1383–92.
[117] Hunter J. On the digestion of the stomach after death. *Phil Trans Royal Soc Lond* 1772; 447–52.
[118] Lech T. Exhumation examination to confirm suspicion of fatal lead poisoning. *Forensic Sci Int* 2006; 158(2–3): 219–23.
[119] Grellner W, Glenewinkel F. Exhumations: synopsis of morphological and toxicological findings in relation to the postmortem interval. Survey on a 20-year period and review of the literature. *Forensic Sci Int* 1997; 90(1–2): 139–59.
[120] Spiller HA, Pfiefer E. Two fatal cases of selenium toxicity. *Forensic Sci Int* 2007; 171(1): 67–72.
[121] Politi L, *et al*. Ethyl glucuronide and ethyl sulfate in autopsy samples 27 years after death. *Int J Legal Med* 2008; 122(6): 507–9.
[122] Ehrlich E, Riesselmann B, Tsokos M. A series of hospital homicides. *Leg Med (Tokyo)* 2009; 11(Suppl 1): S100–2.
[123] Gaillard Y, *et al*. Detection of amitriptyline, nortriptyline and bromazepam in liver, CSF and hair in the homicidal poisoning of a one-month-old girl autopsied 8 months after death. *Forensic Sci Int* 2011; 207(1–3): e16–18.
[124] Poli D, *et al*. Nitrous oxide determination in postmortem biological samples: a case of serial fatal poisoning in a public hospital. *J Forensic Sci* 2010; 55(1): 258–64.
[125] Kibayashi K, *et al*. Differentiation between bruises and putrefactive discolorations of the skin by immunological analysis of glycophorin A. *Forensic Sci Int* 1993; 61(2–3): 111–17.
[126] Karch SB. Resuscitation-induced myocardial necrosis. Catecholamines and defibrillation. *Am J Forensic Med Pathol* 1987; 8(1): 3–8.
[127] Leadbeatter S, Knight B. Resuscitation artefact. *Med Sci Law* 1988; 28(3): 200–4.
[128] Mason J. Resuscitation artefacts, including bone marrow. In: *Forensic Medicine: An Illustrated Reference*. London: Chapman & Hall, 1993, pp.39–42.
[129] Plunkett J. Resuscitation injuries complicating the interpretation of premortem trauma and natural disease in children. *J Forensic Sci* 2006; 51(1): 127–30.
[130] Haynes DE, Haynes BE, Yong YV. Esophageal rupture complicating Heimlich maneuver. *Am J Emerg Med* 1984; 2(6): 507–9.
[131] Meredith MJ, Liebowitz R. Rupture of the esophagus caused by the Heimlich maneuver. *Ann Emerg Med* 1986; 15(1): 106–7.
[132] Majumdar A, Sedman PC. Gastric rupture secondary to successful Heimlich manoeuvre. *Postgrad Med J* 1998; 74(876): 609–10.
[133] Dzieciol J, *et al*. Widespread myocardial and pulmonary bone marrow embolism following cardiac massage. *Forensic Sci Int* 1992; 56(2): 195–9.
[134] Centers for Disease Control and Prevention. Post-earthquake injuries treated at a field hospital — Haiti, 2010. *Morb Mortal Wkly Rep* 2011; 59(51): 1673–7.
[135] Morgan OW, *et al*. Mass fatality management following the South Asian tsunami disaster: case studies in Thailand, Indonesia, and Sri Lanka. *PLoS Med* 2006; 3(6): e195.
[136] Busuttil A. Lockerbie and Dunblane: disasters and dilemmas. *Med Leg J* 1998; 66(4): 126–40.
[137] Eckert WG. The Lockerbie disaster and other aircraft breakups in midair. *Am J Forensic Med Pathol* 1990; 11(2): 93–101.
[138] Moody GH, Busuttil A. Identification in the Lockerbie air disaster. *Am J Forensic Med Pathol* 1994; 15(1): 63–9.
[139] Busuttil A, Jones JSP, Green MA, (eds). *Major Disasters, The Pathologist's Role*. London: Royal College of Pathologists, 2000, p.49.
[140] Nakajima K, *et al*. Pokkuri Death Syndrome; sudden cardiac death cases without coronary atherosclerosis in South Asian young males. *Forensic Sci Int* 2011; 207(1–3): 6–13.
[141] Bloch A. *Murphy's Law and Other Reasons Why Things Go Wrong*. Los Angeles: Price/Stern/Sloan Publishers, 1977.
[142] Saukko P. Das Gesetz von Murphy und ein fall von erwurgen. In: Brinkmann B, *Püschel* K (eds). Ersticken. Fortschritte in der Beweisfuhrung. Festschrift fur Werner Janssen. Berlin: Springer-Verlag, 1990, pp.119–21.

第 2 章

死亡的病理生理学

- 死亡的分类
- 尸斑
- 尸僵
- 死后分解
- 腐败
- 尸蜡形成
- 木乃伊
- 嗜尸性生物对尸体的破坏
- 法医昆虫学和死亡时间推断
- 死亡时间推断
- 胃排空在死亡时间推断中的应用
- 玻璃体液生化改变在死亡时间推断中的应用
- 死后化学变化
- 参考文献

死亡是个体生命功能的永久终止。以往多在伦理学领域探讨死亡的定义，本章从法医病理学角度阐明机体死亡的概念及含义，以促进理解各种死后变化的机制及其法医学意义。

死亡的分类

死亡类型通常分为两种：

- 躯体死亡：躯体死亡时人的知觉、意识不可逆地丧失，无法感知周围环境，也无法对感官刺激做出反应或进行自主运动。然而，机体可存在神经反射活动，循环、呼吸功能也可以自主进行或依靠人工支持设备来维系，从而使中枢以外的组织和细胞仍能保持活性、发挥功能。
- 细胞死亡：即组织及其组成细胞死亡，以有氧呼吸为主的代谢活动停止、生理功能丧失。

细胞死亡通常继发于呼吸、循环衰竭所致的缺血、缺氧。细胞死亡是一个过程，而不是一个事件，除了极少数使机体近乎瞬间损毁的情景，如掉入熔融的金属中或核爆炸时，否则即使机体被炸弹击碎也不会立刻杀死全部细胞。

不同组织的死亡速度不同，大脑皮质较为脆弱，缺氧几分钟即可使细胞死亡，而结缔组织和肌肉可在循环停止后仍存活数小时甚至数天。

脑死亡

在不涉及临床医学的情况下，躯体死亡可等同于脑死亡。缺氧、创伤或中毒使得大脑皮质高级功能丧失，从而使机体处于“植物状态”。此时，存活的脑干仍能维持自主循环和呼吸功能。机体的深度昏迷状态可持续数年，若并发压疮、肌肉挛缩和肺部感染则可加速个体死亡进程。医学界有观点认为，由于机体已不可逆地丧失了对自身和周围世界的感知，这些患者不能再被视为“存活个体”。

由于不需要维持生命器械的支持，安乐死是唯一能解决此类脑死亡患者困境的方法。近年来，社会对安乐死的态度也在逐渐转变，如“希尔斯堡足球赛惨案”受害者 Tony Bland，他因胸腹部受压而窒息缺氧后，陷入持续性植物状态，这种状态持续几年后，1993 年在法院允许下被撤

去营养支持而自然死亡[1]。

当脑死亡发生于小脑幕以下部位时，如脑干（特别是中脑、脑桥和延髓上部）神经受到损伤，控制呼吸的生命中枢和维持意识的上行网状激活系统功能丧失，患者将持续处于昏迷状态，无法维持自主呼吸。如果不加以医疗手段干预，几分钟内即可出现缺氧性心脏停搏，之后迅速进展到细胞死亡阶段。在呼吸支持设备出现之前，这种情况在过去时有发生。但 Pallis 认为，即使持续供氧以维持心脏功能，绝大多数患者在脑干死亡 48～72 h 后仍会停止心跳[2]。

目前，医疗及司法领域的专家对于“脑干死亡”的观点较为一致：一旦脑干出现不可逆损害，患者在个体意义上就已经“死亡”了。此时，机体细胞还处于存活状态，正是这个“生理窗口期”使得尸源供体的移植手术取得了巨大进展。

脑死亡引发的法律问题

有关脑死亡诉讼案例的争议长期存在。在多年前的一起袭击案中，辩护律师认为原发颅脑损伤并没有导致受害者死亡，受害者可以依靠生命支持设备生存，当受害者被诊断为脑干死亡后，这些支持设备被撤走，因此“死亡”是由医生撤走仪器的行为引起。法官驳回了此类辩护，因为医生在对受害者停止人工通气之前已经明确了其“脑死亡”的诊断，而且是犯罪行为导致了受害者脑死亡。

死亡征象

在此我们仅探讨躯体死亡的征象，有关细胞死亡的死后变化在后续章节中讨论。当心脏停搏后，颅内循环压力急速下降、皮质缺血，数秒内大脑功能停止。通常数分钟内脑功能即可发生不可逆性丧失，但具体时间存在争议。既往认为缺氧 3 min 可导致皮质损伤，有学者认为这一时间可达 7～9 min，甚至有些溺水者经历更长时间的缺氧后存活，且无遗留脑损伤，在这些案例中，机体的低体温较为常见，由于低体温可减少组织需氧量，因此有学者认为 20 min 甚至 40 min 的缺氧也可不发生脑损伤。总体而言，缺氧导致脑损伤所需的时间存在较大差异，但一般认为，心脏停搏或通气障碍 3～4 min 即可引起皮质损伤。

死亡征象包括如下几点。

- 意识丧失、反射消失、对疼痛刺激无反应。
- 大脑和小脑功能丧失后很快出现肌肉松弛、肌张力消失，尽管死后数小时内肌肉仍具有收缩能力。
- 瞳孔对光反射和角膜反射消失。躯体死亡后数小时虹膜对化学刺激仍能做出反应，但若脑干核团发生缺血衰竭，瞳孔对光反射可消失。由于死后肌肉松弛，瞳孔常处于中度扩张状态，但在尸僵作用下瞳孔大小可能会改变。死后两瞳孔的扩张程度可存在显著差异，这对诊断脑损伤或中毒并没有特异价值。某些中毒案例中，如吗啡中毒可导致生前瞳孔收缩，但死后瞳孔可保持缩小或变为扩张状态。

由于死后瞳孔各方向的肌肉松弛程度并不均等，瞳孔可能不再保持圆形，这种死后形态通常易于同虹膜的生前畸形相鉴别。眼压主要依靠动脉压维持，死后眼压迅速下降，眼球逐渐变软。1894 年，Nicati 发现机体死亡时眼压值减半，30 min 内降至正常眼压值的 1/8，死后 2 h 内降为 0[3]。同时，由于肌肉松弛和失去泪液的滋润，角膜迅速失去正常光泽。死后眼睑也可因肌肉松弛呈不完全闭合状态，在死后几小时内，两侧巩膜暴露的三角形区域干燥变黄，后变为棕色甚至黑色，称为巩膜黑斑。这一现象首先由 Sommer 提出，他也通过实验证实了这一点（图 2.1）[4, 5]。

检眼镜观察到的视网膜血流节段性变化是最早期的死亡征象之一。当死后血压下降导致血流分段时，可在视网膜血管上观察到类似火车车厢的血流节段性改变。这种血流改变发生在全身各处，但只有在视网膜才能用检眼镜直接观察到。

尸体的视网膜要比活体的视网膜难以观察，因此这项测试并不容易进行。许多学者描述了濒

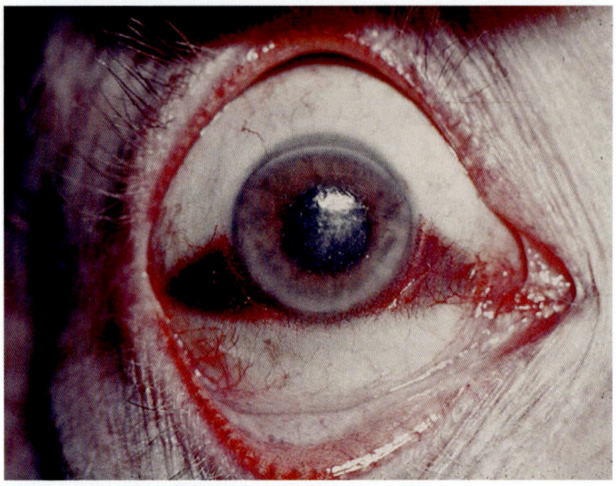

图 2.1　死后眼部变化，图示巩膜黑斑。图中棕色的巩膜干燥区域，是由死后眼睑闭合不全引起的

死期和死后早期的视网膜表现，试图进行死亡时间推断，但有些说法较为矛盾，缺乏实践价值。Kervorkian、Salisbury 和 Melvin 等证实，在血流分段之前，血液流动减慢，密度变得不规则[6-8]。这种现象在死后 15 min 内十分明显。Kervorkian 认为，视网膜的颜色变化与死亡时间密切相关。Tomlin 认为，血流分段比血液循环停止更能预示脑死亡，在视网膜血管上观察到类似火车车厢的血流节段性改变具有重要预后意义。

这一现象的代表性研究者是 Wroblewski 和 Ellis。他们研究了 300 例死后视网膜的变化[9]，发现约 1/3 的案例出现了血流节段性改变，且大多发生在死后 1 h 内。约 75% 的患者在死后 2 h 内出现角膜混浊，从而影响了对视网膜变化的判断。他们认为，血流分段纯粹是死后的变化，但任何血管内的血液流动，无论多么不规则，都是持续心肺复苏的指征。

- 在机械性心肺辅助技术出现之前，心跳和呼吸运动停止是死亡的主要标志，因其可导致组织迅速缺血、缺氧。心脏停搏可通过长时间的胸部听诊来排除心音，但在实践中微弱心跳可能会被较厚的胸壁所掩盖，心电图可准确判断心脏停搏。

判断呼吸是否停止较为困难，特别是深昏迷状态下，如巴比妥中毒。古代采用胸前放置水碟、鼻孔前放羽毛和丝线结扎指头等方式判定呼吸心跳停止，但这些方法并不准确。

死亡机制与死亡原因

死亡机制与死亡原因的概念常被混淆，尤其是在学生和较年轻的医生中，这一点在书写死亡证明时尤为重要，较少处理医疗纠纷案件的病理学家有时也会混淆这两者的概念。

死亡机制是指由损伤或疾病引起、最终导致死亡的病理生理过程，如昏迷、充血性心力衰竭、心脏停搏和肺水肿等。死亡机制是各种不同死因通向死亡终点的共同通道，不能反映潜在的疾病，不应被视为最终死因。

在大多情况下，死亡机制对于判定死亡原因价值有限，如晕厥、心肺衰竭或支气管肺炎是许多疾病常见的终末事件，在单独存在时并不能反映出根本死因。英国司法部部长曾要求在死亡证明书中去除死亡机制，保留根本死因，以利于后期数据统计。

在有验尸制度的国家，死亡方式判断也是法医工作者的主要内容之一。死亡方式是一种法律或行政上的分类，包括凶杀、自杀、意外或自然死亡等。

为促进死因诊断的全面性和准确性，世界卫生组织在《死亡医学证明》（*the Medical Certification of Death*）一书中建议医生在死亡诊断中写出死亡方式（如他杀、意外或自杀），但这与许多发达国家的要求不一致，如在英国只有司法机关在进行充分调查后才能够行使这项权力[10]。

死后变化的法医学意义

对法医病理学家来说，死后变化有助于进行死亡时间和死亡原因推断等，其重要性毋庸置疑（图 2.8）。

尸斑

尸斑曾被称为“lucidity”“staining”“cogitation”等，近年来主要采用“hypostasis”一词，因为其能够提示尸斑的形成机制。死后动脉收缩和静脉回流停止，血液不能通过毛细血管床和相关的微

动静脉，尸斑因此形成。

重力作用使得停滞的血液坠积于尸体低下部位。红细胞受重力影响最大，血浆也因受影响而坠积，形成死后重力性水肿，从而出现皮肤水疱的早期腐败改变。

沉积在低下部位的红细胞透过皮肤呈现出暗红色的尸斑。早期尸斑通常呈斑片状出现于尸体两侧和低垂部位，也可见于下肢的上表面，尤其是大腿，但这些斑片很快融合并移动至下方（图 2.2）。

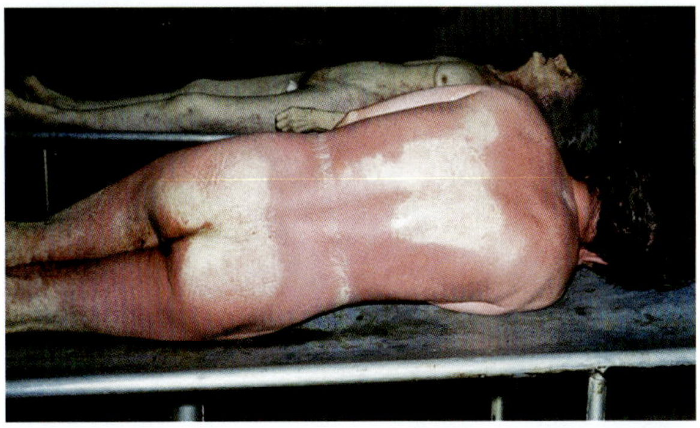

图 2.3　尸斑在尸体上的常见分布。苍白区域是尸体与硬质表面接触受压所致

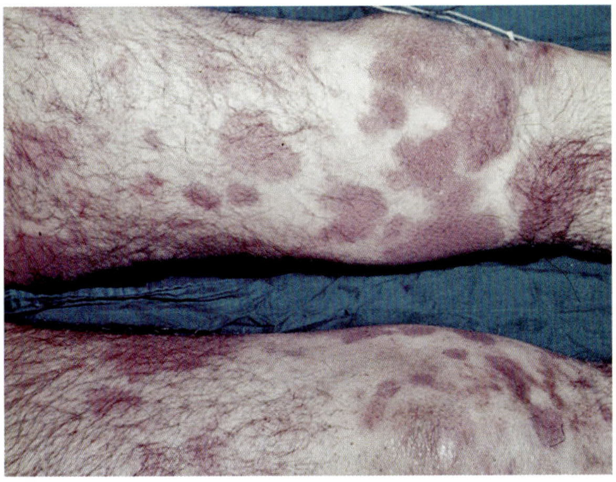

图 2.2　死后早期形成的斑片状尸斑。斑片状的尸斑分布无特殊意义，通常会继续沉积，并在几小时内融合于最低处

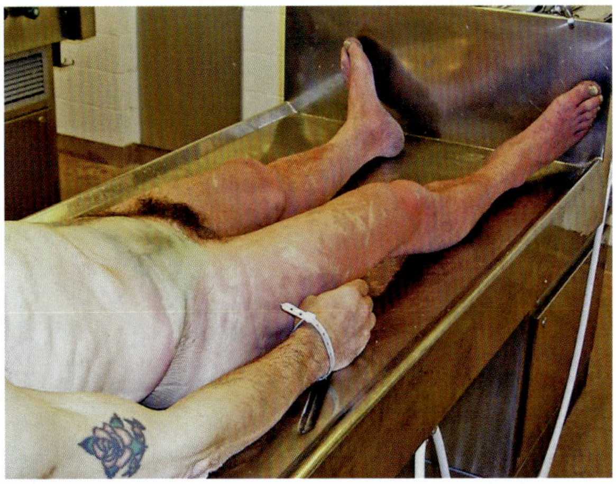

图 2.4　缢死尸体的尸斑。由于死后尸体保持直立位，尸斑主要见于双腿和双手

尸斑的分布

尸斑的形态取决于尸体的体位和姿势。在实践中，仰卧位尸体最为常见，尸斑显现于枕、项、背、腰、臀及四肢低下部位的背侧未受压处，而肩、臀和小腿等紧贴地面的受压处难以形成尸斑，此处皮肤呈苍白改变。侧卧或俯卧位时，尸斑分布呈类似规律（图 2.3，图 2.5）。

若死后尸体处于悬垂或直立位（如缢死尸体），下肢尸斑较为显著，而手部及前臂的尸斑浅淡（图 2.4）。除了尸体的支撑部位不会形成尸斑，其他因素致躯体受压处也不会形成尸斑，如床单皱褶在尸体上形成的不规则线性痕迹、粗布织物印痕，以及腰带、女性内衣和袜口的压痕等。Bonte 等认为，水中触电（通常是浴缸）时，尸斑被限制在水位线附近[11]。

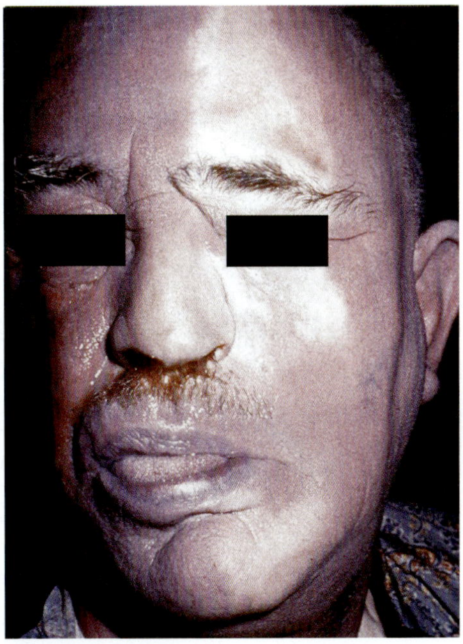

图 2.5　面部尸斑上的白色区域。白色区域位于俯卧状态下受压的支撑面。这通常是死后变化，并非窒息的标志

尸斑的颜色

尸斑通常为暗红色，但不同条件下形成的尸斑颜色差异较大。如果死亡时机体处于淤血缺氧状态，由于皮肤血管中的氧合血红蛋白含量降低，尸斑颜色较为显著。尸斑颜色用于判断死亡机制的价值有限，尸斑青紫、暗红并不能作为窒息死亡个体缺氧表现的依据。许多自然死亡（如冠状动脉相关疾病）尸体的尸斑颜色也较深。同一个体不同部位的尸斑颜色往往不同，有时在深色尸斑的边缘可见浅色尸斑带，有时可见暗红色和鲜红色尸斑相邻，这些表现可随死亡时间的延长而变化。冻死或低温环境下死亡的尸体（如溺死），尸斑颜色有助于判定死因，但不具有特异性，低温保存尸体也可使暗红色尸斑转变成鲜红色尸斑。

这种现象的机制尚不明确，可能与血红蛋白的重新氧合有关，在低温环境下，组织的低代谢水平使得耗氧量减少，故尸斑呈粉红色或鲜红色，但该学说难以解释为何此类尸斑可反复形成。

有研究认为，尸斑颜色与死亡时间存在关联。Schuller 采用比色法进行研究发现，死后 3～15 h 尸斑逐渐变浅，波长从死后 3 h 的 575 nm 开始，以平均每小时 2 nm 的速度增长[12]。Vanezis 研究了尸斑颜色改变与尸斑转移的关系，他认为在死后 2 h 内尸斑颜色变浅和时间之间存在线性关系，而在此时间之后的颜色变化无法预测[13]。Inoue 等也对尸斑颜色推断死亡时间的问题进行了研究[14]。

有时可以注意到，原本暗红色尸斑的上部水平边缘变成了粉红色，下部仍然为深色，其原因可能是尸斑边缘的红细胞密度低，血红蛋白更容易重新氧合。

尸斑的颜色可提示某些死因。例如，一氧化碳中毒时，由于血液中形成碳氧血红蛋白，尸斑呈特征性的樱桃红色（图 29.1）。氰化物中毒时，尸斑呈鲜红色，但若尸检时未发现氰化物的特殊气味等表现，仅依靠尸斑颜色变化难以确定氰化物中毒。氯酸盐或亚硝酸盐中毒引起高铁血红蛋白血症时，尸斑可呈棕红色。当产气荚膜梭菌感染引起脓毒血症导致孕妇流产死亡时，全身多处可见浅棕色的斑点。

尸斑部位可出现大小不等的点片状出血或血疱（图 2.6），多见于肩胛部和项部，也可见于胸前区。在以淤血发绀为主要表现的尸体上，尸斑部位出血较为常见，随死亡时间的延长出血愈发显著，应注意将其与窒息尸体的出血点进行鉴别。在头部朝下的尸体中，尸斑区域的出血点或出血斑发生融合，使得面部和颈部几乎呈黑色。

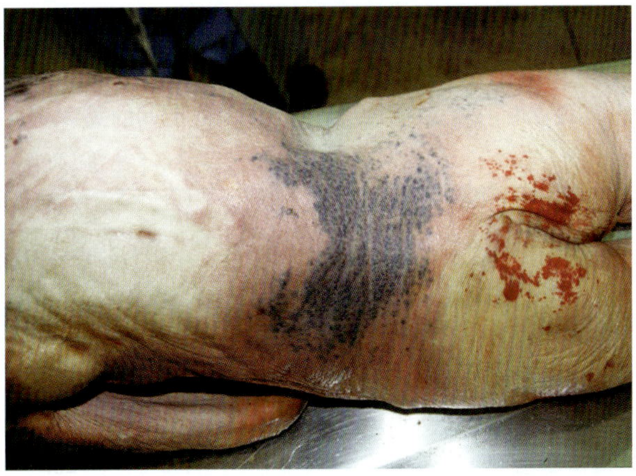

图 2.6　尸斑处见皮下出血的广泛融合。死亡时间越长，这种现象越明显，但其不能作为窒息死亡的证据

尸斑的发生与固定

在过去，许多人主张将尸斑作为死亡时间和死后变化的标志。尸斑可在死后的不同时间出现——实际上，它可能根本不会出现，特别是在婴儿、老年人或贫血患者中。尸斑也可能微弱到几乎无法被发现。

尸斑一般在死后半小时或数小时内出现，其形成时间存在较大个体差异，因此对死亡时间的推断价值有限。有报道称，有些患者在心力衰竭或深昏迷状态下，由于静脉回流受阻，也可观察到类似尸斑的颜色改变。

尸斑形成后，改变尸体姿势是否引起尸斑转移仍存在争议。一般而言，尸体姿势改变后原有尸斑可出现以下几种情况。

- 固定不变。
- 原有尸斑消失，在低下未受压部位形成新的尸斑。
- 一部分保留，一部分重新分布。

如果发现尸体的尸斑分布与当前姿势相矛盾时，则一定存在死后移尸，这对于刑事案件的调查具有重要意义，可提示罪犯返回现场或者有其他人进入现场，但当尸斑发生完全转移时则难以判断。

Mallach 分析了 1905～1963 年的文献数据，内容涵盖了尸斑的出现、融合、最大程度、指压褪色和转移（包括完全转移和不完全转移）[15]，既往文献中尸斑进展与死亡时间的关系见表 2.1。表 2.2 展示了不同教科书中所述的尸斑形成时间。

表 2.1　既往文献中尸斑进展与死亡时间的关系

（单位：h）

尸斑的阶段	均值	标准差	极　值	
			最小值	最大值
出现	0.75	0.5	0.25	3
融合	2.50	1.0	1.00	4
最大程度	9.50	4.5	3.00	16
指压褪色	5.50	6.0	1.00	20
完全转移	3.75	1.0	2.00	6
不完全转移	11.00	4.5	4.00	24

表 2.2　不同教科书中所述的尸斑形成时间

（单位：h）

资 料 来 源	开始时间	最大值
Adelson	0.5～4	8～12
Polson 和 Gee	0.5～2	6～12
Spitz 和 Fisher	2～4	8～12
Taylor（Simpson 编）	0	12
Taylor（Mant 编）	1	12
Gradwohl（Camps 编）	0.3～0.5	6～12
Glaister	—	8～12
DiMaio	0.5～2	8～12
Sydney Smith	0	12
Mant	0	12
Gordon 和 Shapiro	数小时	12

有大量关于死后凝血、继发溶解及纤溶酶抗凝的研究，但这些成果并未转化为实践。既往认为，如果尸体保持死亡时的姿势一段时间，血液会在躯体的低下部位凝固，即使身体被移动也不会发生转移。但大多数情况下并非如此，因为尸体任何时候都可能再次受到部分或完全的重力作用而发生转移，除非死后的第二天或第三天，尸体发生腐败，组织因溶血而开始着色。

Suzutani 等研究了 430 具尸体，通过在尸斑区域施加压力发现，死后 6～12 h 的尸体中有 30% 尸斑按压不褪色[16]。死后 12～24 h 的尸体中有 50% 以上尸斑已经固定，死后 1～3 天的尸体中有 70% 尸斑按压不褪色。然而，仍有部分尸体在死亡 3 天后尸斑可按压褪色。

Fechner 发现，尸斑的固定随尸体储存温度而改变，尸斑的固定与死亡时间不存在线性关系[17]。

器官血液坠积

血液坠积不仅出现在体表，也可见于其他组织器官。鉴别器官血液坠积与生前损伤是法医解剖工作的重要内容之一。死后空肠和回肠低垂处的肠袢可明显变色，易被误判为肠梗死或肠绞窄，位于盆腔的肠袢位置较低，受血液坠积的影响最大。仔细检查肠道可发现血液坠积呈不连续的节段性改变，有助于与生前损伤或疾病相鉴别。

肺的前后部颜色常存在较大差异，当尸体呈仰卧位时，肺前缘呈苍白色，而肺后缘处于两侧胸腔的低下部位，呈暗黑色或暗蓝色，充血水肿也更加明显。由于血液坠积作用，左心室后壁的心肌常可出现局部暗黑色改变，应注意与早期心肌梗死区别。

在食管后方平喉头的位置，血液坠积常见于颈椎前纵韧带和食管之间的疏松组织中，此部位淤血可逐渐进展为出血，出血严重时可形成血肿，常与勒死所形成的创伤相混淆，但 Prinsloo 和 Gordon 对其本质进行了研究[18]。这种现象是由于颈部静脉血液受重力影响所致，为避免与勒死或疑似勒死的尸体相混淆，可先开颅取脑及开胸剪断上纵隔的大静脉，以引流颈部血液。

尸斑和皮下出血的鉴别

新鲜尸体上尸斑和皮下出血有明显区别，但腐败开始后两者易被混淆。新鲜尸体的尸斑表面血管广泛、规则扩张，颜色从紫红色到鲜红色都可见，与正常组织分界不清。尸斑形成早期可存在斑片状的暗红色改变，这种特征较易与皮下出血鉴别。尸斑多见于身体的低垂部位，而皮下出血可见于身体各部位。皮下出血通常呈片状，边缘不规则，表面常伴有擦伤，但尸斑表面无擦伤。当死者为黑种人或尸斑颜色较深而难以判断是否存在皮下出血时，可切开可疑区域观察，若血液在血管内则为尸斑，若血液浸润至血管周围组织则为皮下出血。

早期尸斑切面上渗出的血液较易被擦拭掉，而皮下出血的血液则通过破裂血管向周围扩散，浸入并固定于皮肤深层或皮下组织，不易被擦除。新鲜的皮下出血若伴有组织肿胀，可凸起于体表。尸斑区域若受到皮带或紧身衣物的压迫，相应部位表现为苍白的无血区，但皮下出血一般不会受压力的影响。皮内出血通常呈线状或某种图案状，极少与尸斑混淆，但最终确定是何种病理改变还需要依靠组织学检验。

当死后自溶发生时，溶血的血液从血管中扩散，导致尸斑和皮下出血鉴别困难，当腐败严重时，即使进行组织学检验也无法区别。

尸僵

与尸斑不同，死后肌肉僵硬与死亡时间具有一定的关联性。一般认为，死后迅速发生肌肉松弛，一段时间后出现局部或全身尸僵，尸体发生腐败后，尸僵逐渐消失。这一系列变化所需时间并非定值，难以作为死亡时间推断的指标。尸僵发生的时期概括如下：

- 由于受到环境温度及其他因素的影响，尸僵的出现时间差异较大，可在死后半小时或更久后出现，但通常最晚在死后 3～6 h 可检出尸僵。尸僵首先出现在一些小肌群，因为较小的关节（如下颌关节）更容易被固定。尸僵发展的顺序也因人而异，但多数情况下先影响下颌、面部和颈部肌肉，然后是手腕、脚踝、膝盖、肘部和臀部。

检测尸僵的常用方法是屈伸关节，或用手指按压股四头肌或胸肌。婴儿、老年人和恶病质患者因为肌肉欠发达，可能不出现明显的尸僵。

- 尸僵扩散到全身肌肉组织，一般在死后 6～12 h 达到高峰，这一状态可保持到肌肉发生自溶，此时尸僵逐渐缓解，在尸体外部出现明显的死后变化时尸僵解除（下腹壁变色除外）（图 2.7）。

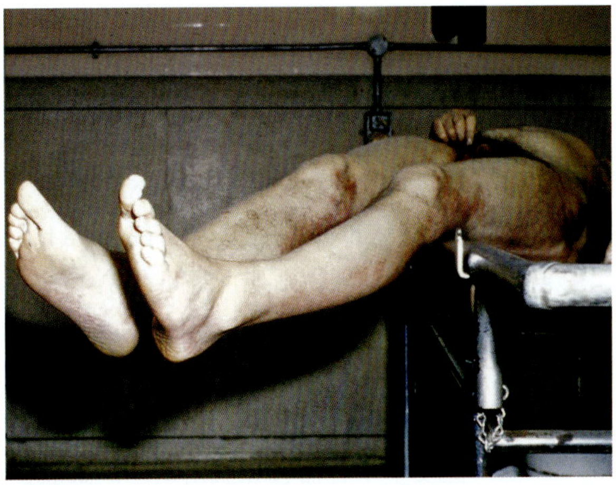

图 2.7 死后 12 h，尸僵完全形成

如果尸僵在达到高峰之前被破坏，可很快重新形成，但不会达到原尸僵的最大强度[4, 19]。此外，根据 Henssge 的说法，各肌纤维中糖原含量不同可导致尸僵最大强度产生差异[20]。

尸僵达最大强度后可持续 18～36 h，而后开始缓解，尸僵缓解和消失的顺序与发生的顺序相同，但实践中也有许多例外情况。

影响尸僵时间变化的因素

尸僵的发生速度和持续时间受温度影响。环境越冷，尸僵的出现和发展越慢，反之亦然。在温度接近 0 ℃时，尸僵几乎不会发生。作者（BK）曾在冬季的户外现场发现，尸体在死后 1 周内仍较为柔软，而当尸体被转移到相对温暖的太平间时，尸僵迅速产生。相反，炎热气候可加速该过程，使尸僵在 1 h 甚至更短时间内发生并快速发展，由于尸体腐败较快，尸僵在 24 h 内即开始缓解。

生前体力活动也与尸僵形成有关。肌肉中糖

原和腺苷三磷酸（adenosine triphosphate，ATP）含量是尸僵形成的关键因素，肌肉运动可影响这些物质的水平，加速尸僵的出现。此外，尸体痉挛可认为是尸僵加速的极端表现。

尸僵出现和缓解的时间跨度较大，采用尸僵推断死亡时间的可信度不高。Niderkorn 对 113 具尸体的研究显示，形成完全尸僵需要 2～13 h，大部分为 3～6 h，此时间短于目前学界公认的时间[21]。Mallach 制作的表格总结了既往文献中尸僵的时间变化规律（表 2.3）[15]。

有学者认为，在常温条件下，可结合体温和尸僵粗略推断死亡时间。

- 若尸体温暖且柔软，则死亡时间不足 3 h。
- 若尸体温暖但僵硬，则死亡时间在 3～8 h。
- 若尸体冰冷且僵硬，则死亡时间在 8～36 h。
- 若尸体冰冷但柔软，则死亡时间超过 36 h。

其他组织的尸僵

尸僵广泛发生于各器官和肌组织中。虹膜因受到尸僵的影响，死后瞳孔的大小可发生改变，且尸僵对双侧虹膜的影响可能存在差异，导致瞳孔的改变也不一致。因此，采用死后瞳孔大小推断生前中毒或神经系统疾病并不可靠。

当心脏发生尸僵时，心室肌收缩，易被误认为左心室肥厚，这时可通过称量心脏重量、测量心室厚度、评估左心室大小等进行鉴别。

当阴囊肉膜肌发生尸僵时，睾丸和附睾受到压迫，加之精囊和前列腺中的肌纤维收缩，可导致死后精液经尿道外口溢出，易被误认为是生前性活动所引起；Mant 也证实，在各种类型的尸体上，尿道外口和尿道海绵体部都可能存在精液[22—24]。但有学者提出，死后射精可能与缢死或窒息死亡存在关联，具体还需要进一步研究。

附于毛囊上的立毛肌发生尸僵可导致皮肤上产生颗粒状凸起，称为“鸡皮疙瘩”，同时还伴随汗毛直立。有学者认为，死后胡须可继续生长，不过，对于这种现象的另一种解释为死后皮肤干燥和收缩作用使毛发显得更加突出。

Krompecher 和 Bergerioux 的研究表明，电击死亡的尸体尸僵发生的速度更快，缓解的速度也更快[25]。

尸僵的生化原理

除了早发性尸僵与肌肉活动的关联之外，尸僵生化机制研究的法医学意义有限，但依然有大量学者对该问题进行了深入探究。

Szent-Gyorgi 发现，肌肉收缩时，肌动蛋白和肌球蛋白在肌丝中交错排列[26]，两者结合形成了一种可收缩的结构，称为肌动球蛋白，当获得 ATP 提供的能量时，肌动球蛋白可发生收缩[27]。具体来说，当 ATP 转化为腺苷二磷酸（adenosine diphosphate，ADP）时会失掉一个磷酸基[28]，磷酸基可发生磷酸化反应，将糖原转化为乳酸，在此过程中会释放出高能量；一部分能量通过磷酸肌酸供给磷酸基，从而完成 ADP 向 ATP 的转化；另一部分则用来激活肌动球蛋白的收缩反应。

除了提供能量，ATP 还可保持肌肉的弹性和

表 2.3　尸僵的时间变化规律　（单位：h）

尸僵时期	均值 ± 标准差	死亡时间 95.5%CI 下限	死亡时间 95.5%CI 上限	死亡时间 变异 最小值	死亡时间 变异 最大值	计入的文献数
尸僵延迟期	3 ± 2	—	7	< 1/2	7	26
尸僵可以重新形成	至多 5	—	—	2	8	—
尸僵完全	8 ± 1	6	10	2	20	28
尸僵持续	57 ± 14	29	85	24	96	27
尸僵缓解	76 ± 32	12	140	24	192	27

可塑性。乳酸可回流到血液中，并返回肝脏重新转化为糖原。所有这些反应都是厌氧的，在个体死后还会继续。

在活体中，ATP 的利用与再合成之间存在动态平衡，因此肌肉组织中的 ATP 浓度相对恒定。在死后，ADP 停止向 ATP 转化，ATP 逐渐耗竭，肌动蛋白和肌球蛋白结合后变为固定、不可伸展的状态，从而使肌肉僵硬[29，30]。

ATP 的合成再生有赖于糖原的供应，如果糖原在生前剧烈活动中耗竭则会迅速出现尸僵。正常情况下，死亡初期由于糖原分解，磷酸盐释放，ATP 含量保持不变甚至升高。

当 ATP 浓度降至正常水平的 85% 时，尸僵开始发生，降至 15% 时，尸僵强度达到最大值[31]。死前剧烈活动使糖原被耗尽，可导致尸僵形成速度较快。

尸僵的意义

关于尸僵是否导致肌肉收缩，仍存在一定争议。1833 年，Sommer 观察到肌肉死后收缩的现象[4]。有人发现，停尸房里的尸体，其肢体可自发移动，此现象的原因是，当肢体的某一部分低垂于停尸床的边缘时，随着尸僵的发展，逐渐增加的张力可使肢体缓慢回弹。作者（BK）也曾观察到，在死亡 1 h 后，死者足部出现长达 40 min 的缓慢扭动。

很多学者认为，死后肌肉缩短现象的确存在，但因大多数关节屈肌和伸肌相互拮抗而不易被观察到。Bate-Smith 和 Bendall 认为，只有存在生前活动使糖原显著消耗时，肌肉才会缩短。但 Forster 认为，当肌肉处于某种紧张状态时，它确实会缩短[30，31]。Forster 的研究显示，高温和促进肌张力增加的毒物（如对硫磷）可使肌肉缩短的程度增加。

在尸僵完全形成后对尸僵进行破坏，则不易形成新的尸僵，殡仪馆工作人员常利用此原理进行入殓工作。其机制是僵硬、无弹性的肌纤维断裂，甚至肌肉附着点发生撕脱。但在尸僵发展过程中，破坏已形成的尸僵，尸僵很快又重新形成。在某些情况下，尸僵可提示是否存在死后移尸。若发现尸体的单只手臂或腿凭空抬起，说明尸体被移动过。

此外，我们也不能推定尸体被发现时的姿势是在死亡时形成的，因为在肌肉松弛阶段，尸体受到的任何移动都不会在随后形成的尸僵中反映出来。

尸体痉挛

作为一种特殊的尸僵形式，尸体痉挛可不经过肌肉松弛阶段，在死亡当时几乎瞬时形成。许多教科书中对尸体痉挛的描述较为详细，但法医实践中尸体痉挛现象极为少见。

研究尸僵的权威专家 Krompecher 对尸体痉挛是否真实存在持怀疑态度，但许多法医病理学家认为，在死后极短时间内能观察到尸体痉挛现象[32]。作者在接触的个别案例中也发现，尸体痉挛确有发生且远早于正常尸僵的形成。

尸体痉挛常见于剧烈运动或情绪剧烈波动致死的案例，但情绪波动导致尸体痉挛的原因仍不清楚。尸体痉挛可能是由运动神经兴奋引起的，通常只影响一组肌群而非整个躯体，如累及单只手臂的屈肌。

前文已指出，生前剧烈运动会快速消耗肌肉中储存的糖原，从而加速尸僵的发生，尸体痉挛的发生机制与此类似。战场阵亡的士兵中可见到典型的尸体痉挛现象，在日常生活中，尸体痉挛现象常见于落水或从悬崖跌落的情况，死者生前可能会就近抓住草或灌木等以阻止坠落，在死后数分钟内仍可发现手中紧握异物。尸体痉挛对确认死者在坠落时是否存活具有一定的价值，可依此排除死后伪造成坠亡的可能。

还有一种情况在推理小说中较为常见，死者手中握着手枪，手指仍紧扣于扳机上，这种尸体痉挛现象可用于确认自杀，并排除他杀后伪装自杀，但实践中这种情况罕见。

溺死或高坠的尸体上出现尸体痉挛，对于确认受害者在坠落时处于存活状态具有一定价值，有助于排除死后抛尸。当然，必须在尸僵出现之前对尸体进行检查，否则难以判定是否存在尸体痉挛。

冻僵与热僵

在极端温度如低温和高温条件下，肌肉可能会出现“假尸僵”。在低于0℃的环境中，一旦机体热量散失，体液发生凝固，肌肉可变硬，当温度低于−5℃时肌肉被冻僵，这种现象类似于冰箱中冷冻保存的食用肉类。随着尸体解冻，可发生真正的尸僵，但若冰晶破坏细胞膜造成组织细胞损伤，也可不出现尸僵。

高温导致组织中的蛋白质变性、凝固，从而使肌肉僵硬，其程度和深度取决于热量的强度和持续时间。检验高温致死的尸体，可见肌肉萎缩、干燥，甚至表面炭化，深处可见棕粉色的“熟肉区”。火场中常见到尸体呈“拳斗姿势”，这是由于肌肉受热挛缩时，屈肌比伸肌更发达，可导致四肢屈曲、躯干角弓反张（图11.9，图11.10），尸体火化过程中也可发生类似变化，但无法据此现象判断是否为生前烧死。

死后分解

尸体分解和尸斑都发生在死亡后不久，即躯体死亡发生，但细胞死亡不完全时。如前所述，死亡是一个连续过程，尸体内部分细胞（如白细胞、成纤维细胞和肌细胞等）存活甚至能够运动时，其他组织细胞正在或已经死亡。当死后分解发生于部分细胞时，其他细胞可处于存活状态，在温带气候这种现象可持续几天时间。

尸体分解不仅包括自身酶类作用导致的细胞溶解，也包括肠道和外界环境中的细菌、真菌引起的组织分解。一般而言，死后分解的进程表现为尸体逐渐变得潮湿、充满腐败气体，机体组织液化、溶解消失，最后仅剩下骨骼。由于受到个体和环境因素的影响，尸体分解存在较大差异，甚至同一具尸体不同部位的分解也存在差异。例如，尸体的一部分出现皮革样化或呈干枯状态，而其他部分已腐败液化（图2.8）。

有对头部和手臂可能已经白骨化，而下肢和躯干由于受到衣服或其他覆盖物的保护，仍较为完整。此外，自然界的生物，如蛆虫、哺乳动物

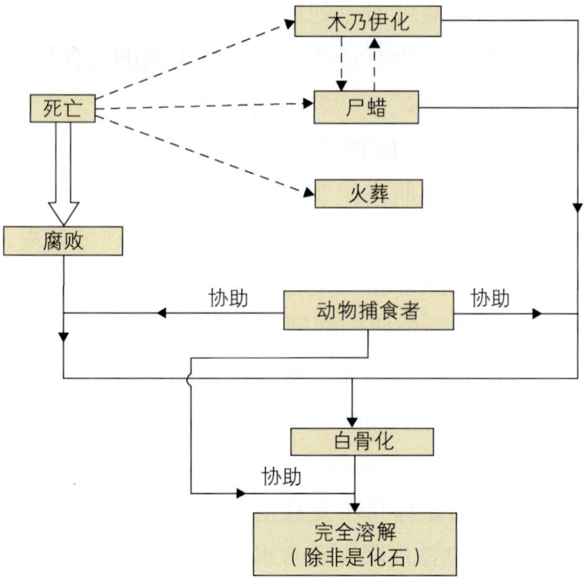

图2.8　死后尸体变化历程

可破坏尸体而影响尸体分解的进程，这些因素使推断死亡时间更加困难。

尸体分解的多种表现可相互融合，或者在尸体中呈现出单一形式。大多数未经防腐处理的尸体都会腐烂，组织变潮湿、充满气体，最终液化，仅残余骨骼。

其他较少见的情况有干燥分解，又称木乃伊化；或尸体转化为蜡样物质，称为尸蜡化；在泥炭沼泽等厌氧条件下，酸和蛋白质沉淀液体发生作用，即为泥炭鞣尸；在一些死产中，死于宫内的胎儿发生无菌自溶，称为浸软。

腐败

尸体发生腐败的时间常存在较大差异。在温带气候中，未冷藏的尸体大约在第3天开始腐败。

在高海拔的寒冷地区，尸体几乎不发生腐败，现代发现的史前猛犸象遗体和中世纪因纽特人的尸体也证实了这一点。厘清尸体腐败进程与时间的关系较为困难，可先明确室内18℃条件下尸体腐败与时间的相关性，实际工作中再基于此标准，结合现场情况综合分析。

腐败变化规律

尽管尸体不同部位的腐败进程不尽一致，但

各类腐败现象出现的顺序基本相似（图 2.10）。

通常，由于位于右髂窝的盲肠内细菌含量高且位置相对浅表，肉眼最先观察到下腹壁颜色改变。肠道微生物直接扩散入腹壁组织，将血红蛋白分解为硫化血红蛋白及其他有色产物，颜色改变逐渐蔓延至整个腹部，后期腹部因充满腐败气体而膨胀。

腐败细菌大多源自肠和肺，极易通过体液播散，它们倾向于定殖在静脉系统，造成溶血而使血管壁和邻近组织着色，形成“腐败静脉网”，这是一种皮肤上出现的先暗红后污绿色的树枝状血管网，出现部位以大腿、腹部、胸部和肩部为主（图 2.11）。在 18～20℃温度下，“腐败静脉网”现象可持续 1 周左右。

在腐败静脉网出现的同时甚至更早，皮肤腐败水疱即可出现，多见于躯干和大腿的低垂部位。腐败水疱形成的过程是，表皮松脱形成大而薄弱的囊腔，内含透明、粉色或红色的浆液，随后囊腔持续变大，最终破裂，显露出黏滑的粉红色真皮。如果腐败水疱发生在有毛发的部位，如头皮、腋窝和外阴，毛发在轻微外力下即可脱落。

在腐败细菌作用下，阴囊和阴茎可肿胀明显，颈部和颜面部膨大，眼球、舌头凸出，难以进行面容识别（图 2.9，图 2.12）。

腐败气体引起的腹内压增高可导致尿液、粪便排出和子宫脱垂，甚至有孕妇死后“娩出”胎儿的相关记载。腐败液化的组织被溶血染色后形成血性液体，可从任何腔道漏出，特别是口腔、

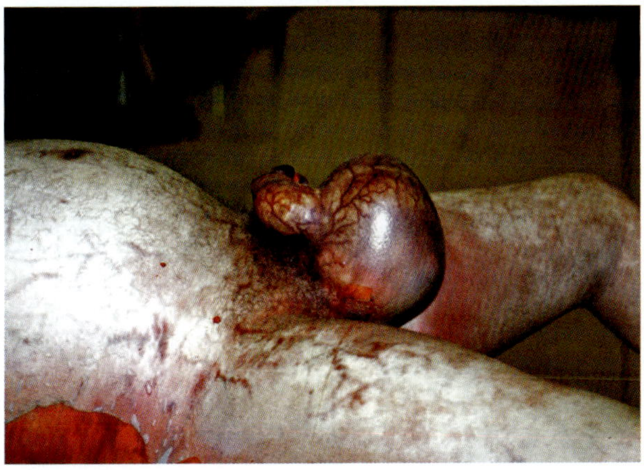

图 2.9　早期尸体分解变化——阴囊和腹部充气扩张，尸体承重区域的皮肤起疱、脱落。尸体大约为死后 1 周，但环境温度可导致较大的个体差异

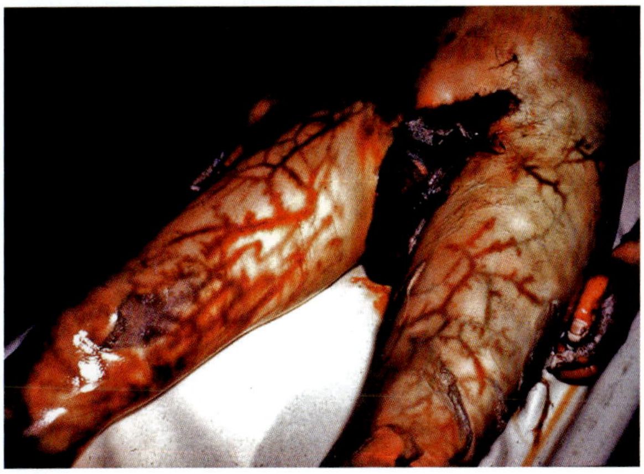

图 2.11　夏季气温下，死后约 2 周的水中尸体的腐败情况。皮肤可见静脉被血红蛋白分解产物染色形成的腐败静脉网

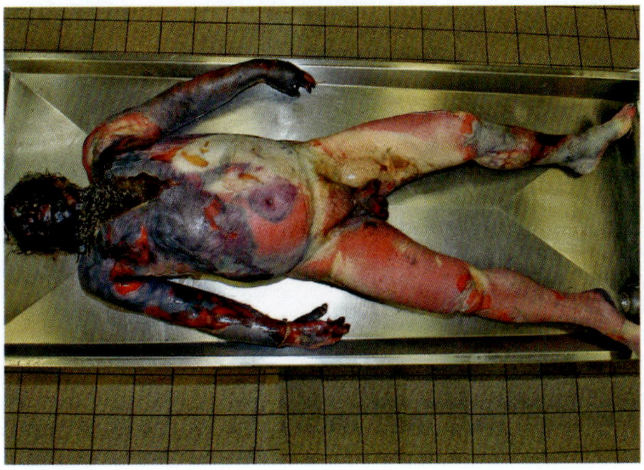

图 2.10　尸体不同部位的腐败程度不一致。面颈部、双上肢、右侧躯干因高度腐败产气而肿胀，双下肢和左侧躯干腐败程度较轻

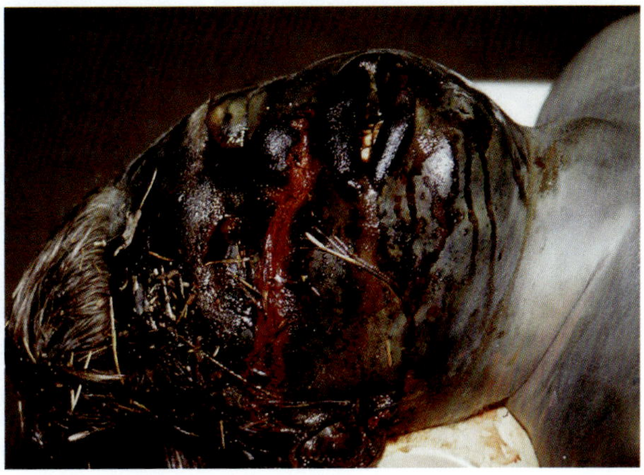

图 2.12　面部肿胀，口鼻见血性液体流出。为水中发现的尸体，死亡时间在 11 天左右

鼻孔、直肠和阴道。此时，距离死亡已有2～3周的时间。

缺乏经验的工作者可能会把此现象作为致死性出血的依据，处理案件的警察也会对此感到疑惑，需要病理学家到场检查以排除暴力因素导致的出血。此外，由于腹部气体压迫膈肌致胸腔压力增高，气管、支气管的腐败液体可与气体形成血液样本泡沫经口鼻排出。

约几周后，暗红色或污绿色的皮肤可变为深绿色或黑色。除寒冷天气外，腐败尸体几乎都有蛆虫生长，并形成大量的皮肤孔洞，使细菌更容易侵入。蛆虫除了可直接噬食尸体组织，还分泌蛋白水解酶，加速组织的分解破坏（图2.13，图2.14）。手指和脚趾皮肤可因腐败而发生表皮剥脱，手足指甲也可松动、脱落，难以进行指纹识别。

尸体内部器官的腐败速度比体表慢，对腐败尸体进行尸检时，内部器官的病理表现往往更有价值。各器官腐烂的速度不一，肠壁、肾上腺髓质和胰腺在死后几小时即发生自溶，前列腺和子宫分解较慢，甚至在白骨化尸体中仍可保持相对完整。大脑腐败较为迅速，脑组织1周内质地变软、呈灰粉色改变，1个月内即发生液化。脑膜出血和血肿受腐败影响小，死后较长时间仍可辨认，但脑实质中的非出血性病变（除部分肿瘤外）可较早发生腐败分解。

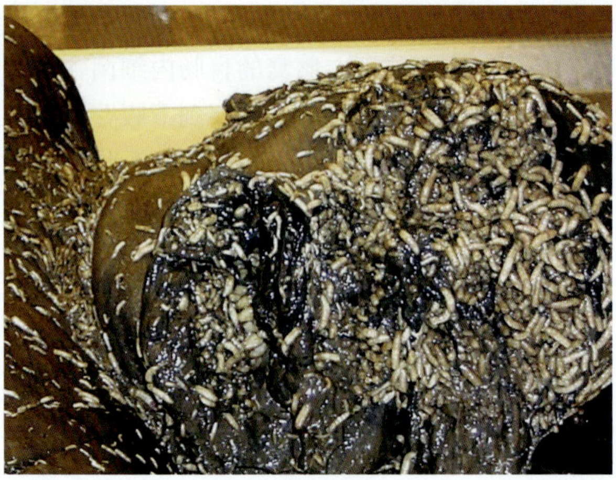

图 2.14　面部软组织几乎完全被蛆破坏。尸体发现于集中供暖的公寓中，死亡时间约为2周

心脏腐败相对较慢。尽管溶血导致血管壁染色使得附壁血栓识别较为困难，但在死后几个月内对冠状动脉进行检查以确定狭窄程度依然可能具有诊断价值。完全堵塞血管的生前血栓可依旧存在。腐败心脏表面及内膜可见一些特殊的白色颗粒物，直径1 mm甚至更小，这些白色颗粒物通常被称为“粟粒样斑块”。Gonzales等在显微镜下发现，这些斑块由钙盐和皂化物质组成[33]，来源不明确，但它们似乎仅见于心脏，可能为心

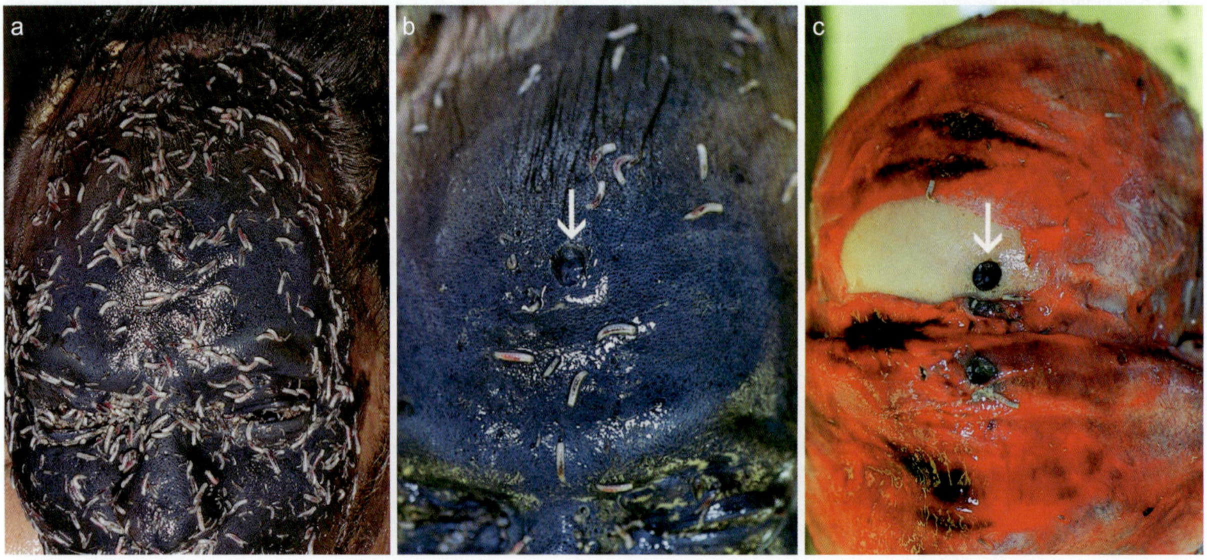

图 2.13　处理严重腐败的尸体时，应格外谨慎。尸体头部见大量幼虫（a），这可能会掩盖真实的霰弹或子弹所形成的孔洞，或形成错觉（b），腐败尸体头皮向前翻折检查额头发现的一个6.35口径手枪的射入口（c）。因此，仅仅进行尸表检验是不够的，必须进行全面尸检

肌组织的死后分解产物。

体型肥胖者的身体脂肪（尤其是肾周、网膜和肠系膜脂肪）可液化为半透明的黄色液体，并充满体腔与组织间隙，从而增加尸体解剖的难度。

随后，腐败继续发展可导致胸腹壁破裂，蛆虫或老鼠、狗的噬食可加速这一过程。在印度和斯里兰卡等热带国家，暴露在户外的尸体会受到包括巨蜥在内的许多动物的撕咬，在世界其他地方，尸体所处环境的动物也参与了将尸体脂肪和蛋白质返回食物链的自然循环。

几个月后，质地较软的尸体组织和器官逐渐崩解，残留子宫、心脏、前列腺及韧带和肌腱等，有衣物保护或身体受压区域的皮肤也可长期存留。这在很大程度上取决于环境，与封闭空间相比，露天的尸体更容易受到雨、风，尤其是动物捕食者的破坏。

最终，尸体软组织完全溶解消失，仅剩下骨骼，呈白骨化改变。季节和地点等环境因素对白骨化的发生时间有很大影响，夏季尸体发生白骨化的速度较快，而在深秋季节，室外尸体可较完整地保存至第二年春季。此外，动物对尸体的毁坏可加速白骨化形成。一般来说，温带气候中的室外尸体在 12～18 个月后仅剩下附着肌腱的骨架，3 年内可完全白骨化。在封闭的室内，尸体可不发生白骨化而存留部分腐烂、部分木乃伊化的躯壳（图 2.15）。

图 2.15 尸体内见大量蛆虫，其内脏完全被破坏

水中尸体的腐败

既往经验认为，尸体在空气中腐败分解的速度是水中的 2 倍，这一推论并不准确，但强调了水中尸体的腐败速度一般较慢。在法医实践中，严重腐败的尸体主要为水中尸体，这通常是因为溺水尸体被发现的时间比在陆地上死亡的尸体晚。事实上，因为水中温度较低，且能避免尸体受到昆虫和小型哺乳动物的分解破坏，所以水中尸体的腐败速度较慢（图 2.16，图 2.17）。

水也会影响尸体的腐败进程，如第 16 章所述，表皮会被水浸渍并最终脱落。腐败气体是水

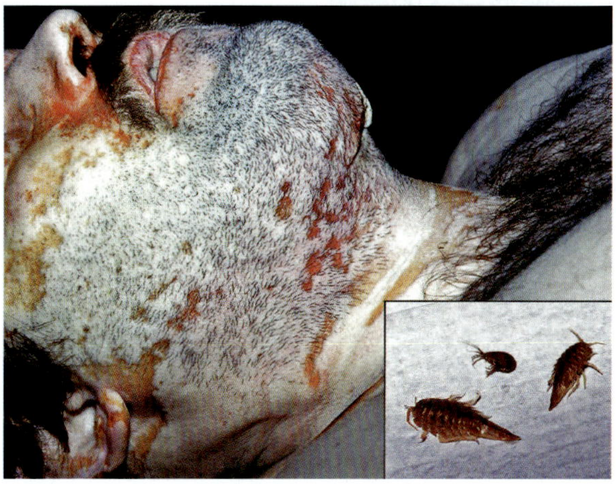

图 2.16 一具从波罗的海发现的尸体，由于死后被昆虫噬食，面部和颈部有许多浅表皮肤缺损，这些缺损可能被甲壳动物啃噬而形成。右下角插图可见两只甲壳类动物 *Saduria Entomon*，中间有一只较小的虾

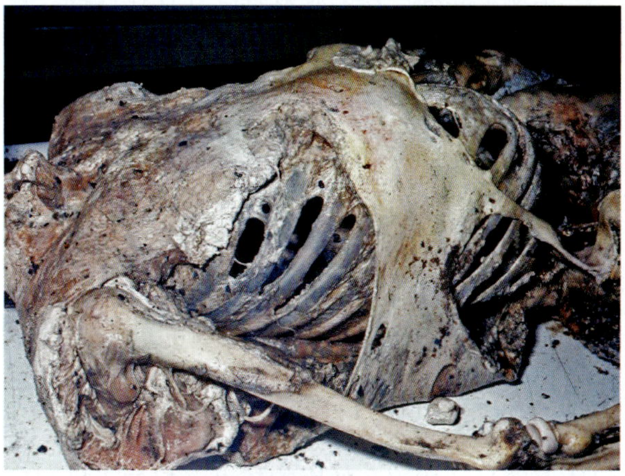

图 2.17 在北部海域发现的死亡 3 个月的尸体，已被海洋生物破坏。受害者来自某石油钻井平台，尸体大部分皮肤已被甲壳动物啃噬，手臂肌肉和大部分体腔内容物则被体型较大的鱼类吞食

中尸体上浮的原因，但上浮所需时间存在较大差异，既往教科书中的上浮时间推测表应用价值有限。因为头部相对致密，且不像胸腹部有大量腐败气体形成，水中漂浮的尸体通常面部朝下，这种体位可促进血液在头面部坠积，加速腐败进程，因此水中尸体的面部往往出现较为严重的腐败征象，难以进行人脸识别。温度是尸体腐败的主要影响因素。有学者认为，水质（如污水）可显著影响腐败进程，作者认为这只是次要因素，因为导致尸体腐败的微生物主要还是来自消化道和呼吸道。

掩埋尸体的腐败

土中掩埋尸体的腐败速度比暴露于空气或水中的尸体要慢得多，这使得多年后进行开棺验尸仍有较大价值。

掩埋尸体腐烂的速度和程度取决于多种因素。如果尸体在腐败开始之前被掩埋，在低温、低氧、无动物和尸食性昆虫破坏的条件下，肠道微生物的繁殖和扩散受限，尸体腐败程度通常较低，甚至体表皮肤也不发生腐败液化。如果尸体在掩埋之前已经发生腐败，即使被掩埋后腐败速度缓慢，尸体最终仍会严重腐败。因为酶和腐败微生物作用已使尸体在掩埋之前发生部分腐败液化，这为厌氧性细菌等提供了良好的培养基，可促进腐败微生物繁殖，使得腐败继续发展。

墓地中深埋尸体的腐败程度往往比浅埋尸体轻，这是由于深埋处的温度较浅埋处更低（极寒天气除外），可更好地隔绝空气，以及较少受到雨水的影响。

尸体腐败与土壤的通气性和排水性相关。重黏土可隔绝空气和雨水，若尸体掩埋处远高于地下水位线，还可避免地下水的影响，因此尸体腐败较慢。相比之下，空气和雨水可进入砂质土壤，加速尸体腐败的发展。尸体掩埋处的地形也很重要，若掩埋地点位于山谷或地下水位以下，尸体腐败受环境水分的影响较大，但位于排水较好的山坡上时则影响较小。

对于土葬尸体来说，棺木也是不能忽略的影响因素。大部分棺木由木质层压板或刨花板制成，在潮湿环境中容易腐烂，而材质坚实的棺木可保存多年。

埋葬尸体腐败缓慢的另外一个原因是较少受到嗜尸性生物的影响。如果尸体在昆虫产卵之前被掩埋，可避免蛆虫对尸体的破坏。啮齿动物和较大型哺乳动物只能到达尸体浅埋的地方，在深埋情况下，棺木破坏后尸食性生物才能够进入。

上述因素的干扰推算制作土葬尸体腐烂程度时间表较为困难，特别是尸蜡容易形成的地方，如下文所述。作者（BK）曾在威尔士的山谷中挖掘出一个教堂墓地，墓地周围是浸水的泥炭，墓碑证实尸体为20年前的，墓中没有发现任何尸体痕迹，甚至是骨骼。但是，有些地方的尸体则很好辨认，甚至在死亡1.5年后仍可进行标准尸检。

如果尸体被埋在地窖中的棺木里，而不是土壤内，那么腐败速度也可能有所不同。一些尸体可形成尸蜡，另一些可能完全或部分呈木乃伊状（图2.18）。

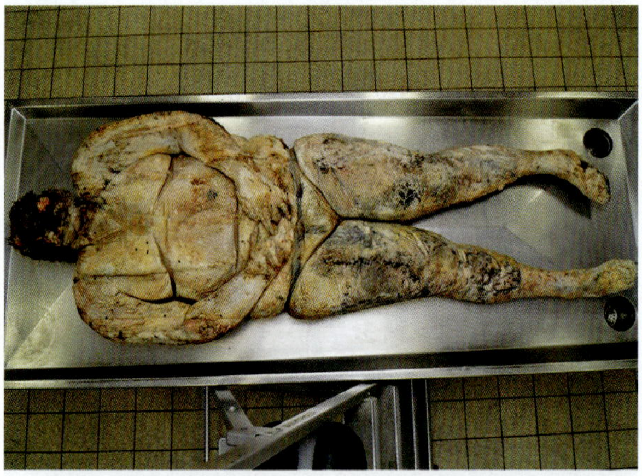

图2.18　尸体入葬2.5年后形成大范围尸蜡。为排除意外摔落在浴缸中死亡而进行的开棺验尸

有关掩埋尸体的文献报道较多，主要来自对历史遗址或教堂地下室的研究。这个主题很有趣，但与法医学的相关性有限。

尸蜡形成

尸蜡（adipocere）是较常见的死后变化之一（拉丁文中Adeps表示脂肪，cera意为蜡），它是由尸体的脂肪形成的一种蜡样物质。1786 年，Fourcroy 在尸体上观察到这种物质并将其命名为尸蜡，学界普遍认为他是发现这一现象的首位科学家[34]。然而，在其之前已有掘墓人发现了尸蜡现象，Thomas Browne 爵士（1605～1682 年）在 1658 年出版的作品 *Hydriotaphia* 中讲述了关于尸体蜡样物质形成的假说[35]。Francis Bacon（1561～1626 年）的 *Sylva Sylvarum: or A Natural History, in Ten Centuries* 一书中也记载了尸蜡现象[36]。2011 年，Ubelaker 和 Zarenko 发表了较为详细的综述，总结了近两个世纪以来的尸蜡研究成果[37]。

在大多数情况下，尸蜡的变化是局部和不规则的，几乎整个尸体都发生尸蜡的情况较为罕见。尸蜡的形成常见于被掩埋或隐藏的尸体中。尸体的脂肪组织水解、氢化，形成滑腻的蜡样物质，称为尸蜡。几个月或几年后，尸蜡容易变脆。尸蜡的颜色也可发生改变。尸蜡本身呈灰白色，但经血液或死后分解产物浸染可呈粉红色、灰色或灰绿色。Evans 将尸蜡的气味描述为“混合了泥土、干酪和氨气的味道”[38]。

尸蜡的化学成分包括棕榈酸、油酸、硬脂酸和甘油，这些物质形成了组织纤维、神经和肌肉等组织残余物的基质[24]，在形成时间较久的尸蜡中甘油可溶于水而流失。在尸蜡中可发现带有放射状标记的晶体。人死时体内脂肪只含有约 0.5% 的脂肪酸，但在脂肪细胞中，这一比例可在死后一个月内上升到 20%，3 个月后超过 70%。

尸蜡的形成需要特定的环境条件。除非条件有利于形成干尸，否则当温度维持在 5～8℃甚至 8℃以上时，尸体将发生腐败。水分是尸蜡形成的必要条件，浸泡在水中、潮湿坟墓和地窖中的尸体更容易形成尸蜡（图 2.19，图 2.20）。

通常认为，在尸蜡形成的过程中水分是必要的，且大多数尸蜡的形成主要发生于浸水或潮湿墓穴中的尸体。然而，在许多案例中，尸体在干燥的环境中也可形成尸蜡，推测这种情况下尸体内水分较为充足，可支持脂肪组织发生水解反应。

在地下深处的坟墓和冷水环境中可产生尸蜡，但尸蜡形成主要与温暖环境有关。早期厌氧

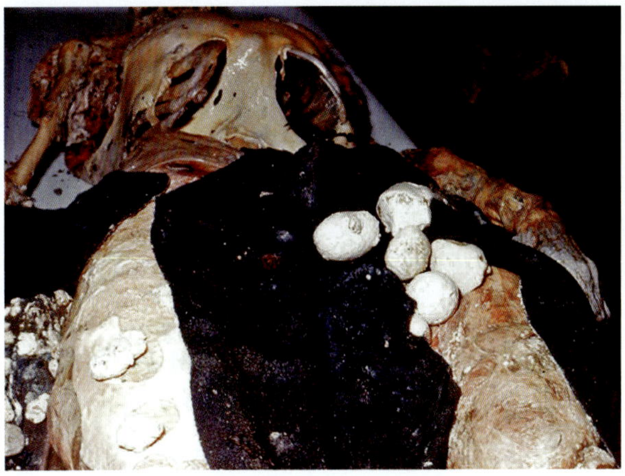

图 2.19 海中死亡 3 个月的尸体，体表见尸蜡现象。甲壳动物的叮咬使皮下脂肪脱出并形成尸蜡，尸蜡在衣物内因海浪作用而翻滚，形成卵圆形团块

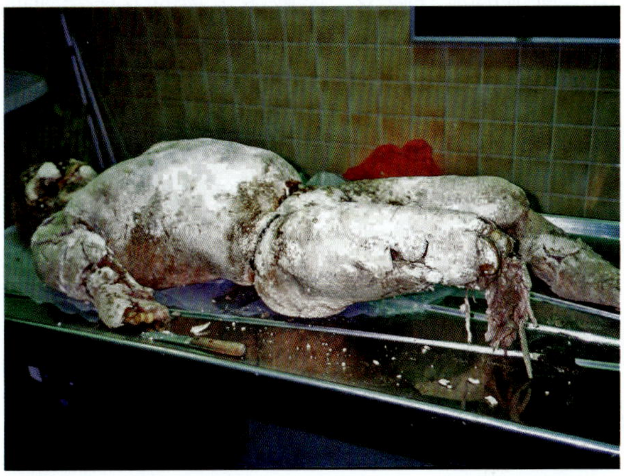

图 2.20 一具全身尸蜡化的尸体。于深湖中发现的死亡 8 年的尸体

菌（如产气荚膜梭菌）的活动有助于形成尸蜡，因为细菌会产生卵磷脂酶，有利于脂肪组织的水解和氢化[23]。此类细菌在初始阶段需要温暖环境以繁殖和代谢，Mant 认为，若死后尸体快速冷却，如浸泡在水中，可抑制尸蜡的形成。

尸蜡形成的概率可通过墓地挖掘者和战时屠杀幸存者的叙述来判断[23, 38-40]。Evans 发现，在干燥的地下墓穴中，超过半数（56%）的尸体有尸蜡形成，其中女性占 62.2%，男性占 45.4%。

尸蜡形成的意义

尸蜡一旦形成，可保存数年甚至数百年之久。尸蜡可导致尸表形态发生改变，但面部特征、枪弹创等损伤等仍可留存[23]。尸蜡主要由

皮下脂肪形成，也可在网膜囊、肠系膜和肾周脂肪等部位形成，使病变器官的病理形态得到较好的保持。

尸蜡形成所需时间目前仍存在争议，有学者称3～12个月可形成尸蜡，Casper认为形成尸蜡需要6个月，实践中许多案例的尸蜡形成时间更短[41]。

毫无疑问，尸体脂肪水解在死后不久就开始了，如在水里浸泡一周的婴儿尸体中就发现了尸蜡成分。通常，水解过程很快被液化腐败所取代，使得脂肪（尤其是肥胖者）在体腔中积聚。

尸体经掩埋或浸泡可促进尸蜡形成、减缓腐败进程，这是因为随着组织酸度的增加、水解作用造成体内水分减少，腐败微生物的生长受到抑制。一般在死后3个月可见到明显的尸蜡形成，但也有死后3周观察到尸蜡现象的报道。尸蜡常与其他死后变化同时存在，如尸体可能局部腐败或白骨化，而其他部位形成木乃伊或尸蜡。较易形成尸蜡的部位包括脸颊、眼眶、胸部、腹壁和臀部等。需要注意的是，死后眼球萎陷、口鼻周围组织收缩，从而导致面部特征变得模糊，即使颜面部因为尸蜡而保存完好，基于面部特征的个体识别仍较为困难。

木乃伊

死后的第三种长期变化是木乃伊化，若尸体不发生腐败液化，而以干枯状态保存下来，可形成"木乃伊"，也称"干尸"。与其他死后变化类似，木乃伊既可局部发生，与其他死后变化共存，也可于全身形成。

通常在干燥、温暖的环境中尸体可发生木乃伊化，但部分尸体在冷冻条件下也可发生，原因可能是低温环境下细菌生长受到抑制。众所周知，木乃伊可在炎热的沙漠地带形成。在古埃及时期，人们采用与自然形成木乃伊类似的方法，对尸体进行人工处理以利于保存。木乃伊形成的基本条件是干燥环境，通风条件下更有利。如果尸体组织处于无菌环境，如同新生儿一般，尸体干燥时腐败即停止。当尸体发生木乃伊化时，其皮肤干燥、脆性增加，在颧骨、下颌、肋缘和臀部等凸出部位紧绷，皮肤颜色通常变为棕色，到后期霉菌形成时，木乃伊尸体上也可出现白色、绿色或黑色的霉斑（图2.21，图2.22）。

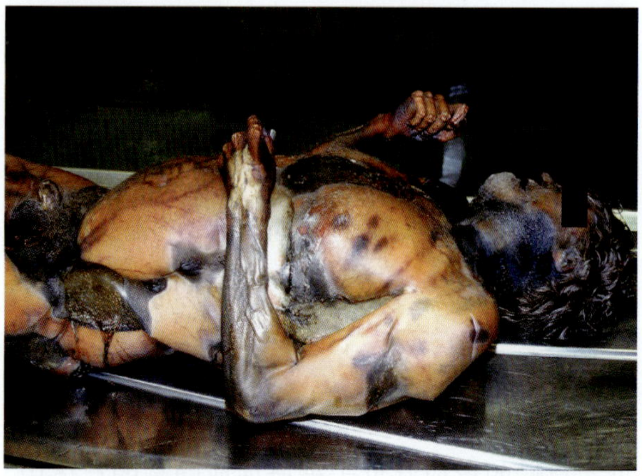

图2.21 封闭室内死亡10周的男性尸体。尸体干燥、皮革样化，呈木乃伊改变，几乎未发生腐败

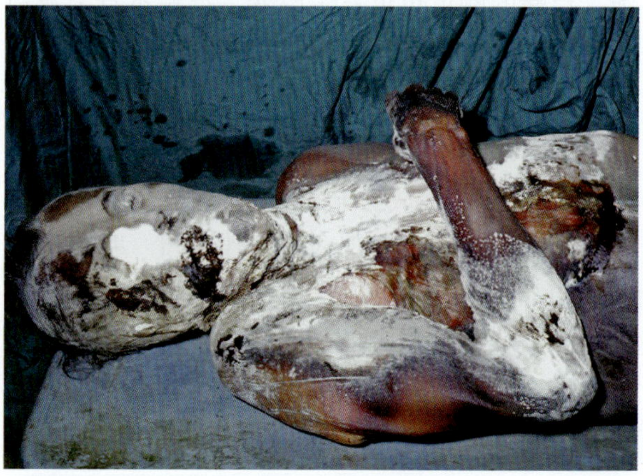

图2.22 在干草棚里发现死亡1年的尸体，由于干燥环境抑制了腐败分解，尸体呈木乃伊改变

木乃伊尸体的皮肤及皮下组织坚硬，从而使得尸体解剖较为困难。尸体发生木乃伊化时，受死亡时间的影响，尸体内部组织器官的保存情况差异较大，可呈部分器官干化、部分器官腐败的状态，少数情况下可见尸蜡形成。实际上，轻度尸蜡改变在木乃伊尸体中很常见，且两者可能具有一定相关性，因为尸蜡的形成需要利用身体里的水分以水解脂肪，有助于组织脱水。但木乃伊形成的主要原因还是环境干燥，使得水分从表面蒸发。

木乃伊尸体常见于封闭的房间、橱柜、干草堆、阁楼和地板下等，这些环境有利于尸体发生木乃伊化，因此在隐匿杀人的案件中常见到木乃伊现象，在著名的北威尔士“Rhylmummy”案中，橱柜里发现了一具多年前被勒死的女性尸体，尸体呈木乃伊改变[42]。作者（BK）曾观察到干草粮仓里的两具尸体，在 1 年多的时间里未发生腐败，以木乃伊状态保存。

当胎儿或新生儿发生死亡并保存于室内阁楼等环境时，由于尸体较小，水分蒸发迅速、完全，更易发生木乃伊化。

一般而言，木乃伊需要数周或更久方可形成。但由于尸体往往在木乃伊化程度最大后很久才被发现，因此有关木乃伊形成时间的准确记载较少。

木乃伊状态可保持数年，随着时间推移，尸体可出现霉斑，干燥的组织分裂、解体并逐渐粉末化，尸体最终白骨化。飞蛾、甲虫和老鼠等动物的噬食、破坏可加速木乃伊解体。木乃伊化能保留生前损伤的某些特征，但准确判定较为困难，如生前擦挫伤难以与死后皮肤颜色改变、人为现象和真菌破坏进行区别。对木乃伊尸体进行检验时，可将尸体浸泡于 15% 的甘油溶液中数天，使僵硬的组织软化，以方便尸检和组织学检查（详见 Evans）[43]。

嗜尸性生物对尸体的破坏

动物捕食是自然食物链的一部分，它们将尸体的蛋白质、脂肪和碳水化合物返回给其他动物，其中一些通过土壤养分返回到植物，多种类型的动物都参与了这个过程，作者（BK）曾看到一只“擦肩而过”的巨型马来虎，它把一名熟睡的士兵从帐篷里拖了出来。相比凶猛的马来虎，大多数动物（蝇类、蚂蚁、狐狸、巨蜥等）对尸体造成的伤害有限。狐狸可以把尸体组织拖到至少 2 英里 * 外的地方。

食肉动物的种类随尸体所处环境的不同而有较大差异。在野外，大型食肉动物可迅速对尸体造成严重破坏。在水里，尸体可能被水鼠和鱼破坏。在温带地区，狐狸和狗是破坏尸体的主要动物，尸体可被其肢解并四处散落，高度腐败时尸体更容易被肢解。

当犬类和啮齿类食肉动物撕咬尸体组织时，造成的破坏通常较明显，伴有特异的咬痕（图 2.24）。大鼠和猫造成的组织破坏，其创口干净，边缘呈锯齿状，无出血或炎症边缘区（图 2.23）。小鼠很少攻击尸体，但可以破坏干枯、破碎的干尸组织。

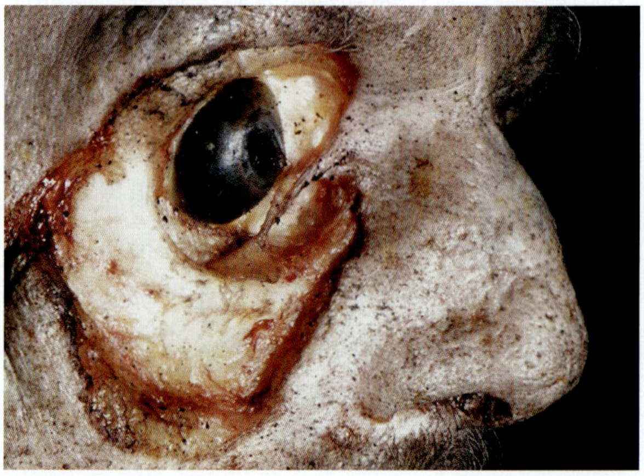

图 2.23　死后被鼠类啃食破坏的眼周组织。伤口边缘几乎没有充血出血带，表明伤口明显为死后形成

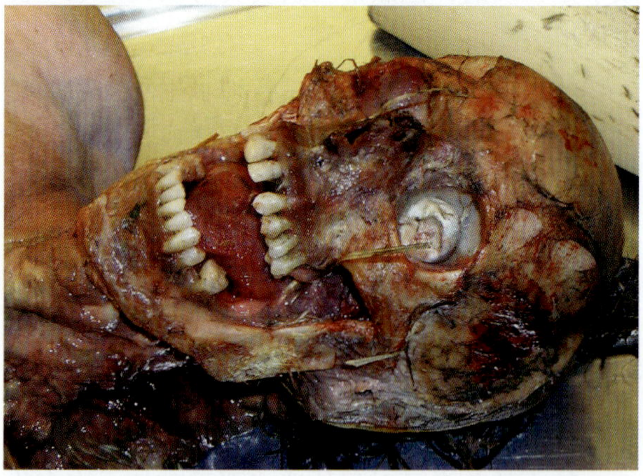

图 2.24　动物掠食尸体头颈部，导致大部分软组织丢失

蛆虫是破坏尸体的主要物种，如幼虫期的丽蝇（*Calliphora*）和家蝇（*Musca*）。采用嗜尸性昆虫发育周期推断死亡时间的内容在他处讨论，这里我们主要关注其对尸体的破坏作用。在温带

* 译者注：1 英里 =1.609 公里。英里单位符号为 mi。

地区，蛆虫的嗜尸性活动呈季节性，但在四季炎热的地区，四季均可出现嗜尸性活动。成虫常在新鲜尸体的伤口或眼睑、口唇、鼻腔、外阴等潮湿部位产卵，甚至可在虚弱的活体上产卵。卵在1天左右孵化为幼虫，经历数个发育周期后形成蛹，随后破壳为蝇。

蛆虫的活动能力强，首先会探索自然通道，如嘴巴和鼻孔，然后侵入体内组织。它们分泌的含有蛋白水解酶的消化液可帮助软化组织，在皮肤下形成窦道，通过吸入空气和接触外部微生物以加速腐败。从产卵到幼虫发育，此过程循环往复，但腐败后期因尸体干燥、组织缺乏，不再吸引蝇类在尸体上产卵。

甲虫、节肢动物和其他昆虫也会破坏尸体。蚂蚁可在尸体腐败开始前出现，破坏眼周、口唇和指关节等部位，表现为浅表溃疡状损伤，边缘呈匐行状。这种损伤可被误认为生前擦伤，但根据损伤部位、伤口边缘无出血及炎症等特征，一般易于辨别。此外，在 Shapiro 记录的一些案例中，蚂蚁破坏导致尸体颈部出现广泛的线性损伤，类似于捆绑擦伤，应注意鉴别[44]。

虽然工兵蚂蚁在几分钟内将马吞噬成骷髅的故事是杜撰的，但热带蚂蚁确实可以大量地噬食尸体组织。

如果尸体浸泡在水中，各种水生动物都可将其破坏。如果尸体在浅水中、泥滩或海滩上，陆地哺乳动物也可以破坏尸体。大型鱼类具有强大的破坏性，特别是在热带水域，但即使在温带海洋，尸体也可遭受严重的破坏。1985 年，在爱尔兰附近发生的印度航空空难事件中，一些受害者尸体被鲨鱼毁坏，尸体上可见巨大的牙齿咬痕、大面积组织丢失及股骨骨折等[45-49]。

较小的鱼类可对尸体造成严重破坏，许多物种会吃掉新鲜和腐烂的尸体，最典型的例子是食人鱼。甲壳类动物也具有掠食性，它们可噬食尸体使尸体形成皮肤圆形缺损，暴露的皮下脂肪可脱落在衣服内并形成尸蜡。鸟类也会对尸体造成破坏，尽管乌鸦可对活的羔羊造成损伤，但其通常是破坏死亡的动物尸体。秃鹫等食腐鸟类的习性众所周知，较小的鸟类也会破坏裸露的尸体，尤其是当尸体组织腐败软化时。

动物捕食造成的损伤形态因牙齿或颌骨大小、形状差异而有所不同，但这些死后损伤都有共同的特征：除极少量出血外，死后损伤部位无活动性出血、水肿或边缘发红等现象。小型啮齿动物破坏尸体可形成锯齿状边缘，但大型食肉动物造成的组织撕裂，损伤形状可极不规则。一些动物如狗和狐狸，其锋利的牙齿可刺入尸体组织，损伤边缘可见穿透性伤口；啮齿动物和较大食肉动物的门齿可在尸体骨骼上留下平行的凹槽状印痕。值得一提的是，如果宠物与死者共处一室，宠物可对尸体造成严重的破坏，作者（BK）参与处理过阿尔萨斯犬造成尸体头部完全断裂、生殖器严重损伤的案件[50]。

法医昆虫学和死亡时间推断

法医昆虫学是指利用昆虫学的理论和方法，研究解决法医实践中与昆虫相关的问题，如死亡时间推断。涉及刑事问题的死亡时间推断，往往需要具有法医经验的昆虫学家的协助。因此，了解法医昆虫学知识有助于明确需要专家协助的时机，以及需要收集的昆虫样本和案件信息。

法医昆虫学推断死亡时间的基本原理是群落演替规律和嗜尸性昆虫的生长发育规律。对于死后尸体，嗜尸性昆虫及其他动物的出现具有规律性，不同种类的动物可在死后不同时期出现；此外，某些嗜尸性蝇类（如丽蝇科）的生命周期也可用于死亡时间推断。18 世纪中期已有利用法医昆虫学进行死亡时间推断的报道，1894 年 Megnin 出版的 *La faune des cadavres* 对法医昆虫学的应用有着较为详细的记载[51]。虽然该方法容易受到气候和地理条件等因素的影响，从而使死亡时间的推断并不精确，但是对于推断信息缺乏的案件，法医昆虫学证据可以提供重要价值。这也要求法医工作者在实际工作中充分了解案发现场尸体所处的环境，最好亲自到现场收集相关信息，如现场环境温度、尸温和天气数据的收集，因为嗜尸性昆虫生长发育所需要的时间受温度影响很大。

图 2.25　尸蓝蝇（经图尔库大学生物学系客座教授 Dr. I. E. Sääksjärvi 许可转载）

图 2.26　丝光绿蝇（经图尔库大学生物学系客座教授 Dr. I. E. Sääksjärvi 许可转载）

嗜尸性蝇类种类繁多。最先到达早期尸体上的昆虫一般是丽蝇（双翅目，丽蝇科），主要包括丽蝇属和绿蝇属（图 2.25，图 2.26）。也可见麻蝇（双翅目：麻蝇科）和家蝇（双翅目：蝇科）。其中，红头丽蝇是最常见的嗜尸性蝇类之一，体型较大，体长 6～14 mm，身上长有刚毛，腹部呈鲜艳的亮蓝色。

自然条件下，蝇类夜间不活动，通常只在白天产卵。根据这一特征，若在夜间或清晨发现带有蝇卵的尸体，则可判断此尸体于前一天死亡。影响产卵的因素很多，如温度、天气和产卵对象等。以反吐丽蝇为例，它们很少在冬季活动，当温度低于 12℃时几乎不会产卵。下雨对产卵也有明显的阻碍作用，但对麻蝇科影响较小，因为麻蝇科一般是卵胎生。较腐败尸体而言，反吐丽蝇更倾向于在较新鲜尸体上产卵，这种特点具有一定的法医学意义。此外，它们也可在活体上产卵（蝇蛆病），特别是当受害者（人或动物）免疫力低下或受伤时。一只反吐丽蝇可产下 300～2 000 个卵，可形成 30～150 个卵团。卵呈黄色，香蕉状，长约 1.7 mm。蝇类的卵多产在潮湿部位，如眼睑、眼角、鼻孔、口唇、生殖器和肛门，以及开放性的创口或擦伤。

温度等环境因素可严重影响幼虫和蛹的生长时间，导致嗜尸性昆虫的演替和生命周期具有较大差异。目前，不同温度的可用于推断嗜尸性昆虫的演替和生长发育时间的实验室数据有很多。但是，正如 Nuorteva 所说，犯罪不会在标准实验条件下发生。而温度等环境因素又会严重影响嗜尸性蝇类未成熟阶段的生长发育时间，因此，利用蝇类证据推断死亡时间时必须考虑当时的环境状况[52]。同时，来自 Glaister 和 Brash 讲述的 Ruxton 谋杀案再次提醒我们，在法医学实践中积极寻求法医昆虫学家帮助的重要性（图 2.27）[53]。

反吐丽蝇的成虫羽化后，4～5 天产卵。孵化的时间因温度不同而有差异，当温度高于 6～7℃时，8～14 h 卵孵化为幼虫；当温度低于 4℃时，卵不发生孵化。

幼虫的生长可分为 3 个阶段：一龄幼虫、二龄幼虫和三龄幼虫。一龄幼虫会进入口腔或伤口等开放性通道，幼虫分泌的蛋白水解酶可分解组织，有利于幼虫进入尸体内部。8～14 h 后，一龄幼虫蜕皮变为二龄幼虫；2～3 天后，二龄幼虫蜕皮变为三龄幼虫。

图 2.27　1935 年，在苏格兰的邓弗里斯郡发现 Buck Ruxton 博士的妻子和女仆的尸体，两具尸体上分布有丽蝇幼虫。这是英国第一起成功利用昆虫证据协助调查谋杀的案件。玻璃瓶和管子里装的是从受害者尸体上收集到的丽蝇幼虫［经伦敦自然历史博物馆（Martin Hall）的许可转载］

三龄幼虫经6天左右发育完成并离开尸体，寻找地面、地毯或其他掩盖物进行化蛹（图2.28），只有极少数种类的幼虫会在尸体上化蛹。成熟蛹的外观呈深棕色（幼蛹较苍白）的皮革样囊，约12天后羽化为成虫，故从卵到成虫的发育周期为18～24天（图2.29）。叉叶绿蝇和丝光绿蝇与反吐丽蝇的生活史相似。

图2.28 离开尸体化蛹的三龄幼虫（新陆原伏蝇），颜色深的为蛹后期，颜色浅的为蛹前期

图2.29 夏季温和气候条件下，在公寓里发现一具老年男性干尸，尸体上可见少量不同发育阶段的幼虫，头部覆盖一层厚厚的蛹，死亡时间约2个月

与反吐丽蝇不同，家蝇更喜欢在腐败的尸体上产卵，卵为白色，体积更小。卵经8～12 h孵化，完成第一龄期发育约需要36 h，第二龄期需要1～2天，第三龄期需要3～4天，蛹期可达7天，若温度高其发育时间则相应缩短。因此，在22℃左右，家蝇发育周期约为14天。根据Busvine收集的数据，家蝇发育周期在40℃时为9天，在16℃时为32天，再次说明环境温度对家蝇发育速度的显著影响[54]。

昆虫学和法医昆虫学工作者已经建立了大量用于死亡时间推断的嗜尸性昆虫生长发育数据。但在进行死亡时间推断之前，首先要进行准确的种类鉴定。错误的种类鉴定会导致选取的生长发育数据错误，继而导致死亡时间推断错误。例如，上述1935年Ruxton谋杀案中涉及的生长发育时间，和Kamal收集的22℃条件下蝇类的生长发育时间是不一致的，这是因为嗜尸性蝇类的种类不同。后者报道的红头丽蝇在22℃条件下的发育时间为14～25天（平均为18天）[55]。必须强调的是，不仅种类差异会导致发育时间不一致，由于昆虫的发育周期主要取决于尸体所处的环境条件和地理位置，即使是同一物种，南欧地区的法医昆虫学数据可能不适用于北欧地区。

在许多应用丽蝇推断死亡时间的案例中，主要是依据幼虫的体长估计它们的年龄，进而推断尸体的最短死亡时间，因为蝇类可在不同的时间产卵而出现混合世代。但是，反吐丽蝇不喜欢在腐败尸体上产卵，所以在尸体死亡几天之后，它就会停止产卵。同时，如果在尸体上或附近看到蛹壳，此时幼虫可能是第二代甚至是第三代昆虫。

除了幼虫会离开尸体进行化蛹外，尸体下方土壤中的其他嗜尸性动物也会离开尸体向周围迁移，导致土壤中节肢动物种类减少，即使尸体被转移一段时间之后也是如此，因为尸体下方节肢动物的数量在2个月左右会下降至最低值，然后开始恢复，但与原先的种类数量不同，可根据该现象确定尸体位置。尸体上没有卵或蛆虫也具有法医学意义，表明尸体可能曾保存在蝇类无法到达的隐蔽场所。当尸体被掩埋时，被土壤覆盖的部分可无卵或蛆虫出现，而未被土壤覆盖的部分可见蛆虫。

在尸体腐败后期，蝇蛆活动停止，其他种类的昆虫会入侵尸体。例如，甲虫（鞘翅目：皮蠹科）可在死后3～6个月到达，破坏干燥或脂肪化的尸体；家蛾可破坏干燥组织，消化头发和胡须等角蛋白。有些昆虫的出现与季节因素相关，

如果尸体上发现蚤蝇科和粪蝇科，表明夏季时尸体就已存在；若尸体上没有昆虫，表明受害者可能在冬季死亡。

昆虫学检材收集

对于涉及法医昆虫学的问题，法医工作者需要仔细收集昆虫样本并将其交给具有法医经验的昆虫学家。

昆虫学家需要明确现场的情况，必要时需要亲临现场进行样本的收集和环境信息的收集。具体包括尸体所处环境的温度和蛆虫聚集处的温度（图 2.30），并获取当地的气象记录作为参考，否则难以准确推断死亡时间。如果尸体处于室外环境，还应考虑植被、树木和灌木丛等因素的影响。在采集蛆虫时，应抓取部分活虫，然后将其放置于大试管或广口瓶中，若将其运送到昆虫学实验室的时间较长，则应给蛆虫提供食物。卵和蛹也要收集且不可添加防腐剂，蝇、其他昆虫和空蛹壳可保存在乙醇中。

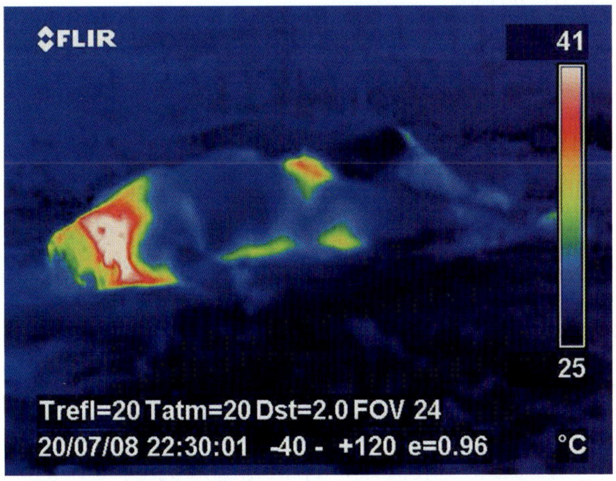

图 2.30　幼虫群的生长与热量产生有关，尸体红外热图像显示幼虫群所在部位温度升高，如头部、肛门-生殖区和身体-土壤接触面等［经伦敦自然历史博物馆许可转载（Amoret Whitaker 和 Martin Hall）］

某些情况下需要固定蛆虫后送检。可将其直接放入 80% 乙醇中，或放入 80% 乙醇与冰乙酸的混合液中（比例为 3∶1）。使用福尔马林、冰乙酸、95% 乙醇和水的混合液保存效果更好，不宜直接使用 10% 福尔马林对蛆虫进行固定。幼虫也可短暂地浸入热水（非沸腾）中固定，以保持幼虫的实际大小。

如果尸体上有不同的昆虫，应将它们放在不同的试管中，因为某些昆虫可能会吞食其他昆虫，造成昆虫证据的破坏。此外，从尸体不同部位采集的幼虫和其他昆虫也应分开放置。

送检的所有样本都应进行标记或编号。如果尸体处于室外，还应对尸体下方的土壤进行取样，如果蝇类已经历了一个完整的生命周期，则应在尸体周围寻找蛹或蛹壳。还要确保附近没有其他动物尸体的影响。跳蚤和虱子可以在水中存活数小时，如果在水中尸体上发现此类生物，应征求昆虫学家的意见，以确定其在水中的生存时间并辅助推断死亡时间。

死亡时间推断

通过尸冷推断死亡时间

死亡时间推断在刑事案件中具有重要意义。尸冷是推断死亡时间的主要依据之一，由于受到各种因素的影响，实践中采用尸冷准确推断死亡时间仍存在一定困难。

一个多世纪以来，虽有大量论文发表，但遗憾的是，由于各种因素的影响，采用尸冷精确推断死亡时间仍缺乏重要进展。以下举例该领域不同时间的重要研究以区分各个研究阶段[56]。

有关尸冷的科学研究始于 19 世纪。John Davy 博士用水银温度计对战争阵亡的士兵进行实验，虽然这位先驱者对理解这一问题没有做出实际贡献，但他的一些评论却非常中肯，“当用尸冷推断死亡时间时，应全面考虑各种环境因素的影响，且应谨慎思考”[57]。

1863 年，Taylor 和 Wilkes 的论文中引入了初始温度平台、核心温度、热梯度和绝缘效应等概念[58]。盖伊医院的 Alfred Swaine Taylor 所著作的教科书在将近一个世纪的时间里一直是法医学的权威著作。19 世纪后期，Harry Rainy（1792～1876 年）最先将数学概念应用于尸冷的死亡时间推断，并建立了死亡时间的计算公式，他还指出，牛顿冷却定律并不适用于人体。1887 年，Frederick Womack 第一次使用了摄氏温度单位。

斯里兰卡的 De Saram 报道了在被处死的囚犯处获得的详细的测量数据[59, 60]，这些数据在现在仍有重要参考价值。1958 年，Fiddes 和 Patten 通过反复多次测量尸温，成功构建了“无限圆柱体”的尸冷模型[61]。

Marshall 等在 1960～1970 年发表的论文证实了直肠冷却的双指数或“S”形曲线模型[62–66]。近几十年来，随着计算机的广泛运用，相关论文和新技术如雨后春笋般出现。其中，德国的 Henssge 和 Madea 等研究者在该领域占主导地位[67–78]，微波和红外热成像等技术也被深入研究。尽管如此，采用尸冷准确推断死亡时间仍较为困难，目前的死亡时间推断方法只能提供死亡发生概率的“时间范围”。

尸冷

环境温度是影响尸冷最主要的外部因素，当环境温度低于 37℃时，尸温将逐渐下降。在实验条件下，尸冷符合牛顿冷却定律，其冷却速率与尸表-环境之间的温度差成正比，用图形表示为指数曲线（图 2.31）。实践中由于受到多种因素的影响，尸冷不符合牛顿冷却定律。可能的原因有死后经血液循环途径的热量传导停止，皮肤表面开始散热，但散热速度受到衣着、体位、支撑物、环境温度等因素的影响；肌肉和肝脏可在死后一段时间内持续产生热量，但持续时间不定。

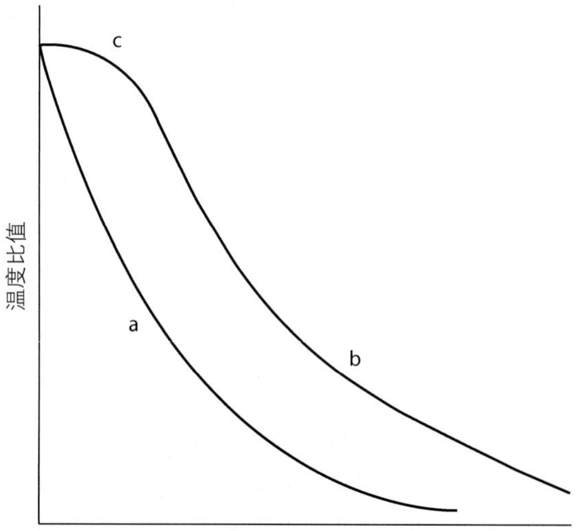

图 2.31　尸冷曲线：在实践中，除了物体表面，不会出现牛顿单指数曲线（a），而是双指数曲线，包括可变平台期（c）和核心温度（b）

当尸体表面皮肤温度下降至与尸体内部形成一定温度差时，尸体内部温度才开始下降。由于组织导热性差，温度差需要一段时间方可形成，因此放置在尸体内部（通常在直肠）的温度计在一段时间内不会记录到温度下降，该时间段称为“平台期”。测量直肠温度时，平台期为双指数曲线的上部平坦的部分。测量鼻、耳或颅骨以获得颅内温度时，因部位更靠近表面，其平台期较短。

尸冷曲线的中心部分近似于牛顿冷却定律，相对笔直。当尸体与环境之间几乎没有温度差时，曲线再次趋于平缓，进入一个较低的平台期。尸体很少会下降至环境温度，除非环境温度接近或处于冰点，这可能是由于尸体腐败分解过程中酶和细菌的作用导致尸温升高，类似于堆肥发酵的升温现象。

典型的直肠冷却曲线是“S”形或双指数曲线，法医工作者可应用斜率最大的中间区段，在测得直肠温度后，根据曲线上对应的死亡时间推算死亡时间。

但实际上，大量影响因素使得该理论的应用受到极大限制。在尸体被发现和检查之前，不仅存在变量，而且变量本身也经常变化。例如，死后的环境温度可发生多次改变，甚至是气流也会对尸冷曲线造成显著影响，这些影响在事后难以被发现和纠正。

尸冷曲线的影响因素

初始温度

实践中一般假定尸体初始温度为 37℃，但人体直肠、肝脏、大脑、腋窝、口腔和皮肤等部位温度存在差异，不同个体之间、同一个体的不同时间段，甚至是不同健康状况也存在体温差异。

例如，口腔温度一般为 37℃，腋窝比口腔温度低，而直肠温度至少高于口腔 1℃。体温的昼夜差值约 1℃，体温在 2:00～6:00 最低，在 16:00～18:00 最高。剧烈运动可使体温升高 3℃，停止运动 30 min 后体温逐渐恢复。

生前疾病或创伤可导致初始尸温出现较大波动。微生物或寄生虫感染引起发热性疾病，如伤口感染或败血性流产时，初始尸温可升高4～5℃。脑出血（特别是脑桥）、药物反应也可引起尸温升高。许多教科书中提到勒颈致死时初始尸温升高，这可能是受害者生前反抗而拼命挣扎时肌肉产生热量所致。

冬季常可见尸温过低的现象，当受害者生前暴露于寒冷的环境中，初始尸温可比常规值低10℃左右。

目前，几乎所有推断死亡时间的方法和公式都基于37℃的初始体温，但由于多种因素的影响，初始尸温发生改变，尤其是受到个体差异、生前疾病、复杂环境等难以在死后被证实的因素影响时，准确判断初始尸温更加困难。

体型

尸冷速度受到体重、体表面积及组织传导性的影响。有学者认为可通过列线图计算体重与体表面积比（如Henssge计算的列线图），以推断尸冷速度，但这种方法并不准确，且在案发现场难以获取尸体的身高、体重信息。一般而言，体重相同时，儿童体表面积更大，尸冷速度更快。考虑到质量与体表面积比值以及缺乏脂肪的保温作用，体瘦的人尸冷速度更快[79]。水的比热容较高，散热速度快，水肿、脱水会显著影响尸冷速度（图2.32）。

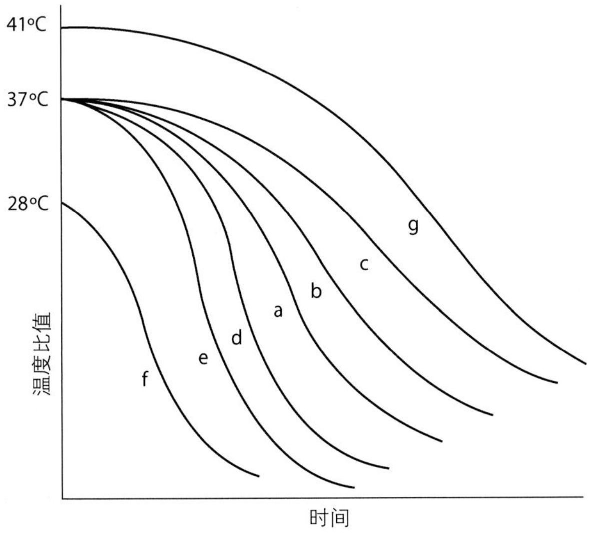

图 2.32　尸冷曲线中的变量：（a）普通尸体，（b）肥胖尸体，（c）穿着较多的尸体，（d）消瘦尸体，（e）赤裸尸体，（f）低体温尸体，（g）高体温尸体

体态

皮肤散热是尸冷的主要机制，主要包括传导、辐射和对流的影响。一般而言，蜷缩尸体暴露的表面积少，散热速度较慢；与支撑物接触的皮肤面积越大，散热速度越快；完全仰卧的尸体比半卧位的尸体散热更快；放置于金属停尸床上的尸体比在干草堆上的尸体散热更快。

衣着和其他覆盖物

衣服或其他覆盖物可显著减缓热量散失的速度。由于尸温较低，辐射并非散热的主要途径，对流和传导散热会因覆盖物而显著减少。例如，羽绒被可显著减缓尸冷速度，但湿衣物可因吸收热量而加速尸冷。

环境温度

环境温度是影响尸冷速度的主要因素。当环境温度高于37℃时，死后不发生尸冷，尸温甚至可能上升，这种现象具有气候和季节性的特点，在世界很多地区都可发现，并非只存在于热带地区。尸体周围有明火、电热毯，或死于火场时尸温可升高。若尸体浸泡在浴缸的温水中，则可减缓尸冷速度，相反，尸体浸泡在河流、湖泊或大海的冷水中时，尸冷速度则加快。

风速和湿度

尸体主要通过以空气为介质的对流和传导途径进行散热。在静止的情况下，一层暖空气积聚在体表皮肤周围，影响散热。人穿着衣服或皮肤毛发旺盛，可减缓散热速度。空气流动时与皮肤接触，尸表温度下降，使得尸表与尸体内部形成温度差。处于较小空间中的尸体一般冷却更慢，这是因为较小空间限制了热量的传递和扩散。湿度对尸冷影响较小，但潮湿空气比干燥空气更易传导热量。

环境介质

尸体所处环境的介质通常是空气，但当处于水或其他液体中时，皮肤冷却速度会加快。在河、海等流动的水中，尸体散失热量的速度更快。通常认为，相同温度下，污水中的尸冷速度比在清水中慢，但这种说法并未得到实验证实。如上所述，在浴缸的温水中死亡会降低尸冷速度，甚至可能升高尸体温度，这使得死亡时间推断十分困难。

出血

既往认为，生前大出血可加快尸冷速度，这可能是由于大出血时体表血液流向身体内部，以维持重要脏器血压，体表低灌注可缩短尸冷曲线平台期，加速尸体内部与体表之间形成温度差。

尸温测量方法

在死亡现场，用手触摸尸体以估计尸温是法医工作者的首选方法。触摸尸体的前额、面颊部或手部，可初步判断是否为短时间内死亡。如果体表暴露的部位触感较凉，在衣服内部触摸胸部、腹部或腋窝可能会发现有一些温度。这种粗略方法与尸僵相结合可用以判断早期死亡时间。一般来说，室内尸体暴露在外的部位 2～4 h 冷却，而被遮盖的部位在 6～8 h 后才会冷却。尸温测量的传统方法是在直肠内放置水银温度计（化学温度计或热电偶），温度计读数范围为 0～50℃，其尖端必须插入肛门上方至少 10 cm 处，最好在原位即能观察到温度变化。在记录之前，应等待数分钟使读数稳定，测量时每隔一段时间读数 1 次，进行多次读数。通常应在现场立即测量直肠温度，但在某些情况下无法实施。如在涉及性侵的案件中，衣物和残留精斑均为痕迹物证，在进行现场物证收集前，不能触碰会阴部衣物或污染肛门、阴道区域。死者身穿紧身衣物、处于狭小环境或恶劣天气条件时，进行肛温测量可能会破坏尸体损伤、物证等重要证据。因此，在测量肛温时，需考虑是否先将尸体转运至停尸房，去除衣物后再行温度测量。

在夜晚、恶劣的天气或密闭的空间里对穿着紧身衣物的尸体进行测温以推断死亡时间，这种推断并不准确，且可能会毁掉更重要的尸体证据。然而实践中，许多病理学家和警察将此作为常规操作，作者认为，每个病理学家应在个案中决定是否将尸体送往太平间再进行适当、可控的操作。

在不理想的情况下，如数小时内可能没有专业法医人员到场，那么现场的医生应该测量体温。操作应根据实际情况实施，如果存在性侵犯的可能，测温应在完成精液拭子和其他检查之后进行。此外，还可替代性地测量腋窝、鼻腔深部或外耳道的温度。

需要注意的是，不应采取腹部穿刺插入温度计的方法测量肝脏温度，这会导致皮肤和衣服受到血液污染，也可导致腹膜内出血，从而易与腹部器官的生前损伤相混淆。

除水银温度计外，其他测量尸温的方法还包括热电偶、微波测温仪、红外监测技术等。热电偶可以精确地记录温度，该设备既可以与带有数字读数的小型电子仪器连接，也可以连接到一台计算机化的记录仪上，记录分析机体不同部位的温度[80]。脑肝微波热成像和皮肤温度红外监测是目前使用的研究工具，未来可能会应用于法医实践[81, 82]（图 2.33）。

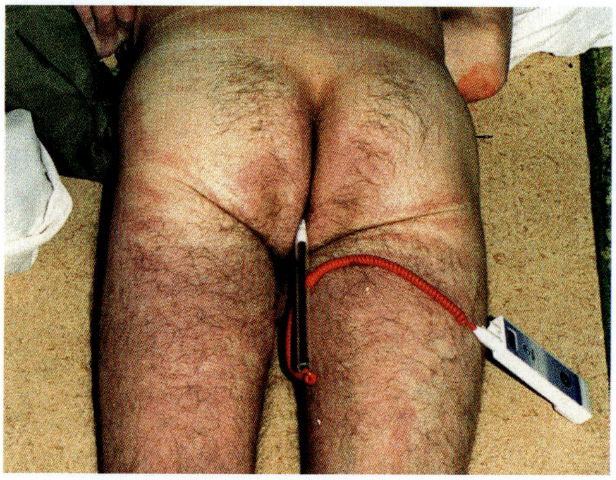

图 2.33　在案发现场测量直肠温度。只有在完成直肠拭子采样后，才可进行尸温测量

根据尸温推断死亡时间

尽管已有大量研究，采用尸温准确推断死亡时间仍难以实现。既往认为，温度下降速度为 1.5°F/h（低于 1℃/h）。还有一种说法是，考虑到平台期对死亡时间的影响，初始温度还应加上 3℃，即尸温从 40℃开始下降，每小时下降 1℃。作者认为，上述观点并不科学，试图构建尸温与死亡时间的线性关系与热损失原理相违背。第一种说法没有考虑到“平台期”的影响，在第二种说法中，如果尸体已死亡数小时，尸冷曲线仅从斜率较大的部分开始，无法记录到全程、连续的

尸温变化；在死后不久就测量尸温，虽然可记录到完整的尸冷曲线，但由于平台期在不同环境下存在差异，仍会对死亡时间推断造成影响。

多位学者对平台期的长度进行了研究[83, 84]，Marshall 和 Hoare 认为平台期可能为 5 h 左右[66]，Shapiro 认为平台期可能是 4 h 或更久。实际上，只要未能从死后初始尸温开始测量，都无法明确平台期的长度，平台期的不确定性可导致依据死亡时间公式计算的结果出现误差。

在“S”形曲线的底端，尸温对死亡时间推断的价值较小，特别是当尸体与环境温差小于 4℃时，冷却速度会变得非常缓慢[61]。James 和 Knight 的研究发现，当环境温度为 0℃、5℃、10℃、15℃或 20℃时，根据尸温计算死亡时间时应分别乘以 1、1.25、1.5、1.75 或 2[79]。尽管作者强调在个例中应根据死者的衣物、体格等因素进行修正，但由于这种方法仍属于线性模型，其计算出的死亡时间值往往偏小，不够精确。

列线图

最具应用价值的指南之一是 Henssge 的列线图（图 2.36，图 2.37）[67, 68, 71, 72, 85-91]。Henssge 基于 De Saram 和 Marshall 等的传统计算方法，以大量实验数据为依据，提出了一种可以用简单计算机程序实现的列线图方法。该方法的误差范围为 2.8～7 h，置信区间 95%，但仍难以评估各种因素在不同强度下产生的影响，如衣物的干湿程度、空气和水的流速等，特别是尸体所处环境如天气发生频繁改变时。此后，Henssge 和 Madea 又采用肌肉电刺激和瞳孔药物反应等方法对其进行了改进，降低了列线图的标准差[68, 71, 72, 90]。但实际应用中不能直接采用图 2.36 和图 2.37 的列线图，而应使用原始表格，下载网址为 http://www.rechtsmedizin.uni-bonn.de/dienstleistungen/for_Med/todeszeit.

Friedlander 是美国堪萨斯大学的病理学家，他设计了一种死亡时间推断程序，该程序主要基于 Henssge 提出的公式，并纳入以下参数：尸体内部温度、体重、尸体周围环境（空气静止 / 流通、尸体干燥 / 浸泡、水静止 / 流动、遮盖物、环境温度）、是否存在尸僵和尸斑等[92]，具体可参阅下述网站（http://www.pathguy.com/TimeDead.htm.）。

英国的 Al-Alousi 提出了基于直肠温度的简单计算方法[93]。他利用“温度比”的概念，构

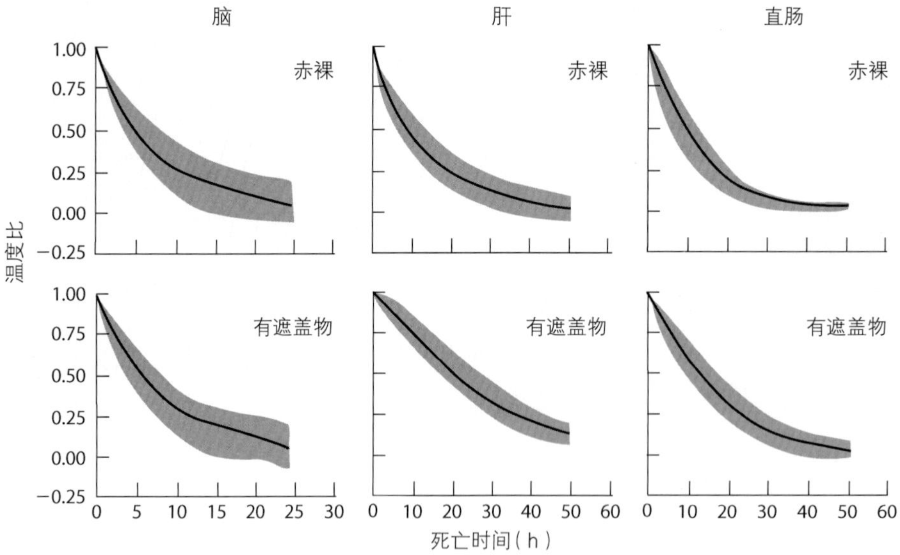

图 2.34　用于估计死亡时间的“温度比”曲线。在 Al-Alousi 的“温度比”方法中，上述图表的使用方法如下：假设死亡时的体温（直肠温度）为 36.6℃（T_b），测量检查时的环境温度为 T_e，直肠温度为 T_r。那么“温度比”就是 T_r–T_e/T_b–T_e。然后根据情况使用直肠所对应的“赤裸”或“有遮盖物”的曲线图，在垂直刻度上找到这一比值。死亡时间即为从计算得到的“温度比”做一条水平线，与曲线相交后对应点的垂线落点。阴影区域表示了 68% 的概率区间。例如，如果直肠温度为 23.4℃，空气温度为 19℃，那么“温度比”为 0.25。如果尸体是赤裸的，那么死亡时间为 18 h，误差为正 2.5 h 和负 5 h（经 Al-Alousi LM 教授授权使用）

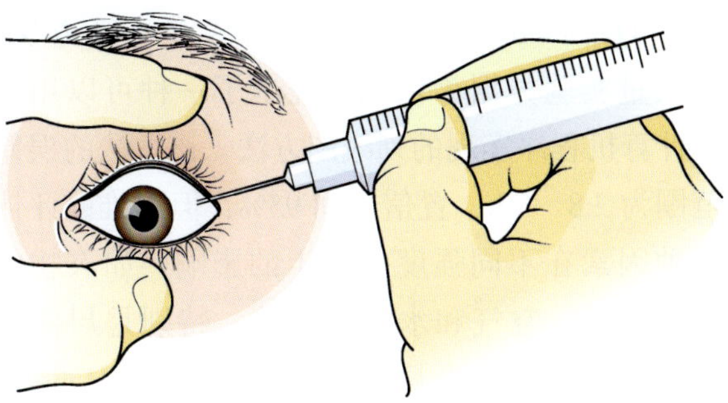

图 2.35 获取玻璃体液进行分析。从外眼角处插入注射针头，使针尖保持在眼球中心以避免视网膜移位，缓慢抽出液体。此后，可通过注射器回注水恢复眼球张力，以维持眼球形态

建了赤裸尸体和有遮盖物尸体的尸冷曲线，曲线采用直肠温度、环境温度及体表是否存在覆盖物3 种参数。他认为尸体体型、体位等其他因素对标准误影响很小，因此没有纳入（图 2.34）。

多部位连续测量方法

为减少或消除外部变量的影响，Morgan 等提出了体内多部位测温模型以推断死亡时间[80]。该模型使用高灵敏度的热电偶，用计算机采集分析数据，并将仪器小型化，以便在犯罪现场使用。

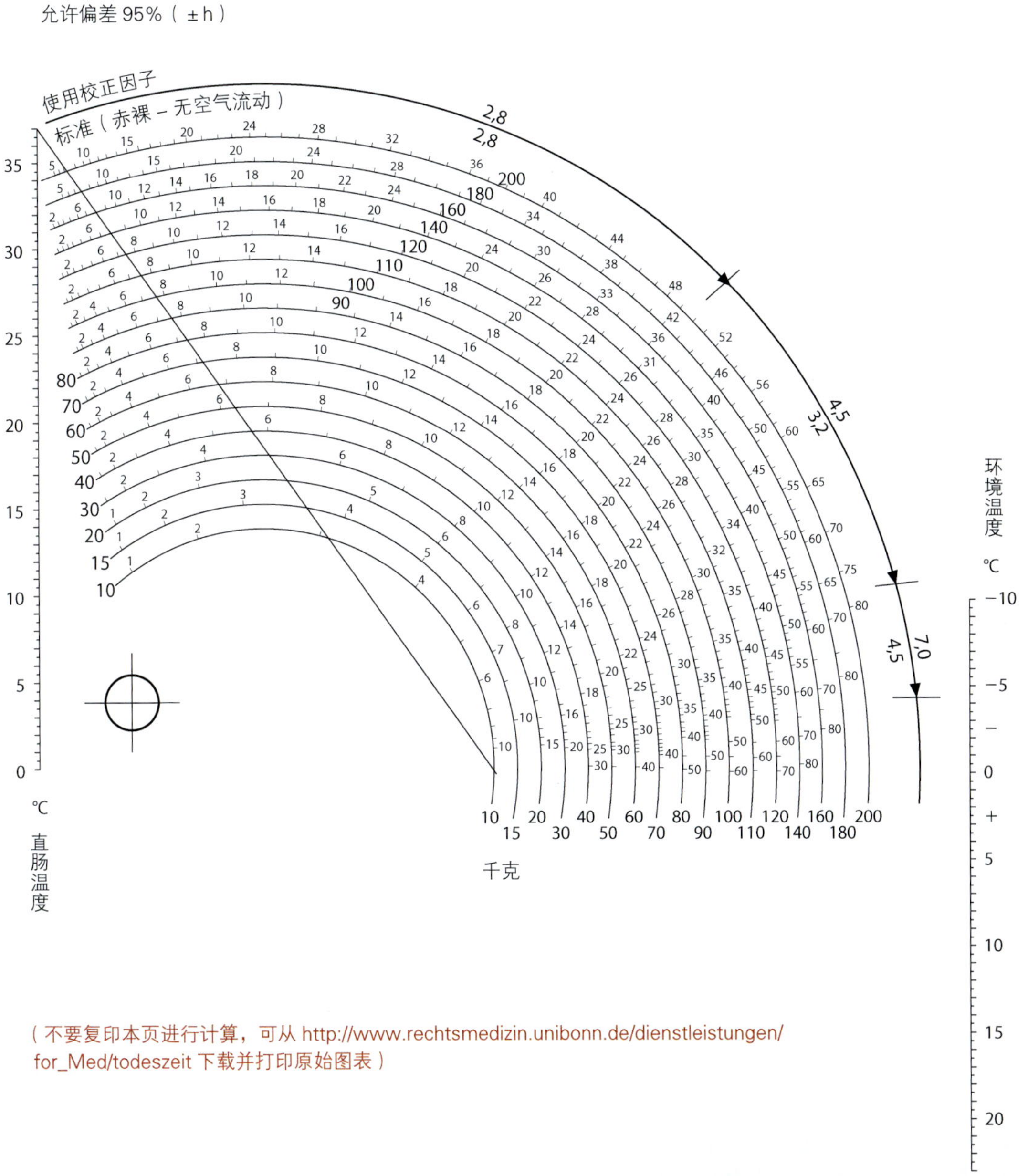

（不要复印本页进行计算，可从 http://www.rechtsmedizin.unibonn.de/dienstleistungen/for_Med/todeszeit 下载并打印原始图表）

图 2.36 温度－死亡时间相关列线图（Henssge's）（供环境温度低于 23℃时使用）

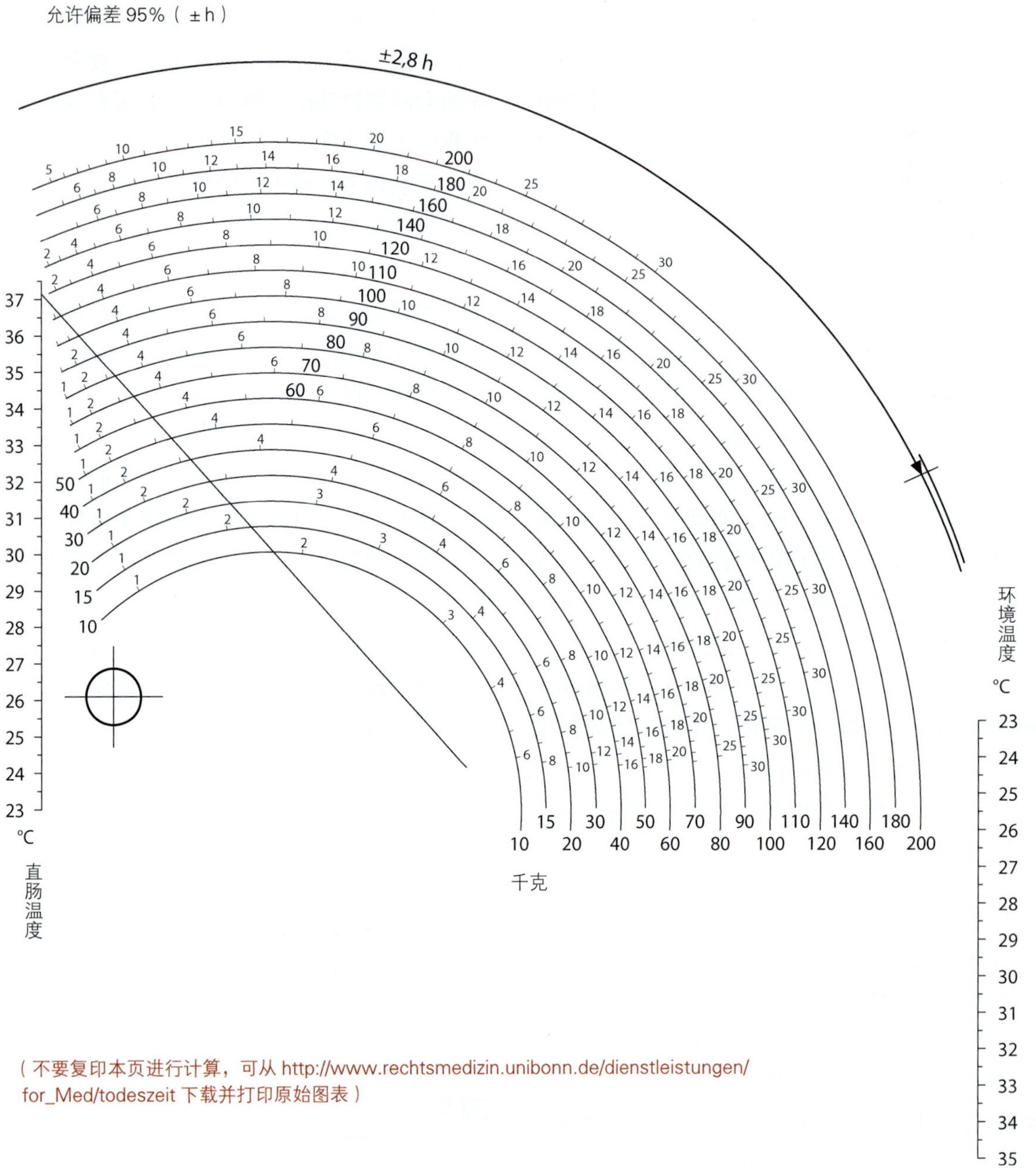

（不要复印本页进行计算，可从 http://www.rechtsmedizin.unibonn.de/dienstleistungen/for_Med/todeszeit 下载并打印原始图表）

图 2.37　温度–死亡时间相关列线图（Henssge's）（供环境温度超过 23℃时使用）

为解决肛温测量时污染会阴的问题，该方法还尝试通过耳道深部或鼻腔进行温度测量，但实验结果存在争议，有待于进一步研究证实[94，95]。

胃排空在死亡时间推断中的应用

多年来，法医病理学家一直在讨论将胃内容物消化状态作为推断最后进食与死亡之间时间间隔指标的可靠性，现代的主要应用案例是加拿大的 Truscott。但这种方法多年来一直存在争议。目前普遍认为，大多数情况下该法不准确、缺乏实用性。

食物在进入十二指肠之前会在胃内存留一段时间，其外观和体积可因胃液消化和胃部运动而改变。因此，若能明确最后一次进餐的时间，可利用胃内容物推断死亡时间。

有实验发现，消化胃内食物的生理过程需要 2～3 h，但实验中采用的是粥类饮食而非常见的混合饮食，且实验受试者身体健康，在实验期间也没有应激压力的影响。Modi 认为，肉、蔬菜

的混合食物消化时间为 4～6 h，淀粉类食物的消化时间为 6～7 h[96]。实际上，食物在胃内的消化程度难以评估。不同种类的食物消化速率差异很大，坚果等坚硬食物消化较慢，甚至可完整地从直肠排出，面包、面条等碳水化合物则可较快消化。胃内容物的液体含量、胃酸、消化酶、唾液量、咀嚼情况、食物颗粒的大小和密度等也会影响消化速度，实践中难以校正上述因素的影响。

胃排空时间可受到食物量、成分、性质等多种因素的影响。Adelson 认为，吞咽食物 10 min 后即开始胃排空，少量食物排出胃需要 2 h，中等量食物需要 3～4 h，大量食物需要 4～6 h[97]，食物到达回盲瓣需要 6～8 h。有研究者使用放射性同位素技术发现，进食固态食物并饮水时，无论固态食物是何种性状，水都会迅速排空，但高热量饮用液体在胃内的存留时间较长[98]。当食物的卡路里含量恒定时，胃排空的速率随食物重量的增加而加快。Moore 强调，不同个体之间的胃排空时间具有显著差异[99]。

利用胃排空情况推断死亡具体时间的不利因素有以下几项。

- 食物消化可能在死后持续一段时间。
- 食物的物理性质显著影响食物的排空时间，食物中的液体成分越多，排空速度越快。
- 食物中含有的脂肪物质会显著延长排空时间，烈酒也可刺激胃黏膜并延迟排空。
- 副交感神经（迷走神经）系统介导的休克或应激可抑制胃蠕动及消化液分泌，并使幽门紧闭。

De Saram 对实施绞刑的罪犯进行尸检发现，小肠可因心理因素而蠕动加快，这与胃的反应相反。

不同于胃内食物容量及排出量，对消化状态进行评估是比较困难的。不同种类的食物会对消化速率产生不同的影响。硬物（如坚果和种子）会抵抗消化，甚至可能完整地通过直肠排出，而大部分软的碳水化合物则可以立即液化。颗粒的大小和其分散程度非常重要，如咀嚼程度和混合唾液的量。牙齿、胃酸、酶和肠胃蠕动的共同效率是最重要的，而原始食物中的液体量或在用餐过程中摄入的液体量也同样重要。食物中的脂肪和油会减慢胃部幽门的打开，而所有这些变量都使我们无法计算消化的速度。

影响胃消化最重要的因素之一是消化过程中身体或精神上的冲击或压力。如前所述，这类压力可完全抑制消化、减缓胃动力和幽门的开放。作者曾遇到一起案件，一名受害者在交通事故中受到致命性的头部外伤后休克，昏迷 1 周后死亡，尸检发现其胃内有大量内容物。

一般情况下，胃消化时间为 2～3 h，若假设死亡时间处于该时间段内，这种假设只有在突然、意外死亡，且没有应激性前驱事件的情况下才有效。例如，一个毫无防备的人在没有任何预警的情况下突然中枪或被撞倒后立即死亡，可认为其生理消化过程没有受到影响。在胃内容物排空之前，若受害者因纠纷被扼死或刺死，生前争执引起的精神应激会影响胃消化，使应用胃内容物推断死亡时间受到干扰。

确定死者最后进食的性质有助于确定死亡时间。如果调查人员知道死者在特定的时间吃了某种类型的食物（无论是鸡肉咖喱还是青豆），如果能在胃中识别出这些食物，则能证明死者吃的这种食物后是其生前的最后一餐。

玻璃体液生化改变在死亡时间推断中的应用

近 50 年来，采用玻璃体液生化改变推断死亡时间已有较多研究，但由于存在大量争议，该方法并未广泛普及。

钾离子是玻璃体液中最常用于死亡时间推断的化学成分[100]。

死后视网膜细胞的膜通透性增加，细胞内钾离子可渗出至玻璃体。玻璃体内的钾离子浓度呈不均匀分布，中心部分浓度较低，边缘部分浓度较高，因此从小样本或边缘样本获得的钾离子浓度可能存在较大偏差（图 2.35）；若抽吸用力过度导致视网膜碎片被吸出，测得的钾含量则偏高。需要注意的是，双侧玻璃体的钾含量往往不

同，有时相差较大[75, 101-103]。各种分析技术测量钾含量的结果各不相同，与选择性电极法相比，古老的火焰光度法得出了不同的钾浓度范围[104]。死后钾离子浓度明显上升，但这种上升是线性或是双相并不明确。有研究发现，钾离子浓度的上升速率存在差异：Madea 认为是 0.19 mmol/（L·h），而 Sturner 认为是 0.14 mmol/（L·h）[70]。此外，与猝死的人相比，因慢性疾病死亡的个体往往存在氮质潴留和代谢障碍，易发生电解质紊乱，从而导致死后钾离子浓度的误差较大[105]。死后温度变化对钾离子浓度也有显著影响。由于多种因素的干扰，死后钾离子浓度的检测值常存在较大标准差，导致死亡时间推断的误差较大（1～26 h）。由于死亡 24～36 h 后，许多死亡时间推断的方法已失去效力，实践中常采用玻璃体液钾离子浓度进行推断，在死后 100 h 内具有一定的参考价值。

玻璃体液中次黄嘌呤含量可反映机体缺氧程度，近年来也被尝试用于死亡时间推断，但并未取得理想结果[77, 106-108]。

质子磁共振波谱与死亡时间

Saukko 和同事测量了死后自溶和储存温度对小鼠心肌核磁共振（nuclear magnetic resonance，NMR）质子弛豫时间（T_1、T_2）的影响，结果表明，纵向弛豫时间（T_1）似乎不够稳定，不能用于诊断目的，而 T_2 较为稳定，值得进一步研究[109]。Ith 和同事使用原位质子磁共振波谱（^{1}H-MRS）研究死后分解，以描述和识别脑组织的腐败产物，用于推断死后 2～3 周的死亡时间[110-113]。他们能够做到识别几种浓度呈线性变化的化合物；然而，温度依赖的细菌分解可系统改变尸体的死后动力学，并显著减少实践应用的时间窗。虽然只有少数研究人员能接触到这种方法，但希望该工作能增加我们对分解的化学过程认知，并促进在日常工作中产生新思路。

死后化学变化

在代谢或生化紊乱死亡的案件中，分析尸体生化成分具有重要意义。

由于细胞自溶的影响，生化分子浓度可发生较大改变，即使在濒死期和死亡早期，也可因缺血缺氧导致细胞膜损伤，使得小分子较易透过，因此许多死后生化指标的应用价值有限，有时甚至会产生误导。某些生化物质在死后较为稳定，如尿素氮和肌酐的血浓度在死后 100 h 内几乎无变化，可用于判断生前是否存在氮质潴留。尸体血清尿素氮正常值范围为 4.9～5.5 mmol/L，肌酸正常值范围为 70.7～212.2 μmol/L。

在死后化学变化的研究中，John Coe 的工作最为出名，详细信息可参阅其著作[104, 114-121]。Madea 认为，检测玻璃体液比血液的价值更大[75-77, 107, 122-129]，这是由于玻璃体受尸体自溶的影响较小，且远离胸腹腔内器官和大血管而免受干扰。

不同分析技术可导致检测值产生差异。Coe 和 Apple 采用火焰光度法检测电解质浓度，与更先进的电极法相比，钠离子浓度检测值降低约 5 mmol/L，钾离子浓度降低约 7 mmol/L，氯离子浓度降低约 10 mmol/L[104]。Pounder 等使用离子选择性电极，研究了 200 例尸检中双侧玻璃体液的电解质浓度差异[102]，发现左右眼钠离子和氯离子的浓度差异不大，而双眼钾离子的浓度差值为 0～2.34 mmol/L（均值的 0～21.8%），平均差异浓度为 0.37 mmol/L（均值的 3.3%），因此需要谨慎利用玻璃体液钾离子浓度进行死亡时间推断。

死后血液钠离子和氯离子浓度逐渐降低，钠离子的浓度降低速率约为 0.9 mmol/（L·h），氯离子的浓度降低速率小于 1 mmol/（L·h），因此在最初几小时内，钠离子和氯离子的浓度下降不明显，而钾离子的浓度显著上升。

采用 5 种不同的方法对尸检样本中的葡萄糖进行分析，得到了不同的结果，这可能是因为干扰物质的种类或数量不同。

用火焰光度法测量玻璃体液电解质，当测得钠离子浓度＞155 mmol/L，氯化物离子浓度＞135 mmol/L，尿素氮浓度＞40 mmol/L 时，可提示生前脱水。当钠和氯离子浓度正常但尿素氮超过 150 mmol/L 时，可诊断死者患有尿毒症。这些结果不难与死后腐败分解引起的电解质变化区分，在死后腐败尸体中，通常钠离子浓度< 130 mmol/L，氯离子浓度< 105 mmol/L，钾离子浓度> 20 mmol/L。

在糖尿病和低血糖患者的尸检中，常需要对玻璃体液葡萄糖浓度进行检测。玻璃体液中的葡萄糖浓度通常在死后下降，并在数小时内降至 0。Coe 对 6 000 例尸体进行分析，发现死后玻璃体液葡萄糖浓度超过 11.1 mmol/L 时可诊断为糖尿病[115, 121]。Sturner 等认为，玻璃体液葡萄糖浓度小于 1.4 mmol/L 提示生前低血糖，但也有学者认为无论葡萄糖是何种浓度，都难以判断生前低血糖[121, 130–136]。此外，当体温过低时，玻璃体中的葡萄糖也会升高[137–140]。一般而言，濒死期或死后血糖升高并不会对玻璃体液中葡萄糖浓度造成影响。

（郭亚东　闫杰　译）

参考文献

[1] UKHL, *Airedale NHS Trust v. Bland*, in *All Engl Law Rep* 1993, pp.821–96.
[2] Pallis C. *ABC of Brain Death*. London: British Medical Association, 1983.
[3] Nicati S. Loss of eye tension as a sign of death. *Med Rec* 1894; 45: 4801.
[4] Sommer AG. *Dissertationis de signis, mortem hominis absolutam ante putredinis accessum indicantibus, Particula prior [et posterior]* Copenhagen, 1833, p.277.
[5] Forbes J, Conolly J (eds). Dr. Sommer on the signs of death. *British and Foreign Medical Review* Vol. IV. London: Sherwood Gilbert and Piper, 1837.
[6] Kevorkian J. The fundus oculi and the determination of death. *Am J Pathol* 1956; 32: 1253–67.
[7] Kevorkian J. The eye in death. *Ciba Symposia* London, 1961.
[8] Salisbury CR, Melvin GS. Ophthalmoscopic signs of death. *Br Med J* 1936; i: 1249–51.
[9] Wroblewski B, Ellis M. Eye changes after death. *Br J Surg* 1970; 57(1): 69–71.
[10] Leadbeatter S, Knight B. The history and the cause of death. *Med Sci Law* 1987; 27(2): 132–5.
[11] Bonte W, Sprung R, Huckenbeck W. *[Problems in the evaluation of electrocution fatalities in the bathtub]. Z Rechtsmed* 1986; 97(1): 7–19.
[12] Schuller E, Pankratz H, Liebhardt E. *[Colorimetry of livor mortis]. Beitr Gerichtl Med* 1987; 45: 169–73.
[13] Vanezis P. Assessing hypostasis by colorimetry. *Forensic Sci Int* 1991; 52(1): 1–3.
[14] Inoue M, *et al*. Development of an instrument to measure postmortem lividity and its preliminary application to estimate the time since death. *Forensic Sci Int* 1994; 65(3): 185–93.
[15] Mallach HJ. Zur frage der todeszeitbestimming. (Definition of the time of death.). *Berlin Med* 1964; 18: 577–82.
[16] Suzutani T, Ishibashi H, Takatori T. [Studies on the estimation of the postmortem interval. 2. The postmortem lividity (author's transl)]. *Hokkaido Igaku Zasshi* 1978; 52(6): 259–67.
[17] Fechner G, Koops E, Henssge C. [Cessation of livor in defined pressure conditions]. *Z Rechtsmed* 1984; 93(4): 283–7.
[18] Prinsloo I, Gordon I. Post-mortem dissection artefacts of the neck and their differentiation from ante-mortem bruises. *South African Med J* 1951; 25: 358–61.
[19] Zink P. [The mechanical behaviour of human skeleton muscle during the course of rigor mortis]. *Z Rechtsmed* 1972; 71(1): 47–63.
[20] Henssge C. *Personal communication*, 2011.
[21] Niderkorn F. *Contribution à l'étude de Quelques-uns des Phénomènes de la Rigidité Cadavérique chez l'homme*. Paris: Faculté de médecine de Paris, 1874, p.93.
[22] Mant AK. Factors influencing changes after burial. In: Simpson K (ed). *Modern Trends in Forensic Medicine*. London: Butterworth, 1953.
[23] Mant AK. Adipocere. In: Simpson K (ed). *Modern Trends in Forensic Medicine*. London: Butterworth, 1967.
[24] Mant AK, Furbank R. Adipocere — a review. *J Forensic Med* 1957; 4: 18–22.
[25] Krompecher T, Bergerioux C. Experimental evaluation of rigor mortis. VII. Effect of ante- and post-mortem electrocution on the evolution of rigor mortis. *Forensic Sci Int* 1988; 38(1–2): 27–35.
[26] Szent-Gyorgyi A. *Chemistry of Muscular Contraction*. New York: Academic Press, 1947.
[27] Hanson J, Huxley H. The structural basis of contraction in striated muscle. *Symp Society Exp Biology* 1955; 9: 228–64.
[28] Erdos T. Rigor, contracture and ATP. *Stud Ins Med Chem Univ Szeged* 1943; 3: 51–6.
[29] Bate-Smith E, Bendall J. Rigor mortis and adenosine triphosphate. *J Physiol* 1947; 106: 177.
[30] Forster B. The plastic, elastic and contractile deformation of the heart muscle in rigor mortis. *J Forensic Med* 1964; 11: 148.
[31] Bate-Smith E, Bendall J. Factors determining the time course of rigor mortis. *J Physiol* 1949; 110: 47.

[32] Krompecher T. Experimental evaluation of rigor mortis. VIII. Estimation of time since death by repeated measurements of the intensity of rigor mortis on rats. *Forensic Sci Int* 1994; 68(3): 149–59.
[33] Gonzales M, Bankowski MJ, Landay AL. *Legal Medicine and Toxicology*, 2nd edn. Vol. 64. New York: Appleton Century Crofts, 1954.
[34] Fourcroy A. Mémoire sur les différens états cadavers trouvés dans le fouilles du cimetiére des Innocens en 1786 & 1787. *Ann Chimie* 1790; (5): 154–185.
[35] Barnes WH. Browne's "Hydriotaphia" with a reference to adipocere. *Isis* 1934; 20(2): 337–343.
[36] Bacon F. *Sylva Sylvarum: or A Natural History, in Ten Centuries*, 1st edn, Rawley W (ed). London: J.H. for William Lee, 1627.
[37] Ubelaker DH, Zarenko KM. Adipocere: what is known after over two centuries of research. *Forensic Sci Int* 2011; 208 (1–3): 167–72.
[38] Evans WED. *The Chemistry of Death*. Springfield: Charles C. Thomas, 1963. 101.
[39] Evans WE. Adipocere formation in a relatively dry environment. *Med Sci Law* 1963; 3: 145–53.
[40] Polson CJ, Marshall TK. *The Disposal of the Dead*, 3rd edn. London: English Universities Press, 1975.
[41] Casper JL. *Practisches Handbuch der Gerichtlichen Medicin*, 1st edn. Berlin: Verlag von August Hirschwald, 1857.
[42] *GREAT BRITAIN: A Mummy in the Closet*. In: *Time Magazine*. Time Inc: US, 1960.
[43] Evans WE. Some histological findings in spontaneously preserved bodies. *Med Sci Law* 1962; 2: 155–64.
[44] Shapiro HA, Gordon I, Benson SD. *Forensic Medicine — a Guide to Principles*, 3rd edn. Edinburgh: Churchill Livingstone, 1988.
[45] Iscan MY, McCabe BQ. Analysis of human remains recovered from a shark. *Forensic Sci Int* 1995; 72(1): 15–23.
[46] Byard RW, Gilbert JD, Brown K. Pathologic features of fatal shark attacks. *Am J Forensic Med Pathol* 2000; 21(3): 225–9.
[47] Byard RW, James RA, Gilbert JD. Diagnostic problems associated with cadaveric trauma from animal activity. *Am J Forensic Med Pathol* 2002; 23(3): 238–44.
[48] Ritter EK, Levine M. Bite motivation of sharks reflected by the wound structure on humans. *Am J Forensic Med Pathol* 2005; 26(2): 136–40.
[49] Byard RW, James RA, Heath KJ. Recovery of human remains after shark attack. *Am J Forensic Med Pathol* 2006; 27(3): 256–9.
[50] Buschmann CT, Wrobel D, Tsokos M. [Post-mortem animal predation of the genital region caused by a half-breed dog]. *Arch Kriminol* 2008; 222(5–6): 182–6.
[51] Megnin P. *La Faune des Cadavres*. Paris, France: Gauthier-Villars, 1894.
[52] Nuorteva P, Isokoski M, Laiho K. Forensic entomology. *Ann Entomology Fenn* 1967; 33: 217–20.
[53] Glaister J, Brash J. *Medicolegal Aspects o the Ruxton Case*. Edinburgh: Livingstone, 1937.
[54] Busvine J.R. *Insects and Hygiene*, 3rd edn. London: Chapman & Hall, 1980.
[55] Kamal AS. Comparative study of thirteen species of Sacrosaprophagous Calliphoridae Sarcophagidae (Diptera). I. Bionomics. *Ann Entomol Soc America* 1958; 51: 261–71.
[56] Knight B. The evolution of methods for estimating the time of death from body temperature. *Forensic Sci Int* 1988; 36(1–2): 47–55.
[57] Davy J. *Researches, Physiological and Anatomical*. Vol. 1. London: Smith, Elder, 1839.
[58] Taylor A, Wilkes D. On cooling of the human body after death. *Guy's Hosp Rep* 1863(October): 180–211.
[59] DeSaram GS, Webster G, Kathirgamatamby N. Postmortem temperature and the time of death. *J Criminal Law Criminol Police Sci* 1955; 1: 562–77.
[60] DeSaram GS. Estimation of the time of death by medical criteria. *J Forensic Med* 1957; 4: 47–57.
[61] Fiddes F, Patten TA. Percentage method for representing the fall in body temperature after death. *J Forensic Med* 1958; 5: 2–15.
[62] Marshall TK. *The cooling of the body after death*. Leeds: University of Leeds (MD Thesis), 1960.
[63] Marshall TK. Estimating the time of death. *J Forensic Sci* 1962; 7: 210–21.
[64] Marshall TK. Temperature methods of estimating the time of death. *Med Sci Law* 1965; 5(4): 224–32.
[65] Marshall TK. The use of body temperature in estimating the time of death and its limitations. *Med Sci Law* 1969; 9(3): 178–82.
[66] Marshall TK, Hoare F. Estimating the time of death — the rectal cooling after death and its mathematical representation. *J Forensic Sci* 1962; 7: 56–81.
[67] Henssge C. Death time estimation in case work. I. The rectal temperature time of death nomogram. *Forensic Sci Int* 1988; 38(3–4): 209–36.
[68] Henssge C, *et al*. Experiences with a compound method for estimating the time since death. II. Integration of non-temperature-based methods. *Int J Legal Med* 2000; 113(6): 320–31.
[69] Henssge C, *et al*. *The Estimation of the Time Since Death in the Early Postmortem Period*. Knight B (ed). London: Edward Arnold, 1995.
[70] Henssge C, *et al*. *The Estimation of the Time Since Death in the Early Postmortem Period*, 2nd edn. London: Arnold, 2002.
[71] Henssge C, Madea B, Gallenkemper E. [Determination of the time of death — integration of various partial methods]. *Z Rechtsmed* 1985; 95(3): 185–96.
[72] Henssge C, Madea B, Gallenkemper E. Death time estimation in case work. II. Integration of different methods. *Forensic Sci Int* 1988; 39(1): 77–87.
[73] Henssge C, Wang H, Hoppe B. Light microscopical investigations on structural changes of skeletal muscle as artifacts after postmortem stimulation. *Forensic Sci Int* 2002; 125(2-3): 163–71.
[74] Madea B, Henssge C. Electrical excitability of skeletal muscle postmortem in casework. *Forensic Sci Int* 1990; 47(3): 207–27.

[75] Madea B, *et al*. References for determining the time of death by potassium in vitreous humor. *Forensic Sci Int* 1989; 40(3): 231−43.

[76] Madea B, Herrmann N, Henssge C. Precision of estimating the time since death by vitreous potassium — comparison of two different equations. *Forensic Sci Int* 1990; 46(3): 277−84.

[77] Madea B, *et al*. Hypoxanthine in vitreous humor and cerebrospinal fluid — a marker of postmortem interval and prolonged (vital) hypoxia? Remarks also on hypoxanthine in SIDS. *Forensic Sci Int* 1994; 65(1): 19−31.

[78] Madea B, Kreuser C, Banaschak S. Postmortem biochemical examination of synovial fluid — a preliminary study. *Forensic Sci Int* 2001; 118(1): 29−35.

[79] James WR, Knight B. Errors in estimating the time of death. *Med Sci Law* 1965; 5: 111−16.

[80] Morgan C, *et al*. Estimation of the post mortem period by multiple-site temperature measurements and the use of a new algorithm. *Forensic Sci Int* 1988; 39(1): 89−95.

[81] al Alousi LM, Anderson RA, Land DV. A non-invasive method for postmortem temperature measurements using a microwave probe. *Forensic Sci Int* 1994; 64(1): 35−46.

[82] Al-Alousi LM, Anderson RA. Microwave thermography in forensic medicine. *Police Surg* 1986; 30: 30−42.

[83] Nokes LD, Hicks B, Knight BH. The post-mortem temperature plateau — fact or fiction? *Med Sci Law* 1985; 25(4): 263−4.

[84] Shapiro HA. The post-mortem temperature plateau. *J Forensic Med* 1965; 12(4): 137−41.

[85] Henssge C. [Estimation of death-time by computing the rectal body cooling under various cooling conditions (author's transl)]. *Z Rechtsmed* 1981; 87(3): 147−78.

[86] Henssge C, *et al*. [Determination of the time of death by measurement of central brain temperature]. *Z Rechtsmed* 1984; 93(1): 1−22.

[87] Henssge C. [Ambulatory electronic data processing using the hand-held computer (HP 71B)]. *Beitr Gerichtl Med* 1989; 47: 327−31.

[88] Henssge C. Rectal temperature time of death nomogram: dependence of corrective factors on the body weight under stronger thermic insulation conditions. *Forensic Sci Int* 1992; 54(1): 51−66.

[89] Henssge C. [Rectal temperature-time of death nomogram: dependence of corrective factors of body weight in significant thermal insulating conditions]. *Beitr Gerichtl Med* 1992; 50: 169−81.

[90] Henssge C, *et al*. Experiences with a compound method for estimating the time since death. I. Rectal temperature nomogram for time since death. *Int J Legal Med* 2000; 113(6): 303−19.

[91] Bisegna P, *et al*. Estimation of the time since death: sudden increase of ambient temperature. *Forensic Sci Int* 2008; 176(2−3): 196−9.

[92] Friedlander E. *Estimating the Time of Death: http://www.pathguy. com/TimeDead.htm*.

[93] Al-Alousi LM. *The Post-mortem Interval: A Study of the Postmortem Cooling Rate*. Glasgow: University of Glasgow (PhD Thesis), 1987.

[94] Baccino E, *et al*. Outer ear temperature and time of death. *Forensic Sci Int* 1996; 83(2): 133−46.

[95] Rutty GN. Concerning the paper by Baccino *et al*., entitled: 'Outer ear temperature and time of death' (*Forensic Sci Int* 83 (1996) 133−146). *Forensic Sci Int* 1997; 87(2): 171−3.

[96] Modi JP. *Medical Jurisprudence and Toxicology*. Bombay: Tripathi, 1957.

[97] Adelson L. *The Pathology of Homicide*. Springfield Thomas, 1974.

[98] Brophy CM, *et al*. Variability of gastric emptying measurements in man employing standardized radiolabeled meals. *Dig Dis Sci* 1986; 31(8): 799−806.

[99] Moore JG, *et al*. Influence of meal weight and caloric content on gastric emptying of meals in man. *Dig Dis Sci* 1984; 29(6): 513−9.

[100] Sturner WQ. The vitreous humour: postmortem potassium changes. *Lancet* 1963; i: 807−8.

[101] Balasooriya BA, St. Hill CA, Williams AR. The biochemistry of vitreous humour. A comparative study of the potassium, sodium and urate concentrations in the eyes at identical time intervals after death. *Forensic Sci Int* 1984; 26(2): 85−91.

[102] Pounder DJ, *et al*. Electrolyte concentration differences between left and right vitreous humor samples. *J Forensic Sci* 1998; 43(3): 604−7.

[103] Tagliaro F, *et al*. Potassium concentration differences in the vitreous humour from the two eyes revisited by microanalysis with capillary electrophoresis. *J Chromatogr A* 2001; 924(1−2): 493−8.

[104] Coe JI, Apple FS. Variations in vitreous humor chemical values as a result of instrumentation. *J Forensic Sci* 1985; 30(3): 828−35.

[105] Adjutantis G, Coutselinis A. Estimation of the time of death by potassium levels in the vitreous humour. *Forensic Sci* 1972; 1(1): 55−60.

[106] Rognum TO, *et al*. A new biochemical method for estimation of postmortem time. *Forensic Sci Int* 1991; 51(1): 139−46.

[107] Madea B, Rodig A. Time of death dependent criteria in vitreous humor: accuracy of estimating the time since death. *Forensic Sci Int* 2006; 164(2−3): 87−92.

[108] Passos ML, *et al*. Estimation of postmortem interval by hypoxanthine and potassium evaluation in vitreous humor with a sequential injection system. *Talanta* 2009; 79(4): 1094−9.

[109] Saukko P, Leinonen K, Kiviniitty K. The effect of autolysis and storage temperature on the NMR proton relaxation times in mouse myocardium. In: *Fifth National Meeting on Biophysics and Biotechnology*. Oulu: University of Oulu, 1986.

[110] Ith M, *et al*. Observation and identification of metabolites emerging during postmortem decomposition of brain tissue by means of *in situ* 1H-magnetic resonance spectroscopy. *Magn Reson Med* 2002; 48(5): 915−20.

[111] Thali MJ, *et al*. Virtopsy, a new imaging horizon in forensic pathology: virtual autopsy by postmortem multislice computed

tomography (MSCT) and magnetic resonance imaging (MRI) — a feasibility study. *J Forensic Sci* 2003; 48(2): 386–403.
[112] Scheurer E, *et al.* Statistical evaluation of time-dependent metabolite concentrations: estimation of post-mortem intervals based on *in situ* 1H-MRS of the brain. *NMR Biomed* 2005; 18(3): 163–72.
[113] Ith M, *et al.* Estimation of the postmortem interval by means of (1)H MRS of decomposing brain tissue: influence of ambient temperature. *NMR Biomed* 2011; 24(7): 791–8.
[114] Coe JI. Postmortem chemistries on human vitreous humor. *Am J Clin Pathol* 1969; 51: 741–50.
[115] Coe JI. Further thoughts and observations on postmortem chemistry. *Forensic Sci Gaz* 1973, p.26.
[116] Coe JI. Postmortem chemistries on blood with particular reference to urea nitrogen, electrolytes, and bilirubin. *J Forensic Sci* 1974; 19(1): 33–42.
[117] Coe JI. Postmortem chemistry: practical considerations and a review of the literature. *J Forensic Sci* 1974; 19(1): 13–32.
[118] Coe JI. Postmortem chemistry of blood, cerebrospinal fluid, and vitreous humor. *Leg Med Annu* 1977; 1976: 55–92.
[119] Coe JI. Vitreous potassium as a measure of the postmortem interval: an historical review and critical evaluation. *Forensic Sci Int* 1989; 42(3): 201–13.
[120] Coe JI. Postmortem chemistry of blood and vitreous humour in pediatric practice. In: Mason J (ed). *Paediatric Forensic Medicine and Pathology*. London: Chapman and Hall, 1989, pp.191–203.
[121] Coe JI. Postmortem chemistry update. Emphasis on forensic application. *Am J Forensic Med Pathol* 1993; 14(2): 91–117.
[122] Madea B. [Comments on: "Determination of calcium and magnesium in postmortem human vitreous humor as a test to ascertain the cause and time of death" by R. Nowak and S. Balabanova]. *Z Rechtsmed* 1990; 103(3): 231–3.
[123] Madea B. Time since death extrapolated from vitreous potassium. *Forensic Sci Int* 1993; 59(1): 80–2.
[124] Madea B, Henssge C. [Information value of potassium concentration in the vitreous humor for the time of death. Gaining precision by detecting antemortem dysregulation?]. *Beitr Gerichtl Med* 1987; 45: 151–5.
[125] Madea B, Henssge C. Determination of the time since death. III. Potassium in vitreous humour. Rise of precision by use of an 'inner standard'. *Acta Med Leg Soc (Liege)* 1988; 38(1): 109–14.
[126] Madea B, Henssge C, Staak M. [Postmortem increase in potassium in the vitreous humor. Which parameters are suitable as indicators of antemortem agonal electrolyte imbalance?]. *Z Rechtsmed* 1986; 97(4): 259–68.
[127] Madea B, Hermann N, Henssge C. [Calcium concentration in vitreous humor — a means for determining time of death?]. *Beitr Gerichtl Med* 1990; 48: 489–99.
[128] Schmidt V, *et al.* [Potassium concentration in the vitreous body — sample collection at different time intervals to determine time of death]. *Beitr Gerichtl Med* 1988; 46: 423–6.
[129] Thierauf A, Musshoff F, Madea B. Post-mortem biochemical investigations of vitreous humor. *Forensic Sci Int* 2009; 192(1–3): 78–82.
[130] Sturner WQ, *et al.* Osmolality and other chemical determinations in postmortem human vitreous humor. *J Forensic Sci* 1972; 17(3): 387–93.
[131] Patel F. Diabetic death bed: post-mortem determination of hypoglycaemia. *Med Sci Law* 1994; 34(1): 84–7.
[132] Sippel H, Mottonen M. Combined glucose and lactate values in vitreous humour for postmortem diagnosis of diabetes mellitus. *Forensic Sci Int* 1982; 19(3): 217–22.
[133] Kernbach G, *et al.* [Initial results of postmortem diagnosis of diabetes mellitus by Hb A1 determination]. *Z Rechtsmed* 1983; 90(4): 303–8.
[134] Valenzuela A. Postmortem diagnosis of diabetes mellitus. Quantitation of fructosamine and glycated hemoglobin. *Forensic Sci Int* 1988; 38(3-4): 203–8.
[135] Osuna E, *et al.* Glucose and lactate in vitreous humor compared with the determination of fructosamine for the postmortem diagnosis of diabetes mellitus. *Am J Forensic Med Pathol* 2001; 22(3): 244–9.
[136] Nikolaev BS, Kinle AF, Samarkina O. [On the possibility of postmortem diagnosis of diabetes mellitus]. *Sud Med Ekspert* 2010; 53(5): 39–40.
[137] Bray M, Luke JL, Blackbourne BD. Vitreous humor chemistry in deaths associated with rapid chilling and prolonged freshwater immersion. *J Forensic Sci* 1983; 28(3): 588–93.
[138] Bray M. The eye as a chemical indicator of environmental temperature at the time of death. *J Forensic Sci* 1984; 29(2): 396–403.
[139] Coe JI. Hypothermia: autopsy findings and vitreous glucose. *J Forensic Sci* 1984; 29(2): 389–95.
[140] Bray M. Chemical estimation of fresh water immersion intervals. *Am J Forensic Med Pathol* 1985; 6(2): 133–9.

第 3 章

人类遗骸个体识别

- 尸体特征用于个体识别
- DNA 特征与个体识别
- 白骨化遗骸个体识别
- 性别判定
- 根据骨骼结构推断年龄
- 骨骼祖源信息认定
- 颅面重建技术
- 骨骼个体识别
- 颅相重合技术用于个体识别
- 骨骼残骸的时间测定
- 参考文献

尸体的身份识别，即个体识别，是尸检的一个重要组成部分，原因包括以下几个方面。

- 出于道德和人道主义需要确定死者身份，特别是为了告知在世的亲属。
- 出于官方、统计和法律目的确定该个体的死亡事实。
- 记录行政和仪式性埋葬或火葬尸体的个人身份。
- 履行与财产、遗产和债务有关的法律债权和义务。
- 人寿保险合同、遗属养老金和其他财务事项的索赔。
- 允许法律调查、审讯和其他裁决，如验尸官、检察官、法医、法官，允许事故调查以明确死者的身份。
- 便于警方对明确犯罪或可疑的死亡案件进行调查，因为死者身份是展开调查重要因素。

个体身份的确立可从许多方面开展，其中一些不需要医学知识，如对服装、文件和个人财产的辨认。有些方面，虽然主要由警察承担，但也涵盖医学内容，包括指纹和手术假肢的识别等。极其重要的牙齿检验工作将在第 26 章进一步讨论。

通过解剖学和医学特征进行的个体识别包括以下两个主要方面。

- 确认性别、身高、祖先和年龄等广泛的群体特征。这些特征仅通过现有的遗体残骸可以确定，也可以从其他证据中得到证实。直观的例子是利用服装和珠宝判断性别，但可靠性不强。
- 将遗骸与疑似受害者的生前信息、记录进行比对，由于比对材料的存在和可用性，该方法颇受限制。

个体识别依赖于：

- 完好无损的新鲜尸体。直接或通过摄影进行视觉识别。可以轻易对发色、皮肤色素沉着、瘢痕和文身进行检查。
- 腐烂尸体。许多表面特征可能会部分或全部丢失，但从骨骼上可获取更多信息。例如，直接进行身高测量、DNA 检测，还可发现生前手术等所致的器官异常状况（图 3.5，图 3.25）。
- 腐烂肢解尸体。个体识别会受到肢解程度和组织缺失的数量的影响。如果遗骸是新鲜的，可以根据皮肤色素确定种族等特征，但难以直接确定身高。在杀人案中，选择性肢解可能是罪犯故意阻碍尸体的个体识别，如去除牙齿和指垫。

- 骨骼。如果所有软组织都不存在，个体识别仅取决于骨骼检查和测量以及对骨骼的病理或解剖异常鉴别，也包括致密骨组织的 DNA 提取和分析。

尸体特征用于个体识别

面容

由于死亡造成的特征性改变，即使在完全新鲜的尸体上，也可能难以识别个体身份。在停尸房里，近亲，甚至是父母或配偶，对死者的身份产生怀疑，甚至否认或错认是很常见的事情。虽然失去亲人的悲痛可能有一定的影响，但死后尸体变化影响更大。血液坠积、挤压、水肿、肌肉松弛和肤色苍白都可能导致尸体面部变形。活体辨识是可依靠面部肌肉张力，特别是目光接触和眼球运动来辅助的动态过程，但所有这些在尸体上均无迹可寻。

眼睛颜色

新鲜尸体的眼睛颜色与生前一致。但眼内张力丧失和角膜混浊在死后几小时内逐渐发展，使得虹膜难以观察，进而导致眼睛颜色发生改变。眼球前部结构的崩解发生在死后一两天内，随着分解逐渐进行，虹膜会变暗成为棕色。在死亡几天后，根据眼睛颜色进行尸体身份识别不可靠，如果环境条件加速了腐烂，这个时间甚至会更早。

皮肤色素沉着

在未受损、未腐烂的尸体上，皮肤色素沉着有着明显的种族差异。黄肤色亚洲人种的肤色相对较重，可能无法与地中海或中东人种区分开来。对于白种人或北亚人种而言，死后皮肤苍白或血液坠积所引起的肤色改变远比日晒更为明显。从组织学的角度来讲，表皮基底层黑色素可被观察，但腐败会引起皮肤脱落，因此色素沉着不能作为个体识别的特征。

被烧毁的尸体可能由于热破坏，或者由于烟尘和其他燃烧产物在皮肤表面的沉积，从而无法观察到皮肤色素沉着。只不过掩盖了所有色素沉着证据的情况很少见。

毛发颜色

头部、会阴部和腋部毛发在死后具有一定的抗降解能力，在合适的环境内有时可保存千年。然而，毛发原有颜色在埋葬后可能会改变，3 个月内可变为棕红色。毛发颜色可被灰尘和染料所遮盖，因此需要专业处理（通常由生物学家或博物馆技术人员）使得毛发恢复原色。头发颜色与其他个体识别证据相冲突时，要考虑死者生前是否有染色或漂白，并再次需要在法医科学实验室进行专家化学分析以确认或消除这种可能性。

毛发结构

毛发识别是法医生物学家或人类学家的主要工作，头发末端是修剪还是自然卷曲，对个体身份识别具有重要价值。毛发具有明显的种群特征，尼格罗人种为螺旋扭曲的黑色卷发且横截面呈扁平的椭圆形。蒙古人种的头发为色素沉着较少的直发且横截面呈圆柱形。高加索人种的头发横截面为圆形或卵形，但颜色和形态与其他两个主要种群存在很大差异。虽然白种人的部分头发的横截面呈圆形至椭圆形，但眉毛往往是三角形，阴毛则是扁平的。对毛根细胞进行 DNA 图谱分析和对脱落毛发的毛干进行线粒体 DNA 分析均在法医鉴定工作中具有重要意义。

进行毛发的显微检验可以确定是否为人类毛发，甚至有助于确定不同物种。人类毛发在显微镜下显示出广泛的群体特征。当前通过毛发进行个体识别属于法医生物学领域，且具有专属研究领域和著作文献。

文身

通过在表皮下注入色素来装饰皮肤的文身，

在世界各地已有数千年历史。“文身”一词来自波利尼西亚语的“塔”（ta tau），其含义是“标记”。某些种族，如沙捞越*的伊班人，在体表的大部分位置都有文身，但绝大多数国家的许多男性和一些女性只是局部文身，这对身份识别有相当大的帮助。文身使用了许多不同的颜料，以及煤烟或火药等不常见的物质，颜料通过刺针注入真皮上部，常以手持式机器注入或电子振动注入。

颜料一旦进入表皮下则会长时间保持色彩。蓝色、绿色或红色等颜料可能被组织细胞清除，并在几年或数十年后浸入淋巴系统。黑色颜料通常是印度墨形式的炭颗粒，尽管有些可能会被转移到局部淋巴结，但几乎可以保留终生（图 3.2）

学者 Hellerich 在 275 例法医学尸检中，发现 31 具尸体上肢一侧或两侧存在文身，几乎都伴有腋窝淋巴结的色素沉着。文身颜料的沉积反映了皮肤文身处的颜色成分，肉眼即可识别[1]。Lehner 等研究了红色文身皮肤色素浓度的下降状况，估测文身后皮肤色素浓度下降了 87%～99%[2]。因此，多年后不同颜色的原始图案可能会出现不同程度褪色，但黑色区域褪色缓慢，仍能凸显出来。

文身样式种类繁多，从身份识别的角度来看，可以通过文身对受害者身份进行比对和确认。文身具有人群特异性，文身识别需要民族、文化、宗教和社会习俗等方面的知识（图 3.3）。在西方社会，文身的流行趋势会发生变化。不同地域文身外观也不尽相同，将文身与特定文化予以对应有着非常特殊的意义。20 世纪初的欧洲文身人群主要为水手和工人阶层[3]，随后文身被朋克和同性恋运动所推进，主要作为对保守中产阶级社会的抗议，同时作为各种亚文化的挑衅性标志[4]。在过去 20 年里，文身的普及率大大增加，涉及更多人群，其符号象征功能也减弱，因此文身不再特定指向某种亚文化[5]。

当个性文身足以判定失踪者时，其具有较高的价值。文身图案设计常可提供死者的真实姓名，尽管这些大多是名字而不是姓氏。图案设计绝不是独特的，专业文身师可能会有数百个相同的图案设计，所以进行身份识别时，尸体上的姓名文身对于个体识别具有额外的辅助作用（图 3.1）。

用于个体识别的首字母有时可能会产生误导，这与使用了绰号和昵称有关，如“B”表示 Bill 而不是 William。一般来说，男性的文身里含有女性名字，但缩写通常是指男性自己。相反，女性文身几乎总是有情侣的名字，而非女性自己的名字。有些文身可能是数字，也可能是简单朴素的名字，最悲惨的例子是第二次世界大战期间来自纳粹集中营的文身。

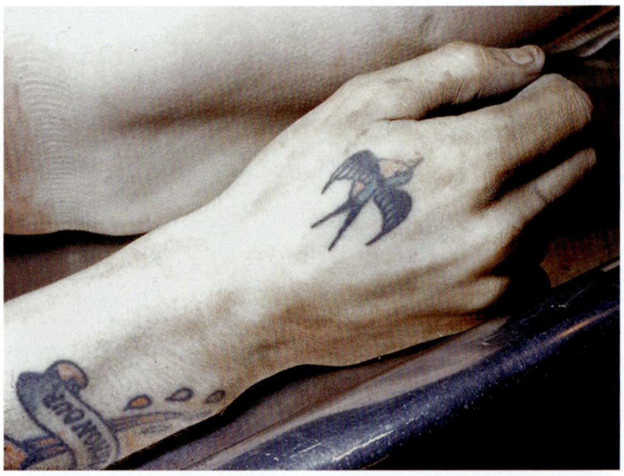

图 3.1　个性化文身有助于未知身份者的个体识别

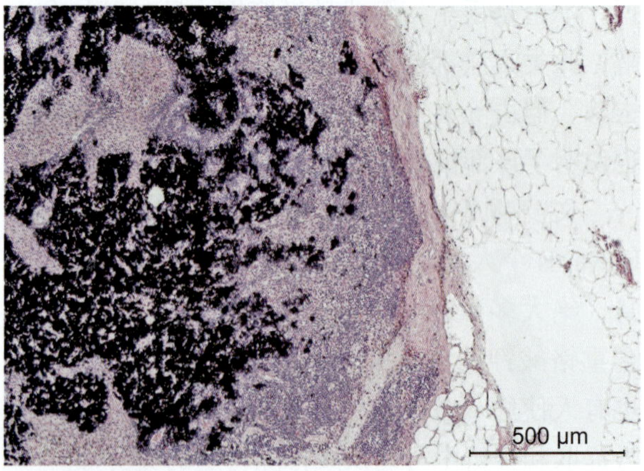

图 3.2　局部淋巴结中的黑色文身颜料

* 即砂拉越州。

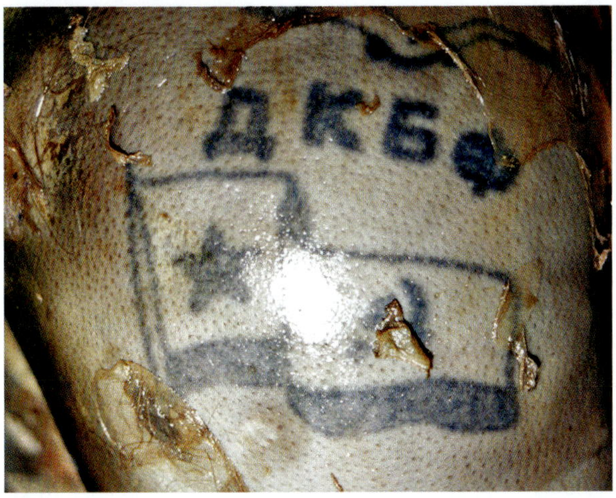

图 3.3　海上发现的腐尸肩部上有西里尔字母（Cyrillic letters）（D、K、B、F）的文身，还有一面带有星星、锤子和镰刀的旗帜，表明与俄罗斯波罗的海舰队 Russian Baltic Fleet 有关

文身的摄像、分布和匹配是警察的工作范畴，但法医的职责是让警察能够了解并清楚地知道这些文身。在尸体腐败之处，文身可能会被皱纹、剥落的表皮所掩盖，但这些被除去后，会暴露出比在新鲜皮肤上更生动的文身。一旦组织腐败变绿色和黏稠状，文身图案会逐渐消失，但早期尸体腐败不会影响对文身的识别。皮肤色素沉着可能掩盖了文身图案，皮肤脱落实际上可以提高清晰度，特别是蓝红绿等较弱的颜色。有意去除文身的行为较为常见，可能是后悔在年轻或醉酒时文身损坏了身体，也可能为了掩盖身份证据。不论是手术切除或砂纸摩擦，还是碱灼和电解，此类方法都被用于销毁文身。文身纵然可被去除，但去除文身或多或少会引起皮肤瘢痕，这也说明了该部位之前存在文身。

文身颜料的化学性质可被用于鉴定（PA Edwards 个人的观点）。尽管各种物质都被用于文身，绝大多数的文身师会使用含碳的黑色颜料、含重铬酸钾的绿色颜料和含氯化汞的红色颜料，也有人使用苯胺染料，因此在法庭科学实验室的微提取和分析中可确认或排除特定的文身师。

指纹、手掌纹、脚纹和唇纹

指纹的分类、检索和记录均属于警察工作范畴，与文身类似，法医的作用只是协助警察获取指纹。有时当在犯罪现场发现了陌生指纹时，警方可能会获取进入现场的法医指纹，以便从调查中排除他们的嫌疑，这显然是非常正当的。事实上，一些常协助警察的法医会将其指纹留在档案中，以便他们被永久性排除。当被召集至死亡现场时，法医应注意避免直接触碰物品和家具，从而减少筛查指纹的工作量。

除非兴趣使然，否则法医一般对指纹知之甚少。尽管如此还是要做好准备应对那些不可避免的问题。例如，目前没有发现两个指纹是相同的，即使是同卵双胞胎也有不同的指纹。然而，部分指纹也存在高度的相似性，仅根据一致性证明的常规标准难以辨识。警察通常去停尸房用常规方式采集完整指纹，把墨水滚在尸体手指垫上，然后压在记录卡上。

当尸僵严重时，法医可以用力拉伸手指使之复位，甚至切断屈肌腱，尽管此情形存在使手指沾上血液的风险。

当尸体腐烂时，法医可帮助警察去除尸体手指上的剥脱组织。这些组织可能需要保存使之硬化，使得腐败组织不会影响指纹内的脊突。皮肤可以放置在福尔马林、乙醇或甘油溶液中，特别是尸体浸没导致表皮肿胀和模糊的部位。近年来，更多新技术被用来帮助法医提取指纹，如乳胶和其他类似的塑料材料[6]。目前存在两种罕见的密切相关的常染色体显性外胚层发育不良综合征：Naegeli-Franceschetti-Jadassohn 综合征（Naegeli-Franceschetti-Jadassohn syndrome，NFJS）和网状色素性皮病（dermatopathia pigmentosa reticularis，DPR），其均会导致指纹完全缺失[7, 8]。很少情况下，罪犯会试图用指腹瘢痕掩盖其指纹。为了有效掩盖，瘢痕必须足以破坏真皮深层，由此产生的瘢痕将比原始的指纹更明显。据报道，从身体其他部位进行皮肤移植手术是去除指纹的一种手段，但此种方法不良意图较为明显。

和指纹一样，手掌、脚底甚至嘴唇的皮肤图案据说是独一无二的，并可被用于识别，但这确实是警察的工作范畴。手背上静脉纹路也具有个人特征。

识别瘢痕

瘢痕在无名尸识别方面也有重要作用，即使存在一定程度的腐败也是如此。有学者通过胆囊切除术瘢痕和腿部陈旧手术切口瘢痕识别了浸泡于河中 6 周的受害者尸体。许多其他案例记录的瘢痕也提供了类似的重要信息。其中最著名的例子可能是 Dr. Hawley Crippen 的案件，1910 年他在伦敦因谋杀妻子而被指控、定罪并被绞死。当时在煤窖内发现了据说属于他妻子 Cora 的人体腹部残骸，对于腹部手术瘢痕与皮肤折痕之间的区别，引发了众多法医的争议。最近，Foran 等根据家族谱系和线粒体 DNA 研究证实给 Dr. Hawley Crippen 定罪的病理切片所载组织并不源于 Cora，而是来自男性[9]。这个案例说明了保留组织样本极为重要。

皮肤上的瘢痕可能由先前任何破坏表皮的损伤引起，皮肤浅层的表面损伤会愈合而不遗留任何痕迹。当损伤到达真皮时，皮肤损伤的愈合则通过如第 4 章中所述的组织血凝块和（或）肉芽组织进行修复。当创口很窄，诸如由外科器械、锋利的刀、剃须刀或玻璃所致时，那么当边缘相互贴合时，特别是经过缝合或敷料保护，则产生的瘢痕将狭窄且不明显。肿胀或感染会扩大瘢痕，大面积撕裂或烧伤会导致更大的瘢痕。在个体识别方面，只有当那些受害者会出现性质和位置相似的瘢痕时，瘢痕识别才有作用。瘢痕的特异性差别很大，许多人可能有阑尾切除术的瘢痕，而许多女性有子宫切除术或其他妇科手术遗留的下腹部瘢痕。瘢痕证据须与其他的身份细节相结合，但如果瘢痕在性质或位置上具有特殊性，那么它的个体识别价值就会显著增强（图 3.4）。

至于手术以外的创伤性瘢痕，法医可以判断其成因，进而辅助个体识别。一般来说，绝大多数非手术瘢痕都是意外创伤所致，如果家人、朋友、照片或医疗记录表明身体上存在特定的瘢痕，对个体识别则具有很大作用。

有些瘢痕是作为某些种族或宗教传统的一部分而刻意形成，如一些非洲部落的面部瘢痕、畸变或穿孔的耳洞或嘴唇。遗憾的是，因虐待、躯体折磨所致的皮肤瘢痕情况在世界上许多地域变

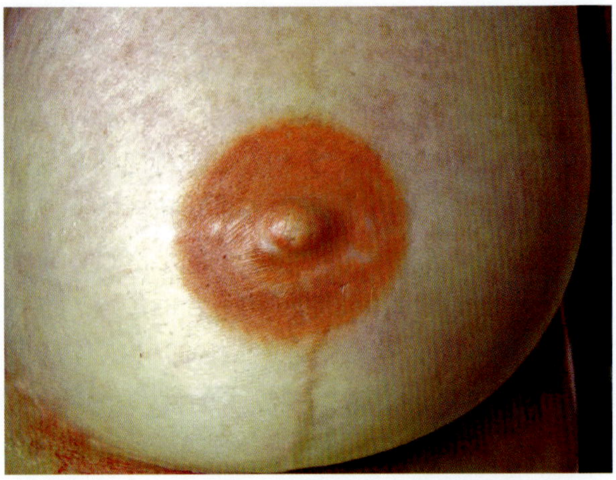

图 3.4 乳房重建术后乳晕位置的皮肤瘢痕

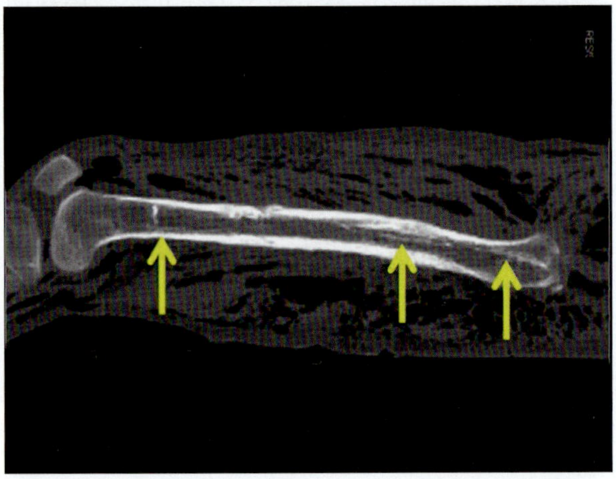

图 3.5 死后影像学在个体识别方面有着重要的价值。严重腐败尸体的影像显示股骨的陈旧性骨折经外科细螺钉固定治疗和去除后（箭头）的改变（转载得到了 C. Jackowski 教授的授权）

得越来越多，第十章将对此予以讨论。线性瘢痕、烧伤瘢痕、瘢痕疙瘩过度生长（特别是在黑人中）、色素沉着或色素脱失以及其他持久性病变在适当情况下均有助于个体识别，但这很大程度上取决于有关人员被认为是受害者信息的准确性。众所周知，家属对医疗问题的言辞往往是模糊甚至不准确的，而且也常混淆不同外科手术形成的瘢痕，从而误导了调查人员。有时候，手术瘢痕几乎无法看见。例如，曾在一家私立医院担任外科助理的人员报道，外科医生可以用皮下肠线缝合 1.0 cm 宽的阑尾切除术手术切口几乎无法观察到皮肤瘢痕。值得注意的是，除非患者是瘢痕体质，否则大多手术切口愈合后几乎没有皮肤

瘢痕，因此调查中要尽可能获得医院或家庭医生的治疗记录。

手腕或喉咙部位条纹状陈旧瘢痕表明有自杀史。躯干或四肢的大面积具有平行凹槽并向边缘延伸的皮肤瘢痕，提示交通事故所致的严重刷状撕裂伤。刀刺伤可能会留下椭圆形瘢痕，出现的钝性和锐性末端可表明单刃刀片的位置。枪弹伤的瘢痕可能会长期存在——1989 年纳粹战俘 Rudolf Hess 身份就发生了较大的政治争议，因为其胸部没有老式来福枪所导致的瘢痕，所以他被指控是个冒名顶替者。烧伤可以提供良好的个体识别信息，特别是在生活中有很明显广泛性瘢痕的个体。香烟烫伤常出现于虐待儿童、拘禁期间的酷刑、囚犯间暴力、自卑和人格障碍者的自残[10]。在西方国家很少见到类似香烟烫伤的瘢痕，在亚洲国家此类瘢痕则较为常见，这是因为亚洲国家常以艾灸（使用艾草直接在患者皮肤上燃烧）作为一种中医疗法，这种操作可能会导致烫伤[11]。

小腿前部的散在多处瘢痕提示死者生前是行走踉跄的长期饮酒者，损伤由频繁摔跌或撞击家具所致。

瘢痕形成时间

瘢痕形成时间很难评估，一旦瘢痕成熟则终身不变。当不出现感染或血肿时，无论是手术还是刀刃造成的线性伤口，创缘都可在一周内机化。伤口在这个阶段是棕红色的，且创伤宽度决定了血管存在时间。内含血管的伤口所呈现的粉红色逐渐消退，狭窄的手术切口可能在 4～6 个月呈白色。无血管的胶原蛋白往往会收缩一年左右，之后会长期保持银白色。瘢痕成熟时间取决于皮肤的性质、色素沉着和身体的相关部位。当伤口位于人体弯曲或延伸的皮肤折皱部位时，会膨胀和扩大，瘢痕也会随之而来。

除了确认皮肤是否为瘢痕外，组织学对瘢痕的检查没有太大帮助。胶原蛋白或弹性蛋白的染色可以证实真皮层的不连续性。瘢痕不携带毛囊、汗腺或皮脂腺，偶尔出现的附属皮肤结构可能由于不规则的伤口中含有原先皮肤碎片，或手术修复分离或侵入伤口边缘的皮肤。

职业性身体标志

以往大多数教科书都认为典型的职业性身体标志非常重要，但是现如今其出现概率和重要性都有所下降。但其在某些特定领域仍有价值，为此，需要了解当地的职业和工业背景。维多利亚时期职员和鞋匠驼背现象已经不存在，但许多其他职业都有特征性身体标志，尽管大多数情形并不特异。最为人们熟知的是煤矿工人的“蓝色瘢痕”，其是灰尘进入手部和面部的小裂缝引起了非自愿性文身（图 3.6）。一些矿工和采石工爆破期间岩石碎片可造成小的面部瘢痕。金属矿业和铸造领域的从业者可能因暴露于热金属飞溅的环境而形成了微小的烧灼瘢痕。一般来说，对双手的检查可以判断死者生前从事体力劳动还是脑力劳动。手部的切口、瘢痕、胼胝增生茧化和角化过度均是体力劳动的特征。

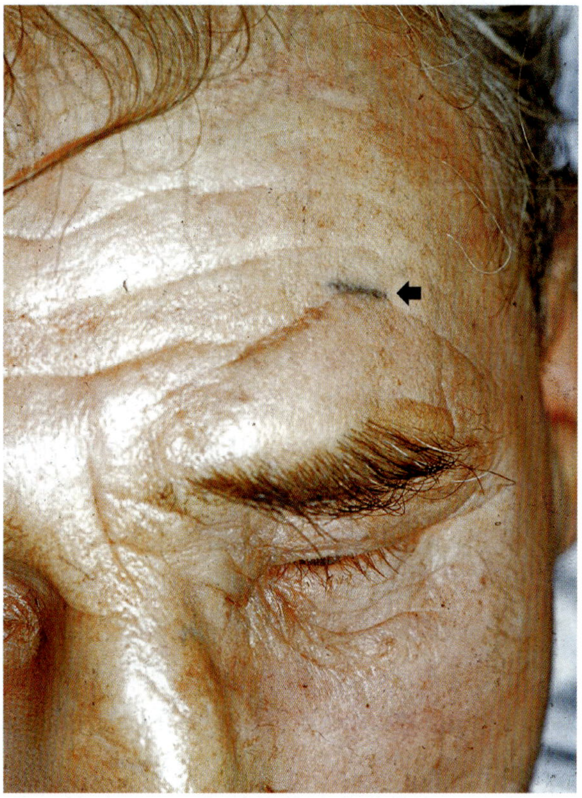

图 3.6　细致的尸表检验可提供重要的辅助识别证据，前额上的小“蓝色瘢痕”表明死者生前是一名煤矿工人；煤尘进入小裂缝且愈合后仍然可见，几乎每个煤炭工人的手部或脸部都有这样明显的皮肤痕迹

当肺脏呈现黑色、充满灰尘，不论是否达到尘肺病程度，均提示死者生前可能从事矿业工作。胸膜顶部与膈胸膜上的珍珠状厚斑是由长期暴露于石棉中而引起的，但由于石棉过去在多个行业中均会使用，使得肺部病变特征对职业的判断帮助并不大。

完整尸体身高

尸长与活体测定的身高并不一定一致。在停尸房里，必须注意从足跟到头顶测量尸体，而不是接受停尸房或殡仪馆工作人员从脚趾到头顶的"棺材测量"。由于足底通常屈曲，脚趾到头顶所测高度要比足跟至头顶多 10 cm。尸长与活体身高相比可能出现轻微变长或缩短，而变长更为常见。此外，尸长在死后的不同时期可能会略有变化。在尸体肌肉松弛的第一阶段因肌张力完全丧失，髋关节和膝关节等大关节的放松、加上椎旁肌群保持椎间盘张力的作用弱化，尸长可能增加 2～3 cm。其后尸僵会取代肌肉松弛，使腿部稍微弯曲而尸体缩短。当尸僵缓解和尸体出现腐败，关节就会再次变松弛。椎间盘失去张力使脊柱缩短，因此尸长会降低 1 cm 左右。根据 Trotter 和 Gleser 的观点，尸长会平均增加 2～5 cm[12]。难以获得准确尸长的原因包括测量装置无法精准地固定在脚跟和头顶，无法彻底伸展尸体的四肢、脊柱和颈部。

非白骨化尸体的性别确认

鉴定非白骨化尸体的性别较为容易，一般不会出现错误。双性和两性同体畸形虽极为罕见，但法医在实践中却会忽视这一现象。在某些地区也会出现例外，如东南亚的男性会做生殖器变性手术和乳房女性化手术。在遇到此类问题时，必须寻求专家意见。一般来说，外部生殖器在晚期腐败之前均可识别。此外，乳房、体型及阴毛的特征可以鉴定性别。女性阴毛通常生长在腹部较低的部位，顶端边缘呈水平或半圆形。男性阴毛沿腹中线上升，可以延伸生长到脐部。然而，也有例外的情形。在尸检中，应注意有无包皮环切，这将有助于确定死者的族群或宗教，如犹太人和穆斯林等。当然这仅有助于排除保留包皮的宗教，因为很多宗教都有男性包皮环切的习俗。

服装、头发长度、发型、发色、耳环和珠宝均不能作为判断性别的可靠依据。在某些文化和宗教中，有明显标准去鉴定性别但很少被采用，因为尸体具有明显的解剖差异。严重腐败尸体，内脏比尸表检验更有优势，子宫是体内最不易降解的器官，前列腺也可保存很久。因此，盆腔器官可作为性别鉴定的证据。

当尸体几乎完全降解时，骨盆放射学检验和骨骼人类学检验将有助于鉴定性别。DNA 分析对于性别鉴定和碎骨片的种属鉴定具有极高价值。对种属鉴定，人类 DNA 序列扩增结合种属特异蛋白的免疫检测就足够了。当前性别测定通常是扩增软组织的牙釉质基因[13, 14]。

非白骨化尸体的年龄推断

尸体的年龄鉴定远比性别难度大得多。活体年龄鉴定困难极大也存在着很大误差，特别是随着年龄的增长，尸检结果更为不准确[15]。当尸体相对完整时，用常识经验即可做出大致的年龄估计。头发颜色具有普遍适用性，25 岁时头发为黑色，70 岁时头发为白色。皮肤弹性的丧失，变薄，角化过多和红色 Campbell de Morgan 斑（又称樱桃血管瘤，是中老年常见的良性皮肤病变，由毛细血管和毛细血管后小静脉增生、扩张形成。它是以英国外科医生 Campbell de Morgan 的名字命名）的出现均是衰老的表现。出于拔牙、洁牙、全义齿和口腔卫生的进步，现在牙齿特征的作用明显下降，但常规价值仍然存在。基于牙齿磨损的年龄推定是法医牙科学的重要工作（具体参见第 26 章）。

眼睛具有显著个体特征，瞳孔周围灰色或白色的环——"老年弓"在 60 岁以下很少出现。婴儿和儿童推断年龄时，身高和体重与标准数据表对照，但发育缺陷、疾病和营养不良可能会导致相当大的误差。动脉粥样硬化和退行性变化，如关节炎演变仅提供一个年龄判断方向，只能用于辨别"年轻"和"年老"，难以准确推断。然而，当必须区分两个年龄明显不同的尸体时，那

么这些常规征象可能会发挥着相当大的作用。在20～25岁，牙齿、骨化中心和骨骺融合是很好的年龄指标。

牙齿内氨基酸的外消旋化比主要在白骨化尸体中开展研究，但它同样适用于不同阶段的尸体，因为左旋和右旋化合物的优势数量可能具有年龄差异。Lamendin法（Lamendin等提出的通过分析单根牙齿来推断成人尸体年龄的方法）对于非白骨化尸体年龄推断具有较高的价值，明显优于Gustafson牙龄推断法（Gustafson牙龄推断法基于对牙齿骨磨片的检验）[16-25]。

祖源

认定祖源在很大程度上取决于常识和对各种族特征的认识，而不是医学问题。人们都能辨认出，西非人皮肤深色素沉着、蒙古人内眦褶皱、凯尔特人红头发和斯堪的纳维亚半岛人浅金发。然而，生物变异范围广且呈具有连续性，不但因为族群间广泛通婚，而且即使在同一连续的种族内也有明显变异。非洲人头发横截面呈椭圆形，亚洲人头发横截面是圆形，白种人头发横截面呈中等程度的椭圆形。在变异性方面，与亚洲人和高加索人相比，非洲人头发变异性更大[26]。

在完整或部分肢解的尸体中，以下因素可以用作种族分类的指征，但也具有非特异性。

- 服装与装饰品。可以建立完整参考目录（如印度教徒手腕上的绳子），但其他族群的人可通过主动选择、婚姻或欺骗来佩戴此类物品。
- 头发纹理、风格、长度和胡须。例如，锡克教徒的头发、正统派犹太人的胡子、黑种人的毛发卷曲或“黑胡椒粒式”（聚集生长）头发、拉斯特法里派的西印度人头发的多样性、亚洲人的直黑头发和凯尔特人的姜黄色头发。但头发风格、色彩和纹理会受到现代文化的影响，从而使头发特征具有误导性，更需要法医科学技术来检测和识别头发的漂白和染色变化。
- 身体人为改造。包括在东非和沙捞越（马来西亚的邦）的某些部落中可见的阴茎和外阴的包皮环切、鼻耳穿孔、嘴唇穿孔、部落面部瘢痕和耳垂扩张。还有现在已经很少见的奇怪形式，如用圆环伸展脖子。文身会有族群基础，如沙捞越的伊班人所饰文身。
- 面部外观。例如，蒙古人的高颧骨和内眦褶皱，黑种人的凸腭和鼻部差异。然而，也存在如斯拉夫和波利尼西亚等中间形式外观，但只有典型群体才能准确地识别。
- 体型。随着营养状况的改善，体型的种族差异有所减少。然而，日本人骨骼整体上显然比北欧人小，黑种人的股骨比其他种族的股骨更长，弯曲更少。牙齿稍后讨论，但铲形的上颌中切牙有助于个体识别，尽管它们不是绝对准确的。
- 肤色。皮肤色素沉着可明显区分黑种人和其他主要种族。在一定程度上，蒙古人的皮肤黑色素含量较少，但也融合了闪米特人、亚洲人和地中海民族的肤色。

DNA分析将彻底改变个体识别方面的鉴定。

DNA特征与个体识别

通过DNA鉴定人类遗骸已有了标准程序，这要归功于大量可被扩增并用于对比的等位基因和DNA区域。在大多数情况下，人体的斑迹、残留物和遗骸现在几乎可以100%确定个人身份。只有两个因素会影响人类遗骸的遗传检测：样本降解及DNA提取，缺乏适当的生前对比数据。第一种情况下，DNA会因死后降解而被“破坏”，DNA虽然可以保存，但很难从羟基磷灰石晶体或腐败产物中提取，从而影响了聚合酶链反应。在第二种情况下，未能获得足量的生前DNA（如牙刷、剃须刀等）或缺乏合适的亲属来进行DNA比对。

白骨化遗骸个体识别

法医病理学的经典问题之一是对完整或残缺的骨骼进行鉴定，这涉及解剖学、放射学、牙科

学、考古学以及遗传学的技术和专业知识。骨骼鉴定通常比完整或腐烂尸体个体识别更重要，在大多数教科书中，骨骼鉴定占据很大篇幅，可能是由于骨骼可以保存数十年、数百年或千年，因此积累的骨骼库是巨大的。和完整尸体个体识别类似，鉴定骨骸的程序分为两个不同的部分：

- 根据物种、祖先、性别、身高、年龄和日期的绝对标准，进行骨骼分类。
- 比较研究，将遗骸与疑似受害者的生前数据比对。

骨骼遗骸的鉴定程序

当疑似骨骼遗骸被发现时，需要回答以下问题：

- 遗骸是骨吗？
- 遗骸是人骨吗？
- 骨骼遗骸的性别是什么？
- 骨骼遗骸的身高是多少？
- 骨骼遗骸的种族是什么？
- 骨骼遗骸的年龄是多少？
- 骨骼遗骸的死亡时间或者尸体掩埋时间是什么？
- 骨骼遗骸的死因是什么？

遗骸是骨吗？

遗骸是否为骨的判断并不简单，因为没有经过专业训练的人极有可能会误判。被认为是骨头的骨状石头、塑料甚至是硬木头。当这些物体与骨混合时，这种错误更常见，尤其是动物骨头，这些骨可能被烧焦、埋葬或与碎石混在一起。

通过纹理，特别是物体重量，识别骨骼较容易。对人类骨骼的仿制品，识别会更加困难，仿制品“桡骨”是医学生学习解剖用的骨骼，由涂有塑料聚合物的石膏制成。在视觉上无法将其与真正的骨骼相区别，但重量轻盈表明了它非骨。微观显微检测和化学测试常能得到准确结果（图 3.7）[27]。

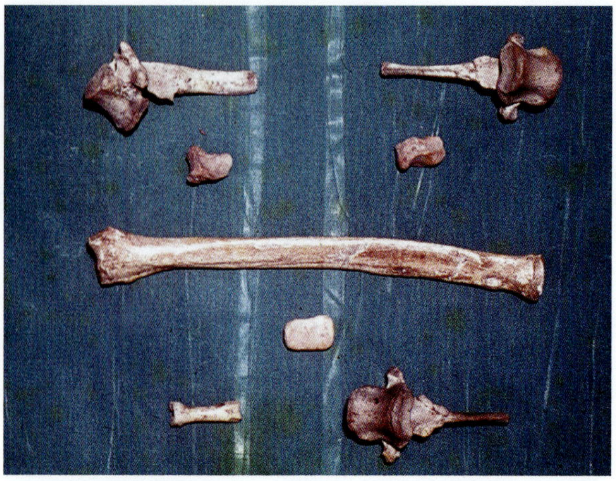

图 3.7　仿制骨和动物骨。较小的骨头来源于动物，中间的“桡骨”是塑料仿制品，但警方却认为是犯罪死亡证据

遗骸是人骨吗？

遗骸种属识别很重要，除非骨头发生了明显碎裂，通常判断是否为人骨并不困难。许多动物的骨头被公众和警察发现，但他们缺乏骨骼鉴定的知识而难以认定。重建、旧遗址的翻新与拆除中会发现许多骨骼，其中大多数都是动物骨骼。

首先应评估骨骼大小，细长小块骨可以首先被排除。火鸡的大腿骨不可能被误认为是跖骨，同样牛肋骨亦难以误认为人骨。在解剖学的研究中，法医即使未学过比较解剖学，他们也可辨别大多数完整的动物骨骼与人类骨骼[28]。一些动物小骨骼的识别会比较困难，特别是手足部分，因为手指、足趾、跖骨和掌骨需要仔细研究方能区分是动物的还是人类的（图 3.8）。熊掌骨识别具有一定的困难，因为它们与人手的骨骼非常相似。

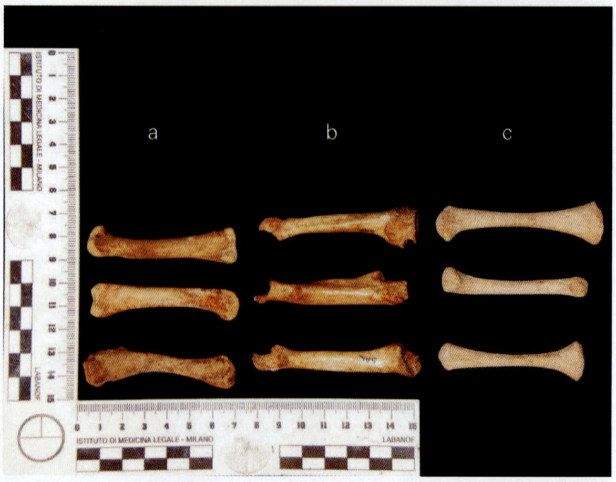

图 3.8　极其相似的鸡骨（a）、人的跖骨（b）和胎儿长骨（c）（米兰骨骼博物馆藏品，经 C. Cattaneo 教授授权转载）

当骨骼不完整或碎片化时，鉴定难度就会迅速增加。如果长骨末端可见，则可轻易观测到非人类的形态学特征，但中心轴的圆柱形除了大小之外，几乎没有鉴定价值。烧伤的骨碎片也有类似的问题，还会发生热变形和收缩（图 3.9，图 3.10）[29]。

在这种情况下，需要法医人类学家的建议，如若没有则最好邀请具备法医学经验的解剖学家联合鉴定，但并非每个解剖学家都善于骨骼鉴定，此时法医通过文献查阅去检查骨骼可能更有效。

组织学检查可以分辨种属，或者至少有助于排除是否为人骨。许多动物的骨单位是不同的，常见的骨骼大小和形状有助于排除人类源属，但获取详情须参考为数不多的相关专业文献（图 3.11，图 3.12）[30]。

如果动物种属与调查有关，那么必须咨询兽医或比较解剖学家。如果这些骨头破碎太严重而无法提供任何解剖学数据，可以对骨骼进行生化检测。这取决于骨骼中提取的物种特异性蛋白质，特别是单克隆蛋白质可以被检测到特异

图 3.9　原木火化尸体的残留碎片。烧焦的木头碎片与骨头残块混合时，难以区分，需要仔细筛选和分析

图 3.10　烧焦的骨头，根据其形状和大小可确定为人股骨远端的碎片

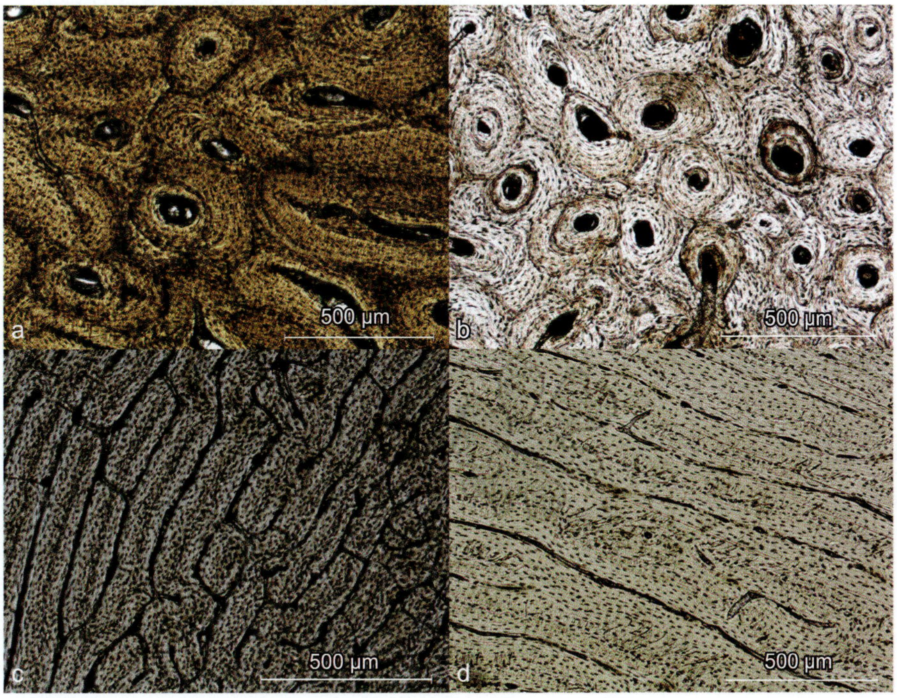

图 3.11　致密骨组织结构，显示了人类的青年（a）、老年（b），羊（家羊）（c），牛（家牛）（d）骨形态的物种特征差异（米兰骨骼博物馆藏品，经 C. Cattaneo 教授授权转载）

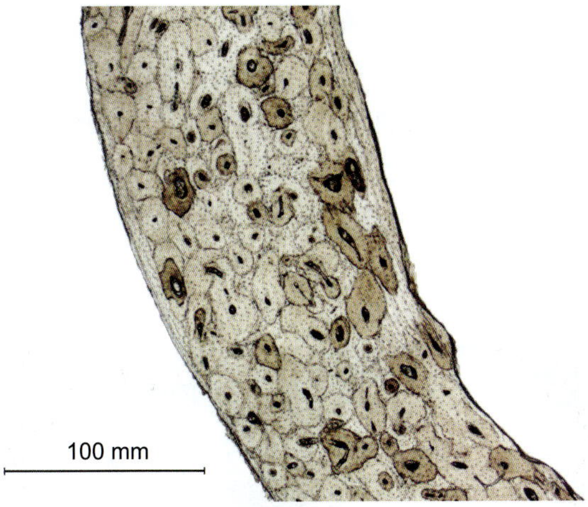

图 3.12　猫的密质骨的组织学结构显示不规则的边缘状骨单位伴随微小哈弗斯管 *（米兰骨骼博物馆藏品，经 C. Cattaneo 教授授权转载）

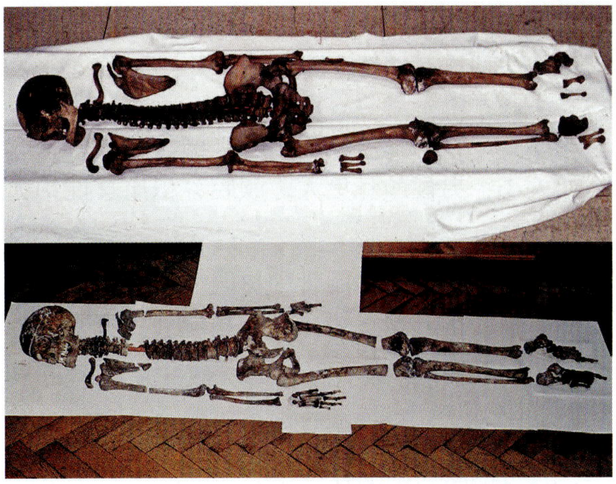

图 3.13　两具已回收和复原的骨架。清洁后骨骼正常解剖位置摆放，以便获得近似身高，尽可能留出丢失的软组织空间。上面的骨骼明显是男性，显示手足小骨骼丢失却未受伤。下面的残骸来自一起隐藏 40 年的谋杀案，显示尸体被锯成 6 个部分，膝盖以上的锯切口在脊椎、肩胛骨和肱骨处贯穿

性抗体。因此，检测基本上是在寻找骨内的生化成分，通过酶联免疫吸附分析（enzyme-linked immunosorbent assay，ELISA）或放射免疫分析（radioimmunoassay，RIA）等技术进行识别[29, 31, 32]。此外，DNA 检测也可以有效解决这个问题。

性别判定

骨骼遗骸性别判定的准确性随年龄、骨骼破碎程度和生物变异性而具有差异。

骨骼性别判定包括形态特征的性别差异和数据测量。特别是研究头骨和骨盆时，经验丰富的人类学家可能会凭主观印象而否定系统分析，客观测量也有可能不准确。性别判定具有统计上重要性，因为它排除了一半人数，而年龄、身高和血统均只能提供广泛变量范围内的较小比例。正确选择和应用性别相关判定公式尤为重要。骨盆测量可以判断性别，甚至在胎儿状态下也可判断性别，但显著性性别差异到青春期才会显现，通常是在 15～18 岁时差异较明显。性别和年龄相互关联，尤其是在涉及身高和体重的情况下。同样，种族因素也会干扰性别判定，如黑种人女性的眶上缘长度可能超过了白种人男性的平均值。

由于干扰因素较多，精准性别判定具有较大的困难。Krogman 报道，使用整个骨骼判定性别的准确率为 100%，使用骨盆判定性别的准确率为 95%，使用颅骨判定性别的准确率为 92%，使用骨盆结合颅骨判定性别的准确率为 98%，使用长骨判定性别的准确率为 80%，长骨结合骨盆判定性别的准确率为 98%。然而，由于大多数解剖学机构的样本显示男女性别比约为 15∶1，男女性别失衡使测定中所有可疑的骨骼均被认为男性[33-35]。

Stewart 根据整个骨骼进行性别判定的准确率达 90%～95%，而仅通过头骨的准确率只有 80%，若下颌骨也存在则可使准确率上升至 90%[36-41]。一般来说，成年女性的骨骼测量值约为同族男性的 94%，但实际测量值可能为同族男性的 91%～98%。

颅骨

以下特征是在青春期后身体因年龄增长而发

* 即中央管。

生的改变，只适用于20～55岁骨骼的性别判定，而年龄和种族对这类特征影响较大。

- 外观：女性颅骨比男性更圆润、光滑。
- 大小：男性颅骨更大，颅腔容积比女性约大200 mL。
- 肌肉隆起在男性颅骨中更明显，特别是在有较大肌肉与颈嵴相连的枕骨区域，以及附有咬肌和颞肌的颞部与下颌区域。
- 眶上脊：在男性颅骨中更为明显，而女性颅骨可能缺失眶上脊。
- 乳突：男性颅骨的乳突发达[42]。
- 额结节与顶结节：女性颅骨额结节与顶结节明显且突出，与婴儿外形相似。
- 腭部：男性腭部体积大并表现为更规则的"U"形；女性体积小且多呈抛物线形。
- 眼眶：男性颅骨眼眶面部位置较低，相比女性显得更方正，缺少锋利的边缘。
- 眉间：男性眉间凸度大，突出于鼻跟上，眼眶边缘钝圆。
- 鼻孔：男性颅骨鼻孔高耸、狭窄且边缘较锐。与女性相比，鼻骨较大且向前突出，与颅骨连接的角度较锐。
- 前额：女性颅骨高突，较为圆润，与婴儿轮廓相似。
- 颧突：男性颧突后脊超过外耳道，与女性相比，内侧颧弓更向外弯曲。
- 项嵴：男性项嵴更为突出。
- 下颌骨：男性颏部呈方形。女性下颌圆润且向前突出不明显。部分男性颏部垂直高度明显增高。男性下颌角较为直立，常小于125°。男性髁突大且上升支宽，冠突明显。

上述性别特征在白种人中较为典型，亚洲群体在一定程度上也有相似特征。男女性骨骼特征有相当程度的重叠，尤其是来自印度次大陆的人群，他们骨骼的性别差异很小。上述判断方法并不适用于20～55岁之外的青春期前和老年群体。通过判别函数进行性别鉴定，可以参考Giles和Elliot特两位学者的研究成果[43]。

近年来，颅骨测量法被应用于性别判定，通过多个解剖位点的精确测量构建判别函数。判别函数准确率可达83%～88%。判别函数较为复杂，需要查阅判别函数出处文献，了解函数复杂细节。但是利用数学函数判定性别的正确率并不比主观方法高，因此需要提高准确性的置信度（图3.14）[44-55]。

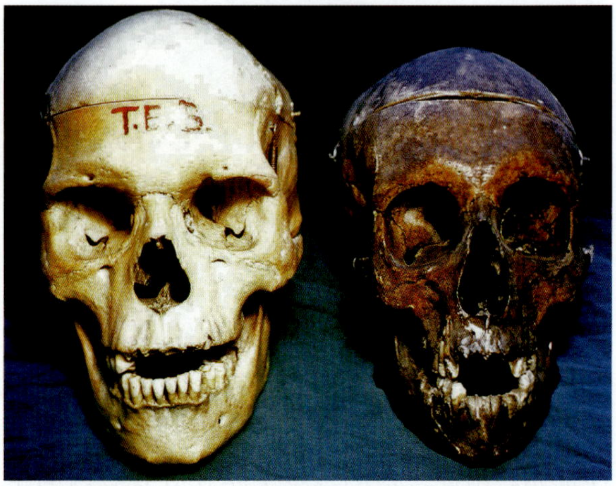

图3.14　男女性颅骨正面观。男性（左）具有粗大厚重的眉脊，颏部呈方形且下颌发达，女性眶部较高、颅骨光滑、额顶部隆起

骨盆的性别特征

与男性相比，青春期后的女性骨盆更加宽、浅，女性骨盆的特点便于胎儿分娩。

与颅骨相似，由于男性肌肉健壮，骨盆更为坚固。比光滑、平坦的女性骨盆更高、更直。女性骨盆耻骨下角（沿耻骨下支下边缘内侧交叉处测量）接近90°，男性常约70°。

这常是一种取决于耻骨本身的形状的主观测量法。当耻骨下支的线向内侧投射并与横过上支上缘的水平线相交时，可以看到相反的角度，男性骨盆比女性宽。

耻骨体是耻骨联合侧面的部分，男性呈类三角形，而在女性则呈类方形[56, 57]。学者Phenice发现了耻骨上的某些性别差异，女性的此类特征包括以下几个。

- 腹侧弧：从耻骨联合腹侧缘上部沿腹侧表面延伸的骨脊。
- 耻骨下凹：紧邻耻骨联合底部的耻骨下支下

缘的凹陷。

- 坐骨耻骨下支内侧缘：紧邻耻骨联合的坐骨耻骨支内侧的隆起状骨脊，而男性此区域宽而平。

学者 Washburn 提出了坐骨指数，即耻骨长度乘以 100 再除以坐骨长度[58]。耻骨长度为耻骨联合平面到髋臼参考点的距离，而坐骨长度为参考点到坐骨最远端边缘的距离。参考点是耻骨、坐骨与髂骨三部分的融合点，即髋臼表面的凹痕[59]。如果坐骨指数（白种人）小于 90，提示为男性；超过 95 则提示为女性。男性髋臼较大，平均直径为 52 mm，而女性髋臼平均直径为 46 mm。男性髋关节窝比女性更向外，女性髋关节窝更向前倾。通常，髋臼尺寸与股骨头的大小有关。坐骨大切迹也是判定性别的重要指标，形态上男性深窄，而女性宽阔，其边缘所成角度女性较男性更接近直角。Hrdlicka 和 Harrison 两名学者均认为坐骨大切迹是性别判定的最佳指标之一，坐骨大切迹作为性别判定的准确率可达 75%（图 3.15）[36，60]。

男性闭孔偏卵圆形，而女性闭孔则多为三角形。耳前沟标志着骶髂前韧带的附着，位于骶髂关节的外侧，通常在女性中很明显，男性往往不存在耳前沟。骨盆上面观，女性骨盆入口更圆，而男性盆骨由于骶骨向后边缘突出，骨盆入口呈心形[61]。很多学者也提出了不同的骨盆指数（如 Turner、Greulich、Thomas、Caldwell、Molloy、Straus 和 Derry 的研究）[61–66]。

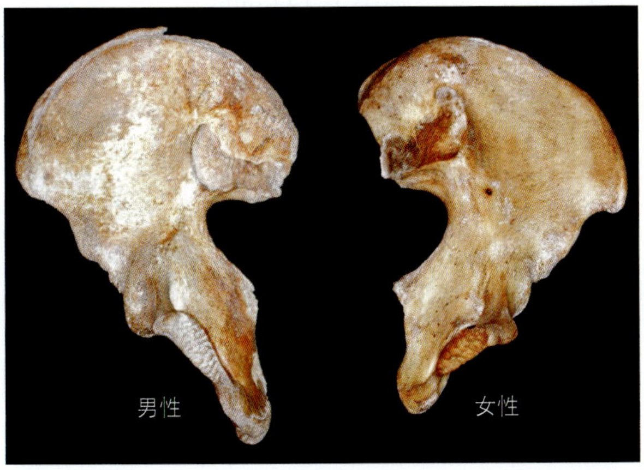

图 3.15 男性和女性的无名骨髂（米兰骨骼博物馆藏品，经 C. Cattaneo 教授授权转载）

骶骨的性别特征

骶骨是骨盆的重要组成部分，具有明显的性别特征（图 3.16）。女性骶骨宽，弧度浅，这与分娩有关。女性骶骨弯曲部分较短，局限于第三骶骨以下的远端。男性骶骨可超五节，女性骶骨却不常见超五节者。男性骶骨弧度在整个骨盆中连续向下，尾骨也向前轻微突出。Fawcett 比较了第一骶椎横径（CW）与骶骨底横径（BW）。依据公式 CW × 100/BW，男性平均为 45，女性平均为 40[67]。Kimura 提出了翼底指数，翼底相对宽度为性别判定提供了函数系数[68]。Dar 和 Hershkovitz 检查了 2 845 具骨骼的髂骨和骶骨的新骨形成和骶髂关节桥接 / 融合。他们发现，12.3% 的男性和 1.8% 的女性体内存在骶髂关节桥接，97% 的男性骶髂关节桥接位于关节外，而女性骶髂关节桥接均位于关节内[69]。

长骨的性别特征

股骨对性别判定意义最大，尤其是其长度和体积。通常，长骨性别特征都有相当大的性别重叠，但学者 Brash 研究发现男性股骨最大（斜）

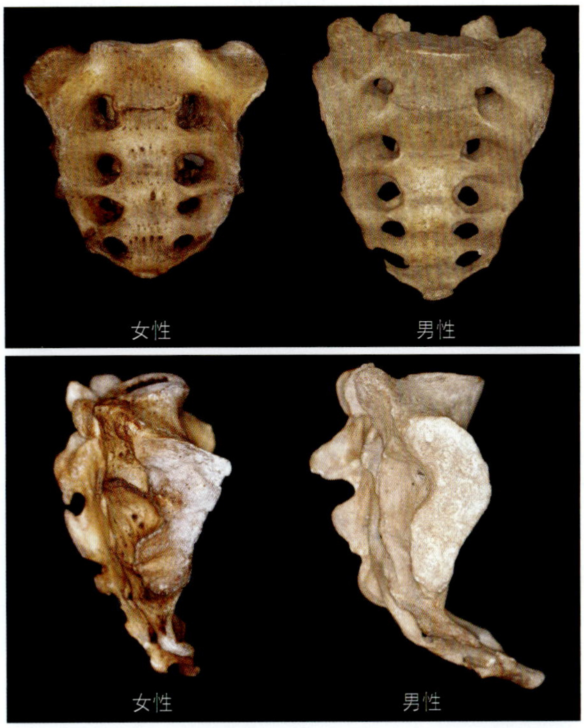

图 3.16 男性和女性骶骨（米兰骨骼博物馆藏品，经 C. Cattaneo 教授授权转载）

长度约为 459 mm，而女性股骨最大（斜）长度仅为 426 mm。Pearson 和 Bell 两位学者认为男性股骨最大（斜）长度的平均值为 447 mm，女性的平均值为 409 mm[70]。利用股骨转子斜向长度，女性股骨最大长度为 390～405 mm，男性为 430～450 mm，尽管男女性有部分重叠。具体测量长度须考虑种族和营养情况（这与获取样本的年代和地点相关）。

利用股骨头大小也可以判定性别，Pearson 和 Bell 发现男性的股骨头直径大于 45 mm，女性小于 41 mm，但 43 mm 周围的分布曲线会存在性别重叠（表 3.1）。然而，Maltby 测量股骨头直径的尺寸男性为 43～56 mm，女性为 37～46 mm[71]。

表 3.1　Dwight 的男女性肱骨头和股骨头的直径

（单位：mm）

	肱骨头纵向直径	肱骨头横向直径	股骨头纵向直径
女性	42.67	36.98	43.84
男性	48.76	44.66	49.68
相差	6.09	5.68	5.84

股骨头大小是 Pearson 股骨性别函数判定的重要部分，其中包括多个测量指标（表 3.2）。Dwight 研究了股骨和肱骨头的大小，发现其比骨长度更有价值[72]。在 Black、Iscan 和 MillerShaivitz 的研究中详细介绍了利用大量测量数据构建的性别判定函数[73, 74]。

表 3.2　Pearson 和 Bell 的股骨性别数学测量表[70]

（单位：mm）

	男性	男性或女性	女性
股骨头垂直直径	＞45.5	43.5～41.5	＜41.5
股骨腘面长度	＞145	114～132	＜106
内外髁间距	＞78	74～76	＜72
转髁长度（大转子顶至内外髁下段长度）	＞450	405～430	＜390

股骨的另一个性别特征是其长轴与垂直方向的夹角。因为女性的骨盆相对较宽，其长轴须更加倾斜才能在膝水平汇聚，股骨髁位于胫骨平台之上。因此，当女性股骨位于胫骨平台上时，长轴与该平面的夹角为 76° 左右，而男性股骨更直立，角度在 80° 左右。Godycki 研究了股骨颈干角发现，若角度小于 40° 则符合男性的概率为 85%。而如果角度超过 50°，符合女性的概率则为 75%[75]。

大多数研究均使用干燥骨样本；当使用新鲜骨时，须考虑关节软骨。例如，干燥股骨头的垂直方向的直径常偏小 3 mm。

根据其他骨骼判定性别

19 世纪，Hyrtl 发现了胸骨对性别判定具有较高的价值，因为女性胸骨柄的长度可能等于或超过胸骨体长的一半，而男性的胸骨柄长度未及胸骨体长的一半，但 Krogman 和 Dwight 并不认同这一观点[34, 76, 77]。后者报道胸骨柄与胸骨体的比例女性为 52 : 100，而男性为 49 : 100，这种区分效果不大。然而，该方法又被 Iordanidis 改进，他坚信仅用胸骨进行性别判定的准确率可达 80%[78]。Stewart 和 McCormick 使用了射线照相技术，认为胸骨长度小于 121 mm 的是女性，超过 173 mm 的是男性[79]。

此外，肩胛骨也被广泛研究，多数是与年龄相关的。关节盂纵向直径性别差异较小：Dwight 认为阈值为 36 mm，比阈值小的为女性。Iordanidis 对肩胛骨进一步研究发现，肩胛骨的高度是最好的判定指标，男性肩胛骨的高度通常大于 157 mm，女性则小于 144 mm。

肱骨、桡骨和尺骨除了骨骼整体大小之外，对性别判定意义不大。肱骨下端鹰嘴窝穿孔女性偏多，尤其常见于左侧，与男性的比例约为 3.7 : 1。Godycki 研究了全部上臂骨骼的性别特征，发现上臂骨骼作为性别判定指标的应用价值较小。

利用四肢骨和肢带骨进行性别判定的报道很多，最佳方法是使用判定函数进行多重综合分析。

总之，不同种族人体内所有骨骼均对性别判定具有价值；尽管如此，颅骨和骨盆对于成年人的性别判定价值最大。

骨骼的妊娠证据

骨盆会因分娩的局部损伤而变化，且多次妊娠会增加分娩创伤，包括耻骨肌腱和耻骨周围骨膜撕裂造成的分娩瘢痕。但使用耻骨背面和耳前沟作为妊娠的指标尚存争议[80]。

根据骨骼遗骸推断身高

对于完整且拼接正确的人体骨架测量时，推断其与原来身高仅有几厘米误差。然而，对于拼接骨架，需要考虑关节间隙空缺软骨的影响，特别是椎间盘缺失的影响。直接测量所达精度并不高，即使完整骨架，其测量结果也可比活体的高度多出 2.5 cm。骨骼身高测量需要增加头皮和脚跟软组织厚度——由于椎间盘和关节软骨厚度的显著不确定性，相比于活体，推测身高精度小于 4～8 cm 不太现实。

仅有骨骼残骸时，通常需要使用一块或多块骨骼推断身高。在可能的情况下，应使用所有可用的骨骼残骸并评估结果的一致性，但不同骨骼的准确性差异较大，如基于股骨推测的准确率比尺骨更高。按照准确率降序排列为股骨、胫骨、肱骨与桡骨。

目前根据长骨推测身高，已经构建了很多数学公式，在使用之前需要充分注意以下事项：

- 表中数学推测公式是基于不同的民族和年代建立的。因此，种族和营养状况会对推测产生显著的影响。应该使用与骨骼残骸相匹配的最佳推测公式，但这些骨骼的确切来源甚至种族可能尚不清楚。
- 身高推断具有显著的性别差异，衰老导致的身高降低与长骨长度相关。Trotter 和 Gleser 对 855 具尸体研究后发现，身高在 30 岁之后每 20 年就会下降 1.2 cm，40 年后相当于每年下降约 0.6 mm。另有研究发现，尸长比身高往往多 2.5 cm。1951 年的研究发现，身高峰值在 23 岁（至少在美国男性中），而更早期的研究发现身高峰值在 18～21 岁[12]。
- 骨骼长度的测量方法须与表 3.3 中学者所用方法完全相同。
- 即使排除了关节软骨厚度，陈旧干燥骨也稍短于新鲜骨。Telkkä 强调了进行计算之前须从新鲜骨骼长度中扣除 2 mm，因为大多数研究都是基于干燥骨[81]。但是测量方法的不当使用可能会出现显著误差。
- 推测公式均存在内置标准误差。这些标准误差被赋值为加或减某一数字，其适用于骨骼长度接近特定骨的通常长度范围的平均值。当骨骼接近该范围内极端值时（即来自非常高或非常矮的人），标准误差必须加倍以保持在相同的精度置信范围内。所用的推测表并非出自相同种族时，也同样适用。Krogman 指出，只有当两边的高度都设为两倍标准差时，95% 的置信区间（95%CI）才适用于普通个体，这意味着误差范围将超过 12 cm，以致大到不可用于常规识别。

大量身高推断公式的体系是基于 20 世纪 50 年代的白种人和美国黑种人数据（表 3.3），由 Trotter 和 Gleser 构建的推测公式使用最为广泛。旧的推测公式，如 Rollet 表格中的法国人测量数据后被 Manouvrier 和 Pearson 两位学者重新设计，随后被 Hrdlicka 引用至其研究综述中[12, 36, 70, 82, 83]。Pearson 允许在测量值的基础上增加 2.5 cm，以补偿尸长和身高之间的差异。Dupertuis、Hadden、Trotter 和 Gleser 基于美国人数据也构建了身高推断表[83, 12]。其后也有利用第二次世界大战和朝鲜战争期间的死者数据构建的身高推断表。身高推断体系还包括 Breitinger（基于德国人）[84]、Telkkä（基于芬兰人）[81]、Allbrook（基于非洲裔黑人和英国人）[85]、Shiati（基于中国人）[86]、Mendes-Correa（基于葡萄牙人）[87]和 Stevenson（基于中国人）[88]。Wells 对利用长骨推断身高的准确性持批判态度，他认为，即使是 Trotter 和 Gleser 的首选方法，其准确性也一般[89]。

利用肢体长骨以外的骨骼进行身高推断的准确性更差。Krogman 和 Dwight 采用脊柱（齿状突上缘至第五腰椎底部）进行研究；Fully 和

表 3.3 Trotter 和 Gleser 的身高推断表[12，35]

（单位：cm）

男性白种人	男性黑种人
身高 =63.05+1.31（股骨长度 + 腓骨长度）± 3.63	身高 =67.77+1.20（股骨长度 + 腓骨长度）± 3.63
身高 =67.09+1.26（股骨长度 + 胫骨长度）± 3.74	身高 =71.75+1.15（股骨长度 + 胫骨长度）± 3.68
身高 =75.50+2.60（腓骨长度）± 3.86	身高 =72.22+2.10（股骨长度）± 3.91
身高 =65.53+2.32（股骨长度）± 3.94	身高 =85.36+2.19（胫骨长度）± 3.96
身高 =81.93+2.42（胫骨长度）± 4.00	身高 =80.07+2.34（腓骨长度）± 4.02
身高 =67.97+1.82（肱骨长度 + 桡骨长度）± 4.31	身高 =73.08+1.66（肱骨长度 + 桡骨长度）± 4.18
身高 =66.98+1.78（肱骨长度 + 尺骨长度）± 4.37	身高 =70.67+1.65（肱骨长度 + 尺骨长度）± 4.23
身高 =78.10+2.89（肱骨长度）± 4.57	身高 =75.48+2.88（肱骨长度）± 4.23
身高 =79.42+3.79（桡骨长度）± 4.66	身高 =85.43+3.32（桡骨长度）± 4.57
身高 =75.55+3.76（尺骨长度）± 4.72	身高 =82.77+3.20（尺骨长度）± 4.74
女性白种人	**女性黑种人**
身高 =50.12+0.68（肱骨长度）+1.17（股骨长度）+1.15（胫骨长度）± 3.51	身高 =56.33+0.44（肱骨长度）+0.20（桡骨长度）+1.46（股骨长度）+0.86（胫骨长度）± 3.22
身高 =53.20+1.39（股骨长度 + 胫骨长度）± 3.55	身高 =58.54+1.53（股骨长度）+0.96（胫骨长度）± 3.23
身高 =53.07+1.48（股骨长度）+1.28（胫骨长度）± 3.55	身高 =59.72+1.26（股骨长度 + 胫骨长度）± 3.28
身高 =59.61+2.93（腓骨长度）± 3.57	身高 =59.76+2.28（股骨长度）± 3.41
身高 =61.53+2.90（胫骨长度）± 3.66	身高 =62.80+1.08（肱骨长度）+1.79（胫骨长度）± 3.58
身高 =52.77+1.35（肱骨长度）+1.95（胫骨长度）± 3.67	身高 =72.65+2.45（胫骨长度）± 3.70
身高 =54.10+2.47（股骨长度）± 3.72	身高 =70.90+2.49（腓骨长度）± 3.80
身高 =54.93+4.74（桡骨长度）± 4.24	身高 =64.67+3.08（肱骨长度）± 4.25
身高 =57.76+4.27（尺骨长度）± 4.20	身高 =75.38+3.31（尺骨长度）± 4.83
身高 =57.97+3.36（肱骨长度）± 4.45	身高 =94.51+2.75（桡骨长度）± 5.05

男性白种人	SE	男性黑种人	SE
3.08（肱骨长度）+70.45	4.05	3.26（肱骨长度）+62.10	4.43
3.78（桡骨长度）+79.01	4.32	3.42（桡骨长度）+81.56	4.30
3.70（尺骨长度）+74.05	4.32	3.26（尺骨长度）+79.29	4.42
2.38（股骨长度）+61.41	3.27	2.11（股骨长度）+70.35	3.94
2.52（胫骨长度）+78.62	3.37	2.19（胫骨长度）+86.02	3.78
2.68（腓骨长度）+71.78	3.29	2.19（腓骨长度）+85.65	4.08
1.30（股骨长度 + 胫骨长度）+63.29	2.99	1.15（股骨长度 + 胫骨长度）+71.04	3.53
1.42（股骨长度）+1.24（胫骨长度）+59.88	2.00	0.66（股骨长度）+1.62（胫骨长度）+76.13	3.49
0.93（肱骨长度）+1.94（胫骨长度）+69.30	3.26	0.90（肱骨长度）+1.78（胫骨长度）+71.29	3.49
0.27（肱骨长度）+1.32（股骨长度）+1.16（胫骨长度）+58.57	2.99	0.89（肱骨长度）+1.01（桡骨长度）+0.38（股骨长度）+1.92（胫骨长度）+74.56	3.38
女性白种人	**SE**	**女性黑种人**	**SE**
3.36（肱骨长度）+57.97	4.45	3.08（肱骨长度）+64.67	4.25
4.74（桡骨长度）+54.93	4.24	3.67（桡骨长度）+71.79	4.59
4.27（尺骨长度）+57.76	4.30	3.31（尺骨长度）+75.38	4.83
2.47（股骨长度）+54.10	3.72	2.28（股骨长度）+59.76	3.41
2.90（胫骨长度）+61.53	3.66	2.45（胫骨长度）+72.65	3.70

续 表

女性白种人	SE	女性黑种人	SE
2.93（腓骨长度）+59.61	3.57	2.49（腓骨长度）+70.90	3.80
1.39（股骨长度 + 胫骨长度）+53.20	3.55	1.26（股骨长度 + 胫骨长度）+59.72	3.28
1.48（股骨长度）+1.28（胫骨长度）+53.07	3.55	1.53（股骨长度）+0.96（胫骨长度）+58.54	3.23
1.35（肱骨长度）+1.95（胫骨长度）+52.77	3.67	1.08（肱骨长度）+1.79（胫骨长度）	3.58
0.68（肱骨长度）+1.17（股骨长度）+1.15（胫骨长度）+50.122	3.51	0.44（肱骨长度）+0.20（桡骨长度）+1.46（股骨长度）+0.86（胫骨长度）+56.33	3.22

注：表内上半部分为 1952 年的原始数据，正如 Krogman 和 Iscan 所引用，表的下半部分为 1977 年校正数据。适用于 18～30 岁的美国人。股骨和胫骨是最大长度。SE= 标准差。

Pineau 联合脊柱和长骨进行身高推断[90]。Tibbetts 在最近的研究中测量 23 个椎骨，分别建立了男性和女性身高推断的回归公式[91]。其他学者也有采用锁骨和肩胛骨进行身高推断的研究[92，93]。通过比较发现，这些方法的准确性仍然不及肢体长骨。

Krogman 和 Iscan 在 Steele、McKern 和 Muller 的研究基础上，利用碎骨和未成熟骨进行身高推断[94，95]。骺板未闭合或者尚未出现骨化中心，导致骨骼的分离或骨骺端的缺失，从而造成婴儿和胎儿身高推算更加困难。Mehta 和 Singh 以及 Krogman 和 Iscan 在他们的研究中强调了这个难点[35，96]。

根据骨骼结构推断年龄

个体死亡时的年龄推断比身高推断更为重要，年龄是个体识别最重要的身份标志。根据方法和准确性的不同，骨骼年龄推断有几种不同的类型。一般来讲，个体年龄越大，测量准确性越低。由于社会人类学家和历史学家对群体骨骼的年龄推断更感兴趣。此类研究结果更多来源于考古学家而非法医学家[97]。

胎儿和婴儿的年龄推断

尽管完整的遗体比骨骼用于胎儿和新生儿年龄推断更常见，考古学家和法医也时常在现场发掘出胎儿骨骼和未成熟的骨骼。这些未成熟的骨骼比年长者骨骼更容易被分散、丢失和破坏。

骨化中心的出现是年龄推断的主要标记。然而，由于软骨在数周或数月内被分解，骨干和骨骺中的小骨化中心在干燥的骨骼中很难被发现。骨骼只有在结构完整、包含软骨部分时，才能更好地用于年龄推算。这种情况下，影像技术比单纯的肉眼观察价值更大。

Fazekas 和 Kosa，Krogman 和 Iscan，以及 Scheuer 和 Black 都有胎儿骨龄推算的专著，无数的论文和专著都强调了胎儿骨龄推算的复杂性和重要性[35，98，99]。同样，当法医经验缺乏，不了解这些方法的局限性，只会盲从图表时，解剖学家和放射学家的研究结果能提供宝贵的帮助。Stewart 绘制了基于股骨长和坐高推算胎龄的模式图。牙齿用于年龄推算的内容在第 26 章会有详述。Fazeka 和 Kosa 的专著含有利用骨骼长度推断胎儿和婴儿年龄的内容，并附有丰富的插图，能为法医病理学家提供有价值的参考。

儿童和青少年骨龄推断

胎儿、婴幼儿、儿童、青少年骨龄推断的方法是紧密联系的。骨化中心在 5 岁左右会完全出现，随后骨骺逐渐融合，并呈现年龄相关性。至 25 岁左右，骨骺完全愈合，锁骨内侧骨骺通常最后融合（图 3.18）。

列表和图表法是跟踪骨骼成熟度的常用方法。使用时还需要严谨、慎重，在可能的情况下应该咨询放射科医生的意见。Mckern 和 stewart 的论文对骨龄测定中的个体差异给出了有价值的建议（表 3.4）[100，101]。

表 3.4　主要骨化中心的出现时间

（a）健康白种人男童	
出生时	跟骨、距骨、股骨远端、胫骨近端、骰骨、肱骨头
2 个月	头状骨、钩状骨、外侧楔骨
3 个月	股骨头、肱骨小头、胫骨远端
6 个月	腓骨远端
7 个月	肱骨大结节、桡骨远端
10 个月	三角骨
11 个月	第三指第一指骨、第一趾第二趾骨
12 个月	第二指第一指骨、第四指第一指骨、第一指第二指骨
13 个月	第三趾第一趾骨、第二掌骨、内侧楔骨
14 个月	第四趾第一趾骨、第二趾第一趾骨、第五趾第二趾骨
15 个月	第三掌骨、第二趾第二趾骨、第五指第一指骨
16 个月	第四趾第二趾骨、第四掌骨
18 个月	第二指第二指骨、第三指第二指骨、第四指第二指骨、第五掌骨
20 个月	第一趾第一趾骨、中间楔骨
21 个月	第三指第三指骨、足舟骨、第四指第三指骨、第五趾第一趾骨
22 个月	第一掌骨、第一跖骨
23 个月	第一指第一指骨
2 年	第五指第二指骨、月状骨
2 年 2 个月	第二跖骨
2 年 5 个月	第二指第三指骨、第五指第三指骨
2 年 11 个月	第三跖骨、腓骨近端
3 年 1 个月	股骨大转子、髌骨
3 年 3 个月	第四跖骨
3 年 4 个月	第五趾第三趾骨
3 年 7 个月	第三趾第三趾骨、第四趾第三趾骨
3 年 8 个月	第五跖骨、第二指第三指骨
3 年 10 个月	桡骨近端
4 年 2 个月	大多角骨
4 年 4 个月	手舟状骨
4 年 8 个月	小多角体
5 年 $^{+}$	肱骨内上髁、尺骨远端、第五趾第二趾骨
（b）健康白种人女童	
出生时	距骨、跟骨、股骨远端、胫骨近端、骰骨、肱骨头
2 个月	头状骨、钩状骨、外侧楔骨
3 个月	股骨头、肱骨小头、胫骨远端
4 个月	肱骨大结节
6 个月	腓骨远端、桡骨远端
7 个月	第一趾第二趾骨、第三指第一指骨、第四指第一指骨
8 个月	第二指第一指骨、第一指第二指骨、第三趾第一趾骨
9 个月	第三趾第二趾骨、第四趾第一趾骨、内侧楔骨
10 个月	第二掌骨、第二趾第二趾骨、第四趾第二趾骨、第三掌骨、第二趾第一趾骨、三角骨
11 个月	第四掌骨、第五指第一指骨

续　表

12 个月	第四指第二指骨、第三指第二指骨
13 个月	第五掌骨、第二指第二指骨
14 个月	第一掌骨、第一趾第一趾骨、第五指第一指骨、第三指第三指骨、第四指第三指骨、足舟骨、中间楔骨、第一跖骨
15 个月	第一指第一指骨、第五指第二指骨
17 个月	第一指第一指骨、第五指第二指骨
19 个月	第二跖骨
21 个月	第五趾第三趾骨
22 个月	第三跖骨
23 个月	髌骨
2 年	月骨、第三趾第三趾骨、第四趾第三趾骨、腓骨近端、股骨大转子
2 年 2 个月	第二趾第三趾骨、第四跖骨
2 年 5 个月	第五跖骨
2 年 8 个月	大多角骨
2 年 9 个月	肱骨内侧髁
3 年	桡骨近端、小多角骨
3 年 2 个月	手舟状骨
4 年 6 个月	尺骨远端
5 年 $^{+}$	第五趾第二趾骨

译者注：第一指即拇指，第二指即食指，第三指即中指，第四指即无名指，第五指即小指，第一指骨即远节指骨，第二指骨即中节指骨，第三指骨即远近节指骨，第一趾即踇指，第一趾骨即远节趾骨，第二趾骨即中节趾骨，第三指趾骨即远近节趾骨。

- 骨骼成熟度并不等同于实际年龄。它存在性别、种族、营养和其他生物源性变异。
- 女性骨骼成熟常常早于男性，在炎热气候环境下，女性成熟往往更快，营养不良会减缓骨骼成熟。
- 特定骨骺的愈合有一定的时间范围，所列举的时间为这一范围的中位数。
- 骨骺愈合是一个过程，与大体观察不同，影像学所观察到的完全愈合可能会延迟，因此很难确定愈合的准确时间点。例如，锁骨内侧端通常是最后愈合的骨骺，可能会在 18～31 岁逐渐闭合。因此，正如 Krogman 和 Iscan 所强调的，骨龄推断应根据多个骨性标记，而不能单纯依赖某个单一的骨骺。

青壮年骨龄推断

第三磨牙的萌出和最后一个骨骺的融合大约发生在 25 岁左右（图 3.17）。这是骨龄推算的分水岭，因为客观准确的骨龄推算标记均发生在 25 岁之前。从 25 岁左右的青年到老年，不会再出现牙齿萌出或出现骨化中心这样的骨龄推断标记。尽管有一些细微的变化可提供参考，但从青

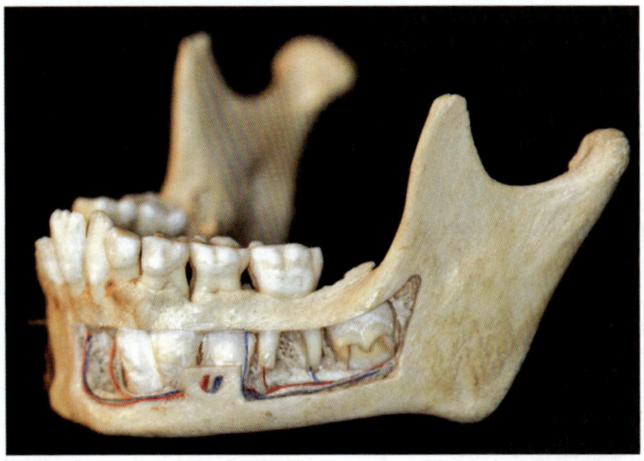

图 3.17　磨牙的混合牙列（乳牙和恒牙）。从下颌骨的窗口可以看出牙根的形成程度（米兰骨骼博物馆藏品，经 C. Cattaneo 教授授权转载）

图 3.18　尺骨 3 个不同阶段：上，18 岁；中，15 岁（注意远端未愈合）；下，3 个月（米兰骨骼博物馆藏品，经 C. Cattaneo 教授授权转载）

壮年至老年的总体发展趋势致使骨龄推断的偏差为 5 年左右。

在青壮年至老年这个骨龄推断的困难阶段，可采用的主要标记包括耻骨联合、肋软骨及骨松质影像特征的变化。牙齿的变化特征为这个阶段的骨龄推断提供了可靠的参考。

成人骨骼推断

成人骨骼生物学年龄的推断是一项非常困难的工作，也是法医人类学研究中最艰巨的工作之一。一旦牙齿和骨骼的发育完成后，他们的变化非常细微，用于骨龄推断就更加困难。只有通过骨骼和牙齿的病理学改变、退行性变化、组织学改变和化学改变测定骨龄的结果才具有参考价值。

老年人骨骼常存在骨质疏松、关节表面退行性改变和骨赘；然而，这些变化都受到病理、营养和个体间差异的严重影响。

体质人类学已经建立了几种确定成人年龄的方法——宏观方法、微观方法和分子生物学方法，但大多数方法都有 10～15 年测量误差。宏观方法是最重要的方法，主要包括耻骨联合、第四肋骨软骨面、髂骨耳状面等关节的退变程度。这些关节的解剖部位决定了他们的退行性变化在所有个体受力程度一致，不受运动与否的影响。因此，它们的退行性变化程度与年龄相关性更显著，能客观用于标准化的年龄推断。其次，颅骨骨缝闭合和骨质疏松的放射学评估也是一种可供选择的标记。

耻骨联合

Todd、McKern、Stewart 和 Gilbert 是最早研究将耻骨联合用于骨龄推断的学者[100，102-105]。最近，由 Brooks 和 Suchey 提出的六级分级法（Suchey-Brooks 六级分类法），成为最方便和最受欢迎的成人骨龄推断方法[106]。简单来讲，在年轻的成年人中，耻骨联合面（即两个耻骨之间的关节）呈现出波浪状的外观，深沟状的骨脊平行地穿过表面。随着年龄的增长，皱纹逐渐被填满，表面变得平坦。在这个表面周围形成了一个椭圆形的轮廓，并在腹边缘形成一个初始的峰状隆起。随后表面开始发生退行性改变（图 3.19）。

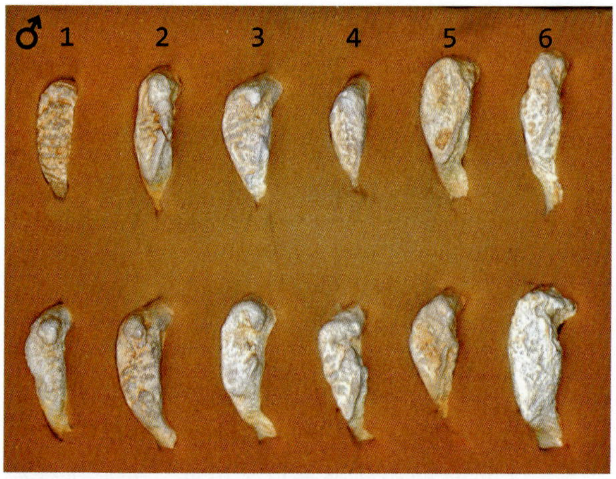

图 3.19　耻骨联合 Suchey-Brooks 六级分级法（♂表示男性）（米兰骨骼博物馆藏品，经 C. Cattaneo 教授的授权转载）

Suchey-Brooks 六级分级法的分级标准如下：

（1）耻骨联合面有起伏的表面（脊和沟），且通常延伸到耻骨结节。水平脊很明显，腹侧隆起开始呈现。虽然耻骨上支可能会出现骨化结节，但缺乏耻骨上下支之间的明显分界。此阶段男性的平均年龄为 18.5 岁（95%CI 15～24 岁），女性的平均年龄为 19.4 岁（95%CI 15～23 岁）。

（2）耻骨联合面脊状凸起依然存在。耻骨上下支分界明显，且伴有或不伴耻骨上下支骨化结节。腹侧隆起处于起始阶段并向耻骨上下支延伸。此阶段男性的平均年龄为 23.4 岁（95%CI 19～34 岁），女性的平均年龄为 25 岁（95%CI

19～40 岁)。

(3) 耻骨联合面呈现耻骨下支与腹侧缘融合。耻骨上支骨化结节沿腹侧缘完全融合。耻骨联合面趋于光滑或可见骨脊。背侧缘平坦。耻骨联合背缘无凸起；无骨性韧带增生。此阶段男性的平均年龄为 28.7 岁 (95%CI 21～46 岁)，女性的平均年龄为 30.7 岁 (95%CI 21～53 岁)。

(4) 耻骨联合面平坦光滑。尽管仍然可见残存耻骨联合面的脊和沟，但耻骨联合面已经基本平坦光滑。除上腹侧缘可有部分空隙外，耻骨联合面边缘基本呈现卵圆形外观。耻骨结节与耻骨联合面完全分离，耻骨上支结构形成。耻骨联合面边缘明显。在腹侧，骨性韧带在邻近联合面的耻骨下部开始出现，背侧缘可能出现轻微的唇样凸起。此阶段男性的平均年龄为 35.2 岁 (95%CI 23～57 岁)，女性平均年龄为 38.2 岁 (95%CI 27～49 岁)。

(5) 耻骨联合面缘完全形成，耻骨联合面相对于边缘出现轻微的凹陷。背侧缘出现中度唇样凸起，腹侧缘出现更多的骨性韧带生长。除上腹侧缘可能出现破坏外，耻骨联合面缘基本没有出现侵蚀。此阶段男性的平均年龄为 45.6 岁 (95%CI 27～66 岁)，女性的平均年龄为 48.1 岁 (95%CI 25～83 岁)。

(6) 耻骨联合面缘侵蚀，耻骨联合面呈现出持续的凹陷。可见明显的腹侧韧带附着点。在某些个体中，耻骨结节凸起形成独立的骨结节。耻骨联合面出现坑状或孔状缺损，呈现出骨质结构的畸形。联合面出现细褶皱，形状不规则。此阶段男性的平均年龄为 61.2 岁 (95%CI 49～73 岁)，女性的平均年龄为 60 岁 (95%CI 42～87 岁)。

第四肋骨

Iscan 等通过评估肋骨软骨关节面的轮廓、深度和边缘的轮廓推断骨龄。随着年龄的增长，轮廓的边缘变得越来越不规则，从 "V" 形变为 "U" 形；深度增加，胸骨插入面更加不规则。男性和女性这些变化过程分为 8 个阶段。这个方法 (Iscan 八分级法) 的缺点是，在混杂遗骸中很难识别第四肋骨，或者可能无法识别[107-109]。Iscan 等在所著的《人体骨骼的法医学应用(第三版)》(the 3rd edition of *Human Skeleton in Forensic Medicine*) 中，提出了 8 个阶段所对应的年龄范围，并用均数 ±2SD 表示 (图 3.20)[110, 111]。

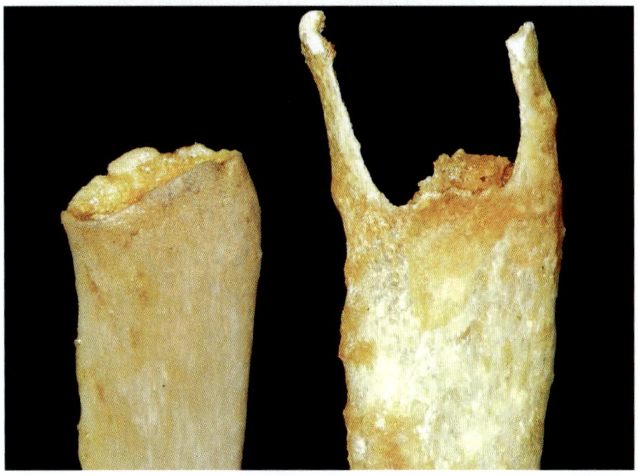

图 3.20 左侧，第 4 肋骨胸骨端在 Iscan 八分级法中的第二阶段，边缘规则，凹陷较浅；右侧为第八阶段，有扇形和不规则的骨赘边缘 (米兰骨骼博物馆藏品，经 C. Cattaneo 教授授权转载)

男性第四肋骨分级

0 期 (16 岁及以下)：关节面平坦或起伏，边缘规则，边缘呈圆形。胸骨肋骨端的外表面以骨骺环为界。骨端骨质光滑，结实，非常坚固。

1 期 (16～18 岁)：关节表面开始出现不规则凹痕，但仍可能存在起伏。周围呈规则的圆形。骨骺环消失，在某些情况下，边缘开始出现凹陷。骨端骨质光滑，结实，非常坚固。

2 期 (18～26 岁)：关节面凹陷更深，前后壁形成 "V" 形外观。骨壁厚而光滑，周围呈扇形或略呈波浪状，边缘呈圆形。骨质结实。

3 期 (19～33 岁)：关节面凹陷呈深坑状，窄至中宽的 "U" 形外观。骨壁厚，周围呈圆形，或仍然存在扇形边缘，但边缘变得越来越不规则。骨质结实。

4 期 (21～36 岁)：关节面凹陷深度增加，但形状仍为窄至中等宽的 "U" 形。骨壁较薄，周围仍为圆形。边缘更加不规则，不再呈现均匀的圆形。骨骼的重量和硬度有所下降；然而，骨骼的整体质量仍然较好。

5 期 (25～53 岁)：关节面凹陷深度变化不

大，但形状主要为中等宽度的“U”形，骨壁进一步变薄，边缘变得尖锐。边缘的不规则度越来越大，圆形外观完全消失，取而代之的是不规则的骨性突出。骨质的状况相对较好；然而，有一些恶化的迹象，有孔隙和密度降低的征兆。

6 期（28～72 岁）：关节面凹坑明显较深，呈宽“U”形。骨壁很薄，边缘锋利。边缘不规则，有一些较长的骨性突出，在上、下缘较明显。骨质明显更轻、更薄、有更多孔状结构，尤其在坑底。

7 期（40～78 岁）：关节面凹坑深，呈宽“U”形。骨壁薄而易碎，边缘锋利，不规则，有骨性凸起。骨质轻，脆性大，质量明显恶化，气孔明显。

8 期（51 岁及以上）：最后阶段，关节面凹坑很深，呈“U”形。在某些情况下，髓核底部缺乏或充满骨性突出物。骨壁极薄，易碎，边缘锋利，非常不规则，有骨性凸起。骨质很轻，很薄，易碎，多孔。有时在骨壁上可以看到密集的气孔。

女性第四肋骨分级

0 期（13 岁及以下）：关节面平坦，呈脊状或起伏。胸骨肋骨末端的外表面以骨骺环为界。边缘呈规则的圆形。骨端骨质光滑，结实，非常坚固。

1 期（14 岁左右）：关节表面开始出现无定形压痕，骨骺环消失。边缘隆起仍然存在。周围呈规则圆形，在某些情况下有一点波纹。骨质结实、坚硬、光滑。

2 期（14～20 岁）：关节面凹陷加深，在厚而光滑的前壁和后壁之间呈“V”形。周围隆起或呈脊状。边缘呈圆形。骨质结实。

3 期（19～26 岁）：关节面凹陷稍有增加，但“V”形变宽，有时外观会接近狭窄的“U”形。骨壁变薄。边缘呈现明显的、规则圆形。在这个阶段，前壁或后壁可能开始出现半圆形骨弧。骨质结实。

4 期（19～37 岁）：关节面凹陷深度明显增加，呈宽阔的“V”形或狭窄的“U”形，有时边缘呈喇叭状。骨壁变薄，但边缘仍然呈圆形，随着中心骨弧的出现，边缘出现骨质缺损。骨质良好，但密度和硬度有所下降。

5 期（16～64 岁）：关节面凹陷深度保持不变，但坑底变薄的骨壁向更宽的“V”形或“U”形区域扩展。在大多数情况下，凹陷内光滑、坚硬、可见斑块状沉积线。边缘圆弧消失，开始变得锋利。周围变得越来越不规则，但中心骨弧仍然是最突出的部分。骨质的重量、密度和硬度明显较轻，质地变脆。

6 期（21～81 岁）：关节面凹陷再次加深，由于末端明显扩大，坑深的“V”形或“U”形变得更宽，存在斑块状沉积物，变得更加粗糙和多孔。骨壁很薄，边缘锋利，边缘不规则。中心骨弧不太明显。在许多案例中，胸骨末端边缘骨性突出。骨质很薄、很脆，存在退化的迹象。

7 期（43～88 岁）：关节面呈“U”形深坑，深度不仅没有增加，反而有所减小。常可见不规则的骨组织从窝内向外突出。大多数案例中仍有中心骨弧，但在上、下边界边缘周围伴有尖状凸起。骨壁很薄，边缘不规则且锐利。骨质很轻、很薄、易碎，有明显的骨质退化。

8 期（62 岁及以上）：最后阶段，“U”形关节面底部较浅，腐蚀严重或完全侵蚀。有时充满了骨性凸起。中央骨弧线几乎消失。骨壁非常薄，变得很脆，边缘不规则、尖锐，上下边缘有长的骨性突出。骨壁出现气孔。骨质状况很差——非常薄，重量轻，易碎裂。

髂骨耳状面

Lovejoy 等于 1985 年提出，在耻骨联合的基础上，根据髂骨耳状面的顶端、上半表面、下半表面、耳后区域以及表面颗粒化程度、密度、微孔和大孔隙的变性，将髂骨耳状面变化分为 8 个阶段[112]。

20～24 岁：表面呈细粒状纹理（背状横纹），由宽而分明的脊状横向结构（背状横纹）组成且较明显，大部分背状横纹覆盖髂骨耳状面表面。耳后区域、顶端无明显变化，无孔隙出现。软骨下凹陷呈光滑的圆形。明显的脊状横纹和细颗粒状表面是主要特征。

25～29 岁：与前一阶段相比，变化不明显，主要区别在于轻到中度的脊状横纹减少，出现细沟。耳后区域、顶端无明显变化，无孔隙出现。脊状横纹是这一阶段的特征。表面颗粒轻微粗糙。

30～34 岁：上下表面脊状横纹明显减少，被细沟所代替。表面比前一阶段更粗糙，可见明显的颗粒结构。顶端无明显变化。可见小片状的微孔状结构。耳后区域可见轻微的改变。总体来讲，粗糙的颗粒结构替代了脊状横纹。表面因细沟替代了横纹而变得平滑，但仍保留了轻微的脊状结构。这一阶段的特征是脊状横纹逐渐消失，表面出现粗糙的颗粒结构。

35～39 岁：上下表面粗糙呈均匀的颗粒状，细沟和脊状横纹均明显减少，但在仔细检查下，细沟结构仍可能存在。脊状横纹界线不清。耳后区域发生轻微改变。顶端变化极小，微孔较少，无大孔出现。这一阶段的特征是出现均匀的颗粒结构。

40～44 岁：表面脊状横纹消失，仅可见模糊的细沟。表面仍有部分（粗糙的）颗粒结构。表面部分局灶性致密化，伴有相应的颗粒结构消失，耳后区域同时出现轻度或中度改变。偶见大的孔隙，但不典型。顶部变化轻微。随着局灶性致密结构的出现，微孔隙结构增加。这一阶段的主要特征是表现为表面颗粒状结构向致密化的过渡。

45～49 岁：表面颗粒结构被致密骨质所替代，脊状横纹和细沟完全消失。顶端完全出现轻到中度改变。表面骨质致密。大部分或全部的微孔结构在骨质致密化过程中消失。耳后区域边缘不规则，大孔隙结构很少或尚未出现。

50～60 岁：在前一阶段变化的基础上，进一步表现为明显的表面不规则。脊状横纹和细沟完全消失，表面颗粒结构几乎消失。下半表面下端呈唇状，并延伸到耳状面之外。顶端不规则边缘更明显。大孔隙结构出现，但其不是这一阶段的特征性改变。这一阶段的特征性改变是耳后区域的中度改变。

60 岁以上：最主要的特征是颗粒结构消失，表面不规则，明显的软骨下结构被破坏。脊状结构等年轻化的标记完全消失。约 1/3 案例存在大孔隙。顶端出现非特征性改变。边缘变得不规则，呈唇状，伴有典型的关节退行性改变。耳后区域界限清晰，出现低至中度骨赘。软骨下骨明显破坏，脊状结构消失，表面不规则。

通过观察颅骨内外板骨缝闭合程度进行评分，进而推断骨龄的方法误差较大、准确性不高。牙齿的大体改变也与年龄相关，尤其是牙本质的透明度。Lamendin 正是利用这一原理建立了较为可靠的年龄推断方法[16]：将单根牙的牙周及牙根变化通过下列公式进行计算。

$$年龄 = (0.18P') + (0.42T') + 25.53$$

$$其中\ P' = P/L \times 100,\ T' = T/L \times 100$$

式中，L 为牙齿长度，P 为牙周高度，T 为透明牙根高度。

早期利用牙龄推断年龄多采用 Gustafson-Johanson 法，Gustafson-Johanson 法是分别对牙齿磨损度、继发性牙本质、牙周改变、牙根透明度、继发性牙骨质、牙根吸收进行评分，每项得分为 0～3。Lamendin 法代替了 Gustafson-Johanson 法，被学术界认定为推断 40～60 岁年龄段最准确的年龄估计方法，但最新的研究表明，这一方法没有考虑祖源差异和性别差异，需要根据上述信息进行校正。随着放射医学的引入，牙髓腔体积也被作为骨龄推断的候选指标，但它的应用前景尚有待进一步研究。

目前推荐的快速骨龄推算方法称为两步法：当通过骨骼大体观察判断耻骨联合面处于 Suchey-Brookes 六级分级法的前 3 个阶段时，则选择 Suchey-Brookes 六级分级法进行骨龄推算；当初步判断耻骨联合面处于 Suchey-Brookes 六级分级法后 3 个阶段时，则选择 Lamendin 法进行骨龄推算更为准确。在目前技术条件下，当年龄超过 60 岁时，骨龄推算仍然是一个难题。

当骨碎裂或解剖结构破坏时，无法通过大体观察进行骨龄推断。此时，只有通过显微技术观察骨骼变化进行骨龄推断。显微技术观察的原理是，随着年龄的增长，骨的再造使骨单位和骨组织碎片逐渐增加。显微观察长骨骨干骨磨片用于骨龄推断的几种常见的方法中最著名的是 Kerley-Ubelaker 法。Kerley-Ubelaker 法将计数直径 1.62 mm 且 100 倍下骨磨片中继发性骨单位、原发性骨单位和骨组织碎片的数量，代入恰当的公式进行计算，该方法可用于胫骨、股骨和腓骨骨干的骨龄推断[113]。

除上述方法外，还有许多宏观和微观的方法用于骨龄推断。例如，髋臼和牙骨质环状结构可分别用于骨龄推算。但是，这些方法存在应用的局限性，如成本过高、实用性差或需要进一步的数据进行验证等。

也有应用物理化学的方法进行骨龄推算的案例。例如，利用天冬氨酸的消旋异构体进行骨龄推算，这种方法似乎误差较小，但价格昂贵等局限性使其难以广泛推广。

骨骼祖源信息认定

骨骼祖源信息认定比前述利用骨骼推断其他特征更加困难。一方面，由于骨骼的种族特征并不明显；另一方面，由于人种的混合，尤其是近代欧洲和北美的大量移民。正如 Iscan 和 Steyn 所言，骨骼的祖源认定尚处于试验阶段，因此很难界定这项工作该由法医人类学家还是该由法医骨骼学家来进行评估[111]。

Brothwell 通过比较因纽特人与澳大利亚土著后发现，骨骼的种族特征非常不明显[114]。多数骨骼信息没有种族差异，部分存在差异却不是典型特征，最终可导致错误的诊断。以下列举了一些教条式的信息，这些已经作为祖源认定的重要特征[115, 116]。

三个主要的种族群体包括高加索人、蒙古人和黑种人。考古学家和人类学家提出了一些当地的标准用于区分不同亚种，这些方法有较大的偏差。因为所有其他人群都来源于三大主要的种族群体，骨骼上没有其他特征。这项工作主要集中在北美地区，他们的数据来源于美国白种人、美国黑种人和美国土著。

颅骨是判定种族起源的最好证据。Krogman 和 Iscan 提出，90%～95% 的案例可以通过颅骨区分种族[35]。这里的颅骨不包括下颌骨，牙科学将在另一章讲述。值得一提的是，蒙古人头骨最主要的特征是出现后凹的、铲形的上门牙，且后表面可能存有沟槽。这些特征主要存在中国人群和日本人群，偶尔也在高加索人群中发现。

蒙古人祖先由于颧弓宽而具有典型的高颧骨特征，颧弓处头骨的横向宽度是颅骨的最宽处，这是蒙古人的特征。Krogman 通过列表比较了三个种群的主要差异。同时，他把高加索人划分为三个主要的亚群：北欧人、阿尔卑斯人和地中海人。他再次强调，三个亚群的模式化特征，并不能概括其他广泛存在灰色地带，这些人群包含更多中性的特征。黑种人具有长头的特征，蒙古人则是宽头，而高加索人的头颅介于两者之间。黑种人眼眶低而宽，蒙古人眼眶高而圆。黑种人鼻孔宽，脸下部和下颚明显突出，鼻基板缺失（图 3.21，图 3.22）。

另外，还存在其他的种族差异。Poole 在 1931 年提出，鼻窦被周围结构严密保护，其是用于祖源判定重要的结构。长骨也能提供一些有用信息，如黑种人的股骨更直、前后弯曲更小。

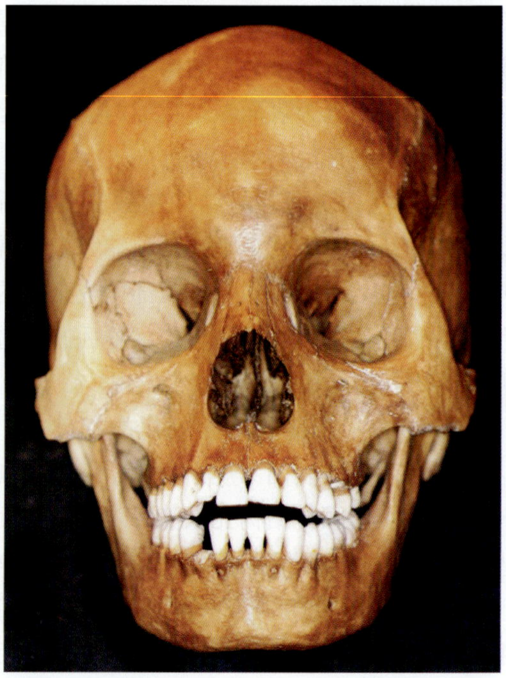

图 3.21　女性黑种人 / 非洲人头骨正面图（米兰骨骼博物馆藏品，经 C. Cattaneo 教授授权转载）

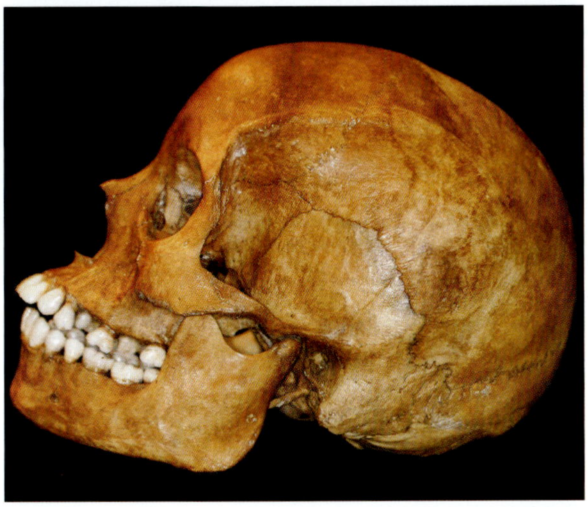

图 3.22 女性黑种人 / 非洲头骨侧位图（米兰骨骼博物馆藏品，经 C. Cattaneo 教授授权转载）

长骨的信息，尤其是下肢的长骨，能为种族推断提供有用信息。黑种人的下肢长骨比高加索人和蒙古人更长，即使是相同的身高，腿的比例也更大。桡骨和胫骨相对较长。Modi、Munter 和 Schultz 等学者提供了各种骨长度的相对指数[117-119]。肩胛骨也被广泛研究，但用于祖源信息推断的价值有限。

随着技术的发展，FORDISC 3.0 之类的计算机软件被设计并基于骨骼测量信息用于骨骼性别和祖源信息推断。FORDISC 3.0 的特点包括：① 变量多，包括颅后变量；② 分组信息丰富，包括 Howells 的全球颅数据。FORDISC 在美国被广泛使用，可以根据颅骨测量数据提供种族亲缘关系[120]。

颅面重建技术

实现颅面重建，是很多工作领域的共同目标。颅面重建技术的优点显而易见，能通过发现的颅骨，利用重建的方法，直观地识别死者的面貌特征，从而死者的亲戚朋友或者法医通过照片记录可以直接对尸体进行识别（图 3.23）。

最早的颅面重建方法是苏联学者 Gerasimov 建立的，他是历史学家和考古学家，而不是法医。他建立的方法既有艺术性，又有科学性。这很大程度上取决于操作者的雕刻能力[121]。

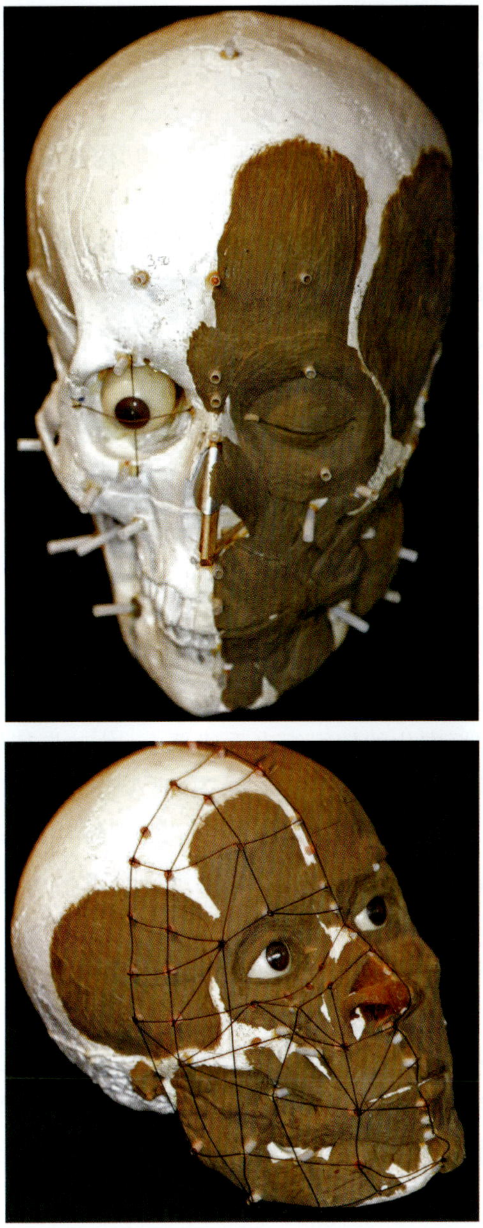

图 3.23 重建面部肌肉层及所需面部组织厚度的标记点（米兰骨骼博物馆藏品，经 C. Cattaneo 教授授权转载）

他的方法建立在解剖工作所积累的大量数据的基础上，预先积累颅骨众多标记点的组织厚度，用黏土按照这些标记点厚度分层放置在颅骨上进行建模，构建面部的基本轮廓。这一技术明显的缺陷是缺乏对眼睛、嘴唇、鼻子、耳朵和头发等个体识别重要特征的信息。类似的方法已经被平面艺术家而不是雕塑家借用，他们在二维平面上创建了颅骨轮廓，再在众多解剖标记点加上组织厚度的信息，以此来构建一幅肖像。头部影像技术能提供面部组织厚度的信息。

这一方法成功应用在 1988 年对 Karen Price 谋杀案的调查中。Karen Price 被埋葬在花园 8 年后发现，医学艺术家 Richard Neave 用 Gerasimov 的方法对死者进行颅面重建，成功构建了她的肖像，最终死者的父母在电视上认出了死者。

计算机图形处理技术应用在绘制复原头像和收集面部组织厚度的数据等方面，均取得了相当大的进展[122]。各种仪器设备可将颅面角度和长度等信息转化为数码数据并对其进行储备。近来，将视频和激光设备相结合，实现了 30 s 内进行 20 000 次测量并存储。一个未知的颅骨可以从数据库中套用标准化的软组织“外衣”，呈现多种标准化配置的头像图像。同时，可以通过快速添加各种组合的眼睛、耳朵和鼻子等配置，来提供更多的候选头像，从而增加识别失踪者的机会。目前，已经有几款类似的软件通过在颅骨上添加标准化的软组织来重建颅面[123]。与其他法医学技术相比较，这项技术仅被少数专业人员掌握，但法医病理学家应该了解这项技术，而且这项技术的应用越来越广泛，准确性也越来越高。然而，无论是手工还是计算技术辅助，这种方法仍然是一种非常近似的方法，以至于一些专家更喜欢称之为颅面近似复原法。这种技术的准确性尚不确定，因此它还未被作为一种个体识别的方法[124]；不过，当别无选择时，复原面貌的某一个特征能让观察者想起一个生活中认识的他或她，这样也可能使最终识别成功。

骨骼个体识别

骨骼的种族、性别、身高和年龄等信息（这些生理特征可用于建立失踪人员的数据库，便于交叉比对）被调查之后，必须检查他们是否具有某些特征，以便在出现身份可疑者时确认这些骨骼的身份。能成功匹配的关键取决于潜在的可用匹配项。由于环境的变化是无限的，某个骨骼引起检验者注意的原因多种多样。有时好似赌博，解剖结构并不是成功匹配的关键，反而是某个外部信息。有时候，需要无数次与数据库中可能的样本信息进行比对，才能最终匹配成功。

总体来说，个体特征主要有两种类型：

- 放射影像学、直接测量或其他方法所获得的解剖特征。例如，额窦形态、颅骨测量值和放射影像学观察到的骨骼其他结构特征。
- 特殊异常结构，如愈合骨折、金属假体、骨骼病变或先天性缺陷。其他人工形成的改变如钻孔或缝合线等能快速将识别目标指向某个样本。

通过骨骼成功匹配的关键是获得可疑匹配对象详细和准确的信息。这些信息的获取来源包括放射影像学资料和临床记录。本书第 26 章也将讨论通过放射影像学获取牙列信息进行比对的内容。如果能成功获取死者生前的颅骨影像资料，那么几乎能确保比对成功。从颅骨侧位片获取的解剖标记和颅骨测量数据可以实现成功匹配，具体的方法将在放射影像学这一章进行详细讨论。但是，垂体窝和各种颅内测量数据可以用于快速地排除不匹配样本。事实上，粗略的观察就能排除两个样本不是同一个体，但匹配成功需要更多的时间和更加细致的工作。

额窦和颅后信息用于个体识别

Schüller 在 1921 年提出这项技术以来，这项技术就得到了广泛的研究和推广，它特别适用于被肢解或烧焦的尸体，如用于空难等大规模灾难[125]。额窦具有两大特点，一是受周围结构的保护，能在极端环境中完好保存；二是具有个体的特异性，Poole 在 1931 年首次提出，不存在拥有完全相同额窦的两个个体（即使是同卵双胞胎）[126]。额窦出现在 2 岁左右，并随着年龄增长逐渐增大，直至 20 岁左右稳定。约有 5% 的个体额窦缺失，1% 左右的个体为单侧额窦。颅骨正位片是获取额窦信息最好的摄片体位，绝大多数的额窦信息都是死者生前外伤入院就诊时留下的影像资料。要能保证重叠影像用于匹配，颅骨的摄片必须是相同的体位和缩放比例（图 3.24）。Schüller 推荐的摄片体位是眼眶后前位[127]。额窦上缘的扇形边界是比对的主要特征，相较于男性，女性的额窦体积更小，窦腔更多。Asherson

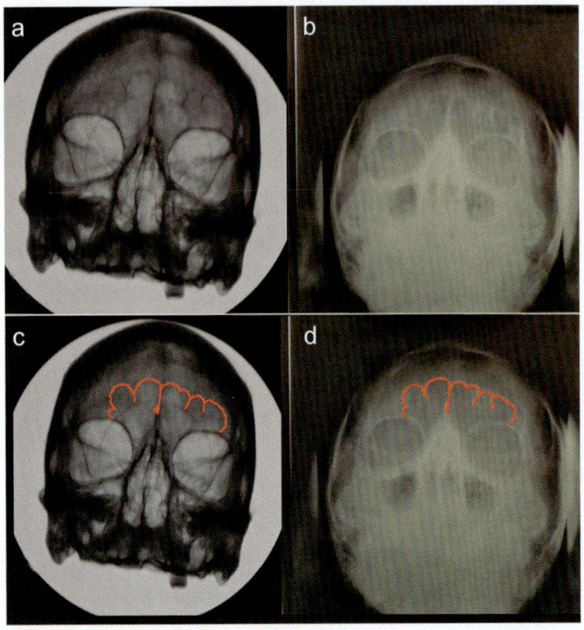

图 3.24 额窦重叠影像用于个体识别。(a)身份不明个体死后颅骨正位片;(b)比对对象生前颅骨 X 线片,两张均能清晰显示额窦;(c,d)经缩放处理后,两者的额窦形态完美匹配(米兰骨骼博物馆藏品,经 C. Cattaneo 教授授权转载)

在 1965 年的论文中则建议采用 Caldwell 位(柯氏位)进行摄片[128]。也有研究倾向于推荐 Wallers 位(瓦氏位)进行摄片,虽然这两种体位都不是主要显示额窦的体位。Asherson 推荐用黑色在胶片或者纸面上勾画出额窦的轮廓。Turpin 和 Tisserand 则是把胶片投射到纸片上,剪下额窦的轮廓,然后把生前和死后的额窦放在一起进行比对[129]。Reichs 推荐使用 CT 片进行比对[130]。也有研究推荐以更先进的统计技术来替代单纯的肉眼观察,从而确定额窦的窦腔数量、位置、长度等并将其用于额窦的个体识别[131]。除此之外,蝶窦、筛窦、乳突及颅缝都被研究用于骨骼的个体识别。

除颅骨以外的结构也已有研究证实可用于个体识别。有研究通过肉眼观察胸部 X 线片的形态和测量数据建立回归方程然后将其用于个体识别,并评估可能的测量误差。这些研究进一步发现,胸部 X 线片用于个体识别最可靠的指标是椎体、肋骨和锁骨正常解剖形态的测量指标[132-134]。在灾难事故中,如果腹部和盆部的结构能够完整保留,其中复杂的椎体形态也可用于个体识别。也有研究探讨,将四肢长骨骨小梁的特征用于个体识别,甚至通过计算机软件辅助个体识别,但可靠性仍不高。

只要能提供死者生前颅骨、胸部、臀部或肩部的 X 线片资料,就可以将其和尸体的影像资料进行比对,通常能进行排除工作,某些情况下,也能成功匹配。

颅相重合技术用于个体识别

通过比对颅骨与死者生前头像照片来进行个体识别的技术,称为颅相重合技术。这一技术首先按照头像照片的三维投射方向对颅骨进行拍照,再缩放颅骨照片使之与头像照片尺寸完全一致,将其中一张照片打印在透明胶片上,通过比对鼻根、眶上脊、下颌角、鼻孔、外耳道和齿列等主要的解剖标记进行个体识别。近年来,随着 3D 激光扫描技术的应用,可以通过特殊软件将颅骨的 3D 模型与头像进行比对,从而进行个体识别[135]。至于解剖标记点,完全取决于正位、侧位和斜位片上能观察到的特征。颅相重合技术主要用于排除,当某一特征不吻合时,可以

图 3.25 利用尺骨骨折后骨痂生长形态进行个体识别。尺骨上骨痂的形态和大小与医疗记录和住院期间的影像资料所提供的信息一致

进行排除。只有当标记点完美匹配时，尤其是一些特异性的特征比对成功时，识别的可靠性才比较大。其中，特异性的牙齿特征是非常重要的标记，一般情况下，只有提供失踪者微笑的照片时才能显示其牙齿的信息，这种情况下，比对成功的可能性会增加[136]。

颅相重合技术已被应用了很多年。最经典的案例是被许多法医学教科书引用的臭名昭著的一起谋杀案——苏格兰的 Glaister 和 Brash 调查的发生在 1935 年的 Buck Ruxton 博士之妻谋杀案。

总之，当骨骼残骸的形态特征与对象不匹配时，可以进行排除；但是，当匹配吻合时，也不能盲目认定，只有当一些罕见的特异性特征匹配成功时，才能认为识别成功。学术界试图制定具体的识别标准。例如，最低多少个特征匹配可以认为识别成功。但是，没有达成最终的共识。因此，在应用颅相重合技术时应该遵循 Daubert 和 Kumho 的证据原则[137]。

骨骼残骸的时间测定

确定死者身份的另外一个重要的信息是骨骼的死亡时间（不同于年龄）。知道死亡时间（几年、几十年或者几百年）对调查机构有很大的帮助。事实上，当骨骼遗骸被证明非常古老时，就根本没有调查的必要，因为即使这一死亡涉及犯罪，罪犯也早已死亡。这一时间节点确定在 70 年，70 年前的骨骼残骸只有历史学家和考古学家才感兴趣。

由于骨骼年代测定方法的不准确性，对于年代久远的骨骼调查存在很多现实的困难。例如，图 3.13 所展示的女性骨骼，被谋杀 40* 年后发现，当警察调查到嫌疑人时，疑犯已经因为冠心病死亡 3 年了，因此这次谋杀也被称为“完美谋杀”。

导致骨骼年代测定不准确的主要原因是骨骼的状态主要受环境因素的影响。威尔士历史悠久，那里发现了可以追溯到 18 000 年前的骨骼材料，也经常会在那里发现其他不同时期和不同环境条件下的骨骼。也有研究发现了古罗马甚至青铜时代的骨骼材料，因埋葬在干燥沙丘或排水良好的墓葬中，骨骼状态看上去跟解剖展示的骨架一样新鲜。另外，由于沼泽地下水位的升降，酸性的泥炭水反复冲刷着骨骼，有些仅仅埋葬了 20 年左右的骨骼就已经完全毁坏了。一些极端案例甚至发现，垂直埋葬的尸体，因上部分被垮塌的岩石掩埋而保存完整，而下部分因潮湿的环境侵蚀而毁坏。

事实证明，越是依赖大体形态观察确定骨骼年代，出错的可能越大。同时，骨骼年代的确定也非常依赖检查者的经验积累。因此，法医人类学家希望通过将骨骼降解程度作为变量推算骨骼降解的累积日度（accumulated degree day，ADD），建立一个骨骼降解与骨骼年代推算的方法[138]。在过去的 10 年间，已经建立了基于不同部位骨骼的评分体系并综合考虑暴露温度的骨骼降解计分法，以用于测定骨骼年代（表 3.5）。

表 3.5 是一个有待进一步完善的、按照不同环境条件进行分类的粗略指南。某些物理化学的测试也有助于骨骼年代的测定，但这些测试本身也受环境条件影响，在别无他法时，放射化学测试法在法医学领域发挥越来越重要的作用。

骨骼形态

新鲜的骨骼会有残留的软组织，骨膜等纤维结构紧密黏附于骨干表面，关节表面有软骨，尤其在关节处会有肌腱和韧带。这些残留物的存留状况受骨骼保存条件的影响，但是动物掠食者能在几天或几周内迅速清除所有软组织和软骨。尸体若被存放于受保护的地方，如地下室或封闭的建筑内，骨骼干燥后可以保存很多年。在温带气候下，暴露在户外的尸体通常会在第一年白骨化，肌腱和骨膜会存留 5 年或更长时间。秋季死亡的尸体，由于经过了冬季的寒冷气候，比春季

* 原版英文为 41 years。

表 3.5　骨骼降解的累积日度（ADD）估计方法

得分	头颈部	躯　干	四　肢
1	新鲜	新鲜，无变色	新鲜，无变色
2	外观粉白色，皮肤脱落和一些头发脱落	外观粉白色，皮肤脱落，出现大理石纹	外观粉白色，手和（或）脚皮肤脱落
3	灰绿色变色：一些软组织还比较新鲜	灰绿色变色：一些软组织还比较新鲜	灰绿色变色：出现大理石纹；有些软组织还比较新鲜
4	斑片状褐色变色，鼻子、耳朵和嘴唇干燥	膨胀，绿色变色，有腐败液体流出	褐色变色，手指、脚趾和肢体的其他突出部位干燥
5	腐败液从眼、耳、鼻、口排出，颈部和面部可出现肿胀	腹胀后释放气体，颜色由绿色变为黑色	颜色由褐色向黑色转换，皮肤皮革化
6	软组织呈棕色或黑色	组织的分解导致肌肉下垂：腹腔塌陷	组织腐败致骨骼暴露未达一半
7	眼部和咽喉部的软组织塌陷	组织腐败致骨骼暴露未达一半	木乃伊化的遗体骨骼暴露未达一半
8	组织腐败致骨骼暴露未达一半	木乃伊化的遗体骨骼暴露未达一半	组织腐败致骨骼暴露超过一半，仅剩一些腐烂的组织和体液
9	木乃伊化的遗体骨骼暴露未达一半	腐烂致骨骼完全暴露，仅残留一些体液和油脂	骨骼基本干燥，仅保留少许油脂
10	组织腐败致骨骼暴露超过一半，仅剩一些腐烂的组织和体液	干燥或木乃伊化的遗体，组织覆盖未达一半	干燥骨
11	骨骼暴露超过一半，剩余组织干燥或木乃伊化	骨骼基本干燥，仅保留少许油脂	
12	骨骼基本干燥，仅保留少许油脂	干燥骨	
13	干燥骨		

注：头颈部、躯干和四肢三个部位的评分之和为总评分（TBS）；将 TBS 值代入公式进行计算（源自 Megyesi et al.，2005）[138]。
$ADD=10^{(0.002\times TBS\times TBS+1.81)}\pm 388.16$

和夏季死亡的尸体保存时间更长。

当所有的软组织都被毁坏后，仍然可以通过骨骼的密度和触感区别新鲜骨骼和陈旧骨骼。保存数年的骨骼，会有轻微的油腻感，如果室内保存，10 年以上的骨骼也会有油腻感，因此，触感也受保存条件的影响。与陈旧骨骼比较，新鲜骨骼含有较多的有机质，重量较重。锯开新鲜骨骼，质地硬（特别是四肢骨骼的骨干）且均匀，锯开过程中产热也会造成有机组织燃烧，因此会闻到明显的特殊气味。陈旧骨骼因有机质脱失，骨骼轻且易于切开。由于外层和骨髓腔周围的内层有机质脱失最早，因此会形成中间质地较硬，内外骨质较脆的三明治结构。除非长期暴露在日照或其他因素下，这种三明治结构通常要几十年甚至几百年才能形成。由于长度末端骨皮质较薄，骨松质更容易暴露，因此，陈旧骨骼破碎的外观首先出现在长骨的末端靠近关节处，如胫骨平台和股骨大转子。这种改变在暴露的环境中几十年内就会出现，但在保护的环境中，则可能要几百年才能形成。老化的骨皮质粗糙且多孔，能被指甲碾碎或掐掉。

骨骼本身的大小和类型也是显著影响骨骼腐烂速度的因素。厚而质密的骨骼，如股骨或肱骨干，可持续保存数百年；小而质薄的骨骼则可能会迅速降解。颅骨骨板、跗骨、腕骨、指骨和面部骨骼，以及胎儿和婴儿的骨骼都会迅速腐烂。

骨骼显微形态也用于骨骼埋葬时间推断。通过观察未脱钙的骨薄片（同样用于骨龄和种属鉴定）上骨质退化程度可以推断骨骼埋葬时间。陈旧骨折表现为穿孔、侵蚀、骨单位消失和真菌植入，这些改变也同样受到埋葬条件和外部环境的影响。

骨骼的微观和宏观改变，在一定程度上均与埋葬的时间相关。埋葬学是一门相对较新的学科，所有研究人类骨骼遗骸的人都应该熟悉它。Efremov 在 20 世纪 40 年代创造了这个术语，称它为“对地质记录中有机物从生物圈到岩石圈过渡的所有细节的研究”，它最初应用于古生物学和考古学[139]。而后，Haglund 和 Sorg 重新定义了埋葬学的对象，即保存、观察或复原死去的有机体，重建它们的生物学或生态学特征以及重建它们死亡时的环境条件，特别是研究与骨骼保存相关的因素[140]。这就使埋藏学成为一门丰富的学科，帮助我们理解环境对骨骼的影响，以及骨骼腐蚀与时间并不直接相关的原因及作用方式。

物理测试

与骨骼的形态研究一样，紫外荧光分析同样是推断骨骼埋葬时间的一种行之有效的方法。将骨干横断，在紫外线照射下，可以观察到整个新鲜骨骼的断面呈现出银蓝色的光。随着骨骼老化，外缘停止发出荧光，并逐渐向中心加深。同形态观察一样，由于外层及骨髓腔周围有机质的脱失，荧光的呈现逐渐退缩至有机质残存的中心环部位，最后断面荧光完全消失。这一过程所经历的时间并不稳定，但荧光完全消失需要 100～150 年才能完成。其他的物理测试方法还包括骨密度和比重测量、超声波传导和在特殊条件下加热时的热行为。这些方法的原理都是基于骨骼有机质的丧失程度和骨骼钙化基质孔隙的结构特征。

Sr 和 ^{14}C 的血清学及化学检测

受技术灵敏度的影响，在骨骼表面或骨粉上检测出血红蛋白的时间是可变的。染料–过氧化氢法（联苯胺是最敏感的方法，但已被相关卫生和安全条例禁用，因此必须使用效果稍差的 Kastel–Meyer 试验）可在检测埋葬了大约 100 年的骨骼时获得阳性结果。

暴露在空气中的骨骼，血清学活性持续时间很短。弱氨洗脱真空浓缩的骨粉与抗人血清（如 Coombs 试剂）发生阳性反应的时间也仅为 5～10 年，这在很大程度上受环境条件的影响。

最近也有研究通过免疫学分析测试白蛋白和免疫球蛋白等血液蛋白的存活情况来推断埋葬时间。事实上，许多分子的降解（称为成岩作用）或存活可以作为埋葬时间推断的指标。如上所述，理论上大多数动物蛋白或其他分子，包括 DNA 都可以用于推断埋葬时间。但是，生物分子的降解与骨骼腐蚀一样，受众多因素的影响，以至于在很多情况下，DNA 在新鲜骨骼中的扩增和检测难度比在陈旧骨骼中更难。因此，才会出现考古中发现的骨骼仍然能提取 DNA，而 50 年的骨骼却无法成功获取的矛盾结果。

化学测试法旨在通过检测总氮和氨基酸含量来分析蛋白质基质的降解情况。新鲜的致密骨骼大约含有 4.5% 的氮，并随时间逐渐减少。如果骨骼含氮量在 4% 以上，此骨骼不可能超过 100 年，但如果它的氮量低于 2.5%，它很可能超过了 350 年。

残余蛋白质在 6 mol/L 盐酸中经长时间加热可转化为其组成氨基酸。然后可以用自动分析方法或二维色谱法对消化液进行分析。新鲜的骨骼含有大约 15 种氨基酸，大部分来自胶原蛋白。甘氨酸和丙氨酸是主要成分，但脯氨酸和羟脯氨酸是胶原蛋白的标志物，后两者往往会在大约 50 年内消失（取决于存储环境），因此它们是鉴定埋葬时间的有用标志物，其他的氨基酸会在随后的几十年甚至几百年里逐渐减少。所以只含有 4～5 种氨基酸的骨骼可能相对古老。甘氨酸可以存在数千年，甚至在旧石器时代的骨骼中也会发现甘氨酸。

检测牙齿中氨基酸的外消旋化（正反消旋体的比例）可用于推算年龄，但也有证据表明，它也与死后时间呈线性关系。目前也有将骨骼外消旋化用于推断埋葬时间的研究。

在过去的 50 年里，人们尝试了许多其他的化学和生物化学方法，其中包括对骨骼晶体结构的 X 射线衍射、分析分解副产物以及对氨基酸和柠檬酸盐等多种骨骼成分的研究。在这些技术中，鲁米诺（luminol）技术可能是研究得最完善

的。鲁米诺（luminol）技术（5-氨基-2，3-二氢-1，4-酞嗪二酮）是一种检测包括骨骼在内的各种底物中的血液残留物的方法。骨骼通常被磨成细粉，然后通过与少量鲁米诺混合来测试发光。最近的研究表明，在大约 7.5% 的陈旧案例中出现了假阳性结果，而在大约 15% 的新鲜样本中出现了假阴性结果。总体来说，分类的准确性大约为 88.75%，这使它不能完全准确地区分陈旧骨骼和新鲜骨骼[141]。

放射化学测试似乎是未来发展的趋势。放射化学测试是基于骨骼中放射性同位素的衰变率进行分析的一种方法。考古学家用其研究古代骨骼遗骸相对准确，但其在法医学上几乎没有用处。放射性碳测定通过测定人死后 ^{14}C 的损失程度从而来确定骨骼年代，^{14}C 的半衰期超过 5 000 年，不能用于不到几个世纪的骨骼的测定。因此，对于考古学中的遗骸而言，^{14}C 的使用能提供准确的死后时间间隔（PMI）信息，但其在法医学检材中的适用性很低（图 3.26）。第二次世界大战期间大规模爆炸和核武器污染，大气中含有高浓度的 ^{90}Sr，因此 ^{90}Sr 可以作为一种有效的放射性检测元素。这种方法的原理是，1945 年以前的骨骼不应含有内源性 ^{90}Sr，这种内源性 ^{90}Sr 在 19 世纪 70 年代早期的环境中达到最大值。因此，年代久远的试验或将核事故在骨骼中遗留的核素作为一种侧面材料，可以提供骨骼所对应的个体在某个时间仍然活着的信息。

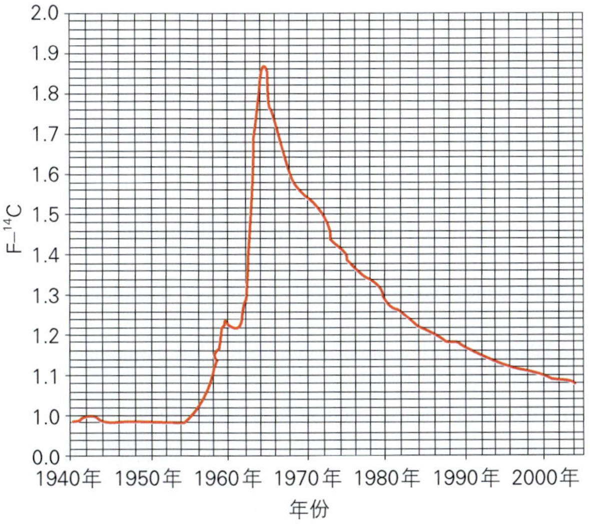

图 3.26 北半球大气中 $^{14}CO_2$ 的年平均记录（源自 Ubelaker 等，2006 年）[142]

1950～1963 年通过热核装置在陆生生物体内人工引入了大量 ^{14}C，我们现在可以在考虑个体的年龄和其他因素的基础上，通过对不同组织中的放射性 ^{14}C 进行量化，测定不同组织不同的形成和衰减速度，并将这些值代入曲线（图 3.27），从而推断个体的死后时间间隔。这种测试法成为一种可靠和有用的方法[142]。

综上所述，骨骼残骸死后时间间隔的推算非常困难。因此，分析骨骼残骸的环境条件至关重要。法医病理学家应该注意各种昆虫学的、植物学的甚至地质学的证据，这些证据对于确定死后时间间隔的推算都极为重要。通过对遗骸及其周围环境的叶、根和种子的植物学分析，根据遗骸周围沉积物的形成时序，得出遗体或来源地的时间范围（图 3.28，图 3.29）。昆虫学可以根据不同季节、气候条件、环境特征和分解阶段昆虫的演替确定死后时间间隔。现场发现的衣服和个人物品也能成为确定死后时间间隔的关键条件。因此，一个普遍的规律是，遗体腐败降解越严重，用于死后时间间隔推断的意义越小，而遗骸所在的环境条件就越加意义重大。

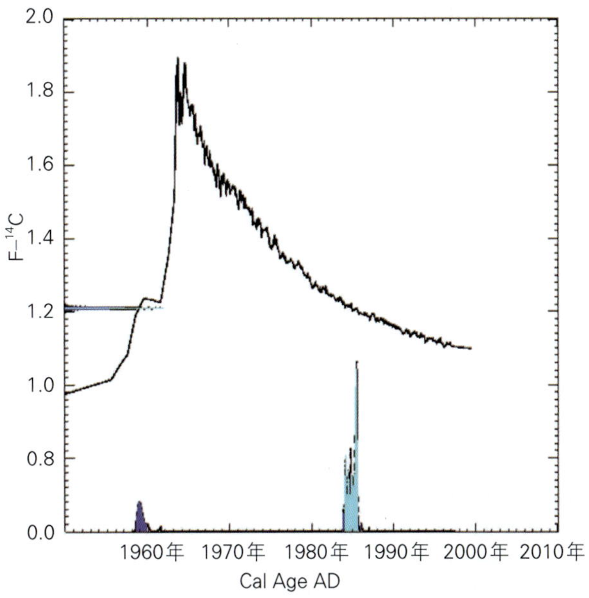

图 3.27 20 世纪 50 年代后死亡的个体骨骼样本人工放射性碳 14（F-^{14}C）曲线图。对遗骸 F-^{14}C 的检测成为法医学关注的焦点，本例提示死亡可能发生在 20 世纪 80 年代早期（Cal Aug AD 为校准后的年龄公元纪年）

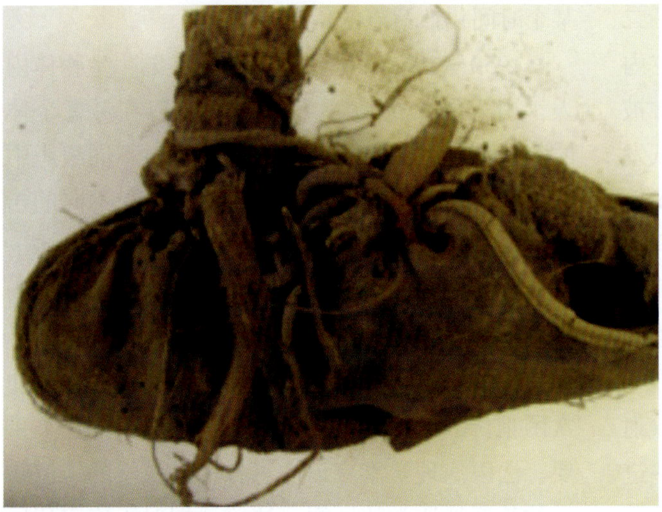

图 3.28　2011 年秋天，在灌溉渠中发现一具骨骼所穿的鞋子（经 C. Cattaneo 教授的授权使用）

图 3.29　生长在一具骷髅所穿鞋子里的美洲商陆树根横截面，年轮显示根部生长在 2006～2011 年，因此推断其死亡时间为 2006 年（经 C. Cattaneo 教授授权使用）

（云利兵　张奎　译）

参考文献

[1] Hellerich U. [Tattoo pigment in regional lymph nodes — an identifying marker?]. *Arch Kriminol* 1992; 190(5–6): 163–70.

[2] Lehner K, *et al*. The decrease of pigment concentration in red tattooed skin years after tattooing. *J Eur Acad Dermatol Venereol* 2011; 25(11): 1340–5.

[3] Sanders C. *Customizing the Body: the Art and Culture of Tattooing*. Philadelphia: Temple University Press, 1989, xi.

[4] Pitts-Taylor V. *In the Flesh: the Cultural Politics of Body Modification*. New York: Palgrave Macmillan, 2003, vi.

[5] Wohlrab S, Stahl J, Kappeler PM. Modifying the body: motivations for getting tattooed and pierced. *Body Image* 2007; 4(1): 87–95.

[6] Porta D, *et al*. A new method of reproduction of fingerprints from corpses in a bad state of preservation using latex. *J Forensic Sci* 2007; 52(6): 1319–21.

[7] Naegeli O. Familiarer chromatophorennavus. *Schweiz Med Wochenschr* 1927; 8(48): 48–51.

[8] Lugassy J, *et al*. Naegeli-Franceschetti-Jadassohn syndrome and dermatopathia pigmentosa reticularis: two allelic ectodermal dysplasias caused by dominant mutations in KRT14. *Am J Hum Genet* 2006; 79(4): 724–30.

[9] Foran DR, *et al*. The conviction of Dr. Crippen: new forensic findings in a century-old murder. *J Forensic Sci* 2011; 56(1): 233–40.

[10] Faller-Marquardt M, Pollak S, Schmidt U. Cigarette burns in forensic medicine. *Forensic Sci Int* 2008; 176(2-3): 200–8.

[11] Buschoff HS. *The gout, more narrowly searcht, and found out; together with the certain cure thereof.* Michel W (ed). London (Fukuoka-City): Kyushu University, Faculty of Languages and Cultures, 1676(2003), p.118.

[12] Trotter M, Gleser GC. A re-evaluation of estimation of stature based on measurements of stature taken during life and of long bones after death. *Am J Phys Anthropol* 1958; 16(1): 79–123.

[13] Sullivan KM, *et al*. A rapid and quantitative DNA sex test: fluorescence-based PCR analysis of X-Y homologous gene amelogenin. *Biotechniques* 1993; 15(4): 636–8, 640–1.

[14] Mannucci A, *et al*. Forensic application of a rapid and quantitative DNA sex test by amplification of the X-Y homologous gene amelogenin. *Int J Legal Med* 1994; 106(4): 190–3.

[15] Cattaneo C. Anthropology: aging the living. In: *Wiley Encyclopedia of Forensic Science*. London: John Wiley, 2009.

[16] Lamendin H, *et al*. A simple technique for age estimation in adult corpses: the two criteria dental method. *J Forensic Sci* 1992; 37(5): 1373–9.

[17] Baccino E, *et al*. Evaluation of seven methods of estimating age at death from mature human skeletal remains. *J Forensic Sci* 1999; 44(5): 931–6.

[18] Foti B, *et al*. Limits of the Lamendin method in age determination. *Forensic Sci Int* 2001; 122(2–3): 101–6.

[19] Prince DA, Ubelaker DH. Application of Lamendin's adult dental aging technique to a diverse skeletal sample. *J Forensic Sci*

2002; 47(1): 107–16.
[20] Soomer H, *et al.* Reliability and validity of eight dental age estimation methods for adults. *J Forensic Sci* 2003; 48(1): 149–52.
[21] Gonzalez-Colmenares G, *et al.* Age estimation by a dental method: a comparison of Lamendin's and Prince & Ubelaker's technique. *J Forensic Sci* 2007; 52(5): 1156–60.
[22] Martrille L, *et al.* Comparison of four skeletal methods for the estimation of age at death on white and black adults. *J Forensic Sci* 2007; 52(2): 302–7.
[23] Kimmerle EH, Prince DA, Berg GE. Inter-observer variation in methodologies involving the pubic symphysis, sternal ribs, and teeth. *J Forensic Sci* 2008; 53(3): 594–600.
[24] Meinl A, *et al.* Comparison of the validity of three dental methods for the estimation of age at death. *Forensic Sci Int* 2008; 178(2–3): 96–105.
[25] Prince DA, Konigsberg LW. New formulae for estimating age-at-death in the Balkans utilizing Lamendin's dental technique and Bayesian analysis. *J Forensic Sci* 2008; 53(3): 578–87.
[26] Franbourg A, *et al.* Current research on ethnic hair. *J Am Acad Dermatol* 2003; 48(6, Supplement 1): S115–S119.
[27] Ubelaker DH, *et al.* The use of SEM/EDS analysis to distinguish dental and osseus tissue from other materials. *J Forensic Sci* 2002; 47(5): 940–3.
[28] Owsley DW, Mires AM, Keith MS. Case involving differentiation of deer and human bone fragments. *J Forensic Sci* 1985; 30(2): 572–8.
[29] Cattaneo C, *et al.* Determining the human origin of fragments of burnt bone: a comparative study of histological, immunological and DNA techniques. *Forensic Sci Int* 1999; 102(2–3): 181–91.
[30] Cattaneo C, *et al.* Histological determination of the human origin of bone fragments. *J Forensic Sci* 2009; **54**(3): 531–3.
[31] Ubelaker DH, Lowenstein JM, Hood DG. Use of solid-phase double-antibody radioimmunoassay to identify species from small skeletal fragments. *J Forensic Sci* 2004; 49(5): 924–9.
[32] Lowenstein JM, *et al.* Identification of animal species by protein radioimmunoassay of bone fragments and bloodstained stone tools. *Forensic Sci Int* 2006; 159(2–3): 182–8.
[33] Krogman WCA. A guide to the identification of human skeletal material. *FBI Law Enforcement Bull* 1939; 8: 3.
[34] Krogman WCA. The skeleton in forensic medicine. *Proc Inst Med* 1946; 16: 154.
[35] Krogman WM, Iscan YM. *The Human Skeleton in Forensic Medicine*, 2nd edn. Springfield: Charles C. Thomas, 1986.
[36] Hrdlicka A. *Practical Anthropometry*. Philadelphia: Wistar, 1939.
[37] Stewart TD. Medicolegal aspects of the skeleton. *Am J Phys Anthropol* 1948; 6: 315–21.
[38] Stewart TD. Medico-legal aspects of the skeleton; sex, age, race and stature. *Am J Phys Anthropol* 1948; 6(2): 244.
[39] Stewart TD. Medico-legal aspects of the skeleton; age, sex, race and stature. *Am J Phys Anthropol* 1948; 6(3): 315–21.
[40] Stewart TD. Sex determination of the skeleton by guess and by measurement. *Am J Phys Anthropol* 1954; 12(3): 385–9.
[41] Stewart TD. New developments in evaluating evidence from the skeleton. *J Dent Res* 1963; 42(1)Pt 2: 264–73.
[42] Hoshi H. Sex difference in the shape of the mastoid process in norma occipitalis and its importance to the sex determination of the human skull. *Okajimas Folia Anat Jpn* 1962; 38: 309–13.
[43] Giles E, Elliot O. Sex determination by discriminant function analysis of crania. *Am J Phys Anthropol* 1963; 21: 53–68.
[44] Richman EA, *et al.* Determination of sex by discriminant function analysis of postcranial skeletal measurements. *J Forensic Sci* 1979; 24(1): 159–67.
[45] Taylor JV, *et al.* Metropolitan Forensic Anthropology Team (MFAT) studies in identification: 1. Race and sex assessment by discriminant function analysis of the postcranial skeleton. *J Forensic Sci* 1984; 29(3): 798–805.
[46] Leopold D, Novotny V. [Sex determination from the skull and parts of the hip bone]. *Gegenbaurs Morphol Jahrb* 1985; 131(3): 277–85.
[47] Johnson DR, *et al.* Determination of race and sex of the human skull by discriminant function analysis of linear and angular dimensions. *Forensic Sci Int* 1989; 41(1–2): 41–53.
[48] Inoue M, *et al.* Sex determination by discriminant function analysis of lateral cranial form. *Forensic Sci Int* 1992; 57(2): 109–17.
[49] Song HW, Lin ZQ, Jia JT. Sex diagnosis of Chinese skulls using multiple stepwise discriminant function analysis. *Forensic Sci Int* 1992; 54(2): 135–40.
[50] Hsiao TH, Chang HP, Liu KM. Sex determination by discriminant function analysis of lateral radiographic cephalometry. *J Forensic Sci* 1996; **41**(5): 792–5.
[51] Ross AH, McKeown AH, Konigsberg LW. Allocation of crania to groups via the 'new morphometry' . *J Forensic Sci* 1999; 44(3): 584–7.
[52] Patil KR, Mody RN. Determination of sex by discriminant function analysis and stature by regression analysis: a lateral cephalometric study. *Forensic Sci Int* 2005; 147(2–3): 175–80.
[53] Ramsthaler F, Kreutz K, Verhoff MA. Accuracy of metric sex analysis of skeletal remains using Fordisc based on a recent skull collection. *Int J Legal Med* 2007; 121(6): 477–82.
[54] Walker PL. Sexing skulls using discriminant function analysis of visually assessed traits. *Am J Phys Anthropol* 2008; 136(1): 39–50.
[55] Spradley MK, Jantz RL. Sex estimation in forensic anthropology: skull versus postcranial elements. *J Forensic Sci* 2011; 56(2): 289–96.

[56] Phenice TW. A newly developed visual method of sexing the os pubis. *Am J Phys Anthropol* 1969; 30(2): 297–301.

[57] Iscan MY, Derrick K. Determination of sex from the sacroiliac; a visual assessment technique. *Florida Sci* 1984; 47: 948.

[58] Washburn S. Sex differences in the pubic bone. *Am J Phys Anthropol* 1948; 6: 199–298.

[59] Schultz A. Proportions, variability and asymmetry of the long bones of the limbs and clavicles in man and apes. *Hum Biology* 1937; 9: 281–328.

[60] Harrison R. *Gradwohl's Legal Medicine*, 2nd edn. Camps F (ed). Bristol: John Wright, 1968.

[61] Greulich WW, Thomas H. The dimensions of the pelvic inlet of 789 white females. *Anat Rec* 1938; 72: 45–51.

[62] Turner W. The index of the pelvic brim as a basis of classification. *J Anat Physiol* 1886; 20: 125–43.

[63] Caldwell WE, Molloy HC. Anatomical variations in the female pelvis. *Am J Obstet Gynecol* 1933; 26: 479–505.

[64] Straus WL. The human ilium: sex and stock. *Am J Phys Anthropol* 1927; 11: 1–28.

[65] Derry DE. On the sexual and racial characters of the human ilium. *J Anat* 1923; 58: 71–83.

[66] Derry DE. Note on the innominate bone as a factor in the determination of sex: with special reference to the sulcus praeauricularis. *J Anat Physiol* 1909; 43(Pt 3): 266–76.

[67] Fawcett E. Sexing of the human sacrum. *J Anat* 1938; 72: 633–7.

[68] Kimura K. Sex differences of the hip bone among several populations. *Okajimas Folia Anat Jpn* 1982; 58(4–6): 265–76.

[69] Dar G, Hershkovitz I. Sacroiliac joint bridging: simple and reliable criteria for sexing the skeleton. *J Forensic Sci* 2006; 51(3): 480–3.

[70] Pearson K, Bell JA. A study of the long bones of the English skeleton. 1. The Femur. In: Drapers' Company Research Memoirs. Biometric Series X. London: Cambridge University Press, 1917.

[71] Maltby J. Some indices and measurements of the modern femur. *J Anat* 1917/18; 52: 363–82.

[72] Dwight T. The size of the articular surfaces of the long bones as characteristic of sex. *J Anat* 1904/05; 4: 19–32.

[73] Black TK 3rd. Sexual dimorphism in the tooth-crown diameters of the deciduous teeth. *Am J Phys Anthropol* 1978; 48(1): 77–82.

[74] Iscan MY, Miller-Shaivitz P. Discriminant function sexing of the tibia. *J Forensic Sci* 1984; 29(4): 1087–93.

[75] Godycki M. Sur la certitude de determination du sexe l'après le femur, le cubitus et l'humerus. *Bull Mem Soc Anthrop Paris* 1957; Serie 10: 405–10.

[76] Hyrtl J. *Handbuch der Topographischen Anatomie*. Vienna: Wilhelm Braumuller, 1893.

[77] Dwight T. The sternum as an index of sex, height and age. *J Anat Physiol* 1889; 24: 527–35.

[78] Iordanidis P. Determination du sexe par les os du squelette (atalas, axis, clavicle, omoplate, sternum). *Ann Med Leg* 1961; 41: 28–91.

[79] Stewart JH, McCormick WF. The gender predictive value of sternal length. *Am J Forensic Med Pathol* 1983; 4(3): 217–20.

[80] Snodgrass JJ, Galloway A. Utility of dorsal pits and pubic tubercle height in parity assessment. *J Forensic Sci* 2003; 48(6): 1226–30.

[81] Telkkä A. On the prediction of human stature from long bones. *Acta Anat (Basel)* 1950; 9: 103–17.

[82] Manouvrier L. Le determination de la taille d'après les grands os des membres. *Mem Soc Anthropol Paris* 1893; 4: 347–402.

[83] Dupertuis CW, Hadden JA. On the reconstruction of stature from long bones. *Am Journal Phys Anthropol* 1951; 9: 15–54.

[84] Breitinger, E., *Zur Berechnung der Körperhöhe aus den langen Gleidmassenknochen.* Anthropology Anz, 1937. **14**: p.249–74.

[85] Allbrook, D., *The estimation of stature in British and East African males; based on tibial and ulnar bone lengths.* Journal Forensic Med, 1961. **8**: p.15–28.

[86] Shiati, M., *Estimation of stature by long bones of Chinese male adults in South China.* Acta Anthropol Sinica, 1983. **2**: p.80–5.

[87] Mendes-Correa, A.A., *Le taille des Portugais d'après les os longes.* Anthropology (Praque), 1932. **10**: p.268–72.

[88] Stevenson, P.H., *On racial differences in stature long bone regression formulae with special reference to stature reconstruction formulae for the Chinese.* Biometrika, 1929. **21**: p.303–18.

[89] Wells, L.H., *Estimation of stature from long bones: a reassessment.* Journal of Forensic Medicine, 1959. **6**: p.171–7.

[90] Fully, G. and H. Pineau, *Determination de la stature au moyen du squelette.* Ann Med Leg, 1960. **40**: p.3–11.

[91] Tibbetts, G.L., *Estimation of stature from the vertebral column in American Blacks.* J Forensic Sci, 1981. **26**(4): p.715–23.

[92] Jit, I. and S. Singh, *Estimation of stature from the clavicles.* Indian Journal of Med Res, 1956. **44**: p.137–55.

[93] Olivier, G., *Practical Anthropology*. 1969, Springfield: Thomas.

[94] Steele, D.G. and T.W. McKern, *A method for assessment of maximum long bone length and living stature from fragmentary long bones.* Am J Phys Anthropol, 1969. **31**(2): p.215–27.

[95] Muller, G., *Zur Bestimmung der Länge beschädigter Extremitätenknochen.* Anthropology Anz, 1935. **12**: p.70–2.

[96] Mehta, L. and H.M. Singh, *Determination of crown-rump length from fetal long bones: humerus and femur.* Am J Phys Anthropol, 1972. **36**(2): p.165–8.

[97] Cunha E, *et al.* The problem of aging human remains and living individuals: a review. *Forensic Sci Int* 2009; 193(1–3): 1–13.

[98] Fazekas G, Kosa F. *Forensic Fetal Osteology.* Budapest: Akademiai Kiado, 1978.

[99] Scheuer L, Black SM. *Developmental Juvenile Osteology*. San Diego: Academic Press, 2000.

[100] McKern TW, Stewart TD. Skeletal age changes in young American males: analysed from the stand point of age identification. In: *U.S. Army Technical Report*. Natick: Quarter master research and development centre, 1957, p.71.

[101] Francis, G.C. and P.P. Werle, *The appearance of centers of ossification from birth to 5 years.* Am J Phys Anthropol, 1939. **24**(3): p.273–86.

[102] Todd TW. Age changes in the pubic bone. *Am J Phys Anthropol* 1920; 3: 285−334.

[103] Todd TW. Age changes in the pubic bone I−IV. *Am J Phys Anthropol* 1921; 4: 407.

[104] Stewart TD. Distortion of the pubic symphyseal surface in females and its effect of age determination. *Am J Phys Anthropol* 1957; 15(1): 9−18.

[105] Gilbert BM, McKern TW. A method for aging the female os pubis. *Am J Phys Anthropol* 1973; 38(1): 31−8.

[106] Brooks S, Suchey J. Skeletal age determination based on the os pubis: a comparison of the Acsádi-Nemeskéri and Suchey-Brooks methods. *Hum Evol* 1990; 5(3): 227−38.

[107] Iscan MY, Loth SR, Wright RK. Age estimation from the rib by phase analysis: white males. *J Forensic Sci* 1984; 29(4): 1094−104.

[108] Iscan MY, Loth SR, Wright RK. Metamorphosis at the sternal rib end: a new method to estimate age at death in white males. *Am J Phys Anthropol* 1984; 65(2): 147−56.

[109] Iscan MY, Loth SR, Wright RK. Age estimation from the rib by phase analysis: white females. *J Forensic Sci* 1985; 30(3): 853−63.

[110] Steyn M. [Personal communication. 2015]

[111] Iscan MY, Steyn M. *The Human Skeleton in Forensic Medicine*, 3rd edn. Springfield: Charles C Thomas Publisher, 2013, xxii.

[112] Lovejoy CO, *et al*. Chronological metamorphosis of the auricular surface of the ilium: a new method for the determination of adult skeletal age at death. *Am J Phys Anthropol* 1985; 68(1): 15−28.

[113] Kerley ER, Ubelaker DH. Revisions in the microscopic method of estimating age at death in human cortical bone. *Am J Phys Anthropo*l 1978; 49(4): 545−6.

[114] Brothwell DR. *Digging up Bones*, 2nd edn. British Museum (Natural History), 1972.

[115] Sauer NJ. Forensic anthropology and the concept of race: if races don't exist, why are forensic anthropologists so good at identifying them? *Soc Sci Med* 1992; 34(2): 107−11.

[116] Ousley S, Jantz R, Freid D. Understanding race and human variation: why forensic anthropologists are good at identifying race. *Am J Phys Anthropol* 2009; 139(1): 68−76.

[117] Munter AH. A study of the lengths of long bones of the arms and legs in man, with special reference to Anglo-Saxon skeletons. *Biometrika* 1936; 28: 84−22.

[118] Schultz A. Proportions, variability and asymmetry of the long bones of the limbs and clavicles in man and apes. *Hum Biology* 1937; 9: 281−328.

[119] Modi JP. *Medical Jurisprudence and Toxicology*. Bombay: Tripathi, 1957.

[120] Jantz RL, Ousley SD. *FORDISC: Computerized Forensic Discriminant Functions*. Knoxville: University of Tennessee, 2005.

[121] Gerasimov MM. *The Face Finder*. Philadelphia: J. B. Lippincott, first English language edn., 1971.

[122] Vanezis P, *et al*. Application of 3−D computer graphics for facial reconstruction and comparison with sculpting techniques. Forensic Sci Int 1989; 42(1−2): 69−84.

[123] Rynn C, Wilkinson CM, Peters HL. Prediction of nasal morphology from the skull. *Forensic Sci Med Pathol* 2010; 6(1): 20−34.

[124] Stephan CN, Cicolini J. Measuring the accuracy of facial approximations: a comparative study of resemblance rating and face array methods. *J Forensic Sci* 2008; 53(1): 58−64.

[125] Schüller A. Das Röntgenogram der Stirnhöhle. *Monatschrift Ohrenheilkunde* 1921; 55: 1617−20.

[126] Mayer, J., *Identification by sinus prints*. Virginia Med Monthly, 1935. **62**: p.517−19.

[127] Schüller A. A note on the identification of skulls by X-ray pictures of the frontal sinuses. *Med J Aust* 1943; 25: 554−6.

[128] Asherson N. *Identification by Frontal Sinus Prints: A Forensic Medicine Pilot Survey*. London: HK Lewis, 1965.

[129] Turpin R, Tisserand M. Etude correlative de sinus. *Compte Rendu Soc Biology* 1942; 136: 203−10.

[130] Reichs KJ. Quantified comparison of frontal sinus patterns by means of computed *tomography. Forensic Sci Int* 1993; 61(2−3): 141−68.

[131] Yoshino M, *et al*. Classification system of frontal sinus patterns by radiography. Its application to identification of unknown skeletal remains. *Forensic Sci Int* 1987; 34(4): 289−99.

[132] Ciaffi R, *et al. Identification from chest x-rays: reliability of bone density patterns of the humerus. J Forensic Sci* 2010; 55(2): 478−81.

[133] Ciaffi R, Gibelli D, Cattaneo C. Forensic radiology and personal identification of unidentified bodies: a review. *Radiol Med* 2011; 116(6): 960−8.

[134] Stephan CN, *et al*. Skeletal identification by radiographic comparison: blind tests of a morphoscopic method using antemortem chest radiographs. *J Forensic Sci* 2011; 56(2): 320−32.

[135] Gordon GM, Steyn M. An investigation into the accuracy and reliability of skull-photo superimposition in a South African sample. *Forensic Sci Int* 2012; 216(1−3): 198 e1−6.

[136] De Angelis D, Cattaneo C, Grandi M. Dental superimposition: a pilot study for standardising the method. *Int J Legal Med* 2007; 121(6): 501−6.

[137] Grivas CR, Komar DA. Kumho, Daubert, and the nature of scientific inquiry: implications for forensic anthropology. *J Forensic Sci* 2008; 53(4): 771−6.

[138] Megyesi MS, Nawrocki SP, Haskell NH. Using accumulated degree-days to estimate the postmortem interval from decomposed human remains. *J Forensic Sci* 2005; 50(3): 618−26.

[139] Yefremov I.A. Taphonomy: a new branch of Paleontology. Pan-A*mer Geol* 1940; 74: 81–93.
[140] Haglund WD, Sorg MH (eds). *Forensic Taphonomy: The Postmortem Fate of Human Remains*, 1st edn. CRC Press, 1996.
[141] Ramsthaler F, *et al*. Dating skeletal remains with luminol-chemiluminescence. Validity, intra- and interobserver error. *Forensic Sci Int* 2009; 187(1–3): 47–50.
[142] Ubelaker DH, Buchholz BA, Stewart JE. Analysis of artificial radiocarbon in different skeletal and dental tissue types to evaluate date of death. *J Forensic Sci* 2006; 51(3): 484–8.

第 4 章

损伤病理学

损伤定义

损伤较好的定义为人体遭受机械外力作用后身体任何部位的损害。不同的国家在法律上对损伤有不同的定义，这些损伤的定义一般都要求满足体表完整性被破坏这个条件。这显然排除了挫伤和内脏损伤。虽然从医学常识上讲是不切实际的，但是总会有一些法律替代方案，如“造成了严重的身体伤害”。这样就涵盖了所有组织、器官的任何损伤。此外，一些国家对损伤程度的分级不是根据损伤的物理特性，而是根据受害者生命健康受到的危害程度。这也是一项极其困难的评估工作。

损伤机制

人们在日常生活中会受到各种机械外力的作用，从持续不断的地球引力到体育竞技中强大的冲击力。身体通常能凭借软组织的韧性、弹性或骨骼的刚性来抵消外力。只有当外力强度超过组织承受的极限时，才会发生损伤。

机械外力的强度遵循物理法则，即力的强度与“致伤物”的质量和打击速度的平方存在直接关系。“致伤物”可以是任何物体，包括自己的身体，如摔跌或交通事故中经常出现的剧烈减速运动，自身内部组织器官相互挤压受到损伤。

根据众所周知的功能公式 $E_k=\frac{1}{2}mv^2$，将 1 kg 的砖块压在头部不会对头皮造成损伤，但是同样的砖块以 10 m/s 的速度砸向头部可能就会导致颅骨骨折。这个原理不仅适用于钝器伤、火器伤，同样也适用于刺伤。这些将在后面的内容里讨论。

影响损伤程度的另一个重要因素是力的作用面积。如果用木板打击皮肤，木板棱边打击所造成的损伤将远大于木板平面打击造成的损伤。显然，在质量与速度相同的情况下，力作用面积越小，对单位面积组织造成的损伤越大。这与刺伤形成的原理相同，刀的所有动能都集中在刀尖极小的面积上；而具有相同动能的板球拍，其较大的表面积作用于皮肤甚至不会造成挫伤。

若机械外力作用于人体，组织会受到压缩、牵引、扭转、剪切及杠杆应力等，其损害后果不仅取决于外力类型，还取决于组织的特性。例如，强大的气压（如爆炸等）对肌肉损害很小，但会使肺或肠破裂；而扭转对脂肪组织的影响小，但若其作用于股骨则会导致螺旋形骨折。

组织损伤来源于人体和致伤物相对运动所产生的动能传递。如果致伤物进入并停留在体内，那么它就向人体传递了所有动能。穿透身体的子弹并没有将所有能量都用来形成损伤。通过扩大弹道和增加阻力来防止子弹穿出身体的“达姆弹”（dumdum bullet，子弹与目标撞击时膨胀变形，增加表面积，创造更大伤口及通道）或弹头可膨胀的子弹是被禁用的（具体参见第 8 章）。如果动能传递可以减慢或扩散到更广的区域，那么单位时间内施加在组织上的力的强度就更小。这也是车辆碰撞过程中安全带的一部分功能，通过安全带的拉伸延长能量传递时间和通过安全带较大的面积替代额部和挡风玻璃接触点几平方厘米的区域来进行动能传递。

另一种可以减缓动能传递的方法是使身体朝着力的方向移动。当车辆撞击行人时，车辆的部分动能使受害者顺着路面被抛出，而不是全部用于破坏组织。

同理，一个拳击手阻挡对手的拳击过程，他也是在缩小头部与对手拳头之间的速度差，并延长能量传递发生的时间。从高速的子弹到低速的刺击或外力，受害者身体静止的惯性转移了能量通过运动的损失。如果力不是以线性的方式作用，而是以成角的方式冲击（如侧击造成的“擦伤”），那么只有部分动能被转移，损伤也会相应减轻。

损伤分类

损伤的分类比较主观，但是在撰写医学报告的时候（特别是用于诉讼时），又需要医生使用标准化术语描述损伤。经常在报告中，尤其是没有在法医专业背景的临床医生写的报告中，“撕裂创”“切割创”“擦伤”的使用通常比较混乱。从他们对损伤的描述中可以明显发现，医生没有理解这些术语之间的差异。

伤口可以按照致伤的动机进行分类，如自杀或意外（世界卫生组织国际疾病分类索引，*ICD–E codes*），但法医病理学家应该按其外观形态和形成方式进行分类，如撕裂创或切割创（图 4.1）。

- 擦伤（abrasions）：俗称“刮伤”“表皮剥脱”。
- 挫伤（contusions）：俗称“皮下出血”。
- 撕裂创（lacerations）：俗称“裂创”“撕裂伤”。
- 切割创（incised wounds）：俗称“切口”“砍伤”“刺伤”。

皮肤解剖结构法医学重点

多数伤口都位于体表，因此侧重介绍一下皮肤和皮下组织的结构以及解剖学名称是非常有必要的。角质层是皮肤最表面角质化的死细胞层，其厚度在身体的不同部位变化很大。脚底和手掌的角质层厚度最大，而阴囊和眼睑等隐秘区域的

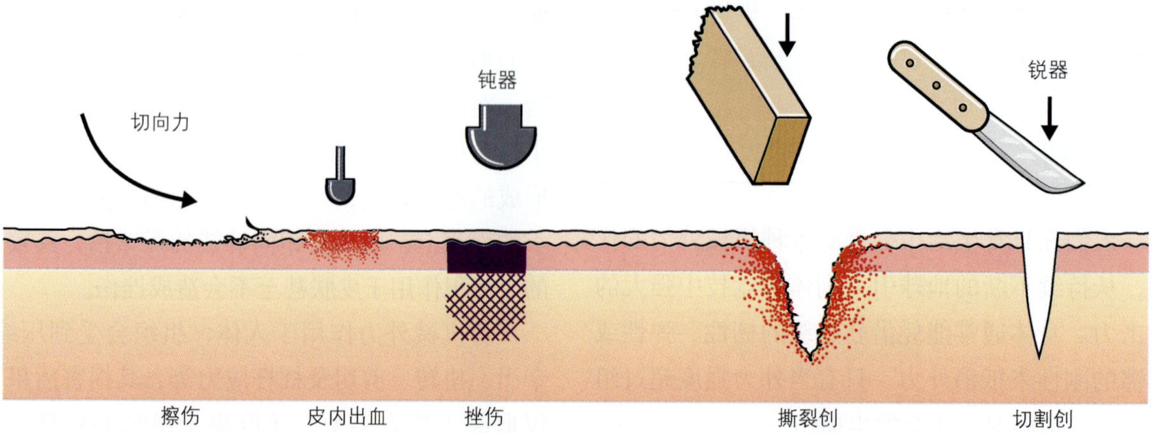

图 4.1　皮肤损伤类型

厚度只有几分之一毫米。当我们需要计算刺破皮肤并且导致皮下组织出血的损伤数量时，角质层厚度与法医学的相关性就体现出来了。

皮肤的活细胞层和角质层组成了表皮，表皮全层没有血管。表皮通常是波纹状的，表皮层向下插入真皮层呈乳头状。表皮各处的起伏程度并不相同，而较薄皮肤的表皮和真皮之间连接则较为平坦。真皮由携带皮肤附件的混合结缔组织组成，如毛囊、汗腺和皮脂腺。此外，它还具有丰富的血管、神经和淋巴管，并有许多不同类型的神经末梢以感受触觉、压力和冷热。真皮下侧区域有脂肪组织，在身体部位的不同，深筋膜、脂肪组织和肌肉形成皮下组织层（图 4.2）。

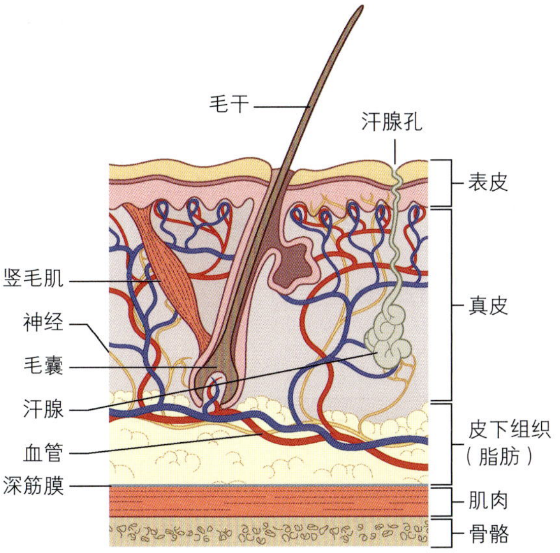

图 4.2　皮肤基本结构示意图

擦伤

擦伤是最浅表的损伤，严格的定义指一种没有穿透表皮全层的损伤。因为血管位于真皮层，所以单纯的擦伤不会出血。但是由于真皮乳头呈波浪形，许多擦伤会进入真皮层而导致出血（图 4.3）。

也有定义（比较主观）将擦伤描述为皮肤表面的损伤，这种定义的擦伤范围不仅仅局限于表皮，也可以波及真皮。在这样的定义中，出血可以作为擦伤的表现。

擦伤通常也被俗称为抓痕（scratches）或擦痕（grazes）。抓痕一般呈现条形特征，而擦痕则

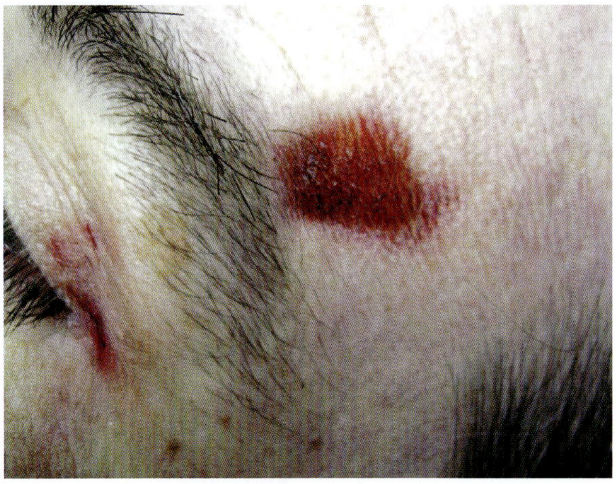

图 4.3　头部与汽车侧柱垂直碰撞导致的皮肤单纯擦伤。虽然大多数擦伤都有侧向接触导致的表皮破坏，但是这里没有明显切向损伤

多呈现为梳状，由较大面积的致伤物成角作用形成。如果是与地面刮擦形成的，俗称为砾石样皮疹（gravel rash）。擦伤是常见的日常损伤，形成的原因也很多，尤其是儿童双腿上的擦伤和挫伤很常见。皮肤表皮层与任何物品的摩擦，若破坏了角质层和底层细胞，都会导致该区域变色和组织液渗出，即使损伤的真皮乳头层没有出血。

在死后不久，因擦伤暴露的潮湿皮肤表面由于不断脱水而变得僵硬、呈皮革样或呈棕褐色的羊皮纸样改变（图 4.10）。例如，在缢颈或勒颈的尸体中可以看到索沟典型的皮革样改变。如果没有足够的时间让损伤边缘发生炎症反应，那么就无法判断这种浅表擦伤是在濒死期还是在死后形成的。死后擦伤也很常见，尤其是再次检验尸体时，殡葬设备和搬运尸体进出冰箱和棺材经常会造成损伤。这类擦伤通常呈黄色和半透明状，且边缘没有任何颜色变化。

切向擦伤或梳状擦伤

多数擦伤是受到横向摩擦而非垂直作用力形成的。当切向作用力形成损伤后，通常可通过这些被拉向擦伤末端的皮瓣来判断作用力的方向。例如，儿童摔跌和行人损伤常见的梳状擦伤，就是皮肤在粗糙地面滑动后刮擦形成的线性沟纹状损伤。表皮剥脱伴随着这些沟纹状损伤，终止在滑动停止的位置。必要时可以借助放大镜观察擦

伤，从而判断身体运动的方向。同理，如果受害者被粗糙的物体（如石头或砖块等）击打，游离皮瓣可以提示打击的方向（图 4.4～图 4.7）。

无论是在交通事故中，还是在伤害案件中，受害者在地面上被拖动时，都会产生同样类型的梳状擦伤。虽然很难区分此类损伤是生前还是死后形成的，但是这却很重要（图 4.8）。这个问题在另一章也有讨论。

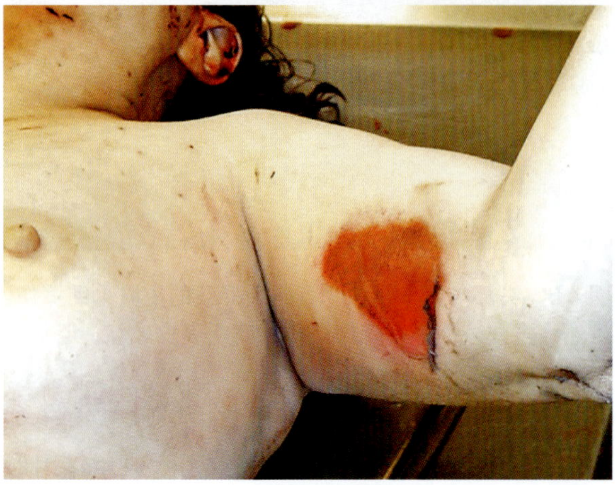

图 4.4 局限于皮肤表层的方向性擦伤。可以根据表皮被拉向下端的情况来判断，致伤物是从上往下（沿上臂纵轴）切向作用的

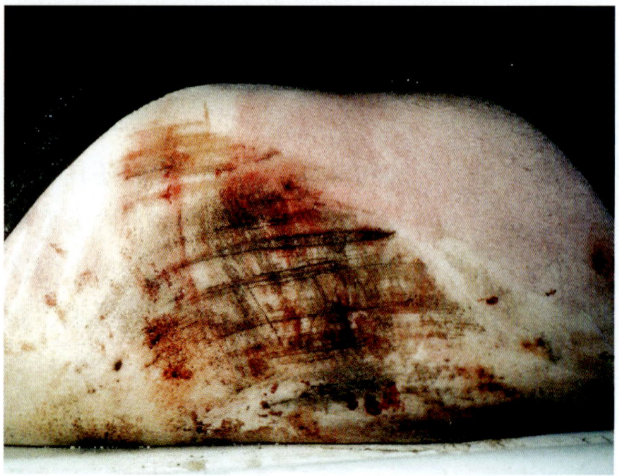

图 4.6 运动的身体与粗糙物表面切向接触导致的梳状擦伤，多见于交通事故中，擦伤多由伤者与路面接触形成。本例为一名被谋杀后丢落到矿井的女性，可见两个方向成直角的擦伤，表明她以不同的姿势撞了两次井壁

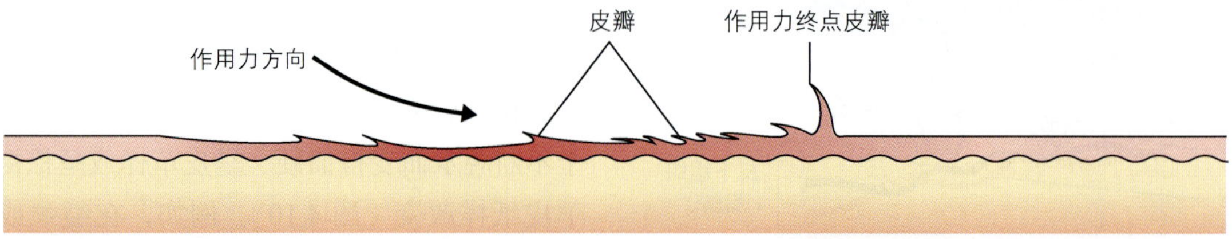

图 4.5 以皮瓣来判断导致擦伤的切向作用力方向，作用力引起的表皮游离缘倾向于在远端堆积

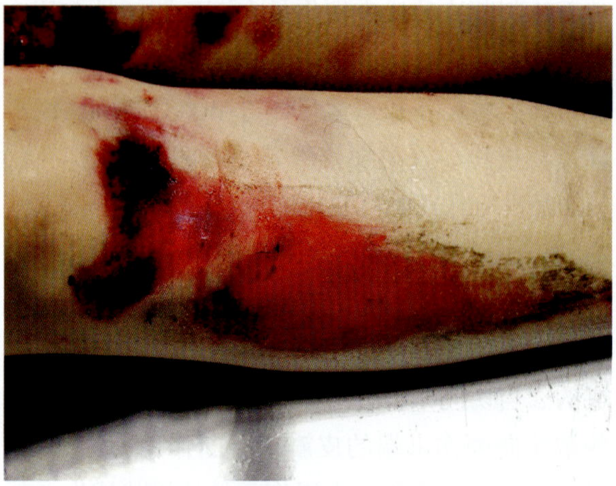

图 4.7 在路面滑动形成的梳状擦伤。本例为一名摩托车司机在一条新路的转弯处与公共汽车相撞。损伤中有部分是擦伤，部分是挫伤。运动方向可以通过损伤而辨别：挫伤在膝盖下方突然开始，朝着脚踝的方向逐渐减轻

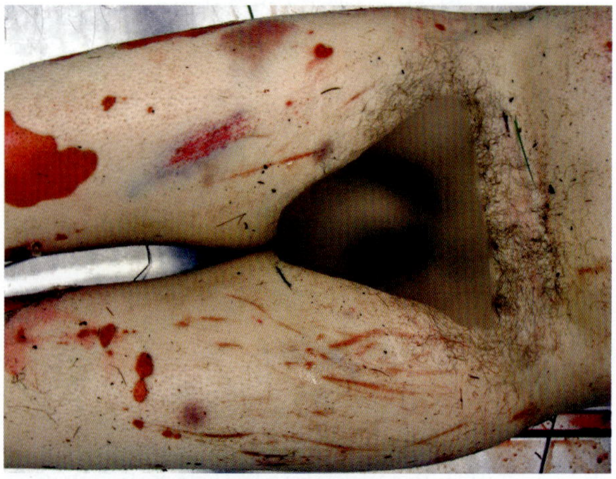

图 4.8 被谋杀者大腿前侧的拖擦痕。除了拖擦痕以外，还有挫伤以及双侧膝盖上方的烧伤。死亡是由胸部刺伤导致的

压擦伤

当外力垂直作用于皮肤表面时，通常不会出现刮擦或切线方向的损伤痕迹。但是由于表皮受到挤压，皮肤表面留下致伤物接触面的形态特征。当外力足够并且接触面较小时，就会形成创口。否则，就只有压擦伤。除非有皮下出血或局部水肿隆起，否则仅仅是皮肤表面的轻微凹陷。压擦伤是能够非常清楚地再现致伤物形态的损伤类型。例如，行人受到撞击后，身上损伤体现了汽车进气格栅的形态特征；或摔跌后体表形成的地板网格样损伤形态。如果撞击力量大，那么真皮也可能会受伤。因此，擦伤区域的下面也可能存在挫伤。

指甲擦伤

指甲擦伤经常出现在伤害类案件中，尤其是出现在虐待儿童、性侵、勒颈案件中，因此非常重要。指甲擦伤经常和类圆形挫伤一起出现，常见于颈部、面部、上臂和前臂。如果是手指沿着皮肤滑动，指甲擦伤多呈长条形划伤。如果是在静止状态抓握形成，指甲擦伤一般较短、呈条形或者弧形。女性通常比男性有长而尖利的指甲，因此更容易形成此类损伤。受害者在抵抗性侵或者其他伤害时，可能会抓挠施暴者的面部，形成平行、条状的皮肤损伤，这些条状损伤数毫米宽、间隔 1～2 cm。但在扼颈或勒颈案件中，受害者为摆脱压迫于颈部的手指或绳索所形成的指甲擦伤通常是间断的。上述这些损伤的方向通常为纵向分布，与施暴者扼压颈部导致的凌乱分布损伤存在一定差异性（图 4.9）。

在成人的伤害案件、虐待儿童案件中，上臂是经常被抓握和控制的部位。挫伤是最常见的，同时也可能会叠加指甲的印痕。静态的指甲擦伤可能是条形或弧形，长度 0.5～1 cm。如果希望确定在侵害时手部控制的方式，应当仔细观察指甲印痕弯曲的方向。

人们通常很自然地认为指甲印痕凹陷的方向提示指尖的方向。但 Shapiro 等的实验研究表明[1]，这种观点并不一定正确。因为当皮肤受到指甲挤压时，也可同时因受到两侧横向张力的作用而导致损伤变形。当外力撤销后，指甲印痕随着皮肤回弹复位。弧形印痕可能反转形成条形或凸出状。此外，指甲边缘的形状也会影响到印痕形态，尖头的指甲比直边的指甲更容易出现上述矛盾的现象。因此，法医病理学家必须慎重解读此类现象。例如，判断颈部的指甲印痕究竟是徒手从正面实施还是从背面绕颈形成。然而，Shapiro 等的实验说明这并不总是可行的。

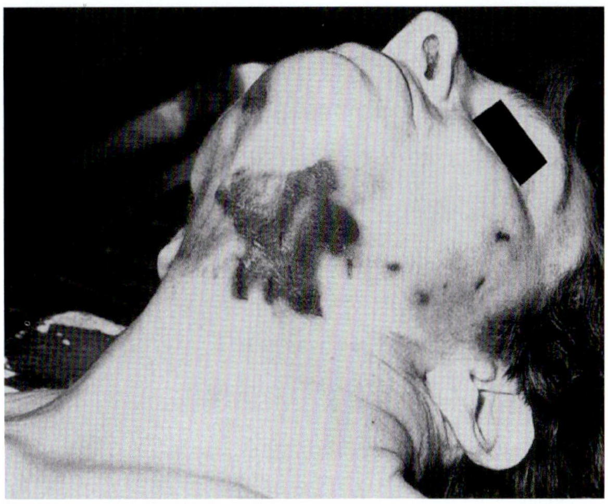

图 4.9　扼颈的擦伤。颈部损伤区域比常见的案例更加广泛。颈部表皮大面积浅表损伤是由攻击者的手滑动造成的，该区域在受害者死后逐渐变得干燥和皮革化。较小的痕迹为指甲划痕

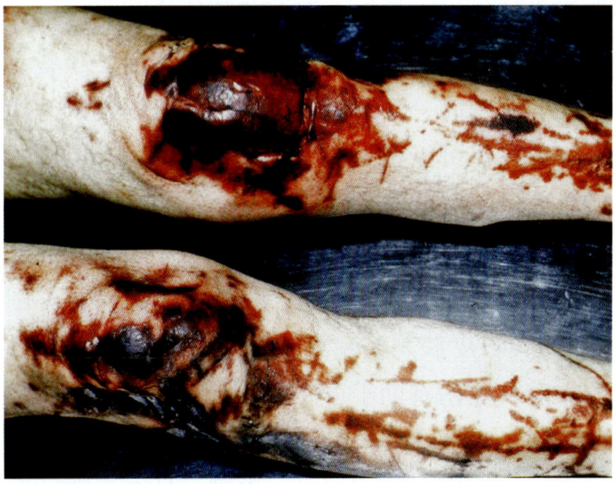

图 4.10　一名醉酒者膝盖和胫前由于被家具绊倒形成的广泛擦伤，之后因颅脑损伤而死亡。受损的皮肤有组织液渗出，死后组织液变干，呈现黑色、皮革样特征

印痕状擦伤

过去通常认为，擦伤比挫伤、撕裂创等其他

类型的损伤更能准确地反映致伤物接触面的形态特征。虽然擦伤能够很好地保存致伤物形态，但在许多案例中反映致伤物形态的实际上并非纯粹的擦伤，而是后文会提到的皮内出血。

印痕状擦伤主要在外力以直角或近乎直角方式挤压皮肤表面时出现，而不是在侧向刮擦时出现。如果一个表面有纹路的致伤物作用于皮肤，或人体坠落在有纹路的地面上，高低不平的纹路中隆起的部分就会在表皮形成擦伤。这时不仅表皮会受损，皮肤也会被挤进纹路的凹陷部分导致毛细血管损伤，形成皮内出血。可能最好的示例就是汽车轮胎碾压皮肤，皮肤被挤压到橡胶轮胎花纹的凹陷内，因此皮肤上会留下轮胎印痕。

尝试列出身体上所有可能被识别的擦伤印痕是没有意义的，但是其中一些是具有特殊法医学意义的。过去认为，汽车前部的蜂窝状进气格栅导致了多种特征性的印痕状擦伤。但是随着车辆设计的趋同，让这些印痕具有的特性也成为历史。现在仍可以根据损伤分析汽车特征，但这些损伤更多的是挫伤和撕裂创。

枪口也可以在皮肤上留下反映枪口形态的擦伤。这对于确定是否接触射击非常重要（图8.30）[2]。皮肤与浴室或泳池瓷砖纹路作用导致的印痕状擦伤有助于重建缺乏目击证人的案件过程（图4.11）。具有特征性纹路的致伤物导致的损伤容易被识别，如编织绳、皮鞭、具有浮雕纹路的硬物。具有重复纹路特征的致伤物形成的损伤，如帮派斗殴中使用的自行车链条、锯齿状刀具，为判断致伤物提供了显而易见的线索（图4.12）。

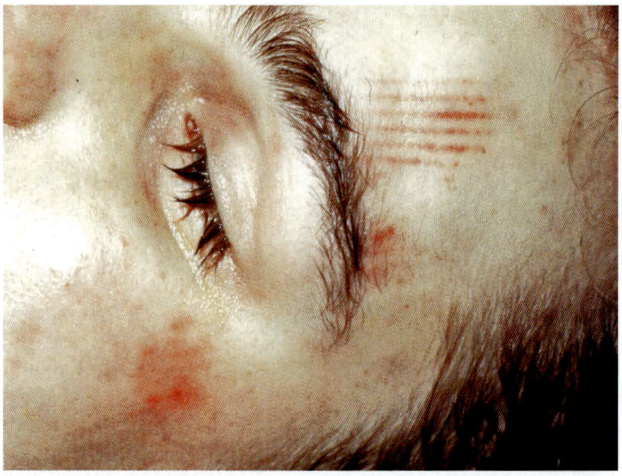

图 4.11　室内泳池服务员前额的擦伤和皮内出血。他被发现溺死在泳池中，但是没有目击者。额部擦伤的间距与泳池边缘的瓷砖凸起纹路一致，因此推断他是滑倒后头部被撞击，最后导致昏迷落水

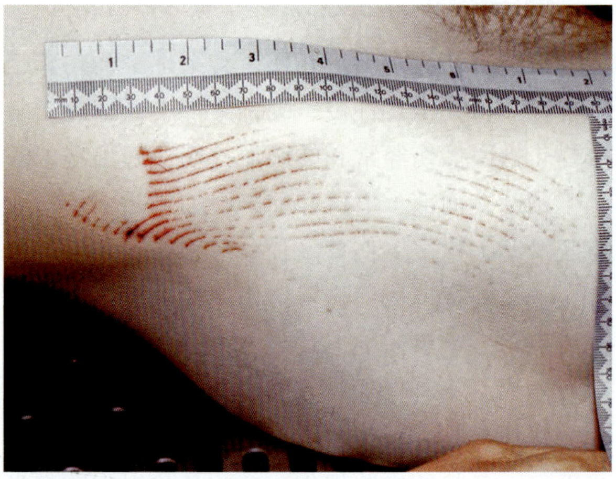

图 4.12　“兰博刀”（rambo knife）刀背的锯齿状边缘导致的印痕状擦伤。此类损伤照片应始终带有比例尺以帮助识别凶器

死后擦伤

与死后挫伤不同，死后擦伤很常见。很多原因都可以造成死后擦伤，如拖拽尸体或流水冲击。死后一些动物形成的损伤也与擦伤相似，如昆虫咬伤，尤其是蚂蚁咬伤。

尸检过程可能也会造成类似损伤。随着死亡时间的延长，皮肤变得更加易损。死后尸检的正常流程和尸体在殡仪馆的流转也可能造成皮肤损伤，特别是在用热水清洗尸体后更容易损伤。如果法医病理学家需要后续再次检验，或律师要求二次尸检，尸表检验应当与原始记录或尸检照片进行核对，以甄别一些可能的死后损伤。

挫伤

挫伤经常都伴随着擦伤或撕裂创。单纯的挫伤是在完整的皮肤下，由机械性外力造成血管破损溢出的血液在组织间隙聚集形成。溢出的血液聚集范围的直径通常大于数毫米，也被称为淤肿（bruise）或者挫伤（contusion）。这个挫伤的大小覆盖了原来的定义，现在也很少用“瘀斑”（ecchymosis）这个术语来描述小挫伤。

更小的挫伤被称为针尖样出血点，其是指那些大小与针尖差不多或者更小的出血。瘀斑和点状出血多见于浆膜、结膜及皮肤上，一般不是机械性外力直接引起的。适度的挤压、冲击，特别是负压吸引皮肤都会产生局部的出血点。

挫伤是由静脉、小静脉和小动脉受损引起的。毛细血管出血只有在显微镜下才能被观察到，甚至出血点的形成也需要较大量的毛细血管损伤，而不是一条毛细血管。

淤肿通常意味着损伤已经可以通过皮肤被观察到，或者已经存在于皮下组织内，而挫伤则可以出现在身体的任何部位，如脾脏、肠系膜、肌肉等。这两个术语经常会随意互换使用，但当医生向非医学背景的人提供报告或者证据时，淤肿通常是首选表述。

皮内出血

皮内出血很重要，但是大多数书籍很少提及。钝性外力作用造成的挫伤一般位于皮下组织，通常在脂肪层。当透过真皮层和表皮层被观察到时，挫伤看起来比较模糊，特别是边界模糊不清。然而，有纹路的致伤物形成的挫伤位于皮内组织时，出血的边界轮廓会清楚很多。这是因为出血量相对较少，而且位置浅表，透过薄薄的半透明表皮层可以清楚看到印痕（图 4.13）。

具有凹凸不平交替纹路的物体特别容易导致这样的挫伤。皮肤被挤压进凹槽内导致急剧变形，从而引起皮内出血。与凸起接触的皮肤区域则会由于小血管的血液被挤压而变得苍白。汽车轮胎压过皮肤表面留下的印痕是比较形象的例证。同样的损伤也可以在具有纹路的绳子或训练鞋鞋底（图 4.14，图 4.17）。

影响挫伤的因素

各种因素都可以影响挫伤的大小、程度等，因此，不能武断地根据给定的挫伤来判断所需外力大小。

- 挫伤是血管内的血液溢出形成的。血管外必须要有足够的空间可以让血液积聚。这就解释了在眼眶或阴囊等疏松组织部位容易出现挫伤的原因，但是足底、手掌则很少见挫伤。因为足底、手掌内的致密纤维组织和筋膜层阻碍了血液的积聚。同理，在其他因素（如血管脆性及年龄等）相同的情况下，肥胖的人具有更多的皮下脂肪组织，因此其比瘦的人更容易出现挫伤。
- 皮肤挫伤的程度随着出血量的不同而呈现差异。出血范围的大小并不完全取决于外力的强度。皮肤血管网的大小和密度随着部位不同而变化，而外力导致的局部血管损伤范围是随机的。

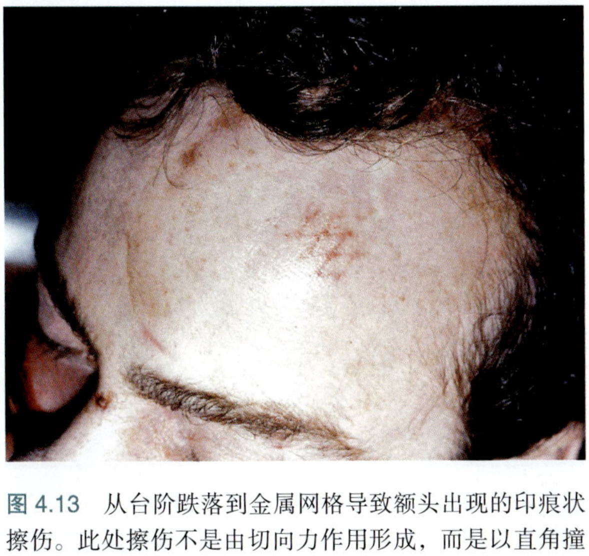

图 4.13　从台阶跌落到金属网格导致额头出现的印痕状擦伤。此处擦伤不是由切向力作用形成，而是以直角撞击直接造成的

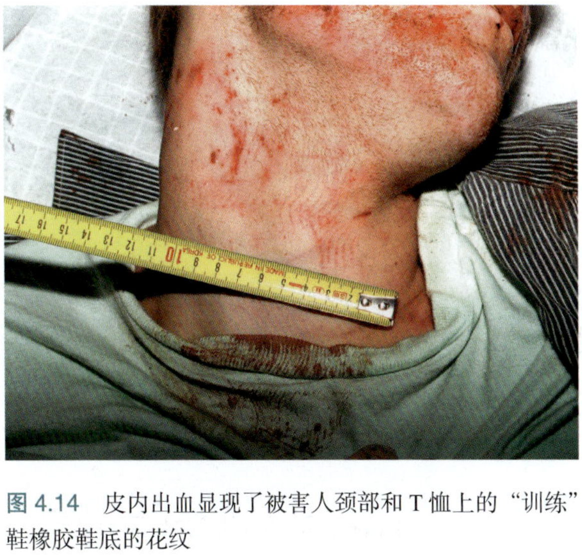

图 4.14　皮内出血显现了被害人颈部和 T 恤上的“训练”鞋橡胶鞋底的花纹

- 在一定强度的外力作用下，腹壁、臀部等富有弹性的部位比有骨骼衬垫的头部、胸部、胫前等区域的挫伤更少（图 4.15，图 4.23）。
- 挫伤的深度影响挫伤显现出来的严重程度。挫伤可在位于比较浅表的真皮层，形成前文所述的印痕状皮内出血。这种类型只有少量的出血会被观察到。大多数挫伤都位于深筋膜上层的皮下组织中，因此很容易被发现。但是，其他挫伤则局限于较深的筋膜下，必须透过皮肤和皮下脂肪才能观察到。如果这些部位溢出的血液量有限，挫伤就不太明显。有些局限于深筋膜间的挫伤，只有在解剖时才能看到。
- 对于一定强度的外力，溢出到组织间隙的血液量取决于血管脆性和凝血功能。老年人血管弹性差，轻微撞击容易造成大面积的挫伤。任何由疾病、中毒、特定的药物诱发的凝血功能障碍，都会阻碍血管损伤后凝血修复过程。患有坏血病和慢性酒精中毒的人很容易出血，相反，某些人群（如拳击手）看起来似乎可以承受常人所不能承受的攻击。
- 无论是医生还是普通人都知道随着时间的推移，卧床的人可能会出现越来越明显的“挫伤”。部分原因是血管破裂后的持续出血，但是更主要的原因是深部组织内血管内血液渗出，并向上浸润到表皮。另一个原因可能是溶血，游离的血红蛋白比完整的红细胞更容易扩散，从而使挫伤变得更加明显。溶血不仅是死后挫伤更加明显的原因，也是新鲜挫伤当时不明显而在死后一段时间更加明显的原因。这个内容在第 2 章有详细介绍，这

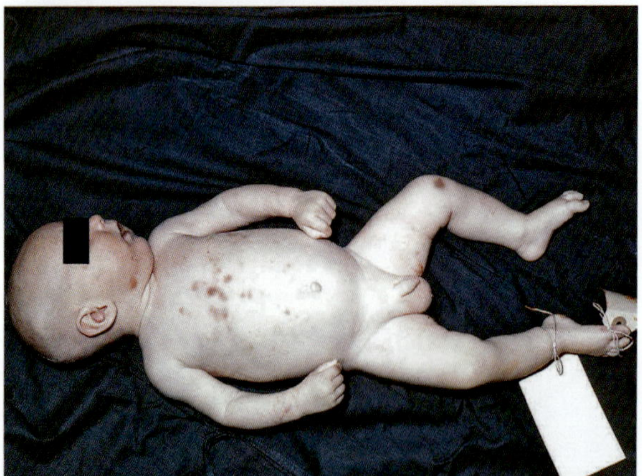

图 4.15 被虐儿童躯干上的多处挫伤。这是成年人手指用力戳压造成的指尖样挫伤。这名儿童死于肝破裂

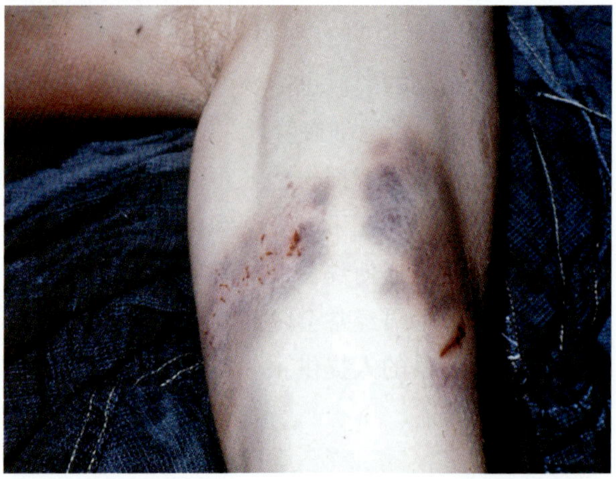

图 4.16 上臂挫伤，是挣扎过程中被大力抓握的典型损伤。二头肌两侧可见手指形成的挫伤以及指甲形成的轻微擦伤

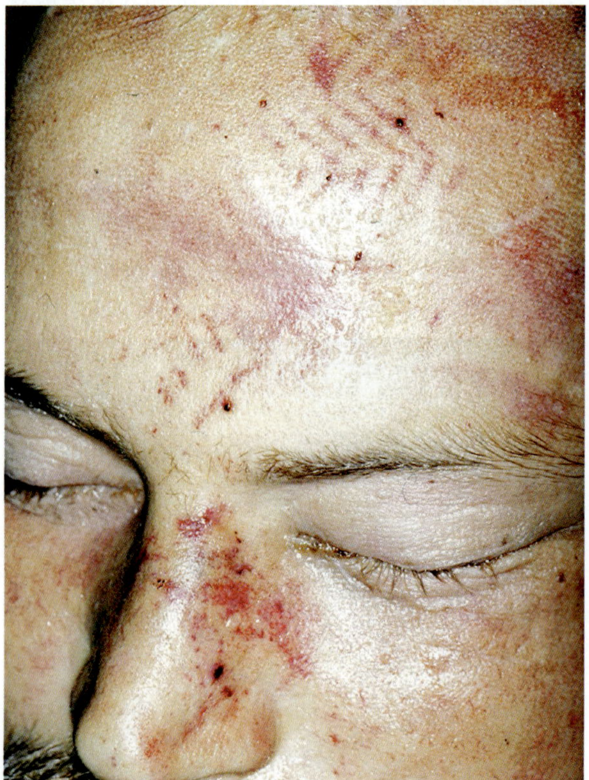

图 4.17 面部踢踩伤。脚踢导致鼻部挫伤，额部留下了鞋底橡胶花纹导致的皮内出血。准确采集鞋印损伤花纹的照片和尺寸是必不可少的，便于对可疑鞋类进行鉴定

里提到主要是为了强调其在鉴别挫伤当时和死后一段时间尸表挫伤差异中的重要性。另外，从诉讼的角度来看，可以发现首次检验没有记录到的挫伤并将其用于法庭质证。但是，如果这个现象已经被关注到了，那就可以避免后续潜在的争议。

挫伤的转移

挫伤可能出现在与受力部位不一致的区域。浅表挫伤，尤其是皮内出血，通常会立刻或很快出现在受力区域。但是，当挫伤的出血位于深部组织时，出血需要一定的时间才能渗透到皮肤表层。这个过程可能会由于筋膜和其他解剖结构的影响而被阻挡或发生偏移。

此外，挫伤也可以在重力的作用下发生移动。最常见的例子是前额上部的挫伤或撕裂创出血。如果受害者存活了数小时以上，那么皮下出血会转移到眉弓，并出现在眼眶，形成熊猫眼征。这类熊猫眼征经常会被误认为由直接外力作用所致。同理，上臂或大腿的挫伤可能会向下转移到肘部或膝盖周围。

挫伤随时间的变化

如前所述，因为红细胞或血红蛋白扩散到靠近透明的表皮，所以损伤形成后的数小时或数天内，挫伤往往会变得更加明显。活体的挫伤在愈合过程中，也会出现随时间变化的特征。新鲜溢出的血液呈明显的暗红色，但从皮肤上看可能呈紫色或接近黑色。在有色人种的受害者中，除了血肿和组织水肿形成的肿块以外，挫伤颜色变化有时不太容易从体表被观察到。

随着时间的推移，血肿在组织酶和细胞浸润的影响下逐渐消退。红细胞膜崩解，所含的血红蛋白被降解，进而导致一系列的颜色变化。血红蛋白被分解成包含了含铁血黄素、胆绿素和胆红素的混合物，它们会导致挫伤颜色从紫色变为蓝褐色、绿褐色、绿色和黄色，最后消退。

一个健康的年轻成年人身上较小的皮肤挫伤可能会经历上述所有阶段，并在约 1 周的时间内消退。但是 Roberts（1983 年）认为，我们可能高估了挫伤消退的时间。他在性侵案件中观察到的“爱痕”（love bite），可能变黄并在 1～2 天消退[3]。Langlois、Gresham（1991 年）和 Langlois（2007 年）回顾了相关文献发现，关于挫伤颜色随时间变化特点的观点存在广泛差异[4, 5]。他们对 89 名年龄在 10～100 岁的受试者的挫伤外观进行拍照记录，在年龄小于 65 岁的人中发现的最显著变化是挫伤呈现黄色时，说明损伤时间不可能短于 18 h。而蓝色、紫色和红色对推断挫伤时间没有帮助；棕色是多种颜色的混合，也被认为是没有用的。

根据作者的经验，因为受伤后 24 h 以内的挫伤并没有明显的颜色变化，所以要推断损伤时间非常困难，只能说它们是“新鲜”的[6-9]。

正如过去的教科书所写，因为有太多的变量使其不可靠，所以根据这些颜色变化推断准确的损伤时间点是不可行的。

这些变量包括：

- 出血范围：挫伤的颜色变化最先开始于边缘。较大范围的挫伤需要较长的时间才能被吸收。一个面积较大的陈旧性挫伤可能观察到挫伤完整的颜色改变：从中心的紫色到边缘的黄色。
- 受害者的年龄和体质：老年人的挫伤可能很难痊愈，甚至终生保留。
- 任何人可能都会因为具有某个特殊体质而导致挫伤迅速发生变化，如凝血缺陷。

本章后面会提到，组织学检查也不能准确地推断早期损伤时间。Simpson 认为，含铁血黄素导致的颜色改变在损伤 24 h 后就可以被发现，但是也经常出现伤后两三天内仍然没有被观察到的情况。脑膜出血后大约 36 h 也可以看到含铁血黄素的出现。

血色素的另一种分解产物类胆红素，一般出现在伤后一周的陈旧性挫伤和血肿内。

虽然不能推断准确的损伤时间，但以下现象是合理的：

- 如果挫伤的整个区域都是新鲜的，没有可见

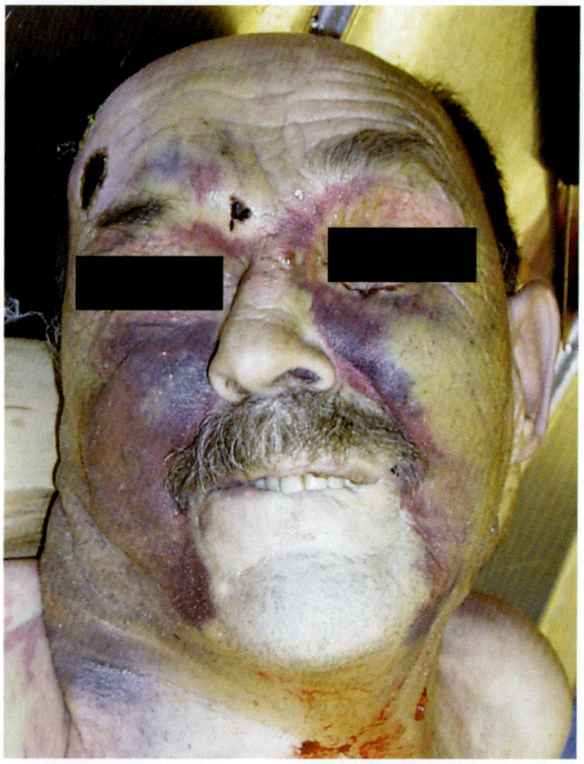

图 4.18 面部受到拳击、踢打和踩踏后的广泛挫伤，图示为伤后 6 天的形态。受害者面部多处骨折，双侧多处肋骨骨折、张力性气胸

的颜色变化，那么损伤时间不太可能超过 2 天，除非是老年人。

- 挫伤呈现出的红色、蓝色、紫色、黑色或绿色并不是指示损伤时间的可靠指标[4, 5]。
- 如果在挫伤区域出现亮黄色改变，则提示损伤不是最近形成的，可能已经超过了 18 h；在大多数情况下，此时损伤已经至少形成了 24 h，甚至接近 48～72 h[4, 5]。
- 如果大小和部位大致相当的几处挫伤区域颜色明显不同，那么它们就不可能是同时形成的。这在处理疑似虐待儿童案件中尤为重要，因为新旧不一的损伤对认定虐待具有重要意义。

必须注意的是，我们对颜色的感知能力也可能存在个体差异。例如，对黄色的敏感性会随着年龄的增长而降低[10]。

具有特殊意义的挫伤

特殊形态、特定部位的挫伤往往具有特殊的意义。多个比较接近的直径约 1 cm 的类圆形挫伤是指尖抓握或戳压的特征。这种损伤经常出现在虐待儿童案件中，是成年人用手抓握婴幼儿以便于控制的时候形成的（图 4.16）。这类损伤曾因其大小特征而被称为“六便士挫伤”（sixpenny bruises），通常见于儿童的前臂或上臂，有时见于手腕或脚踝周围，也可能发生在腹部。扼颈死亡案件中，在儿童或成人的颈部也会看到类似的挫伤。但由于手部抓握颈部会发生滑动，常常还伴有弥漫性的挫伤。

当藤条或木板条等条状或方形接触面的工具击打皮肤表面时，挫伤会出现“铁轨样”（tram-line，railway line）形态。这种损伤呈现为两条平行的挫伤带，中间有一个未受损的区域。其形成机制是，致伤物作用时快速下压皮肤，使得致伤物的边缘向下拖拽皮肤，牵引撕裂两侧血管。而致伤物的中部挤压皮肤，在没有骨质衬垫的情况下，一般不会引起损伤或仅仅引起轻微损伤（图 4.19，图 4.20）。当致伤物短暂的作用力消失后，血液回流到受伤的边缘区域并溢出到组织间隙内，当瞬间作用力解除后，血液会回流到损伤的边缘区域并渗入组织。扫帚柄、窄木板、木头或金属棒的作用都能引起这类特征性损伤。

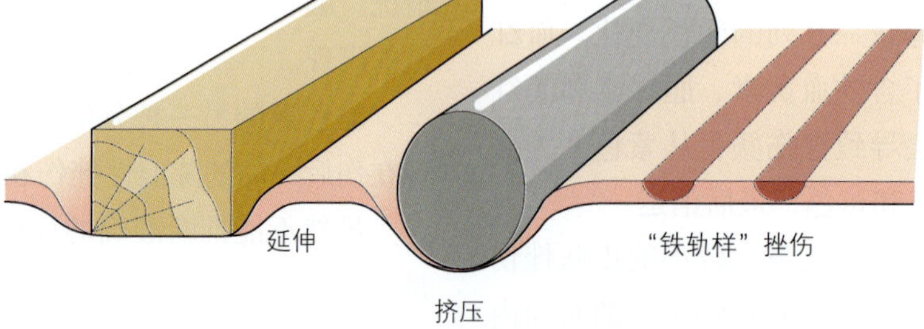

图 4.19 方形或圆柱形棍棒形成“铁轨样”挫伤模式图

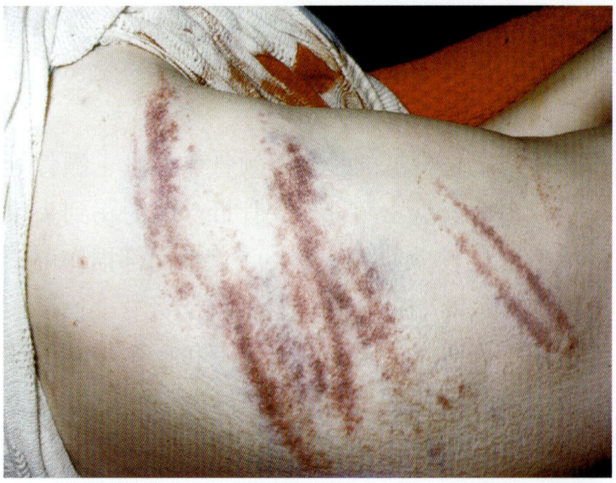

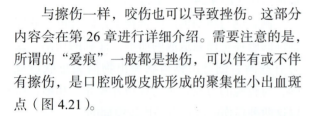

图 4.20 扫帚柄打击形成的挫伤。损伤大致平行，多处（尤其是最下面的）显示出圆形或方形截面棍棒形成的典型“铁轨样”外观。损伤中心的压力导致血管压缩，但未发生出血

与擦伤一样，咬伤也可以导致挫伤。这部分内容会在第 26 章进行详细介绍。需要注意的是，所谓的“爱痕”一般都是挫伤，可以伴有或不伴有擦伤，是口腔吮吸皮肤形成的聚集性小出血斑点（图 4.21）。

常见的熊猫眼征在第 5 章“头部和脊柱损伤”中有介绍。需要再次强调的是，并非所有的熊猫眼征都是眼部受到打击造成的挫伤（图 4.22），一些是由眶上壁骨折或其他前额部损伤出血的重力转移造成的（图 5.9）。

若在蛛网膜下腔出血死亡者的耳下方发现挫伤，需要仔细检查颈椎上段和脑基底动脉是否损伤。这部分内容同样在第 5 章“头部和脊柱损伤”中有介绍。

死后挫伤及死后人为损伤

故意对尸体施加暴力可以造成看起来像挫伤的损伤形态，但所需的暴力却较大。由于破裂的小血管内没有血压，死后出血是被动溢出，所以出血量与使用的外力相比是很少的。因此，死后挫伤对法医病理学家来说没有什么实际意义。在大多数情况下，他们在几天后进行第二次尸检时，可以明确地区分死后挫伤和真的生前挫伤。

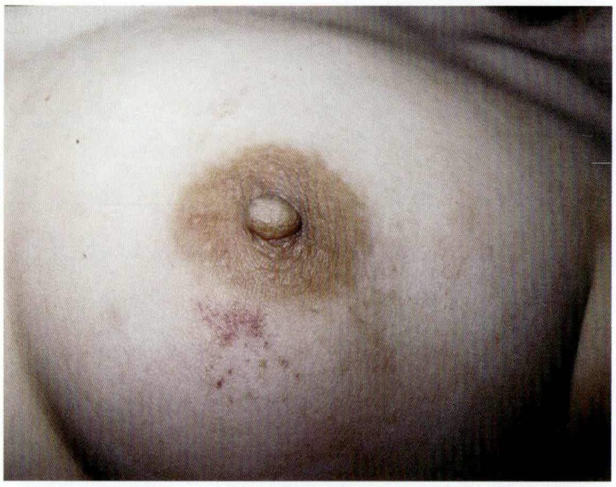

图 4.21 被扼颈和绳索勒颈死亡的 22 岁死者的左侧乳房吸吮痕（“爱痕”）

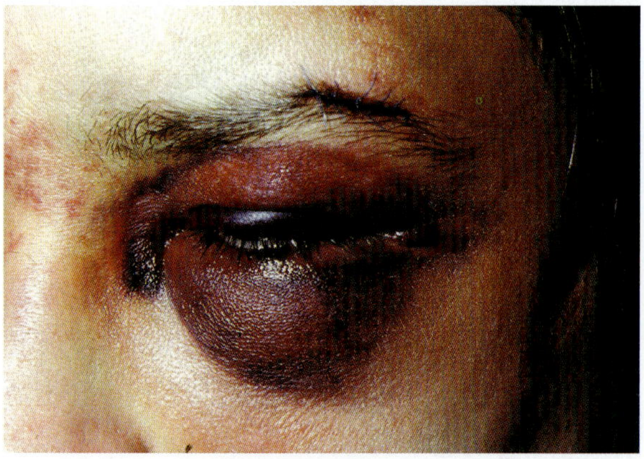

图 4.22 拳击导致伤者形成黑眼眶（眶周血肿），也导致鼻梁擦伤和眼角撕裂（已缝合）

死后擦伤很常见，特别是进行过首次检验和殡仪馆流转的尸体。但是挫伤却极少在这些过程中形成。

比皮肤挫伤更为重要的是体内的假性挫伤。尤其是在充血性死亡案件中，颈部受压时静脉系统充血，从而易形成一些人为的出血。其他文献也介绍过的一个特别重要的出血位置——颈部。颈部食管和颈椎之间的血液聚集容易与勒颈造成的挫伤混淆。Prinsloo 和 Gordon 在 1951 年通过对这种现象的全面研究发现，在怀疑颈部损伤的时候，建议在解剖颈部前取出大脑，使充血静脉丛内的血液排出[15]*。这种假性挫伤现象看起

* 译者注：参考文献顺序同英文原版。

来与死亡时间有关。尸检时间较晚，则更有可能发生。

踢伤

穿了鞋的脚作用于人体上可能会留下印痕状挫伤。这些挫伤最常见的部位是腹部或胸部，有时候在颈部或面部也可以看到。侧踢更容易形成擦伤和挫伤，而脚尖的作用则会使人体形成弧形擦伤，甚至撕裂创。垂直踩踏可会留下与鞋底花纹相对应的皮内挫伤，特别是穿着橡胶“训练鞋”（图 4.14，图 4.17）。与汽车轮胎一样，皮肤被挤压进鞋底花纹的凹槽中，会形成清晰的挫伤花纹。如果力量很大，也可能造成广泛的深部组织出血，但这种损伤在识别特定鞋底花纹时不太有用。

随着社会中暴力行为和恶性流氓行为的增多，踢伤变得越来越常见。一些缺乏责任感的公民流行穿着厚重的鞋类，因而发生踢伤时也增加了损伤的严重性。

虽然大多数踢伤都去了医院急诊部门，但是病理学家受理的踢伤数量也在不断增加。受害者并非都是醉酒青年，也有许多遭到入侵者和抢劫者严重踢打的老年人。

显然，大多数踢伤是在受害者被推搡、绊倒或拳击后躺在地上或者坐在地上的时候发生的。一旦处于卧位，鞋就会朝着最方便的目标攻击，即身体的凹面。腰部、腹股沟、颈部、面部等是最常被攻击的。当受害者呈“胎儿蜷缩样”姿势进行自我保护时，摆动腿部的脚踢可能会发生在腹部区域。除此之外，脚部也可能垂直向下压在卧位受害者身上。鞋后跟比鞋尖造成的损伤更大，是最具破坏性的位置。有时还伴有踩踏动作，这可能会撕裂皮肤并导致不整齐的撕裂创。

另一种姿势是站在受害者身体上或者跳跃后单脚、双脚踩到受害者身上。这种情况下，胸部是最常被攻击的部位，导致肋骨或胸骨骨折、连枷胸或者心脏损伤。

大多数踢伤的主要特征是严重的挫伤和身体内部损伤。即使鞋尖没有造成撕裂创，也可能会因严重的踢伤而导致大血肿和肌肉挫伤。腹部和胸部脏器可能会破裂，生殖器也很容易受伤，尤其是阴囊或者尿道。

面部踢伤常见的是上下颌骨、鼻骨、颧骨等一个或多个骨折。颅骨很少骨折，因为踢到头顶部的情况比较少见（图 4.18）。这种面部损伤可能会因为咽部和气道内充满血液而导致死亡。面部一侧被踢，可造成上颌骨的上牙弓和上颚与其他部分分离。单侧下巴被踢，可以导致两侧下颌支骨折，即两侧下颌支骨折并不需要踢两侧[11-14]。

撕裂创

第三大类钝性损伤是撕裂创，即皮肤的全层都被损伤（图 4.24，图 4.26，图 4.27）。

撕裂创与切割创的区别在于，撕裂创皮肤完整性的破坏是撕裂造成的而不是锋利的切割。因为有些撕裂创是由锯齿状突出物撕裂皮肤造成的，与较钝的刀或斧头的致伤方式非常相似，所以这两种损伤的区别也是比较模糊的。

除非使用很大的力量，否则大多数撕裂创都需要一个坚固的基底部作为皮肤和皮下组织的衬垫物。钝性外力作用于腹部或臀部很少造成撕裂创，但是作用于皮肤活动范围较小的头皮、胫前、肩部、面部和胸部时，则容易发生撕裂创。而当臀部、大腿、小腿后侧或前臂等柔软部位形成撕裂创时，这些撕裂创可能发生在一个突出的点或边缘，也可能是钝性物体侧向作用于皮肤后，导致皮肤张力过大而被撕裂。撕裂创的形成需要挤压和撕裂，创口周围通常会伴有擦伤或挫伤。如果造成撕裂创的外力以一个合适的角度作用在皮肤表面，那么可能很少会出现擦伤或挫伤。

头皮的皮肤和皮下组织位于颅骨平面上，受到外力作用时被挤压形成的撕裂创最典型。事实上，头皮撕裂创与切割创类似。钝器作用于头皮时，可以干净利落地撕开颅骨上方组织从而形成线性创口，导致明显的“三明治效应”（sandwich effect）。这种创口非常容易被缺乏经验的人当作刀伤或斧头伤。

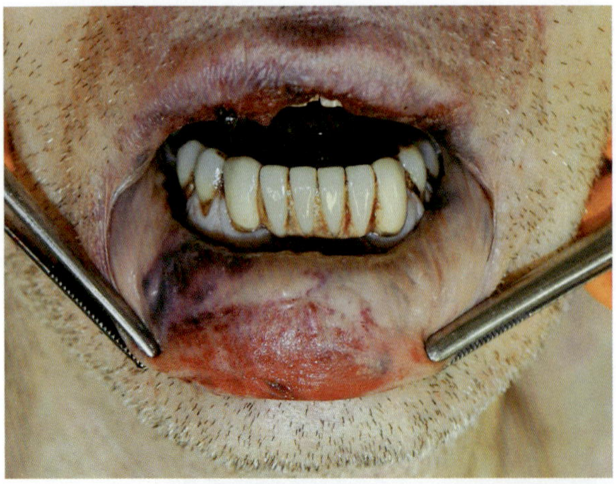

图 4.23　嘴唇被打击导致内侧黏膜挫伤。嘴唇撞击在下面的牙齿上，但尚不足以造成撕裂创

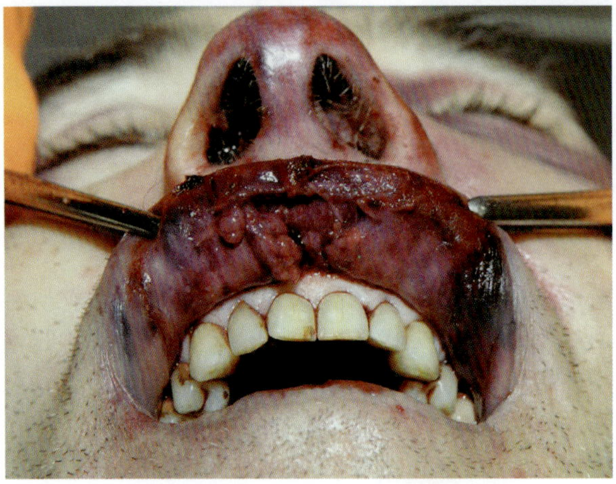

图 4.24　拳击伤导致上唇撕裂创

撕裂创与切割创的区别

- 创缘的挫伤或挤压改变。这些改变可能位于非常狭小的区域，甚至需要使用放大镜观察。
- 创腔内组织的连续性，包括筋膜、血管和神经。锐器伤腔内这些组织是被完全离断的。
- 创底部没有骨质的线性损伤，尤其是创口在颅骨时。刀或斧头更容易在创底形成工具痕迹。
- 如果损伤区域像头皮一样有毛发覆盖，创腔内会发现完整的毛发，而切割创会造成毛发断裂。

平面物体的作用也可以造成撕裂创，尤其是作用于头皮时。例如，头部撞击地面或被宽而扁平的工具击打时，头皮及皮下组织被挤压在颅骨上，并可能使头皮向两侧裂开，通常在创口周围会伴有挫伤区（图 4.25）。

其他类型的撕裂创是由物体边缘作用造成的，如棍棒、砖块、石块或车辆后视镜（图 4.28～图 4.33）。虽然有时看起来致伤物是垂直作

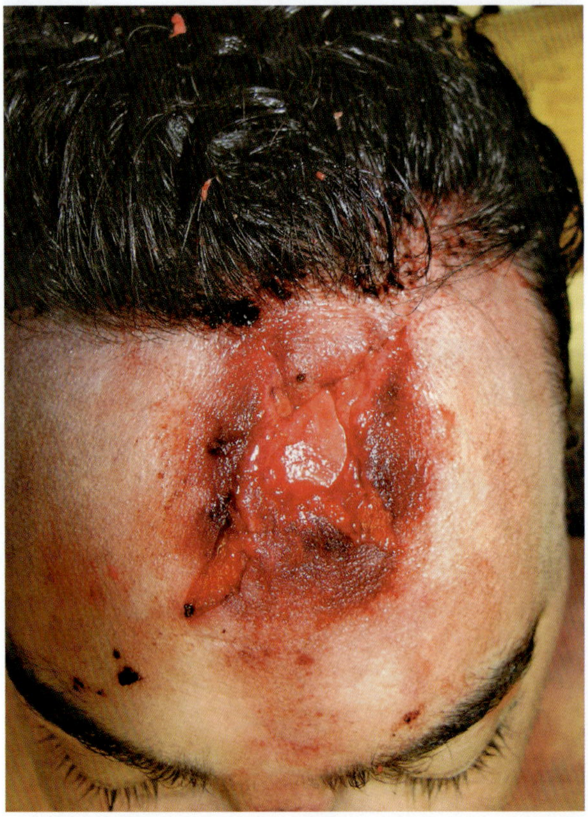

图 4.25　前额撕裂创，周围伴有挫伤。创口因与下侧骨骼挤压而呈星芒状。死者从楼梯上摔跌，导致第 7 颈椎骨折，最终死于脊髓损伤

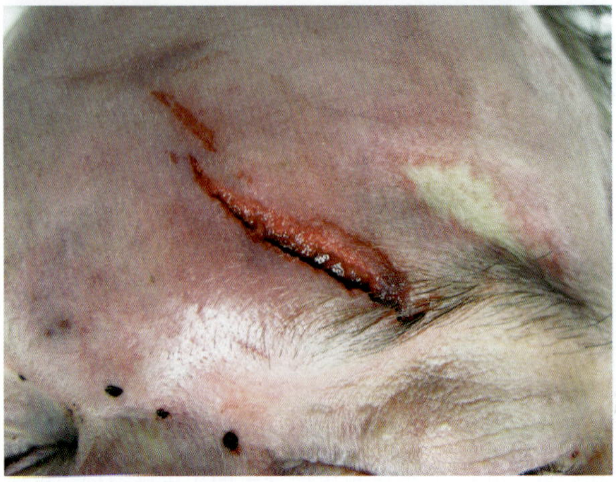

图 4.26　眉弓单纯撕裂创。长期酗酒者在家摔倒撞击头部，后因急性胰腺炎死亡

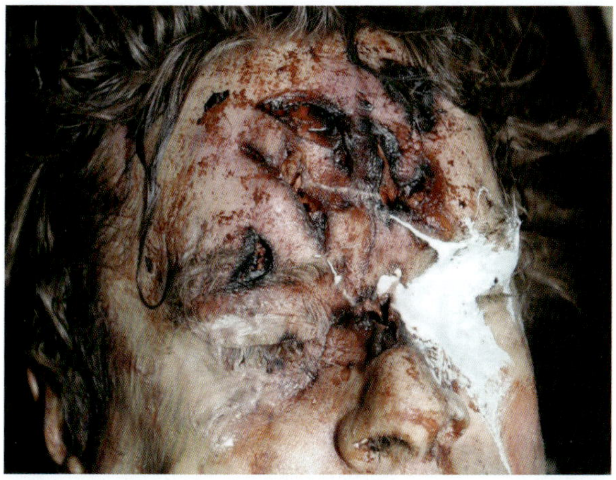

图 4.27　前额多处撕裂创。行凶者将牙膏挤在死者左眼周

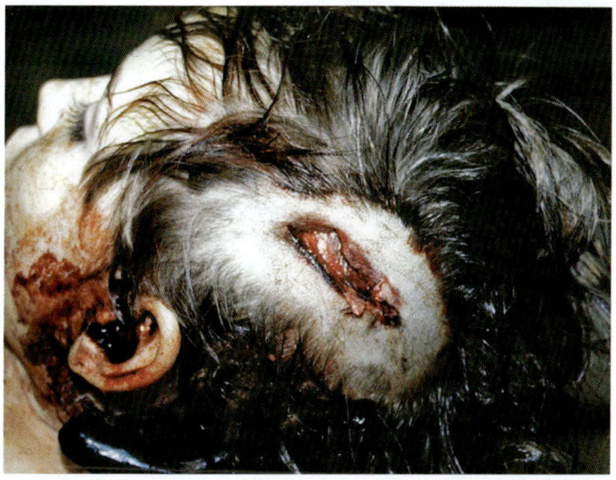

图 4.28　钝性金属棍棒造成的头皮撕裂创。创缘被挤压、挫伤，可见组织和毛发被挤入创腔

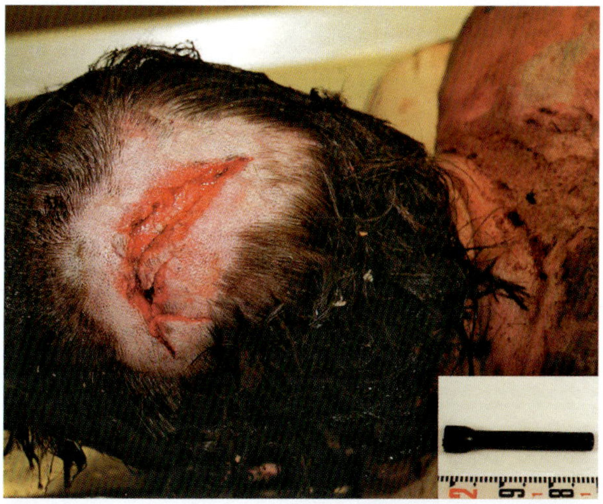

图 4.29　30 cm 长的沉重电筒导致的头皮撕裂创。肩部皮肤泛红，呈一度和二度烧伤。死者在床上睡觉时被打击头部，随后死者丈夫将汽油倒在其尸体上并点火

图 4.30　头皮挫伤，伴有颅骨骨折。部分伤口类似切割创，但创缘挤压明显，并且创口内见毛发和组织间桥。致伤物推断可能是一根边缘锋利的金属棍棒

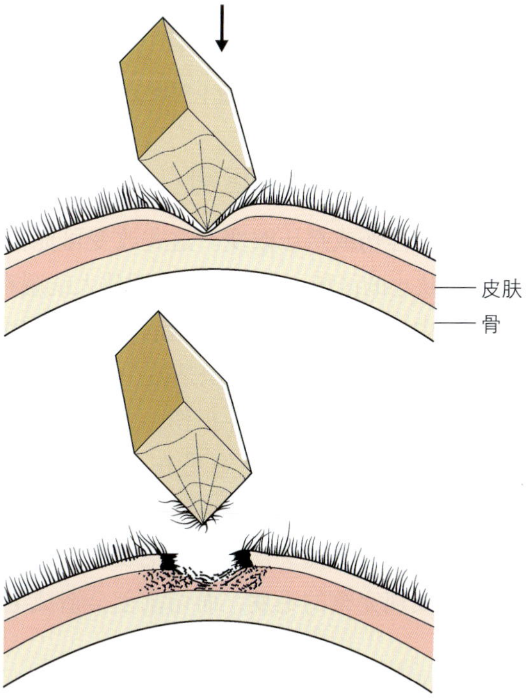

图 4.31　钝物对有骨骼支撑皮肤的挤压作用。皮肤处于致伤物和骨骼之间，导致创口裂开，伴有创缘挫伤以及创腔内可见毛发及组织间桥

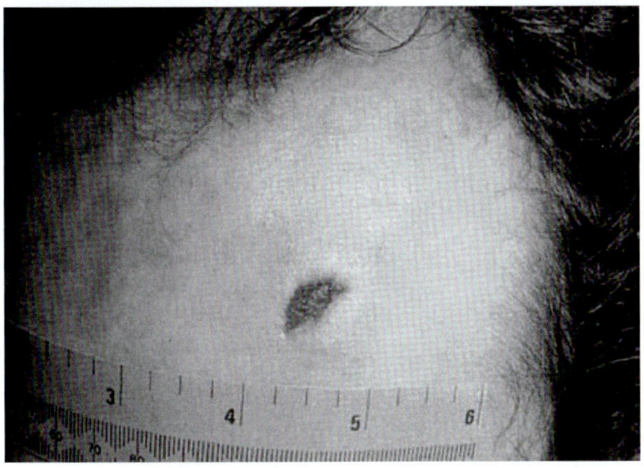

图 4.32 损伤 1 周的额头浅表撕裂创正在愈合。创口底部可见肉芽组织，周围皮肤因创口中部结痂而皱缩

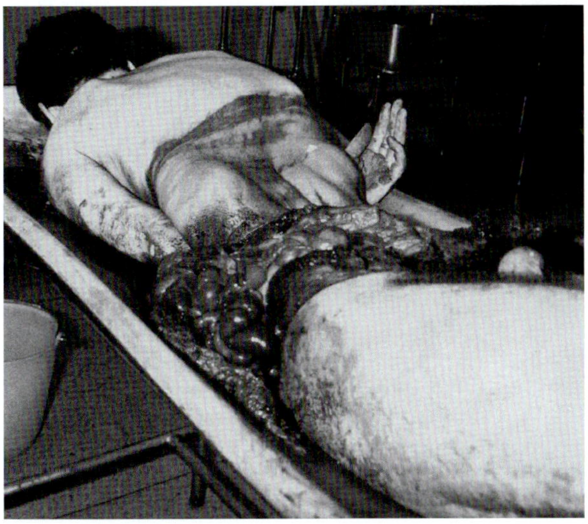

图 4.33 从腰部横断成两部分。死者从高层建筑上跳下，撞击在栅栏上而形成

用于皮肤表面的，但通常都会存在一定的切向作用。这就会导致创缘的两侧损伤不同。在有切向受力的一侧，创缘会相对整齐，而对侧创缘是从前一侧创缘处被扯开，受到更多的撕裂作用，并经常在创缘下见到囊腔形成。如果这个作用明显不对称，那么皮肤就会从其下的骨质或深筋膜上剥脱形成一个足够大的囊腔。

在极端的情况下，这种作用力会造成“剥皮样损伤”（flaying injury），即大面积的皮肤和皮下组织从肢体上剥脱，一般都是由于车轮的旋转作用造成的。旋转的车轮也会对头皮造成类似的损伤，但是这种损伤更多可能是由头发被绞夹在机械设备中牵拉造成的。这是以前常见的工伤事故，也是第二次世界大战期间工厂女工戴“发网”的原因。

印痕状撕裂创

撕裂创很少像擦伤、挫伤那样能很好地反映致伤物接触面形态。与颅骨骨折一样，造成皮肤钝性撕裂所需的力量较大，一般会导致损伤呈放射状或者不整齐撕裂创口不整齐，难以识别致伤物形态。有时候撕裂创的形态可以被识别，最好的示例就是锤子击打头部。一个圆形的锤面作用会形成一个圆形或圆弧形损伤，可能会同时伴有颅骨的凹陷性骨折。但撕裂创不能够精确反映锤面的准确尺寸，创口可能比锤面略大。

脚踢可以导致撕裂创，特别是穿着具有硬鞋头靴子时。脚踢更多的是切线方向作用，导致组织剥离。形成的创口创缘整齐，有时会被误认为是刀伤。而垂直作用更多的是导致擦伤和挫伤，除非外力非常大。局部的重击可以形成条形或星芒状撕裂创，后者创口呈现为从作用点向周围辐射的形态。有时可以伴有皮肤表面的擦伤和周围的深部组织的严重挫伤。因此，脚踢导致的最终损伤情况是比较复杂的。

火器伤是一种特殊类型的撕裂创，会在后文单独论述。

钝性穿透伤

这类“孔状损伤”（puncture wound）是撕裂创和切割创的混合体，但是更多地体现了后者的特征。金属钉、树枝、园林或农用的叉子及各类交通事故和工伤事故都可能造成此类损伤。在一些把螺丝刀当作匕首使用的他杀或自杀案件中也会偶尔遇到这类损伤。解释这类工具造成的损伤是非常困难的。例如，在“约克郡屠夫”（Yorkshire Ripper）系列案件中，一些小的星芒状刺创被认为是十字螺丝刀造成的[16]。但是许多致命的创口却是由凿子形成的。凿子是非常锋利的木工工具，其一端的边缘磨成一条直线，截面呈方形，形成的皮肤缺损也是矩形的。

当钝器刺穿皮肤时，创缘会出现翻转和擦

伤。拔出钝器后，创缘的翻转可能会消失。铁锈、污垢或碎片之类的异物可能会留在创腔内。在没有发现致伤物前，应当仔细保存上述异物以备检验。

锐器伤

尽管目前的损伤分类术语有些混乱，但是锐器造成的损伤被分类为切割创。也有一些学者将切割创归为撕裂创的子类别。当工具刃缘相对较钝时，如一些斧头或尖状物体损伤，形成创口时有足够的挤压，那么创缘会伴有挫伤，使得区分切割创和撕裂创变得困难。

锐器伤通常是指刀、剑、剃刀、玻璃或锋利的斧头等工具造成的各种类型的损伤。有些学者会把刺伤单独列为一个类别，而切割创仅仅是指创口长度大于深度的损伤。这些语义变化本身并不重要，但如果医生在医学报告、尸检报告或证言中未能阐明其具体含义，就会导致混淆。锐器伤必备特征是皮肤和皮下组织被完全离断，创缘几乎不伴有任何损伤。在显微镜下总是能在创缘发现窄小的损伤区，但是这与钝器引起的组织破坏相比非常微小。锐器伤的形态对伤口的愈合及随后的瘢痕范围都有影响。

切创或割创

当创口的长度大于深度时，可以将其称为切割创。但非专业人士有时也用切割创来描述撕裂创。攻击者多利用刀、剑、剃刀、切肉刀、帕兰刀（parang，马来人用的带鞘砍刀）、弯刀、短刀、破碎的玻璃或瓶子等致伤物，在打斗过程中，攻击者通过挥动而非刺击作用形成的是典型的割伤。这些在帮派打斗和酒吧斗殴中很常见。攻击者以整个手臂长度为半径呈弧形挥动致伤物，致伤物接触到人体时时，就会割开皮肤和组织。同时，割伤也常见于自杀案件，多发生在腕部、颈部。割伤的形态特征取决于攻击的时机和两者的相对体位。割伤的入口端或者出口端创口比较深。但是看起来却是在首先接触的位置比较深，创口然后随致伤物向远端移动而逐渐变浅。在致伤物完全离开身体或离开创口从皮肤表面拔出时，割伤创口末端会形成一个浅表划伤的“尾巴”（图 4.34，图 4.43）。

辩护律师经常将打斗想象成静态对抗，并试图重建事件，仿佛两名参与者都站着不动，攻击者只是移动他的手臂。这是一种不现实的解读，因为所有的打斗都是动态的，双方的身体、四肢都在不断地发生相对运动。因此，受害者与致伤物之间的相对角度和接触深度随时都可能发生变化，应避免过度或简化解读损伤的形成。

割伤的创口深度相对较浅，不太容易影响到重要器官，而且其最常见的攻击目标为手臂、面部等，因此比刺伤的危险性更小。胸廓和颅骨保

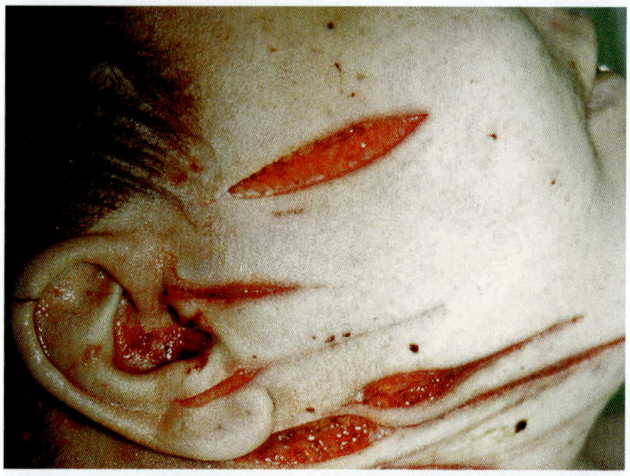

图 4.34　刀造成的切割创；与刺伤不同，其创口长度大于创腔深度。拖刀痕是匕首从皮肤上逐渐脱离时形成的，提示了刀运动的方向

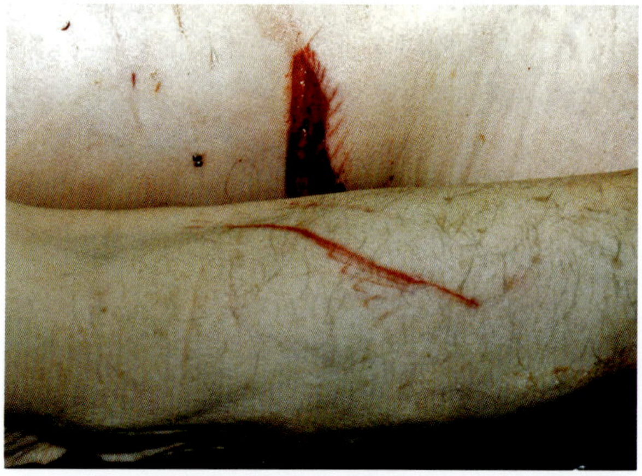

图 4.35　背部被刀划过的损伤边缘可见规律的划痕。这是兰搏刀造成的。此类刀刀背有很深锯齿，拔出时可在皮肤上留下痕迹

护了胸腔器官和大脑，而脆弱的腹部又很少成为挥击的位置。颈部的损伤是最危险的，这部分内容将在下文讨论。出血是割伤最严重的并发症。虽然刺伤多造成内部的隐匿性内出血，而割伤位于体表且容易被治疗，但是出血也是割伤最严重的并发症。

"玻璃"损伤是一种特殊类型的割伤，即使用破碎的饮水杯或瓶子作为致伤物。有时，玻璃类致伤物在攻击前破碎，产生锐利的边缘。碎裂的玻璃也可以形成尖刺，造成与刺创差不多的较深创口。更常见的是将玻璃类工具或瓶子作为钝器，打击受害者头部时碎裂，形成的损伤同时具有钝器伤和切割创的特征。

刺伤和穿透伤

刺伤和穿透伤在法医病理学中极为重要，在凶杀案中非常常见。在英国，持刀伤人是最常见的谋杀和过失杀人方式，主要发生在家庭纠纷和街头暴力中。刺伤是一种创腔深度大于创口宽度的损伤。虽然许多刺伤只穿透皮肤和皮下组织，但法医病理学家经常看到的是损伤涉及了深层的重要结构。这些损伤往往是致命的。这部分的重要内容将从以下几个方面展开讨论。

刺器的性质

刀是最常见的刺伤工具，它们的物理特性对创口形成很重要。病理学家检查可疑作案刀具时，应注意以下指标：

- 测量刃部的长度、宽度和厚度。
- 是单刃还是双刃。
- 测量从刀尖到刃部的角度。
- 单刃刀的刀背性质（如锯齿状或方条形）。
- 与刃部相邻的刀柄护面。
- 刃部上是否有凹槽、锯齿状改变或分叉。
- 最重要的是刀刃锋利程度，尤其是刀尖锐利程度。

类似刀的刺器还包括剪刀、凿子、剑、剃须刀和其他各类锋利工具，也包括人为改造的工具，如磨尖的螺丝刀。较大的切割工具，如斧头、砍刀、帕兰刀、弯刀、短刀以及农用工具如园林剪、钩镰、割草刀，还有许多其他使用尖端而不是长边缘攻击的致伤物，都可以被当作刺器。

具有尖端的刺器样式多种多样，从冰锥到干草叉，从开箱器到火钳。它们所形成的创口形态随刺器形态特征而变化。有些工具非常锋利，它们造成的创口内组织完全分离。剃须刀和剃须刀刀片，以及带有一次性刀片的外科手术刀、美工刀，一些通用工具和业余爱好者使用的工具，如史丹利刀（一种美工刀，由刀壳、刀片、导轨组成，可推动刀片在导轨做直线运动），也都是非常锋利的。同样锋利的工具还有碎玻璃、碎瓷片，平板玻璃和碎玻璃的切割能力都可以达到甚至超过手术刀。

酒吧斗殴中常用的工具是打碎的啤酒杯。当啤酒杯的手柄完好无损时，它就成了可以砍击和刺击的强大致伤物。打碎的瓷器，如杯子和马克杯，也可以提供锋利的刃口。如果裂纹是斜行的，外层的釉会凸出产生类玻璃状的边缘。作者通过实验表明，打碎的瓷器很容易划破整层皮肤，因此证明了防护伤是摔在破裂马克杯上形成的。

刺伤的特征

病理学家可以利用刺创的表面和内部形态提供以下专家意见：

- 刺器的尺寸。
- 刺器的类型。
- 刃部的宽度。
- 刺器在伤口中移动的距离。
- 刺入的深度。
- 刺击的方向。
- 刺击的力量。

刺器的尺寸

当凶器从犯罪现场被带走，刀的尺寸就是命案调查的关键环节。病理学家有时可以在一定程度上协助侦查员，告诉他们找什么样尺寸和类型的刀具。发现可疑凶器后，病理学家对刀具进行检验，判断是否与创口特征相符。但是要注意法医学的特点，避免过度解释。

只要皮肤创口没有被破坏，测量创口长度时就应精确到毫米。在大多数情况下，创口会从中部裂开，形成一个长的椭圆形创口。创口裂开的程度取决于受伤部位的解剖结构。例如，是否在关节、腋窝、腹股沟处，或者创口的长轴与皮肤的张力线（Langer 线）或下方肌束的走向是一致还是垂直横跨[17-21]。

当两侧创缘都裂开时，其创口长度可能会略微变长。应该在创缘对合状态下再次测量，这样更接近刀在创口原位时的长度。

但是必须注意一个重要因素，当刀撤走时，皮肤因弹性回缩，会使创口比刀在原位时长度小。如果下方的肌肉收缩，会使创口长度变化更加明显。当下方肌束与创口轴线成直角时，可能会导致创口两端距离变短，而中间裂开更加明显。通过测量创口长度来推测刀具刃宽，还必须考虑以下因素：刃部在创口中的移动方向，刃部的宽度和创腔深度等（图 4.36～图 4.40，图 4.42）。

致伤物的类型

致伤物的类型一般是指是单刃还是双刃。大多数刀都有一个锋利的刃缘，刀背则是钝的或其他形态。一些类似匕首的工具，其刃部两侧都被磨得锋利；一些工具的刀背只有远端部位被磨尖。在检查皮肤创口时，病理学家经常会发现，两侧创角出现明显的切割迹象，有时呈现细小的“V”形改变。值得注意的是，这现象并不代表一定是使用了双刃刺器。因为皮肤可以在工具钝缘作用下撕裂开，创角也可以产生上述形态特征（图 4.46，图 4.49）。

如果一侧创角锐利，另一侧呈圆形或正方形，两侧差异明显，那么可以较肯定表明使用的

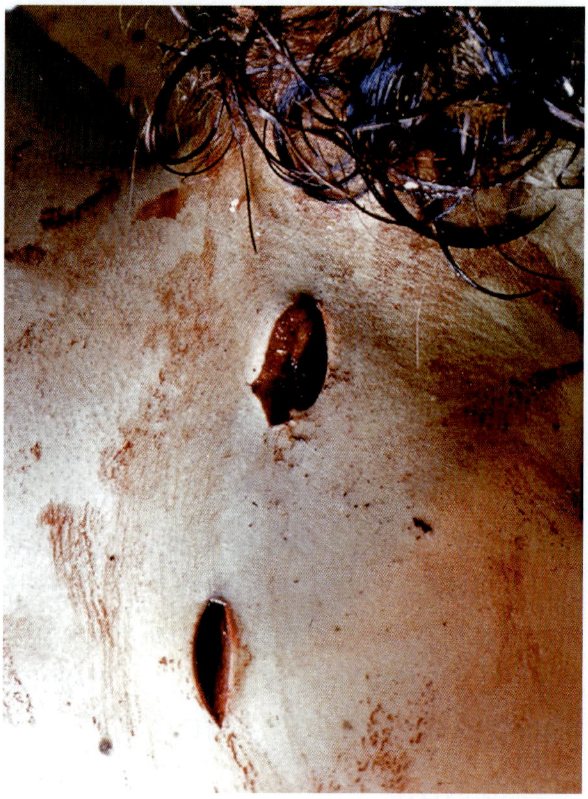

图 4.37　背部两处刺创。致伤物为单刃，下侧创锐利，上侧创角圆钝

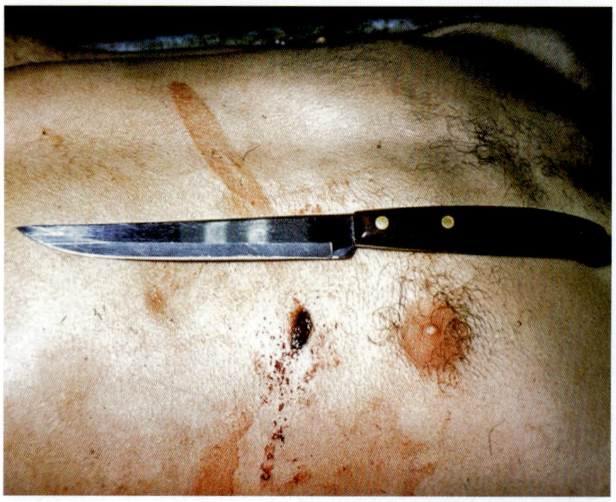

图 4.36　刺创和致伤刀具。由于创口裂开而且皮肤弹性收缩，所以创口宽度略短于刀的刃部宽度

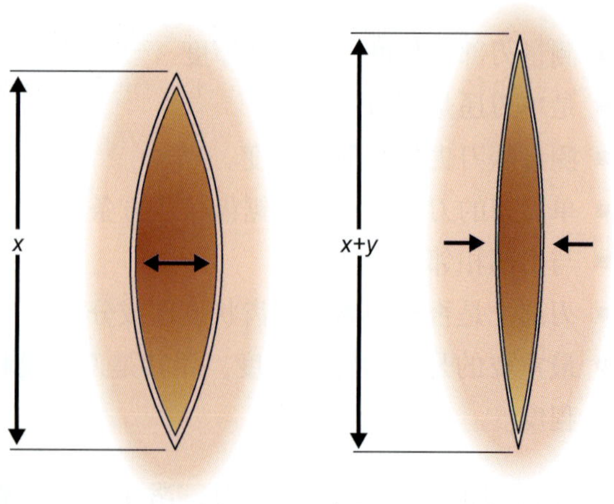

图 4.38　刺创宽度扩大而长度缩短，尤其是致伤物穿过皮肤或肌肉的时候

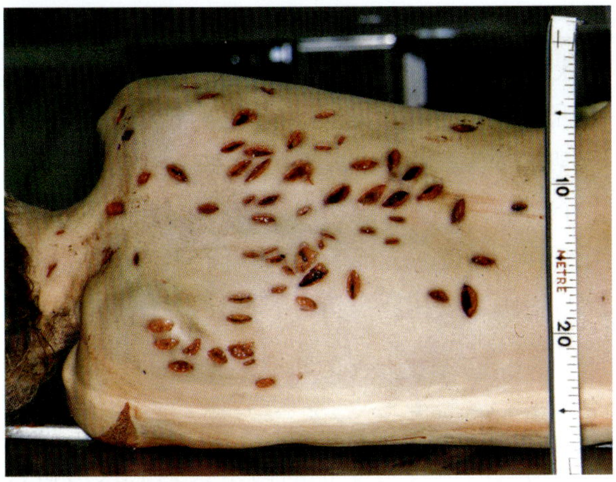

图 4.39　同一把刀形成的背部多处刺伤，创口呈现不同形状和大小

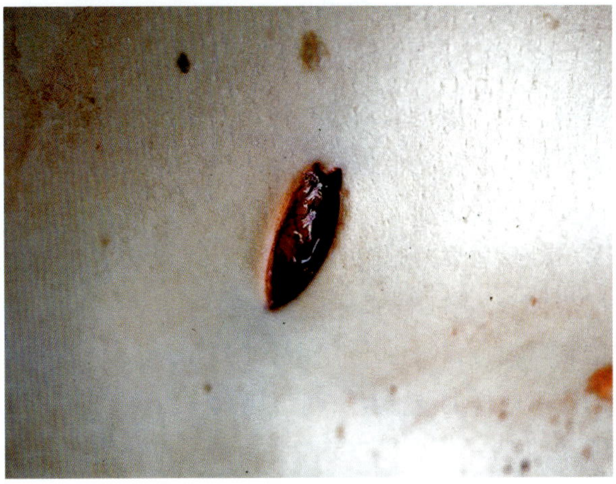

图 4.41　刺创显示出钝性刀背导致的微小“鱼尾状”撕裂。另一侧则是锐利的创角

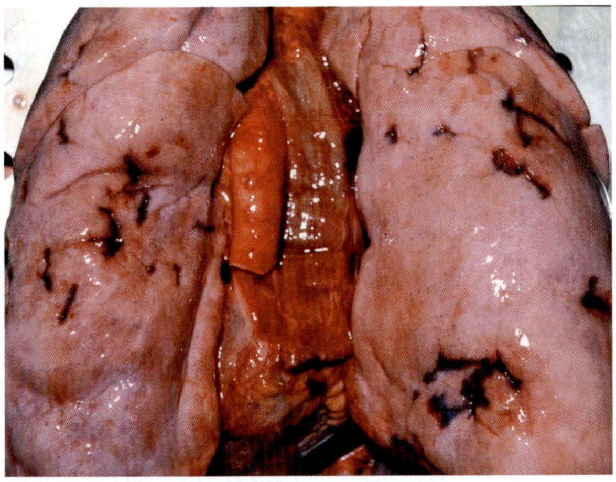

图 4.40　同一把刀在肺部形成的多处刺创，伴有创口新鲜出血，创口大小因刺击角度和深度而不同。由于大量失血，肺脏呈贫血貌

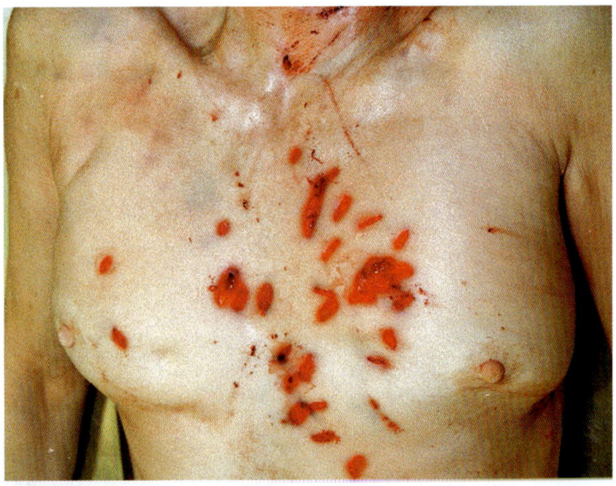

图 4.42　同一把刀形成的多处刺创，创口大小和形状各不相同。对于多个创伤，建议对每处损伤单独编号，以便在尸检报告和法庭质证时引用

是单刃刺器。

与刃缘相比，如果刀背厚且平坦呈方形，有时可以从创口上辨认出来，其一侧的创角会有明显的双直角皮肤裂伤。刀背两个直角接触的皮肤轻微裂开，形成所谓的“鱼尾状”形态（图 4.41）。

如果使用了刃背呈锯齿状的刀具，如部分瑞士军刀，博伊刀（Bowie-type knives，刀身较长，刀刃弯曲，具有一个短而锋利的齿状背缘）或者一段时期内流行的兰博刀（刀身更长，背缘通常具有锯齿状），对应的创角会表现为撕裂样或是不整齐的。当刺入角度倾斜非常大时，一侧创角的末端皮肤上可以看到锯齿状的擦伤（图 4.35）。

如果刺器的刃部完全进入体内，那么创口周围的皮肤上可能留有刀柄所致的挫伤或擦伤，甚至有的可以看到刀柄底部的图案，如有，则应仔细拍照、绘制、测量其形态。

刃部的宽度

刃部的宽度显然直接影响所形成的创口大小。逐渐变窄的刃部或刺入人体 4 cm（暂时不考虑皮肤收缩的因素），那么创口长度将与同样深度的刃部宽度一样。如果刃部进入了 8 cm，那么所形成的创口也会相应变长。只有当刃部的两侧平行时，刃部刺入深度增加才不会导致创口的大小变化。

刀在创口内的移动

刺器在创口内的移动会导致反映刃部大小的证据丢失，但也会增加其他信息。如果把刀直接刺入身体，并沿着相同创道拔出，那么创口长度将反映在该深度下刃部的最小宽度。

但是如果刀在创口内“摇晃”，那么皮肤的缺损会扩大，有时会形成相当大的创口。“摇晃”是指刺器在创口平面上摇动或倾斜，导致刃缘扩大创口。这样的“摇晃”可以是攻击者主动在创口内移动刀，也可以是受害者相对于刀在移动，或者综合上述两种情况（图4.47，图4.48，图4.50）。

医生和律师有时会误认为，刺伤和其他攻击是在静止、受害者笔直站立的状态下发生的。创口的方向往往被解释为单纯取决于攻击者手部动作。然而在大多数致命性攻击中，受害者身体会弯曲、转身、扭转等，而攻击者通常跟随做出同样的动作。因此，进入身体的刺器可能会自行移动，有时在拔出前受害者身体会逆着刺器的运动方向发生移动。

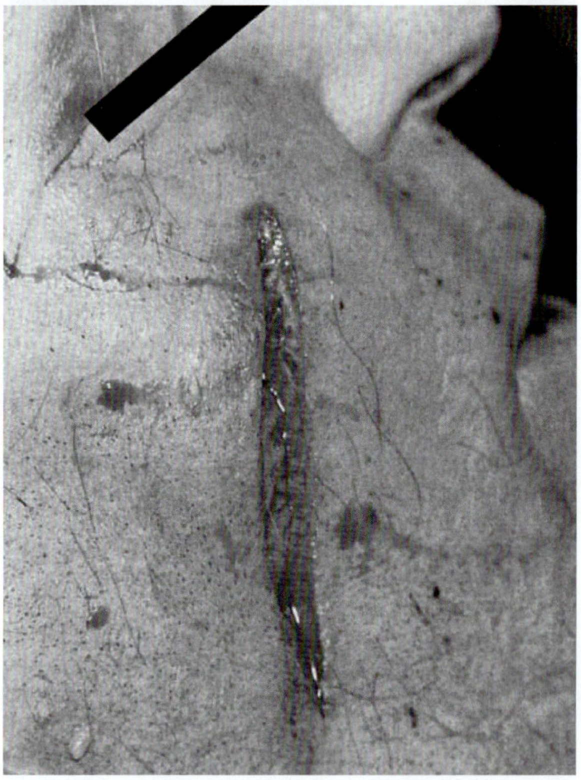

图4.43　面部切割创，靠近嘴角的创缘可见“斜坡”表现，表明刀刃与面部具有一定角度。下侧创角的“拖刀痕”也表明刀刃是向下穿过面部

如上文所述，出现这种相对运动时刺器可以以线性方式延伸伤口，或者刃部在创口内扭转。而后一种情况产生的皮肤创口可能是“V”形或不规则形态。极少情况下，一次刺击可造成皮肤多个创口，如手臂的切向刺伤，刺器先穿透手臂组织后，再进入胸部。另一个例子是女性乳房部位的刺伤，尤其是当乳房下垂时，刀可以直接穿过边缘，然后再进入胸部（图4.44）。

刺入的深度

刺入的深度对于推断尚未找到的致伤物长度很重要。再次强调，这仍然要规避一些可能的误区。首先，如果刀具护柄被挤入体内，尸检时测得的创口深度要大于刃部的实际长度。这种情况在腹部刺创中很常见，在胸部也会有少量的扩大。因为用力刺击可能会使腹壁或胸壁短暂凹陷，从而使刀尖伤及原本达不到的深部组织（图4.45）。特别是在发现护柄戳击皮肤时，这种现象更明显。例如，折断的刀尖嵌入胸椎，刀尖到体表创口的距离小于刃部长度。

讨论创口方向时，病理学家还必须考虑到在仰卧位的尸体解剖时测量的内部脏器位置与一般站立的活体体位差异。因此，评估创口深度时必须考虑到从体表创口到创底损伤器官的距离变异。在胸部和腹部，脏器位置关系会随着呼吸节律而变化。较低的肋骨向上移动，增加了皮肤和深层结构之间的距离。

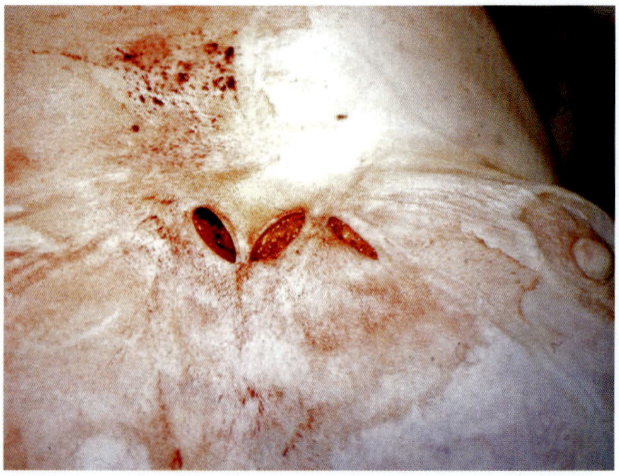

图4.44　一次刺击形成三处创口，尸体被发现时刀还在原位。刀刃斜穿过右乳房内侧，从乳沟穿出，再进入中线部位。如果刀没有在原位，解释起来可能会很困难

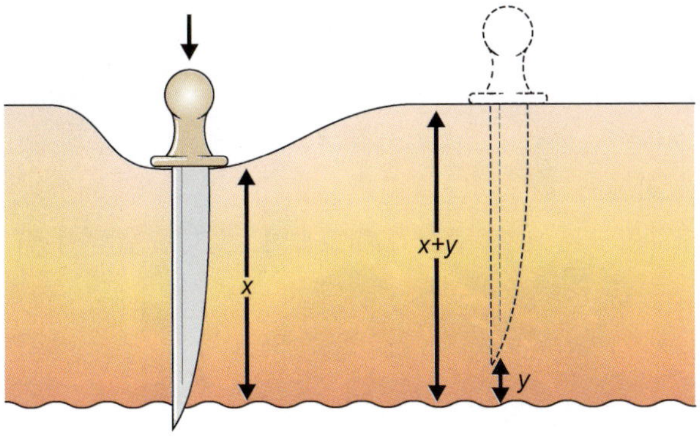

图 4.45 大力的刺击会挤压体表皮肤，导致刀刃伤及原本看起来不能触及的深层结构

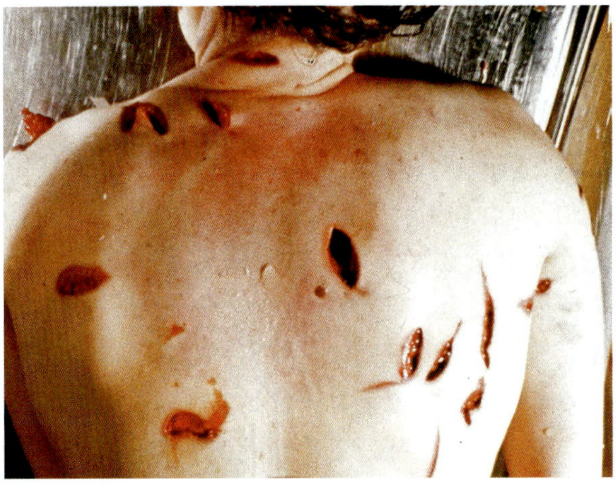

图 4.48 同一把刀形成的多处刺伤。图片展示了由于武器或死者的摇摆和扭转，同一把刀形成的创口大小有明显变化

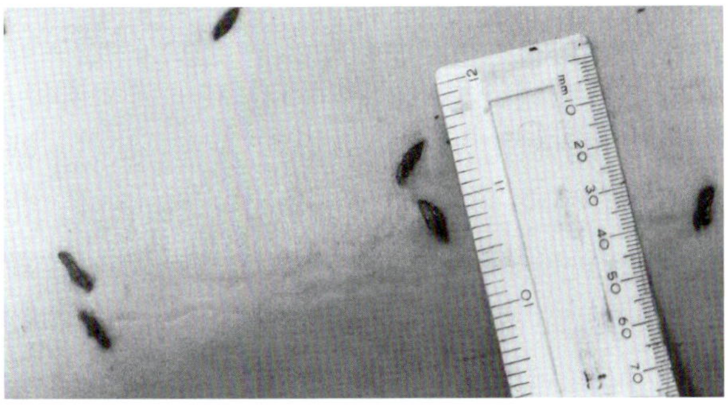

图 4.46 同一把刀形成多处刺伤。虽然位于左下方的创口创角圆钝，但中间位置创口的两个创角都差不多锐利，这说明向调查人员过于武断地描述丢失的刀的类型是有风险的

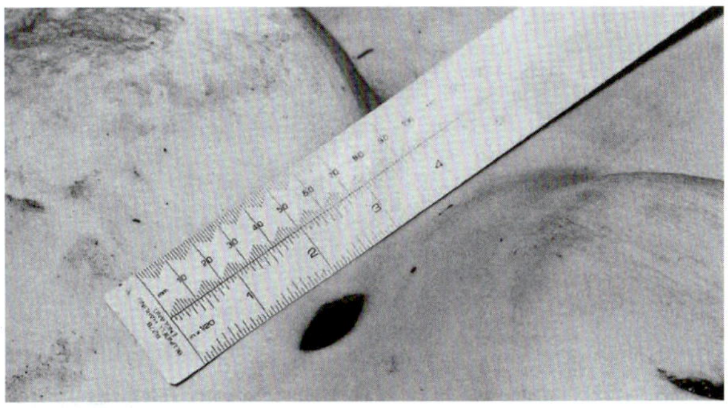

图 4.49 胸部中间的刺创。虽然两侧创角看起来一样，但凶器是一把单刃厨房用刀。刀背形成的创角撕裂导致难以判断是其是单刃还是双刃。损伤穿透下方的胸骨到达心脏，说明攻击者使用了相当大的力度

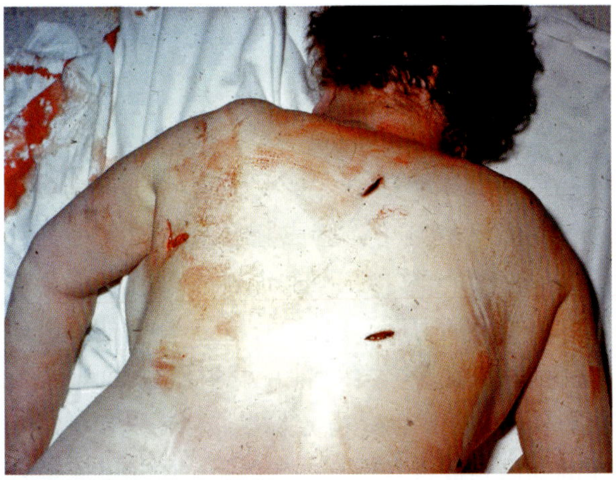

图 4.47 主治医生将刺伤误诊为“呕血或鼻衄”。右下方创口呈现单刃刀特征。左腋下创口因刀扭转而呈“V”形

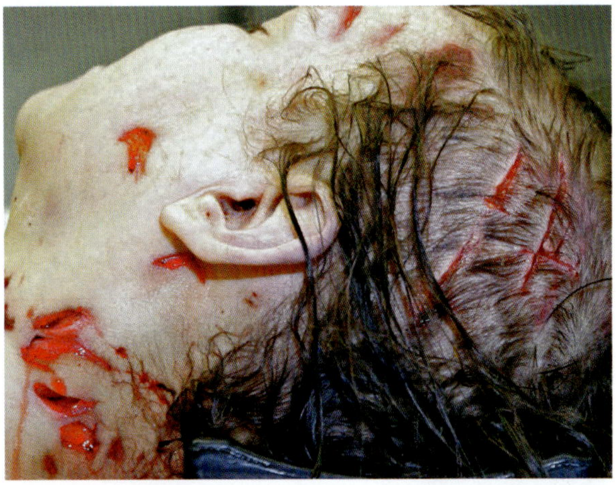

图 4.50 颈部和头部的刺创显示了同一把刀可以造成不同形态的损伤。耳后“V”形创口是刺器扭转造成

刺击的方向

在命案中，刺击的方向常是一个非常重要的问题，尤其是当辩护律师（和他们的医学专家证人）试图重建致伤过程时，常常过度解读这个问题。

如上所述，刺伤的过程通常是动态的，受害者很少处于静止的解剖学体位。例如，从左胸部上部进入并向下延伸，并不一定表明凶手比较高或者位于受害者上方位置而实施向下攻击的结果。受害者也可能处于弯腰或蹲下状态，然后刀在相对于地面水平的角度刺入。病理学家所能做的就是确定创道相对于身体轴线的角度。这是关联受害者受伤姿势的一种非医学证据。

判断刺击方向既依赖于体表创口的形态特征，也取决于深部组织的创道。刀刺入皮肤，当刃部与体表角度明显小于直角时，创口通常会"偏低"，呈斜坡状，在创缘下方可观察到皮下组织。如果刀是斜向进入的，但其刃部仍然垂直于体表，则在两侧创缘可能看不到斜坡状伤口，而可能会在创角出现斜坡状伤口。

关于刺击方向所需的更多信息来自对刺伤创道的仔细探查（图 4.51，图 4.52，图 4.58～图 4.60）。这是在尸检中的解剖操作，从表面向下依次检查各层组织，并将体表创口的位置与深部组织器官的损伤进行对照。例如，位于左侧乳头下的胸部刺创，解剖分离皮下组织和肌肉发现胸壁缺损位于第 6 肋间，在胸腔内发现右心室被刺穿；然后在横膈膜发现创口，终止于人体中线右侧肝脏。从这些信息明显可以看出，创道方向是由上向下、从左到右走行的。对所有其他部位的损伤都可以进行类似推理。但是正如前文所说，必须要考虑到死后仰卧姿势与生前直立状态下器官位置的变异。全面的解剖学知识是必备的，尤其是胸部的解剖结构，同时要掌握内部器官位置的体表标志。本书中提供了这样的体表标志图谱（图 6.1，图 6.2，图 6.10，图 6.12，图 6.13 等）。

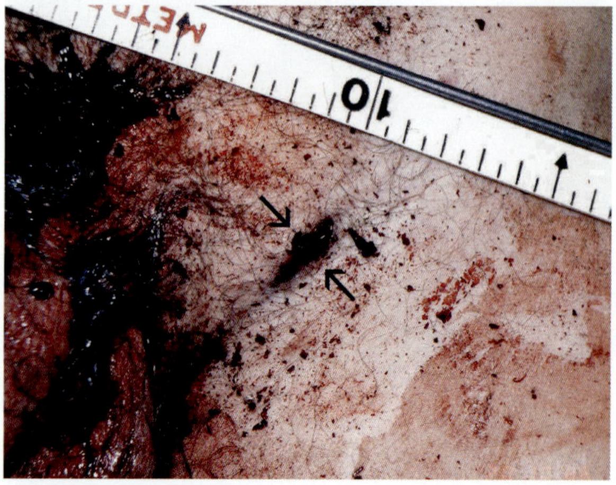

图 4.51　左腹股沟刺创（箭头）

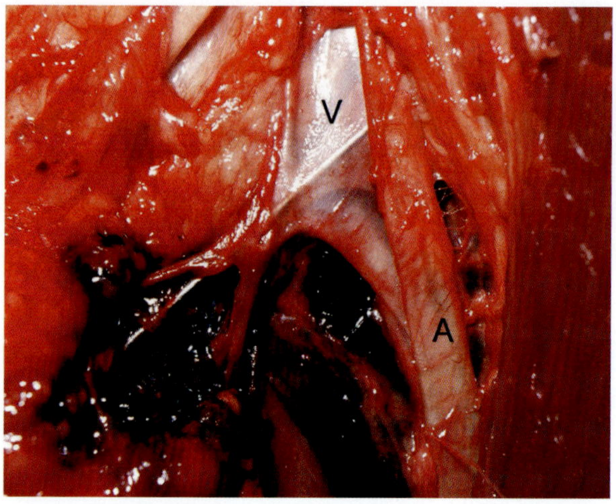

图 4.52　图 4.51 的刺创割断了股静脉（V）的一个分支（探针处）。股动脉（A）。死者因失血死亡

有学者尝试在解剖前解释刺创的创道，采用不透射线的液体、塑料或含金属的物质填充创道后，再进行 X 线检查。在实践中，这些方法与细致的分层解剖相比，优势不明显。当使用不透射线的液体或糊状剂时，这些物质通常会从创道渗漏到胸腔或腹腔中，混淆正常的放射性照片。最近，MRI 也已被用于显现创道，但对受害者进行检查却很少有机会使用这类设备。

刺击力度的评估

在刑事审判中，造成刺创的力度大小常常是庭审争议的内容。控方很自然地想表现刺创是"相当大的力度"造成的，甚至有时使用诸如"暴力""疯狂"之类的词语。这样从侧面证明形成损伤的动机，但是辩方观点通常是受害者意外摔倒或撞到被告人持有的凶器上。医学专家证人一般很难回答这个辩护律师提出的问题："医生，请问需要多大的力度才能造成这种创口？"

力度的评估是主观的，不可能以一种满意的

量化方式对审判产生意义。达因 / 平方厘米 * 等物理学单位，即使它们可以被测量，对法官和陪审团也没有任何意义。医学专家证人唯一能提供的衡量方式就是一种基于常识的宽泛的力量分级，如“轻微力度”“中等力度”“相当大力度”“极大力度”。后者仅用于某些特殊情况，如刀嵌入了致密的骨骼，穿透了颅骨，或在皮肤上留下刀具护柄的挫伤痕迹。许多研究者，利用动物、尸体或替代组织，测量了造成不同刺伤所需的力度。常用的研究方法是将测力计或传感器连接到刀具上，记录刺穿过程中施加的最大力，并记录冲击的持续时间。

根据这项研究工作，可以得出下列有价值的经验。

- 除了骨骼或钙化的软骨外，所有组织中抗穿透能力最强的是皮肤组织，其次是肌肉组织，特别是筋膜包裹的大型肌束[22]。
- 刺器尖端的锋利程度是皮肤穿透过程的最重要因素。一旦尖端刺入，刃缘相对就不重要了。
- 刺器的移动速度对于实现穿透极为重要。将刺器尖端抵于皮肤上，然后逐渐推动，比持握同样的工具像飞镖一样冲击，所需的力度要大得多。正如钝器损伤一样，这也符合物理定律，力度不仅直接随工具的质量变化，而且随速度的平方变化。
- 紧绷的皮肤比松弛的皮肤更容易被刺穿。胸部的皮肤受到下面的肋骨间歇性的支撑，当皮肤和组织像鼓面一样在肋间隙伸展紧绷时，胸壁相对较容易被穿透。
- 虽然手掌和脚掌的皮肤比身体其他部位要明显厚和坚硬，但与其他影响因素相比，这种结构差异在抵抗锋利刀子的穿透中显得并不重要。同样，老年人和女性的皮肤对尖端的抵抗能力并不比男性或年轻人差。
- 当刺器尖端刺击皮肤时，皮肤会凹陷并产生抵抗，直到突然被穿透。被拉伸的皮肤会产生张力，就像一个“弹性缓冲器”，当力量超过其阈值时，就会进入并刺穿皮下组织，而不再受到任何阻挡，除非遇到骨骼或软骨。因此，攻击者不需要额外施加更大的力量来使刺器更深地刺入，或者维持刺击甚至完全刺入直至护柄。有时，控方错误地声称，一个很深的刺创一定意味着极大力度或在刺穿后继续推动，但事实可能并非如此。有实验表明，一旦发生穿透，由于穿透的突然性，很难或者甚至不可能阻止刀的进一步刺入。
- 当刀突然穿透皮肤，如身体摔跌或撞到刃部上，不需要持握者用力握刀以防刀具后撤。如果尖端是锋利的，当身体刺在刃部的时候，刀的惯性足以使其保持在它的位置。针对摔跌或撞到刀具上的辩护，人们往往错误地认为刀柄必须提供支撑，如有人握住刀并使其固定来对抗移动过来的身体。
- 未钙化的软骨，尤其是年轻人和中年人的肋软骨，很容易被锋利的刀刺穿。这个力度当然比刺穿肋间隙要更大。钙化的肋骨和骨骼成为较强的抗穿透屏障，但是使用锋利的刀具猛烈刺击也很容易穿透肋骨、胸骨和颅骨。除了非常钝的工具以外，其他所有工具都很容易刺穿心脏、肝脏、肾脏等实质性器官，其抵抗力远不及软骨和皮肤。

Hainsworth 等于 2008 年利用跌落试验研究了一系列厨房刀具的尖端几何形状与其锋利程度的相关性。研究结果表明，刀尖呈现的弧度是分析菜刀穿透能力的重要因素[23]。他们用猪皮和尖端较钝的刀进行模拟刺伤试验，确认了 BK 的观察结果，即刺器的尖端在刺穿肉类中发挥很重要的作用[22]。

其他工具形成的损伤

其他锐器形成的切割创、刺伤等损伤与刀具损伤的一般特征相同。Parmar 等于 2012 年研究了各类螺丝刀刺穿人体所需的力量。他们发现，螺

* 译者注：原版英文为 dynes/cm^2，dyn 即力学单位，1 dyn = 10^{-5} N。

丝刀尖端的横截面大小和所需的穿透力之间有直接相关性[24]。剃刀和玻璃碎片具有非常锋利的边缘，当其以切线或较小角度作用于皮肤时，会形成明显的特征。创口呈现为一个很浅的片状，伴有大量出血。如果在头皮等毛发覆盖区域，创缘还能见到毛囊显露出来。在帮派斗殴或虐待杀人案中，有时会发现用剃刀或锋利刀故意造成一些图案或文字样的损伤（图 4.53，图 4.55）。

在酒吧斗殴或帮派仇杀中，持握碎裂酒瓶的瓶颈部或者破碎啤酒杯的把手，把玻璃制品当作切割工具使用是很常见的。据英国官方统计，使用玻璃制品作为攻击武器的案件每年有 3 400～5 400 宗。Shepherd 等于 1990 年和 Hocking 于 1989 年发现酒吧里的酒杯是最常见的攻击武器，其中 75% 来自玻璃杯[25, 26]。但出乎意料的是，这项研究表明大多数玻璃杯在扔向受害者之前都是完好的，也就是其在袭击之前并没有被打碎，而且大多数的非致命性损伤多集中在面部。因制造商的不同，各种玻璃制品的易碎程度不一，它们在碰撞时破碎程度甚至可能存在 6 倍的差异（图 4.54）。

虽然这些可怕的玻璃制品多数被用于砍击，但是长条形玻璃碎片有时会无意中成为刺器。碎片可能在创口深部折断并留下玻璃碎片。如果创口很小，这些可能会被忽视。

正如许多急诊外科医生从他们的经验教训总结出来的那样，或者从他们的医疗保护协会或医疗保险公司所了解到的那样，玻璃几乎是不透射线的。即使这样，这个现象也还是不被医生们了解，甚至还被否定。虽然大部分会被疏忽的玻璃异物都是非致命性的，但是已经发生了许多因为这个问题而提起的民事诉讼。在重要位置发现深部玻璃碎片的第一个人往往是法医。

正如前面提到的那样，破碎的瓷器，如打碎的马克杯、盘子等，可能会在外露的釉面上留有锋利的边缘，从而容易造成划伤。

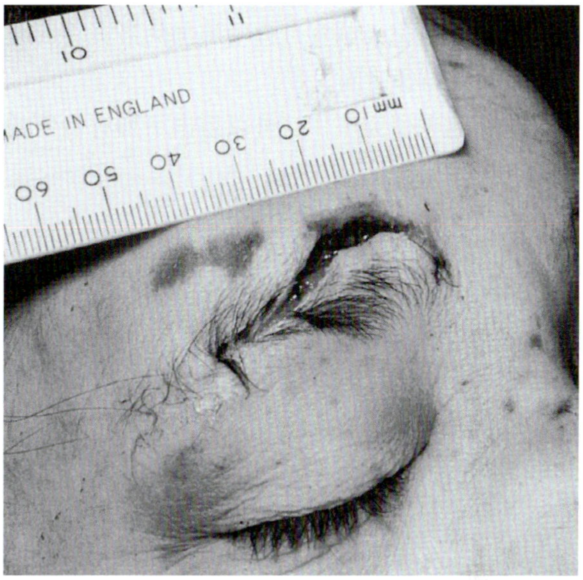

图 4.54　破碎玻璃杯造成的眉弓上方创口。这里是钝性打击经常造成撕裂创的位置，这个损伤创缘锐利，创周无挫伤，表明这是一个切割创口。在下方没有外力接触的位置还伴有挫伤。上眼睑出血可能是创口血液由重力作用渗透所致

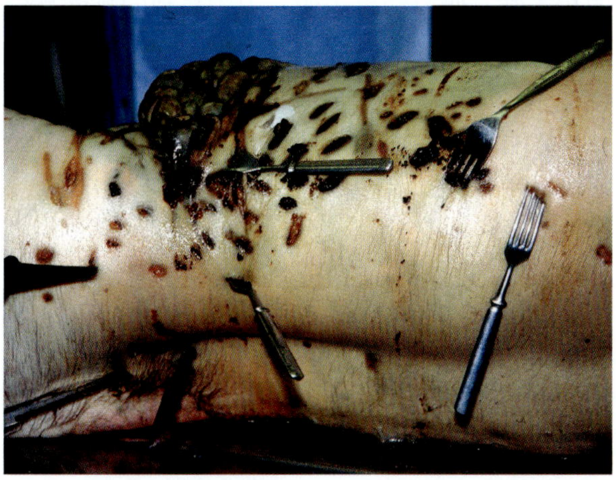

图 4.53　不同餐具造成的多处刺创和切割创

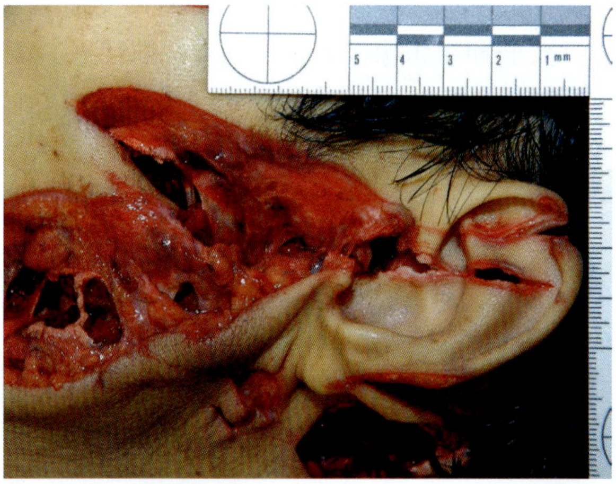

图 4.55　切割创，尽管尺寸较大，但仍表现出典型的利器切割创，而不是撕裂创。致伤物是螺旋桨

剪刀刺伤

剪刀刺伤并不少见，大多数发生在家庭内部，女性嫌疑人对她的伴侣使用熟悉且顺手的工具。剪刀刺伤的形态取决于其刀片是处于开启状态还是合拢状态。如果是开启状态，并且仅一个刀片刺入受害者体内，那么其与刀伤几乎无法区分。现在的剪刀具有两个刀片，两个刀片与手柄的延伸部位被铆钉相连。这可能会产生阶梯样创口，在刺伤线性创缘会出现印痕或变异（图 4.56，图 4.57）。

当一把闭合的剪刀的两个刀片都穿过皮肤时，形成的创口更具备特征性。一些剪刀具有双尖头，但大多数家用、裁缝或制衣厂的剪刀在闭合时尖端非常钝，需要相当大的力度才能穿过皮肤，多是在防御或意外移动或被动撞击在握持的剪刀上。

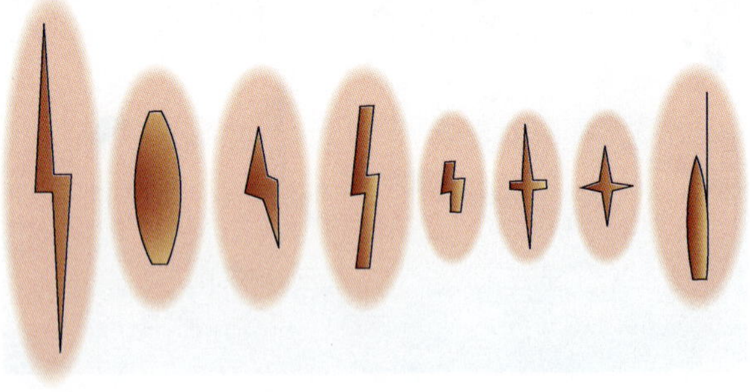

图 4.56 剪刀刺穿皮肤形成的各种损伤形态图。“十”字形状是由剪刀的螺钉或铆钉造成的；右侧为张开剪刀的一侧刀片完全穿透，另一侧刀片平贴在皮肤上形成

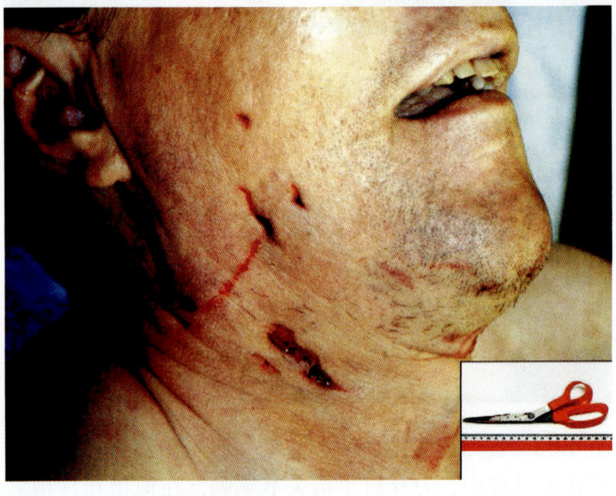

图 4.57 闭合的剪刀造成的多处刺创

合拢的剪刀形成的皮肤创口呈典型的扁平“Z”形或者常见的闪电标志。两个刀片合拢后的交错，形成了这种不容易被误认的锯齿状损伤。

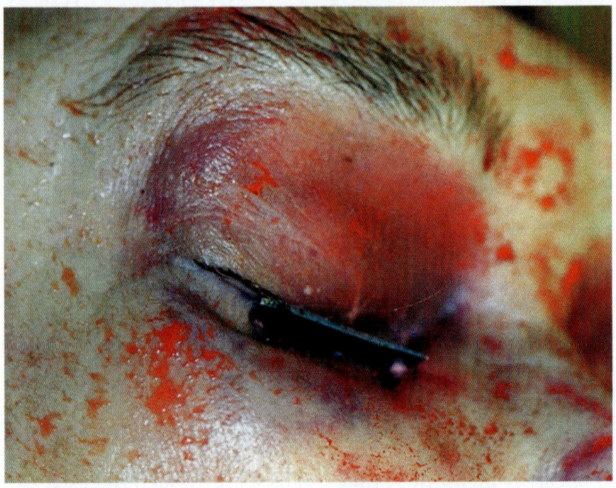

图 4.58 眼眶中可见菜刀破损的刀刃。死者被刺死，后被肢解

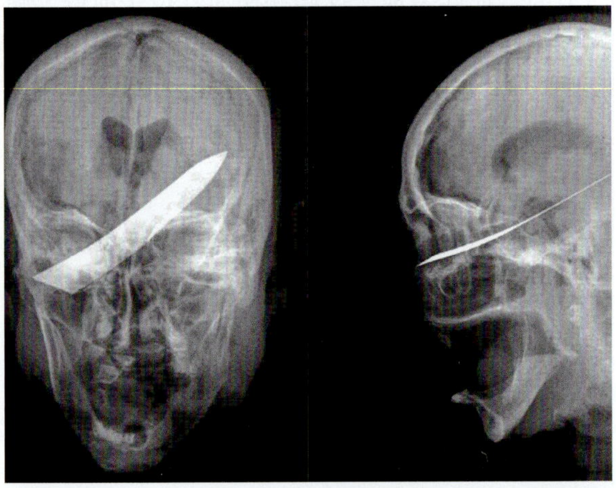

图 4.59 图 4.58 死者的头部 X 线片，显示了刀刃部的位置

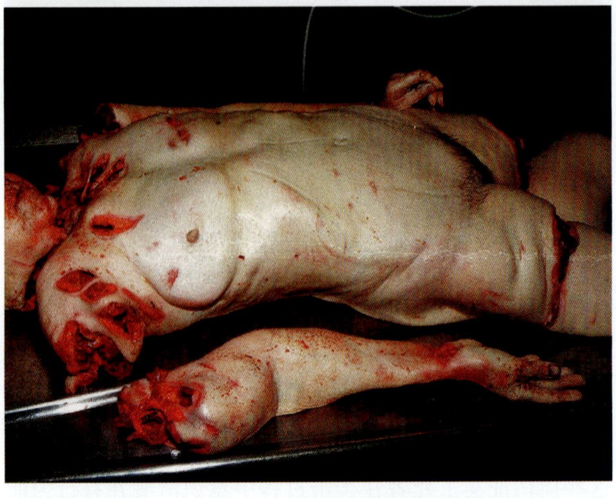

图 4.60 图 4.58 和图 4.59 中死者被肢解的尸体

然而，有些剪刀，尤其是又长又窄且刀片能够完全合拢重叠的剪刀，可能不会出现此类损伤特征，而其形成的创口更像是由较厚的刀所致。有时在创口中心位置会发现一些由剪刀的突出铆钉所造成的细小横向皮肤裂口。

防卫伤

在任何形式的攻击中，受害者的本能意识是进行自我保护。用来防卫的肢体会受伤，而这些防卫伤具有重要的法医学意义。它们表明受害者是有意识的，至少存在部分活动能力，并没有完全被惊吓到。防卫伤可由拳、脚、钝器或锐器造成。防卫的经典姿势是前臂和手本能地抬起，保护眼睛、面部和头部。当保护生殖器的时候，可能会在大腿上留下防卫伤。

遭受钝器或徒手攻击时，挫伤是说明进行过防卫的特征性表现。这些挫伤通常位于前臂、腕部外侧，手和指关节背侧（图 4.61）。挫伤的大小、形状取决于致伤物的形态。擦伤可以伴有挫伤，但是挫伤更常见。腕骨、掌骨和指骨也可能发生骨折。如果手臂举在面部前，前臂的内侧（掌侧）也可能受到打击。如果打击或脚踢下半身，会导致受害者有保护生殖器的动作，特别是男性受害者，因此防卫挫伤和擦伤就会分布于大腿。防卫过程中，受害者可以将两腿交叉或将大腿抬起，这样其外侧可能会受到攻击。

大多数防卫伤出现在持刀攻击中，因为受害者经常试图通过抓握住工具来抵抗攻击。当手抓握刃部时，刀的回抽会切断指骨的弯曲处，有时甚至四根手指都受损，皮肤和肌腱被切开。这些损伤会涉及手掌侧的一组、多组甚至所有三组屈肌（图 4.63，图 4.64）。

刃部被抓住想要拔出的时候，会在拇指和食指根部之间的位置形成另一种典型的刀伤。当试图用非抓握的方式抵挡刀具袭击时，其防御性损伤多出现在手背或手指背（图 4.62）。由于刃部划过紧绷的皮肤，匕首造成的防卫伤通常呈锐性切开。这类创口呈斜坡状，创口皮瓣游离，可见大量出血。

火器损伤中也会出现防御伤，一般是受害者举起手臂，不顾一切地努力保护躯干或头部免受

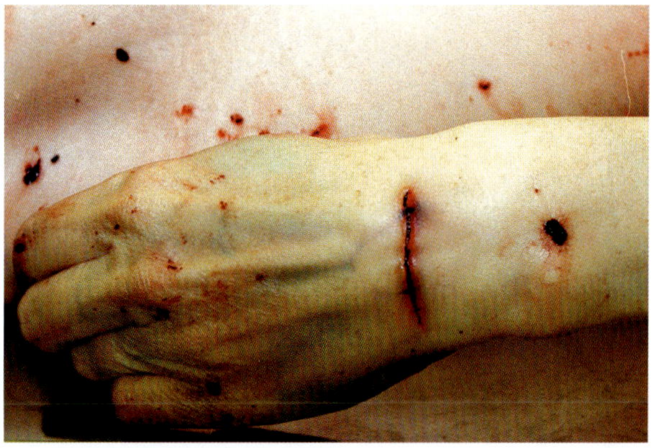

图 4.62　试图抵挡刀而导致的手背抵抗伤

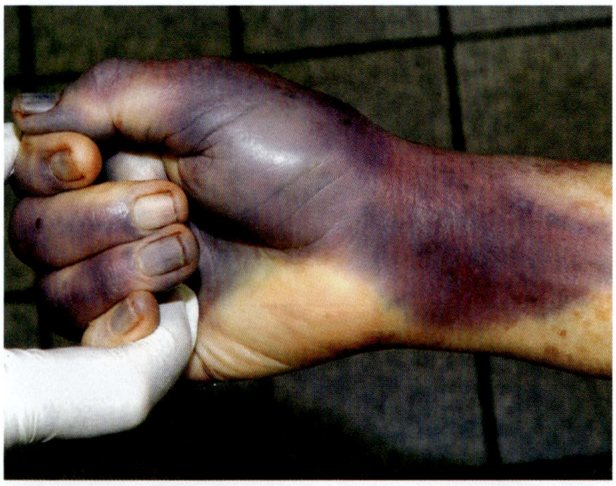

图 4.61　抵抗伤：试图抵挡脚踢导致的手部广泛挫伤。这些损伤证实了死者在袭击过程中意识清醒并有行为能力，并不是在不知情的情况下突然发生的

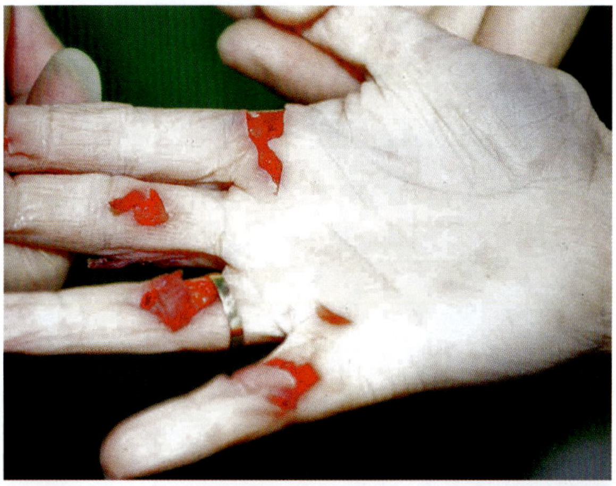

图 4.63　被刀攻击形成的典型抵抗伤。在握住刃部使其偏转的过程中，刀穿过手指关节掌侧，在拇指和食指之间及拇指底部形成创口

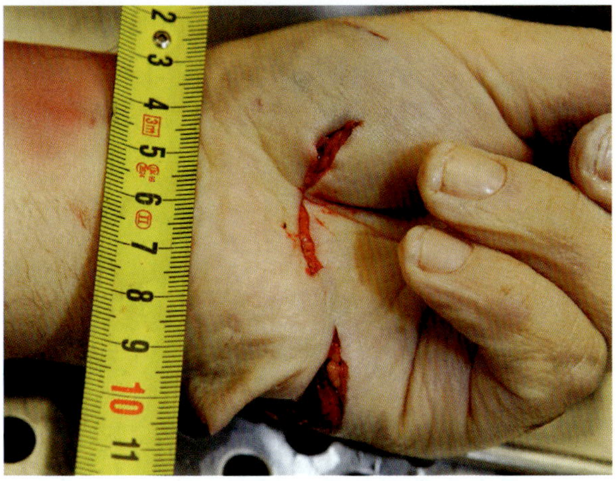

图 4.64 试图抵挡刀袭击时，造成手部抵抗伤

枪击（图 8.35）。这就解释了在一些枪案中，受害者上臂（通常）有一个射入口和射出口，子弹贯通手臂再穿入躯干。

通过组织病理学和组织化学推断损伤时间

伤口修复是一个复杂的相互作用过程，涉及成形的血液成分、实质细胞、细胞外基质和其释放的众多介质和因子以及恢复止血和启动组织修复[27]。

这个主题是研究的热点，文献数量多。与死亡时间一样，损伤时间推断是法医调查中的一个重要问题，需要确定尸检时发现的伤口是死前还是死后造成的。如果是死前造成的，那么应确定损伤持续了多长时间[28-32]。

不幸的是，和其他很多问题一样，个体差异带来了很大的不确定性。因此，只能提供一个可能的范围，而不是明确的时间段。许多实验工作都是在动物身上进行的，结果并不能直接应用到人体上——这是所有动物实验的共同缺陷。动物越小，组织清除和修复的变化就越快：在损伤修复和器官、肢体再生方面，原始动物的再生能力都远大于人类。

这些差异还会因伤口的大小、伤口类型（擦伤、挫伤、切割创或撕裂创）、组织结构（表皮或中胚层），以及是否感染、受害者年龄和健康状况等因素而变化。

这个内容是复杂的，而且常常引起争议。下文的伤后组织学的时序变化只能作为一个参考。如果需要遵循特殊标准，则应查阅原始文献，包括：组织学形态，可被组织化学及生物化学支持的荧光反应以及近来越来越多人采用的分子生物学方法。

挫伤的变化规律远不如擦伤或撕裂创明显，组织学几乎没有帮助。挫伤中最有用的方法可能就是检测含铁血黄素的 Perls 反应［Prussian blue/Berliner-Blau-Reaktion；Max Perls（1843～1881 年）］。检测结果在伤后 24～90 h 呈阳性——尽管一些学者认为阳性出现得更早，甚至在 12 h 时即可呈阳性[32, 35]。红细胞溶血是不规律和不均匀的。在伤后许多天的一些挫伤中仍然可以看到很多完整的细胞，所以其破裂和消失不能作为损伤时间推断的指标。

伤后组织学的时序变化

30 min～4 h

扩张的小血管中出现多形白细胞聚集，但是这个现象经常观察不到。这也不是生前损伤的可靠依据，因为白细胞可能在死后数小时内聚集，特别是在皮肤和肺部吸入物质周围。

一些血管外白细胞的迁移可能在这一段时间末期开始，但大量的细胞多态性通常会延迟数小时出现。与上层真皮相比，皮下脂肪中的多态白细胞出现得更早。嗜碱性肥大细胞脱颗粒也是一种变化。纤维蛋白会在几分钟内出现在伤口中，但这也会发生在死后的损伤中。

4～12 h

白细胞浸润可能更明显，以多形白细胞为主，但也可见单核细胞。少量混合的淋巴细胞和低分化的单核细胞通常会在 12 h 后开始出现。组织发生水肿和血管内皮肿胀。在皮肤的小创口中，可以观察到表皮基底层两侧上皮开始再生。

12～24 h

白细胞多出现在损伤边缘，从而可以以此来划分伤口区域。从受伤 12 h 起，白细胞多形性下降，巨噬细胞和单核细胞数量增加。巨噬细胞基质呈嗜碱性，镜下形态明显，开始清除坏死组织。约 15 h 后，成纤维细胞中可见有丝分裂增殖。表皮开始在损伤痂皮表面形成并扩散，沿着伤口向两侧扩散。

24～72 h

白细胞浸润在 48 h 左右达到高峰；修复开始时，许多成纤维细胞同时出现，但很少在 72 h 前出现。然后，新生毛细血管开始在血管周围形成，血管浸润基质形成“肉芽组织”。

3～6 天

组织修复进展迅速阶段：胶原蛋白开始形成，坏死碎片和异物周围可见巨细胞。如果创口涉及表皮，表皮表现为生长活跃：在动物身上，表皮的横向生长速度约为 200 mm/d。

如果伤口出现发绀或者内部出血，含铁血黄素约在伤后第三天被染色，但通常直到第五天才能利用 Perls 反应认定。尽管如此，有人认为含铁血黄素能够在伤后第一天或第二天就出现。

10～15 天

小的伤口的细胞反应性消退。血管收缩性降低，细胞数量减少，尤其是白细胞。此时，成纤维细胞最活跃，胶原沉积。表皮变薄且变平，但数周内乳头层没有重建。弹性纤维在很长一段时间内都很稀疏，而且少于相邻未受损组织。

2 周到数月，取决于损伤大小和其他因素

愈合组织持续加固。除非损伤受到感染，否则炎症反应消失。胶原蛋白和弹性蛋白增加，血管瘢痕形成，整体逐渐变得更加致密，血管数量减少。除非损伤较宽且不规则，否则上皮重塑，乳头层重新出现。皮肤附件不会再次出现在瘢痕中，除非伤口内存在岛状活性皮肤。

损伤的组织化学变化

组织化学和免疫组织化学方法已被广泛研究，芬兰的 Jyrki Raekallio 和德国的 Steffen Berg 在创口组织化学时序变化方面的开创性成果至今仍被频繁引用[30、31, 36-45]。一些技术需要冰冻切片，其他技术可以在已固定的组织上进行。虽然已经开发了多种荧光技术，但评估组胺或血清素通常是用试管法，而不是用显微镜法。

电解质，如钠、锌、镁和钙、血清素、酯酶和糖蛋白 A 已用于损伤时间推断[30, 37, 39, 46-53]。

Betz 和他的同事还发表了大量关于损伤时间推断的免疫组织化学论文[32, 54-69]。

最近，研究重点放在了分子生物学方法上，主要还是动物实验，转化到人体环境下的情况仍然不清楚[34]。

目前，这些方法仍然主要停留在实验室研究阶段，只有少数坚信者将研究方法应用于个案。对于这些组织化学的新方法而言，在没有充分掌握对照的经验之前，将这样的程序作为证据呈现是不明智的。经验强调，制作此类组织化学切片需要严格的标准条件，最终结果在很大程度上取决于实验室流程——“若你更换技术人员，也就改变了答案”。

以下是 Raekallio 等描述的一些创口的组织化学变化：

- 在穿透皮肤表面的伤口中，在一个宽 0.2～0.5 mm 的中心区域会出现坏死，这个部位的酶活性迅速下降，这个过程可以称为负性生活反应。紧接着这一层的上方，是一个 0.1～0.3 mm 的反应和修复区。与创口外区域的正常水平相比，修复过程中有许多酶参与，其他物质的浓度也会增加。从酶的角度来说，这个过程可以被称为正性生活反应。死后创口中没有此类区域形成。
- 损伤后 1 h 内，正性生活反应区的酯酶和 ATP 酶增加。大约 2 h，氨肽酶活性增加；4 h，酸性磷酸酶活性增加。碱性磷酸酶的活性会延迟约 1 h，当然，所有这些时间都是相对的，会受到常见的生物学因素影响。
- 当死亡发生在这个过程的某个阶段时，酶的活性在那一时刻被“冻结”。死后几天内，死后变化一般不会实质性地改变这些反应的情况，特别是冷藏阻止了自溶的时候。衰老、严重疾病和恶病质以及广泛的多发性损伤，可能会通过降低生产修复酶的活性而扰乱常规损伤修复模式。在挫碎的创口中，酶

反应不如在皮肤损伤中有用。因为损伤更为广泛，并且没有明确的“区域”。在所有伤口中，缺乏生活反应并不能被视为死后损伤的明确证据。但是若发生相反的情况，即若外层区域炎症反应的增强则一定是生活反应的结果。其他酶也被用于损伤时间推断：有关详细信息，请参阅 Janssen（1984 年）在其权威著作《法医组织学》（*Forensic Histology*）中的论述以及 Betz 的工作研究[54-71]。

- 如果基质受损，组织蛋白酶几乎会立即增加，在 5～10 min 就可以显现出来。另外有两种物质——组胺和血清素（5-羟色胺）也有助于确定伤口是生前的，并可以推断损伤时间，且两者都在伴随着组织损伤后的炎症反应过程而产生。它们往往是酶的补充，因为其在损伤后很快就会出现，在 ATP 酶和酯酶能够被检测到之前 1 h 内即可检出这两种物质。这些血管活性物质在伤后约 10 min（血清素）和 20～30 min（组胺）出现最大浓度。Fazekas 和 Viragos Kis 于 1965 年首次发现了这个法医学现象，他们在缢死者索沟组织样本中发现了血清素的增加；可能由于这次缢颈的非典型性，受害者 10 min 后才死亡，这很不寻常[46]。为了在尸检工作中使用该研究结论，研究人员采集了约 2 g 无皮下脂肪的皮肤样本，同时提取了来自同一尸体该位置附近正常区域的皮肤作为对照样本。这是因为考虑到不同人，甚至同一个人的不同时间都可能会导致结果的显著不同。有研究发现，在同一个体的不同时间组胺和血清素都存在明显不同。为了确定创口是在生前而不是死后造成的，创口的组胺水平必须至少比对照样本高 50%，而血清素的浓度至少是对照皮肤的 2 倍。
- Cecchi 于 2010 年对推断损伤时间的方法和指标做了非常好的综述，为我们根据时间窗口和可用的方法选择合适的指标提出了实用建议。例如，创口活性可以通过使用健康皮肤中不存在的标志物来评估，如选择素 E，或者通过选择死后创口不存在的指标，如组织蛋白酶 A 和组织蛋白酶 D，来区分生前损伤和死后损伤[34]。

伤后存活时间

法医经常被正在调查案件的警察或者法庭上的律师提问，致命伤害和死亡之间的时间间隔可能是多少？一个补充的问题是，受害者可以存活多久，是否可以一直存活？

这些问题极难回答。因为有许多变量因素都会影响法医对受害者情况的评价。医生永远不应武断地给出答案，除非受伤的性质和严重程度明显与生活行为能力不符。

如果一个人的脑干被穿透性损伤破坏，或者主动脉弓被完全切断，那么他将丧失活动能力，几乎立即发生死亡。但如果他的额叶受损或者他的腹主动脉被火车轮压碎，未必会立刻死亡。后两种令人惊奇的存活的事件都有记录。

在表达关于这个内容的意见时，宁愿谨慎一些也不要冒险。因为受害者在伤后所能做的行为可能远超出预期。曾有报道，一起命案中受害者的心脏被刺穿，然而他在昏倒前却奔跑了 1/4 英里。左心室的创口由于损伤周围的心肌收缩可以被部分封闭，只有当足够的血液渗入心包形成填塞时，受害者才会倒地。右心室创口往往更容易致命，尽管血压较低，但较薄的心室壁在阻止血液渗漏方面并不那么有效。

头部损伤可能会出现许多伤后存活时间过长的矛盾情况，这在一定程度上取决于大脑的受伤部位。如前所述，额叶似乎具有显著抵抗损伤的能力。通常情况下，广泛的颅脑损伤而不是该区域的局部损伤，会导致最主要的危害。例如，一名自杀的芬兰男子拍摄了一部记录他用小口径手枪对着自己的大脑射击的影像。他在被枪击后立即倒地了，但就在 4 min 视频接近结束时，受害者睁开眼睛并抬起了头。最终在胶片用完后的某个时间，他向头部开了第二枪，才导致死亡。

在更常见的刺伤、头部损伤、割喉或枪击案件中，法医必须尝试评估身体伤害的性质和严重程度，并与受害者的年龄、健康和受伤环境联系起来。这本身就是一个难以精确的实践工作。老年女性，或患有严重心脏病或呼吸系统疾病的人，与强壮的年轻人相比，不太可能在多处损伤后长时间存活。但是如果损伤程度已经严重威胁生命，以上这些因素将不会对死亡结果产生什么影响。

动脉切伤会比大小相同的静脉失血更快，尤其是当它只是部分被离断而无法收缩时。如果颈静脉切割处发生空气栓塞，那么可能会对改变伤后存活能力的评估产生影响。如前所述，在刺伤中，心脏比胸腔内大血管更脆弱。很多心室损伤是可以存活的。作者（BK）曾经有两次被警方通知准备好对正在进行急救手术的受害者进行尸检。但后来得知，这两名伤者幸运地在手术后成功地走出了医院。其中一人的左心室有一处从前到后完全贯穿的刺伤。

如果伤口横断了冠状动脉主干，那么就可能会切断传导系统的主要分支，这时患者则不太可能存活太长时间。除了大脑或大血管损伤外，大多数其他损伤很少会导致突然死亡或功能迅速丧失。在刑事案件中，伤后存活时间是决定受害者是否会继续反击、逃跑、抵抗，甚至在倒地死亡之前是否可以对他人造成损伤的关键点。在大多数情况下，很难保证伤后的某些行为是不可能发生的。在“战斗”或者“逃跑”这种肾上腺素升高的活动过程中，疼痛被极大地抑制——许多战士只有在注意到流血或战斗结束之后，才意识到自己受到了严重或致命的创伤。因此，所谓的“休克”效应在袭击过程中发生的可能性会被极大地降低。只有损伤产生机体和血流动力学等方面的并发症，使行为速度减慢，直至倒地死亡。在这段时间内，受害者可以进行正常体力活动，有时甚至达到惊人的程度，尽管随后他们的行为能力会突然下降。

正如法医学的大部分问题一样，对上述问题发表过于明确的意见是不明智的，正如古老的法医格言：“少说绝不可能，少说总是这样”（Seldom say never-seldom say always）。

这个问题都围绕着最后几分钟的痛苦时间段。这段时间内受害者几乎没有形态学的表现。本章其他地方提到的检测酶和血清素的复杂技术可能会提供一些关于存活时间的依据，但很少能明确到足以作为确凿的法医学证据。如果存活时间很长，那么生活反应的大体变化和组织学变化，如血栓形成、炎症、感染和愈合可能有用，它们通常需要存活数小时甚至数天才能出现。

损伤时间推断公认的指标是多核白细胞在几分钟内开始出现在受伤组织中。但有研究表明，这种情况甚至可以在死亡后数小时发生，因为所有白细胞并不会因心脏停搏而变得静止。一个良好、常规的炎症反应一定是生活反应，通常需要几小时的存活时间，让它的结果变得更加令人信服。但作者（BK）见过一个被勒死后至少30 min的尸体上也有显而易见的红斑。

区分死前和死后伤害的另一个问题是明确死亡的具体时刻。同样，律师、法官和验尸官倾向于认为死亡发生在一个时间点。但实际上，死亡是一个过程（具体参见第2章）。尽管在大多数犯罪或意外死亡中，死亡通常被认为是心脏停搏时刻，导致血压和大脑血液循环衰竭，但人体细胞仍然存活，并在一定的时间内保持活力——神经元仅能存活数分钟，白细胞和肌肉细胞能够存活数小时，结缔组织细胞，如成纤维细胞，甚至能持续数天。因此，在逐步发生的缺氧改变生化过程和酶活性之前，期望皮肤伤口在几分钟内发生剧烈变化是不科学的。白细胞可在人体死亡发生后保持活性超过12 h，并可趋化性地聚集在活性物质周围，如吸入气道的胃内容物。这使得生活反应在濒死期成为一个被合理怀疑的现象。需要对濒死期的组织学、组织化学和生物化学进行更多的研究，以明确这些问题。但同时，不能过于依赖旧的死前和死后现象以及生活反应的标准，应该减少教条主义的依赖。

（何光龙　李洋　译）

参考文献

[1] Shapiro HA, Gluckman J, Gordon I. The significance of finger nail abrasions of the skin. *J Forensic Med* 1962; 9: 17–19.

[2] Werkgartner A. Eigenartige Hautverletzungen durch Schüsse aus angesetzten Selbstladepistolen. *Beitr Gerichtl Med* 1924; 6: 148–61.

[3] Roberts R. Sexual offences. In: *Rape — The New Police Surgeon Supplement*. Northampton: APSGB, 1983.

[4] Langlois NE, Gresham GA. The ageing of bruises: a review and study of the colour changes with time. *Forensic Sci Int* 1991; 50(2): 227–38.

[5] Langlois NEI. The science behind the quest to determine the age of bruises — a review of the English language literature. *Forensic Sci Med Pathol* 2007; 3(4): 241–51.

[6] Stephenson T, Bialas Y. Estimation of the age of bruising. *Arch Dis Child* 1996; 74(1): 53–5.

[7] Munang LA, Leonard PA, Mok JY. Lack of agreement on colour description between clinicians examining childhood bruising. *J Clin Forensic Med* 2002; 9(4): 171–4.

[8] Maguire S, *et al*. Can you age bruises accurately in children? A systematic review. *Arch Dis Child* 2005; 90(2): 187–9.

[9] Byard RW, *et al*. Histologic dating of bruises in moribund infants and young children. *Forensic Sci Med Pathol* 2008; 4(3): 187–92.

[10] Hughes VK, Ellis PS, Langlois NE. The perception of yellow in bruises. *J Clin Forensic Med* 2004; 11(5): 257–9.

[11] Serina ER, Lieu DK. Thoracic injury potential of basic competition taekwondo kicks. *J Biomech* 1991; 24(10): 951–60.

[12] Grass H, *et al*. [Phenomenology of kicking and kicking to death]. *Arch Kriminol* 1996; 198(3–4): 73–8.

[13] Henn V, *et al*. [Morphology and phenomenology of death by kicking (II)]. *Arch Kriminol* 2000; 205(3–4): 65–74.

[14] Strauch H, *et al*. Kicking to death — forensic and criminological aspects. *Forensic Sci Int* 2001; 123(2–3): 165–71.

[15] Prinsloo I, Gordon I. Post-mortem dissection artefacts of the neck and their differentiation from ante-mortem bruises. *South African Med J* 1951; 25: 358–61.

[16] Gee DJ. The pathological aspects of the Yorkshire ripper case. *Acta Med Leg Soc (Liege)* 1984; 34: 25–31.

[17] Gibson T. Karl Langer (1819–1887) and his lines. *Br J Plast Surg* 1978; 31(1): 1–2.

[18] Langer K. On the anatomy and physiology of the skin. I. The cleavability of the cutis. *Br J Plast Surg* 1978; 31(1): 3–8.

[19] Langer K. On the anatomy and physiology of the skin. II. Skin tension. *Br J Plast Surg* 1978; 31(2): 93–106.

[20] Langer K. On the anatomy and physiology of the skin. III. The elasticity of the cutis. *Br J Plast Surg* 1978; 31(3): 185–99.

[21] Langer K. On the anatomy and physiology of the skin. Conclusions. *Br J Plast Surg* 1978; 31(4): 277–8.

[22] Knight B. The dynamics of stab wounds. *Forensic Sci* 1975; 6(3): 249–55.

[23] Hainsworth SV, Delaney RJ, Rutty GN. How sharp is sharp? Towards quantification of the sharpness and penetration ability of kitchen knives used in stabbings. *Int J Legal Med* 2008; 122(4): 281–91.

[24] Parmar K, Hainsworth SV, Rutty GN. Quantification of forces required for stabbing with screwdrivers and other blunter instruments. *Int J Legal Med* 2012; 126(1): 43–53.

[25] Hocking MA. Assaults in South-east London. *J R Soc Med* 1989; 82(5): 281–4.

[26] Shepherd JP, Price M, Shenfine P. Glass abuse and urban licensed premises [letter]. *J R Soc Med* 1990; 83(4): 276–7.

[27] Clark RAF, Singer AJ. *Wound Repair: Basic Biology to Tissue Engineering*, in *Principles of Tissue Engineering*. Robert PL, Robert L, Joseph V (eds). San Diego: Academic Press, 2000, pp.857–78.

[28] Walcher K. Über vitale Reaktionen. *Dtsch Z Gesamte Gerichtl Med* 1930; 15(1): 16–57.

[29] Orsós F. Die vitale Reaktionen und ihre gerichtsmedizinische Bedeutung. *Beitr Pathol Anat* 1935; 95: 163–241.

[30] Berg S. [Age determination of skin wounds]. *Z Rechtsmed* 1972; 70(3): 121–35.

[31] Raekallio J. Histochemical distinction between antemortem and postmortem skin wounds. *J Forensic Sci* 1964; 9(1): 107–18.

[32] Betz P. Vitale reaktionen und zeitschätzungen. In: Brinkmann B, Madea B (eds). *Handbuch Gerichtliche Medizin*. Berlin: Springer-Verlag, 2004, pp.297–333.

[33] Kondo T, Ishida Y. Molecular pathology of wound healing. *Forensic Sci Int* 2010; 203(1–3): 93–8.

[34] Cecchi R. Estimating wound age: looking into the future. *Int J Legal Med* 2010; 124(6): 523–36.

[35] Perls M. Nachweis von eisenoxyd in gewissen pigmenten. *Virchows Arch Pathol Anat* 1867; 39(1): 42–8.

[36] Raekallio J. Applications of histochemistry to forensic medicine. *Med Sci Law* 1966; 6(3): 142–6.

[37] Raekallio J. Determination of the age of wounds by histochemical and biochemical methods. *Forensic Sci* 1972; 1(1): 3–16.

[38] Raekallio J. Estimation of the age of injuries by histochemical and biochemical methods. *Z Rechtsmed* 1973; 73(2): 83–102.

[39] Raekallio J. Estimation of time in forensic biology and pathology. An introductory review. *Am J Forensic Med Pathol* 1980; 1(3): 213–8.

[40] Raekallio J, Makinen PL. The effect of ageing on enzyme histochemical vital reactions. *Z Rechtsmed* 1974; 75(2): 105–11.

[41] Berg S. [Histamine level and lung mast cells in death from hemorrhage (author's transl)]. *Z Rechtsmed* 1974; 74(4): 245–51.

[42] Berg S, *et al*. [The influence of loss of blood and alcohol intoxication on early vital wound reactions (author's transl)]. *Z Rechtsmed* 1977; 80(1): 39–49.

[43] Berg S, Bonte R. [The catecholamine contents of cadaver blood and cerebrospinal liquor in different types of agony]. *Z Rechtsmed* 1973; 72(1): 56–62.

[44] Berg S, *et al.* [Histamine content and histidine-decarboxylase-activity in dermal injuries]. Z Rechtsmed 1971; 69(1): 26−40.
[45] Berg S, Garbe G, Luerssen B. [The significance of topic differences and cadaveric changes of histamine and serotonin levels for the determination of the age of wounds in animal experiments (author's transl)]. *Z Rechtsmed* 1978; 82(3): 165−74.
[46] Fazekas IG, Viragos Kis E. [Free histamine content in the groove caused by hanging as an in vivo reaction]. *Dtsch Z Gesamte Gerichtl Med* 1965; 56(4): 250−68.
[47] Fazekas IG, Viragos Kis E. [Free histamine-content of different wounds as vital reaction]. *Z Rechtsmed* 1971; 68(2): 86−94.
[48] Hernandez-Cueto C, Luna-Maldonado A, Villanueva Canadas E. Study of cathepsin A and D activities and Ca, Mg, Cu, Zn, Fe, Na and K levels in pig skin as a tool for the differential diagnosis between vital and postmortem skin wounds. *Acta Med Leg Soc (Liege)* 1984; 34: 174−8.
[49] Hernandez-Cueto C, *et al.* Cathepsin D as a vitality marker in human skin wounds. *Int J Legal Med* 1993; 106(3): 145−7.
[50] Hernandez-Cueto C, *et al.* Study of cathepsin A, B and D activities in the skin wound edges. Its application to the differential diagnosis between vital and postmortem wounds. *Forensic Sci Int* 1987; 35(1): 51−60.
[51] Chen YC, *et al.* Diagnostic value of ions as markers for differentiating antemortem from postmortem wounds. *Forensic Sci Int* 1995; 75(2−3): 157−61.
[52] Kibayashi K, *et al.* Differentiation between bruises and putrefactive discolorations of the skin by immunological analysis of glycophorin A. *Forensic Sci Int* 1993; 61(2−3): 111−17.
[53] Tabata N, Morita M. Immunohistochemical demonstration of bleeding in decomposed bodies by using anti-glycophorin A monoclonal antibody. *Forensic Sci Int* 1997; 87(1): 1−8.
[54] Betz P, *et al.* Time-dependent appearance of myofibroblasts in granulation tissue of human skin wounds. *Int J Legal Med* 1992; 105(2): 99−103.
[55] Betz P, *et al.* The time-dependent rearrangement of the epithelial basement membrane in human skin wounds — immunohistochemical localization of collagen IV and VII. *Int J Legal Med* 1992; 105(2): 93−7.
[56] Betz P, *et al.* Immunohistochemical localization of fibronectin as a tool for the age determination of human skin wounds. *Int J Legal Med* 1992; 105(1): 21−6.
[57] Betz P, *et al.* Time-dependent pericellular expression of collagen type IV, laminin, and heparan sulfate proteoglycan in myofibroblasts. *Int J Legal Med* 1992; 105(3): 169−72.
[58] Betz P, *et al.* Comparison of the solophenyl-red polarization method and the immunohistochemical analysis for collagen type III. *Int J Legal Med* 1992; 105(1): 27−9.
[59] Betz P, *et al.* Localization of tenascin in human skin wounds — an immunohistochemical study. *Int J Legal Med* 1993; 105(6): 325−8.
[60] Betz P, *et al.* The time-dependent expression of keratins 5 and 13 during the reepithelialization of human skin wounds. Int J Legal Med 1993; 105(4): 229−32.
[61] Betz P, *et al.* The immunohistochemical analysis of fibronectin, collagen type III, laminin, and cytokeratin 5 in putrified skin. *Forensic Sci Int* 1993; 61(1): 35−42.
[62] Betz P, *et al.* Analysis of the immunohistochemical localization of collagen type III and V for the time-estimation of human skin wounds. *Int J Legal Med* 1993; 105(6): 329−32.
[63] Betz P, *et al.* The immunohistochemical localization of alpha 1-antichymotrypsin and fibronectin and its meaning for the determination of the vitality of human skin wounds. *Int J Legal Med* 1993; 105(4): 223−7.
[64] Betz P, *et al.* The time-dependent localization of Ki67 antigen-positive cells in human skin wounds. *Int J Legal Med* 1993; 106(1): 35−40.
[65] Betz P, *et al.* Immunohistochemical localization of collagen types I and VI in human skin wounds. *Int J Legal Med* 1993; 106(1): 31−4.
[66] Betz P. Histological and enzyme histochemical parameters for the age estimation of human skin wounds. *Int J Legal Med* 1994; 107(2): 60−8.
[67] Betz P. Immunohistochemical parameters for the age estimation of human skin wounds. A review. *Am J Forensic Med Pathol* 1995; 16(3): 203−9.
[68] Betz P, Tubel J, Eisenmenger W. Immunohistochemical analysis of markers for different macrophage phenotypes and their use for a forensic wound age estimation. *Int J Legal Med* 1995; 107(4): 197−200.
[69] Betz P, *et al.* Detection of cell death in human skin wounds of various ages by an *in situ* end labeling of nuclear DNA fragments. *Int J Legal Med* 1997; 110(5): 240−3.
[70] Janssen W. *Forensic Histopathology*. Berlin: Springer Verlag, 1984.
[71] Betz P, Eisenmenger W. Morphometrical analysis of hemosiderin deposits in relation to wound age. *Int J Legal Med* 1996; 108(5): 262−4.

第5章

头部和脊柱损伤

在法医学实践中，头颈部损伤在所有的局部损伤中最为常见，也最为重要。Adelson 认为头部损伤占主导地位的合理原因有以下几点[1]：

- 头部是绝大多数涉及钝性外伤的袭击首选目标。
- 当受害者被推倒或被打击倒地时，头部常会发生碰撞。
- 大脑及脑膜更易受到钝性创伤，相同的损伤程度作用于其他部位则几乎不会致命。

因为头部损伤是袭击、摔跌、交通事故致死的主要原因，所以法医对创伤神经病理学的理解尤为重要。

头皮损伤

绝大多数情况下，颅骨损伤或者脑损伤常伴有头皮损伤。头皮损伤主要包括擦伤、挫伤和挫裂创，尽管头皮表面的毛发可以通过改变损伤的方向、减缓作用力等来影响头皮损伤。

当前额、项部、颞下部或秃头部位检见损伤时，尸检方法与身体其他部位一样。但在毛发覆盖区可能存在损伤时，尸检时必须仔细检查头皮判断是否有损伤，否则头皮擦伤、肿胀、挫伤甚至挫裂创就可能被遗漏。当发现损伤或发现疑似损伤时，必须仔细剃除头发，裸露头皮，以便进一步检查、拍照。

头皮的法医学解剖结构

从表面上看，头皮有毛囊、皮脂腺和汗腺。头皮内垂直的纤维组织束附着在帽状腱膜上，皮下层由脂肪和粗大而垂直的纤维束构成，与皮肤层和帽状腱膜层均由短纤维紧密相连，是结合成头皮的关键，并富含血管神经。血管和神经位于帽状腱膜之上，位于头皮深层的帽状腱膜是一层附着在整个颅盖骨外的致密纤维组织，它是连接枕额肌的额腹和枕腹的扁平肌腱（图 5.1）。

帽状腱膜下有一层薄薄的疏松结缔组织将帽

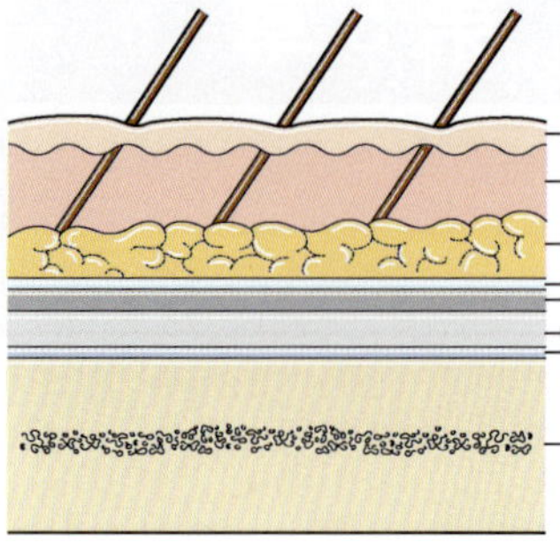

图 5.1　头皮解剖示意图

状腱膜与颅骨骨膜分开。颅骨骨膜是位于颅骨外面的骨膜，与颅骨里面的硬脑膜相对应。导静脉贯穿浅筋膜到颅骨骨膜层，然后穿过颅骨与颅内静脉窦连接，正是通过这一途径，头皮受感染的损伤可能会引起脑膜炎和静脉窦血栓（图 5.13）。

头皮擦伤

由于头发的保护，头皮的梳状擦伤较其他部位少见，头发同时还可以防止轻微外力在头皮形成印痕或者使头皮已有印痕变得模糊。尽管头发具有缓冲作用，头皮也会因受到垂直作用力而形成擦伤。在尸检时应当使用手术刀或剃须刀将头发剃除，尽量不要造成人为割伤，以免遗漏轻微的擦伤。

头皮挫伤

在剃除头发之前，挫伤可能难以被发现。由于头皮下方为颅骨，出血难以向下扩展，所以大面积头皮挫伤的特征是损伤部位的明显肿胀。但是，这种现象多在死后减弱，或者扩散。通常情况下，严重的头部损伤会导致头皮下形成有头皮血肿，并且可能弥漫到其他区域。血液有时存在于帽状腱膜（头皮的坚韧筋膜层）下，但更多的是存在于帽状腱膜和表皮之间。

出血部位可能位于颅骨骨膜，即紧密贴附于颅骨外表面的骨膜下，这种现象常见于伴有颅骨骨折的婴幼儿脑损伤，这是因为血液来源于骨折线本身。婴幼儿颅骨膜与颅缝的紧密附着可明显限制出血的范围。

受伤后除了头皮下血肿外，头皮层都可能会因组织液外渗而表现为明显的水肿和增厚。

正如后文将在熊猫眼征部分介绍的一样，头皮下的血肿会在重力等因素的影响下发生移动。因此，额面部皮下挫伤或血肿可能会在数小时甚至数分钟内向下移动，出现在眼眶周围，看起来就像是直接外伤造成的熊猫眼征（图 5.9）。类似，颞部挫伤也会出现在耳后，看起来像原发性颈部损伤。和其他部位的挫伤一样，头皮下挫伤可在伤后立即出现，也可以延迟出现或者成为一种死后现象。这些挫伤可能在死后几小时甚至一天才出现或者变得更为明显。这些挫伤可能由血液溢出浸润周围组织或者溶血向外扩散浸染皮下组织所致。因此，建议在尸检后 1～2 天再次对尸体进行检验。

由于头发的衬垫作用，致伤物的形状很难在头皮上反映出来。然而在上额或脱发区，没有毛发的衬垫，挫伤现象会与身体其他部位相似，而不同之处在于钝性打击头皮可能会导致形成具有整齐创缘的挫裂创。

头皮挫裂创

头皮挫裂创会导致大量出血，如果不进行治疗，大面积的头皮损伤会导致致命的失血。最严重的损伤是头皮大面积撕脱，即将头皮从头部撕下，暴露出腱膜或颅骨。这种情况发生在头发被机器缠住，以前在工厂工作的女性较常见。现在更常见的原因是交通事故，旋转的汽车轮胎与头部接触，造成头皮撕脱伤。

头皮损伤会发生大量失血，甚至在死后也会持续出血，特别是在头部处于特殊位置的情况下。如果死后短时间内头部受到损伤，也会导致大量出血，而这些情况会对生前伤和死后伤的鉴别、伤后的存活时间推断带来困难。目前仍没有可靠的方法来解决这一问题。

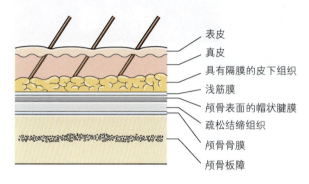

头皮挫裂创较为常见，尽管经常伴有一些其他撕裂，但是仍然能反映出致伤物的形状。锤子或重型工具等有一定形状的物体猛烈打击可能会完全或部分反映出致伤物的形状；圆面锤会在头皮上留下环状印痕，尽管大多数情况只能看到部分圆弧。在这些案例中，根据头皮损伤最深的边缘位置能为推断打击角度提供参考。致密头皮的

衬垫作用，可能导致颅骨缺损略大于致伤物，但是损伤对应处的颅骨凹陷性骨折与致伤物的形状和大小基本相同。然而，有时凹陷性骨折未必发生，打击部位可呈线性骨折或放射状骨折。

头皮损伤的主要问题是区分切割伤和钝性挫裂创（图 5.5～图 5.7）。

头皮被覆在坚固的骨骼外，暴力作用会将头皮挤压到下方的颅骨，因此，棍棒类致伤物的打击会挫裂皮肤和皮下组织形成边缘整齐、锐利的创口，创口的形态与锐器导致的切割伤相似。仔细检查，必要时使用放大镜，可以发现这种钝性挫裂创具有以下特征

- 挫伤创缘或这个区域可能很窄。
- 可见横跨创口而未被切断的毛发。
- 创口深处有筋膜束、毛团，可能还有细小的神经和血管（图 5.2～图 5.4）。

头皮摔跌损伤

对于法医来说，在平坦的物体上摔跌或是受到如木板、铺路石等面积较大、表面平整的物体打击时通常会导致线型、星芒状或者不规则的头

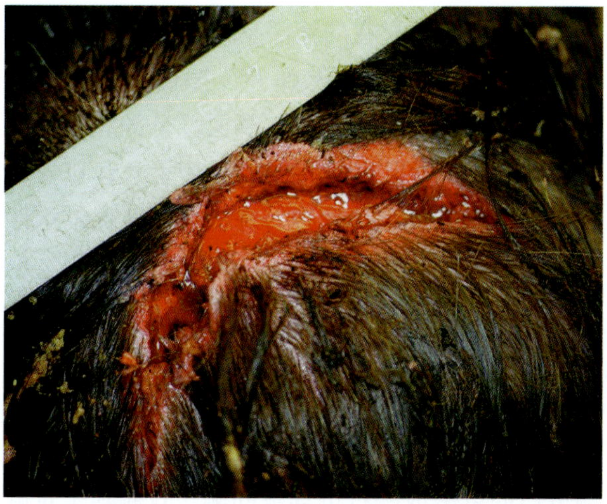

图 5.2 铁棍击打形成头皮挫裂创，创缘被挤压伴有挫伤，创腔中有结缔组织和毛发，表明挫裂创非锐器所致

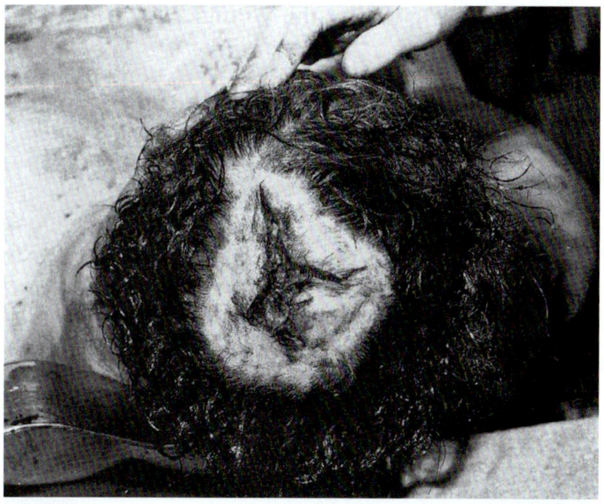

图 5.4 木头重击导致的头皮星芒状挫裂创。下方颅骨的支撑导致组织广泛挫裂。尸检时，必须将头发完全剃除干净，以便进行详细检查和拍照

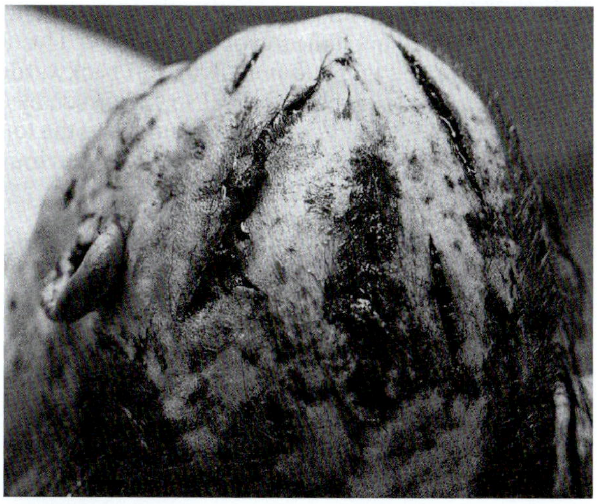

图 5.3 铁棍所致头皮挫裂创。创缘有挫伤，头皮组织被挤出。5 个创口的方向大致平行，这表明行凶者可能是快速连续击打，致伤物与形成头部创伤间的方向几乎没有变化

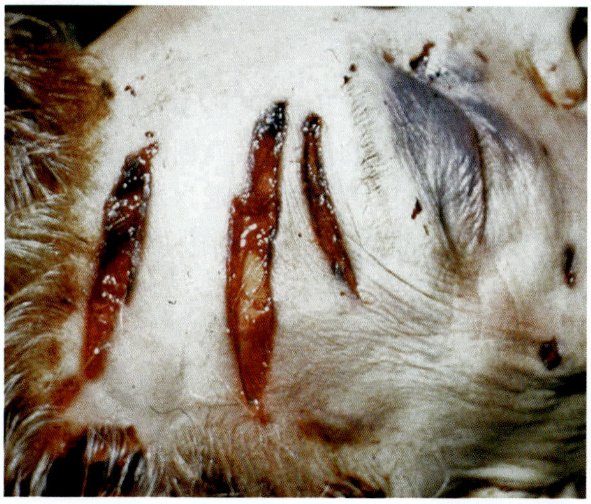

图 5.5 由金属拨火棍造成的创口，表面上看起来像切割创，但创缘不整齐和创腔内有组织间桥。熊猫眼征是由于颅前窝颅底骨折引起

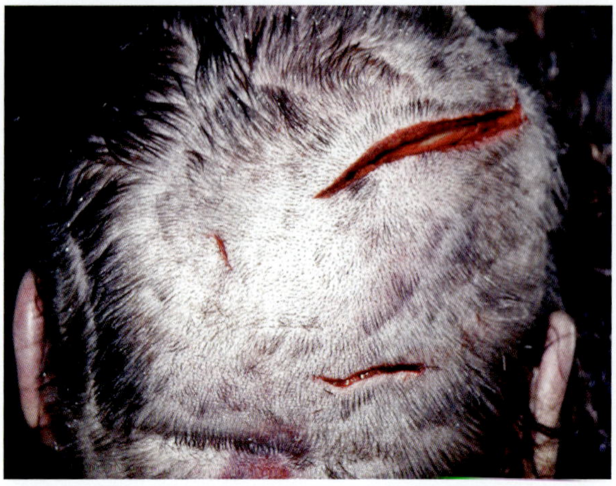

图 5.6 沉重锋利的砍刀形成的较深的线状切割伤。损伤深度各不相同，较大创口之下是广泛的颅骨骨折。颈部的创口是由同一把砍刀的边缘轻微接触造成的

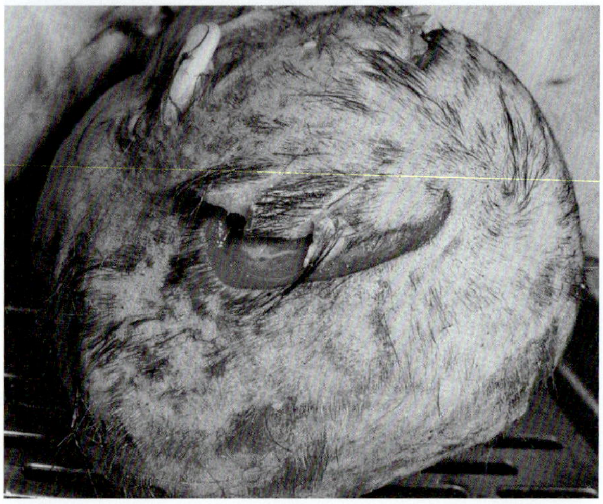

图 5.7 大刀所致的头皮片状切割创。创口被明显切开，形成了较大皮瓣。创口边缘干净，不伴有任何擦伤或挫伤，表明了致伤物锋利

皮挫裂创，而不会留下任何其他的损伤痕迹。

颅脑后部的损伤通常是由跌倒造成的，多见于醉酒的人。向后跌倒撞到凸起物，如墙面或人行道路路肩，可能会造成头皮的横向挫裂创，同时会导致组织底部撕裂并部分与下方骨骼分离，出现部分头皮与颅骨的分离。

跌倒通常会损伤枕骨隆突、前额或顶颞区。头顶部的受伤通常提示很可能受到过打击，因为即使是从很高的地方坠落，造成头顶部损伤的情况也是很罕见的。有时，向后跌倒碰巧撞到墙或家具等垂直物体表面时，会造成头顶部损伤，但此类损伤通常会伴有明显的擦伤。

面部损伤

面部损伤很常见，但除非是严重的骨骼损伤或者损伤出血进入气道，否则面部损伤本身是很少致命。面部损伤常伴有颅骨损伤，或者说面部损伤是引起严重大脑损伤的原因之一。

通常面部损伤在表面就可以看到，面部骨骼上通常也可见到不同程度损伤。由于面部轮廓复杂，下颌、鼻子、颧骨、眉毛、耳朵和嘴唇等各种凸起部位都可能会受到打击，从而导致特征性损伤。眉毛部位特别脆弱，在摔跌和受到击打时会破裂。额头遭受钝性打击后通常会导致皮肤撕裂，并可能导致潜在的额部及眶缘骨折。

鼻子的远端比较有弹性，擦伤很常见，但通常不会形成严重的损伤。鼻梁部分的鼻骨经常发生骨折，这可以通过触诊发现骨擦感和骨擦音，也可以通过尸检发现。鼻出血往往比结构性损伤更为重要，因为在昏迷的受害者中，大量出血可能会通过后鼻孔进入喉部，导致致命性气道阻塞。

直接打击会使上颌骨和下颌骨骨折，也会导致相关的软组织损伤而引起口腔内出血。对一侧下巴的重击或踢打可导致同侧、双侧甚至对侧下颌骨骨折；严重损伤时，常见于踢打伤和交通事故中，甚至可能会引起面颅骨与颅骨底部的分离，包含了上腭和上牙的上颌骨下部，可能与颅骨其他部分完全分离。在尸检中，从颈部切开皮肤向上解剖整个面部可以更好地观察面部骨骼；如有必要，可解剖至眼眶。只要手术刀不刺破皮肤，解剖完还可以很好地恢复原貌。

口唇部损伤在殴打事件中极为常见，包括虐待儿童事件。唇部会发生挫伤或撕裂伤，大部分损伤是由口唇与牙齿挤压所致。嘴唇内侧挫裂创通常与牙齿切缘相吻合。唇系带撕裂通常被认为是曾遭受虐待的特征；然而，最近的文献并不支持通过单独的唇系带撕裂诊断来判定曾遭受虐待[2-5]。

踢伤

脸部踢伤较为常见，而且面部突出部位受

伤较重。下颌受到脚踢后会形成擦伤、挫裂创和骨折；上颌区域和眉毛部受到脚踢后也会发生类似的损伤。有时可见足踢时留下的鞋底纹路擦伤或鞋尖所致的新月形损伤痕迹。侧向脚踢时鞋底的剐蹭可以导致脸颊或前额部梳状擦伤。在不伴有颧部擦伤、眉弓及鼻梁损伤的情况下，脚踢单独导致熊猫眼征的情况很少见。当遭遇脚踢或重拳攻击时，牙齿会出现松动、折断或脱落，经常伴有熊猫眼征与鼻骨骨折。踢打一侧下颌可能会导致双侧颌骨骨折，或仅引起对侧颌骨骨折（图 5.8）。

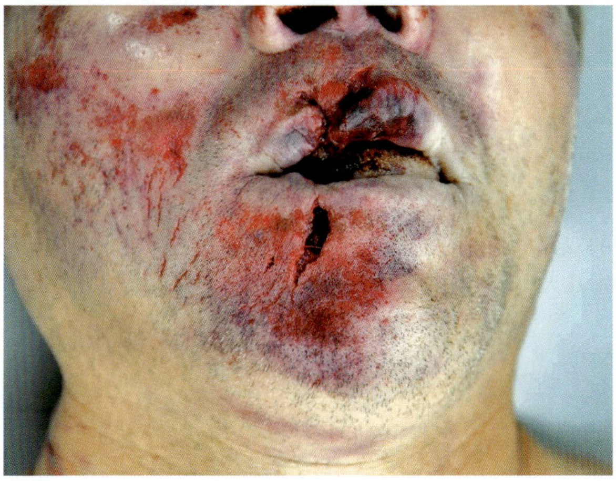

图 5.8 脚踢和踩踏造成的面部损伤。死亡原因是面部多处骨折和血液堵塞气道

要在每一个案件中区分因脚踢和其他钝器打击形成的损伤（尤其是面部损伤）非常困难或几乎不可能。自从更具弹性的橡胶运动鞋逐渐流行之后，鞋尖印痕变得并不是很常见了。

在踩踏时，可能会留下鞋底印痕，但是脚甩踢会导致非特异性的擦伤、挫伤或挫裂创（图 4.17）。由于腿部肌肉发达，甩踢的力量远大于拳击；因此，根据损伤程度及骨骼损伤情况可以较伤口形状更好地认定脚踢伤[6-8]。

熊猫眼征

通常所说的眶周血肿或熊猫眼征是由直接击打或踢到眼部引起的，但法医必须清楚其他可能的原因。以下是导致熊猫眼征几种可能原因（图 5.9）：

- 直接暴力，可能伴有或不伴有面颊上部、眉弓、鼻部或面部其他部位的擦伤或撕裂（图 4.22，图 5.10）。

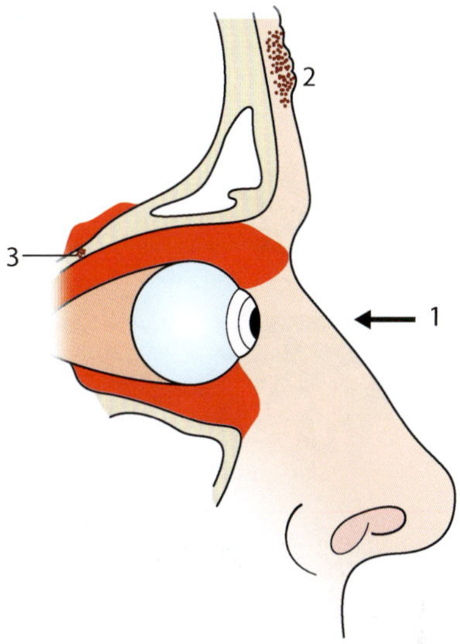

图 5.9 熊猫眼征的产生：1. 直接打击眼眶。2. 额部头皮损伤，血液沿眶上脊向下渗透。3. 颅底骨折（直接性或对冲性）导致脑膜出血并从眶上壁流出

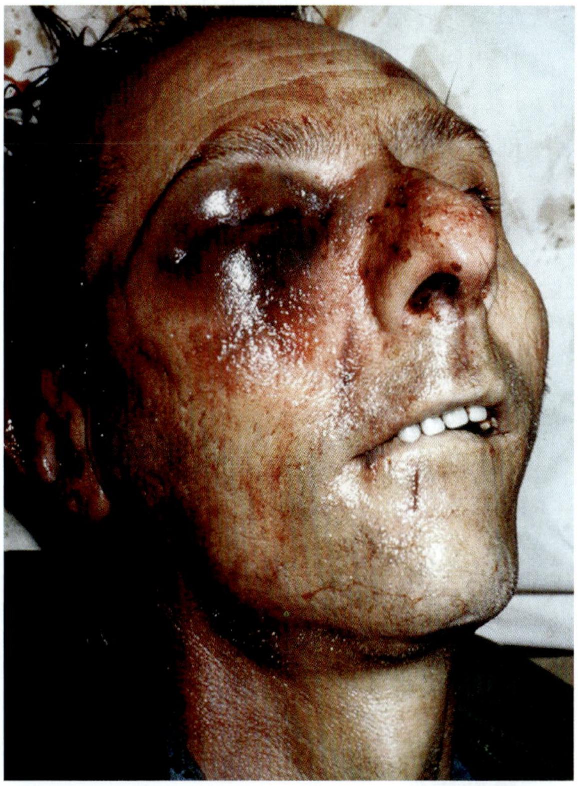

图 5.10 眼眶受到直接拳击导致的熊猫眼征。这是眶周血肿的第 3 种机制，另外 2 种机制是颅前窝骨折和额部头皮创伤

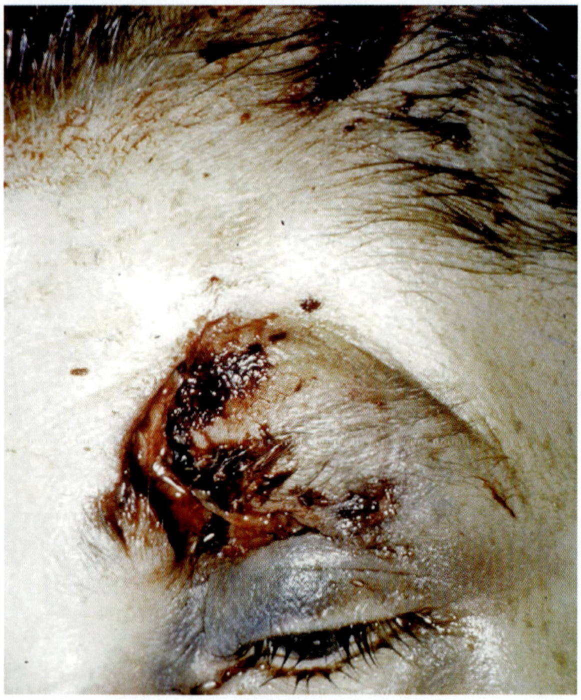

图 5.11　前额部头皮的损伤出血在重力作用下向下渗透，导致熊猫眼征。这名女性被石头击中额部和眉部，血液在死亡前几小时的昏迷期间逐渐向下渗透

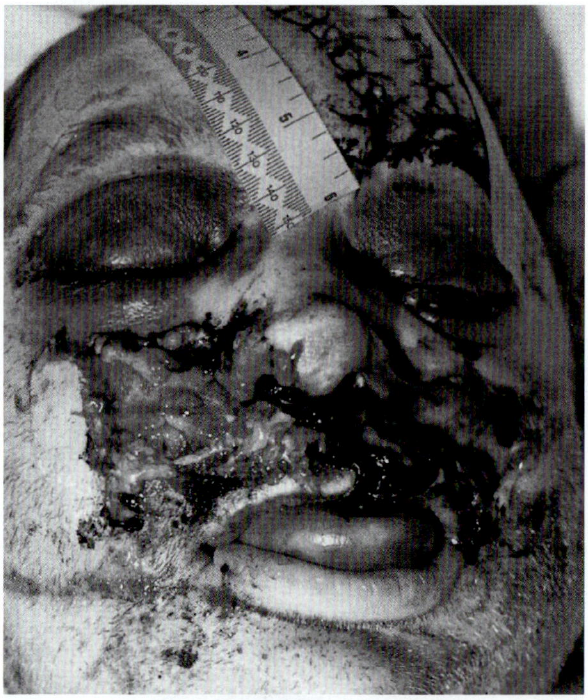

图 5.12　颅前窝底部粉碎性骨折导致血液渗入眼眶所致的双侧熊猫眼征。这名受害者被铁铲击中头部，并存活了几天。脑组织通过颅底骨折处从鼻孔溢出

- 眉弓或眉弓上部的挫伤或挫裂创出血受重力作用向下渗透（图 5.11）。这种重力渗透效应，需要在损伤后到死亡的这段时间内，头部保持直立体位状态几分钟甚至更长时间。当损伤在上额部的头皮时，这个时间可能就需要几小时了。据 Betz 和同事们对 21 例前额头皮损伤案例的回顾性分析，熊猫眼征最早在伤后约 4 h 出现[9]。
- 血液从颅前窝骨折处渗入眼眶。这通常是由摔跌枕部导致的对冲性损伤引起眶上壁薄弱处发生继发性骨折造成的（图 5.12）。如本章后文所述，它可能与大脑额叶的对冲性挫伤有关。

面部向前摔跌于平坦表面时，因为有眉毛、颧骨和鼻子等突出部位防止眼眶受损，通常不会形成熊猫眼征。

耳部损伤

在虐待儿童的案件中，儿童遭受头部打击的时候外耳经常受累。耳郭的挫伤和挫裂创在检查中很明显。在严重的创伤中，耳根可能会与头部分离，这是由拉扯耳朵后缘与头部相连处造成的。如果出现严重损伤，特别伴有耳郭的部分撕脱时，必须考虑足踢伤的可能。

耳朵也可能会被咬伤甚至部分脱落。这种情形偶尔也会发生在鼻部。在这种情况下，由于齿痕是至关重要的证据，所以法医牙科学家的建议非常重要。

摔跌伤

摔跌尤为常见，摔跌伤的严重程度不一定与摔跌的高度直接相关。有很多人在站立位跌倒后死亡，但也有人从数米高处坠落后仍存活。

在醉酒、受到攻击、疾病期间（痉挛或晕倒）以及其他原因的影响下，个体可能会从站立位跌倒。头部受伤可能会导致死亡，尤其是后脑受伤时。枕部头皮挫裂或颅骨骨折不是发生脑损伤（通常是额部对冲性挫伤）的必要条件。其可能伴有硬膜下或硬膜外出血（较少发生），后者

更常见于对应头部位置的摔跌。

第 22 章将具体讨论儿童摔跌导致头部损伤这一具有争议的问题。这里需要指出的是，尽管跌倒造成的致命性头部损伤通常需要数英尺 * 的坠落高度，但经充分论证的案例显示，从桌子和长椅上等较低高度的轻微跌倒仍然可以引起颅骨骨折和脑损伤。Weber 的实验（具体参见第 22 章）证明婴儿头部从约 82 cm（32 in）** 的高度被动坠落于不同表面上均可引起颅骨骨折。医学专家证人认为这种情况不可能发生的观点是无效的，因为已经有案例证实了该情况的存在[10]。在成年人中，从约 30 cm（约 1 ft）的高度摔跌至坚硬的表面上就可以引起骨折。有案例报道，醉酒者躺在混凝土路面上，同时醉酒的朋友试图抬起他，但却使他的头部和肩膀从大约半坐的位置向后倒下，从而导致他枕骨骨折。

老年人摔跌经常导致颅后部骨折。尽管肋骨、手臂和骨盆也可能受伤，但最常见的是股骨颈骨折。骨质疏松是导致大量此类摔跌骨折的主要原因。在英国，每年发生的股骨骨折超过 47 000 例，死亡率为 25%，主要死于继发性肺栓塞或支气管肺炎。

高坠

从具有一定高度的位置坠落（通常是建筑物）在自杀和一些意外事故中很常见，尤其是在涉及儿童的案件中。高坠偶尔也可能是他杀，在虐待儿童案件中最常见。

当受害者从高处跌落或跳下时，会形成向下和向外的坠落轨迹，坠落点与起坠点之间的距离是可变的。Goonetilleke 报道了一些关于尸体坠落点与墙面距离的研究报告[11]。这在很大程度上取决于受害者是靠着墙被动坠落，还是在起坠点自行跳出。尸体在坠落时一直保持着朝向地面的方向，但通常会以一种不可预测的方式发生姿势的翻转或扭转。姿势的变化次数在一定程度上取决于坠落高度，也就是在空中要有充足的时间完成体位改变。这种情况下身体可能会以多种不同的姿态撞击地面，然而在坠落的过程中身体也可能撞击障碍物，使得对损伤的解释变得更加困难（图 4.6）。

首次撞击的部位往往损伤得最严重，但也并不是完全这样，因为可能会同时撞击两个区域，如头部和肩部，或者坠落后弹起再次在短时间内碰撞引起两处或者更多严重损伤。坠落过程中获得的动能在身体撞击地面停止运动时被完全耗尽。如果只有一次性碰撞，那么损伤可能比一系列小碰撞如反弹、翻滚，造成的损伤程度更为严重。

如果坠落时头部着地，很可能会导致严重的骨折，经常（但不总是）伴有头皮挫裂创，可能还有脑组织外溢。颅顶和颅底都可能发生骨折，有时颅底部会被颈椎穿入，导致颈椎突入颅后窝。后者常见于高坠时脚部着地，冲击力沿脊柱向上传导引起上部椎骨以及枕骨大孔周围的骨骼进入颅腔，导致经典的枕骨环状骨折。当身体坠落着力点在脚部时，减速应力会在轴向骨骼的多处造成损伤。胫骨或股骨任何区域都可能发生骨折，而且一般是双侧骨折。股骨颈有可能被折断，髋关节也会脱位和脱臼，或者发生骨盆骨折。骨盆骨折通常是向上的作用力通过骶髂关节推动骶骨像楔子一样进入骨盆（或者更确切地说是身体有朝腿部的向下作用力）。

如果下肢和骨盆弓保持完好，传递的作用力可能会导致脊柱骨折，通常发生在胸椎的上段或中段。

如果坠落时身体的一侧着地，那么可以导致任何情形的复合型损伤。多发性肋骨骨折，肩胛或手臂骨折，背部、臀部或四肢挫裂创，严重的腹部损伤都可以发生，如肝、肺、心、脾的破裂。

在从高层建筑坠落的案例中，身体损伤极为严重，如作者（BK）所见的一例从 20 层楼坠落的自杀案件，受害者跌落在栅栏上，身体从腰部

* 译者注：英尺的单位符号为 ft，1 ft ≈ 0.3 m。
** 译者注：英寸的单位符号为 in。1 in ≈ 2.54 cm。

被完全离断（图 4.33）。

必须记住的是，由于生物和环境的变化，部分人在坠落中可能存活下来；一些人，包括儿童，从很高的位置坠落，却毫发无损地站起来并走开了。再次强调，过度解释损伤程度和坠落高度之间的关系是非常不明智的。

颅骨骨折

法医解剖学

在胎儿时期，脑颅和面颅均是膜内成骨。出生后 9～26 周，前囟开始功能性闭合，直到 18 个月左右才完全闭合。后囟在出生后 8 周内闭合。儿童时期骨缝交错相接，在成年后的不同时期逐渐形成骨性融合。

成人的头盖骨由两个平行的密质骨板组成，外板的厚度大约是内板的 2 倍。它们被一层骨松质分开，这一区域经常被错误地称为板障。这个区域在颅缝处中断，在颅骨变薄处尤其是在颅底部消失。

成人颅骨的厚度各不相同，各个部位的厚度也不相同，骨质较薄处有更坚固的横梁状支撑，如颞骨岩部、蝶骨大翼、矢状脊、枕骨粗隆和眉弓。Rowbotham 对颅骨的这种抗张力的结构进行了详细的描述和说明[12]。最薄弱的位置位于颞顶部、额部外侧和枕部外侧的交界处。

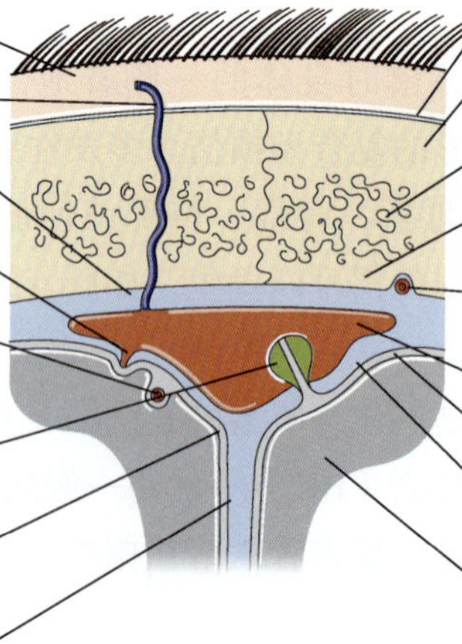

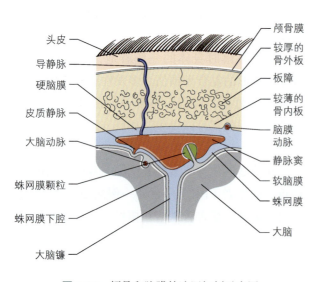

图 5.13 颅骨和脑膜的法医解剖示意图

青年男性的额骨和顶骨平均厚度为 6～10 mm。最薄的区域为颞骨区域，只有 4 mm，而在枕骨中线处厚度可能达 15 mm 甚至更厚。罕见的骨病，如骨纤维异常增殖症，由于过度产生纤维性骨基质，颅骨明显增厚（图 5.14）。

图 5.14 骨纤维异常增殖引起的颅骨显著增厚

法庭上有人主张颅骨的厚度是受害者损伤的易感性因素，但是除非颅骨异常薄，否则这种理论几乎没有法医学意义。致命性脑损伤可出现在完整颅骨的任何部位。也有人认为，薄的头盖骨不太容易骨折。因为薄的头盖骨富有弹性，在变形后没有产生裂纹的情况下，可以恢复正常状态。婴儿的头盖骨就是这样的。然而，在评估颅内损伤时基本不会考虑颅骨的薄厚，关键是要分析颅脑损伤情况。

颅骨骨折本身很少致命，但沿颅骨传导的作用力产生的伴随效应则可能致命。颅骨骨折往往反映了作用于头部外力的严重程度。损伤足以导致颅骨骨折的损伤但不引起颅脑损伤的情况不常见，再次强调，即使只有短暂的脑震荡，也需要排除很多条件才能判断。

在骨骼损伤中，经常遇到颅骨骨折，然而在没有软组织的情况下，鉴别生前伤和死后伤有时候很困难，甚至不可能。在修复或挖掘过程中常会导致人为地损伤颅骨。颅骨长时间被掩埋，土壤中的石头会导致骨质腐蚀甚至开裂。Zuo 和 Zhu 描述了微裂纹和胶原破坏的扫描电镜细节，这些细节可以区分生前和死后的损伤，但这些不太适用于陈旧腐烂的检材[13]。

颅骨骨折的机制

人颅骨应对各种机械载荷如拉伸、弯曲、压缩和剪切时的特性，在离体的头部、颅骨和动物实验中得到了广泛的研究。具体内容可以参考 Gurdjian、Webster 和 Lissner，Evans 和 Lissner，Evans、Lissner 和 Lebow，Rowbotham，Weber，Shapiro、Gordon、Benson、Leestma 等的专著[10, 12, 14–19]。机械力传入可以是相对静态的，如在地震中，头部被缓慢地（> 200 ms）挤压或压碎；也可以是动态且快速的（< 200 ms；在大多数情况下< 20 ms）。研究人员已经证明：

- 当颅骨受到局部打击时，会引起脑颅骨的短暂变形。尽管时间非常短暂，但是其变形程度可能较大。婴儿的头骨更加柔韧，颅缝连接处也比较有弹性，比成年人坚硬头骨变形的程度更大。打击点处的颅骨向内弯曲，颅腔内容物几乎是不可压缩的，因此必然会在其他区域发生代偿性变形或隆起，也就是众所周知的“冲击环”。如果骨骼变形超过其弹性限度，这些向内凹陷或向外隆起的区域都可能会出现骨折（图 5.15）。
- 当颅骨变形时，凹陷处的颅骨受到压力，而隆起处的颅骨则会受到张力（拉力）的作用。如果后者超过颅骨的弹性阈值，则会发生骨折。因此，内侧骨板在颅骨凹陷处断裂，外侧骨板在变形区域的边缘断裂。如果作用力足够大，会发生凹陷性粉碎性骨折（图 5.16）。
- 更常见的情况来自钝性损伤的更广泛作用力，其较少引起颅骨局部变形，而是在力度足够大的地方，超出颅骨弹性极限发生骨折。这种骨折可能距离受力点较远，沿着颅骨结构薄弱的部位呈线性走行，或者从受力点向外延伸，甚至延伸一段距离后又回至受力点。

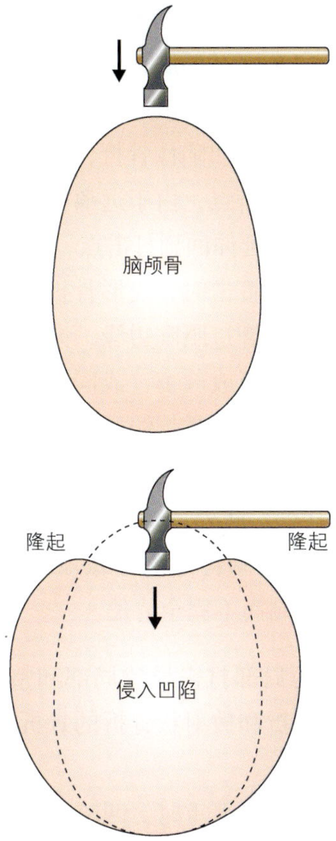

图 5.15　打击头骨的“冲击环”图解。颅骨的短暂变形，受力点向内凹陷，其他区域代偿性隆起，增加了颅骨内板和外板受力

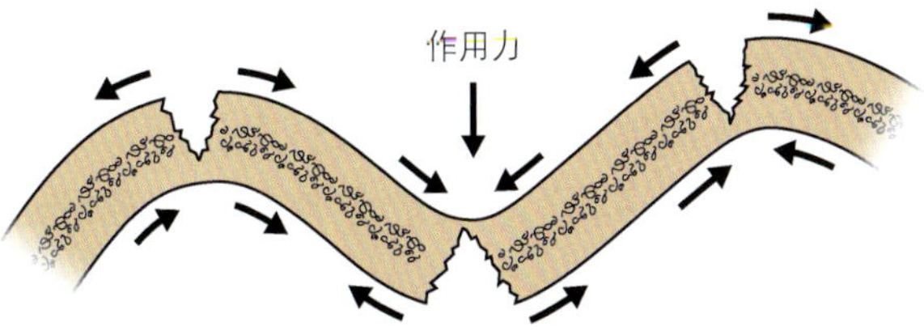

图 5.16　与压力相比，颅骨对牵拉更敏感，所以在“冲击环”的变形过程中，隆起部位更容易骨折

Gurdjian 通过在头颅骨上涂干后易碎的清漆开展研究，结果表明当颅骨受到打击时，颅骨会形成应力线，这些应力线与遭受重击时发生的骨折相对应。

颅骨某些区域受到打击会导致特定部位的骨折。例如，对颞部上端或颞顶部的打击会导致斜向下贯穿颞部的骨折。如果打击更重，会形成另一条斜行穿过颅顶骨的骨折线。

头部侧面或顶部的严重打击通常会导致顶骨骨折并延伸至颅底，通常穿过颅中窝，沿着颞骨岩部前缘进入垂体窝。在大部分损伤中，这条骨折线通常会完全穿过颅底，形成将颅底分成两半的“铰链骨折”（hinge fracture）（图 5.20）。除非打击点形成了局部凹陷性骨折，否则这些线状骨折并不起始于打击点，由于远离打击点的补偿性变形，通常又会延伸回到打击点。

当额部受到打击时，线形骨折的骨折线沿着额部垂直向下，绕过眼眶边缘，向后穿过颅前窝的底部，进入筛板或气窦，或同时穿过两者。枕部受到打击或摔跌时骨折线通常垂直或者倾斜向下走行，到达颅后窝中线，经常还会延伸至枕骨大孔（图 5.17）。此外，枕部摔跌的对冲伤可能会由外力通过大脑传递而导致颅前窝眶上壁骨折，但是其机制尚不完全清楚。

- 当严重的局部打击导致局部和整体变形时，凹陷性骨折和放射状骨折的骨折线可呈现为蜘蛛网样。
- 当局部作用力严重时，凹陷性骨折可反映致伤物的实际形状，如锤头（图 5.28）。这种骨折只能反映出致伤物挤压进入颅骨部分的接触面形状。例如，圆头锤子以锐角打击头颅，会在颅骨上形成半圆形的凹陷性骨折，对侧边缘会形成一个向下的不规则斜面裂纹。

凹陷最深部位代表原始的打击位置，其边缘会呈现“阶梯状”改变。作者（BK）遇到过一个案例，受害者头部包裹着薄塑料袋被锤子击打。在击打过程中，平行的阶梯状裂缝在极短时间内张开，使塑料袋残片被夹在外板的多处裂隙内。窄边的或者环形的致伤物击打在较软的位置且没有内板凹陷时，可能只有外板骨折。

- 头发和头皮对打击有显著的缓冲作用，与裸露的颅骨相比，有头发和头皮覆盖的颅骨需要更重的打击才能造成同样程度的颅骨骨折。颅骨骨折的形态和性质还是一样的。值得注意的是，头发和头皮的衬垫，可能会轻微改变局部打击造成的颅骨骨折的范围。例如，头皮衬垫作用可能使锤子造成的凹陷性骨折直径比锤头的实际测量直径增加数毫米。
- 当连续打击造成的两个或多个独立的骨折线彼此相交时，可以依据“Puppe 规则”确定骨折形成的顺序[20]。后形成的骨折线将终止于（即不会跨越）先形成的骨折线，也会在发生骨折之前中断颅骨的变形（图 5.18）。

颅骨骨折的类型

根据上述机制，通常将颅骨骨折分类如下（图 5.19，图 5.24）。

线性骨折

线性骨折通常是具有一定长度、笔直或弯曲的骨折线。它们可以从凹陷区向外辐射，也可以

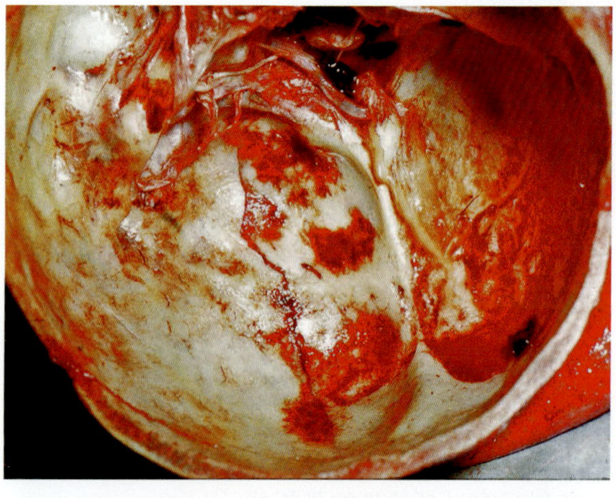

图 5.17　枕骨摔跌导致的颅后窝线性骨折。骨折线通常穿过较薄的骨质，避开枕骨中央较坚固部位，并终止于枕骨大孔附近

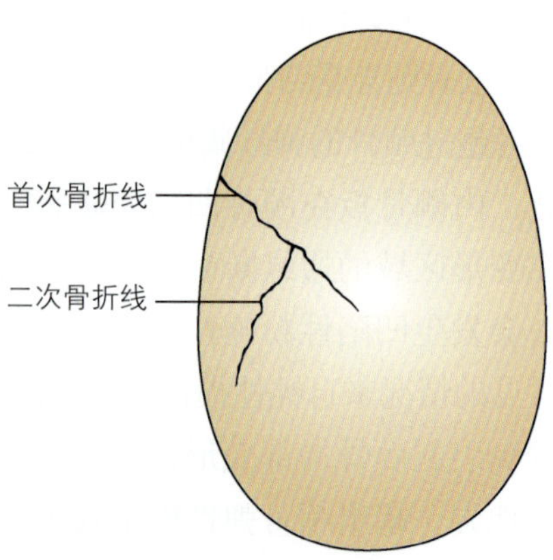

图 5.18　“Puppe 规则”判断颅骨骨折线顺序的图解。后形成的骨折线延伸会被较早存在的骨折线中断

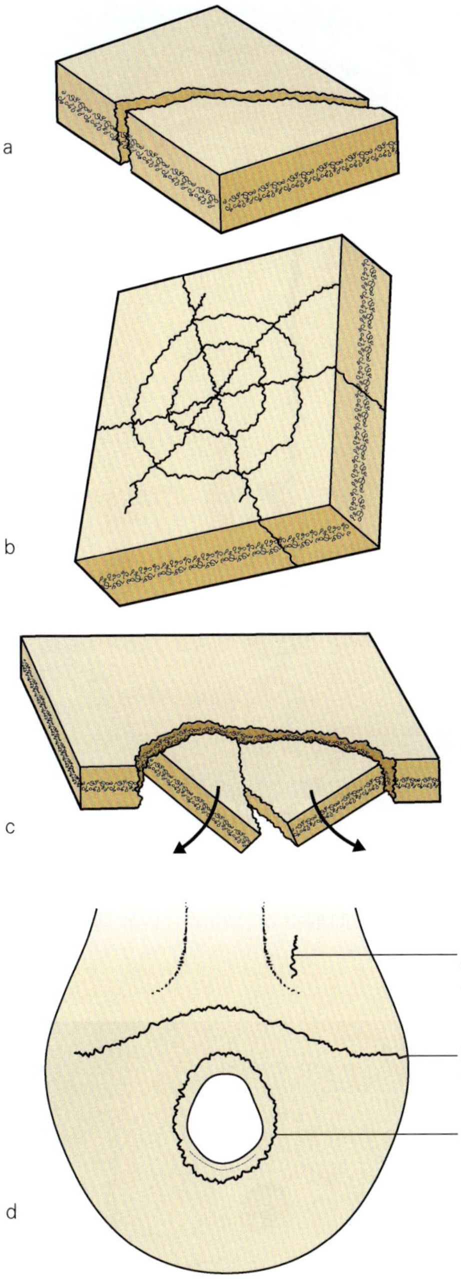

图 5.19 颅骨骨折类型：（a）线性骨折；（b）蜘蛛网状骨折；（c）凹陷性骨折；（d）基底部骨折

在受力区下方或距离受力区一定距离的颅骨隆起处产生。它们可能会累及内板或者外板，但通常两者均会受累。

在近期一篇 1999～2004 年在丹麦因钝性外力导致颅骨骨折的 428 个案例的回顾性分析中，Jacobsen 和 Lynnerup 发现最常见的骨折类型是线性骨折（～60%），主要由交通事故和高坠引起。大多数骨折伴有中度至重度颅内损伤和（或）其他器官的重度损伤[21, 22]。

根据颅骨的应力特征和受力部位分析，骨折可能发生在颅骨的任何地方，但在无支撑的薄弱骨板中尤为常见。颞骨、额骨、顶骨和枕骨均可出现单条或多条线性骨折。骨折线可能向下延伸到枕骨大孔，穿过眶上壁，或进入颅底。常见的颅底线性骨折穿过颅中窝，通常沿着颞骨岩部或蝶骨大翼进入垂体窝。这种骨折经常对称性地延续到另一侧颅中窝，将颅底分成两半。这种骨折常常由头部一侧受到重击所致，有时被称为“摩托车手骨折”（图 5.20）。

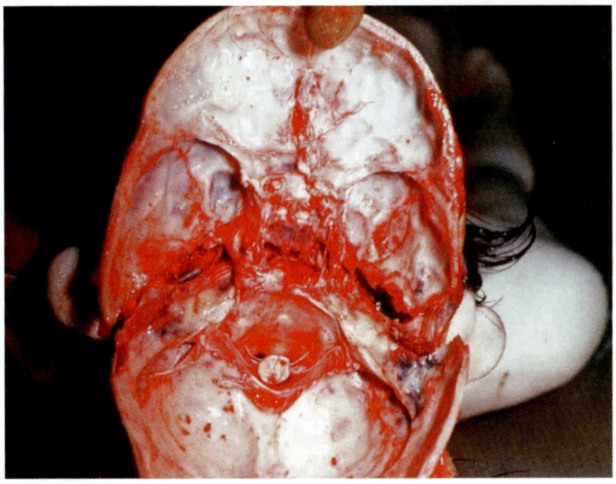

图 5.20 颅底的“铰链骨折”，骨折线沿着结构阻力最小的路线，从一侧的颅中窝底部，穿过中线上的垂体窝到达另一侧。受害者是一名年轻的行人，他被一辆汽车撞倒后，头部左侧撞击地面形成二次损伤。这种损伤在道路交通事故中很常见，有时被称为“摩托车手骨折”

线性骨折可能围绕颅骨向水平方向延伸，通常是在枕部从一个颞区到另一个颞区延伸，而不通过前额部。

在儿童和年轻的成年人中，线性骨折可能会沿颅骨缝走行，导致骨缝分离或裂开（图 5.21～图 5.23）。这种现象常发生于矢状缝，但在机械应力的作用下，骨缝裂开也会累及早期融合留下的较脆弱的额缝。在婴儿中，尤其是在儿童虐待综合征中，顶骨线性骨折可能达到矢状缝并继续穿过矢状缝进入对侧顶骨骨板。骨折线延伸可能是连续的，也可能是阶梯式的，两处骨折并不在一条直线上。这种骨折通常意味着击打或坠跌时伤及顶部，两处骨折可能是同时发生的，但并不连续，这也就解释了骨折呈阶梯式的原因。

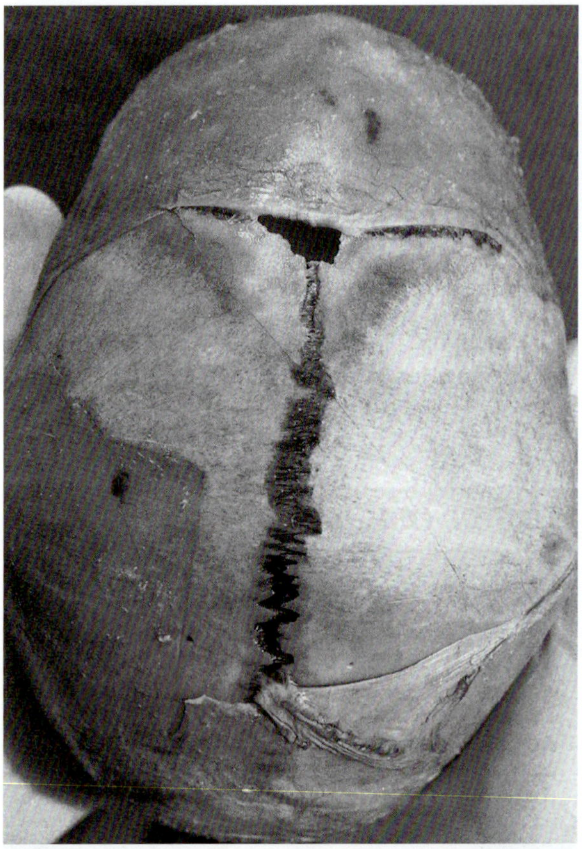

图 5.21 婴儿颅骨矢状缝的“弹簧现象”。虽没有颅骨骨折，但在跌倒导致硬膜下出血后，颅缝变宽

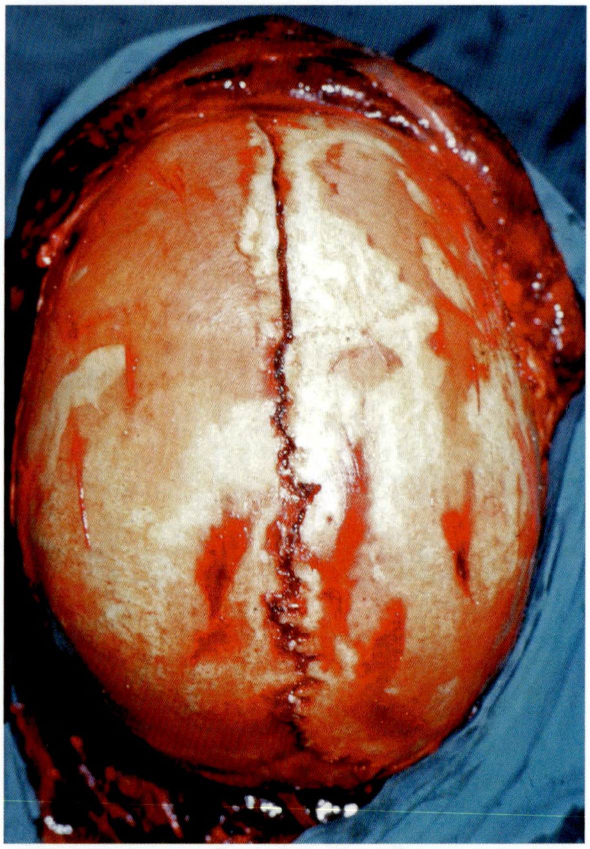

图 5.22 从高处跌落的青年人，头顶部着地，矢状缝分离呈“弹簧现象”，并向前沿着已经融合但较薄弱的额缝延伸

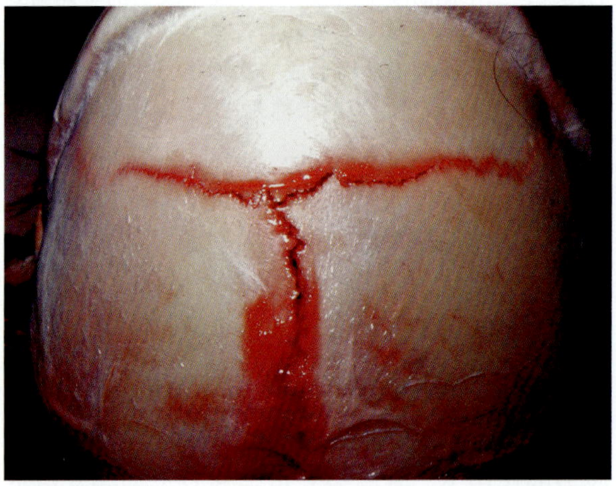

图 5.23 死后因大脑冰冻而导致颅缝裂开，与生前的颅骨骨折相类似

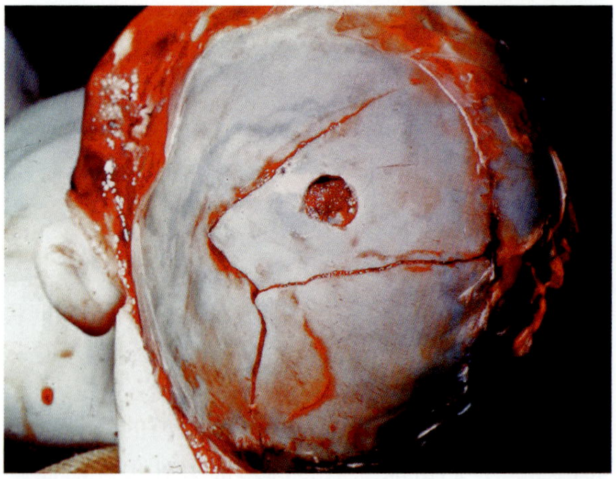

图 5.24 虐待儿童造成的颅骨线形骨折。顶部受钝性打击致两条骨折线沿着顶骨向下延伸至颞部，骨折线是由应力线的走向和颅骨的薄弱程度决定。中央钻孔是手术清除硬膜下出血留下的

环状骨折

环状骨折多发生于颅后窝，多见于从高处跌落时脚部着地，枕骨大孔周围出现环状骨折。如果跌落的动能没有被腿部、骨盆或脊柱处的骨折吸收，冲击力就会向上传递到颈椎，导致颈椎连同周围的一圈环形枕骨进入颅骨内。

舟状凹陷性骨折

这是个描述性术语，用来形容表浅的凹陷性骨折，即形成一个凹陷的“小舟”。这种骨折类型在婴幼儿柔韧的骨骼中更常见。事实上，这种凹陷可以不伴有骨折的发生，类似于挤压乒乓球造成的变形（图 5.25～图 5.27）。

马赛克状骨折或蜘蛛网状骨折

如前所述，凹陷性粉碎性骨折也可能伴有向外辐射的骨折线，呈蜘蛛网状或马赛克状。这种骨折的实际凹陷的程度可能很小，甚至没有。

凹陷性骨折

局部冲击会导致颅骨外板向内凹陷，若冲击力未被板障所吸收，那么颅骨内板常常也会突入颅腔，直接损害颅内组织。边缘锋利致伤物，如重型刀和斧头，可以造成外部缺损，形成整齐的边缘，通常使颅骨内板碎裂且斜向下进入颅内。

使用斧头和剑等重型砍切类致伤物，无论是头骨还是其他部位都会出现特征性损伤。最初砍击位置的颅骨骨折边缘整齐，通常呈象牙样光滑。骨头和刀刃之间的相对运动或拔出会导致致伤物与最初砍击的角度略有不同。这种情况将使骨折的另一侧边缘呈不规则样劈开，出现一侧边缘光滑而对侧边缘粗糙的现象。它经常出现在战争或大屠杀的历史和考古材料中（图 5.29）。

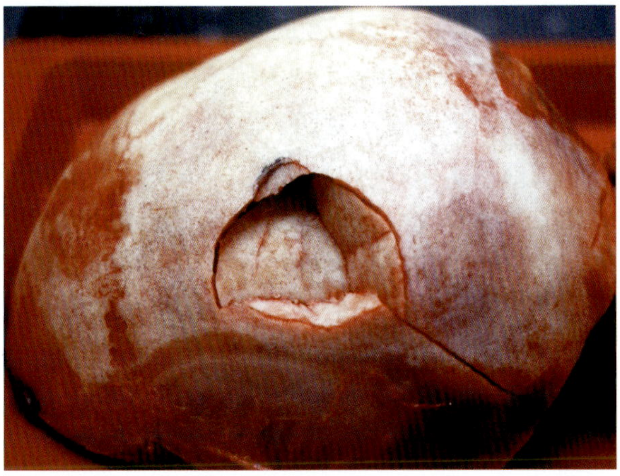

图 5.25　舟状凹陷性骨折

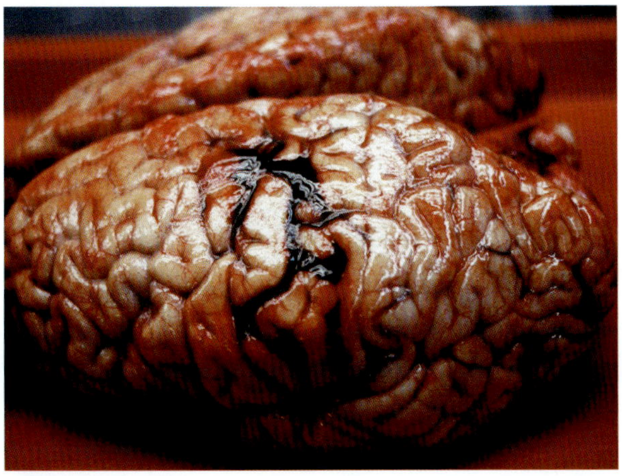

图 5.26　脑表面出血，与图 5.25 的舟状凹陷性骨折相对应

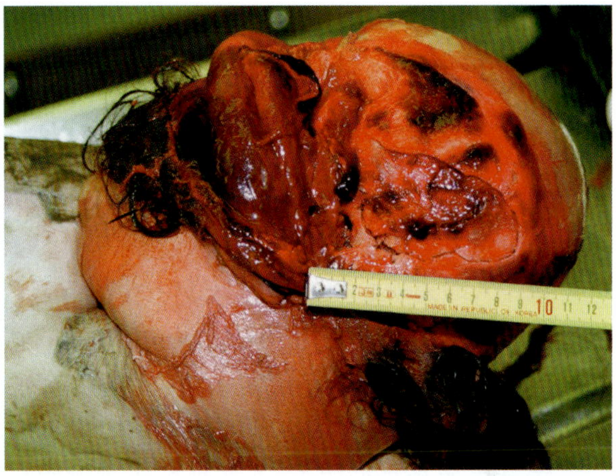

图 5.27　中央部位凹陷的颅骨粉碎性骨折，也可以称为舟状凹陷性骨折，表现为中心部位的卵圆形凹陷伴有周围的辐射状线性骨折。头部颅骨凹陷区域曾被一根重木头打击

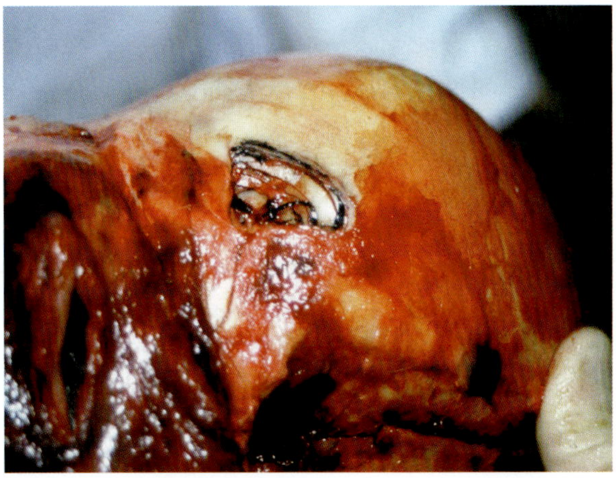

图 5.28　重锤打击造成的凹陷性骨折。骨折呈楔形，骨折前缘的弯曲是锤头以一定角度打击造成的。凹陷性骨折呈 M 形梯田状，底部的骨碎片划破大脑表面

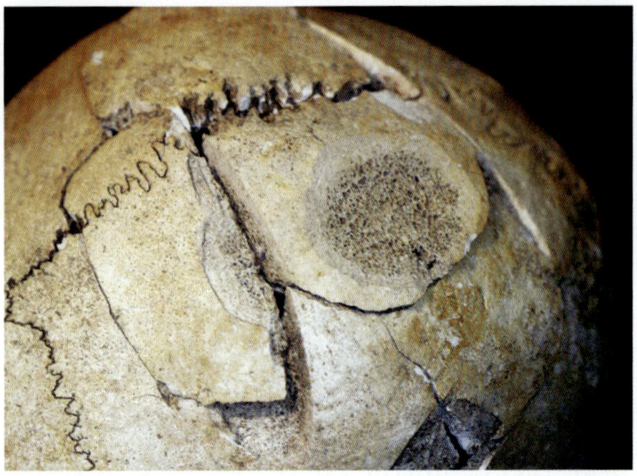

图 5.29　考古发现的 14 世纪颅骨被剑砍伤形成的多处骨折（经过 C. Cattaneo 教授的许可，米兰骨骼收藏的仿制品）

造成颅骨骨折需要的力度

通过不同方法和不同环境研究颅骨骨折的机制，可以去分析和确定人类对损伤的反应。Yogandan 和 Pintar 对早期和近期关于颞顶部骨折的生物力学相关研究进行了全面回顾[23]。有关详细信息可以参阅 Leestma 的文献[19]。

- 成年人的头颅重量为 3～6 kg（7～14 lb*），平均为 4～5 kg（10 lb）。当从约 1 m（3 ft）的高度坠落，额部撞击坚硬的表面时，会产生约 64.5 Nm**（47.6 ft～lb）的冲击能量。这可能会导致颅骨形成 1～2 条骨折线或镶嵌样骨折[14]。
- 只需要比造成单一骨折再额外多一点的能量就可造成多条骨骨折。

尽管有这些实验数据，但要切记，就像所有的生物现象一样，都会有很多的变异。颅骨被打击的区域、颅骨的厚度、头皮和头发、打击的方向和其他难以预测的因素，都会影响结果。

正如将在第 22 章进一步讨论的，Weber 进行了一系列实验，他把婴儿尸体从大约 82 cm（32 in）的固定高度扔到各种硬质和软质的平面物体上[10]。大部分婴儿发生了骨折，骨折区域包括顶骨和枕骨，一部分骨折跨越了颅缝。

颅骨骨折的危害

需要强调的是，在大多数案例中，颅骨骨折说明头部受到了严重损伤。危及生命的可能是脑组织的损伤，而不是骨折本身。

然而也有一些骨折本身产生危险后遗症的情况。最常见的是骨折线穿过脑膜动脉时，引起脑膜出血，这一点将在后文论述。凹陷性骨折可能会累及大脑及脑膜，骨碎片可能会挫裂或穿透脑组织。

创伤后癫痫

凹陷性颅骨骨折的后遗症可能是创伤后癫痫。这具有重大的法医学意义，特别是在民事诉讼领域，意外事故或故意伤害可能会导致终身的神经性残疾，这可能涉及巨额的金钱赔偿。

创伤后癫痫通常表现为强直和阵挛性发作，如果损伤出现在青年时期，很难与先天性癫痫区分。之前从未发过病的成年人，在头部严重损伤后的几周或者 1～2 年出现癫痫，较易诊断为外伤性癫痫，但所有的病例均需要专业的神经病学检查。创伤后癫痫的患者一般均有严重的头部损伤，常伴凹陷性骨折并波及其下的大脑皮质，通常在颞顶区。癫痫通常在几周到两年的时间出现[24]。当开放性颅脑损伤继发感染或当骨碎片刺入脑膜时，创伤后癫痫较常发生。因为大脑皮质内的瘢痕较闭合性颅脑损伤后星形胶质细胞的反应更容易刺激大脑。

颅骨骨折后感染

即使在没有凹陷或粉碎性骨折的情况下，也可能发生其他并发症。最常见的是脑膜感染，或脑脓肿，或两者皆有。感染可通过骨折的颅骨进入颅腔：

- 通过开放性骨折直接扩散，尤其在被感染的头皮损伤处。
- 当筛板的骨折与颅前窝相通时，感染可通过鼻腔扩散。这种骨折在“对冲性”损伤时较

* 译者注：磅的单位符号为 lb，1 lb ≈ 0.45 kg。
** 译者注：牛・米的单位符号为 Nm。

为常见，后文会再详细介绍。有时，进入鼻孔的物体会导致筛板破裂，同时将感染性物质带入了颅腔：作者（BK）见过两起这样的死亡案例，一起是长杆雨伞的伞尖，另一起是污浊的手杖。学者 PS 曾报道了另一例用小口径手枪企图自杀的案例。子弹通过右侧鬓角穿过颅前窝上方并造成骨折，导致脑脊液从鼻腔漏出。受害者伤后恢复良好，但尽管应用了抗生素进行了预防性治疗，受害者仍在一年后死于化脓性脑膜炎。

- 通过额窦或筛窦等鼻旁窦的骨折扩散，或者从乳突气囊、中耳腔扩散。颅底骨折可使这些空腔与外部被污染的环境相通，将感染播散到脑膜，尤其是当脑膜因外伤破裂时。有鼻或耳脑脊液漏病史的患者，临床医生和法医必须警惕发生贯通性颅底骨折的可能。在存在疑似头部损伤的尸检中，无论伤势多么轻微，都必须小心地将硬脑膜从颅内的颅顶和颅底分离并去除，以便对骨折线进行详细检查。

颅内损伤

颅内容物是重要器官中最脆弱的，它们被包裹在坚固的颅骨中。损伤可能累及神经组织或围绕和穿过这些组织的血管系统。

脑膜的解剖结构

脑膜由硬脑膜（厚脑膜）、蛛网膜和软脑膜组成（图 5.13）。硬脑膜由两层坚韧的胶原组织组成，其外部牢固地附着在颅骨上，作为其骨内膜。内层与蛛网膜融合，因此实际上硬膜下间隙并不存在，只有潜在的裂隙。

硬脑膜形成大脑镰和小脑幕，颅内静脉窦走行其中。脑膜动脉分支穿过硬脑膜。大脑浅静脉穿透硬脑膜，游离成桥静脉并与静脉窦相连，桥静脉主要沿大脑顶部和颞叶顶端分布，少量分布在额极和枕极，其他部位也有桥静脉的随机分布。

蛛网膜是一种薄的血管网，通过“边界层”紧密地黏附于硬脑膜内表面，因此正常情况硬膜下不存在空隙。但是它们的交界处连接较弱，很容易分离。蛛网膜凸起穿入硬脑膜的静脉窦表面，尤其在上矢状窦易发，从而形成蛛网膜颗粒。当蛛网膜颗粒穿入神经表面时，蛛网膜鞘随着血管进入大脑。这些血管和结缔组织束将大脑固定在蛛网膜下腔内。蛛网膜下腔内充满了脑脊液，其宽度在年轻人中不到 1 mm，而老年人的大脑已经发生萎缩，其蛛网膜下腔宽度可大于 1 cm。脑膜锚索和桥接血管被拉长，更易受到剪切力和旋转应力的影响。即使在解剖学上位于蛛网膜下腔，一些桥接血管的破裂通常仍导致硬膜下出血。

软脑膜不是一个真正的膜结构，而是一个由神经胶质纤维组成的表面网状结构，这些胶质纤维与大脑密不可分。

硬膜外出血

颅骨内表面和硬脑膜之间的出血是 3 种脑膜出血中最少见的一种，其发生率约为所有类型颅脑损伤的 2%[25]。据 Rowbotham 报道，颅脑损伤中只有 3% 的硬膜外出血的出血量大到需要外科手术治疗。Tomlinson 也报道了这个比例为 1%～3%[12, 26]。格拉斯哥的 Adams 对 635 例致命性颅脑损伤的研究发现，10% 的损伤伴有硬膜外出血[27]。即使经过手术干预，20 岁以下人群的平均死亡率为 11%，而在大于 20 岁的人群中其死亡率升至 18%～40%。

硬脑膜紧密地贴在颅骨内部，形成颅骨内膜。除了颅后窝，颅底部的硬脑膜与颅底结合紧密，所以硬膜外出血不会发生在颅底。但在颅顶部，硬脑膜和颅骨之间有一个潜在的间隙，可以被动脉出血和较少见的静脉出血分离。大多数硬膜外出血与颅骨骨折有关，但大约有 15% 硬膜外出血不伴有骨折（图 5.30～图 5.33）[28]。根据 Harwood-Nash 等的研究，儿童发生硬膜外出血时不伴有骨折的概率只有 1%，然而 Adams 在他 600 多例致命性颅脑损伤的研究中有一半以上的

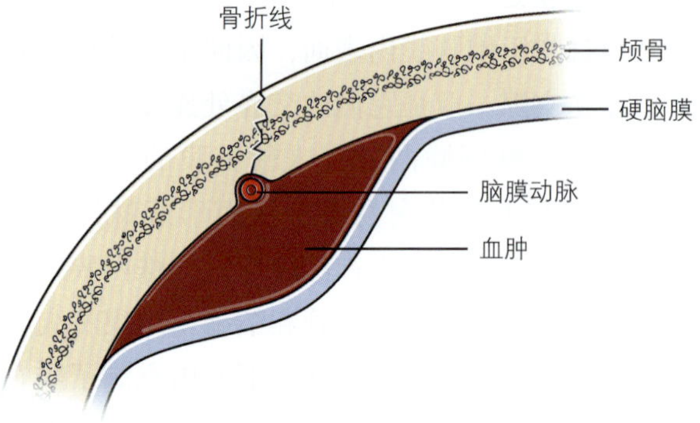

图 5.30 硬膜外出血的形成

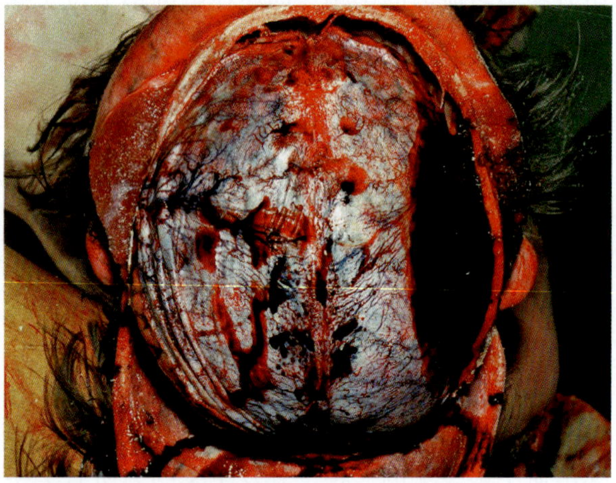

图 5.31 颞顶部硬膜外大出血。右侧头皮下挫伤处为受力点。颅骨有一条线状骨折线且骨折线穿过右侧脑膜中动脉

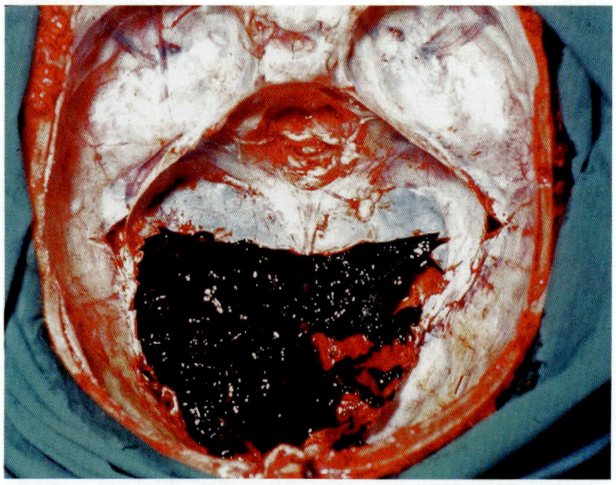

图 5.32 颅后窝硬膜外出血。由于脑膜中动脉撕裂，大多数硬膜外出血好发于颞部或顶部，较少发生于枕部。在本案例中，骨折线沿颅后窝向枕大孔方向延伸，但未发现出血点

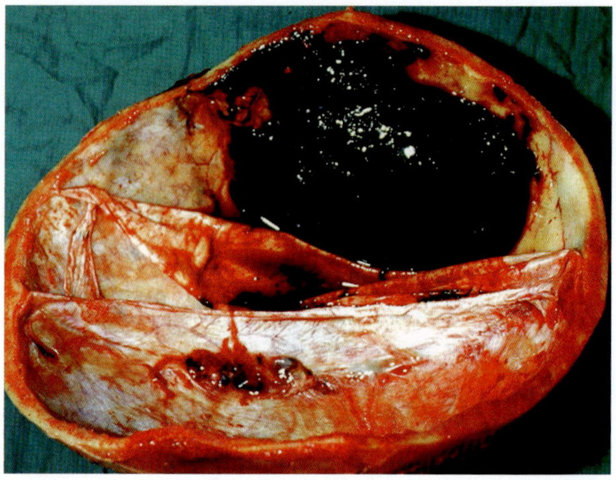

图 5.33 横跨脑膜中动脉的骨折导致颞顶部新鲜的硬膜外出血。大约 85% 的此类出血与颅骨骨折有关

儿童不存在骨折[27, 29]。大约 10% 的硬膜外出血伴有硬膜下出血。双侧硬膜外出血尽管少见，但也有报道[30–38]。

硬膜外出血常见于单侧的颞顶部，主要由骨折导致的脑膜中动脉分支破裂所致。脑膜中动脉后支最常受累，因为它向后斜行穿过颅骨外侧壁上的颞骨鳞部；其前（额）支很少作为出血的来源。据 Rowbotham 报道，33 个案例中只有 2 个案例以前（额）支作为出血来源。脑膜中动脉的起始部通常走行在较深的骨沟中。有的观点认为，几乎所有的被骨性通道完全包裹的动脉都不可避免地在骨折发生时造成破裂，但观察结果并没有证实这一观点。

高压动脉血管破裂可导致硬脑膜剥离，并逐渐形成血肿，血肿的体积可达数百毫升，覆盖一侧大脑的大部分区域。Adams 表示，出血量至少达到 35 mL 才会出现临床症状，然而其他学者认为，出血量 100 mL 为最低致死量。根据 Bullock 等认为无论患者的格拉斯哥昏迷评分（Glasgow coma score，GCS）如何，硬膜外血肿体积超过 30 cm^3 时都应进行手术清除。对于 GCS 评分大于 8、硬膜外血肿体积小于 30 cm^3、厚度小于 15 mm、中线移位小于 5 mm 并且不伴有局部缺损的硬膜外出血患者可以不进行手术治疗，但需要在神经外科中心进行连续的 CT 检查和密切的神经学观察[39]。

在硬膜外出血较少见的枕部和额部，脑膜动

脉的细小分支破裂或者静脉窦撕裂也会引起硬脑膜外出血，这种情况下并不伴有骨折。当静脉出血时，由于压力不足以剥脱大部分硬脑膜，血肿不会很大。一般来讲，动脉性硬膜外出血有 85% 可导致硬脑膜剥脱，而静脉性硬膜外出血仅 15% 可导致硬脑膜剥脱，而且较多见于枕部静脉窦撕裂，发病通常会推迟几小时[40]。

硬膜外出血的典型临床表现是有中间清醒期或潜伏期。伤者先是从初期的脑震荡中（见下文）苏醒过来，然后大量出血引起颅内压升高，伤者再次昏迷。然而，伤者也经常不表现出这一典型症状，以至于不能依靠它来做出诊断。脑震荡之后，出血所造成的昏迷可能会立即出现。因此没有暂时的恢复期。McKissock 的系列研究中只有 27% 的案例出现了该典型表现[28]。

潜伏期长短不同，需要注意的是，如果脑震荡存在时间过长或伴有其他脑损伤，可能不会有潜伏期。半小时足以形成一个明显的动脉血肿，然而有些缓慢的出血需要不只一天的时间才能表现出临床症状。在 Rowbotham 的研究中，时间范围在 2 h 至几天，多数在 4 h 之后就有症状表现出来。

Adams 使用 CT 进行研究，发现过去认为逐渐积累的血液导致临床症状恶化的旧观念是不正确的。因为 CT 显示，大部分出血可能在损伤后不久即出现，而且与许多占位性病变一样，临床体征是由其他因素如脑水肿或弥漫性神经损伤引起的。

硬膜外出血的法医学思考

一种法医学上的危险情况是，伤者从短暂的脑震荡中恢复过来之后脱离了医生的监护或者离开了急诊室，然后病情恶化，可能在家中死亡；医生可能因此被指控有过失。不幸的是，即便是确诊硬膜外出血，手术干预的效果也不好，超过一半的手术案例结果都是死亡。预后不佳的部分原因是许多硬膜外出血患者还伴有脑挫伤等其他损伤。

当颅脑损伤患者从脑震荡中恢复后，在 24 h 内又陷入昏迷，需要鉴别诊断硬膜外或硬膜下出血、脑脂肪栓塞，尤其是伴有其他骨骼损伤时。在尸检中，损伤是非常明显的，因为大多数血肿位于颞部或顶部，锯开头盖骨后就能看到血肿。如果在颅后窝，通过凸起的硬脑膜可以看到深色的血液。无论血肿位于何处，都应该测量其大小和近似体积，并估计厚度。如果血肿很大，并引起常见颅内压升高的症状，脑表面局部会变平或扭曲，这些内容具体将在后文讲述。如果出血很多，大脑中线会偏移。

硬膜外出血从来不是“对冲性”损伤，而是单纯的脑组织损伤。

热血肿

热血肿为一种人为形成的类似硬膜外出血的现象。当头部暴露在足以烧伤头皮甚至颅骨的高温环境时，血液可能会从板障和静脉窦流出，进入硬膜外间隙，从而产生热血肿（图 5.34）。

热血肿的发生机制尚不清楚，但可能是从颅骨板障层到导静脉的血液“沸腾”的结果或者是由大脑的收缩产生负压抽吸颅骨中的血液形成。假性血肿呈棕色，易碎，邻近的大脑部位受热硬化、褪色。

这种假象会被误认为头部损伤导致的硬膜外出血，并会误导法医和调查人员。由于热血肿大多数都发生在建筑物的火灾中，如果人在火灾中

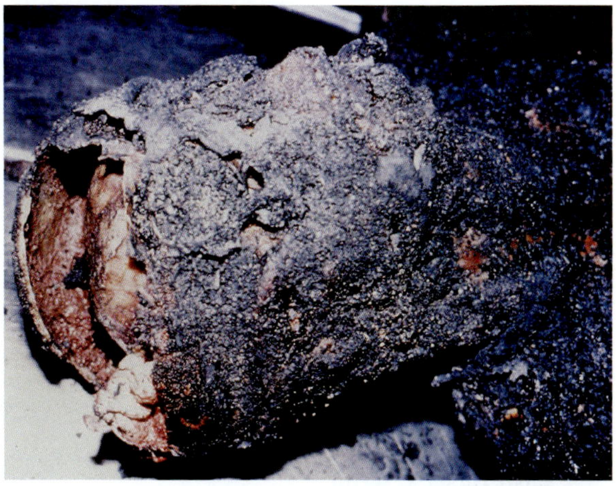

图 5.34　火灾中死者颅骨大面积炭化缺损，颅骨内表面出现红棕色的热血肿，脑萎缩，脑组织从硬脑膜的裂缝中渗出

被烧死，体内往往会有大量的碳氧血红蛋白。其在热血肿中的浓度应该与外周血中浓度相同。如果受害者在火灾前头部就受伤，那么血肿中碳氧血红蛋白的浓度应该很少或根本不含碳氧血红蛋白。

硬膜下出血

硬膜下出血较硬膜外出血更常见。伴随颅骨骨折的比例也较低，但在绝对数上，硬膜下出血伴随颅骨骨折的情况远远多于硬膜外出血。Adams 对格拉斯哥的 635 例致命性颅脑损伤进行研究发现，18% 的案例伴有硬膜下血肿。

硬膜下血肿传统上可分为 3 种类型：急性、亚急性和慢性。然而，细分急性硬膜下出血并没有意义，只需要考虑硬膜下出血是急性还是慢性。

硬膜下出血可发生在任何年龄段，但是儿童与老年人更为常见。这是虐待儿童致死的主要原因之一，同时，Caffey 发现，虐待儿童综合征硬膜下出血与长骨骨折合并出现[41]。在老年人中，硬膜下出血通常以慢性形式存在，因此可能被误诊为脑卒中或阿尔茨海默病。硬膜下出血通常是由创伤引起的，一般不存在自发性硬膜下血肿的情况。即便是对于血管脆弱的个体，如老年人和易出血体质的人，也必须有较小的创伤才会形成硬膜下血肿，即使这些创伤太微不足道以至于在病历上可能都没有记录。几乎可以肯定的是，生活中轻微外力导致的轻度硬膜下出血，除了一过性头痛以外，不会出现任何神经的或临床的症状和体征。只有当出血量大到足以刺激脑皮质或引起占位性病变（可能为 35～100 mL）时，才能有临床表现。当然，许多硬膜下出血同时伴有蛛网膜下腔出血和脑损伤，因此也无法单独评估硬膜下出血对整体症状的影响。

与硬膜外血肿一样，硬膜下血肿也不能解释为对冲性损伤。因此，不能用于区别打击伤和摔跌伤。

急性硬膜下出血

急性硬膜下出血除了作为头部创伤的征象外，也是所有脑实质损伤的常见继发症。与硬膜外出血不同的是，骨折在硬膜下出血的形成机制中不起作用，其出血主要是由存在于硬膜下间隙的横跨皮质血管和硬脑膜窦之间的交通静脉也就是桥静脉撕裂引起的。少数出血是静脉窦自身或大脑表面动脉破裂引起的（图 5.35）[42]。

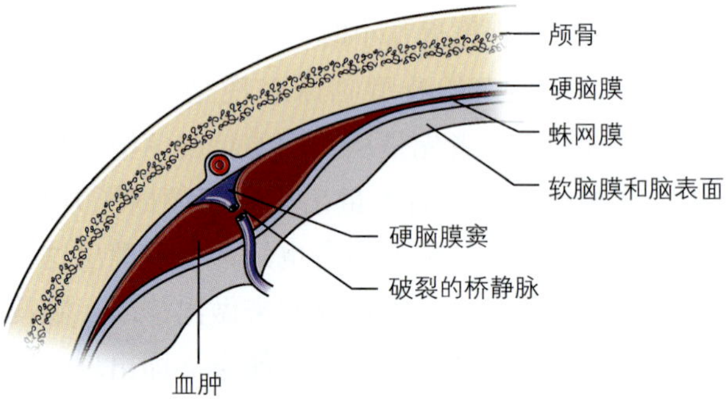

图 5.35 硬膜下血肿的形成

当然，在开放性颅脑损伤或者粉碎性骨折穿透脑膜，甚至损伤脑组织本身时，硬膜下出血只是复合损伤的一部分，复合性损伤还包括蛛网膜下腔出血、脑挫裂创和脑挫伤。

然而，硬膜下出血通常只是单纯地与闭合性颅脑损伤有关，其伴有的其他损伤可能仅仅是头皮挫伤，甚至没有任何其他损伤。因为钝性打击可能在头皮上不留下任何外部或内部的痕迹，也不形成颅骨骨折。

后一种情况可能解释了之前大部分婴幼儿的硬膜下出血被归因于摇晃的理由。许多儿科医生和法医在没有发现明显打击损伤时（或者有时候存在外力作用证据），常习惯于将硬膜下出血的原因归于摇晃。然而，摇晃婴幼儿出现硬膜下出血的观点最近被强烈质疑，作用力的性质和大小、损伤机制都是持续争论的焦点。有研究进一步证明，摇晃形成的剪切力（足以导致硬膜下血管破裂）大约是打击的 1/50[43]。因此，很可能大多数被认为是摇晃婴幼儿的案例实际上都受到了隐匿性的头部外伤，只是在头皮、头皮下组织或颅骨上没留下任何痕迹。Squier 最近撰写了一篇关于摇晃婴幼儿综合征的病理特征和发生机制的综述[44]。

硬膜下出血是由脑表面的剪切力引起的，外力使桥静脉侧向移动并使它在皮质静脉或静脉窦

表面的连接处破裂，几乎不可能发现出血点。硬膜下出血最常发生在大脑半球的外侧表面，在矢状面的高处。

与大多数颅内损伤一样，硬膜下出血的力学原因是头部运动速度的改变，无论是加速运动还是减速运动，总是伴随着脑组织的转动[45]。当钝器打击颅骨时，硬膜下出血不一定位于打击区域的正下方，甚至也不一定在打击的同侧。有时会将局部硬膜下出血归因于“冲击”或“对冲”效应（见下文），但这是一种不严谨的解释。此外，硬膜下出血不同于硬膜外出血，它具有很强的流动性，起源于颅顶高位区的血肿通常在重力作用下向下流动，出血覆盖整个大脑半球，并在颅中窝、颅前窝大量聚集，甚至通过小脑幕开口进入颅后窝。

出血可能是液体也可能凝结成硬块：这两种模式都是常见的。如果出血相对轻微，则可能会在硬膜下发现薄膜样出血。根据 Squier 和 Mack 对婴儿硬脑膜解剖学新发现，硬脑膜下薄膜样出血的来源是硬脑膜深层[46]。如果血液厚度小于几毫米，即使覆盖的面积很大，也不能被认为是占位性病变。因为邻近蛛网膜下腔的脑脊液可以充分移位以容纳等量的血液。

Adams 再次提出，就像任何颅内占位性病变一样，需要出血体积至少达到 35 mL 才能引起神经系统体征，而其他作者倾向于更大的体积，如 100 mL。

目前还不能确定这些薄层新鲜出血是否像蛛网膜下腔出血那样，对脑皮质活动有足够的刺激作用，从而危及生命。硬膜下薄层出血很难被认定为唯一死因，但导致出血的外力几乎不可避免地会对脑组织产生损伤。这些损伤有时很难用肉眼观察到，如弥漫性轴索损伤。

与硬膜外出血一样，硬膜下出血在临床症状和体征出现之前，可能存在潜伏期。在不可避免的脑震荡之后，受害者可能会恢复意识，且意识恢复时间可能非常短暂。当颅内压随着硬膜下出血的增加而升高时，受害者可能会再次陷入深昏迷。但是，相关的脑损伤可能会导致受害者从受伤时起持续地昏迷。

当有清醒间隔时，清醒间隔可能比硬膜外出血中较快的平均动脉出血速度的 4 h 更长。事实上，这段时间间隔没有上限，因为急性硬膜下出血可发展为慢性疾病，可能在几周甚至几个月后复发。在刑事案件常见的严重急性出血中，这种间隔往往很短或根本不存在。

慢性硬膜下血肿

这种慢性硬膜下血肿最常见于老年人，通常是在尸检时偶然发现，而且死亡是由一些与慢性硬膜下血肿无关的原因。

大体外观随损伤时间而异；损伤几周内的为棕褐色或红棕色，表面覆盖一层胶状膜（图 5.36，图 5.37），内容物厚，呈液性，可能发现新出血区。长达几个月甚至一年的时间较长的血肿，质地更硬，血肿的两个表面都有一层坚韧的薄膜，就像一个装满果冻或油的橡胶热水瓶。其内容物是液体，可能是棕色甚至是稻草色的。有时，由于出血的时间不同，血肿内部可能会更坚固，颜色也更多变。小的囊腔比较常见，每个腔内均有不同颜色的液体或渗出物。如果血肿很大（超过 50～100 mL），下方的大脑就会受压，而且脑组织也通常会被血红蛋白浸染成棕色或黄色。

许多发生硬膜下出血的老年人出血量很少，

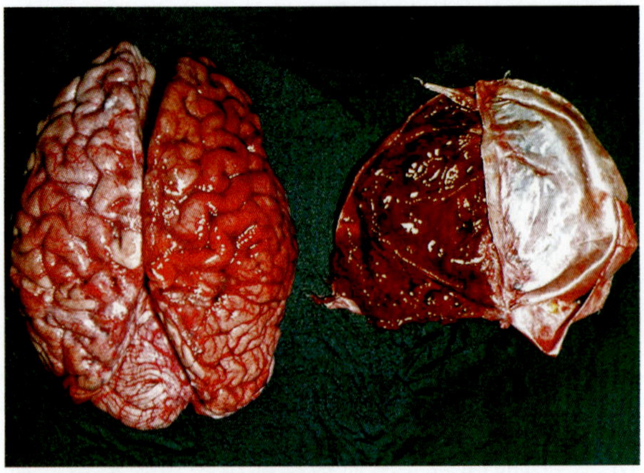

图 5.36　老年人的慢性硬膜下出血。如图所示，棕色液体从附着在脑膜上的包裹性损伤中渗出，留下一层凝胶状的外膜。右侧大脑半球被变性的陈旧血液染成棕色，大脑半球受压，中线向左移动。没有头部损伤史，也没有明显的神经系统损伤

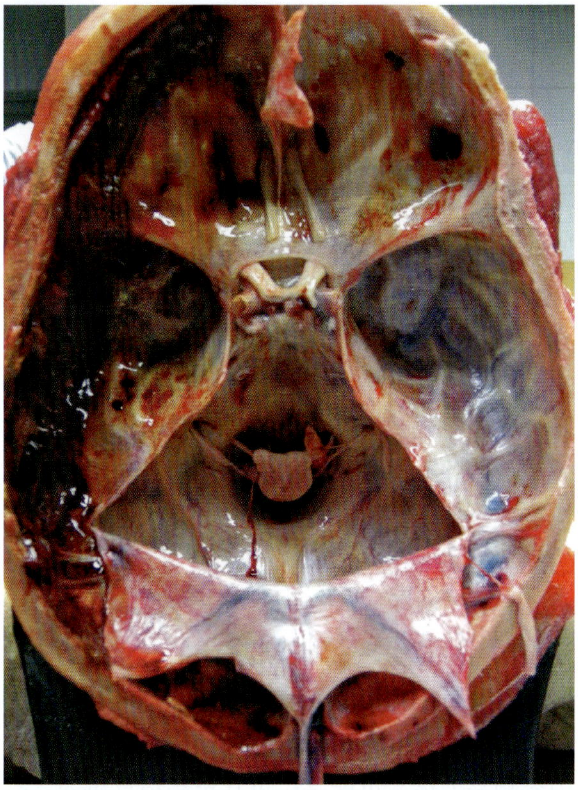

图 5.37 尸检中发现的慢性硬膜下出血。老人患有阿尔茨海默病，在公寓内被发现时已昏迷倒在地上。大约 7 周后死亡。血液呈棕色、胶冻状，未形成包膜

并不引起神经功能异常；仅在尸检中发现的这种少量出血不能作为判断死亡原因的依据，应该在身体的其他部位寻找死亡原因。然而，有些硬脑膜下出血量很大，可达 100～150 mL。但它们可能仍无相应临床表现，即使在部分人中引起了神经症状，该症状却被认为是其他的疾病引起的。例如，脑卒中的单侧身体症状被认为是由脑血栓或脑出血引起的。老年人的异常行为很可能被认为是老年性的精神错乱或阿尔茨海默病，而事实上真正的病因是由血肿引起的占位性病变。

慢性血肿可能变得很大，并压迫大脑半球，导致皮质的凹陷和扭曲。这种情况可能会持续发展，如急性大出血可导致海马或小脑扁桃疝，甚至危害脑干的重要中枢。慢性血肿起于急性损伤，一段时间后，出血被结缔组织包膜覆盖。血肿最终可能被吸收，也可能维持大小不变，或者在之后的任何时间出现范围再次扩大。

血肿扩大的机制存在争议。第一种机制，最常见，是指在血肿愈合过程中，穿入血肿的新生血管反复出血。第二种机制，指渗透作用，即血肿中部通常会液化，形成血性液体，血肿的包膜作为半透膜，液化的血性液体通过渗透压的作用吸引脑脊液进入。

第一种机制看起来更合理，因为经常在实质性血肿中发现新鲜出血区。但无论是什么原因，最终的结果是发生严重的占位效应。

推断硬膜下出血时间

推断硬膜下出血时间具有相当重要的法医学意义，特别是损伤已明显形成时。受害者可能经历过一次或多次创伤，任何一次创伤都具有刑事或民事意义。法医的专业意见为寻找相关的或者排除不相关的致伤原因提供依据。

例如，在作者（BK）经历的一个案例中，一名老年妇女被闯入者打击头部，并且在几周后死亡。在尸检中，巨大的慢性硬脑膜下血肿是最主要的发现，但辩方声称她的血肿在被袭击之前就已经存在，而且在死亡前一年内出现的混乱行为就是由之前已经存在的脑内出血造成的。此外，在任何类型的事故中，对于硬脑膜下血肿是否因外伤而产生，抑或是由于先前存在的病变从而引发事故都难以确定。

遗憾的是，尽管有一些推断硬膜下血肿时间的方法很可靠，但是这种推断仍然存在不确定性，部分原因是同一血肿会发生再出血从而导致推断时间有误差。

硬膜下血肿的颜色逐渐由暗红色变为褐色，有时在不到 5 天的时间内就会很明显，但有时伤后 10～12 天仍不明显[47]。

硬膜下出血的吸收在出血后的数小时内开始，初始表现为硬膜表面的细胞浸润。在接下来的几天或几周内，组织学上由薄壁毛细血管和成纤维细胞肉芽组织组成的柔软的假膜会从血块外围生长，覆盖血肿外侧（硬脑膜一侧）。血肿如果没有进一步扩大，就会变得越来越纤维化，在与外侧包膜融合的过程中几乎不会使血肿完全被吸收。根据 Crompton 的说法，如果血肿的外膜牢固到可以用镊子取出时，硬膜下血肿至少已经存在 12 天了。

有人说可以通过组织学标准来准确推断硬膜下血肿的形成时间，因为愈合率存在相当大的个体差异，所以这些是不可靠的，特别是经过几个月后[48]。此外，由于后续出血反复发生，试图准确估计最早出血的时间是不现实的。但是可以粗略推断血肿形成时间，下文简要总结了 Munro 和 Merrit 的组织学标准：

- 36 h 内，血块边缘出现成纤维细胞；4 天内，硬脑膜有少量的纤维细胞形成的假膜，假膜生长到有几层细胞的厚度；5～8 天，假膜形成的同时，成纤维细胞从假膜迁移到血凝块内部。
- 到第 8 天，假膜厚度有 12～14 层细胞，可以用肉眼观察到。从硬膜下血肿发生后的几天开始，红细胞逐渐溶解，5 天后可通过普鲁士蓝染色观察到出现了含有含铁血黄素的吞噬细胞。
- 从第 11 天开始，血凝块被纤维束分割。到第 15 天，血凝块的下表面开始出现包膜，外层假膜是硬脑膜厚度的 1/3～1/2。到第 26 天，外层假膜厚度与硬脑膜相当，但内部包膜仍然只有硬脑膜厚度的一半。
- 在 1～3 个月，包膜中成纤维细胞核减少，包膜变成透明状的胶原。到 6～12 个月，包膜变厚，呈纤维状，与硬脑膜本身相似。

后来的许多学者也指出了硬膜下血肿的病理改变有显著时序性变化的规律。在伤后的几个月里，新形成的结缔组织中出现了大的窦状血管。

从大体外观上来看，可以提供粗略的血肿形成时间推断依据。在第 1～2 周血肿会呈现棕色，独立的包膜变得明显。一个月后，坚韧的包膜形成囊腔，囊腔内包含深棕色液体。根据 Munro 的研究，血肿一般不会在形成后的 3 周内发生液化。有些血肿仍呈固态，血肿内包含机化的血凝块，通常在里面可以见到不同时段的新鲜出血。

当发生大量硬膜下出血时，出血对应处的大脑皮质可能出现梗死，这可能是由于血液通过蛛网膜进入相邻硬膜下间隙造成的自然梗死；更常见的情况是，头部损伤形成的血肿压迫皮层血管[47, 49]。

蛛网膜下腔出血

第三种脑膜出血类型是蛛网膜下腔出血，其比硬膜下出血更常见，但出血原因更为复杂。当大脑皮质受到损伤时，就会出现一定程度的蛛网膜下腔出血。凡是大脑贯通性损伤，以及多种引起硬膜外或硬膜下出血的钝性损伤，都会伴有外伤性蛛网膜下腔出血。

不伴有大脑皮质挫伤、颈部损伤，也不伴有大脑深部损伤和其他脑膜出血的单纯性外伤性蛛网膜下腔出血并不常见。轻微蛛网膜下腔出血在头部受到中等程度的打击后经常发生（与轻微硬膜下出血一样），但由于绝大多数伤者都存活了下来了，目前还没有尸检证据支持。随着医学影像技术，特别是 NMR 灵敏度的提高，这种常被忽略的轻微出血也可以被检测到。

蛛网膜下腔出血面临的另一个复杂问题是它经常是自然疾病引起的，特别是几种畸形血管的破裂。如果此时还存在外伤，我们就必须考虑是外伤导致血管破裂还是由血管破裂导致跌倒或其他意外而引起损伤。我们将在下文详细讨论。

蛛网膜下腔出血的病理学检查具有重要的法医学意义，因为其可能与破裂的微小动脉瘤有关系，这在本书猝死病理学章有更多介绍（具体参见第 25 章）。这里只讨论外伤和蛛网膜下腔出血之间的相互关系。

蛛网膜下腔出血的表现和形成机制

外伤性蛛网膜下腔出血的表现因损伤性质和程度的不同而不同。蛛网膜下腔出血常继发于脑挫裂创或广泛的皮质挫伤，其位置和严重程度取决于原发损伤。钝性外力打击处可以伴有或者不伴有其他脑膜出血或大脑皮质挫伤，因此蛛网膜下腔出血的位置并不能很好地反映出受力点。再次强调，蛛网膜下腔出血的位置不能解释受力点。尽管一些法医利用它的位置来推断头部损伤是由坠落或移动头部的撞击造成的。虽然在已知受伤条件的情况下，蛛网膜下腔出血可能会出现在外力作用的位置，但这并非必然，出血也有可能出现在其他地方。

蛛网膜下腔的血液与脑脊液混合，使其稀释，不易凝血，并具有更大的流动性。因此，大脑半球顶部的出血很容易向下流动并覆盖大脑，而且进入颅底窝，但其浓度通常不足以形成较厚的血凝块。脑沟可积存更多的血液，特别是在岛叶。与硬膜下出血不同，在蛛网膜下腔出血的幸存者中，溶解的红细胞使脑脊液呈黄色，几周内血液就被吸收了。软脑膜或蛛网膜可能残留一些棕色或黄色浸染，类似于轻微硬脑膜下出血在硬脑膜内表面留下的印痕。出血 36 h 内，含铁血黄素呈现普鲁士蓝染色阳性反应。这种反应可持续数月甚至数年，甚至在脑膜变色消失之后也可被检测到。

这种阳性反应不适用于推断婴幼儿硬膜下和蛛网膜下出血的形成时间。因为分娩过程中造成的头部出血的含铁血黄素阳性反应可能至少在 1 年内都是阳性。因此，如果怀疑出生后的几个月内有虐待导致的婴幼儿头部损伤，通过普鲁士蓝染色阳性反应来推断出血时间，可能会受到分娩后残留含铁血黄素的影响。

创伤性蛛网膜下腔出血的机制与创伤性硬膜下出血是相同的。例如，受剪切应力和旋转运动影响，走行于脑皮质或经蛛网膜汇入硬脑膜内较大回流静脉和血窦的桥静脉被剪断或破裂，从而使血液由破裂口流入蛛网膜下腔。在后面一节中会进行详细描述。此外，皮质小动脉也是出血的主要来源。在皮质挫裂创、挫伤或梗死处，皮质静脉和小动脉的出血直接流至蛛网膜下腔。当然，蛛网膜下腔出血也可能由脑内出血突破大脑皮质进入蛛网膜下腔形成。也有人认为，蛛网膜下腔出血可以是由枕骨大孔附近的椎动脉破裂引起的。这些我们将在下文脊柱损伤部分进行讨论。

蛛网膜下腔出血与死亡的相关性难以确定。这在动脉瘤破裂导致的自发性蛛网膜下腔出血死亡的案例中尤为重要（图 5.38，图 5.39）。

在头部损伤中，死亡更可能是其他伴随的脑实质损伤导致的，而并非中度蛛网膜下腔出血。

在特殊情况下，大量的蛛网膜下腔出血看起来是致命性颅脑损伤的唯一结果，那么蛛网膜下腔出血就是死亡原因。但是，应当首先排除脑水肿和脑弥漫性轴索损伤，但这在受伤之后很快就死亡的案例中是很困难的，甚至是不可能的。可以肯定的，在没有任何创伤的情况下，大量的自发性蛛网膜下腔出血可导致猝死。同样的情况，如果单纯的出血足够严重，就不能排除将创伤性蛛网膜下腔出血作为唯一的死因。

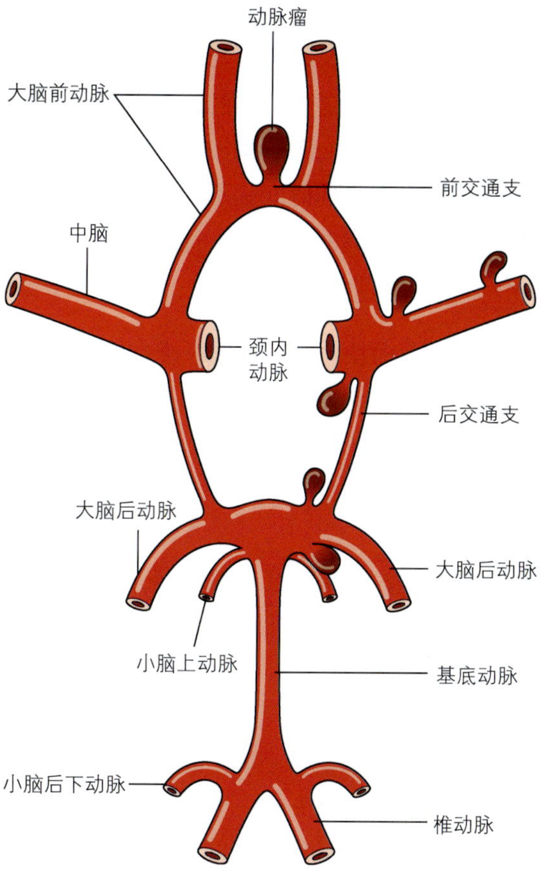

图 5.38　大脑基底动脉（Willis 环）和动脉瘤常见部位

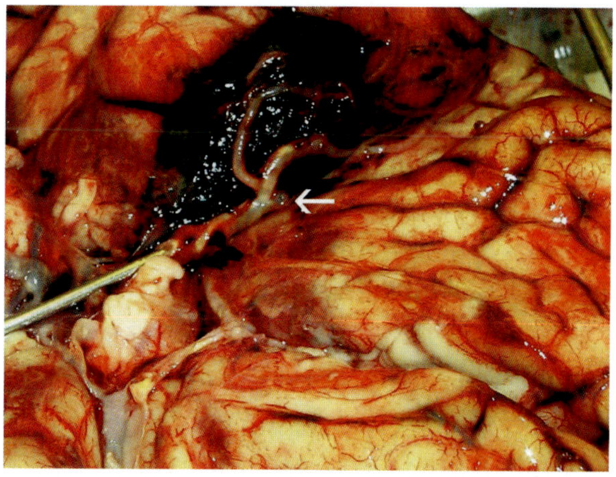

图 5.39　右侧大脑中动脉微小动脉瘤（箭头）引起的蛛网膜下腔出血

当蛛网膜下腔大量出血时，死亡发生可以非常迅速。其机制尚不清楚，但是看起来与动脉瘤破裂、基底动脉或椎动脉撕裂等有关，从而导致颅后窝的脑干突然暴露在大量的血液中（图 5.40）。大量受害者都有头部摔跌病史，且在出血后的不同时间内表现出头痛、颈部强直、呕吐和进行性意识丧失等常见体征。

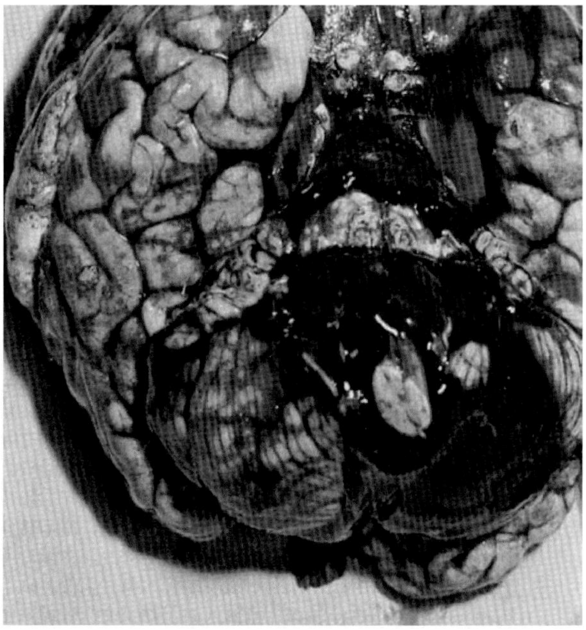

图 5.40　颈部一侧的打击导致基底动脉创伤性撕裂，从而引起颅底广泛性蛛网膜下腔出血

脑膜出血的法医学意义

由于脑膜出血的多发性，其所引起的法医学相关问题就必须引起大家的重视。

首先，硬膜外和硬膜下出血存在潜伏期或中间清醒期，可能会因为医院急诊科医生疏忽出血的潜伏期或中间清醒期而引起民事诉讼，医生让一名表面健康的患者出院，但后来该患者却死在家中或因病情危急再次入院。临床问题在这里姑且不论，尽管脑震荡的持续时间短，但这类患者几乎都经历了脑震荡。如果没有临床指征，一般不强制要求患者进行头部的放射学检查，但未进行 X 线检查就可能会使辩护方的证据不足。通常硬膜下出血不伴有颅骨骨折，但是这种情况在硬膜外出血中却较为罕见。

CT 和 MR 在评估颅内创伤、出血和危害程度方面都具有重要意义。对所有轻度颅脑损伤患者进行常规 CT 检查可能并不会发现病灶，从而导致不必要的射线暴露和过度医疗。因此，有些国家相关人员正在制定临床评估颅内损伤风险的决策规则[50]。

如前所述，在刑事和民事案件中需要坚持或否认血肿来源于特定时间段的损伤时，推断硬膜下血肿的发生时间就至关重要了。尽管硬膜下出血在日、周、月的时间段内具有广泛的差异，但是武断地按照组织学方法推断时间是不合理的。

一定要注意的是，之前的出血可能参与了后面的损伤形成，然后再导致进一步出血。

主观地使用脑膜出血位置来定位打击部位可能会导致对损伤的过度解释。硬膜外血肿几乎总是出现在击打的同一侧，但由于有颅骨变形情况，穿过脑膜动脉的骨折可能离受力点有一定距离。参考 Gurdjian 的研究成果，可以对受力点做出合理的推断。

除非有头皮和颅骨的损伤，否则武断地根据硬膜下出血或蛛网膜下腔出血的位置来解释损伤性质和受力位置会存在一定的误判。尽管有时从头皮损伤的位置可以清楚地分辨出“冲击伤”或者“对冲伤”，但也有许多出血与击打部位无关的例外情况，因此绝对性的判断是不合理的。

动脉瘤破裂和创伤

创伤和蛛网膜下腔出血的关系是引发法医学问题的主要原因，关于出血到底是由先天的小动脉瘤破裂所致，还是由钝性、穿透性或医源性头部外伤形成的创伤性动脉瘤破裂所致是目前讨论的问题。外伤性脑内动脉瘤很少见。据报道，其发生率低于 1%，而且在儿童中较常见。创伤性动脉瘤是由直接损伤血管壁或由加速度产生的剪切力引起的，其中一半以上与颅骨骨折有关[51]。创伤性颅内动脉瘤的概念早在 19 世纪早期就提出了，到 20 世纪 80 年代，已经有大约 100 例文献报道[52-74]。组织学上“假”动脉瘤是最常见的损伤形式。11 例创伤后颅内动脉瘤中，有 5 例来源于打击，2 例原因不明，2 例由机动车事故导致，1 例由跌倒导致，1 例为医源性（术后）[53]。Mao 等对 2005 年 1 月 1 日至 2011 年 12 月 31 日诊断为颅内动脉瘤的 2 335 例患者进行评估，确定了 15 个患者（0.64%）的动脉瘤继发于钝性脑损伤。其中车祸是最常见的致伤原因（10 名患者，66.7%），其次是摔跌（5 名患者，33.3%）。

原发性损伤和破裂的时间间隔可以为几小时到几年，平均为 14～21 天[53, 55, 69, 70, 75-77]。Ngo 等报道了一个案例，一名 40 岁男性骑摩托车时被汽车撞倒，创伤性脑动脉瘤伴随着早期的蛛网膜下腔出血快速生长[78]。最初的血管造影显示蝶鞍上端直径 2 mm 的动脉瘤，一周后动脉瘤直径增长至 10 mm，呈缠绕状。两周后，动脉瘤再次扩大，部分破裂。

Purgina 和 Milroy 报道了一名 22 岁的男性在另外两名男子打斗时劝架，头部被击中随即昏倒并失去意识[77]。首次 CT 扫描显示弥漫性中度蛛网膜下腔出血和脑室内出血以及轻度脑积水。在常规血管造影中没有明显的证据表明有动脉瘤或者瘘管。入院时血液乙醇浓度为 39 mmol/L。第 7 天时，CT 血管造影显示左侧小脑后下动脉起始部有一个直径 1.0 mm 的微小动脉瘤，但其余颅内动脉正常，而且先前所见的蛛网膜下腔出血已完全消失。到第 9 天，当患者完全恢复活动并离开病房去吸烟时，突发瘫软无力，意识丧失。复查 CT 显示新发脑室内出血和蛛网膜下腔出血，伴随左侧小脑后下动脉动脉瘤的破裂，动脉瘤大小为 4.0 mm × 3.7 mm。第 12 天确诊脑干死亡[77]。

自发性出血的动脉瘤可能会迅速出现神经症状，甚至使患者出现行为异常，导致其与他人发生冲突，或将身体处危险的体位，如跌倒等。如果这一切发生在短时间内，尸检可能无法区分事件的先后顺序，动脉瘤破裂可能归咎于创伤，而事实可能是相反的。这可能会对民事和刑事诉讼产生长久的影响。

蛛网膜下腔出血和乙醇

尽管没有客观证据，但是乙醇是公认的能够增加血管破裂概率的因素。血液乙醇含量升高会扩张脑血管，增加脑血流量，使血压升高从而促进脑动脉瘤破裂。

乙醇促使血压升高的观点是不正确的，尽管脉压（即收缩压和舒张压之间的差值）可能会增加，但是乙醇并不会提高收缩压。动脉瘤的纤维壁扩张能力弱，基底动脉因为管壁缺乏肌肉，也不能显著扩张。乙醇对大脑循环影响的药理学证据不足，也没有证据表明乙醇与动脉瘤破裂引起的单纯性自发性蛛网膜下腔出血有关，尽管如运动或性交等剧烈的体力活动确实容易导致动脉瘤破裂。

同时涉及乙醇和微小动脉瘤破裂的，最可能的解释是巧合。因为大多数打架斗殴事件都是在当事人饮酒的情况下发生的。许多动脉瘤破裂案例和暴力事件都发生在酒吧和俱乐部外的人行道上，当事人血液中乙醇含量高，但这不一定是导致事件发生的必然原因。

另外，乙醇可能导致步态不稳，摔跌或其他创伤事件的发生进而导致脆弱的动脉瘤破裂。急性醉酒后会出现共济失调和肌张力减退的特征表现，伴随攻击性增加，产生暴力行为，这些都能很好地解释上述事件。

蛛网膜下腔出血的死亡速度

死亡的即时性有时令人惊讶，尤其是合并外伤的情况。临床上自发性微小动脉瘤破裂的患者会出现严重头痛、颈部僵硬、呕吐等症状，这些症状可能会缓解，也可能在数小时或数天内迅速发展进入昏迷状态甚至导致死亡。这些临床案例都是来自医院病历，但是猝死案例的没有统计在内。因为，猝死患者的病历被送到了停尸房而不在病房。

在法医学实践中，猝死案例很常见。例如，作者（BK）收集到的案例中 2 名男性在酒吧门外发生暴力冲突，其中一人重重击打了另一个人的头部。被打者当场倒地，再也没有起来，几分钟后被确认死亡。尸检时，发现动脉瘤破裂形成了典型的新鲜蛛网膜下腔出血。

与硬膜下出血不同的是，无论何种原因形成的蛛网膜下腔出血，其出血量都不足以构成占位性损伤。蛛网膜下腔出血更容易扩散到大脑的其他部位，并随脑脊液到达脊柱鞘内。因此，蛛网膜下腔出血的总量可能很大。在蛛网膜下腔出血后存活的几小时内，可以发现颅内压升高的典型表现，其中有些可能是进行性脑水肿造成的。

大多数猝死案例的尸检结果可见脑基底部、脑干、脑神经根处有大量出血和凝血块。即便是蛛网膜下腔较少的出血量都会形成突然刺激，导致心肺衰竭。出血范围越小，死亡机制就越不清。

Crompton 指出，因大脑小动脉极其敏感，在外科手术中只要轻微接触皮质就会导致血管痉挛。毫无疑问，蛛网膜下腔出血具有刺激性，发生猝死的原因可能正是这种刺激引起了广泛血管痉挛进而影响了脑干重要部位的功能。

头部和上颈部扭转性损伤：基底动脉损伤

在过去的几年里，人们已经认识到打击颈部或头部的一侧可能会导致致死性蛛网膜下腔出血。这源于椎动脉破裂，导致血液在枕骨大孔处穿入硬脑膜的上端血管而进入颅腔。

创伤性蛛网膜下腔出血这一概念在不断地改变。最初认为大多数案例都是寰椎（又称第 1 颈椎）横突骨折损伤了横突孔内的动脉，因此通常称为寰椎综合征。

假如一侧颈部受到击打，通常表现为皮肤挫伤，上颈部深层肌肉出血。这种损伤要考虑会造成寰椎横突骨折，从而导致横突孔内的椎动脉壁出现撕裂或剥离，血液向上穿过硬脑膜进入颅后窝的蛛网膜下腔，从而造成致命性出血。

但很快就有案例证实并没有出现寰椎骨折，但人们仍然认为机械性外力，尤其是倾斜和扭转的外力，可以损伤上位颈椎横突内的椎动脉，从而引发致死性蛛网膜下腔出血。直到最近许多法医仍然坚持这一理论，其很好地解释了这一损伤的病因学。

然而，尽管这一经典的机制很好地解释了一部分死亡，但有些学者仍普遍认为这个假设还存在以下几个问题。

- 包括作者在内的诸多法医都很难相信，像椎动脉这样的小动脉的微小裂口（通常需要进行一系列的显微切片检查才能确认）会导致大量血液进入颅腔，并产生大量出血（有时远远超过 100 mL），从而使受害者几分钟内死亡。
- 已有几例椎静脉受损导致蛛网膜下腔出血的报道。静脉的血管内压力比动脉低得多，因此静脉出血通过硬脑膜开口渗入颅内的可能性甚至比动脉更不可信。
- 越来越多伴有一侧颈部或头部被击打的致命性蛛网膜下腔出血案例，但其椎动脉完好无损。

因此，如果上部颈椎和头部突然遭受斜向和扭转力使蛛网膜下腔出血而不损害颈椎血管，那么两者的因果关系就不存在。即使发现了椎动脉损伤，也可能仅仅是一个伴随性损伤。机械性外力主要通过直接损伤颅内血管导致蛛网膜下腔出血，与此同时也造成了椎动脉的损伤。换句话说，这两种损伤在某些情况下，据我们所知的每一个案例，可能是相伴出现，但不是因果关系。当然可能还有后续的伴随效应。隐匿性脑损伤后续表现为弥漫性轴索损伤，这是引起脑功能障碍的主要原因。而蛛网膜下腔出血和椎动脉损伤（如果有的话）只能表示头部曾遭受严重打击。

在上述死亡案例中，脊髓上部血管根本看不到损伤，需要从其他地方找到蛛网膜下腔出血的原因。

有时候出血的位置明显位于颅内椎底血管损伤。例如，作者（BK）曾见到一例颅后窝内椎动脉壁出现巨大裂口的案例，另一个案例的椎动脉穿过硬脑膜后完全撕裂横断。这两个案例都是由一侧颈部受伤导致大量蛛网膜下腔出血，但不伴有颅腔外的血管损伤。

Bostrom 等报道了两例因钝性颅底外伤导致

小脑后下动脉破裂的案例，建议放弃“创伤性蛛网膜下腔出血”一词，直接用出血的性质和部位来命名[79]。

要发现颅内椎基底动脉系统的出血非常困难，因为尸检时无论开颅和取脑的过程多么小心，都无法避免损伤血管。这些人为损伤无法与生前因创伤导致的出血点进行区分。

将造影剂注射到下部的椎动脉和颈动脉内进行死后血管造影不一定有用。造影剂会从伤处溢出形成弥漫性渗漏，从而导致真正的出血点因被渗漏的造影剂掩盖而不易被发现。然后，死后血管造影可以发现明确的出血点的部位通常在颅后窝。

椎动脉破裂引起的创伤性蛛网膜下腔出血最初是由 Cameron 和 Mant、Coast、Gee、Contostavlos、Simonsen 等提出的[80−84]。Leadbeatter 关注到了这个普遍被接受的因果假说的问题；Contostavlos 驳斥了这种说法，但没有提出令人满意的推翻伴随损伤假设的理由。无论是通过解剖经验还是阅读文献，法医都需要对此类问题做出自己的判断，对硬膜外小动脉裂口引起大量蛛网膜下腔出血的实际意义，应当进行批判性的评价。

由于许多法医仍旧坚持创伤性蛛网膜下腔出血是由颅内椎动脉破裂引起的这一观点（在少数情案例中，证据是有说服力的），在这里我们再次强调，大多数创伤性蛛网膜下腔大出血是由头部和（或）颈部的斜向、扭转作用力引发的，并不一定伴有椎动脉损伤。

法医学解剖

两条椎动脉起源于胸锁关节后的锁骨下动脉。每条动脉在颈总动脉后向上走行，到达第 6 颈椎 C6 的横突，之后走行于颈椎的横突孔内，直到第 2 椎骨的上缘，然后向外侧弯曲，进入寰椎的最后一个横突孔。动脉出现在上表面，围绕上关节突向后内侧弯曲，穿透寰枕膜后外侧和下方的硬脊膜和蛛网膜，出现在枕大孔正下方的椎管外侧。然后，两条动脉向上走行并汇聚在延髓和脑桥的腹侧中线位置融合成为基底动脉。每条椎动脉的管径都不一样（图 5.41～图 5.43）。

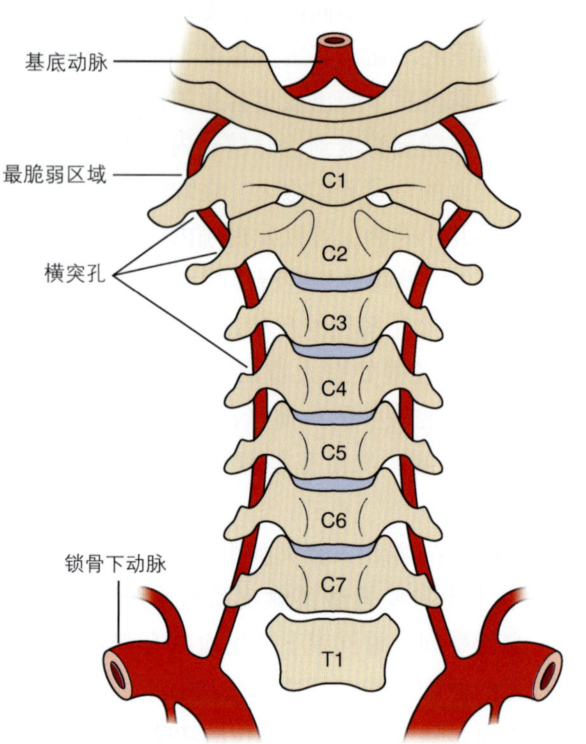

图 5.41　椎动脉的起源和走行。它们起自胸锁关节处的锁骨下动脉，经横突孔上行

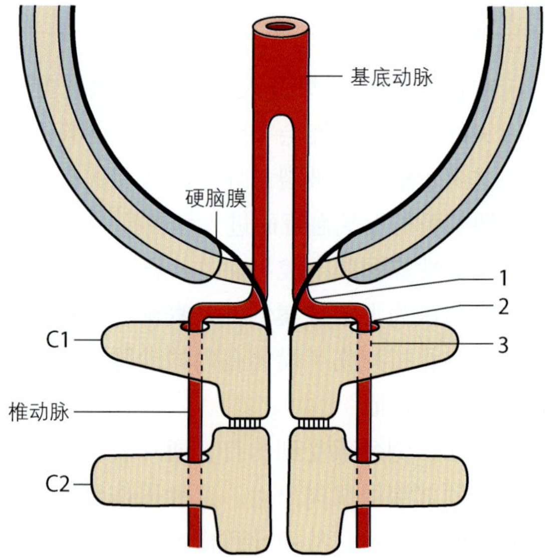

图 5.42　椎动脉最易受损部位：1. 穿入硬脑膜部位；2. 寰椎横突孔出口处；3. 寰椎孔内

尸检表现

根据前面提到的要点，在遭受致命攻击的受害者的一侧颈部发现挫伤时，应考虑伴随椎动脉损伤的可能。拳击打、脚踢或钝器打击可能分布在下颌角到项部之间的区域，耳朵以下的区域是

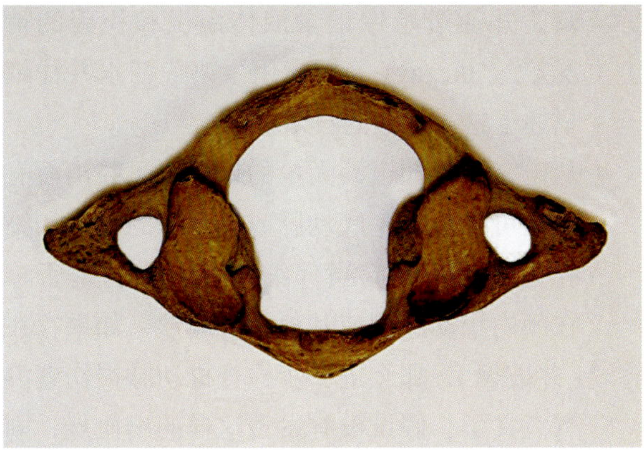

图 5.43 寰椎俯视图，可见椎动脉穿行的横突孔（已经图尔库大学解剖学系 J. Peltonen 教授授权）

最常见的受伤部位。

体表可能完全没有损伤，但在颈部解剖时，可能发现皮下或深层组织挫伤。遗憾的是，这并非常规的尸体解剖区域，通常颈部切口太靠前不能显示出这些位于强壮颈部肌群的损伤。这也是直到几年前才重视这一体征的原因，同时也解释了为什么诸多蛛网膜下腔出血案例被认为是微小动脉瘤破裂引起的，但又找不到动脉瘤。毫无疑问，许多蛛网膜下腔出血是由非动脉瘤性血管破裂或小到看不见的动脉瘤破裂所致，也没有发现颅脑损伤，无论是否伴随椎动脉损伤。

在一些尸检中，没有颈部外伤，不能明确死亡原因，直到开颅后才发现新鲜的蛛网膜下腔出血。然后法医需要决定是取出大脑寻找破裂的微小动脉瘤，还是采用专门的技术来寻找椎动脉破裂口（如下所述）。如果不是自然死亡且生前有过打斗或其他创伤病史，就应该采用特殊的方法来寻找椎动脉破裂口。只要法医知道他的目标，这两种检查并不是相互排斥的。在不影响其他操作方法的前提下，可以在夹住大脑底部的血管后摘除大脑，进一步寻找动脉瘤或其他出血点。

椎动脉损伤的机制

当头部和颈部交界处受到重击而迅速扭转时，寰枕关节可能会突然向一侧倾斜，并伴有头部旋转。也可能叠加过伸或过屈等情况，整个过程会使寰枕交界处于一种复杂的异常运动模式。因为椎旁肌肉和胸锁乳突肌没有被提前调动，这种突发情况会使头部扭转和倾斜的角度更大；加上饮酒后保护性反应较慢，因此大多数此类案件都发生在与饮酒有关的争执中。

具体损伤机制尚不明确，也可能因人而异，但无论是什么机制，以下情况的椎动脉都可能受损：

- 在寰椎横突孔内（无论横突是否骨折）的椎动脉。
- 在枢椎（又称第 2 颈椎）正下方、枢椎横突和寰椎横突间隙的椎动脉。
- 椎动脉从寰椎的横突孔出来随后穿入枕骨大孔正下方的硬脊膜。
- 多发部位为枕骨大孔上方的蛛网膜下腔或更高位置，贴近基底动脉汇合处，甚至是基底动脉本身。损伤类型通常是椎动脉壁的撕裂或裂口。

传统观点认为，椎动脉损伤后流出的血液在动脉压力作用下沿血管外膜流动，并在穿过硬脑膜和蛛网膜后进入蛛网膜下腔。正如前文所介绍的，椎动脉微小的损伤让大量的血液通过硬脑膜动脉周围间隙流入蛛网膜下腔的可能性很小。

基底动脉损伤的尸检表现

在过去的几年里，通过引进各种尸检成像技术，涉及血管系统的创伤性脑损伤的诊断得到了相当大的进展[85-90]。尤其是 Palmiere 等提出的死后计算机断层扫描血管造影技术（post-mortem computed tomography angiography，PMCTA）在检测出血来源方面比生前放射检查的灵敏度更高[91]。当调查证据表明死者有创伤后蛛网膜下腔出血或颈部一侧出现挫伤时，应当考虑椎动脉损伤的可能，然后在合适的时候应当使用这些成像技术进一步确认或者排除。

蛛网膜下腔出血可能是在开颅后才首次被发现。

如果接受大多数蛛网膜下腔出血是上颈部受伤后的颅内血管损伤引起的观点，就没必要使用费时费力的方法从而影响案件的调查进度。在许多这样的死亡案例中，颈椎上部或颅腔外的椎动脉并不存在损伤，即使有，也多是伴发性损伤，一般与颅内血管破裂没有因果关系。

然而，即使伴随的颈部损伤在蛛网膜下腔出血的发生中没有起作用，解剖暴露出颈部的损伤也是有意义的。例如，当死者生前发生过打斗或一侧脖子遭受过暴力时，也应该采用同样的检查程序。

不同的法医都有不同尸检程序，但下面提到的也是非常合理的检查方法。

- 当死后无法使用 CT 技术时，应拍摄颈椎上部的正位和侧位 X 线片，因为这些影像学资料可能（即便可能性很小）会显示寰椎横突骨折。然而，此类骨折只出现在少数的椎动脉损伤中，即便存在骨折，X 线检查也可能无法发现。如果有相应设备，应当进行尸体血管造影。仔细解剖颈部下侧以找到椎动脉的起点。最好的方法是暴露锁骨下血管，识别椎动脉开口处，也就是锁骨下动脉的第一（最内侧）条分支。可以从这里插管，注射对比剂，一次注射一侧，同时拍摄颈椎和颅骨的射线照片。但这种方法容易使许多颅内血管充满造影剂，导致影像片混乱、模糊。
- 更令人满意的方法是小心地将大脑从颅骨中取出，当可以接触到基底动脉时，将基底动脉用手术钳夹住或结扎，在基底动脉被夹住的位置上方横断，常规移出大脑。或者是在其末端夹住或结扎双侧的椎动脉。进行血管造影时，通过向一条血管灌注造影剂，使造影剂逆向流动到另一条被钳夹的椎动脉血管内；或者双侧连续进行造影。用充足的造影剂来填充血管，但应避免从小分支溢出使成像模糊。这种方式的目的是检测椎动脉血管上段是否存在破裂，而破裂处通常是在寰椎横突孔内或仅在寰枕膜外或脊髓鞘内。
- Johnson 和 Lyall 参照 McCarthy 等的方法，提出了移出大脑半球后的颅后窝组织结构不受影响的技术，将基底动脉结扎，夹紧对侧颅腔外的椎动脉，经一侧颈段颅腔外的椎动脉近端注水。这种方式可以直接观察颅后窝，并通过录像记录液体溢出和积聚的情况[92]。Ikegaya 等提出用牛奶代替水并详细描述了这一相似的技术[93]。
- 从定义可以知道，大量的蛛网膜下腔出血有时候可能会使基底动脉或椎动脉的发现和结扎变得很难。应当仔细地观察大脑是否存在颅内小动脉瘤或其他血管畸形，如果存在（并破裂），那么进一步检查椎动脉损伤就没有意义了。假设没有发现这样的出血点，则需要解剖颈椎上部区域以确定脊椎是否损伤。当没有 X 线或血管造影设施时，这是唯一可用的方法。

解剖应通过后路进入并暴露颈椎上部，继续向上到达头皮横切口。分离脊柱与周围的肌肉，注意检查并记录附近是否存在肌肉挫伤，然后在第 4 颈椎（C4）或更低的水平将其锯开。

将枕骨从颅骨的横向锯口两侧锯开并延伸至枕骨大孔，然后穿过斜坡分离颅后窝底中央部分，移除枕骨大孔及附着的上部脊柱。或者，使用带楔形刀片的电锯从颅后窝底部切出一个方形区域来分离脊柱。如果可能的话，应该对分离的部分进行 X 线检查，因为这样可以比在尸体解剖中更清楚地看到寰椎横突的骨折。

然后应将取出的骨块浸泡在 10% 的甲酸溶液（脱钙液）中进行充分脱钙。

1 周后，用手术刀切开软化的脊柱并刮掉横突的侧面部分，注意不要靠近椎动脉孔。然后将骨块放回新鲜的脱钙液中继续放置 1 周。

一旦骨头软化到可以轻松地被锋利的刀切开，横突可以进一步被刮掉骨质直至横突孔，这样就暴露了椎动脉的完整走形。两侧都应该这样解剖，最后阶段应越来越深，要极其小心地去除横突孔的侧壁且不能损伤深部血管。当然，关键部位是在枢椎或寰椎。这种方法虽然费力，但可以巧妙且更具有说服力地展示椎动脉。

对任何明显或可疑的管壁破损都应取样进行组织学检查。常见的损伤类型是内膜和中层的完全撕裂，或内膜破裂后血液沿着外膜溢出。

上述操作的更多细节应该参考引用的文献，

但以上是证明椎动脉损伤的一种实用方法。再次强调，必须评估任何微小破裂与颅内脑膜出血量的关系，并决定其是更倾向于颅内血管的伴发损伤，还是独立存在的颅腔外的椎动脉损伤。

拳击手和对抗性运动项目运动员的头部损伤

近年来，长期从事拳击和其他格斗或对抗性项目的运动员发生急性和慢性脑损伤的风险越来越大。急性损伤多发生在比赛期间或比赛后不久，但并不常见，一些发生急性损伤的拳击手在拳击场上即死亡或被送进医院后死亡。到目前为止，这些死亡中最常见的损伤是硬膜下出血。拳击伤很少引起颅骨骨折，所以几乎不发生硬膜外出血。当颅内存在小动脉瘤时，偶尔会发生蛛网膜下腔出血。

近期，拳击手大脑的慢性改变引起了很大的关注，这种现象很普遍，引起了熟知的拳击手脑病综合征（punch-drunk syndrome）。如此看来，拳击手搏击的时长比遭受严重创伤的次数更为重要。这是一个累积的过程，多次轻微的头部损伤累积起来就会产生很多文献中描述的典型病变[94-104]。

无论是专业拳击手还是多年参与拳击的业余人士，他们的大脑都存在宏观和微观的损伤。法医研究一般不涉及临床症状，但他们用形态学异常来解释慢性脑损伤。严重受累的大脑可表现为皮质萎缩和轻微脑积水；脑室内透明隔呈特征性穿孔，脑室增大，隔叶撕裂。穹窿和邻近的胼胝体可能变薄或撕裂，整个大脑实质可出现神经胶质瘢痕。小脑和黑质神经元丢失，后者还会引起色素脱失。

另一个引起神经病理学家兴趣的变化是类似阿尔茨海默病的病理特征，尽管不形成老年斑，却形成遍布大脑皮质和脑干的神经纤维缠结[105-108]。此外，反复的头部创伤被认为是导致帕金森病的原因。虽然很明显它们不是直接原因，但确实增加了对某些帕金森病易感人群的患病风险[109, 110]。

脑损伤

出血或感染性头皮损伤、凹陷性骨折、脑膜炎和大量脑膜出血本身就能导致死亡，但在大多数致死性的头部损伤中，对脑实质本身的损害才是致命的。

在法医学实践中，多数情况下难以让律师相信的是，受害者并非死于单纯颅骨骨折，骨折只是头部严重损伤的证据，是脑损伤的伴随标志，而脑损伤才是致命的。类似问题也存在于扼死案例中的舌骨骨折，非专业人士常常误认为舌骨骨折是致命损伤，而这仅仅是颈部受压的标志。

脑损伤的神经病理学是个庞大而复杂的话题，更加细致的分类需要特殊的检查技术和专业的知识。Love、Itabashi 和 Leestma 等的专著详细描述了创伤性脑损伤[19, 111, 112]。

一些创伤的形成机制是相互矛盾的理论，但法医仍需要了解因果关系的一般原则，以便对创伤进行解释。

颅脑损伤的病理和临床表现可能受作用于头部外力大小的影响。一定程度的外力可以导致诸多类型的颅脑损伤，武断地根据损伤的表现推断损伤程度存在很大的风险。

类似地，太绝对地认为遭受颅脑损伤后就一定会引起什么样的临床表现也是不明智的。例如，我们已经知道较为严重的颅脑损伤并不伴随脑震荡的发生，然而更轻微的损伤却可伴有长时间的昏迷，甚至最终导致死亡。必须牢记 Munro 的忠告：任何类型的头部损伤都可导致几乎所有类型的颅内损伤[113]。

脑损伤的机制

脑损伤可能包括以下机制（图 5.44）：

- 致伤物直接侵入颅内，如穿透性武器、子弹、其他投掷物等异物，或颅骨开放性骨折的碎片。在这些开放性创伤中，大脑的损伤机制是显而易见的。当然，也可能会与下面描述的第二种类型形成复合损伤。
- 闭合性头部损伤中的大脑变形。此类损伤的

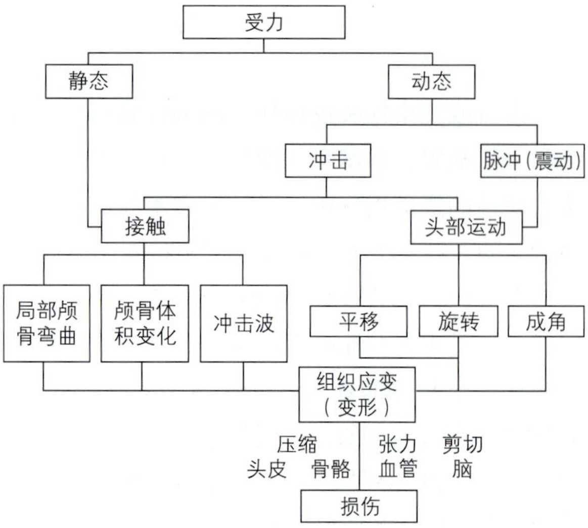

图 5.44 导致原发性脑损伤的力学过程（来自 *Greenfield's Neuropathology*, 7th edn, 2002；图经 Arnold 许可转载）

机制复杂。1766 年，在巴黎举行的公开辩论对冲击性和对冲性脑挫伤的几种因果关系进行了激烈争辩[114，115]。

大脑几乎是不可压缩的，单纯轴向打击可能只造成轻微的损伤甚至不引起损伤。然而，几乎所有的外力作用均伴随扭转运动，这是公认的造成脑损伤的主要原因。目前清楚的是，引起严重甚至致命的脑损伤并不一定是头部遭受实际的打击或摔跌，而是致伤物的速度变化。加速或减速与扭转共同作用导致了损伤，而不是单一的轴向因素。头部表面有时不需要接触任何坚硬的物体就能造成损伤。最近有研究表明，打击所释放能量比非打击性暴力释放的能量大得多，这一观点也降低了过去认为摇晃是虐待儿童中使儿童产生颅内损伤常见和重要机制的可信度。

在大多数头部损伤中，特别是交通事故和摔跌，移动的头部撞击到静止的平面物体时会明显减速。但在许多刑事案件和打斗伤害中，头部运动会因打击而加速。不管是哪种情况，头皮和颅骨都发生了突然的速度变化，颅骨通过颅腔内组织结构上的悬挂系统将速度变化传递到大脑。大脑系统具有轻微的韧性，由大脑镰和小脑幕组成，颅腔分为 3 个主要的腔室；包括两侧大脑半球、小脑和脑干。当大脑和硬脑膜之间发生剧烈的相对运动时，颅内组织结构则分离，脑组织与这些膜性结构的尖锐边缘和平坦表面相互作用而受到损伤。此外，这种相对运动可撕裂穿入硬脑膜下和蛛网膜下腔的血管，特别是对于因脑萎缩而扩大了这些间隙的老年人。

导致脑损伤的理论还包括：

- 扭转剪切力理论。
- 压力梯度理论。
- 振动理论。
- 冲击波传递理论。
- 大脑移位理论。
- 颅骨变形理论。

这些理论有重叠之处，而且在某些方面大多数是正确的。近年来进行的灵长类动物实验的开展和力学模型研究，普遍认为头部在受到打击时颅内的压力会发生明显变化[116]。当头部撞向地面时，压力在撞击点瞬间增加，但在损伤点的对侧却降为负压。这些抽吸或空腔效应对神经和脑膜组织的损伤比挤压更大。这很好说明了对冲伤是真空效应的结果。

根据 Gurdjian 和 Holbourn 的研究，大脑组织的结构破坏是由以下一个或多个过程造成的：

（1）结构单元的压缩，大脑组织的结构被挤压聚集到了一起。

（2）结构单元的牵张，使大脑组织的结构分开。

（3）滑动或“剪切”应变，相邻的组织层横向移动，就像替换扑克牌，每张牌都会在相邻牌上滑动。

瞬时的颅骨变形几乎都会造成脑损伤[12]。受力处的颅骨瞬间凹陷，即使没有骨折，也会压迫下方的脑组织导致结构单元压缩，如上文的第 1 条。这是造成皮质典型楔形挫伤的原因，其楔形底部在表面，作用力可能通过逐渐减小振幅的振动，损伤皮质并将减弱的力量传递到脑组织更深处。

同时，颅骨的其他区域必须向外隆起以适应变形，形成“击打环”，在远离受力点的“薄弱”部位可以发生张力性损伤，如上文第 2 条所述。

更重要的是第 3 条，头部的扭转引起的层

状畸形或“剪切力”。由于头部以寰椎为轴转动，任何对下颌、面部或头部的打击都会产生角动量，加速度会首先传递到头盖骨。

另外，如果头部在运动过程中突然停止，那么颅骨将首先减速，大脑的动量会导致它继续运动，同样也肯定会伴有扭转。

在减速或加速模式下，颅骨和大脑不能同时改变它们的速度，大脑只能凭借硬脑膜隔膜和颅骨内部构造的牵拉来加速或减速。换句话说，大脑的减速或加速都是通过硬脑膜间隔和骨质凸起等结构导致的，是颅骨继发运动。

这种牵拉最先发生在大脑皮质的最表层，而且影响最大。而后，这种牵拉逐渐靠近的深层脑组织，直到速度差被抵消，但这却是以脑组织及其相关血管的层状撕裂为代价。除了这种剪切损伤外，大脑可能会被挤压到小脑幕的边缘和大脑镰的下缘，造成大脑底部、胼胝体和脑干的损伤。大脑作用于颅骨侧壁和大脑镰可导致皮质的弥漫性挫伤。小脑受到的损伤往往较小，因为它比大脑小而且轻，分布在包裹更紧密的颅后窝中，相对运动的空间也较小。颅骨内部的构造，被认为是造成大脑额叶和颞叶前端、底面等常见损伤部位的原因。颅前窝的粗糙底面、蝶骨大翼的尖锐边缘和颞骨岩部的巨大横栏均与颅顶的光滑内面形成鲜明对比。

脑挫伤

当线性或更常见的层状应力作用于大脑皮质时，可能会导致脑皮质结构破坏。部分损伤直接作用于神经细胞结构，但对血管的损伤也非常显著。如果除了挫伤和肿胀外，皮层保持形状不变，这就构成“脑挫伤”。大范围的破坏足以产生肉眼可见的撕裂，称为挫裂创，但区别只是程度上的不同。在严重的头部损伤中，如挤压、枪弹伤和其他严重穿透伤，严重挫裂创可导致脑组织部分甚至完全从颅腔中脱出。

闭合性头部损伤常见的皮质挫伤中，皮质因出血而呈蓝色或红色。但如果存活了一段时间，损伤灶的可能会因发生梗死而变色。出血可能是弥漫性的，也可能是点状的，局限在大脑皮质时则往往是紫红色斑点状出血。从皮质延伸至白质的新鲜损伤往往呈纯红色。损伤形态常呈楔形，以皮质为底向深层延伸且逐渐变窄。

脑挫裂伤

脑皮层挫裂伤是伴有组织机械性撕裂的严重脑挫伤。当皮层挫裂广泛但相对较浅时，会出现“红丝绒”样外观，随着挫裂伤严重程度的增加，挫裂脑组织逐渐变得更加碎碎。

当情况加重时，大脑表面会出现裂隙，皮质碎片可能会脱落，较深的挫裂伤会进入大脑半球深部，有时甚至到达基底部或脑室。可能会有深部脑出血，特别是在额叶和颞叶，挫裂伤可能与创伤性出血区域一致。在脑挫裂伤和大多数挫伤中，软脑膜和蛛网膜经常被撕裂，引起受损皮质处血管的血液渗入蛛网膜下腔，甚至硬膜下腔。胼胝体经常出现撕裂，特别是其末端。这必须与尸检因取出大脑时操作失误导致的损伤（如同大脑脚撕裂一样）进行区别。真正的胼胝体损伤可能是由大脑镰下缘的切割效应所导致，也可能是由一侧半球相对于另一侧半球的侧向运动而导致的。再次强调，这都是大脑镰的牵拉作用引起的。脑挫裂伤或挫伤最常出现在皮质与颅骨内板侧不规则区域相接触的位置，以颞底和额底最为常见。

外伤性脑内出血

在严重的头部外伤中，大面积的脑内出血累及脑组织，或者形成血肿都是很常见的。一些是打击时或打击后不久出现的原发性脑内出血，其他是颅内压改变导致的继发性出血或者血管损伤导致的梗死灶出血。自从呼吸机应用以来，继发性出血更加常见，因为严重头部损伤者会因呼吸机的应用而存活时间被不断延长。

在大脑半球，冲击伤或对冲伤均能引起脑组织深部出血（见下文），且出血可存在于大脑半球内的任何位置，它们可能会破入脑室或穿过上侧皮质。在一些严重的对冲伤中，一侧或两侧额叶内可见大血肿，伴有覆盖皮质的挫伤和挫裂创。血肿可能会穿过皮质进入脑膜间隙，形成“脑叶爆裂”。出血发生在老年人，尤其是高血压

和脑动脉粥样硬化的患者，会给法医带来难题。即使存在头皮损伤，甚至是颅骨骨折，也难以确定脑出血是由于头部损伤（如摔跌）导致，还是由自发性出血引起的脑卒中而摔跌导致的。这一问题将在自然死亡相关章节中进一步讨论，但简而言之，具有心脏左心室肥厚、高血压病史和孤立性出血史的患者往往倾向于自发性脑内出血，尤其是当出血范围与头部损伤程度不一致时更是如此。高血压病变多位于壳核、丘脑、外囊、脑桥和小脑，枕叶多于额叶或颞叶。话虽如此，但有时很难区分这两种情况。

原发性脑干出血

脑干出血常继发于脑水肿，但这里讨论的是受伤当时就出血的原发性脑干出血。如前所述，高血压性脑出血与创伤无关，但是可以发生在脑干，特别是脑桥。出血多引起严重广泛的损伤，使脑桥肿胀并破坏脑干的中心部分，通常出血周围白质的边缘参差不齐。创伤性脑干出血通常位于大脑脚外侧，边界清楚，有时呈圆形，中脑的形状不会受压变形（继发性出血常延伸整个脑干）。

原发性脑干出血典型的出血部位为导水管和黑质外端之间。出血通常与枕部受力有关，受害者通常自受伤时就失去意识，这与渐进性脑水肿或占位性血肿导致的继发性脑干损伤不同，因为它们会存在中间清醒期和意识逐渐下降的状态。

冲击性和对冲性脑挫伤

无论大脑损伤的根本机制如何，它对法医来说具有相当重要的实践意义。当可活动的头部被物体打击时，皮质挫伤部位大多数都位于打击点下方或至少在打击点的同侧。这就是所谓的冲击性挫伤。当正在运动的头部突然减速时，如摔跌时，虽然受力部位可能仍有冲击性损伤，但在大脑的另一侧经常会有皮质损伤——对冲损伤（图 5.45～图 5.47）。

至少从 1766 年巴黎会议以来，大家一直在争论冲击性损伤和对冲性损伤的发生机制。争议一直在继续，尽管 Yanagida 等关于颅内压的研究工作提供了对冲侧存在真空负压的证据，但是也

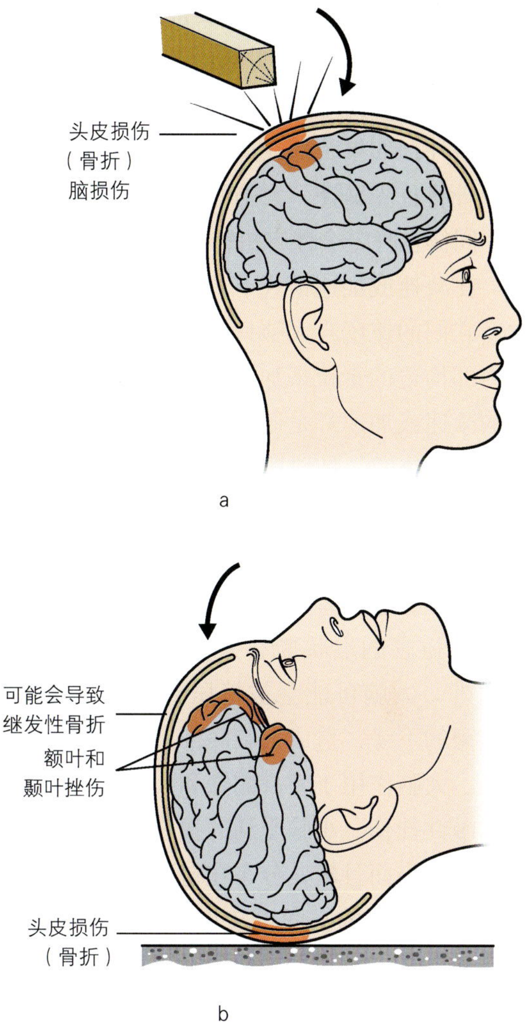

图 5.45 （a）对固定的头部造成的冲击性脑损伤；（b）对移动（减速）的头部造成的对冲性脑损伤

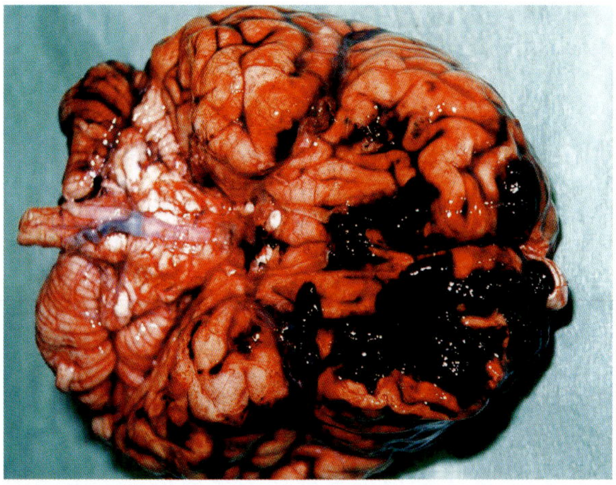

图 5.46 发生在额极的典型对冲性损伤以及大脑颞叶轻度损伤。死者向后倒下，右侧小脑出血说明右枕部受力。由于斜向受力，右侧小脑受到初次撞击后传导至左额极，大脑左侧损伤更为广泛

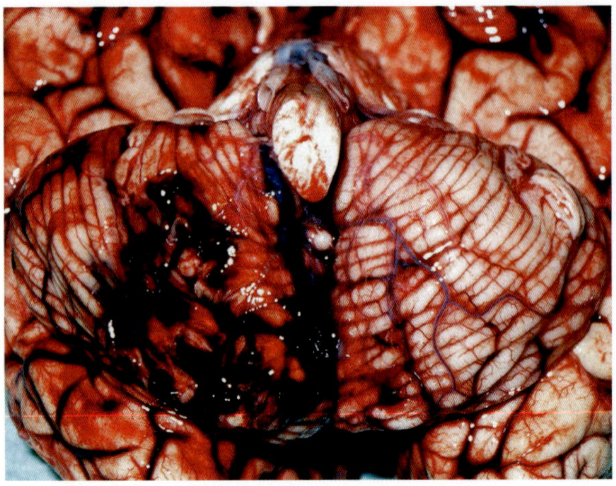

图 5.47 图 5.46 中原发性受力部位的右侧小脑挫伤

没有令人满意的、被认可的研究结论[116-118]。最近，Halabieh 和 Wan 应用包括了坚硬的颅骨、脑脊液和实质性大脑组成的人体头部数学模型，研究了正压理论、负压理论和脑脊液理论。根据数值模拟和病理结果得出结论，没有哪种理论可以解释不同损伤场景的脑损伤机制[119, 120]。

关于冲击和对冲性脑损伤的机制分析，应当考虑到以下的实践观点：

- 可能根本没有冲击性损伤，只有对冲性脑挫伤。
- 即便存在严重的冲击性和对冲性脑挫伤，也可能没有颅骨骨折。
- 对冲性损伤最常见的部位是额叶和颞叶。损伤通常位于这些脑叶的前侧和底部，如果摔及枕骨，损伤可能是对称的。
- 受力发生在颞叶或顶叶时，对冲性损伤可能会在对侧脑组织形成，但并不一定会完全对称。
- 若摔跌位于额部，则枕叶形成对冲性损伤的情况几乎不存在。这与颅骨底部的解剖结构有关，但原因不得而知。
- 在颞部受力时，对冲性损伤可能不在对侧大脑半球，而是在同侧大脑半球与大脑镰接触的位置。
- 对冲性损伤的程度可能会很重，在深层皮质和下方的白质形成出血腔，尤其是在额叶和颞极。
- 摔及枕部时可导致严重的额叶对冲性损伤，传递的力可足以导致颅前窝底部的薄骨骨折。脑膜出血可能会从眶上壁裂缝渗入眼眶，表现为熊猫眼征。在摔跌的事件中，须注意不要把这种眶周出血归因于直接击打。

虽然对冲性损伤通常是由头部坠落时的减速性运动引起，但固定的头部遭受打击也会发生对冲性损伤。如果受害者躺在地上或靠在坚硬的物体表面，对其上侧的重击可能会导致典型的对冲性损伤，损伤可能在对侧颞叶或顶叶皮层，也有可能在同侧大脑半球靠近大脑镰一侧。在这种情况下，经常还伴有冲击性损伤，不需要一定有头皮损伤。

皮质挫伤或挫裂伤是对冲性损伤典型的表现。对冲性损伤可能伴随有脑膜出血，如硬膜下出血或蛛网膜下出血，但是与皮质损伤相比，这些脑膜出血在解释摔跌或头部被固定打击的损伤时，它们的诊断价值几乎为零。在没有皮质挫伤的情况下，仅将单侧脑膜出血作为推断头部损伤类型的指标是不可靠的。

脑震荡

脑震荡属于临床医学，不是法医学研究范畴，但法医必须考虑它。因为脑震荡与颅内损伤有关，而且其经常会在法庭诉讼中被问及。根据 Wilson 的表述，脑震荡是"头部受到力的作用后立即出现的大脑功能紊乱"[121]。Trotter 对脑震荡给出了一个更完整的定义[122]："头部受伤引起的短暂麻痹状态，瞬间发生且没有任何结构性脑损伤，但总是伴随着事故发生后的短期失忆。"

最近，由于脑震荡是运动中常见的医学问题，运动损伤医生一直积极开展脑震荡的相关研究。最新的脑震荡研究共识，是由美国六大关注临床运动医学问题的专业协会联合制定的，其对脑震荡的定义如下[123]：

脑震荡或轻度创伤性脑损伤（mild traumatic brain injury，mTBI）是由直接或间接生物应力作用引起的影响大脑的病理生理过程。常见特征包括以下内容：

- 通常是短暂的神经功能障碍，发作快速，一般会自行消失。
- 急性临床症状通常反映功能障碍而不是结构破坏。
- 临床症状可能涉及意识丧失（loss of consciousness，LOC）。

常规的神经影像学检查一般是正常的。

脑震荡是大脑遭受重大机械性损害的结果，极为常见，但并非不可避免。在一般情况下，脑震荡的持续时间与损伤的严重程度有一定的关系，但也有许多例外。脑震荡转瞬即逝，甚至于受害者还没有完全落到地上就消失了，但是严重的颅脑损伤可能伴有轻度有或不伴有明显的脑震荡。相对轻微的头部损伤会导致长时间的昏迷，所以，再一次强调，武断地对脑震荡进行回顾性评估是不明智的。

脑震荡的时间一般持续几秒或几分钟。长时间的无意识状态，持续到几小时、几天或更长时间，则更像是脑组织结构的损伤。有时候在尸检时没有发现明显的脑损伤，看起来像是普通的脑震荡，但最后却导致了致命性的呼吸肌麻痹。

如果脑震荡患者因其他偶然的非神经性问题而死亡，那么尸检通常不会有肉眼可见的脑损伤，但有时会发现轻微的脑水肿和散在非特异性瘀点状出血。脑震荡和头部的扭转运动之间似乎有关系，因为旋转运动通常会造成明显的结构损伤，如果头部在被打击前的位置是固定的，那么就不会出现意识丧失。典型的例子是头被抵在墙上或被塞在缓冲物中后遭受击打。

在拳击竞赛中发生脑震荡的频率似乎证实了剪切应力对于神经元损伤是有作用的。在拳击比赛中，下颌受到击打是导致颅脑扭转运动的原因。

脑震荡后可能会出现脑震荡后综合征，脑震荡后综合征早期和晚期会出现特征性的临床症状，如头痛、头晕、躁动和焦虑。但这些都是主观症状，传统的影像学检查一般没有异常发现。运动相关的脑震荡在头部损伤的急性和亚急性期都会出现神经代谢改变[124]。根据最新的观点，机械损伤会导致线粒体功能障碍，并引发复杂的代谢变化，从而干扰神经元内代谢平衡[124，125]。脑震荡后综合征似乎是真实存在的，但是有人指出在事故责任认定的民事诉讼中，这可能变成了“赔偿综合征”。一旦诉求得到解决，脑震荡后综合征往往很快便会消失。

最近，Kirov 等应用 3D 质子磁共振波谱成像［three-dimensional (3D) proton magnetic resonance spectroscopic imaging，^{1}H-MRSI］技术量化研究了弥漫性轴突异常是否与患者的脑震荡后综合征相关[126]。他们发现，脑震荡后综合征阳性患者的白质中 *N*-乙酰天冬氨酸（*N*-acetylaspartate，NAA）浓度较低，表明这种潜在生物标志物在脑创伤后的生化学损伤中发挥作用[125，126]。

逆行性遗忘几乎都与脑震荡有关，然而，就像脑震荡本身，逆行性遗忘可能过于短暂以至不会引起人们注意。这个保护性机制是因为感觉传入的信号在转化为脑内永久失忆之前被丢失了。虽然逆行性遗忘通常只持续几分钟，但它会影响损伤前几天的记忆。丢失的大部分记忆往往会在伤后恢复，但对事故发生前即刻记忆的丢失却很少恢复，这可能碰巧是一种保护机制。

弥漫性神经元和轴索损伤

Graham 等认为弥漫性脑损伤主要有 4 种形式：弥漫性血管损伤、弥漫性轴索损伤、脑缺氧损伤和弥漫性脑肿胀[127]。弥漫性血管损伤包括遍布大脑的灶状出血，其几乎仅在 24 h 内死亡的患者尸体中见到，而后 3 种情况发生在存活时间较长、能到达医院的患者。最近的研究和新的免疫组织化学方法表明，创伤性轴索损伤比以前更为常见。除了头部损伤，其他因素也会产生弥漫性轴索损伤。因此，Geddes 等提出了新的术语定义，以避免文献中术语的不合理使用[128]：

- 轴索损伤是一个非特异性术语，指的是任何原因导致的轴索损伤。
- 创伤性轴索损伤是创伤引起的一种轴索损伤，可能是局限性轴索损伤，也可能是广泛性脑损伤。弥漫性创伤性轴索损伤是外

伤性轴索损伤中最严重的一种（原来被称为“弥漫性轴索损伤”）。

- 弥漫性轴索损伤最初被描述为遍及全脑包括脑干在内的广泛性轴索损伤导致的临床病理综合征。不应该在不考虑病因的情况下使用这个术语，因为轴索损伤也很可能是由其他病理过程导致的。

实验结果表明，弥漫性轴索损伤主要是一种非击打的扭转加速或减速现象，牵拉变形可能是最重要的致伤因素。轻微损伤引起的轴突膜通透性的短暂变化，逐渐导致离子变化、液体聚集和轴突肿胀，最终随着损伤程度的增加，细胞内 Ca^{2+} 积累、蛋白质水解和细胞骨架崩解。

轴索崩解的主要表现为大脑半球、小脑和脑干的轴索出现球状或棒状的收缩球。轴浆转运障碍导致受损轴突内物质的积累，免疫组织化学可证实这一点。目前，β-淀粉样前体蛋白（β-amyloid precursor protein，β-APP）被认为是最可靠的轴索损伤指标，可显示 2～3 h 的轴索损伤，而在常规或银染色中，轴索收缩球需要 12～18 h 才可见。然而，需要注意的是，β-淀粉样前体蛋白不是头部损伤特有的，而是轴索快速转运功能紊乱的指标，在其他病理情况下也可以观察到。

最好在正确固定后再检查大脑，通常是在 4% 甲醛中浸泡 10～14 天后，在条件允许的情况下咨询具有法医实践经验的神经病理学家。鉴于轴索损伤的弥漫特征，检查需要广泛和系统地取样。因为取样数量的多少直接决定诊断的准确性。除明显的病灶取材外，样本至少应包括：① 含矢状窦旁后额叶白质的胼胝体；② 胼胝体压部；③ 深部灰质，包括内囊后肢；④ 小脑半球；⑤ 中脑，包括小脑上脚交叉；⑥ 含小脑上脚或中脚的脑桥；⑦ 胼胝体与矢状窦旁前额叶的白质；⑧ 含海马在内的颞叶[128]。

在胼胝体、小脑上脚、矢状窦旁白质、内侧丘系和皮质脊髓束中存在大量的收缩球，也可以在白质的任何位置见到收缩球。轴索收缩球的 β-淀粉样前体蛋白染色在伤后约 1 周转阴，但在邻近的曲张轴索中则可持续至伤后 30 天。长期存活的患者在伤后几周，小胶质细胞会在轴索断裂处聚集，参与修复过程。在 20 μm 厚的组织切片上用甲酚蓝染色或 CD68、IBA1 特异性免疫组织化学阳性染色可以很好显现这一病理改变。面对的问题是，显微镜下的小胶质细胞簇和弥漫性轴索损伤（存在 β-淀粉样前体蛋白阳性表达）都不是创伤的特异性标志物：在脑梗死和出血等自然病变的周围也可以检见收缩球。已有报道在病毒性（如人类免疫缺陷病毒）脑炎、大脑缺氧和脂肪栓塞病例中也发现小胶质细胞聚集。Geddes 等在综述中阐述：创伤性轴索损伤的发生除了可能证实有头部损伤之外，对于大多数法医案件鉴定意义不大[128]。

脑水肿

脑组织肿胀是几乎所有脑损伤周围都会出现的局部现象，包括挫伤、挫裂创、肿瘤、梗死，这里我们更关注的是广泛水肿。脑水肿在重型颅脑损伤后极为常见，尤其是在儿童中。虽然几乎所有的脑内损伤都基本不可避免地伴随着局部或广泛的脑水肿，但是脑水肿可以是伤后唯一的异常现象，甚至在很多时候是致命的，特别是在年轻人中。脑水肿是颅内压升高最常见的原因，比局限性占位性病变更常见，如脑血肿和肿瘤等也伴有脑水肿。

不可控制的脑水肿和随后的颅内压升高是严重颅脑损伤后死亡最常见的单一原因[42，129]。水肿的类型有血管源性、流体静压性、细胞毒性、渗透性或脑积水或间质性（表 5.1）。

在血管源性脑水肿中，肿瘤、创伤、感染、脓肿、脑出血或脑梗死导致的血管损伤可引起血脑屏障的通透性增加。水肿液体主要存在于细胞外间隙，更易出现在白质中。

在流体静压性脑水肿中，血脑屏障会因为血压升高而失能，如高血压性脑病或癫痫发作。多余的水分主要存在于白质和灰质的细胞外。

细胞毒性脑水肿是由能量依赖的跨膜离子泵紊乱引起的，最常见的原因是血管闭塞或其他原因造成的缺血，如缺氧 / 缺血瑞氏综合征、创伤

表 5.1　脑水肿的类型

类　型	水肿部位	血脑屏障通透性	机　制	临床情况
血管源性	细胞外白质	增加	增加血管壁通透性	肿瘤、创伤、感染、脓肿、脑出血、梗死
流体静压性	细胞外白质和灰质	增加	血压升高	高血压性脑病、癫痫发作
细胞毒性	细胞内（主要） 灰质（主要）	正常	能量不足或毒性影响导致钠钾泵异常	缺氧 / 缺血、瑞氏综合征、一些中毒（如氰化物中毒）
渗透性	细胞内外白质和灰质	正常	血浆低渗透压	低钠血症、SIADH、过量静脉输液治疗、水中毒、淡水溺水
脑积水或间质性	细胞外脑室周围白质	正常	加压液体渗入脑室周围脑组织	高压性脑积水、假性脑瘤（特发性颅内高压）

注：SIADH，抗利尿激素分泌失调综合征。

性脑损伤、代谢紊乱或某些中毒[130]。这些因素会导致液体在细胞内积累，因为灰质具有较强的代谢活动和更大的星形胶质细胞密度，所以更易发生此类水肿。

渗透性脑水肿是在血脑屏障完好的情况下，由血液稀释导致的血浆渗透压降低引起的。例如，淡水溺水、水中毒、过量静脉输液治疗或抗利尿激素分泌失调综合征。

脑积水或间质性脑水肿是由脑室系统内的梗阻或脑室远端梗阻，导致脑脊液压力增高经室管膜漏入脑室周围脑组织所致，如脑脊液向蛛网膜下腔转移减少，蛛网膜下腔狭窄的脑脊液流动受阻，或脑脊液经蛛网膜颗粒重吸收进入静脉血受阻等情况。

脑水肿的尸检特征很容易辨认。在锯开颅骨后，硬脑膜紧张，大脑会通过脑膜上的首个切口位置膨出。脑回苍白，脑沟变浅，正常呈波纹状的大脑变得光滑。大脑切面苍白，尤其是在儿童中，脑室会因邻近白质的肿胀而被压缩成缝隙状。

严重的脑水肿会使大脑半球挤压小脑幕，并通过小脑幕开口形成脑疝。海马旁回可能会在开口处受到挤压，但程度较轻，会形成海马旁回压迹。这两种挤压均会引起受压部位的出血和坏死，特别是在小脑幕锋利的边缘挤压入脑组织的地方。小脑扁桃体会被挤压成锥形而进入枕骨大孔区，有时还会被向下挤压进入椎管的上部。法医需要注意不要把存在于小脑扁桃体周围的正常解剖沟槽误认为是锥形脑疝。脑疝也具有脑水肿的一般表现，真正的小脑扁桃体疝会因组织受压缺血而导致变色甚至坏死（图 5.48～图 5.50）。

脑水肿可能是重型颅脑损伤后尸检发现的唯一颅内异常。在儿童更常见，在没有任何其他明显损伤的情况下，死亡原因就只能归因于脑水肿，其压迫脑干的重要生命中枢。

显然，脑水肿大多会自行消退，也可以通过治疗消退。因此，难以通过尸检证明脑水肿的存在。然而，在脑膜出血患者的手术探查中，脑水肿并不少见，有时脑水肿是唯一的征象。

脑水肿会进行性加重，因为一旦脑外伤继发脑水肿，随后升高的颅内压会影响颅内静脉窦回流，但压力不足以限制动脉血的流入，因此会进一步加重淤血和肿胀。这会导致大脑缺氧和水肿恶化，形成脑梗死和脑死亡。这种情况尤其会发生在头部损伤的儿童中，通常是道路交通事故引起的。

无论是创伤性脑水肿还是缺氧性脑水肿，其发展都很迅速，特别是在儿童中。如果尸检在创伤或缺氧出现到死亡的时间间隔 1 h 内进行，可以看到脑水肿的大体改变。

有几种方法可以逆转水肿，其中包括过度通气，它通过提供充足的氧气和降低周围二氧化碳的张力而发挥作用，从而导致小动脉收缩、减少颅内血量、减少脑容量和渗出。

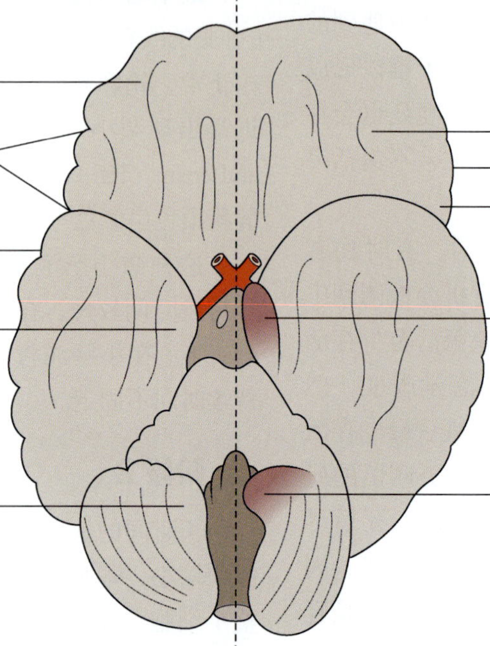

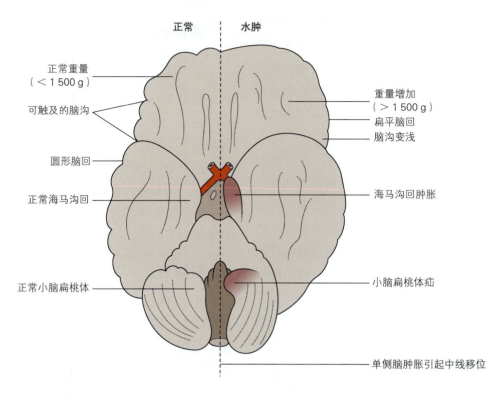

图 5.48　脑水肿的表现

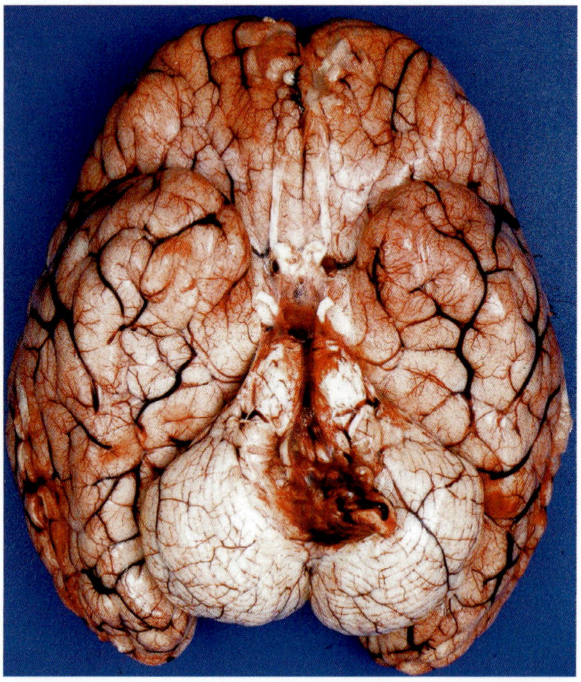

图 5.49　颅内压增高的患者穿刺所致的小脑扁桃体压迹。颅内高压挤压小脑扁桃体进入枕骨大孔，导致脑干受压死亡

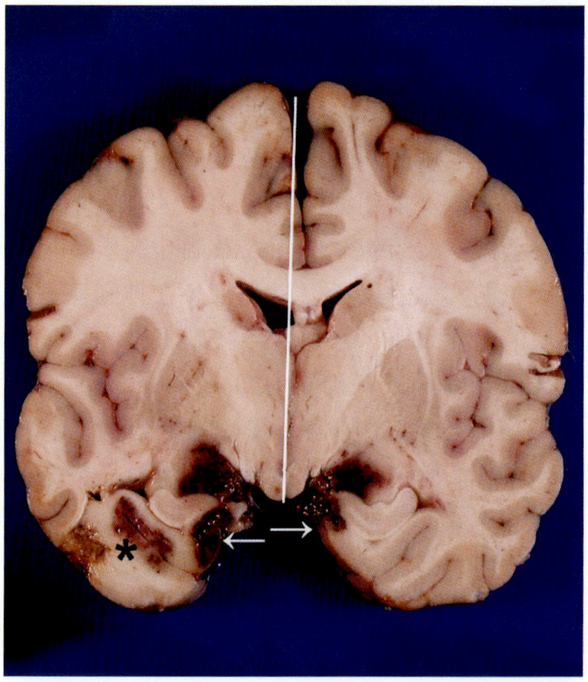

图 5.50　脑外伤继发小脑幕切迹疝。颞叶内侧压迫小脑幕边缘导致双侧出血坏死（白色箭头）。此外，左侧大脑后动脉受压导致左侧颞叶出血性梗死（黑色星号）。中线也略向右偏（白线）（经 H. Kalimo 教授授权）

早期脑缺氧缺血的诊断

比较遗憾的是，对于法医来说实践中遇到的大多数脑缺氧缺血迅速发生死亡以至于难以形成可识别的组织学变化。勒死、闷死和哽死也会在几分钟或更短的时间内导致急性死亡，不包括突发的血管迷走性心脏停搏。

然而在发生急性脑缺血缺氧后，有时伤者会存活较长的一段时间，此时就有机会检测到中枢神经系统的组织学变化。缺血缺氧后至少存活2～4 h才能观察到明确的组织形态学改变，然而一些神经病理学家表示，缺血缺氧后最少存活1 h就可以观察到组织形态学改变。更谨慎的研究者认为缺血缺氧后至少需要存活4 h。死后尽快尸检在寻找这些形态学改变方面具有优势，因为这些细微的改变会被死后自溶掩盖，即便是轻微的自溶也会掩盖这些改变。

未经固定的大脑通过肉眼就能观察到梗死灶，提示缺血缺氧时间在12～24 h。完全被固定后的大脑，通过触摸即可识别早期的梗死。坏死组织不固定，而且触之较柔软，与已被固定的正常组织的致密结构对比明显。另一个早期的大体变化是灰质与白质边界的模糊。

向神经病理学家寻求帮助，发现脑缺氧引起的相对微小的组织学病变。法医具有丰富的经验、良好的组织学知识以及制作高质量切片和染色的实验室，可以提升自身在神经病理学领域的专业水平。最适合寻找缺氧性损伤依据的部位是海马（特别是CA1区 =Sommer扇区与海马下托），小脑镰，基底神经节内的苍白球，以及大脑灰、白质交界区动脉供应的末端的灰质（如矢状窦旁的额中回，该区域为大脑中动脉和大脑前动脉分水岭）。大脑皮质的第3层和第4层对缺血缺氧引起的组织学改变最为明显。

以下是使用不同染色方法观察到的阶段性变化的总结。应用4%甲醛溶液悬浮固定大脑，如果不能按照上述要求操作，应在固定前对大脑目标区域取小块组织样本，并立即将检材置于大量的甲醛溶液中固定。

阶段1

最早的变化是神经元细胞质内出现微小空泡（肿胀的线粒体），缺血缺氧后2～4 h可见细胞大小正常，轮廓光滑，但细胞胞体、轴突和树突的近端出现微小空泡，苏木精-伊红（hematoxylin and eosin，HE）染色呈轻微的嗜伊红染色增强，髓鞘染色呈紫色。

这种微小空泡早期在小神经元中开始出现且持续时间较短，在受损的大神经元内最多持续4～6 h，在小脑浦肯野细胞中最多持续2～4 h，持续时间不固定。

阶段2

长时间的缺血缺氧会导致神经元变形，细胞体积缩小，苯胺染色变深，尼氏体变小，分散在整个细胞。苏木精-伊红染色可见细胞质呈明显的嗜酸性，髓鞘染色呈亮蓝色至淡紫色，仍有部分空泡存在。细胞核呈三角形，位置可能不在胞体中心，核仁模糊，细胞核浓染、固缩，髓鞘染色为深蓝色。这种变化在缺血后存活6 h以内可见或更长时间以后的大神经元内也可见。

阶段3

如果缺血缺氧继续存在1～2天，缺氧细胞的情况变得更加严重。神经细胞进一步缩小，在许多案例中会变得狭长，呈锥形。LFB染色可见嗜酸性粒细胞增多且呈蓝色，但有小球形或不规则小体附着在细胞膜外部。这些附着物比细胞质残存物存留时间更长，他们一旦消失后，就只留下裸露的细胞核。这些深染、皱缩的细胞核变得更加明显，在核溶解之前可以存在数天。缺血缺氧后15～20 h，坏死的中性粒细胞聚集在梗死区供血小动脉的管腔内，且管腔周围出现炎症反应。如果缺血缺氧性损伤足够严重，中性粒细胞可浸润到脑实质中。

阶段4

均质化细胞损伤以浦肯野细胞最明显，胞质均匀嗜酸性，无尼氏体，细胞核深染，呈三角形，最后消失，留下边界模糊的苍白色细胞体

“残骸”。缺血缺氧后 2～3 天，血源性单核细胞 / 巨噬细胞开始吞噬细胞碎片，被激活的小胶质细胞（实际上是驻留在中枢神经系统的单核网状内皮细胞）也参与其中。

如果患者存活，缺血缺氧后 4～6 天，星形胶质细胞（显示有丝分裂）开始增殖，以小脑最为明显，并且持续 10～14 天。尽管星形胶质细胞增殖，但少突胶质细胞不发生增殖。因此，脑缺氧缺血（梗死）晚期形成囊腔，其内见星形胶质细胞和富含吞噬脂质的巨噬细胞（泡沫细胞），较大的梗死区数月内都会出现这种现象。

继发性脑干损伤

严重的脑肿胀（或占位性病变，如大的硬膜下或硬膜外血肿）可导致小脑幕以上的颅内压升高，引起小脑幕切迹疝。肿胀对称时，水肿会将大脑底面压向小脑幕，将海马旁回挤入小脑幕裂口，压迫小脑幕游离边缘产生钩回压迹。在极端情况下，甚至可导致海马旁回发生局灶性脑梗死。小脑幕切迹疝压迫脑干使中脑发生前后方向的牵拉，从而使脑干扭曲，伸展或压迫中脑旁正中血管和黑质血管，导致上桥脑和中脑出血或梗死。脑神经的损伤和脑脊液循环障碍可增加并发症的出现。脑疝导致大脑后动脉被卡在小脑幕边缘，引起枕叶内侧的距状裂皮质发生梗死。单侧小脑幕切迹疝突出较大时，可引起大脑脚压迹（称为 Kernohan 压迹），并伴有软脑膜下点状出血，从而引起错误定位 / 同侧偏瘫等神经体征。

Firsching 等对 61 例重度颅脑损伤患者在伤后 7 天内进行 MRI 检查。64%（39 例）的伤者出现继发性脑干损伤。双侧桥脑继发性损伤的死亡率为 100%，而没有脑干继发性损伤患者的死亡率为 9%。对 2 例经 MRI 确诊的脑干继发性损伤者进行组织病理学检查，发现血管周围出血、神经细胞内钙化和轴突肿胀。然而，仅通过组织病理学无法区分原发性和继发性脑干损伤[131]。

继发性脑干损伤几乎都是中线或正中旁线出血，或集中在桥脑上部和中脑的出血性坏死，有些可能位于黑质。继发性脑干出血与头部损伤直接导致的原发性脑干出血很难区分——继发性损伤会掩盖原发性脑干出血，而原发性损伤却难以掩盖继发性改变。通常儿童不出现类似成人的典型脑干出血，反而由于上段脊髓被齿状韧带固定，儿童的延髓可出现变形或扭曲。

脊柱损伤

涉及创伤的时候，脊柱和头部应当被当作同一系统的组成部分。例如，颈髓上行纤维断裂与脑干神经元的染色质溶解有关，Spicer 和 Strich 也发现脊神经根出血可能与头部损伤有关[132]。许多颈部挥鞭样损伤者均伴有脑电图改变[133，134]。

虽然脊柱全部节段都十分脆弱且易形成损伤，但脊柱颈段是法医最感兴趣的部位，主要是因为它与头部损伤和车辆事故密切相关。颈椎受伤的首要原因是车辆事故，其次是摔跌和体育活动（图 5.51）[135]。寰椎、枢椎可实现头部大部

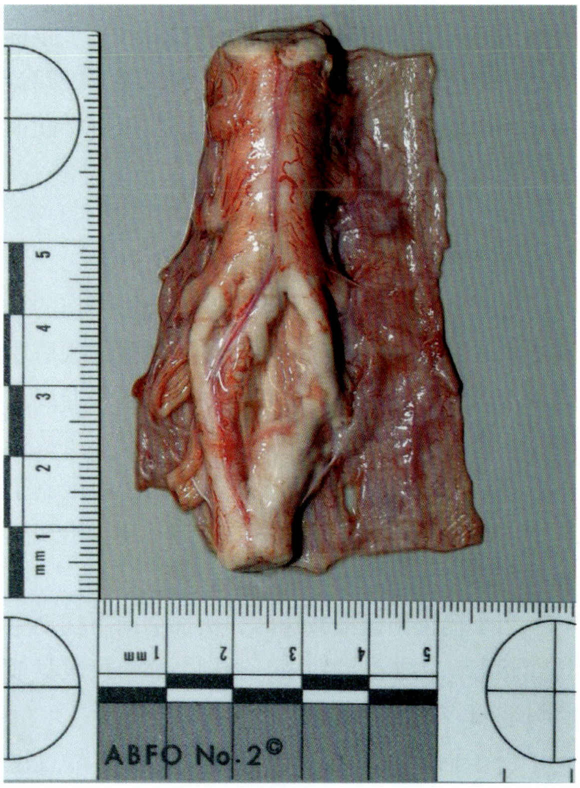

图 5.51　头部入水后撞击浅水底部，导致第 5 颈椎压缩性骨折、脊髓挫碎。在尸检时，脊髓及其被膜应当用别针固定好，以此来做出正确的检查

分的扭转运动，而颈椎下段负责颈部的屈曲和伸展。作用于头部的外力常损伤这些部位的颈椎及其相对应的功能区。脊柱损伤可由压缩、过度屈曲和过度伸展引起。

挤压伤

高坠时，脚部或者头部着地引起挤压伤。头部着地时，头部吸收了大部分冲击力，而且这个时候的脊柱损伤相较于头部损伤就显得不那么重要了。

长距离坠落后脚部着地，减速的动能被脚、腿和骨盆的骨折吸收，并向上传递到脊柱。引起脊柱单处或多处骨折，或者因为脊柱突入颅后窝时，巨大暴力引起颈椎上段冲击颅底，形成枕骨大孔周围的环形骨折。

跌落时头部着地可导致寰椎爆裂损伤，枕髁会因轴向的冲击而楔入寰椎上关节面并撕裂椎体环[136]。寰椎后弓也可因颈部过度后伸引起枕骨和脊椎后部之间的压缩而骨折[137]。

椎体压缩性骨折最常见于胸椎下段和腰椎上段的区域，特别是第 12 胸椎（T12）和第 1 腰椎（L1）。与下文描述的成角损伤相比，除非椎间盘向后突出或椎体碎片向后移位，一般来讲脊髓损伤的可能性较小。

过屈和过伸损伤

过屈和过伸损伤中，过伸导致脊柱损伤的风险更大，这可能是因为屈曲受到了较强的颈后肌肉收缩的保护，而较弱的前纵韧带在过度伸展过程中无法保持颈椎的完整性。80% 的交通事故是前方或后方车辆撞击，虽然头枕和安全带限制了车内人员的活动范围，但其脊椎通常还会出现过屈和过伸的情况。

当车辆正面碰撞减速时，头部会向下摆动呈过屈状态，除非受到约束，否则会撞击仪表盘或挡风玻璃，之后再反弹呈过伸状态。

当车辆从后方被撞击时，会引起头部过度伸展，除非有头枕保护；这种情况下车辆通常还会再撞击前面车辆，从而引起减速性的过度屈曲（图 5.52）。

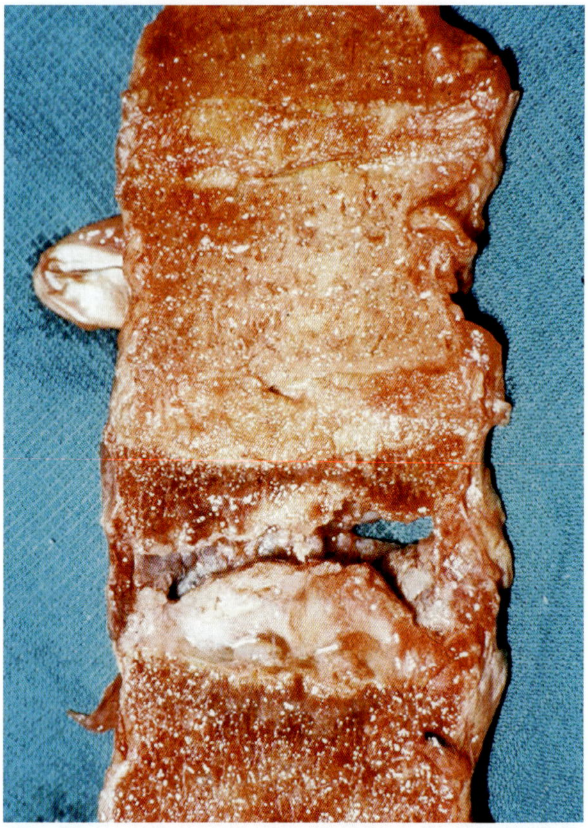

图 5.52 汽车司机减速性损伤导致脊柱过度屈曲引起胸椎椎体压碎，邻近椎间盘崩解。尸检时检查此类损伤最好的方法是使用电锯纵向切开脊柱椎体前侧

无论是什么损伤原因，都会引起脊柱一系列的损伤，包括颈段，以及少部分会累及胸段和腰段，导致周围肌肉出血、前纵韧带断裂、椎间盘和纤维环撕裂。

神经根可能被撕裂或压迫，椎管可能因椎骨骨折、脱位而变窄、变形甚至消失，导致脊髓受压、缺血与出血，严重的并发症是脊髓挫碎。对于患有颈椎病的老年人，创伤会导致椎管进一步狭窄而发生神经损伤，而年轻人一般情况下却不会出现。

颈椎损伤占成人脊柱损伤的 60%，最常见的部位是颈椎上段（C1～C4），其中 C1/C2 复合损伤占颈椎损伤的 19%～25%，其次是脊椎的胸腰段（20%）、腰段（10%）、胸段（8%）和骶部（2%）[135, 138]。在 Mant 报告的系列致命机动车事故中，35% 的乘客和 30% 的司机有颈椎损伤[139]，其中最常见的是寰枕关节脱位。Mant 发现机动车事故死者中有 1/3 存在寰枕关节脱位，尽管尸检时通常发现不了这类损伤。寰枕骨折的发生机制通常是作用于头部的纵向外力导致的，此时收缩的颈部肌肉将枕骨与脊柱保持在一条直线上。这种情况最常发生在低头时头顶猛烈撞击突然减速车辆的挡风玻璃。寰椎骨折、脱位或枢椎齿突骨折均可由此类外力作用引起。过伸损伤往往会使椎体被迫向前移动，如果移位明显，椎弓会侵入椎管，产生损伤脊髓的风险。此外，过度伸展，尤其是在颈髓膨大的位置，会导致黄韧带皱缩而侵及前部椎管，挤压脊髓。如果损伤是由过度屈曲造成的，椎骨脱位会导致椎体（或其碎片）向后倾斜，再次损害椎管管腔。

颈椎脱位在许多情况下都可能发生。前脱位可能是由跌倒碰撞枕部受力所致，而当头部撞到挡风玻璃上时，单侧脱位较为常见。后脱位可能是由于下颌或面部受到重击，头部向后过伸展造成。面部摔跌，特别是高坠（如楼梯上摔落）是其主要原因。枢椎齿突骨折多由于头部相对于颈部的各种剧烈运动所致，有时还与颅骨或下颌骨骨折有关。脊柱受到严重损伤时，如相对高速运动的机动车或铁路事故，脊髓可被两个移位的骨碎片切断。这类损伤最常见于上胸或中胸段，可由直接外力或严重的“挥鞭”损伤所致，而且即使没有脊椎骨折，胸主动脉常在降主动脉弓与脊柱的接触处撕裂。

缢颈的颈椎损伤在自缢案例中相对少见，因为自缢的急性死亡是由颈动脉压迫所导致，或者由是相对少见的窒息引起。自缢者仅将自身体重压在颈部缢索上，因此颈椎仅有小幅度下降或者没有下降。然而，脊椎损伤偶尔也会发生，作者（BK）曾看到一名身材魁梧的士兵将缢索系在头顶的水箱上，然后双脚脱离了卫生间马桶坐便缢颈，引起了颈椎损伤。

坠落距离长的缢颈会导致严重的颈椎脱位（而不是骨折），从而通常会造成颈椎两端完全断裂和脊髓横断。如果缢索绳结位于下颌下方，就会产生颈部严重的过度伸展，这种情况下通常会导致枢椎骨折，并使其与第 3 颈椎之间的关节脱臼。如果体重很大，坠落距离长，甚至会出现头部完全离断。

脊髓损伤

脊髓的大部分损伤主要是脊柱成分进入椎管内造成的，包括骨碎片、黄韧带、椎间盘环或突出的髓核。

出血进入硬脊膜外间隙，导致椎管内占位性病变，压迫脊髓。出血也可出现在硬脊膜下，来自破裂的血管，或者脊髓本身出血所致。脊髓损伤也可在没有物体侵入椎管的情况下发生，类似于不伴有骨折的闭合性颅脑损伤。在脊柱没有任何明显机械性损伤的情况下，也可出现脊髓出血和水肿，这种情况多由于脊髓与椎管壁的短暂碰撞，或者由椎管轮廓的一过性变形所致，只是骨骼形变没有达到引起脊柱骨折、脱位或韧带断裂的程度。

脊髓的损伤可扩散到受力点的上方和下方区域。相比脊髓白质，中央灰质更容易出现脊髓内的出血，因为灰质的组织更柔软、血管更多。脊髓梗死的发生可能与挫伤有关，或者由于局部血液供应被破坏，通常是脊髓前动脉。

原本致密的脊髓可能在伤后几天甚至更长时间后发生液化（“脊髓软化症”），并伴有进行性恶化的神经性症状。

（赵锐　王鹏飞　译）

参考文献

[1] Adelson L. *The Pathology of Homicide*. Springfield Thomas, 1974.

[2] Teece S, Crawford I. Best evidence topic report. Torn frenulum and non-accidental injury in children. *Emerg Med J* 2005; 22(2): 125.

[3] Maguire S, *et al*. Diagnosing abuse: a systematic review of torn frenum and other intra-oral injuries. *Arch Dis Child* 2007; 92(12): 1113–7.

[4] Welbury R. Torn labial frenum in isolation not pathognomonic of physical abuse. *Evid Based Dent* 2007; 8(3): 71.

[5] Koe S, *et al*. Medical, social and societal issues in infants with abusive head trauma. *Ir Med J* 2010; 103(4): 102–5.

[6] Grass H, *et al.* [Phenomenology of kicking and kicking to death]. *Arch Kriminol* 1996; 198(3–4): 73–8.
[7] Henn V, *et al.* [Morphology and phenomenology of death by kicking (II)]. *Arch Kriminol* 2000; 205(3–4): 65–74.
[8] Strauch, H, *et al.* Kicking to death-forensic and criminological aspects. *Forensic Sci Int* 2001; 123(2–3): 165–71.
[9] Betz P, Lignitz E, Eisenmenger W. The time-dependent appearance of black eyes. *Int J Legal Med* 1995; 108(2): 96–9.
[10] Weber W. [Experimental studies of skull fractures in infants]. *Z Rechtsmed* 1984; 92(2): 87–94.
[11] Goonetilleke UK. Injuries caused by falls from heights. *Med Sci Law* 1980; 20(4): 262–75.
[12] Rowbotham OF. *Acute Injuries of the Head*, 4th edn. Edinburgh: Churchill-Livingstone, 1964.
[13] Zuo ZJ, Zhu JZ. Study on the microstructures of skull fracture. *Forensic Sci Int* 1991; 50(1): 1–14.
[14] Gurdjian ES, Webster JE, Lissner HR. Studies on skull fracture with particular reference to engineering factors. *Am J Surg* 1949; 78(5): 736–42; Disc 749–51.
[15] Gurdjian ES, Webster JE, Lissner HR. The mechanism of skull fracture. *Radiology* 1950; 54(3): 313–39.
[16] Evans FG, Lissner HR. Tensile and compressive strength of human parietal bone. *J Appl Physiol* 1957; 10(3): 493–7.
[17] Evans FG, Lissner HR, Lebow M. The relation of energy, velocity, and acceleration to skull deformation and fracture. *Surg Gynecol Obstet* 1958; 107(5): 593–601.
[18] Shapiro HA, Gordon I, Benson SD. *Forensic Medicine — a Guide to Principles*, 3rd edn. Edinburgh: Churchill Livingstone, 1988.
[19] Leestma JE (ed). *Forensic Neuropathology*, 2nd edn. Boca Raton: CRC Press, Taylor & Francis Group, 2009.
[20] Puppe G. Über priorität der schädelbrüche. *Arztl Sachverst Zt* 1914; 20: 307–9.
[21] Jacobsen C, Lynnerup N. Cranial fractures caused by blunt trauma to the skull. A retrospective analysis of medico-legal autopsies in Denmark from 1999–2004. *Scand J Forensic Sci* 2008; 14(2): 64–70.
[22] Jacobsen C. *Cranial Fractures Caused by Blunt Trauma. Characterization of Medico-legal Material and Assessment of Post-mortem Computed Tomography*. Copenhagen: Department of Forensic Medicine, University of Copenhagen, 2009, p.168.
[23] Yoganandan N, Pintar FA. Biomechanics of temporo-parietal skull fracture. *Clin Biomech (Bristol, Avon)* 2004; 19(3): 225–39.
[24] Agrawal A, *et al.* Post-traumatic epilepsy: an overview. *Clin Neurol Neurosurg* 2006; 108(5): 433–9.
[25] Lindenberg R. Trauma of meninges and brain. In: Minckler J (ed). *Pathology of the Nervous System*. New York: McGraw-Hill, 1971, pp.1705–65.
[26] Tomlinson BE. Brain-stem lesions after head injury. *J Clin Pathol Suppl (R Coll Pathol)* 1970; 4: 154–65.
[27] Adams JH. Head injury. In: Adams JH, Corsellis JA, Duchen LW (eds). *Greenfield's Neuropathology*. London: Edward Arnold, 1992.
[28] McKissock H. Extradural haemorrhage; observations on 125 cases. *Lancet* 1960; 2: 167–74.
[29] Harwood-Nash DC, Hendrick EB, Hudson AR. The significance of skull fractures in children. A study of 1,187 patients. *Radiology* 1971; 101(1): 151–6.
[30] Maurer JJ, Mayfield FH. Acute bilateral extradural hematomas. A case report. *J Neurosurg* 1965; 23(1): 63.
[31] Subrahmanian MV, Rajendraprasad GB, Rao BD. Bilateral extradural haematomas. *Br J Surg* 1975; 62(5): 397–400.
[32] Frank E, Berger TS, Tew, TM Jr. Bilateral epidural hematomas. *Surg Neurol* 1982; 17(3): 218–22.
[33] Dharker SR, Bhargava N. Bilateral epidural haematoma. *Acta Neurochir (Wien)* 1991; 110(1–2): 29–32.
[34] Gupta SK, *et al.* Bilateral traumatic extradural haematomas: report of 12 cases with a review of the literature. *Clin Neurol Neurosurg* 1992; 94(2): 127–31.
[35] Rasmussen GL, Holme S. [Bilateral epidural hematomas]. *Ugeskr Laeger* 1992; 154(4): 203–4.
[36] Gorgulu A, *et al.* Bilateral epidural hematoma. *Neurosurg Rev* 2000; 23(1): 30–3.
[37] Huda MF, *et al.* Double extradural hematoma: an analysis of 46 cases. *Neurol India* 2004; 52(4): 450–2.
[38] Gelabert-Gonzalez M, *et al.* [Simultaneous bilateral epidural haematomas]. *Neurocirugia (Astur)* 2005; 16(3): 256–60.
[39] Bullock MR, *et al.* Surgical management of acute epidural hematomas. *Neurosurgery* 2006; 58(3 Suppl): S7–15; Discussion Si-iv.
[40] Provenzale J. CT and MR imaging of acute cranial trauma. *Emerg Radiol* 2007; 14(1): 1–12.
[41] Caffey J. Multiple fractures in the long bones of infants suffering from chronic subdural haematoma. *Am J Radiology* 1946; 56: 163–73.
[42] Blumbergs P, Reilly P, Vink R. Trauma. In: Love S, Louis DN, Ellison DW (eds). *Greenfield's Neuropathology*. London: Hodder Arnold, 2008, pp.733–832.
[43] Duhaime AC, *et al.* The shaken baby syndrome. A clinical, pathological, and biomechanical study. *J Neurosurg* 1987; 66(3): 409–15.
[44] Squier W. The 'shaken baby' syndrome: pathology and mechanisms. *Acta Neuropathol* 2011; 122(5): 519–42.
[45] Gennarelli TA, Thibault LE. Biomechanics of acute subdural hematoma. *J Trauma* 1982; 22(8): 680–6.
[46] Squier W, Mack J. The neuropathology of infant subdural haemorrhage. *Forensic Sci Int* 2009; 187(1–3): 6–13.
[47] Crompton R. *Closed Head Injuries*. London: Edward Arnold, 1985.
[48] Munro D, Merritt HH. Surgical pathology of subdural haematoma. Based on a study of 105 cases. *Arch Neurol Psych* 1936; 35: 64–78.
[49] Crompton MR. Brainstem lesions due to closed head injury. *Lancet* 1971; **1**(7701): 669–73.
[50] Harnan SE, *et al.* Clinical decision rules for adults with minor head injury: a systematic review. *J Trauma* 2011; 71(1): 245–51.
[51] Holmes B, Harbaugh RE. Traumatic intracranial aneurysms: a contemporary review. J *Trauma* 1993; 35(6): 855–60.
[52] Smith S. On the difficulties attending the diagnosis of aneurism being a contribution to surgical diagnosis and medical

jurisprudence. *Am J Med Sci* 1873; 66: 401–9.
[53] Parkinson D, West M. Traumatic intracranial aneurysms. *J Neurosurg* 1980; 52(1): 11–20.
[54] Courville CB. Traumatic aneurysm of an intracranial artery. Description of lesion incident to a shot gun wound of the skull and brain. *Bull Los Angel Neuro Soc* 1960; 25: 48–54.
[55] Burton C, Velasco F, Dorman J. Traumatic aneurysm of a peripheral cerebral artery. Review and case report. *J Neurosurg* 1968; 28(5): 468–74.
[56] Weiler G, *et al.* [Contribution of intracranial 'traumatic aneurysm' (author's transl)]. *Z Rechtsmed* 1980; 85(3): 225–33.
[57] Wortzman D, Tucker WS, Gershater R. Traumatic aneurysm in the posterior fossa. *Surg Neurol* 1980; 13(5): 329–32.
[58] Tani S, *et al.* [Traumatic aneurysm of the posterior inferior cerebellar artery (author's transl)]. *No Shinkei Geka* 1982; 10(4): 423–7.
[59] Amagasa M, *et al.* [Traumatic anterior cerebral artery aneurysms — experiences in 4 cases and review of the literature]. *No Shinkei Geka* 1986; 14(13): 1585–92.
[60] Rahimizadeh A, *et al.* Traumatic cerebral aneurysms caused by shell fragments. Report of four cases and review of the literature. *Acta Neurochir (Wien)* 1987; 84(3–4): 93–8.
[61] Buckingham MJ, *et al.* Traumatic intracranial aneurysms in childhood: two cases and a review of the literature. *Neurosurgery* 1988; 22(2): 398–408.
[62] Soria ED, Paroski MW, Schamann ME. Traumatic aneurysms of cerebral vessels: a case study and review of the literature. *Angiology* 1988; 39(7 Pt 1): 609–15.
[63] Senegor M. Traumatic pericallosal aneurysm in a patient with no major trauma. Case report. *J Neurosurg* 1991; 75(3): 475–7.
[64] Sasaoka Y, *et al.* [Ruptured traumatic aneurysms of the peripheral anterior cerebral artery: study of delayed hemorrhage after closed head injury]. *No Shinkei Geka* 1997; 25(4): 337–44.
[65] Diaz A, *et al.* [Trauma-induced arterial aneurysm in childhood. Report of a case and review of the literature]. *Neurochirurgie* 1998; 44(1): 46–9.
[66] Uzan M, *et al.* Traumatic intracranial carotid tree aneurysms. *Neurosurgery* 1998; 43(6): 1314–20; Discussion 1320–2.
[67] Horowitz MB, *et al.* Multidisciplinary approach to traumatic intracranial aneurysms secondary to shotgun and handgun wounds. *Surg Neurol* 1999; 51(1): 31–41; Discussion 41–2.
[68] Uribe G, *et al.* [Post-traumatic intracranial arterial aneurysm. Two cases with review of the literature]. *Neurochirurgie* 1999; 45(4): 301–6.
[69] Larson PS, *et al.* Traumatic intracranial aneurysms. *Neurosurg Focus* 2000; 8(1): e4.
[70] Nishioka T, *et al.* Unexpected delayed rupture of the vertebral-posterior inferior cerebellar artery aneurysms following closed head injury. *Acta Neurochir (Wien)* 2002; 144(8): 839–45; Discussion 845.
[71] Horiuchi T, *et al.* Traumatic middle cerebral artery aneurysm: case report and review of the literature. *Neurosurg Rev* 2007; 30(3): 263–7; Discussion 267.
[72] Yang TC, *et al.* Traumatic anterior cerebral artery aneurysm following blunt craniofacial trauma. *Eur Neurol* 2007; 58(4): 239–45.
[73] Kaiser C, *et al.* Traumatic rupture of the intracranial vertebral artery due to rotational acceleration. *Forensic Sci Int* 2008; 182(1–3): e15–17.
[74] Mao Z, *et al.* Traumatic intracranial aneurysms due to blunt brain injury — a single center experience. *Acta Neurochir (Wien)* 2012; 154(12): 2187–93; Discussion 2193.
[75] Benoit BG, Wortzman G. Traumatic cerebral aneurysms. Clinical features and natural history. *J Neurol Neurosurg Psychiatry* 1973; 36(1): 127–38.
[76] Asari S, *et al.* Traumatic aneurysm of peripheral cerebral arteries. Report of two cases. *J Neurosurg* 1977; 46(6): 795–803.
[77] Purgina B, Milroy CM. Fatal traumatic aneurysm of the posterior inferior cerebellar artery with delayed rupture. *Forensic Sci Int* 2015; 247: e1–5.
[78] Ngo DQ, van Rooij WJ, Tijssen C. Rapidly growing traumatic cerebral aneurysm with early subarachnoid hemorrhage. *Neurology* 2008; 70(6): 490.
[79] Bostrom K, Helander CG, Lindgren SO. Blunt basal head trauma: rupture of posterior inferior cerebellar artery. *Forensic Sci Int* 1992; 53(1): 61–8.
[80] Cameron JM, Mant AK. Fatal subarachnoid haemorrhage associated with cervical trauma. *Med Sci Law* 1972; 12(1): 66–70.
[81] Coast GC, Gee DJ. Traumatic subarachnoid haemorrhage: an alternative source. *J Clin Pathol* 1984; 37(11): 1245–8.
[82] Contostavlos DL. Massive subarachnoid hemorrhage due to laceration of the vertebral artery associated with fracture of the transverse process of the atlas. *J Forensic Sci* 1971; 16(1): 40–56.
[83] Contostavlos DL. Isolated basilar traumatic subarachnoid hemorrhage: an observer's 25 year re-evaluation of the pathogenetic possibilities. *Forensic Sci Int* 1995; 73(1): 61–74.
[84] Leadbeatter S. Extracranial vertebral artery injury — evolution of a pathological illusion? *Forensic Sci Int* 1994; 67(1): 33–40.
[85] Aghayev E, *et al.* Virtopsy post-mortem multi-slice computed tomography (MSCT) and magnetic resonance imaging (MRI) demonstrating descending tonsillar herniation: comparison to clinical studies. *Neuroradiology* 2004; 46(7): 559–64.
[86] Yen K, *et al.* Post-mortem forensic neuroimaging: correlation of MSCT and MRI findings with autopsy results. *Forensic Sci Int* 2007; 173(1): 21–35.
[87] Aghayev E, *et al.* MRI detects hemorrhages in the muscles of the back in hypothermia. *Forensic Sci Int* 2008; 176(2–3): 183–6.
[88] Grabherr S, *et al.* [Forensic imaging]. *Rev Med Suisse* 2008; 4(164): 1609–14.

[89] Saunders SL, *et al*. Post-mortem computed tomography angiography: past, present and future. *Forensic Sci Med Pathol* 2011; 7(3): 271−7.
[90] Lundstrom C, *et al*. State-of-the-art of visualization in post-mortem imaging. *APMIS* 2012; 120(4): 316−26.
[91] Palmiere C, *et al*. Detection of hemorrhage source: the diagnostic value of post-mortem CT-angiography. *Forensic Sci Int* 2012; 222(1−3): 33−9.
[92] Johnson CP, Lyall MS. Injection methods in the investigation of traumatic subarachnoid hemorrhage. *Am J Forensic Med Pathol* 2012; 33(3): e9.
[93] Ikegaya H, Yajima D, Iwase H. Vertebral artery rupture in a sudden death case after mild trauma. *Am J Forensic Med Pathol* 2008; 29(3): 276−8.
[94] Unterharnscheidt F, Sellier K. [Traumatic lesions of the central nervous system in boxers]. *Hefte Unfallheilkd* 1967; 91: 162−8.
[95] Unterharnscheidt F, Sellier K. [Boxing. Mechanics, pathomorphology and clinical picture of traumatic lesions of the CNS in boxers]. *Fortschr Neurol Psychiatr Grenzgeb* 1971; 39(3): 109−51.
[96] Colmant HJ, Dotzauer G. [Analysis of a boxing match with fatal outcome resulting from unusually severe brain damage (author's transl)]. *Z Rechtsmed* 1980; **84**(4): 263−78.
[97] Lundberg GD. Brain injury in boxing. *Am J Forensic Med Pathol* 1985; 6(3): 192−8.
[98] Omalu BI, *et al*. Chronic traumatic encephalopathy in a National Football League player. *Neurosurgery* 2005; 57(1): 128−34; Comments 133−4.
[99] Loosemore M, Knowles CH, Whyte GP. Amateur boxing and risk of chronic traumatic brain injury: systematic review of observational studies. *Br Med J* 2007; 335(7624): 809.
[100] Zazryn TR, McCrory PR, Cameron PA. Neurologic injuries in boxing and other combat sports. *Neurologic Clinics* 2008; 26(1): 257−270.
[101] Jordan BD. Brain injury inboxing. *Clin Sports Med* 2009; 28(4): 561−78.
[102] Omalu BI, *et al*. Chronic traumatic encephalopathy, suicides and parasuicides in professional American athletes: the role of the forensic pathologist. *Am J Forensic Med Pathol* 2010; 31(2): 130−2.
[103] Zazryn TR, McCrory PR, Cameron PA. Neurologic injuries in boxing and other combat sports. *Phys Med Rehab Clin North Am* 2009; 20(1): 227−39.
[104] Potter MR, Snyder AJ, Smith GA. Boxing injuries presenting to U.S. Emergency Departments, 1990−2008. *Am J Prevent Med* 2011; 40(4): 462−7.
[105] Hof PR, *et al*. Differential distribution of neurofibrillary tangles in the cerebral cortex of dementia pugilistica and Alzheimer's disease cases. *Acta Neuropathol* 1992; 85(1): 23−30.
[106] Geddes JF, *et al*. Neurofibrillary tangles, but not Alzheimer-type pathology, in a young boxer. *Neuropathol Appl Neurobiol* 1996; 22(1): 12−16.
[107] Schmidt ML, *et al*. Tau isoform profile and phosphorylation state in dementia pugilistica recapitulate Alzheimer's disease. *Acta Neuropathol* 2001; 101(5): 518−24.
[108] Areza-Fegyveres R, *et al*. Dementia pugilistica with clinical features of Alzheimer's disease. *Arq Neuropsiquiatr* 2007; 65(3B): 830−3.
[109] Lolekha P, Phanthumchinda K, Bhidayasiri R. Prevalence and risk factors of Parkinson's disease in retired Thai traditional boxers. *Mov Disord* 2010; 25(12): 1895−901.
[110] Bhidayasiri R, *et al*. Boxing and Parkinson disease: a link or a myth? An 18F-FDOPA PET/CT study in retired Thai traditional boxers. *Parkinsonism Relat Disord* 2012; 18(5): 694−6.
[111] Itabashi HH, *et al*. eds. *Forensic Neuropathology: a Practical Review of the Fundamentals*. Burlington: Academic Press, 2007.
[112] Love S, Louis DN, Ellison DW (eds). *Greenfield's Neuropathology*, 8th edn. London: Hodder Arnold, 2008.
[113] Munro D. *Cranio-cerebral Injuries*. Oxford: Oxford University Press, 1963.
[114] Ledran H. *Observatis des Chirurgies*. Paris: Osmont, 1751.
[115] Morgagni J. *De Sedibus et Causis Morborum per Anatomen Indagatis*. Lovanii: Typographia Academia, 1766.
[116] Yanagida Y, Fujiwara S, Mizoi Y. Differences in the intracranial pressure caused by a 'blow' and/or a 'fall' — an experimental study using physical models of the head and neck. *Forensic Sci Int* 1989; 41(1−2): 135−45.
[117] Courville CB. Coup-contre coup mechanism of craniocerebral injuries: some observations. *Arch Surg* 1942; 45: 19−43.
[118] Holbourn AH. Mechanics of head injuries. *Lancet* 1943; 245: 438−41.
[119] Drew LB, Drew WE. The contrecoup-coup phenomenon: a new understanding of the mechanism of closed head injury. *Neurocrit Care* 2004; 1(3): 385−90.
[120] Halabieh O, Wan JWL. *Simulating Mechanism of Brain Injury During Closed Head Impact*. Bello F, Edwards P (eds). Berlin: Springer, 2008, pp.107−118.
[121] Wilson JV. *The Pathology of Traumatic Injury*, 1st edn. Edinburgh: Livingstone, 1946.
[122] Trotter W. Concussion. *Brit J Surg* 1914; 2: 271−91.
[123] Herring SA, *et al*. Concussion (mild traumatic brain injury) and the team physician: a consensus statement — 2011 update. *Med Sci Sports Exerc* 2011; 43(12): 2412−22.
[124] Chamard E, *et al*. A prospective study of physician-observed concussion during a varsity university hockey season: metabolic changes in ice hockey players. Part 4 of 4. *Neurosurg Focus* 2012; 33(6): E4: 1−7.

[125] Signoretti S, *et al*. The pathophysiology of concussion. *PMR* 2011; 3(10 Suppl 2): S359–68.

[126] Kirov II, *et al*. Proton MR spectroscopy correlates diffuse axonal abnormalities with post-concussive symptoms in mild traumatic brain injury. *J Neurotrauma* 2013; 30(13): 1200–4.

[127] Graham DI, Gennarelli TA, McIntosh TK. Trauma. In: Graham DI, Lantos PL (eds). *Greenfield's Neuropathology*. London: Arnold, 2002, pp.823–98.

[128] Geddes JF, Whitwell HL, Graham DI. Traumatic axonal injury: practical issues for diagnosis in medicolegal cases. *Neuropathol Appl Neurobiol* 2000; 26(2): 105–16.

[129] Miller JD, *et al*. Significance of intracranial hypertension in severe head injury. *J Neurosurg* 1977; 47(4): 503–16.

[130] Nag S, Manias JL, Stewart DJ. Pathology and new players in the pathogenesis of brain edema. *Acta Neuropathol* 2009; 118(2): 197–217.

[131] Firsching R, *et al*. Early magnetic resonance imaging of brainstem lesions after severe head injury. *J Neurosurg* 1998; 89(5): 707–12.

[132] Spicer EJ, Strich SJ. Haemorrhages in posterior-root ganglia in patients dying from head injuries. *Lancet* 1967; 2(7531): 1389–91.

[133] Henry GK, *et al*. Nonimpact brain injury: neuropsychological and behavioral correlates with consideration of physiological findings. *Appl Neuropsychol* 2000; 7(2): 65–75.

[134] Alexander MP. The evidence for brain injury in whiplash injuries. *Pain Res Manag* 2003; 8(1): 19–23.

[135] Kalani MYS, Filippidis AS, Theodore N. Injuries to the cervical spine. In: *Principles of Neurological Surgery*, 3rd edn. Philadelphia: W.B. Saunders, 2012, pp.397–411.

[136] Ivancic PC. Atlas injury mechanisms during head-first impact. *Spine (Phila Pa 1976)* 2012; 37(12): 1022–9.

[137] Rao SK, Wasyliw C, Nunez DB Jr. Spectrum of imaging findings in hyperextension injuries of the neck. *Radiographics* 2005; 25(5): 1239–54.

[138] Pratt H, Davies E, King L. Traumatic injuries of the c1/c2 complex: computed tomographic imaging appearances. *Curr Probl Diagn Radiol* 2008; **37**(1): 26–38.

[139] Mant AK. Injuries and death in motor vehicle accidents. In Mason JK (ed). *Pathology of Violent Injury*. London: Edward Arnold, 1978.

第6章

胸部和腹部损伤

- 胸部损伤
- 胸壁损伤
- 胸部出血与感染
- 气胸
- 肺损伤
- 心脏损伤
- 心包积血与心脏压塞
- 大血管损伤
- 腹部损伤
- 消化道异物
- 骨盆及盆腔器官损伤
- 腹部损伤并发症
- 参考文献

前文讲述的主要损伤类型可出现在身体的任何部位。但在法医学实践中，某些部位很容易受伤，也具有特殊的法医学意义。头部损伤很重要，已在单独的章中进行了讨论。本章将主要关注胸部损伤和腹部损伤。

胸部损伤

胸部损伤包括胸壁损伤以及胸腔内容物的损伤。

法医学解剖结构

最重要的方面是内脏器官与体表标志之间的关系。最好参考图谱进行描述，图谱中描绘了胸膜腔、肺、心、纵隔及膈肌之间的关系。值得注意的是，从法医学的角度，脾、大部分的肝和胃属于胸部器官，因为它们位于肋弓下，容易被胸部锐器伤和钝器伤所累及（图 6.1，图 6.2）。

胸部穿透伤中，尤其是刺器由胸壁偏下外侧斜向上刺入时，可先进入腹膜腔，再刺穿膈肌而进入胸膜腔。大部分胃位于肋弓之下，经常被刺破。心脏刺创也常伤及膈肌和上腹部。刀由下胸部前侧进入，穿过单个或两个心室，刺破膈肌的心包面而达肝脏上表面。解剖时，当心脏作为

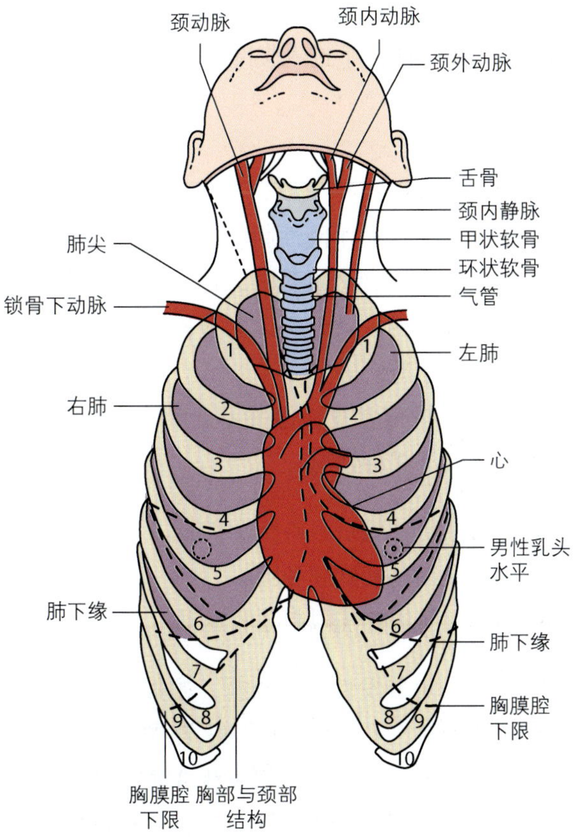

图 6.1　心、肺及颈部结构的体表投影图

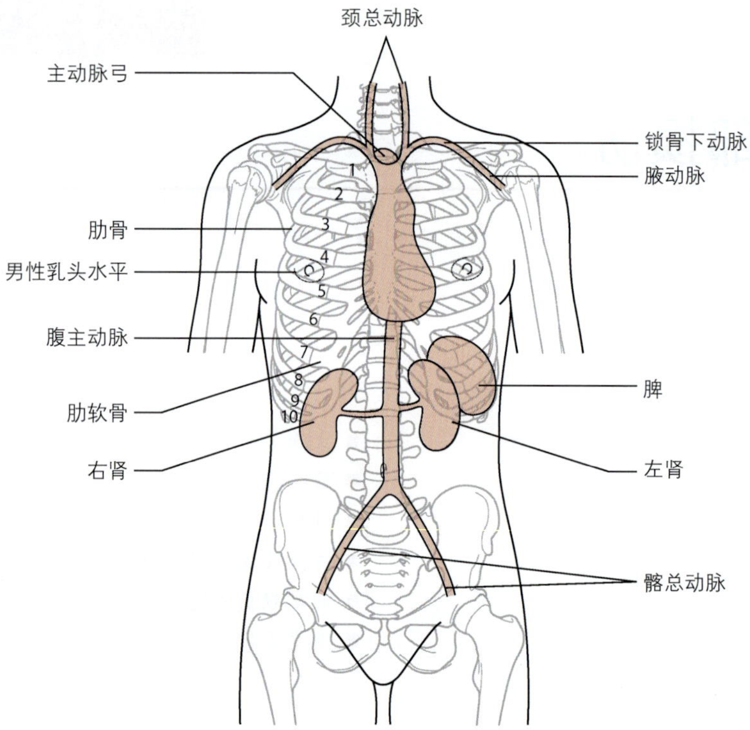

图 6.2 躯干正面心、主动脉躯干前侧体表投影图

一个独立器官被移开后，才意识到其解剖位置常未被正确认识，通常认为心脏是心尖向下悬挂着的。实际上，右心室的侧面平置在膈肌上，下腔静脉紧贴着膈肌向下进入腹部。

胸壁损伤

呼吸运动依赖于刚性胸壁的完整性，如果胸廓扩张被阻止或者严重受限，那么吸入功能将相应减退。胸壁的完整性可以因严重的肋骨损伤或者胸膜腔的穿透而破坏。

肋骨骨折很常见，但并不会严重影响呼吸，除非出现以下 3 种情况。

- 多发性肋骨骨折阻碍胸廓扩张。
- 骨折末端刺破胸膜和肺。
- 胸膜和肌肉疼痛限制呼吸运动。

出现双侧多发性肋骨骨折，尤其是骨折位于胸廓前外侧时，会形成连枷胸。连枷胸通常被定义为胸廓两处以上部位分别发生 3 根及 3 根以上的肋骨骨折，有时会伴有胸骨骨折。刚性胸壁丧失的结果就是胸廓扩张吸气时胸腔容量受损。吸气时胸壁松软区域向内塌陷，此种征象在临床上称为反常呼吸，出现呼吸困难和发绀。严重的连枷胸进行性缺氧很快就可以危及生命。

连枷胸是来自前方的暴力引起的，常见于机动车事故中，受害者被挤压在方向盘或仪表板上；或者见于踩踏事故中，仰卧位时被鞋子暴力踩伤（图 6.3，图 6.4）。在所有严重的胸部损伤中，断裂的肋骨末端都可能向内移位，参差不齐的末端会刺破壁层、脏层胸膜，进而刺破肺脏形成支气管胸膜瘘，导致气胸、血胸或血气胸。在广泛的胸部损伤中，开放性的肋骨骨折使得胸膜腔与外界空气直接相通而形成气胸，但此种情形较少见于日常案件，而在战争伤亡中很普遍。

肋骨骨折最常见于高坠死亡尸体的腋前线或腋后线。除了脚踢、重拳击打、交通事故等直接暴力作用以外，上位肋骨并不容易发生骨折。如果是生前骨折，则骨折处的骨膜或壁层胸膜下几乎总会有出血，生前骨折也可能完全没有出血，而死后骨折会发现从骨髓腔渗向周围组织的少量出血。抢救行为尤其是闭胸心脏按压，是目前引起广泛性肋骨骨折的常见原因（发生率差异较大，最高达 97%），从而导致法医鉴别原始

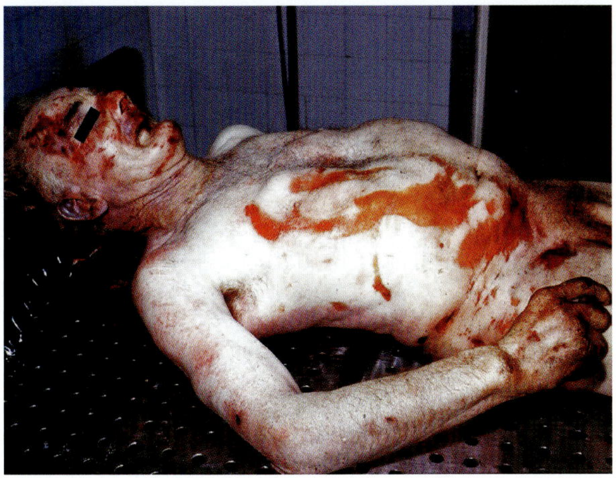

图 6.3　被发现于公路旁的男性死者胸部有广泛擦伤和变形。胸骨和全部肋骨骨折形成了连枷胸。最初认为他是死于交通事故，直到在其衣服上发现牛毛才确认他是被一头公牛顶撞并甩出田野墙外

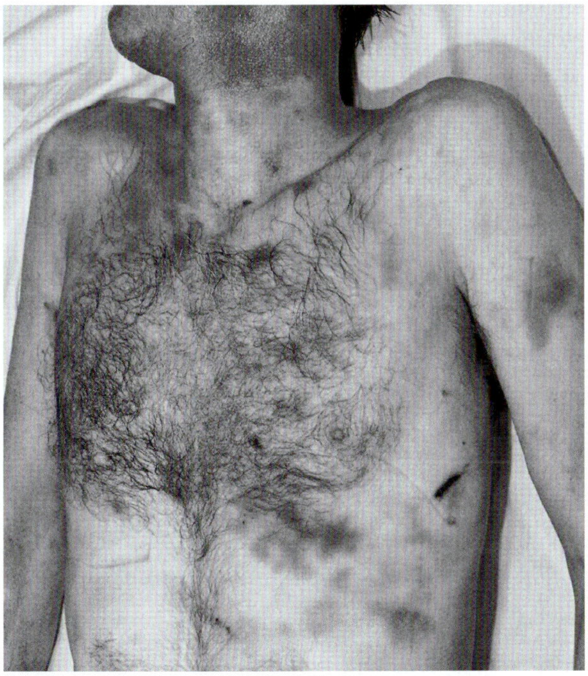

图 6.4　踢打和踩踏所致的胸部广泛挫伤，形成多发性肋骨骨折和胸骨骨折。左肋弓边缘处的印痕提示了鞋底和鞋跟的类型

损伤和热心的抢救损伤变得困难[1-7]。在这些因抢救行为造成的肋骨骨折中，可以伴有或不伴有出血表现。根据定义来说，抢救行为是发生在濒死期，通常难以明确区分骨折是生前伤还是死后伤。

在解剖检验时，由于相邻肋间肌的支撑作用，肋间肌会掩盖肋骨骨折后存在的异常活动。因此，在怀疑有胸部损伤的时切开所有的肋间肌是一个有用的操作，其可以更容易检查肋骨活动度。对于老年骨质疏松症及其他一些疾病患者，肋骨会变得异常脆弱，以至于指压就可折断肋骨。此时在解释骨折成因时，必须考虑到此种骨质脆性。

对于婴幼儿，尤其是被虐待的儿童，肋骨骨折很常见，肋骨骨折是疑似虐待案例的一个重要诊断指标。当小婴儿从两侧被挤压时，如被成人用双手夹住两侧腋窝或稍靠下的胸廓侧面，过度屈曲的肋骨很容易在后段发生骨折，骨折通常发生在靠近颈部的位置。肋骨以脊椎横突为支点发生过度前屈，这就解释了脊椎旁沟为什么容易发生骨折[2, 7-9]。新鲜的骨折在常规的骨骼影像学检查中不易被发现，因此解剖检验时应当剥离胸膜检查肋骨。另外，可以通过组织学检验，确定疑似骨折的情况以及推断损伤时间[10]。骨折后约 2 周内（尽管这个时间存在较大差异），骨痂就可形成并且能够在影像学检查和解剖时被发现[11]。但是，要推断此种骨痂的形成时间极度困难。

婴幼儿的肋骨具有很高的韧性，儿童的心肺复苏极少引起肋骨骨折。在 4 项包括了 720 名进行过心肺复苏的儿童尸体的连续研究中，肋骨骨折的发生率为 0～2.1%[8, 9, 12, 13]。在之后的 546 名猝死婴幼儿（sudden unexpected deaths in infancy，SUDI）的尸检研究中，发现所有与抢救有关的肋骨骨折均发生在胸壁前外侧。这一结果与之前 Saternus、Oehmichen、Betz 和 Liebhardt 的观察相符[8, 14, 15]。对于一些非常小的婴儿，分娩造成陈旧性骨折的可能性不能被忽视，尽管此种情况非常少见，但是文献中也有一些案例被报道[16]。

胸骨可以被踩踏或者其他的前侧作用力的作用下而骨折，但是需要远大于引起肋骨骨折的作用力强度。如果胸骨骨折向后移位，则可导致后侧的心脏或大血管严重损伤。

胸部出血与感染

任何胸壁或肺表面的损伤一旦累及血管和胸膜，就可引起血胸。肋间动脉和乳腺动脉（较少

见）出血流入胸膜腔，但是大部分严重血胸中的血液来自肺、纵隔中的大血管，肺门被撕裂或被刀刺伤时亦可引起大量血胸。另一个引起血胸中的血液的明显来源是心脏，当然还必须要存在心包膜损伤，血液才能进入胸腔。胸膜腔积聚了数升的血液，或呈流动状，或形成血凝块，更常见的是两者以混合状态存在。即便此时体表只有相对少量的出血，仍然可以由于循环血量的大量丧失而死亡（图 6.5）。

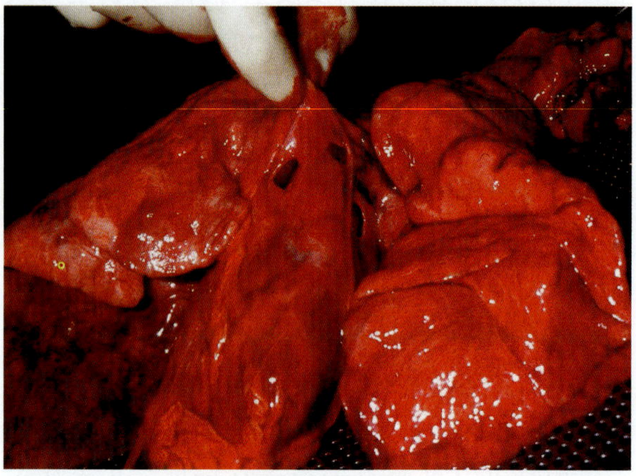

图 6.5 胸部刺创贯穿肺，刃部经肺上叶、叶间裂刺入肺下叶。肺实质血管分支被切断引起血胸，从而导致死亡

许多胸腔内的出血是致命性的，几乎不伴有体表可见的失血。如果刺伤现场只有少量出血，警察很难相信这是致命的。刀穿过肋间肌斜着进入胸部可能刺破大血管或心腔，导致致命的心脏压塞或血胸，而当刀刃部被拔出后，瓣膜样的软组织几乎可以完全封闭体表创口，避免明显的出血，尤其是胸腔内的血液几乎没有明显的压力。

如果枪伤的创口位于尸体最高位，也会出现类似的表现，体表也几乎看不到明显的出血。当创口位于尸体低下部位时，无论何种类型的损伤，都会在重力的作用下导致大量血液漏出。

无论出血来源于哪里，死后出血可使得尸检时看到的胸腔内血量明显增加。由于死后凝血及其后续的自溶现象存在较大的个人差异，尸检时发现的大量血液并不是在死亡那一刻就已经存在的。反向推断死后溢出增加的血量是不可能的，因此根据这种普遍存在的死后出血而武断地认为检验时的积血量即是生前失血量是不明智的。

法医学实践中胸部创口的感染并不常见，因为在感染性并发症出现之前，很多伤者已经大量失血且在相对较短的时间内死亡。即便伤后存活时间较长，通常也是因为得到有效的医疗救治而避免了继发的感染。尽管如此，蜂窝织炎、胸膜炎甚至脓胸都可能在伤后出现，特别是在使用了受到污染的致伤物，或者衣物、其他异物被带入创口的情形下。感染可有多种类型，但在细菌培养时，葡萄球菌、变形杆菌、大肠杆菌和产气荚膜梭菌比较常见。

气胸

当气体进入胸膜腔时就形成气胸，其原因可能是胸部受到钝性暴力后，胸腔压力突然增加导致肺泡破裂，其也可能是锐器刺创，如断裂的肋骨末端或尖锐的刺器刺创而形成气胸。

气胸存在以下 3 种类型：

（1）一种简单的类型就是胸膜漏气使得空气进入胸膜腔，但是这种气体交换通道会很快关闭。部分肺塌陷，如果未导致死亡则气体可被很快吸收。如果气体交换通道持续开放，胸膜腔内充满气体形成支气管胸膜瘘，但不会产生第 2 种类型气胸的较大压力。因此，解剖的“水试验”将不会有气泡溢出。影像学检查是明确气胸的最佳方法。

（2）当肺胸膜的破裂口具有瓣膜样的功能时（极少数发生在胸壁的破裂口），每次吸气时气体进入胸膜腔，而呼气时却不能排出。这种抽气活动将形成张力性气胸，导致伤侧肺完全塌陷至肺门，纵隔向对侧移位。解剖时，在水下刺穿肋间肌就可以发现此种气胸，当然影像学检查仍是明确各类气胸更好的方法。

（3）当胸壁损伤深至胸膜腔时，可形成一种吸入性创口（sucking wound），从而为外界空气进入胸膜腔提供了直接通道。此种类型常见于军事外科手术中，可能伴有出血和感染。

胸部刺创使得外界气体直接与胸膜腔相通，虽然致伤物被拔出后，皮肤和肋间肌通常可以闭合创道，但其仍然是引起创伤性气胸的常见原

因。刀还经常伤及肺，导致气体从支气管进入胸膜腔。

自然疾病也可引起气胸从而导致猝死。常见的原因有肺大疱破裂、肺边缘的结核病灶、胸膜粘连部位的肺撕裂（图 6.6）。作者（BK）曾遇到一个最初看起来有点可疑的案例，十几岁的男孩在弯腰系鞋带时倒地死亡。解剖检验后的唯一发现是，一处胸膜粘连部位的脏层胸膜被撕裂导致气胸。这个案例也说明气胸可导致猝死，其机制可能是迷走神经抑制了心脏活动。

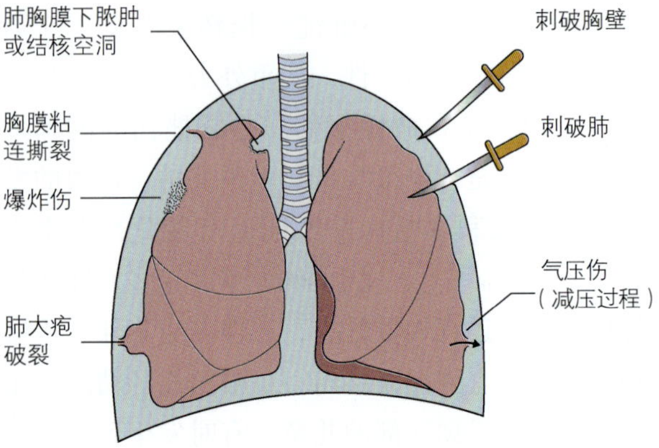

图 6.6 气胸的常见原因

肺损伤

开放性和闭合性胸部损伤中，肺挫伤很常见。较大的作用力作用于胸部可以挫伤肺表面或者更深层的肺组织。这些挫伤在受力区域下方或者对侧表面形成对冲伤。高坠、交通事故可发生减速性肺损伤，通常是在肺的后外侧表面出现一条垂直的线状胸膜下挫伤，一般位于脊椎旁沟。肋骨的轮廓可能被印在肺表面的线状挫伤区。当挫伤非常严重时，可形成胸膜下血疱，血疱破裂后使血液或空气进入胸膜腔。

在胸部所有的严重损伤中，中心部位的肺组织可表现为出血，有时足以形成真正的血肿，并伴随肺的破裂。Osborn 描述了一种肺的“钳夹性挫伤”，指的是扩张的肺下缘被狭窄的肋膈角夹住形成的挫伤[17]。

胸部的钝性伤可引起肺挫裂伤，甚至会造成肺叶或者部分肺叶的分离。肺门可能被撕裂，肺门下的肺韧带是常见的出血部位。肺门的血管（特别是肺静脉）或者其周围的血管，可能被撕裂，导致严重的胸膜腔内或纵隔内出血。对于儿童，肺损伤可不伴有肋骨骨折，因为其肋骨的弹性更好、胸壁的变形能力更强。

肺的刺创很常见，一般是由刀刺伤所致。创道可深达肺实质、肺内大血管，甚至是贯通性损伤而引起心脏或大血管的进一步破坏。这些损伤可以帮助法医识别创道和刺入的方向，但必须注意的是，相对于解剖时肺的塌陷状态而言，原本的创道可能明显不同。

由于肺具有较大的组织-空气接触面，使得肺在爆炸伤中是最容易受伤的器官，爆炸伤将在其他章中介绍。

心脏损伤

刺伤和钝性损伤都易涉及心脏。胸部刺创刺入心脏是他杀案件中常见的损伤形式。刺入点可位于心前区的任何部位；如果创道角度足够大，刺入位点也可位于心前区周围的区域。有时巨大的外力可刺穿胸骨而伤及其下方的心脏，但大部分的刺创通过肋间肌、肋骨或肋软骨刺入。

很少的情况下，腹部向上的刺创经过肋弓下缘刺穿膈肌。右心室展露出了最大的前区面积，因此右心室经常被刺伤，室间隔前部、左心室也会被累及。较浅的刺创可以只进入心肌，而不进入心腔。这样的案例中，除非冠状血管被切断而导致心肌功能不全（主要动脉被切断）或心脏压塞，否则心功能几乎不会受影响（图 6.7，图 6.8）。

更常见的情况是刀刺入心腔，尤其是右心室。虽然右心室内压力相对较低，但是刺创通常还是会导致大量血液进入心包腔，因为纤薄的右心室壁不能通过肌肉重叠和收缩而闭合创口。

左心室较厚的层状心肌收缩可能部分或完全封闭创口，仅造成轻微出血。然而实践中更常见的是持续性出血，如果心包创口流出的血量少于心室创口流入心包腔的血量，那么最终会形成心脏压塞。这些影响因素使得评估受害者的伤后

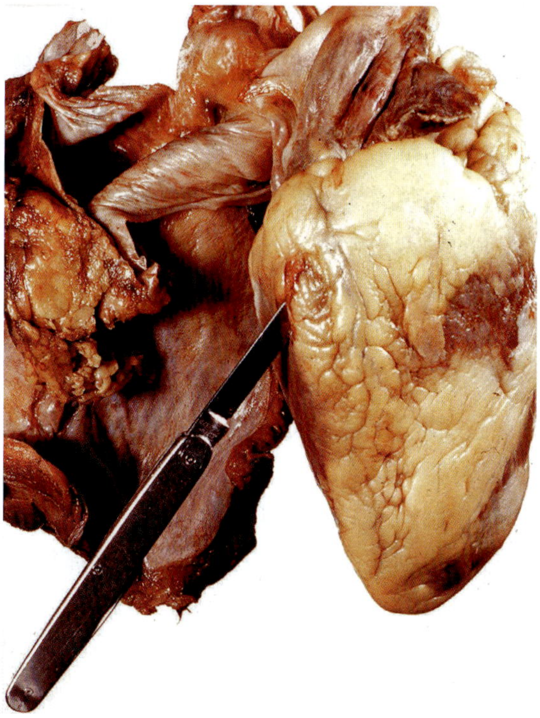

图 6.7　小折刀形成的致命性创口。警察在抓捕有轻微犯罪行为的男孩时被刺伤。虽然刃部只有约 6 cm 长，但足够从胸骨旁刺穿心室壁

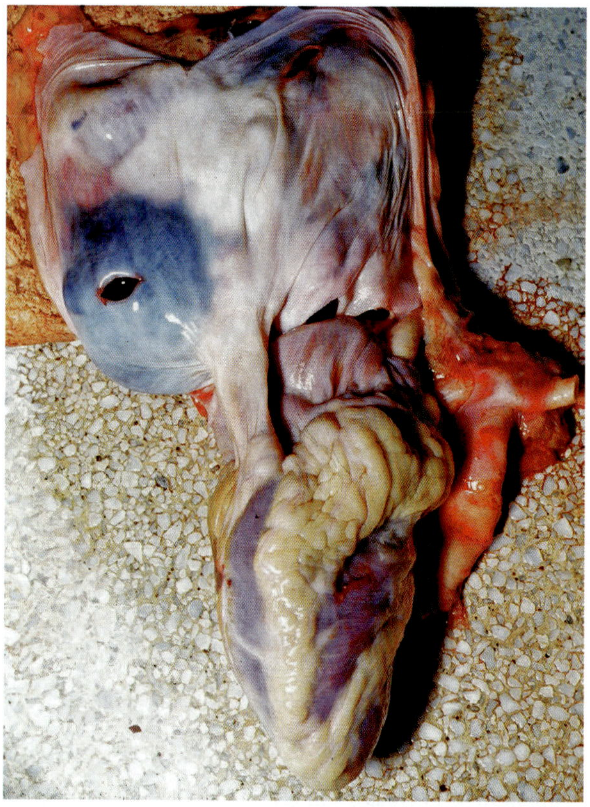

图 6.8　心包膜刺创（心包向上反折），相对应的心脏部位见一创口。死亡原因是心室腔出血致心脏压塞

活动时间变得不可能，而这又常是刑事审判中的话题。一般来说，由于右心室创口缺乏“自我闭合”能力，其比左心室创口更危险。

大多数心脏刺创是穿透性损伤或者贯通性损伤，刀从一侧心壁刺入，从另一侧穿出。如果左心室有这两种创口，出血也不会是喷涌而出。一些心脏刺创向下刺穿心脏，穿出右心室下壁，然后经过膈肌，终止于肝。

心脏穿透伤的原因随着人群、文化以及是否能获得枪支等因素变化而不同。例如，美国的枪弹创与刺创的比例是 2 : 1[18]。

日常实践中的心脏钝性损伤主要见于交通事故、高坠和踩踏事件，严重外力作用（包括拳击）可以导致致命性损伤。心脏挫伤的准确发生率并不清楚，也很难从文献中评估。报道的发生率因定义和诊断标准不同而有变化，发生率为 3%～71%[19-21]。心脏挫伤经常有多发性肋骨骨折，有时还有胸骨骨折，可伴有或不伴有连枷胸。偶尔也有胸壁完整而心脏被损伤的情况，尤其对于具有柔韧胸部的儿童。有时发生致命性心脏钝性损伤时，胸部皮肤和骨性胸廓可能均未见明显损伤。心脏损伤的常见部位是心前区，尤其是右心室。但在踩踏事件、交通事故和方向盘损伤中，心脏与脊柱发生挤压，造成心脏后侧挫伤和撕裂伤（图 6.9）[19, 22, 23]。

心脏可发生各种程度的损伤，从单纯的心外膜挫伤到使心室腔广泛开放的挫裂伤。心脏也可

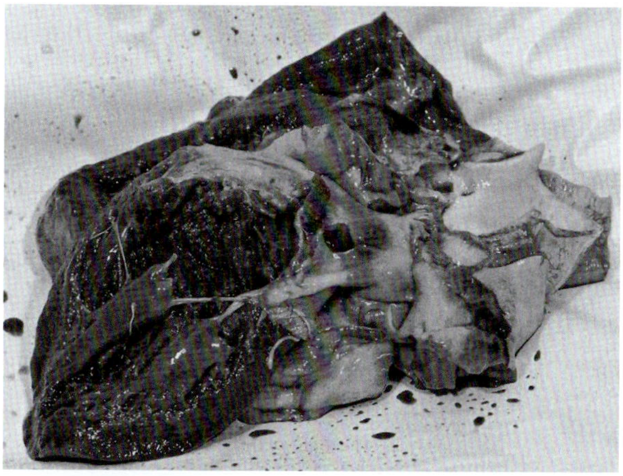

图 6.9　胸前区受力引起室间隔破裂。室间隔破裂可以不伴有心脏外壁的损伤

只出现心内部损伤，而心脏表面或外部胸壁可无任何损伤的表现。室间隔破裂可以作为单独损伤出现，具体损伤机制尚不清楚。在飞机失事等极严重的损伤中，整个心脏会从其根部撕脱分离，游离存留于胸廓内。组织学损伤，特别是收缩带坏死，可见于无任何大体异常的心脏。

心包积血与心脏压塞

流入心包的血液可能来自心脏表面、心腔，或者心包腔内的大血管根部，特别是主动脉和肺动脉的根部。心包积血的大部分原因是自然疾病，如透壁性心肌梗死、主动脉夹层破裂（具体参见第 25 章），但胸部损伤并发心包积血并不少见。如果是刺创形成的损伤穿透了心包囊，出血可流入胸膜腔、纵隔，刺穿膈肌的时候还会流入腹腔。如果血液可以不受心包的限制流出，那么可能会由于大量失血而导致死亡，另一种常见的致死情况是心脏压塞。一般情况下，双层浆膜形成的心包腔中存在少量心包液（15～50 mL）。心脏压塞的要素是液体积聚量与心包弹性扩张能力的比值以及其他代偿机制[24]。在血液快速积聚导致的心脏压塞中，心包腔扩张容量的极限小至 200 mL[25]。但有报道称，尿毒症患者的慢性心包腔渗出液可达 1 500 mL[26]。

在穿透性心脏损伤引起的心脏压塞中，血液在心包腔内积聚的速度比排出快，原因是出血速度超出排出速度，或者心包膜的血液出口被凝血块阻挡。在心脏挫伤或挫裂伤引起出血的案例中，心包腔没有血液排出的通道。当血液积聚至足够量时，心包腔内压力升高，开始阻碍舒张期心房的被动性血液回流。心输出量下降，进而体循环血压下降，静脉压升高。如果症状未减轻，就会发生死亡，但发生死亡需要的时间差异很大；也几乎不可能通过病理学发现回顾性地计算这个时间。有报道称心包腔内积累 400～500 mL 血就足以引起死亡，这个量比心脏压塞时常见的量大很多[27]。当心脏多种创伤并存时，很难判断心脏压塞与其他损伤在死亡中的参与度。

大血管损伤

最易受到损伤的大血管是主动脉，常见于道路和航空事故、高坠等减速性损伤中。Jaffé 和 Sternberg 报道了一组 10 例主动脉破裂的案例，其中半数都发生在航空事故中。总体而言，在第二次世界大战之前，创伤性主动脉破裂相对少见[28，29]。

胸腔内心脏的活动度相对较大，当胸部突然减速时，心脏由于惯性保持原来的运动方向。这会导致心脏根部受到严重牵拉，常见的后果就是主动脉弓降段完全或部分破裂。Fiddler 认为，高坠案件中发生主动脉损伤的原因是足或臀部着地时的突然减速，导致胸腹腔器官向下继续运动牵拉[30]。然而，Tannenbaum 和 Ferguson 则假设这个机制是主动脉内压力突然增加[31]。Lasky 则对主动脉损伤的生物力学进行了综述[32]。

根据 Fiddler 的研究，主动脉破裂常发生在距离动脉韧带（动脉导管闭锁后的遗迹）附着点的 1.5 cm 处。较低的胸主动脉与脊柱前方的前纵韧带紧密相连，在主动脉弓的终止处开始向前弯曲。此处是一个薄弱部位，容易发生横断撕裂，有时撕裂口非常整齐，看起来像手术切口。撕裂口呈环形，与主动脉纵轴相垂直。有时候，撕裂口附近会出现多个平行的内膜撕裂口，即所谓的“梯形撕裂”。在减速性损伤中，这些不完全撕裂仅限于动脉内膜和中膜，而没有主干的横断；此时死亡可延迟发生，主动脉造影时可诊断为假性动脉瘤或夹层形成（图 6.10，图 6.11）。

与主动脉相比，肺动脉很少被钝性创伤累及。但是在踩踏事故、方向盘挤压伤中，凹陷的胸廓和胸骨骨折可能会损伤肺动脉。不常见的肺门撕裂也可能损伤肺根部的肺动脉和肺静脉分支。穿透性损伤经常伤及胸部大血管，尤其是刺创。上胸部刺创，尤其是胸骨右侧的刺创，可能直接刺入主动脉弓。比较浅的创口就可以伤及主动脉；作者曾遇到数起这种被短刀致死的案例。

位置过高或方向过于侧斜的刺创不会刺破心腔，但可能伤及升主动脉或肺动脉。如果创口位置低于心包的体表投影，那么可能会导致心包积

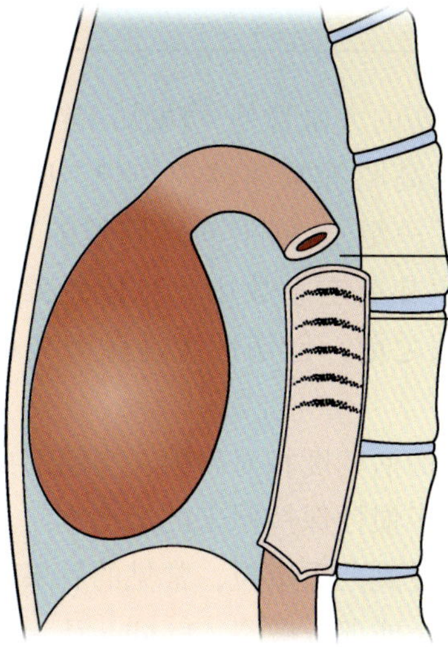

图 6.10　减速性损伤中主动脉发生破裂的常见位置

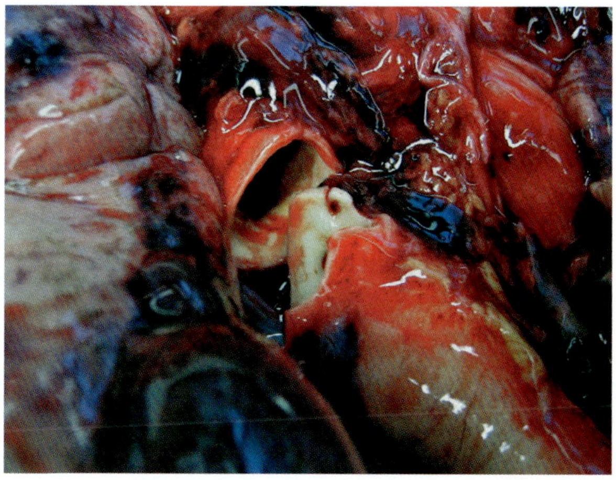

图 6.11　主动脉弓远端的完全横断。受害者是一名受到严重减速性撞击的汽车司机。本例还伴有肺挫伤

血或者心脏压塞。其他类型的刺创也可伤及心脏瓣膜，或者刺入肺根穿透肺动脉和肺静脉的主要分支，引起伤侧胸膜腔或纵隔的大量出血。

腹部损伤

与胸部一样，腹部钝性伤和穿透伤的后果与损伤部位具有密切关系（图 6.12，图 6.13）。此外，腹部前侧大部分是肠道所在位置，容易形成肠道穿透伤，并继发化学性或感染性腹膜炎。

腹部开放性或者穿透性创口不需要过多阐述，其特点与常见的刺创类似。肝和脾，尤其是脾可能会有大量出血，引起腹腔积血。肠和肠系

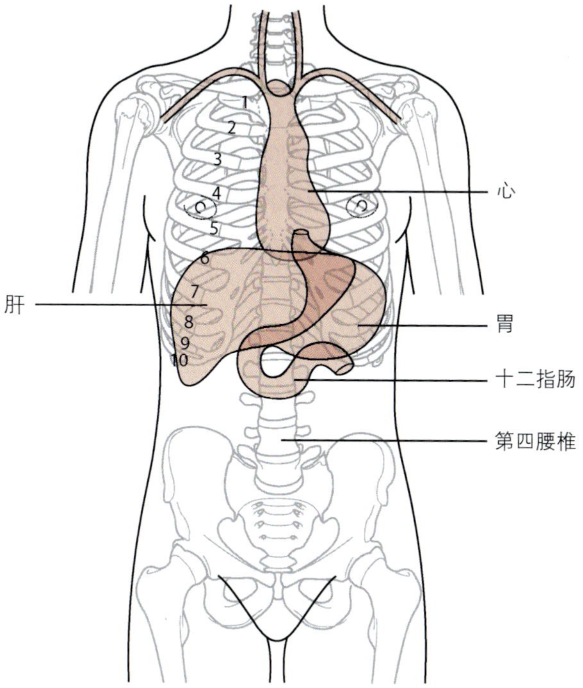

图 6.12　肝、胃、心的体表投影图

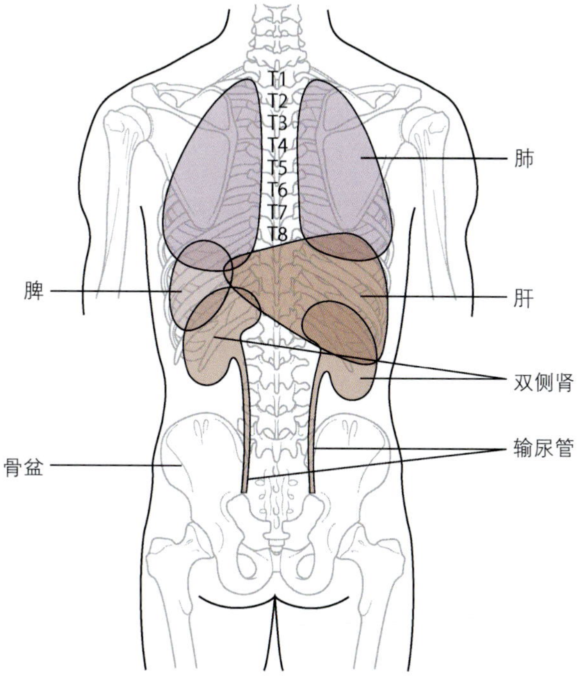

图 6.13　各器官在躯干背面的体表投影图

膜也是易受伤的部位，因为盘绕的肠及其系膜相互重叠，所以此部位常出现多发性损伤。胃由于受到肋弓保护，很少被腹部穿透性损伤累及，但胸部刺创向下穿过膈肌伤及胃的情况并不少见。肾极少被刺创伤及，除非损伤来自背部。

腹部的闭合性或钝性损伤，多见于事故和伤害案件。在广泛使用安全带和安全气囊之前，方向盘引起的腹部挤压伤很常见，现在仍然可见于严重的减速性损伤事故。肝、肠、脾和肠系膜都是容易受伤的部位。两车相撞或者车撞击墙壁引起的挤压事故是导致腹部损伤的另一种机制，在铁路、工业事故等两个相向运动的物体挤压时也可以发生腹部损伤。在他杀、伤害和虐待儿童事件中，踢、踩和重拳击打也可造成腹部钝性损伤。

无论损伤机制是什么，腹部损伤可呈现以下特点：

- 腹壁及其下方的肌肉挫伤是腹部损伤中常见的类型（但并非绝对）。如果皮下出血量较大，可由最初的受伤部位向周围扩散，从而可能会覆盖大面积的腹壁，尤其是下腹壁。血液可流向腹股沟，出现在阴囊或阴唇（图 6.14）。

腹部皮肤更常见的是散在挫伤，有些案例还伴有擦伤。除非有衣物保护，否则沿腹部切向的踢伤常造成拖尾状擦伤。指尖或指关节挫伤常见于虐待儿童案件中。在婴幼儿中，腹部侧面常见由成人手指紧抓或提起时形成的挫伤，尽管此类损伤更常见于胸部的腋前线。

腹部皮肤未见任何损伤时，腹腔内也可存在严重或致命性损伤。其原因可能是衣物的保护，或者是钝性外力作用于相对较大的面积。例如，在虐待儿童案件中，儿童的肝、肠系膜或者十二指肠发生了破裂，而体表未见任何损伤。

- 腹膜腔内的大量出血，通常是来源于实质性器官破裂或肠系膜出血。
- 胃和膈肌的挫伤或破裂。与肠相比，胃不容易受伤，但是可因为上腹部的重击引起挫裂伤，特别是当胃内充满食物或液体时。
- 腹部损伤中，肠和肠系膜经常被伤及。肠道及肠系膜的广泛挫伤主要由其与中线部位突出的腰椎发生挤压形成（图 6.15）。十二指肠、空肠与脊柱挤压特别容易发生横断，尤其是儿童；中腹部或上腹部的重击像手术刀一样把十二指肠从第三段（水平部）的位置切开。肠系膜的挫裂伤在交通事故和伤害案件中并不少见。损伤机制也是肠系膜与腰椎挤压，从而导致其中心部位的挫伤和挫裂伤，这些部位通常靠近肠系膜的肠缘。有时肠系膜也可发生多发性穿孔，很可能是由于肠系膜褶皱相互重叠时引发。

由于腹部损伤出血未被发现，不能及时进行手术治疗的情况下会导致严重的、难治的出血。醉酒者腹部受到脚踢和拳击后可能不会意识到损伤的严重程度，数小时后伤者可能发生昏迷和意外死亡。

作者（BK）曾遇到这样一个案例，一名醉汉涉及打架斗殴和袭警，被强制控制并可能被膝盖顶撞腹部。尽管已经醉酒，但他明显保持着很好的状态，在警察局拘留室待了 5 h 多，直至在去厕所的路上倒地死亡也一直没有诉说腹部疼

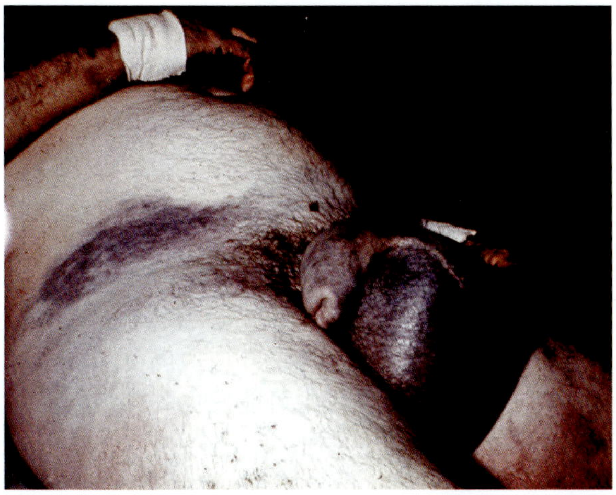

图 6.14　腹壁挫伤，伴有肠系膜破裂引起的致命性腹腔内出血。帮派斗殴中被反复踢打形成的阴囊血肿

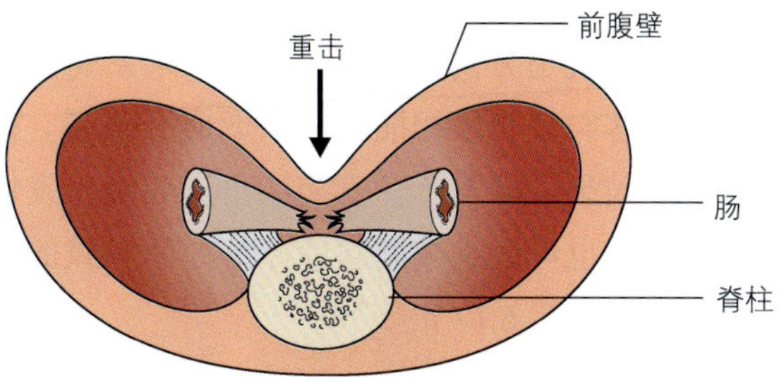

图 6.15　暴力击打上腹中间部位致肠或肠系膜损伤或破裂。婴幼儿的十二指肠体积小、腹壁薄，很容易受伤

痛。尸体解剖发现其腹腔内有数升的血液，肠系膜存在多处大的撕裂伤。类似地由于肠系膜撕裂伤致腹腔出血的情况还出现在虐婴案件中，因为婴幼儿薄弱的腹壁对腹部击打仅起到有限的保护作用。

肠系膜损伤也可仅造成局限性动脉损伤而不引起严重出血，但是损伤的肠系膜也可能阻塞或者栓塞这些血管从而导致肠梗死，1～2 天后发生肠穿孔，在老人和儿童身上可能不会出现剧烈的腹膜炎症状。此种情形在临床外科学实践中比较常见。

除非腹部受到极严重的损伤，否则很少见到结肠损伤。熟知的案例就是恶作剧中将高压空气软管置入肛门或肛周，从而引起直肠或乙状结肠破裂[33-35]。

- 脾破裂是常见的伤后外科急症，但如果未被确诊，或者因为未接受及时的外科治疗而死亡，或者因其他损伤严重而脾无法愈合时，可在尸体解剖中首先发现脾破裂（图 6.16）。肿大的脾较正常的脾更易受伤和破裂。因此，疟疾、传染性单核细胞增多症以及其他感染性疾病增加了脾破裂的风险[36，37]。在中世纪的意大利，有一种专门设计的“Stiletto”短剑，“Stiletto”短剑用于从左肋弓缘向上刺击因疟疾而肿大的脾。
- 脾可由于正面受到作用力或脾蒂被牵拉而受伤。脾可在伤后立即破裂，或者被膜下的大血肿和下方撕裂口因被膜包裹暂时保持完整性而延迟破裂。延迟破裂的时间可以是数天或数周[38，39]。
- 在高坠、两货车相撞等可形成严重腹部损伤的案例中，肝破裂在交通事故中也特别常见。司机与方向盘边缘 / 中心、未系安全带的乘客与仪表板相撞都可以形成肝破裂。行人肝破裂可以是车辆直接撞击形成的原发性损伤，也可以是被抛起后摔落地面导致的二次损伤（图 6.17）[40-43]。

近来引起肝损伤的另一个原因是闭胸心脏按压。即便是已经死亡，肝撕裂处仍然可以渗出

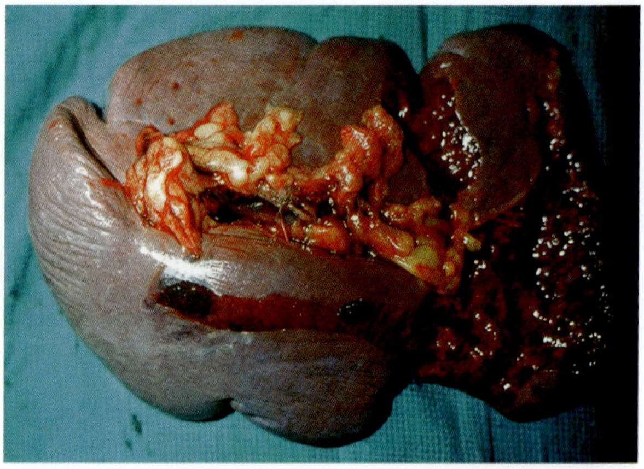

图 6.16　道路交通事故中胸部下段受到撞击致脾破裂

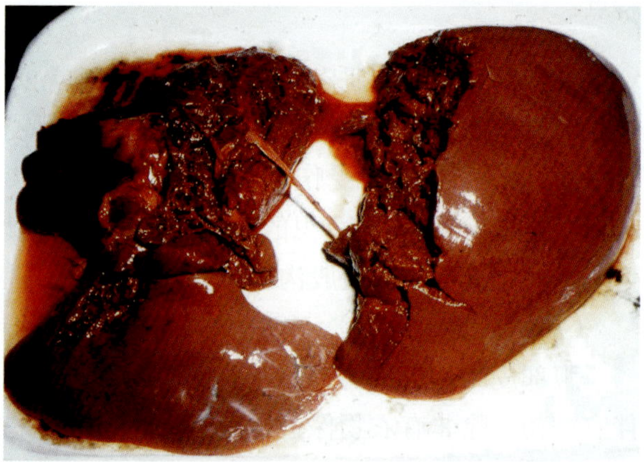

图 6.17　交通事故中因高速状态突然减速致肝完全离断。司机腹部猛烈撞击方向盘后，从挡风玻璃处被甩出

大量血液进入腹膜腔。Moritz 描述了 6 种肝挫裂伤，但这种分类缺乏实用价值[27]。肝可能出现一条或多条线形撕裂，最常见部位是凸起的肝上表面，其损伤的严重程度不等，从表浅的被膜下撕裂到器官的完全横断都可能出现。肝上表面经常见到数条大致平行的撕裂，这些撕裂显然是由相同类型的机械应力所致。表浅的撕裂创可向肝深部延伸，甚至穿透到对侧面。偶尔也可出现仅肝内部撕裂而不延伸至肝表面的情形。与脾类似，肝的被膜下血肿也可以达到较大体积后再由破裂处流入腹膜腔，导致死亡延迟发生。

婴儿的肝很容易受伤，肝损伤也常见于虐待儿童综合征。分娩过程中可能发生肝撕裂伤，尤其是臀先露胎位时。

- 肾损伤。肾位于腹部深处的椎旁沟区域，很少被来自前方的创伤累及，而容易在腰部的

脚踢或重击中受伤。交通事故引起的肾损伤主要发生在行人，而脚踢则是导致此类少见损伤的另一原因。当受害者躺在地上，踢踩很容易伤及位于肋弓和臀部之间略凸起的拱形部位，也就是肾所在的位置。

肾周出血比肾实质损伤更为常见，而一旦发生肾损伤，浅表窄小的挫裂到横断撕裂、挫碎等各种不同程度损伤均可出现。与肠系膜、脾类似，血管损伤可导致伤后肾梗死。肾上腺血管可因撞击而损伤。统计资料显示，在英国的交通事故中，右侧肾上腺血管更易伤及，其原因是交通行驶的方向使得人体右侧更容易受伤。然而，肾上腺出血很难区分是被直接损伤血管所致，还是常见的沃-弗综合征类型的应激性出血（通常为双侧出血）。后者常在创伤、外科手术或者感染后数天出现，而临床医生很少能诊断出该疾病（具体参见第 13 章）[44]。

消化道异物

消化道异物不属于创伤的常见特点，但在法医学实践中，包括临床和尸体解剖，消化系统内发现异物的情况并不少见。

精神状态紊乱的患者吞食的大量异物，可出现在从口腔到肛门的任何位置，但主要出现在胃内。Betz 等报道两例这类死亡的案例，其中一例在消化道发现包括碎玻璃在内的共 2 000 cm^3 碎片，另一例由于吞食大量自己头发而引起消化道梗阻[45]。

类似的异常行为还有向直肠、尿道、膀胱和阴道内塞入异物[46-55]。作者也曾遇到多种类型的异物。例如，直肠内的土豆，结肠内长短不一的扫帚柄和木棍（其中一个刺入肝）以及阴道内的香蕉和啤酒瓶。性变态、手淫、异性恋、同性恋以及严重的精神异常者均可出现此类异常行为。

近些年来，在港口和机场常发现以“体内藏毒”的方式走私毒品，将毒品密封于避孕套内后吞食，也有少数将“毒品”经避孕套等包装物包裹后塞入直肠或阴道的情况。这些体内藏毒者可能发生死亡，通常是由于肠道内毒品包装物破裂释放了大量的海洛因（= 乙酰吗啡）或可卡因，导致出现伴随中毒反应的结果[56-68]。少数情况下，这些藏于肠道内的大量异物可导致肠梗阻，引发外科急症，而携毒者因为众所周知的原因而不希望受到调查。

骨盆及盆腔器官损伤

骨盆在严重创伤中可发生不同类型的骨折和脱位：

- 腹部或耻骨前方受到较大的压力时，如被车轮碾压时，骨盆可能开裂，耻骨联合分离，单侧或双侧骶髂关节脱位。
- 侧面撞击常引起耻骨上支粉碎性骨折，少数发生在耻骨下支，以及伤侧骶髂关节脱位。
- 高坠事故中足部着地时，暴力沿下肢向上传导，引起髋关节脱位，甚至造成一侧或双侧股骨头穿透髋臼。如果髋关节未受到损伤，则可能引起骨盆环破坏，伴随骶髂关节分离。
- 脊柱基底部受到脚踢或重摔时，可引起尾骨或骶骨骨折。

盆腔器官（膀胱除外）一般都因为有较好的保护而不易受伤，除非是非常严重的创伤。当膀胱充盈时，重击或脚踢下腹部会引起膀胱破裂[69]。空虚的膀胱则很少被钝性外力损伤。男性尿道也容易被直接暴力损伤，如坠落时骑跨于门等坚硬物体或者阴部被脚踢等，都可压迫耻骨下表面挤压尿道引起损伤[70, 71]。

除第 18 章讨论的性侵害外，外生殖器也可能受伤。阴囊易发生严重挫伤，特别是被脚踢后可形成较大的血肿。阴囊和外阴损伤可见于坠落时骑跨于坚硬物体或交通事故。自行车轮在两腿间的撞击也是形成阴部损伤的原因。

腹部损伤并发症

腹腔内损伤最常见的致命性并发症就是腹腔内器官大出血。脾和肠系膜常发生快速的大量出血，但是可能在伤后数小时才出现明显症状。如果是脾被膜下的挫裂伤，出现症状的时间可能延迟更多。肝损伤后常见的是缓慢渗血，除非伤及大血管或者大面积肝组织。

与肝、脾器官不同，肠系膜中含有大量没有被实质组织覆盖的血管，所以撕裂处容易出血，但有时也存在如前所述的情形，肠系膜撕裂伤后可能出现延迟性死亡。

除伤及腹主动脉外，腹腔内的出血需要经过一段时间积聚后才出现明显症状。在没有其他因素参与的情况下，伤后的行为能力很少受到影响，甚至完全不受影响。除非伴有其他严重损伤，否则法医宣称伤后很快丧失行为能力的观点是没有依据的。

与前述胸腔内出血类似，尸检时腹膜腔内的一部分血液也可能是死后漏出的血液积聚所致，增加了生前真实的出血量。

根据外科的经验，严重腹腔内损伤导致的出血也未必引起疼痛，尤其当受害者处于被酒精影响的状态下。

胃肠道穿孔是腹部损伤的另一种严重并发症，通常在腹腔感染之前即可继发死亡。与穿孔的消化性溃疡类似，胃或十二指肠的穿透可引起化学性腹膜炎，导致严重或直接休克。这可能是导致迅速死亡的主要原因。小肠或大肠破裂引起的损伤相对较轻，如果没有得到及时的治疗，将不可避免地导致弥漫性腹膜炎。刺创等腹部的开放性损伤，可将体外的病原体直接带入腹腔。除感染外，肠道损伤还可导致顽固性肠梗阻；如果是胰腺损伤则可引起肠系膜和大网膜广泛的脂肪性坏死[72，73]。

（百茹峰　译）

参考文献

[1] Leadbeatter S, Knight B. Resuscitation artefact. *Med Sci Law* 1988; 28(3): 200–4.

[2] Plunkett J. Resuscitation injuries complicating the interpretation of premortem trauma and natural disease in children. *J Forensic Sci* 2006; 51(1): 127–30.

[3] Bode G, Joachim H. [Differential diagnosis of accident and resuscitation traumas]. *Z Rechtsmed* 1987; 98(1): 19–32.

[4] Buschmann CT, Tsokos M. Frequent and rare complications of resuscitation attempts. *Intensive Care Med* 2009; 35(3): 397–404.

[5] Gunther WM, Symes SA, Berryman HE. Characteristics of child abuse by anteroposterior manual compression versus cardiopulmonary resuscitation: case reports. *Am J Forensic Med Pathol* 2000; 21(1): 5–10.

[6] Klintschar M, Darok M, Radner H. Massive injury to the heart after attempted active compression-decompression cardiopulmonary resuscitation. *Int J Legal Med* 1998; 111(2): 93–6.

[7] Hoke RS, Chamberlain D. Skeletal chest injuries secondary to cardiopulmonary resuscitation. *Resuscitation* 2004; 63(3): 327–38.

[8] Betz P, Liebhardt E. Rib fractures in children — resuscitation or child abuse? *Int J Legal Med* 1994; 106(4): 215–8.

[9] Bush CM, *et al*. Pediatric injuries from cardiopulmonary resuscitation. *Ann Emerg Med* 1996; 28(1): 40–4.

[10] Weber W. [Quantitative investigations concerning penetrating wounds of the human skull (author's transl)]. *Z Rechtsmed* 1974; 74(2): 111–16.

[11] Rao P, Carty H. Non-accidental injury: Review of the radiology. *Clin Radiol* 1999; 54(1): 11–24.

[12] Price EA, *et al*. Cardiopulmonary resuscitation-related injuries and homicidal blunt abdominal trauma in children. *Am J Forensic Med Pathol* 2000; 21(4): 307–10.

[13] Spevak MR, *et al*. Cardiopulmonary resuscitation and rib fractures in infants. A postmortem radiologic-pathologic study. *JAMA* 1994; 272(8): 617–18.

[14] Saternus KS, Oehmichen M. Cardiopulmonal reanimation in infants [Kardiopulmonale reanimation bei sauglingen]. *Notarzt* 1985; 1(4): 77–81.

[15] Weber MA, *et al*. Rib fractures identified at post-mortem examination in sudden unexpected deaths in infancy (SUDI). *Forensic Sci Int* 2009; 189(1–3): 75–81.

[16] van Rijn RR, Bilo RA, Robben SG. Birth-related midposterior rib fractures in neonates: a report of three cases (and a possible fourth case) and a review of the literature. *Pediatr Radiol* 2009; 39(1): 30–4.

[17] Osborn GR. Findings in 262 fatal accidents. *Lancet* 1943; 242(6262): 277–84.

[18] Kang N, *et al*. Penetrating cardiac injury: overcoming the limits set by Nature. *Injury* 2009; 40(9): 919–27.

[19] Sybrandy KC, Cramer MJ, Burgersdijk C. Diagnosing cardiac contusion: old wisdom and new insights. *Heart* 2003; 89(5): 485–9.

[20] McGillicuddy D, Rosen P. Diagnostic dilemmas and current controversies in blunt chest trauma. *Emerg Med Clin North Am* 2007; 25(3): 695–711, viii–ix.

[21] Holanda MS, *et al*. Cardiac contusion following blunt chest trauma. *Eur J Emerg Med* 2006; 13(6): 373–6.

[22] Gonin J, *et al*. Cardiac contusion and hemopericardium in the absence of external thoracic trauma: case report and review of the literature. *Am J Forensic Med Pathol* 2009; 30(4): 373–5.
[23] Koehler SA, *et al*. Cardiac concussion: definition, differential diagnosis, and cases presentation and the legal ramification of a misdiagnosis. *Am J Forensic Med Pathol* 2004; 25(3): 205–8.
[24] Spodick DH. Acute cardiac tamponade. *N Engl J Med* 2003; 349(7): 684–90.
[25] Restrepo CS, *et al*. Imaging findings in cardiac tamponade with emphasis on CT. *Radiographics* 2007; 27(6): 1595–610.
[26] Reddy PS, *et al*. Cardiac tamponade: hemodynamic observations in man. *Circulation* 1978; 58(2): 265–72.
[27] Moritz A. *The Pathology of Trauma*. Philadelphia: Lea & Febiger, 1942.
[28] Jaffé RH, Sternberg H. Der fliegertod. Ein beitrag zur frage der traumatischen aortenrupturen. *Vrtljschr f gerichtl Med* 1919; 58: 74–90.
[29] Strassman G. Traumatic rupture of the aorta. *Am Heart J* 1947; 33(4): 508–15.
[30] Fiddler J. *The Pathology of Traumatic Injury*. Edinburgh: Livingstone, 1946.
[31] Tannenbaum I, Ferguson JA. Rapid deceleration and rupture of the aorta. *Arch Pathol (Chic)* 1948; 45(4): 503–5.
[32] Lasky I. Human aortic laceration due to impact. In: Wecht C (ed). *Legal Medicine Annual*. New York: Appleton Century Crofts, 1974.
[33] Kim SJ, *et al*. Pneumatic colonic rupture accompanied by tension pneumoperitoneum. *Yonsei Med J* 2000; 41(4): 533–5.
[34] Suh HH, Kim YJ, Kim SK. Colorectal injury by compressed air — a report of 2 cases. *J Korean Med Sci* 1996; 11(2): 179–82.
[35] Comlin JC. Pneumatic rupture of the colon. *Br Med J* 1952; 1(4761): 745–6.
[36] Bell JS, Mason JM. Sudden death due to spontaneous rupture of the spleen from infectious mononucleosis. *J Forensic Sci* 1980; 25(1): 20–4.
[37] Lippstone MB, *et al*. Spontaneous splenic rupture and infectious mononucleosis in a forensic setting. *Del Med J* 1998; 70(10): 433–7.
[38] Kodikara S. Death due to hemorrhagic shock after delayed rupture of spleen: a rare phenomenon. *Am J Forensic Med Pathol* 2009; 30(4): 382–3.
[39] Abeyasinghe N. Delayed rupture of spleen in a case of spouse abuse. *J Clin Forensic Med* 1999; 6(4): 243–5.
[40] Sutton BC, *et al*. Fatal postpartum spontaneous liver rupture: case report and literature review. *J Forensic Sci* 2008; 53(2): 472–5.
[41] Toro K, *et al*. Fatal traffic injuries among pedestrians, bicyclists and motor vehicle occupants. *Forensic Sci Int* 2005; 151(2–3): 151–6.
[42] Miltner E, *et al*. Liver and spleen ruptures in authentic car-to-car side collisions with main impact at front door or B-pillar. *Am J Forensic Med Pathol* 1992; 13(1): 2–6.
[43] Vock R. Liver rupture caused by isolated blunt force impact: the result of a blow, a kick or a fall? *Int J Legal Med* 2001; 114(4–5): 244–7.
[44] Knight B. Sudden unexpected death from adrenal haemorrhage. *Forensic Sci Int* 1980; 16(3): 227–9.
[45] Betz P, van Meyer L, Eisenmenger W. Fatalities due to intestinal obstruction following the ingestion of foreign bodies. *Forensic Sci Int* 1994; 69(2): 105–10.
[46] Busch DB, Starling JR. Rectal foreign bodies: case reports and a comprehensive review of the world's literature. *Surgery* 1986; 100(3): 512–9.
[47] Goldberg JE, Steele SR. Rectal foreign bodies. *Surg Clin North Am* 2010; 90(1): 173–84, Table of Contents.
[48] Kurer MA, *et al*. Colorectal foreign bodies: a systematic review. *Colorectal Dis* 2010; 12(9): 851–61.
[49] Yaman M, *et al*. Foreign bodies in the rectum. *Can J Surg* 1993; 36(2): 173–7.
[50] Rieder J, *et al*. Review of intentionally self-inflicted, accidental and iatrogetic foreign objects in the genitourinary tract. *Urol Int* 2010; 84(4): 471–5.
[51] Rafique M. Intravesical foreign bodies: review and current management strategies. *Urol J* 2008; 5(4): 223–31.
[52] Ahmad M. Intravaginal vibrator of long duration. *Eur J Emerg Med* 2002; 9(1): 61–2.
[53] Kihara M, *et al*. Magnetic resonance imaging in the evaluation of vaginal foreign bodies in a young girl. *Arch Gynecol Obstet* 2001; 265(4): 221–2.
[54] Melamed Y, *et al*. Foreign objects in the vagina of a mentally ill woman: case series. *Gen Hosp Psychiatry* 2007; 29(3): 270–2.
[55] Nwosu EC, *et al*. Foreign objects of long duration in the adult vagina. *J Obstet Gynaecol* 2005; 25(7): 737–9.
[56] Book RG. Body packing with a twist. *Am J Forensic Med Pathol* 1993; 14(2): 170.
[57] Bruck S, *et al*. [Atypical 'body packing syndrome' — a case report]. *Arch Kriminol* 2006; 218(1–2): 35–43.
[58] Bulstrode N, Banks F, Shrotria S. The outcome of drug smuggling by 'body packers' — the British experience. *Ann R Coll Surg Engl* 2002; 84(1): 35–8.
[59] Cawich SO, *et al*. Colonic perforation: a lethal consequence of cannabis body packing. *J Forensic Leg Med* 2010; 17(5): 269–71.
[60] Gherardi R, *et al*. A cocaine body packer with normal abdominal plain radiograms. Value of drug detection in urine and contrast study of the bowel. *Am J Forensic Med Pathol* 1990; 11(2): 154–7.
[61] Hutchins KD, *et al*. Heroin body packing: three fatal cases of intestinal perforation. *J Forensic Sci* 2000; 45(1): 42–7.
[62] Kashani J, Ruha AM. Methamphetamine toxicity secondary to intravaginal body stuffing. *J Toxicol Clin Toxicol* 2004; 42(7): 987–9.
[63] Koehler SA, *et al*. The risk of body packing: a case of a fatal cocaine overdose. *Forensic Sci Int* 2005; 151(1): 81–4.

[64] Lutz FU, Reuhl J. [Body packing as a fatal risk — results of a questionnaire survey in Western Europe]. *Beitr Gerichtl Med* 1992; 50: 211–4.
[65] Nichols GR 2nd, Davis GJ. Body packing with a twist. Death of a salesman. *Am J Forensic Med Pathol* 1992; 13(2): 142–5.
[66] Rouse DA, Fysh R. Body packing presenting as sudden collapse. *Med Sci Law* 1992; 32(3): 270–1.
[67] Wetli CV, Rao A, Rao VJ. Fatal heroin body packing. *Am J Forensic Med Pathol* 1997; 18(3): 312–8.
[68] Wilcher G. Drug-related deaths with evidence of intracorporeal drug concealment at autopsy: five case reports. *Am J Forensic Med Pathol* 2011; 32(4): 314–8.
[69] Lunetta P, Penttila A, Sajantila A. Fatal isolated ruptures of bladder following minor blunt trauma. *Int J Legal Med* 2002; 116(5): 282–5.
[70] Henn V, *et al.* [Morphology and phenomenology of death by kicking (II)]. *Arch Kriminol* 2000; 205(3-4): 65–74.
[71] Strauch H, *et al.* Kicking to death — forensic and criminological aspects. *Forensic Sci Int* 2001; 123(2–3): 165–71.
[72] Higashitani K, *et al.* Complete transection of the pancreas due to a single stamping injury: a case report. *Int J Legal Med* 2001; 115(2): 72–5.
[73] Rouge-Maillart C, *et al.* Fatal blunt pancreatic trauma secondary to assault and battery: a case report. *Int J Legal Med* 2001; 115(3): 162–4.

第 7 章

自　伤

引言

自己故意造成的损伤很常见，自伤的检验是法医病理学和法医临床学常见的任务。主要包括 5 种非意外性自伤。

1. 自杀行为　包括自杀、自杀未遂和自杀姿态 *。自杀姿态者并无结束自己生命的意愿，但可能导致意外死亡。

2. 非自杀性自伤　包括以下几种。

- 以保险诈骗为目的进行的自残（self-mutilation）。
- 军人和服刑人员的自伤或自残。
- 精神病患者自残或自伤。
- 假装受到犯罪侵害（捏造的性侵犯、抢劫，谎称受到政治袭击或被仇视的外国人袭击）[1-3]。

法医和其他法律工作者（如验尸官 **）面临的最大难题之一就是区别自杀、他杀、意外和其他自伤。查明自伤动机并不是法医的法律职责，但是他们的经验和受过的培训往往让他们承担了确定死亡方式或损伤方式的责任。其中一种情况是第 15 章所述的性窒息导致的死亡。

此外，法医在协助警方进行死亡调查的早期阶段，对死亡方式的意见和结论对启动或终止命案调查十分重要。如果这个结论错误，那么就可能导致严重的后果和付出昂贵的代价。因此，法医最重要的职能就是根据死亡现场的证据和尸体解剖检验所见推断最有可能的死亡方式（是自杀、他杀，还是意外）。

非自杀性自伤一般不会致命，也不需要法医鉴定，有时可能需要进行法医临床学鉴定。但法医作为创伤方面的专家，有时可为自伤案件提供有价值的意见。在一些案件中，受害者并不想造成致命的自伤，但最终可能在各种因素的作用下导致死亡，此时就会直接涉及法医鉴定。

自杀性损伤

这一章讨论的自杀仅限于机械性损伤，服毒自杀将在后文讲述。

自杀者可用多种不同的方式伤害自己，有些极端方式非常奇特。法医必须时刻警惕这些损伤可能不是为了自杀，而是自伤者在采取一些特殊

* 自杀姿态（suicidal gestures）：个体不以结束生命为目的，而以引人注意，达到警告、威胁、使人妥协或求助等为目的准自杀行为。

** 美国的法医行业分为法医系统（Medical Examiner's Office）和验尸官系统（Coroner's Office）。法医通过任命产生，拥有医生执照，一般是法医病理学家。验尸官则通过选举或任命产生，不需要拥有医学学位，可以由医生、警长甚至是葬礼承办人担任。

行为时发生了意外。最典型的例子就是性窒息，有些性窒息案例会被误认为自杀（具体参见第 15 章）。甚至有些他杀案例也会被误认为是自杀，相反有些自杀案例则会被误认为他杀。

除服毒外，自杀者还可以使用以下一种或多种方法，但也不排除有其他方法：

- 刺伤和切割伤。
- 火器和爆炸物。
- 高坠。
- 溺水。
- 烧伤。
- 窒息，如用塑料袋。
- 缢颈和勒颈。
- 电击。
- 公路和铁路损伤。

以上情形中的大多数将在相应的章中讨论。

自杀性刀伤

许多切割伤和刺伤是自己造成的，可能出于自杀的动机、精神失常或故意为了获得某种利益。这些不同类型的自伤之间必须要进行鉴别，还需要将其与意外性损伤和他杀性损伤进行区分。有时这些损伤可能很难鉴别，甚至无法鉴别，但法医的经验对于帮助调查机关得出正确结论十分重要。自杀、自杀未遂和自杀姿态者通常会使用锐器作为致伤物。有一些特征可以作为推断自伤动机非常可靠的指标，但这些指标不是完全正确的[1, 2, 4-9]。

- 自杀性刀伤倾向于“选择某些部位”，主要是颈部、腕部和前胸部。与大部分的暴力手段一样，切颈和胸部刺伤多见于男性，切腕则多见于女性（图 7.1）。
- 自杀性损伤一般有多个创口，通常以多个初步试验性切伤（称为试切创）为特征。试切创最常见于颈部和腕部，可能是自杀者在鼓起勇气形成致命性切割伤之前因犹豫不决而在这些部位形成数条浅表切痕。在许多自杀未遂案例中，自伤者在几次试切后放弃这种方式，然后采用其他方法自杀。虽然试切创是推断自杀的有力证据，但也有例外情况。法医在向侦察人员提供意见之前必须综合考虑现场的各个方面。一些老旧的教科书中曾指出有试切创一定是自杀，这种几乎绝对的表述应被摒弃。作者（BK）处理过两例命案中，死者腕部和颈部存在“典型的”自杀伤，使侦察人员误认为是自杀，直到出现其他证据证实了案情（图 7.3）。
- 自杀切颈通常也有试切创，有些仅有 1～2 个，有的可能有很多个试切创。如果自杀成功，可能有一个或多个深切口重叠，破坏了之前的一些较浅创口。切颈的经典描述是，切口从颈部较高的左下颌角下方位置开始，斜跨过颈前部，终止于右侧较低的位置，这是在假定受害者是右利手的情况下；如果受害者是左利手，切口倾斜的方向则相反。切口起始处较深，在颈前部变浅，最后在末端拖尾形成浅表创口（图 7.2）。

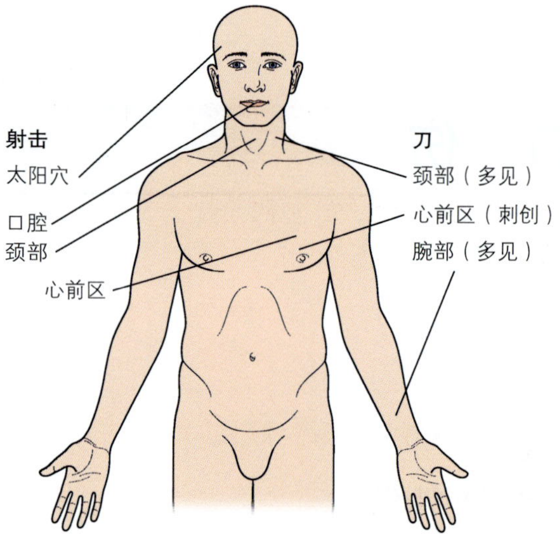

图 7.1　自杀选择部位

尽管许多教科书的反复描述把这个特征神化了，但其通常是不正确的，在实际案件中许多切颈的创口是水平的，而且创口两端的深度变化也不大。大多数自杀者会抬起下颌，充分暴露颈部使皮肤伸展以便于切颈。此时会形成较平直的创口，而不是皮肤松弛状态下形成的锯齿

状（齿状切口）。头部后仰会使颈动脉移动、处于胸锁乳突肌的保护下，如果创口局限于颈前部正中，则只会损伤喉头或气管，而不会损伤大血管。

切颈是否导致死亡取决于颈部损伤的性质和程度。严重的颈静脉出血，或较少见的颈动脉出血，都可以导致失血过多死亡（图 7.4～图 7.6）。如果喉咙或气管被切开，相对较轻的局部血管出血可导致气道被血液和凝血块堵塞，但是许多气管被切开的受害者却可以存活。空气栓塞是一种罕见的死亡原因，是由站位或坐位时颈部高于胸部，空气进入切开的颈静脉而形成。另外，还需要牢记切颈者也可能死于某些与此不相关的原因。许多自杀者会使用多种自杀手段来确保自杀成功，或者放弃疼痛的切颈方式而选择其他手段（图 7.10），如服毒或高坠。

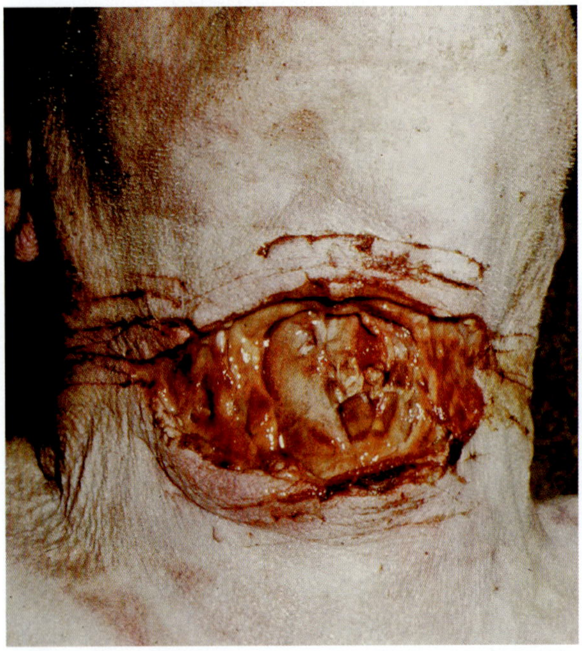

图 7.2 自杀切颈。创口水平，不是右利手自杀者常见的创口左高右低。多处试切创是自杀的特征，但也有少数例外。创口深入喉部，由呼吸道吸入血液导致窒息死亡。颈部大血管无损伤

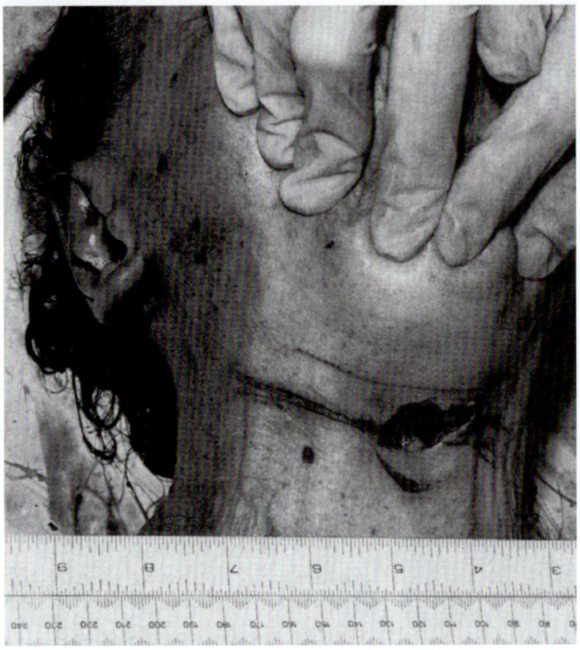

图 7.3 他杀切颈伪装成自杀。有数条明显的试切创，但是较深的穿透中部的挫裂创和邻近的刺创却是比较异常的。面部充血，可见先前颈部受压出现的出血点

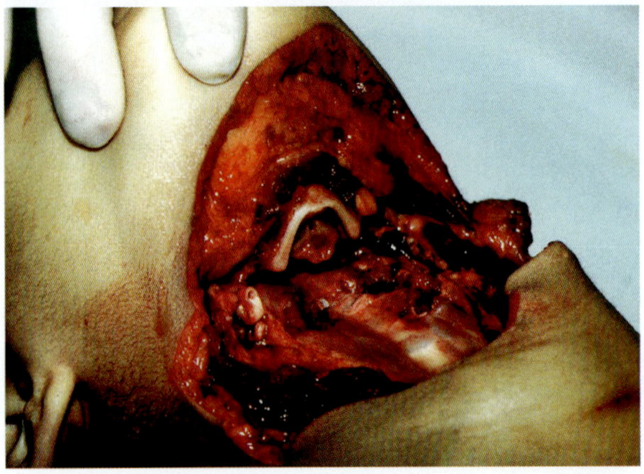

图 7.4 他杀切颈，仅见单一创口，没有试切创。整齐的边缘没有反复切割的痕迹，颈部肌肉、喉头和一些大血管离断

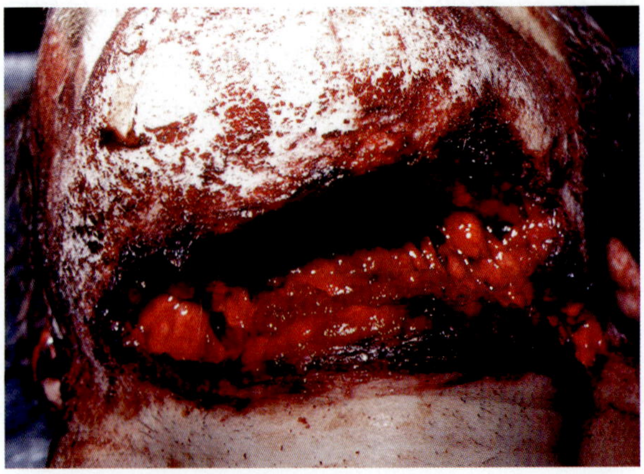

图 7.5 一名精神病患者离开精神病院后使用框锯自杀，形成豁开的颈前部挫裂创（另见图 7.6）

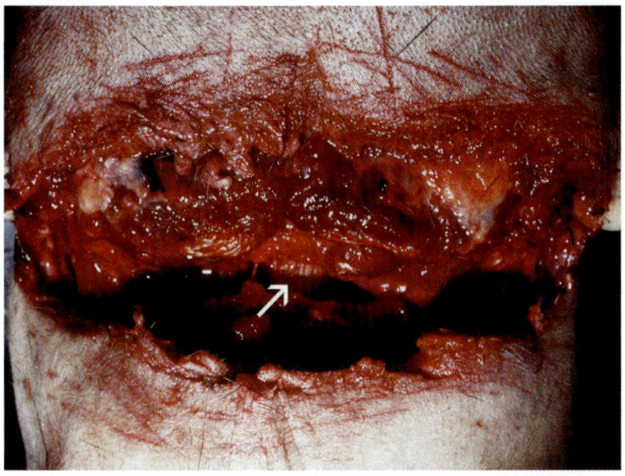

图 7.6 项部挫裂创周围见锯齿状痕迹，创底可见脊髓（箭头）。一名精神病患者离开精神病院后使用框锯自杀（另见图 7.5）

- 将故意切腕作为自杀的唯一手段时很少导致死亡，但是这是一种很常见的损伤（图 7.8）。许多死于其他原因的自杀者在尸检时都会发现腕部存在之前自杀未遂或自杀姿态留下的瘢痕。瘢痕通常位于腕屈肌表面的皮肤褶皱处。和颈部一样，也可能有数条表浅的试切创，但通常是数个较深的创口而不伴有试切创。由于超过 90% 的人为右利手，所以左腕部是非常常见的部位[10-12]。一些研究表明，男性左利手多于女性（图 7.7）[13, 14]。

与颈部一样，自杀者在切腕前会过度伸展手腕，使桡动脉移动到桡骨下端被遮蔽。切腕时可能仅切伤屈肌肌腱而不损伤主要的血管，而且许多腕部切伤除了浅表损伤外，不会导致任何后果。切腕大多数情况下只是其他更有效自杀方法的一个伴随手段。需要再次强调的是，虽然试切创对自杀案件而言非常重要，但并不能完全排除他杀。

- 胸部的自杀性损伤几乎都是刺伤。有时在心前区或胸前部更广泛的区域可以见到线性切割伤；这些创口可能是多个、平行的，有时则是交叉的，但很少造成严重的损伤。刺伤通常在胸部左侧，也就是常识中心脏所在的位置，但也可能在胸骨旁甚至是胸部右侧。创口通常为单个，但多处创口的情况也

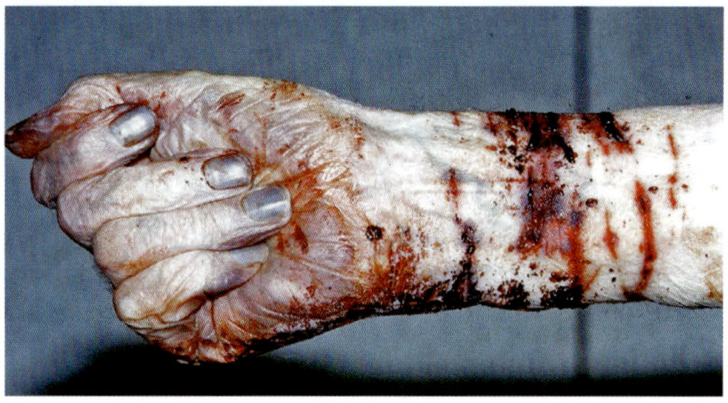

图 7.7 腕部多处切伤为自杀未遂的一部分依据。大部分的尝试都失败了，随后采用其他方法自杀

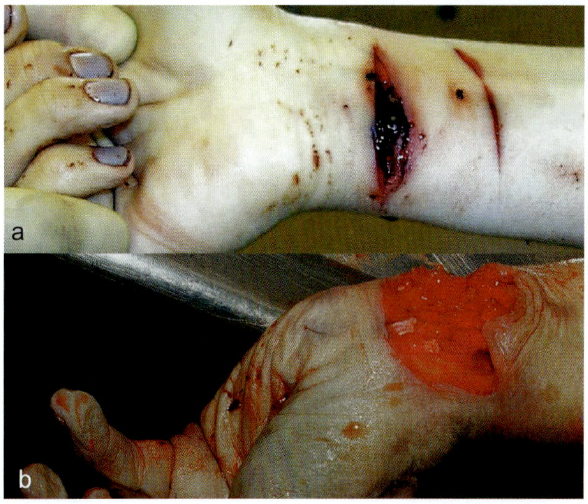

图 7.8 自杀形成的腕部切伤，大量出血表明伤口有生活反应（a）。作为对比，（b）图是一名他杀后被肢解者腕部的死后切伤，无明显出血

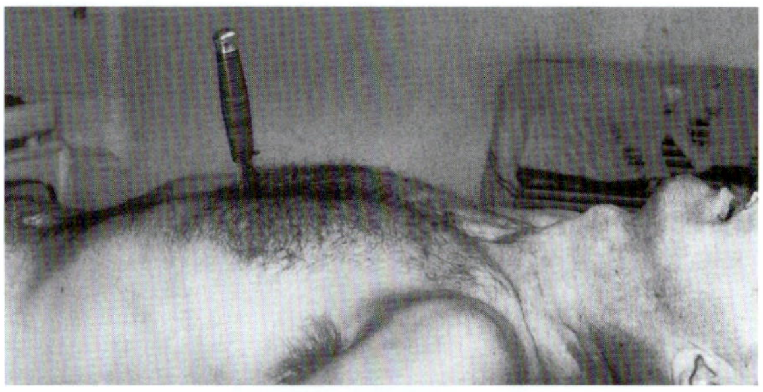

图 7.9 心脏的自杀性刺创。胸前区是自杀者常见的刺伤部位之一；多处刺伤不能排除自伤

并不少见（图 7.9）。虽然多处严重创伤会让人联想到他杀，但许多明确的自杀者会自己造成多处创伤，且每一处都可能致命。作者（BK）曾见到一名自杀的医生，胸部下方的 8 处严重刀伤造成了一个巨大的创口，并导致了一部分肝脏分离。

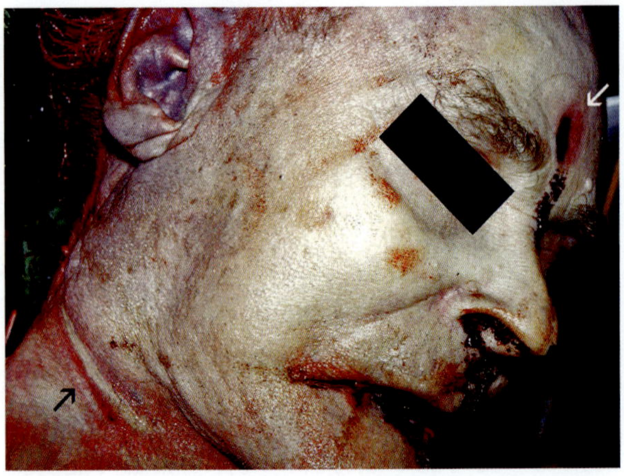

图 7.10 结合了火器和缢颈两种方式的自杀。此人站在凳子上，颈部套一缢索，然后开枪射击自己的前额部。射入口在前额（白色箭头），颈部两条缢沟之间的隆起上有瘀斑（黑色箭头）

自杀性刀伤通常不会出现在腹部，但也有发生，有时甚至会剖腹。作者（PS）曾见到一例自杀，自杀者在死于失血性休克之前，通过一个相对较小的腹部切口移出了几米长的肠管。这些案例中的自杀者通常都是有明显的精神异常。

- 颈部刺伤在自杀中并不常见，但也有报道（如 Gee 和 Watson 描述的颈部贯穿伤）[15]。
- 自杀性刀伤中衣服位置的意义是不确定的。自杀者刺伤自己时经常掀开衣服暴露出胸部或腹部要刺伤的区域，但也有很多例外情况。因此，这个观点没什么诊断意义。

自杀性火器伤

火器伤的特征在第 8 章中进行了详细介绍，但就自杀而言，可能会出现以下显著特征[16-21]：

- 女性很少使用火器自杀。在英国，除非有其他证据，否则一般都认为死于火器伤的女性是他杀。但也有例外，特别是在农场或狩猎区等常见枪支的地区。
- 火器一定在现场。
- 根据火器的性质，损伤范围一定在一臂的长度之内，但使用机械装置发射枪支的除外。法医可能会被问到死者是否能够触及顶在颈部、头部或胸部的步枪或长枪的扳机。首先确定射入口是否为近距离射击，测量枪口到扳机的距离，并与创口到指尖的距离进行比较。但需要记住的是，死后肢体的长度，尤其是在存在尸僵的情况下，不一定与生前的长度完全相同，因为生前活动的关节和肌肉可以略微增加一点长度。在武断地认为受害者不能开枪射击自己之前，还必须考虑到躯干的侧弯或其他弯曲，以及肩带的活动范围。
- 射击部位通常是太阳穴、颈部、口腔和胸部。自杀者很少朝自己的眼睛或腹部开枪。射击时是否掀开衣服暴露皮肤（通常为胸部）在不同案例中的差异很大，在区分自杀、他杀或意外方面甚至比刀伤的意义更小[22]。
- 射击在解剖学上无法触及的部位不可能是自杀。
- 自杀者并不总是在惯用手的同侧射击自己的头部。
- 即使现场可能有一些提示证据，也很难区分他杀和意外。在他杀或者意外两种情况下，射击距离都可能超过手臂的距离，火器都可能遗失，都可能射击自杀难以触及的部位，都可能射击非自杀常见的部位。

溺水自杀

无论男性还是女性，溺水都是一种常见的自杀方式。作为一种惯用的自杀方式，它在地理分布上有明显的差异，这自然取决于水源的可获得性。溺水自杀在埃及相对较少，但在爱尔兰西部很常见。

溺水自杀既可以在河流、湖泊或海洋等大片水域，也可以使用浴缸。溺水死亡的病理特征将在第 16 章中讨论，但以下特征将有助于识别是否为自杀：

- 可能同时存在其他自杀手段。例如，吸毒过量；浴缸中溺死伴有电击的情况也不少见，尤其是在之前的联邦德国[23]。
- 有遗书或者没有遗书。自杀者通常会将上衣、帽子和眼镜放置在河岸上，但例外的情况也很常见。
- 身体上的其他损伤可能是濒死期或死后在水中形成。

焚烧自杀（自焚）

高温损伤将在第 11 章讨论。自焚在亚洲较为常见，但最近西方国家此类案例有所增加（以前几乎没有）。一些人效仿越南抗议者通过自焚殉难以达到政治目的的方式，且这种方式开始在西方传播。没有特殊的医学特征来区分自杀、他杀或意外，需要间接证据加以区分。但是，可以肯定的是在触手可及之处有助燃剂容器。具体将在第 11 章讨论[24-27]。

窒息自杀

第 14 章和第 15 章将描述窒息的病理改变，但以下情况与自杀有关：

- 自虐窒息或性窒息必须要仔细地与他杀、自杀鉴别。一些与性有关的窒息死亡的性质似乎是自杀者至少对受害者而言是明显不可避免的致命性结果[28，29]。
- 缢颈，通常不是真正的窒息，但却是一种常见的自杀方式，尤其是（不只是）在男性中。缢颈也常见于他杀案件的延续，尤其是在家庭谋杀案中，罪犯经常通过这种方式自杀[30-32]。
- 塑料袋自杀（有时会同时吸入丙烷、乙醚、氦气或天然气）的发生率正在增加，这种方式很普遍[33-43]。
- 自勒也并不少见，有时很难与他杀鉴别。尽管难以理解，但绳索缠绕多圈和系有多个绳结的也符合自杀的特征。在某些案例中，可因反射性心脏停搏导致死亡，而不是因为面色红润的“窒息”。

有时自勒者会将棍子或其他物体插入绳索并扭动使绳子勒紧颈部。这种方式称为西班牙式绞盘（spanish windlass）。当扭转完成的时候，棍棒会被身体卡住固定，以防止拧紧的绳索松动[44]。虽然这种装置常用于自杀，但有时也用于他杀[44-47]。

高坠

高坠，即从高处跳下，一种自杀方式，依靠现场勘察而不是尸体解剖来确定其动机。有时候，通过测量起坠点到地面坠落点的距离，可以推断受害者是主动跳下，而不是从靠着的墙壁或悬崖坠落。关于这方面已经有了一些实验研究[48]。落地时身体的姿势、坠落过程中与障碍物的接触以及坠落的高度，都可以影响高坠的损伤情况[49-52]。

高坠时的头部损伤很常见，头部损伤在第 5 章中有详细介绍。如果脚着地，损伤可能发生在从脚踝到颅骨的任何部位。腿部、髋关节、骨盆及脊柱（特别是椎体压缩、屈曲过度或伸展过度的损伤）均可能形成骨折，或者颅底也可能发生环形骨折。

根据受伤的性质和严重程度推断坠落高度极为困难甚至不可能。这一点从 1982 年英国利兹市的“Helen Smith”案的医学证词中就可以明显看出。1979 年 5 月 20 日，Smith 女士和一名荷兰男子在沙特阿拉伯吉达市的一个约 21 m（70 in）高的阳台上坠落死亡。她父亲怀疑她的死亡真相被掩盖而拒绝举行葬礼，尸体存放于英国某停尸房直到 20 年后的 1999 年被火化埋葬[53]。

有些人会从站立位摔倒而死亡，有些人可能从极高的地方坠落而毫发无伤。从非常高的位置坠落后的极少数幸存者通常存在某种缓冲效应，如雪缓冲效应，但仍无法解释其机制。

自杀以外的自伤

在大多数案例中，自伤与精神异常有关。精神异常会使受害者损伤或残害自己的身体（图 7.20，图 7.21）。一些精神异常的人可能在自己身体上造成数百处小创口，如果发生死亡，可能存在其他死亡原因。此时可能需要法医检查这种还活着的受害者。

受害者手臂上可能有许多由刀、剃刀或碎玻璃导致的平行浅表切口。创口可能交叉分布，更常见于非优势侧，通常为左侧。胸部或太阳穴可能会有轻微的刺创。作者（BK）曾遇到一个案例的双侧太阳穴和额部中央有超过 200 处刀尖形成的刺创。另外，还有一种广为人知的自伤综合征，即生殖器自残，多见于男性。偏执型精神分裂症患者，通常伴有强烈的宗教特点的妄想，常

以这种方式自残。阴茎、阴囊和睾丸可能被切除，随后可因难治性出血而死亡。在图 7.11 和图 7.12 所示的案例中，死者眼球被刺穿，头顶有 40 处刺伤，颈部有完整的环形切口，生殖器被切除，所有创口都是用同一把剪刀造成。警方最初怀疑此案为一起虐待杀人案（图 7.11，图 7.12）[54-61]。

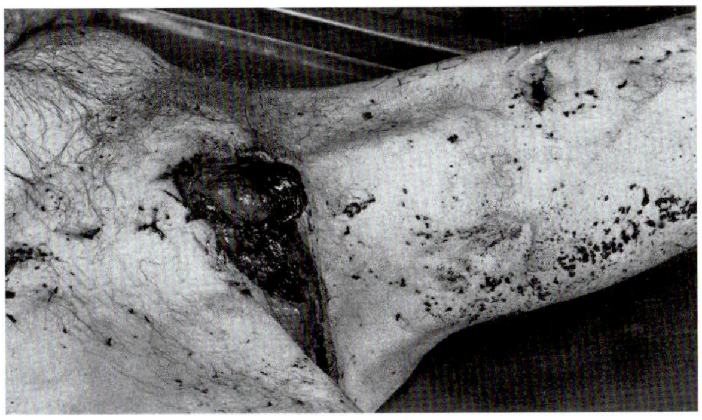

图 7.11 自己用剪刀将阴茎和阴囊完全切断

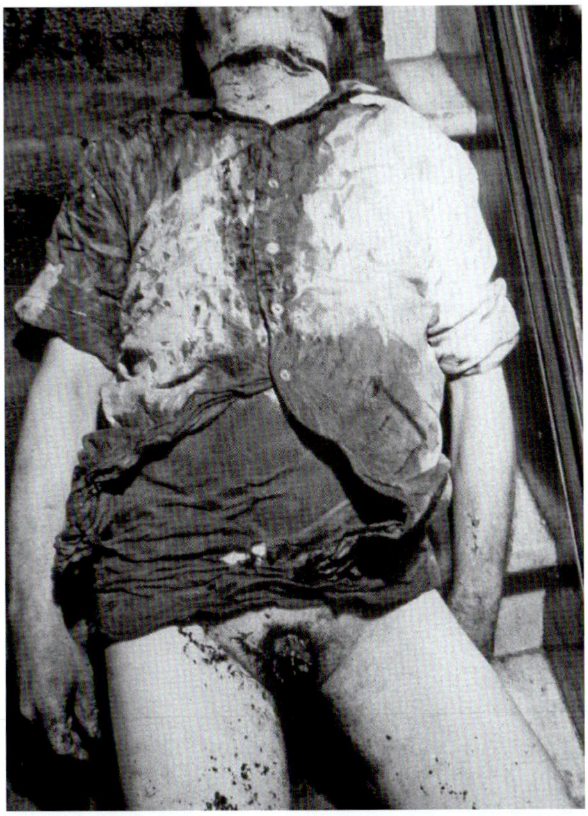

图 7.12 被警方误认为是一宗离奇凶杀案的自残。死者生殖器被切除，颈部被 360° 切开，眼球被刺穿，头皮有多处刺创，所有伤均由剪刀造成。死者有宗教性质的偏执妄想

自伤也可能是为了获取某种利益。除非发生了一些并发症，否则自伤一般不致命。最常见的是想通过造作伤假装受到犯罪侵害，以转移人们对自己盗窃行为的注意力或者骗取同情[62]。假装意外受伤通常是诈病的一种形式，如士兵自伤以逃避勤务，或为了骗取赔偿[63-66]。在另一些案例中，“受害者”可能出于憎恨或者刁难的目的而自称被特定的人员袭击[67]。有些人在自伤后坚持要搜寻并不存在的罪犯从而浪费警察的时间，即使是精神科医生也无法查明其动机[68]。

虽然这些情况通常是法医临床学家遇到的，如果随后自伤者发生了死亡或者在没有其他医生的情况下，可能会征求法医的意见。做作性障碍 * 是指一种出于住院或者获得医疗护理和被关注的目的而反复装病或反复造成轻微损伤的症候群[58, 69]。

以下特征有助于识别自己造成的切割伤：

- 创口通常较为表浅，很少危及生命，除非创口发生感染。有时创口会贯穿皮肤全层，但不会在面部等敏感区域。
- 创口形态规则，起点和终点深度相等，不具有较严重创口的起始部位深、终点处拖尾到皮肤表面的形态特征。
- 创口一般数量较多，通常相互平行。一般会避开重要和敏感区域，如眼睛、嘴巴、鼻子和耳朵，通常位于脸颊和下颌、太阳穴和前额、颈部两侧、胸部、肩部、手臂、手背及大腿。这与他人攻击造成的创口不符，因为受害者不太可能站着不动让他人造成多处细微的、均一的创口。
- 对于右利手的人来说，大部分的损伤都位于左侧，特别是脸颊和左手。
- 当衣物覆盖的部位出现伤口时，相应部位的衣物可能没有切口，或者衣物切口与损伤的位置或方向不符。

总而言之，各种损伤的范围和周围环境可能提示有经验的法医，这些损伤并不是真正的袭击。这

* 译者注：做作性障碍曾称孟乔森综合征（Münchausen syndrome）。

种诊断在首次看到受害者时几乎就会立即判断出来，也可能基于一些经验凭直觉判断，但在提供法律证词时这种直觉几乎没有用，必须有确凿的事实和合理的观点作为支撑（图 7.13～图 7.19）。

做作性障碍和代理型做作性障碍都属于法医精神病学范畴，当这些病例首次发病时，法医会被要求来确认这些损伤是否其受害者自己造成的。

做作性障碍指的是成年人为得到医疗救治而伤害自己或假装生病，并且经常住院[58, 66, 69-71]。在做作性障碍患者确诊之前，他们可能会给急诊科造成极大的困扰。代理型做作性障碍更为危险，父母会反复伤害他们的孩子，有时伤害是致命的，以获得医生和医疗机构的关注。必须认识到代理型做作性障碍与虐待儿童的关系，它实际上是一种虐待儿童的行为。

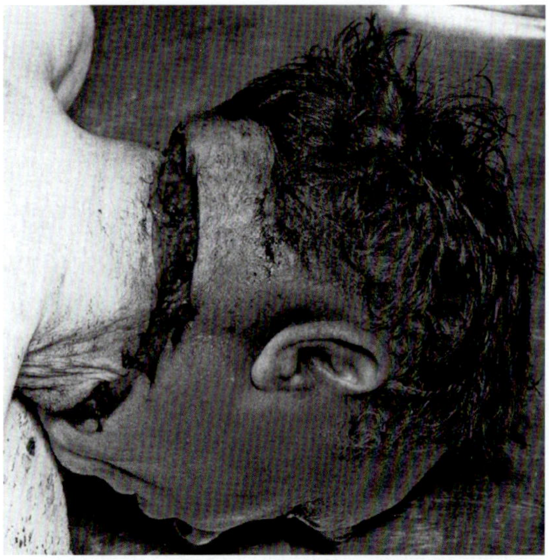

图 7.13　自己形成的剪创环绕颈部一周

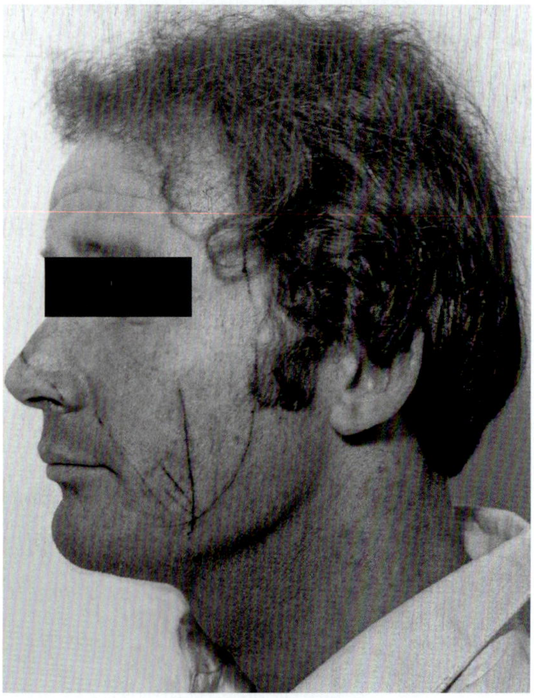

图 7.14　抢劫商店的过程中试图通过自伤制造借口。由于被警察当场抓获，他用碎玻璃割伤自己，谎称自己在保卫商店时受到抢劫犯攻击。面部另一侧和手背上也有类似的浅而直的切伤

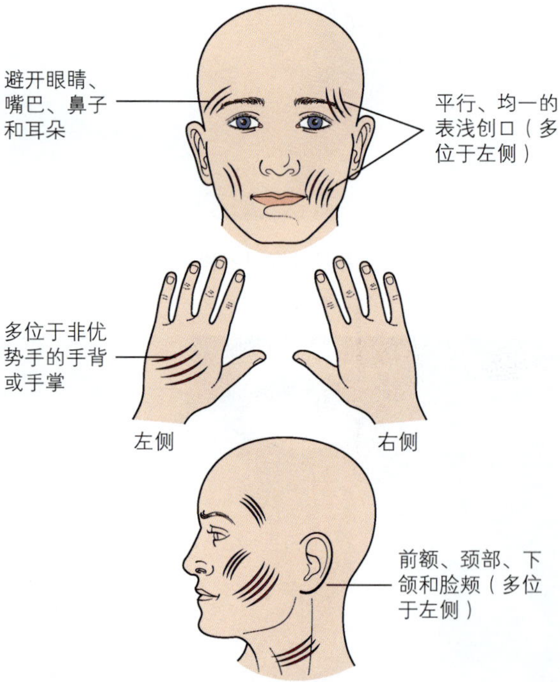

图 7.15　非致命性自伤的特征

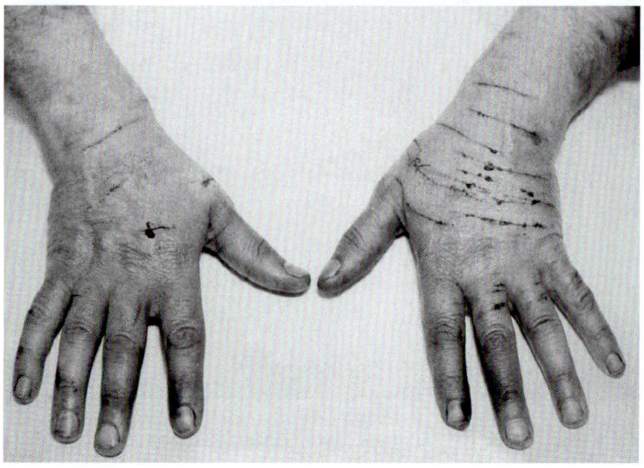

图 7.16　图 7.14 中男性手背部的创口。他是右利手，大部分浅切口都位于左手

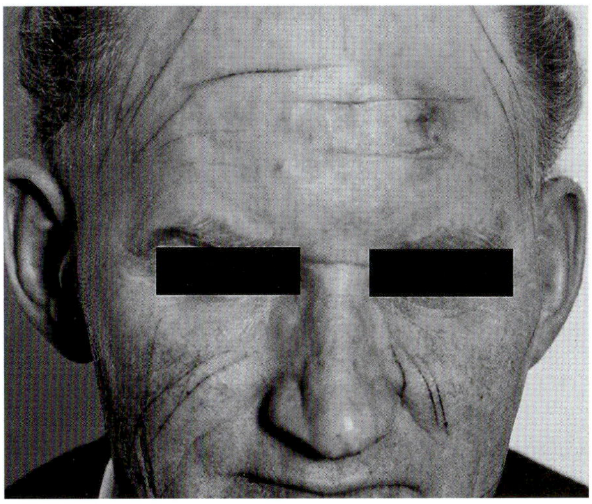

图 7.17　活体的自伤。“受害者”谎称其被袭击和抢劫。浅表、均一、大部分平行的划痕避开了眼睛、鼻子和嘴巴

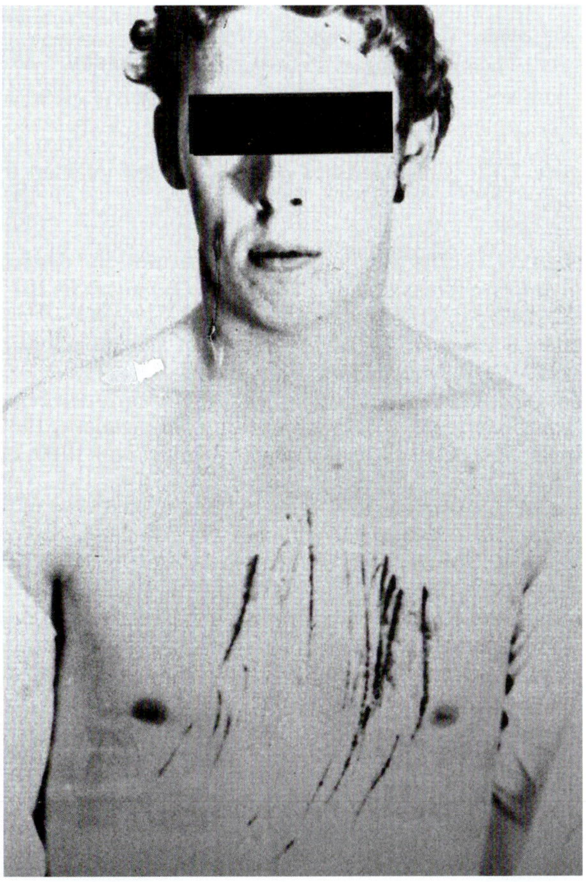

图 7.18　胸部有大量自己造成的伤口，其中一处暴露出了皮下脂肪。这名年轻人一直向警方坚称他被袭击，但他衬衫上的切口是水平的。他后来承认了是自伤，并解释说他因为家庭危机想博取父亲的同情

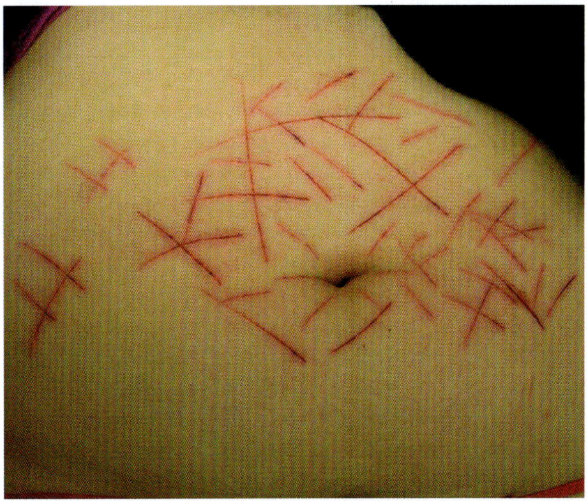

图 7.19　多发的、十字交叉排列的、线性的、均一浅表的且对称的皮肤损伤，锐器自伤的特征

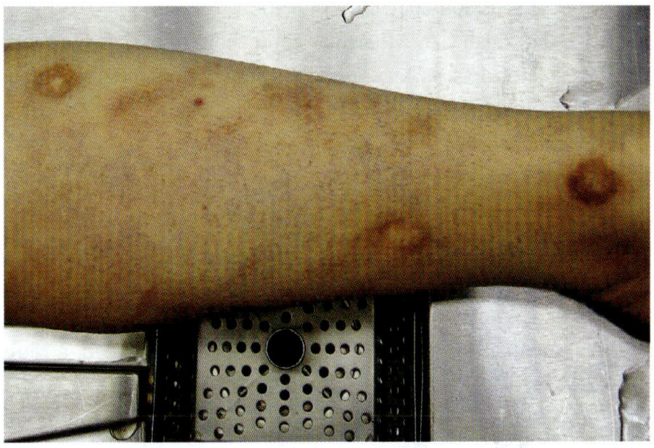

图 7.20　香烟烧伤形成的典型的有色素沉着的圆形瘢痕

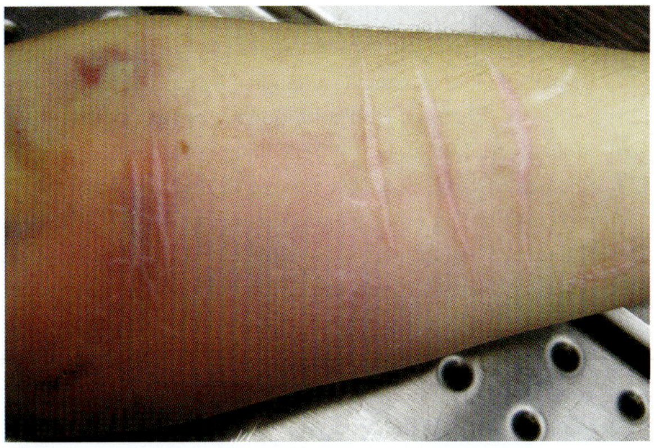

图 7.21　左前臂有几处线形瘢痕和药物滥用留下的注射针眼。受害者与图 7.20 中为同一人，存在多种自伤方式

（郭相杰　译）

参考文献

[1] Pollak S. Clinical forensic medicine and its main fields of activity from the foundation of the German Society of Legal Medicine until today. *Forensic Sci Int* 2004; 144(2−3): 269−83.

[2] Pollak S, Saukko PJ. *Clinical Forensic Medicine; Self-inflicted Injury*. In: Siegel JA (ed). *Encyclopedia of Forensic Sciences*. Oxford: Elsevier, 2000, pp.391−7.

[3] Pollak S, Saukko P. Self-inflicted injury. In: Siegel JA, Saukko PJ (eds). *Encyclopedia of Forensic Sciences*. Waltham: Academic Press, 2013, pp.110−15.

[4] Harris CN, Rai K. The self-inflicted wrist slash. *J Trauma* 1976; 16(9): 743−5.

[5] Karlsson T, Ormstad K, Rajs J. Patterns in sharp force fatalities — a comprehensive forensic medical study: Part 2. Suicidal sharp force injury in the Stockholm area 1972−1984. *J Forensic Sci* 1988; 33(2): 448−61.

[6] Karlsson T. Homicidal and suicidal sharp force fatalities in Stockholm, Sweden. Orientation of entrance wounds in stabs gives information in the classification. *Forensic Sci Int* 1998; 93(1): 21−32.

[7] Karger B, Niemeyer J, Brinkmann B. Suicides by sharp force: typical and atypical features. *Int J Legal Med* 2000; 113(5): 259−62.

[8] Pollak S, Saukko PJ. Wounds: Sharp Injury. In: Jamieson A, Moenssens AA (eds). *Wiley Encyclopedia of Forensic Science*. John Wiley, 2009.

[9] Pollak S, Saukko P. Clinical forensic medicine — overview. In: *Encyclopedia of Forensic Sciences*. Siegel JA, Saukko PJ (eds). Waltham: Academic Press, 2013, pp.83−8.

[10] Iscan YM. Progress in forensic anthropology: the 20th century. *Forensic Sci Int* 1998; 98(1−2): 1−8.

[11] Corballis MC. From mouth to hand: gesture, speech, and the evolution of right-handedness. *Behav Brain Sci* 2003; 26(2): 199−208; Discussion 208−60.

[12] Sun T, Walsh CA. Molecular approaches to brain asymmetry and handedness. *Nat Rev Neurosci* 2006; 7(8): 655−62.

[13] Papadatou-Pastou M, *et al*. Sex differences in left-handedness: a meta-analysis of 144 studies. *Psychol Bull* 2008; 134(5): 677−99.

[14] Vuoksimaa E, Kaprio J. Sex differences in left-handedness are also evident in Scandinavia and in twins: comment on Papadatou-Pastou, Martin, Munafo, and Jones (2008). *Psychol Bull* 2010; 136(3): 344−7.

[15] Gee DJ, Watson A. *Lecture Notes in Forensic Medicine*, 5th edn. Oxford: Blackwell Scientific Publications, 1989.

[16] Karger B, *et al*. Autopsy features relevant for discrimination between suicidal and homicidal gunshot injuries. *Int J Legal Med* 2002; 116(5): 273−8.

[17] Karger B, DuChesne A. Who fired the gun? A casuistic contribution to the differentiation between self-inflicted and non-self-inflicted gunshot wounds. *Int J Legal Med* 1997; 110(1): 33−5.

[18] Blumenthal R. Suicidal gunshot wounds to the head: a retrospective review of 406 cases. *Am J Forensic Med Pathol* 2007; 28(4): 288−91.

[19] Avis SP. Suicidal gunshot wounds. *Forensic Sci Int* 1994; 67(1): 41−7.

[20] Eisele JW, Reay DT, Cook A. Sites of suicidal gunshot wounds. *J Forensic Sci* 1981; 26(3): 480−5.

[21] Garavaglia JC, Talkington B. Weapon location following suicidal gunshot wounds. *Am J Forensic Med Pathol* 1999; 20(1): 1−5.

[22] Hejna P, Safr M. Shooting through clothing in firearm suicides. *J Forensic Sci* 2010; 55(3): 652−4.

[23] Bonte W, Sprung R, Huckenbeck W. [Problems in the evaluation of electrocution fatalities in the bathtub]. *Z Rechtsmed* 1986; 97(1): 7−19.

[24] Castellani G, *et al*. Suicide attempted by burning: a 10-year study of self-immolation deaths. *Burns* 1995; 21(8): 607−9.

[25] Crosby K, Rhee JO, Holland J. Suicide by fire: a contemporary method of political protest. *Int J Soc Psychiatry* 1977; 23(1): 60−9.

[26] Mohanty MK, *et al*. Self-inflicted burns fatalities in Manipal, India. *Med Sci Law* 2005; 45(1): 27−30.

[27] Thombs BD, Bresnick MG, Magyar-Russell G. Who attempts suicide by burning? An analysis of age patterns of mortality by self-inflicted burning in the United States. *Gen Hosp Psychiatry* 2007; 29(3): 244−50.

[28] Knight B. Fatal masochism — accident or suicide? *Med Sci Law* 1979; 19(2): 118−20.

[29] Solarino B, *et al*. An unusual death of a masochist: Accident or suicide? *Forensic Sci Int* 2011; 204 (1−3): e16−19.

[30] Lecomte D, Fornes P. Homicide followed by suicide: Paris and its suburbs, 1991−1996. *J Forensic Sci* 1998; 43(4): 760−4.

[31] Bourget D, Gagne P, Moamai J. Spousal homicide and suicide in Quebec. *J Am Acad Psychiatry Law* 2000; 28(2): 179−82.

[32] Gregory MJ, Milroy CM. Homicide and suicide in Yorkshire and the Humber: 1975−1992 and 1993−2007. *Am J Forensic Med Pathol* 2010; 31(1): 58−63.

[33] Winek CL, Collom WD, Wecht CH. Suicide with plastic bag and ethyl ether. *Lancet* 1970; 1(7642): 365.

[34] Perez Martinez AL, Chui P, Cameron JM. Plastic bag suffocation. *Med Sci Law* 1993; 33(1): 71−5.

[35] Athanaselis S, *et al*. Asphyxial death by ether inhalation and plastic-bag suffocation instructed by the press and the Internet. *J Med Internet Res* 2002; 4(3): E18.

[36] Barnung SK, Feddersen C. [Suicide by inhaling helium inside a plastic bag]. *Ugeskr Laeger* 2004; 166(40): 3506−7.

[37] Byard RW, Simpson E, Gilbert JD. Temporal trends over the past two decades in asphyxial deaths in South Australia involving plastic bags or wrapping. *J Clin Forensic Med* 2006; 13(1): 9−14.

[38] Stemberga V, *et al*. Propane-associated autoerotic asphyxiation: accident or suicide? *Coll Anthropol* 2007; 31(2): 625−7.

[39] Maryam A, Elham B. Deaths involving natural gas inhalation. *Toxicol Ind Health* 2010; 26(6): 345−7.

[40] Perdekamp MG, *et al.* [Plastic bag as the method in suicide and homicide]. *Arch Kriminol* 2001; 207(1–2): 33–41.
[41] Hunt AC, Camps FE. Plastic-bag suicide. *Br Med J* 1962; 1(5275): 378.
[42] Skold G. Fatal suffocation in plastic bag. *Dtsch Z Gesamte Gerichtl Med* 1967; 59(1): 42–6.
[43] Polson CJ, Gee DJ. Plastic bag suffocation. *Z Rechtsmed* 1972; 70(3): 184–90.
[44] Atilgan M. A case of suicidal ligature strangulation by using a tourniquet method. *Am J Forensic Med Pathol* 2010; 31(1): 85–6.
[45] Kogan Y, Bloom T. Suicidal ligature strangulation with an elastic band. *Am J Forensic Med Pathol* 1990; 11(4): 329–30.
[46] McMaster AR, *et al.* Suicidal ligature strangulation: case report and review of the literature. *J Forensic Sci* 2001; 46(2): 386–8.
[47] Doberentz E, Hagemeier L, Madea B. [Cable tie used for suicidal ligature strangulation — a case report]. *Arch Kriminol* 2009; 224(1–2): 17–25.
[48] Goonetilleke UK. Injuries caused by falls from heights. *Med Sci Law* 1980; 20(4): 262–75.
[49] Cetin G, *et al.* Suicides by jumping from Bosphorus Bridge in Istanbul. *Forensic Sci Int* 2001; 116(2–3): 157–62.
[50] Copeland AR. Suicide by jumping from buildings. *Am J Forensic Med Pathol* 1989; 10(4): 295–8.
[51] Hanzlick R, Masterson K, Walker B. Suicide by jumping from high-rise hotels. Fulton County, Georgia, 1967–1986. *Am J Forensic Med Pathol* 1990; 11(4): 294–7.
[52] Li L, Smialek JE. The investigation of fatal falls and jumps from heights in Maryland (1987–1992). *Am J Forensic Med Pathol* 1994; 15(4): 295–9.
[53] Bingham J. Father agrees to bury daughter's body after 30 years in mortuary. In: *The Daily Telegraph*. Telegraph Media Group, 2009.
[54] Oumaya M, *et al.* [Borderline personality disorder, self-mutilation and suicide: literature review]. *Encephale* 2008; 34(5): 452–8.
[55] Zinka B, Rauch E. [Self-mutilation from a forensic medicine viewpoint]. *Hautarzt* 2007; 58(4): 328–34.
[56] Krysinska K, Heller TS, De Leo D. Suicide and deliberate self-harm in personality disorders. *Curr Opin Psychiatry* 2006; 19(1): 95–101.
[57] Paris J. Understanding self-mutilation in borderline personality disorder. *Harv Rev Psychiatry* 2005; 13(3): 179–85.
[58] Kocalevent RD, *et al. Autodestructive syndromes. Psychother Psychosom* 2005; 74(4): 202–11.
[59] Patton N. Self-inflicted eye injuries: a review. *Eye (Lond)* 2004; 18(9): 867–72.
[60] Kennedy BL, Feldmann TB. Self-inflicted eye injuries: case presentations and a literature review. *Hosp Community Psychiatry* 1994; 45(5): 470–4.
[61] Faller-Marquardt M, Pollak S, Schmidt U. Cigarette burns in forensic medicine. *Forensic Sci Int* 2008; 176(2–3): 200–8.
[62] Faller-Marquardt M, Ropohl D, Pollak S. Excoriations and contusions of the skin as artefacts in fictitious sexual offences. *J Clin Forensic Med* 1995; 2(3): 129–35.
[63] Bonte W. Self-mutilation and private accident insurance. *J Forensic Sci* 1983; 28(1): 70–82.
[64] Bonte W, Rudell R. [Accident or planned self mutilation? Probability of accidental injuries during chopping]. *Arch Kriminol* 1978; 161(5–6): 143–52.
[65] Dotzauer G, Iffland R. Self-mutilations in private-accident-insurance cases. *Z Rechtsmed* 1976; 77(4): 237–88.
[66] Eckert WG. The pathology of self-mutilation and destructive acts: a forensic study and review. *J Forensic Sci* 1977; 22(1): 242–50.
[67] Faller-Marquardt M, Pollak S. Self-inflicted injuries with negative political overtones. *Forensic Sci Int* 2006; 159(2–3): 226–9.
[68] Karger B, *et al.* Unusual self-inflicted injuries simulating a criminal offence. *Int J Legal Med* 1997; 110(5): 267–72.
[69] Asher R. Munchausen's syndrome. Lancet 1951; 1(6650): 339–41.
[70] Carney MW, Brozovic M. Self-inflicted bleeding and bruising. Lancet 1978; 1(8070): 924–5.
[71] Gibbon KL. Munchausen's syndrome presenting as an acute sexual assault. *Med Sci Law* 1998; 38(3): 202–5.

第 8 章

枪弹及爆炸损伤

引言

法医实践中遇到的大多数枪弹创都是火器造成的。除此以外，弩枪、自保螺栓枪（屠宰场用于宰杀牲口）、气枪甚至弹弓等也都可以发射致命的投射物。在恐怖袭击的爆炸事件中，爆炸投射物造成的伤亡远远超过爆炸本身导致的死亡。因此，了解投射物损伤机制对于法医而言尤为重要。弹道学是研究投射物飞行、运动方式和作用结果等相关机制的科学。其可以分为内部弹道学和外部弹道学。内部弹道学主要研究投射物在火器内运动的过程；外部弹道学主要研究投射物离开枪管后的运动轨迹。创口弹道学还包含了投射物射入人或动物体内造成的损伤病理学改变。

投射物损伤的机制

除减速运动损伤外，所有的机械性损伤（无论是拳打脚踢还是锐器捅刺）都是由体外运动物体向人体组织转移能量导致的，这种能量转移在投射物损伤中尤为显著。投射物击中目标后，其动能被目标部分或完全吸收并转化为热能、噪声以及引起机械性破坏。当投射物射穿软组织时，其大部分初始动能并未损耗以至于只有少部分能量转移到了软组织上，因此软组织除了形成射道创外还可保持形态结构相对完整。如果射道创发生在四肢并且没有伤及大血管的话，一般不会导致死亡。但如果发生在大脑、心、肺等重要器官部位则可直接导致死亡（图 8.48）。

为了能产生更大杀伤力，一些子弹经过了特殊设计和改造使之能在体内快速减速或停止，这样能确保将动能尽可能多地转移到人体上。例如，软壳弹在击中目标时弹头会变扁平，还有些特殊设计的子弹极易变形破碎，其中比较有名的就是“达姆弹”。“达姆弹”是一种中空平头弹，在撞击瞬间弹头会裂开从而提升制动效果或减速，将大量的动能转移到人体上，从而造成严重的伤害。还有一种特殊子弹称为“爆炸子弹”，如 1981 年刺杀美国总统里根所使用的就是这种子弹。设计爆炸子弹的目的并不是利用爆炸造成伤害，而是通过爆炸使得弹头严重变形，从而能够迅速减速[1, 2]。还有一些专门在密闭的空间内使用的武器，如应对劫机时使用的特殊子弹具有相对较低的转速且具有减速设计，这样能够最大程度确保子弹击中目标后停留在体内，而不会射穿飞机使客舱增压。

投射物的弹道决定了投射物向目标转移能量的速度和多少。霰弹枪（shoot gun）的弹丸多为球形，撞击时弹丸各方向效果没有差别。但是，圆锥形的子弹在人体组织中都会产生不规则的运动。例如，当接近最大射程时，弹头会发生翻转；或者沿着弹道轴线左右摇摆；或者弹尖始终沿着弹道轴线行进，但尾部却绕着弹道轴线旋转；或者绕着弹道轴线进行复杂的螺旋或旋转运动，即“旋进”或“进动”。

无论何种偏移方式，都能让子弹和目标组织之间有更大的接触面积，转移更多的能量，从而造成更严重的损伤。子弹动能等于子弹质量与其速度平方的乘积的二分之一（$E=\frac{1}{2}mv^2$）。通常非火药推进的武器，如弩枪、气弹枪，以及大多数的转轮手枪的子弹出膛速度相对较小，一般不超过音速（340 m/s）。现代军事科学则利用动能与速度的平方成正比这一特点来研发高能武器，使得子弹质量小但速度快，具有极大的动能并可对组织造成严重损伤。

损伤方式取决于以下几个因素：子弹的形状、速度和子弹是否形变或破碎。这些因素直接影响组织与子弹间的相互作用。

当子弹击中人体时，首先产生持续时间很短（微秒范围内）的超声速压缩波（即冲击波），在人体组织中以约等于水中音速（1 500 m/s）的速度传播。虽然冲击波能使组织瞬间承受高达数千千帕的压力，但其对组织造成的损伤仍未明确[3-10]。

当射入皮肤时，子弹对弹道周围组织产生向外周挤压的机械力，形成的创道（射道创）要宽于子弹的直径。弹道内组织挫裂或挫碎，继而损伤血管和其他组织结构形成永久性创道。

高速子弹还会产生另一种特殊现象，称为瞬时空腔效应。高速飞行的子弹进入软组织时，可引起弹道周围组织加速向外周膨胀扩张，即使子弹经过后，周围组织仍会继续向周围移位，从而在弹道轨迹上形成一个远大于子弹直径的巨大空腔。这个空腔在几毫秒内膨胀扩张至最大程度后开始收缩，经过反复膨胀、收缩，在弹道轨迹上形成梭形的空腔。当子弹停止或离开器官时，瞬时空腔效应会迅速消退，最终留下比子弹直径宽得多的永久性创道。军用高速子弹（出膛速度高达 980 m/s）除了对人体造成机械性损伤外，其产生的瞬时空腔效应是最具破坏性的损伤方式。瞬时空腔内部近乎真空，巨大的内外压力差会将体表的烟尘和衣物纤维吸入创道深处引起继发性感染[11, 12]。瞬时空腔对脑、肝等实质器官造成的损伤比空腔器官（如肺等）更大，此外，高速子弹对组织器官的损伤程度与组织器官的密度成正比，且含水量越高的组织受到损伤越严重。

大多数枪弹创会导致迅速死亡。非致命部位的枪弹创引起的继发梗死、局部坏死和感染可导致迟发性死亡。

武器的种类

不同种类的火器形成的火器伤具有不同的特征，因此法医工作者了解各种常见火器的主要特性还是十分必要的。实际工作中，枪支鉴定主要是痕迹检验人员的职责，而非法医的任务。但许多男性法医出于兴趣可能会掌握较多的武器特点，而相比之下女性法医在这方面就研究得比较少（图 8.1～图 8.4）。

在讨论枪弹创时，我们将枪分为两种类型。

霰弹枪（又称滑膛枪）

霰弹枪有一个或多个金属枪管，枪管口径较大，内壁光滑无膛线。霰弹枪能发射出数量不等的球形弹丸（铅弹）。这些弹丸从枪口射出后，逐渐散开并在空中形成长而窄的锥形分布。通常霰弹内会填装几十或数百颗弹丸，也有些特殊类型的霰弹，其内填装若干个较大的弹丸，或者“独头弹”，但这些特殊类型的霰弹在

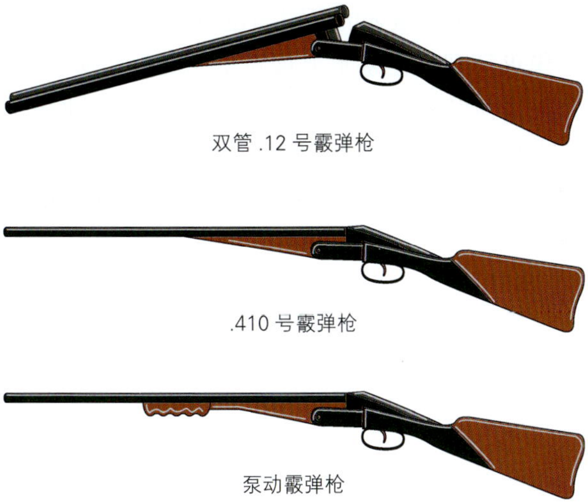

图 8.1　霰弹枪（滑膛枪）种类

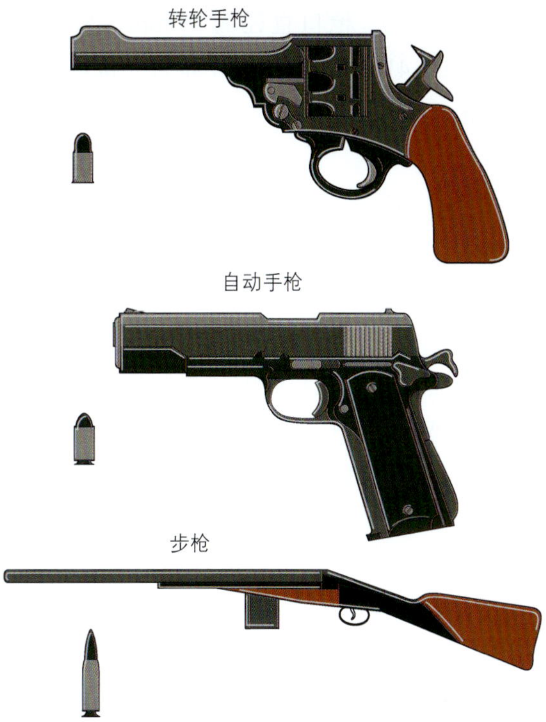

图 8.4　各种武器和弹药

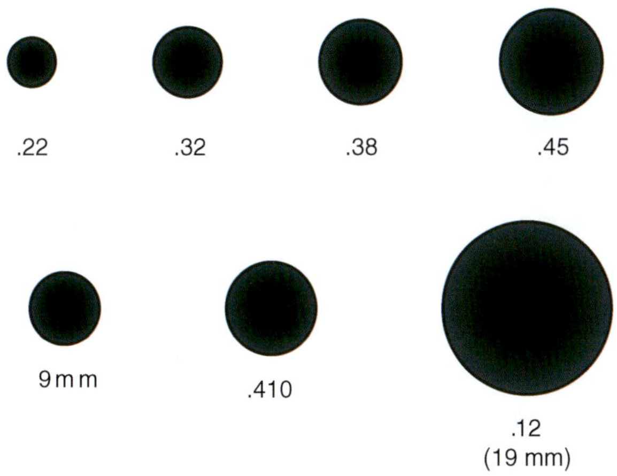

图 8.2　常见武器的口径大小

图 8.3　各种类型的弹药。右起：两种大口径 .12 号霰弹、.22 号步枪弹，.38 号自动手枪弹，.45 号转轮手枪弹和两枚军用步枪弹。左一为炮弹，日常法医检验几乎不可能遇见

实际案例中较为少见，将在后文详述。常见的霰弹枪有两个枪管，左右排列或上下排列。其中一个枪管前后直径一致（称为直筒），另一个枪管在枪口处直径稍变窄（称为喉缩，也称为收束器）。喉缩可以使射出的弹丸更加集中，在空中形成更窄的锥形分布，这种变化会对法医通过霰弹枪弹创大小来推断射击距离造成一定的影响。喉缩根据缩窄程度从低到高分为如下几种类型：圆柱喉缩、改进型圆柱喉缩、增强型喉缩和全喉缩。

不少现代的霰弹枪可以自由更换不同缩窄程度的喉缩。在美国，可调式喉缩配件可以实现将直筒枪管转变为缩喉枪管，常见的有 Poly 喉缩、Kutts 喉缩和 Weaver 喉缩。

另一种较为典型的美式改良霰弹枪是独头弹霰弹枪。独头弹霰弹枪多用于大型动物的捕猎，但也可能致人死亡。比较经典的独头弹是实心球状的布伦内克螺纹独头弹，俗称为“南瓜球”，而近现代常用的有福斯特螺纹独头弹和哑铃状的法国布隆多独头弹。

霰弹枪的口径大小决定了损伤的形态特征。常见两种口径：第一种是 .12 号（在北美地区

称为“12GA”），枪口直径为 19 mm；另一种是口径较小的 .410 号，通常为单枪管，枪口直径为 10.6 mm。

霰弹

霰弹是由筒状纸或塑料弹壳套在金属底座组成。金属底座内装有底火，当扣动扳机时，击针撞击金属底座击发底火。弹壳内装有发射药，发射药上方是油毡。纸板或塑料等制作的弹托以前也称作弹塞或者隔层，类似活塞结构。弹托的上方填装数量不等的弹丸，不同种类的霰弹装载的弹丸数量和大小差别较大。弹壳顶部用纸板或塑料盘封闭。

现代的霰弹在传统霰弹的基础上进行了各式各样的改良，用以提高射击效率和精度。其中一种特殊的改良装置称为动力活塞，它是用聚乙烯材料制作的弹杯，里面装入弹丸。在近距离射击时，这种弹杯也会对目标造成损伤。其他的改良还包括在弹丸间隙中填入塑料颗粒，因而尸检在创口内可见各种颜色鲜亮的塑料颗粒。

任意改变霰弹内的填装物都会显著影响弹丸在空中的发散状态和其他运动特征，对目标造成的损伤形态也随之发生改变。将石蜡或沥青熔化倒入霰弹中，凝固后可将弹丸融合成块状（图 8.5）。如果沿着弹托处将霰弹壳部分切开，这样射击时弹壳的上半部分会和弹丸一起射出，从而可以限制弹丸的过度发散。

图 8.5　霰弹枪弹，其中填装了大小不一的金属弹丸以及塑料颗粒

近年来，霰弹的发射药也在不断改进，传统的黑火药现在已基本上被新型无烟火药所取代。黑火药在射击时可产生大量的火药烟灰和未燃尽的火药颗粒，这些烟灰颗粒在近距离射击时会黏附到创周或创腔内。无烟火药则不会产生类似的情况。

自制猎枪 / “土枪”

自制猎枪多见于发展中国家（印度尤其多见）以及一些国家的农村和贫困地区，或者反政府组织和恐怖组织，有时甚至在青少年枪击案中也可见到。此外，斯里兰卡和部分亚洲地区生产的“土枪”等自制武器也已经销售到了世界各地[13-19]。

作者曾于 20 世纪 50 年代在马来亚（现为马来西亚）的恐怖袭击事件中接触过此类自制武器。当时这种自制猎枪是在丛林中就地取材，用金属水管和粗加工的木块制作而成。其击发装置十分简陋，射击时要将黑火药和“子弹”从枪口填装进去。而所谓的“子弹”通常是木螺钉、螺母、螺栓，还有的是形状不规则的金属碎片，甚至是小石子。

在英国也曾发生两起青少年持自制武器的枪击案例，并且都是采用电缆管作为枪管，用氯酸钾和蔗糖混合物作为发射药。其中一例自制武器在射击时炸膛直接导致枪手死亡；另一例当事人用自制武器成功射出一支小螺丝刀并击中几里地外的一只奶牛。

北爱尔兰恐怖组织拥有自己的秘密武器加工厂，配备有先进的加工设备，因此他们自制的武器机械结构较为复杂。

遇到自制武器致人死亡的案件，特别是使用任意的不规则物体（如木螺钉等）作为“子弹”的案件中，法医很难根据损伤形态进行准确的致伤物推断。这时候，当地居民的生活经验将为损伤分析提供关键线索。

膛线枪

手枪、步枪、气步枪以及军用枪械与霰弹枪的不同之处在于枪管管壁较厚且内壁有数量不等、螺旋走行的膛线且单次射击只射出一发子弹。膛线分为阴线（凹槽）和阳线（凸起），阳线可以引导射出的弹头旋转。旋转产生的陀螺效应可以增加弹头飞行时的稳定性，从而提高射击精度。

2005 年，美国发生的各类他杀案中超过 50% 案件使用的都是手枪（包括转轮手枪和全自动手枪）[20]。转轮手枪有一个可以旋转的弹巢，内装数量不等的子弹。每次扣动扳机的同时都会转动弹巢将下一发子弹转到击发位置上。转轮手枪子弹出膛速度较低，大约 250 m/s。全自动手枪，更准确地说是“自动上膛手枪”的子弹装在弹匣里，每次射击时依靠火药气体的巨大压力作用完成抛壳、上膛。全自动手枪子弹出膛的速度是 300～350 m/s（图 8.57 和 8.66）。

步枪的枪管较长，常见的有非自动步枪、半自动步枪和全自动步枪，多用于狩猎、标靶射击或军事行动。军用步枪有许多种类，目前大多数步枪要么是半自动步枪，即扣一次扳机只能发射一发子弹，要么是全自动步枪，也就是扣一次扳机可以连续射击直至弹匣内子弹打尽。不同种类的步枪，子弹出膛速度差别很大，从 450 到 1 000 m/s 都有（图 8.58）。

膛线枪子弹

膛线枪子弹的种类很多，甚至比对应的枪械还要多，但是这些子弹都具有类似的结构设计，即由弹壳、弹头、发射药和底火四大部分组成。弹壳是一端封闭的金属圆筒，底部为撞击式底火，分为中心发火式和边缘发火式两种类型。弹壳内装发射药，如硝化纤维素。弹头紧密嵌在弹壳开口端。弹头由多种金属制成，通常是合金材质，一般是由镍或钢披甲包裹铅芯制成，但也有许多其他不同的类型。底火可能含有钡、铅或锑等元素。

霰弹枪和膛线枪子弹的共同特点是在击发时产生大量的高温高压气体从而推动弹丸或弹头从枪管里高速射出。1 kg 黑火药能产生约 280 L 气体，而 1 kg 硝化纤维素能产生 900～970 L 高温气体。这些火药气体主要包含二氧化碳、一氧化碳、氮气、硫化氢、氢气、甲烷和许多其他物质[8]。

枪弹创

从法医检验的角度而言，除了掌握一般的枪械结构和性能外，更要关注那些可能对枪弹创形态特征造成影响的因素，包括：

- 是滑膛枪还是膛线枪？
- 如果是膛线枪，子弹出膛速度是多少？
- 子弹 / 弹丸的材质是什么？
- 发射药的成分是什么？
- 如果霰弹枪有缩喉装置，那么是什么类型的喉缩装置？
- 射击距离是多少？
- 射击角度是多少？

霰弹枪弹创

霰弹枪弹创的特征与下列因素有关：

- 弹（铅）丸。
- 火药烟灰。
- 未燃烧和正在燃烧的火药颗粒。
- 火焰和高温高压气体。
- 一氧化碳。
- 弹托——由油毡、底板或塑料制成。
- 底火成分。
- 霰弹壳碎片。

霰弹枪射击时，霰弹中紧密装填的弹丸从枪口射出并在空中散开，散射的范围随着射击距离的增加而增大。紧随弹丸射出枪口的是火焰和高温气体。火药燃烧产生的高温高压气体一旦离开枪膛便迅速膨胀冷却。火药气体主要由氮氧化物、二氧化碳、高温空气等组成。其中一氧化碳是影响枪弹创口形态特征的重要因素。火药燃烧产生的烟灰也随着气体一同射出枪口，其中还夹杂着少量仍在燃烧的火药颗粒和杂质。此外，弹托和一些其他特殊部件也会造成某些特殊形态的损伤。

子弹底火成分是重要的微量物证。虽然肉眼不容易发现，但可以通过实验室检测或利用扫描电子显微镜检出残留的铅、钡、锑和其他金属成分。对于一些经特殊改良过的霰弹，弹杯碎片也可对目标造成损伤。

射击距离对案件性质的判断（意外、自杀或他杀）至关重要，因此推断射击距离是法医检验最重要的任务之一。枪弹创的大体形态特征与射击距离密切相关，随着射击距离的改变而显著不同，通常将枪弹创按射击距离从近到远进行分类（图 8.6）。

霰弹枪接触射击枪弹创

创口形状

接触射击时霰弹枪枪口紧贴在皮肤表面，常见在腹部、胸部、四肢或颈部皮肤表面射击，射击后形成单个圆形射入口，直径与枪管口径相近，部分霰弹枪（如 .410 号霰弹枪）形成的射入口直径较枪管口径略小，系皮肤较强的弹性收缩所致。射入口边缘通常不平整，呈锯齿状，系散射的弹丸所致，这点在检验时常常容易被忽略。

烟晕和灼伤

当紧贴于皮肤表面射击时，枪口被周围皮肤严密包裹着，导致射击时产生的大量高温气体和火药烟灰无法从侧边逸出，因此射入口周围几乎没有火药烟晕或灼伤（图 8.10）。但在没有用力将枪口抵住表面的情况下，射击时枪身后退，使枪口稍离开皮肤，则射击产生的火焰、高温气体和火药烟灰会向周围逸出，在体表形成相应损伤。穿有衣服时，火药烟灰更容易向周围逸出并附着在每一层衣物上，枪口处可见衣服纤维烧灼痕迹，并且皮肤创口边缘也会形成环状烧灼伤。上述现象在使用以黑火药作为发射药的霰弹时尤为典型，在创道深处，往往可见组织被熏黑（图 8.7～图 8.9）。

枪口印痕

紧密接触射击的一个特征性损伤是枪口印痕。这是由枪管用力压迫或者枪口金属缘撞击皮肤形成的损伤。许多教科书错误地认为它是由射击“后坐力”所致，然而“后坐力”是使枪口远离皮肤，而不是朝向皮肤。因此，形成枪口印痕的确切机制是皮下间隙瞬间扩张（详见下文），迫使皮肤急速向外膨出并与枪口发生碰撞而形成挫

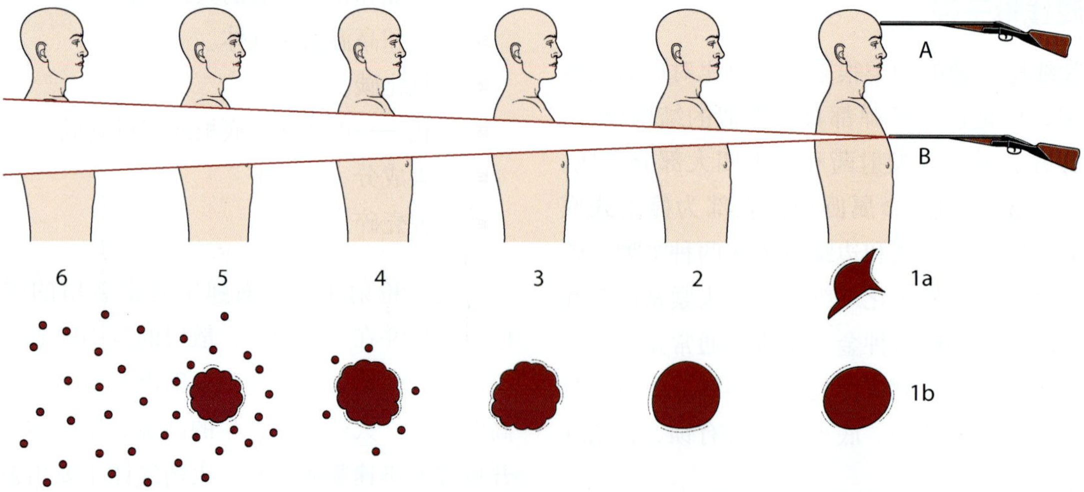

图 8.6 霰弹枪射入口随着射击距离的增加呈现不同形态特征：1a. 骨骼衬垫部位接触性射击创口呈撕裂状；1b. 接触性射击创口通常呈圆形。2. 30 cm 范围内近距离非接触性射击；3. 射击距离为 30 cm～1 m 的范围，呈鼠咬状创口；4. 射击距离大于 1 m，中央射入口周围可见卫星创口；5. 随着距离的增加（大于 1 m），中央射入口逐渐减小，弹孔分布增多；6. 射击距离大于 10 m，弹孔散在均匀分布，无中央射入口。上述射击范围仅供参考，根据枪管缩喉程度、武器和弹药类型的不同，相同射击范围内的射入口形态可能变化很大

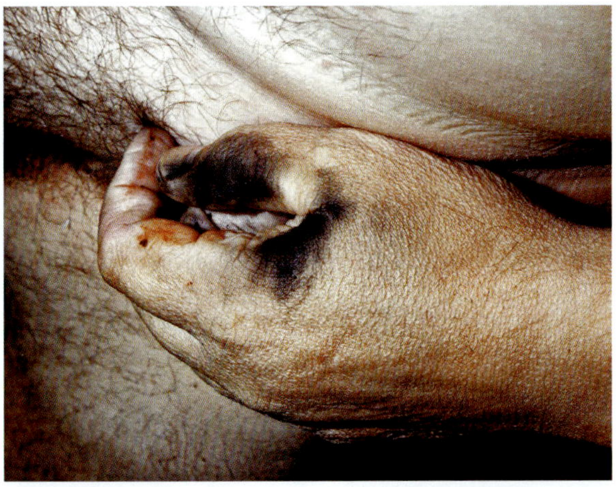

图 8.7　抓握霰弹枪管的手被火药烟灰污染

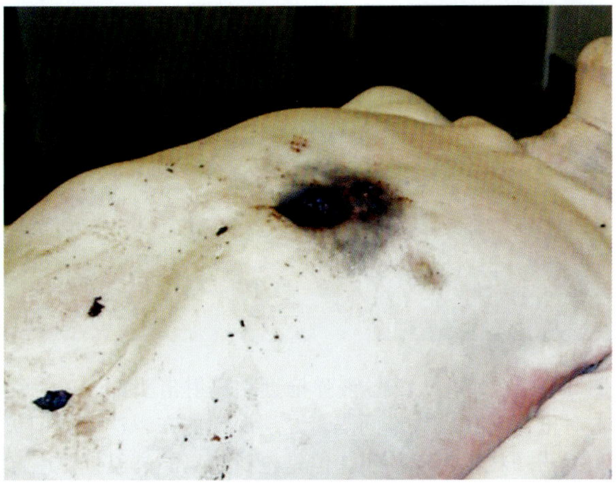

图 8.8　大口径 .12 号霰弹枪自杀枪弹创。射入口的上方皮肤被大量火药烟灰熏黑，提示枪口与皮肤半接触状态并且枪口向上倾斜

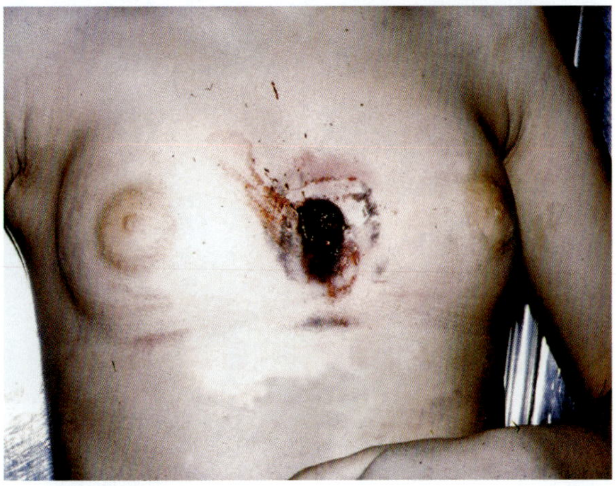

图 8.9　大口径 .12 号霰弹枪自杀枪弹创。创周可见枪口印痕和火药烟晕，提示射击时该双管霰弹枪枪口与皮肤紧密接触

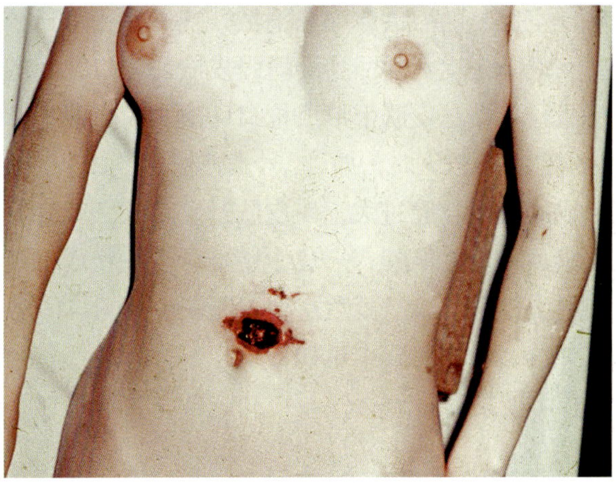

图 8.10　大口径 .12 号霰弹枪接触射击射入口。由于衣服的遮挡，创周未见火药烟晕，创口周围的皮肤擦伤由皮带撞击所致。高压气体在腹腔内有足够的膨胀空间，因此不会造成创缘皮肤撕裂

伤。Anton Werkgartner（1890～1970 年）首先提出了枪口印痕的重要性[21-25]，它是接触射击的重要依据。枪口印痕周围还可见局部皮肤发绀，这是由空腔效应引起的皮下出血。在极少数情况下，可见双管型霰弹枪形成指环状枪口印痕（图 8.9）。

一氧化碳

射击产生的一氧化碳与血红蛋白和肌红蛋白结合使得创口及创周组织呈樱红色[26，27]。但越往创道深处，这种现象和其他射击残留物（如火药烟灰、火药颗粒和底火成分等）会逐渐消失。偶尔也会在创道深部，甚至在射出口附近观察到上述改变[12]。通过检测创口附近组织的碳氧血红蛋白和碳氧肌红蛋白含量，可以区分射出口和射入口，尤其是对于高度腐败的尸体，很难通过形态学方法进行判断。但这种方法不具有特异性，必须综合考虑。

骨骼衬垫部位接触射击枪弹创

当皮肤下方有骨骼衬垫时，接触射击射入口的皮肤则表现为不同的形态特征。体腔表面的接触射击，射击气体可以直接进入腹部、胸部或肌肉间隙而迅速膨胀消散。但如果接触射击发生在头皮、项部、胸骨区、肩部、臀部等皮肤下有骨骼衬垫的部位，则气体穿透皮肤后遇到坚硬的骨质反弹回来，瞬间将皮肤向外顶起并在皮下形成

穹顶空腔，随后气体膨胀消散，这一过程十分短暂。气体在皮下的回弹会增强皮肤和枪口之间的挤压，从而在皮肤上形成枪口印痕。而当射击产生气体体积较大时，如.12号霰弹枪射击时，瞬间形成的皮下空腔过大，使皮肤过度牵拉，就会导致穹顶处皮肤撕裂，形成十字形、星芒状或不规则的裂创和皮瓣。虽然这种情况较少见于.410号霰弹枪，但在实践中也偶有发生，并且膛线枪也同样可能发生。

霰弹枪近距离射击枪弹创

当枪口靠近而不接触体表射击时，同样会形成一些特异的体表损伤，有助于我们推断射击距离。重申一下，枪弹创的外观会受到穿着衣物的影响，衣物上会附着大部分的火药烟灰和火药颗粒（图8.11～图8.15）[28-31]，因此，枪击案尸检中，衣物必须仔细检查、固定、保存并送检。

若身体无衣物遮挡，近距离射击时（射击距离小于15 cm），射入口及周围组织损伤具有如下特点：

- 射入口周围的毛发有明显的烧灼痕迹。通常四肢和躯干上细密的汗毛会被完全烧尽，而浓密、较长的头发一般不会烧尽。近距离射击时，枪口的火焰使得毛发中的角蛋白熔化，冷却凝固后形成圆形凸起状的残端末梢，呈棒槌状。
- 使用黑火药作为发射药还会导致射入口周围皮肤烧伤。射击时枪口喷射出的炽热的火焰可以造成创口边缘焦化呈红褐色，皮肤大面积灼伤，甚至可见局部水疱形成。不过，像头皮那样有毛发覆盖的部位则不会形成明显的烧伤。

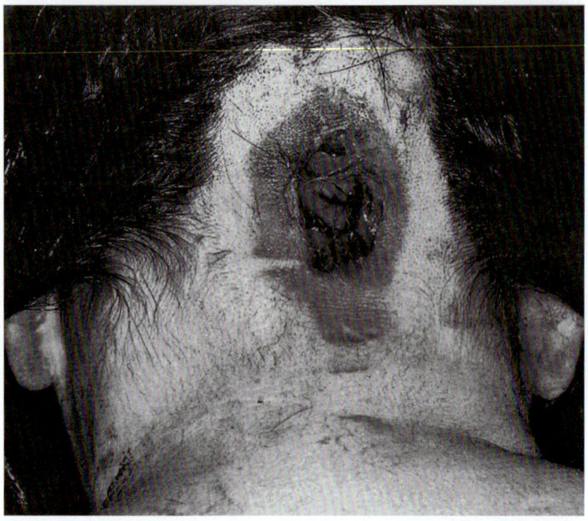

图8.12 大口径.12号霰弹枪近距离射击头部。凶手射击时枪口与死者头部间隔着几层厚厚的布，这使得烟灰和火药颗粒都被遮挡了。但是枪口射出的高温气体引起射入口周围皮肤焦化。同时，椭圆形的射入口提示成角度射击且枪口向下

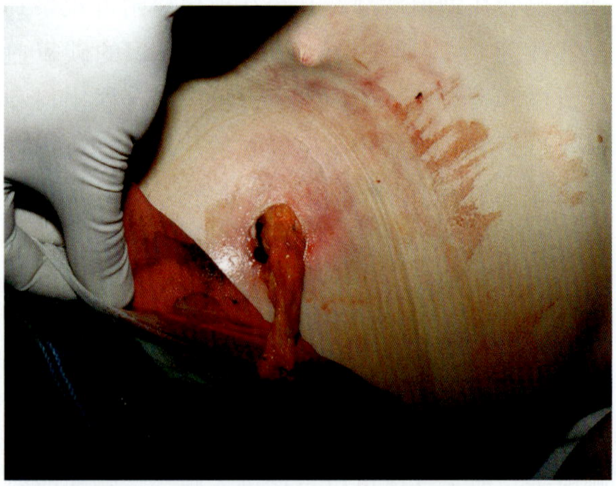

图8.11 死者被凶手用.16号霰弹枪以非常近距离射击致死。射入口创缘较整齐，局部见表皮剥脱，说明射击距离很近，霰弹内弹丸还未散开；死者穿着的衣服遮挡了烟灰和火药颗粒，因此体表未见烟晕及火药斑纹；射入口呈规则圆形说明射击时枪口与体表垂直

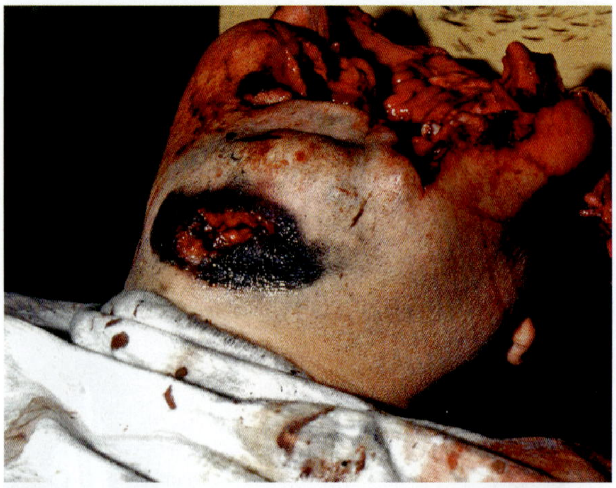

图8.13 大口径.12霰弹枪自杀枪弹创。射入口所处的位置属于“自杀特选部位”之一——从颈部向上射击。圆形的烟晕提示其符合近距离甚至是接触射击

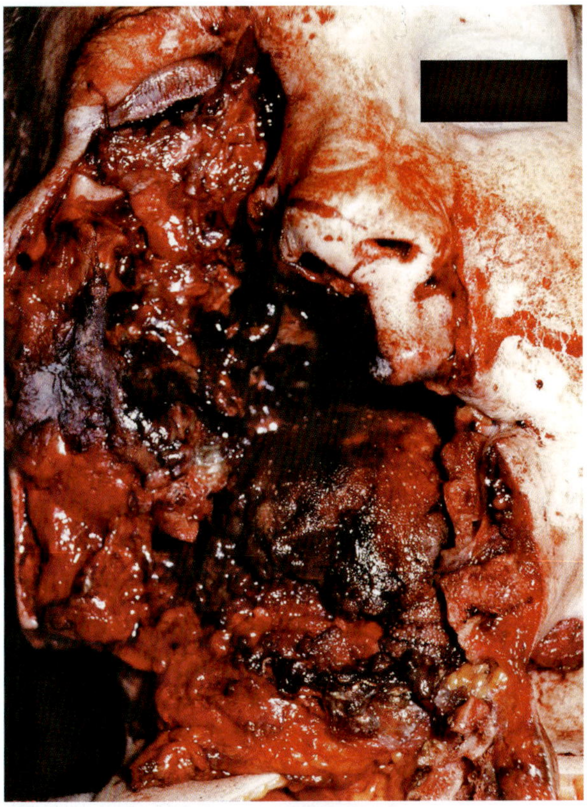

图 8.14　大口径 .12 号霰弹枪自杀枪弹创。射入口所处的位置属于“自杀特选部位”之一——从颈部向上射击

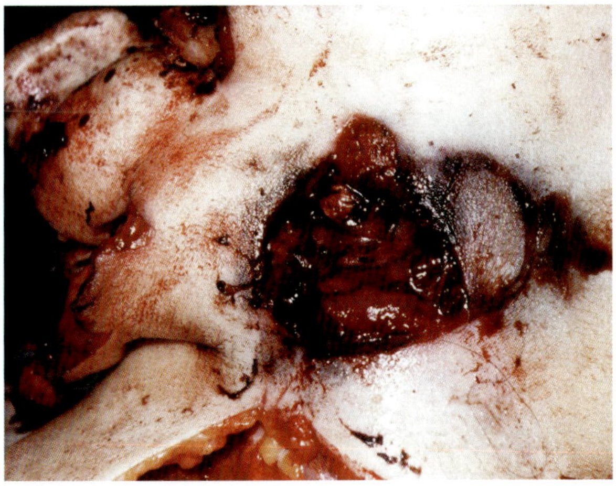

图 8.15　颈部接触射入口（自杀）。死者使用的是双管霰弹枪，其中一个未发射的枪管在射入口旁形成了枪口印痕

- 创腔内和创周组织呈樱红色改变，是由组织中肌红蛋白或血红蛋白与一氧化碳结合所致。
- 皮肤射入口周围可见火药烟晕。火药烟晕是火药燃烧后的炭末烟灰沉积在皮肤表面，其分布范围要比火药斑纹更大，但在空中飞行的距离不如质量更重的火药颗粒的飞行距离远。现在很多霰弹都使用无烟发射药，因此射入口周围的火药烟晕并不明显，有的甚至没有火药烟晕。
- 这种附着在皮肤表面的火药烟晕很容易被冲洗掉，因此在尸体解剖时必须注意将体表损伤全面细致拍照固定并提取微量物证后再冲洗尸体（图 8.50）。而火药斑纹是不会被冲洗掉的，但还是要在冲洗之前提取一些附着在皮肤上未燃烧的火药颗粒，以免冲洗和擦拭尸体时冲掉了这些微量物证。
- 在射入口周围皮肤表面会散布着燃烧过的、未完全燃烧和未燃烧的火药颗粒和杂质。正如上文所提及的，这些颗粒比炭末烟灰在空中飞行的距离更远，但散布的范围较小。高温颗粒会对皮肤造成点状烧灼伤，而未燃烧的杂质颗粒（如硝化纤维）则会嵌在皮肤上，在尸表检验时可见射入口周围一些微小的反光颗粒，有的还呈现出不同颜色。
- 如果枪口垂直于皮肤射击，射入口则呈圆形；如果成角度射击，射入口则呈椭圆形，并且靠近枪口一侧的创缘向内凹陷。根据霰弹弹丸的大小不同，创口边缘可能表现为鼠咬状或圆齿状，但这种损伤特征在近距离射击时往往并不明显。近距离射击还可见创缘被熏黑，创腔内有大量炭末烟灰附着。射入口周围可见环形挫伤带，局部皮肤发绀。此外，衣服配件，如纽扣或者皮带扣等，在射击产生的高压气体作用下造成对应处皮下出血或擦伤。
- 任何来自弹壳的油毡、纸板或塑料弹托 / 碎片，都会留在创口深处。

霰弹枪中–近距离射击枪弹创

中–近距离射击指的是射击距离在 15 cm～2 m（6 in～6 ft）。在这个距离范围内，射入口的形态变化很大。射击距离越近，射入口形态与近距离射击越相似，但火药烟晕减小。一般而言，当射击距离超过 20～40 cm 时，几乎没有火药烟晕出现，但仍会观察到火药斑纹，甚至在更远的距离都还可以见到火药斑纹。

当射击距离达到中近距离范围的上限时，形

成射入口的创缘呈波浪状或圆齿状（类似扇贝贝壳边缘的形状），特别是弹丸体积较大时这种现象更加明显。由于这种损伤形态与啮齿动物的咬痕类似，有时也称之为鼠咬状。当射击距离超过 2 m 时，中心射入口附近可见散在的小创口（称为卫星弹孔）。卫星弹孔的数量随着射击距离的增加而逐渐增多。

在此必须强调的是，上述均为一般情况下的中近距离霰弹枪射入口损伤形态特征。不同武器，或同种武器装配不同枪管，或同一支枪使用不同霰弹时射入口的形态都不尽相同。只有通过射击实验才能准确测量火焰喷射的距离、火药烟晕和火药斑纹的距离和分布形态、弹丸开始发散的距离，以及弹托在空中飞行的最远距离。根据一般的实践经验，射击距离在 30 cm 以内可见创口周围毛发烧焦，50 cm 以内可见火药烟晕形成，1 m 以内通常只有单个射入口。

霰弹枪中–远距离射击枪弹创

中–远距离射击时不同武器形成的射入口形态差异很大，因此射击实验对于推断射击距离尤为重要。即便是同一支枪在同样的距离射击，使用缩喉枪管和直筒枪管所形成的损伤也明显不同。一旦射击距离超过 2 m，射入口周围不再出现皮肤烧灼伤或火药烟晕，火药斑纹也较少见。弹托碎片存在与否视情况而定，有时 2 m 以内就见不到弹托碎片，有时在 5 m 远处射击还能见到弹托碎片残留。弹托的弹道较低，形成的损伤多见于射入口下方，有的可以穿透皮肤而形成裂创，有的只引起皮下出血或表皮划伤。现在常用的塑料弹杯射出枪口后会展开成“X”形或十字形，从而在皮肤上形成形状特异的擦挫伤。霰弹弹丸通常在 1～2 m 开始散开并逐渐扩大发散范围，因此中心射入口会随着弹丸发散范围的增加而逐渐减小（图 8.16～图 8.18）。

老一辈的现场勘查人员根据实践经验总结了一种计算方法可以粗略地判断射击距离，即数值上，射击距离（码）约等于弹丸发散范围的直径（英寸）。如果用公制单位换算就是，数值上，射击距离（m）约等于弹丸发散范围直径（cm）的

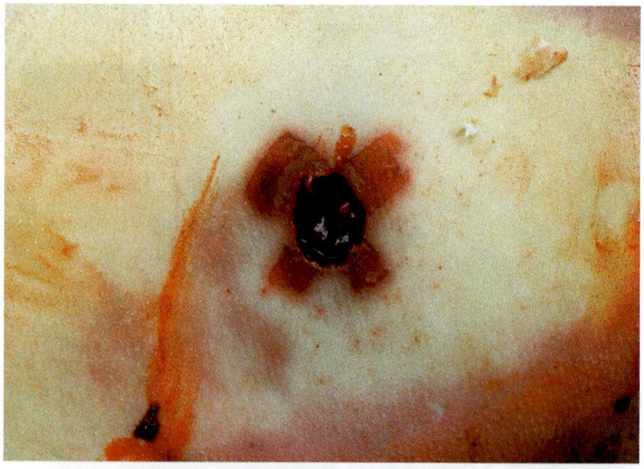

图 8.16　霰弹内盛装弹丸的塑料弹杯射出枪口后在空中打开，与皮肤撞击可形成典型的霰弹弹杯损伤，表现为圆形射入口周围“X”形擦挫伤，这种表现在近距离射击时可以形成

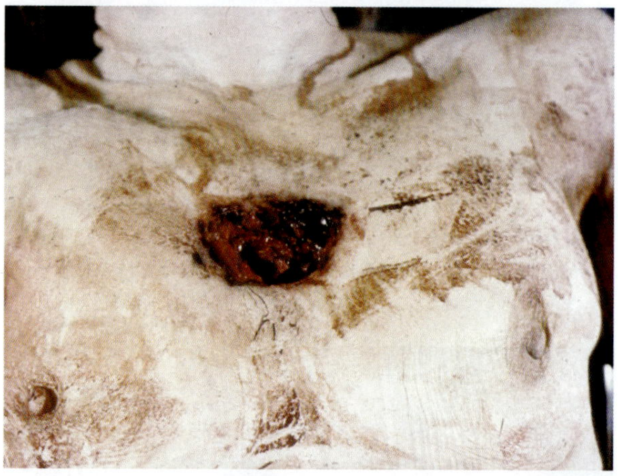

图 8.17　一名男子在醉酒后用大口径 .12 号霰弹枪杀死了其正坐在摇椅上的妻子，随后向警方投案自首。中心射入口创缘呈锯齿状，并可见一处卫星弹孔，提示射击距离约为 1 m。不过，为了获得更准确的判断，必须进行射击实验。不论实际距离是多少，可以明确的是自杀无法形成这种表现

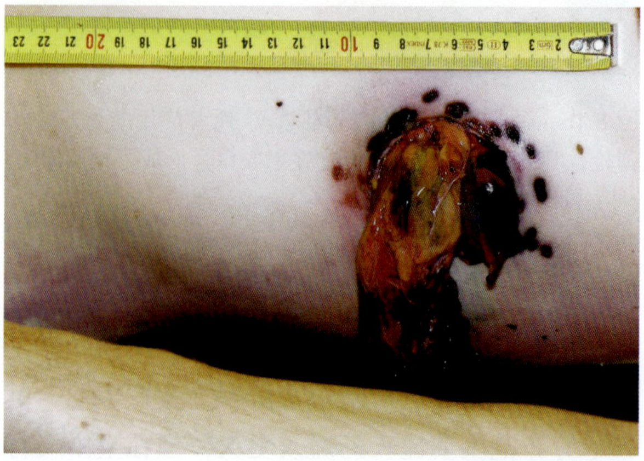

图 8.18　大口径 .12 号霰弹枪近距离射击枪弹创（他杀）

1/3。当然，这种方法适用于对体表损伤范围呈圆形或者椭圆形的短轴进行估算。实际上，这种估算结果非常不准确，但是可以用来在现场快速判断案件性质。要想准确推断射击距离必须依靠专业的检验和射击实验。

射击距离超过 6～10 m 时，中心射入口不断缩小以至消失。在这个距离范围体表不存在弹托伤、火药烟晕或火药斑纹，也无法准确推断射击距离，只能判断射击距离一定不超过所使用武器的最大射程范围（30～50 m）。在远距离射击时，弹丸通常不会致命，多数只会穿透皮肤表层并停留在皮下组织中。但是如果不幸被射穿眼部也是有可能导致死亡的。

射击方向的判断

上文已经提到，霰弹弹丸射出后在空中呈扁锥体状分布，锥尖朝向枪口，锥底朝向目标。从几何学原理可知，只有当锥底面与目标平面垂直时，相交面才是圆形，其他任何角度都是椭圆形，并且椭圆形的长轴随着两者夹角的减小而增加。因此，只有当枪口垂直于体表射击时，体表损伤形状才是中心对称的圆形。这种特点不仅体现在弹丸形成的损伤形态上，还体现在近距离射击时火药烟晕的分布形态上，并且为判断射击方向提供了客观依据。除体表损伤形态外，创口边缘的形态也有助于判断射击方向（图 8.19～图 8.24）：

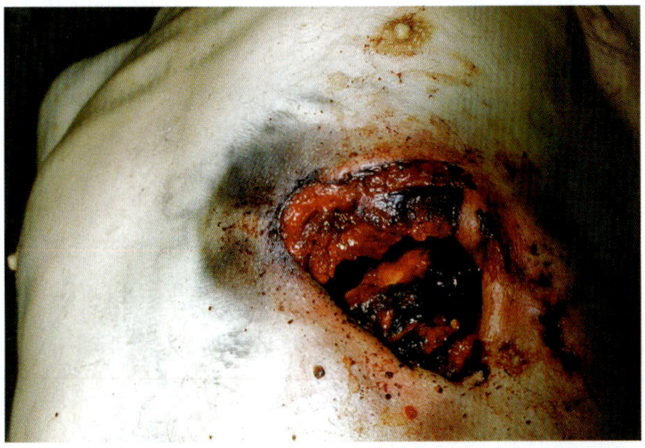

图 8.19　大口径 .12 号霰弹枪自杀枪弹创。实践中并非所有这类的射入口都是圆形。如图所示，死者左侧胸壁射入口表现为巨大的撕裂创，创周火药烟晕呈不对称分布，这是因为枪口与皮肤成锐角射击。心前区是另一处“自杀特选部位”

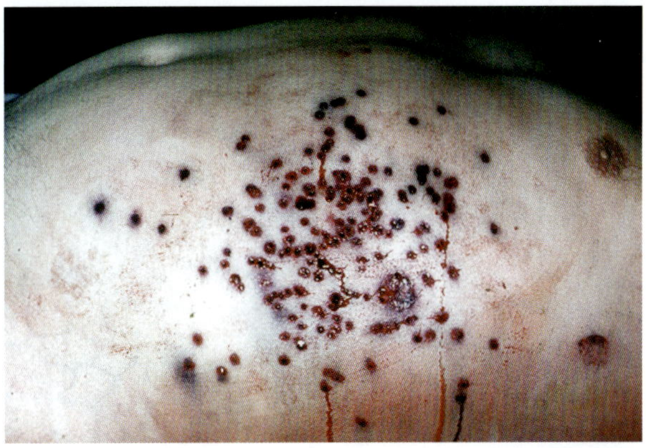

图 8.20　大口径 .12 号霰弹枪中距离射击枪弹创。射击距离范围为 7～9 m，排除自杀的可能

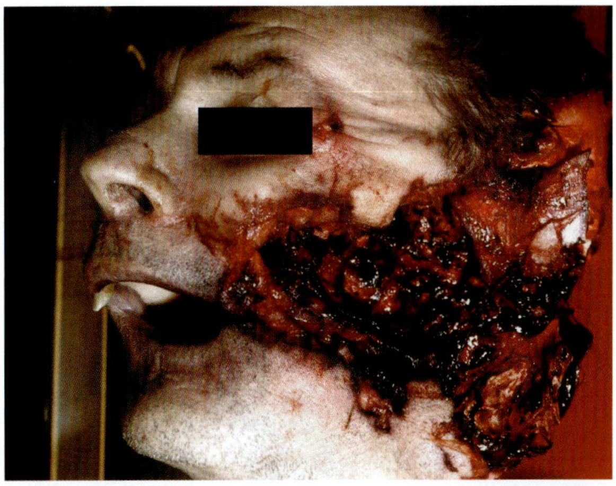

图 8.21　面部霰弹枪切线状射击创。弹丸和高压气体沿切线方向穿透面颊部，造成一侧面部和颅底粉碎性骨折，一侧外耳缺失

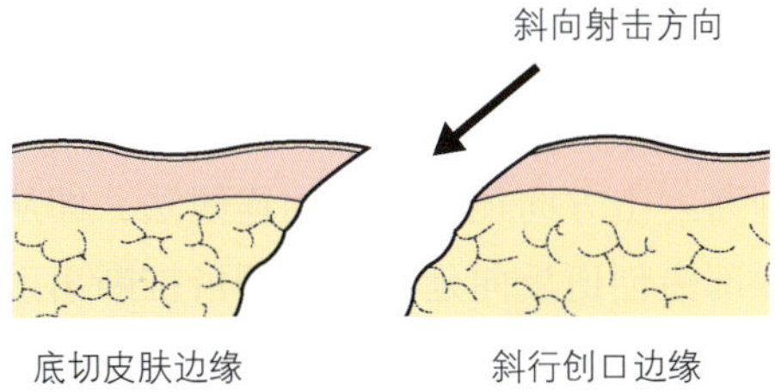

图 8.22　成角度射击时射入口创缘两侧分别表现为斜行和“底切”

- 弹丸非垂直射入时，射入口边缘呈斜行，远侧创缘皮下组织较表皮缺损更多。这种现象与锐器斜刺形成的创缘形态相似，一侧创缘皮肤缺损较皮下组织多，而对侧则表现为皮下组织缺损较创缘皮肤多。实际案例中，膛线枪子弹形成这种创缘斜行特征要更为典型。

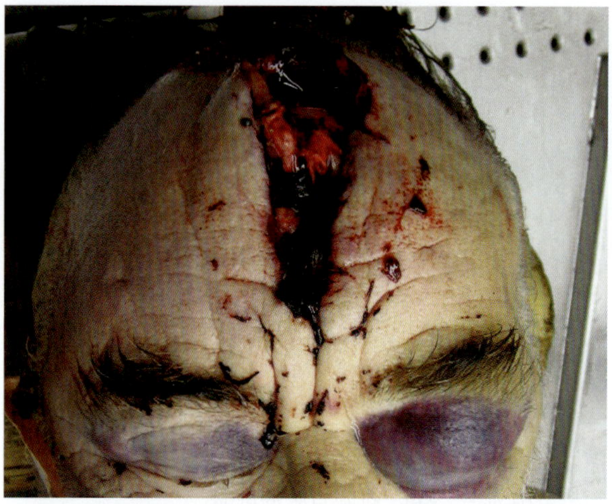

图 8.23　额部霰弹枪切线状射击创（自杀）。虽然大部分弹丸并未穿过死者头部，但射击仍然导致死者颅骨骨折，并造成了额顶部 4 cm × 2.5 cm 椭圆形颅骨缺失（图 8.24）

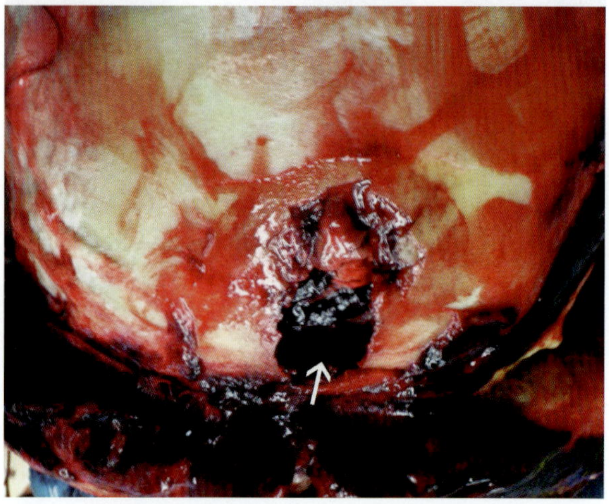

图 8.24　霰弹枪切线射击所致椭圆形颅骨缺失，如箭头所示。注意创口远端（远离枪口一端）斜行创缘

- 判断射击方向还可以采用连线法，即从创道深部沿创道反向延长直线即可推断出射击方向。相较而言，连线法更适用于膛线枪，但是霰弹枪还可以根据体表损伤的位置以及弹丸分布的密集度来大致推断射击方向。使用 CT、X 线等影像学检查手段更有助于解剖时寻找体内的弹丸（图 8.25）。无论何种类型的弹丸，在骨骼和不同组织中运动轨迹都会发生偏移，从而使得弹丸最终的弹道轨迹极大地偏离理论弹道。因此，在条件允许的情况下，必须明确发生跳弹前弹丸在组织中的实际路径。

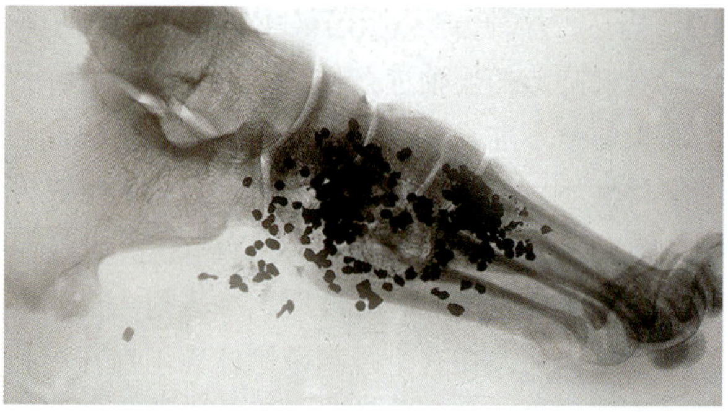

图 8.25　所有火器致死的尸体都应在尸检前进行影像学检查。如上图所示，影像学检查可以清楚地显示体内霰弹弹丸散在范围。在只有单发子弹射入体内的情况下，还可以明确子弹嵌顿的位置以及可能形成的碎片，以助于法医解剖时完整提取子弹

其他霰弹枪弹创特征

- 霰弹射出口较少见于人体躯干部，这是因为弹丸的体积较小，速度相对较低，所具有的动能也较小。例如，.410 号霰弹枪几乎没有射出口，即使是大口径的 .12 号霰弹枪也很少会造成成年人胸腹部的贯通创，弹丸会穿透胸壁但最终停留在皮下组织中。通常情况下，弹丸嵌顿处可见深部组织出血。弹丸被坚韧的皮肤阻挡并停留在皮下，因此尸检时可以触及嵌顿的弹丸。
- 当使用的是大口径 .12 号霰弹枪时，可在头、颈、四肢，或者儿童和瘦小的成年人躯干部形成形状不规则的巨大射出口，破碎的组织外露。实践中常见死者将 .12 号霰弹枪枪管伸进口腔自杀致使头部爆裂，颅骨和头皮形成巨大缺损，大部分的脑组织喷溅出来，也就是所谓的“爆头”。
- 即使是接触射击或近距离射击时，霰弹枪在体内形成的创道也比膛线枪更分散，紧密成团的弹丸会先在组织内前进一段距离后散开。一般来说，霰弹枪造成体内组织器官广泛损伤的机制是大量弹丸直接造成组织器官机械性破坏，弹丸的速度相对较低，因此并不会像高速子弹那样产生瞬时空腔效应从而对周围组织造成破坏。在近距离射击时，大量的高温气体也会损伤体内组织器官。

- 现代霰弹中常见的非金属结构会对人体造成特殊损伤。例如，塑料弹杯展开的侧翼会形成十字形损伤（弹杯损伤）。弹托损伤多见于接触射击和近距离射击，但是弹托飞行距离的远近受到多种因素影响，包括弹杯种类、发射药填装量和弹托材质。因为弹托质量较轻，飞行时空气阻力较大，所以下落速度比弹丸更快，只有在接触和近距离射击的情况下，弹托才会射入体内。尸体解剖时应注意发现提取弹托碎片，弹托碎片有助于识别霰弹种类（图 8.26）。
- 通常情况下，当射击距离超过 1～2 m 时，弹托明显下落并在射入口下方形成损伤；当射击距离为 2～5 m 时，弹托不一定都能到达目标；当射击距离超过 5 m 时，弹托基本上在到达目标前就已经掉落在地上。同样，要想尽可能准确地判断射击距离，在条件允许的情况进行射击实验是十分必要的。作为法医，任何情况下都不应该武断地给出所谓“精确”射击距离的结论，而应该为侦查人员提供合理的射击范围作为参考。
- 切线状射击创是一种特殊角度射击形成的枪弹创，没有丰富实践经验的法医很可能将其误认为刀伤或钝器伤。霰弹弹丸出膛后呈锥体状散射，可以击中身体的任意部位。分布于锥体中轴附近的弹丸会正面射穿皮肤组织，而分布于锥体边缘的弹丸则以切线方向形成体表损伤。切线状射击创最常见的位置是双侧胸部腋下区，有时会同时在胸侧壁及同侧上臂内面形成对应的损伤。面颊部也常见切线状射击创，弹丸掠过面颊部形成擦伤，甚至会造成耳郭缺损。

切线状射击创的损伤形态取决于弹丸和射击气体穿透的广度和深度。在两侧胸壁可形成大面积椭圆形皮肤撕脱，暴露出肌肉组织和肋骨。若是近距离射击，则可从创周附着的火药烟灰明确损伤性质，但如果是远距离射击，创周皮肤比较干净，就不太容易判断损伤性质。当然，除了弹丸形成的体表损伤外，还可以用影像学检查发现的体内弹丸来帮助明确损伤性质。

即使弹丸没有贯穿胸腔，胸部的切线状射击创也会对胸膜和肺组织造成严重损害，引起严重血胸（可伴有肺挫伤或挫裂伤），从而导致死亡，个别案例报道了空气栓塞死亡（图 8.27～图 8.29）[32-34]。

当霰弹击中一侧头面部时，可造成颅骨或面骨粉碎性骨折。即使弹丸没有射入颅内，依然会导致严重的颅内损伤。

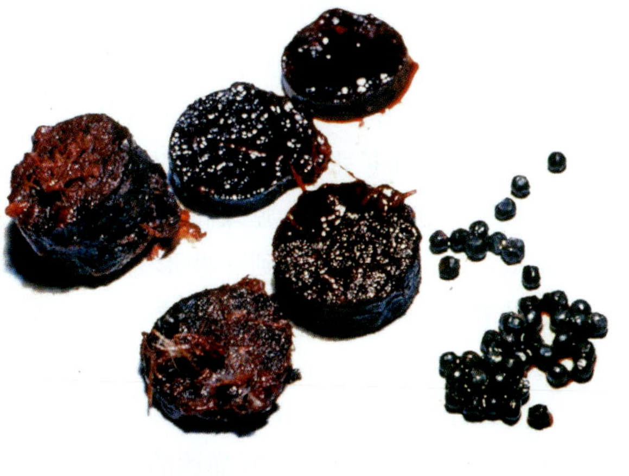

图 8.26 大口径 .12 号霰弹枪弹创内提取出的铅弹丸和毛毡制作的弹托（隔层）。为能够识别霰弹的种类，要提取至少一颗弹丸样本及弹托（隔层）

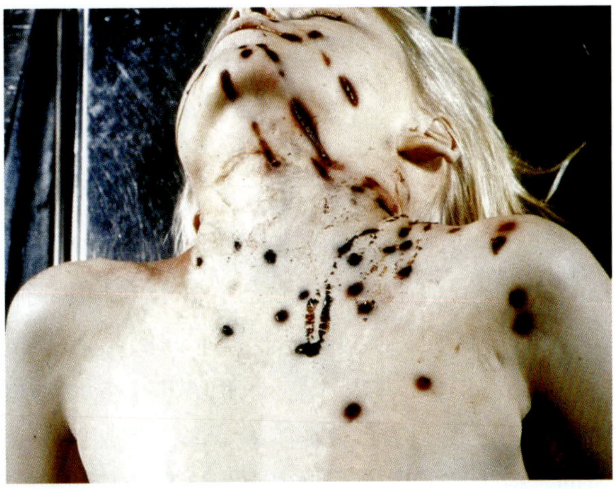

图 8.27 大口径 .12 号霰弹枪远距离射击枪弹创（另见图 8.28）。死者（未成年人）当时跟在一名猎人身后穿过树林，猎人肩上扛着猎枪并且枪口朝下。当猎人躲避树枝时，树枝触发了猎枪造成了意外

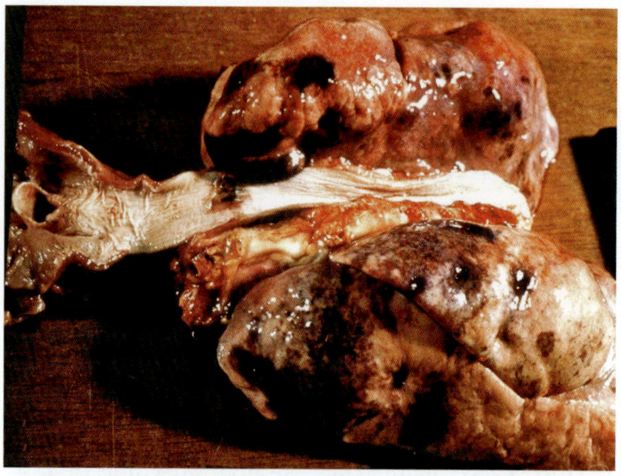

图 8.28　霰弹弹丸射穿死者食管和双肺（另见图 8.27）

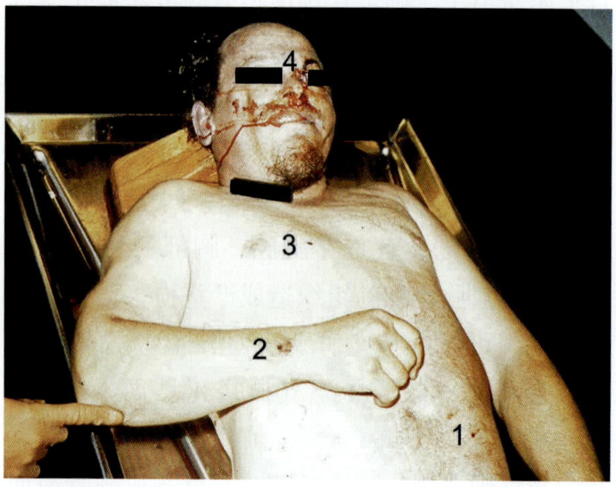

图 8.29　为一起打猎意外事故。男性死者被远处大口径 .12 号霰弹枪射出的 4 颗弹丸击中。其中，1 号弹丸射穿腹部皮肤后停留在皮下脂肪组织中；2 号弹丸仅造成右手腕局部皮下出血；3 号弹丸穿透胸壁，嵌顿在心包脂肪组织中，但并未伤及心脏；4 号弹丸从左眼角射入左侧大脑半球导致死亡

膛线枪枪弹创

膛线枪损伤形态与子弹速度大小密切相关。虽然不同速度造成的损伤形态不尽相同，但都存在一些共同的特征。与霰弹枪不同的是，膛线枪每次击发只能射出一颗子弹，如自动步枪可以连续快速射击从而对身体某个部位造成多个枪弹创。极少数的案例中出现因为枪支的某些缺陷同时射出两颗子弹，或者枪管、弹壳或弹头上脱落的金属碎片连同子弹一起射出，从而出现两个“子弹”同时击中目标的情况。后文将对此进行详细描述。

接触性射击枪弹创

接触射击根据枪口与体表接触紧密程度不同有如下几种情况：第一种情况是枪管紧紧抵住皮肤使得枪口被皮肤紧密包裹形成相对密闭的接触状态；第二种枪管是松散地贴靠在皮肤上，这种情况下射击后坐力会使枪口后退离开皮肤表面（图 8.32，图 8.39，图 8.40，图 8.45）；第三种是枪口和皮肤间隔着衣物。

当紧密接触射击时，膛线枪射入口与霰弹枪有许多相似之处。例如，小口径 .410 号霰弹枪接触射击的射入口就与大口径膛线枪形成的射入口非常相似，但大口径 .12 号霰弹枪的射入口则要大得多。当接触射击发生在皮下软组织较多的部位，如击中四肢、腹部、颈部及胸部时，射入口小而圆，创口边缘被熏黑。在没有被覆衣服的情况下，枪口和皮肤紧密接触，创周基本没有火药烟灰污染。

创道内可见火药颗粒或烟灰。火药烟灰的浓密程度取决于子弹发射药的“清洁度”或者是否为特殊的子弹[12, 35, 36]。与霰弹相比，大多数膛线枪子弹发射药燃烧得非常“干净”（无烟火药），所以体表没有明显火药烟灰附着。射入口边缘皮肤可见一圈直径略大于枪管口径的红晕，这是由一氧化碳与组织内血红蛋白和肌红蛋白结合所致，类似的现象也可见于创道深部。射入口周围较少见皮下出血，少数皮下出血呈对称分布。“枪口印痕”是接触射击特有的损伤形态，是由射击产生的大量气体进入皮下，皮下间隙快速扩张使得局部皮肤向枪口方向鼓起并与枪口撞击所致。膛线枪枪口结构比霰弹枪复杂，因此尸检时见到一些形态复杂的枪口印痕可能是前瞄具（准星）和拉套筒导致的（图 8.30）。

当接触射击发生在密质骨（如颅骨）衬垫的部位时，也会出现类似上文所描述的骨骼衬垫部位霰弹枪接触射击射入口的形态特征。同样，射击产生的大量气体进入皮下组织后因扩张作用力被骨骼反弹回来，使得皮肤呈穹隆状隆起，导致局部皮肤因过度拉伸而呈放射状（十字形或星

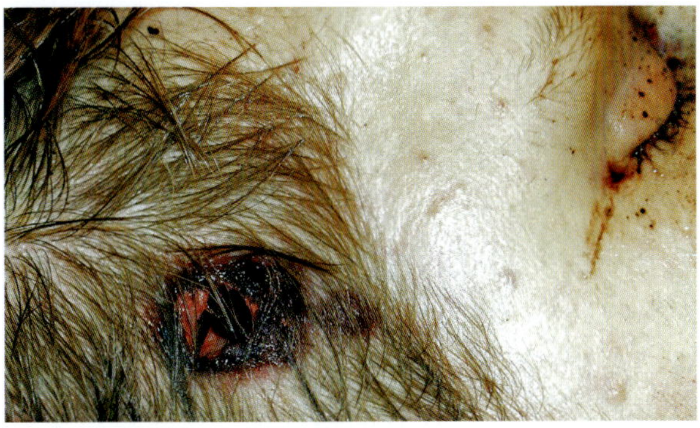

图 8.30　9 mm 手枪接触射击射入口（自杀），可见枪口印痕（射出口如图 8.31 所示）

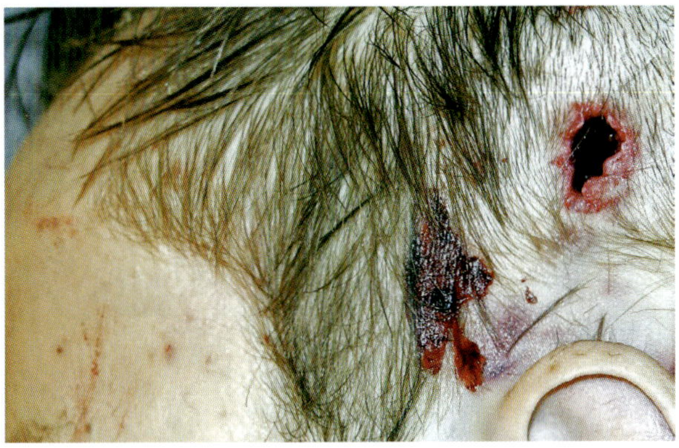

图 8.31　9 mm 手枪接触射击射出口（自杀），（射入口如图 8.30 所示）

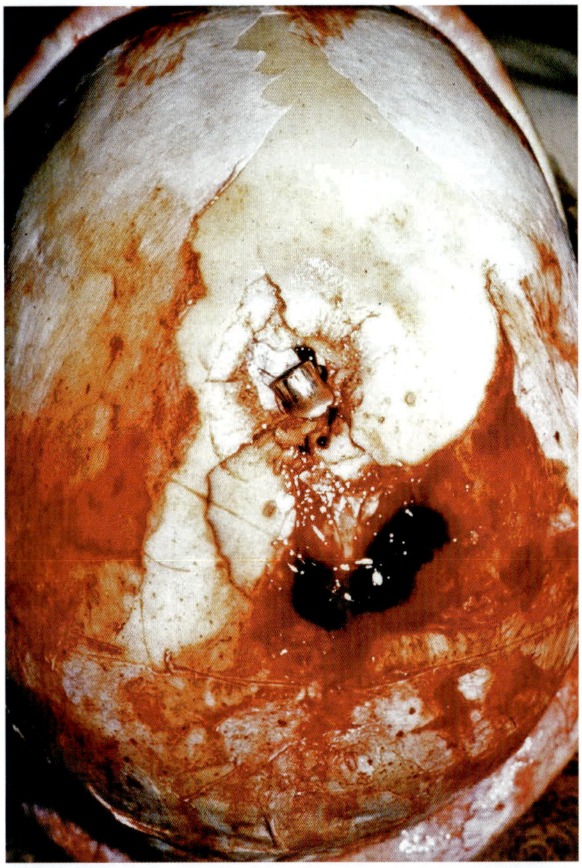

图 8.33　在一起他杀案中，死者颅骨顶部见一锥状射出口，其间嵌顿一颗轻微形变的全披甲弹头，射入口位于死者颏下部

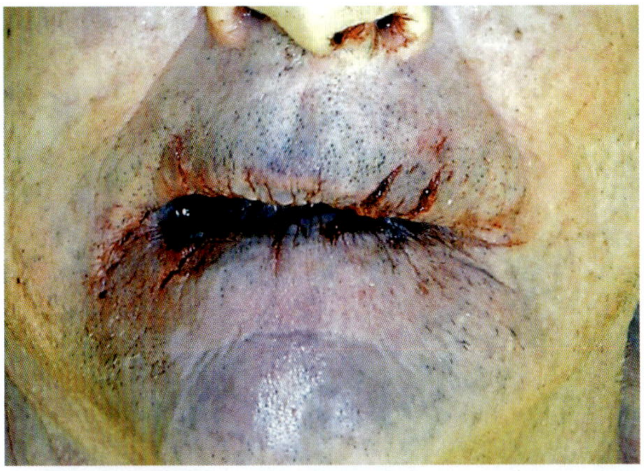

图 8.32　9 mm 手枪经口内射击，射击时产生的高压气体膨胀使死者嘴唇多处撕裂

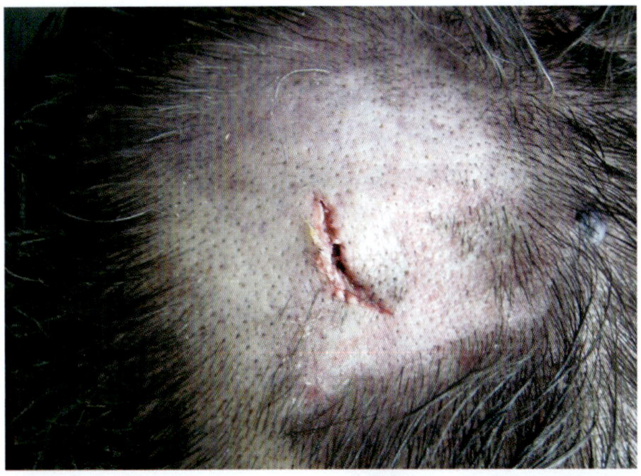

图 8.34　经口内射击（自杀），射入口位于上颚处，顶部头皮见裂口状射出口

芒状）撕裂（图 8.38）。头部接触射击时，射入口处颅骨缺失，周围骨膜撕脱，骨膜内层可见火药烟灰附着[36]。虽然有些步枪或者手枪的装弹量与霰弹枪相当，但是步枪弹的发射药产生的气体比大口径霰弹（填装更多发射药）少，因此步枪射入口周围皮肤放射状裂创的长度相对较短。

当半接触射击时，紧邻枪口处的皮肤会被火

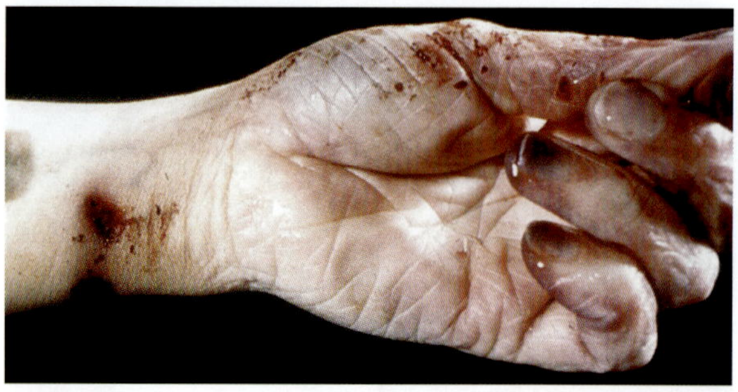

图 8.35　一起他杀案件中死者腕部枪弹创。死者生前举起左手试图抵挡凶手攻击，子弹从其左腕部尺侧射穿。图中腕部正中可见全披甲弹头形成的一个“干净”的射出口，其下方射入口周围可见火药烟晕

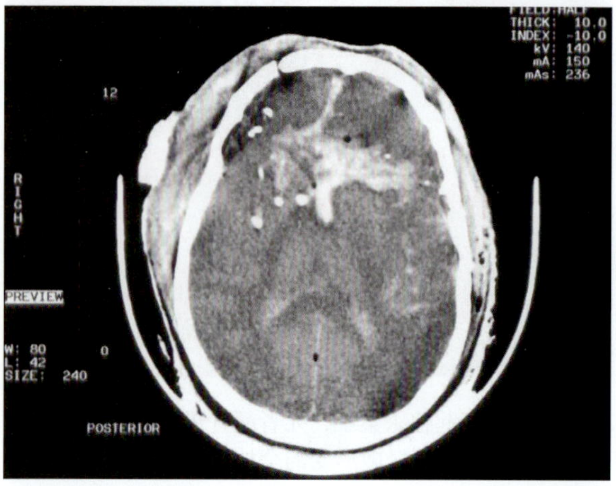

图 8.36　一名 23 岁男子在赌博 * 时，用一把马格南转轮手枪（口径为 0.357 in）朝自己的右侧太阳穴开枪后死亡。CT 扫描显示其颅脑广泛损伤，脑内可见若干高密度金属物质（铅质弹头的碎片）（经图尔库大学医院放射科 M. Kormano 教授许可转载）

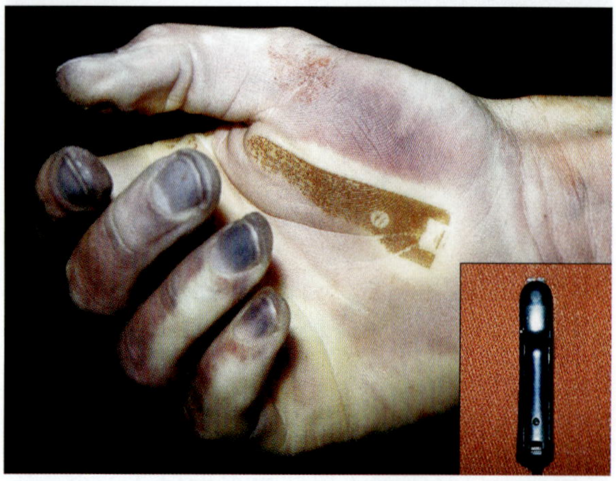

图 8.37　自杀者手上的锈迹形态与枪握把的形状相对应

药烟灰熏黑。此外，穿着衣服的情况，即使接触得再紧密，枪口和皮肤之间也无法完全封闭，射击产生的气体可以向周围逸出。

如图 8.37 所示，长时间紧握着枪的持枪者手部可见锈斑。法医学家 Ulrich 和 Zollinger 通过对照实验发现，握持处锈斑的形成取决于持枪的力度、皮肤和环境的湿度、接触的时长及枪械表面的情况[37]。在最适宜的条件下，活体持枪出现锈斑所需的最短时间为 27 min，而在尸体上则至少需要 135 min。

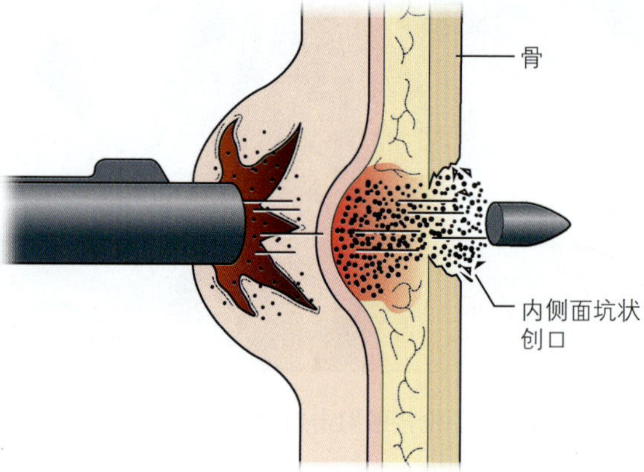

图 8.38　骨骼衬垫部位（如颅骨）的接触射击导致高压气体遇到坚硬的骨骼反弹回来，将皮肤向外顶起形成穹隆状隆起并导致射入口周围皮肤撕裂。这种损伤形态绝不是一成不变的

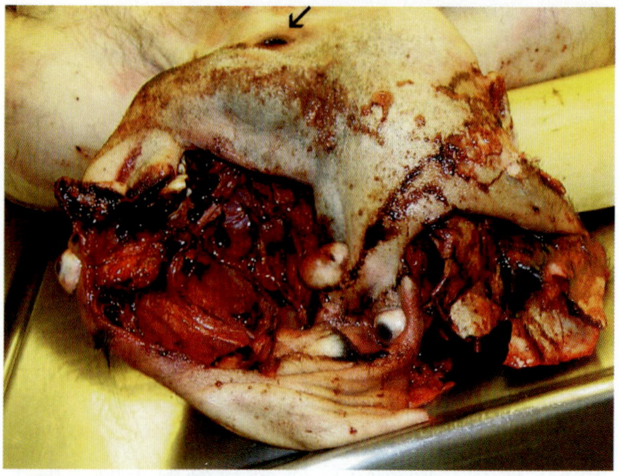

图 8.39　箭头所示为使用 7.62 mm 口径的步枪接触射击形成的颈部枪弹创（自杀），死者头部完全爆裂粉碎

* 译者注：原版英文为“Russian roulette”。

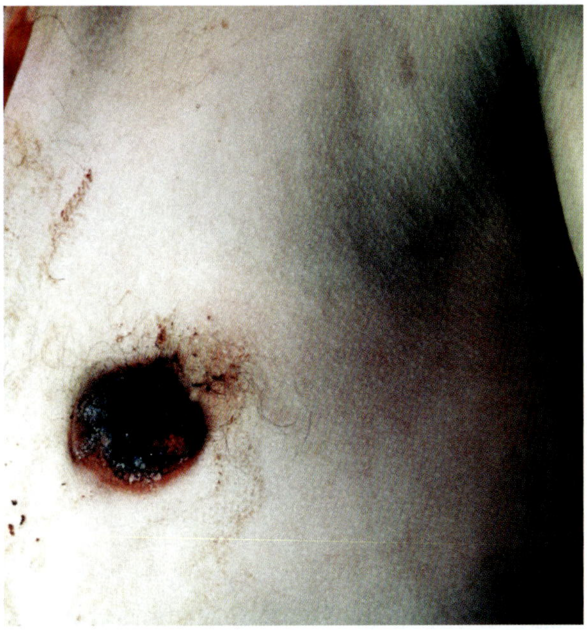

图 8.40　7.62 mm 口径的步枪形成的胸部射入口（自杀）

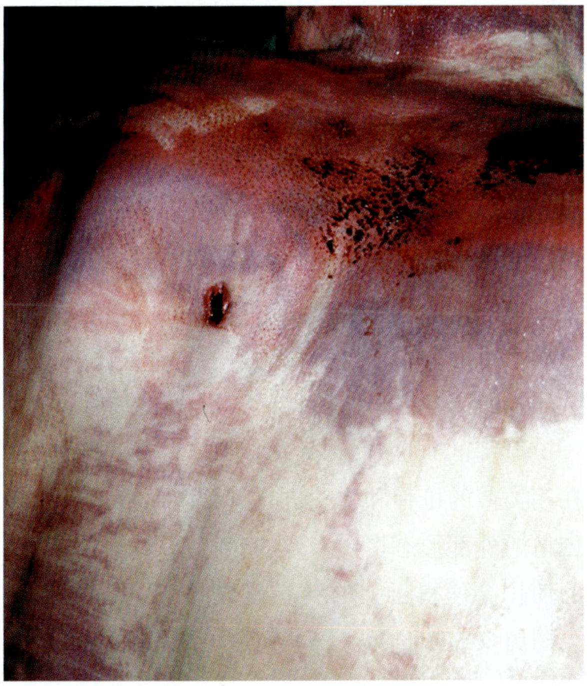

图 8.41　7.62 mm 口径步枪射出口，同图 8.40 所示案件为同一案件

“回溅”现象

接触或近距离射击时，血液和组织从射入口沿着与射击方向相反的途径溅出，有时可能飞溅入枪管内几厘米处，称为“回溅”现象。这是由于射击之后枪管冷却较快，枪膛内气压减小形成瞬时低压而引起倒吸，将枪口附近的物体吸入枪管内，如毛发、皮肤及皮下脂肪组织碎块等都可能被吸入枪管内。有时血液和组织碎块还会回溅到持枪者的手或前臂上，这种现象对于案件性质的分析具有十分重要的意义[31, 38-49]。

近距离射击枪弹创

不同种类的子弹近距离射击形成的射入口形态不尽相同。大多数射入口呈圆形且创缘平整，射入口边缘可见环状“擦挫轮”。这些损伤特征也可见于中距离射击的射入口。

虽然传统的黑火药现在已被燃烧时产生火焰更少的新型发射药所取代，但当射击距离很近时（几厘米），仍然可见射入口周围毛发焦化或呈棒槌状，这是由毛发末梢的角蛋白被高温熔化后凝固成珠状所致。

火药烟晕及火药斑纹

虽然大多数新型发射药都是无烟火药，但是射入口周围仍可见少量烟灰污染。此外，一些炽热的火药颗粒也会在射入口周围形成散在的点状表皮损伤，即火药斑纹。这些射击残留物（gun shoot residues，GSR）在射入口周围的分布大致对称，并且法医可以根据分布的形状判断子弹射入的角度。火药颗粒比烟灰飞行的距离更远，因此当射入口周围可见火药斑纹但无烟晕时，说明射击的距离较远（图 8.42～图 8.44）。手枪射击时，创周可见烟晕的距离不超过 15 cm（6 in），而火药斑纹能长达 30～45 cm（12～18 in）。然而，这是估算距离，而且如果是步枪的话，上述现象出现的最远距离是手枪的 2 倍以上。除了射击距离以外，射击残留物分布形态还受到其他一些因素的影响：如枪支的种类和加工工艺、口径、枪管长度、发射药种类和燃烧率、底火、射击夹角以及被击中物体的材质[12, 30, 31, 50-58]。再次重申，要想得到更为精确的结论，必须进行射击实验。

一些未燃烧的发射药或者惰性填充剂的细小碎末也附着在射入口附近的皮肤上。这些颗粒碎末一般都有鲜亮的颜色，而且不同制造商使用的

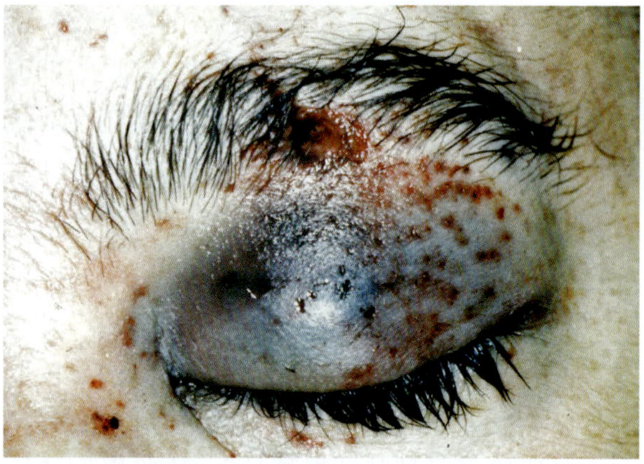

图 8.42　手枪近距离射击射入口。上眼睑和前额下部可见散在火药颗粒点状损伤。双眼皮下出血系颅底骨折所致

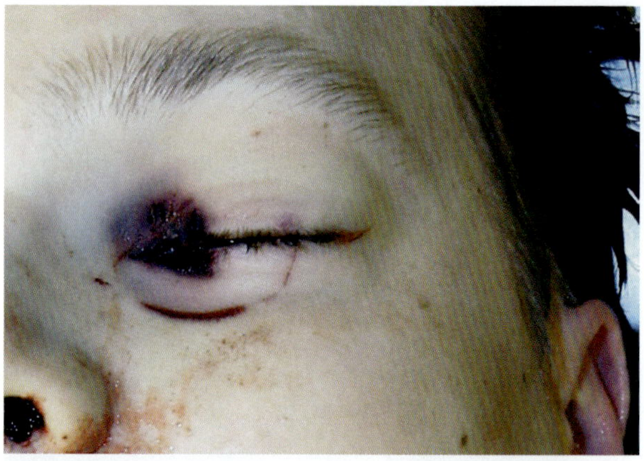

图 8.45　加装消音器的 .22 号步枪射入口（自杀），射入口处可见消音器印痕

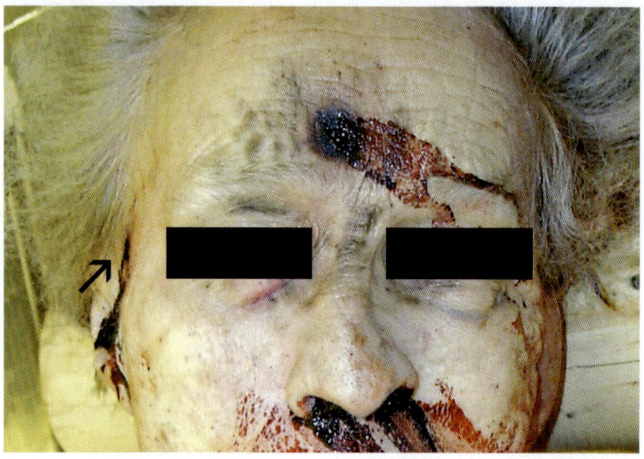

图 8.43　死者被凶手用 7.65 mm 口径全自动手枪射中前额和右侧面部（箭头所示），射入口周围可见火药烟晕

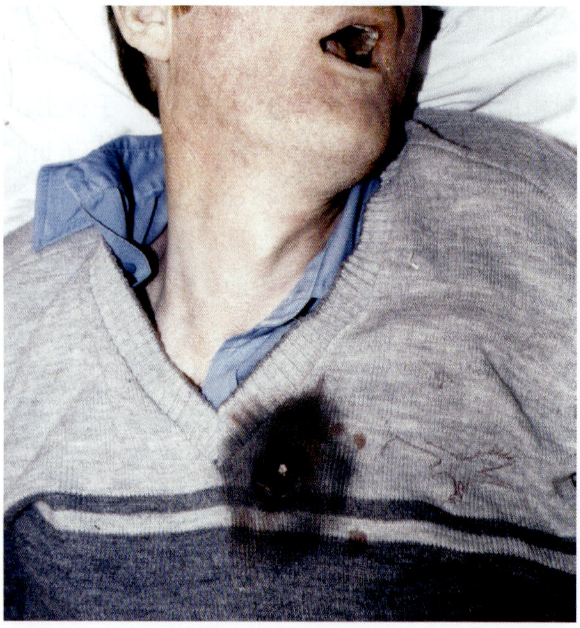

图 8.44　.22 号步枪射入口（自杀）。衣服上的大量火药烟灰说明系非常近距离射击

颜色也不同，如有橙色或蓝色。在现场检验时要注意，必须采用专门的工具提取这些微量物证后才能清洗创口。提取这些枪弹残留物通常采用胶带粘取法，即用铝箔胶带反复按压皮肤表面（如手部）来粘取收集这些颗粒[57, 59-61]。如果没有专门的提取工具，法医也可将射入口周围的皮肤组织切下送检（不可使用福尔马林等固定液固定，必要时可以冷藏保存）。提取的检材样本应尽快送到理化实验室进行鉴定，并与嫌疑人所持有的弹药进行同一性比对。除此以外，还可以对接触性射击的创道内组织进行碳氧血红蛋白和碳氧肌红蛋白检验，这两种物质的浓度会随着创道的深入而逐渐减少。

射程的判断将在下文叙述，此处再次强调，在用类似的枪弹和弹药进行测试射击前，只能从创口的外部形态提供大致的参考，另外，消音器的使用会使得子弹的动能减少，以及火药烟晕、火药斑纹的数量减少，从而造成射击距离较远的假象[57, 62]。

中远距离射击枪弹创

射击距离超过 1 m 时，膛线枪射入口的形态基本没有什么变化，无法通过射入口形态推断出具体的射击范围，除非子弹轨迹发生明显偏移才会提示射击距离达到了武器的最远射程。高速步枪从 50 cm 到几公里的范围射击形成的射入口形态都是相同的（图 8.46）。

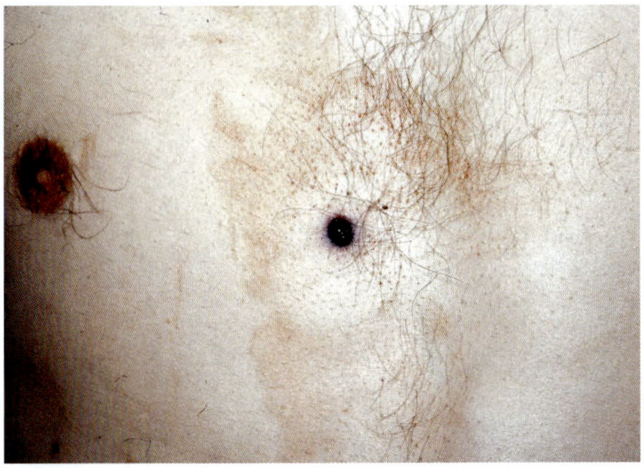

图 8.46　在一起枪击意外中，死者前胸见 .22 号步枪弹形成的射入口

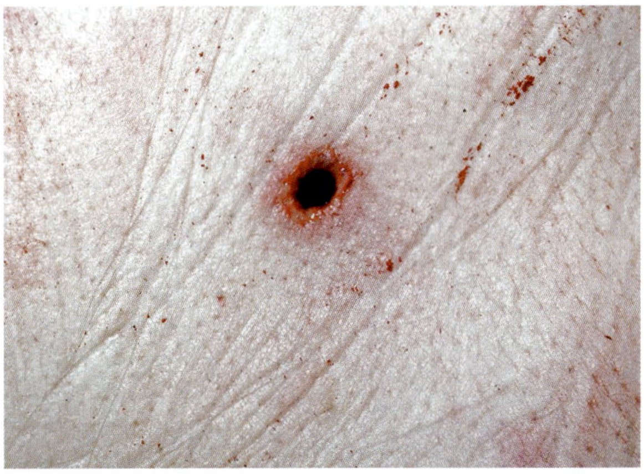

图 8.47　凶手使用 7.62 mm 口径的猎步枪从房间的另一头射中死者背部。上图所示为射入口，可见明显的擦拭轮，但因为衣服遮挡，所以没有污垢轮

很多影视作品当中的法医和侦探可以通过检查创口就能轻易确定作案的武器是 .32 号或 .38 号口径，而实际上射入口的大小并不完全等同于子弹的直径，因此不能仅通过射入口大小来确定所使用枪械的口径。子弹穿透皮肤后，皮肤组织会回弹收缩从而导致射入口通常略小于子弹的直径，或者就是非常近距离射击时射击产生的气体进入皮下组织并引起了射入口撕裂、扩张。表皮角质层越厚的部位，形成的射入口大小和子弹直径越接近，如手掌和足底，特别是指甲处的射入口大小基本和子弹直径一致[63, 64]。

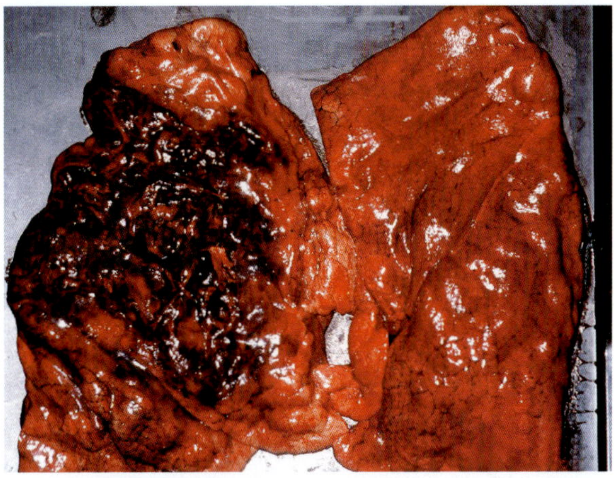

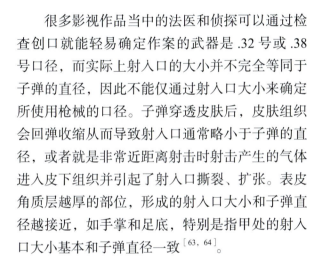

图 8.48　同图 8.47 所示案件，解剖见死者肺部大面积破坏、出血

擦拭轮

擦拭轮又称为挫伤轮，表现为射入口边缘环形表皮剥脱及皮下出血（图 8.47，图 8.49，图 8.51）。挫伤带宽度有的仅为狭窄的一圈，有的可与中央创口直径相当。关于擦拭轮的形成机制的各种理论目前还存在分歧。较为普遍的观点是认为擦拭论的形成是由于创口周边皮肤因弹头旋转、挤压作用造成表皮擦挫伤。然而，Sellier 用高速相机（70 000 帧 / 秒）记录皮肤组织在弹头穿透过程中的变化，首次发现当子弹顶部穿透皮肤时，皮肤会产生径向加速并发生离心位移（远离创口方向移动），而不会与弹头直接接触摩擦[65]。他进一步研究发现，擦拭轮的形成是由创口内的细小的组织碎块向射击方向“回溅”所致。Thali 团队利用人造皮肤-颅骨-脑组织模

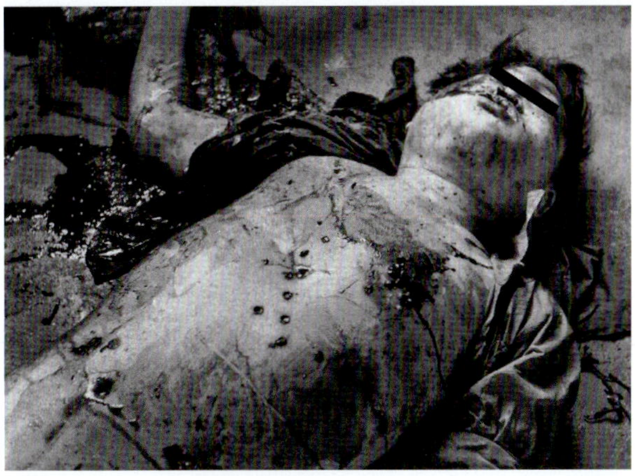

图 8.49　全自动军用机枪造成的多处射入口。射入口呈直线排列且间距大致相等。每一处枪弹创都表现为典型的射入口形态，即中心圆形皮肤缺损伴创周环形擦拭轮。死者背部可见大量射出口。死者是被马来西亚武装巡逻队用 .303 号口径的布伦机枪射中

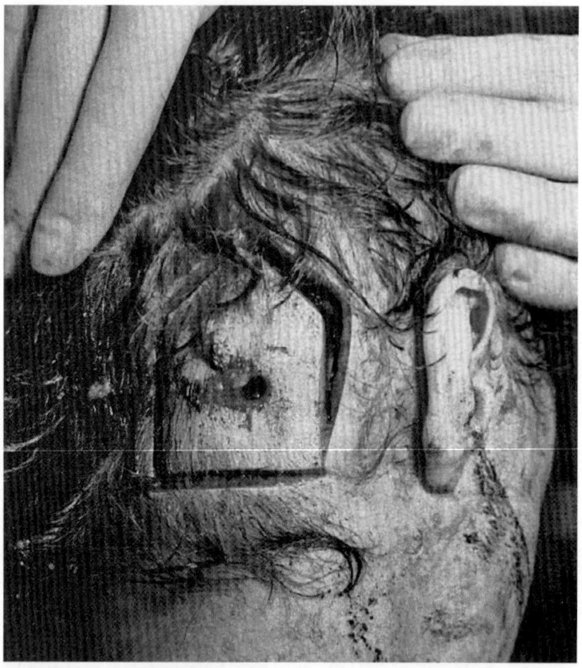

图 8.50　射入口损伤，图中所示的是将射入口连同周围皮肤组织一起切下送检，在拍照固定前应将局部头发剃掉并用物证袋保存。切取时尽量把周围皮肤切得宽一些，能够将射击残留物以及烧伤的皮肤都一并完全提取。切下的组织要呈明显不对称的形状，这样在送检时才能够辨明检材的方向

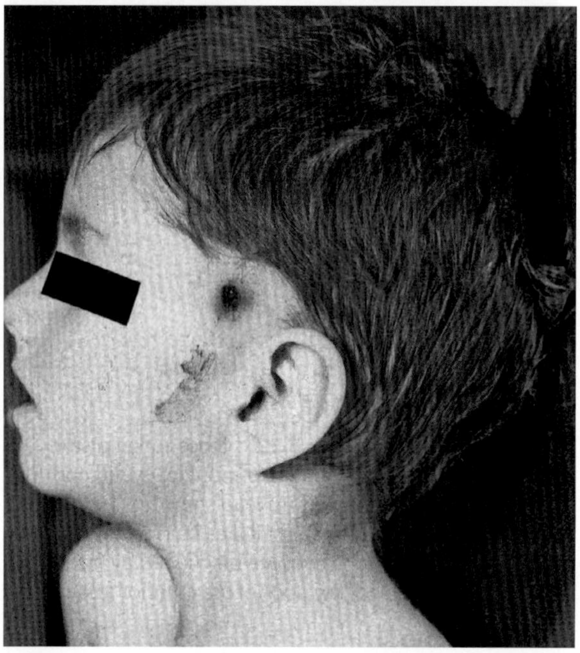

图 8.51　.22 号口径步枪弹的近距离射击射入口。射入口周围可见少量火药烟晕，子弹上的尘土和油污使擦拭轮呈黑色。事实上，凶手在很短时间内连续开了两枪，两发子弹射入了同一个射入口。两发子弹弹道并不完全一致，因此射入口略呈椭圆形

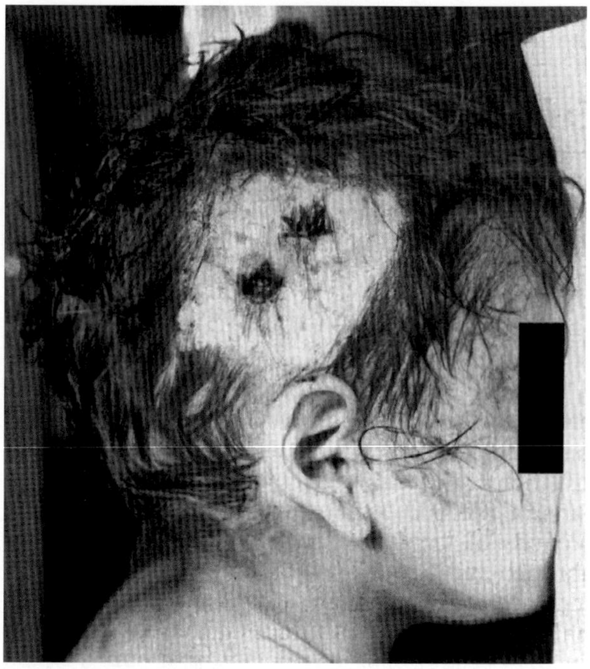

图 8.52　图 8.51 死者的头部射出口损伤。两颗子弹从同一射入口进入颅内后分别从不同位置射出。射出口呈典型的星芒状或裂隙状，创口“干净”。一般而言，像 .22 号口径这类小口径子弹通常不会造成射出口。但在此案例中，小孩的头部较小，颅骨较薄，形成的阻力相对较小，因此弹头能完全射穿头部

型，通过高速相机（高达 5 000 万帧 / 秒）观察模型受到枪击瞬间发生的变化。他们发现弹头射入人造皮肤的瞬间，在刚刚接触到皮肤后，人造皮肤就向前凸出并呈锥形向前伸展，弹头和皮肤间失去直接接触（这个过程大约 50 μs），直到弹头完全穿透后，人造皮肤才因组织弹力而回缩。因此，他们推测射入口附近皮肤发生过度拉伸，随后局部脱水干燥才是形成擦拭轮的主要原因[66]。

除了擦拭轮之外，其外周通常可见稍宽的环形不规则撕裂状表皮剥脱。随着时间推移，外周的表皮剥脱逐渐脱水干燥而颜色不断加深，就如同擦拭轮的不断扩大[64]。

污垢轮

当子弹穿透裸露的皮肤时，弹头上的油污或烟灰会黏附于创口周围皮肤上，使得擦拭轮或擦拭轮内侧缘一圈形成污秽黑褐色轮状带，这一圈污秽黑褐色轮状带称为污垢轮或子弹擦痕。它是

射入口的典型损伤特征。但如果弹头在击中皮肤前穿过其他物体（如衣服等），弹头上的油污或烟灰就会被擦拭干净，此时皮肤射入口处则无污垢轮形成[67-69]。

因为邻近的皮内和皮下组织内血管受到机械损伤，所以创口周围也可见局部淤青。步枪在超过 1 m 而手枪在超过 50 cm 远的距离射击时，射入口周围无烟晕及火药颗粒附着。

射击方向

与霰弹枪一样，创周皮肤上炭末分布和火药斑纹的几何形状，可以用来判断近距离射击角度[31, 53, 57, 70, 71]。垂直体表射击时烟晕和火药斑纹呈圆形，而与体表成角射击时烟晕和火药斑纹则呈椭圆形，并且角度越小，椭圆形的长轴越长。由于膛线枪产生的烟灰相对较少，除非是近距离射击，否则这种判断射击方向的方法不如霰弹枪有用。

同样的，与霰弹枪一样，当与体表成角射击时，射入口创缘呈斜行或底切状特征。创底露出皮下组织的一侧可指明子弹射来的方向。但是，肌肉的收缩会使得这种损伤特征不那么常见，用放大镜仔细检查可以发现斜行特征见于深层皮肤而非皮下组织中。擦拭轮的形状对于射击方向的判断则更有用。如果子弹与人体成角度射入，擦拭轮表现为非对称形状，但位于中心的弹孔通常还可以保持圆形。另一种判断射击方向的方法是将射入口和射出口两点连接起来的反向延长线即可指示射击方位，但是这种方法不适用于霰弹枪，且应用时要注意考虑以下两个影响条件：

- 无论弹头击中的是骨骼，还是实质器官，它都可能在体内发生偏移，偏离原始的弹道而射出体外。
- 必须要考虑受害者在被击中瞬间的身体姿势。大部分人，尤其是辩护律师，常常认为所有人不管在什么情况下受伤时都是以标准的“解剖姿势”站立的。但事实并非如此，尤其是在搏斗、被恐吓或逃跑的情况下，人们会以各种姿势移动或躲避，而这些姿势时刻在变动。例如，曾经报道的一起案件中，一名女性被警察意外射中，她正面射入口的位置远高于背后的射出口。这并不意味着她是被前上方射下来的子弹击中的，事实是当子弹击中她时，她身体正处于前倾位。还有许多更奇怪的案例时有报道，如在一个案例中，死者胸部有一处令人费解的高角度射入口，后来经调查得知当时死者正在楼下敲门，嫌疑人从楼上的窗户向他开枪射击。

骨骼枪弹创

子弹穿过骨骼时，特别是穿过较薄的颅骨时，通常会形成众所周知的弹孔（孔状骨折），但也有例外[25, 36, 45, 46, 66, 72-96]。以颅骨为例，射入口处颅骨外板可见边缘“干净”的弹孔，而颅骨内板缺少支撑则会形成喇叭口样的骨质缺损，内板处的弹孔要比外板稍大一些（内板斜面）。当子弹穿透颅骨并从对侧射出时，射出口处颅骨内板和外板上弹孔的形态完全相反，此时内板的弹孔要小于外板的弹孔（外板斜面）。除了孔状骨折外，还常见以其为中心向四周散射的线性骨折，有时是粉碎性骨折（图 8.53，图 8.54）。

除了这种典型的骨折形态以外，文献资料中也报道了一些非典型的骨折形态，如反转型弹孔等[46, 97, 98]。

虽然霰弹枪通常会造成颅骨广泛骨折，但如果仔细观察单个弹丸形成的骨折碎片边缘也会看到类似的斜面。单个弹丸几乎不能贯穿颅骨，但是霰弹枪近距离射击却可以造成巨大的颅骨缺损，这很大程度上是由于射击产生的大量气体连同弹丸进入颅腔后引起颅内压力迅速而剧烈增加导致颅骨爆裂。

颅骨受到多次枪击时，通常可以用 Puppe 原理（截断原理，即线性骨折有两条以上骨折线互相截断为二次以上打击，第二次打击的骨折线一般不超过第一次打击的骨折线）来确定射击顺序[99-102]。为了将截断原理更好地应用于枪弹损伤，Madea 和 Staak 基于截断原理提出：两条以上骨折线互相截断或者骨折线与弹孔互相截断为二次以上枪击，这样就可以确定哪条骨折线或弹

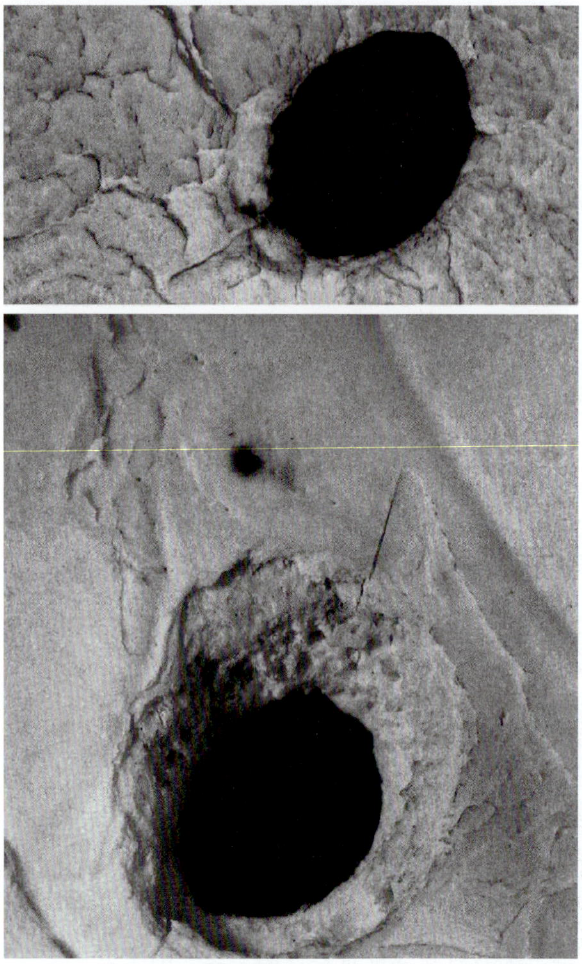

图 8.53 颅骨射入口枪弹创。在颅骨外板，弹孔边缘整齐，略呈椭圆形，提示子弹成角度射入。在颅骨内板，呈火山口状弹坑，因为没有板障的支撑，所以内板缺损大于外板，形成内板斜面。而射出口则表现为截然相反的弹孔形态，即外板缺损大于内板，形成外板斜面

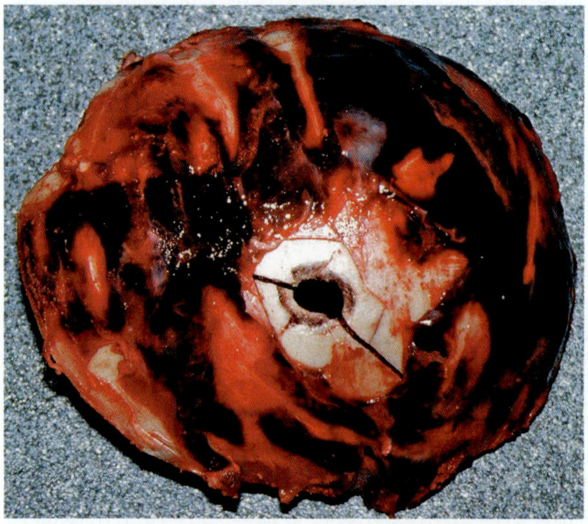

图 8.54 颅骨锥状射出口，左顶骨放射状骨折

孔是先形成的[76, 78]。

当有髓腔的骨骼被口径小于骨骼直径的弹头击中时，骨髓腔内液体压力改变是导致骨折的主要原因。根据弹头的速度的大小不同，骨折形成骨碎片有的将会被继续推向前进，有的则会朝相反方向回弹。然而与早前的一些观点相悖的是，骨碎片会嵌顿在创腔内而不会引起继发损伤，这是由于这些骨碎片具有的能量太少不足以造成额外的创道[103]。用 CT 或 X 线可以对骨碎片进行定位，并将其与弹头和弹头碎片区分开来[57, 85, 94, 95, 104, 105]。

射出口枪弹创

枪弹创射出口是子弹完全贯穿躯体形成的损伤。

霰弹枪射出口

霰弹弹丸质量小，速度相对较低，击中人体后残余的能量通常不足以贯穿胸部和腹部等躯体较宽厚的部位。而四肢、颈部和头部等部位的贯通创也通常可见于大口径 .12 号霰弹枪，极少见于小口径 .410 号霰弹枪。射击距离直接影响霰弹枪射出口的形成。接触性射击或近距离射击时，尚未分散的弹丸成团射出，再加上大量射击气体对组织的破坏也有助于弹丸向前穿透目标。最典型的是头部近距离射击，把霰弹枪塞入口中射击很可能造成头后部广泛的颅骨及组织缺失，形成巨大的射出口创，这一定程度上是由于大量气体瞬间进入颅腔使头部爆裂，即所谓的“爆头”，除了经口腔射击这种方式以外，其他头部接触性射击或近距离射击也可形成这种现象[57, 106]。

霰弹枪射出口根据解剖学部位不同以及受到体内骨骼和软组织碎片作用的影响表现为多种多样的形态。典型的射出口表现为不规则的撕裂创，创缘呈锯齿状且向外翻卷，创腔内可见深层组织及其下粉碎性骨折。骨骼和皮肤能够对射入的弹丸起到很强的阻挡作用，因此射入胸部或腹部的弹丸通常无法贯穿躯体形成射出口，常常在尸检中能触及嵌顿在射入口对侧部位皮下的弹丸。

由于霰弹枪接触射击可能会产生一个较大的、创缘不整齐的射入口，当存在射出口时，两者形态上较为相似。不过射入口周围通常可见烟灰污染，因此比较容易与射出口区别开来。部分观点认为，对于无法观察到烟灰污染的情况，包括腐败尸体，可以通过检测创口附近组织中的一氧化碳含量来区分射入口和射出口。但实际上，霰弹枪近距离射击时整个创道周围组织都可以检出一氧化碳，只不过射入口附近的一氧化碳含量相对更高一些。

膛线枪射出口

上文提到膛线枪弹创大部分都是贯穿性的，特别是军用的高速子弹。出膛速度是决定子弹能否完全穿过身体的关键因素。高速子弹（800 m/s）可能会直接穿透躯体，除非它击中了像脊柱、四肢长骨或颅底这样的较大骨骼。尽管高速子弹在体内产生的瞬时空腔效应可能具有极大的破坏性，但这种效应对于重要组织器官的损伤是有限的，因为大部分子弹的动能无法转移到组织上对组织造成损伤。如果子弹没有击中骨骼或软骨，则能够贯穿胸部或腹部等较为宽厚的部位并从对侧射出。当然，在许多情况下，即使穿过骨骼（特别是头骨或肋骨），子弹还是射出体外，下文将详细讨论此部分内容（图 8.31，图 8.33，图 8.34，图 8.36，图 8.41）。

如果射出体外的弹头结构完整，没有严重变形或破碎，那么射出口的大小主要取决于此处创腔的大小。射出口多表现为创缘外翻，呈圆形或是创缘撕裂。弹头穿透缺少支撑的皮肤，可形成裂隙状或星芒状裂创（图 8.52，图 8.55，图 8.56，图 8.59～图 8.62）。

确定射击方向是法医的重要任务之一。但是，当射击距离超过 50 cm 时，射入口和射出口外观形态非常相似。通过仔细观察创口边缘，发现有烟灰、油渍污染的则表明该处创口为射入口。如果穿有衣服时，射入口和射出口附近都可能检出衣物纤维。

当子弹穿透有外部作用力支撑的皮肤，如被结实的胸罩扣带或弹力裤腰带束缚的部位，或者

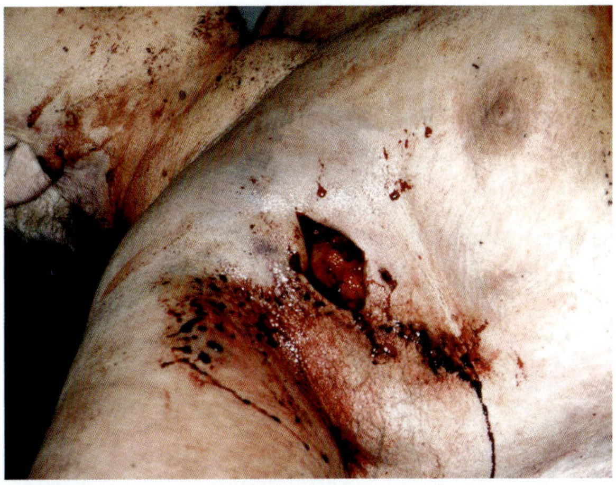

图 8.55　非典型撕裂状射出口，死者被他人从背后用猎步枪射击导致死亡。死者背部射入口见图 8.47 和图 8.48

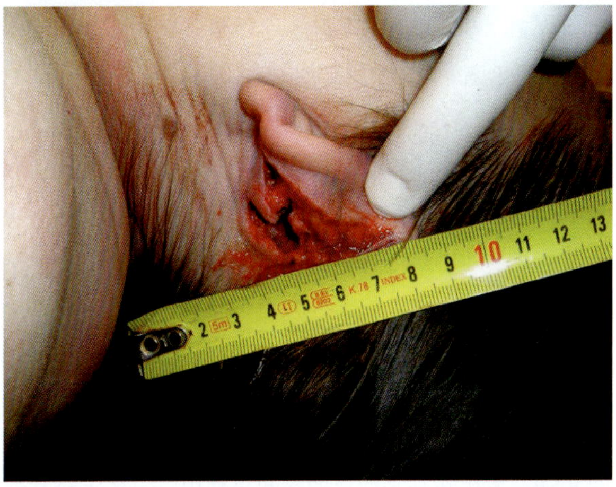

图 8.56　耳后的射出口（他杀）。致伤武器为 0.357 号口径的史密斯 · 韦森（Smithe & Wsson，手枪制造商）转轮手枪

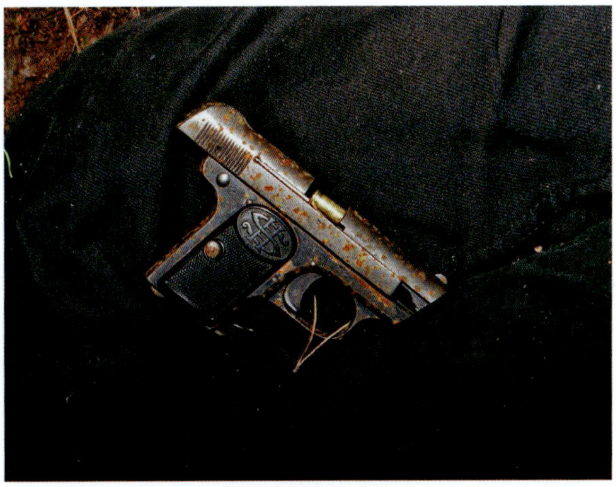

图 8.57　遗留在现场的施迈瑟手枪（Schmeisser，口径为 6.35 mm），退弹时发生卡壳。凶手杀人后自杀，手枪在凶手大腿上发现

死者被击中时正倚靠在石膏或纤维板墙上时，局部皮肤受到压迫则不会出现外翻。在这些情况下，在射出口边缘甚至可能出现假性擦拭轮，这实际上是子弹将创口周围皮肤撞向接触面造成

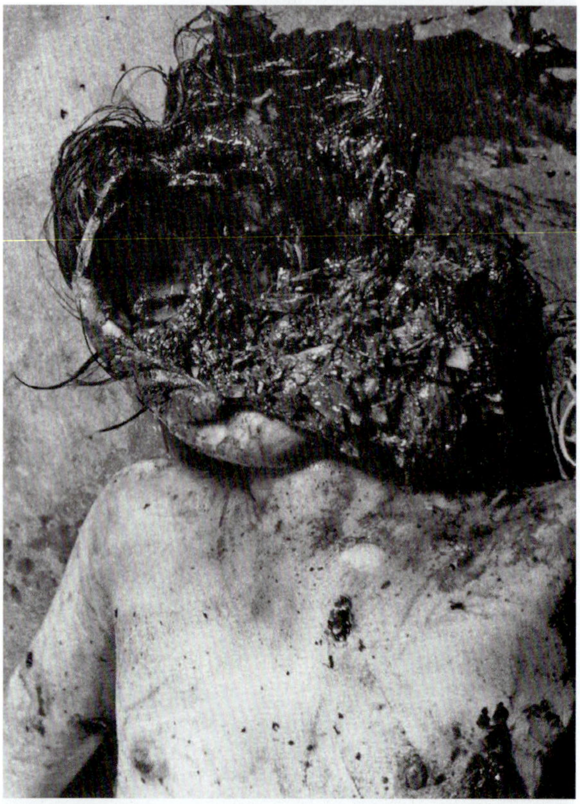

图 8.58 发生在马来西亚的一起事件中，一名年轻女性恐怖分子的头部被一枚从外耳道射入的子弹击碎。致伤武器是 FN 步枪，这种枪的子弹出膛速度很高，可在击中死者颅底瞬间将动能转移到颅骨上，导致颅骨炸裂

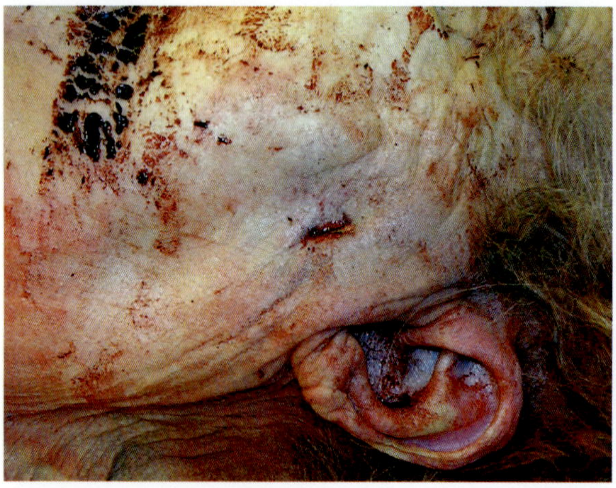

图 8.59 7.65 mm 口径子弹（图 8.43）形成的非典型裂隙状射出口枪弹创

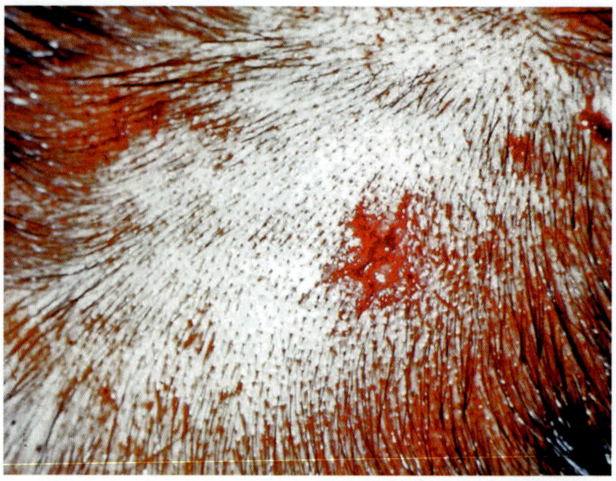

图 8.60 9 mm 子弹形成的典型射出口枪弹创。创缘头皮外翻，创口呈星芒状，创周“干净”，子弹上的油污等在贯穿组织时已经被擦拭干净

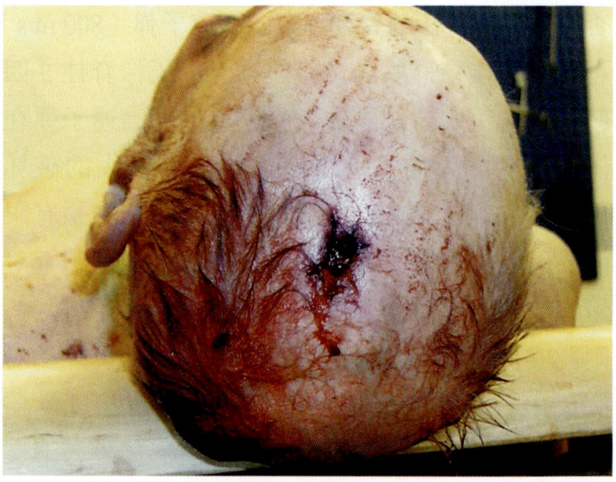

图 8.61 9 mm 口径手枪经口腔内射击形成的射出口枪弹创

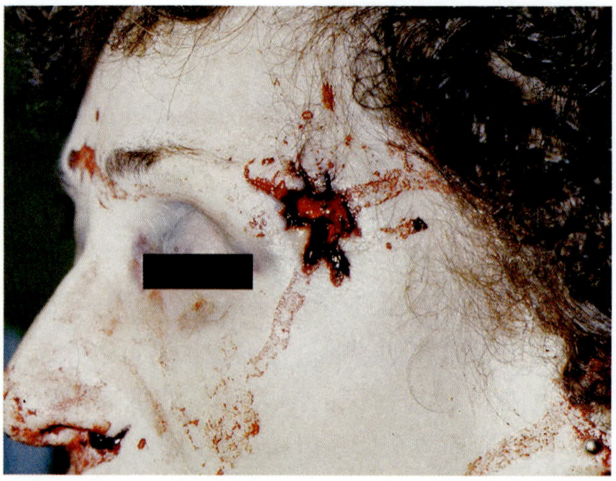

图 8.62 为图 8.50 中所示案例的射出口枪弹创，可见典型的创缘外翻、裂开，创周皮肤未见火药烟灰及油污等污染

的。在复杂案件中，法医应仔细检查受害者衣物以及现场情况，看看是否有类似的因素能够帮助确定射击方向。

擦拭轮是判断射入口的重要形态特征，因为通常情况下它不会出现在射出口。但是偶尔也会遇到擦拭轮非常不明显的情况，仅表现为边缘很窄的一圈，这时就需要认真仔细地检查。当子弹击中体内密质骨时可能引起翻转，子弹可能横向射出体外并形成更长或变异的射出口。

许多匪夷所思的枪弹创中，二次射入会给检验工作造成困扰[107-116]。编者曾遇到一个案例，死者体表有两处射入口和一处射出口，体内仅发现一颗子弹。经过现场重建，死者当时背靠墙站着，子弹从正面射入穿透其背部后又被墙反弹回来，再次射入体内。

单颗子弹穿透人体两个不同部位，造成多处创口在实践中并不少见。最常见的就是子弹贯穿上肢或下肢后再次射入胸部或腹部。检验时只要将肢体以适当的姿势摆放就可以立刻明确成伤机制，并且能够帮助推断射击方向（图 8.35）。

脏器枪弹损伤

脏器枪弹损伤可以是任意性质的损伤，但大致分为两类[117, 118]：

- 低速撞击导致的挫伤和撕裂伤。霰弹弹丸和火药气体对体内组织和器官的伤害一般是单纯的机械性损伤，可导致局部血管破裂从而引起广泛出血。低速子弹或独头弹也是类似的损伤，在它们穿过器官或肌肉的过程中，会破坏组织的完整性。因而损伤是否致命自然与损伤的部位有关，大腿上的枪弹创可能只会造成暂时功能丧失，但同样的损伤发生在心、脑等重要器官中则会迅速导致死亡。
- 高速子弹由于发生瞬时空腔效应而造成与其直径不成比例的巨大损伤，这在上文已经详细阐述过了。这对于脑、肝等实质器官的损害更为严重。高速子弹形成的射道创比子弹自身直径宽许多倍，并且能量横向转移引起的瞬时空腔效应会造成射道创周围组织的挫碎、出血。

射击距离推断

这是枪弹创检验分析最重要的任务之一[12, 50, 51, 55, 57, 58, 119-127]。虽然本书提供了一些参考指南，但要时刻记住，每把枪、每发子弹都是不同的，法医的分析判断必须以同一支枪和相似的弹药进行射击实验的结果为依据，同时还必须充分考虑到衣着等因素的影响。

膛线枪

接触射击（软组织下无骨骼衬垫）

- 可有枪口印痕。
- 圆形孔状创口伴擦拭轮。
- 创周淤青。
- 囊状创腔内火药颗粒附着。
- 局部组织呈鲜红色（碳氧血红蛋白）。
- 表面几乎没有火药颗粒污染或火药斑纹现象。

接触射击（软组织下有骨骼衬垫）

- 枪口印痕。
- 裂创或星芒状创口（.22 号和 .25 号口径并不常见）。
- 局部组织呈鲜红色（一氧化碳的作用）。
- 创周淤青。
- 骨膜撕脱，游离骨膜内层见火药烟灰附着。
- 表面几乎没有火药颗粒污染。

射击距离小于 15 cm（6 in）

- 圆形孔状创口伴擦拭轮。
- 污垢轮（见于最先接触部位）。
- 毛发烧灼。
- 火药烟晕（取决于弹药类型）。
- 火药斑纹：燃烧的火药颗粒造成散在点状皮肤灼伤。
- 未燃尽的火药颗粒残留。
- 很少或无碳氧血红蛋白。

射击距离介于 15～30 cm（6～12 in）

- 无烟晕，但根据枪管长度的不同可能有火药斑纹。
- 无碳氧血红蛋白。

射击距离大于 40～60 cm（16～24 in）

- 圆形孔状创口，可见擦拭轮、污垢轮（见于最先接触部位）。
- 无灼伤、烟晕、毛发烧灼或碳氧血红蛋白。

霰弹枪

接触射击（软组织下无骨骼衬垫）

- 单个圆形创口，直径与枪口口径相当。
- 创缘光滑。
- 常见枪口印痕。
- 创缘被熏黑。
- 创周无火药烟晕，但有衣物间隔时可有少量烟灰逸出。
- 创周显著淤青。
- 局部组织呈鲜红色（碳氧血红蛋白）。
- 创腔深部可见弹托碎片。

接触射击（有颅骨等骨骼衬垫部位）

创口具有上述特征，但创口呈撕裂状，创缘参差不齐。

射击距离在几厘米范围内

- 多为圆形创口，与人体呈角度射击例外。
- 创缘光滑或略微锯齿状。
- 中央创口周围无卫星弹孔。
- 可见火药烟晕。
- 可见火药斑纹。
- 可能残留未燃烧的火药颗粒。
- 毛发烧灼。
- 局部组织呈鲜红色（碳氧血红蛋白）
- 创腔深部可见弹托碎片。

射击距离约为 30 cm（12 in）

- 圆形鼠咬状创口，创缘不齐，类似啮齿类动物的咬痕。
- 中央创口周围无卫星弹孔。
- 可见火药烟晕。
- 可见火药斑纹。
- 很少或无碳氧血红蛋白。
- 创腔深部可见弹托碎片。

射击距离介于 1～5 m（39～195 in）

- 中央创口为鼠咬状。
- 中央创口周围见卫星弹孔。
- 无火药烟晕。
- 多数无火药斑纹，当射击距离在 1 m 左右时可能有少量火药斑纹。
- 无碳氧血红蛋白。
- 创腔内无弹托，但创口附近可能有弹托伤。

射击距离大于 5 m（195 in）

- 弹孔散在分布。
- 无中央创口。
- 无灼伤、烟晕、毛发烧灼或碳氧血红蛋白，无弹托伤。

上述所列的损伤特征根据现场所使用的枪械和弹药的不同也会发生变化。因此，法医学结论必须结合现场射击实验结果综合判断。

气枪损伤

气步枪和气手枪形成的枪弹创也具有火器伤的部分特征。气枪一次射击经膛线枪管射出一颗子弹，子弹体积较小，有的形状类似“缩腰”独头弹。

气枪弹出膛速度较低，但一些设计精良的气枪，如德国的威罗（Weirauch）气枪能产生超过 16 J 的枪口比动能，能穿透木门，甚至颅骨（图 8.65）。

常见的气枪口径有 .177 号和 .22 号两种，后者杀伤力更大。但是 .177 号口径的气枪一样可以射穿儿童和成人颞骨[128]。除了头部以外部位的气枪创很少会致命，而且死者通常是儿童。气枪弹可射穿颅骨并横贯整个大脑，但无法射出体外。尸检时通常可在射入口对侧脑膜处发现残留体内的气枪弹。对于这种低速弹而言，其在组织中产生的射创道可能会非常宽（图 8.63，图 8.64）。

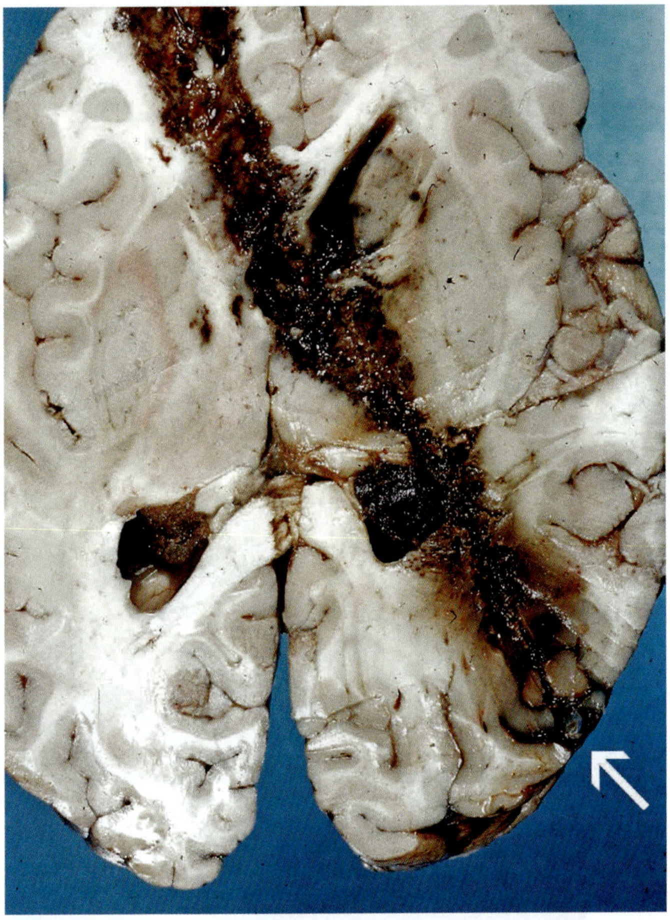

图 8.63 气枪弹（0.177 in 直径）在儿童死者脑组织中形成的射创道（箭头所示）。虽然气枪弹的速度相对较小，但是其穿透组织时发生动能横向转移，因此射创道比子弹直径宽得多

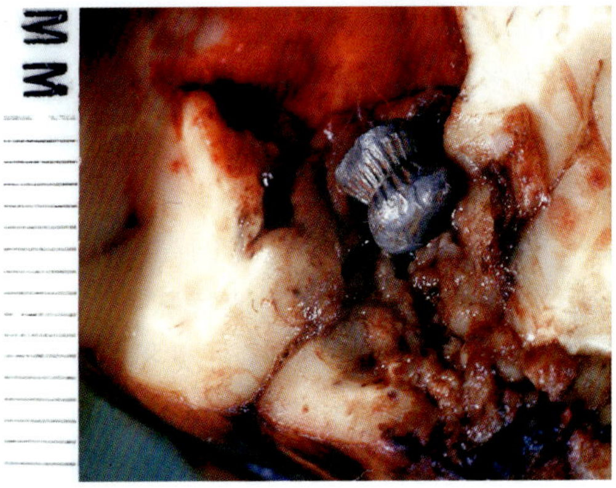

图 8.64 嵌顿在脑组织中的气枪弹

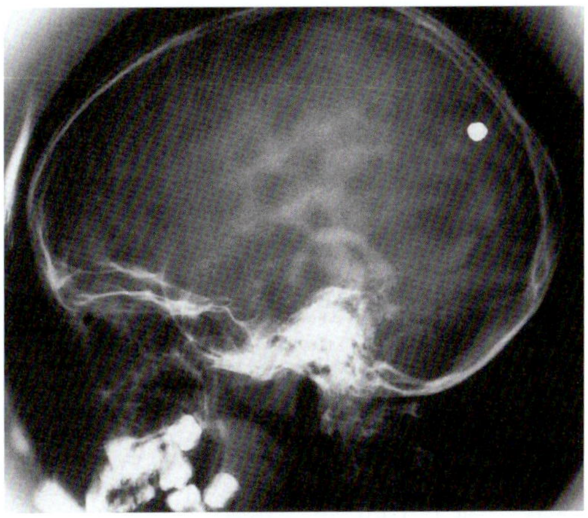

图 8.65 解剖前可利用影像学方法辅助寻找体内的弹头，这样随意探查不会造成器械对用于鉴定武器种类的精细条纹的破坏。如图所示，死者枕叶内有一个弹丸，颅骨额部见部分骨质缺损

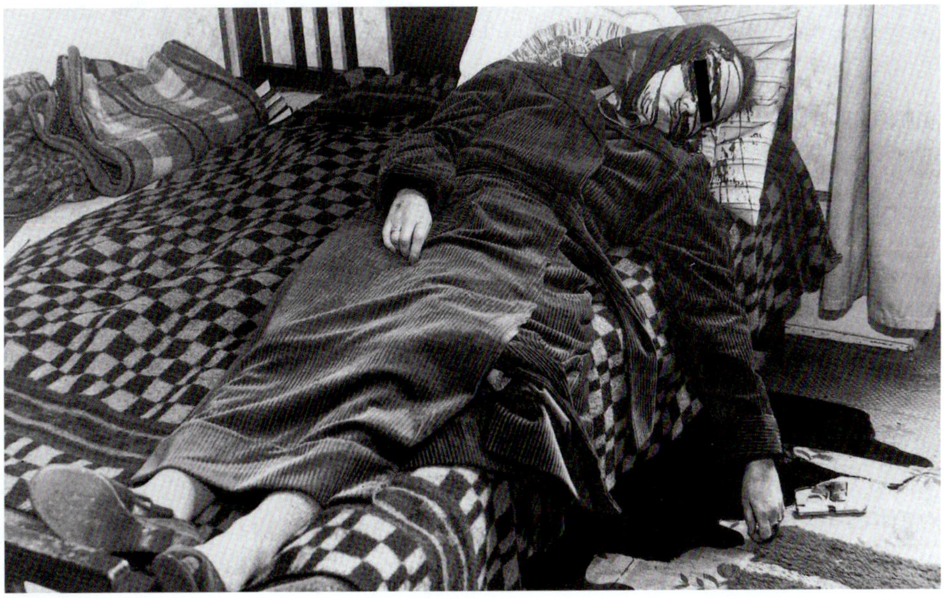

图 8.66 这是在英国较为少见的案例。该女性死者使用全自动手枪自杀。现场地板上可见大量血迹，表明了出血的严重程度

除了致命的头部创伤外，气枪造成的眼部损伤更为多见，弹丸会留在眼球、眼眶或者眼周的鼻窦内。在解剖提取弹丸前，应先用影像学方法确定弹丸嵌顿的具体位置。

因为不存在火器产生的高温、火药或者烟灰，所以气枪创没有其他特殊形态。通常，气枪创射入口较小，创缘可见擦拭轮，无污垢轮。除非击中的部位非常薄，否则一般没有射出口。使用气枪自杀或者他杀的案例在文献中均有报道[129-138]。

自保螺栓枪（系簧枪）、工业用“射钉枪”及空包弹枪

自 1785 年起，英国的屠宰场必须获得许可证才能够运营，并且从 1835 年开始，如果屠宰场被证实采用非人道方式屠宰牲口，就会被吊销许可证。20 世纪初各地掀起了许多推广人道屠宰方法的运动。在 1903 年，Hugo Heiss 因提出一种使用自保螺栓枪的人道屠宰理念而在德国获奖。到了 1906 年，英国的 Derriman 少校设计出了一种长握柄系簧枪，其能够发射大口径软头弹[139]。

自保螺栓枪是一种采用火药驱动的特殊枪械，屠宰场及兽医用它来击昏大型动物。自保螺栓枪枪管内有一根金属栓，击发枪膛内空包弹以推动金属栓向前运动，其远端可伸出枪口若干厘米。自保螺栓形成的盲管创创周干净，一般无其他特殊损伤。某些特殊类型的自保螺栓枪（如德国的 Kerner）在枪口旁设计了 2 个或 4 个对称排列的排气口，使用这种武器接触射击或近距离射击可在创口周围形成火药烟晕[31, 57, 72, 73, 140, 141]。

自保螺栓枪导致死亡可见于意外或自杀案件中，极少见于他杀案件[142-147]。从现场环境，包括留在现场的作案武器很容易确定武器的性质（图 8.67，图 8.68）。少数迟发性死亡案例可能是由损伤并发症所致。编者曾遇到一个案例，一名农民被自保螺栓枪意外击伤膝部后并发破伤风死亡。

早在 19 世纪，空包弹已经被广泛用作军用步枪的训练弹药。最初人们使用纸质弹作为替代弹药，后来改用空心木弹或塑料弹，这些子弹击中装在枪口处的空包弹头破坏器时就会粉碎。如今，空包弹枪不仅用于训练、拍摄电影，以及作为体育比赛发令枪，而且还可以在自我防卫时吓退行凶者，特别是在装有催泪瓦斯的情况下。空包弹手枪或转轮手枪通常是真实武器的复制品，

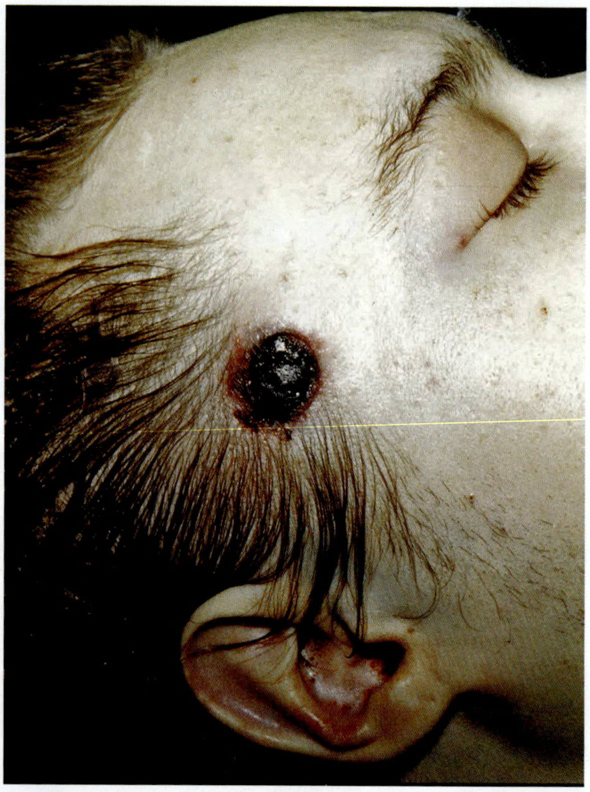

图 8.67　使用自保螺栓枪接触射击自杀（另见图 8.68）

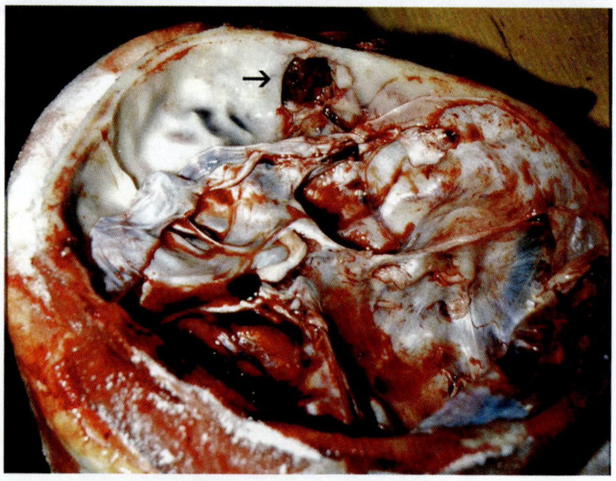

图 8.68　右颞骨局部骨质缺损（箭头所示），死者使用自保螺栓枪自杀（另见图 8.67）

由于它们更容易获得，也经常被用于实施犯罪。在接触射击和近距离射击时，空包弹枪可对软组织造成广泛的损伤，火药气体可以射穿胸壁、颈部和腹股沟区，或造成颅骨骨折。根据射击距离和使用发射药类型的不同，尸检时可见枪口印痕、大范围烧伤（仅限于使用黑火药时）、火药斑纹和烟晕。虽然没有射道创，但是空包弹损伤也是致命的，如导致气体栓塞、大出血或心脏破裂[123，148-155]。

射钉枪主要用于工业，尤其是建筑行业中。它可以将坚硬的金属销或螺纹钉打入砖石、木材或金属中，为方便快速的紧固连接方式。射钉枪通常使用 .22 号口径的特殊子弹，通过击发子弹推动枪管内的活塞使之像锤子一样敲击在金属销或螺钉上。射钉枪引起的死亡多见于意外事故，偶见于自杀事件。部分事故的发生是因为在较薄的隔板上使用射钉枪时，螺钉射穿隔板将另一侧的人射伤或射死[156-159]。

橡胶和塑料子弹

美国联邦国家实验室引进了用软木材制作的催泪瓦斯弹（也称作 CS 瓦斯；2-氯苯丙二腈）防暴弹，其于 20 世纪 50 年代及 60 年代首次被香港警察作为防暴武器使用。1970 年，北爱尔兰推出了橡胶子弹，并将其作为第一种专门设计的用于控制暴乱的“低致命性”防暴弹，其目的是通过造成疼痛来阻止暴徒，但不会对人体造成严重伤害。20 世纪 70 年代初使用的防暴弹长 15 cm，直径为 35 mm，由固体橡胶制成，一端圆钝，重量为 135～140 g。用于发射这种防暴弹的防暴枪最初是用于发射催泪瓦斯弹的[160，161]，子弹出膛速度为 73 m/s（240 ft/s）。这种子弹的重量和板球差不多（155.9～163.0 g），但其速度却是最好的投球手所能投出速度的 2 倍。1970～1975 年北爱尔兰的防暴行动共发射了超过 55 000 发橡胶子弹[162]。1976 年，英国不再使用这种防暴弹，取而代之的是塑料子弹。塑料子弹呈实心圆柱体状，由聚氯乙烯材料制成，直径为 38 mm，长 10 cm，重 135 g，使用霰弹枪发射，出膛速度约为 69 m/s（228 ft/s），有效射程为 50～70 m。根据相关规定，警察应向暴徒下半身射击，从而避免因击中头部或胸部而造成更严重的伤害，同时，不得在 20 m 以内朝人射击。因塑料子弹致伤甚至致死的报道较为常见，常见损伤为头面部骨折，眼部损伤甚至眼盲，肋骨和四肢长骨骨折，肝、肺和脾脏挫伤等[160，161，163]。相关调查指出，普通子弹的死亡率为 1/（16 000～18 000 发），而橡皮子弹的死亡率为 1/4 000 发。

此后，以色列、巴勒斯坦、法国、肯尼亚、瑞士和美国等世界各地关于不同制造商生产的各种新式防暴弹造成的伤亡屡见不鲜[160，162-168]。

爆炸伤

爆炸物或爆炸装置所致死亡在民间或“军事活动”中都有发生，这里的“军事活动”现在更多指的是恐怖主义活动，而不是常规战争。民间的爆炸事件通常见于工业上的意外事故，如矿山和采石场的意外爆炸，或其他更大规模的意外事件，如化学品仓库、运载化学品船只或生产化学品工厂发生爆炸。

爆炸损伤的性质

爆炸有多个不同的成伤机制，并且每种机制对损伤形成的相对重要性因爆炸类型不同而大不相同。例如，纯军用的高爆弹产生的爆炸效应（冲击波）远比恐怖分子自制炸弹强得多，是重要的成伤机制，而自制炸弹的致命性主要来自爆炸产生的碎片。爆炸的成伤机制有下列几种：

- 爆炸效应（冲击波）。
- 爆炸投射物撞击。
- 爆炸引起的周围物体和碎片的撞击。
- 高温和燃烧物引起的烧伤。
- 爆炸引起砖石掉落、横梁和家具倒塌等造成的继发性损伤。

爆炸会产生在周围介质（如地雷爆炸时在空气中、潜水艇爆炸时在水中）中快速传播的压缩波，即冲击波。冲击波的速度取决于传播距离，在爆炸点处其速度数倍于音速，但其速度随着传播距离增加而迅速减小。紧随压缩波之后是一个瞬态低压区（低于大气压，呈负压），因此人体要承受压力的急速双重变化。爆炸的强度随着释放的能量而变化，同时，某个位置的爆炸强度与到炸点的距离遵循平方反比定律。除了威力强大的军用烈性炸药外，大多数恐怖分子自制炸弹的爆炸强度随着距离的增加会迅速减弱，只有在炸点附近的人才会受到严重伤害。而这些“受害者”往往就是安装爆炸物的人，爆炸物在人还未来得及撤离时提前爆炸。

爆炸损伤最严重的部位是组织器官与空气接触的交界面，这就是为什么肺通常损伤最严重。对新鲜尸体的研究发现，导致鼓膜破裂的最小压力为 35 kPa[169, 170]，引起爆炸性肺损伤的最小压力阈值为 104 kPa，导致死亡的最小压力阈值为 207～290 kPa，统计结果显示，95% 以上的致死压力范围为 400～552 kPa[171, 172]。同样，在冲击波作用下，质地均匀的组织器官，如肝脏、肌肉等，几乎不会发生损伤，而肺泡壁与肺泡腔内空气两者之间的密度差异明显，冲击波经过不同介质时发生衰减，释放的能量被肺组织吸收从而导致严重损伤。

目前，对于冲击波是直接通过胸壁传导，还是通过呼吸道传导而造成肺损伤的仍未明确。无论何种机制，尸检都可见肋缘处胸膜下片状出血、肺实质出血和肺缘处形成肺大疱。除了原发性损伤外，还可见气管内大量血性泡沫阻塞呼吸道而使人窒息。

冲击波造成的肺损伤在显微镜下表现为广泛的肺泡壁破裂，这是由于冲击波穿过时肺泡壁加速运动而撕裂。镜下可见脱落的肺泡上皮细胞和支气管上皮细胞散乱分布，肺实质大面积出血伴部分肺泡结构完全崩解。爆炸所致肺出血通常是多因素的，不仅是冲击波作用所致，还可能是爆炸投射物撞击胸部而导致肺挫伤，以及鼻咽部损伤出血吸入肺内。

爆炸可能会造成严重的耳部损伤，但在没有耳镜或内镜对鼓膜进行检查的情况下，尸检通常无法发现耳部损伤[173, 174]。对于伤者的尸体检查可以发现许多损伤。

冲击波损伤胃肠道机制与损伤肺的机制相同，胃肠道内含有空气（或气体），因此也是不均匀传播介质。最常见的损伤是出血，通常为 1 cm 大小的散在出血灶。一般多见局灶性浆膜内出血，或者形成肠壁全程环状出血带。盲肠和结肠体积大，含有更多的气体，通常比胃和空、回肠更容易发生冲击波损伤。当受害者距离剧烈爆炸的炸点很近时，则可能发生肠破裂。

爆炸发生在水中时，水中的受害者最先遭受冲击波损伤的是胃肠系统，然后是肺部。前者更常见，表现为浆膜和黏膜下出血，可见多发性肠穿孔，幸存者通常并发腹膜炎。水中爆炸引起肺损伤的较少见。但是，不同组织器官是否容易受到损伤还取决于身体哪些部位暴露于爆炸中，如是全身浸没在水中，还是自主漂浮在水面上或者借助漂浮物漂浮在水上[175]。在某些情况下，水中爆炸产生的冲击波通过横膈膜向上传播可造成肺损伤。

爆炸投射物损伤

这里再次说明，除非是使用了复杂且威力巨大的高能军用爆炸装置，或受害者就位于恐怖袭击自制爆炸物附近，否则的话，仅冲击波损伤单因素导致死亡是很少见的。炸弹的外壳、容器或运输工具（如汽车炸弹）在爆炸时产生的碎片极容易造成人体损伤。不同大小的金属碎块或金属片都高速向四周抛射（图 8.69），较小的碎块投射距离通常在几米范围内，而较大、较重的碎片可以投射相当远的距离，并造成严重损伤甚至致死，其损伤机制与火器伤类似。室外现场中这些金属碎片及烟尘常被冲刷干净，只在尸体上观察到撞击形成的损伤和淤青。

尸检中可见到这种爆炸碎屑会造成裸露皮肤的颜色改变，但衣服遮盖的部位则不会。更常见的损伤形态为撒胡椒粉样，这是由于许多细小的颗粒状碎片撞击造成的皮肤淤青、挫裂伤和擦伤（图 8.70）。创口多为刺创，大小和深度不一，裸露皮肤还可见烧伤样改变。尽管头发和眉毛被

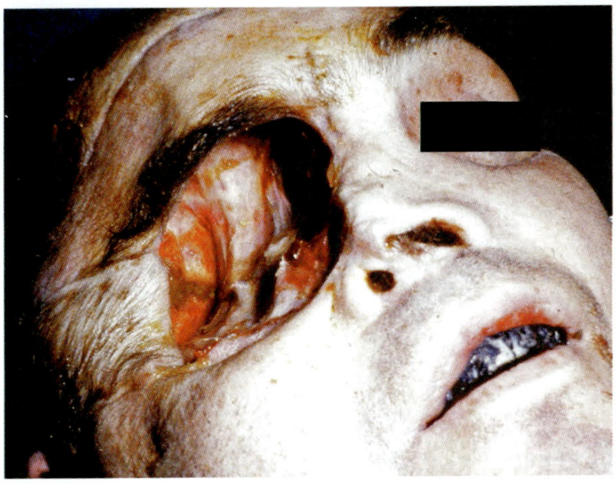

图 8.69　爆炸物造成的局部损伤。图中死者是一名士兵，他在捡起一枚看上去是“哑弹”的烟雾弹时烟雾弹发生了爆炸，他的面部和颅骨局部损伤。他伤后存活了几周，因此可见部分伤口愈合

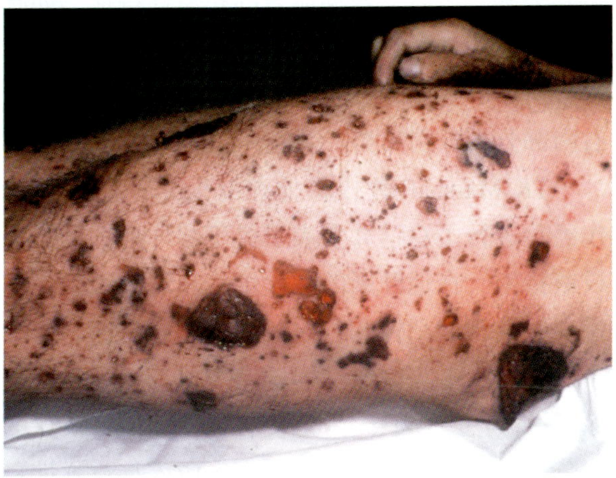

图 8.70　恐怖袭击中炸弹爆炸抛射出的碎片形成大量的创口。爆炸本身只会对炸点附近的人员造成损伤，而大多数的爆炸伤是由抛射物造成的（转载经 T. K. Marshall 教授许可）

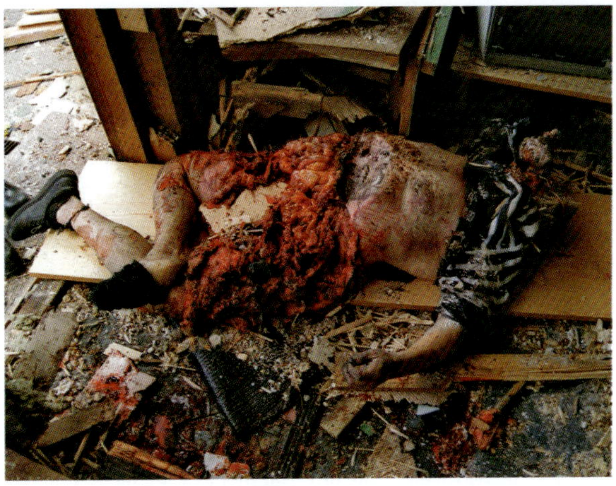

图 8.71　显示死者正面的损伤。死者生前正用炸药制作爆炸装置，该装置可能提前被引爆了，爆炸造成了死者头部和腹部的严重损伤

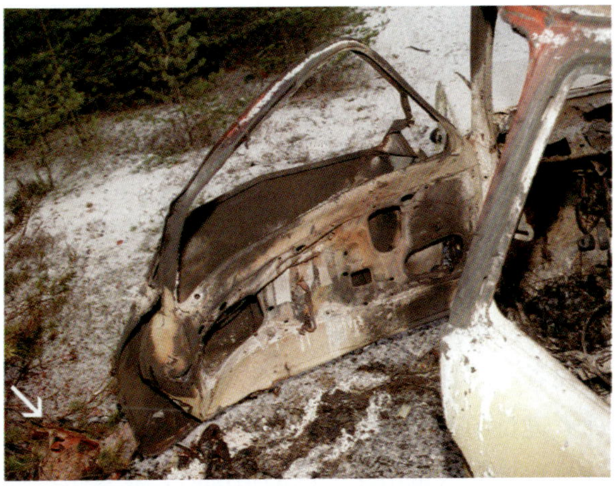

图 8.72　显示的是汽车残骸。一名自杀式行凶者在车内引爆了放在他腿上的炸药，车顶被炸飞并且汽车周围散落着大量人体组织碎块（箭头所示）

灼伤在尸检中并不少见，但是除了大型爆炸装置外，一般爆炸瞬间燃烧只对炸点附近的人造成伤害。其他的烧伤可能是由衣服着火、爆炸引起周围建筑物或车辆起火，或汽油、柴油等易燃物被引燃所致。

大型炸弹，或受害者处于炸弹上方，可导致身体被完全炸碎，组织碎块大范围散落并且难以辨认（图 8.72）；或者部分躯体被炸碎，而残余躯体还非常完整。例如，双腿被炸飞，腹部破裂，或者手和上臂被撕裂。在恐怖袭击中，恐怖分子在运送炸弹到指定位置的过程中提前爆炸，或者在设置定时炸弹计时器时中不慎引爆炸弹，就可能在尸体上看到上述类型的严重损伤（图 8.71）。

法医通过尸检可以为现场重建提供重要信息。尸体局部的严重损伤可以提示爆炸时受害者与爆炸物的相对位置。如果小腿毁损严重，则表明死者当时就站在放置于地面上的爆炸装置附近；如果大腿和躯干前面可见广泛挫裂伤和皮下出血，则表明死者是正面朝向炸点；如果大腿、盆部和腹部毁损严重，则表明炸弹可能被放在大腿上；如果手、胸和面部毁损严重，则表明死者当时可能弯腰对着爆炸装置[176]。

爆炸死亡的尸检

上文已经描述了比较典型的爆炸伤特征，就像检验机械性损伤的尸体一样，尸检的主要任务就是要把尸体上的爆炸伤情况记录完整，但是这些损伤的形成机制对于调查人员来说至关重要。

爆炸案件现场调查中有一些细节需要现场法医格外注意。首先，爆炸案件现场的微量物证对于痕迹和爆炸专家是非常重要的，他们可以通过现场提取的微量物证来判断爆炸装置的来源。在进行尸体解剖前，应对尸体进行 X 线或 CT 扫描来检查体内是否有异物残留。影像学技术不但有助于明确致命的投射物损伤，而且可从中发现一些爆炸装置的金属组成部件，如定时器的小弹簧或雷管的触发结构。这些物证对于爆炸专家识别某个炸弹制造商或者是某个恐怖组织的产品是非常关键的。影像学检查也可能发现一些意想不到的情况，如在死者体内发现一颗致命的子弹，说明死者是被枪杀后尸体被炸毁。虽然很多爆炸死者尸体相对完整，但是现场的组织碎块还是要尽可能收集完整，并根据解剖特征等分别归类。

爆炸案件现场调查首要的问题是要确定有多少死者，并且将现场收集到的尸体碎块按照不同死者进行归类。如果遇到爆炸造成多数人员死亡并且现场有大量组织碎块的情况时，想要将尸体碎块按死者逐个区分归类几乎是不可能做到的，但即使这样，还是需要确定具体死者的数量和每个死者的性别。这就像区分多具骨骼遗骸一样，需要依靠解剖学知识来完成。除了对肢体和躯干碎块进行大致的分类外，还需要仔细识别所有可辨认的结构，如前列腺、子宫、乳房、头皮、眼睛等。爆炸造成的组织碎块主要是皮肤和皮下组织，而对于那些包含骨骼结构的组织碎块可以通过影像学方法更好地进行匹配。

很多情况下，尽管对现场进行了细致彻底的搜查，但仍有相当一部分组织无法找到，这是由于它们已被炸成了非常细小的碎块，并且与爆炸现场的砖石碎片等物质混在一起，无法识别。已经收集到的组织碎块必须清洗干净，并根据相似的解剖特征进行分类。因为有时动物组织碎块也经常混在一起，所以要注意鉴别非人类的组织并将其丢弃。然后，根据显著的相似性特征，如肤色、头发颜色和性别等再次分别归类。对于四肢和大关节，可以从解剖学角度将它们划分为左、右两部分并分别归类。

TK Marshall 教授将他在北爱尔兰的丰富工作经验进行了总结并发表了关于爆炸现场勘查的权威指南。在他开展的一次爆炸现场勘查中，通过现场发现的尸体和组织碎块表明共有 8 名受害者，但实际上当时有 9 名受害者，第 9 名受害者除了一块阴茎组织碎片外没有任何其他可辨认的部分。由此判断这第九名受害者应该是炸弹携带者，爆炸导致他的尸体被炸得粉碎。

（卓荦　译）

参考文献

[1] Taubman P. Explosive Bullet Struck Reagan, F.B.I. Discovers. In: *The New York Times*. New York: The New York Times Company, 1981.

[2] Aaron BL, Rockoff SD. The attempted assassination of President Reagan. Medical implications and historical perspective. *JAMA* 1994; 272(21): 1689–93.

[3] Powers DB, Robertson OB. Ten common myths of ballistic injuries. *Oral Maxillofac Surg Clin North Am* 2005; 17(3): 251–259.

[4] Harvey EN, Korr IM, *et al*. Secondary damage in wounding due to pressure changes accompanying the passage of high velocity missiles. *Surgery* 1947; 21(2): 218–39.

[5] Suneson A, Hansson HA, Seeman T. Peripheral high-energy missile hits cause pressure changes and damage to the nervous system: experimental studies on pigs. *J Trauma* 1987; 27(7): 782–9.

[6] Fackler ML. Wound ballistics. A review of common misconceptions. *JAMA* 1988; 259(18): 2730–6.

[7] Fackler ML, Peters CE. Ascribing local, regional, and distant injuries to the sonic pressure wave. *J Trauma* 1989; 29(10): 1455.

[8] Sellier KG, Kneubuehl BP. *Wound Ballistics and the Scientific Background*. Amsterdam: Elsevier Science, 1994.

[9] Courtney A, Courtney M. Links between traumatic brain injury and ballistic pressure waves originating in the thoracic cavity and extremities. *Brain Inj* 2007; 21(7): 657–62.

[10] Maiden N. Ballistics reviews: mechanisms of bullet wound trauma. *Forensic Sci Med Pathol* 2009; 5(3): 204–9.

[11] Owen-Smith MS. *High Velocity Missile Wounds*. London: Edward Arnold, 1981.
[12] Große Perdekamp M, *et al*. GSR deposition along the bullet path in contact shots to composite models. *Int J Legal Med* 2011; 125(1): 67–73.
[13] Karger B, Teige K, Brinkmann B. [2 suicides with self-fabricated gunshot devices: technical forensic and morphologic ballistic characteristics]. Arch Kriminol 1995; 195(5–6): 147–52.
[14] Uner HB, Gurpinar SS, Cakir I. Mole gun — an unusual firearm, a case note. *Forensic Sci Int* 2001; 118(1): 83–5.
[15] Alessi G, Aiyer S, Nathoo N. Home-made gun injury: spontaneous version and anterior migration of bullet. *Br J Neurosurg* 2002; 16(4): 381–4.
[16] Cunliffe CH, Denton JS. An atypical gunshot wound from a home-made zip gun — the value of a thorough scene investigation. *J Forensic Sci* 2008; 53(1): 216–8.
[17] Demirci S, *et al*. Deaths caused by mole guns: three case reports. *Int J Legal Med* 2008; 122(4): 323–5.
[18] Keskin M, *et al*. Close range gun shot injuries of the hand with the 'mole gun'. *J Trauma* 2009; 67(1): 139–42.
[19] Hejna P, Safr M. An unusual zip gun suicide — medicolegal and ballistic examination. *J Forensic Sci* 2010; 55(1): 254–7.
[20] Fox JA, Zawitz MW. *Homicide Trends in the United States*. Office of Justice Programs: B.o.J. Statistics, 2011.
[21] Werkgartner A. Eigenartige hautverletzungen durch schusse aus angesetzten selbstladepistolen. *Beitr Gerichtl Med* 1924; 6: 148–61.
[22] Werkgartner A. Schürfungs — und stanzverletzungen der haut am einschuß durch die mündung der waffe. *Dtsch Z Gesamte Gerichtl Med* 1928; 11(1): 154–168.
[23] Hausbrandt F. Experimentelle studien zur entstehungsmechanik und morphologie einiger nahschußzeichen. *Dtsch Z Gesamte Gerichtl Med* 1943; 38(2): 45–76.
[24] Elbel H. Studies on the development of punch wounds at absolute close range [Studien zur entstehung der stanzverletzung bei absoluten nahschüssen]. *Die Medizinische Welt* 1958; 2(9): 343–5.
[25] Thali MJ, *et al*. The dynamic development of the muzzle imprint by contact gunshot: high-speed documentation utilizing the 'skin-skull-brain model'. *Forensic Sci Int* 2002; 127(3): 168–73.
[26] Paltauf A. Über die einwirkung von pulvergasen auf das blut und einen neuen befund beim nahschuss. *Wien Klin Wochenschr* 1890; 3: 984–91, 1015–17.
[27] Meyer W. Die kriterien des nahschusses bei verwendung rauchschwacher pulver. *Vierteljahresschr Gerichtl Med* 1908; 3.F.(55): 22–37.
[28] Prokop O. *Lehrbuch der Gerichtlichen Medizin*, 2nd edn. Berlin: VEB Verlag Volk und Gesundheit, 1966.
[29] Ropohl D. Schussverletzungen. In: Forster B (ed). *Praxis der Rechtsmedizin für Mediziner und Juristen*. Stuttgart: Georg Thieme, 1986, pp.155–87.
[30] Karger B. Forensische ballistik von schussverletzungen. *Rechtsmedizin* 2001; 11(3): 104–19.
[31] Pollak S, Rothschild MA. Gunshot injuries as a topic of medicolegal research in the German-speaking countries from the beginning of the 20th century up to the present time. *Forensic Sci Int* 2004; 144(2–3): 201–10.
[32] Nicolaou N, Conlan AA. High-velocity missile injuries of the thorax. *South African Med J* 1982; 62(10): 324–8.
[33] Platz E. Tangential gunshot wound to the chest causing venous air embolism: a case report and review. *J Emerg Med* 2011; 41(2): e25–9.
[34] Temlett J, Byard RW. Air embolism: an unusual cause of delayed death following gunshot wound to the chest. *Med Sci Law* 2011; 51(1): 56–7.
[35] Perdekamp MG, *et al*. [Contact shot from infantry weapons with a flash-suppressor]. *Arch Kriminol* 2003; 212(1–2): 10–18.
[36] Faller-Marquardt M, Bohnert M, Pollak S. Detachment of the periosteum and soot staining of its underside in contact shots to the cerebral cranium. *Int J Legal Med* 2004; 118(6): 343–7.
[37] Ulrich U, Zollinger U. [Development of rust stains on the skin due to contact with a gun]. *Arch Kriminol* 2001; 208(1–2): 32–41.
[38] Pex JO, Vaughan CH. Observations of high velocity bloodspatter on adjacent objects. *J Forensic Sci* 1987; 32(6): 1587–94.
[39] Burnett BR. Detection of bone and bone-plus-bullet particles in backspatter from close-range shots to heads. *J Forensic Sci* 1991; 36(6): 1745–52.
[40] Karger B, *et al*. Backspatter from experimental close-range shots to the head. I. Macrobackspatter. *Int J Legal Med* 1996; 109(2): 66–74.
[41] Karger B, Brinkmann B. Multiple gunshot suicides: potential for physical activity and medico-legal aspects. *Int J Legal Med* 1997; 110(4): 188–92.
[42] Karger B, *et al*. Backspatter from experimental close-range shots to the head. II. Microbackspatter and the morphology of bloodstains. *Int J Legal Med* 1997; 110(1): 27–30.
[43] Schyma C, Placidi P. The accelerated polyvinyl-alcohol method for GSR collection –PVAL 2.0. *J Forensic Sci* 2000; 45(6): 1303–6.
[44] Kleiber M, Stiller D, Wiegand P. Assessment of shooting distance on the basis of bloodstain analysis and histological examinations. *Forensic Sci Int* 2001; 119(2): 260–2.
[45] Karger B, Nusse R, Bajanowski T. Backspatter on the firearm and hand in experimental close-range gunshots to the head. *Am J Forensic Med Pathol* 2002; 23(3): 211–3.
[46] Verhoff MA, Karger B. Atypical gunshot entrance wound and extensive backspatter. *Int J Legal Med* 2003; 117(4): 229–31.

[47] Yen K, *et al.* Blood-spatter patterns: hands hold clues for the forensic reconstruction of the sequence of events. *Am J Forensic Med Pathol* 2003; 24(2): 132–40.
[48] Padosch SA, *et al.* Two simultaneous suicidal gunshots to the head with robbed police guns. *Forensic Sci Int* 2006; 158(2–3): 224–8.
[49] Taylor MC, *et al.* The effect of firearm muzzle gases on the backspatter of blood. *Int J Legal Med* 2011; 125(5): 617–28.
[50] Nag NK, Sinha P. A note on assessability of firing distance from gunshot residues. *Forensic Sci Int* 1992; 56(1): 1–17.
[51] Rowe WF. Firearms range. In: Siegel JA (ed). *Encyclopedia of Forensic Sciences*. Oxford: Elsevier, 2000, pp.949–53.
[52] Fojtášek L, *et al.* Distribution of GSR particles in the surroundings of shooting pistol. *Forensic Sci Int* 2003; 132(2): 99–105.
[53] Plattner T, *et al.* Gunshot residue patterns on skin in angled contact and near contact gunshot wounds. *Forensic Sci Int* 2003; 138(1–3): 68–74.
[54] Lepik D, Vasiliev V. Comparison of injuries caused by the pistols Tokarev, Makarov and Glock 19 at firing distances of 10, 15 and 25 cm. *Forensic Sci Int* 2005; 151(1): 1–10.
[55] Lepik D, *et al.* Comparison of injuries caused by the pistols Tokarev, Makarov and Glock 19 at firing distances of 25, 50, 75 and 100 cm. *Forensic Sci Int* 2008; 177(1): 1–10.
[56] Brozek-Mucha Z. Distribution and properties of gunshot residue originating from a Luger 9 mm ammunition in the vicinity of the shooting gun. *Forensic Sci Int* 2009; 183(1–3): 33–44.
[57] Pollak S, Saukko PJ. Gunshot wounds. In: Jamieson A, Moenssens AA (eds). *Wiley Encyclopedia of Forensic Science*. Chichester: John Wiley, 2009, pp.1380–401.
[58] Vinokurov A, *et al.* The influence of a possible contamination of the victim's clothing by gunpowder residue on the estimation of shooting distance. *Forensic Sci Int* 2010; 194(1–3): 72–6.
[59] Singer RL, Davis D, Houck MM. A survey of gunshot residue analysis methods. *J Forensic Sci* 1996; 41(2): 195–8.
[60] Kage S, *et al.* A simple method for detection of gunshot residue particles from hands, hair, face, and clothing using scanning electron microscopy/wavelength dispersive X-ray (SEM/WDX). *J Forensic Sci* 2001; 46(4): 830–4.
[61] Zeichner A. *Firearm discharge residue: analysis of.* In: Jamieson A, Moenssens AA (eds). *Wiley Encyclopedia of Forensic Science*. Chichester: John Wiley, 2009, pp.1189–2000.
[62] Missliwetz J, Denk W, Wieser I. Shots fired with silencers — a report on four cases and experimental testing. *J Forensic Sci* 1991; 36(5): 1387–94.
[63] Pollak S. [Morphology of bullet entrance wounds in palms and plantae (author's transl)]. *Z Rechtsmed* 1980; 86(1): 41–7.
[64] Pollak S. [Macro-and micromorphology of bullet wounds caused by handguns]. *Beitr Gerichtl Med* 1982; 40: 493–520.
[65] Sellier K. [Bullet entry studies of the skin]. Beitr Gerichtl Med 1969; 25: 265–70.
[66] Thali MJ, *et al.* A study of the morphology of gunshot entrance wounds, in connection with their dynamic creation, utilizing the 'skin-skull-brain model'. *Forensic Sci Int* 2002; 125(2–3): 190–4.
[67] Strassman F. *Lehrbuch der Gerichtlichen Medicin*. Stuttgart: Enke, 1885.
[68] Haberda A. *Eduard R. v. Hofmanns Lehrbuch der Gerichtlichen Medizin*, 10th edn. Berlin, Wien: Urban & Schwarzenberg, 1919.
[69] Elbel H. Experimentelle untersuchungen über den schmutzsaum bei schußverletzungen. *Dtsch Z Gesamte Gerichtl Med* 1937; 28(1): 359–65.
[70] Meixner K. *Schussverletzungen durch Handfeuerwaffen. Arch Kriminol* 1923; 75(2): 81–108.
[71] Elbel H. Schußwinkel und schmauchbild. *Dtsch Z Gesamte Gerichtl Med* 1939; 32(3): 165–71.
[72] Pollak S. [Morphology of injuries by 'humane killer' (livestook stunner) (author's transl)]. *Z Rechtsmed* 1977; 80(2): 153–65.
[73] Pollak S, Reiter C. ['Bolt projectiles' discharged from modified humane killers (author's transl)]. *Z Rechtsmed* 1981; 87(4): 279–85.
[74] Berg S, Kijewski H. [Alleged and real signs of contact gunshot wounds of entrance holes of skull bones (author's transl)]. *Z Rechtsmed* 1982; 88(1–2): 103–11.
[75] Coe JI. External beveling of entrance wounds by handguns. *Am J Forensic Med Pathol* 1982; 3(3): 215–9.
[76] Madea B, Henssge C, Lockhoven HB. [Priority of multiple gunshot injuries of the skull]. *Z Rechtsmed* 1986; 97(3): 213–8.
[77] Sellier K. [On the work: Madea B, Henssge C, Lockhoven HB (1986) Priorities in multiple gunshot wounds of the skull]. *Z Rechtsmed* 1987; 98(4): 281–4.
[78] Madea B, Staak M. Determination of the sequence of gunshot wounds of the skull. *J Forensic Sci Soc* 1988; 28(5–6): 321–8.
[79] Sellier K. [Is Puppe's law a reliable principle for reconstruction?]. *Arch Kriminol* 1990; 186(5–6): 163–5.
[80] Berryman HE, Smith OC, Symes SA. Diameter of cranial gunshot wounds as a function of bullet caliber. *J Forensic Sci* 1995; 40(5): 751–4.
[81] Bhoopat T. A case of internal beveling with an exit gunshot wound to the skull. *Forensic Sci Int* 1995; 71(2): 97–101.
[82] Karger B. Penetrating gunshots to the head and lack of immediate incapacitation. I. Wound ballistics and mechanisms of incapacitation. *Int J Legal Med* 1995; 108(2): 53–61.
[83] Betz P, *et al.* Fractures at the base of the skull in gunshots to the head. *Forensic Sci Int* 1997; 86(3): 155–61.
[84] Quatrehomme G, Iscan MY. Bevelling in exit gunshot wounds in bones. *Forensic Sci Int* 1997; 89(1–2): 93–101.
[85] Karger B, *et al.* Morphological findings in the brain after experimental gunshots using radiology, pathology and histology. Int J Legal Med 1998; 111(6): 314–9.
[86] Quatrehomme G, Iscan MY. Gunshot wounds to the skull: comparison of entries and exits. *Forensic Sci Int* 1998; 94(1–2): 141–6.

[87] Quatrehomme G, Iscan MY. Analysis of beveling in gunshot entrance wounds. *Forensic Sci Int* 1998; 93(1): 45−60.
[88] Quatrehomme G, Iscan MY. Characteristics of gunshot wounds in the skull. *J Forensic Sci* 1999; 44(3): 568−76.
[89] de la Grandmaison GL, Brion F, Durigon M. Frequency of bone lesions: an inadequate criterion for gunshot wound diagnosis in skeletal remains. *J Forensic Sci* 2001; 46(3): 593−5.
[90] Karger B, *et al.* Proof of a gunshot wound and its delayed effects 54 years post injury. *Int J Legal Med* 2001; 115(3): 173−5.
[91] Thali MJ, *et al.* The 'skin-skull-brain model': a new instrument for the study of gunshot effects. *Forensic Sci Int* 2002; 125(2−3): 178−89.
[92] Kneubuehl BP, Thali MJ. The evaluation of a synthetic long bone structure as a substitute for human tissue in gunshot experiments. *Forensic Sci Int* 2003; 138(1−3): 44−9.
[93] Oehmichen M, *et al.* Forensic pathological aspects of postmortem imaging of gunshot injury to the head: documentation and biometric data. *Acta Neuropathol* 2003; 105(6): 570−80.
[94] Thali MJ, *et al.* New horizons in forensic radiology: the 60-second digital autopsy full-body examination of a gunshot victim by multislice computed tomography. *Am J Forensic Med Pathol* 2003; 24(1): 22−7.
[95] Thali MJ, *et al.* Image-guided virtual autopsy findings of gunshot victims performed with multi-slice computed tomography and magnetic resonance imaging and subsequent correlation between radiology and autopsy findings. *Forensic Sci Int* 2003; 138(1−3): 8−16.
[96] Gervaise A, *et al.* [Imaging of cranial gunshot traumas]. *J Radiol* 2010; 91(11 Pt 1): 1113−20.
[97] Smith OC, *et al.* Atypical gunshot exit defects to the cranial vault. *J Forensic Sci* 1993; 38(2): 339−43.
[98] Chattopadhyay S. Accidental low velocity atypical missile injury to the head. *Am J Forensic Med Pathol* 2008; 29(4): 334−6.
[99] Puppe G. Traumatische todesursachen. In: Kutner R (ed). *Gerichtliche Medizin. Zwölf Vorträge*. Jena: Gustav Fischer, 1903, pp.65−84.
[100] Puppe G. *Die gewaltsamen todesursachen*. In: Schmidtmann A (ed). *Handbuch der Gerichtlichen Medizin*. Berlin: Hirschwald, 1907, pp.90−5.
[101] Puppe G. Atlas und grundriß der gerichtlichen medizin. *Lehmann's Medizinische Handatlanten*. Vol. 1. Munchen: J.F. Lehmann's Verlag, 1908.
[102] Puppe G. Über priorität der schädelbrüche. *Arztl Sachverst Zt* 1914; 20: 307−9.
[103] Kneubuehl BP. General wound ballistics. In: Kneubuehl BP (ed). *Wound Ballistics Basics and Applications*. Berlin: Springer, 2011, pp.131.
[104] Levy AD, *et al.* Virtual autopsy: preliminary experience in high-velocity gunshot wound victims. *Radiology* 2006; 240(2): 522−8.
[105] von See C, *et al.* Forensic imaging of projectiles using cone-beam computed tomography. *Forensic Sci Int* 2009; 190(1−3): 38−41.
[106] Breitenecker R, Senior W. Shotgun patterns. I. An experimental study on the influence of intermediate targets. *J Forensic Sci* 1967; 12(2): 193−204.
[107] Sellier K. [Wounding capacity of bullets after ricochet from sand or concrete (author's transl)]. *Z Rechtsmed* 1976; 78(2): 149−58.
[108] Donoghue ER, *et al.* Atypical gunshot wounds of entrance: an empirical study. *J Forensic Sci* 1984; 29(2): 379−88.
[109] Kampmann H, Kijewski H. [Atypical bullet entry injuries. A case report and experimental contribution]. *Z Rechtsmed* 1986; 97(3): 185−93.
[110] Hawley DA, Pless JE, Palmer H. Tumbling abrasions. Injuries from ricocheting bullets. *Am J Forensic Med Pathol* 1987; 8(3): 229−32.
[111] Sellier K. [Double ricochet marks]. *Z Rechtsmed* 1987; 98(4): 241−4.
[112] Grey TC. The incredible bouncing bullet: projectile exit through the entrance wound. *J Forensic Sci* 1993; 38(5): 1222−6.
[113] Schyma C, Placidi P. Traces of ricocheted action safety bullets. *Am J Forensic Med Pathol* 1997; 18(1): 15−20.
[114] Karger B, Joosten U. A case of 'boomerang' bullet ricochet. *Int J Legal Med* 2001; 115(2): 70−1.
[115] Haag LC. Wound production by ricocheted and destabilized bullets. *Am J Forensic Med Pathol* 2007; 28(1): 4−12.
[116] Grosse Perdekamp M, *et al.* Experimental simulation of reentry shots using a skin-gelatine composite model. *Int J Legal Med* 2009; 123(5): 419−25.
[117] Dixon DS. Determination of direction of fire from graze gunshot wounds of internal organs. *J Forensic Sci* 1984; 29(1): 331−5.
[118] Leppaniemi A, Cederberg A, Tikka S. Truncal gunshot wounds in Finland, 1985 to 1989. *J Trauma* 1996; 40(3 Suppl): S217−22.
[119] Stone IC, DiMaio VJ, Petty CS. Gunshot wounds: visual and analytical procedures. J *Forensic Sci* 1978; 23(2): 361−7.
[120] Challener RC, Rosenberg SB. An unusual shotgun injury pattern produced by an intermediate target. *Am J Forensic Med Pathol* 1986; 7(3): 249−51.
[121] Thornton JI. Close proximity gunshot residues. *J Forensic Sci* 1986; 31(2): 756−7.
[122] Betz P. *et al.* Frequency of blood spatters on the shooting hand and of conjunctival petechiae following suicidal gunshots wounds to the head. *Forensic Sci Int* 1995; 76(1): 47−53.
[123] Nadjem H, *et al.* [Marks on clothing and skin in absolutely and relatively close distance gunshots with fright weapons]. *Arch Kriminol* 1996; 197(5−6): 175−84.
[124] Missliwetz J, *et al.* [Pump-gun as a weapon. Type of injuries, prohibition of weapons]. *Arch Kriminol* 1999; 203(1−2): 10−18.
[125] Grosse Perdekamp M, Braunwarth R, Pollak S. Patterned imprint mark due to the folded shoulder stock: a possible finding in

contact shots from submachine guns. *Forensic Sci Int* 2008; 178(1): e1–5.
[126] Grosse Perdekamp M, *et al*. Secondary skull fractures in head wounds inflicted by captive bolt guns: autopsy findings and experimental simulation. *Int J Legal Med* 2010; 124(6): 605–12.
[127] Grosse Perdekamp M, *et al*. Two-gun suicide by simultaneous shots to the head: interdisciplinary reconstruction on the basis of scene investigation, autopsy findings, GSR analysis and examination of firearms, bullets and cartridge cases. *Int J Legal Med* 2011; 125(4): 479–85.
[128] Pollak S. [Statistics and phenomenology of combined suicides and other multiple suicidal injuries in the urban area (II), with 2 case reports]. *Arch Kriminol* 1978; 161(3–4): 68–81.
[129] Barnes FC, Helson RA. A death from an air gun. *J Forensic Sci* 1976; 21(3): 653–8.
[130] Kijewski H, Berg S, Sprung R. [Suicide with air gun. Research in would ballistics of air-driven weapons (author's transl)]. *Z Rechtsmed* 1980; 84(3): 209–20.
[131] DiMaio VJ, *et al*. Minimal velocities necessary for perforation of skin by air gun pellets and bullets. *J Forensic Sci* 1982; 27(4): 894–8.
[132] Green GS, Good R. Homicide by use of a pellet gun. *Am J Forensic Med Pathol* 1982; 3(4): 361–5.
[133] Warniment DC. Discussion of 'Minimal velocities necessary for perforation of skin by air gun pellets and bullets'. *J Forensic Sci* 1983; 28(3): 551.
[134] Mattoo BN. Discussion of 'Minimal velocities necessary for perforation of skin by air gun pellets and bullets'. *J Forensic Sci* 1984; 29(3): 700–3.
[135] Jacob B, *et al*. Suicides by starter's pistols and air guns. *Am J Forensic Med Pathol* 1990; 11(4): 285–90.
[136] Ng'walali PM, *et al*. Unusual homicide by air gun with pellet embolisation. *Forensic Sci Int* 2001; 124(1): 17–21.
[137] Aslan S, *et al*. Air guns: toys or weapons? *Am J Forensic Med Pathol* 2006; 27(3): 260–2.
[138] Clarot F, Proust B, Vaz E. Air guns: weapons or toys? *Am J Forensic Med Pathol* 2008; 29(4): 382–4.
[139] Ryder RD. *Animal Revolution: Changing Attitudes Toward Speciesism*, 2nd edn. Oxford: Berg, 2000.
[140] Nadjem H, Pollak S. [Wound entry findings of animal anesthesia guns without smoke outlets]. *Arch Kriminol* 1999; 203(3–4): 91–102.
[141] Pollak S, Saukko PJ. Firearms; humane killing tools. In: Siegel JA (ed). *Encyclopedia of Forensic Sciences*. Oxford: Elsevier, 2000, pp.939–44.
[142] Betz P, *et al*. Homicide with a captive bolt pistol. *Am J Forensic Med Pathol* 1993; 14(1): 54–7.
[143] Bohnert M, *et al*. Diagnosis of a captive-bolt injury in a skull extremely destroyed by fire. *Forensic Sci Int* 2002; 127(3): 192–7.
[144] Simic M, *et al*. The characteristics of head wounds inflicted by 'humane killer' (captive-bolt gun) — a 15-year study. *J Forensic Sci* 2007; 52(5): 1182–5.
[145] Frank M, *et al*. Ballistic parameters of cal. 9 mm × 17 mm industrial blank cartridges (cattle cartridges). *Forensic Sci Int* 2009; 192(1–3): 83–7.
[146] Viel G, *et al*. Planned complex suicide by penetrating captivebolt gunshot and hanging: case study and review of the literature. *Forensic Sci Int* 2009; 187(1–3): e7–11.
[147] Forbes J, Conolly J (eds). Dr. Sommer on the Signs of Death. *Br Foreign Med Rev*, London: Sherwood Gilbert and Piper, Vol. IV, 1837.
[148] Rothschild MA, Maxeiner H. Unusual findings in a case of suicide with a gas weapon. *Int J Legal Med* 1994; 106(5): 274–6.
[149] Rothschild MA, Liesenfeld O. Is the exploding powder gas of the propellant from blank cartridges sterile? *Forensic Sci Int* 1996; 83(1): 1–13.
[150] Rothschild MA, *et al*. Fatal wounds to the thorax caused by gunshots from blank cartridges. *Int J Legal Med* 1998; 111(2): 78–81.
[151] Rothschild MA, Vendura K. Fatal neck injuries caused by blank cartridges. *Forensic Sci Int* 1999; 101(2): 151–9.
[152] Giese A, *et al*. Head injury by gunshots from blank cartridges. *Surg Neurol* 2002; 57(4): 268–77.
[153] Padosch SA, Schmidt PH, Madea B. Planned complex suicide by self-poisoning and a manipulated blank revolver: remarkable findings due to multiple gunshot wounds and self-made wooden projectiles. *J Forensic Sci* 2003; 48(6): 1371–8.
[154] Ogunc GI, *et al*. Modified blank ammunition injuries. *Forensic Sci Int* 2009; 193(1–3): 112–17.
[155] Demirci S, Dogan KH, Koc S. Fatal injury by an unmodified blank pistol: a case report and review of the literature. *J Forensic Leg Med* 2011; 18(6): 237–41.
[156] Marshall RA. Stud guns still lethal. *N Engl J Med* 1963; 269: 641.
[157] Weedn VW, Mittleman RE. Stud guns revisited: report of a suicide and literature review. *J Forensic Sci* 1984; 29(2): 670–8.
[158] Lignitz E, Koops E, Puschel K. [Death caused by projectile guns — a retrospective analysis of 34 cases in Berlin and Hamburg]. *Arch Kriminol* 1988; 182(3–4): 83–93.
[159] Hagemeier L, Schyma C, Madea B. Extended suicide using an atypical stud gun. *Forensic Sci Int* 2009; 189(1–3): e9–12.
[160] Millar R, *et al*. Injuries caused by rubber bullets: a report on 90 patients. *Br J Surg* 1975; 62(6): 480–6.
[161] Sheridan SM, Whitlock RI. Plastic baton round injuries. *Br J Oral Surg* 1983; 21(4): 259–67.
[162] Rocke L. Injuries caused by plastic bullets compared with those caused by rubber bullets. *Lancet* 1983; 1(8330): 919–20.
[163] Shaw J. Pulmonary contusion in children due to rubber bullet injuries. *Br Med J* 1972; 4(5843): 764–6.
[164] Balouris CA. Rubber and plastic bullet eye injuries in Palestine. *Lancet* 1990; 335(8686): 415.

[165] Hiss J, Kahana T. The fatalities of the Intifada (uprising): the first five years. *J Forensic Sci Soc* 1994; 34(4): 225−9.
[166] Hiss J, Hellman FN, Kahana T. Rubber and plastic ammunition lethal injuries: the Israeli experience. *Med Sci Law* 1997; 37(2): 139−44.
[167] Chute DJ, Smialek JE. Injury patterns in a plastic (AR−1) baton fatality. *Am J Forensic Med Pathol* 1998; 19(3): 226−9.
[168] Kobayashi M, Mellen PF. Rubber bullet injury: case report with autopsy observation and literature review. *Am J Forensic Med Pathol* 2009; 30(3): 262−7.
[169] Zalewski T. Experimentelle untersuchungen uber die resistenzfähigkeit des trommelfells. *Zeitschrift für Ohrenheilkunde* 1906; 52: 109−28.
[170] Hirsch FG. Effects of overpressure on the ear — a review. *Ann N Y Acad Sci* 1968; 152(1): 147−62.
[171] Stapczynski JS. Blast injuries. *Ann Emerg Med* 1982; 11(12): 687−94.
[172] Peters P. Primary blast injury: an intact tympanic membrane does not indicate the lack of a pulmonary blast injury. *Mil Med* 2011; 176(1): 110−14.
[173] Saternus KS. [Possibilities for using rhinoscopy and otoscopy in forensic autopsy]. *Beitr Gerichtl Med* 1988; 46: 497−502.
[174] Amberg R, Strutz J. [Differential diagnosis of hematotympanum in forensic autopsy]. *Laryngorhinootologie* 1995; 74(5): 312−6.
[175] Owers C, Morgan JL, Garner JP. Abdominal trauma in primary blast injury. *Br J Surg* 2011; 98(2): 168−79.
[176] Pollak S, Saukko P. *Atlas of Forensic Medicine*. Amsterdam: Elsevier Science, 2003.

第 9 章

交通损伤

- 引言
- 车辆损伤动力学
- 车内人员损伤类型
- 安全带的作用
- 儿童在交通工具中的脆弱性
- 摩托车骑行者损伤
- 自行车骑行者损伤
- 行人损伤
- 交通事故死亡原因
- 利用机动车自杀和杀人
- 铁路损伤
- 参考文献

引言

所有类型的交通运输工具都可能导致伤亡事故的发生。但从数字上来说，在全球范围内，道路交通事故占绝大多数，每天导致 3 000 多人死亡，每年导致 100 多万人死亡、2 000 万～5000 万人受伤。如果按目前趋势发展下去，预测到 2030 年，道路交通损伤将成为居民死亡的第五大原因。其中，大约 90% 的道路交通事故死亡发生在中、低收入国家，其死亡率分别是 21.5/10 万人和 19.5/10 万人，明显高于高收入国家的 10.3/10 万人。2010 年，联合国大会通过了第 64/255 号决议 *，宣布 2011～2020 年为道路安全行动十年。这十年的目标是通过在国家、地区及全球范围内多次开展道路安全行动，从而使世界各地道路交通死亡人数稳定并低于预测水平。2013 年，世界卫生组织发布的《全球道路安全状况报告》(*Global status report on road safety*) 是对全球 182 个国家道路安全状况的第二次广泛评估，该报告以 2009 年第一次发布的《全球道路安全状况报告》为基础，而后者所使用的数据来自 2008 年所进行的标准化调查。道路交通事故死亡率存在很大的地区差异，非洲地区的风险最高（24.2/10 万人），欧洲地区风险最低（10.3/10 万人）。15～44 岁的年轻人占到所有道路交通事故死亡人数的近 60%。而一半的道路交通事故死亡发生在行人（22%）、自行车骑行者（5%）和摩托车骑行者（23%）中。然而，在不同地区或同一地区内，使用不同类型交通工具的死亡人数比例亦存在相当大的差异[1, 2]。

交通事故中造成的损伤，无论是致命性损伤还是其他损伤，都存在着很大差异，这取决于受害者是车内人员、摩托车骑行者、自行车骑行者还是行人。

车辆损伤动力学

许多基本的物理学原理有助于解释复杂的交通事故损伤类型，尤其是车内人员的损伤。

- 人体组织损伤是由运动速度的变化引起的。一个恒定的速度，无论有多快都不会对人体

* 译者注：为 2010 年 3 月，联合国大会通过的 A/RES/64/255 号决议。

造成任何损伤，这从宇宙飞行或地球自转中可以明显看出。只有速度发生改变，也就是说只有加速或减速才能造成组织损伤。加速度是指一个物体的速度变化率，其计量单位通常表示为 m/s^2 或 ft/s^2。我们通过熟悉的方程式 $F=ma$ 把加速度与作用力相联系，其中 F 代表作用力，m 代表质量，a 代表加速度。

- 速度的变化可简单地表示为“重力”或“G”，即一个特定加速度（a）与海平面重力加速度（$g=9.8\ m/s^2$ 或 $32.2\ ft/s^2$）的比值，或 $G=a/g$。人体所能承受的力的大小很大程度上取决于力的作用时间和人体的受力方向。如果力以较短时间或垂直作用于身体长轴，则人体可能会受到较小的伤害。研究表明，额骨可承受 800G 的力而不发生骨折，下颌骨和胸廓可承受 400G 的力。
- 在加速或减速运动过程中，组织是否损伤取决于单位面积上所受的力，就像在相同力的作用下，锋利的刀比粗钝的刀更容易穿透组织一样。如果机动车驾驶员在 80 km/h 的速度时突然刹车，那么 10 cm^2 的额部撞击挡风玻璃框所形成的损伤，比 500 cm^2 的安全带受同样的减速外力所造成的损伤更加严重。
- 60%～80% 的车辆碰撞（撞击固定物体或另一辆车）是正面碰撞，正面碰撞可造成急剧的减速。另有 6% 的车辆碰撞是追尾碰撞，追尾碰撞可造成车辆和车内人员突然加速运动。其余车辆碰撞中，约一半是侧面碰撞，另一半是翻车。
- 在常见的正面碰撞中，即使车辆撞上一个巨大的固定物，也不会即刻停止。车身会从前面发生变形，总会有一个很短刹车距离和时间。实际上，很多汽车制造商正致力于研究汽车前后方的防撞结构，使中部容纳车内人员的车厢成为刚性结构。目标就是延长刹车距离和时间，以减少作用于车内人员的 G 值（图 9.4）。
- G 值可以通过以下公式计算：$G=C(V^2)/D$，其中 V 是速度（km/h），D 是碰撞后刹车距离（m），C 是一个常数（0.003 9）。如果 V 的单位是 m/h，D 的单位是英尺，C 为 0.034。例如，如果一辆汽车以 80 km/h 的速度碰撞一堵石墙，石墙被撞凹陷 25 cm，汽车前部凹陷 50 cm，那么减速度总值将达到 33G。如果车内人员被牢牢地约束在座位上（实际是不可能的），将受同样的减速度而幸存。然而，如果车内人员不受约束，继续短暂地以 80 km/h 的速度向前运动，将遭受巨大的 G 值。当车内人员碰撞其前方的车内构件时，G 值的大小取决于车内人员的组织形变程度（数厘米的组织压缩）。

车内人员损伤类型

从理论上讲，机动车（除摩托车外）的类型对损伤机制无影响，但大多数统计调查将机动车划分为两类：一类是轿车和 1.5 吨以下的轻型货车，另一类是重型汽车，如卡车和大客车，尽管大客车的结构更接近客机。

与轿车和轻型货车相比，重型货车在碰撞中受损更轻，这是因为后者具有车身更重、更长以及距离地面更高等特点。重型货车与其他小型车辆碰撞后所造成的车体受损也较少见，常常是驾驶员以下水平车体受损。然而，考虑到较小的减速力，驾驶员也容易遭受类似的损伤。

就造成前排乘客的损伤类型而言，轻型货车与轿车几乎一样。事实上，轻型货车的前排乘客更加危险，因为现代的轻型货车往往是平头的，很少或根本无法通过碰撞变形等延长刹车时间。而对于轿车事故——最常见的道路交通事故，其车内人员的损伤类型因其所处位置不同而不同。

驾驶员

道路研究机构和汽车制造商通过利用假人、尸体、先进的录音设备和高速摄影或视频片段进行了大量调查研究，并以此建立了汽车碰撞过程中一系列事件的详细图片资料。当发生正面碰撞这一最常见的碰撞时，未系安全带的驾驶员首先向前倾斜，腿部撞击仪表板，腹部或下胸部紧贴

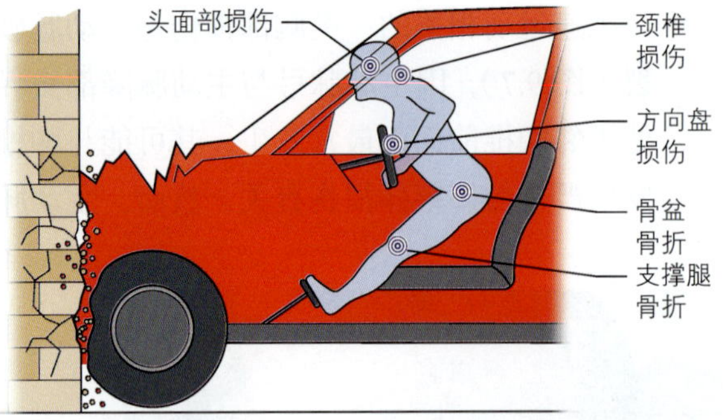

图 9.1　在减速碰撞中，未系安全带汽车驾驶员的损伤部位

方向盘下缘（图 9.1），继而身体向方向盘弯曲并开始站立，沉重的头部向前运动，颈椎和胸椎形成反曲。这种向上和向前的运动导致头部撞击挡风玻璃、挡风玻璃上缘或侧柱。驾驶员头面部击穿挡风玻璃，继而整个身体通过挡风玻璃破碎处洞穿到车外，摔落在汽车发动机盖上甚至其前方的路面上。

另一个导致车内人员损伤的因素是汽车构件侵入车厢内。尽管现代汽车的设计使其拥有坚固的中央乘坐室，然而，如果碰撞太剧烈，发动机或前轮将受力向后侵入车内而挤压驾驶员。同样的，车顶部和前舱的连接柱（所谓 A 柱）也可能从车厢上部挤压驾驶员。

汽车侧柱、发动机或变速箱侵入车厢的后果之一就是迫使底板向上、向后作用于驾驶员脚部和腿部。脚踏板也可能参与上述损伤过程，在紧急刹车时，脚部遭受脚踏板和底板反作用力，并可能向上传导致腿部和骨盆损伤。转向柱曾被认为是更危险的侵入结构，其受力向后挤压或刺入驾驶员胸腹部。现代汽车设计通过使转向柱可伸缩、装上铰链或使之可折叠而减少了上述危险的发生，然而损伤仍然会发生——有时来自方向盘本身被破坏而刺入驾驶员胸部。此外，车门可能会爆裂开，尤其是翻车事故中，未系安全带的驾驶员可能被抛到路面上。

在追尾碰撞中，驾驶员将发生急剧加速运动。此时，如果座椅上没有安装约束头部的保护装置，颈部将发生严重的过伸运动。当汽车碰撞前面车辆或其他障碍物时，通常会发生一系列减速事件，造成所谓的挥鞭样损伤。

在侧面碰撞中，驾驶员的损伤程度取决于车门以及车身侧板被撞击的程度。尽管现代车辆通常在车门内安装了加强式的防撞杆，但汽车约束装置不能给驾驶员提供任何保护。

驾驶员在未系安全带或无安全气囊保护情况下，发生一系列创伤性事件可造成以下损伤：

- 撞击仪表盘可造成膝关节周围及小腿上段皮肤擦挫伤、挫裂伤甚至骨折。
- 脚部受底板的反作用力，尤其是当发动机侵入车厢时，会导致脚部到股骨任意部位的骨折（图 9.5）。腿部也可能因与仪表盘的剧烈撞击而受伤，并可能导致髋关节后脱位。Mant 在对 100 例驾驶员死亡事故的系列研究中，发现有 22 例骨盆骨折和 31 例下肢损伤。然而 Kramer 的近期研究表明，上述损伤似乎在减少，如在正面碰撞事故中，驾驶员骨盆和股骨骨折的发生率仅为 7%[3-5]。
- 胸腹部遭受转向装置、车门及车内扶手撞击时（取决于撞击的方向）可导致严重的内脏器官损伤，其中肝破裂最常见，而脾损伤、肾损伤和肠道损伤较少见。上述撞击过程还可能造成皮肤擦挫伤，有时甚至会出现严重的内脏器官损伤而无皮肤擦挫伤。皮肤撕裂伤或挫裂创较少发生，除非方向盘折断并刺入躯干。方向盘还可能造成其他损伤，如肺挫伤、胸骨和肋骨骨折、心脏挫伤、血胸、气胸和血气胸。在 Mant 的系列研究中，几乎有 70% 的驾驶员会发生肋骨骨折。
- 上肢损伤不太常见，可见于紧握方向盘时，由于力的相互作用，上肢因突然的反作用力而损伤，或者在与前挡风玻璃、侧柱、凹陷的车顶、发动机盖或地面撞击时，双上肢呈反射性保护姿势而造成损伤。在 Mant 的系列研究中，仅有 19% 的驾驶员发生上肢损伤。
- 头面部损伤主要是由于头部撞击甚至击穿挡风玻璃所致。在未系安全带的情况下，驾驶员身体直立并向前屈曲，可能使其前额部甚至整个头部撞击挡风玻璃上缘，造成挫裂伤

（图 9.6）。早期的挡风玻璃由普通窗户玻璃制成，其由于在碰撞事故中危险性高而被钢化玻璃所替代。当挡风玻璃破裂时，钢化玻璃碎裂成无伤害性的碎片。现在的挡风玻璃由夹层安全玻璃制成，并粘到窗框内，因此增加了车辆的坚固性。即使发生破碎，夹层安全玻璃仍粘在一起以防尖锐玻璃碎片造成人员损伤[6, 7]。

- 驾驶员撞击挡风玻璃边缘、侧柱或被抛出车外，可造成不同类型和程度的头部损伤，包括头皮挫裂伤、颅骨骨折、颅内出血和脑损伤（图 9.2，图 9.3）。在 Mant 的系列研究中，每 100 名驾驶员中有 42 人发生颅骨骨折，低于前排乘客的颅骨骨折发生率。这一研究结果与 Ecker 进行的 300 人系列研究结论不一致，后者的研究发现驾驶员发生头部损伤的概率是乘客的 2 倍，但并没有说明有多少事故发生在仅有驾驶员的车辆上[8]。
- 头部摆动时会造成颈椎过度屈曲，从而导致颈椎骨折或脱位。当头部碰撞前方障碍物时，颈椎会发生减速性过度屈曲及反弹性过度伸展的两次挥鞭样损伤。追尾碰撞同样也可能导致前述的损伤。
- 寰枢枕关节脱位是尸体解剖时常被忽略的一类损伤，在 Mant 系列研究中有 1/3 的发生率。颈椎任何部位均可能发生骨折，以 C5、C6 最为常见。尽管安全带不能防止颈椎损伤，但坚固的头部约束装置可减少颈椎过伸导致的损伤。胸椎较少发生损伤，但在未系安全带的驾驶员中，挥鞭样作用同样可导致上胸椎骨折或脱位，常见于 T5～T7。
- 与减速运动相关的一类胸部损伤是主动脉破裂（图 9.7），因主动脉弓与主动脉降部交界处毗邻胸椎前面而最常发生，其可能与胸椎发生严重的挥鞭样损伤有关。然而，主动脉

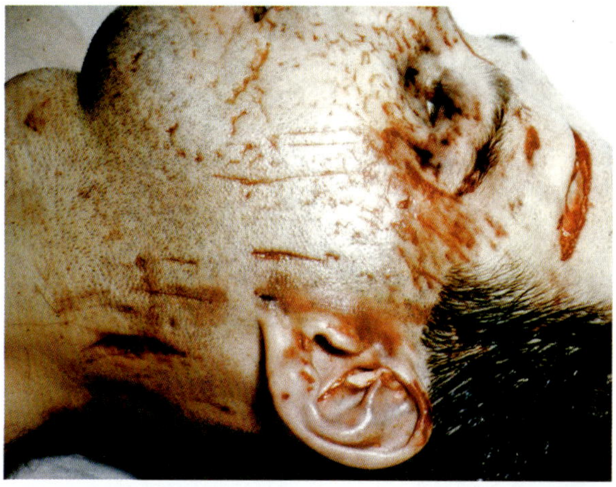

图 9.2　未系安全带的驾驶员被挡风玻璃碎片划伤面部。钢化玻璃被撞成小碎片，形成具有“刷状”特征的损伤。前额部挫裂伤系挡风玻璃边缘造成

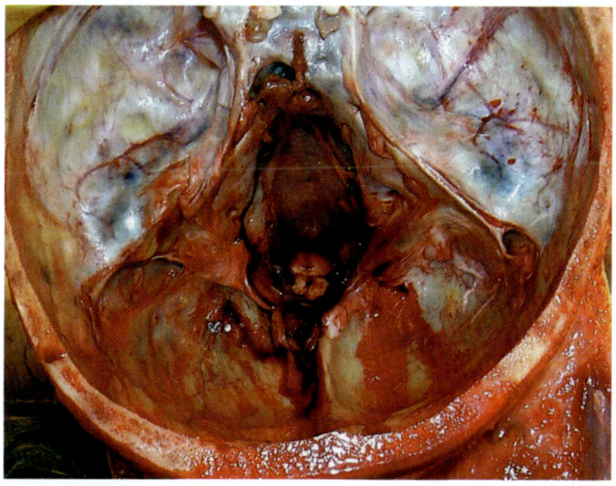

图 9.3　车辆失控并撞到树上，驾驶员头顶部遭受撞击致枕骨大孔周围环状骨折

图 9.4　当车辆构件撞击驾驶员时，安全带也无法提供保护作用。常见于发动机、前悬架、车顶或侧柱的撞击

破裂很有可能与心脏在胸腔内的过度钟摆运动有关。当胸部发生剧烈的减速运动时，由于惯性作用，具有一定质量的心脏继续向前运动，导致心脏与其根部分离，造成主动脉

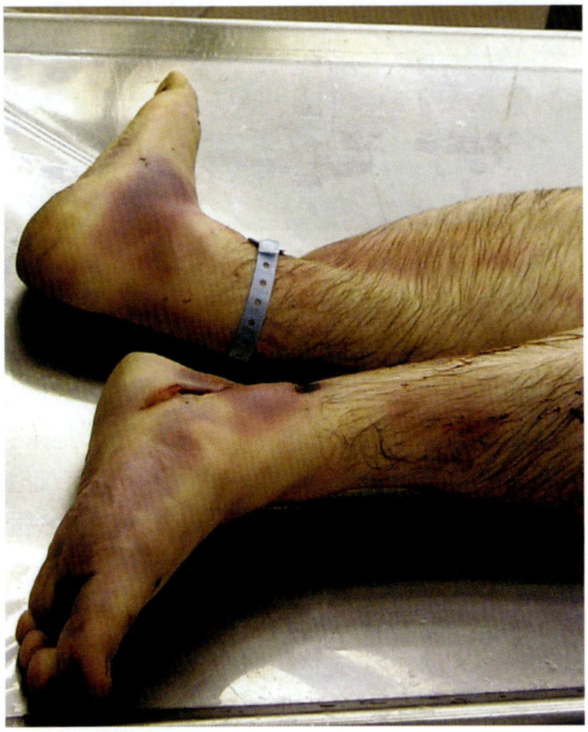

图 9.5　在正面碰撞事故中，驾驶员小腿皮肤擦挫伤、挫裂伤和骨折

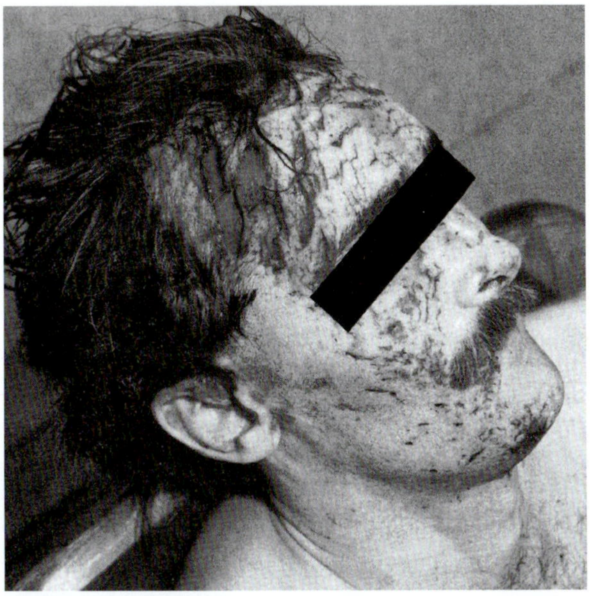

图 9.6　驾驶员未系安全带造成面部损伤。减速碰撞后，驾驶员面部撞击挡风玻璃，破裂的夹层玻璃形成典型的浅小刺切创以及挡风玻璃框或 A 柱造成的额颞部挫裂创

破裂，其最常发生与胸椎毗邻的主动脉弓处（图 9.8）。

- 主动脉破裂口常呈规整的圆形，边缘整齐似手术刀切口。有时毗邻主破裂口处可见额外的横向内膜撕裂——形似梯磴，即所谓的梯状撕裂。这些主动脉内膜梯状撕裂可出现在无实质性破裂发生的情况下，而在尸体解剖中较为少见。当死亡不是瞬间发生时，这些撕裂口达到一定深度而使局部血液渗入内膜下造成内膜分离。而在数小时或数天后发生内膜分离而造成迟发性死亡的情况则更为罕见。主动脉破裂是交通事故中常见的损伤，作者曾报道一起两车碰撞的事故，在 4 名死者中有 3 例可见主动脉横向破裂（图 9.8）。

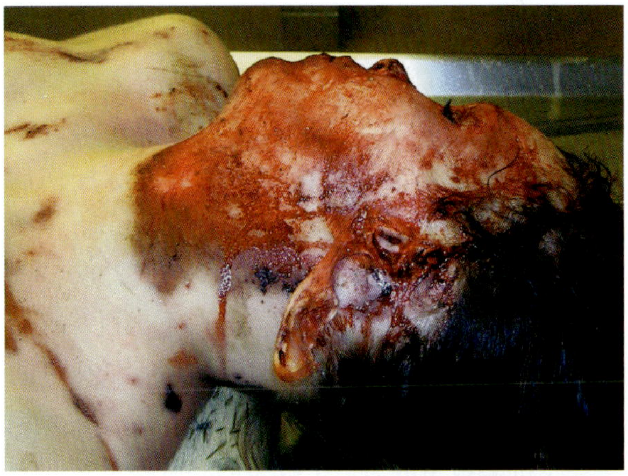

图 9.7　正面碰撞后，系安全带的驾驶员多发性面部损伤。死因为主动脉破裂

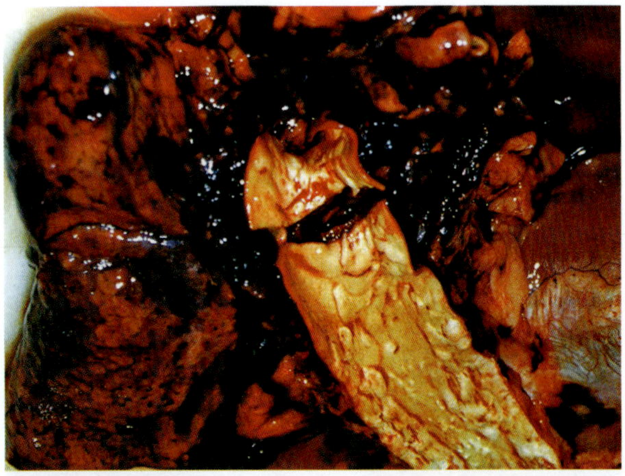

图 9.8　高速碰撞中，车内人员未系安全带造成主动脉破裂。主动脉破裂通常发生在与胸椎相邻的主动脉弓处

- 主动脉撕裂发生率非常高，因此尸检人员在提取器官时，应注意不能对颈胸部过度用力。因为这一过程的粗暴操作，可能会人为地造成主动脉梯状撕裂。
- 其他类型的胸部损伤可能系方向盘碰撞或通过挡风玻璃破口洞穿而出摔在路面上所形成。尽管可伸缩式转向柱、坚固的方向盘、安全气囊和安全带等装置减少了胸部损伤的发生，方向盘仍然可能造成胸部皮肤擦挫伤或挫裂创。胸骨和肋骨骨折较常见，不过，青年人的肋骨较柔韧，因此有时严重致命脏器损伤也可不伴有肋骨骨折。
- 即使没有体表损伤或胸廓骨折，心脏亦可能发生损伤。心外膜损伤及心肌挫伤并不罕见，心脏膈面也可能遭受脊柱的撞击而发生损伤。在发生高速碰撞的情况下，心脏亦可能自其根部完全离断，松散地掉落在胸腔内。非高速碰撞时可造成心房或心室撕裂，引起严重出血。冠状动脉挫伤后可检见冠状动脉血栓形成。胸骨、肋骨或体外物体的刺入可致心脏破裂（图 9.9，图 9.10）。室间隔及乳头肌心内膜下出血并不是心脏被撞击的标志，可能是致命性低血压的征象，也可能见于头部损伤。作者曾在军用飞机坠毁事故后，于破裂的心脏检见室间隔及乳头肌心内膜下出血，可发生在数次心搏周期内。

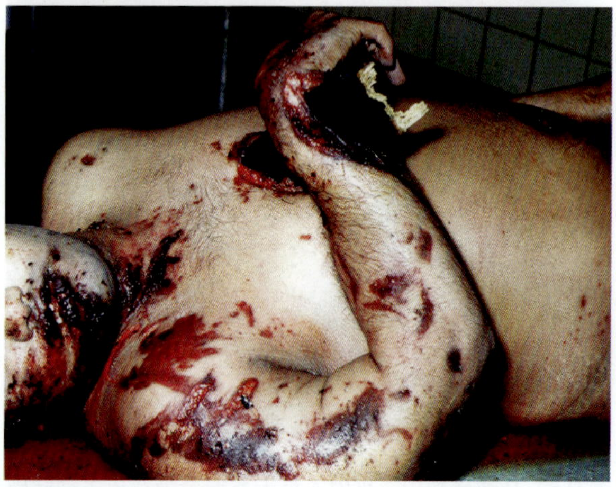

图 9.9　公共汽车座椅的木质构件穿刺手腕及胸部。死者超速驾驶小汽车撞入公共汽车内，部分碎片刺入其左心室

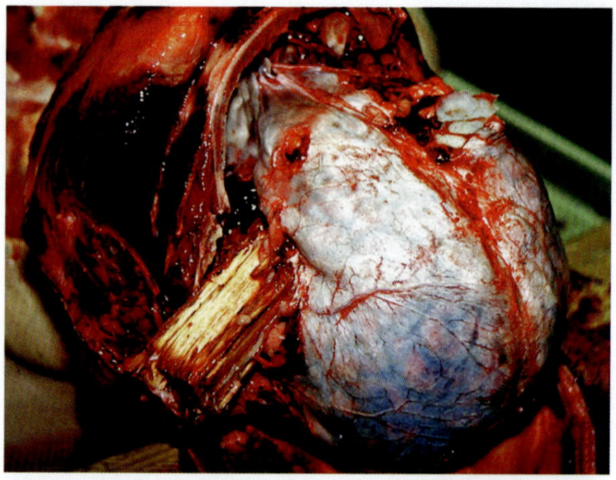

图 9.10　一辆小汽车与一辆被汽车拖拽的房车迎面相撞。房车被撞毁，其中一段木头插入小汽车乘客的头部

- 肺脏常因肋骨骨折断端刺入胸膜或钝性暴力发生损伤。钝性暴力常导致位于脊柱旁沟的肺脏表面挫伤。肺挫伤处胸膜下可有气泡或血泡形成，从而导致气胸或血胸。撞击引起胸腔内压的剧烈改变，可在胸膜完整的情况下，使肺组织挫碎。肺表面常常看到的胸膜下片灶状出血，可能是肺局灶挫伤形成的，也可能是肺部其他损伤区的血液渗入或口鼻部损伤、出血经气管吸入形成的。
- 腹部损伤主要是肝破裂，可发生在肝脏的任何部位。一种常见损伤类型即为肝脏表面中央型挫裂，并向深部延伸，甚至横断整个肝脏。较轻的肝损伤表现为浅表挫裂伤，有时在肝右叶膈面可见多个平行的挫裂伤。肝被膜下挫裂伤后可致被膜下血肿形成且并发迟发性肝破裂（图 9.11，图 9.12）。在一些事故中，脾脏也常发生脾门部浅表挫裂伤；较少情况下，脾脏自脾蒂处撕脱、分离。肠系膜和大网膜常常表现为挫伤，极少出现致命性的挫裂伤和穿孔。
- 交通事故中，抛掷伤亦很常见，可致驾驶员和乘客死亡，特别是发生在翻车事故中。因此，汽车制造商们致力于开发防爆门锁，以提高汽车安全性。然而，在车身严重变形时，仍无法阻止车门打开或被破坏。20 世纪 50 年代，由 Cornell 进行的一项包含 3 261

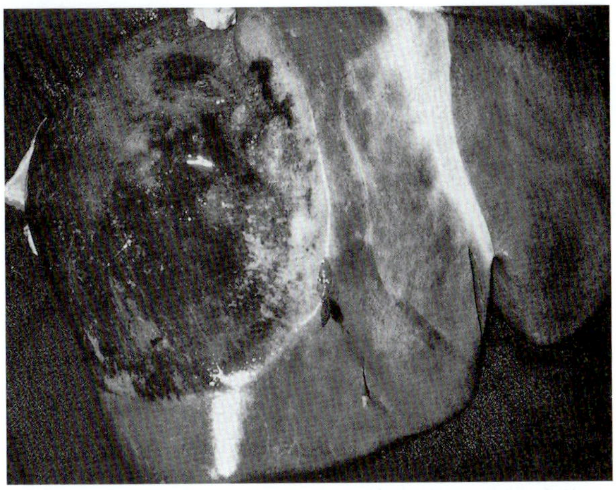

图 9.11 在紧急刹车情况下，驾驶员撞击方向盘边缘致肝被膜下大出血。肝被膜可在损伤后数小时甚至数天内保持完整，继而破裂、出血，随后血液进入腹腔

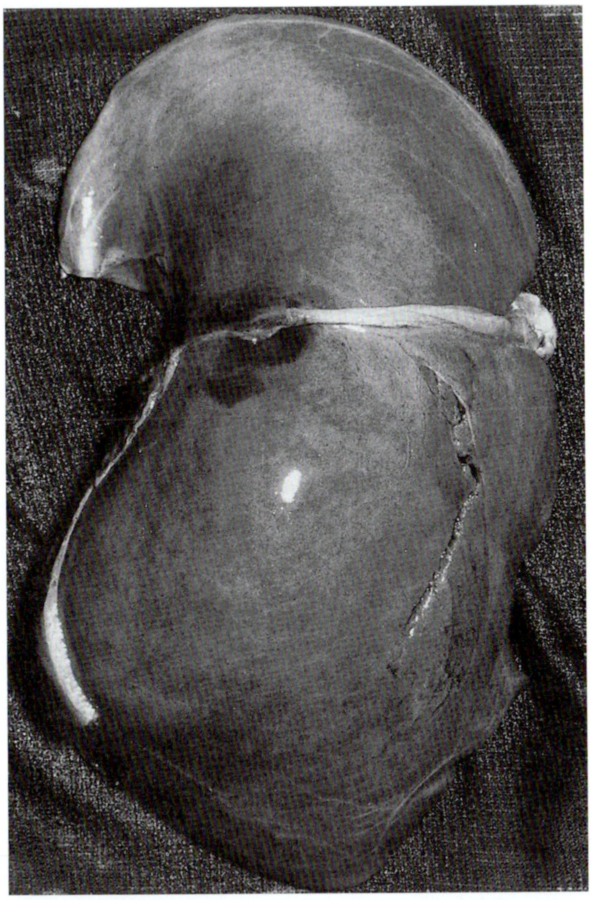

图 9.12 肝脏表面挫裂并贯穿肝脏，在悬韧带周围可见出血。死者是一名小汽车驾驶员，在正面碰撞中撞击方向盘

名乘客和 7 337 名驾驶员的详细研究表明，受害者被抛掷到车外的死亡率比滞留在车内的死亡率高 5 倍[9, 10]。Green 等分析了英国 919 起事故中车辆和损伤的数据，包括被抛射的驾驶员损伤概率、原因和后果，发现被抛掷到车外的驾驶员重伤和死亡的概率分别比车内高 3.6 倍和 4.5 倍[11]。

- 驾驶员被抛射出车外后，几乎各种类型的损伤（通常为复合性损伤）都可能发生，可能由撞击地面形成，也可能是被其他车辆碰撞（相当大的比例）形成的，尤其是发生高速公路上。

前排乘客

在西方国家，驾驶员死亡或受伤人数远高于乘客。这也反映了在大多数情况下，汽车内只有驾驶员而没有乘客，如在 Mant 的系列研究中，这种情况占 1/3。而在一些汽车拥有率较低的国家，研究结果则恰恰相反，事实上，许多事故是由于汽车超载造成的。正如法国米其林轮胎公司制作的安全电影的标题——“死亡的地方”（*La place du mort*）所表明的，前排乘客损伤类型与驾驶员相似，而实际上副驾驶位更加危险。

虽然副驾驶位没有方向盘撞击胸部，但也缺少了由方向盘支撑提供给驾驶员的轻微保护作用——减少与挡风玻璃碰撞所形成的损伤。另一个因素可能是，驾驶员一直把注意力集中在道路上，因此面对即将发生的碰撞能做出快速反应，而前排乘客对即将发生的灾难可能浑然不知，而无法应对碰撞。这也许可以解释，在 Mant 系列研究中，未系安全带的乘客颅骨骨折和脑损伤的发生比例更大，分别为 64% 和 53%，而驾驶员发生颅骨骨折和脑损伤的比例分别为 55% 和 42%。然而，上述研究数据是在安全带和安全气囊普遍甚至强制性使用之前所得出的结果。

在对 55 名系安全带的前排乘客的系列研究中，发现头颈部致命性损伤是胸部致命性损伤的 2 倍多。而驾驶员腹部损伤发生率高于乘客。前排乘客最严重的损伤由卡车侵入造成的占 32%，仪表盘损伤占 27%，转向装置损伤占 22%[12]。

Thomas 和 Bradford 分析了正面碰撞中 1 514 名系安全带前排乘客的数据，其中 105 例死亡中 80 人为头部致命伤。最常见的原因包括撞击方向盘、车外物体以及侧柱和车顶，分别占32%、27%、21%[7]。

后排乘客

在前排安全带普遍使用之前（现在许多国家都强制性使用），普遍认为后排座位是相当安全的，实际上与前排座位相比确实如此。

安全带的普遍使用极大地减少前排乘客的死亡和重伤，使得后排座位的危险性变得更加明显。类似于之前的改革行动，为后排乘客发起了行动和立法，目前英国和其他许多国家都强制性使用后排安全带。

Bilston等利用美国国家汽车采样系统的系安全带车内人员数据，对新旧车型的前、后排系安全带人员进行配对队列分析，以评估前、后排人员发生AIS3+（简明损伤标准）损伤的相对风险。研究发现，前、后排人员AIS3+损伤的相对风险受受害者年龄和车辆年份影响。旧款车型前、后排座椅对于16～50岁人群的保护作用相当；然而，在新型车（1997～2007年）中，后排乘客的受伤风险更高。而对于50岁以上的成年人来说，新、旧型车辆后排座椅均具有较高的受伤风险；对于9～15岁的人来说，后排座椅的受伤风险较低；对于15岁以上的乘客来说，前排座椅比后排座椅更安全，这表明前排乘客的安全性在过去10年中有所提高。尽管9～15岁儿童坐后排座椅的好处有所减少，但他们坐后排座椅时的受伤风险仍然较低[13]。

在汽车急剧的减速过程中，未系安全带的后排乘客向前运动，撞击前排座椅背以及座椅头枕。后排乘客可能被抛甩到前排座位上，可能与前排乘客相撞并造成前排乘客的其他损伤，甚至可能从挡风玻璃破口处洞穿到车外。根据Ichikawa等的研究，未系安全带的后排乘客比系安全带的前排乘客的死亡风险增加了近5倍[14]。

在翻车事故中，车内人员可因在车厢内翻滚而受伤，并与车内配件如镜子、门把手及车窗等相碰撞而造成多发性损伤。车辆设计的优化减少了上述损伤，如门把手更加光滑或采用隐匿设计，镜子更容易从安装架上折断、脱落等。被抛掷到车外是后排乘客死亡和重伤的另一个常见原因，常见广泛的头胸部及四肢损伤。

安全带的作用

目前，大多数国家（占世界人口的69%）已全面立法，规定所有车内人员必须系安全带。尽管事实表明系安全带可减少驾驶员和前排乘客40%～50%的致命性损伤以及后排乘客25%～75%的致命性损伤，但在没有立法的国家，劝诫系安全带似乎没有什么效果[2, 15, 16]。

目前几乎所有的安全带都是腰带加肩带式，即所谓的“三点式安全带”。简单的腰带式安全带仅安装在飞机上，实际上其只有象征性的安全作用。大多数汽车安全带都是“惯性卷筒”型，允许乘客缓慢拉动安全带，但安全带突然受牵拉时会被卡住。除舒适之外，“惯性卷筒”型安全带的优点表现在可以自动收紧身体，这是因为松弛的安全带不仅约束效果差，实际上还很危险。更复杂的安全带装置如双肩背带和胯带，只用于轻型飞机、滑翔机和赛车中。尽管复杂的安全带装置会更有效，但将其安装在普通道路上行驶的车辆上往往是不被接受的。正如头带约束装置，虽然它几乎是防止颈椎过度屈曲损伤的唯一方法，但同样不被社会接受。

图9.13显示了各种类型的安全带约束装置。

- 安全带将车内人员向后固定在座椅上，以防其向前撞击方向盘、挡风玻璃和侧柱。尽管头部仍然会过度屈曲，但安全带阻止了车内人员头部撞碎前挡风玻璃并被抛掷到发动机罩或路面上。如果碰撞中发动机、汽车底板、车顶或角柱撞击座位上的车内人员，安全带则无法阻止上述构件损伤人体。此外，安全带的有效性也取决于座椅与汽车底板之间的牢固性。
- 在车门爆开的情况下，安全带将车内人员束缚在车内；而如果车内人员被抛掷到车外，那么将大大增加死亡或重伤的风险。在侧面碰撞中，安全带除减少因抛掷造成的损伤

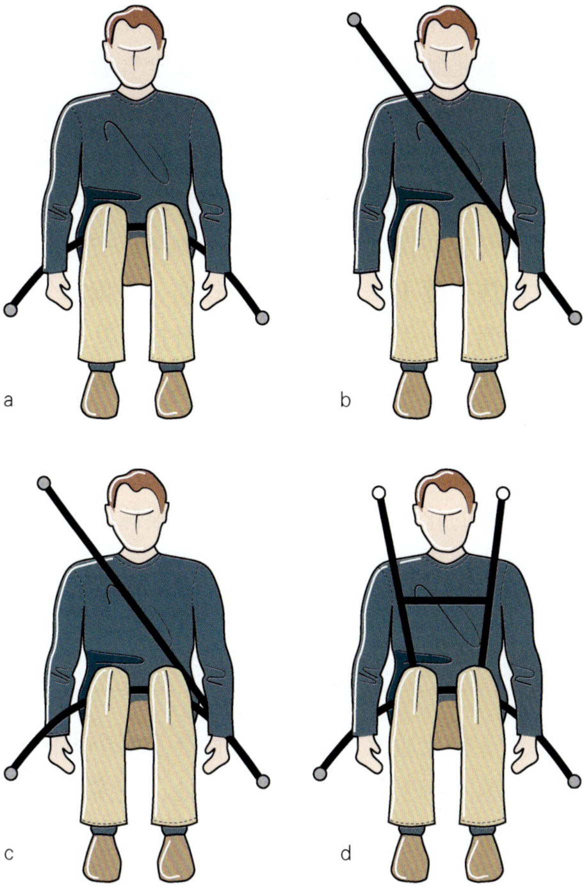

图 9.13　安全带约束装置类型：（a）简易安全腰带（对主动脉有危险）；（b）单一斜肩式（可以滑动）；（c）斜肩加腰带式（汽车的通用类型）；（d）肩带式（用于飞机和赛车）

外，无其他作用。然而，有报道显示系安全带的受害者在侧面碰撞中其头部损伤较少，其原因尚不清楚。

有人认为（主要是在保险纠纷中）安全带会使车内人员更接近危险的碰撞位置，从而加重损伤。然而这种情况很少发生，即未系安全带的车内人员在遭受高速侧面撞击中幸免于损伤或死亡的情况很少发生。

- 延长减速时间和距离是通过大幅度拉伸安全带来实现的，在剧烈碰撞中安全带可延长数厘米。为保证安全带的有效性，可通过调整带扣或使用惯性卷筒使安全带紧贴身体以获得最大的约束。如果安全带不能再拉伸，则不应该再使用，因为其可能在下一次被拉伸时断裂。
- 增加减速时的受力面积。如前文所述，根据 $G=C(V^2)/D$ 公式计算，人体须吸收施加其上的各种减速力。如果这些减速力仅被数平方厘米的颅骨所吸收，可能会造成致命性损伤。而同样的减速力通过 500 cm^2 的安全带扩散至胸腹部，可能不会造成损伤或仅造成皮肤擦挫伤。

安全带损伤

毫无疑问，安全带本身也会造成损伤，有时会造成相当严重的损伤。这也是一些国家强烈反对佩戴安全带立法的争议之一，但这种观点很大程度上是不合逻辑的。因为在未系安全带的情况下，能造成安全带损伤的撞击均会导致更严重的伤亡。

对安全带装置的另一个无理批判是其阻碍车内人员从燃烧的车辆中逃生。然而，车辆碰撞导致火灾的情况罕见。加拿大 Bako 等的一份报告显示，在 1 297 例交通事故死亡人数中，只有 24 例死于烧伤，其中仅 3 例发生在车内[17]。

安全带不正确调整或位置不当如安全带因打拧而与人体的接触面积减少，可增加受伤风险。松弛的安全带使人体在突然束缚前相对移动，减小了乘客与其前方车内构件的距离。

如果一个人的体型相对于安全带较瘦小，例如幼儿或者瘦小的女性，其身体可能会从安全带下方滑出，即所谓的“下潜”，此时安全带可能会缠绕人体颈部。即使正常使用安全带也会压迫一些女性胸部，因此，突然刹车很可能会损伤乳腺。

孕妇也有类似的安全带隐患。但是，尽管交通事故中有子宫和胎儿因安全带造成损伤的记录，其发生率也相对较低，如果未系安全带，后果可能会很严重甚至更糟糕[18-20]。

安全带造成的损伤小则轻微，重则致命。擦挫伤最常见，可在三点式安全带的斜肩带和腰带对应部位看到（图 9.14）。由于受力面积较小，单独飞机式腰带损伤更常见。挫伤可能发生在胸腹壁，但更危险的是内脏损伤。腹部器官最常遭受单独腰带束缚形成损伤[21-24]。肠系膜或大、

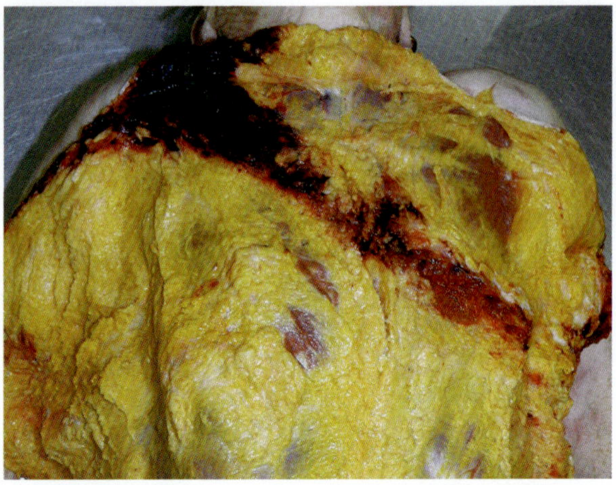

图 9.14 斜肩式安全带导致的典型带状皮下出血

小肠的破裂，通常发生在单独腰带的急速收缩过程中。充盈的膀胱、盲肠及腹主动脉均可能发生破裂。腰椎可能发生压缩性骨折或于腰部正中发生椎间盘脱位[25]。椎体后弓、椎弓根或横突均可能发生损伤。

斜肩式安全带因阻止躯体过度屈曲，通常可以防止严重的腹部损伤，但可能导致胸部损伤。在安全带紧贴着胸骨和锁骨的部位，可发生皮肤擦挫伤和胸骨、锁骨骨折。

安全气囊

近年来，安全气囊的使用已经从最昂贵的汽车普及到许多量产汽车。安全气囊由一个大的织物袋组成，驾驶位的安全气囊被折叠在方向盘中心毂内，而前排乘客位置的安全气囊被折叠在其前方的框架内。

敏感的汽车减速装置可触发固态、剧毒的爆炸推进剂叠氮化钠的燃烧，在几毫秒内转化为氮气。因此，展开式安全气囊展开时的速度可达 322 km/h（约 200 mi/h）*。同样，安全气囊放气也很迅速，以防阻碍碰撞后车辆失控和车内人员的逃生。

安全气囊的设计目的就是将其置于车内人员及前面的车内构件之间，以缓冲碰撞并防止车内人员遭受强烈撞击和躯体过度屈曲。

除保护生命以外，安全气囊也可能造成严重损伤甚至是致命性损伤，可能是安全气囊本身所致，也可能是安全气囊覆盖在方向盘或仪表板上所致。车内人员在安全气囊展开过程中均可能受伤，这取决于车内人员所处的姿势以及车内人员与安全气囊或仪表板之间存在的物体。安全气囊所致损伤程度不一，从面部擦挫伤、手指部分或完全折断，到手臂或颈椎脱位、骨折，甚至是致命性头部损伤，均可能发生[26-34]。其中，眼睛损伤很常见，从轻微的角膜擦伤和因接触释放到车内未完全燃烧的叠氮化钠或燃烧产生的碱性副产物所致的化学性灼伤，到钝力性眼球破裂或侵入性眼球穿孔，均有可能发生[35-39]。

儿童在交通工具中的脆弱性

儿童在交通工具中的脆弱性涉及多个方面的特殊问题。由于儿童的特殊脆弱性，许多国家都制定了保护车内儿童的法律。

首先，成年人允许儿童未系安全带乘坐在汽车前座的行为是可以理解的，但是却非常危险。一些家长甚至允许儿童扶着挡风玻璃下方的仪表盘边缘站立着，即使在轻微事故中，这种行为也会导致儿童面部和眼睛损伤。让儿童坐在母亲怀里的行为也是非常危险的，当突然减速时，母亲和儿童均可能撞击到挡风玻璃上，儿童也可能从系着安全带的母亲怀里飞出。撞击到仪表盘或挡风玻璃均可能导致死亡和面部损伤，尤其是眼部受伤。

尽管安全带可充分地收缩，但侧柱上的安全带固定点太高，因此成人安全带不能很好地保护儿童甚至是体型较小的成人。斜肩式安全带常常跨过喉咙，除非在门柱上安装特殊的坠落悬挂装置，否则系成人安全带装置通常比未系时后果更严重。

如前所述，针对儿童和成人后座安全带装置的相关行动已经成功开展。由于禁止儿童坐在汽车前排座椅，儿童坐在后排座椅被认为是安

* 译者注：原版英文为 300 km/h（200 mi/h）。

全的，然而由于会撞击到前排座椅靠背、前排乘客和车内构件等，即使是坐在后排座椅也会导致更多的儿童受伤甚至很多儿童死亡。对于婴儿来说，在普通座椅上需要安装特殊的安全座椅，并且在安全座椅上同样需要牢固的安全带装置。

自 2006 年 9 月 18 日起，英国立法要求所有乘车的儿童需要正确使用儿童安全带装置，直到身高达到 135 cm 或年满 12 岁（满足任意一条即可）。在这之后，他们必须使用成人安全带。

合适的儿童安全带装置是指：

- 符合联合国标准，联合国欧洲经济委员会汽车法规（ECE）44.03。
- 适合孩子的体重和体型。
- 根据制造商的说明正确安装。

摩托车骑行者损伤

尽管摩托车的数量比四轮机动车少，尤其是在发达国家，但摩托车骑行者的伤亡率却远远高于汽车驾驶员。在美国，摩托车骑行者每行驶 1 英里的交通事故死亡风险比驾驶其他类型机动车高 34 倍[40]。在英国，摩托车骑行者的死亡人数从 2011 年的 362 人下降到 2012 年的 328 人，下降了 9%，而同期的摩托车交通事故下降了 2%[41]。

尽管 Larsen 和 Hardt-Madsen 于 1988 年分析了丹麦的摩托车骑行者的损伤情况，显示胸腹部的受伤率很高（图 9.15，图 9.16），但在摩托车事故中四肢受伤率是最高的[42]。

- 由于摩托车骑行者在事故中不可避免地会摔倒在地，其头部损伤较为常见且往往很严重，可导致多数人死亡[43]。虽然在大多数国家，佩戴防撞头盔是强制性的，但剧烈撞击时头盔也无法起到保护效果。尽管与路面或其他车辆的高速碰撞会导致颅骨任意部位的骨折，但颞顶骨骨折最常见。一种常见的并发症是颅底骨折，尤其是铰链式骨折，即骨折线横向经颅底，穿过颞骨岩部、蝶骨大翼旁或垂体窝到达对侧，又称为摩托车骑行者骨折。

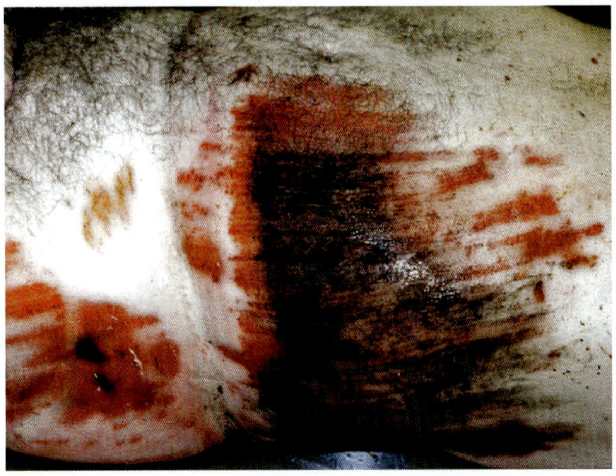

图 9.15 摩托车骑行者从摩托车上摔倒并在路面滑行时，严重的刷状擦伤或“皮肤擦伤”

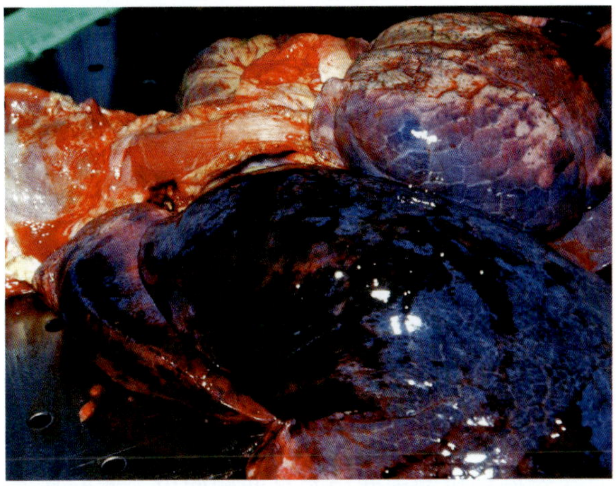

图 9.16 摩托车骑行者肺部挫伤，其碰撞卡车后摔倒在路面上。死因为颅骨骨折和多发性内脏损伤

另一类型的颅骨骨折是颅后窝枕骨大孔周围的环状骨折，由头顶部遭受撞击所造成（图 9.3）。颈部也常常受伤，Mant 的系列研究中发现超过 1/4 摩托车骑行者有颈椎骨折。即使佩戴防撞头盔，脑损伤也可能很严重。常见有脑挫伤和脑挫裂伤，有时是对冲性脑损伤，甚至可能是碎裂的脑组织从颅骨骨折处溢出。在 Mant 的摩托车骑行者系列研究中，60% 的受害者有颅骨骨折，近 80% 的受害者有脑损伤[3]。

- 腿部的受伤可能是由于其他车辆或道路上的固定物直接碰撞形成，也可能是被摩托车砸压而形成。皮肤擦挫伤、挫裂创和骨折均较常见，且常常表现为复合性损伤。Mant 在 55% 的案例中记录了下肢和骨盆骨折。

- 躯干部的任何部位均可能受伤，但受伤概率小于四肢受伤概率。骑摩托车时摔倒，特别是在高速行驶的情况下，会导致肋骨骨折和内脏损伤，尤其是肝、脾破裂。
- 摩托车骑行者受伤还常见摩托车行驶时追尾其他车辆，即摩托车骑行者撞击卡车的尾部，导致摩托车从卡车车底经过，而摩托车骑行者的头部撞击到卡车尾挡板上。因此，在极端的情况下可能会发生头部与躯干分离，而严重的头颈部损伤几乎是不可避免的[44-46]。因此，在许多国家，卡车必须在其尾部安装坚固的护栏，以防上述追尾事故的发生。上述情况也可能发生在小汽车上，当小汽车追尾卡车时，卡车尾部会剧烈撞击小汽车挡风玻璃和驾驶员。

安全头盔一方面凭借头盔内的减震垫可提供坚固的防撞屏障，另一方面可提供一个光滑表面使摩托车骑行者在路面上滑行而延长刹车距离和时间，以降低减速时所受的力。安全头盔的设计可有限地控制减速，但是在高速、剧烈碰撞中，安全头盔可能被击穿或因暴力传导导致颅脑损伤[46-53]。防撞杆是摩托车上的另一种安全措施，安装在发动机前面并向车身两侧伸出，在摩托车摔倒时可以保护腿部免于受伤。然而，除非防撞杆足够坚固，否则，当其受到撞击向后弯曲时可能束缚下肢活动。

自行车骑行者损伤

相对于摩托车损伤，自行车造成的损伤程度较轻，这是因为尽管自行车同样具有不稳定性，但其行驶速度较慢。同样，在自行车骑行者损伤中，头部损伤占较大比例，这是因为自行车骑行者距地面有一定高度，来自机动车任何方向的撞击均可能导致其摔倒。如今，多数自行车骑行者都会佩戴头盔以提供一定程度的保护[54-58]。

其他损伤来自机动车的直接碰撞，可能会使自行车骑行者的大腿、臀部或胸部受伤。自行者骑行者撞击地面能造成其肩膀、胸部和手臂的继发性损伤，其中，擦挫伤较为常见。自行车还可能造成一类特有的非致命损伤，即小腿插入车轮内受到轮辐的挤压从而使软组织挤压伤。

行人损伤

在世界范围内，道路交通事故导致行人死亡最常见。在中低等收入国家，超过 1/3 的道路交通事故死亡发生于行人和自行车骑行者。在全球人口密集地区，如南亚、非洲部分地区、中东和中美洲，人口数量远远超过车辆数量，行人伤亡人数构成了总死亡人数的重要部分。例如，38% 的非洲道路交通事故死亡发生于行人[2]。

大多数行人被汽车或卡车碰撞，车辆的类型会影响碰撞的动力学。行人的损伤不同于车内人员，其被撞过程是一个加速而非减速过程。

原发损伤是由受害者遭受车辆的首次撞击造成的，而二次损伤是随后与地面接触造成的（图 9.17～图 9.19）。

一些作者还用三次损伤来描述行人与地面碰撞形成的损伤，用二次损伤来描述行人与车辆的

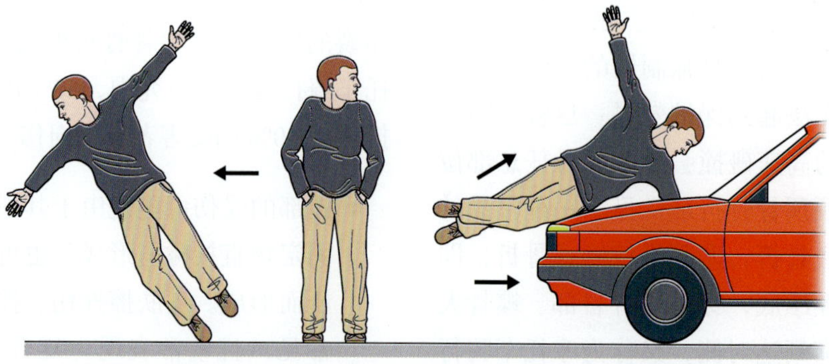

图 9.17 汽车前部撞击的行人，被撞向前方或被抛举在汽车上

图 9.18 当车速超过 24 km/h（约 15 mi/h）* 时，行人可能会被“铲”到车上，头部撞击挡风玻璃而受伤。随后，行人可能从汽车侧面摔下去，或者以更高的速度越过车顶

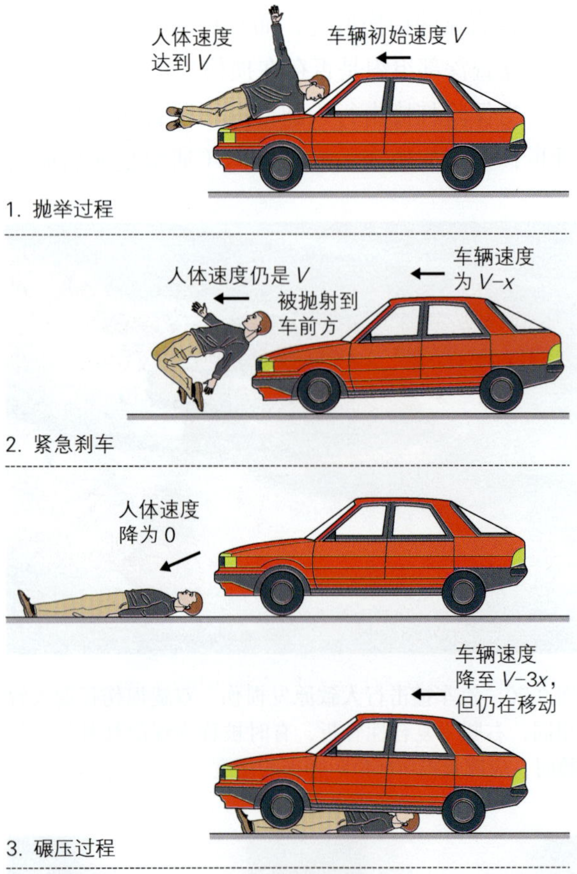

图 9.19 汽车制动过程中撞击行人的系列事件

附加碰撞伤，如行人撞到挡风玻璃形成的损伤。事件发生的过程通常如下：

- 汽车保险杠的高度远低于成年人的重心——腹部。因此，第一次往往会撞击受害者腿部，造成行人躯体朝向车身翻转。行人遭受首次撞击后的二次损伤取决于汽车前部的外形，如发动机罩前部位置较高且外形圆钝，行人将被抛掷到汽车前进方向的路面上；如遭受前部倾斜的轿车撞击，行人将被抛举到发动机罩上。
- 如果行人被向前撞飞，躯体会撞击地面而形成二次损伤，主要伤及下肢和臀部。如果汽车速度很快（超过 20 km/h），行人可能被抛向空中或被重重地摔在地面上。二次损伤可能会导致颅骨、肋骨、骨盆、手臂或大腿骨折。

如果受害者被直接抛掷到汽车前方，有遭受汽车碾压的危险。有时，受害者可能被汽车底盘拖拽，造成躯体严重损伤。如果汽车没有紧急制动，受害者被发现时往往在车后。很多碰撞都发生在汽车的车头角，行人可能会被撞向路边。如果行人被撞向道路中央，可能会被从其他车道超车的汽车撞倒，也可能会被双向单车道相反方向驶来的汽车撞倒。

- 如果行人被抛举起来，下落时会撞击发动机罩或挡风玻璃或侧柱。平坦的发动机罩通常仅造成相对较轻的损伤，包括线性擦伤、刷状擦伤或表皮擦伤。与挡风玻璃，尤其是挡风玻璃边缘或侧柱的剧烈碰撞是造成严重头部损伤的最常见原因。

在车速达 24 km/h（约 15 mi/h）** 时，行人被抛举起来，若车速低于 19 km/h，行人通常会向前摔跌。如果速度足够大，行人可能被抛举到车顶部，躯体有时会翻转，使头部撞击车顶。然后，行人在车顶部滑行或被甩在车后部，摔倒在车后的道路上。这种情况下，更有可能发生汽车不刹车径直碾压受害者的情况。

- 大多数情况下，被抛举的行人会跌落在汽车两侧，在路面上形成二次损伤，并可能遭受另一辆汽车的碾压。事件发生过程通常是，在汽车与行人碰撞瞬间，甚至在碰撞前，驾

* 译者注：原版英文为 23 km/h（约 15 mi/h）。
** 译者注：原版英文为 23 km/h（约 15 mi/h）。

驶员会猛烈地踩刹车。被抛举的行人跌落在发动机罩上获得与汽车相同的速度，之后汽车会减速。由于汽车发动机罩表面光亮、附着力小，当汽车刹车时，由于惯性作用人体滑向汽车前部。随后，行人会摔倒在汽车前方的路面上而遭受二次损伤，甚至可能在汽车停止前遭受碾压。

- 在高速碰撞中，任何超过 50 km/h（约 31 mi/h）的情况下，受害者可能会被高高抛起并在空中飞出相当长的距离，可能跌落在汽车侧面，可能跌落在汽车经过的路面上，甚至向后越过车顶。一般来说，不管是初次损伤还是二次损伤，速度越快，损伤就越严重。

从损伤程度来判断碰撞速度是不可能的。即使在 10 km/h（约 6 mi/h）的低速情况下，碰撞也可能是致命的；然而有时高速碰撞也可能仅造成轻微损伤。在 Ashton 的系列研究中，一半行人的死亡发生在车速低于 48 km/h（约 30 mi/h）的情况下[59, 60]。Rosén 等回顾了关于行人死亡风险与汽车碰撞速度关系的文献。尽管 2000 年以后发表的论文表明：随着碰撞速度的增加，行人死亡风险急剧增加，但远远低于早先的预测[61]。

在儿童受害者中，尽管致伤方式是相似的，但碰撞机制会受儿童身高和体重的影响。儿童遭受汽车的主要碰撞点在身体的上方，所以他们倾向于被撞向前方而不是向上发生翻转，尽管很多儿童受害者仍被抛举到发动机盖上。与成年人相比，儿童往往被撞向更远的地方，并可能以更低的速度被抛向空中。儿童也更容易被倒车车辆尤其是卡车碾死，这是因为他们经常在停放的车辆间玩耍，而且身高较小不容易被驾驶员看到。最近实施了卡车安全措施包括挂倒挡时自动发出倒车警告。

- 当行人被大型车辆（如货车、卡车或公共汽车）撞击时，由于首次撞击点较高，可引起骨盆、腹部、肩胛骨、手臂或头部的原发损伤。鉴于大型车辆的外部结构特征，行人通常不会被抛举起来，而是撞向前方，与地面碰撞形成二次损伤，有时会被碾压。
- 行人的损伤特性反映了碰撞的动力学效果。

行人最常见的损伤通常位于腿部，约 85% 的行人伤亡者存在下肢损伤（图 9.20，图 9.21）。根据 Eckert 的观点，典型的保险杠损伤包括胫骨上段和膝关节周围的擦挫伤和挫裂创，而胫腓骨骨折通常是复合性的，见于 1/4 的死亡案例中[8]。股骨骨折不太常见，但并非罕见。股骨干可发生骨折，或伴随骨盆骨折而股骨头被撞进髋臼中。儿童由于身材矮小，股骨可能会被低位保险杠撞击而发生骨折。由于衣服的保护，皮肤表面通常不会有明显的损伤痕迹，而尸检时，应切开小腿皮肤探查深部组织是否存在损伤。

当保险杠撞击行人腿部时，胫骨通常呈楔形骨折，楔形底边表示撞击方向（通常是从后面），

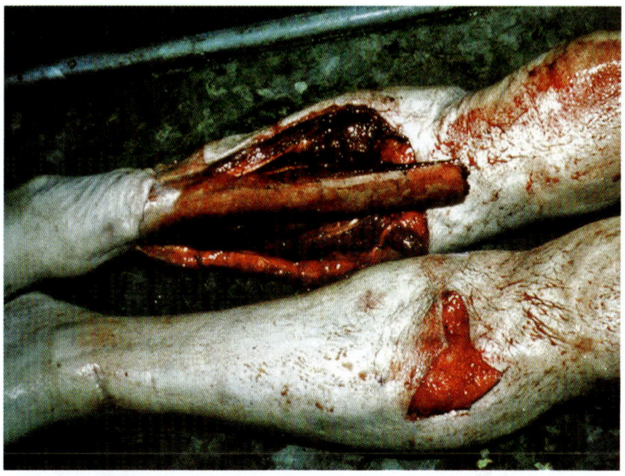

图 9.20　汽车撞击行人致原发损伤。双腿损伤程度大致相同，右腿为复合性骨折，有时被称为保险杠骨折。尸检时，应测量损伤部位距脚跟的高度

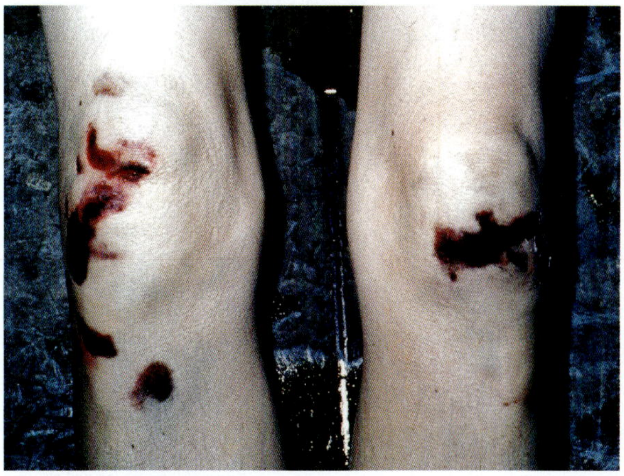

图 9.21　汽车保险杠撞击行人膝部所形成的擦挫伤和挫裂创。损伤位于膝部表明撞击时受害者面向车辆，但这也可能是受害者意识到车辆接近时突然转身造成的

楔形的尖端指向远离撞击点的一方（车辆行驶方向）。

承重腿遭受撞击时，胫骨骨折往往是斜向的；而非承重腿遭受撞击时，如行走时抬起的腿遭受撞击时，胫骨骨折通常是横向的。当双侧胫骨均受伤时，每侧胫骨的受伤平面可能不同，这表明受害者当时在移动，其中一条腿在行走或跑步时抬起。有时，相对于大多数汽车的保险杠位置，腿部损伤位置似乎太低，但这可能表明车辆在碰撞时紧急制动，致使前轮减速或抱死，前悬架下降，除非车辆安装了倾斜补偿器。

由于与挡风玻璃、侧柱和车顶的碰撞，以及与地面的二次碰撞，头部是行人受害者第二易伤部位，也是导致大多数受害者死亡的原因。如第 5 章所述，头部任何类型的损伤都可能发生。交通事故是造成颅骨骨折，尤其是颅底骨折最常见的原因。胸部、手臂和骨盆骨折以及腹部损伤的概率也很高。损伤通常集中在受害者躯体的一侧，常位于首次撞击的对侧，这是因为受害者最终被撞倒在道路上。然而，由于人体旋转和从汽车不同部位甩下后姿势的不同，损伤往往是广泛的，可能没有特定的损伤方式。

软组织损伤较常见，除擦伤、挫伤和挫裂伤，肌肉撕裂伤和挤压伤也可能发生。与碰撞伤相反，碾压造成的典型损伤是撕脱伤，即旋转的车轮将头和四肢的皮肤及肌肉撕扯开（图 9.22）。

当车轮碾压骨盆、腹部或头部时，可造成严重的内部组织器官损伤，而皮肤损伤轻微。大型汽车几乎可以碾碎头部，造成颅脑崩裂。就像肠道通过腹部创口被挤压出来一样，脑组织常通过头皮破裂创口被挤压出来。骨盆被碾压时可能导致骨盆碎裂，耻骨联合或耻骨上支骨折，单侧或双侧骶髂关节分离。任何类型的腹部损伤都可能发生，从肝脾破裂到肠穿孔、肠系膜撕裂和腰椎骨折。肋骨、胸骨和胸椎都可能发生骨折，肋骨断端可造成心肺穿刺伤。当人体躺卧时被车轮碾压，可致两侧肋骨于腋前线骨折，有时会造成连枷胸。

印痕性损伤可协助警察识别肇事逃逸车辆（图 9.23～图 9.25）。比较常见的是皮内出血反映出轮胎花纹，应予以详细测量并拍照。这些损伤印痕通常是由于皮肤被挤入轮胎沟槽时轮胎凸起边缘作用留下的花纹（图 9.25，图 9.26）。轮胎凸起的部位不会导致挫伤，但可在皮肤表面留下污垢印痕。

油漆碎片和玻璃碎片也是必须认真保存的痕迹证据，可通过实验室检验判断车辆的品牌和型号，并在检查可疑车辆时进行同一性认定。

车辆部件如前照灯、后视镜或其他部件（图 9.23）可能会在皮肤表面留下相关痕迹。汽车生产安全技术法规几乎取消了将汽车引擎罩车标、突出的门把手和不灵活的后视镜等危险装置用于

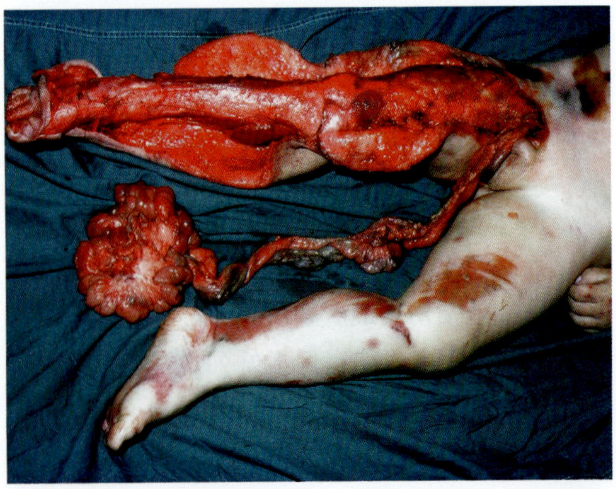

图 9.22　公共汽车碾压造成的损伤。旋转的车轮造成右腿皮肤撕脱伤，即皮肤和皮下组织从肌肉剥离。相邻的两个车轮碾压腹部，将肠管自会阴部挤出

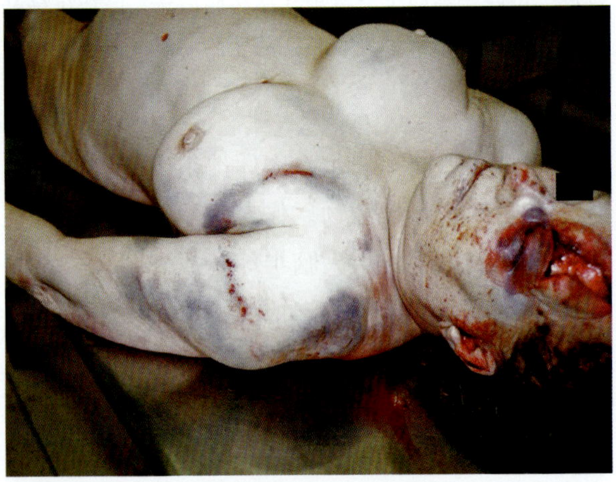

图 9.23　卡车撞击行人形成印痕性损伤。左肩部圆形的擦挫伤由车前大灯边缘造成。左眼周围挫伤由车辆其他突出物造成

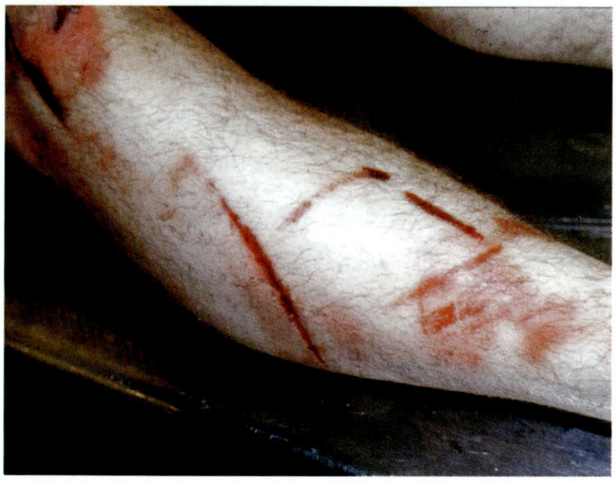

图 9.24　行人原发损伤。这种损伤由保险杠撞击腿部形成。尽管在紧急刹车时，车辆前端会下降而导致保险杠高度降低，也应测量损伤距离脚跟的高度，并与车辆进行对比

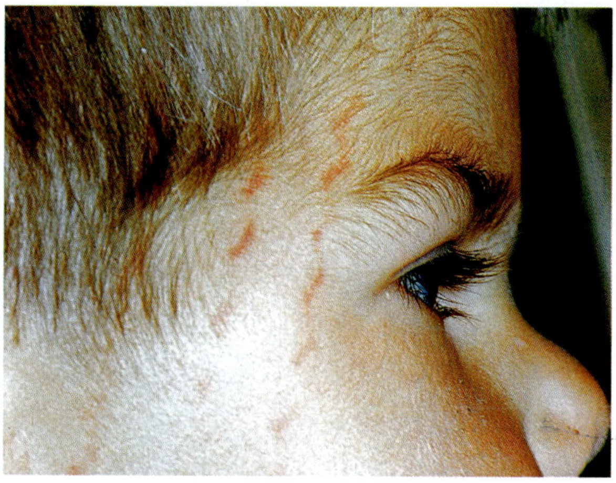

图 9.25　一名男孩在街上游荡，其前额部皮内出血，而男孩不记得刚刚发生的事情。男孩被一辆肇事逃逸汽车撞倒，皮肤表面留下了可辨认的轮胎痕迹。一位机敏的伤亡调查人员拍下了皮肤表面的轮胎印痕，而这种印痕数小时后就会消失

装饰旧车。然而，偶尔在人体组织中仍可能发现一些金属和塑料残留物。作者曾从死者肝脏内找到了一个门把手，从大脑半球内找到了一个铬制车标。在车主身份不明的情况下，须为警方保存此类证物。

在英国，车辆是靠左行驶的，行人在离开人行道时，其身体右侧被撞的情况更常见。然而，很多行人在被撞前的最后一刻才意识到车辆驶来，随即转身迎面撞向车辆，而有时则是从后面被车辆所撞。

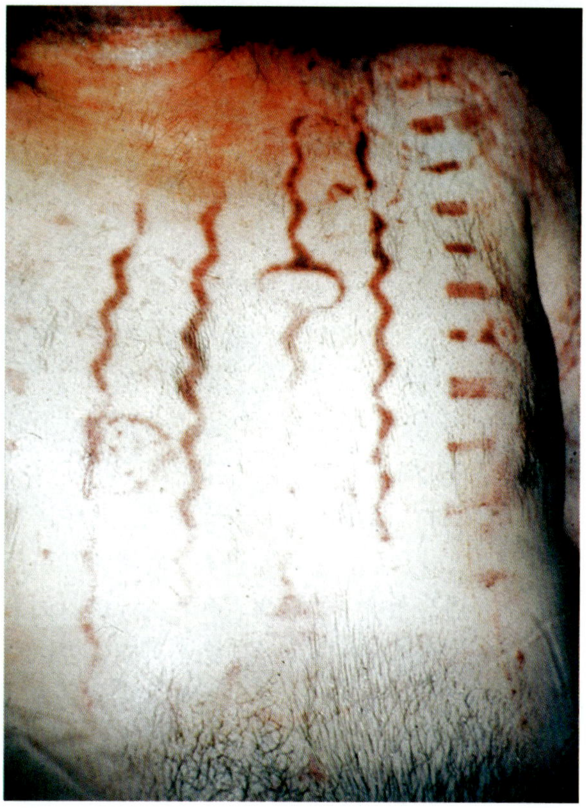

图 9.26　反映轮胎花纹的皮内出血。请注意擦挫伤是由轮胎“凹槽”造成的，而非由轮胎“凸面”造成

影响损伤的因素很多，但试图通过分析损伤来重建无目击证人事故的细节却很难。根据 Johnson 一篇未发表文章的观点，在英国，交通事故致右侧肾上腺出血比左侧肾上腺出血更常见，但这一观察结果必须考虑到多数的肾上腺出血发生在伤后数天，通常是全身作用的结果，而不是直接撞击形成的。

交通事故死亡原因

重度损伤的死因通常是明确的，如头部挤压伤致脑组织崩裂或主动脉破裂。多发伤通常很难明确哪一处损伤是最严重和致命的，在这种情况下，可以使用多发伤，但最好列出几种最致命的损伤。

当发生事故当场死亡或伤后不久死亡时，通常肉眼可以看到肌肉或器官损伤、严重出血、血液堵塞呼吸道以及车辆挤压胸部致呼吸活动受限所造成的创伤性窒息。

迟发性死亡可由持续性出血、继发性出血、低血压和（或）广泛性肌肉损伤所致的肾衰竭、脂肪栓塞、局部感染、胸部或其他全身感染、心肌梗死、脑梗死以及其他后遗症（具体参见第 13 章）所引起。

在所有交通事故死亡案例死因分析中，都要考虑受害者自然疾病的存在，可能是死亡原因抑或在死亡中起促进作用。对行人来说，当一辆车驶来时，摔倒在路面上可能造成致命性损伤，抑或甚至发生受害者尸体被下一辆车碾压的情景。

视力或听力缺陷也可能与交通事故有关，然而除非有明确的角膜或晶状体异常，否则尸检中几乎无法检测到视力或听力缺陷。当然，始终须考虑行人受害者药物或酒精中毒的可能性。

就驾驶员或飞行员甚至船长而言，疾病或醉酒可能是一个至关重要的因素，具有民事和刑事意义。

一般来说，突发性疾病不会导致车辆失控，因为在大多数心脏或脑部疾病发作的情况下，似乎都有足够的反应时间让驾驶员靠边停车。

即使一些国家依法对老年驾驶员进行定期体检，也不能保证其第二天不发生突发性疾病。

Schmidt 等通过分析德国 39 例驾驶员死亡案例，发现 97% 的患有心血管疾病，90% 的患有冠心病。德国慕尼黑进行的一项覆盖了 1982～1996 年整整 15 年的回顾性研究印证了 Schmidt 的发现。在 147 例驾驶员自然死亡案例中，缺血性心脏病有 113 例（占 77%*），是死亡的根本原因。Morild 发现，在挪威的 133 例交通事故死亡案例中，有 14 人死于自然疾病，主要是冠心病[62-64]。

交通事故死亡尸检

交通事故死亡尸检与常规尸检程序相同，但要特别注意以下几点：

- 正如第 1 章所讨论的那样，对驾驶员的刑事诉讼可能在尸检后进行，因此必须确保诸如尸体身份和证据完整性等法律问题。
- 如果尸体被送到停尸房或医院，尸体应穿着事发时的衣服，以便将衣服上的污渍和破损与人体损伤相匹配。通常情况下，这是不可能的，特别是短时幸存者被送往医院或事故处理部门；但在可能的情况下，应保存衣物并由病理学家检查。无论如何，在可能发生刑事诉讼情况下，受害者衣服应由警方保存，以便提交给法庭科学实验室。
- 血液样本须保留以用于血型鉴定，甚至可以进行 DNA 指纹鉴定，以备在肇事逃逸车辆上发现血迹或组织痕迹时进行鉴定。有时为了达到鉴定目的，还可能需要提取头发样本。如果死亡发生在交通事故后 12 h 甚至 24 h 内，无论是驾驶员还是行人，均须进行血液乙醇含量的检测与分析（具体参见第 28 章）。如果有可能，应对能引起嗜睡的成瘾性药物和常见药物进行筛查。饮酒甚至服用低浓度镇静剂、安眠药或抗组胺类药物等均可能与事故原因有关。在某些情况下，如果怀疑一氧化碳泄漏，需要对血液中碳氧血红蛋白浓度进行分析。
- 与所有外伤性死亡一样，尸体外部检查至关重要，应详细、准确并进行完整记录。为了与车辆进行对比，必须仔细测量尸体主要损伤或典型损伤距离脚跟的高度，且典型损伤的拍照记录必须用比例尺。在衣物、头发、皮肤或创口中发现的任何异物或颗粒均须仔细保留，以便进行法庭科学实验室检查，尤其是在肇事逃逸事故中，这对于车辆身份识别可能至关重要（图 9.26）。

病理学家可搜寻到各类痕迹物证，从油漆及玻璃碎片到车辆构件，而通过这些痕迹可以追踪到某一品牌、某个年代、某种类型甚至某一具体车辆。在过去的几年里，作者从死者肝脏中取出过门把手，从死者大脑中取出过发动机罩上的车标。在过去的几十年里，由于车头部的优化设计，同时移除了类似于发动机罩上的车标等可

* 译者注：原版英文为 84%。

能在撞击中形成损伤的凸起部分，使得车辆更加安全。

- 尸检时应系统全面，而不仅仅是检验损伤。任何自然疾病都可能与事故具有相关性，特别是导致事故发生的自然疾病，可能导致驾驶员失去控制或驾驶能力，也可能导致行人在道路上失去应有的谨慎或行为。陈旧的和新鲜的心脏和大脑损伤尤其重要，如咬舌伤等任何急性发作的证据或脑皮质损伤区周围陈旧性脑膜粘连。在尸检时评估视力几乎是不可能的，但必须注意检查如晶状体混浊等明显病变。同样，除非听觉系统有明显神经功能异常，否则，尸检几乎不可能对听力系统做出任何意见。

利用机动车自杀和杀人

在交通事故中，病理学家对阐明肇事动机的作用很小，这是因为其依赖于具体的案情，有时法庭科学实验室的证据更有可能揭示事故的非意外性。交通肇事故意杀人很少发生，尽管作者参与过一起因种族仇恨导致其中一个种族的年轻人被撞击的事件，以及另一起是一名男子为了谋杀乘客（其妻子）而反复撞击其汽车前部。没有任何特异性的病理学特征有助于推断事故发生的原因，除非事故是在较高速度下发生，而无任何制动迹象。被其他方式杀害的受害者或者失去意识的受害者，可能被故意地留在车内遭受撞击，继而发生火灾。作者处理过一起案件，一名丈夫把被其勒死的妻子尸体放在汽车内，然后偷偷地把汽车推下了一条山路。然而对于他来说不幸的是，他把车钥匙留在了“关闭”档位。这种伪造交通“事故”以隐瞒杀人的案情并不罕见。作者参与过另一起案件，在这起案件中，一名警察处理了其妻子的尸体，而其妻子的死亡环境可疑，这名警察撞毁了其妻子的汽车，并用锤子敲碎了挡风玻璃以增加交通事故的可信度。另外有九起“真正的车辆杀人案”由 Copeland 报道，还有一起由 Nadesan 报道[65, 66]。

在一些情况下，病理学家的作用是将尸体上的损伤与事故环境进行比对，以检查发现任何不典型损伤。例如，除非车顶局部遭受侵入，否则车内人员，由凶器引起的颅骨局部凹陷性骨折是不常见的。病理学家还需要证明损伤是生前造成的，尽管并不是总需要这样。当发生火灾时，如第 11 章所提到的，应寻找生前烧伤、吸入烟尘或一氧化碳的证据，尽管一些明火导致的汽油火灾可能在一氧化碳被吸收之前就导致受害者死亡。但是，如果受害者处于昏迷还没有死亡的状态，想要区分这一点是不可能的。如果有任何怀疑，必须对乙醇和麻醉药物进行全面分析。

蓄意使用机动车自杀并不少见，然而在大多数情况下很难证明[67-69]。而且，要证明是利用机动车自杀更有可能是基于环境证据，而不是医学证据，因此，这是调查当局的工作范畴，而不是病理学家的工作范畴。尽管在没有确切证据的情况下，很难证明是利用机动车自杀，但自杀常常采用的方式是高速驶向迎面而来的卡车或者撞向路边的固定障碍物。有人认为，在油门踏板表面留下鞋底的印痕可能提示自杀，尽管这绝不是唯一的证据。与事故无关的目击者可能会提供一些佐证，但这是警察的工作范畴，不是病理学家的工作范畴。

铁路损伤

铁路损伤并不罕见，特别是在一些有众多“平叉路口”的国家（美国称为“平交道口”）。在这些国家，公路与铁道相交的地方没有任何障碍或只有一个普通的升降杆。因此，每年都有许多车辆遭受火车机车的撞击。

与铁路工人事故及其他相关事故相比，铁路乘客在行驶中死亡或受伤的情况较少。铁路工人可能遭受撞击，或因架电缆触电而死。所有这些事故的病理学改变与其他事故没有区别，差别主要在于职业流行病学调查和预防方面。

恶意破坏火车是近年来令人担忧的事件，其可能是在铁轨上放置物体导致火车脱轨，可能是从铁路桥上扔下物体。作者曾对一名驾驶员进行尸检，该驾驶员被从桥上扔下的坚固物体砸死，该物体砸穿了其所在驾驶室的挡风玻璃。

另一种相当常见的铁路死亡事故是，自杀者躺卧在即将驶来的火车前自杀。最常见的损伤是断头，最明显的特征就是局部组织毁损，通常伴有机油、铁锈或其他污物污染受损区域（图 9.27，图 9.28）。

因为自杀者往往采用多种方法以保证自杀的成功，因此要注意筛查乙醇和其他药物。在大城市，除在火车前卧轨自杀外，另一种常见的自杀方式是从站台上跳下去。在这种情况下，由于电气化铁路的典型牵引电压超过 600 V，人体损伤会因高压触电而变得更加复杂。

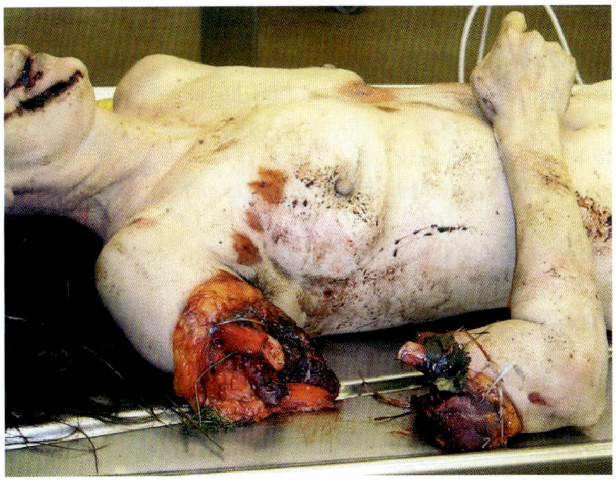

图 9.27　一行人遭受行驶火车的撞击，致右臂被轧断，面部和胸部擦挫伤

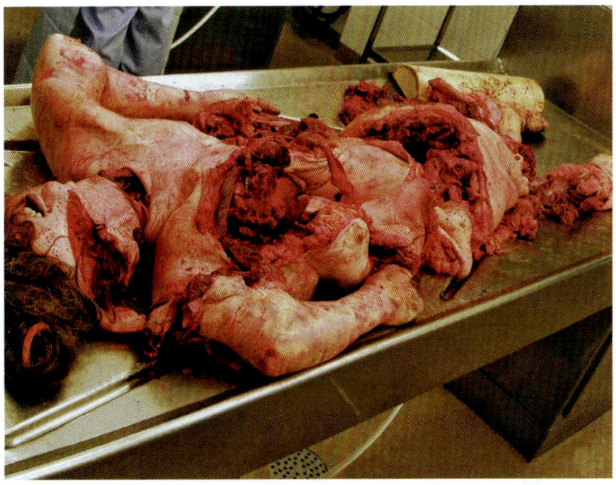

图 9.28　被火车碾压的尸体广泛性损伤

（王涛　译）

参考文献

[1] WHO. *Global Status Report on Road Safety: time for action*. Geneva: World Health Organization, Dept. of Violence and Injury Prevention and Disability. 2009.

[2] WHO. *Global Status Report on Road Safety 2013: supporting a decade of action*. Geneva: World Health Organization, Department of Violence and Injury Prevention and Disability (VIP). 2013.

[3] Mant AK., *Injuries and death in motor vehicle accidents*, in *Pathology of Violent Injury*, J.K. Mason, Editor. 1978, Edward Arnold: London, UK.

[4] Kramer, F. *Passive Sicherheit von Kraftfahrzeugen Grundlagen — Komponenten — Systeme; mit 24 Tabellen*. ATZ-MTZ-Fachbuch. Braunschweig u.a.: Vieweg. IX. 1998, 329 S.

[5] Schmitt, K-U, *et al*. Injuries of the pelvis and the lower extremities. In: *Trauma biomechanics: accidental injury in traffic and sports*. Heidelberg: Springer; 2010, pp.183–212.

[6] Schmidt G, Kallieris D. [Injuries caused by automobile safety glass]. *Beitr Gerichtl Med* 1992; 50: 21–9.

[7] Thomas P, Bradford M. The nature and source of the head injuries sustained by restrained front-seat car occupants in frontal collisions. *Accid Anal Prev* 1995; 27(4): 561–70.

[8] Eckert W. Traumatic pathology of traffic accidents; review of 302 cases. *J Forensic Sci* 1959; 4: 3–20.

[9] Moore JO, Tourin B. *A Study of Automobile Doors Opening Under Crash Conditions*. New York: Cornell University Medical College, 1954.

[10] Tourin B. Ejection and automobile fatalites. *Public Health Rep* 1958; 73(5): 381–91.

[11] Green PD, *et al*. *Car Occupant Ejection in 919 Sampled Accidents in the UK – 1983–86*. SAE Technical Paper, 1987. DOI: 10.4271/870323.

[12] Mackay GM, *et al*. Restrained front seat car occupant fatalities — the nature and circumstances of their injuries. *Accid Anal Prev* 1992; 24(3): 307–15.

[13] Bilston LE, Du W, Brown J. A matched-cohort analysis of belted front and rear seat occupants in newer and older model vehicles shows that gains in front occupant safety have outpaced gains for rear seat occupants. *Accid Anal Prev* 2010; 42(6): 1974–7.

[14] Ichikawa M, Nakahara S, Wakai S. Mortality of front-seat occupants attributable to unbelted rear-seat passengers in car crashes.

Lancet 2002; 359(9300): 43–4.

[15] Elvik R, Vaa T. *The Handbook of Road Safety Measures*, 1st edn. Amsterdam: Elsevier. 2004, xi.

[16] Zhu M, *et al.* Association of rear seat safety belt use with death in a traffic crash: a matched cohort study. *Inj Prev* 2007; 13(3): 183–5.

[17] Bako G, Mackenzie WC, Smith ES. What is the risk of being burned in a motor vehicle crash? A survey of crash fatalities in Alberta. *J Traffic Med* 1970; 4: 20–4.

[18] Wolf ME, *et al.* A retrospective cohort study of seatbelt use and pregnancy outcome after a motor vehicle crash. *J Trauma* 1993; 34(1): 116–9.

[19] Bunai Y, *et al.* Fetal death from abruptio placentae associated with incorrect use of a seatbelt. *Am J Forensic Med Pathol* 2000; 21(3): 207–9.

[20] Hitosugi M, *et al.* The benefits of seatbelt use in pregnant women drivers. *Forensic Sci Int* 2007; 169(2–3): 274–5.

[21] Asbun HJ, *et al.* Intra-abdominal seatbelt injury. *J Trauma* 1990; 30(2): 189–93.

[22] Legier JF. *Traumatic seromuscular rupture of intestine. Am J Forensic Med Pathol* 1992; 13(3): 253–4.

[23] Deambrosis K, *et al.* Delayed duodenal hematoma and pancreatitis from a seatbelt injury. *West J Emerg Med* 2011; 12(1): 128–30.

[24] O'Dowd V, *et al.* Seatbelt injury causing small bowel devascularisation: case series and review of the literature. *Emerg Med Int* 2011; 2011: 675341.

[25] Warrian RK, *et al.* Seatbelt injury to the abdominal aorta. *J Trauma* 1988; 28(10): 1505–7.

[26] Cunningham K, *et al.* Airbag associated fatal head injury: case report and review of the literature on airbag injuries. *J Accid Emerg Med* 2000; 17(2): 139–42.

[27] Perdikis G, *et al.* Blunt laryngeal fracture: another airbag injury. *J Trauma* 2000; 48(3): 544–6.

[28] Zaglia E, *et al.* Occipital condyle fracture: an unusual airbag injury. *J Forensic Leg Med* 2007; 14(4): 231–4.

[29] Batra S, Kumar S. Airbag-induced fatal subaxial cervical spinal cord injury in a low-velocity collision. *Eur J Emerg Med* 2008; 15(1): 52–5.

[30] Donaldson WF, 3rd, *et al.* Cervical spine injuries associated with the incorrect use of airbags in motor vehicle collisions. *Spine* (Phila Pa 1976) 2008; 33(6): 631–4.

[31] Monkhouse SJ, Kelly MD. Airbag-related chest wall burn as a marker of underlying injury: a case report. *J Med Case Rep* 2008; 2: 91.

[32] Hoye A. Are airbags a dangerous safety measure? A meta-analysis of the effects of frontal airbags on driver fatalities. *Accid Anal Prev* 2010; 42(6): 2030–40.

[33] Francis D, *et al.* Sodium azide-associated laryngospasm after air bag deployment. *J Emerg Med* 2010; 39(3): e113–5.

[34] Smock WS. Airbag related injuries and deaths. In: Siegel JA, Saukko PJ (eds). *Encyclopedia of Forensic Sciences*. Waltham: Academic Press, 2013, pp.414–21.

[35] Pearlman JA, *et al.* Airbags and eye injuries: epidemiology, spectrum of injury, and analysis of risk factors. *Surv Ophthalmol* 2001; 46(3): 234–42.

[36] Scarlett A, Gee P. Corneal abrasion and alkali burn secondary to automobile air bag inflation. *Emerg Med J* 2007; 24(10): 733–4.

[37] Subash M, Manzouri B, Wilkins M. Airbag-induced chemical eye injury. *Eur J Emerg Med* 2010; 17(1): 22–3.

[38] Barnes SS, Wong W, Jr, Affeldt JC. A case of severe airbag related ocular alkali injury. *Hawaii J Med Public Health* 2012; 71(8): 229–31.

[39] Kung J, *et al.* Traumatic airbag maculopathy. *JAMA Ophthalmol* 2013; **131**(5): 685–7.

[40] National Highway Traffic Safety Administration. *Traffic Safety Facts 2005: Motorcycles*. Washington: U.S. Department of Transportation, National Highway Traffic Safety Administration, 2007, p.205.

[41] Reported Road Casualties in Great Britain: Main Results 2012. In: *Statistical Release*, 2013, p.8.

[42] Larsen CF, Hardt-Madsen M. Fatal motorcycle accidents in the county of Funen (Denmark). *Forensic Sci Int* 1988; 38(1–2): p.93–9.

[43] Lin MR, Kraus JF. A review of risk factors and patterns of motorcycle injuries. *Accid Anal Prev* 2009; 41(4): 710–22.

[44] Hitosugi M, *et al.* Decapitation in helmeted motorcyclists. *Am J Forensic Med Pathol* 2005; 26(2): 198.

[45] Ihama Y, *et al.* Complete decapitation of a motorcycle driver due to a roadblock chain. *Int J Legal Med* 2008; 122(6): 511–5.

[46] Zoja R, *et al.* Death by complete decapitation of motorcyclist wearing full face helmet: case report. *Forensic Sci Int* 2011; 207(1–3): e48–50.

[47] Reich H, Dalgaard JB. [Would a crash helmet have been life-saving? An analysis of 188 fatal motor scooter accidents (author's transl)]. *Z Rechtsmed* 1975; 75(4): 235–9.

[48] Hitosugi M, *et al.* Analysis of fatal injuries to motorcyclists by helmet type. *Am J Forensic Med Pathol* 2004; 25(2): 125–8.

[49] Liu BC, *et al.* Helmets for preventing injury in motorcycle riders. *Cochrane Database Syst Rev* 2008(1): CD004333.

[50] Mayrose J. The effects of a mandatory motorcycle helmet law on helmet use and injury patterns among motorcyclist fatalities. *J Safety Res* 2008; 39(4): 429–32.

[51] Weiss H, Agimi Y, Steiner C. Youth motorcycle-related brain injury by state helmet law type: United States, 2005–2007. *Pediatrics* 2010; 126(6): 1149–55.

[52] Crompton JG, *et al.* Motorcycle helmets associated with lower risk of cervical spine injury: debunking the myth. *J Am Coll Surg* 2011; 212(3): 295–300.

[53] Ouellet JV. Helmet use and risk compensation in motorcycle accidents. *Traffic Inj Prev* 2011; 12(1): 71−81.
[54] Ostrom M, *et al*. Pedal cycling fatalities in northern Sweden. *Int J Epidemiol* 1993; 22(3): 483−8.
[55] Hawley DA, Clark MA, Pless JE. Fatalities involving bicycles: a non-random population. *J Forensic Sci* 1995; 40(2): 205−7.
[56] Rowe BH, Rowe AM, Bota GW. Bicyclist and environmental factors associated with fatal bicycle-related trauma in Ontario. *CMAJ*, 1995; 152(1): 45−53.
[57] Toro K, *et al*. Fatal traffic injuries among pedestrians, bicyclists and motor vehicle occupants. *Forensic Sci Int* 2005; 151(2−3): 151−6.
[58] Stipdonk H, Reurings M. The effect on road safety of a modal shift from car to bicycle. *Traffic Inj Prev* 2012; 13(4): 412−21.
[59] Ashton SJ. The cause and nature of head injuries sustained by pedestrians. In: *2nd Conference of Biomechenical Serious Trauma*, Lyon, France, 1975.
[60] Ashton SJ, Mackay GM. Pedestrian injuries and death. In: Mason JK (ed). *The Pathology of Violent Injury*. London: Edward Arnold, 1978.
[61] Rosen E, Stigson H, Sander U. Literature review of pedestrian fatality risk as a function of car impact speed. *Accid Anal Prev* 2011; 43(1): 25−33.
[62] Schmidt P, Haarhoff K, Bonte W. Sudden natural death at the wheel — a particular problem of the elderly? *Forensic Sci Int* 1990; 48(2): 155−62.
[63] Buttner A, Heimpel M, Eisenmenger W. Sudden natural death ‘at the wheel’: a retrospective study over a 15-year time period (1982−1996). *Forensic Sci Int* 1999; 103(2): 101−12.
[64] Morild I. Traffic deaths in western Norway. A study from the county of Hordaland 1986−1990. *Forensic Sci Int* 1994; 64(1): 9−20.
[65] Copeland AR. True vehicular homicide. *Am J Forensic Med Pathol* 1986; 7(4): 305−7.
[66] Nadesan K. Murder and robbery by vehicular impact: true vehicular homicide. *Am J Forensic Med Pathol* 2000; 21(2): 107−13.
[67] Selzer ML, Payne CE. Automobile accidents, suicide and unconscious motivation. *Am J Psychiatry* 1962; 119: 237−40.
[68] Elnour AA, Harrison J. Lethality of suicide methods. *Inj Prev* 2008; 14(1): 39−45.
[69] Henderson AF, Joseph AP. Motor vehicle accident or driver suicide? Identifying cases of failed driver suicide in the trauma setting. *Injury* 2012; 43(1): 18−21.

第 10 章

羁押期间死亡

- 致命性损伤的证据
- 羁押期间死亡
- 参考文献

致命性损伤的证据

在许多情况下，羁押期间致命性损伤鉴定须依靠间接证据和其他确凿证据综合判断。在羁押期间死亡的人，法医均须仔细尸检，要确认是否存在损伤行为。正如所有法医工作一样，病理学调查是整个调查的一部分，需要不同学科协调合作。

羁押期间的损伤常常与法医检验间隔了较长时间。被害人在羁押期间受伤后可能还接着被关押了数月甚至数年，或者已经被释放或藏匿之后才被发现死亡，此时被害人的急性损伤已愈合、吸收，创伤和烧伤瘢痕已形成（图 10.1）。此外，由于尸体可能在检查前就被埋葬和挖出，所以此类尸体往往表现出晚期死后变化。

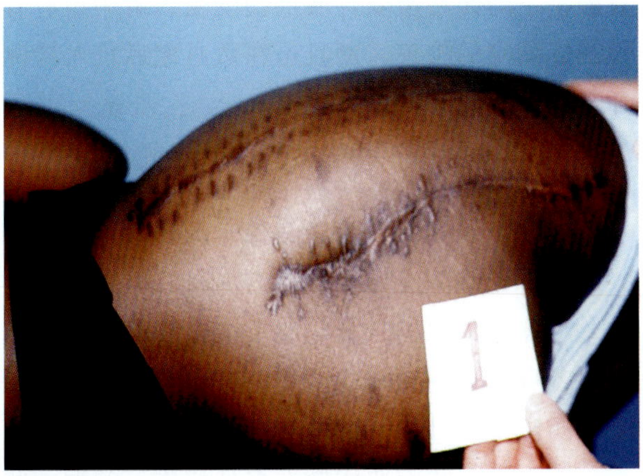

图 10.1　伤后一年左右的皮肤瘢痕。女性受害者在逃离羁押场所时遭到枪击。创口术后愈合不良，形成瘢痕疙瘩。另一处手术切口则是死前不久形成的，这种瘢痕除了瘢痕疙瘩可能增多外，将终生存在

有时死者被发现时甚至仅剩骨骼残留，导致法医鉴定工作面临更大的困难。当时的损伤照片往往质量很差，加之一些欠发达国家的尸检设施非常落后。

以下的损伤类型提示符合在羁押期间形成。尽管如前所述，几乎任何类型的损伤都可能被故意施加，用以获取信息或惩罚、侮辱受害者。但某种特征性损伤反复出现，如棍棒打击所致的“中空性”皮下出血，就值得高度怀疑存在羁押期间虐待行为，因为在一般袭击和凶杀案中，这种过度并且可能是规律性重复性打击并不常见。

- 殴打是最常见的刑罚之一，可以有多种形式，因致伤物和受伤部位而异[1-3]。在 Hougen 报告的所有案件中，都存在对头部和身体其他部位的击打[1]。除非反复猛烈击打，否则殴打通常不是唯一的死因，尽管死亡可能是由于出血、败血症、内脏器官受伤或已经虚弱的受害者的极度疲惫和疼痛所致。相较于拳、脚击打，使用工具击打更为多见。对羁押的被害人施以刑罚时，常用鞭子或板条之类的工具，但也会使用金属或木棒、棍棒、警棍、枪托或腰带。近些年，一些地方还会用长塑料软管或硬管对羁押人员施以刑罚。

这些条状工具击打会产生特征性的皮肤损伤，即单边或双边的条状挫伤（图 10.2）。挫伤

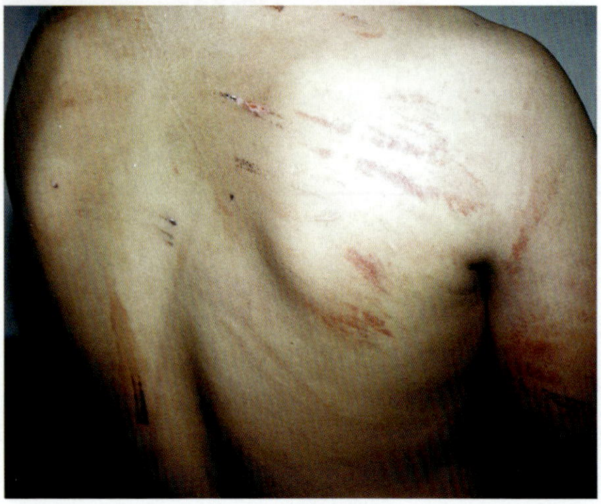

图 10.2　死前两天内的新鲜挫伤，为宽 15 mm 的塑料管击打所致。损伤符合圆柱形致伤物打击，呈现出典型的中空性挫伤特征。受害者在羁押期间被殴打惩罚

表现为出血点融合成条状或连续的皮肤红斑。中空性挫伤（“铁轨样”挫伤）是由矩形或圆形截面的致伤物打击所致，两条平行的挫伤带中间无皮下出血。

皮内出血能反映出致伤物接触面的特征。例如，编织皮鞭抽打皮肤，其纹路会清晰地印在皮肤上。腰带扣和其他特征显著的手工设计有时也有助于认定致伤物。出血部位越深，越不会形成特征性图案。通常会造成表皮擦伤或撕裂，如果皮肤全层撕裂，愈合后则会形成瘢痕，瘢痕也同样可能呈现“铁轨样”特征（图 10.3）。

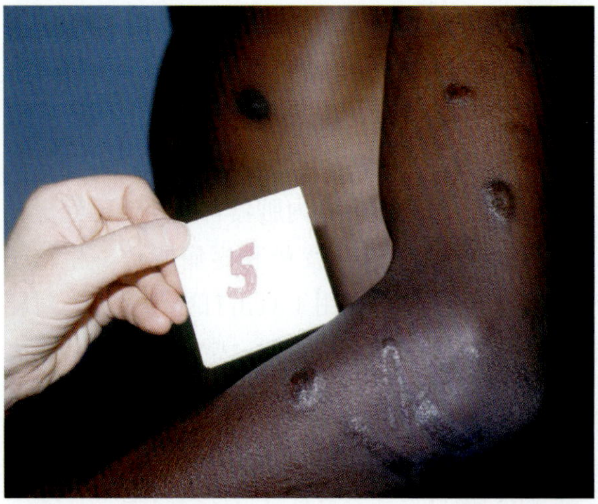

图 10.3　细金属棍打击后形成的瘢痕。尽管已经伤后超过一年，但仍可以从瘢痕疙瘩的形态中分辨出其中一处“铁轨样”损伤

反复打击会在表皮上留下多处损伤，虽然这些损伤是重叠并且往往是相互交错的，但会呈现出大致相似的作用方向，这表明施暴者是站在一个相对固定的位置上对受害者进行攻击。例如，鞭打背部可能会留下从右上到左下的多处皮肤损伤，说明施暴者系右利手，且站在受害者的左边。

使用多股鞭，如“九尾鞭”会留下一连串的伤痕，且损伤方向一致。多股鞭的鞭绳往往很细，可形成“铁轨样”条状损伤。每股鞭绳的末端可能有金属或绳结，会造成局部损伤。鞭子抽打的最常见部位是背部，但也见于臀部、大腿、前胸、乳房、腹部、小腿、足底甚至会见于阴部和生殖器。

用手杖或棍棒击打足底是一种古老的酷刑，能使人极其痛苦并且削弱人的意志，但却在体表几乎不会留下明显的损伤。足底坚韧的组织和厚实的筋膜不容易显示出淤青，在进行足底深层解剖时才会发现出血。

如果损伤是在尸检前数月形成的，那么除非皮肤破损形成瘢痕，否则难以发现损伤的依据。然而，肤色苍白的人有时可见局部皮肤呈条状淡红色改变，而深色皮肤人种则常会出现条状色素沉着。对于严重损伤，有时在瘢痕组织处可能会有色素脱失现象。Sfakianakis 等建议用骨扫描来发现隐匿性骨骼损伤以便早期发现虐待儿童行为[4-5]，这种方法后来被用于鉴定羁押期间的人身损害，即使在遭受足底刑罚的受害者中也有骨扫描呈阳性的报道，而且可在数月之后仍可检测到骨损伤的迹象[6-9]。

- 烧伤较为常见，要么可能是直接死因，要么可能是近期或先前遭受伤害的证据。任何烧伤都是极其痛苦的。作者（BK）曾见到将悬挂在头顶的汽车轮胎上熔化橡胶滴到受害者身上、用热熨斗烫受害者皮肤、将受害者四肢用浸过煤油的抹布包住并点燃，以及用烟头烫皮肤而造成散在多处烧伤。掌握一些当地特有的做法，有助于辨别地域性的烧伤特征。例如，燃烧车胎“项链”，当熔化的橡胶从上方滴到被捆绑的受害者身上时，可

能会有未受伤的阴影区域表明接触的方向，这将使得嫌疑人任何无罪辩解都是徒劳。在幸存者中，除了最浅表的烧伤外，所有的烧伤都会形成大面积、丑陋的瘢痕。在非洲裔的受害者中，可能会形成较大的瘢痕疙瘩，使损伤和手术治疗变得更复杂（图 10.4，图 10.5）。

- 许多武器都可以形成切创和刺创，但匕首和刺刀造成的伤口在羁押期间损伤中最为常见。其特征与第 4 章中描述的相同。伤口可能在身体的任何部位，但多见于胸部和上臂。陈旧性刺创瘢痕，如刺刀刺伤形成的瘢痕，在伤后数月或数年仍可辨认出特征性的椭圆形（图 10.6）。
- 棍棒和钝器损伤极为常见，或导致死亡或是一种虐待的方式。有时几乎是随手而为的，如用枪托击打。这些损伤常为非特异性的，在关于损伤的章中会有详细描述。头部是最常见的攻击目标，但腿和膝盖也常受到打击。拳击颈部背面或侧面可导致基底动脉破裂引起死亡（具体参见第 5 章）。
- 窒息和溺死的情况并不常见，尽管这种非致命伤害是众所周知的方法。将受害者的头反复浸泡在水中，甚至是污水等恶臭液体中，被称为“潜水”，这种虐待方致可导致受害者溺水、气道堵塞或继发肺炎。用不透明的塑

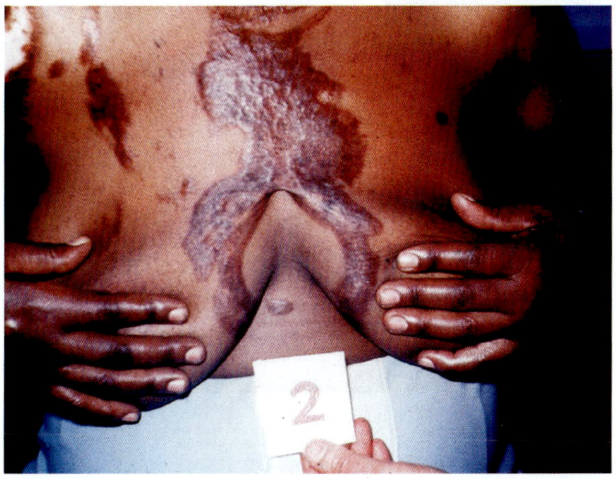

图 10.4　大面积烧伤形成的瘢痕疙瘩。伤者是一名老年女性，她被绑在椅子上，燃烧的汽车轮胎悬挂在她头顶上方。乳房之间的未受伤阴影区表明燃烧熔化的橡胶自上向下流动。脸上也有大面积皮肤瘢痕

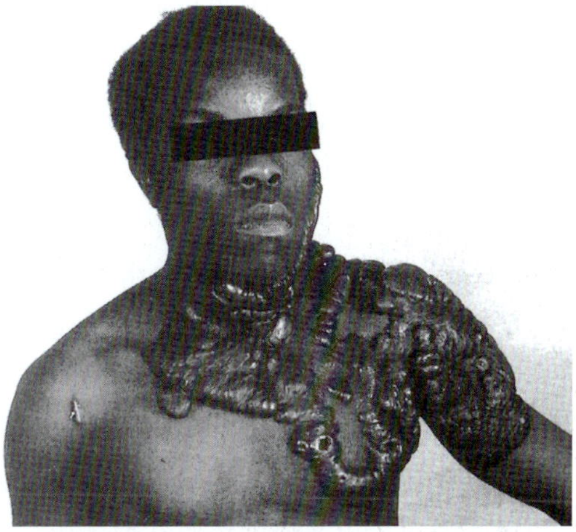

图 10.5　被故意烧伤后形成大面积瘢痕疙瘩。受害者被人用电热板压在脖子上，并将浸过煤油的抹布包在他的手臂上并点燃

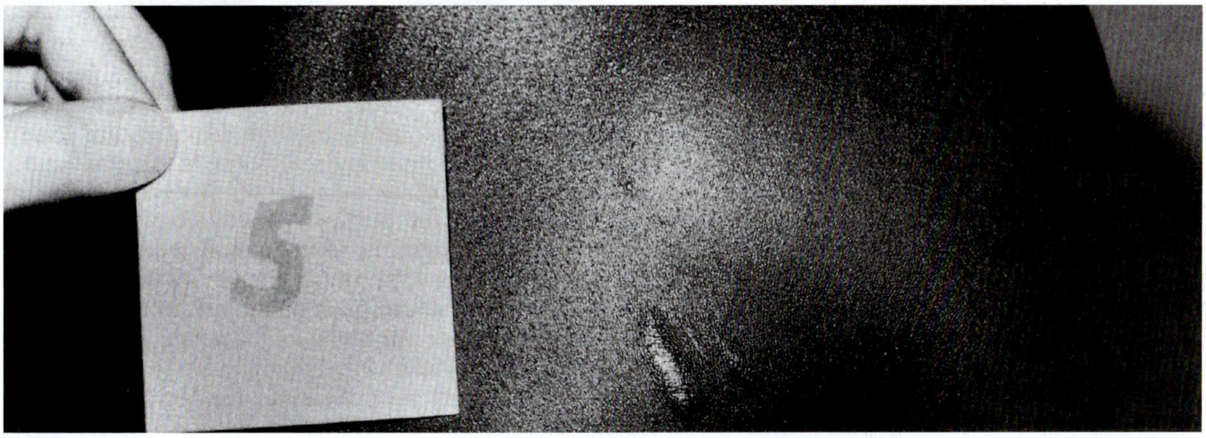

图 10.6　羁押期间被刺刀刺伤数月后形成的皮肤瘢痕。虽然瘢痕难以反映出致伤物的特征，但本例中皮肤瘢痕疙瘩仍可反映出原始刺创创口呈椭圆形，且上锐下钝

料袋包裹头部更多的是让受害者无法辨别方位，而不是肉体上的折磨，但通过类似手段最终可导致受害者闷死。

- 电击较为常见，也有据可查。使用 110 V 或 240 V 电压，会导致受害者致命性心律失常并造成电击局部皮肤烧伤；或者使用磁电机产生高电压，这种方式使受害者非常痛苦但却并不致死，因为电流很小所以不会造成任何明显的皮肤损伤。

因为损伤愈后缺乏特异性特征，所以电击伤鉴定较为困难。本书第 12 章中对电击造成的烧伤和死亡进行了描述。电击的部位可见于身体各处，但在被关押使用刑罚的案件中，最常见的电击部位是生殖器，特别是阴茎和阴囊，此外，女性乳头也是常见的电击部位。使用的电击设备多种多样，如金属床架和改装过的赶牛棒[10]。Barber 等报道了一例使用电击鼓膜这种酷刑的案例[11]。

Danielsen、Thomsen、Karlsmark 及其同事们对猪热损伤和电损伤的皮肤进行了一系列的病理学研究。他们发现交流和直流电击后，阴极区域皮肤伤后几天会发生胶原纤维钙化。他们还报道了一个 5 岁女孩，其胸部和一侧手臂的皮肤电击伤后，皮肤的表层以及深层胶原纤维钙化，与他们在猪皮肤上观察到的结果相似[12-24]。尽管他们认为“在该名伤者中观察到了皮肤胶原钙化可能是电损伤所致”，但他们也指出：“由于缺乏有关该儿童受伤情况的证据，案例尚未提交法庭”，因此在进一步研究和个案工作证实之前，需要质疑报告调查结果的诊断可靠性。

- 耳朵的损伤在尸检时很少能查验出来，当用双手掌同时反复拍打受害者的耳朵时，会使受害者鼓膜破裂并伤及内耳。
- 悬吊其本身并不致命。受害者索沟处可见擦伤、挫伤和表皮擦痕，通常捆绑部位是腿、手臂，有时是生殖器（图 10.7～图 10.9）。
- 一般而言，枪击不是常见的羁押期间损伤。但也枪击子弹穿髌骨的案例报道，即枪击部位通常是受害者的膝关节或大腿远端。也有报道枪击脚背防止受害者逃跑的案例（图 10.10，图 10.11）。
- 性侵会形成第 18 章所述的身体损伤。

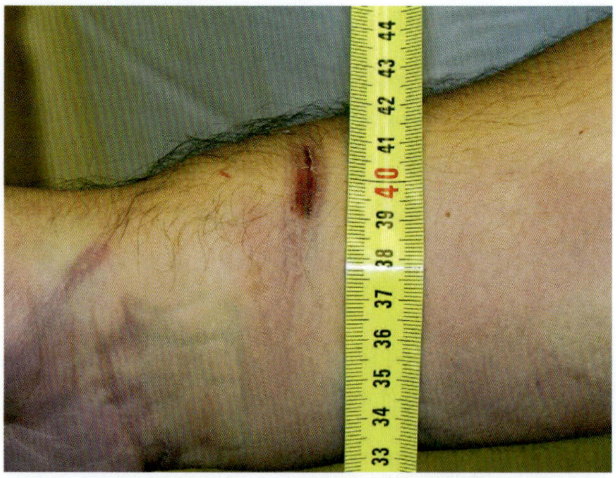

图 10.7　手铐造成的新鲜挫伤

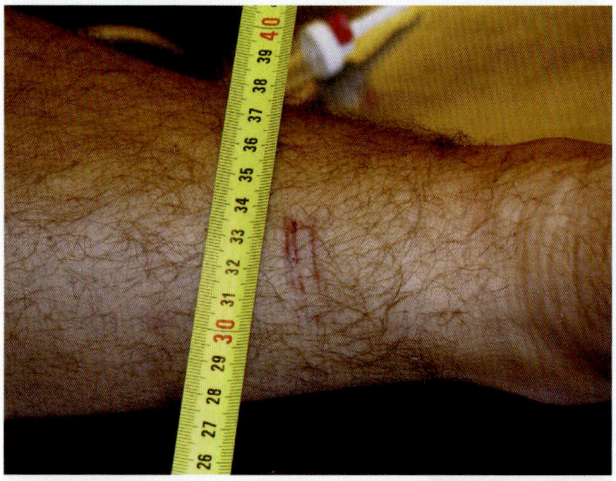

图 10.8　脚镣造成的新鲜挫伤

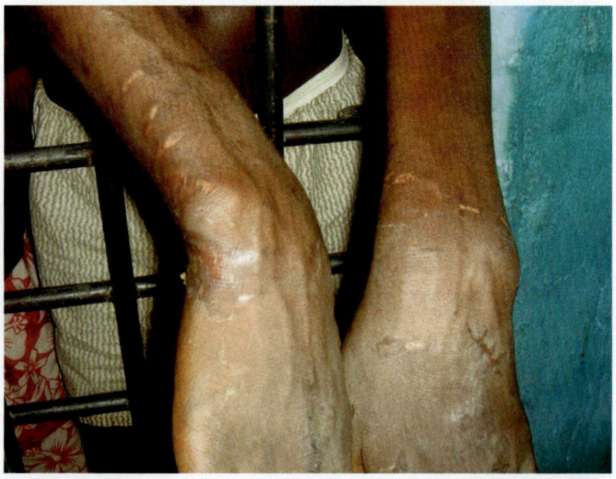

图 10.9　悬吊和手铐导致的多处瘢痕（转载经 D. N. Vieira 教授许可）

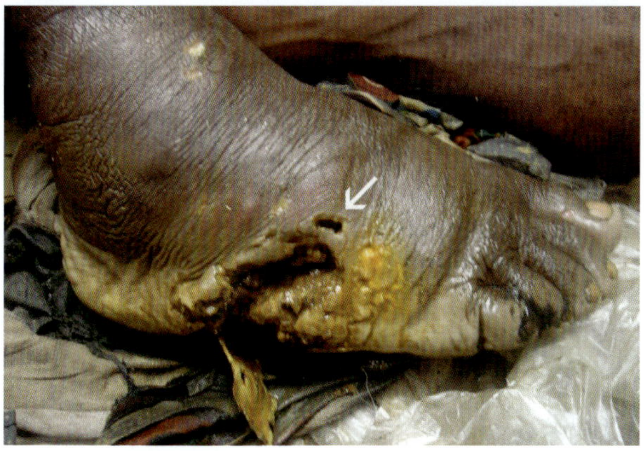

图 10.10　脚部枪弹创，大片组织缺损并发感染。箭头所示为射入口（转载经 D. N. Vieira 教授的许可）

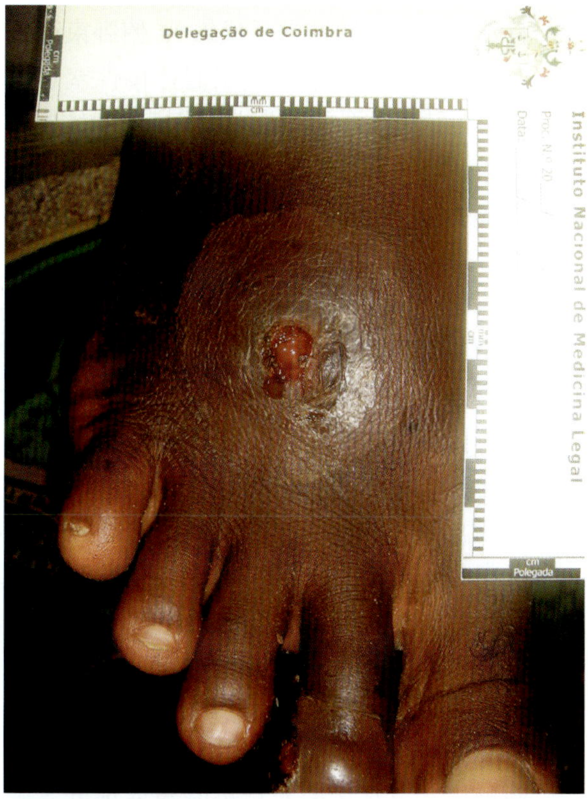

图 10.11　近距离枪击造成的射入口（转载经 D. N. Vieira 教授的许可）

法医需更为细致地检查羁押期间的伤者，要对特定职业、运动或其他事故所造成的损伤、部落标志、皮肤感染、色素变化、常规瘢痕、愈合痕迹、妊娠纹等进行鉴别[25]。

羁押期间死亡

在羁押期间死亡会引起公众的高度关注，这种情况需要仔细处理和全面调查。家属或媒体会立即投诉或传言受害者在关押期间被殴打。全面系统尸检极为重要，以消除（或确认）监管人员是否存在殴打行为。

法医处理的部分案件会涉及警察和监管部门。包括英国在内的许多国家都有严格的法规，规定所有在羁押期间的死亡，无论是警察还是监管部门，都应由相关的检察官（在英格兰和威尔士为验尸官）报告给法医进行调查。此外，还需要在警察部门（如芬兰的国家调查局）内部开展调查。

处理羁押期间死亡的案件时必须对受害者行尸体解剖，且在英国规定需要有官方授权的法医执行尸体解剖。法医对死亡现场的勘查对死因鉴定极为重要，特别是缢死或机械性损伤致死的案件。

警方在拘捕过程中或羁押不久后都可能发生嫌疑人死亡事件。拘捕过程中时常会发生激烈抵抗，特别是当警察试图控制或制服负隅顽抗的犯罪嫌疑人的过程中。在这些情况下，常使用催泪喷雾剂，它会使人丧失攻击能力，并引起急性眼部刺激、流泪、结膜炎、眼睑痉挛和极端不适感。这些喷雾剂大多含有邻氯苄氧基丙二腈、2-氯苯乙酮、辣椒素，或这些成分的混合物作为活性剂。辣椒素（8-甲基-*N*-香草醛-6-壬烯酰胺）是辣椒中所含的一种神经毒素。它刺激兴奋性传入感觉神经元，引起低体温、神经源性炎症和疼痛，随后刺激敏感性降低。尽管这些喷雾剂被认为是相对安全的，但是仍有使用含辣椒素喷雾剂引起意外死亡的报告。胡椒喷雾可诱发支气管收缩。Chan 等测试了单独吸入辣椒素喷雾和其与抑制剂联用对 35 名健康受试者呼吸功能的影响，在两组中都没有发现低氧血症或高碳酸血症的证据。与安慰剂相比，无论坐姿或俯卧约束位，接触辣椒素都不会导致肺活量异常、低氧血症或通气不足[26]。在堪萨斯州的一项关于辣椒素的临床毒性研究中，Watson 等报告了 81 名接触辣椒素后的急诊患者。眼部烧灼感和发红是最常见的症状。没有一个患者因为辣椒素的毒性需要住院治疗。7 名患者存在角膜损伤，6 名患者有呼吸道症状[27]。Reilly 等发现不同制造商的辣椒素及同一制造商的不同批次产品之间存在差异，表明商业辣椒产品的辣椒素含量没有标准化。因此，他们认为，辣椒油脂类防卫喷雾中辣椒素浓度变化会改变其作用效果，最终会对使用者和攻击者的安全和健康产生影响[28]。

对于接触辣椒素后死亡的案件，有必要行全面系统的尸检和辅助检查，包括完整的组织学和毒物分析，全面了解案情和死者生前症状，以评估辣椒素在死亡中的作用，评估其是致死的全部原因、次要原因还是没有关系。

在某些情况下，犯罪嫌疑人会用刀、枪或钝器来威胁警察，警察不得不使用警棍或防暴棍甚至枪械来制服他们。这种情形多见于对醉酒的嫌疑人实施抓捕时，而且难度特别大，下文将对其进行阐述。相较于吗啡、海洛因和巴比妥类等鸦片类药物，吸食可卡因、大麻、苯丙胺和致幻剂等其他毒品的人员更会产生拒捕行为。

在武力制服犯罪嫌疑人的过程中会对健康和生命构成风险，在许多国家都会存在争议性调查和诉讼。抓捕时，警察的人数往往多于嫌疑人，有时是压倒性优势，但即使是一对一的抓捕，双方也均存在受伤的危险。以下是存在的某些风险。

- 当数名警察扑倒反抗的嫌疑人以制服他时，可能发生机械性窒息。作者（BK）处理过几起死亡事件，在这些事件中，一些身材高大的警察趴在一个激烈反抗的犯人身上，给他戴上手铐。当警察起身时，该男子已经没有了呼吸，送往医院后不久死亡。死亡原因是机械性窒息，警官们压在他身上，导致胸部受压，限制了呼吸运动从而引起窒息。第 14 章中会详细描述窒息的尸体征象。
- 警察用绞颈或锁颈方式制服对象，是抓捕过程中导致死亡的另一原因。这在美国尤其恶劣，美国警察接受过相关培训，将锁颈作为一种控制犯罪嫌疑人的方法。绞颈是从背后或将罪犯的头塞到警察手臂下，抵住他的腰部来实施。其危险性在于压迫颈部前侧或两侧，死亡原因可能是颈动脉受压时反射性心脏停搏或脑缺血，或因气道阻塞而窒息，尽管后者不太可能是唯一的机制。根据 Reay 和 Eisele 等美国学者的说法，有两种类型的颈部压迫：“杠臂控制”和“颈动脉压闭”[29-30]。据称前者更危险；警察用前臂从前面抵住喉部将气道锁闭。而“颈动脉压闭”则是利用上臂和前臂弯曲形成的“V”字形的两边来压迫犯罪嫌疑人双侧颈动脉，产生短暂的脑缺血。然而，这两种方式都很危险，因为颈动脉窦和鞘内的迷走神经受到刺激后会导致反射性心脏停搏，而且颈部牵拉和过伸会导致基底动脉损伤从而造成蛛网膜下腔出血。
- 特殊捆绑（如四肢向后反绑）、俯卧束缚或俯卧位于警车后厢均会引起体位性窒息死亡。在健康人群的实验中，发现束缚体位可以影响肺功能，但并不引起有临床意义的氧合或通气变化[31-33]。有人推测，束缚体位本身并不会导致呼吸系统受损而窒息，但其他因素，如酒精或药物的急性中毒，可能是导致突然死亡的原因。Pollanen 等回顾了 21 例兴奋性谵妄患者的意外死亡，分析了目击者的证词、尸检结果、临床病史、毒化数据和其他的官方调查材料。在所有 21 例与兴奋性谵妄有关的意外死亡中，死亡都与束缚有关，患者要么处于俯卧姿势[18 例（86%）]，要么颈部受到压迫[3 例（14%）]。所有的死者生前均是在被束缚后不久突然陷入了平静状态。18 例（86%）在被警方看押期间死亡。4 例（19%）被喷过辣椒素，另外 4 例在尸检时被发现有心脏病。兴奋性谵妄是由可卡因引起的，其血液中的可卡因水平与娱乐性可卡因吸食者的水平相似，低于可卡因中毒死亡的水平。束缚可能导致处于兴奋性谵妄状态的人死亡，并建议进一步研究以验证这一假设；他们还发现处于兴奋性谵妄状态的人处于俯卧姿势或颈部被束缚时可能会出现意外死亡[34]。
- 使用拳头、手臂、腿或警棍、防暴棍、枪托等工具均会造成钝器损伤。在搏斗过程中，通常是一名或多名警察试图控制一名反抗的嫌疑人，任何一方都可能受到伤害。所有类型的钝器损伤都会发生，有些可能是致命的，这些已在第4章讨论。在混战中，头部损伤可能是由跌倒，或撞击墙壁、其他障碍物所致。脸部受到重击可能会导致鼻咽部出血，从而堵塞呼吸道，特别是对于饮酒的人。打击颈部一侧可引起反射性心脏停搏或基底动脉损伤引起的蛛网膜下腔出血。

利用肘部向后击打，如果击中面部、颈部或腹部，会造成损伤。在羁押死亡案件中，踢和踩是不常见的，但并非没有。如果打击腹部的力度足够大，也会造成严重损伤。虽然对成年人来说，用拳击不太可能造成严重伤害，但却可对体型较小的青少年造成严重伤害。使用肘部、膝盖或头部撞击可以产生极大的力量，特别是来自身体健壮、肌肉发达的警察及嫌疑人。

作者（BK）曾见到一名醉酒男子在与两名警察发生扭打后被捕，其腹腔内出血达3 L，据称其中一名警察用膝盖撞击或向下顶压在他身上。几小时后，犯罪嫌疑人死亡，尸检发现其肠系膜上有多处大的裂创。

- 乙醇是羁押期间死亡的一个常见原因。乙醇不仅是造成上述拘捕过程中攻击和暴力抵抗的主要因素，而且还可能产生其他影响，导致犯罪嫌疑人在羁押期间死亡。急性酒精中毒，在第28章有更全面的描述，可能导致犯罪嫌疑人死亡而却被认为是在监所里“睡着了”。当血液中的乙醇含量上升到350 mg/100 mL时，出现昏迷和中枢呼吸抑制的风险越来越大。尽管大多数负责任的警察都会将醉酒的犯罪嫌疑人置于半俯卧位，并频繁观察他们，但安静的醉酒者仍可陷入不可逆转的昏迷和呼吸停止。

在较低血乙醇浓度下，仍然存在吸入呕吐物和胃内容物阻塞的风险。尽管醉酒的犯罪嫌疑人常被放置于安全姿势下呕吐，但在警察巡查的间隙期，他们仍然可在无人注意的情况下呕吐并窒息。尸检时，在做出呕吐物引起窒息死亡的意见前需要极为谨慎，因为其他原因死亡的濒死期也会出现食物反流现象。然而，健康无疾病的人检测出血液乙醇浓度过高，如果无其他致死因素，可以做出呕吐物反流入气管和支气管引起堵塞导致窒息死亡的结论。

乙醇也会导致羁押期间的意外事故，特别是头部受伤，如跌倒、从台阶和楼梯上摔下，以及被车辆碾压，这是醉酒状态下人体共济失调和不协调所致。摔跌时多见枕部与坚硬的地面发生碰撞，在尸检中经常发现额颞叶对冲性脑挫伤，这是摔跌引起的减速性损伤而不是致伤物打击的证据。

摔跌可能发生在羁押期间或从抓捕地到警察局的途中，还有一些在拘捕前发生，但不良后果和死亡可能会在监所关押期间发生，这时常被归咎于是警方执法所致或是没有采取急救措施。毒品，特别是那些引起兴奋的毒品，如苯丙胺、可卡因或致幻剂，均能导致摔跌从而形成损伤，但乙醇仍然是引起摔跌最常见的因素。

某些国家，监狱内会存在毒品，犯人中偶尔也会出现吸食过量或过敏性死亡的情况，与在监狱外面发生的情况一样。

在羁押期间自杀的情况并不少见，而且往往会导致死者家属对监管机构的指责和责难。英国曾发生了一系列此类死亡案件，特别是在押候审的少年犯中。羁押期间存在很多的危险因素，以至于大多数警察会没收囚犯的所有物品，如皮带、支架、绳索甚至鞋带，这些都可以用来在牢房里上吊自杀。此外，牢房均经过专门设计以避免任何方便的悬挂点，如钩子、栏杆甚至内部门把手。尽管有这些预防措施，犯人们还是经常设法找到一些自杀的手段。床上用品中的条状物、衣服袖子和手帕都曾被用于上吊。正如第14章所述，通过在低处牵引颈部可以成功地实现自缢，而不需要从高处悬吊，因此犯人通过把绳索绑在床头、椅子和牢房中其他物体上进行自缢（图10.12～图10.14）。

监管场所犯人自缢后，监管者可能会遭到谋杀的指控，但通常可以通过尸检来证实，自缢者尸体无挫伤、擦伤或挣扎的痕迹。在意识清醒的情况下违背他人意愿将其缢死而不留下任何束

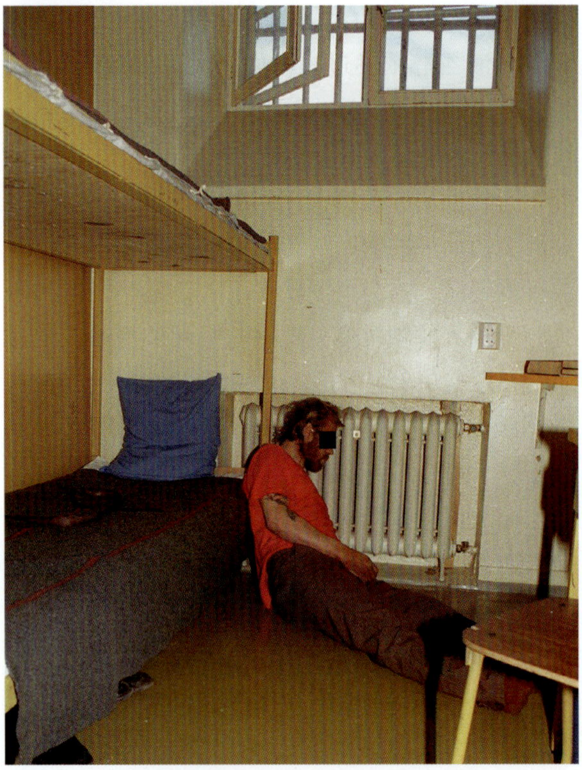

图 10.12　牢房中的自缢。尽管监管场所尽到了最大的注意义务，牢房也是精心设计防止犯人自杀，但自缢还是发生了。用作自缢的皮带已被取下，放置于床上

图 10.14　牢房墙上的铭文，由图 10.13 的犯人在自缢前用自己血书写完成

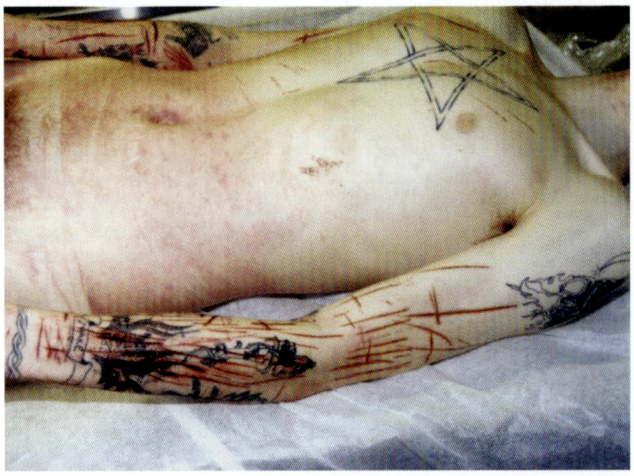

图 10.13　监管场所的犯人在自缢前用自己的血在房间墙上写下了铭文（图 10.14）

缚痕迹是不可能的。关于自缢和他勒的鉴别，两者索沟的上升角度明显不同，缢沟的上升角度最常见于下颌角下方，且在悬吊点处的皮肤不会损伤。勒痕常环绕颈部，常会有交叉点，且勒痕水平较低，呈水平状（具体参见第 14 章）。

如果缢沟是由带活结的缢索所致，有可能出现颈部一圈的皮肤擦伤或压痕。如果悬挂点位置较低，如在牢房中使用门把手或床架，那么拉动的方向是向斜侧方的。如果尸体也逆着牵拉方向倾斜，那么产生的颈部皮肤缢痕可能是水平的。该类案件需要进行全面评估，最好是在尸体原地对现场进行勘查，否则就会出现混乱，就像 Rudolph Hess（希特勒的亲信、纳粹领导层的最后一位在世成员，被单独监禁在 Spandau 战犯监狱 40 年之久。后 Hess 被发现监狱房间内上吊自杀身亡，但当时 Hess 的脖子上有绳索多次缠绕过的迹象，勒痕呈平行状，因此有不少人认为 Hess 的死并不单纯）在柏林 Spandau 监狱服刑期间的死亡，引发了争议。

- 死亡可能是由纯粹的疾病原因造成，如心血管疾病，通常疾病又恰好在羁押期间发作。但必须承认，尽管难以提供客观证据，但被拘捕、监禁过程中人的情绪和身体的不适可能通过肾上腺素反应影响血压和心率，从而在原有严重疾病的情况下引发急性心脏危象。

法医需通过死者的病史和尸检，寻找是否存在糖尿病、癫痫、哮喘或其他有可能导致突然或意外死亡的疾病（具体参见第 25 章）。

（赵东 译）

参考文献

[1] Hougen HP. Physical and psychological sequelae to torture. A controlled clinical study of exiled asylum applicants. *Forensic Sci Int* 1988; 39(1): 5–11.

[2] Moisander PA, Edston E. Torture and its sequel — a comparison between victims from six countries. *Forensic Sci Int* 2003; 137(2–3): 133–40.

[3] Sanders J, Schuman MW, Marbella AM. The epidemiology of torture: a case series of 58 survivors of torture. *Forensic Sci Int* 2009; 189(1–3): e1–7.

[4] Sfakianakis GN, *et al*. The value of bone scanning in the early recognition of deliberate child abuse. *J Nucl Med* 1979; 20(6): 675.

[5] Haase GM, *et al*. The value of radionuclide bone scanning in the early recognition of deliberate child abuse. *J Trauma* 1980; 20(10): 873–5.

[6] Lök V, *et al*. Bone scintigraphy as clue to previous torture. *Lancet* 1991; 337(8745): 846–7.

[7] Mirzaei S, *et al*. Bone scintigraphy in screening of torture survivors. *Lancet* 1998; 352(9132): 949–51.

[8] Tunca M, Lök V. Bone scintigraphy in screening of torture survivors. *Lancet* 1998; 352(9143): 1859.

[9] Altun G, Durmus-Altun G. Confirmation of alleged falanga torture by bone scintigraphy — case report. *Int J Legal Med* 2003; 117(6): 365–6.

[10] Peel M. History of torture. In: Jason PJ (ed). *Encyclopedia of Forensic and Legal Medicine*, Oxford: Elsevier, 2005, pp.520–4.

[11] Barber B, Cote DW, Liu R. Electric shock ear torture: a rare cause of tympanic membrane perforation and mixed hearing loss. *J Otolaryngol Head Neck Surg* 2011; 40(3): E22–5.

[12] Danielsen L, *et al*. Electrical and thermal injuries in pig skin — evaluated and compared by light microscopy. *Forensic Sci Int* 1978; 12(3): 211–25.

[13] Thomsen HK, *et al*. Early epidermal changes in heat- and electrically injured pig skin. II. An electron microscopic study. *Forensic Sci Int* 1981; 17(2): 145–52.

[14] Thomsen HK, *et al*. Early epidermal changes in heat- and electrically injured pig skin. I. A light microscopic study. *Forensic Sci Int* 1981; 17(2): 133–43.

[15] Karlsmark T, *et al*. Tracing the use of torture: electrically induced calcification of collagen in pig skin. *Nature* 1983; 301(5895): 75–8.

[16] Karlsmark T, *et al*. Tracing the use of electrical torture. *Am J Forensic Med Pathol* 1984; 5(4): 333–7.

[17] Karlsmark T, *et al*. Immediate dermal changes in pig skin after exposure to moderate amounts of heat and electrical energy. *J Invest Dermatol* 1986; 87(4): 528–32.

[18] Karlsmark T, *et al*. The occurrence of calcium salt deposition on dermal collagen fibres following electrical injury to porcine skin. *Forensic Sci Int* 1988; 39(3): 245–55.

[19] Karlsmark, T., *et al*., *Electrically-induced collagen calcification in pig skin. A histopathologic and histochemical study.* Forensic Sci Int, 1988; 39(2): 163–74.

[20] Karlsmark T, *et al*. The effect of sodium hydroxide and hydrochloric acid on pig dermis. A light microscopic study. *Forensic Sci Int* 1988; 39(3): 227–33.

[21] Karlsmark T, *et al*. Ultrastructural changes in dermal pig skin after exposure to heat and electric energy and acid and basic solutions. *Forensic Sci Int* 1988; 39(3): 235–43.

[22] Karlsmark T, *et al*. The morphogenesis of electrically and heat-induced dermal changes in pig skin. *Forensic Sci Int* 1988; 39(2): 175–88.

[23] Karlsmark T. Electrically induced dermal changes. A morphological study of porcine skin after transfer of low-moderate amounts of electrical energy. *Dan Med Bull* 1990; 37(6): 507–20.

[24] Danielsen L, *et al*. Diagnosis of electrical skin injuries. A review and a description of a case. *Am J Forensic Med Pathol* 1991; 12(3): 222–6.

[25] Forrest D, *et al*. A guide to writing medical reports on survivors of torture. *Forensic Sci Int* 1995; 76(1): 69–75.

[26] Chan TC, *et al*. The effect of oleoresin capsicum ‘pepper’ spray inhalation on respiratory function. *J Forensic Sci* 2002; 47(2): 299–304.

[27] Watson WA, Stremel KR, Westdorp EJ. Oleoresin capsicum (Cap-Stun) toxicity from aerosol exposure. *Ann Pharmacother* 1996; 30(7–8): 733–5.

[28] Reilly CA, Crouch CD, Yost GS. Quantitative analysis of capsaicinoids in fresh peppers, oleoresin capsicum and pepper spray products. *J Forensic Sci* 2001; 46(3): 502–9.

[29] Reay DT, Eisele JW. Death from law enforcement neck holds. *Am J Forensic Med Pathol* 1982; 3(3): 253–8.

[30] Reay DT, Eisele JW. Law enforcement neck holds. *Am J Forensic Med Pathol* 1986; 7(2): 177.

[31] Chan TC, Vilke GM, Neuman T. Reexamination of custody restraint position and positional asphyxia. *Am J Forensic Med Pathol* 1998; 19(3): 201−5.

[32] Chan TC, *et al*. Weight force during prone restraint and respiratory function. *Am J Forensic Med Pathol* 2004; 25(3): 185−9.

[33] Michalewicz BA, *et al*. Ventilatory and metabolic demands during aggressive physical restraint in healthy adults. *J Forensic Sci* 2007; 52(1): 171−5.

[34] Pollanen MS, *et al*. Unexpected death related to restraint for excited delirium: a retrospective study of deaths in police custody and in the community. *CMAJ* 1998; 158(12): 1603−7.

第 11 章

烧伤和烫伤

- 热损伤
- 烧伤严重程度的分类
- 湿热损伤——烫伤
- 干热烧伤
- 沐浴相关的烧伤和猝死
- 尸体解剖大体表现
- 烧伤中形成的假创
- 生前烧伤与死后烧伤
- 烟雾和火
- 烟尘吸入
- 不典型的局部烧伤和“自燃”
- 参考文献

在法医病理学工作中，经常会遇到因加热而造成的组织损伤。鉴别是生前烧伤还是死后烧伤有时极具挑战性，这可能会涉及严重的犯罪问题。

热损伤

热损伤（heat injury）可由人体体温调控机制障碍引起，但更常见于由外部热作用引起，哺乳动物的组织只能在 20～44℃相对较狭窄的温度范围内存活。

外部热作用对人体损伤的严重程度取决于：

- 热作用的温度。
- 体表导热的能力。
- 热作用的持续时间。

温度/时间关系在分析热损伤中很重要，但有时会被忽视，因为即使相对较低的温度（如低至 44℃），只要持续的时间足够长，也会造成人体损伤。例如，有案例报道，一些昏迷患者被遗忘的暖水瓶灼伤，从而引发医疗过失侵权诉讼，就是很好的例子。

Moritz 和 Henriques 等在热损伤的研究中发现，造成热损伤的最低温度是 44℃，但其至少需要持续作用 5 h 才能导致人体发生烧伤；然而对于温度为 60℃的物体，只需要 3 s 就足以造成人体烧伤[1]。

热辐射也能够导致严重的热损伤，如过度暴露在日光或人造日光灯下。热辐射长期作用于人体，还会导致人体的恶性病变。因污染引起的平流层变化，造成更多的紫外线辐射到地球表面，这将对人类健康产生严峻的挑战。在法医实践中，常见老年人或残疾人在壁炉（天然气、电或煤供暖）附近摔倒失去知觉后死亡的案例，查体发现其身体上未被衣服遮盖的皮肤区域发生烧伤并产生水疱。这种情况下，法医往往很难甚至无法判断该损伤是生前伤还是死后伤，而且我们也不能简单地根据皮肤局部存在发红和水疱就将其认定为生前伤。腿前区域的斑点状色素沉着和皮肤变红（红斑）也常见于喜欢久坐于明火前的人身上。

烧伤严重程度的分类

Guilhelmus Fabricius Hildanus（Wilhelm Fabry von Hilden；1560～1634 年）已经在他的著作《燃烧的火焰》（*De combustionibus*）（巴塞尔，1607 年）中指出，烧伤的分类应该作为治疗的指南，他是第一个提出了烧伤三度分类法及其治疗建议的人。之后，针对该分类方法，又有多个修正方案被提出，包括 Heister 的四级分类法、Boyer 的三级分类法、Dupuytren 的六级分类法，以及 Hebra 和 Wilson 先后修正的三级分类法。所有这些分类，都考虑了组织的损伤深度[2-8]。

- 一度烧伤：出现红斑和水疱，皮肤损伤未触及真皮层。毛细血管扩张导致体液渗入组织间隙，引起组织肿胀。表皮分离形成水疱，上有一层苍白的皮肤包裹液体，周围可见充血。较小的水疱（小于 1 cm）可被吸收，否则水疱会破裂，留下发红的皮肤基底层。一度烧伤可愈合且不留瘢痕。
- 二度烧伤：皮肤全层损伤。表皮凝固或烧焦，中央坏死区域被一度烧伤或充血区包围，或两者同时存在。中央的坏死组织逐渐脱落，表皮从边缘向中央开始生长并形成瘢痕，没有瘢痕形成，局部损伤就无法愈合。瘢痕在愈合过程中通常会收缩，导致表面皱褶和变形。
- 三度烧伤：损伤涉及皮下深层组织。损伤非常严重的，从皮下脂肪的破坏，到肌肉、骨骼乃至整个肢体的烧尽、缺失均可见。

根据 Pruitt 等的报道，Holmes 早在 1860 年就已经认识到烧伤面积在评估烧伤预后方面的重要性[9]。1924 年，伯克（Berkow）提出烧伤面积评估的“九分法”，随后华莱士（Wallace）对其进行了修改，该方法将体表划分为清晰的区域，通过占体表总面积（total body surface area，TBSA）的百分比估算烧伤所涉及的面积（图 11.1）。为了避免 Berkow 成人表应用于儿童时可能出现的系统性误差，Lund 和 Browder 构建了一个新的图表并对其进行修正[10]。如果成人烧伤面积占 TBSA 的 15% 以上、儿童占 10% 以上，则需进行液体复苏[11]。临床上将烧伤的深度分为浅层表皮、浅层真皮、深层真皮和全层。对于法医病理学工作而言，烧伤解剖部位的精准描述在尸检报告的书写中极其重要[12, 13]。

烧伤的死亡率随烧伤面积的增大而增加，小面积烧伤很少引起死亡。大面积的烧伤可能比局部组织的深度烧伤更危险。死亡率与烧伤面积的大小、伤者既往情况、年龄、可能合并的吸入性损伤和治疗的效果等因素有关。根据过去 30 年相关资料的总结，以下几个因素有助于烧伤后更好的存活：使用新型抗生素和更好的感染控制技术控制伤口感染、早期伤口切除、改进移植技术和建立专业的烧伤中心[14]。

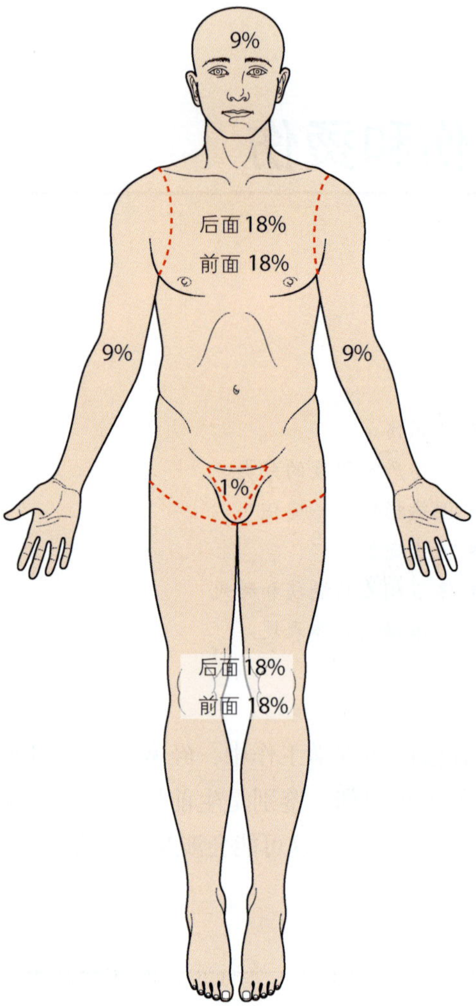

图 11.1　用于计算体表烧伤面积的“九分法”。它不适用于身体比例与成人不同的婴儿

湿热损伤——烫伤

烫伤是指热液（多数是水）造成的组织损伤。除水以外的其他热液包括油、熔融橡胶、其他液体化学品和蒸汽。熔融金属通常处于非常高的温度，其损伤后果类似于干热烧伤。热水烫伤是一种常见的家庭事故，尤其多见于儿童、老年人等容易发生意外的人群（图 11.2）。

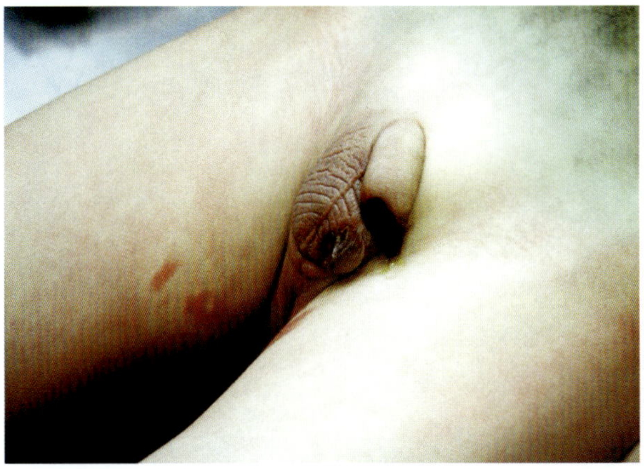

图 11.2　一名 5 岁糖尿病儿童的右大腿和阴囊达到一度和二度烧伤，这名儿童接受过一名庸医的治疗，庸医曾向父母承诺要用热水浴来治愈这个孩子。该儿童最终死于未经治疗的糖尿病

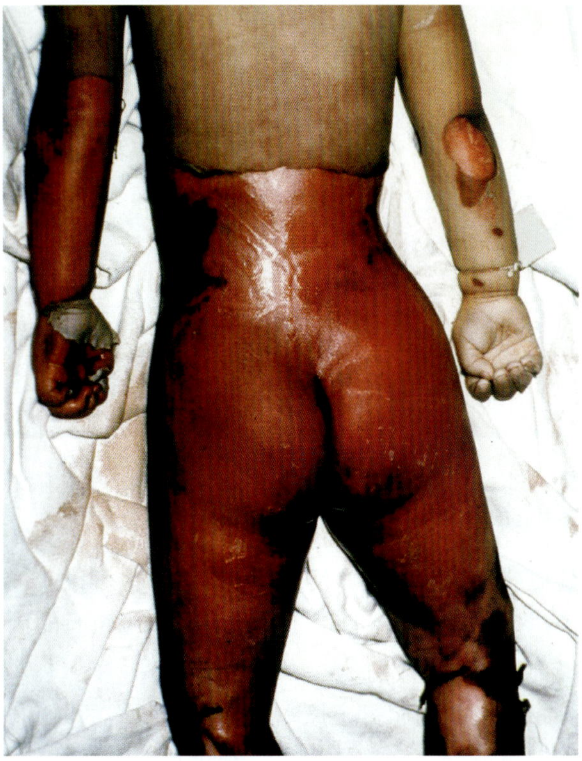

图 11.3　孩子在洗澡时母亲去接电话，因而发生意外，孩子被遗忘在热水里导致烫伤。这说明时间和温度都是导致皮肤热损伤的因素。几天后，孩子因并发肺部感染而死亡

除非某些热油损伤否则烫伤不会导致像干热烧伤一样的表面毛发烧黑、炭化或焦化。其损伤类似于干热引起的一度烧伤的表现，如局部发红、脱皮和起疱，但烫伤的形状与干热烧伤有所不同，通常具有清晰的边界且与热液流经的范围一致（图 11.3）。如果浸泡在热水中（如浴缸），则会出现液平线，但可因溅水而使水位液面痕不规则。当热液倾斜或飞溅时，液体会在重力作用下流动，因此可见液体滴落的形状，法医可借此来判断受害者被烫伤时的姿势。

最初，严重烫伤处的深红色基底面可被褶皱、浸软的表皮覆盖，烫伤的皮肤可能会肿胀并渗出血清，感染可接踵而至。但对于大面积烧伤而言，死亡通常是由休克、体液丢失和电解质紊乱以及继发性肺部感染等引起的全身反应所致。烫伤的严重程度取决于热液与皮肤接触的时间以及温度的高低。洒落、倾倒或泼出热水时，热水仅瞬间接触皮肤，在重力作用下会下落，大面积暴露会使液体快速冷却，此时烫伤发生的时间较短，如果要造成严重烫伤，则需要较高的液体温度。在厨房发生的意外中，常会发生滚烫的沸水烫伤孩子的事故。这时候，衣服的覆盖可带来截然不同的影响：一方面它可以保护覆盖的皮肤免受热液的侵害，尤其是在渗透性差的情况下；但也可以使热液与皮肤接触更长时间而加重烫伤，尤其是在衣物对液体具有较强吸收性的情况下。

烫伤的表现可与干热烧伤相似，但其发生部位有所不同，即由于浸泡，皮肤损伤通常均匀分布于整个烧伤区域，直至界限分明的边缘。当热水或沸水被泼到或溅到身体上时，最严重的烫伤发生在液体最热的初始接触区，但随着液体冷却，烫伤的严重程度会降低。对于将热液倒在自己身上的孩子，烫伤往往发生在面部、颈部、胸部和上肢，腋窝和背部通常不会受损。

干热烧伤

与烫伤相比，干热引起的烧伤更为常见，这可由热传导或热辐射作用于身体表面产生的高温引起。在这种情况下，对流仅仅是传导的一种变体：当热气冲击身体表面时，分子以类似热固体直接接触的方式传递其携带的大量热能（图 11.4）。

热辐射通过将红外线频率转换为热能被皮肤吸收，从而造成人体的损伤。与烫伤一样，组织损伤的严重程度由温度和时间决定。如果与同一

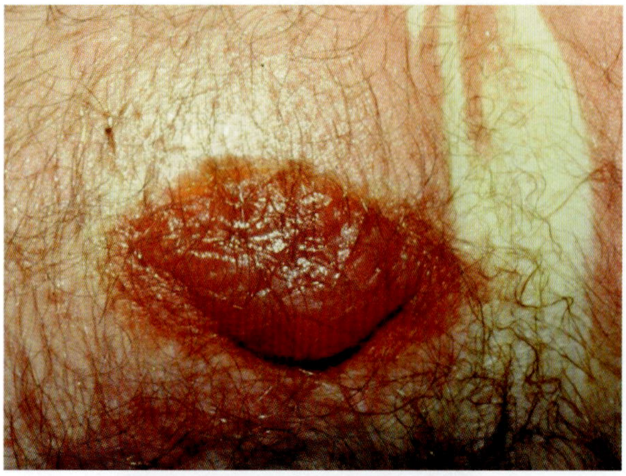

图 11.4　房屋火灾受害者的二度烧伤。注意一氧化碳中毒引起的粉红色淤血，以及衣物形成的纵向空白压迹

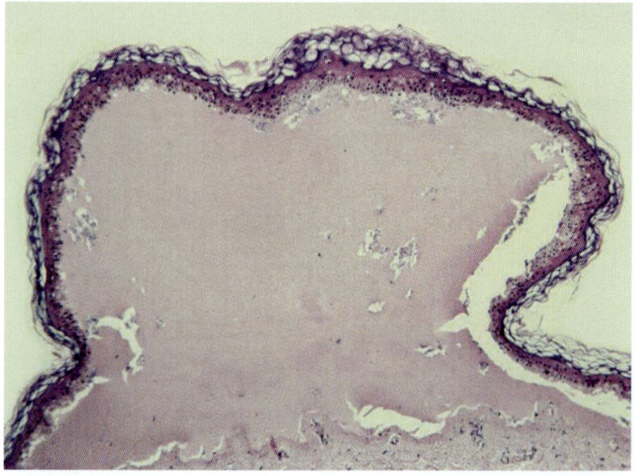

图 11.5　苏木精-伊红染色的二度烧伤组织切片显示，烧伤水疱覆盖着一层薄薄的表皮，其内充满嗜酸性液体

处皮肤接触时间足够长，温热的水管也可以造成干热烧伤，但绝大部分干热烧伤是由较短时间内局部高温所造成的。

如果时间超过了原本组织燃烧所需的时间，组织可能会进一步被烧焦，炭化甚至完全破坏，类似于人死后在太平间进行尸体火化。

干热烧伤的严重程度

上文提及的 Wilson 分类法，根据组织损伤的深度将烧伤的严重程度分为三个等级：

- 红肿导致的皮肤发红和肿胀。水疱可在表皮厚度范围内或在表皮-真皮交界处形成（图 11.5）。
- 皮肤全层破坏，可以是完全的，也可以是不完全的。如果损伤达到了毛囊等较深部位，但只要表皮结构残存，上皮细胞就可在烧伤区域内呈岛状生长。如果表皮结构全部被破坏，由于外周表皮侵袭，损伤面覆盖缓慢，更易形成广泛的瘢痕。
- 最严重的烧伤等级是皮下组织的破坏，如脂肪、肌肉甚至骨骼，不过，如上所述，它不如大面积的浅表烧伤对生命的威胁大。

沐浴相关的烧伤和猝死

因为认识到热水浴对健康的益处，所以很多人把桑拿或其他类型的热水浴作为常用的娱乐活动，并且越来越流行[15, 16]。一般来说，桑拿浴相关的烧伤发生率较低，可能是由热源直接接触所导致。例如，用柴火加热火炉或火焰、热蒸汽、热水或长时间暴露于干燥空气中，后者通常与意识丧失有关并存在致命性横纹肌溶解发生的风险[17, 18]。

发生较多人在桑拿浴相关活动中死亡的案件仅有来自芬兰和瑞典的报道（表 11.1）[19–23]。Eren 等报道，有 15 例在土耳其热浴（hamam）中发生突然或可疑死亡[24]。对此最简单的解释是基于该热浴的环境，因为其他地方这种沐浴通常在公共浴场进行，如果有人突然发病，通常能够被附近的其他人发现并救助，而在芬兰，这种浴室大多为私人所有，大多数新的家庭住宅甚至小公寓都配有桑拿房，根据最近的数据估计，2010 年桑拿浴室的总数已超过 200 万，而截至 2014 年其总人口也不过 546 万。大多数芬兰人会定期去蒸桑拿浴，平均每周至少一次，有些芬兰人则几乎每天都去，因此出现桑拿浴中死亡的案例几乎不可避免。这些死亡案例的绝大部分会报告给警方进行死因调查，并且几乎都会进行法医学尸检。1998～2010 年，共有 475 例死亡［（36.5 ± 5）/y］* 被归类为桑拿浴死亡（W92 = 暴露于人造高温源；ICD10**），其中 76% 为男性，24% 为女

* 译者注：是对 475 例样本进行的简单统计学分析，表示他们年龄的均值标准差。

** 译者注：ICD10 即《疾病和有关健康问题的国际统计分类（第十次修订本）》。

表 11.1 文献中的桑拿死亡调查

国家	时 期	*N* 总计 / 包含（例）	男性死亡数 / 女性死亡数（例）(%)	BAC (+)	参考文献序号
芬兰	1976～1983 年	158	127/31（80.4/19.6）	47.5%	[19]
芬兰	1970～1986 年	230/228	184/44（80.7/19.3）	84.2%	[20]
芬兰	1990～2002 年	393	271/122（69/31）	50%	[21]
瑞典	1992～2003 年	96/77	63/14（82//18）	71%	[22]
芬兰	1986～1995 年	690/544	402/142（74/26）	56.6%	[23]

注：BAC（+），血液乙醇阳性的比例。

性，超过 2/3（74%）的大部分死亡案例与饮酒有关（男性中占 80%，女性中占 56%）[25]。

早期的尸检调查将桑拿浴中发生死亡的人的死亡主要归因于缺血性心脏病、热暴露和饮酒[19-22]。然而，这些死亡原因诊断的可靠性存疑。在大多数情况下，心源性猝死的诊断是排除性诊断，即以使用辅助检查（如组织病理学检查和毒化检验）排除其他可能的死亡原因为前提，因为高热没有特异性诊断标志物，所以很难推断死者是生前热暴露所致的死亡。另外，在所有被报道的调查中，由于许多受害者在死后数小时或数天后才被发现死于桑拿房，因此，往往已经出现了不同程度的尸体腐败，这会影响诊断的准确性。在芬兰，大多数与桑拿浴相关的死亡案例中，酒精似乎是最重要的单一诱发因素，冠心病等疾病的存在和热暴露可能有助于这些死亡的发生，但鉴于前述诊断因素和死后尸体腐败等原因的存在，其意义难以确定[23]。

表 11.2 展示了由 Saukko 汇总的桑拿浴中酒精相关死亡的统计情况，病理学家通过尸检将其根本死因归为自身疾病、热暴露或酒精中毒 3 种。所有 3 组因素中乙醇浓度和中毒乙醇浓度之间都存在重叠，这就产生了一个问题：怎么做到将其中一组和其他组进行区分？特别是大多数受害者并没有被及时发现，他们被发现时往往已经距离死亡数小时甚至数天。高热死亡往往难有特征性的病理学改变，死因研究困难。如果诊断是基于环境因素和其他死因的排除，尸检的质量保障则显得至关重要。分析本例展示的包括 544 例桑拿死亡的病例调查结果（包括未饮酒的受试者），进行了毒理学检验的案例不到 1/3，进行了组织学检查的案例不到一半，很明显，该调查数据中绝大多数案例的尸检质量并不令人满意。

尸体解剖大体表现

尸体可发生不同程度的损伤，从皮肤红斑到几乎完全焚烧的大面积广泛性损害，因此必须尽可能对火灾现场进行搜索和收集甚至寻找到残留物。

表 11.2 1986 年 1 月 1 日至 1995 年 5 月 19 日，芬兰发生的在桑拿中死亡并经法医学检验的与酒精相关死亡者的 BAC 平均值和 UAC 平均值案件统计

死亡原因	例数	年龄平均值（范围）（岁）	BAC（‰）平均值（范围）	UAC（‰）平均值（范围）
自然因素	91	63.2（38～82）	1.73（0.20～3.3）	2.6（0.10～4.2）
热暴露	150	53.7（25～81）	2.11（0.29～3.9）	3.15（0.54～4.8）
酒精中毒	68	50.7（20～80）	2.8（1.3～7.4）	3.85（1.9～5.0）

资料来源：由 Saukko 修改。

注：统计的总例数为 309 例。BAC 为血液乙醇浓度，UAC 为尿液乙醇浓度。

通常，在没有发生皮革样变和炭化的部位，生前烧伤表现为红斑，并且常伴有水疱的产生。水疱边缘可见红色区域，其宽度不一，通常直径为 5～20 mm。水疱可出现在主要烧伤部位，也可在周边呈岛状出现。大多数生前烧伤的水疱破裂时会观察到鲜红色的基底并伴有周围的红斑样改变。整个烧伤区域可以是一个大水疱或多个水疱的融合。到尸检时，这些水疱往往塌陷，可以看到白色的表皮残片和碎片遍布红肿基底部。

如果烧伤极为严重，局部皮肤可能变硬，呈现出黄褐色、皮革状，这是炭化前的中间阶段。人死后，烧伤部位血液渗出并逐渐变干，形成僵硬的羊皮纸状表面。死后热作用和烟雾沉积可产生类似生前伤的表现或者覆盖生前伤，表面常因烟灰沉积而变黑。

严重烧伤时头发会烧焦或完全烧尽（图 11.7）。极少情况下毛发可残存且其末端可呈棒槌状。这种情况下，最靠近热源的发梢的角蛋白熔化，然后在冷却时再凝固，在发干上形成一个像未点燃的火柴的末端一样的结构。睫毛、眉毛、阴毛、腋毛和全身毛发都可被烧焦。在皮肤被点燃的部位，皮下脂肪起到燃料的作用，烧伤后局部遗留黑色质脆物质，合并下面烧熟、变干的肌肉组织，继而其更深处组织逐渐变为更潮湿、看起来更正常的组织。各种不同程度的烧伤，深层组织均可能会被波及，尤其是肌肉组织，变为苍白、褐色，呈明显的“半熟”状。这往往是遗留在高温环境中的尸体发生的死后变化。这种烧熟的肌肉可能广泛存在于正常的皮肤下，这并非生前烧伤的证据，特别是如果在有衣服保护的情况下。通常环境高温持续相对比较长的时间才会产生这种“半熟”状表现，类似于慢炖锅的烹饪结果（图 11.6）。

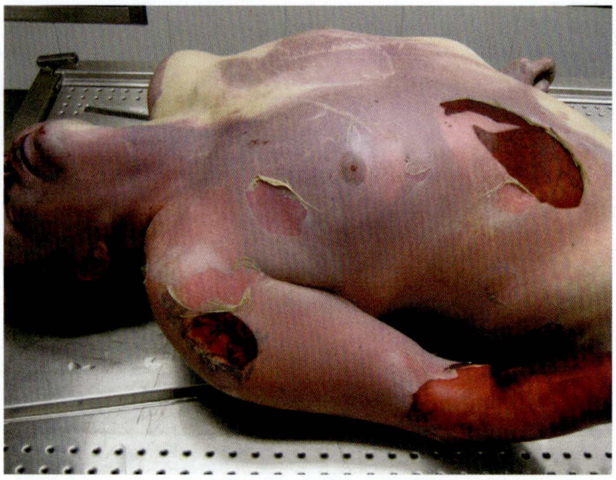

图 11.6　42 岁男性，独自去桑拿房约 8 h 后被发现死在蒸房中。检测发现其血液乙醇浓度为 2.3‰，尿液乙醇浓度为 3.2‰。由于长时间暴露在高温下，当尸体被发现时，发现其外观表现为“半熟”状，并伴皮肤滑脱引起的表皮片状缺失，以及损伤部位的死后干燥

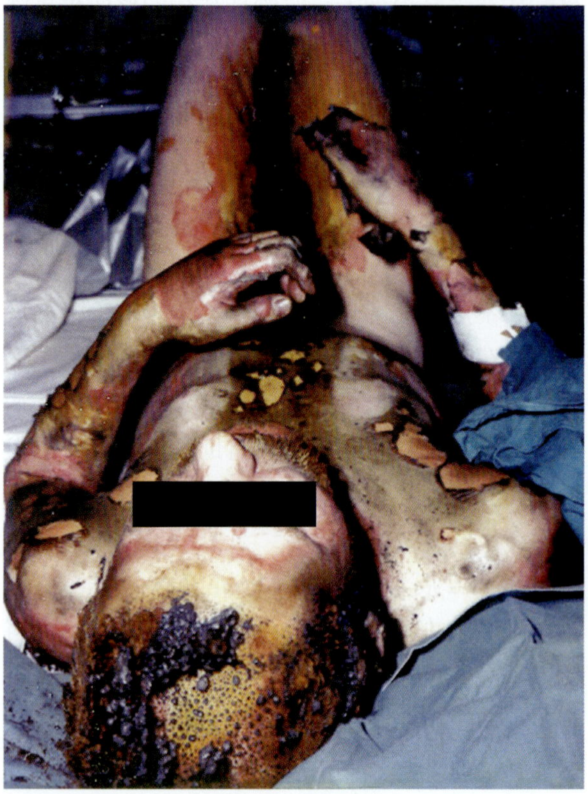

图 11.7　浇汽油自焚所致二度烧伤、三度烧伤和头发烧焦

在持续高温下，所有软组织直至骨组织都可能被烧焦，骨组织本身也可能变黑。最严重的阶段是骨骼转化为灰白色的易碎碎片，有时伴骨骼结构的炭化，使得尸体脚、手或四肢缺失。全身被燃烧殆尽的情况少见，即使是专业的火化也是这样，仍然会剩下尸体的残骸，这通常与燃烧环境密切相关。在产生大量烟雾的情况下，如在大多数房屋火灾中，暴露在外的皮肤会变色。烟尘沉积明显的区域与热气烧伤的区域相吻合。即使尸体只覆盖了一层很薄的衣服也可以出现以上变化（图 11.8）。

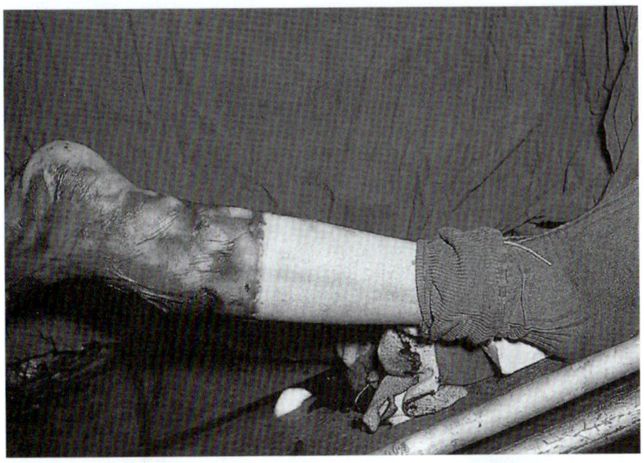

图 11.8　因吸入烟雾而死亡的受害者的腿部在死后出现烟尘沉积和浅表烧伤。注意因为一只脚有袜子覆盖，所以皮肤得到了完全保护

大量热量作用于人体通常会造成肌肉挛缩。这几乎总发生在死后，因为足以煮熟深层肌肉的加热效应对于一个活体来说是无法承受的。肌肉因脱水和蛋白质变性而缩短。屈肌比伸肌更强大有力，收缩力量更大，使得四肢表现出屈曲状态，这就是所谓的“拳击手”或“拳击姿势”（图 11.9，图 11.10）。椎旁肌肉组织收缩常引起明显的角弓反张。气道和肺部热作用可以引起肺水肿，因此在死者口腔和鼻孔通常可发现粉红色泡沫液体，舌头通常外露并可被烧焦。

图 11.10　在火灾现场烧焦的尸体显示出“拳击姿势”和死后胸部皮肤裂开

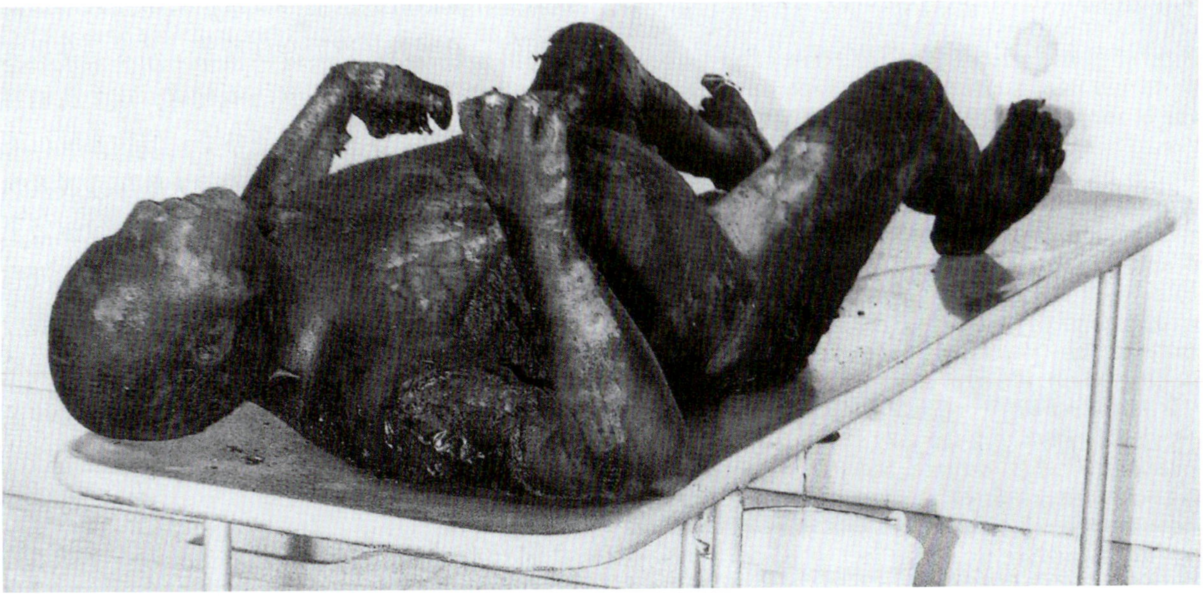

图 11.9　肢体受热屈曲，部分手臂向上抬呈“拳击姿势”。因屈肌群的肌肉收缩更强，肘部、膝盖和手腕均呈现强烈屈曲姿态。本例受害者是一艘俄罗斯船只的船长，他在一次酗酒中纵火烧了自己的船舱

烧伤中形成的假创

受热的皮肤可发生收缩，使皮肤裂开，如果检查者经验不足可能会误认为是生前损伤，从而得出火灾是用来掩盖犯罪行为的假现场的判断。这些皮肤裂隙可出现在任何部位，特别是在伸肌表面和关节处，以及头部多见。有些时候，消防员在处理尸体时也可以造成这种皮肤裂隙，特别是肘部和膝盖处、四肢弯曲处的皮肤（图 11.11，图 11.13）。

许多他杀案往往被隐藏于火灾中，因此必须时刻警惕火中尸体存在真正创伤的可能性。假创部位的深层组织无出血，并且其裂开位置也会给我们提示可能是假创。然而，两者鉴别可能是困难的，甚至不可能，特别是当该区域热损伤严重，使得无法对深部组织进行检查的时候。

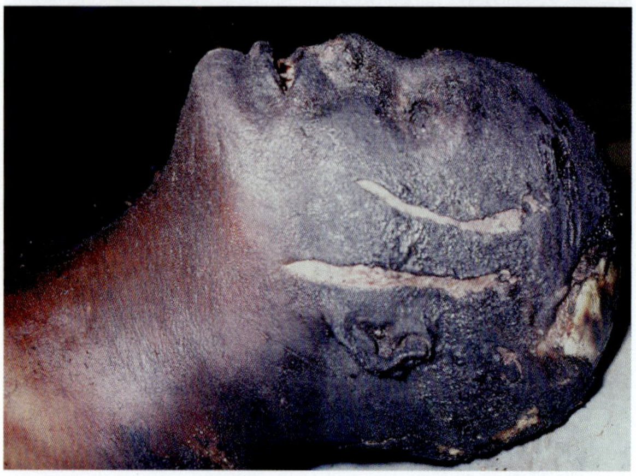

图 11.11　由热作用造成的死后损伤与头部损伤相似。消防队担心是生前遭到攻击，但这种皮肤裂开通常是由组织热挛缩造成的。头顶的头皮已经烧穿，头骨烧焦。在下面的是热血肿，有时容易与外伤性硬膜外出血混淆

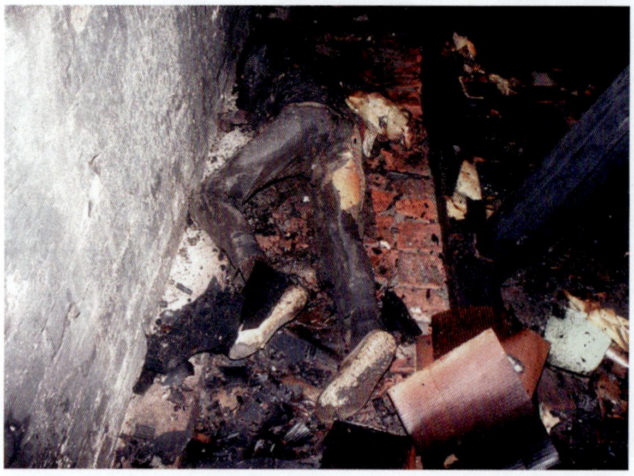

图 11.12　火灾中的这具尸体给病理学家和现场勘查人员提出了难题。从肺部的烟尘灰烬沉积和血液中检见碳氧血红蛋白来看其死亡发生于火灾后。没有发现生前烧伤，血液乙醇浓度很高

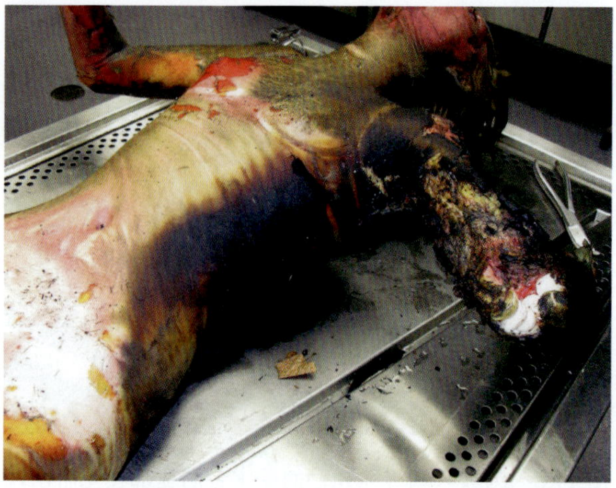

图 11.13　房屋火灾受害者死后烧伤的尸体。注意右臂抬高是由热挛缩引起。左前臂烧伤至肘部，左肱骨和肩部有大量皮肤裂开。左侧已烧焦，但骨盆被衣物保护得很好

另一个主要的假性损伤就是硬膜外间隙的“热血肿”。当颅骨受热时，颅骨和硬脑膜之间可形成类似于硬膜外血肿的大量血液聚集。这可能是由静脉窦破裂引起，或通过静脉窦在颅骨下空隙“沸腾”所致血凝块含气泡呈海绵状，为茶色或巧克力棕色。血肿对应处的颅骨表面和头皮常被烧焦。热血肿内的血液碳氧血红蛋白水平与血液相似，说明其是死后烧伤所致，如果是在火灾发生前的损伤，它将不含一氧化碳，这个我们将在后文进行详述。在高温条件下，假性血肿可能在严重萎缩的硬脑膜外，从而将大脑压缩成煮熟的团块。硬脑膜可在张力下裂开，使脑组织溢出到颅骨内的大空间，形成一团泡沫糊状物。没有血肿的情况下，这些变化也可能会出现，但血肿通常都会存在。在没有颅骨骨折的情况下（由热损伤引起的骨折除外），火中尸检发现的这种血肿不能认定为外伤所致[26, 27]。

生前烧伤与死后烧伤

在严重的火灾中，无论是在建筑物还是车辆中，尸体的最终状态往往并不能反映死亡时的状

况。事实上，在热量到达人体之前，许多人就已经因吸入烟雾而死亡。如果火灾紧随其后并导致尸体烧伤，病理学家可能很难或不能确定死前损伤的程度。无论生前和死后的烧伤，暴露的皮肤表面都可能变红，典型的区分之处如皮肤红斑，也不是绝对的生前伤的指标。作者（BK）曾见到几例确证的死后烧伤，其中一例是在勒死后试图用火处理尸体至少 30 min，同样造成了广泛的红斑。

死后烧伤也可形成水疱，除了在焦灼的皮肤上，其一般表现为浅黄色水疱。很少有红色基底或红色斑晕，但不能绝对依赖此体征。水疱内部所含液体往往稀薄透明。传统上大多数专家认为可以通过分析液体中的蛋白质和氯化物来区分生前和死后的水疱。有学者说生前形成的水疱含有更多的蛋白质和氯化物，但没有提供绝对的数据，目前还没有病理学家将其定量。现在有人怀疑该理论科学依据不足，未经核实就从一本教材抄到另一本教材（图 11.14，图 11.15）。

在死亡判断中最有用的是在循环血液中检见一氧化碳以及在呼吸道和肺中检见炭颗粒，这将在烟尘吸入一节中进行论述（图 11.12）。他们不能证明烧伤是在生前发生的，但证明了在火灾

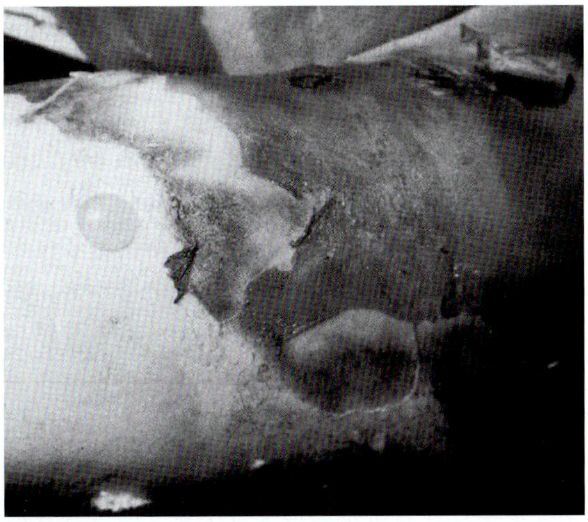

图 11.14 当烧伤时间接近死亡时间时，很难或不可能区分生前和死后烧伤。本例中，基底没有红斑的水疱可能是生前烧伤也可能是死后烧伤产生的，因为死亡后在至少 1 h 内都会出现边缘和邻近皮肤的红肿。因此，建议最好将此类可疑病变称为濒死改变

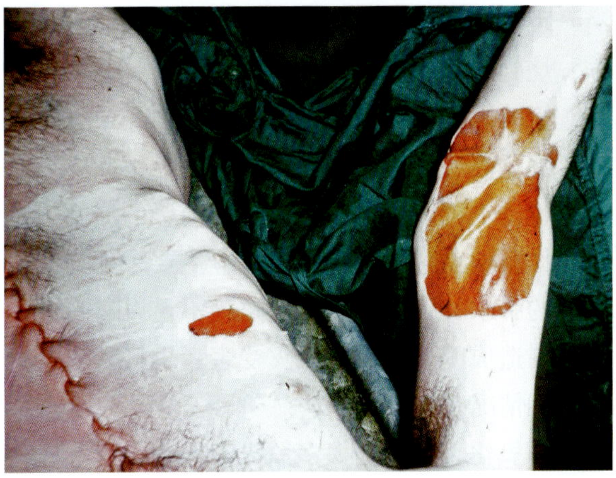

图 11.15 热水瓶置于心前区试图进行复苏，造成上肢和胸部出现死后烧伤。损伤边缘锐利，无红斑边缘，表面因死后干燥而呈棕褐色皮革样化

中受害者仍然还活着，这就是不一样的结论。硬膜外热血肿可以用不同的方法来确定其发生的时间。如果是火灾发生前发生的真正外伤，则不应含有碳氧血红蛋白。假性热血肿是由血液形成的，如果受害者在火灾中吸收了这种气体，血液中就会含有碳氧血红蛋白。然而必须认识到，正如下文所讨论的，并非所有活着的人在火灾中都会在血液中检见碳氧血红蛋白。如果碳氧血红蛋白被吸收渗透到血肿内，则热血肿检验也可检见碳氧血红蛋白成分。因而，在大多数经典案例中，碳氧血红蛋白测定的作用也非常有限。

烟雾和火

在实践中，大多数致命的干烧伤发生在建筑物的火灾中，而非车辆或飞机上。在诸多悲剧中，死亡往往不是由烧伤直接引起的，而是由于吸入建筑物结构和内容物燃烧所产生的烟雾导致。事实上，法医病理学家看到的大多数烧伤都是死后烧伤，要么是因为受害者已经因吸入烟雾而死亡，要么是因为严重的死后烧伤掩盖了真正导致死亡的较轻程度的烧伤。

吸入烟雾导致死亡，可能有以下几种原因：

- 热气直接作用于呼吸道和肺部，造成热损伤。尸检时往往会发现，舌头、咽部（尤其是声门）被烧焦，如果损伤程度较轻也会表

现为黏膜灰黄发白。如果温度太低而不能燃烧到身体内部部位，则喉部、气管和主支气管的黏膜可能会表现为变厚变白，或红肿炎症。热气如果是通过张开的嘴巴被动渗入尸体，也可以发生死后的咽和会厌的局部热损伤反应。肺对热损伤的反应主要表现为明显的肺水肿，即使吸入的热气不足以对支气管树造成明显损害的火灾受害者也经常出现这种情况（图 11.16）。

- 一氧化碳中毒是大多数火灾的重点之一——事实上，它是许多火灾受害者死亡的主要甚至唯一原因，尤其是在室内火灾中。当任何可燃材料在空气中燃烧时，如木材、织物和家具等，有机材料中的大部分碳都会转化为二氧化碳，但也会产生一氧化碳。若氧气获取受限或持续燃烧耗尽，则会产生大量的一氧化碳。像床上用品和床垫等缓慢的、几乎没有火焰的燃烧很可能产生更多的一氧化碳。相反，汽油或煤油等由于流动的气流和其本身挥发性引起快速闪燃，此时产生一氧化碳则相对较少，但其在很大程度上取决于空气能否自由流通提供充足的氧气。

许多房屋火灾中，起火地点远离受害者，在火焰到达之前，受害者可因一氧化碳中毒而发生死亡。一个人若在公寓或房子里睡着，如果大量的一氧化碳在房间里蔓延，他可能会在不清醒的状态下死亡。在这种情况下，烧伤通常是在死后发生，如果尸体发生大面积炭化，则不可能区分生前烧伤和死后烧伤。

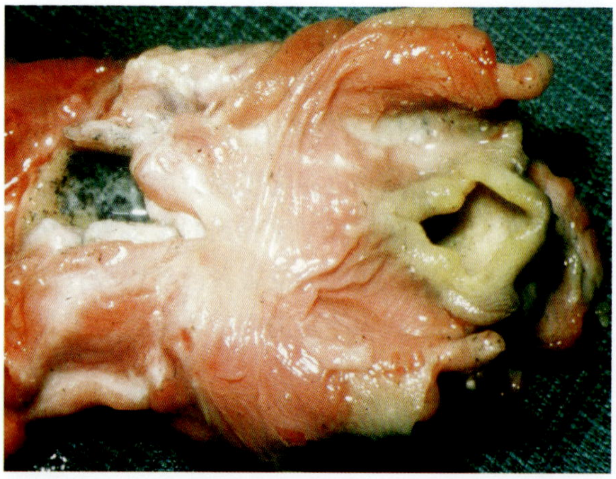

图 11.16　一名房屋火灾受害者因吸入热气发生会厌和声门入口热损伤。切开气管下端发现大量含烟灰的黏液，也表明受害者在着火时有呼吸

对死者家属来说，得知他们所爱的人在烧伤的痛苦降临之前已经死亡或失去知觉，通常是一种安慰，病理学家可在调查或询问中强调这一点。但不幸的是，如果尸体发现地点明显显示有人逃跑或藏匿，用这个解释安慰死者家属就失去了说服力——即使这样，也很有可能在燃烧开始前，死者就已经因一氧化碳中毒而出现昏迷。

一氧化碳中毒的病理学改变后文论述，这里要强调：尸检的大体征象主要表现为皮肤、血液和组织呈樱桃红色。如果出现大面积的烟尘覆盖或炭化，可能仅有小面积的皮肤可供检查，但是，身体下方的一些部位通常可因处于保护位置而得以保留。血液和组织通常具有特征性颜色，但当死者贫血或失血时则可能很难发现。如果检见高饱和度的一氧化碳，则尸检时不易发生误判。但是，如果尸检是在某些人造光下（如某些荧光灯管）进行的，可能难以确定其樱桃红色。此时，建议在白色背景下（如瓷制的解剖台或水槽）将血液用水稀释后观察，这样操作颜色更易显现。但以上所有检查都不能代替实验室的样本分析，无论观察到的皮肤、血液和组织的外观如何，每个火灾死亡的案例都必须进行血液样本的实验室分析。

在不同的死亡病例中碳氧血红蛋白的饱和度差别很大，因为存在许多可变因素，诸如大气中的浓度、暴露时间和含氧量的局部变化。当一氧化碳是唯一死因时，血液碳氧血红蛋白饱和度至少要达到 40%，但老年人和身体虚弱者除外，据报道最低可以在 25% 左右。许多死亡病例显示导致死亡的碳氧血红蛋白饱和度为 50%～60%，总体水平低于纯一氧化碳中毒。例如，在汽车尾气自杀或工业暴露情况下，其浓度可高达 80%。如果火灾中存在有毒烟雾或大气中氧气减少等其他可能会起作用的因素，即使较低浓度碳氧血红蛋白也可致死亡[28-31]。

Yoshida 等报道了来自日本 120 名房屋火灾受害者的统计数据，其中只有 9 人的碳氧血红蛋

白浓度低于 10%，其浓度波动范围为 1%～95%。对其中的 31 名受害者进行了氰化物的分析，2 人表现为高含量的氰化物和低浓度碳氧血红蛋白[32]。

可通过这样一个事实来说明一氧化碳中毒的差异性：在一个被烧毁的房子里，两个并排躺着的尸体的碳氧血红蛋白浓度可能有很大的不同——甚至有时有受害者的碳氧血红蛋白饱和度可为零。在相同条件下，儿童的碳氧血红蛋白浓度通常比成人低得多，但即使是两个成年人，碳氧血红蛋白浓度也可能不同，其原因机制尚不清楚。这些差异可能与局部通风情况、距离地面的高度和呼吸频率的差异等原因有关。

血液中含有一氧化碳是火灾发生后受害者存活的重要指标。当受害者已经死亡，纵火者火烧处理尸体时一氧化碳不可能被吸收进入人体，因为气体只能通过肺进入体内。因此，如果血液中碳氧血红蛋白饱和度超过吸烟者（5%）的水平时，就意味着火灾发生后受害者进行过呼吸，然而，反之未必如此，我们必须对此有足够的认识。火灾中尸体血液中没有检测到碳氧血红蛋白并不意味着他们一定在火灾开始前就已经死亡。Rogde 和 Olving 在对挪威 286 例火灾死亡案例的回顾性分析中发现，28 例碳氧血红蛋白阴性的尸体中，8 例呼吸道中没有烟灰，7 人被认为死于烧伤，1 人死于火灾中产生的气体[33]。所有法医部门都记录了这种案例，因此得出这样一个不合逻辑且在法律上站不住脚的推论：即这类受害者肯定在火灾开始前就已经死亡，然而这种现象很普遍。在突发的大火中，尤其是涉及汽油或煤油的场所，相比于发生在建筑物中氧气进入受限的缓慢火灾，尸体血液中一氧化碳浓度可能更低，甚至为零（图 11.17）[34]。

烟雾中的有毒物质

近年来，人们认识到火灾烟气中可能存在除一氧化碳以外的许多有毒物质，氰化物占主导地位。火灾受害者的血液中经常显示出大量的这种有毒化合物。一氧化氮、光气（碳酰氯）和其他更多的化合物可以在燃烧中被释放，特别是在现代塑料聚合物制品燃烧时。家具、室内装潢、油

图 11.17 在烧毁的汽车里发现尸体通常让人存疑，但多见于意外或自杀。应进行尸体影像学检查以排除火器伤。在燃烧迅速的汽油火灾中，受害者体内碳氧血红蛋白浓度常较低，甚至检测不到，这就给判断火灾发生时受害者是否存活带来困难，特别是当在呼吸道中仅检见少量烟尘沉积时

漆、清漆和实体结构部件越来越多地由聚苯乙烯、聚氨酯、聚乙烯和其他塑料材料制成，它们在点燃时特别容易产生有毒气体[29, 30, 32, 35–37]。

在解释和分析尸体血液中发现的氰化物时必须谨慎，因为死后尸体腐败也可产生大量氰化物[38–40]。而一例他杀的受害者死后被用塑料布包裹并燃烧，其血液中检出的大量氰化物，则被解释为由死后扩散所致[41]。

保存样品必须格外小心，样品中应添加氟化物，并确保及时分析，尽可能防止样本进一步分解。受害者火灾吸入氰化物、氮氧化物和其他有毒物质时，也不可避免地会吸入一氧化碳。因此很难将造成死亡的责任分摊到不同的毒物中，如果死前还有烧伤，则更加无法区别。如果病理学家不能确定任何生前烧伤，那么最合理的死因是吸入烟雾。根据具体情况，如果存在严重的致死性烧伤，则把烧伤作为死亡原因，并可根据情况，考虑加或者不加“一氧化碳或烟雾吸入”的死因。

烟尘吸入

除吸入一氧化碳外，火灾受害者通常还吸入烟尘中的炭末，比起在车辆火灾中，这种情况在

建筑物火灾中更为明显，但有时也会有例外。木地板、屋顶、家具及家具织物和地毯的燃烧会产生大量浓密黑烟。每一个参与房屋火灾现场勘查的病理学家都知道，厚厚的一层烟尘附着在现场所有物品的表面，甚至可能挂在天花板上。毫无疑问，这些飘浮在空气中的物质也会进入受害者的呼吸道。

烟尘作为生前吸入的标志，它几乎和一氧化碳一样有用（图 11.19）。烟尘颗粒可通过张开的嘴巴进入尸体，污染舌头和咽部，甚至可能被动地到达声门。然而，死后大量的炭颗粒不能通过声带进入气管，因此下呼吸道中的炭颗粒是火灾中呼吸的一个特异性指征。组织学显示，烟尘更多沉积于周围支气管，甚至是末梢的细支气管，这是进行呼吸的可靠证据（图 11.18）。由于黏膜受热刺激，炭颗粒通常与黏液混合，黏附在气管和支气管壁上。在胃里发现烟尘和黏液，也常被认为是在火灾烟雾阶段还存活的证据（图 11.20）。

不典型的局部烧伤和“自燃”

有一些烧伤案例，非常离奇，大多数经验丰富的法医病理学家都难以解释。人体有可能几乎完全被烧毁，但周围因火灾造成的损害却很小，这种情况几乎都发生在壁炉、明火炉或烟囱附近。燃烧可能局限于身体、衣服和地板或地毯的狭窄区域。作者（BK）曾看到一个被壁炉烧穿了下面地板的小洞，地板下的空间躺着一具灰白色的尸体。还有一个案例：现场仅剩一双完好无损的拖鞋，脚还在里面，脚踝以上的尸

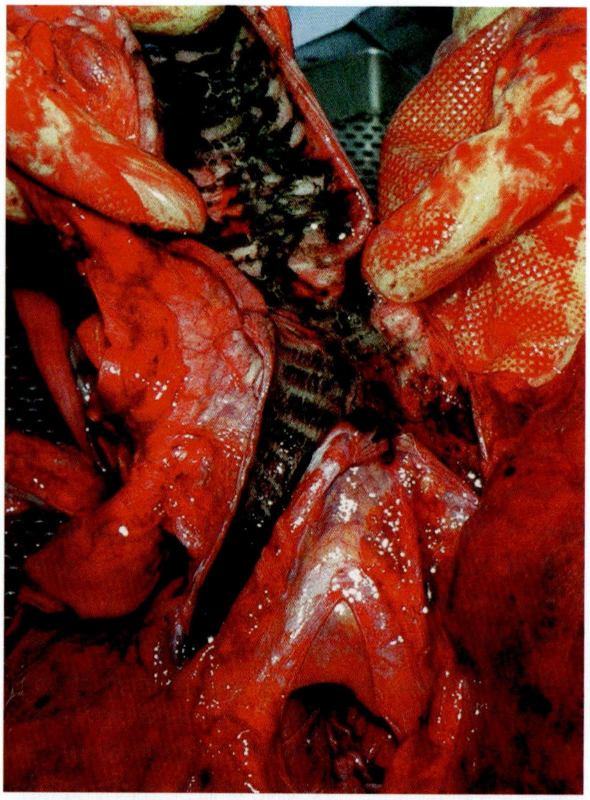

图 11.19　气管黏液中的烟灰，是着火时呼吸的标志。如果嘴巴张开，烟灰会在死亡后被动到达声门，但烟灰却无法大量到达呼吸道下段。小支气管的组织学变化提供了自主呼吸的完整证据

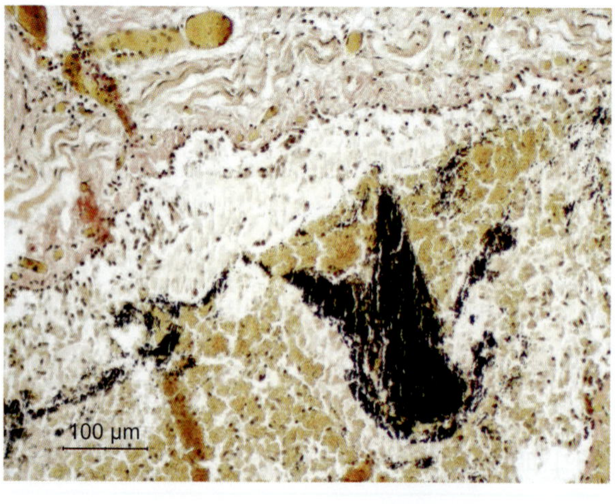

图 11.18　来自火灾受害者的小支气管，显示了烟尘沉积的组织学证据，以及上皮脱落和细胞碎片堵塞等损伤改变

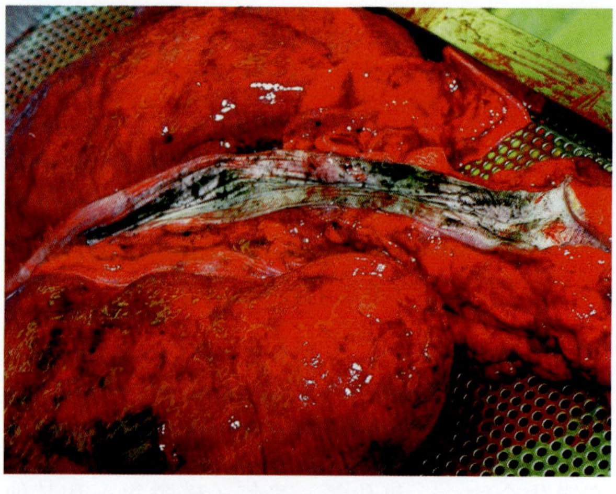

图 11.20　一名房屋火灾受害者食管中的烟灰证明其在火灾中进行了呼吸

体都被烧毁，除了地板上的灰烬外，没有剩下的尸体。以上两个死亡都发生在开放式烟囱的壁炉前。

一个成年人几乎整个身体，包括骨骼，都可以被烧毁，而周围因火灾造成的损伤却很轻，这似乎很不寻常，但许多这样的案例都被记录，并帮助证实了人类“自燃”（图 11.21）。

David Gee 教授多年前进行的实验表明，体内脂肪可以缓慢燃烧，利用衣服作为“灯芯”，类似于蜡烛的火焰[42]。

大多数这种案例都有一个共同点，即明火中的火源、一个可以提供持续上升气流的烟囱——并且受害者常是酗酒者。虽然不认为酒精在燃烧过程中起任何作用，但醉酒后的混乱、不稳定和缺乏判断力很可能会加速燃烧过程[43–45]。

如上所述，“自燃”的神话是从未消失，自从 Charles Dickens 在他的小说《荒凉山庄》（*Bleak House*）中描写了一个案件，无数未经证实的报道、报纸、杂志和电视专栏继续吸引着轻信的公众[46]。

人们在街上行走时突然起火的说法层出不穷，但迄今，还没有拍摄到任何照片和视频；实际上，大多数对此现象的追溯性主张都是在某些火源附近并涉及酒精的尸体——正如 Charles Dickens 最初的例子。

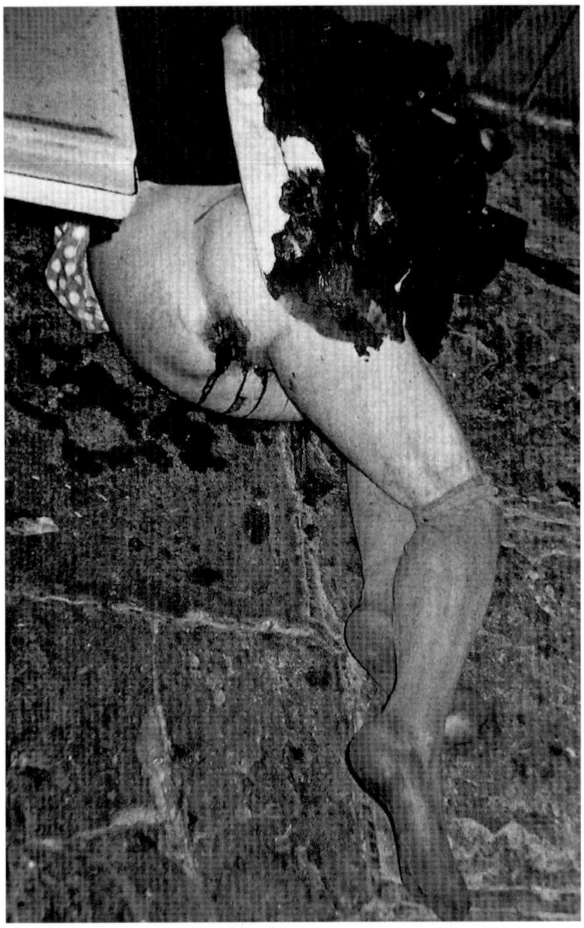

图 11.21　火灾严重破坏了身体。包括骨骼结构在内，受害者的上半身几乎消失，下半身完好无损。煤气炉在煤气逸出时被火柴点燃了，引起一场近乎爆炸的大火，烧毁了受害者的上半身，衣服充当“灯芯”的作用，脂肪燃烧。此类事件已经上升到“自燃”

（邓建强　译）

参考文献

[1] Moritz AR, Henriques FC. Studies of thermal injury: II. The relative importance of time and surface temperature in the causation of cutaneous burns. *Am J Pathol* 1947; 23(5): 695–720.
[2] Fabry W. *De Combustionibus*. Basle: Carolus Uttenhove, 1607.
[3] Naylor IL, Curtis B, Kirkpatrick JJ. Treatment of burn scars and contractures in the early seventeenth century: Wilhelm Fabry's approach. *Med Hist* 1996; 40(4): 472–86.
[4] Kirkpatrick JJ, *et al*. A modern translation and interpretation of the treatise on burns of Fabricius Hildanus (1560–1634). *Br J Plast Surg* 1995; 48(7): 460–70.
[5] Boyer A. *Traité des Maladies Chirurgicales et des Opérations qui leur Conviennent*. Vol. 1. Paris: Migneret, 1814.
[6] Jackson DM. The diagnosis of the depth of burning. *Br J Surg* 1953; 40(164): 588–96.
[7] Wilson JV. *The Pathology of Traumatic Injury*, 1st edn. Edinburgh: Livingstone, 1946.
[8] Heister L. *A General System of Surgery in Three Parts*. London: W. Innys, 1743.
[9] Holmes T (ed). *A System of Surgery, Theoretical and Practical*. Vol. I. London: John W. Parker and Son, 1860.
[10] Lund CC, Browder NC. The estimation of areas of burns. *Surg Gynecol Obstet* 1944; 79: 352–8.
[11] Hettiaratchy S, Papini R. Initial management of a major burn: II — assessment and resuscitation. *Br Med J* 2004; 329(7457): 101–3.

[12] Berkow SG. A method of estimating the extensiveness of lesions (burns and scalds) based on surface area proportions. *Arch Surg* 1924; 8: 138–48.

[13] Wallace AB. The exposure treatment of burns. *Lancet* 1951; 1(6653): 501–4.

[14] Pruitt BA, Jr, Wolf SE, Mason AD, Jr. Epidemiological, demographic, and outcome characteristics of burn injury. In: Herndon DN (ed). *Total Burn Care*, 3rd edn. Edinburgh: WB Saunders, 2007, pp.14–32.

[15] Hannuksela ML, Ellahham S. Benefits and risks of sauna bathing. *Am J Med* 2001; 110(2): 118–26.

[16] Ohori T, *et al*. Effect of repeated sauna treatment on exercise tolerance and endothelial function in patients with chronic heart failure. *Am J Cardiol* 2012; 109(1): 100–4.

[17] Koski A, Koljonen V, Vuola J. Rhabdomyolysis caused by hot air sauna burn. *Burns* 2005; 31(6): 776–9.

[18] Koljonen V. Hot air sauna burns — review of their etiology and treatment. *J Burn Care Res* 2009; 30(4): 705–10.

[19] Penttila A. [Unexpected and sudden deaths in Finnish saunas]. *Beitr Gerichtl Med* 1985; 43: 223–32.

[20] Kortelainen ML. Hyperthermia deaths in Finland in 1970–86. *Am J Forensic Med Pathol* 1991; 12(2): 115–18.

[21] Kenttamies A, Karkola K. Death in sauna. *J Forensic Sci* 2008; 53(3): 724–9.

[22] Rodhe A, Eriksson A. Sauna deaths in Sweden, 1992–2003. *Am J Forensic Med Pathol* 2008; 29(1): 27–31.

[23] Saukko P. Sudden death during sauna bathing in Finland. *J Japn Soc Balneol, Climatol Phys Med* 2012; 76(1): 7–11.

[24] Eren B, *et al*. Deaths in the Turkish hamam (hot bath). *Bratislava Med J* 2009; 110(11): 697–700.

[25] *Official Statistics of Finland (OSF): Causes of death [e-publication]*. Statistics Finland: Helsinki, 2012.

[26] Dotzauer G. [About the socalled burn hematomas (author's transl)]. *Z Rechtsmed* 1974; 75(1): 21–4.

[27] Kondo T, Ohshima T. Epidural herniation of the cerebral tissue in a burned body: a case report. *Forensic Sci Int* 1994; 66(3): 197–202.

[28] Gill JR, Goldfeder LB, Stajic M. The happy land homicides: 87 deaths due to smoke inhalation. *J Forensic Sci* 2003; 48(1): 161–3.

[29] Grabowska T, Nowicka J, Olszowy Z. [The role of ethanol in complex poisonings with carbon monoxide and hydrogen cyanide in fire victims]. *Arch Med Sadowej Kryminol* 2006; 56(1): 9–14.

[30] Levin BC, *et al*. Analysis of carboxyhemoglobin and cyanide in blood from victims of the Dupont Plaza Hotel fire in Puerto Rico. *J Forensic Sci* 1990; 35(1): 151–68.

[31] Stefanidou M, Athanaselis S, Spiliopoulou C. Health impacts of fire smoke inhalation. *Inhal Toxicol* 2008; 20(8): 761–6.

[32] Yoshida M, *et al*. A study on house fire victims: age, carboxyhemoglobin, hydrogen cyanide and hemolysis. *Forensic Sci Int* 1991; 52(1): 13–20.

[33] Rogde S, Olving JH. Characteristics of fire victims in different sorts of fires. *Forensic Sci Int* 1996; 77(1–2): 93–9.

[34] DeHaan JD. The dynamics of flash fires involving flammable hydrocarbon liquids. *Am J Forensic Med Pathol* 1996; 17(1): 24–31.

[35] Anderson RA, Harland WA. Fire deaths in the Glasgow area: III. The role of hydrogen cyanide. *Med Sci Law* 1982; 22(1): 35–40.

[36] Anderson RA, Watson AA, Harland WA. Fire deaths in the Glasgow area: I General considerations and pathology. *Med Sci Law* 1981; 21(3): 175–83.

[37] Anderson RA, Watson AA, Harland WA. Fire deaths in the Glasgow area: II the role of carbon monoxide. *Med Sci Law* 1981; 21(4): 288–94.

[38] Curry AS, Price DE, Rutter ER. The production of cyanide in post mortem material. *Acta Pharmacol Toxicol Copenh* 1967; 25(3): 339–44.

[39] Lokan RJ, James RA, Dymock RB. Apparent post-mortem production of high levels of cyanide in blood. *J Forensic Sci Soc* 1987; 27(4): 253–9.

[40] Ballantyne B. In vitro production of cyanide in normal human blood and the influence of thiocyanate and storage temperature. *Clin Toxicol* 1977; 11(2): 173–93.

[41] Karhunen PJ, Lukkari I, Vuori E. High cyanide level in a homicide victim burned after death: evidence of post-mortem diffusion. *Forensic Sci Int* 1991; 49(2): 179–83.

[42] Gee DJ. A case of 'spontaneous combustion'. *Med Sci Law* 1965; 5: 37–8.

[43] Christensen AM. Experiments in the combustibility of the human body. *J Forensic Sci* 2002; 47(3): 466–70.

[44] Gromb S, *et al*. Spontaneous human combustion: a sometimes incomprehensible phenomenon. *J Clin Forensic Med* 2000; 7(1): 29–31.

[45] Weed HG. A case of spontaneous combustion. *Ann Emerg Med* 1991; 20(2): 219.

[46] Dickens C. *Bleak House*, 1st edn. London: Bradbury & Evans, 1853.

第 12 章

电击死

电流进入人体可引起皮肤、器官损伤甚至死亡，因电流作用而死亡即为电击死。电击死的发生绝大多数源于意外事件，以这种方式自杀者少见，他杀案件更为罕见，但在美国部分州有采用电击作为死刑行刑手段的[1]。

物理因素

电流通过人体是引发电击伤的必要条件，其损伤严重程度与电流、电压、电阻、作用时间等物理因素有关。若仅仅是电子以静电荷的形式积累则对人体无法产生损害。科学家们在范德格拉夫起电机的球中，可能处于超过一百万伏（V）的电位下，但人体与之触碰后除了出现毛发耸立外，并无明显损伤。同样，在雷暴天气中，云的电容效应会产生极高电荷，但除非空气绝缘层被破坏，从而导致人体或人体周围遭到雷击，否则不会产生损伤。

在电流损伤中，必须有电流穿过身体部位，当电流通过人体重要器官时可以致命。电流从一个点进入人体（如手握住、触摸或操控带电设备），然后从另外一个接触点流出身体，电流出口通常是地面或不带电导体。电流的传导途径主要取决于出口点的相对电阻。电流倾向于在入口和出口之间寻找电阻最小、距离最短的路线，而不取决于组织的电导率。如果人体穿着潮湿的鞋子站在潮湿的混凝土地板上，把手指放在 240 V 的导体上，那么会有相当大的电流从手传到脚，可能引起致命的后果。然而，如果站在铺着地毯的木地板上，电流通路微弱，可能仅会引起人体的肌肉痉挛。

换一种场景，还是相同的手指皮肤接触零线，零线距离火线仅几厘米时，可发生严重的局部烧伤，但无生命危险，因为高电阻通过脚到地面将阻止电流穿过胸腔。

如果一只手转动浴缸龙头，另一只手与零线接触，就会导致电流通过龙头和金属水管从一只手流到另一只手，其间电流通过胸部，那么胸部是非常危险的位置。

法医关注于电击死和 3 种威胁生命的主要情况为：

- 最常见的情况是电流通过心脏，通常是手与带电导体接触，电流通过身体从脚或另一只手流出，形成通路。据称最危险的电流途径是电流由右手入而从脚流出，此时会导致流经心脏的电流占全身电流的比例最高（高达8.5%），相较而言，在电流由头入从脚出的电流途径中，流经心脏的电流占全身电流的比例可达5.9%，由一只手流入再从另一只手流出的途径比例为4.4%，由脚入从脚出的途径比例为0.4%[2, 3]。与电压、皮肤电阻和电流作用时间这些变量相比，电流途径之间的差异似乎并不重要。不过由脚入从脚出这种电流途径是个例外，因为在此途径中，流经心脏的电流要低得多。电击伤死亡往往是心律失常所致，通常会出现心室颤动，最终导致心脏停搏。

- 较少见的情况是，流经胸部和腹部的电流会引起肋间肌和横膈膜痉挛，从而导致呼吸肌麻痹。
- 电流很少途经头部和颈部，但是在架空电力线路时，工人的头部若接触到带电导体则可引发此种情况。此时，电流可能会对脑干产生直接影响，并导致循环或呼吸中枢麻痹（图12.1）。

有人认为，机体对电击也可以获得耐受能力，如专业电工经常在带有240 V的导体上工作而未遭电击损伤。但这有可能是因为，机体对电击的预知降低了电击的灵敏度，只适用于与电流短暂接触，此时电流接触比造成人体生理性或结构性电流损伤所需的电流接触要小。

电流条件

由于电势差作用，电子沿着回路在两点之间移动。电势差会被看作是电的“压力”，以伏（V）作为衡量单位。大量电子的流动构成了电流，与电的体积类似，电流以安培作为衡量单位，在目前的讨论中以毫安（mA）作为电生物效应更相关的电流单位。人体组织对电流存在阻力，即电阻。电压、电流强度和电阻之间存在着数学关系，即众所周知的欧姆定律，即电流强度与电压成正比，与电阻成反比。这一定律与生物电损伤有相当大的关系。

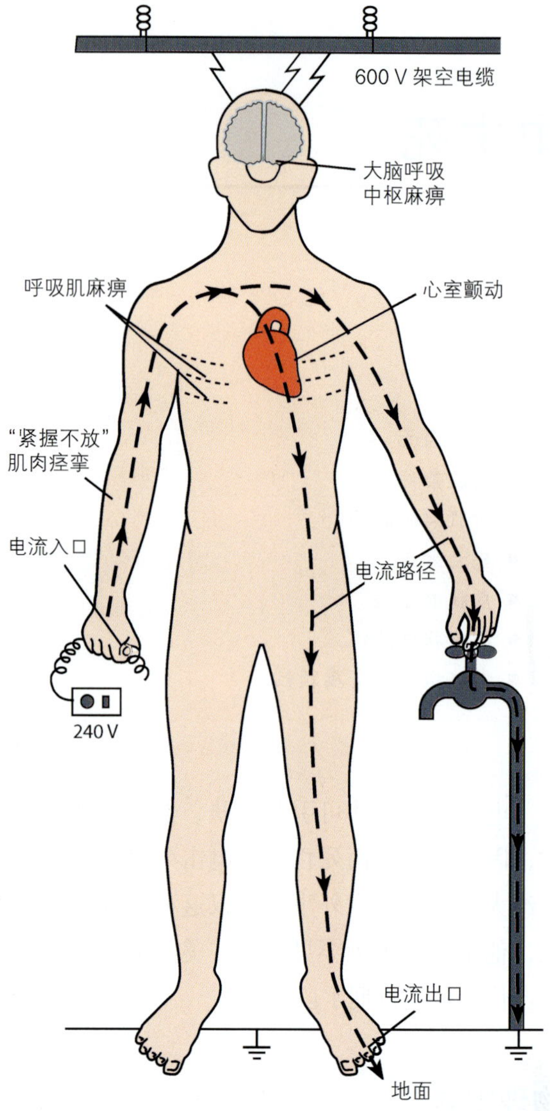

图12.1 电击时电流途径

交直流电

直流电比交流电危害风险小；50～80 mA的交流电在几秒内就可导致机体死亡，而250 mA的直流电作用于人体同样时长，人却可以存活。交流电导致死亡的风险是直流电的4～6倍，交流电会产生“放手”或“握住”效应，这是导致强直性肌痉挛的原因，抑制了受害者释放电荷。

交流电也比直流电更易引发心律失常。高安培数（4 A以上）的电流甚至可导致心律失常的心脏恢复为窦性心律，如内科的除颤操作。

交流电的通常频率是50循环/秒（cycles/s，cps），一些欧美国家运行频率为60 cps。就引起心室颤动而言，40～150 cps的交流电是最危险

的。遗憾的是，普通交流电源就位于这个范围。超过 150 cps 时，随着频率的增加，心室颤动的可能性逐渐减小；在 1 720 cps 时，心脏发生颤动的可能性比 150 cps 时小 20 倍。

电流强度

组织的损伤程度与经过该组织的实际电量成正比。这个量用单位时间内的电子数来表示，严格地说应该用“库仑”来表示，即安培和秒的乘积，尽管安培通常被认为是衡量电流强度的指标。根据欧姆定律，电流强度取决于施加的电压、电阻，对于组织损伤而言，则取决于电流作用的时间。

法医病理学实践主要涉及致死性的电击。由于大多数死亡是由心律失常造成的，故而最重要的考虑是电流如何导致急性心力衰竭。虽然不同学者的观点各不相同，但大部分人认为 50～80 mA 电流通过心脏超过几秒钟就会导致死亡。大多数人能忍受最大 30 mA 强度的电流作用于手上，这种强度的电流可引起疼痛性肌肉收缩。大约 40 mA 电流强度作用人体时可致人意识丧失，电流超过 50～80 mA 时持续几秒钟便会有死亡的风险[4-6]。

电压

电流流经胸部时会在皮肤表面产生一定的最低电压，并在胸部诱发致命的电流。由于皮肤有相对较高的电阻（见下文），按照欧姆定律，需要足够的电压来产生心室颤动所需 50 mA 左右的电流。大多数死亡发生在 240 V 电压的情况下，虽然欧美部分地区采用 110 V 电压作为替代但仍然是致命的。

当电压低于 100 V 时，死亡很少见，主要因为处于 110 V、24 V 及 12 V 的电源很少，后两者主要应用于汽车电气系统。这些几乎都是无害的，不过 Polson 报道了一名男子被压在电动汽车下数小时，24 V 电压致其死亡的案例[7]。这个案例强调时间因素在电击损伤中的重要性。极高的电压，如在电力传输系统和电子设备中遇到的高电压，在某些情况下可能反而更安全，因为电击可能会使物体脱离导体，从而减少接触时间，使电压低于心脏损伤的阈值。

电阻

电流的主要障碍是皮肤，皮肤电阻比体内脏器高很多，从而使能量大量流向皮肤，这是皮肤易于发生电烧伤的原因。电流一旦进入真皮后，半液态的细胞质，特别是充满丰富电解质液体的血管系统，很容易使电流进入机体内部。皮肤电阻与角质蛋白覆盖表皮的厚度密切相关：脚掌和趾垫处皮肤较厚，其电阻比其他部位较薄皮肤的电阻要大得多。富于角质的手掌和脚掌在干燥状态时可产生 100 万 Ω 的电阻，而其他区域皮肤的平均电阻在 500～10 000 Ω。

影响皮肤电阻的最大因素是干湿度。干燥的手掌皮肤电阻可达 100 万 Ω，而处于潮湿时，其电阻则会下降到 1 200 Ω。Jellinek 发现，对于具有较厚角质皮肤的工人，其皮肤在干燥时电阻处于 100 万～200 万 Ω；Jaffe 表示，出汗可以将皮肤电阻从 30 000 Ω 降低到 2 500 Ω[8, 9]。当电流开始通过皮肤时，由于电解作用，皮肤电阻会逐步下降，可能下降到只有 380 Ω。因此，对于 240 V 的固定电压，如果皮肤因出汗或环境潮湿而变得湿润，皮肤电阻会进一步降低，电流更多地进入人体。这就说明，在浴室及潮湿环境中使用电器设备会更加危险。当涉及交流电时（大部分法医检验案例为此类），电阻被“阻抗”所取代，但这与病理变化无关。

对肌肉的影响

当交流电在 50 cps 下电流达到 10～40 mA 而作用于人体时，人体骨骼肌会产生痉挛反应。最常见的情形是，电流从手进入人体，导致手臂屈肌发生痉挛，引发该手被动握紧手中的物体，造成“紧握”效应。如该物为发生故障的电器或电线，则触电者无法摆脱电击，从而使电流持续作用，大大增加了电击时长，进而逐步加剧皮肤烧伤和心脏或呼吸停止的风险。仅 1 mA 的电流就可让人感到皮肤刺痛，9～10 mA 电流就可引发“握紧”现象[3]。

死亡方式

如前所述，大多数电击死的死亡机制为心律失常，通常是心室颤动，最终导致心脏停搏。电流通过心肌可引起心律失常，特别是电流通过心外膜浅层及心内膜时。电流对心肌细胞有直接的影响，电流也会导致心脏起搏部位和传导系统功能紊乱。当触电者死于心脏停搏时，尸体表面呈苍白或轻度淤血貌，除了皮肤电流斑外，尸检征象缺乏特异性改变。

触电后死于呼吸抑制的案例并不常见，其机制为电流通过胸腔导致肋间肌和横膈膜痉挛或瘫痪。无论肌肉痉挛还是瘫痪，呼吸运动均受到抑制，并引发机体淤血性窒息而死亡。当电流进入头部时，脑干受累，心脏停搏或呼吸肌麻痹都可能随之而来。

许多触电者因未被及时发现，被发现时人已死亡，所以死亡方式不得而知。有时，死亡方式很难从生理学角度加以解释，因为从电击到死亡间隔一定时间（通常是几分钟）。在此期间，受害者可能仍有意识，甚至明显在恢复中。目前仍不清楚切断电流后人体仍会发生心脏停搏的原因，可能是电流对心脏或神经组织造成的细胞水平根本性损伤的结果。

最后，关于死亡，必须记住，非电流损伤因素也较为常见。在 Bissig 的报道中，大约 15% 的电击案例因坠落和其他相关创伤而受伤[10]。在工伤事故中和在电线上工作时，触电者从高处摔落，或遭受剧烈的肌肉痉挛，进而导致骨折和其他严重的伤害。

皮肤电流斑

电流接触身体表面时在接触点留下的皮肤损伤，称为电烧伤或电流斑，而术语“焦耳烧伤”已不常用。这些接触点即为电流入口，同时在身体接地处也可出现另一个或多个电流斑，为电流出口。在此必须强调的是，致命性电击死可以没有任何皮肤损伤痕迹，因此遭到电击的诊断完全取决于案发环境。极端的例子是在洗浴中触电，电流入口表面积很大，加上潮湿降低了皮肤电阻，因此局部皮肤缺少电烧伤的征象。

在性变态事件中，电击情况可能发生于外阴、肛门或腹部，有时甚至是嘴，如果受害者是儿童，这些情况下皮肤电流斑并不明显。儿童会用嘴含住带电的插头，导致舌或颊黏膜遭受电灼伤，这在尸表检验中可能并不明显。

当电流通过人体时，是否产生明显损伤取决于：

- 电流通过的密度，与皮肤面积有关。
- 电导率，通常随接触点的含水量和压力而变化。

皮肤损伤是电流通过时表皮和真皮热效应引起的热烧伤。理论上，产生的热量可通过公式 $GC = C2R/4.187$ 确定，其中 GC 是每秒产生的热量，用每秒克卡路里表示，C 是电流（A），R 是电阻（Ω）。如果电流通过相对较宽的区域，那么单位面积的电阻就很小（特别是在皮肤潮湿的情况下），因此热效应就会相应减小。例如，把手掌放在通电的扁平金属板上，每平方厘米皮肤通过的电流要比另一个人用指尖接触金属板通过的电流小得多。第一种可能没有明显的损伤，而第二种可能有水疱烧伤或角化结节，这取决于接触的紧密程度。

接触点下方直接接触的温度可以轻易达到 95℃，当温度达到 50℃时，25 s 内就会发生组织损伤。电流斑主要是热烧伤造成的，后文会描述电流斑的组织学特征，电流斑曾被认为是电流作用所特有的现象，但目前大家公认是热效应造成的。然而，电流斑某些组织形态学特征是电流作用所特有的（图 12.2～图 12.7）。

- 当皮肤与导体紧密接触时，通过皮肤高电阻的电流会加热组织液并产生蒸汽。这可以使表皮层或表皮-真皮交界处分裂而产生隆起水疱。如果电流持续作用或接触面积比较大时，这种水疱可能会破裂。尸检时，由于电流作用停止，水疱冷却引起皮肤塌陷。塌陷皮肤水疱常呈环状，形成灰色或白色环形隆起，形似火山口。电流斑也会呈现出接触导体的形状，特别是导体是金属线或具有一定

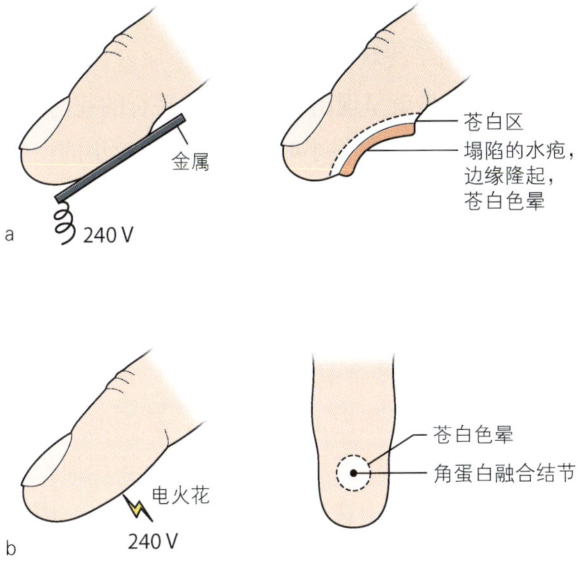

图 12.2 （a）紧密接触形成的电流斑；（b）电流击穿空气形成电火花烧伤

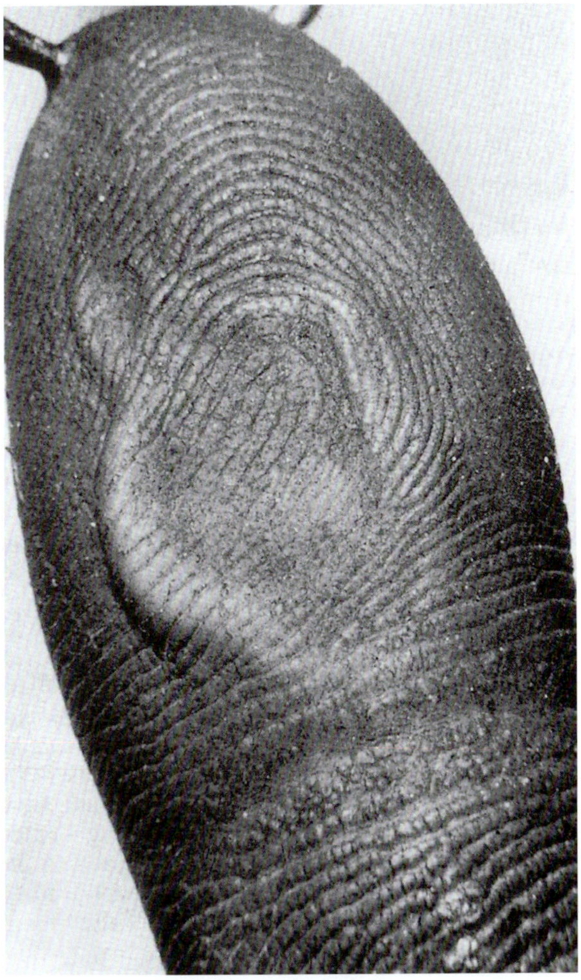

图 12.3 紧密接触形成的指尖电流斑。皮肤电阻所致热效应形成两个水疱，冷却后塌陷

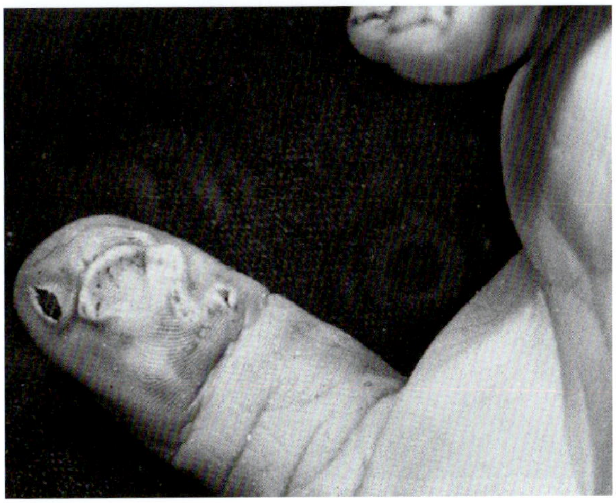

图 12.4 240 V 电源紧密接触形成的水疱和邻近电火花烧伤。受害者手里持有坏了的电钻。尸体上缺乏其他损伤痕迹

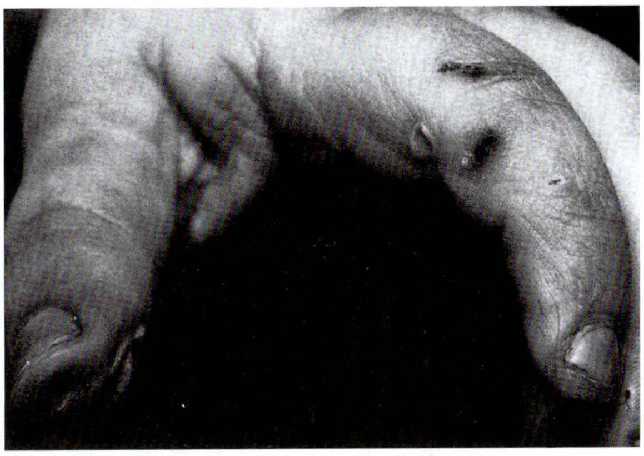

图 12.5 手持存在故障带电设备所形成皮肤塌陷水疱和电火花烧伤

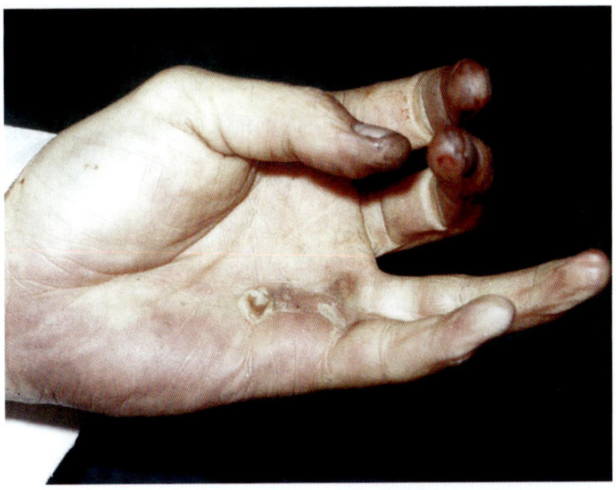

图 12.6 接触有故障的带电设备形成手部电烧伤

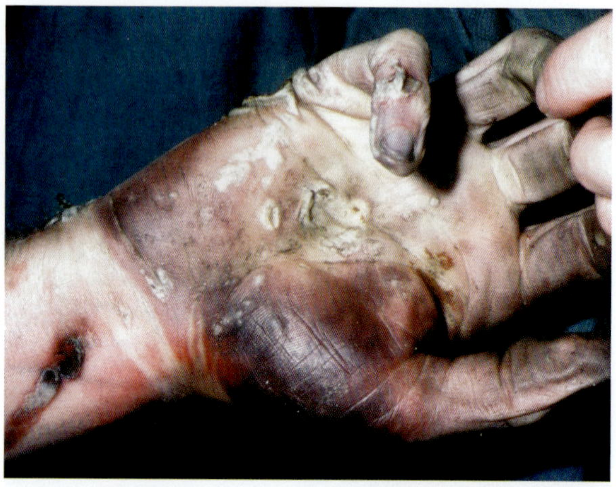

图 12.7　受害者是一名电工，跌落空调设备中。手部多处电烧伤，水疱边缘呈苍白色并隆起、表皮剥脱。由于电流作用长达数小时，金属化引起皮肤发黑

形状的金属物体时。当金属线或金属棒的尖端与皮肤成直角接触时，会形成烧焦的坑，有时会穿透皮肤。

- 当接触不紧密时，皮肤和导体之间会存在空气间隙（尽管间隙很窄），电流会以电弧的形式跨过间隙。在干燥的空气中，1 000 V 电弧可达几毫米，而 100 kV 电弧可达 35 cm。电击发生时，由于温度非常高（约 4 000℃），如同汽油发动机的火花塞一样，导致皮肤外层的角蛋白在小块区域内熔化。冷却时，角蛋白融合成棕色硬结节，通常高出周围表面，称为火花损伤。
- 在许多电烧伤中，这两种类型损伤是共存的，这是由于手或身体对电导体运动的结果，有时也是由于导体形状不规则。接触时间越长，电压越高，导体越大，烧伤程度会相应加重，甚至出现大面积水疱、角蛋白烧焦、皮肤充血、深度灼烧和表皮脱落。
- 电流斑的典型特征是周围皮肤呈苍白色晕，这是最典型的皮肤电损伤特征。大概是由于电流对血管壁肌肉组织的直接影响引起的小动脉痉挛，苍白色皮肤在死亡后仍可存在，这实际上是电损伤的特征。通常在皮肤苍白色区域外有充血的边界，虽然在苍白色区域内也有红色变化，即热烧伤区域的最外层边缘。从皮肤电损伤中心向外可以观察到：水疱—红色—灰白色—红色交替的颜色谱带。当烧伤呈线状时，如裸露的金属丝压在皮肤上，色晕就呈现出与中间烧伤平行的苍白区。
- 当电流斑面积很小时，只能看到较小的白色圆盘样皮肤改变，可见表皮裂开的微小扁平水疱，但没有发红或色晕形成——或者至少在尸体解剖之前没有持续存在。这些损伤很难被发现，因为它们很可能出现在手掌表面（通常是手持带电体的部位），尸僵引起强烈屈曲会使手指向下触到手掌，从而掩盖电损伤（图 12.11）。尸检需要强行破坏尸僵检查手指屈侧面，这个部位极易遭受电击，因此必须对手部进行仔细检查，甚至有时需要切断腕部屈肌肌腱。
- 在高压电烧伤中，如高压电网输电电缆，电压在几千伏，电火花会在数厘米内发生。这可以引起多处电火花损伤，引起“鳄鱼皮”效应（图 12.8～图 12.10）。在高塔上工作的工人和盗窃者均可能会因为摔落形成非电击损伤，也会因为直接的电能和巨大的电流引起的肌肉痉挛形成严重的烧伤甚至四肢骨折。
- 接地损伤不常见，应在对侧的手、脚上寻找。损伤可能相似，但不那么严重。BK 报道案例显示，工人因推着电缆金属手推车，电缆确置于水中而触电。死者电烧伤入口在手上，双脚脚底的电烧伤与其靴子上的金属钉位置相对应，此处电流通过湿袜子和皮革接地。

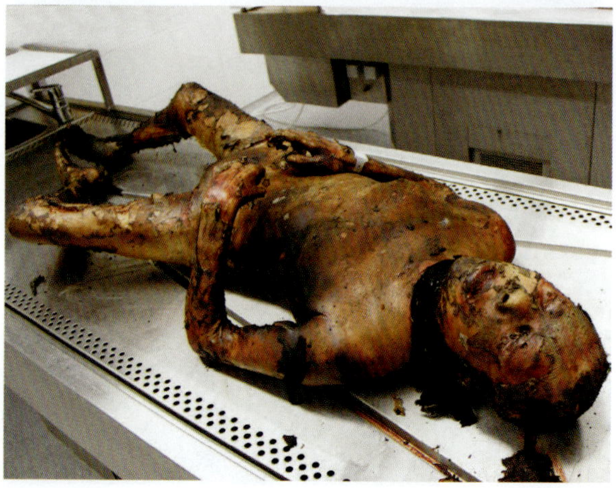

图 12.8　电网系统高压（数千伏）供电线路造成的大面积烧伤

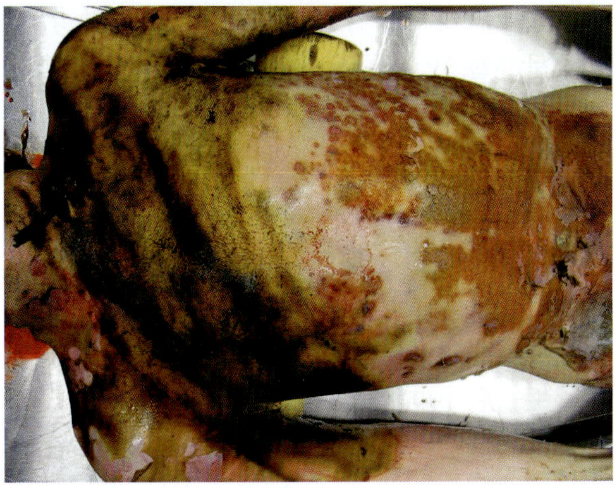

图 12.9 自杀者身体严重高压电烧伤，从铁路桥上跳下，先落在铁路电力线上触电，随后坠落在铁轨上

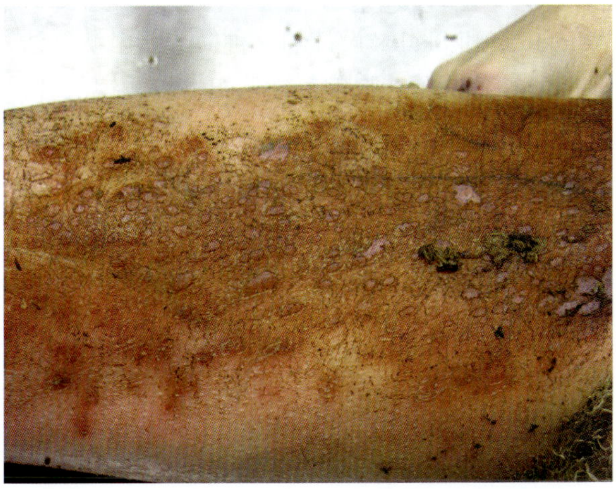

图 12.10 为图 12.9 高压电烧伤者的大腿。这种外观有时被称为“鳄鱼皮”，由一定距离的电弧造成

图 12.11 致命电击死重建。工人在更换灯泡的时死亡，灯没有点亮。电路被错误地“连接”——开关被放在了零线上，而非火线。瓷支架破损，导致死者小手指接触到灯泡的黄铜底座，从而形成了胸部到手的电流通路，死者手中持有一个接地的底座。小指上形成了唯一电流斑

另一例案件中，浴缸杀人案，没有电流入口损伤，但电流通过金属水龙头接触乳房而流入地面（图 12.12）。

- 电流作用于人体时间较长，即使在 240 V 电压下，也会产生严重损伤。皮肤会出现烧焦、广泛脱皮和起疱，并伴有深层肌肉组织损伤。这是因为皮肤电损伤会降低皮肤电阻，导致更多的电流通过皮肤，从而引发皮肤灼烧和坏死。

心脏停搏一般会发生在电击起始阶段，如果没有及时移除接触身体的电源可导致触电者快速死亡，在尸检中发现的大部分损伤一般发生在死后。Polson 和其他研究人员发现，尸体在死后也会被电烧伤，死后电击形成的水疱和烧伤的表现与生前电烧伤较为相似。但死后经历一段时间尸体再受到电击后，电烧伤不会出现红色的“生活反应”。

印痕状电流斑

与其他损伤类型类似，有时可以通过损伤形态鉴别出致伤物的形状。当导体是线性的时，可引起线性烧伤。电插头或触点的形状和间距可以从损伤形态中观测到，发生故障的电气设备可能会把它的形状印到受害者皮肤上。当法医试图重

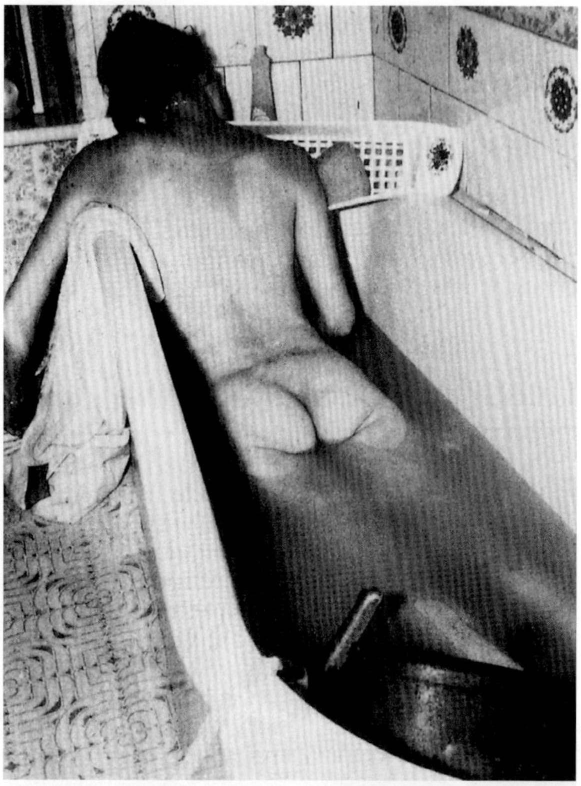

图 12.12 浴室他杀电击死。电加热器被扔入水中，行凶者并故意断开接地端电线。240 V 电源通过水扩散进入人体，并通过乳房与金属水龙头接触来完成电流接地，在皮肤上留下电流斑

建案件时，这些皮肤印痕具有较高的价值。事实上，对于缺乏目击证人的案件，皮肤印痕状损伤可以提示符合电击所致。

由于电击伤和烧伤在侵犯人权的虐待案件中较为常见，损伤形态在确定致伤物和提供故意重复施加损害的证据方面具有价值。故意用阳插头连接电源，然后按在皮肤上，会产生一系列间隔均匀的皮肤瘢痕，包括充血、起疱、色晕甚至烧焦。

电流斑中的金属颗粒

当电流从金属导体进入人体时，会产生电解作用，使金属颗粒沉积于皮肤及皮下组织中。金属元素与组织阴离子结合形成金属盐，直流和交流电触电均会发生这种情况。肉眼难以观测到金属元素，但可以通过化学、组织化学和光谱技术来检测。金属元素会在组织中保存数周，不易受到死后变化影响。铜或黄铜导体接触身体，皮肤呈亮绿色（图 12.15，图 12.16）。电弧形成的损伤，肉眼能观察到沉积在皮肤上的气化金属[11, 12]。在高压电击中，损伤尤为明显，皮肤呈棕色或灰色，部分是由热效应引起，部分由金属化所致。

利用扫描电子显微镜，可以观察到皮肤电流斑或附近的熔化金属微球，任何电击不可避免地会产生“微小电弧放电”，金属微球可伴随沉积于此。使用能量色散 X 射线微量分析仪（energy-dispersive X-ray microanalyser），Kinoshita 和同事能够检测出电流斑表面的钛金属[13]。原子吸收光谱法也被应用于检测低压电流斑中的多种金属元素[14]。对金属沉积物可行化学检测，包括 Adjutantis 和 Skalos 设计的一种简单接触测试法，使用滤纸条洗脱。将铜、铁、铝、锌或镍溶解在硝酸或盐酸中，再用多种简单特殊试剂对这些溶液进行检测[15]。Pierucci 和 Danesino 使用荧光技术在衣服上喷洒 0.2% 的 8-羟基喹啉乙醇溶液，在短波紫外线下原位显影了潜在电流斑或金属离子[16]。

内部器官变化

在电击死案件中，死者内脏器官可以缺乏特异性改变，组织学上变化也存在争议。由于机体内部器官含水量较高，并有大量电解质，电流通路会发生扩散，不会造成器官热损伤。内部器官损伤主要表现为生理和功能异常，而这些异常主要发生在肌肉和神经组织。

常见的死亡机制是心律失常，引起心室颤动和心脏停搏。在死亡案例中，尸检时除了皮肤电损伤外，几乎没有什么特殊表现。心外膜下常有点状出血，但这些改变都是非特异性的，对电击伤鉴定意义不大。尸体呈现苍白色或轻度淤血，这与电击引起的呼吸肌麻痹存在差异。

电流可作用于呼吸肌，使肋间肌和膈肌痉挛或瘫痪，导致面部显著淤血和发绀，肺脏也有类似的变化。胸膜常有点状出血，但这也是非特异性表现，并不能作为诊断依据。尸检时可发现尸

体高度淤血，尸斑呈暗红色。

其他一些触电征象也难以在鉴定实践中加以证实。这些征象包括脑的点状出血，而这可能是呼吸肌麻痹所致。

组织学表现

对于电击后的组织学表现存在较大争议，因为组织学变化以往被认为是电作用引起，但目前认为是热作用所致。

皮肤改变包括表皮空泡化，也包括真皮层的空泡化，这是由于组织中水分遭受热作用产生气体将细胞分裂所致。组织细胞呈嗜酸性增强。表皮脱落并隆起成水疱，水疱下面有较大的间隙。表皮细胞极化，基底细胞核纵向伸长，这曾被认为是一种电磁效应，但表皮极化现象也可以在单纯热烧伤和低温损伤中出现。

即使死亡机制是心源性的，神经系统也会遭受电流损害，脑组织呈局灶性斑点状出血、小血管周围间隙增宽和白质撕裂。电子显微镜显示细胞核碎裂，染色质凝聚、变形。Janssen 在他所著的关于法医组织学的专著中，涉及电损伤组织学变化的描述，但与单纯热烧伤相比，电击损伤缺乏特异性的组织学变化[17]。在猪电击实验中，学者发现了皮肤胶原纤维钙化，这种组织变化与电击虐待引起的皮肤损伤相似（具体参见第 10 章）[18-29]。皮肤钙化由多种病理机制引起（转移性、营养不良、特发性或医源性），所以动物实验结果的鉴定价值难以明确。

电击时会发生金属化的组织化学反应。但是，高温金属物体接触皮肤，由于单纯热作用金属颗粒也会转移到皮肤上。

扫描电子显微镜常是区分电损伤和热损伤的最佳方法。因为金属颗粒沉积具有点状分布的特点，电子微探针化学分析可以精准地识别金属颗粒沉积。内脏器官组织学变化不能作为电损伤的诊断依据。电击会引起心肌纤维波浪状改变或断裂，心肌纤维内的收缩带，呈树皮状改变，均缺乏特异性，电除颤复苏时心外膜下心肌细胞也呈现出相同改变。儿茶酚胺对心肌的作用也会引起相同变化，因此心脏组织学变化可能不是电击的特异性改变。

浴室触电

浴室场所易发生电击事件，意外、自杀甚至他杀均会发生浴室触电[30-39]。从触电条件而言，由于浴室存在大量的水，金属水龙头和管道又具有良好接地性，加之潮湿环境、裸露的身体，所有这些因素都有利于降低电阻、产生强电流。意外案件较为常见，主要由于电器使用不当所致，如电吹风和加热器。由于存在较高危险性因素，大多数欧洲国家对浴室的带电装置有着严格的规定。在英国，墙上不允许有电灯开关，天花板上的开关须经绝缘线操作。除了剃须刀插座外，不允许使用任何电源插座。剃须刀插座均带有最大输出电流较低的降压变压器。即使如此，仍有些因引线或插座电灯等电器操作不当而引发触电的事件发生。

电击自杀

在 1980～1990 年，电击自杀的数量显著增加（图 12.13，图 12.14），尤其是洗浴时的电击自杀。Bonte 等学者描述了联邦德国越来越多的此类案例。由于水的作用影响了尸斑出现，尸斑呈现出明显的界限[32]。洗澡自杀者会构建各种

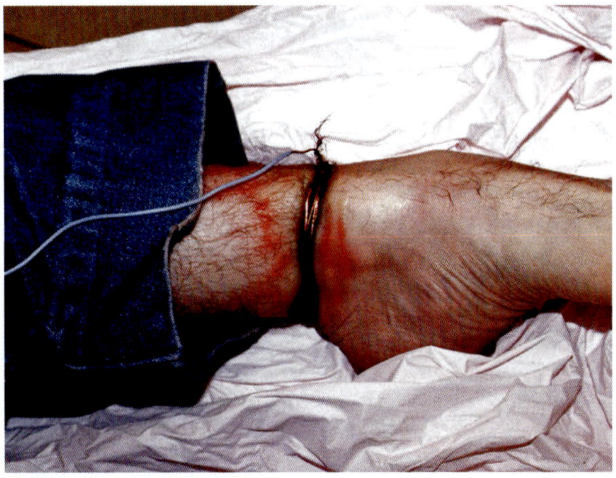

图 12.13 电击自杀。两个手腕均连接到 240 V 电源插座上，电流从一手臂至另一手臂途经胸部完成

不同触电电路。

电器置入水中，并被复杂地连接到金属肥皂盒与身体上。在浴室门打开时电路自动切断，以便保护发现尸体的人。除非与其他意外事故难以区分，死亡方式很少存在疑问[32, 38, 40-43]。

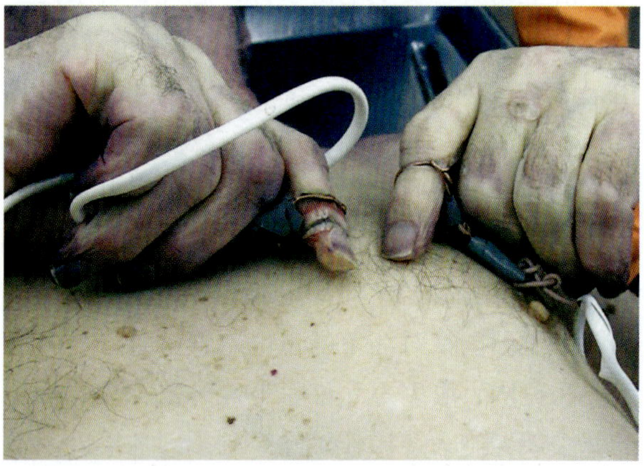

图 12.14 电击自杀。两个食指均连接到 240 V 电源插座上，电流从一手臂至另一手臂途经胸部完成

电击他杀

本书作者 BK 和 PS 两位学者均报道过电击他杀案例。第一例为浴缸中触电死亡案件，一年轻女性死于浴缸中，呈向前跪卧姿势，乳房与铬制水龙头接触，其左臂搭在浴缸的边缘，浴缸水位正常，扇式加热器浸没在死者脚边，加热器电线与隔壁卧室内 240 V、13 A 插座相连，插头接地安全线离断。法医勘查发现，金属浴缸搪瓷衬里绝缘，电流仅能通过铬制水管接地，死者卧倒（或被推倒）在水龙头上，形成了电流回路。因此，死者乳房与左臂内侧近腋窝处均形成了电烧伤。法医检验发现，浴缸中存在电压梯度，加热器附近电压超过 200 V，排水管道周围电压接近零。电流从死者脚进入身体，从乳房和手臂流出。

即使保险丝没有熔断，接地安全线重新连接，浴缸顶部电压也会降到接地安全线。死者丈

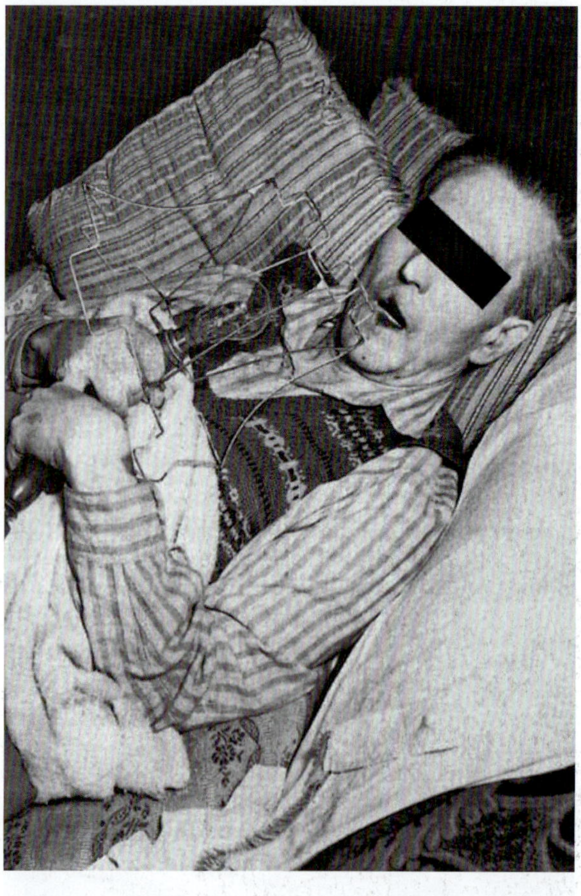

图 12.15 男性死者手指和嘴唇上均有电流斑，皮肤被台灯上的铜金属化，呈现出绿色

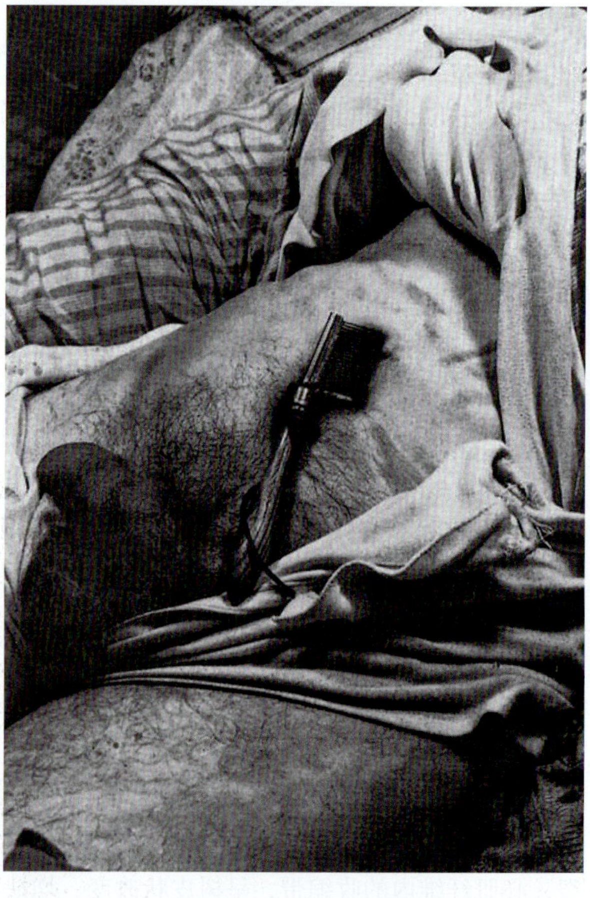

图 12.16 图 12.15 中的男性死者腹部金属梳子处皮肤电烧伤，梳子与电灯插座相连。自杀背景证据不充分，怀疑死者生前存在自虐

夫多次否认谋杀，最终交代了他把加热器扔进了浴缸的事实，案发前一天他还从公共图书馆借阅《DIY 家庭电工》(*The Do-it-youself Home Electrician*) 书籍！

另一起谋杀案由于缺乏证据或证词无法得到证实。30 A 表面裸露的炊具电线缠绕于女性颈部，除了电线末端外，约 40 cm 长的绝缘层被剥离。她的丈夫是名专业电工，他给出了牵强的解释：他用这根电线测试电动剃须刀（图 12.17，图 12.18）！

第三起谋杀案起初没有被发现，因为凶手是受害者的丈夫，他把现场伪装成意外触电事故。妻子早晨在厨房熨衣服，熨斗电线发生故障而触电，水槽水管与地面连接。除了侦查员，聘请的电工（而不是法医）到现场检查故障电器，没有

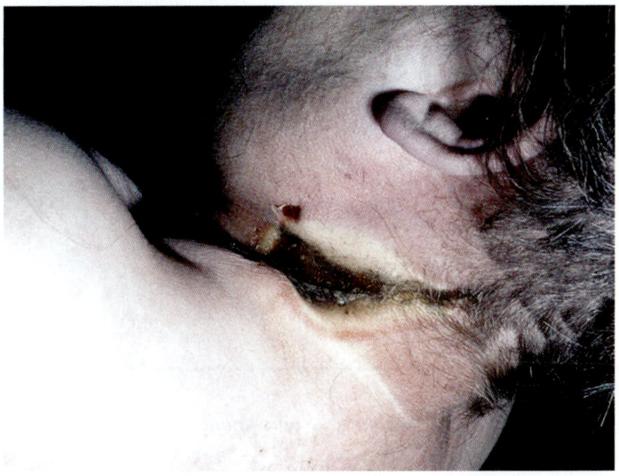

图 12.17 电线接触皮肤时造成的颈部电烧伤。电流斑呈苍白色，伴有破裂水疱。有他杀嫌疑，但证据不足

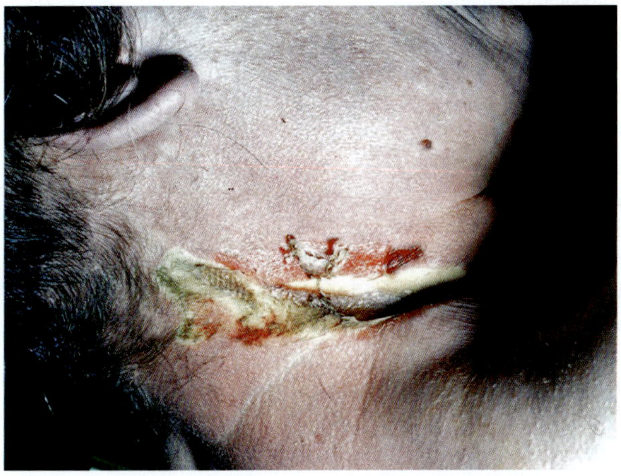

图 12.18 在图 12.17 中，死者颈部对侧

发现任何疑点。尽管本案中破坏电线绝缘层的手法较为拙劣，并且只暴露了几毫米的电线，但与电工教科书上故障电线和熨斗的照片相同，这也说明了故障家用电器的危险性。本例死者胸部电烧伤是尸检中的唯一发现。8 年后，这位死者的丈夫因盗窃被拘留调查时也交代了杀妻过程。他把两个铜电极接在延长线上，当妻子熟睡时，把电极按在妻子胸前。在法庭上，尽管他极力翻供，但仍被判长期监禁。案件调查中发现该丈夫曾给妻子服下安眠药，但下药失败，然后才采取了电击方式。假如法医在勘查现场发现关键证据，再结合案情可能早期破案。案件的教训是，如果怀疑是他杀性电击死，那么务必仔细勘查现场。al-Alousi 报告了两起电击谋杀案，Pfeiffer 和 Karger 报告了一起电击谋杀未遂案，Wick 等也报告过两起电击谋杀案[44-47]。

雷击死

在热带和亚热带国家，雷电造成的死亡并不罕见，即使在高纬度地区，偶尔也会发生。单次雷击也会引起多人死亡或受伤。1955 年 7 月 14 日下午 4 点，在阿斯科特举办赛马活动时曾发生了雷击死亡事件。当时，阿斯科特赛马场附近聚集了大量观众，突发强雷暴天气，雷电击中茶摊，现场多人被雷电击倒、受伤，一人当场死亡，一人经抢救无效死亡，两名死者均存在头部损伤。37 例住院伤者中，26 例主诉单肢或多肢感觉异常。15 例伤者的损伤呈羽毛状、闪电状，皮肤呈现红斑和水疱，点状全层皮肤脱落，线状皮肤炭化和接触烧伤[48]。

雷击属于较为复杂的物理现象，雷雨云团释放电弧至地面时会产生巨大的电压和电流。

雷电造成的死亡属于意外事件，对法医来说死亡方式较为明确。如果尸体被发现在空旷地带，且缺乏损伤痕迹，一般难以判断死因。此时，雷电报道、破损衣物与口袋中磁化金属也可提示雷击的过程。

雷电损伤缺乏规律且难以预测。两个并排站立的人，其中一个可能被雷电击中，而另一人可

能安然无事。在致死案例中，雷电会引起严重烧伤、骨折和组织破坏。雷击伤可呈蕨类植物样图案或树状图案，也被称为“Lichtenberg”图案（以德国物理学家 Georg Christoph Lichtenberg 命名，其 1777 年首次描述该图案），实际上典型蕨类植物样图案雷击损伤并不常见（图 12.19）[49-55]。雷击伤常呈不规则的红色痕迹，线性一度烧伤，身体潮湿出汗时，会伴随皮肤皱痕。这些痕迹可达几十英寸，沿着身体的长轴指向地面分布。在某些情况下也会出现明显水疱或烧伤。

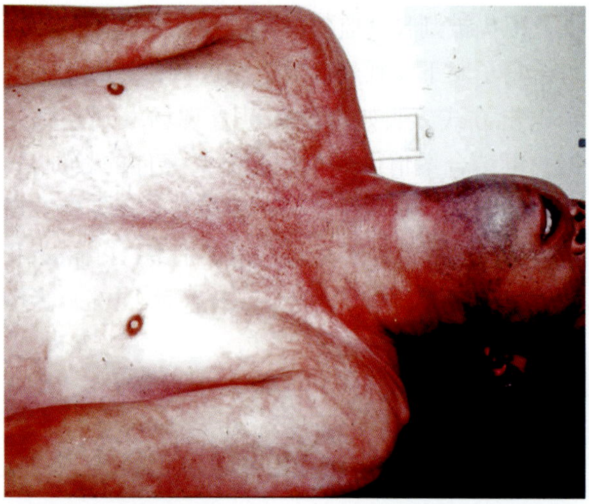

图 12.19　遭雷击死者的肩部和胸部出现蕨类植物样的树状图案，但这种情况在雷击死中较少发生

Domart 和 Garet 拍摄了一例典型的“Lichtenberg”图案雷击损伤，伤者为 54 岁男性，2000 年该案例发表于《新英格兰医学杂志》（*New England Journal of Medicine*）。伤者除左肩、腰部、腿部麻木和感觉异常外，抵达急诊室时未见生命体征异常。血清肌酸激酶和肌红蛋白浓度略有升高，经过 24 h 的医学观察，伤后 2 日出院，“Lichtenberg”图案雷击损伤也逐渐消失[51]。

如果不能证实雷电发生证据，那么死者的衣服被撕裂的状态令人产生死者被谋杀的怀疑。人体遭受雷击时，衣服会被炸裂，腰带和靴子也会同时炸裂。身体上或衣服上的金属会被熔合或磁化，如金属按钮和牙齿填充物。皮肤与衣服上的金属接触会引起烧伤。

身体和衣服常有烧焦的气味，头发也会被烧焦。雷击会引起头部损伤，雷击后摔跌也会形成头部损伤。

（陈丽琴　译）

参考文献

[1] Snell TL. Capital punishment, 2009 – statistical tables. In: Walsh G, Duncan J (eds). *Capital Punishment Series*. Washington: Office of Justice Programs, Bureau of Justice Statistics, 2010, p. 24.
[2] Reilly JP. *Applied Bioelectricity: From Electrical Stimulation to Electropathology*, 1st edn. New York: Springer-Verlag, 1998.
[3] Sutherland PE, Dorr D, Gomatom K. Response to Electrical Stimuli. *IEEE Industry Applications Magazine* 2009(May/June); 22–30.
[4] Dalziel CF, Lee WR. Lethal electric currents. *IEEE Spectrum* 1969(February); 44–50.
[5] Lee RH. Electrical safety in industrial plants. *Industry and General Applications, IEEE Trans* 1971; IGA–7(1): 10–16.
[6] Reilly JP. Scales of reaction to electric shock. Thresholds and biophysical mechanisms. *Ann N Y Acad Sci* 1994; 720: 21–37.
[7] Polson CJ. *Essentials of Forensic Medicine.* Oxford: Pergamon Press, 1963.
[8] Jaffe, R. H., *Electrical injury*. Arch Pathol, 1928. **5**: p. 837–70.
[9] Jellinek S. *Elektrische Verletzungen*. Leipzig: Barth, 1932.
[10] Bissig H. Über Niederspannungsunfalle. Untersuchungen an 426 fallen aus dem verletztengut der SUVA der jahre 1956 und 1957. *Biomed Technik/Biomed Eng* 1960; 5(3): 154–83.
[11] Moar JJ, Hunt JB. Death from electrical arc flash burns. A report of 2 cases. *S African Med J* 1987; 71(3): 181–2.
[12] Nagesh KR, *et al*. Arcing injuries in a fatal electrocution. *Am J Forensic Med Pathol* 2009; 30(2): 183–5.
[13] Kinoshita H, *et al*. The application of a variable-pressure scanning electron microscope with energy dispersive X-ray microanalyser to the diagnosis of electrocution: a case report. *Leg Med (Tokyo)* 2004; 6(1): 55–60.
[14] Jakubeniene M, *et al*. Application of atomic absorption spectroscopy for detection of multimetal traces in low-voltage electrical marks. *Forensic Sci Int* 2006; 161(1): 36–40.
[15] Adjutantis G, Skalos S. The identification of the electrical burn in cases of electrocution by the acro-reaction test. *J Forensic Med* 1962; 9: 101–4.
[16] Pierucci G, Danesino P. Fluorescent technique for macroscopic detection of electrical metallization. *Z Rechtsmed* 1981; 86(4): 245–8.
[17] Janssen W. *Forensic Histopathology*. Berlin: Springer Verlag, 1984.

[18] Danielsen L, *et al*. Electrical and thermal injuries in pig skin – evaluated and compared by light microscopy. *Forensic Sci Int* 1978; 12(3): 211–25.
[19] Thomsen HK, *et al*. Early epidermal changes in heat- and electrically injured pig skin. I. A light microscopic study. *Forensic Sci Int* 1981; 17(2): 133–43.
[20] Karlsmark T, *et al*. Tracing the use of torture: electrically induced calcification of collagen in pig skin. *Nature* 1983; 301(5895): 75–8.
[21] Karlsmark T, *et al*. Tracing the use of electrical torture. *Am J Forensic Med Pathol* 1984; 5(4): 333–7.
[22] Karlsmark T, *et al*. Immediate dermal changes in pig skin after exposure to moderate amounts of heat and electrical energy. *J Invest Dermatol* 1986; 87(4): 528–32.
[23] Karlsmark T, *et al*. The occurrence of calcium salt deposition on dermal collagen fibres following electrical injury to porcine skin. *Forensic Sci Int* 1988; 39(3): 245–55.
[24] Karlsmark T, *et al*. Electrically-induced collagen calcification in pig skin. A histopathologic and histochemical study. *Forensic Sci Int* 1988; 39(2): 163–74.
[25] Karlsmark T, *et al*. The effect of sodium hydroxide and hydrochloric acid on pig dermis. A light microscopic study. *Forensic Sci Int* 1988; 39(3): 227–33.
[26] Karlsmark T, *et al*. Ultrastructural changes in dermal pig skin after exposure to heat and electric energy and acid and basic solutions. *Forensic Sci Int* 1988; 39(3): 235–43.
[27] Karlsmark T, *et al*. The morphogenesis of electrically and heat-induced dermal changes in pig skin. *Forensic Sci Int* 1988; 39(2): 175–88.
[28] Karlsmark T. Electrically induced dermal changes. A morphological study of porcine skin after transfer of low-moderate amounts of electrical energy. *Dan Med Bull* 1990; 37(6): 507–20.
[29] Danielsen L, *et al*. Diagnosis of electrical skin injuries. A review and a description of a case. *Am J Forensic Med Pathol* 1991; 12(3): 222–6.
[30] Schwerd W, Lauterbach L. Mord mit elektrischem Strom in der badewanne. *Arch Kriminol* 1960; 126: 33–49.
[31] Schneider V. [Electrocution in the bathtub]. *Arch Kriminol* 1985; 176(3–4): 89–95.
[32] Bonte W, Sprung R, Huckenbeck W. [Problems in the evaluation of electrocution fatalities in the bathtub]. *Z Rechtsmed* 1986; 97(1): 7–19.
[33] Kallieris D, *et al*. [Electrocution death in the bath tub]. *Beitr Gerichtl Med* 1988; 46: 301–6.
[34] Roll P. [Interesting observation in a case of electrocution in the bath tub]. *Beitr Gerichtl Med* 1988; 46: 307–12.
[35] Fechner G, Brinkmann B, Heckmann M. [Heart current density as the most important biological parameter of electrocution in the bathtub]. *Beitr Gerichtl Med* 1990; 48: 335–8.
[36] Mackenzie EC. Electrocution in a bath. *Sci Justice* 1995; 35(4): 253–8.
[37] Bligh-Glover WZ, Miller FP, Balraj EK. Two cases of suicidal electrocution. *Am J Forensic Med Pathol* 2004; 25(3): 255–8.
[38] Pfeiffer H, Du Chesne A, Brinkmann B. An unusual case of homicidal near drowning followed by electrocution. *Int J Legal Med* 2006; 120(1): 36–41.
[39] Pelissier-Alicot A, *et al*. Planned complex suicide: an unusual case. *J Forensic Sci* 2008; 53(4): 968–70.
[40] L'Epee P, *et al*. [Suicide by electrocution in a bathtub]. *Ann Med Leg Criminol Police Sci Toxicol* 1965; 45(6): 550–1.
[41] Lawrence RD, Spitz WU, Taff ML. Suicidal electrocution in a bathtub. *Am J Forensic Med Pathol* 1985; 6(3): 276–8.
[42] Karger B, Suggeler O, Brinkmann B. Electrocution – autopsy study with emphasis on 'electrical petechiae'. *Forensic Sci Int* 2002; 126(3): 210–3.
[43] Byard RW, *et al*. Death due to electrocution in childhood and early adolescence. *J Paediatr Child Health* 2003; 39(1): 46–8.
[44] al-Alousi LM. Homicide by electrocution. *Med Sci Law* 1990; 30(3): 239–46.
[45] Pfeiffer H, Karger B. Attempted homicide by electrocution. *Int J Legal Med* 1998; 111(6): 331–3.
[46] Mellen PF, Weedn VW, Kao G. Electrocution: a review of 155 cases with emphasis on human factors. *J Forensic Sci* 1992; 37(4): 1016–22.
[47] Wick R, *et al*. Fatal electrocution in adults – a 30-year study. *Med Sci Law* 2006; 46(2): 166–72.
[48] Arden GP, *et al*. Lightning accident at Ascot. *Br Med J* 1956; 1(4981): 1450–3.
[49] Johnstone BR, Harding DL, Hocking B. Telephone-related lightning injury. *Med J Aust* 1986; 144(13): 706–9.
[50] Resnik BI, Wetli CV. Lichtenberg figures. *Am J Forensic Med Pathol* 1996; 17(2): 99–102.
[51] Domart Y, Garet E. Images in clinical medicine. Lichtenberg figures due to a lightning strike. *N Engl J Med* 2000; 343(21): 1536.
[52] Gupta A. Lichtenberg figures. *J Assoc Physicians India* 2001; 49: 1131.
[53] Cherington M, *et al*. Lichtenberg figures and lightning: case reports and review of the literature. *Cutis* 2007; 80(2): 141–3.
[54] Mahajan AL, Rajan R, Regan PJ. Lichtenberg figures: cutaneous manifestation of phone electrocution from lightning. *J Plast Reconstr Aesthet Surg* 2008; 61(1): 111–3.
[55] Arnould JF, Le Floch R. Lichtenberg figures associated with a high-voltage industrial burn. *Burns* 2011; 37(3): e13–15.

第 13 章

损伤并发症

- 引言
- 出血
- 感染
- 肺栓塞
- 脂肪和骨髓栓塞
- 急性呼吸窘迫综合征
- 外伤后急性肾损伤
- 弥散性血管内凝血
- 空气栓塞
- 心内膜下出血
- 肾上腺出血所致猝死
- 参考文献

引言

无论何种原因造成的严重身体损伤，都可能导致重要器官和结构破坏，从而引起立即死亡，或因原发损伤并发症引起迟发性死亡。这种延迟时间可能很短，如急性大出血或急性呼吸衰竭，也可能呈进展性，长达数小时、数天、数周甚至数年。例如，作者（BK）处理过一起死亡案件，其中15年前的一次滑翔机坠毁事件被认为是造成死亡的唯一原因，因为受害者当时受伤导致脊柱骨折、截瘫、膀胱麻痹，反复出现的上行性尿路感染引发双侧肾盂肾炎，进而出现肾衰竭，最终导致死亡。

在大多数经验丰富的法医的记录中都能发现很多迟发性死亡。只要从受伤到死亡有一系列可追溯的直接串联事件，那么损伤就必须被视为根本死因，这一事实可能对民事赔偿和刑事责任认定都有深远的法律意义。法医病理学中一些最困难的问题，以及法庭上一些最艰难的证词和交叉询问，都源于这些案件中创伤后并发症能否被认为是死亡原因所引发的争议。

出血

血液可通过挫裂创和刺切创的创口或自然孔道，如支气管和气管、口鼻道、耳道、阴道、尿道或直肠流出体外。内出血包括挫伤，即血管破裂导致血液漏入组织间隙，或者游离出血进入体腔，特别是心包腔、腹腔、胸腔和颅腔。

从小静脉破裂的微小出血点到主动脉破裂的大量出血，出血体积的变化很大。可作为死亡主要原因的出血不仅在于致命的出血量，还有出血的速度和部位。当出血缓慢时，身体可以通过调整血管床以及从其他含水腔隙转移体液恢复血容量，使得大量的失血得到代偿。

关于出血部位，即使脑干少量出血都可能是致命的，而同样的出血量对于胸膜腔几乎不会有什么影响。出血通常在受伤时开始，尽管在受伤当时往往会有短暂的延迟。当锋利的刀片划破皮肤时，人们通常观察到约一秒后血液才开始流出，这是由致伤物刺激引起局部血管短暂痉挛导致的，出血持续至正常止血堵塞血管。

在一些涉及动脉的损伤中，肌性血管可能会收缩，其壁内陷，因此几乎立即封闭阻止大量出血。即使是严重的损伤，如被火车车轮碾压导致肢体离断，也可能几乎没有大出血，因为挤压效应可以与动脉壁收缩相结合，从而可以有效地封闭被切断的血管。有时部分切断动脉比完全切断动脉更危险，因为这种情况下不会发生动脉收缩。止血失败是一个血液病学问题，但如果损伤（包括外科手术）发生在患有自然疾病或正在接受抗凝治疗（如肝素或华法林）等具有出血倾向的患者，则可能具有法医学意义。

迟发性出血可出现在许多情况下。在创伤中，尤其是交通事故中，如肝、脾或（有时）肺等器官，可能在受到损伤时保持包膜完整。例如，肝脏的包膜下血肿，它可能很大，并且随着持续出血从实质表面剥离更多的包膜而变得更大。最终，包膜可能会破裂，这时不受限制的出血可能会流入腹腔（图 13.1）。

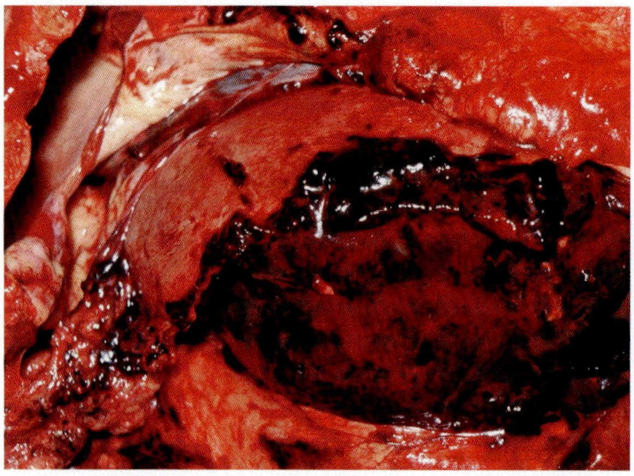

图 13.1　腹部钝性创伤致肝脏包膜下血肿引起大量腹腔内出血

创伤也会损伤动脉或静脉的管壁，导致假性动脉瘤，假性动脉瘤可发生迟发性破裂。动静脉瘘也可由创伤形成，继而发生迟发性破裂。

感染也可发生在创伤部位，并累及附近的血管，因此当血管壁被侵蚀时，可继发脓肿或蜂窝织炎导致严重出血。这种情况很少发生，除非是接受极差治疗的事故或战争伤亡中，正如感染性动脉瘤是由感染的栓子进入动脉分支并导致局部化脓性坏死引起的。

有时难以确定尸检中发现的出血有多少是由死后出血引起的。毫无疑问，死后出血量可能会增加，但是除了在浆膜腔（如胸膜腔和腹膜腔）或体外，在大多数情况下，这是活体在动脉压下由于组织压力对抗被动出血而漏出的一小部分。

然而，主动脉破裂导致血胸的出血量可能高达数升，其中大部分可能是大的血凝块。血凝块可以在死后形成，因此它的存在不能作为活体内形成的指标，但出血的来源通常是明显的，任何死后出血的增加都不会影响其解释。大量的外出血会在死后继续流出，尤其是头皮出血，特别是如果头部在死后处于低下位置时。

感染

过去开放性伤口感染是常态，而非例外。在磺胺类药物和抗生素问世之前，许多本身并不构成生命危险的犯罪造成的伤口受到致命感染，从而使人身侵犯变成了谋杀。这说明了将 20 世纪的谋杀率与今天的谋杀率进行比较是不合理的，得益于及时有效的救护车和抢救服务、输血、紧急手术和抗生素，现在的存活率远远高于以前，当时即使是普通的损伤也常常是致命的。

创伤后感染的类型很多，因国家而异。由革兰氏阳性球菌、革兰氏阴性杆菌、厌氧菌（如产气荚膜杆菌）和其他更常见的微生物引起的化脓性伤口感染是最常见的，但在一些国家，破伤风和炭疽是常见的感染危害。整个感染事件是一个临床微生物学问题，主要的法医关注点是证明原发伤和并发感染死亡之间的因果关系链。这可能涉及法医学问题，如未能或延迟提供抗生素治疗，这可能同时包括民事和刑事法律后果。即使存在医疗过错因素，由于疏于照顾引起感染而导致受害者死亡，这种情况下也不能免除故意伤害案件中犯罪者的所有责任。

肺栓塞

这是法医病理学中一个最重要的问题，因为致命肺栓塞的法医学意义普遍而深远。在没有解剖的死因鉴定中，肺栓塞是最常被漏诊的死因。据估计，在美国，仅不到一半的致命肺栓塞能够在临床上确认，可能在其他地方也是如此[1, 2]。

与感染一样，原本非致命的伤害可能会因形成静脉血栓或肺栓塞而导致死亡，这可能使得一个单纯的事故或普通伤害，变成一个严重的法律问题。许多形式的损伤均可增加受害者肺栓塞的风险，因为：

- 组织损伤后的几周内血液凝固性增加，峰值出现在 1～2 周。
- 组织损伤，尤其是腿部或骨盆区域，可能导致挫伤肌肉或骨折周围的局部静脉血栓形成。
- 损伤可能会使受害者不得不卧床，要么是因为全身休克和虚弱（尤其是老年人），要么是因为创伤本身需要卧床，如头部损伤、严重的全身创伤或影响腿部的损伤。上述任何一种情况下的卧床均会对小腿产生压力，加上腿部静脉受到肌肉按摩的效应减小，从而导致静脉回流减少和停滞，常见的结果是腿部深静脉血栓形成，可向近端延伸至腘静脉和股静脉，形成静脉血栓栓塞的危险来源。小栓子可能会碎裂并进入更多的肺动脉外周分支，有时会导致肺梗死，这可能是巨大栓子进入肺大血管并导致快速死亡的先兆。

尸检时，这种大的栓子很容易被看到，通常可以很容易与死后的血凝块区分开来。死后血凝块是深红色、柔软的凝胶状，表面有光泽，死后凝血块通常在死后通过沉淀分离形成鸡脂样血浆凝块和暗红色细胞凝块。血凝块由于会因收缩而缩小，当从血管中取出时，可形成血管分支的形状。在外周的血管分支中这种凝血块不太明显，死后进行肺切片时，凝块不会从切开的小血管中脱出。

相反，生前栓子（尤其是已形成几天的）是坚硬但有一定脆性的，且有一个由纤维蛋白层形成的暗淡、无光泽、有条纹的表面。较陈旧的血栓往往呈灰红色，颜色因不同部位而异。虽然它可能看起来具有堵塞的大血管的形状，但它形成的长度明显反映出其起源于下肢静脉，可以看到其中的侧支或其残端与所在的肺动脉分支并不一致。

死后凝血块可能附着在生前栓子上，有时会在栓子周围形成一个外壳，因此除非进行仔细检查，否则容易判断错误。在用刀切开肺部时，可以在更外围的血管中看到生前的栓子，通常在表面轻微突出，就像被挤出的牙膏一样。

区分生前栓子和死后血凝块具有重要的意义，因为生前栓子的诊断具有重要的法律意义。如果有任何怀疑，则必须对生前栓子的来源进行组织学确认。由于死亡速度太快，致命性大面积肺栓塞不会导致肺梗死，这种情况下肺部可能存在栓塞，但这些栓塞一定是由先前较小的栓子引起的，这些栓子至少是死亡一天前或可能更早时形成的。

肺栓塞的法医学问题

肺栓塞是英国死亡证明中最易漏诊的疾病，临床医生经常不考虑其为死亡原因。肺栓塞的各个方面已经在几个回顾性尸检调查中进行了研究，根据材料的来源和年代，结果略有不同[1, 3-9]。Knight 和 Zaini 对威尔士国家医学院病理研究所在 1908～1977 年进行的 38 406 起尸检结果进行了调查，其中 1 176 名死者死亡原因被记录为肺栓塞[4]。值得注意的是，在该期间的前 20 年中，即 1908～1927 年，没有一例因肺栓塞而死亡的记录，表明对肺栓塞认识和尸检技术存在不足。在创伤案例中，肺栓塞死亡高峰约为创伤后 2 周，而在 Lau 的系列研究中，创伤和（或）卧床后死亡高峰的时间为 1 周[6]。在对中国香港和英国威尔士加的夫的尸检结果进行的比较研究中，Dickens 等发现，当比较类似的病例组合时，在所研究的时间段内致命肺栓塞的发生率在中国香港为 3.58%，在英国加的夫为 4.2%。两个城市住院死亡患者的年龄分布非常相似，大多数病例年龄在 60 岁以上，发病率最高在 80 岁及以上年龄组，中国香港的平均年龄为 72 岁，加的夫为 77 岁[7]。Steiner 调查了肺栓塞发病率随时间的变化，几乎所有死者都来自一所三级保健大学医院。在 1960 年、1970 年、1980 年、1990 年、2000 年和 2005 年这 6 个参考年份中，共有 3 877 例成人尸体解剖，其中 628 例患者发生肺栓塞；6 个参考年份的总发病率为 16.2%。发病率呈稳步下降趋势，从 1960 年的 19.2% 降至 2005 年的 10.0%[9]。

在 Knight 的调查中，超过 3/4 的受害者有诸如损伤、外科手术或卧床等高危因素，但其余约 20% 的受害者无行动障碍，看起来很健康，这具有重要的法医学意义，因为如果致命性肺栓塞在非高危人群的发生比例升高，那么创伤与肺栓塞的因果关系就会减弱。如果刑事审判中的证据标准必须是“排除合理怀疑”，那么高达20%的肺栓塞死亡不是发生于外伤或卧床后这一事实必然会将因果关系从近乎确定性变为单纯的概率，这对于民事判决来说是足够的，但对于刑事定罪来说则是不够的。然而，这是法官所面对的法律问题，法官可能会也可能不会将此事交给陪审团——如果将这个问题交给陪审团，则由陪审团决定。这些判决结果因案件不同而不同。

在检查肺部情况并确认肺栓塞后，必须寻找栓子的来源。几乎在所有情况下，栓子被发现流入股静脉的血管中，然而很少涉及骨盆血管（如果有，也通常与妊娠或流产有关）。盆腔静脉可能形成血栓，延伸至髂静脉系统，但一般不会进入下腔静脉。更罕见的是颈静脉来源的血栓，有时被视为是颅内静脉窦血栓的延伸。腋窝和锁骨下静脉来源的血栓同样并不常见，下肢静脉来源的血栓占栓子来源的绝大多数。

对于普通的下肢静脉来源的血栓，多种尸检技术可用于寻找血栓形成的部位。一些人支持大范围解剖，通过皮肤切口暴露股静脉，必要时一直延伸直到找到残余血栓。当然，在出现大面积的肺栓塞后，根据定义，很大一部分源头血栓已经被血流冲散，因此法医须向远端探查以找到残留血栓。这使得解剖成为一个广泛且可能毁尸的过程，因此可以使用替代技术。

Zaini 发现许多血栓始于远端，甚至始于足背。他用一根带有钝性末端结扣的软线（自行车刹车线）沿着股静脉向下插入，直到它受到阻力，然后切开此处皮肤来检查周围静脉。或者可以在小腿上做横向或纵向切口来检查深静脉。横切比目鱼肌和腓肠肌以观察它们所包含的静脉，但通常在胫骨和腓骨之间的骨间静脉中发现血栓。如果试图在组织学上研究血栓形成时间，那么不应该仅从静脉中获取信息，而是应该将静脉与邻近的肌肉一起取出，因为正是血栓和静脉壁之间的连接提供了关于血栓成熟度的信息。

肺栓塞和深静脉血栓的形成时间

如前所述，了解肺栓塞是发生在创伤事件之前还是之后可能具有相当重要的法医学意义。主要困难是栓子可能继发于陈旧的静脉血栓。

使用组织学标准来确定肺部游离栓子的形成时间也很难，因为组织学提供最多信息的是血栓内皮连接。因此最好的方法是检查残留的血栓，一般是在下肢静脉中，检查最陈旧的血栓部分是否疑似为创伤事件发生时形成。为此确定血栓形成时间需要含有血栓的静脉壁。一段含有血栓的静脉，如有必要应与邻近的肌肉一起从腿部切除。在此之前，可通过横向切开包含静脉的小腿或大腿肌肉来确认血栓的存在。有时血栓形成的原始位置可能远至足背。

对含血栓的静脉以常规方式进行处理，并对其进行各种组织学染色。虽然难以确定血栓形成的准确时间，下述方案至少提供了研究静脉血栓形成时间的粗略估计的方法。要注意，其他节段或其他静脉血栓的形成时间可能不同。

- 血小板和红细胞的形态无法提供有用的信息。红细胞在24～48 h开始溶血，形成无定形物质，但许多完整的红细胞可存活数周。
- 使用磷钨酸-苏木精（phosphotungstic acid-haematoxylin，PTAH）染色，血栓形成的第1天纤维蛋白表现为略带紫色的线，但它们在第4天聚集成具有较厚条状和片状结构的网格状小块。2周后，纤维蛋白呈更深的紫色，但其在第25天左右开始被吸收。使用马休猩红蓝（Martius scarlet blue，MSB）染色，约1周内早期线状粉红色纤维条就会变成被镶边的深红色。
- 内皮细胞增殖在第1周能最大化地提供信息，因为它大约在第2天开始从血管壁上出芽生长并在第1周增殖。在静脉壁上的血栓周围可以看到内皮覆盖的裂缝。必须通过寻找内皮细胞核来排除由固定引起的收缩等人为现象。这些内皮芽将血栓锚定在静脉壁上，代表愈合和再通的第一阶段。它们通常在第4天左右才明显可见，此时它们开始生长入纤维蛋白块并将其分成小室。
- 胶原纤维在5～10天不会出现，其出现通常会很晚。成纤维细胞可能最早在第2或第3

天就出现，但多趋向于在第 1 周结束时出现并在第 2 或第 3 周明显增多，约在第 4 周达到最大值。弹性纤维出现得较晚，28 天之前不会出现，通常要比 28 天晚很多。它们在大约 2 个月时达到最大密度，主要出现在再通的血管壁中。

- 含铁血黄素经普鲁士蓝反应显示为蓝色颗粒，可能在第 1 周结束时出现，并在 3 周内达到最大值。它似乎不像血管外出血如瘀斑或脑膜出血那样较早出现在血栓中，在这些地方蓝色血红蛋白颗粒可以在 2 天或 3 天内看到。
- 毛细血管在第 2 天开始作为内皮芽出现，但直到 2 周左右才有红细胞出现。在接下来的 3 个月里，通过拓宽和合并这些通道，出现了实质性的管腔化。6～12 个月可以恢复完整的管腔，但是静脉血管壁的内皮增厚和含铁血黄素沉积可能会构成陈旧血栓的永久性征象。
- 中性粒细胞和单核细胞有时根本不会出现。有时第 1 天可能会看到中性粒细胞且数量很多，但它们很快就会消失，通常到第 2 天单核细胞就会取代中性粒细胞。
- 内皮细胞对血栓表面的覆盖很快，可能在第 1 天开始，几天内完成。不同的作者给出的所需时间为 24～72 h。当然，血栓表面积的大小是一个变量因素。此外，只有在血栓没有完全充满静脉腔的部位进行切片，才有机会观察到内皮细胞覆盖。

Fineschi 等使用免疫组织化学和激光扫描共聚焦显微镜（confocal laser scanning microscopy，CLSM）研究了选择的 140 例肺栓塞病例，以评估血栓的时序性变化，并确定将肺栓塞作为死亡原因的因果关系。他们得出结论，只有 3 个时间段（第一阶段：第 1～7 天；第二阶段：第 2～8 周；第三阶段：大于 2 个月）可以用免疫组织化学和 CLSM 进行明确区分，这一分期也强调了这个问题的复杂性[10]。

脂肪和骨髓栓塞

创伤的另一个重要后果是脂肪栓塞，脂肪栓塞中脂质的来源有相当大的争议；然而，这种争议并没有降低其尸检意义。

关于脂肪栓塞的病理生理学文章有很多，很明显，它不仅仅是由于机械创伤对骨髓或脂肪组织的简单挤压[11-22]。无论脂肪来自哪里，脂肪栓塞最常见于骨或脂肪组织损伤后。简单地说，在含有黄骨髓的骨骼结构受损或皮下脂肪被挤压或撕裂的情况下，脂滴通常出现在肺毛细血管中，并且脂滴含量多时，脂滴以某种方法通过肺进入体循环中，此时它们可以因栓塞重要器官（如大脑、肾脏或心肌）而导致严重功能障碍或死亡。不仅脂肪，骨髓中的造血细胞也可以被释放到静脉系统并到达肺部。

脂肪栓塞的临床表现取决于到达肺部的脂肪量。如果到达肺部的脂肪量较大，由于血管阻塞和肺水肿，会引发通气问题。然而，全身脂肪栓塞最严重的后果是脂滴到达大脑并引起一系列神经异常，当脑干受累时会发生昏迷和死亡。

由于脂肪在肺中的积聚，创伤和脑脂肪栓塞之间通常会有延迟，从而出现中间清醒期，这在临床上可能会与硬膜外或硬膜下出血的发展相混淆。Sevitt 认为在多处骨折的患者中，有不少于 45% 的患者有肺脂肪栓塞，14% 的患者有脑脂肪栓塞[17]。

尽管骨折仍然是脂肪栓塞的最主要原因，但脂肪栓塞还与烧伤、气压伤、软组织损伤、骨髓炎、糖尿病、脂肪组织外科手术（尤其是乳房切除术）、败血症、类固醇治疗、急性胰腺炎和酒精性脂肪肝有关。在烧伤的案例中，有人怀疑肺脂肪栓塞是否为生前过程，或者脂肪是否可以在濒死期从组织和器官中熔化出来。Mason 发现，在空难迅速起火的案例中，尸体不存在脂肪栓塞[23]，但 Sevitt 对医院的系列研究显示，47% 的烧死病例存在脂肪栓塞[17]。

肺脂肪栓塞

在大多数骨折和身体脂肪丰富部位（如臀部）受伤的案例中，脂肪通常会出现在肺内，并且可以在组织学上表现出来。实际上，Lehman 和 Moore（1927）表明，在一系列非创伤性死亡中，有一半发现肺内有脂肪的组织学证据[14]。Mason在一系列非创伤性死亡案例中，20%死者肺中发现了脂肪，但他强调，与致命创伤病例中发现的脂肪含量相比，这些案例中的脂肪含量是很少的[23]。他使用简单的量表来评估栓塞的组织学严重程度，如在肺的冰冻切片油红染色所见（图13.2）。

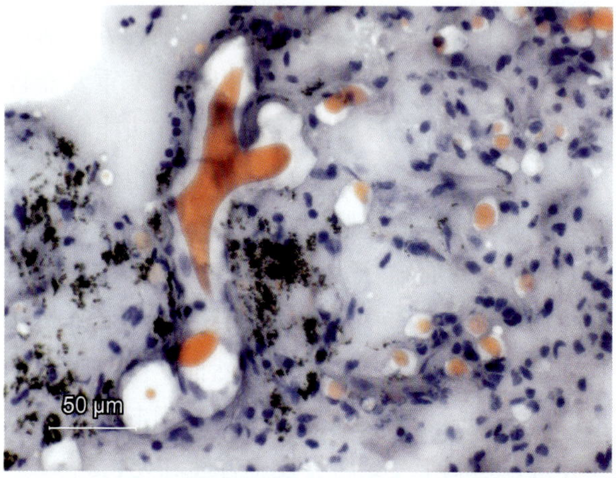

图13.2 肺脂肪栓塞（肺冰冻切片油红染色；原始放大倍数 ×20）

- 0级：未见栓子。
- 1级：经过一番搜索后可发现栓子。
- 2级：栓子易检见。
- 3级：大量栓子。
- 4级：潜在致命数量的栓子存在。

在全身性脂肪栓塞中，缺乏这样的规范分级；要么不存在或者存在很少脂肪栓子，要么富含脂肪栓子。

在大多数情况下，肺脂肪栓塞只是一种现象，而不是一种临床表现，两者之间的差异似乎与肺血管中的脂肪量密切相关。急性呼吸功能不全的临床表现在长骨骨折时发生率为2%，而多发性骨折，尤其伴随骨盆损伤时的发生率高达10%。少量或中量的脂肪在肺部不会导致功能障碍，但是肺部脂肪含量大到可以在脂肪染色组织切片的任何区域清晰可见时，会导致急性呼吸窘迫。急性呼吸窘迫的病理标志是明显的肺水肿，但必须谨慎判断，因为脑脂肪栓塞对脑的影响也可导致肺水肿。

全身性脂肪栓塞

脂肪能够穿透肺毛细血管进入体循环中，因此它可以被携带到任何器官或组织，包括皮肤，并引起皮肤瘀点样病变。全身性脂肪栓塞是致命的，除了肺部负荷过大导致呼吸窘迫外，大脑、肾脏和心肌是最为脆弱的靶器官，脑干是最有可能因毛细血管中脂滴的栓塞而导致人死亡的器官[24-26]。

脂肪栓塞的尸检

当脂肪通过肺部释放到体循环中时，许多靶器官和组织则会显示出异常，这些异常可在尸检中通过大体或组织学检查来证明。

瘀点性出血是由小静脉内脂肪滴栓塞引起的典型病变。该现象可以在身体任何部位的皮肤上看到，特别是在胸前部、面部和眼睑。在体内，瘀点性出血可以广泛分布，但典型瘀点性出血见于大脑和小脑半球的脑白质及脑干。显微镜下，当冰冻切片被油红或其他脂肪染色方法染色时，脑的瘀点性出血改变处中央可见一个或多个脂滴，另外还可以看到不伴随出血点的脂滴。

在心肌中，可以在心肌纤维间的毛细血管中检见脂滴，肾小球可以被染色的脂滴填充。视网膜和视神经中可能有脂滴，对脂肪栓塞的幸存者来说，这可能会导致视力损害。

无论是在临床上还是在尸检中，脂肪栓塞都易被漏诊。检查越频繁、越彻底，脂肪越容易被发现。然而，除非有确凿的临床特征，否则不可将无全身脂滴溢出的轻度至中度的肺脂肪栓塞作为死亡原因。

骨髓栓塞

骨髓栓塞一般只累及肺，因为只有在非常特殊的情况下，细胞物质才能穿透肺毛细血管，尽管发现骨髓栓塞频率也与搜索的意识和观察的仔细程度直接相关。Lubarsch和他的学生Lengemann在动物实验和人体中，首次观察到肺动脉内骨髓栓塞，Maximow几乎是同时且独立地在以兔子为实验动物的创伤实验中观察到了肺骨髓栓塞[27-29]。除了因骨折造成的创伤性死亡外，在因破伤风、子痫、惊厥休克疗法、电击导致的抽搐后死亡案例，以及处于治疗或检查的（如开胸手术、胸骨穿刺、心脏按压）病例，或者爆炸伤导致的创伤性死亡案例中也观察到了骨髓栓塞[30-36]。这在长骨骨折或多发性骨损伤中很常见，可能与脂肪栓塞有关，也可能与脂肪栓塞无关。Mason 指出，同时检见脂肪和细胞的栓子是诊断骨髓栓塞的有力依据，他在 81% 的肺脂肪负荷等级为 2 级或更高（按 0～4 级的分级标准）的病例中发现了骨髓细胞。根据 Sevitt 和 Mason 的说法，在肺部发现大量脂肪和骨髓栓塞是生前创伤的确凿证据[17, 23]。因为即使这种情况发生于创伤后短时间内，必须有一个足够强的循环使这些成分到达肺部（图 13.3）。

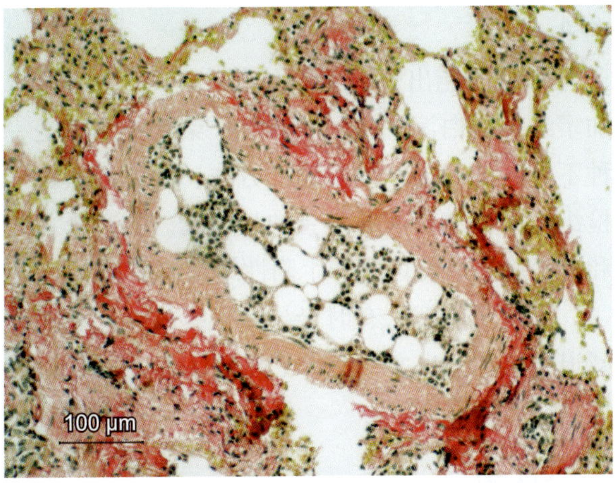

图 13.3 肺骨髓栓塞（Van Gieson 染色，原始放大倍数 ×10）

除烧伤外，心脏停搏后造成的任何损伤都不能将脂肪或骨髓运输到肺毛细血管床。因此，在某些情况下，骨髓栓塞是一个有用的法医学标志，如区分水中尸体的骨折是生前骨折还是死后骨折时。创伤后快速死亡不会出现全身性脂肪栓塞，因为受伤至发生肺骨髓栓塞平均有 24 h 的间隔。

异物栓塞

在法医尸检和组织学检查中，可能会发现一些以其他的物体作为栓子的异物栓塞。肺滑石粉肉芽肿等可见于静脉注射毒品者的肺部，其是由注射器和针头引入静脉系统的污染物而形成的栓子（图 13.4）[37-44]。散弹枪弹丸和子弹可能通过

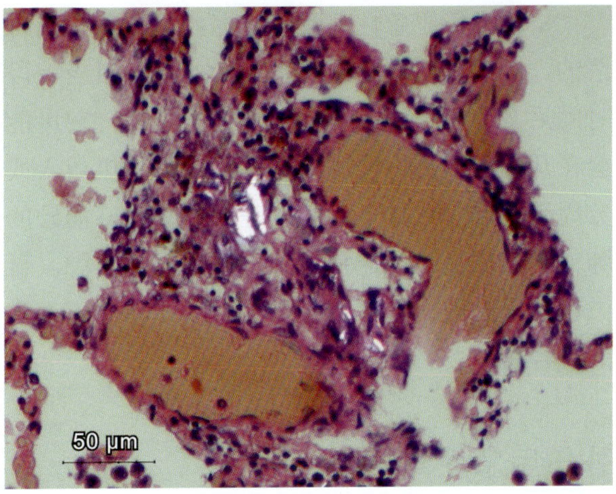

图 13.4 吸毒者肺部的小血管周围肉芽肿，偏振光下显示毒品掺杂的双折射物质

组织损伤进入血液循环，并栓塞到各种部位，包括冠状动脉栓塞[45-51]。在肺脂肪和骨髓栓塞中，甚至发现了骨和软骨的碎片。

羊水栓塞在其他章讨论。

急性呼吸窘迫综合征

肺严重损伤后，如胸部受到严重撞击，或者爆炸导致的冲击伤，或者因胃内容物吸入、感染、毒素、全身性休克、刺激性气体、溺水和许多其他原因所致的肺损伤，肺上皮可发生弥漫性肺泡损伤。临床上，受害者可能会出现明显的呼吸困难和进行性呼吸衰竭，从而出现低氧血症。病理上，肺表现为硬水肿，如果存活时间足够长，水肿会发展为坚硬的渗出性肺。尸检时肺质地很硬，取出后仍保持其形状，有干性水肿的外观，在某些情况下重量几乎是正常肺的两倍[52, 53]。

急性呼吸窘迫综合征组织学上最初的变化是随着肺泡内渗出，Ⅰ型肺泡上皮细胞脱落，形成透明膜和斑片状肺泡出血。几天后，Ⅱ型肺泡细胞开始充满肺泡，单核细胞浸润肺间质时，损伤性阶段会被增殖阶段所取代。如果患者存活继续，肺泡增生机化，最终肺纤维化可能使一半的幸存者严重丧失劳动能力。这种典型的进展见于百草枯中毒，尽管这种中毒几乎没有长期幸存者。

一种类似于急性呼吸窘迫综合征的症状是所谓的“呼吸机肺”，当患者在机械通气相当一段时间后死亡时，就会出现“呼吸机肺”。它可能会在几天内出现，但通常会在使用呼吸机数天或数周后出现。大体上看起来是一个黏稠、僵硬的肺，虽然很重，但通常不会出现明显的水肿。显微镜下，肺泡内可见富含蛋白质液体和增殖细胞的混合物。

外伤后急性肾损伤

急性肾损伤（过去称为急性肾衰竭）是一种临床综合征，其特征是肾脏排泄功能迅速下降或尿量减少，或两者兼有[54]。它是广泛肌肉损伤或大面积皮肤烧伤的常见后果，另外也见于某些毒物中毒后。急性肾损伤以前最常被归因于急性肾小管坏死，但最近的研究结果对其作为一种准确的临床病理疾病名称提出质疑[55]。当肌肉被挫碎、严重撕裂或以其他方式导致缺血时，或在遭受大面积烧伤、给予诸如汞盐或四氯化碳等毒物时，都可以检见肾小管上皮细胞被破坏。

就组织学诊断而言，类似的变化也会发生在死后自溶过程中。在烧伤和肌肉损伤中，肾小管也可能被褐色肌红蛋白堵塞，导致远端肾小管坏死和肌红蛋白管型，从而造成严重的少尿或无尿，通常与创伤和烧伤有关。然而在活检中，发现肾小管损伤不显著，管型可能是肾小球滤过减少的结果，而不是肾小管损伤的结果，因此急性肾小管坏死作为创伤后肾衰竭解释的有效性受到质疑，真正的机制目前仍不清楚，但很可能涉及肾小球旁组织和肾素-血管紧张素系统，以及肾小球的弥散性血管内凝血效应。

弥散性血管内凝血

近年来，人们越来越认识到这种疾病的重要性和发病率，因为它可能伴随着一系列创伤性、感染性和其他急性事件。该疾病是一种与血液凝固机制相关的消耗性凝血病。

在弥散性血管内凝血中，血管内凝血过程的异常激活是由与血液本身、血管壁和血流有关的多种因素引起的。创伤和烧伤的受损组织可激活促凝血酶原激酶引发凝血：尤其是来自红细胞、大脑和胎盘的组织细胞成分进入血管后更易发生凝血。微粒物质，如微生物或各种类型的微栓子（包括脂肪和空气栓子，特别是减压过程产生的），可以通过因子Ⅻ开启凝血过程。血管内皮细胞损伤和血流停滞也有类似的效果。

无论什么原因造成弥散性血管内凝血，其机制都极其复杂。由于纤维蛋白原被消耗，纤维蛋白在血管内沉积，使血管阻塞且凝血系统被消耗，患者也处于易出血状态。并且，黏附于纤维蛋白血栓上的血小板也被消耗，纤维蛋白溶解功能被激活，血管内凝血与溶栓之间形成动态竞争。

死后可能出现死后纤维蛋白溶解[56]，这增加了纤维蛋白沉积检测的难度；染色技术也是一种不完善的观察纤维蛋白的方法，因此必须在尸检组织中仔细寻找纤维蛋白残余物。肺、肾、肝和肾上腺是最有可能产生阳性结果的器官。

微血管阻塞，有时会导致直接的梗死和功能减退，再加上出血，形成了弥散性血管内凝血。

空气栓塞

大多数空气栓塞案例均具有法医学意义，因为空气进入循环系统通常是由外伤、外科手术或治疗造成的损伤，由气压伤或暴力行为造成。

空气栓塞是由进入循环的空气（或其他气体）的气泡引起的循环系统中断，气体通常是通过静脉进入体内。管道工和柴油发动机的车主对此都很熟悉，类似于气塞，液体通过管道的正常流动被空气完全或部分阻塞。

在动物体内，空气栓塞主要的功能损伤是在心脏，因为空气是可压缩的，心脏的收缩不能推动气体移动，因为心脏的主要功能是泵送不可压缩的液体。空气只有进入静脉后才能被回流至心脏，导致肺空气栓塞。空气通常停留在心脏的右侧、肺动脉干、肺动脉分支以及肺小血管中，很少出现在肺静脉。空气栓塞死亡速度很快，但最多可延迟约 2 h。

在外科手术中，患者在坐位进行头部或颈部手术（尤其是甲状腺手术和神经外科手术）时，空气可能会进入颈部静脉。当心房位于静脉裂口下方时，就会产生一种吸入空气的抽吸效应；空气栓塞也可能发生在自杀或割喉杀人的案例中。治疗性气胸的再填充也会导致致命性空气栓塞，可能是由于肺被刺穿或者粘连撕裂了胸膜脏层。在这两种情况下，受压的空气都可能进入开放的静脉。

在输血或输液过程中可发生一些事故，这些事故可能构成医疗损害。如今，柔软的、可折叠的注射液或血液容器被广泛使用，空气栓塞这一危险发生的可能性降低了，但是在仍然使用硬瓶子的医疗机构，当瓶子被完全排空时，空气可能会通过排气口进入连接管。这本身是无害的，但是如果连接一个新瓶子，新的液体流会推动管道中的所有空气注入静脉。

更危险的是将加压空气或氧气连接到排气口以加快输液速度的做法：如果让瓶子排空，气体就会在压力的作用下进入静脉。

动脉空气栓塞是极为罕见的，但可发生在肺撕裂伤、人工气胸再填充或潜水员从很深的水下上升速度太快而引起肺破裂等情况下形成的气压伤。潜水病也是一种气体栓塞，溶解的氮气以气体形式出现在血液中。这是由于潜水员在吸入高压空气后返回大气环境时压力突然释放造成的。死亡原因可能是脑血管空气栓塞或冠状动脉空气栓塞导致的心室颤动[57]。

在过去几年里，非法堕胎导致许多人死于空气栓塞（在世界上的一些地方仍然如此），非法堕胎是通过 Higginson 注射器（该注射器配有一个黑色的 2 英寸的喷嘴，这种注射器的特点是在管的中间有一个泵，可以让液体更彻底地注入身体）向子宫注入空气来进行堕胎（具体参见第 19 章）。尽管通过抽吸子宫内容物进行治疗性流产是一种极其安全的方法，但有时仍有极少因空气栓塞而导致的无法解释的死亡，其机制尚不清楚，但可能是由子宫肌肉回弹将空气吸入宫颈引起的。一些凶杀案，包括医生实施的安乐死，都是通过故意向外周静脉注射空气完成的。导致致命栓塞所需的空气量多年来一直存在巨大争议，从未达成真正的共识，估计为 10～480 mL[58]。如果右心体积被认为是最小填塞空间的话，那么大约 100 mL 气体似乎是一个合理的致死量。空气进入动脉系统情况较为罕见，这种情况下致死空气量会更少；空气须进入颈动脉才会有很大的危险，因为这是空气进入大脑血液循环的唯一途径。空气进入冠状动脉的情况有文献报道过，但作者实际上从未见过，空气必须进入肺静脉，才能通过左心到达主动脉根部从而进入冠状动脉。几乎所有的动脉空气栓塞均与减压有关，在减压过程中，血管内产生气泡，或者气泡从肺组织的撕裂处进入肺的动脉系统。

当然，注入肢体动脉的空气完全不会造成任何伤害，大部分气体会被组织迅速吸收。Dorothy L. Sayer 的小说《非自然死亡》（*Unnatural Death*）中的情节即“将空气经皮下注射注入动脉”，失败原因有两个：注射部位和体积！

疑似空气栓塞的尸检

当情况表明有致命空气栓塞的可能性时，尸检必须有特殊注意事项。潜水死亡中的空气栓塞或气体聚积最好使用 CT 进行检查，但如果没有这种设备，则必须在尸检前进行胸片检查，因为影像学检查可以充分显示栓塞的空气量（图 13.5）[59-62]。胸片在任何类型的气压伤中都是必不可少的检查，因为它也可以显示气胸，气胸通常是空气栓塞的原因。

空气栓塞的死亡机制是右心“泵衰竭”。空气充满大静脉、右心房和右心室，因为空气是可压缩的，所以心脏在收缩期无法将泡沫泵出。除非存在血管分流，否则空气不太可能穿透肺毛细血管，因此除了减压病，左心腔难以检见泡沫。

尸体影像学检查后，须仔细检查尸体是否有组织肿胀，特别是在上胸部和颈部区域，在减压病时由于肺损伤或气胸（或两者）的气体泄漏，气泡可能形成外科性肺气肿，表现为有捻发音。

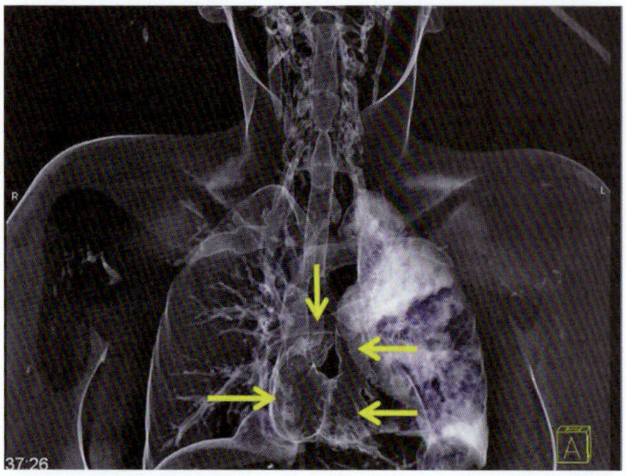

图 13.5　头部枪伤的 CT 数据前后位（AP 位）空气重建视图。仅软组织和气体边界可见。在纵隔内，仅显示了右心房、右心室、主动脉和右肺动脉（箭头），因为其中含有气体（转载经 C. Jackowski 教授许可）

对于疑似空气栓塞的案件，应该首先解剖尸体头部，在大脑动脉中仔细寻找空气栓子，但有些法医病理书籍错误地建议在大脑皮质静脉中检查空气栓子，这是不正确的。空气栓子无法通过静脉系统到达大脑表面的软脑膜静脉，因为空气栓子无法经过颈静脉逆行通过复杂的颅内静脉窦抵达大脑皮质表面。在动脉空气栓塞的罕见情况下，它们也不能通过穿透大脑的毛细血管床到达相同的静脉。正如 30 年前所证明的那样，这些气泡是人为产生的，可以在许多常规尸检中看到，这些尸检中不可能出现空气栓塞的问题。

应该检查基底动脉是否有空气，在减压过程中，当空气进入肺部的动脉系统时，空气可以到达基底动脉。轻轻移除颅盖骨，打开硬脑膜，小心抬起大脑，将小动脉钳夹在颈内动脉和椎动脉的颅内部分。在大脑取出之前，于血管钳下方切断血管后将脑组织浸没在水中，取下动脉钳夹后，观察血管末端是否有气泡逸出。

在胸壁以适合气胸检验的方式分离皮肤和皮下软组织，提起胸壁皮肤组织使其呈囊状，盛水后用刀在水面下刺破肋间肌，左、右两侧均要进行气胸检验，该方法仅能在张力性气胸中获得阳性结果。

接下来检验腹部，尤其应仔细检查空气可能通过子宫进入的部位。移动肠道时应轻柔，检查肠系膜静脉是否有气泡。仔细检查下腔静脉、髂总静脉和各种盆腔静脉，如有必要，可向腹腔中注水且在水中打开检查。

然后，小心地移除胸骨和肋软骨，此阶段最好保持胸骨柄和上肋骨完整，以避免损坏胸腔入口的大血管。应检查上腔静脉是否有气泡。心包打开后，在水面下刺破左、右心室。

Bajanowski 等认为，必须用肺活量测定器来测量和储存来自心室的气体[63, 64]。肺活量测定器中以含有 2 滴吐温 80（表面活性剂）的蒸馏水进行完全填充，从而降低水的表面张力，防止小气泡黏附在肺活量测定器的壁上。随后，在诊断为空气栓塞时应通过气相色谱法对气体进行分析，并根据 Pierucci 和 Gherson 定义的标准对结果进行评估（图 13.6，图 13.7）[65, 66]。

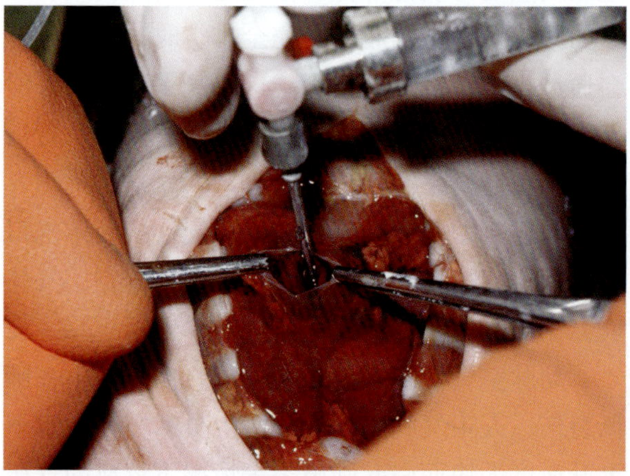

图 13.6　应使用肺活量测定器从心室中回收气体，回收的气体可用于气相色谱分析

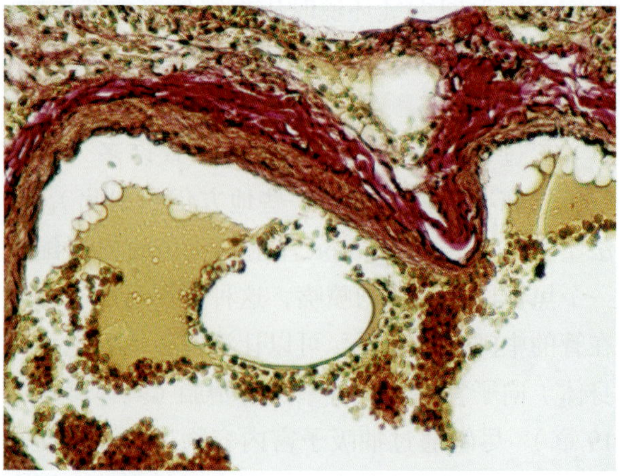

图 13.7　白细胞和血小板聚集在一个空白区域，即血液中“气泡”的周围，这被认为是静脉空气栓塞的证据（图经 E. Lignitz 教授许可转载）

如果存在的气体量足够大，大到可以造成致死的空气栓塞，泡沫状血液将非常明显地从心室腔中逸出，并几乎总是从右心室逸出。如果空气栓塞较为明显，X 线片上可以检见。

如果尸检距死亡时间较长，空气会发生消散，且可能会溶解到组织中。因为腐败气体的产生，身体任何程度的腐败都能否定空气栓塞的诊断。

心内膜下出血

大量法医尸检的一个显著特征，特别是对于严重创伤的受害者，是左心室心内膜下明显出血。心内膜下出血通常非常明显，是临死前发生严重损害。

虽然这种出血自 20 世纪以来就有研究对其进行描述，但直到 19 世纪 40 年代 Sheehan 在研究流产以及与妊娠有关的急性出血病例时才进行了专门研究；其以前被称为 Sheehan's haemorrhages（席汉出血）。

心内膜下出血多见于左心室、室间隔、心室游离壁对侧乳头肌和其相邻的肉柱。出血呈火焰状且融合，而不是呈点状的，多呈连续片状而非斑块状。出血是在心内膜下很薄的一层，但是严重的时候可能会使心内膜上升成一个扁平的水疱，可以在光滑的隔膜上感觉到。产生的机制不清楚，但它们通常出现在以下情况：

- 突然、严重的低血压之后，可能由于严重失血或者广义上的休克导致。
- 颅内损伤后，由头部外伤、脑水肿、外科开颅术或大的颅内肿瘤引起。颅内突然减压似乎也与心内膜下出血有关。
- Sheehan 发现产科疾病更易导致心内膜下出血，如产前或产后出血、异位妊娠破裂、各种类型的流产和子宫破裂导致的死亡。
- 各种形式的中毒，尤其是急性重金属中毒，特别是砷中毒。作者（BK）见过的最严重的心内膜下出血是大量含砷氧化物引起的自杀中毒，在室间隔上心内膜隆起成血疱。

出血速度会很快，在几次心跳之内。作者（BK）曾遇到军用飞机坠毁的案件，心脏从底部撕裂，出现了明显的心内膜下出血，这种情况显然能够导致即刻死亡。Hellerich 和 Pollak 在飞机坠毁案件中也报告了类似的观察结果，他们将这些现象归因于撞击时局部组织擦伤[67]。常见的原因可能是血压骤减，有学者认为，如果心室内压力骤降，因冠状动脉系统与心室腔内压力相等而导致冠状动脉内现有血压不能支撑冠状动脉血液穿过心内膜，从而发生心内膜浅表血管的破裂。该现象也常见于颅内病变，因此该理论有缺陷。对山羊的实验研究表明，提前进行迷走神经切断术可防止心内膜下出血的发生，这表明这种现象是由自主神经系统介导的。为了支持这一假设，它们被认为是 Virchow 三联征“肺水肿、胃糜烂和心内膜下出血”的一部分，见于头部损伤和颅内压升高的案例。

Keil 等比较了 175 例心内膜不同程度出血样本的大体和显微镜下结果，仅有 8.6% 的患者表现出组织学相关性，可以被证实为出血，而 53.7% 的患者仅表现为充血，37.7% 的患者无法通过显微镜进行证实。作者未能对这些发现给出令人满意的解释，因为这些心内膜下出血似乎与位置无关，也没有由于死亡原因或复苏措施不同而表现不一样[68]。在 Harruf 的一系列 1 034 例连续法医尸检中，观察到 43 名个体有心内膜下出血，其中 26 人（60%）死于头部损伤[69]。Plattner 等对 1 331 份法医尸检报告的分析显示，头部损伤和大失血可单独或联合构成心内膜下出血相关死亡的主要原因。心内膜下出血的发生率在大失血中为 50%，在联合失血和头部损伤中为 80%，在单独头部外伤中为 31%。因此，心内膜下出血是法医尸检中致死性大失血和脑损伤的重要指征[70]。

肾上腺出血所致猝死

肾上腺出血虽然不常见，但是一种公认的终末期现象，通常是在身体其他部位受到创伤后发生。

最初，这些出血被认为仅限于儿童脑膜炎球菌败血症，称为 Waterhouse-Friderichsen 综合征（沃-弗综合征）。现已认识到，肾上腺出血是对压力的一般性反应，脑膜炎球菌感染属于其中的一种。

在近 5 年完成的 4 890 例尸检案件中，作者（BK）在尸检记录中发现了 16 例肾上腺出血（旧称），出血发生率约为 0.3%。

在这 16 例案件中，超过一半（9 例）是双侧肾上腺出血。男性多于女性，可能是因为男性遭受的创伤更大。其次是婴儿，婴儿均患有脑膜炎球菌感染。

在这些案例中，没有一个成人病例在临床上被诊断为甚至怀疑为肾上腺出血。肾上腺出血大多数发生在交通事故后，其次是在手术后、其他创伤或中毒后，再次是在高血压和慢性肾衰竭后。肾上腺出血最常见的共同特征是创伤，无论是直接外伤还是手术创伤。突然昏迷并迅速死亡通常发生在创伤后几天，一般为 2～21 天。

尸检可发现一个或两个肾上腺肿块，约胡桃大小（直径 3～5 cm），皮质紧密包裹占据髓质的血肿。出血常为暗红色，较为新鲜，尽管偶尔有一个棕褐色出血区域说明为陈旧性出血。

伦敦圣托马斯医院（St Thomas's Hospital）医院已故的 Hugh Johnson 教授收集了 150～200 例肾上腺出血的尸检病例（未发表），认为它们主要分为六大类：

- 各种类型的创伤。Johnson 认为，右侧腺体出血为主是因为英国交通方向的原因，行人经常受到右侧的撞击。
- 围产期、新生儿或死产婴儿，尤其是臀位分娩或胎儿缺氧。
- 婴儿期和儿童期，尤其是脑膜炎球菌感染和弥散性血管内凝血。
- 感染和手术后败血症，通常由革兰氏阴性菌引起。有时也会对肾上腺造成直接的手术创伤，如在胃癌手术中。
- 肿瘤：出血是肿瘤组织在肾上腺脉管系统沉积或侵犯的表现。
- 中央静脉血栓形成所致肾上腺梗死。

（董红梅　译）

参考文献

[1] Sandler DA, Martin JF. Autopsy proven pulmonary embolism in hospital patients: are we detecting enough deep vein thrombosis? *J R Soc Med* 1989; 82(4): 203–5.

[2] Patriquin L, Khorasani R, Polak JF. Correlation of diagnostic imaging and subsequent autopsy findings in patients with pulmonary embolism. *Am J Roentgenol* 1998; 171(2): 347–9.

[3] Knight B. Fatal pulmonary embolism: factors of forensic interest in 400 cases. *Med Sci Law* 1966; 6(3): 150–4.

[4] Knight B, Zaini MR. Pulmonary embolism and venous thrombosis. A pattern of incidence and predisposing factors over 70 years. *Am J Forensic Med Pathol* 1980; 1(3): 227–32.

[5] Zaini MRS. Medicolegal aspects of pulmonary embolism. In: *Medical Faculty*. Cardiff: University of Wales, 1981.

[6] Lau G. Pulmonary thromboembolism is not uncommon – results and implications of a five-year study of 116 necropsies. *Ann Acad Med Singapore* 1995; 24(3): 356–65.

[7] Dickens P, *et al*. Fatal pulmonary embolism: a comparative study of autopsy incidence in Hong Kong and Cardiff, Wales. *Forensic Sci Int* 1997; 90(3): 171–4.

[8] Menaker J, Stein DM, Scalea TM. Incidence of early pulmonary embolism after injury. *J Trauma* 2007; 63(3): 620–4.

[9] Steiner I. Pulmonary embolism – temporal changes. *Cardiovasc Pathol* 2007; 16(4): 248–51.

[10] Fineschi V, *et al*. Histological age determination of venous thrombosis: a neglected forensic task in fatal pulmonary thrombo-embolism. *Forensic Sci Int* 2009; 186(1–3): 22–8.

[11] Zenker FA. *Beiträge zur Anatomie und Physiologie der Lunge*. Dresden: Braunsdorf, 1861.

[12] Bergman EB. Ein fall tödlicher fettembolie. *Klin Wochenschr* 1873; 10: 385–7.

[13] Scriba J. Untersuchungen über die Fettembolie. *Langenbeck's Arch Surg* 1879; 12(1): 118–220.

[14] Lehman EP, Moore RM. Fat embolism including experimental production without trauma. *Arch Surg* 1927; 14: 621–6.

[15] Peltier LF. An appraisal of the problem of fat embolism. *Surg Gynecol Obstet* 1957; 104(4): 313–24.

[16] Bergentz SE. Studies on the genesis of posttraumatic fat embolism. *Acta Chir Scand Suppl* 1961; Suppl 282: 1–72.

[17] Sevitt S. *Fat Embolism*. London: Butterworth, 1962.

[18] Ellis HA, Watson AJ. Studies on the genesis of traumatic fat embolism in man. *Am J Pathol* 1968; 53(2): 245–51.

[19] Edland J. Post-traumatic fat embolism. In: Wecht C (ed). *Legal Medicine Annual*. New York: Appleton Century Crofts, 1971.

[20] Buchanan D, Mason JK. Occurrence of pulmonary fat and bone marrow embolism. *Am J Forensic Med Pathol* 1982; 3(1): 73–8.

[21] Giannoudis PV, Tzioupis C, Pape HC. Fat embolism: the reaming controversy. *Injury* 2006; 37 Suppl 4: S50–8.

[22] Husebye EE, Lyberg T, Roise O. Bone marrow fat in the circulation: clinical entities and pathophysiological mechanisms. *Injury* 2006; 37 Suppl 4: S8–18.

[23] Mason JK. Pulmonary fat and bone marrow embolism as an indication of ante-mortem violence. *Med Sci Law* 1968; 8(3): 200–6.

[24] Nikolic S, *et al*. [Post-traumatic pulmonary and systemic fat embolism in forensic practice. Prospective histological study]. *Srp Arh Celok Lek* 2000; 128(3–4): 90–3.

[25] Hain JR. Subcutaneous corn oil injections, fat embolization syndrome, and death. *Am J Forensic Med Pathol* 2009; 30(4): 398–402.

[26] Flach PM, *et al*. Massive systemic fat embolism detected by postmortem imaging and biopsy. *J Forensic Sci* 2012; 57(5): 1376–80.

[27] Lengemann P. *Ueber die Schicksale verlagerter und embolisierter Gewebsteile im tierischen Körper*. Rostock: Wiesbaden, Bergmann, 1897, p. 70.

[28] Lubarsch O. Ueber knochenmarkgewebs-embolie. *Virchows Arch* 1898; 151(3): 546–9.

[29] Maximow A. Zur lehre von der parenchymzellen-embolie der lungenarterie. *Virchows Arch* 1898; 151(2): 297–318.

[30] Rappaport H, Raum M, Horrell JB. Bone marrow embolism. *Am J Pathol* 1951; 27(3): 407–33.

[31] Fisher JH. *Bone marrow embolism. Am J Pathol* 1951; 27(4): 701–2.

[32] Schmidt JH. Fatal bone marrow embolism following thoracotomy. *Am J Surg* 1958; 95(1): 94–101.

[33] Yoell JH. Bone marrow embolism to lung following sternal puncture. *AMA Arch Pathol* 1959; 67(4): 373–4.

[34] Winkel EC, Brown WG. Bone marrow embolism following closed chest cardiac massage. *JAMA* 1961; 178: 329–31.

[35] Dzieciol J, *et al*. Widespread myocardial and pulmonary bone marrow embolism following cardiac massage. *Forensic Sci Int* 1992; 56(2): 195–9.

[36] Tsokos M, *et al*. Histologic, immunohistochemical, and ultrastructural findings in human blast lung injury. *Am J Respir Crit Care Med* 2003; 168(5): 549–55.

[37] Siegel H, Helpern M, Ehrenreich T. The diagnosis of death from intravenous narcotism. With emphasis on the pathologic aspects. *J Forensic Sci* 1966; 11(1): 1–16.

[38] Hopkins GB, Taylor DG. Pulmonary talc granulomatosis. A complication of drug abuse. *Am Rev Respir Dis* 1970; 101(1): 101–4.

[39] Siegel H. Human pulmonary pathology associated with narcotic and other addictive drugs. *Hum Pathol* 1972; 3(1): 55–66.

[40] Rajs J, Harm T, Ormstad K. Postmortem findings of pulmonary lesions of older datum in intravenous drug addicts. A forensic-pathologic study. *Virchows Arch A Pathol Anat Histopathol* 1984; 402(4): 405–14.

[41] Janssen W, Trubner K, Puschel K. Death caused by drug addiction: a review of the experiences in Hamburg and the situation in the Federal Republic of Germany in comparison with the literature. *Forensic Sci Int* 1989; 43(3): 223–37.

[42] Tomashefski Jr, JF, Felo JA. The pulmonary pathology of illicit drug and substance abuse. *Curr Diag Pathol* 2004; 10(5): 413–26.

[43] Passarino G, *et al*. Histopathological findings in 851 autopsies of drug addicts, with toxicologic and virologic correlations. *Am J Forensic Med Pathol* 2005; 26(2): 106–16.

[44] Dettmeyer RB, *et al*. Widespread pulmonary granulomatosis following long time intravenous drug abuse. A case report. *Forensic Sci Int* 2010; 197(1–3): e27–30.

[45] DiMaio VJ, DiMaio DJ. Bullet embolism: six cases and a review of the literature. *J Forensic Sci* 1972; 17(3): 394–8.

[46] Jones AM, Graham NJ, Looney JR. Arterial embolism of a highvelocity rifle bullet after a hunting accident. Case report and literature review. *Am J Forensic Med Pathol* 1983; 4(3): 259–64.

[47] Adelson L. Bullet embolism with radiologic documentation. A case report. *Am J Forensic Med Pathol* 1984; 5(3): 253–6.

[48] Guileyardo JM, *et al*. Renal artery bullet embolism. *Am J Forensic Med Pathol* 1992; 13(4): 288–9.

[49] Pollak S, Ropohl D, Bohnert M. Pellet embolization to the right atrium following double shotgun injury. *Forensic Sci Int* 1999; 99(1): 61–9.

[50] Lucena JS, Romero C. Retrograde transthoracic venous bullet embolism. Report of a case following a single gunshot with multiple wounds in the left arm and chest. *Forensic Sci Int* 2002; 125(2–3): 269–72.

[51] Slobodan S, Slobodan N, Djordje A. Popliteal artery bullet embolism in a case of homicide: a case report and review of the tangible literature. *Forensic Sci Int* 2004; 139(1): 27–33.

[52] Ashbaugh DG, *et al*. Acute respiratory distress in adults. *Lancet* 1967; 2(7511): 319–23.

[53] Ware LB, Matthay MA. The acute respiratory distress syndrome. *N Engl J Med* 2000; 342(18): 1334–49.

[54] Bellomo R, Kellum JA, Ronco C. Acute kidney injury. *Lancet* 2012; 380(9843): p. 756–66.

[55] Langenberg C, *et al*. The histopathology of septic acute kidney injury: a systematic review. *Crit Care* 2008; 12(2): R38.

[56] Mole RH. Fibrinolysin and the fluidity of the blood post mortem. *J Pathol Bacteriol* 1948; 60(3): 413–27.

[57] Moore RM, Braselton CW. Injections of air and of carbon dioxide into a pulmonary vein. *Ann Surg* 1940; 112(2): 212–8.

[58] Polson CJ. *Essentials of Forensic Medicine*. Oxford: Pergamon Press, 1963.

[59] Jackowski C, *et al*. Visualization and quantification of air embolism structure by processing postmortem MSCT data. *J Forensic Sci* 2004; 49(6): 1339–42.

[60] Dedouit F, *et al*. Post-traumatic venous and systemic air embolism associated with spinal epidural emphysema: multi-slice

computed tomography diagnosis. *Forensic Sci Int* 2006; 158(2–3): 190–4.

[61] Gao GK, *et al*. Cerebral magnetic resonance imaging of compressed air divers in diving accidents. *Undersea Hyperb Med* 2009; 36(1): 33–41.

[62] Persson A, Lindblom M, Jackowski C. A state-of-the-art pipeline for postmortem CT and MRI visualization: from data acquisition to interactive image interpretation at autopsy. *Acta Radiol* 2011; 52(5): 522–36.

[63] Bajanowski T, West A, Brinkmann B. Proof of fatal air embolism. *Int J Legal Med* 1998; 111(4): 208–11.

[64] Bajanowski T, *et al*. Proof of air embolism after exhumation. *Int J Legal Med* 1999; 112(1): 2–7.

[65] Pierucci G, Gherson G. [Experimental study on gas embolism with special reference to the differentiation between embolic gas and putrefaction gas]. *Zacchia* 1968; 4(3): 347–73.

[66] Pierucci G, Gherson G. [Further contribution to the chemical diagnosis of gas embolism. The demonstration of hydrogen as an expression of ‘putrefactive component’]. *Zacchia* 1969; 5(4): 595–603.

[67] Hellerich U, Pollak S. Airplane crash. Traumatologic findings in cases of extreme body disintegration. *Am J Forensic Med Pathol* 1995; 16(4): 320–4.

[68] Keil W, Rothamel T, Troger HD. [Subendocardial hemorrhage from the forensic medicine viewpoint]. *Beitr Gerichtl Med* 1991; 49: 45–53.

[69] Harruff RC. Subendocardial hemorrhages in forensic pathology autopsies. *Am J Forensic Med Pathol* 1993; 14(4): 284–8.

[70] Plattner T, Yen K, Zollinger U. The value of subendocardial haemorrhages as an indicator of exsanguination and brain injury – a retrospective forensic autopsy study. *J Forensic Leg Med* 2008; 15(5): 325–8.

第 14 章

窒息死与窒息

- 窒息的性质
- 机械性窒息
- 窒息的典型征象
- 窒息死
- 捂死
- 哽死
- 创伤性窒息
- 体位性窒息
- 参考文献

传统上，每本法医学教科书均设有题为“窒息”的章或节，但这在某种程度上并不准确，因为在这一标题下所描述的许多案例并非真正意义上的窒息。然而，实际也很难找到一个简明扼要的词来替代窒息，除非对具体情况逐一分类并描述，更何况还有一些复杂死亡原因的存在。因此，本书仍保留了传统的标题，但需要强调的是，以往将多种死因都归为窒息这一死亡机制是既不恰当也不准确的。

窒息的性质

尽管根据词源，“asphyxia”的意思是“无脉搏”，但常见用法使该词的含义与“缺氧”画上了等号。有趣的是，该词的原意恰巧可用来描述某些因颈部受压导致的死亡。在该类案件中，心脏停搏是导致“无脉搏”的主要死亡机制，而非缺氧。

回到常见用法，窒息（asphyxia）通常指的是对呼吸的一系列干扰导致的缺氧。呼吸的根本目的是将空气中的氧气输送到机体周围组织细胞。任何干扰氧气运输的情况均可称为窒息，尽管其他术语如缺氧（hypoxia）或低氧（anoxia）更为准确，甚至可作为首选。

以下情况可被合理地认为是呼吸链的中断，均属于窒息的范畴：

- 外部大气中的氧分压消失或降低，如大气压降低或氧气被惰性气体（如氮气或二氧化碳）替代。
- 外呼吸道阻塞，如捂死（smothering）或堵死（gagging）。
- 咽、喉、气管或支气管等呼吸道堵塞。
- 胸廓的呼吸运动受限，不能顺畅地将空气吸入呼吸道，如创伤性窒息（traumatic asphyxia）、脑干脊髓损伤或摄入箭毒类药物引起的呼吸肌瘫痪。
- 患有妨碍或降低气体交换的肺部疾病，如大面积肺炎、肺水肿、成人呼吸窘迫综合征、弥漫性肺纤维化，以及其他多种可能导致缺氧的疾病；但这些情况通常不是法医关注的重点。
- 心功能下降导致的血氧循环受阻可被视为一种窒息，有时也被称为循环障碍性缺氧；这些情况也同样较少涉及法医问题。
- 血液运输氧气的能力下降也可被视为窒息，如严重贫血、一氧化碳取代氧气与血红蛋白结合等。

- 在氰化物中毒等情况下，细胞色素氧化酶系统失活，外周组织细胞无法利用血液输送氧气。

现已有几种窒息的分类方式，如 McIntyre 和 Shapiro 制定的窒息分类等[1, 2]。

机械性窒息

在法医学领域，与窒息相关的通常是机械性窒息（mechanical asphyxia），而非前文所提及的一些机体内部变化，后者更有可能由疾病或中毒所致。

在海平面标准下，血氧含量（PO_2）的正常值因个体的年龄和健康状况而异。中青年的动脉血氧含量几乎处于完全饱和的水平，为 90～100 mmHg（12～13 kPa），而 60 岁以上的人血氧含量可降至 60～85 mmHg（8～11 kPa）[3]。与年轻群体的正常值形成对比的是，轻度缺氧者的血氧含量约为 60 mmHg（8 kPa），而致命性的重度缺氧者血氧含量将下降至 20～40 mmHg（3～5 kPa）。

遗憾的是，对于法医病理学家来说，分析死后血液中的氧含量对判断死因是否为窒息毫无意义，因为机体的死后变化会快速改变气体分布，使检测结果失去参考价值。

术语的定义

有许多不同的术语被用来描述各种类型的机械性窒息，但其中一些术语相互混淆或不够准确：

- 窒息死（suffocation*）是一个通用术语，指因呼吸环境中缺乏氧气或外部气道受阻引起的缺氧性死亡。
- 捂死（smothering）的定义则更为具体，通常是指由手或柔软的织物造成的外部气道受阻。捂死又有堵死（gagging）的情况，即用织物或胶布堵住嘴，以防止受害者说话或喊叫。在此情形下，若鼻腔能够保持通畅，则仍可以吸入空气，但随着呼吸道黏液的分泌和（或）水肿的发生，受害者最终会堵塞鼻腔从而导致死亡。
- 哽死（choking）是指上呼吸道被异物堵塞，但也可指徒手扼死。
- 扼死（throttling）类似于勒死，通常指用手掐，该词很少指用绳索勒死。
- 勒死（strangulation）的定义最为明确，指用手或绳索对颈部施加外部压力。“Garrotting”曾用于指勒死，但更准确地说，它仅指西班牙的一种司法处决。目前世界各地还存在其他类似的情况，如在印度指用弹性棍子或称作“lathi”的警棍压迫颈前部。
- “锁喉”（mugging）最初是指在他人背后弯曲手臂对其颈部施加压力，但该词最近在美国泛指任何类型的暴力抢劫行为。最近，执法人员还以臂锁（arm-lock）作为束缚手段，有时臂锁也会造成致命的后果。

顺带一提，在逮捕期间发生的一些死亡事件中，如当警察与醉酒或吸毒的罪犯发生暴力冲突时，后者可在没有颈部或胸部压迫的情况下发生死亡。虽然具体机制尚不清楚，也无法在尸检中被客观证实，但该类死因暂被认为是应激反应时释放大量的儿茶酚胺诱导的心律失常。此外，这些死者大多接受了高强度的心肺复苏抢救，因此儿茶酚胺作用下出现的任何征象，如心肌收缩带的坏死，均难以与抢救所致的征象相鉴别。

窒息的典型征象

多年来，对窒息死的鉴定是通过将尸检发现与一系列窒息的典型征象进行对照开展的。但目前已明确的是，这些征象大多数是非特异性的，

* 译者注：国内常将 suffocation 译为闷死，是用了该词的前半部分释义，即由于局部环境缺氧所发生的窒息死。

在没有其他确凿证据的前提下，几乎不能依靠它们做出判断。Lester Adelson 曾尖锐地将这些征象称为“过时的诊断五重奏”[4]。

在许多非常明确的缺氧性死亡案例中，这些典型征象并不存在；反而某种程度上存在于一些非缺氧的案例中。法医病理学家面临的主要困难是，无法仅凭缺氧（hypoxia）来明确是否为窒息，单纯的缺氧也没有特征性的尸体征象，大多数所谓的鉴定标准（即“典型征象”）是由缺氧以外的因素造成的。

进一步造成混淆的是，在一些明显存在缺氧条件的情况下，如受害者进入低氧性环境中、气管突然被食物堵塞或被塑料袋套在头上时，在缺氧因素有足够时间产生典型征象之前，死亡常常突然、快速地发生。

对每个典型征象都必须开展深入的研究。

瘀点性出血

瘀点性出血（petechial haemorrhages）指位于皮肤、巩膜或结膜，以及胸膜或心包膜上的少量针尖样出血，大小为 0.1～2 mm。大于 2 mm 则称为瘀斑（ecchymoses）（图 14.1，图 14.2）。

瘀点性出血通常被称为 Tardieu 斑，但这一名称应仅限于指代出现在脏胸膜上的瘀点。Tardieu 斑最早在 1860 年由 Ambroise Tardieu 教授（1788～1841 年，法国巴黎）报道，其用“遍布”一词来描述在婴儿尸体上发现的瘀点性出血[5]。另一个常见的错误是将瘀点归因于毛细血管的破裂，但毛细血管出血实际上是肉眼不可见的，其真正形成的原因是小静脉出血。

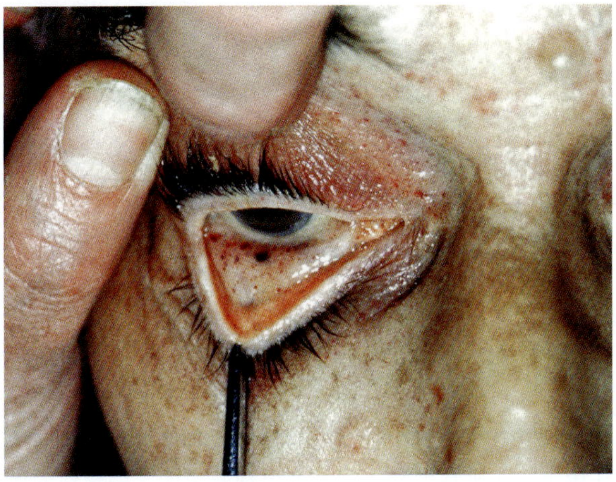

图 14.1 被扼死者的眼部出现瘀点性出血。面部皮肤也有一些瘀点性出血

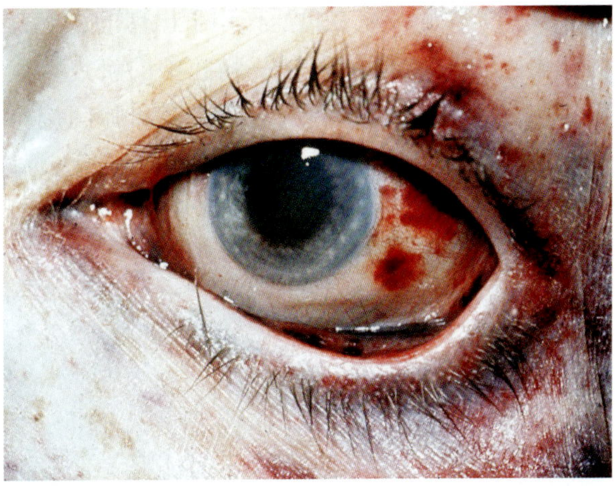

图 14.2 被扼死者的巩膜出血，相较一般的瘀点性出血要大。下眼睑也可观察到瘀点性出血

当静脉压力急剧上升，血管壁菲薄的外周静脉会被过度拉伸和破裂，从而导致瘀点性出血，其常见于胸膜、心外膜等缺乏支撑的浆膜以及眼睑等相对松弛的组织。传统上认为，静脉壁缺氧也是瘀点性出血形成的附加因素，但这一推测缺乏实验依据。在静脉压力上升时，相应损伤会快速形成，如在剧烈打喷嚏或咳嗽后会立即出现瘀点性出血，但此时并无缺氧发生。

瘀点性出血常见于因颈部受压或胸部活动受限死者的面部和眼部。在被用手或绳索勒死的案例中，死者颈静脉被压闭，头部静脉血回流受阻，与此同时，由于颈动脉和椎动脉位于深处不易被压迫，仍能保证动脉血的供应，进而促使头部静脉充血，静脉压快速上升。静脉血量增加和液体渗出加剧会导致组织肿胀，随之在上眼睑、前额皮肤、耳后皮肤、口周皮肤、结膜和巩膜等部位出现瘀点性出血。上述静脉充血也会导致鼻黏膜和外耳道出现瘀点性出血。

在内部组织和器官中，瘀点性出血常见于胸腔浆膜，而腹腔浆膜则几乎不会出现瘀点性出血。这与胸腔的解剖学构造有关，此处浅表的小静脉缺乏支持，在静脉压力上升时容易发生破裂。也有学者推测在气道闭塞时尝试呼吸，可能会导致胸膜腔内压突然急剧下降，形成瘀点性出血，机制类似于皮肤在负压作用下出现的大量针尖样出血。如 Tardieu 所述，胸腔中的瘀点性出血常见于脏胸膜，特别是在叶间裂和肺门周围（图 14.3）。

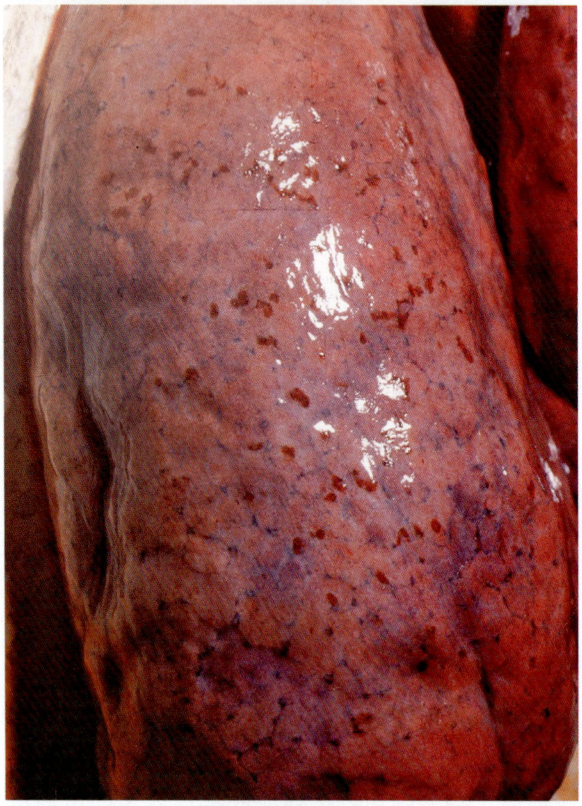

图 14.3 被扼死者的胸膜下瘀点性出血——真正的“Tardieu 斑”。该发现已不再被认为是窒息的特异性征象，少量的瘀点性出血在与窒息无关的尸检中均可出现

瘀点性出血同样常见于心脏表面，特别是在心底冠状沟周围的心外膜上，这类瘀点性出血已被证实会在死后出现或加剧，实际上是一种死后现象。在婴幼儿和儿童中，胸腺或退化残留的胸腺组织可出现大量瘀点性出血。有报道称，在婴儿猝死综合征中，瘀点性出血局限于胸腺皮质，而在其他类型的窒息案例中，瘀点性出血会分散出现于整个胸腺，但该结论尚存疑。

除了易出血体质者外，壁胸膜或腹膜很少发生瘀点性出血。在大脑中，瘀点性出血可出现于白质；而在蛛网膜下隙，此处浅表的静脉急剧充血破裂，可形成较大面积的瘀斑，类似机制同样会导致头皮下出现大量瘀点性出血和瘀斑。尸检分离头皮时需要谨慎小心，因为在翻开头皮皮瓣的过程中，可能会造成大量出血，这是常见的人为死后损伤。

瘀点性出血也可随着死亡时间的延长而消失。Betz 等的研究显示，在腐败发生或尸体被淡水浸泡的情况下，结膜瘀点性出血可能会消失[6]。

瘀点性出血的意义

对瘀点性出血做出解释面临的困难不一。首先，皮肤和内脏的瘀点性出血，尤其是后者，可在死后出现和加剧，毫无疑问属于死后现象。Gordon 和 Mansfield 已经通过建立方程证明了这一点，即瘀点性出血的出现和数量与死亡时间具有相关性，这与其他类似的死后出血征象一致，如 Prinsloo 和 Gordon 发现的喉后壁瘀点性出血[7, 8]。

体位同样会影响瘀点性出血的出现。在各种非机械性窒息死的案例中，瘀点性出血常见于尸体的正面或背面，通常也伴随有较大的瘀斑。瘀点性出血和瘀斑也常见于尸斑部位，尤其是在各类先心病所致的充血性心力衰竭死亡的情况下。尸斑部位的瘀点性出血同样具有时序性规律，死亡时间越长，瘀点性出血出现的可能性就越大，也更为明显。

如果死者处于异常体位，如身体从床上滑落，或被发现时头部处于低下部位，尸体通常会出现明显的充血、发绀和瘀点性出血（图 14.4）。

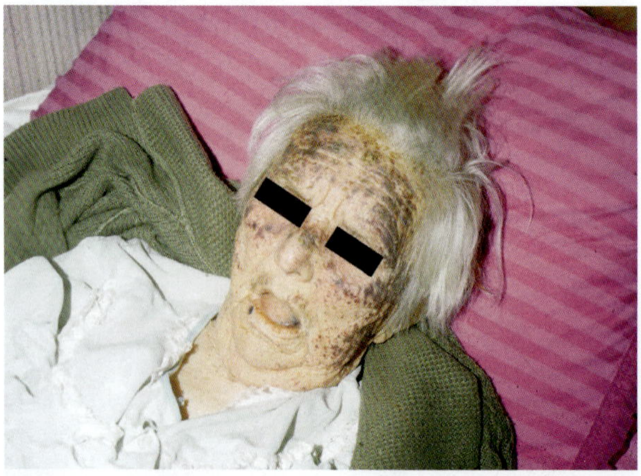

图 14.4 一名老年女性从床上滑落，被发现时死者的腿在床上，头垂在地板上，面部出现密集的、融合性的瘀点性出血。这种体位性窒息征象可随尸斑的加重而变得更为明显

在生活中偶尔也会出现这种异常体位，如服药过量者、酗酒者和老年人，当他们的上半身朝下，呼吸困难加剧并导致死亡时，生前与死后的瘀点性出血将更加难以区分。

在尸检过程中遇到的另一个问题是并非所有胸膜上的点状病变都属于瘀点性出血。Zaini 和 Knight 指出，许多明显的瘀点性出血要么是静脉扩张（静脉湖），要么是胸膜下微结节或色素灶[9]。

Lasczkowski 等以及 Wyss 和 Lasczkowski 应用 CLSM 和免疫组织化学法研究结膜瘀点性出血的生成机制、生物活性和形成时间，其研究表明结膜瘀点性出血是由血管破裂出血引起的。为区分生前瘀点性出血和死后征象，他们检测了不同案例样本（生前瘀点性出血组：n=65*；死后征象组：n=12；对照组：n=19）中内皮细胞黏附因子 P-选择素（P-selectin）的表达，以明确血管损伤时间。除了存活时间为数分钟且血管淤血非常严重的部分案例，CLSM 检测结果表明，在（生前瘀点性出血组的）血管破裂部位均有强烈的内皮反应；但在未遭受机械性损伤的血管及死后破裂的血管中，均未检测到 P-选择素的显著表达改变。因此，上述研究建议可以将 P-选择素的表达水平作为鉴别生前瘀点和死后征象的指标[10, 11]。

总之，将瘀点性出血作为反映缺氧状态或窒息过程的指标是极为不可靠的。瘀点性出血通常是静脉血回心时发生机械性阻塞，是静脉充血的结果，或者是气道闭塞时尝试呼吸所致。瘀点性出血和瘀斑是常见的非特异性尸检发现，许多是死后生成的，尤其与体位有关。瘀点性出血在许多非窒息死情况下皆可出现，在大多数常规尸检中，均可发现叶间裂和肺门周围的瘀点性出血。相反，在某些明确已发生窒息的死亡案例中（如溺水、塑料袋套头所致窒息和进入缺氧环境），瘀点性出血却很少出现。

除非尸体被发现时的体位是脸朝下或头朝下，在其他情况下，眼睑、结膜、巩膜和面部皮肤的瘀点性出血可具有鉴别意义，需要重点观察。

充血和水肿

窒息死的另一个典型征象是充血（congestion），其仍是静脉回流受阻的结果，且相较于瘀点性出血更加缺乏特异性。当颈部被压迫时，脸部、口唇和舌头会肿胀发红。充血时的真正颜色变化通常是因发绀而变为暗红。内部器官也会充血，在勒死案例中，静脉回流受阻平面以上的舌、咽、喉部的充血最为明显。在胸部受压的情况下，呼吸运动受阻会引起静脉压力急剧上升，并伴有发绀。

如果静脉回流持续受阻，充血常伴有组织肿胀。水肿（oedema）是组织液通过毛细血管和静脉壁快速渗出的结果，同样主要是由静脉回流受阻、静脉压升高所致。有报道称，血管内皮缺氧会导致血管壁渗透性增高，但在其他原因引起的一般性缺氧情况下，不会出现勒死案例中受害者那样明显的组织肿胀。

在勒死案例中，缺氧仅持续几分钟，组织液也会快速渗透至脑组织，在这种情况下，显而易见的缺氧可能只是导致脑水肿的附加影响因素。缺氧所致的死亡中也常见肺水肿，是由过多的组织液进入肺泡所致，其形成机制更不明确，可能是缺氧和肺血管压力升高共同作用的结果。在勒死的情况下，口鼻处可有大量泡沫溢出，然而在其他扼死（throttling）案例中，该现象可能缺如。肺水肿也是一种常见的、非特异性的现象，可出现在各类死亡案例中，因此，其对窒息死的鉴别意义并不大。

发绀

血液的颜色取决于红细胞中氧合血红蛋白和还原血红蛋白的绝对数量。当缺氧时，充分氧合的、透红的正常皮肤可能会变成紫色或蓝色，事实上，“发绀”（cyanosis）一词来源于希腊语，

* 译者注：该组又按照存活时间——秒、分钟和小时 / 天进行细分，分别有 15 例、44 例和 6 例。

原意就是深蓝色。然而，皮肤发绀的程度取决于还原血红蛋白的绝对数量，而非还原血红蛋白与氧合血红蛋白的比例。在显著贫血的情况下，即使氧合血红蛋白与还原血红蛋白的比例很低，发绀也并不明显。无论血红蛋白的总量如何，每100 mL血液中的还原血红蛋白含量必须高于5 g，才会出现明显的发绀[12]。

在颈部受压的法医案例中，发绀几乎总是和面部充血一起出现，因为头颈部的静脉血回流受阻，血液中的还原血红蛋白含量累积增多，发绀愈加显著。如果气道受阻，肺通气减少，换气功能受到影响，就会导致动脉血中的氧含量减少，使所有器官和组织颜色变得暗红，加重面部发绀。但是，上述情况不会发生在勒死的最初阶段，是否会出现发绀取决于气道是否被完全或实质性阻塞，或胸廓的呼吸运动是否受限。

生前产生的发绀可能部分或全部被深紫色或蓝色的尸斑所掩盖，同时尸斑也可能被误认为是发绀，事实上，一些法医病理学家认为其不能反映生前情况，因而拒绝在死者身上使用“发绀”一词。

右心充血和血液的流动性

在窒息死尸检中描述血液异常流动的现象是常见的法医学谬误，几乎不用过多讨论就可以被否定。心腔和静脉系统内的死后凝血是一个最不稳定的过程，其形成也与窒息并无关系，而且这些凝血块最终会在纤溶酶的作用下被分解[13, 14]。

右心和大静脉充血也是一种非特异性的尸检结果，不能用以判断窒息过程。任何类型的充血性死亡，包括多种疾病引起的原发性心力衰竭，均可使静脉压和心内压增高，最终导致右心房和右心室充血。

窒息的尸检诊断

综上，从缺氧（hypoxia）的角度出发，窒息没有特征性的尸体现象。如前所述，所谓窒息的“典型征象”已被Adelson描述为“过时的诊断五重奏”，他进一步指出：“这些同时存在的尸体现象本身并不能证明死亡是由机械性窒息造成的，这些现象都是非特异性的，绝不是窒息死亡所特有的；在其他已经明确的由自然疾病引起的死亡案例中可经常观察到这些尸体现象，因此，其对机械性窒息死的诊断没有任何价值。”

在Swann和Brucer、Gordon和Turner、Shapiro、Camps和Hunt、Ely和Hirsch的重要著作中可查阅到关于“窒息征象”的分析及其他有益的提醒[15-19]。

在死后进行的血气分析也无法做出急性缺氧的诊断，因为机体死后变化（实际上是濒死期）会快速改变机体气体分布，使分析结果失去参考价值。只有在排除其他死因的情况下，仔细评估死亡情况和发生过程，对“窒息征象”进行谨慎鉴别，才能得出可靠结论。在窒息的尸检诊断中，最重要的是找到气道阻塞或其他局部创伤的原因，如体位性因素、颈部或胸部长期受压、气道阻塞或口鼻部堵塞的证据等。

如果仅仅基于充血、瘀斑等任何非特异性征象，而没有确凿的机械性窒息相关的环境性或实物性证据，就无法做出窒息死的推断。这一点怎么强调都不为过，如果没有相关证据，那么死因就只能待定。

缺氧和窒息的组织学和生物力学鉴定

许多人试图通过实验室技术，包括组织学、组织化学和各种生物化学方法，寻找缺氧和窒息的标志物。尽管很多人主张其价值，但类似检测几乎从未在刑事或民事诉讼中被应用，从事实角度出发，这些标志物是不可靠的。

鉴于对窒息相关机制的释义各不相同，甚至连术语都不统一，那么其标志物的模糊性和争议性也是显而易见的。如果将研究目标缩小至明确组织或细胞水平的缺氧程度，通过现有的一种或多种技术检测细胞损伤，也许能获得一定成果。然而，即使在这局限性的研究目标下，现有成果依然缺乏司法层面的可靠性。基于大量勒死、溺死和中毒死的动物实验，研究者可能编写了许多论文和著作，但其对法医病理学方面这个长期存在的问题并没有产生实际影响。缺血/缺氧导致的细胞死亡（特别是神经元或肌细胞）是研究热点，但在法医学中存在的问题是，即使在实验条件下，也需要相当长的缺氧时间——通常至少需要数分钟甚至数小时，才能检测到机体的变化，而在实际尸体检材中，持续存在的濒死期和死后变化也会影响到对细微的早期缺氧性损伤征象的发现。

肺部的组织学变化以及血液或玻璃体中的化学标志物的改变，如次黄嘌呤，也被认为可以反映一般性的缺氧，但这些技术尚未被应用于常规司法实践中[20-27]。

窒息死 *

窒息死（suffocation）以往被称为“无效空气”（vitiated atmosphere），通常指由于所处的呼吸环境中氧含量降低而导致的死亡。“窒息死”一词较少用来指捂死或哽死。空气中氧含量降低可发生在各种情况下。例如，机舱在高海拔发生故障，氧分压急剧下降（即减压），肺换气效能进而降低。然而，在某些情况下，如爆炸造成的机械性损伤和瞬间真空效应可能会使缺氧情况难以明确。

更常见的情况是大气中的氧气由于被其他气体替代（物理变化），或被燃烧（化学变化）而减少。在火灾中，缺氧可能是导致死亡的重要因素，尽管其他因素如吸入一氧化碳、氰化物及塑料燃烧释放的有毒物质，可能会比单纯性缺氧更快导致死亡。二氧化碳虽然本身无毒，但可能会在火场、石灰岩的水井和矿井中积累，从而导致窒息。近年来，也有流浪者为取暖而睡在石灰窑附近，因周围二氧化碳沉积导致窒息死的报道。

在现代农业装置，也就是谷仓塔中，二氧化碳也是造成窒息死的原因。大量谷物被储存在密闭的塔内，种子产生的二氧化碳会沉积在塔底。当泄粮过程遇到障碍时，农场工人会进入塔内进行清理。尽管有安全预防措施要求工人在进入之前应先进行通风，但仍有工人进入富含二氧化碳的谷仓塔内后突然死亡的案例[28-30]。

类似的危险同样存在于船舶水箱或其他工业金属舱中。在这些舱室中，氧气被氮气替代，这是因为潮湿的钢板生锈，在形成氧化铁的过程中消耗掉了大部分的氧气。在上述这些氧气被惰性气体替代的相关死亡案例中，在缺氧产生任何生理影响之前，受害者大多已发生突然死亡。本书作者（BK）就曾处理两起海员进入封闭船舶水箱后从梯子上摔落的死亡案例，推测死亡机制是化学感受器系统受到过度刺激，从而导致副交感“血管迷走性”心脏停搏。

即使死亡不是突然发生的，窒息的“典型征象”也几乎总是缺乏的。在室内，如果在没有通风的情况下使用取暖设备，可形成缺氧环境，从而造成机体缺氧死亡。在面积较小的房间内使用煤油或天然气设备取暖过夜时，死因通常是吸入了碳的氧化物（一氧化碳），但也有可能是因为所形成的缺氧环境而导致死亡，特别是当受害者堵住门窗缝隙以防止漏风时。木柴或煤炭由于需要烟道或烟囱通风才能燃烧，因此，不会产生上述情况。在所有类似的死亡案例中，必须先进行血气分析以排除一氧化碳中毒，一氧化碳是不完全燃烧的产物，特别是在较低的氧浓度下，热源在燃烧过程中会逐渐产生较二氧化碳更多的一氧化碳。

在另一种不同的缺氧死亡中，受害者尤其是儿童，可能因被限制在一个狭小的密闭空间内而发生窒息死。此类案件涉及箱子和废弃的冰箱，后者的危险性是众所周知的。在英国，除非冰箱的自锁把手已无法使用，否则将冰箱废弃于公共场所是违法的。

在上述这些“缺氧”死亡案例（尽管有些显然是血管迷走神经抑制所致）的死者体内很少发现瘀点性出血，因为瘀点性出血主要是静脉阻塞的结果，而上述情况并无静脉阻塞发生。在真正的缺氧死亡中，可能会出现充血和发绀（虽然通常也是缺乏的），尸检结果基本呈阴性。

* 译者注：根据前面的术语描述，窒息死是指因呼吸环境中缺乏氧气或外部气道受阻引起的缺氧性死亡，在本节中主要是指前者，即局部环境缺氧所发生的窒息性死亡——闷死。

捂死

捂死（smothering）指的是口鼻孔被机械性堵塞而导致的死亡，有时也用“suffocation”一词囊括这类死亡。除用手压迫外，窒息物通常是织物，如不透气的床单等，偶尔在工业事故中，也会因沙子、泥浆、谷物或面粉等可流动的固体阻塞气道而死亡。在1966年英国南威尔士的阿伯凡矿难中，由于矿井顶部坍塌，半液态的煤浆淹没了学校，导致140多名受害者（几乎均为儿童）窒息死[31]。

捂死的方式可以是用手和窒息物压迫口鼻，或者是因头部重量使口鼻压迫在窒息物上。他杀捂死的受害者主要是老人、婴儿和体弱者，但通过客观调查发现来证实他杀是非常困难的[32-37]。

关于婴儿捂死，这个问题将在第21章中进一步讨论，但必须注意，无论是他杀还是意外性的婴儿捂死都很罕见且难以证实。所谓窒息的“典型征象”，无论其鉴别意义如何，很少出现在明确的捂死案例中，反而在“摇篮死”中常见胸腔内瘀点性出血，因此这些征象不能单独作为捂死的证据。

捂死的面部压痕很难与体位性死后变化相区分，如在俯卧位下出现口鼻周的苍白，可仅由头部自身重力压迫面部使死后血液无法坠积于上述区域所致，即受压处未形成尸斑。即使头部向上，死后面部颜色变化仍然常见，表现为对比鲜明的白色和粉色斑块，且通常随死亡时间延长而改变。除非脸颊、口周及嘴唇上有擦挫伤，或口腔内有损伤，否则将单纯的面部颜色变化过度解读为面部毛细血管床的血量因受压而改变是很不可靠的。实际上，面部颜色变化几乎均为死后现象。

即使是父母或照护者的供词也并不总是可靠的——有记录显示，一位母亲谎称捂死了自己的孩子，以合理化其无法理解的婴儿猝死综合征的事实。类似的情况也存在于老年人身上，他们可能是被“安乐死”的受害者，这通常是对长期照顾他们的亲属耗尽耐心后实施谋杀的委婉说法。把枕头放在一个睡着的八旬老人的面部不会留下任何谋杀痕迹，除非老人出现挣扎，即在气道阻塞的情况下尝试呼吸，可能会导致充血、发绀，或出现面部和结膜瘀点性出血（图14.5）。

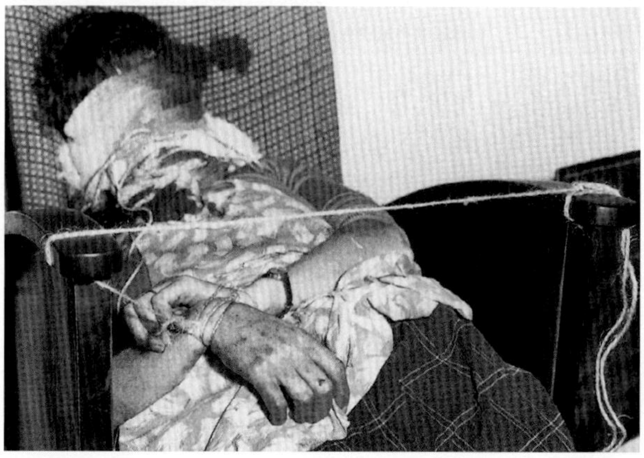

图14.5 死者被年迈的丈夫用毛巾绑在脸上而捂死，头部损伤也是死因之一，亦由其丈夫所致。死者丈夫在实施谋杀几小时后因高血压心脏病而死亡

婴儿被压迫胸腹部所致的窒息

这种所谓的死亡方式由来已久，在《旧约》（*Old Testament*）中就有记载。在《列王纪上》（*First Book of Kings*）第3章中，所罗门王不得不在两个妇人之间做出裁决，她们都声称自己是同一个新生儿的母亲，因为另一个新生儿已被压迫胸腹部死亡。这件事发生在大约3 000年前，这样的事件在历史上每隔一段时间就会重演。在公元1188年的威尔士，Giraldus Cambrensis记录了一名妇女为了阻止她的丈夫参加第三次十字军东征，在夜间压迫其襁褓中的儿子，使其窒息死亡，最终受到勋爵惩罚的事件。

在过去，当婴儿在早上被发现死在母亲的床上时（独立的摇篮或婴儿床是一种相对现代的发明），人们会认为是母亲在睡眠中翻身压到婴儿，使其窒息死。但是，当婴儿开始被安置在独立的婴儿床时，死亡数量仍有增无减，似乎大多数死因都为婴儿猝死综合征。在这种情况下，婴儿被压迫胸腹部所致的窒息是否真的存在仍值得怀疑，且好像无法被证实，根据定义，任何被发现死在床上的婴儿，且尸检结果为阴性时，死因都有可能是婴儿猝死综合征。

最近，英国的婴儿猝死综合征数量显著下

降，这可能与“劝阻父母别让婴儿趴着睡”的倡议运动有关，但两者之间迄今还没有明确的因果关系被证实。因此，婴儿被压迫胸腹部所致的窒息难以得到证实。

塑料袋套头窒息死

在英国，尽管塑料袋套头窒息死是一种越来越常见的自杀方式，但也可能是他杀或意外[38-46]。此类死亡方式基本是用一个不透气的塑料袋（通常是聚乙烯或其他塑料材质）套住头颈部。所用塑料袋通常是开口的，或是透明的，或是超市购物袋（图 14.6，图 14.7）。

尽管许多自杀者将袋子的开口端系在脖子上，但这并不足以致死。事实上，仅仅将一张聚乙烯薄膜放在婴儿的脸上也会导致死亡，其机制尚不清楚，以前人们错误地认为这是静电吸附所致。

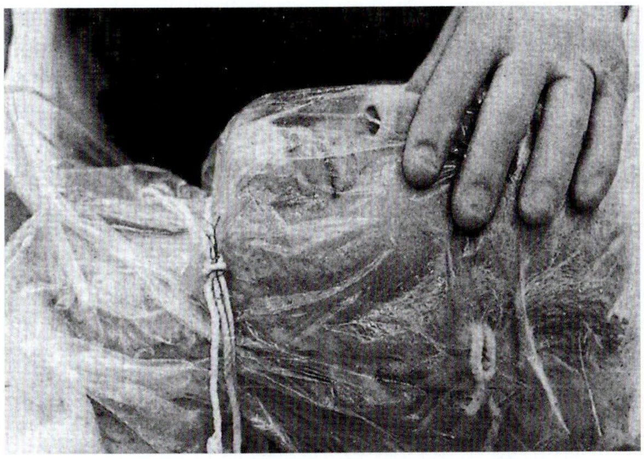

图 14.6　塑料袋套头自杀。袋子有时被绑在脖子上，如图所示，但这并不是致死的必要条件。此类死亡并非单纯意义上的缺氧性死亡；图内未见面部充血和瘀点性出血

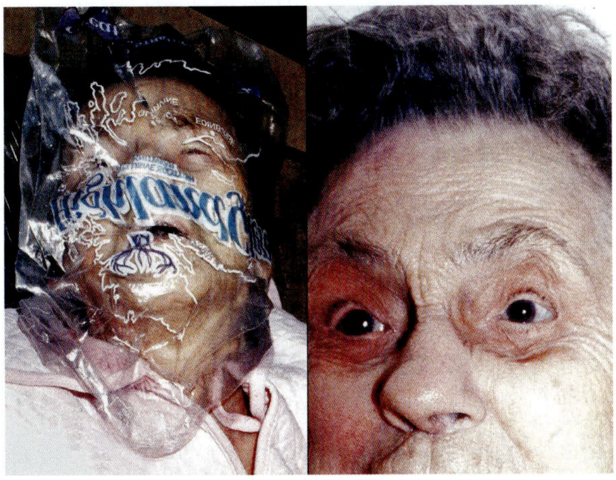

图 14.7　塑料袋套头自杀。未系封口的塑料袋松垮地套在头上。与其他常见案例一样，面部未见充血和瘀点性出血

塑料袋套头窒息死可以是快速的，且不留痕迹。在本书作者（BK）参与的一系列塑料袋相关的意外、自杀和 3 个他杀案例中，死者均未见瘀点性出血，或者说，根本没有任何窒息征象，面部反而表现为苍白无充血。在作者参与的另一起他杀案例中，尸检未发现任何窒息征象，反而是嫌疑犯在尸检 6 周后自首供述，才确认死者是塑料袋套头窒息死。与处于缺氧环境类似，塑料袋套头的死亡机制似乎是某种快速的心脏抑制死，而不是单纯的缺氧性死亡。上面所提及的情况也支持这一结论，如用塑料薄膜而非塑料袋，紧贴于婴儿面部导致的快速死亡。

在尸检时，除非塑料袋仍然存在，否则这些案例很难被明确。事实上，如同上面所提及的他杀一样，除非有供词或其他确凿的证据，否则法医病理学家很难明确其处理的案件是否为窒息死。如果塑料袋还在现场，且怀疑是自杀时，那么还必须寻找其他支持性证据，如需明确有无试切创（如割腕伤），此外还应对死者进行药物分析。在本书后续描述的性窒息中，有时会涉及塑料袋套头窒息死，但这并不常见。

有人认为，袋子中存在水蒸气表明塑料袋是于生前被套在头上的，水蒸气是由呼吸产生的。这个问题并无讨论的必要，因为将塑料袋套在尸体头上的行为似乎太不寻常了，相关检测也没有意义，因为无论在生前或死后，受害者的皮肤、鼻腔和口腔内的水分都会随着蒸发在袋子里形成水蒸气。

捂死的尸检征象

在怀疑为捂死时，必须在死者面部寻找被压迫的征象，如口鼻部和下巴周围的擦挫伤。这些损伤多见于一些暴力性案件中。捂压口唇至牙齿或义齿上可导致口唇黏膜擦挫伤，但除非受到击打，否则口唇黏膜很少形成撕裂伤。值得注意的是，由于婴儿和许多老年人缺少牙齿，上述损伤罕见。如前所述，受死后血液坠积影响，将面部苍白区域等同于捂死的“压痕”是不可取的。在

死后皮肤颜色变化的早期阶段，点、片状的皮肤变色并非真正的尸斑，而是由死后血管不均匀扩张所致，后者在重力的作用下经过一段时间坠积至低下未受压部位。

当个体因醉酒、癫痫、药物过量、自然疾病引起昏迷或木僵而失去行动能力时，脸朝下压在不通气的物体表面，也可能造成意外捂死。捂死和“摇篮死”的联系已被证实——当婴儿的口鼻被各种类型的织物覆盖时，虽仍能吸入足够的空气来维持平静呼吸，但当织物被唾液、鼻涕或呕吐物浸湿后，其透气性会逐渐降低；同时，头部自身重量也会造成压迫，使口鼻被紧压在床垫或枕头上，加剧了呼吸道的阻塞。在上述这些情况下，经常可见充血和发绀，但是这些尸检征象也可能是体位改变和血液坠积造成的。必须一如既往地认识到，皮肤瘀点性出血往往是死后血液坠积所致。

堵死

面部被堵塞物压迫或捆绑时的捂死也称作堵死（gagging）。此类情况有时发生在暴力抢劫中，屋主、门房或夜班保安人员的面部被围巾、领带或其他织物捆绑，从而无法呼救。受害者在一开始还能保持呼吸，但当织物逐渐被唾液或其他分泌物浸湿后，可变得无法透气，并导致窒息死。同样，此类死者的面部或眼部通常无任何瘀点性出血。

为让门房或保安闭嘴，施暴者有时会把堵塞物塞入口中，这种情况也会导致堵死。还有一种情况是用胶带封住嘴巴，尽管受害者鼻腔道最初可能相对通畅，但水肿加剧和黏液分泌可导致气道阻塞，或堵塞物向后堵住鼻咽，最终造成意料之外的死亡，并使案件性质从抢劫升级为谋杀。

除上述情况外，堵死也偶尔出现在多手段合并自杀或自淫性窒息案例中[47-49]。

哽死

哽死（choking）指的是呼吸道内部被堵塞，堵塞部位通常位于咽部至气管杈之间。死亡机制可以是气道堵塞造成的单纯性缺氧，此时可能会出现所有伴随征象，如充血、发绀及瘀点性出血等，后者常见于受害者挣扎呼吸一段时间后。然而，正如下文所述，有相当数量的死亡是在缺氧因素有足够时间产生影响之前就突然发生的，此类死亡机制是反射性心脏停搏，也可以是单纯的神经源性，还可以由应急反应时释放大量的儿茶酚胺所诱导。

引发哽死的因素包括以下几项。

- 异物：塞口布、奶嘴、小玩具、乒乓球和各类物体都有可能被放入口中并被吸入呼吸道，死者通常是儿童和智力障碍者[50, 51]。偶尔在成年人中也会发生异物吸入，有时是意外，有时则是故意的，本书作者（BK）就曾遇到一例将密封药瓶塞到咽部自杀的案例（但尸检未发现任何窒息征象）。
- 义齿和出血：义齿（特别是活动义齿）、被拔除的较大磨牙、掉落的凝血块，以及牙科或耳鼻喉手术（如扁桃体切除术）后的出血阻塞呼吸道。
- 急性梗阻性病变：喉部或声门处的病变，如急性过敏引起的水肿（包括昆虫叮咬）、吸入刺激性气体或热气。急性感染也可导致梗阻，如儿童白喉或流感嗜血杆菌会厌炎就非常危险，属于医疗紧急情况，有时需要立即行气管切开术以缓解呼吸道阻塞[52]。尸检时可发现会厌和杓状会厌襞因炎性渗出和胶状水肿而显著增厚，从而导致喉口阻塞。
- 食物：此类情况值得重点讨论，误吸呕吐物（胃内容物）作为一项死因被频繁提及，但往往缺少确切的分析。食物可能在吞咽过程中从口腔被吸入喉部，也可能从胃中反流至呼吸道。

误吸食物所致哽死的情况很少被误判，呼吸道中可检出完整的未被消化的食物，且死亡常在进食过程中发生，在老年人和精神障碍患者中多见，但也可以发生在任何年龄段[53-56]。这种情况下典型的例子是所谓的“餐馆冠状动脉综合征”（café coronary’ syndrome），这种情况在早些年间的美国广受关注——最常见的死者是营养良好的生意人，他们在用餐时突然意外死亡，没有呼吸困难的迹象，也没有任何窒息的“典型征象”，死因最初被认为是冠心病，但在尸检时发现是食物（通常是牛排）堵塞了咽部和喉部。在食物导致的哽死中，食物体积可能相当大，如整块煎饼、一整只橘子或大块的肉、水果或蔬菜等，死者多见于养老院的老年人和福利院的智力障碍儿童。在这种情况的哽死中，死亡过程和死亡方式未提示有任何缺氧性表现，在许多案例中，死者被发现时仅仅是坐在椅子上，死亡机制显然是心脏停搏，推测是咽部和喉部黏膜受异物刺激，导致副交感神经系统异常兴奋，即所谓的“血管迷走神经反射”或“反射性心脏抑制”（图 14.8～图 14.10）。

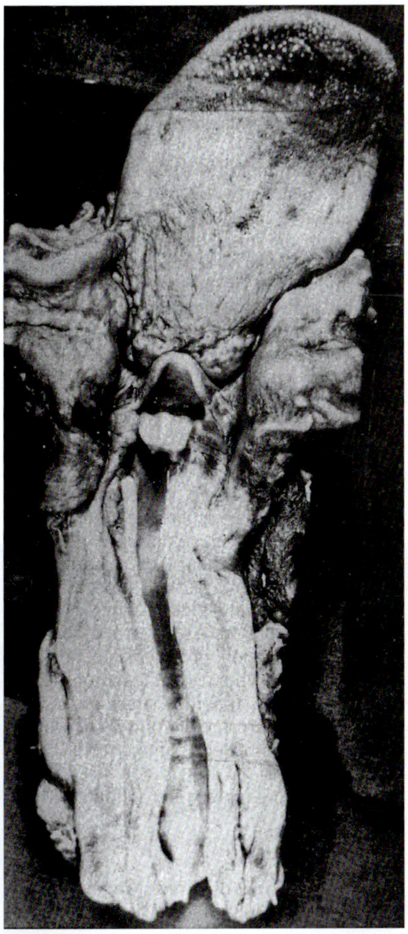

图 14.8　被拔除的臼齿阻塞于喉部。虽然在现代牙科和麻醉操作中（牙齿脱落）不常见，但仍可发生。拔牙、扁桃体切除术和其他耳鼻喉手术产生的凝血块也会堵塞呼吸道

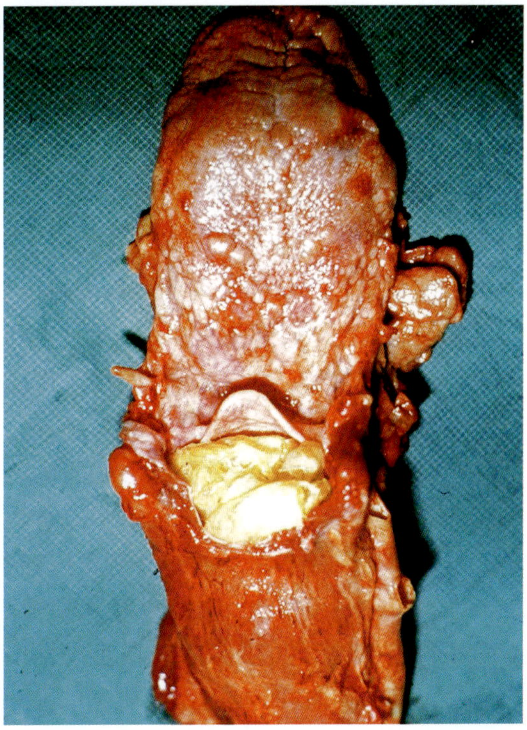

图 14.9　一个完整的小橘子阻塞于精神障碍患者的喉部。橘子不是从胃反流上来的，而是刚被吞下。死亡发生迅速，死者脸色苍白，无窒息的“典型征象”

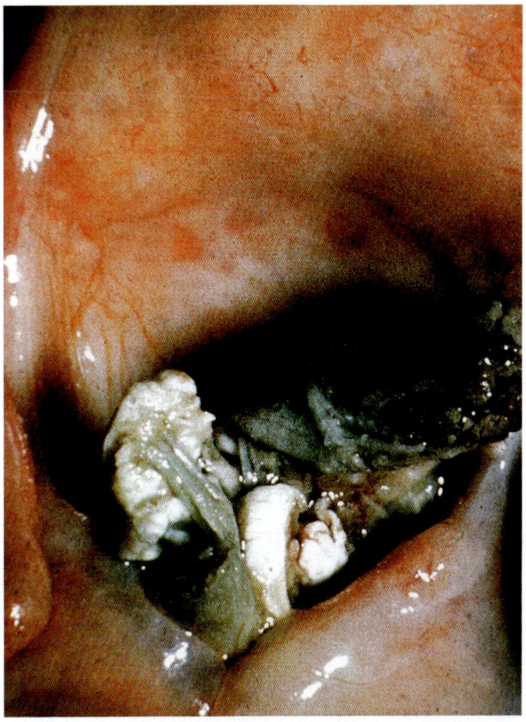

图 14.10　肉类阻塞于喉部。死者是一名阿尔茨海默病症患者，其大口吞下食物，最终因反射性心脏停搏而突然死亡，无窒息的“典型征象”

就判定死因而言，相较于在呼吸道中发现刚吞下的食物，在呼吸道中检出胃内容物的情况缺乏足够意义。首先，如果消化还没有很完全，就会难以区分到底是胃内容物还是新鲜食物，但也需要注意，消化过程不仅取决于进食的间隔时间，有时也会被生理或心理因素延缓甚至暂停。如果有相关记录，尸检的发现就更具参考价值，除非食物很明显已经被部分或全部消化。在判定困难时，可通过嗅闻食物气味和检测其 pH 值帮助分辨。

在有其他明确的死因（非哽死）且缺乏食物被吸入呼吸道的相关证据的案例中，通常在喉、气管和支气管中仍可经常观察到胃内容物。Knight 发现，在一系列涉及成年人和儿童的 100 例尸检中，有超过 1/4 的案例在呼吸道中发现了胃内容物，而根据 Pullar 的一系列研究，这一比例还要更高[57, 58]。因此，在大多数案例中，这些发现显然是由于濒死期或死后的胃内容物反流造成的。

Gardner 针对在医院内去世的患者开展了一项实验调查，其将钡剂注入刚去世患者的胃内，之后死者被转移至停尸房及解剖室，并拍摄 X 线片；影像结果显示，大多数患者的气管、支气管内都有钡剂，因此证实胃内容物反流是一种常见的死后现象。Gardner 通过组织学进一步证实，在支气管组织镜检时观察到胃反流物周围有白细胞聚集也是一种早期的死后现象，而非“生活反应”[59]。Ali 的研究也表明，死后 16 h 仍可在死者体内观察到皮肤组织的白细胞迁移[60]。

可将死因定为“误吸胃内容物”的确凿证据是生前有可靠的目击者，或者在组织学上发现有感染、坏死和明确的炎症反应等晚期“生活反应”，但是后者的改变出现得较晚，如果死亡在误吸后数小时内发生，则难以观察到上述变化。因此，在支气管镜检时发现些许白细胞聚集是没有鉴定意义的。换言之，除非有临床或其他目击证据，否则没有可靠的方法能鉴别究竟是死后或死后早期的胃内容物反流还是生前误吸胃内容物致死。在大多数情况下，如果缺乏上述确凿证据，法医病理学家就没有理由断定死因是误吸胃内容物。遗憾的是，当尸检缺少其他发现时，特别是在婴儿猝死综合征案件中，很多法医病理学家会将呼吸道中存在胃内容物作为主要甚至是唯一的死因。在涉及医疗过失、拘留期间死亡，特别是婴儿猝死综合征的相关案例中，这种毫无依据的论断可能会造成不良后果，如死者父母可能会被误导，认为是自身疏忽大意，未能及时观察到婴儿呕吐而导致婴儿死亡。

只有在类似急性酒精中毒的情况下，才有可能给出更为明确的认定意见，尽管其认定也很难。在明确醉酒（血液乙醇浓度一般高于 150 mg/100 mL）且尸检已排除其他死因的情况下，如果死者呼吸道内发现大量胃内容物，特别是衣服上或周围环境中有呕吐物存在的证据，此时，是有理由推断其死因可能是胃内容物误吸入呼吸道。但无论如何，胃内容物误吸入呼吸道而导致死亡不是一个可以轻易认定的尸检结论。

创伤性窒息

由于“创伤性”（traumatic）一词同样可以用来描述缢死或勒死，而现在创伤性窒息（traumatic asphyxia）被普遍用以指胸部（呼吸运动）受到机械性限制的情况，因此，某种程度上这一情况是被错误地命名了。创伤性窒息具有重要的法医学意义，除在事故中常见外，其窒息的“典型征象”也最为显著（图 14.11～图 14.13）[61-66]。

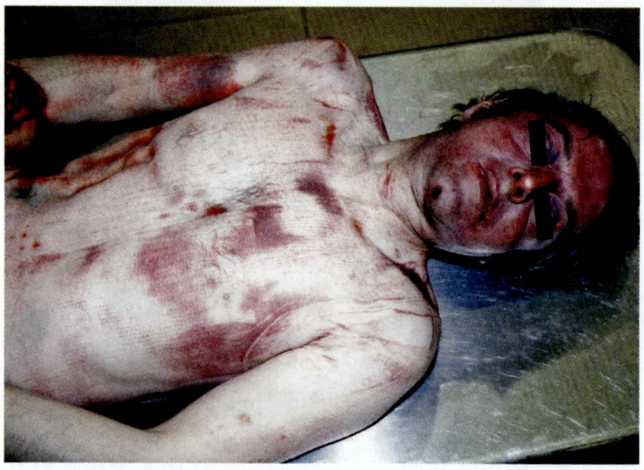

图 14.11　创伤性窒息，面部和部分肩部可见严重充血和融合性瘀点性出血。受害者在工厂地堡的塌方事故中，被铁矿石埋至腋下位置

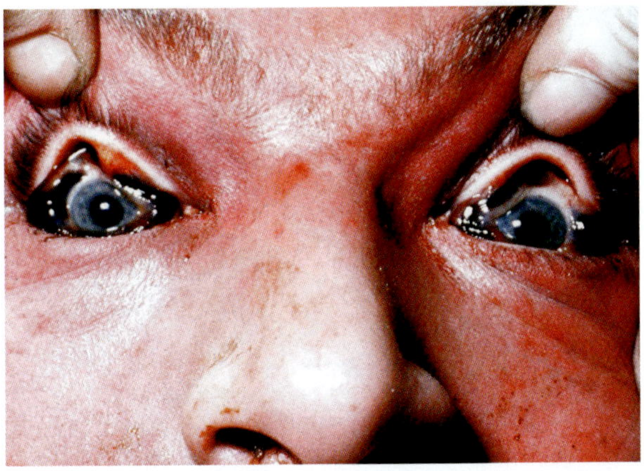

图 14.12 创伤性窒息，结膜出血严重。受害者是一名工人，被塌方的煤灰埋至胸部位置

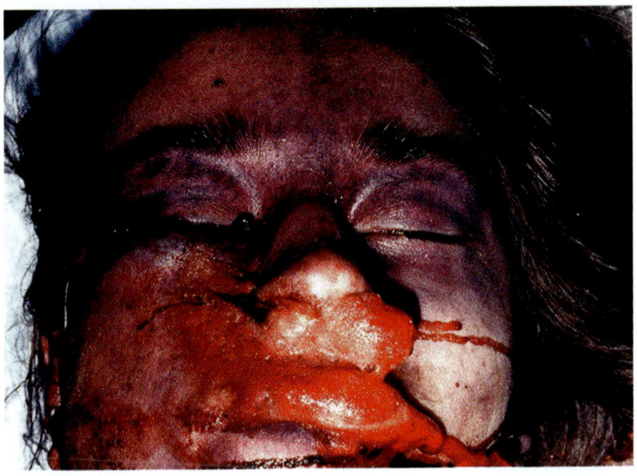

图 14.13 创伤性窒息，面部充血严重，口鼻流出血性红色泡沫。受害者所驾驶的拖拉机失控，其从驾驶室跌落，被压在翻倒的拖拉机下面

其他类型的机械性窒息的机制主要是空气无法进入肺部（呼吸道受阻），创伤性窒息则是因呼吸运动受限致无法吸气。其之所以被命名为“创伤性”，是因为造成胸廓活动受限的原因主要是严重的机械性外力。创伤性窒息主要发生在以下两种情况。

- 胸腹部被坚硬的重物挤压，使胸廓扩张和膈肌下降受限。举例而言，开挖工程塌方导致工人被埋在土中是创伤性窒息的常见情况，即使受害者的头部未被掩埋，也可导致其死亡。类似的情况也发生在其他工业、海洋或农业事故中，受害者被埋在谷物、沙子、煤炭或矿石中。如果在谷仓塔、料斗或其他大型储存容器中发生意外，工人脖子以下的部位可能会被掩埋，除非救援及时，否则窒息将是致命的。此外，受害者被压在翻倒的车辆下，或被掉落的木材或砖石压倒，也会导致创伤性窒息。很多发生在农场（特别是山地农场）的死亡事故，正是由于拖拉机翻倒将司机压在下面所致。因此，为提升拖拉机的安全性，设计出了防翻杆、安全架等装置，以避免此类事故的发生。
- 人群挤压（踩踏）导致的创伤性窒息。这种情况已经造成了一些大规模灾难，最严重的可能是发生在麦加的踩踏事件。大多数在足球场发生的踩踏事故，如在伊布罗克斯球场（1971 年）、利马体育场（1964 年）、希尔斯堡球场（1989 年）和比利时海斯尔体育场（1986 年）发生的事故，都是由失控人群互相挤压、踩踏导致的。在第二次世界大战时的伦敦，贝斯纳尔格林地铁站的楼梯曾被用作防空洞，当空袭警报响起时，楼梯上惊慌失措的人群互相挤压、摔倒，事故最终导致 173 人死亡[67]。

其他情况的创伤性窒息可见于受害者被卡在车辆与墙壁之间，或被挤压在两节铁路货厢之间。创伤性窒息偶见于一人的全部重量长时间压在另一人身上的案例，这可能发生在性交中，特别是在其中一方或双方因醉酒或吸毒丧失行为能力时。

创伤性窒息的特征

前文提及的严重充血和发绀是创伤性窒息的特征之一，类似显著的情况还可见于体位性窒息。当胸部受压，面、颈、肩直至胸廓上口处都有显著的皮肤颜色改变，可呈紫红色，并延伸至锁骨以下平面，Polson 等认为，该颜色变化常至第三肋水平位置[68]。

创伤性窒息者可见严重的结膜充血合并出血。与颈部受压时出现的瘀点性出血不同，创伤性窒息时结膜和巩膜大量充血，出血组织甚至从眼睑中凸出，完全覆盖眼白。面部、嘴唇和头皮可见肿胀、充血，布满瘀斑和瘀点；耳道和鼻孔可能有大量出血。整体来看，创伤性窒息的尸检

“画面”就像是被缓慢勒死（但无颈部损伤）的夸张表现，上述征象可达到颈根部水平，甚至继续向下。如果窒息是因为被压在固体下，而不是被土壤、沙子或拥挤的人群压迫，则可在尸检时发现因车辆或重物挤压造成的局部擦挫伤，这些损伤与上述充血和出血无关。

创伤性窒息的内部充血没有体表充血那样显著，但肺部通常颜色暗沉，可能出现胸膜下瘀点性出血，即真正的“Tardieu 斑”。右心和心房平面以上的静脉明显充血、膨胀，胸壁有时可见硬物压迫造成的损伤。

目前尚不清楚为何在创伤性窒息中会出现如此严重的（头面部）静脉充血，虽然通常的说法是由于肺无法扩张和肺血管受压导致的肺循环衰竭，但该解释并不令人信服。Shapiro 认为，胸部受压会使血液反流至大静脉中，又由于锁骨下静脉及其上肢属支具有静脉瓣，可防止血液回流至手臂。因此，额外的血液被迫向上反流至无静脉瓣的颈静脉系统，导致头颈部充血。

体位性窒息

与创伤性窒息密切相关的是所谓的“体位性窒息”（postural asphyxia），这一术语最近才被单独描述。当一个人长时间保持某种体位，无论是由于被困住，还是处于醉酒或吸毒状态，都可能因机体被限制而无法充分呼吸，此外，静脉回流也可能受阻。

这种体位通常是指整个身体或者上半身被倒置。尽管大多数法医病理学家都会对此类案例有实践经验，但 Madea 对此类窒息的表现和病理生理学变化的描述最为全面[69]。

身体被倒置，甚至只是以“折刀”姿势被困住，即上半身从腰部大幅度向下弯曲的情况，都可能影响呼吸运动，从而导致缺氧，并使循环系统，特别是回流心脏的静脉系统明显受阻（图 14.14）。

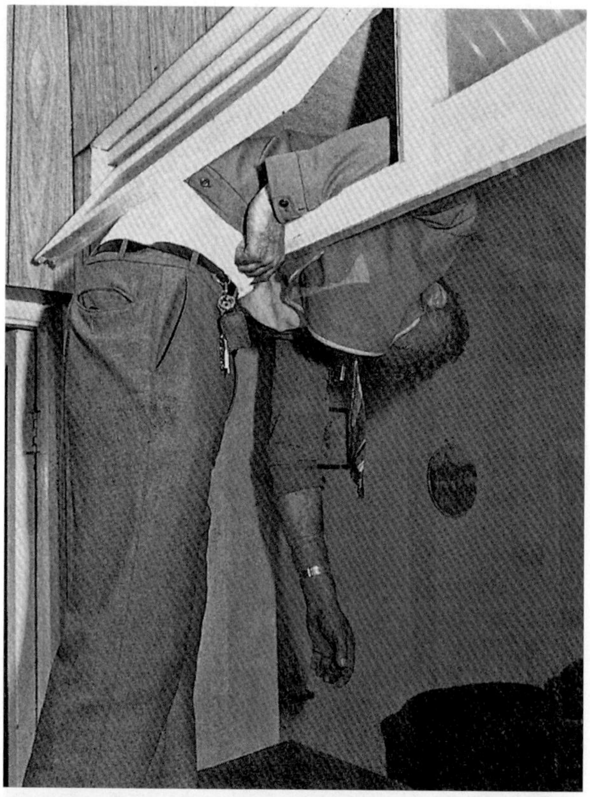

图 14.14　一名醉酒男子试图爬过扇形窗时发生体位性窒息。他的双脚从窗台上滑落，由于自身重量的影响，其无法进行充分的呼吸；注意观察其左、右手充血和发绀的情况，两者有明显区别，面部和下垂的左手的颜色变化在一定程度上受到死后血液坠积的影响

本书作者（BK）见过两起体位性窒息的案件，均由于受害者在试图爬过窗户上部时被卡住。一起是小偷入室行窃，另一起是屋主忘带钥匙。也有案例报道，死者在醉酒或身体残疾的情况下从床上滑落，头和肩膀垂落在地上，盆部和下肢仍然在床上较高位置，在此异常体位下受害者的呼吸运动受阻，引发窒息死亡。

十字架刑（一种酷刑）也具备导致体位性窒息的要素。在酷刑期间，如果十字架被倒置（如圣彼得之死），体位性窒息是主要死因，腹腔器官还会因倒置压迫膈肌，使呼吸受阻引起窒息死亡。

（吕叶辉　黎世莹　张慧　译）

参考文献

[1] McIntyre J. The classification of asphyxia. *Br J Hosp Med* 1969; 2: 1113–15.

[2] Shapiro H. Asphyxia. In: Gordon I, Shapiro H, Berson S (eds). *Forensic Medicine: A Guide to Principles*. Edinburgh: Churchill, 1988.
[3] Severinghaus JW. Arterial blood gases. In: Geoffrey JL, Steven DS (eds). *Encyclopedia of Respiratory Medicine*. Oxford: Academic Press, 2006, pp. 144−50.
[4] Adelson L. *The Pathology of Homicide*. Springfield Thomas, 1974.
[5] Tardieu A. Etude medico-legale sur les services et mauvais traiments exerces sur les enfants. *Ann Hyg Pub Med Leg* 1860; 13: 361−98.
[6] Betz P, Penning R, Keil W. The detection of petechial haemorrhages of the conjunctivae in dependency on the postmortem interval. *Forensic Sci Int* 1994; 64(1): 61−7.
[7] Prinsloo I, Gordon I. Post-mortem dissection artefacts of the neck and their differentiation from ante-mortem bruises. *South African Med J* 1951; 25: 358−61.
[8] Gordon I, Mansfield RA. Subpleural, subpericardial and subendocardial haemorrhages: a study of their incidence at autopsy and of the spontaneous development after death of subepicardial petechiae. *J Forensic Med* 1955; 2: 31−50.
[9] Zaini MR, Knight B. Sub-pleural petechiae and pseudo petechiae. *J Forensic Sci Soc* 1982; 22(2): 141−5.
[10] Lasczkowski G, *et al*. Pathogenesis of conjunctival petechiae. *Forensic Sci Int* 2005; 147(1): 25−9.
[11] Wyss A, Lasczkowski G. Vitality and age of conjunctival petechiae: the expression of P-selectin. *Forensic Sci Int* 2008; 178(1): 30−3.
[12] Lundsgaard C, Van Slyke D. Cyanosis. *Medicine Monographs*. Baltimore: Williams & Wilkins, 1923.
[13] Mole RH. Fibrinolysin and the fluidity of the blood post mortem. *J Pathol Bacteriol* 1948; 60(3): 413−27.
[14] Obersteg JI. Tod und Blutgerinnung. *Dtsch Z gerichtl Med* 1954; 43(3): 177−216.
[15] Swann HG, Brucer M. The cardiorespiratory and biochemical events during rapid anoxic death; obstructive asphyxia. *Tex Rep Biol Med* 1949; 7(4): 593−603.
[16] Gordon I, Turner R. Deaths from rapid anoxia. *AMA Arch Pathol* 1951; 52(2): 160−7.
[17] Shapiro H. Is asphyxia a pathological entity recognisable at postmortem? *J Forensic Med* 1953; 1: 65−8.
[18] Camps FE, Hunt AC. Pressure on the neck. *J Forensic Med* 1959; 6: 116−35.
[19] Ely SF, Hirsch CS. Asphyxial deaths and petechiae: a review. *J Forensic Sci* 2000; 45(6): 1274−7.
[20] Brinkmann B, Fechner G, Puschel K. Identification of mechanical asphyxiation in cases of attempted masking of the homicide. *Forensic Sci Int* 1984; 26(4): 235−45.
[21] Betz P, *et al*. Pulmonary giant cells and their significance for the diagnosis of asphyxiation. *Int J Legal Med* 1993; 106(3): 156−9.
[22] Madea B, *et al*. Hypoxanthine in vitreous humor and cerebrospinal fluid − a marker of postmortem interval and prolonged (vital) hypoxia? Remarks also on hypoxanthine in SIDS. *Forensic Sci Int* 1994; 65(1): 19−31.
[23] Grellner W, Madea B. Immunohistochemical characterization of alveolar macrophages and pulmonary giant cells in fatal asphyxia. *Forensic Sci Int* 1996; 79(3): 205−13.
[24] Zhu BL, *et al*. Immunohistochemical investigation of a pulmonary surfactant in fatal mechanical asphyxia. *Int J Legal Med* 2000; 113(5): 268−71.
[25] Grellner W, Madea B. Role of pulmonary macrophages and giant cells in fatal asphyxia − comment on 'Is the appearance of macrophages in pulmonary tissue related to time of asphyxia?'. *Forensic Sci Int* 2002; 127(3): 243−4; author reply 245.
[26] Krous HF, *et al*. Pulmonary intra-alveolar hemorrhage in SIDS and suffocation. *J Forensic Leg Med* 2007; 14(8): 461−70.
[27] Byard RW, *et al*. Could intra-alveolar hemosiderin deposition in adults be used as a marker for previous asphyxial episodes in cases of autoerotic death? *J Forensic Sci* 2011; 56(3): 627−9.
[28] Troisi FM. Delayed death caused by gassing in a silo containing green forage. *Br J Ind Med* 1957; 14(1): 56−8.
[29] Jackson L. Grain silo cleanup operation leads to two occupational deaths. *Appl Occup Environ Hyg* 2002; 17(7): 464−6.
[30] Gill JR, Ely SF, Hua Z. Environmental gas displacement: three accidental deaths in the workplace. *Am J Forensic Med Pathol* 2002; 23(1): 26−30.
[31] Howe G. The Aberfan disaster. *Med Leg J* 1968; 36(3): 107−21.
[32] Luke JL. Recovery of intact respiratory epithelium from a cloth pillowcase four days following its utilization as a smothering instrument. *J Forensic Sci* 1969; 14(3): 398−401.
[33] Hicks LJ, *et al*. Death by smothering and its investigation. *Am J Forensic Med Pathol* 1990; 11(4): 291−3.
[34] Banaschak S, Schmidt P, Madea B. Smothering of children older than 1 year of age − diagnostic significance of morphological findings. Forensic Sci Int 2003; 134(2−3): 163−8.
[35] Turillazzi E, *et al*. An unusual mechanical asphyxia in a homicide-suicide case by smothering and strangulation. *Am J Forensic Med Pathol* 2006; 27(2): 166−8.
[36] Schmeling A, *et al*. Unassisted smothering in a pillow. *Int J Legal Med* 2009; 123(6): 517−9.
[37] Schyma C, Madea B. Comments on unassisted smothering in a pillow. *Int J Legal Med* 2011; 125(1): 155−6.
[38] Skold G. Fatal suffocation in plastic bag. *Dtsch Z Gesamte Gerichtl Med* 1967; 59(1): 42−6.
[39] Polson CJ, Gee DJ. Plastic bag suffocation. *Z Rechtsmed* 1972; 70(3): 184−90.
[40] Perez Martinez AL, Chui P, Cameron JM. Plastic bag suffocation. *Med Sci Law* 1993; 33(1): 71−5.
[41] Perdekamp MG, *et al*. [Plastic bag as the method in suicide and homicide]. *Arch Kriminol* 2001; 207(1−2): 33−41.
[42] Ogden RD, Wooten RH. Asphyxial suicide with helium and a plastic bag. *Am J Forensic Med Pathol* 2002; 23(3): 234−7.

[43] Auwaerter V, *et al*. Toxicological analysis after asphyxial suicide with helium and a plastic bag. *Forensic Sci Int* 2007; 170(2–3): 139–41.

[44] Schon CA, Ketterer T. Asphyxial suicide by inhalation of helium inside a plastic bag. *Am J Forensic Med Pathol* 2007; 28(4): 364–7.

[45] Saint-Martin P, *et al*. Plastic bag asphyxia – a case report. *J Forensic Leg Med* 2009; 16(1): 40–3.

[46] d'Aloja E, *et al*. A case of suicidal suffocation simulating homicide. *J Forensic Sci* 2011; 56(3): 810–2.

[47] Pollak S, Vycudilik V. [Gagging in the frame of combined suicides]. *Beitr Gerichtl Med* 1981; 39: 129–36.

[48] Marsh TO, Burkhardt RP, Swinehart JW. Self-inflicted hanging with bound wrists and a gag. *Am J Forensic Med Pathol* 1982; 3(4): 367–9.

[49] Grellner W, Madea B. [Physical restraints and gagging in unnatural death]. *Arch Kriminol* 1993; 192(1–2): 17–26.

[50] Mittleman RE. Fatal choking in infants and children. *Am J Forensic Med Pathol* 1984; 5(3): 201–10.

[51] Jumbelic MI. Airway obstruction by a ball. *J Forensic Sci* 1999; 44(5): 1079–81.

[52] Ganeshalingham A, *et al*. Fatal laryngeal diphtheria in a UK child. *Arch Dis Child* 2012; 97(8): 748–9.

[53] Althoff H, Dotzauer G. [The problems of deaths by bolus aspiration ('cafe-coronary') (author's transl)]. *Z Rechtsmed* 1976; 78(3): 197–213.

[54] Leadbeatter S, Douglas-Jones AG. Asphyxiation by glottic impaction of nasal secretions. *Am J Forensic Med Pathol* 1989; 10(3): 235–8.

[55] Hunsaker DM, Hunsaker JC, 3rd. Therapy-related cafe coronary deaths: two case reports of rare asphyxial deaths in patients under supervised care. *Am J Forensic Med Pathol* 2002; 23(2): 149–54.

[56] Wick R, Gilbert JD, Byard RW. Cafe coronary syndrome – fatal choking on food: an autopsy approach. *J Clin Forensic Med* 2006; 13(3): 135–8.

[57] Knight B. The significance of gastric contents in the air passages. *Forensic Sci Int* 1976; 14: 398–402.

[58] Pullar P. Mechanical asphyxia. In: Mant AK (ed). *Taylor's Medical Jurisprudence*. London: Churchill, 1984.

[59] Gardner AN. Aspiration of food and vomit. *Q J Med* 1958; 27: 227–42.

[60] Ali TT. *Post-mortem Autolytic Changes in Skin and the Role of White Blood Cells*. Leeds: University of Leeds, PhD thesis, 1989.

[61] Brinkmann B. [Traumatic asphyxia: pathophysiology and pathomorphology (author's transl)]. *Z Rechtsmed* 1978; 81(2): 79–96.

[62] Copeland AR. Vehicular-related traumatic asphyxial deaths – caveat scrutator. *Z Rechtsmed* 1986; 96(1): 17–22.

[63] Betz P, Beier G, Eisenmenger W. Pulmonary giant cells and traumatic asphyxia. *Int J Legal Med* 1994; 106(5): 258–61.

[64] Grellner W, Madea B. [Death caused by Perthes pressure congestion]. *Arch Kriminol* 1996; 198(5–6): 167–75.

[65] Gill JR, Landi K. Traumatic asphyxial deaths due to an uncontrolled crowd. *Am J Forensic Med Pathol* 2004; 25(4): 358–61.

[66] Byard RW, *et al*. The pathological features and circumstances of death of lethal crush/traumatic asphyxia in adults – a 25-year study. *Forensic Sci Int* 2006; 159(2–3): 200–5.

[67] Simpson K. Mass asphyxia – medical aspects of the tube shelter disaster. *Lancet* 1943; 2(6263): 309–11.

[68] Polson C, Gee D, Knight B. *Essentials of Forensic Medicine*, 3rd edn. London: Pergamon Press, 1985.

[69] Madea B. Death in a head-down position. *Forensic Sci Int* 1993; 61(2–3): 119–32.

第 15 章

颈部致命性暴力

引言

本章重点探讨窒息死中最复杂且最具有争议的内容之一——死亡机制。法医学实践中，机械性窒息死亡案件时有发生，其死亡机制不明，死亡机制是法医病理学家和法学家需要解决的共同难题。颈部受压的方式多样，如勒颈、扼颈、缢颈、直接打击、锁臂以及各种意外伤害（绳索缠绕或压迫颈部等）（图 15.1）。

19 世纪末以前，人们多数认为勒死和扼死的死亡机制较为简单，即颈部受压致使气道受阻和空气交换被切断[1]。然而，之后人们发现，在许多案件中，许多受害者在遭受暴力作用后几乎立即死亡，没有表现出任何所谓的窒息的“经典征象”，其死亡机制根本无法用缺氧来解释[2]。

而在其他一些案件中，死者虽然有窒息的“经典征象”，但其缺氧程度根本不足以致命，死亡却发生了。众所周知，大多数正常人可以屏住呼吸超过 1 min，而一些采集珍珠的人可以屏住呼吸超过 3 min。因此，当遇到死亡迅速且怀疑窒息死的案件时，死亡机制的解释需要慎重。

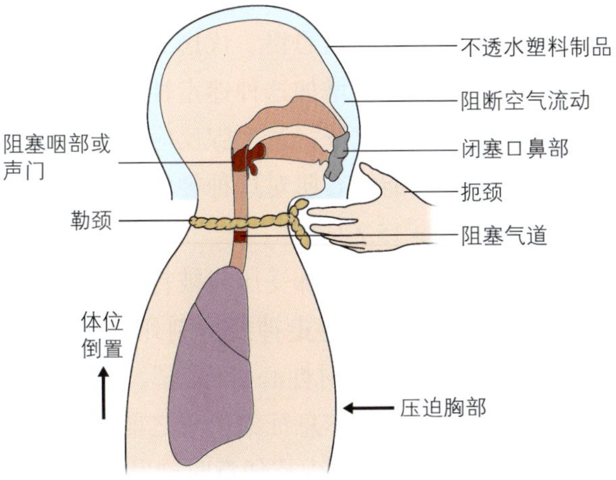

图 15.1　机械性窒息暴力作用的方式

颈部受压致死的机制

在分析压力对颈部的影响时，必须考虑一些解剖和生理因素。

呼吸道闭塞

呼吸道闭塞的发生有两种可能性，其一是作用力直接压迫喉部或气管致使气道闭塞，其二是作用力迫使舌根向后上方挤压，从而使其紧贴于咽后壁及软腭后部，导致气道闭塞。其中，第二种机制更被人采信，这是因为人体的喉部软骨具有极强的抗压性。例如，Brouardel[3] 计算出闭

* 译者注：原版英文即此，力=质量 ×9.8（$G=mg$）。

塞气道所需的力是 15 kg*，作用力直接压迫喉部或气管不容易使气道发生闭塞。尽管研究人员设计了各种实验来量化闭塞气道和血管所需要的力量，但实验结果经常相互矛盾，因此很难准确反映真实案件中所使用的实际暴力的力量大小。

颈部静脉闭塞

颈部静脉闭塞的典型窒息表现包括淤血、发绀、水肿和点状出血。施加于颈部的压力，不仅能压闭最易遭受伤害的颈外静脉系统，还能压闭颈内静脉系统，尤其是在颈动脉仍然通畅的情况下，从而使得头面部的静脉压迅速升高，表现出明显的窒息征象。Brouardel 的实验结果表明，颈静脉受力 2 kg 时，即可使相应血管闭塞，而 Reuter 则发现更小的作用力即可压闭颈部静脉[4]。

颈部动脉受压

颈动脉位于胸锁乳突肌较深的区域，且血管内压较高，不易发生闭塞，但如果双侧颈动脉发生闭塞时，颈动脉的分支（大脑前动脉和大脑中动脉）向大脑皮质供血发生障碍，而椎动脉向大脑皮质的供血不足以维持其功能，人的意识会立即丧失。Hofmann 对缢死尸体进行实验研究，第一次提出了颈动脉闭塞是缢死的病理生理机制[2, 5]。Brouardel 的实验结果表明，颈动脉受力 5 kg 和椎动脉受力 30 kg，即可使相应血管发生闭塞[3]。

Schwarzacher 改进了 Brouardel 的实验方法，其实验结果表明，颈动脉受力 3.5 kg 和椎动脉受力 16.6 kg，即可使相应血管完全闭塞[5]。

若颈动脉循环完全闭塞 4 min 或更长时间，则可能导致不可逆性脑损伤的发生。尽管目前有关导致不可逆性脑损伤发生的颈动脉循环闭塞时长的下限仍存在很多争议，但研究人员达成的共识是，如果供应脑部的血管发生闭塞的时间不到 4～5 min，则永久性脑损伤很难发生。大量研究记录表明，人体大脑在常温环境下耐受完全缺血的时间超过 4～5 min 时，其功能也能在 9～14 min 完全恢复正常。另外有记录表明，人体在低温环境下，其大脑耐受缺血的时间更长。例如，挪威的一名落入冰水中约 40 min 的 5 岁男孩，经心肺复苏、复温和呼吸治疗 2 天后，其意识逐渐恢复，13 个月后的医学检查结果均显示正常[6]。

颈部神经的影响

Shoja 等在波斯人 Ibn Sina（980～1036 年）编著的医学知识百科全书《医学经典》（*The Canon of Medicine*）（Qanoon fi al-Tibb）中描述：患者在公共浴池中被按摩师压迫颈动脉后失去知觉并发生跌倒[7]。位于颈动脉窦、颈动脉鞘和颈动脉体的压力感受器受到外界力的压迫可导致心动过缓（心跳减慢）或心脏完全停搏。

Parry 在他的关于《心绞痛晕厥》（*Sncope Anginosa*）的书中记录了对已故海军上将 Admiral K.S. 发生心动过缓的观察："颈动脉受压时，脉搏在 1 min 内减少 15 或 20 次；压力解除后，脉搏则会恢复到原先状态。"[8, 9]

该机制通过反射弧得以实现：在反射弧中，传入（感觉）神经冲动产生于由神经末梢构成的颈动脉复合体，而不是迷走神经干（部分人如此认为）。

神经冲动通过舌咽神经向上传递到大脑，到达脑干延髓的孤束核，然后通过迷走神经（传出神经）传出到心脏和其他器官。该反射弧不经运动和感觉神经通路，而是经自主神经系统的副交感神经来实现反射活动。虽然没有太多研究证据表明，但研究人员相信恐惧、忧虑、挣扎、酒精及药物的作用可能会增加这种迷走神经机制的敏感性。而在此类情况下，肾上腺反应过程中释放的儿茶酚胺很可能使心肌对这种神经源性刺激变得更加敏感（图 15.2）。

迷走神经反射与颈部受压或被打击有关。心脏停搏有时被称为"迷走神经抑制死""血管迷走神经休克"或"反射性心脏停搏"，心脏停搏可能在任何淤血性或窒息征象出现之前发生，使得受害者立即、几秒钟内或任意时刻发生死亡。

目前有关该反射还有很多争议。例如，反射是否会立即导致心脏停搏，停搏之前是否有一段明显的心跳减速期且该期间的心输出量改变可以

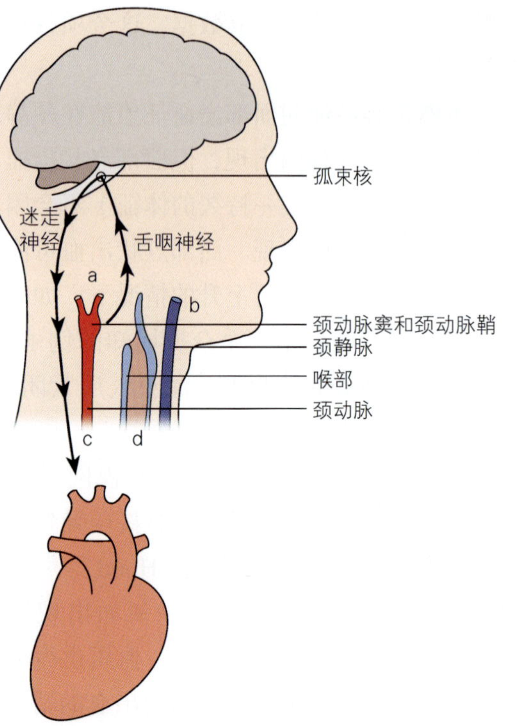

图 15.2 压力对颈部可能产生的影响：(a) 颈动脉窦反射导致心脏停搏；(b) 颈静脉受压导致发绀和点状出血；(c) 颈动脉压迫导致意识丧失；(d) 气道阻塞导致缺氧

忽略不计，停搏之前是否有心律失常（如心室颤动）。也许任何组合形式都存在，但一个不争的事实是，在压力施加于颈部时，晕厥和死亡可能立即发生。颈动脉窦或邻近动脉鞘内神经末梢的过度刺激可能来源于手指压迫，或者是缢索和勒索压迫，或者是打击颈部侧面的作用力。对喉部或生殖器的打击造成的严重疼痛也可能引发迷走神经反射。

迷走神经反射性心脏停搏的发生频率

尽管不同研究人员认为的窒息死中反射性心脏停搏发生的频率存在差异，但大多数人认可该死亡机制。最近有一项研究采用匿名电子问卷的形式向全世界 1 380 名医法专家征集他们对心脏抑制反射、其在导致死亡中的作用及其诊断标准的意见，最终收到来自 32 个不同国家的 182 份（13.2%）意见结果[10]。研究结果显示，146 名（80.2%）专家认为心脏抑制反射理论上可以导致死亡，而在其余 36 名（19.8%）专家中，18 名（9.9%）没有发表意见，18 名（9.9%）认为心脏抑制反射不会导致死亡。此外，各专家关于诊断迷走神经反射性心脏停搏的标准也不统一。最后本研究因低回应率而无法继续开展下去。但是必须强调的是，任何诊断标准不是基于意见调查来确定的，而只能是基于科学事实。

在日常有关颈部受压致死案件的鉴定工作中，具有典型窒息征象的案例数不到一半；其余案件中的死者没有出现淤血、发绀和点状出血的窒息征象，苍白面容表明心脏停搏在淤血性体征出现之前便已发生。

迷走神经反射性心脏停搏是否可逆目前仍是未知数，而且几乎无法在人体中进行实验证明。在心律失常导致心脏停搏的情况下，通过心脏按压或直流电刺激进行复苏可以取得很好效果，但在大多数法医鉴定案件中，采用此类辅助手段往往为时已晚。

此外，由血管迷走神经反射性心脏停搏是否可以在几分钟后自发恢复正常心律，或者如果不及时复苏，是否会不可避免地导致死亡，目前尚不清楚。本章作者参与过几起案件，在这些案件中，受害者因颈部受压而出现昏迷，但其心跳出现加速，后来受害者因不可逆转的脑损伤在机械通气中死亡[11]。在缺乏医学数据的情况下，不可逆脑损伤的发生是由颈部受压导致颈动脉长时间闭塞引起的，还是颈部瞬间压力导致反射性心脏停搏引起的，目前尚无定论。

反射性心脏停搏有关的法医学问题

轻微压迫颈部便可引发反射性心脏停搏，进而导致猝死的发生。因此，明确反射性心脏停搏具有重大的法律和医学意义。Keith Simpson 记录了一个案例：一名士兵在舞会上开玩笑地“拧”了一下伴侣的脖子之后，伴侣突然倒地死亡，为此他感到非常后悔[12]。类似的案例不胜枚举[3, 13, 14]。Schrag 等回顾了 1881～2009 年发表的因为心脏抑制反射性心脏停搏（cardioinhibitary reflex cardiac arrest，CiRCA）死亡的相关文献，发现了 48 篇相关的案例报道[15]。Schrag 等试图根据出版物中提供的信息（其中一些是传闻）来评估最有可能的死亡机制，但并没有取得成功。不过，本章作者同意 Schrag 等的观点，即反射性

心脏停搏导致的死亡是一种排除性诊断，需要对死者进行彻底检查，包括所有常规、辅助检查，以排除其他死因。如果可以证明死者死亡发生迅速且颈部没有遭受长时间的暴力压迫，则被告人可以提出辩护，即死者的死亡或重伤情况并非自己的意图。但如果死者颈部遭受的暴力持续时间足够长，导致面部淤血和点状出血，就很难确定被告人的意图。

颈部损伤和颈部受压持续时间的综合作用

需要强调的是，在颈部遭受压迫导致窒息征象出现时，心脏停搏可能随时发生。虽然最开始施加于颈部的作用力可能持续足够长时间（可能至少 15～30 s），以至于出现淤血和窒息征象，但若压迫力作用于颈部的位置发生改变，则可能会使手指碰撞到颈动脉结构，从而导致反射性心脏停搏。因此，由于“迷走神经抑制”的叠加，单纯的窒息过程可能随时终止，导致窒息死亡的淤血性征象的程度可轻可重。

在刑事案件审判中，暴力作用于颈部必须维持多长时间才能导致死亡，是一个历来具有争议的问题，因为大家都认为“非刻意压迫”颈动脉结构导致突然的血管迷走神经反射性心脏停搏可能比连续长时间扼住被害人颈部会给被告人带来更轻的罪责。

目前，几乎没有办法可以测量出由于静脉压闭而产生淤血、发绀和点状出血征象所需的压迫颈部的最短时间。法医学实践中，窒息死亡案件现场通常没有目击者，也不会留有影像记录，而模拟的动物实验根本没有指导意义！即使在非致命的窒息相关案件中（此类案件中面部和眼部出血的发生概率比死亡案件更高），也几乎无法获得准确的颈部受压时间。

有人武断地认为，15～30 s 可能是眼睑、结膜和面部皮肤上产生点状出血的最短时间，但这是没有任何科学依据的。

数年前，英国内政部和英国伦敦皇家病理学家学院成立了一个由几名经验丰富的法医病理学家和一名呼吸生理学家组成的小型工作组来研究该问题，但由于缺乏可靠数据，这个项目很快就被放弃了。

虽然很容易证明面部淤血征象能在颈静脉完全被压闭后的几秒内出现，但面部点状出血（静脉回流重新开放后唯一持久的体征）不会因为颈部受到压迫而迅速出现。面部点状出血可能发生于静脉压力突然且短暂上升的情况下，如打喷嚏或咳嗽（百日咳就是一个众所周知的例子），以及发生于 Valsalva 试验中（深吸气后紧闭声门，再用力做呼气动作）。

面部眼球睑结膜点状出血和视网膜出血是否也与在行复苏术时持续的心脏按压导致的胸部受压相关，目前仍存在争议。Hood 等声称，一些患者心肺复苏成功后，因缺氧而出现损伤的小血管的血流也得以恢复通畅、血压也得以回升后，仍会出现眼球结膜和视网膜出血的情况[16]。Raven 等的研究分析了自然和非自然原因导致的 50 例死亡案例（这些死者生前在行心肺复苏术时接受了气管插管和闭胸心脏按压），发现面部和眼结膜点状出血的发生概率分别是 6% 和 21%，得出的结论是复苏性闭胸心脏按压可导致面部和眼结膜的点状出血[17]。Maxeiner 和 Winklhofer 分析了 474 例尸检案例，144 例（30%）接受了心肺复苏，其中 19% 的受害者出现了点状出血，出血位置主要集中在结膜，而未行心肺复苏术组中只有 11% 的受害者出现点状出血。然而，将所有的案例按照死因重新分组后再分析，其结论又与之前的不一致。例如，将急性心源性死亡组分为行心肺复苏术和未行心肺复苏术组，结论是这两组中出现点状出血的概率无统计学差异。他们进一步分析发现，死亡原因、年龄和体重指数这三项因素对点状出血的发生有影响。最后，Maxeiner 和 Winklhofer 得出的结论是，心肺复苏操作和面部点状出血之间不太可能有明确的因果关系[18, 19]。在另一项前瞻性研究中，Maxeiner 和 Jekat 分析了 196 例成人患者在行心肺复苏术前后的面部出现点状出血的情况。他们发现，12 例中有 8 例在行心肺复苏术前就已经出现点状出血，另外 3 名患者在行心肺复苏术数小时之后才出现点状出血，当时他们处于持续心功能不全的阶段，

并在重症监护病房接受治疗，最后 1 名患者心肺复苏失败 1 天后在殡仪馆复查时发现有低强度的点状出血（作者无法对这一发现提供绝对肯定的解释）[20]。

Weedn 等报道了一例未受虐待的婴儿出现视网膜出血的病例，作者将其归因于心肺复苏[21]。然而，Gilliland 和 Luckenbach 对心肺复苏失败的 169 名儿童的眼底进行死后检查，其检查结果并不支持 Weedn 的结论[22, 23]。

引起反射性心脏停搏的原因

任何形式的颈部压迫都会刺激颈动脉周围的神经丛，进而抑制心迷走神经。除了缢颈以外，扼颈比勒颈更易引起反射性心脏停搏。扼颈时，施暴者的手指更容易在受害者颈部滑动，进而触及胸锁乳突肌前缘下神经丛所在的位置；运动着的手指（尤其是在受害者挣扎时发生姿势改变的情况下）比固定的位置更容易压迫到颈动脉分叉处的位置。

然而，大多数缢死者颜面呈苍白色，没有淤血和出血的征象。尽管 Polson 等认为，颈动脉压闭造成的脑缺血是缢死的死亡机制，但实际上缢死的机制更可能是受害者身体因悬空而迅速坠落，缢索对颈动脉结构的剧烈作用[24]。

击打喉部

心脏停搏的另一个原因是颈部或喉部受到击打。“突击拳”以及一些东方武术的基本表现形式便是击打颈部或喉部。因为该术式具有潜在致命性，比赛时已被禁止使用。

用手掌的边缘用力击打颈部一侧或喉部正前方，一方面作用力会传导至颈动脉区域，进而引起传入神经末梢的强烈刺激，另一方面作用力会刺激颈动脉窦区或喉部感觉神经末梢进而触发心脏抑制反射。

众所周知，下咽和喉部对刺激尤为敏感，这也解释了食物阻塞喉部以及冷水呛住呼吸道容易导致突然死亡。恐惧或情绪激动会使机体释放儿茶酚胺，从而导致心肌预敏化，此时如果意外地过度刺激睾丸和子宫颈，同样会形成心脏性猝死。

扼死

扼死常见于他杀案件中。行凶者的身形和力量超过受害者时，往往会采用这种行凶方式，如丈夫杀害妻子、性犯罪现场中的被杀害女性、成年人杀害儿童[25]。女性行凶者除了对儿童会采取扼颈的方式外，很少对其他人采取此种行凶方式，而男性行凶者很少以这种方式杀死其他体格相同的男性。

扼死的颈部皮肤表面改变

扼死的尸检结果可分为两类：暴力直接造成的局部损伤改变和可以反映死亡机制的尸体征象。

- 挫伤：攻击者暴力作用于受害者颈部时，可造成挫伤，而擦伤既可以因受害者挣扎而自身造成，也可以由行凶者造成。挫伤主要由行凶者指腹造成，呈椭圆形，直径 1～2 cm，可以相互融合形成更大面积的挫伤，如果行凶者的手指在受害者皮肤表面（尤其是下颌边缘位置）发生滑动，扼痕则可能呈现长且不规则的形状。挫伤往往集中在颈部两侧，以及下颌角下方位置。扼痕有时会交叠覆盖在一侧下颌缘并穿过颏部出现在对侧，有时会出现于更低的位置——颈部下方延伸至锁骨内端（图 15.3～图 15.8）。

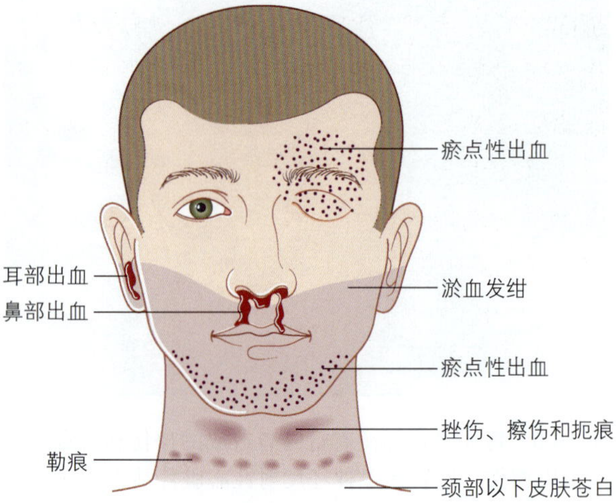

图 15.3　心脏停搏延迟造成的典型窒息征象

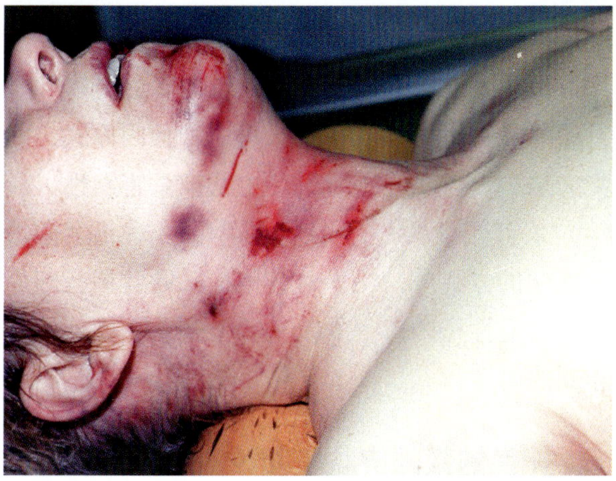

图 15.4　扼颈和勒颈造成的颈部和下颌缘挫伤，该挫伤是由手指暴力压迫皮肤造成的；图中可见使用皮带勒颈造成的水平擦伤

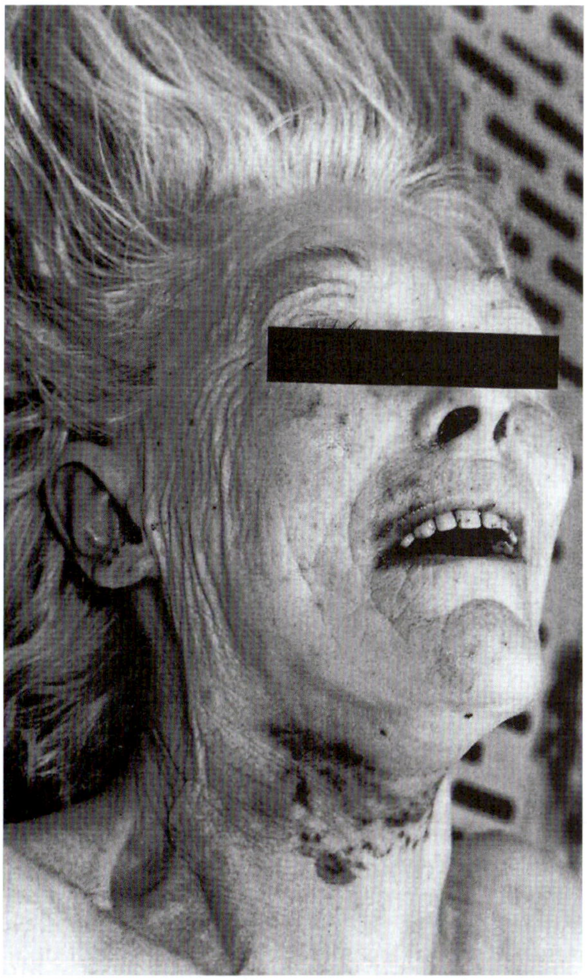

图 15.5　扼死者颈部留有行凶者造成的挫伤和自身造成的指甲擦伤。血管迷走神经反射性心脏停搏发生于淤血征象出现之前，死者颜面呈苍白色

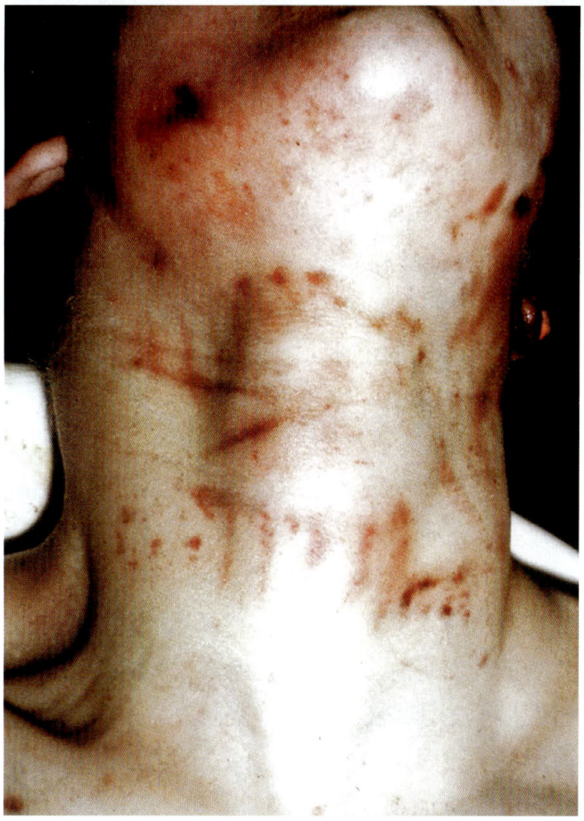

图 15.6　扼死者颈部可见由行凶者手指造成的散在挫伤；扼死者下颌和喉部下方可见由自身指甲造成的擦伤

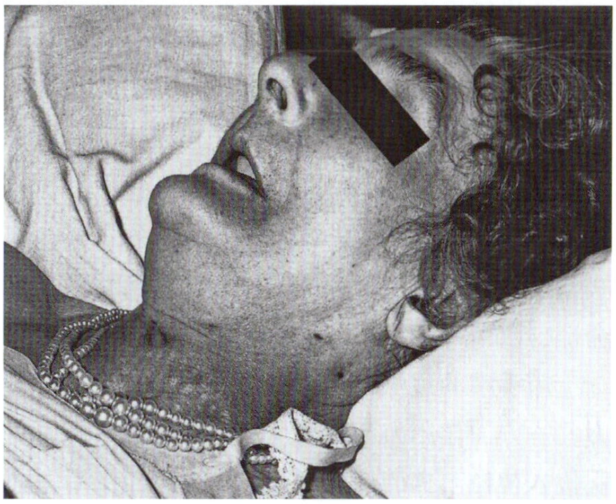

图 15.7　医生验尸时必须仔细且保持警觉。一名家庭医生先入为主，将一名死于床上的女子的死因归为心脏病发作，之后通过尸检发现该女子面部有淤血征象，颈部皮肤有指甲印痕以及凶手留下的项链印痕

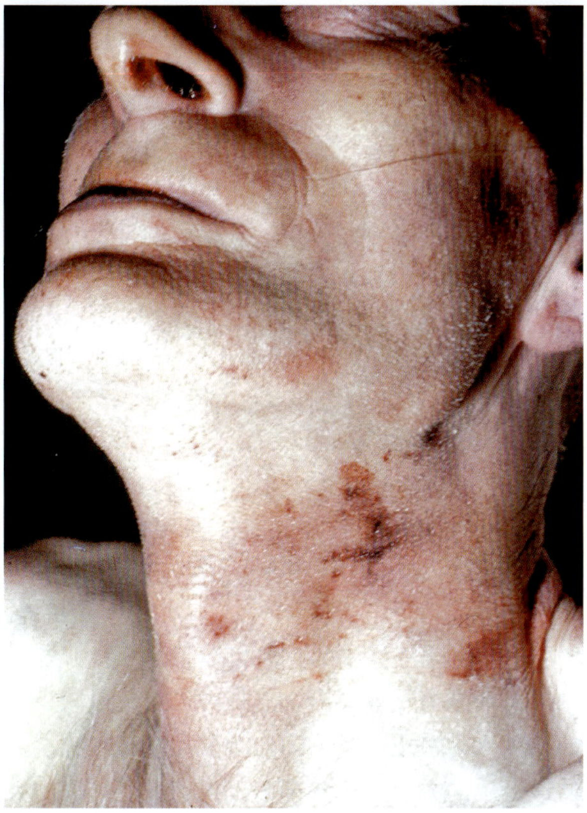

图 15.8 扼颈造成的擦伤和挫伤。死者脸色苍白，表明死亡发生迅速；大部分皮肤损伤位于颈动脉窦上方

由于受害者会挣扎，挫伤可以出现在颈部任何位置，包括颈部的后外侧、胸部的胸骨和锁骨上方、喉头两侧与胸锁乳突肌前缘之间、喉部甲状软骨和环状软骨水平位置。

病理学家总结的大多数扼死案例为即时死，大多数挫伤是新鲜的，呈暗红色或紫色。一些严重挫伤会引起浅表血肿，使该位置的皮肤略高于周围皮肤。挫伤通常以不对称的方式出现，即颈部一侧的挫伤只有一到两处，而对侧的挫伤呈大片状。其形成机制很可能是，一侧挫伤由拇指造成，另一侧挫伤由一组手指造成。然而这种推论不一定正确，如在偶然情况下，扼颈姿势的突然改变会导致手指在皮肤上的重新定位。

人们倾向用这种不对称的挫伤分布来推断行凶者的惯用手，换言之，受害者颈部右侧的一个挫伤和左侧的一组挫伤意味着一个惯用右手的行凶者从正面扼住了他。但是，这种挫伤分布可能是偶然形成的，因此我们不能用其推断行凶者的惯用手，也不能断定此类挫伤不是行凶者从后面扼住受害者颈部造成的。我们必须避免使用惯性思维，以及必须对惯用手、手的大小和扼死案件中攻击者和受害者的相对位置等法医学经验和“福尔摩斯式”观点保持审慎的态度，这样才能维持病理学家该有的公正和可信度。

- 擦伤：受害者颈部皮肤上的抓痕可能是由行凶者或受害者自身指甲造成的。粗糙的指腹（尤其是男性手指作用于女性颈部细嫩皮肤时）可能会擦伤表皮，使得皮下挫伤被广泛性表皮擦伤所覆盖，该情况常常发生于下颌缘附近。

当女性勒死儿童时，其较长的指甲可能会在儿童皮肤上留下明显抓痕。抓痕的形态可分为两类：当作用力相对于皮肤无位移时，抓痕呈直线或弯月形，长度通常约 1 cm；当指甲在皮肤上滑动时，抓痕可呈线条状，长度可达几厘米。

静态的指甲印痕通常呈半月形，凹面应该朝向指腹，但我们必须谨慎地从这个形状来解释手的姿势，因为 Shapiro 等的实验表明，指甲印痕的凸面朝向指腹也可能是正确的[26]。由于指甲扎入皮肤时，其中心被挤压的皮肤是固定的，而边缘皮肤是未被固定住的，所以当牵拉皮肤的作用力松弛时，指甲印痕就会倒过来，凸面朝向指腹。但是其他人以及本章作者的实验结果一致表明，指甲印痕与指腹的对应关系不是一概而论的，指甲印痕通常是由指甲作用在皮肤预期方向上产生的。

抓痕通常是由死者试图挣脱行凶者扼压颈部时形成的。由于大多数受害者为女性，指甲可能较长，自己造成的抓痕通常比行凶者造成的（有时行凶者不会留下抓痕）更为严重。这些防御性抓痕可能是由受害者并排的手指随机地在平行于颈部长轴的方向上滑动造成的。

在对扼死者进行尸检时，应当收集其指甲刮片或剪下的碎屑，并对这些收集检材进行全面检验。每一份剪下或刮取的检材都应该单独分装并贴上标签保存起来，如果无法做到这点，至少保证分开保存颈部两侧的检材。指甲下的皮肤碎屑或血液可以用来分析行凶者的血型或 DNA 特征；其他有价值的微量证据，如头发和纤维等，也可以为案件提供线索。但我们必须承认，从指甲下获得这类证据的案例屈指可数[27]。

调查人员应当坚持对被指控的行凶者进行医学检查，以此关联受害者指甲对他造成的任何可能的伤害，如面部或手部抓伤。如果行凶者在犯罪后不久便接受检查，且受害者有颈部擦伤的情况下，应提取行凶者的指甲碎屑，以便将其与受害者的组织类型进行比对。

扼死的颈内部改变

扼死者颈部皮肤表面及其深部组织可见挫伤。大部分挫伤位置表浅，仅局限于真皮层，但有些可出现于肌肉和更深部组织结构中（图 15.10）。

受害者颈阔肌可能会发生挫伤；胸锁乳突肌和沿喉部垂直延伸的深层带状肌可能会出现斑片状出血，其出血位置与表面挫伤位置并不总是完全对应的，血液可能浸染肌肉（尤其是胸锁乳突肌）甚至形成明显的血肿。

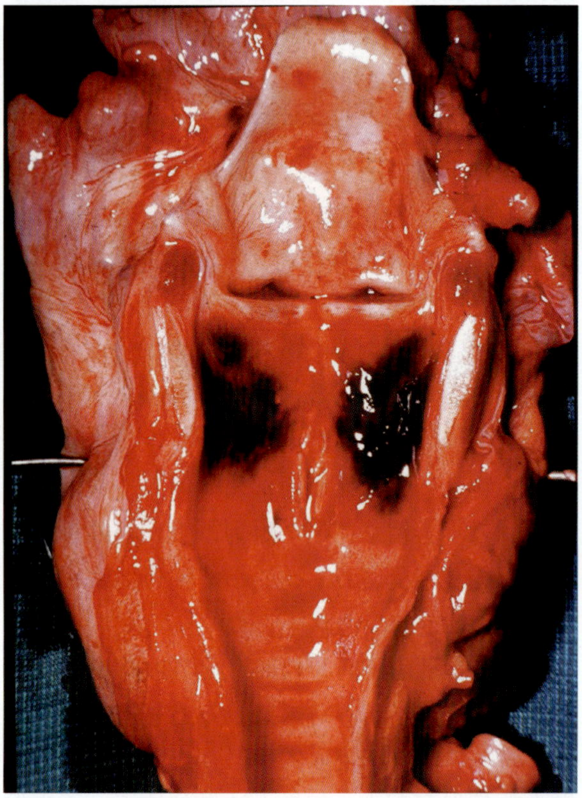

图 15.9　扼死者声带下方的喉内黏膜出血，是一种常见征象，该尸体征象可在全身尚未有点状出血改变的情况下出现，确切机制尚未清楚，可能的机制是局部创伤引发出血

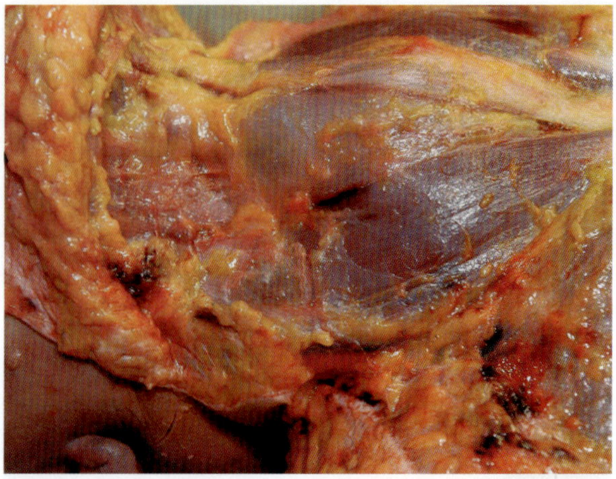

图 15.10　扼死者颈部解剖所见：于下颌下腺和下颌缘处以及带状肌内可见出血。解剖颈部前切除大脑和心脏可降低该区域人为造成的死后出血的风险

尸检过程中，解剖颈部之前排尽静脉系统中的血液至关重要，因为这样可以避免或减少颈部出现人为造成的死后出血现象。减轻静脉淤血的最简单的方法是于颈部解剖之前开颅并取出大脑，或者“V”形分离颈部皮肤后切开颈内血管，以释放静脉压力。

在有条件的情况下，可以在解剖前进行颈部多层螺旋 CT、MRI 或 X 线检查，以确定颈部软组织、颈椎和喉软骨的状态[28, 29]。如果没有新的尸检成像技术，另一种替代方法是在解剖前对单独的喉部位置进行 X 线检查。

解剖颈部深部结构时，需要仔细解剖每一层组织，暴露出每组肌肉，以此寻找真正的出血位置。甲状腺包膜和任何带状肌肉都可能发生挫伤。处理血管束时，须用剪刀小心剪开大静脉。颈动脉可以在原位打开，也可以在上呼吸道和食管取出后打开。

喉头后假性出血

在颈部解剖前静脉压力已释放的情况下，喉头前面和两侧发现的出血通常被认为是生前产生的，但喉头后方和咽部后面的出血性质却很难明确。

Prinsloo 和 Gordon 通过尸检总结发现，食管后表面和颈椎前纵韧带上发现的大量出血（Prinsloo-Gordon 出血）常常是死后人为造成的（图 15.11）[30]。

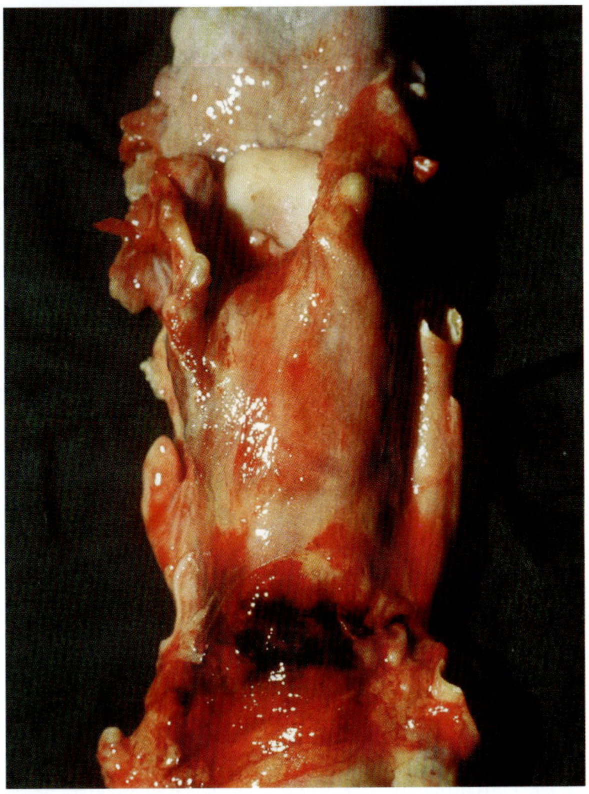

图 15.11　在一名自然死亡者的食管后表面发现的人为造成的死后出血，Prinsloo 和 Gordon 对此进行了充分的描述，这也是解剖前须将死者头颈部静脉系统的血液排尽的原因

在没有任何其他颈部损伤（特别是颈部外侧和前面）的情况下，我们不能断言该位置的出血征象为生前产生的。随着死后时间的延长，Prinsloo-Gordon 出血会进行性加重，即使通过切除大脑来释放颈部静脉压力，或早期打开颈静脉，也不能确保它消失。为了避免发生 Prinsloo-Gordon 出血，Shapiro 建议采用一种特殊的颈部解剖术式[31]。

颈部的另一种相对来说容易辨别的死后征象（尤其在组织淤血的情况下）是食管“捆扎”征象。该征象具体是在食管黏膜中发现的扎带状苍白区，其形成机制是组织器官（包括喉部、气管和部分主动脉弓结构）压迫食管黏膜，导致其血液坠积受到阻碍。食管“捆扎”征象常见于常规无创尸检中，但常被经验不足的病理学家误认为是勒死的证据。

喉部的解剖学结构

喉部结构主要是由“V”形的甲状软骨和环状软骨构成，甲状软骨两板前缘相连形成前角，后缘游离。较小的环状软骨位于甲状软骨下方，前部低窄，后部高阔，与甲状软骨游离后缘吻合（图 15.12）。每侧甲状软骨板后上缘的上角借甲状舌骨膜连接到上方的舌骨大角。

舌骨位于舌的根部，甲状软骨上缘和上角的后上方，主要结构包括水平体部和其上连接着两个长长的大角。舌骨通常有自然接缝，有时甚至伴有滑膜，接缝位于舌骨体与大角的交界处（图 15.13）。

舌骨小角没有法医解剖学意义。舌骨钙化可发生于各时期：舌骨体易发生钙化，而舌骨大角发生钙化的位置和时间没有规律可循。青少年的舌骨骨质富有弹性，且关节活动灵活；中老年时期，舌骨和舌骨大角出现钙化且骨质变脆。环状软骨作为一种上气管环，随着年龄的增长也会发

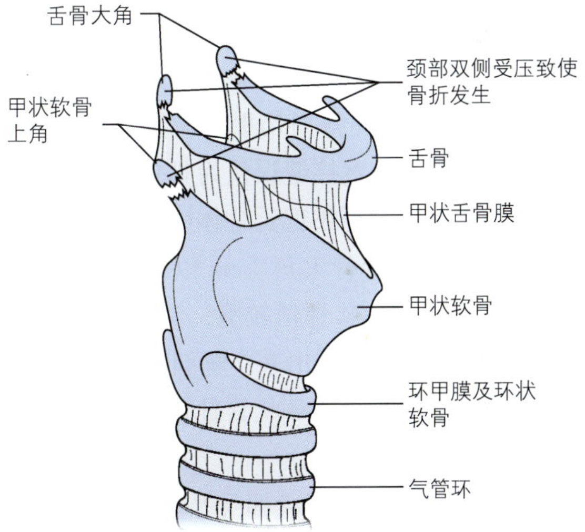

图 15.12　喉部的法医学解剖结构。颈部遭受的侧向压力可以直接或通过对甲状舌骨膜的压迫使得舌骨和甲状软骨发生骨折

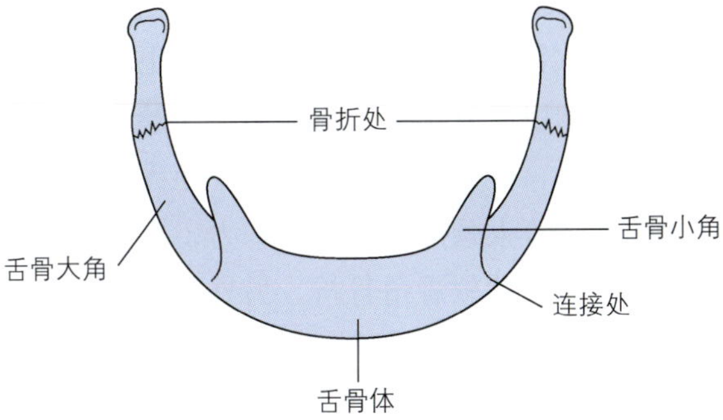

图 15.13　舌骨

生部分钙化，但好发年龄段并不明确；环状软骨的创伤性骨折可发生于任何年龄段，但儿童和大多数青少年环状软骨的创伤性骨折最为罕见。

喉部损伤

扼颈会造成喉部损伤。扼颈暴力主要作用于颈部双侧，导致喉部两侧常受到挤压，而保持声门气道通畅的甲状软骨的四个角，因为其结构脆弱，最易发生骨折。手指的侧向压力可以直接或间接通过对甲状舌骨膜的压迫，使得甲状软骨的四个角中的任何一个可以向内发生位移。年轻人的甲状软骨角非常柔韧，在压力释放后可以恢复到正常位置，但30岁以上的人群的甲状软骨角可能会因不同程度的钙化而发生骨折。

甲状软骨角通常向内侧发生位移，但因为被甲状舌骨韧带牵拉和包裹，所以不会完全离断。尸检时，要注意小心切断甲状软骨和舌骨之间的韧带，以获得断角。骨折部位会有出血（下文会加以讨论），从而使得损伤更易辨认。检查舌骨时，注意不要把自然接缝误认为骨折线。这些自然接缝的位置通常更靠近舌骨体中间，而骨折位置多出现于距离舌骨大角1 cm以内。年龄较大者，其舌骨和甲状软骨角较脆，其发生骨折时，锯齿状的骨折缘易暴露出来。解剖前行X线检查有助于确认甲状软骨或环状软骨骨折，识别其自然接缝和其他部位骨折。

尽管舌骨骨折作为喉部受暴力作用的标志，在各类出版物中受到广泛的关注，但实际情况是，甲状软骨角更容易发生损伤。Simpson发现，在25例扼死案例当中，有22例发生甲状软骨角骨折，只有1例发生舌骨骨折[32]。尽管这一结果与大多数病理学家的经验有出入，但毫无疑问，甲状软骨上角比舌骨大角更脆、更易发生骨折。舌骨和甲状软骨角骨折虽然在年龄大的群体中更为常见，但其也会发生于青少年人群中。不仅如此，老年人颈部遭受严重暴力，也不一定会发生舌骨和甲状软骨角骨折。另外，必须注意不要将正常的活动关节与骨折混淆[33]。

舌骨大角底部的软骨具有韧性，可以防止在舌骨受压时发生骨折。环状软骨和甲状软骨板出现骨折往往提示扼颈的力量非常大。甲状软骨板可发生螺旋状或斜形骨折；环状软骨骨折通常发生在环状软骨弓，而不是在较宽的环状软骨板处。这些程度较重的骨折可在钝性暴力直接作用于颈部的情况下发生，如拳击、脚踢或锁臂；此情况下，通常整个喉部也已发生严重损伤。

喉部骨折的意义

喉部的甲状软骨角和舌骨大角骨折仅能证明喉部受到暴力压迫，而不能就此说明这是导致死亡的重要因素。喉部骨折固然重要，病理学家也对此非常重视，但警察和律师等非专业人士常常被此误导，认为这些骨折就是导致死亡的重要原因。

明确的喉部骨折在证明颈部遭受暴力方面是有积极意义的，但在解释这些骨折时必须要非常小心。如果没有表皮、皮下组织、肌肉或喉部其他部位的其他损伤，仅发现喉部的甲状软骨角和舌骨大角的骨折并无价值，除非有确凿的喉部遭受暴力的间接证据。

当发现喉部的甲状软骨角或舌骨大角有骨折时，必须先鉴定其是否为生前骨折，因为该部位的骨折也会发生于死后（尽管此情况的发生频率较低），如由于运输过程中对尸体的不当处理，或者由于不正确的尸检操作。另外，在从死亡地点移走尸体的过程中，或在停尸房处理尸体的过程中，死者颈部若处于坚硬的物体表面或锋利的边缘上，也可能形成颈部损伤。然而，这类损伤更容易发生在甲状软骨板或环状软骨的位置，而不是甲状软骨角的位置。尸检时发生的骨折通常是由缺乏解剖经验，尤其是缺乏法医专业知识的病理学家或尸检技术员造成的。蛮力切除死者舌头和颈部结构可能会使其甲状软骨或舌骨大角发生骨折，老年死者喉部软骨钙化严重，骨质脆，关节强直，更易发生骨折。这也可能是尸检前对尸体进行死后成像或放射检查的理由之一。不过，在正确的尸检操作保证下，人为造成死后喉部骨折的风险已然被高估。

生前喉部骨折的证据

生前喉部骨折的证据主要就是骨折部位出

血。骨折出血通常肉眼可见并可经组织学观察证实。出血明显的时候，骨折线处骨膜或软骨膜下可见血疱，钙化的骨角断端可被触及，甚至有轻微捻发感。肉眼无法发现出血的情况下，通过对骨折部位进行组织学检查几乎总能发现一些红细胞外渗，但这一证据的价值较小，因为死后骨角骨折也可发生显微镜下（甚至轻微肉眼可见）的渗血。因此，出血是一个“单向”标准：如果没有出血，骨折一定是死后发生的，但如果有少量出血，那么损伤可能是生前发生的，也可能是死后发生的。同样，这些发现必须与颈部的其他损伤证据结合起来考虑，如果有皮肤挫伤、皮肤划痕、肌肉出血、喉内和舌出血，那么骨角骨折处的微量出血也很可能被认为是生前产生的（图 15.23）。

相反，必须再次强调的是，单独发现喉部骨角骨折，即使伴有轻微出血，也不是颈部生前伤的充分证据。

造成舌骨和甲状软骨角骨折的其他原因

舌骨和甲状软骨角除了在扼颈中会发生折断之外，也能在其他情况下发生折断。勒死和缢死毫无疑问也能引起舌骨和甲状软骨角的骨折（尽管不如扼颈中那么常见）。直接暴力，如对颈部进行拳打脚踢，不仅会使喉部发生广泛性损伤，也会使舌骨和甲状软骨角发生骨折。另外，宽钝的压迫力也会使舌骨和甲状软骨角发生骨折，如从背后用手臂锁住脖子并挤压颈椎。有人说，这种正面的直接暴力倾向于使被折断的舌骨或甲状软骨角向外侧张开，而扼颈情况下，舌骨或甲状软骨角倾向于向内垂下。不过该结论可信度不高，实用价值有待商榷。

事故发生时，喉部也有可能发生损伤。例如，跌倒时，喉部在凸起的下颌和胸部的保护下通常不会受伤，但如果跌倒在有棱的物体上，如大门或椅背，那么局部的撞击可能会损伤喉部[34]。本章作者曾处理一名入室行窃者的死亡案例，该行窃者在试图爬进窗框时滑倒，喉部摔在窗框上。第二天早上被发现时已死亡，颈部被吊在窗框上，且喉部软骨发生骨折，推测的死亡机制是迷走神经反射性心脏停搏。

扼颈导致的其他喉部损伤

扼颈会导致甲状软骨板骨折，其骨折线走形多呈竖直和斜行。甲状软骨板骨折可能是暴力扼颈的一个重要标志，Green 曾统计，在 12% 扼死案件中发现死者的甲状软骨板有骨折[35]。

另外，甲状软骨板骨折还容易发生于对颈部正面进行拳打脚踢或其他任何形式的暴力作用的情况下。位于甲状软骨下方且部分位于甲状软骨内的环状软骨，即使在扼颈作用力较小的情况下也会发生骨折，其骨折线走形多呈竖直和斜行（图 15.14，图 15.15）。虽然环状软骨损伤不太常见，但一旦发生骨折，其严重移位（特别是伴有黏膜撕裂和出血的情况下）可使其向后压迫气道，使气道部分阻塞。

喉头内部也可能显示颈部受压的征象：通常表现为声带下方的黏膜内出血（图 15.9）。喉头黏膜因为距离颈部表面最远，其出血严重程度与颈部受到暴力的大小无明显的正相关性：有时它

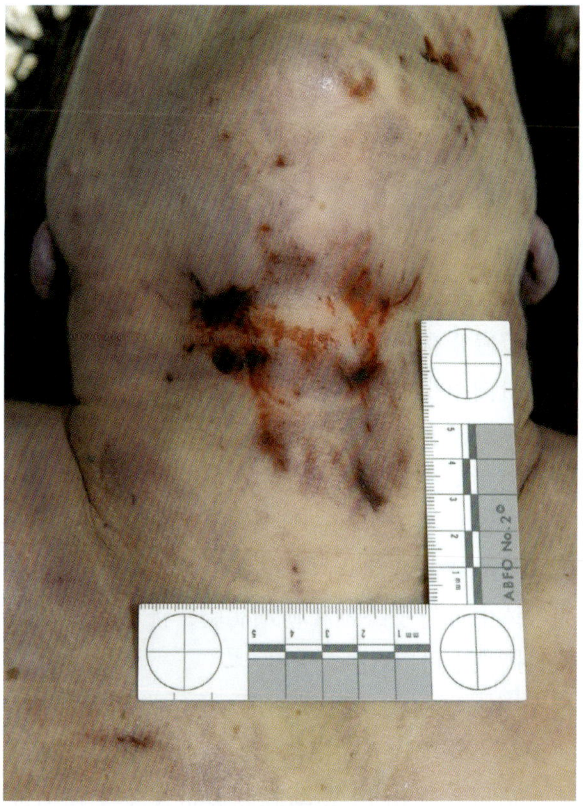

图 15.14　扼死者颈部和下颌可见指甲印痕和划痕

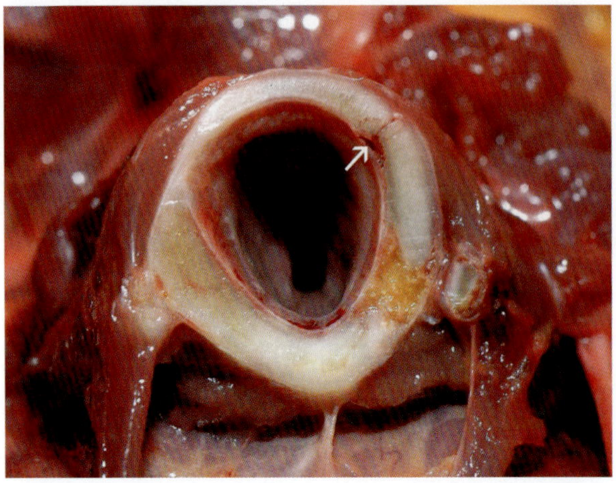

图 15.15　图 15.14 所示的扼死者环状软骨骨折，出血渗透到邻近的组织中（箭头所指）

可以在喉头软骨没有明显损伤的情况下发生，其发生机制仍然不清楚。

会厌表面有时也会出现类似的轻微出血；如果死亡发生不突然，会厌表面通常表现为大量点状出血。

喉部出血主要由静脉回流受阻而不是由创伤引起的，因此多呈鲜红色，而淤血窒息死亡时，其咽部、舌根和喉头通常呈青紫色。在对相关尸体进行解剖时，一定要切开舌根，因为其深部（尤其是舌两侧）可能会有出血，中央部或后部易发生淤血。

颈动脉损伤

解剖与迷走神经反射性心脏停搏死亡密切相关的死者颈动脉窦结构，很少能发现损伤证据。

缓慢窒息死亡案例多有颈总动脉分叉周围或邻近肌肉组织出血的现象，而心脏停搏导致的死亡案例则没有此出血现象，但极少数情况下，仔细剥离颈动脉会发现，其内膜撕裂以及出血浸染颈动脉窦处或附近的血管外壁。Amusant 第一次描述了缢死者颈动脉内膜撕裂的现象[36]。Simon 在尸体上进行了缢颈和勒颈实验，证明了颈动脉内膜撕裂也可以在死后发生[37]。

探查生前颈动脉损伤时，解剖手法必须精细，且必须排除人为损伤（尤其是用剪刀切开动脉时造成的损伤）。颈动脉撕裂常发生于强力冲击或施加局部压力于颈部时。例如，细缢索可以快速嵌入颈部皮肤，使得颈动脉发生损伤。一般而言，颈部受压导致的心脏停搏性死亡很少或根本不伴有形态学改变。如果没有任何淤血、发绀或点状出血征象，且颈部受压迫时没有猝死表现，则可以排除其他死因，诊断为心脏抑制死亡。

然而存在一种特殊的情况，作用于颈部的压力维持了足够长时间（15～30 s）时，可导致窒息征象出现，之后死亡突然发生，其死亡机制可能是窒息合并迷走神经反射性心脏停搏。如果颈动脉窦没有发生任何结构性损伤，那么通过尸检是无法确认窒息和心脏停搏发生的先后顺序的，只有明确的死前表现（然而死前表现很少被目击）才可以帮助解释事件的发生顺序。

勒死

勒索完全或部分缠绕颈部，其对颈部形成的压力大小是不同的。绞死是勒死的别称，特指一种曾经在西班牙使用的酷刑：受刑者背靠一根竖直木桩，桩子上挖有窟窿，执刑者将麻绳穿过窟窿，套住受刑者的颈部，再转动棍子收紧麻绳进而勒死受刑者，这种绞死刑具也被称为“西班牙式”绞车。这种绞死方法之后经过改进，可使受刑者的脊髓在受刑的同时被刺器穿透。

在法医实践中，缢死大部分情况都是自杀，而勒死多为他杀，偶见儿童自勒和意外勒死[38]。

勒索的特点

勒索的样式较多，甚至有些本不适合作为勒索使用，却造成了人的死亡。布条、电线、绳索和皮带较为结实，且较细，当它们绷紧时，往往会嵌进颈部皮肤中。围巾、领带、毛巾、长筒袜、紧身衣甚至床单等软质地的物品，可以被行凶者从犯罪现场带走，会使得调查者在犯罪现场调查取证变得困难。勒沟常为完整的环形，但有时环形也可能不连续。例如，当行凶者站在被害者身后，将绳子套在其颈前和两侧，形成“U”形结构，其勒沟便是不连续的。即使是一根木棒，如竹手杖，或者一根印度式样的扁平“板条”，如果用其抵住喉咙的前部，再从后面将两端用力向后拉，也可以起到勒颈的作用。

大多数情况下，勒索在颈部缠绕一圈或多圈后会形成交叉，最后以一个或多个结扣固定之。在自勒案件中，多圈缠绕并不少见，两圈、三圈甚至更多圈都有出现，且结扣复杂。复杂结扣常见于自杀案件中，这是因为自杀者为了达成其目的，会打出更牢固的结扣。勒索可以通过上文提到的“西班牙式”绞刑工具进一步收紧，这种绞刑工具常卡在下颌下或紧靠肩部或胸部，由一些棒状物体组成，如尺子、棍棒或螺丝刀，将其插入绳套和皮肤之间，并旋转几圈，便能勒紧颈部。该工具可见于他杀或自杀案件中（图 15.27，图 15.28）。

勒沟

勒索的材质和质地决定了尸检时观察到的颈部勒沟外观。当勒索表面有明显的图案时，如绳索的编织纹路、皮带的形状等，其图案可能会印在皮肤上。在凶杀案中，即便凶手将作案绳索带离现场，调查人员也能通过皮肤表面的图案对行凶工具进行推测。如果勒索为围巾或毛巾之类的软质物品，辨别颈部勒沟的困难就会陡增。宽扁的勒索可能不会在皮肤上形成任何印痕，但在大多数情况下其会在颈部皮肤上留下一条或多条不连续的线性印痕；如果尸体较久未被发现，且死者颈部皮肤没有擦伤，这些印痕可能会消失（图 15.17，图 15.18）。

织物类的勒索能够在皮肤上形成清晰且狭窄的勒沟，其原理是，当宽大的织布被拉紧时，会形成多条类似勒索的褶皱，其中一条或多条会比其余的承受更大张力，因此会在皮肤上形成相应的勒沟，其余张力较小的褶皱则不会留下勒沟。织物类的勒索造成的勒沟边缘通常不如绳索或电线等类型的勒索造成的勒沟边界清晰，但有时会与其相混淆（图 15.16）。

尸检时，深嵌在皮肤中的勒索有时会被漏检。在移除该勒索时，可于皮肤上观察到明显的勒沟。勒索上下缘的颈部组织易发生水肿，而水肿会进一步加重勒沟深度，使得受害者颈部勒紧

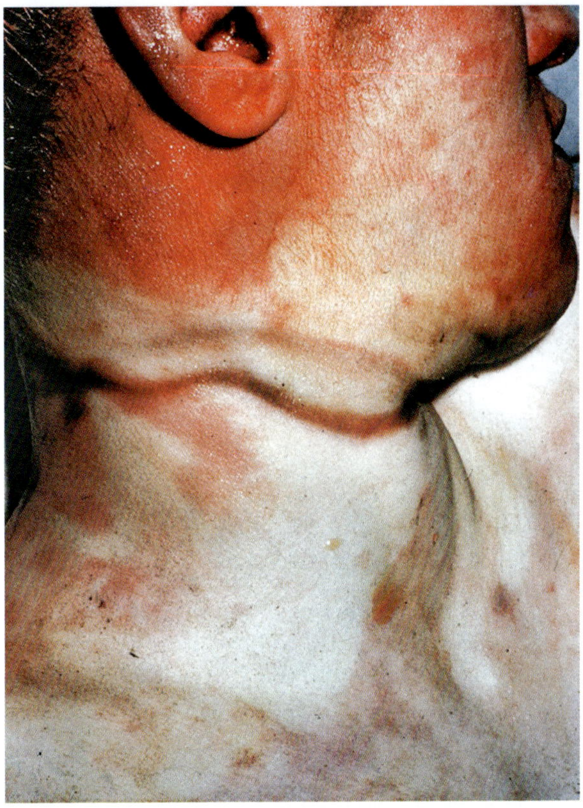

图 15.16 被丝巾勒死。虽然勒索表面积较宽，但绷紧的勒索在皮肤表面形成了一条狭窄的线性勒沟

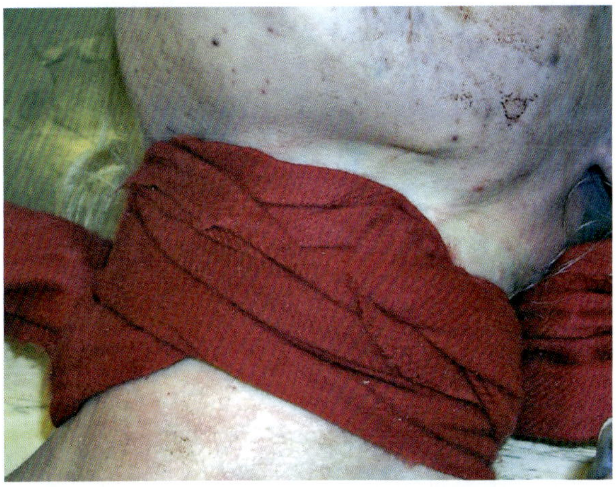

图 15.17 精神科病房一名住院患者因严重抑郁症而自勒，勒索为一条羊毛围巾，羊毛围巾简易地结扣位于颈前

程度加剧。受害者即使死后，其颈部组织水肿也可进一步加重，使得勒沟加深；即便血液循环停止后，部分组织液的被动漏出仍可以继续进行。在自杀案件中，自杀者常常用勒索缠绕颈部多圈并辅以多个结扣，彼时颈部勒紧程度相较于之后尸检中观察到的勒紧程度更轻。需要注意的是，

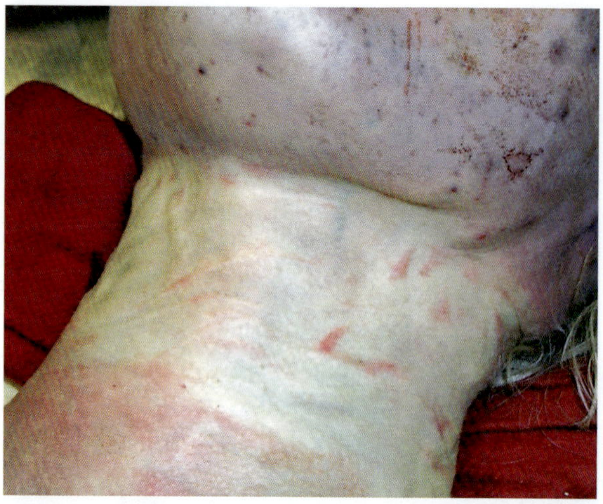

图 15.18　移除图 15.17 中的围巾后，发现颈部有一个颜色浅淡的带状印痕，无血液坠积

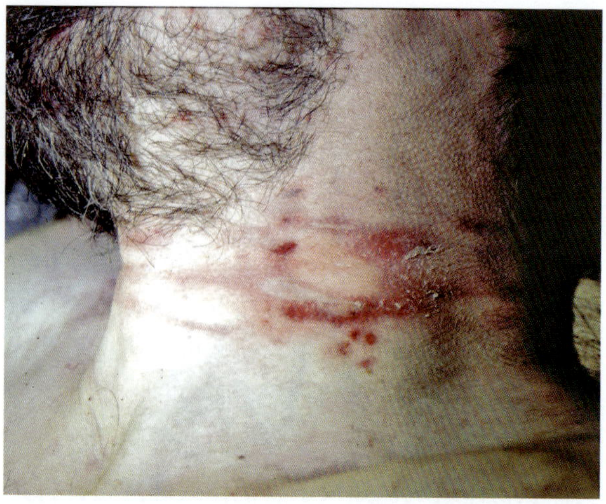

图 15.19　受害者与熟人喝酒后发生争执，熟人抓住受害者的马甲，将其勒死。图中可见水平勒沟和勒沟旁的擦伤

自勒的死亡机制也常是非窒息性的心脏停搏。可以想象，在勒索压迫颈部，且身体保持静止状态时，迷走神经应当不会受到刺激，但事实并非如此，其机制尚未清楚。

如果勒索是软质材料，如棉布之类，皮肤勒沟可呈红色，如果勒索是细粗绳和电线等物品，它们往往会造成皮肤擦伤，使得皮肤勒沟一段时间之后呈黄色或棕色，甚至皮革样化。缢死案件中，由于皮肤与缢索的摩擦力更大，皮肤发生磨损更严重，死后缢沟的皮革样化现象更明显。

皮肤的皮革样化出现在死后，且随着死后时间的延长，会愈加明显。勒沟的宽度可能略宽或稍窄于勒索的实际宽度，也可与实际的勒索宽度相同，这取决于勒索作用于皮肤的深度。勒沟两侧边缘常有狭窄的充血区，这曾被认为是生活反应的标志，类似于皮肤烧伤伤口边缘的“生活反应”（具体参见第 11 章）。然而，这一观点的可靠性值得怀疑，Pollak 通过实验发现，勒住死后不久的死者颈部皮肤也会造成勒沟边缘出现类似的发红痕迹，可能的原因是被勒索压迫的皮肤中的血液被挤压至两侧。

勒沟位置

勒沟形状对犯罪现场重建至关重要。不同于缢沟，勒沟通常出现于颈部较低部位，如喉头的上下方，且水平环绕至项部（图 15.19～图 15.21）。

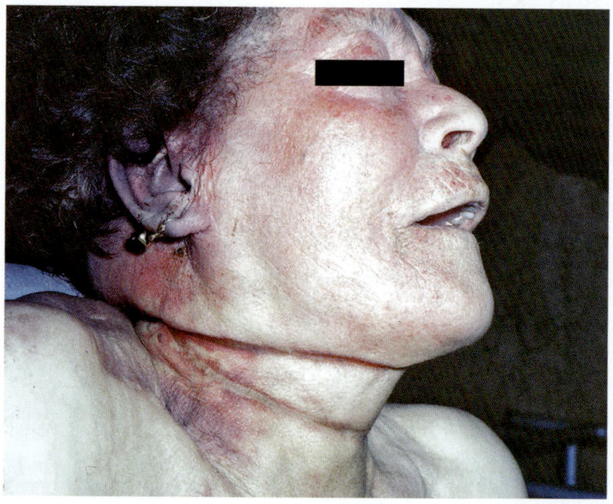

图 15.20　勒死：勒沟水平环绕颈项部，并在项部形成交叉

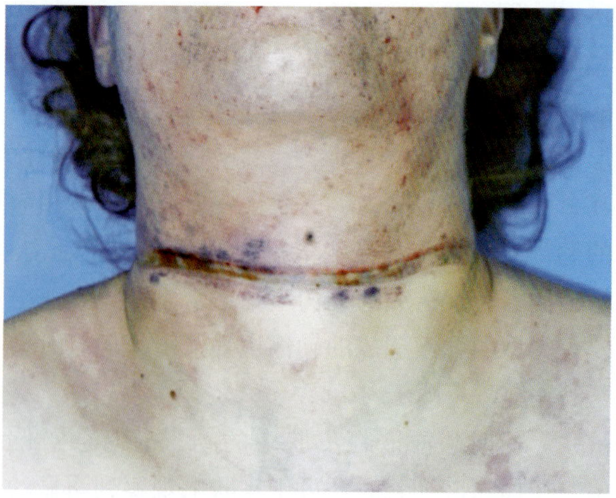

图 15.21　一名拒绝终止妊娠的女子被其情人用绳子勒死，图中可见颈部的水平勒沟

他勒时，勒沟多为一圈，且有交叉点形成，交叉点位置可能位于颈部前方、侧面或项部，这取决于攻击者和受害者的相对位置。

如果勒索有结扣时，结扣可能会在皮肤上留下印痕；如果有多条勒索作用于颈部，其中部分或所有勒索会在皮肤上留下印痕。缢死者颈部的缢沟常常在缢索悬吊提空处出现离断，而勒死尸体上几乎观察不到此现象，除非行凶者向上提拉勒索。

在后文关于缢死的内容中，我们会讨论到，有时缢沟的外观会类似于勒沟，但相反的情况几乎没有出现过。

勒死的局部损伤改变

受害者试图挣脱绳索时，可能在自己颈部留下线状或垂直状的指甲划痕，但不会造成局部皮肤擦伤或挫伤。另外，勒沟皮肤下可能有出血，但鲜见。不同的勒颈力度可以造成颈部内不同深度的肌肉出血，但勒颈造成肌肉出血的程度比扼颈更轻。此外，勒颈也可以造成喉部损伤，但程度同样比扼颈更轻。另外，舌骨和甲状软骨角可能因勒颈发生骨折，尤其当勒颈位置处于甲状软骨舌骨韧带水平时，但勒颈造成喉部软骨骨折的概率比扼颈更低。Gonzalez 统计过一项数据，在 24 例扼死案例中，4 例有舌骨骨折，9 例有甲状软骨和环状软骨骨折[39]。而 Simpson 在他统计的 25 例勒死案例中，只发现 1 例有舌骨骨折，22 例有甲状软骨角骨折。甲状软骨板或环状软骨发生骨折的概率非常低，除非使用材质非常坚硬的勒索且施加非常大的暴力作用于颈部才有可能发生（如采用细电线，并使用所谓的“奶酪切割器”方法勒颈）。巨大力量作用于极小面积的皮肤上，产生的强大压力会划伤皮肤，甚至切割到更深的组织和软骨。

如果颈部可见大量挫伤和擦伤，且位置分散并远离实际勒沟位置，则必须考虑扼颈和勒颈组合致死方式的可能性（图 15.24，图 15.25）。实际上使用勒索之前或同时扼住喉部的这种情况并不少见，且这种情况下喉头相关部位常会发生骨折。细勒索勒颈可能会导致颈动脉损伤，但损伤通常不涉及动脉内膜结构。

勒死的死亡机制

勒死的死亡机制通常是典型窒息，而扼死的死亡机制是心源性猝死（此时面部尚未出现淤血和点状出血征象）。勒沟上下方的皮肤外观差异明显：勒沟以下的皮肤呈苍白色；勒沟以上的皮肤可见水肿、淤血、发绀和出血；眼睑结膜和面部皮肤可能有大量点状出血；耳部和鼻部可伴有出血（图 15.22）。但不是所有勒死都会表现出典型的窒息征象，许多受害者在淤血征象出现之前就死于迷走神经反射性心脏停搏。这种情况也常出现于他勒和自勒案件中，如决心自杀的受

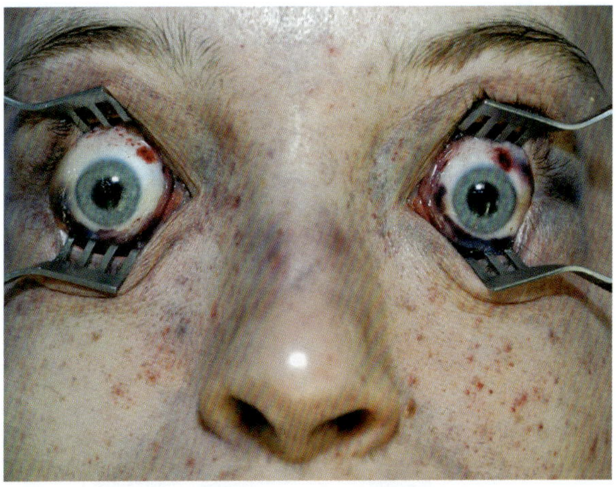

图 15.22　结膜下出血和面部点状出血

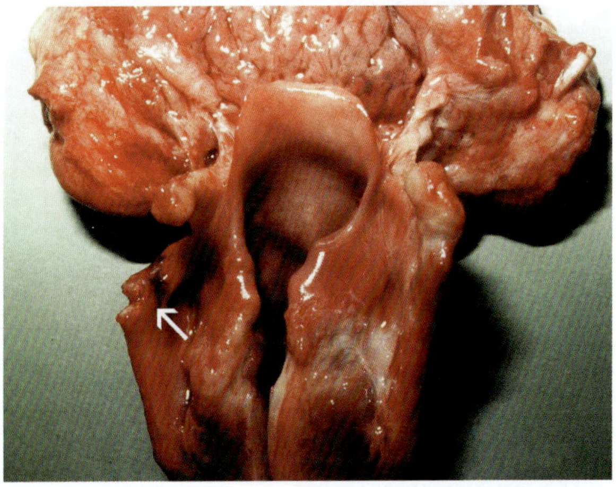

图 15.23　左侧甲状软骨角骨折（箭头所指）伴出血。经行凶者供述，尸体最终于湖中被发现。进一步尸检发现：环状软骨骨折伴出血，颈部挫伤，眼睑结膜和喉头黏膜瘀点性出血

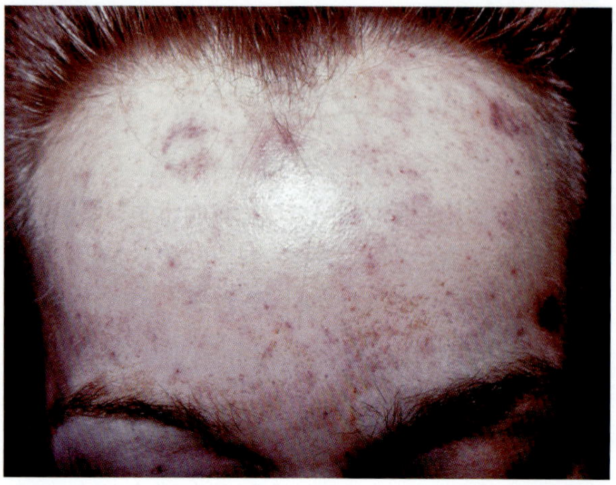

图 15.24　女性颜面部淤血、发绀，皮肤多处点状出血。环形挫伤可能是由指关节撞击造成的。缠绕在颈部的围巾初步提示勒死的可能性

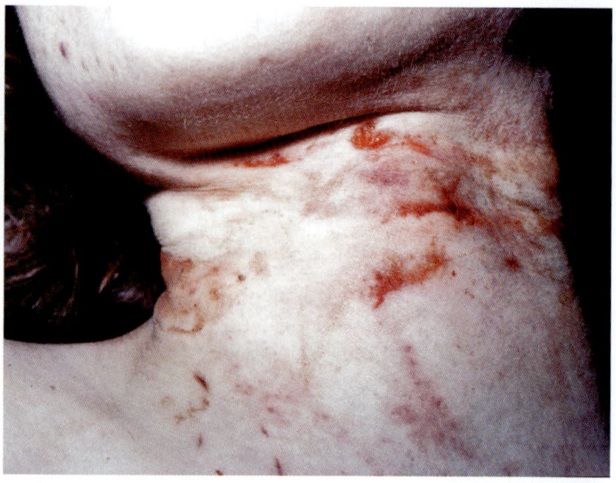

图 15.25　在图 15.24 所示的案例中，围巾被移除时，除了勒沟外，还可以观察到典型的由扼颈造成的挫伤和擦伤

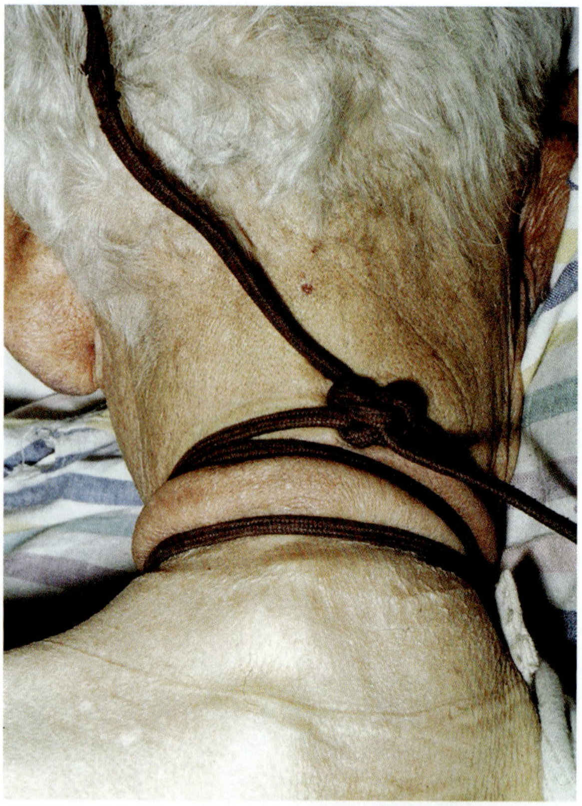

图 15.26　自勒：缠绕颈部 3 圈的勒索及复杂的结扣。毋庸置疑，该名男子使用此根电话线进行自勒，但在淤血性征象出现之前，便发生血管迷走神经反射性心脏停搏

害者能够用勒索在自己的颈部缠绕多圈并辅以多个结扣固定之的情况下快速死亡（图 15.26，图 15.29），其死亡机制尚未明确。

发生在幼儿身上的意外勒死事件也常有报道，当婴儿床或婴儿围栏离窗户过近时，幼儿的颈

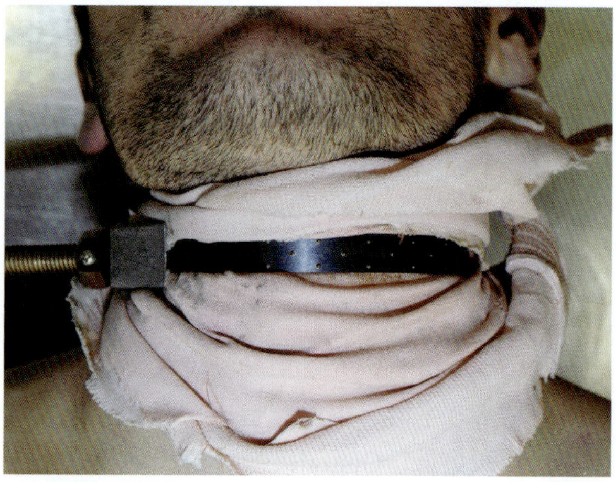

图 15.27　使用类似“西班牙式”绞刑工具进行自勒：金属带下面有织布作衬垫，螺丝头部（未显示）的旋钮用来拧紧勒索

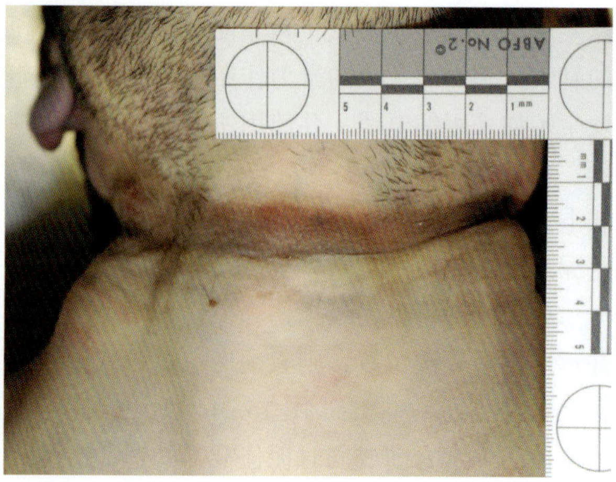

图 15.28　拆除图 15.27 所示的勒颈工具后，可以观察到死者颈部水平干燥的勒沟

图 15.29　在对勒死的受害者进行尸检时，如果有绳结，应在绳结之外的部位剪断勒索。绳结不能被解开，须保存下来以供法医检查。如果勒索有松动的可能性，应对松动位置的两端进行固定，然后再剪断该部位（经 Robert Hale Publishers 授权转载）

部会被窗帘或窗帘绳缠绕，进而发生死亡[40-42]。但实际上，此时幼儿身体的全部或部分呈悬空状态，这种现象更符合缢死的定义。当围巾或其他衣物被各种类型的机械工具或家用设备缠住时，偶尔也会导致成人发生意外勒死[43-46]。

锁臂和“抢劫”

“抢劫”（mugging）这个术语严格意义上是指用手臂暴力压迫喉部，但现在已经泛指任何形式的暴力抢劫，尤其是在北美。攻击通常从被攻击者后面进行，将其颈部困在肘部的弯曲处。暴力可以作用于喉部，也可通过前臂和上臂作用于颈部一侧或两侧。锁臂致死的机制在第 10 章有详细讨论，“锁臂”（或“锁喉”）是警察执法时使用的一种约束方法，但该方法造成疑犯窒息或反射性心脏停搏死亡例数增多，已逐渐不被认可。20 世纪 90 年代早期，因为警察在逮捕疑犯过程中发生了几起类似的死亡事件，英国首席警官协会（Association of Chief Police Officers）便提出建议，在暴力约束囚犯时应避免采用锁臂方式。

锁臂致死的尸体征象类似于大件物体造成勒死的尸体征象，损伤特征并不明显。颜面部可以观察到由前臂摩擦导致的广泛擦伤，尤其是下颌边缘或面部下半部分位置。皮下的挫伤可能广泛分布，但也可能较为局限，甚至没有。一般情况下喉部不会发生损伤，但如果有暴力将其向后脊柱方向挤压，甲状软骨角甚至舌骨可能发生骨折（参见第 10 章）。

缢死

缢死是另一种形式的勒死，即利用自身全部或部分体重使得颈部受到压迫。

缢刑

现代处死罪犯的方法已经不再采用法医学实践中常遇见的依赖于颈部结构的严重机械破坏的缢死方法。但 19 世纪以前，英国的缢刑就是采用野蛮的“普通”缢颈方式，即受害者被自己的体重缢死于绳索末端。臭名昭著的泰伯恩刑场是英国首都伦敦当时执行死刑的场所，位于现在伦敦市中心的大理石拱门附近，当时成千上万的人在此地被处决，处决的方法是用绳子套在站在马车或梯子上的死刑犯的颈部，然后移除该支撑物，死刑犯双腿悬空，最后发生死亡。根据同时期的历史记载，大部分服刑者的身体在缢颈过程中没有被移动，但也存在相当多的案例，亲属会通过向下拉拽服刑者的腿来缩短其痛苦时长。执刑者为了加快死亡发生的速度，对绞刑架进行了一些“改进”，主要是通过活板门装置来控制服刑者的降落方式。使用下落板时需要在服刑者左耳下方打一个“结扣”（实际上是一个黄铜眼环和橡胶垫圈），使其比在传统位置枕骨打结扣更不容易被拉过头顶。这样做的目的是，当服刑者快速下落时，身体因为绞索的牵制会突然停止下落，导致颈椎脱位，进而导致脊髓受到牵引，使得脊髓或脑干发生离断。对采用这种缢刑处死的尸体进行研究，结果表明骨折并不常见，但不同程度的颈椎脱位和脊髓、脑干损伤很常见。有些较高的绞索架会引起服刑者头身分离的情况，但彼时服刑者的意识并没有突然丧失：尽管大脑功能在脊髓或脑干损伤时可能会立即停止，但心脏通常会继续跳动，有时继续跳动长达 20 min，直到缺氧导致其停止跳动[47–51]。

自缢和意外性缢死

除了现在罕见的“私刑”，缢死绝大多数属自杀，其次为意外性缢死[52–54]。缢死与勒死有许多共同的特征，可能的死亡机制都是由颈动脉结构受压导致的反射性心脏停搏。大部分缢死者颜面苍白，没有缓慢窒息死亡引起的淤血状外观。James 和 Silcocks 在加的夫的一项为期 15 年的有关缢死的调查结果表明，27% 的缢死者有淤血和点状出血的征象，这与悬吊是否充分相关[55]。

Polson 等指出，缢死者常见的颜面苍白征象是由双侧颈动脉压闭引起脑缺血导致的，而不是由血管迷走神经反射效应导致的，但该观点目前没有证据支撑[24]。但有一点可以明确，缢死者如果没有表现出窒息征象，则表明其死亡的发生是迅速的。

缢死方式

大多数缢死属自缢。自缢可以通过多种方法来实现，其中，一种典型的自缢方法是将一根细绳子系在高处，如天花板横梁或楼梯上，细绳下端形成一个固定的环或活结，计划自杀的人站在椅子或其他支撑物上，再将颈部置于绳套内，在跳下或踢开支撑物时，受害者将自身全部或大部分重量作用在绳索上（图 15.30）[56]。

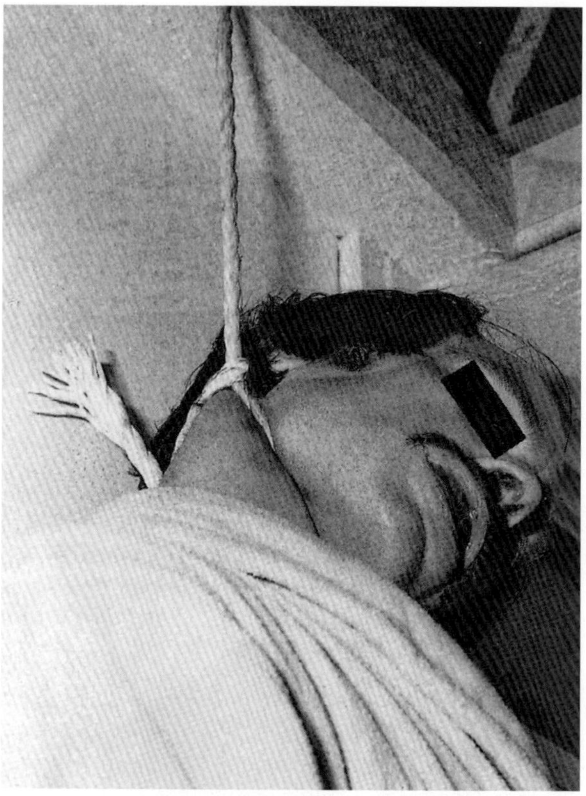

图 15.30　典型的缢吊姿势，悬吊点抬高至耳朵，头部向对侧倾斜。由于喉部和舌根受到缢索向上的压力，舌头向外突出，且面部没有淤血征象。由于使用了滑动型绳套，死者的颈项部皮肤被缢索完全环绕

自缢形式多样，既涉及缢索性质，也涉及悬吊高度。电线、绳索、睡裤绳、皮带、背带（背带裤）、围巾、领带、长袜和许多其他物品都可能被用作缢索。在监狱或拘留所中，执法人员必须尽其所能来防止服刑或拘留人员拿走任何可能用于自杀的物品，如鞋带、长袜、监狱牢房中被撕破的床单等（图 15.31，图 15.32，图 15.34，图 15.35）[57, 58]。

如果悬吊高度不够，受害者的双脚通常很难离开地面。当悬吊者的双脚离开支撑物时，绳索的拉伸作用会使其双脚着地，此时死亡的发生意味着缢吊者身体上半部分的重量压迫缢索已经足够导致其死亡。缢吊位置较低时，如门把手、床柱和任何其他方便且安全的低点位置（图 15.33），部分体重加于缢绳上的压力（此时身体可能只是瘫在门前、床上或椅子上，腿和臀部支撑在地板上）也完全可造成缢死。事实上仅胸部和手臂重量加于缢索就能引起死亡。本章作者曾遇到一个低位缢死案例，缢吊者仅仅只是把脖子悬挂在花园中两根柱子之间的一条晾衣绳上便发

图 15.31　自缢者双脚着地。该名已故男子缢吊时双脚离开矮凳，但布绳的拉伸作用使其身体没有完全悬空。自缢可以发生于较低的悬吊点，如门把手和床头板

生了死亡。

由于自缢情况下跌落高度通常较短，颈椎不易发生暴力性损伤。但极少数情况下，缢吊者用绳子缠绕其颈部从屋顶或其他高处跳落时，会引起严重颈椎损伤，甚至发生头身分离（缢绳足够结实的情况下）（图 15.43）[59, 60]。常见情况是，缢吊者从阁楼的活板门或树上跳落，引起椎骨或寰枕关节损伤。本章作者曾遇到一个罕见的案例，一个强壮的士兵将绳索固定在抽水马桶的水箱上，然后从马桶座上跳落，引起颈椎骨折。

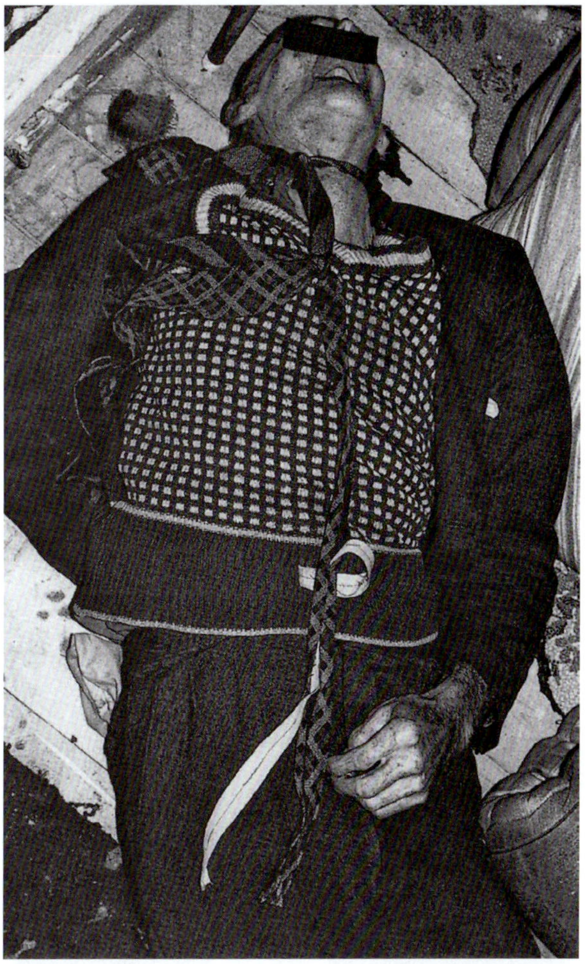

图 15.32　使用领带自缢。该自缢男子将两条领带系在一起用作缢索，再将自己颈部悬吊于门后挂钩上。挂钩被拔下时，他被发现倒在地板上，其颜面苍白，没有淤血征象，提示其可能发生心脏停搏

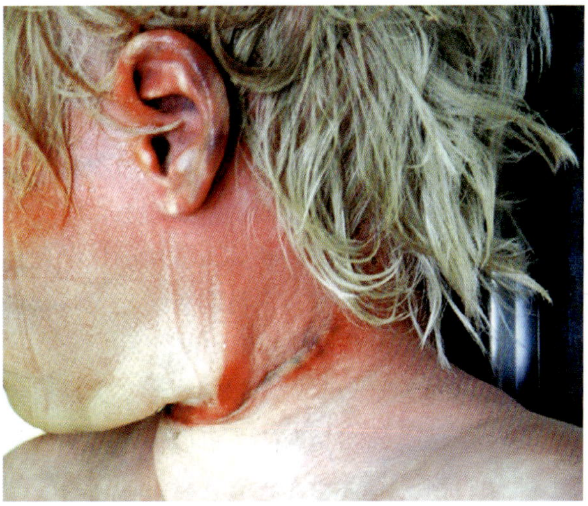

图 15.33　儿童缢死罕见。该名 7 岁男孩离开他的玩伴，在他们面前缢死在床柱上

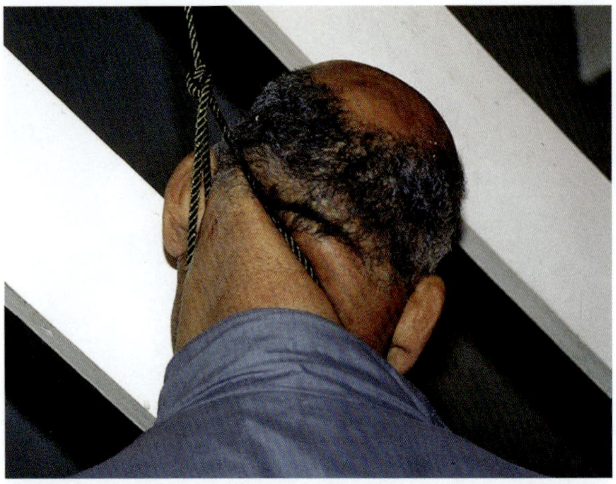

图 15.34　固定型索套在缢绳悬吊处的皮肤上形成提空。这是家庭谋杀或自杀案件中常用方法

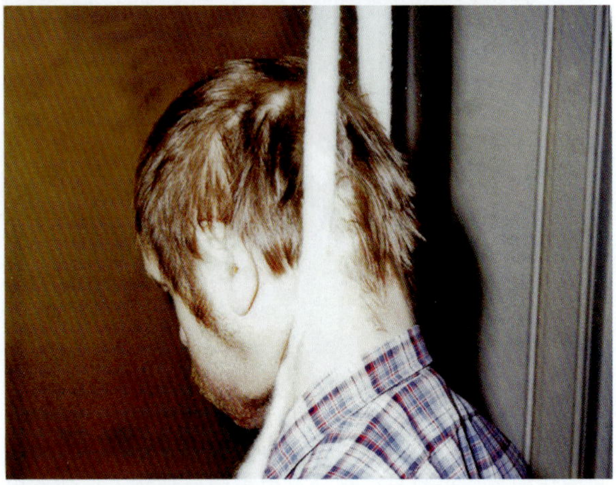

图 15.35　一名囚犯撕破床单，并将其两端连接到一个水龙头上（图中未显示），并以坐姿前倾将颈部置于缢套上，因此项部没有受到压迫

缢沟

缢沟和勒沟的鉴别通常较为容易。缢死的案发现场往往非常明确，但也存在特殊情况：死者因为缢绳发生断裂或脱落而倒躺在地上，而缢绳仍旧缠绕在颈部，此时判断其为缢死还是勒死会变得更加困难。现场调查人员调查缢死案件的首要任务是寻找悬吊点和绳索附着痕迹。

滑动型索套会收紧压迫颈项部皮肤，形成无提空缢沟。在大多数情况下，可以依靠皮肤缢沟的提空位置来判断悬吊点位置，这是因为缢绳的垂直拉力会顺着歪斜的头部传导到结扣，之后再从结扣到达悬吊点。缢沟提空通常见于颈部的一侧或对侧，或项部中央，少见于下颌下方。结扣本身可能会在皮肤上形成压迫，特别当其位于死者头部的一侧时（图 15.36）。

缢沟的特征与上文介绍过的勒痕相似，通常在最大承重发生的悬吊点对面的侧面最深。类似于勒死，缢沟可伴有擦伤，呈棕色，干燥后呈皮革样化改变。在缢沟的上方或下方（或两侧）可能有一个狭窄的红色区域，这并不是一个生活反应的指标，而是由于缢沟处皮肤受压迫，局部血液被挤压向缢沟上下两侧。

缢沟位置

与勒沟相比，缢沟形成位置更高，通常位于下颌前正下方，绕过下颌角，在颈部侧面或后面形成提空（图 15.37～图 15.42）。

当悬吊点位置较低且部分身体得以支撑时，可出现例外情况。例如，受害者可能会坐在椅子上、床上或地板上，绳子绑在仅略高于颈部的地方。当身体的轴线下沉时，绳子上的拉力几乎与身体的轴线成直角，此时产生的缢沟可能呈水平

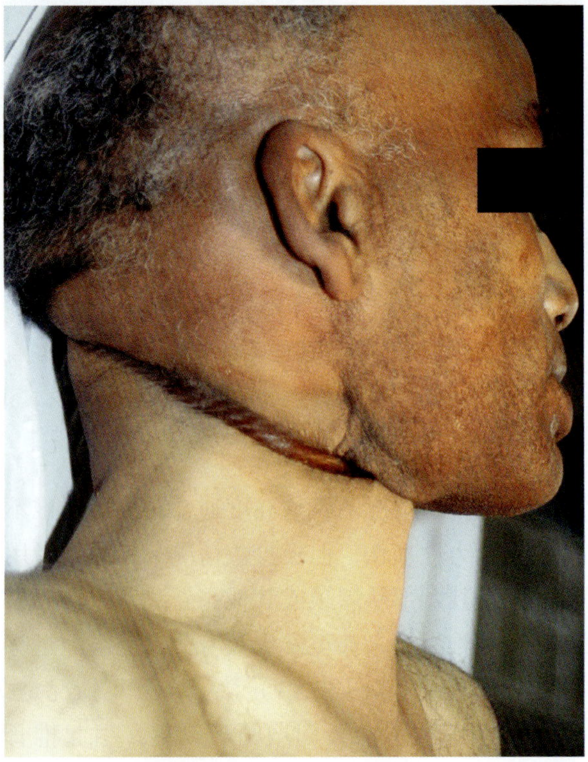

图 15.36　一个着力于下颌下方，两侧斜形向上的深缢沟。缢绳的螺旋结构清晰地印在皮肤上。死者的黑色颜面是先天种族因素导致的，而不是淤血造成的

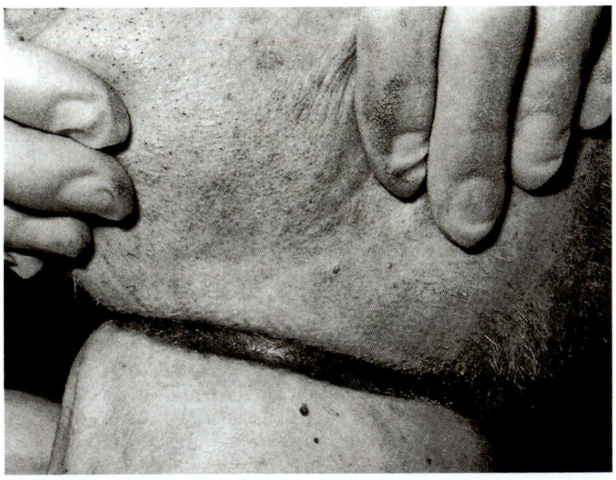

图 15.37　一名男子缢死于楼梯上，其颈部缢沟呈水平状。活结能够收紧绳套，使得颈部皮肤提空现象不易出现

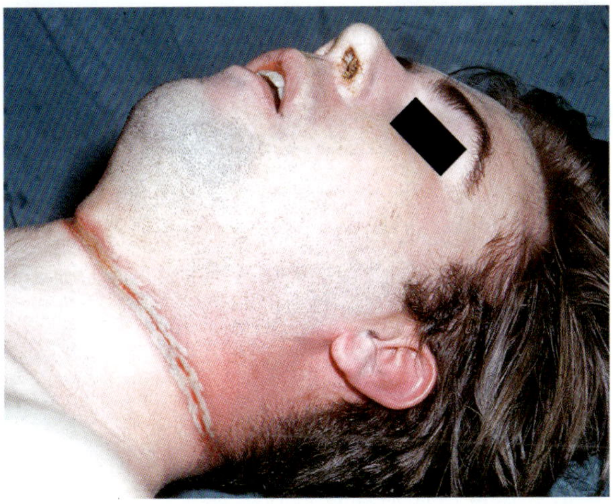

图 15.38　由六股电缆线构成的缢索在颈部形成的缢沟。缢沟中间有一处线性擦伤，周围是由血管受压引起的苍白区，外围是狭窄的充血带

状，并位于颈部较低位置。在此情况下，如果在调查人员到达案发现场前尸体发生躺倒，之后判定其是勒死还是缢死就变得非常困难。这样的情况不止一次在刑事审判中被争论过，如 1987 年发生于柏林 Spandau 监狱的 Rudolf Hess 死亡案件。

在极少数情况下，悬吊点位置会在下颌水平或以上，缢绳会嵌入项部皮肤。当缢绳穿过下颌边缘在面部前方形成结扣时，缢死机制会愈加复杂，因为此时喉部受到的压迫作用很小，甚至没有受到压迫，可能的死亡机制是颈动脉受压。

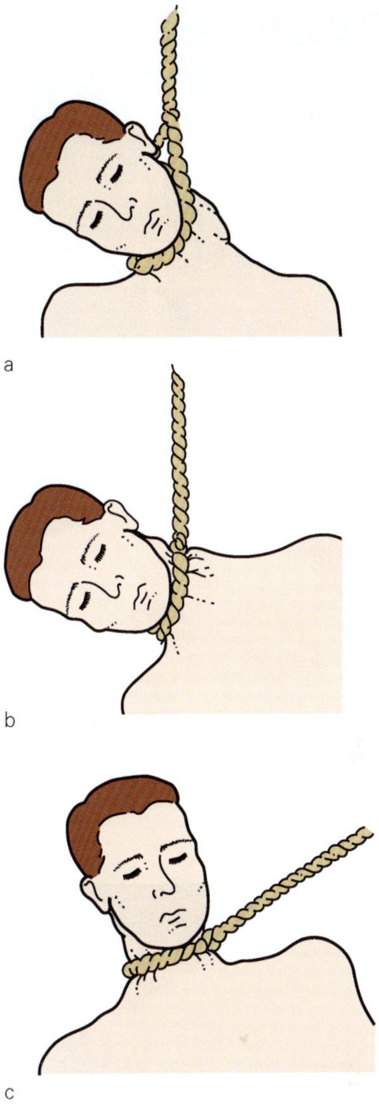

图 15.39　颈部缢沟位置：（a）悬吊点位置高且索套为固定型时，缢沟向上形成提空；（b）滑动型索套在颈部形成的缢沟周长小，位置低，方向倾向于水平状；（c）如果悬吊点位置较低，死者身体倾斜，缢沟方向可呈水平状

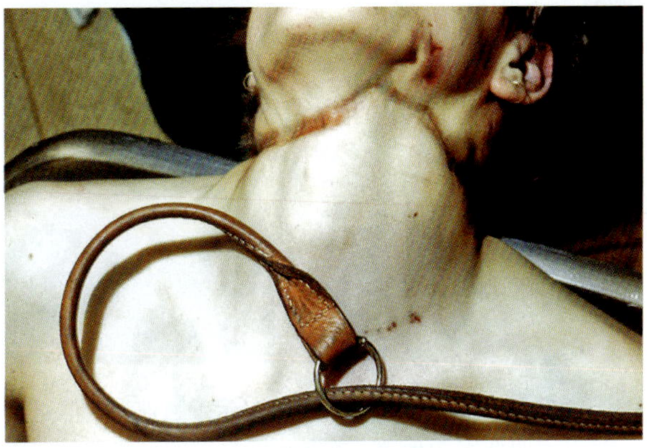

图 15.40　前位型缢死。皮革样索套使颈部组织受到压迫，其金属环在下颌处皮肤留下的印痕清晰可见

图 15.41　前位型缢死。即使喉头没有受到压迫，死亡也会因为颈动脉和颈动脉窦受到压迫而发生。此死者面部苍白，没有典型的窒息征象

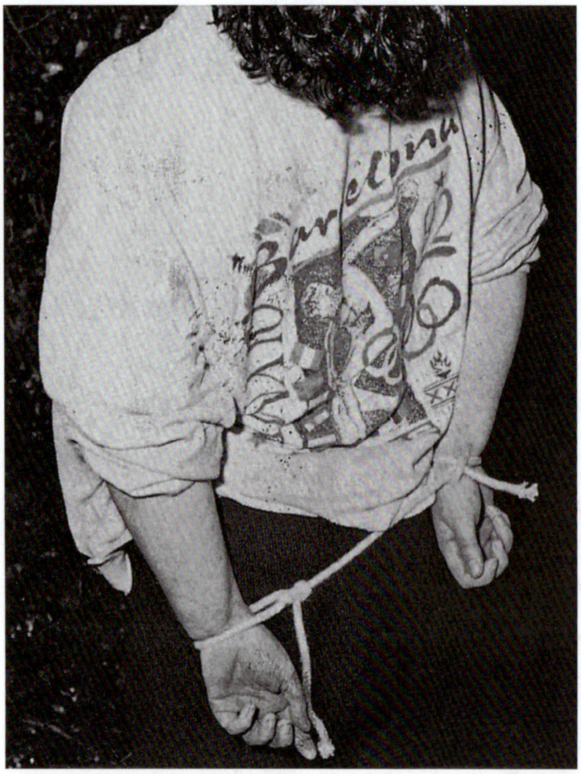

图 15.42　图 15.41 中的死者背部显示手腕被绑，但这仍不足以说明此案为他杀，除非排除自绑的可能性；一些决心自杀的人会确保他们不会试图自救；此案中死者留有遗书

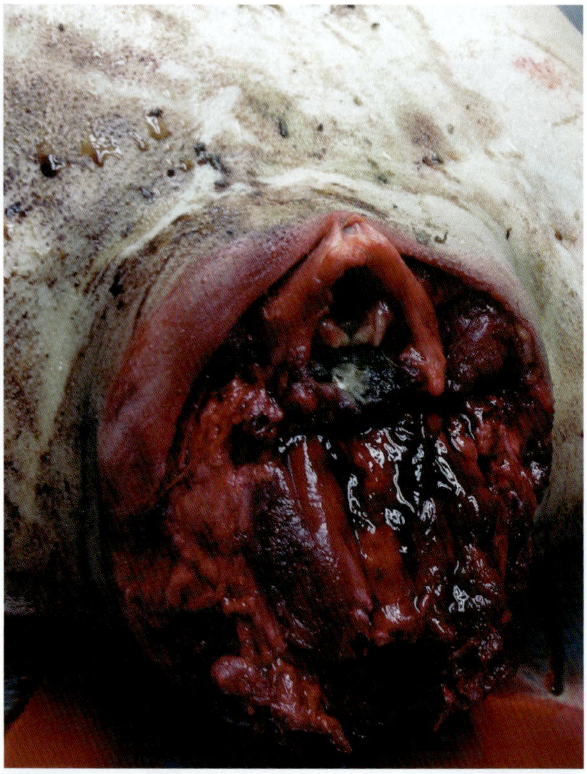

图 15.43　一名颈部缠有缢绳的自杀者从 8 楼阳台上跳落，在绳索收紧时，头身完全分离。在皮肤被切断的边缘区域可见与缢沟相对应的擦伤区（经 S. Toivonen 博士许可转载）

缢死的尸体征象

除了缢死现场外，一些尸体征象值得关注。首先，如果尸体保持悬吊状态数小时以上，尸体的上下肢会出现血液坠积，形成尸斑。当将尸体从缢索上放下，水平放置一段时间后，尸斑会重新分布。

尸体皮肤出现点状出血的概率约为 25%，多在不完全悬吊的情况下出现，也常在淤血不明显的情况下出现。颜面淤血远比脸色苍白少见。

舌骨、甲状软骨骨折和颈部肌肉出血很少出现在缢死（尤其是使用软缢索）案件中。然而，有文献表明，颈部软组织出血发生率为 20%～30%，舌骨和甲状软骨骨折发生率为 35%～45%，且舌骨和甲状软骨可同时发生骨折。

据 Simon 报道，Amussat 第一次在缢索尸体上观察到颈动脉内膜和中膜损伤[37]。位于颈动脉窦附近的动脉内膜损伤通过仔细解剖才被发现。缢吊悬空时，身体在空间中降落的轨迹较

长，容易导致喉部软骨发生骨折。

Simon 另外一个重要的缢死尸体征象：如果死者身体处于完全悬吊状态，位于下胸椎和腰椎的椎间盘前部会出现条纹出血点（Simon 出血、Simon 征象、Simon 症状）[61]。然而，有研究表明，在交通事故中若脊柱创伤性过度伸展，甚至在腐败尸体上，Simon 征象也会出现[62, 63]。

缢死的死亡机制

缢死的机制有多种，这些机制可以彼此独立，也可以协同作用：缢索压迫颈动脉窦从而引起反射性心脏停搏；颈动脉（可能伴有椎动脉）压闭；颈静脉压闭；舌根被推向后上方并紧贴咽后壁从而导致气道闭塞；脊髓-脑干断裂。

虽然缢死与勒死有一些相似之处，但大多数缢死者面色苍白，没有淤血和出血的征象（此类征象常在颈部受压且死亡发生缓慢时出现）。与勒死相比，反射性心脏停搏和颈动脉压闭在缢死中更常见，且这两种机制可迅速引起死亡。当压迫力量作用于颈部 3～11s，双侧颈动脉即被压闭，意识随即丧失。

然而，病理学检查结果无法解释缢死的不同机制的相互作用程度（悬吊类型和索套位置部分决定了不同机制的参与程度）。

意外性缢死和他缢

虽然大多数缢死属于自杀，但在两种情况下意外性缢死容易发生。第一种是在没有成年人在场的情况下，用于支撑或约束婴儿和儿童的背带，缠绕住婴儿或儿童，使其发生死亡。实际上，任何类型的绳索都有可能存在类似的危险，本章作者曾遇到几例案件，如卧室窗户附近婴儿床上的婴儿被百叶窗或窗帘的拉绳形成的索套缠住而发生死亡。极少数情况下，类似的悲剧也会发生在工厂、农场或船上的成年人身上。在这些地方，意外绊倒或跌倒使得受害者头朝下陷进机器中，被其中的绳索吊死或勒死。

意外性缢死容易发生的第二种情况，这种情况几乎只发生于男性群体中（年轻男性居多），这部分内容将在下文介绍。

侵犯人权和处私刑杀害他人性质的他缢罕见[64-69]。如果一个人要吊死对方，他们的体型和力量必须具备一定的差异，或者受害者一定是在被下药、醉酒或因恐惧、疾病或衰老而丧失行为能力的情况下。如果受害者有意识，且不愿被缢，其身上则不可避免地会留有反抗迹象，如手臂上的抓伤，或者手臂、手腕或腿的被捆绑的迹象。

性窒息：自淫或受虐行为

与常见的缢死和勒死相比，性窒息有其自身的特点，是一类特殊的机械性窒息。性窒息以男性为主，但也有一些关于女性沉溺于此类危险行为的报道[70-77]。Byard 等对比了两种性别的死亡场景，发现男性倾向于使用更多的器械，而女性通常是裸体，身上只有一处位置被捆绑（图 15.44）[72]。

男性死者的年龄分布较广，最常见于青年和

图 15.44　缢死现场提示死者具有性受虐倾向。该名年轻男性既往没有抑郁或自杀倾向。尸体被发现时全身赤裸，手脚被铁丝绑在一起。虽然最初被怀疑他杀，但手脚捆绑较松，可由自己完成，使得他杀的解释无法令人信服。目前死因仍未有定论

中年人群体。性窒息引起的死亡人数较少，死亡的发生通常是由于设备故障，因此大多数此类死亡案件的性质为意外。

性窒息的特征

性窒息的死亡机制是大脑缺氧，大脑缺氧会使得一些男性性窒息者产生性幻觉。

引起大脑缺氧的最常见方式是利用绳索缠绕颈部，通过收紧绳套来压迫血管和气道。早期便能发生的颈部动静脉阻塞似乎是造成大脑缺氧的最有可能的解释。而发生于后期的气道阻塞虽然也能导致大脑缺氧，但给性窒息者带来的痛苦，是与他们为获得性快感的初衷是相悖的。

其他的自淫行为，如使用麻醉剂和各种挥发性物质（有演变为“溶剂滥用”的趋势），也能引起大脑缺氧，这部分内容将在第 34 章中讨论。无论何种机制，当脑缺氧伴随着性幻觉产生时，个人意识慢慢消退，自主控制能力逐渐丧失，收缩装置因此得到放松，致使当事人神智得以恢复。一些性窒息死亡案例中，有明显证据显示死者生前曾多次进行反常性行为活动，且用于制造缺氧条件的装置功能是正常的，这表明死者的死因不是性窒息，而可能是某些不可预见的并发症（图 15.46，图 15.48）。

一种常见的性窒息做法是在颈部套一个固定结扣的绳套，当紧张的肌肉得以放松时，绳套的自由端就会发生松弛，绳套作用于颈部的压力就会消失。绳套的自由端可以通过身体前面或后面向下固定在脚踝上，这样通过伸直腿，就可以收紧套在颈部的绳套。另外，也可以通过将绳子穿过一个支撑物并在末端悬挂重物来产生张力从而实现对颈部的压迫。

个别男性可能会将绳套的末端固定在头顶上方的某个支撑物上，并通过倾倒自己的身体，从而产生对抗绳子的拉力，进而实现对颈部的压迫。因此很难想象，在这些和其余类似的案例中，一旦当事人意识丧失，死亡是如何避免的。性窒息案件中的死者生前往往常常反复进行反常性活动，表明当事人有足够的自控能力，其在获得性满足后，能再次重复此行为。

类似的引起缺氧的方式还可能是将头部伸入塑料袋，或将头部伸入一个密闭空间，或通过扭曲身体（通常与束缚有关），或通过许多其他巧妙的压迫气道的方法。本章作者曾遇到一个案例：死者特意用不透水的材料制作了一个大袋子，之后爬进袋子以创造出缺氧环境（图 15.47）。性窒息死亡的特征使它们有别于自杀，但某些情况下仍难以区分（图 15.45）[78]。

性窒息最常见的方式是束缚，束缚的方法有的设计精巧，有的奇特怪异，如用绳子、铁丝、链条、挂锁或手铐等捆绑手腕和脚踝[79]。调查

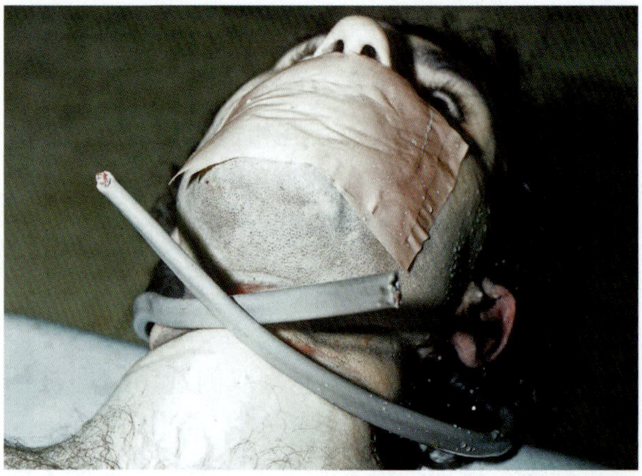

图 15.45　缢死者被电缆悬吊在阁楼活板门上，脸上贴有外科胶带，手腕被捆绑。可以排除他杀，但不清楚是否存在性受虐行为。在一些与性有关的死亡案件中，反常的性行为活动势必会导致死亡的发生。受虐行为和自杀行为之间似乎存在重叠

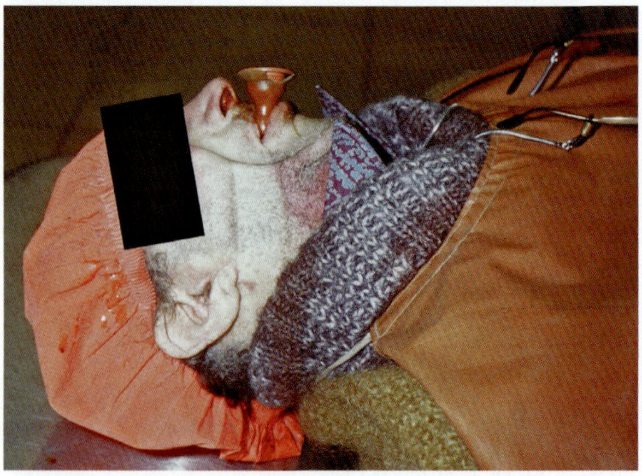

图 15.46　一名有橡胶恋物癖的工程师的性窒息死亡：死者被发现死于牙科麻醉机上，嘴里含有橡胶奶头，脸上戴有橡胶面罩，关于牙科的奇怪色情材料散落在身体附近（图经 S. Leadbeatter 博士许可转载）

图 15.47 推测性窒息死亡：无自杀倾向史的死者将自己裹在一个自制的防水袋中，且赤身裸体；其知觉丧失后，无法完成自救

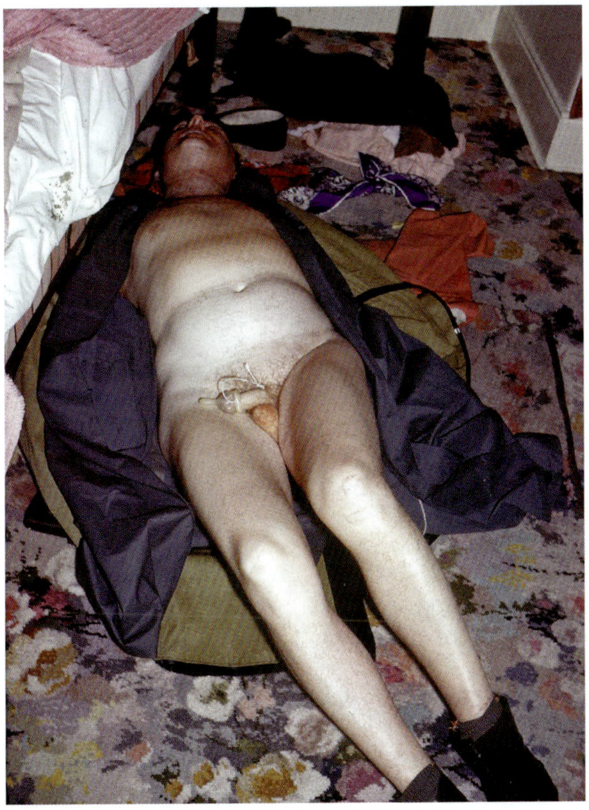

图 15.48 典型性窒息场景：死者颈部戴有一狗项圈（拍照前取下），项圈链子向下延伸至脚踝，提供临时牵引；橡胶恋物癖和阴茎束缚特征均存在

人员调查此类案件时，最重要的是评估自我捆绑的可行性，以此排除参与反常性活动的异性恋或同性恋伴侣他杀的可能性。

有些捆绑可能具有性指向，如使用胶带缠绕胯部，或束缚生殖器官。本章作者曾遇见一个案例，一名死者为阴茎制作了金属护套，并将其锁在其中，另一名死者则将阴茎夹于金属锁中（图 15.49）。

自我束缚的还能表现为戴面具和口中塞异

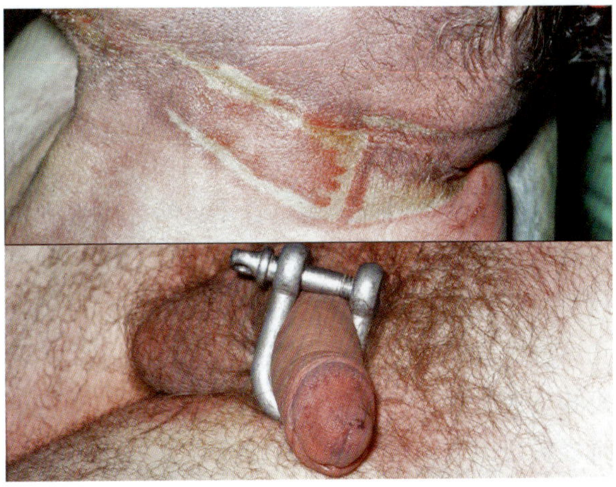

图 15.49 性窒息死亡：使用皮带扣紧颈部和金属镣铐铐住阴茎；死者龟头和腹部均写有淫秽的词语

物。面具的材质通常是橡胶或皮革，眼缝可有可无，面具完全贴在脸上，同时眼睛和嘴巴可能被胶带封住。异装癖也很常见，女性服装可能穿在外面，也可能穿在男性服装里面。假乳房和乳头可能是使用救生衣布料进行填充的。验尸官在尸检时往往会发现一些男性（通常是老年人）性窒息者是隐藏的异装癖者，他们在的西装下穿着女性内衣。恋物癖在窒息者中也很常见，尤其是橡胶、闪亮的塑料或皮革，有时也会有女性假发和化妆品，但这些行为特征与同性恋行为没有明显的联系。

色情文学作品经常出现于死亡现场，散布于尸体周围。在镜子前进行手淫也是性窒息者常实施的行为。然而，仅仅在尸体解剖中发现精液排出并不能证实手淫行为，因为任何一种死因都有可能出现死后排精的现象，而不仅仅只出现于性窒息死亡中（过去通常被标准教科书断言）。有时，淫秽文字被留在身体附近，甚至身体上。本章作者曾遇到一个案例：死者用圆珠笔将淫秽涂鸦留在腹部和龟头周围。

有助于区分案件性质并明确自杀的遗书也许并不存在于死亡现场。另一个排除自杀的重要证据是，有一些死者的缢索与颈部之间会有衬垫物，用来避免在颈部留下痕迹——这种行为与自杀的意图不相符合。

极少情况下，性窒息者的性的满足可以通过给身体施加电流来得到，施加低压电流的对象通常是生殖器。如果电气设备发生故障，如变压器故障，死亡则可能立即发生。

性窒息的法医学问题

尽管法医能够从所有的性窒息特征中准确鉴识其真实死亡性质，但警察、验尸官、法官及家属有时很难相信死亡性质为意外。因为对自杀行为感到耻辱和对变态性行为感到厌恶，亲属更愿意相信死亡性质为他杀。执法者由于不知道这种奇怪的自虐方式或性窒息综合征，倾向于将案件归为自杀。事实上，往往只有医生能够解释这种相对普遍发生的现象，并给出正确结论。但必须承认，个别死亡案例的动机是非常复杂的，受害者完全能预料到窒息一旦发生，自己很难逃脱死亡的结局。例如，现场发现缢死者颈部被悬挂在树上或阁楼的活板门上，这种情况下死者生前注定无法完成逃脱，但同时现场又发现裸体、施虐性行为和戴面具等性元素的存在。受害者如果是年轻人，其动机也难以明确[78]。

有案例报道12～14岁的青少年被发现缢死时，现场没有发现第二性行为或上文罗列的各种奇怪的性元素迹象。大量调查结果表示，没有任何证据证明案件性质为自杀时，验尸官或其他执法者会将死亡判定为由“绳子试验”引起，或者推测死者是模仿“牛仔”电影中的私刑。尽管缺乏确切证据，但大多数不明原因的死亡很可能也与反常性行为有关。于法医而言，正确鉴识此类案件的死亡性质至关重要，因为死亡性质判定如果有误，可能会启动导致伪造他杀的调查。更为常见的情况是，死亡性质被误判为自杀，使得死者在保险方面受到影响。然而，对于一些死者亲属而言，他们宁可错信死亡性质为自杀，也不想因死者生前的反常性行为被公开而感到羞耻。

（林汉成　张东川　李开　译）

参考文献

[1] Clément R, Redpath M, Sauvageau A. Mechanism of death in hanging: a historical review of the evolution of pathophysiological hypotheses. *J Forensic Sci* 2010; 55(5): 1268–71.

[2] Hofmann E. *Lehrbuch der Gerichtlichen Medicin*, 2nd edn. Wien: Urban & Schwarzenberg, 1881.

[3] Brouardel P. *La Pendaison, la Strangulation, la Suffocation, la Submersion.* Paris: Balliere, 1897.

[4] Reuter F. *Lehrbuch der Gerichtlichen Medizin*. Berlin: Urban & Schwarzenberg, 1933.

[5] Schwarzacher W. Beiträge zum mechanismus des erhängungstodes. *Dtsch Z Gesamte Gerichtl Med* 1928; 11(1): 145–53.

[6] Siebke H, *et al*. Survival after 40 minutes; submersion without cerebral sequeae. *Lancet* 1975; 1(7919): 1275–7.

[7] Shoja MM, *et al*. Vasovagal syncope in the Canon of Avicenna: the first mention of carotid artery hypersensitivity. *Int J Cardiol* 2009; **134**(3): 297–301.

[8] Parry CH. *An Inquiry into the Symptoms and Causes of the Syncope Anginosa, Commonly Called Angina Pectoris; Illustrated by Dissections*. Bath: R. Cruttwell, 1799.

[9] Lewis T. A lecture on vasovagal syncope and the carotid sinus mechanism. *Br Med J* 1932; 1(3723): 873–6.

[10] Schrag B, *et al*. Death caused by cardioinhibitory reflex: what experts believe. *Am J Forensic Med Pathol* 2012; 33(1): 9–12.

[11] Anscombe AM, Knight BH. Case report. Delayed death after pressure on the neck: possible causal mechanisms and implications for mode of death in manual strangulation discussed. *Forensic Sci Int* 1996; 78(3): 193–7.

[12] Simpson K. Deaths from vagal inhibition. *Lancet* 1949; 1(6553): 558–60.

[13] Lochte T. Über einen fall von tod durch erdrosseln und über die bedeutung des sinus caroticus. *Dtsch Z ges Gerichtl Med* 1930; **15**: 419–32.

[14] Giese E. Bemerkung zu der mitteilung von Prof. Lochte: Über einen fall von tod durch erdrosseln und über die bedeutung des sinus caroticus (Hering) in dies. Zeitschrift 15. Bd, 5. Heft. *Dtsch Z ges Gerichtl Med* 1930; 15(1): 572–4.

[15] Schrag B. *et al*. Death caused by cardioinhibitory reflex cardiac arrest – a systematic review of cases. *Forensic Sci Int* 2011; 207(1–3): 77–83.

[16] Hood I, Ryan D, Spitz WU. Resuscitation and petechiae. *Am J Forensic Med Pathol* 1988; 9(1): 35–7.

[17] Raven KP, Reay DT, Harruff RC. Artifactual injuries of the larynx produced by resuscitative intubation. *Am J Forensic Med Pathol* 1999; 20(1): 31–6.

[18] Maxeiner H, Winklhofer A. [Eyelid petechiae and conjunctival hemorrhage after cardiopulmonary resuscitation]. *Arch Kriminol* 1999; **204**(1–2): 42–51.

[19] Maxeiner H. Congestion bleedings of the face and cardiopulmonary resuscitation – an attempt to evaluate their relationship.

Forensic Sci Int 2001; 117(3): 191–8.
[20] Maxeiner H, Jekat R. Resuscitation and conjunctival petechial hemorrhages. *J Forensic Leg Med* 2010; 17(2): 87–91.
[21] Weedn VW, Mansour AM, Nichols MM. Retinal hemorrhage in an infant after cardiopulmonary resuscitation. *Am J Forensic Med Pathol* 1990; 11(1): 79–82.
[22] Gilliland MG, Luckenbach MW. Are retinal hemorrhages found after resuscitation attempts? A study of the eyes of 169 children. *Am J Forensic Med Pathol* 1993; 14(3): 187–92.
[23] Gilliland MG, Luckenbach MW, Chenier TC. Systemic and ocular findings in 169 prospectively studied child deaths: retinal hemorrhages usually mean child abuse. *Forensic Sci Int* 1994; 68(2): 117–32.
[24] Polson CJ, Gee DJ, Knight B. *The Essentials of Forensic Medicine*, 4th edn. Oxford: Pergamon Press, 1985.
[25] Rogde S, Hougen HP, Poulsen K. Asphyxial homicide in two Scandinavian capitals. *Am J Forensic Med Pathol* 2001; 22(2): 128–33.
[26] Shapiro HA, Gluckman J, Gordon I. The significance of finger nail abrasions of the skin. *J Forensic Med* 1962; 9: 17–19.
[27] Matte M, *et al.* Prevalence and persistence of foreign DNA beneath fingernails. *Forensic Sci Int Genet* 2012; 6(2): 236–43.
[28] Aghayev E, *et al.* Virtopsy hemorrhage of the posterior cricoarytenoid muscle by blunt force to the neck in postmortem multislice computed tomography and magnetic resonance imaging. *Am J Forensic Med Pathol* 2006; 27(1): 25–9.
[29] Oesterhelweg L, *et al.* Virtopsy: postmortem imaging of laryngeal foreign bodies. *Arch Pathol Lab Med* 2009; 133(5): 806–10.
[30] Prinsloo I, Gordon I. Post-mortem dissection artefacts of the neck and their differentiation from ante-mortem bruises. *South African Med J* 1951; 25: 358–61.
[31] Shapiro H. Asphyxia. In: Gordon I, Shapiro H, Berson S (eds). *Forensic Medicine: A Guide to Principles*. Edinburgh: Churchill, 1988.
[32] Simpson CK. *Forensic Medicine*, 9th edn. London: Arnold, 1985.
[33] Evans KT, Knight B. *Forensic Radiology,* 1st edn. Oxford: Blackwell Scientific Publications, 1981.
[34] Bux R, *et al.* Laryngohyoid fractures after agonal falls: not always a certain sign of strangulation. *Forensic Sci Int* 2006; 156(2–3): 219–22.
[35] Green MA. Morbid anatomical findings in strangulation. *Forensic Sci* 1973; 2(3): 317–23.
[36] Amussat JZ. *Recherches Experimentales sur les Blessures des Artères et des Veines. Résumé des Trois Memoires lus à l'Academie Royale des Sciences*. Paris: P. Dupont et Co, 1843.
[37] Simon G. Ueber die zerreissung der inneren haute der halsarterien bei gehangten. *Virchows Arch* 1857; 11(4): 297–324.
[38] Rupp JC. Suicidal garrotting and manual self-strangulation. *J Forensic Sci* 1970; 15(1): 71–7.
[39] Gonzalez TA. Fractures of the larynx. *Arch Pathol* 1933; 15: 55–62.
[40] Clark MA, *et al.* Asphyxial deaths due to hanging in children. *J Forensic Sci* 1993; 38(2): 344–52.
[41] Sabo RA, *et al.* Strangulation injuries in children. Part 1. Clinical analysis. *J Trauma* 1996; 40(1): 68–72.
[42] Dogan KH, *et al.* Accidental hanging deaths in children in Konya, Turkey between 1998 and 2007. *J Forensic Sci* 2010; 55(3): 637–41.
[43] Deidiker RD. Accidental ligature strangulation due to a roller-type massage device. *Am J Forensic Med Pathol* 1999; 20(4): 354–6.
[44] Shetty M, Shetty BS. Accidental ligature strangulation due to electric grinder. *J Clin Forensic Med* 2006; 13(3): 148–50.
[45] Ambade VN, *et al.* Accidental ligature strangulation due to crop thrasher. *J Forensic Leg Med* 2008; **15**(4): 263–5.
[46] Dogan KH, *et al.* Accidental ligature strangulation by an ironing machine: an unusual case. *J Forensic Sci* 2010; 55(1): 251–3.
[47] James R, Nasmyth-Jones R. The occurrence of cervical fractures in victims of judicial hanging. *Forensic Sci Int* 1992; 54(1): 81–91.
[48] Reay DT, Cohen W, Ames S. Injuries produced by judicial hanging. A case report. *Am J Forensic Med Pathol* 1994; 15(3): 183–6.
[49] Hartshorne NK, Reay DT. Judicial hanging. *Am J Forensic Med Pathol* 1995; 16(1): 87.
[50] Spence MW, *et al.* Craniocervical injuries in judicial hangings: an anthropologic analysis of six cases. *Am J Forensic Med Pathol* 1999; 20(4): 309–22.
[51] Hellier C, Connolly R. Cause of death in judicial hanging: a review and case study. *Med Sci Law* 2009; 49(1): 18–26.
[52] Bowen DA. Hanging – a review. *Forensic Sci Int* 1982; 20(3): 247–9.
[53] Bohnert M, Pollak S. [Complex suicides—a review of the literature]. *Arch Kriminol* 2004; 213(5–6): 138–53.
[54] Sauvageau A, *et al.* Six-year retrospective study of suicidal hangings: determination of the pattern of limb lesions induced by body responses to asphyxia by hanging. *J Forensic Sci* 2009; 54(5): 1089–92.
[55] James R, Silcocks P. Suicidal hanging in Cardiff – a 15-year retrospective study. *Forensic Sci Int* 1992; 56(2): 167–75.
[56] Kanchan T, Menon A, Menezes RG. Methods of choice in completed suicides: gender differences and review of literature. *J Forensic Sci* 2009; 54(4): 938–42.
[57] Marcus P, Alcabes P. Characteristics of suicides by inmates in an urban jail. *Hosp Community Psychiatry* 1993; 44(3): 256–61.
[58] Southall P, *et al.* Police custody deaths in Maryland, USA: an examination of 45 cases. *J Forensic Leg Med* 2008; 15(4): 227–30.
[59] Rothschild MA, Schneider V. Decapitation as a result of suicidal hanging. *Forensic Sci Int* 1999; 106(1): 55–62.
[60] Racette S, Vo TT, Sauvageau A. Suicidal decapitation using a tractor loader: a case report and review of the literature. *J Forensic Sci* 2007; 52(1): 192–4.
[61] Simon A. Vitale Reaktionen im bereich der lendenwirbelsaule beim erhängen. *Wiss Z Univ Halle* 1968; XVII: 591–7.

[62] Geserick G, Krocker K, Schmeling A. [Simon's bleedings as a vital sign of hanging – a literature review]. *Arch Kriminol* 2012; 229(5–6): 163–78.
[63] Zivkovic V, Nikolic S. An uncommon finding of subtle Simon's bleedings in a fatally injured skydiver. *Forensic Sci Med Pathol* 2013; 9(3): 437–40.
[64] Wright RK, Davis J. Homicidal hanging masquerading as sexual asphyxia. *J Forensic Sci* 1976; 21(2): 387–9.
[65] Lew EO. Homicidal hanging in a dyadic death. *Am J Forensic Med Pathol* 1988; 9(4): 283–6.
[66] Vieira DN, Pinto AE, Sa FO. Homicidal hanging. *Am J Forensic Med Pathol* 1988; 9(4): 287–9.
[67] Leth P, Vesterby A. Homicidal hanging masquerading as suicide. *Forensic Sci Int* 1997; 85(1): 65–71.
[68] Mallach HJ, Pollak S. [Simulated suicide by hanging after homicidal strangulation]. *Arch Kriminol* 1998; 202(1–2): 17–28.
[69] Sauvageau A. True and simulated homicidal hangings: a six-year retrospective study. *Med Sci Law* 2009; 49(4): 283–90.
[70] Danto BL. A case of female autoerotic death. *Am J Forensic Med Pathol* 1980; 1(2): 117–21.
[71] Byard RW, Bramwell NH. Autoerotic death in females. An underdiagnosed syndrome? *Am J Forensic Med Pathol* 1988; 9(3): 252–4.
[72] Byard RW, Hucker SJ, Hazelwood RR. A comparison of typical death scene features in cases of fatal male and autoerotic asphyxia with a review of the literature. *Forensic Sci Int* 1990; 48(2): 113–21.
[73] Marc B, Chadly A, Durigon M. Fatal air embolism during female autoerotic practice. *Int J Legal Med* 1990; 104(1): 59–61.
[74] Byard RW, Hucker SJ, Hazelwood RR. Fatal and near-fatal autoerotic asphyxial episodes in women. Characteristic features based on a review of nine cases. *Am J Forensic Med Pathol* 1993; 14(1): 70–3.
[75] Gosink PD, Jumbelic MI. Autoerotic asphyxiation in a female. *Am J Forensic Med Pathol* 2000; 21(2): 114–8.
[76] Behrendt N, Buhl N, Seidl S. The lethal paraphiliac syndrome: accidental autoerotic deaths in four women and a review of the literature. *Int J Legal Med* 2002; 116(3): 148–52.
[77] Sauvageau A, Racette S. Female autoerotic deaths – still often overlooked: a case report. *Med Sci Law* 2006; 46(4): 357–9.
[78] Knight B. Fatal masochism – accident or suicide? *Med Sci Law* 1979; 19(2): 118–20.
[79] Blanchard R, Hucker SJ. Age, transvestism, bondage, and concurrent paraphilic activities in 117 fatal cases of autoerotic asphyxia. *Br J Psychiatry* 1991; 159: 371–7.

第 16 章

水中死亡

引言

许多尸体虽然是在水中被发现，但其并非都是溺死的。在溺死尸体中往往很难，甚至无法找到溺死的病理学依据（图 16.1～图 16.3）。通过尸体解剖诊断溺死是法医学面临的重要难题之一，特别是尸体已经在水中浸泡了一段时间的情况下。

在水中发现的尸体可能会存在以下几种情形。

- 在落水前死于自然疾病。
- 在水中死于自然疾病。
- 入水前死于损伤。
- 在水中死于损伤。
- 死于水浸没而非溺死。
- 溺死。

尸检时，以上所有情形都可发现水中尸体的浸水征象，这些征象除了有助于证实尸体被水浸泡过以外，几乎没有其他实践价值，无助于区分以上不同的死亡情形。

浸水的征象

- 皮肤在温水中浸泡数分钟就会开始软化，如在浴缸中死亡的案例；而在冷水中要见到这样的改变却需要不同的时间，具体时间取决于水的温度和类型（淡水或咸水）。但是，各研究者关于皮肤软化与时间关系的观点差异较大，以至于在一定程度上难以形成具有实践价值的可靠证据[1-6]。

皮肤软化征象通常首先出现在有明显角质层的部位（如指尖、手掌、手背和脚掌）。这些部位的皮肤表面皱缩、苍白和浸软，即所谓的“洗衣妇样皮肤”（washer-woman’s skin）（图 16.4，图 16.5）。衣服覆盖的部位比直接暴露在水中的部位出现该征象的时间更晚。因此在最初的几天里，手比脚更容易出现明显的皮肤软化征象。

长时间浸泡后，大部分尸体皮肤都呈现相同的外观，在膝盖、肘后等角质层较厚或有自然皱褶的地方更明显。在温水中浸泡几天或者在冷水中浸泡几周后，手和脚上厚厚的角质层会分离，最终以手套样或袜样（glove and stocking）的形式脱落（图 16.6）。此时，指甲和头发也可变得松动易脱落。如何在这种情况下提取指纹将在后面讨论。

- 表皮收缩或者鹅皮样改变（goose-flesh）是

图 16.1　与水中尸体有关的死因诊断难题：本案例是退潮后留下的尸体，可能很难甚至无法证明死者是溺死的，尤其是死亡时间很长的情况下

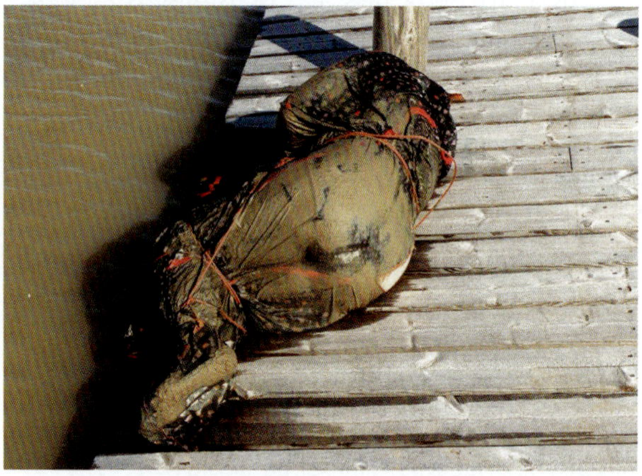

图 16.2　一具在海水中发现的尸体被床单包裹，被塑料绳捆绑。很明显极有可能是他杀案件；本案例中，凶手用棒球棍砸碎死者颅骨后，从桥上抛尸入海。一周后，尸体被发现漂浮于海面

水中尸体常见的征象。它的出现与冷水相关，而与温水无关。皮肤毛囊附着的竖毛肌可以在各种类型的死亡中发生收缩，引起广泛的皮肤粉刺状凸起。因为竖毛肌的收缩在任何死因中都很常见，所以对水中尸体的死因并无诊断意义。

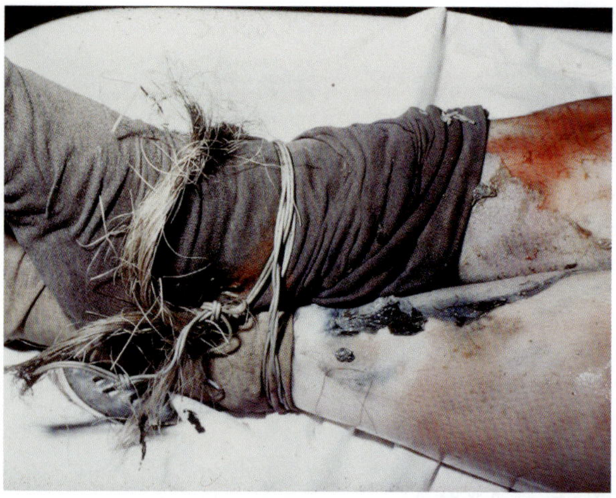

图 16.3　虽然被绑住双腿的水中尸体死因十分可疑，但不能完全证明是受到暴力侵害。一些游泳好手自杀时会故意捆绑双腿，以防止本能的自我保护。本案例的这些绳索是杀人后用于连接重物来沉尸的

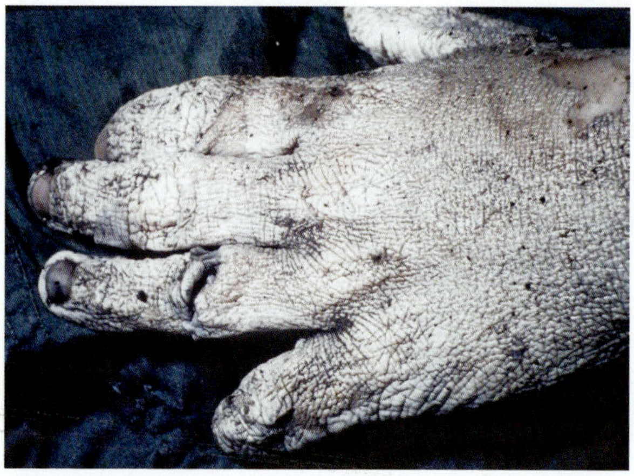

图 16.4　温暖气候条件下，在水中浸泡 2 周的皮肤（洗衣妇样手部皮肤手）。若采用适当方法，仍然可以从这样的手上提取指纹

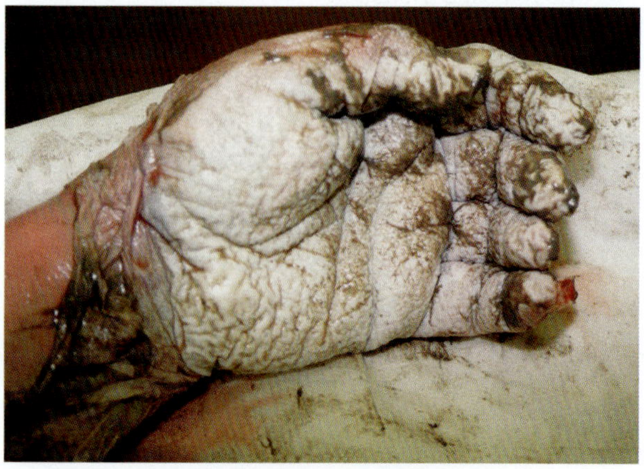

图 16.5　寒冷气候条件下，在水中浸泡 1 周的皮肤

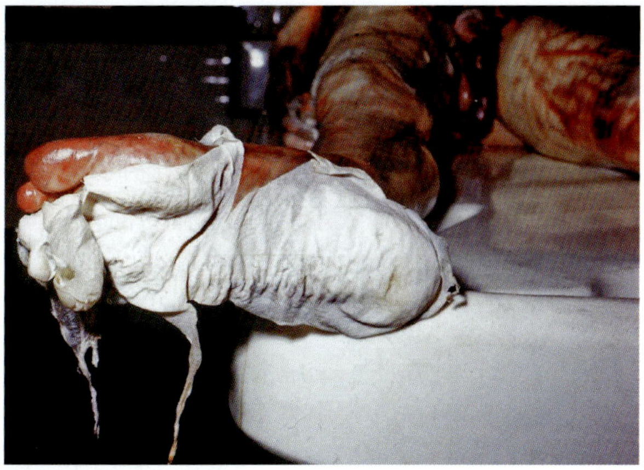

图 16.6 浸泡数周后，足部表皮以袜样方式分离。受环境因素的影响，这种变化出现的时间差异较大，无法用于推断死亡时间。在温带地区的夏季，这个阶段至少需要 2 周的甚至可能需要更长时间

- 死后血液坠积（post-mortem hypostasis）的分布同样对水中尸体没有价值。根据 Bonte 等研究，在浴缸中触电死亡的尸体会出现血液坠积的边缘与水位线相对应的情况（具体参见第 12 章）[7]。漂浮或悬浮在水中的尸体，大多数会呈臀部向上、头部和四肢垂下的姿势，也有部分尸体的背部朝下。如果尸体不是在平静的湖水或宽阔的河流中，水的流动经常会使尸体不断翻转，由于尸体经常发生位置变化或姿势改变，重力引起的血液坠积在皮肤上会有各种不同的表现形式。冷水中尸体的血液坠积多呈粉红色，但这不具备死因诊断价值。无论是生前入水还是死后入水尸体的血液坠积，这种浅红色都是因为低温使体表血管保留了较高浓度的氧合血红蛋白。此种颜色改变还见于停尸房冰柜中的尸体或其他低温环境中的尸体，而与是否为水中尸体没有关系。真正低温致死的尸体，粉红色改变区分布在大关节伸侧，并伴有深棕色。水中尸体并不具备这些典型特征。
- 泥浆、煤浆、油、淤泥、沙子以及其他的海草、水草、藻类和各类小型水生生物等，都可能在水中尸体的体表或体内被发现。泥浆可附着在全身体表及其衣物上，也可黏附在头发、口腔、鼻腔、耳朵和其他被覆盖的部位。必要时，通过检测这些附着物有助于推断尸体是漂浮于海洋水域还是河流水域。深部气道和胃内有时可发现沙子，特别是在沙滩上被海浪翻转过的尸体（图 16.10）。但这并不是生前吸入异物的依据。当尸体腐败和部分白骨化时，软体动物可能在骨骼上生长。作者（BK）经办过的数例海水尸体，尸体眼窝和颅骨的缝隙中都长满了贻贝和藤壶。

水中浸没时间推断

这是另一个难题，经验不足的人常常会武断地回答这个问题，以至于无法察觉到其中的潜在错误。在影响尸体腐败的因素中，水温是最大也是最重要的影响因素；而水污染与腐败速度的关系不大，因为大多数腐败的微生物都来自人体自身的肠道。

在通常的温暖气候条件下落水时，结合尸僵等其他常见的尸体征象，形成一个大致的水中浸没时间推断指引：

- 如果手掌没有出现皱缩，表示浸没时间在数小时以内。
- 如果手指、手掌和足部皮肤皱缩，表示浸没时间在半天到 3 天。
- 尸体早期腐败，通常首先从头颈部、腹部和大腿处开始，此时表示浸没时间为 4～10 天。
- 如果面部肿胀、腹部腐败静脉网和手足表皮分离，头皮松动解离，表示浸没时间为 2～4 周。
- 如果有严重的皮肤脱落，肌肉缺失伴骨骼暴露，且部分出现液化，表示浸没时间为 1～2 个月。

由于动物捕食、气候变化和尸体体格的差异，真实浸没时间与上述参考范围可能会有明显出入。

在入水前死于自然疾病

这种情况相对少见，但确实会发生。通常是由于突发疾病导致的猝死（心血管疾病最常

见），死者无意识地落入水中。作者（BK）处理的最后一个此类案件是一名男性夜间独自乘橡皮艇欲返回他的游艇，但随后并未在橡皮艇里找到他，经搜索在水中找到了他的尸体。尸体解剖证实其存在严重的心肌梗死，且没有找到溺死的依据。其他的案例也包括在船上、运河拖船道或河岸上，因自然疾病发作而突然跌倒入水的情形。

当然，在没有目击者的情况下，很难将此类案例与那些先落入水中再发生自然疾病死亡的案例相区分。这类尸体在解剖时必须发现相关疾病的直接病理改变，并且尽可能地排除溺死。

在水中死于自然疾病

如前所述，我们很可能无法确定在水中发现的患有潜在致命疾病的尸体，是入水之前发病死亡，还是入水之后发病死亡。因为明确诊断溺死比较困难（将在后面讨论），所以对于患有致命疾病的水中尸体，难以将可能作为主要死因或者辅助死因的溺死排除。

心血管疾病是水中自然疾病死亡最常见的死因。游泳、挣扎等有一定强度的体力活动或者低温的影响都可能促进原有疾病的恶化。例如，饭后血液循环发生“内脏分流”等变化，所以关于饱餐后游泳具有危险性的常识是具有事实根据的。当心脏病急性发作时，如突发心功能不全或心律失常，死亡可能是由心脏病本身所致，也可能是由于对身体突然丧失控制能力而溺死。

入水前死于损伤

他杀后抛尸入水的案例并不少见。利用河水或海水的流动使尸体远离犯罪现场，是一种方便隐藏尸体的手段。如果尸体被发现的时间较晚，尸体腐败或死后损伤将增加死者身份识别的难度。但有时也会有死者在入水前就已经遭受到意外或自杀性质的损伤，在海难、空难或道路运输事故（少见）中，死者在入水之前可能就已经受伤或死亡。从码头、桥梁或船舶上坠落的人员可能在落水前与砖石或固体障碍物碰撞形成损伤，自杀者也可能会遇到类似的情形或采用一些特殊方式形成损伤，如在落水处刺伤自己或刎颈后，随即落入水中。

无论何种受伤情形，法医都面临同样的难题，即必须试图鉴别入水前损伤与死后损伤。这些损伤大多是发生于濒死期，时间跨度太短，无法适用常见的生前损伤判断指标。因此，鉴别入水前损伤与死后损伤通常是一项不容易完成的任务。

如果是不可能在水中发生的损伤类型，那么鉴别这个就比较容易。例如，灼伤、火器伤、爆炸伤（除了挤压伤外）以及其他在水中不能形成的特殊损伤，这种情况损伤就一定发生在入水前，与船上或飞机上的袭击或事故有关。

在水中死于损伤

如前所述，水中损伤通常无法与入水前损伤进行鉴别。水中损伤很常见，既有死前损伤，也有死后损伤。在溺死或其他死因之前，受害者可能会被海浪或水流冲撞到任何障碍物上，如冲撞到桥墩、码头、岩石、堰坝。还有另一种常见的损伤原因是身体与粗糙的河底或多石的海滩相互作用。此外，船只螺旋桨、海洋动物捕食造成的损伤也很常见（图 16.8）。

这部分通常面临的是区分生前伤和死后伤的问题。水冲洗了开放性创口表面的血迹也会使该问题变得复杂。在尸体腐败致使创口形态模糊之前，生前形成的裂创一般会在创口的边缘组织内发现一些出血。许多水中腐败尸体的皮下（特别是头皮下）会出现绿色或黑色的区域，很难或者根本无法确定这些颜色改变区域是生前出血区域，还是单纯的自溶改变区域。即使是采用组织学检查通常也无法为这方面的鉴别提供帮助。腐败尸体的生前挫伤鉴别也存在同样的问题，因为挫伤区通常与腐败存在类似的颜色改变。此外，水中动物造成的死后尸体破坏也很常见，已在死后变化一章中进行了讨论。

在寒冷地域的深秋，冷水中的尸体产生腐败气体的速度会异常缓慢。在尸体上浮之前，海、湖或河流已经结冰覆盖，此类尸体的水中损伤会首先发生在春天冰面消融之时。如果尸体在河流中被移动的冰块夹住，还会形成更多的损伤（图 16.7）。

在水中尸体因发生腐败而影响损伤形态之前，其损伤检验与一般的损伤并无明显区别。因为多数水中尸体在被发现之前已经浸泡了很长时间，所以尸体腐败的情况非常常见。浅水域漂浮的尸体还可能与水底摩擦形成死后损伤。而水中尸体常见姿势是头部和四肢下垂，这些部位（尤其是手背）就可能会由于接触粗糙的石头或水底碎石形成广泛擦伤（图 16.9）。

在商业航道或游乐艇较多的水域，螺旋桨和小船造成的尸体损伤很常见。大型船舶的螺旋桨可对尸体造成严重破坏，甚至可将尸体肢解。但更具特点的是舷外发动机或摩托艇的外置发动机等小型高速螺旋桨对尸体造成的损伤。随着滑水运动以及河流、湖泊和海滩外小型游乐艇数量的增加，这类损伤变得越来越普遍。这种特征性的损伤常见于头部或背部，一般是相隔数厘米的平行创口，具有削、切的损伤形态[8]。

死于水浸没而非溺死

从生理学常识来看，在排除自然疾病或者损伤的情况下，一些落水后死亡的人并不都是溺死。对于法医而言，最大的问题是尸检时即便是

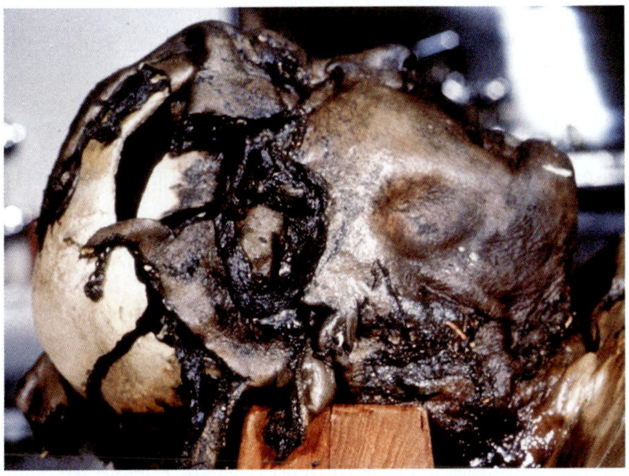

图 16.7　尸体头部腐败和颅骨骨折。死者在河流结冰前的秋天失踪，损伤可能是尸体在春天浮出水面时由冰块造成

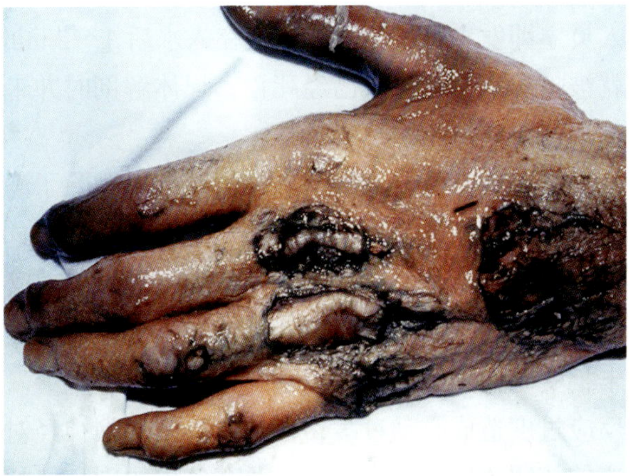

图 16.9　溺死者手背的死后损伤。悬浮在水中的尸体，通常背部向上，而头部和四肢下垂；在浅水区，这些下垂部位可能会与水底摩擦形成类似于图示的损伤

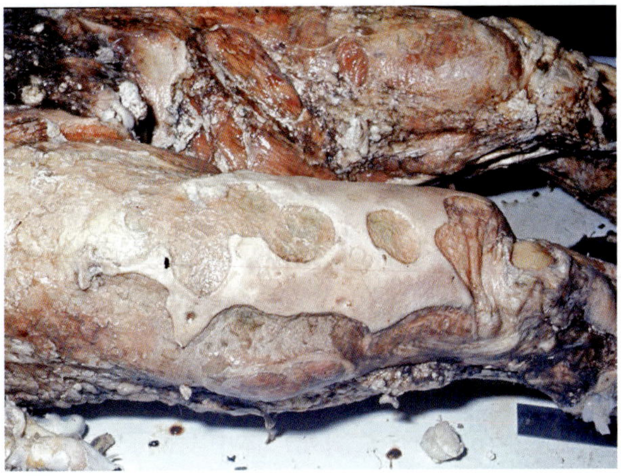

图 16.8　海中动物捕食形成的尸体损伤。尸体皮肤的圆形缺损可能是由螃蟹等甲壳类动物造成的

图 16.10　海滩上尸体的气管和主支气管分叉部位。气管内充满沙子，但这并不能证明气管内吸入了水。异物会在死亡后被动进入支气管

确证为溺死的尸体有时也难以发现其有明确的溺死征象，尤其是在尸体被发现时或被解剖前已经过了较长时间的情况下。此时，很难或者根本无法判断这类水中尸体是溺死，还是溺死以外的其他死亡机制。唯一能明确的是其死于水浸没，即便如此，通常也要在排除自然疾病、外伤或中毒后，根据调查获得的间接证据才能做出这样的病理诊断。这就是溺死和水中浸没死亡成为法医学最困难问题之一的原因。

在特定的情况下，落水后发生死亡的过程非常迅速，没有足够的时间引起溺死。对于任何处理过海港或者码头水域死亡尸体的法医而言，他们都很熟悉这种典型情况。一名经常酗酒的水手晚上返回船上时，因踏空舷梯而落入水中，值班人员立即发出警报。这名水手在入水后 1～2 min 就被拉出水面，但却已经死亡，尸体解剖时并未发现其存在溺死的典型征象。

在案情和没有解剖学发现的基础上排除了溺死，可以推断其为快速死亡甚至是即时死亡。这种情况相对常见。死亡机制一般归因于类似血管副交感神经抑制的反射性心脏停搏。敏感的神经末梢受到强烈刺激后，引起副交感神经系统突发反应过度造成心动过缓，再通过第十对脑神经对应的核团（迷走神经背核）及其发出的副交感神经而触发心脏停搏。这种神经反射弧的传入神经因人而异，但可能是以下两个原因。

- 突然进入冷水中，皮肤神经末梢受到强烈刺激。酒精可能通过扩张皮肤血管造成皮肤与冷水的温度差异更大或者通过对血管运动中枢的影响，增加皮肤神经末梢受到的刺激强度。
- 冷水突然进入咽喉部，在鼻腔内可能会对黏膜的神经末梢产生强烈刺激[9]。大量的水进入气管后，在发生气道功能不全之前，就可以引发反射性心脏停搏。

Bühring 和 Spies 测量了 20 名健康男性在 15℃的冷水浴后，血浆儿茶酚胺的升高水平，研究结果表明，这可能诱发心律不齐，从而增加猝死的风险[10]。Ishikawa 等对 64 名患有各种心律失常的儿童进行了潜水、游泳、面部淹没在 25℃水中、面部淹没在 6℃水中 5 种情形进行测试。其中，51 名儿童在潜水或游泳期间发生了显著的心律失常，有 44 名儿童是在潜水时发生，类型包括心动过速和心动过缓；17 名儿童是在游泳时发生，大部分为心动过速。与潜水诱发的心律失常发生率相比，面部淹没在冷水的发生率为 88.6%，特异性为 85.0%，预测值为 92.9%，准确率为 87.5%[11]。Datta 和 Tipton 回顾总结了水中浸没时的通气反应，并提出浸入冷水中会导致 3 种明显不同的反应模式：① 仅面部受到水的刺激，特别是冷水，可引起潜水反射介导的心动过缓；② 预见性焦虑和皮肤冷刺激引发交感神经过度兴奋和心动过速；③ 在冷水中憋气后重新呼吸时，副交感神经张力进一步增大，诱发头部淹没案例中 60% 和全身淹没案例中 80% 的室上性和交界性心律失常[12]。

与其他反射性心脏停搏一样，尸检均为阴性结果。因此，在基于当时情况并排除其他死因的基础上，这样的死因诊断只能依靠推断。另一种常被认为是水中浸没致死（非溺死）的机制是喉头痉挛（laryngeal spasm）引起气道闭塞最终导致的缺氧死亡，但该机制的依据并不充分。因为喉头闭塞状态必须要持续数分钟才能使人缺氧死亡，同时喉头闭塞也可阻止水进入呼吸道。而水中死亡尸体中发绀并不常见，发绀征象的缺失使得难以将喉头痉挛与“干肺溺死”（dry-lung drowning）或迷走神经反射性心脏停搏相鉴别。对于落水后迅速被打捞出水但仍发生死亡的案例，迷走神经反射性心脏停搏才是更合理的死亡机制。

游泳诱发的心律失常与心脏的离子通道缺陷有关[13, 14]。当尸检未发现溺死征象时，可通过遗传分析确认或排除是否为特异性基因诱发心律失常，进而导致溺死[15]。Lunetta 等回顾性分析了在芬兰连续发现的 165 具水中尸体中 *KCNQ1*（*KVLQT1*）基因和 *KCNH2*（*HERG*）基因特定突变，并在一个自杀溺死尸体中发现了 *KCNH2-Fin* 基因突变；而 Tester 等研究报道 35 具与游泳有关的不明原因溺死尸体，发现近 30% 存在与长 QT 间期综合征、儿茶酚胺敏感性多形性室性心动过速相关的致病性基因突变[16-18]。

浴缸中的死亡

浴室内的死亡很常见，原因也多种多样，有些与溺水并无关系[7, 15, 19-22]。例如，Schmidt 和 Madea 所在的科隆法医研究所在 13 年内报告了所不少于 215 例浴缸内死亡的案例，其中包括 11 例他杀[23]。

浴室里发生过许多自杀案件，包括在浴缸内或浴缸外的割喉或割腕。这类案件在浴室的柜橱通常可以发现用于切割的剃刀和可导致中毒的过量药物。在潮湿的环境中，电击可能会更加容易致命。浴室里也曾发生一些电击自杀的案例。浴室里的意外事件一般是死者在湿滑的地板或在浴缸内摔倒撞击在坚硬的陶瓷面上，导致颅脑损伤死亡。

在使用燃气热水器的浴室里，设备故障导致一氧化碳中毒的风险更大。电吹风机、取暖器和其他电气设备等也会导致这样的情况[24, 25]。虽然大多数国家对浴室内的电气设备有严格的规定，但人们往往用各种方式突破这些安全规范导致事故发生。各种自然疾病所致的死亡也会在浴室发生，如癫痫患者在无人看管的情况下洗澡时，可能突发抽搐，导致摔死或溺死。

几乎所有手段的他杀案件都可发生在浴室，包括电击和被迫溺水。George Joseph Smith 在 20 世纪初制造了臭名昭著的系列谋杀案“浴缸内的新娘”（The Brides in the Bath）。他很可能是通过突然拖拽 3 名女性受害者的脚，使她们滑倒后头部进入水面以下而溺死[26]。当前有许多关于浴缸内死亡的文献报道，这种死亡类型的调查都必须格外注意（图 16.11，图 16.12）。

图 16.11 在浴缸内的死亡并不少见，都需要进行仔细调查。本案例中浴缸内发现一具衣着完整的女性尸体，面部向下，身体覆盖着床单、床罩（未显示）以及一个大冰块；她与丈夫发生过争吵并持刀威胁其丈夫，之后被其丈夫勒死。为了降低尸体温度，该男子定期在浴缸中放入冷水和冰块，直到 4 周后尸体被发现

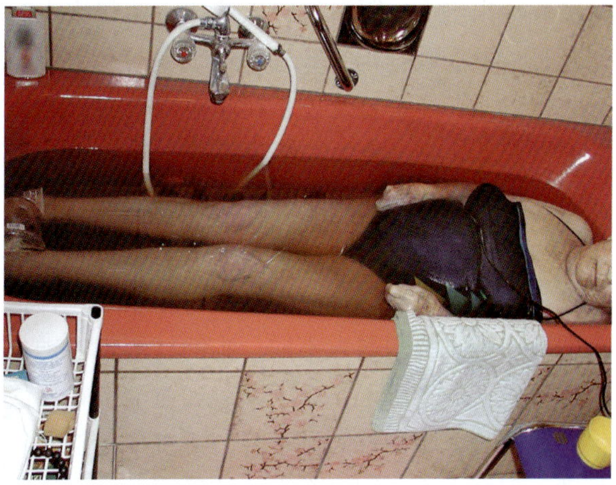

图 16.12 浴室中自杀。尸体身着泳衣，浴缸内的电器（吹风机）被打开。死者留下一封遗书，椅子上放着一个装安眠药的空瓶子，展示了常见的多手段自杀

溺死

自宋慈的《洗冤集录》（*Hsi yüan chi lu*）以后，所有重要的法医学书籍都介绍了“溺死”这个法医学问题[27]。19 世纪开始，许多研究人员对溺死过程的特点开展动物实验，特别是 Falk 和 Bert 做的相关研究[28, 29]。

在过去的 50 年中，关于溺死机制的观点发生了根本性变化，或许可以认为这些观点转变得有些太快。第二次世界大战中有大量海员和飞行员落入冷水中面临危险，这种风险促进了溺死的科学研究。经典观点认为溺死是因为进入了无空气的介质中导致的缺氧死亡。Swann 以及其他许多人的动物实验（请参阅参考资料）认为，体液和电解质紊乱引发的急性心力衰竭在溺死机制中占有重要作用，使得缺氧致死的溺死机制观点降低到相对次要地位，似乎忽视了溺死者在 10 min

或更长时间内都没有氧气吸入的事实。但是缺氧好像也并不能否认体液和电解质的变化在溺死过程中的积极作用。那么在讨论溺死的病理生理学机制时，就必须同时考虑缺氧因素的影响。然而，动物实验研究中的生化发现与人体变化的结果并不一致。迟发性溺死和溺水幸存者的电解质变化与实验动物有显著不同。

早在 Swann 之前，就有许多研究人员发现溺死会显著影响血液和血浆的状态。1902 年，Carrara 采用比重和其他方法证明了淡水中溺死者的左心血液被明显稀释，而海水并未出现这种情况[30]。然而，Freimuth 在 1955 年采用这种比重法在非溺死案例中也发现了类似的差异[31]。

Swann 和其他学者的这些经典研究是将关在笼子里的狗完全浸入水中，正如 Crosfill 指出的那样，这些实验不能准确地反映人类在溺水时先间歇性浮出水面，再下沉吸入液体，使得溺水时间延长，然后才会出现生理上改变的过程[32-34]。总之，Swann 的重要发现是在淡水溺死时，通过肺泡壁吸入的水在 3 min 内就可达到原血容量的 70%。血液稀释引发相对的贫血和心肌缺氧，以及高血容量导致心脏负荷迅速增加。此研究同时发现，红细胞溶血会释放出钾离子，它是一种强大的心肌毒素，但与人不同，狗的红细胞内钠是主要电解质。实际上，由于缺氧和血液稀释，淡水溺死的狗血浆中钾和钠下降，诱发了早期心室颤动，但在海水中则不会发生这种现象，而这种心室颤动据说在人溺死中很少见到[35]。

海水高渗性使得水从血浆进入肺，并引起血浆钠离子浓度升高。这种改变对心脏功能的危害相对较小，也解释了为什么海水中溺死的存活时间更长。

肺水肿在两种类型的水介质中都有发生，但程度轻微且不太稳定，即便出现也可很快恢复正常。淡水中溺死的肺水肿通常需要 4～5 min，而海水中溺死的肺水肿则需要 8～12 min。

偶有报道在海水中长时间浸没后存活的案例，通常都是浸没在冷水中，此时机体的耗氧量减少，溺水存活时间可能超过 20 min，历史上曾有儿童甚至成人浸没在冷水中 66 min 后仍存活的案例[36-38]。

Giamonna 和 Modell 在对 Swann 的研究进行评论时指出了动物和人体反应的不一致性，并强调肺泡血-气屏障受影响导致低氧血症在溺死中的重要作用[39]。这再一次表明把动物实验结果直接用于解释人的危险性，还无故牺牲了很多只狗。

溺死的解剖学征象

解剖情况在很大程度上取决于水中尸体被发现的时间和开始尸检的时间。如果尸体在死后较长时间才被发现，溺死的阳性征象会明显减弱。根据水温的不同，大部分溺死征象可在尸体浸没水中的数天内消失；一旦尸体发生明显的腐败，就几乎不可能再找到溺死的阳性征象（除了争议的硅藻检验之外）。

即使发现的是新鲜尸体，不及时进行解剖也会使溺死的依据减少。作者（BK）遇到过一些溺死案例，尸体刚被发现时口腔内可见大量泡沫，但在数小时后进行解剖时，这些泡沫已经消失，只在较深的呼吸道内才可见到。

呼吸道内的泡沫

与单纯的水中浸没征象相比，溺死的阳性征象很少，而且都没有绝对的特异性。最有用的征象就是刚刚提及的呼吸道内泡沫状液体。在新鲜尸体中，这些泡沫状液体通常会通过口鼻溢出，有时呈羽状（图 16.13～图 16.15）。这些泡沫是肺的水肿液，由蛋白质渗出物和表面活性物质与溺液混合形成。泡沫通常呈白色，但也可因为混合少量肺内出血而呈粉红色或淡红色。它的外观与高血压等常见心脏病引起的左心衰竭肺水肿表现相似（图 16.17），但溺死泡沫在自然疾病所致的肺水肿中很少见。这些泡沫可存在于气管、主支气管和更小的气道内（图 16.16），此时，肺本身含水量也必然增加。当挤压肺部时，泡沫状液体会从支气管中溢出，也会从肺切面溢出。

虽然在排除其他致命性病理学改变后，依据这种水肿性表现并结合现场环境，可做出溺死

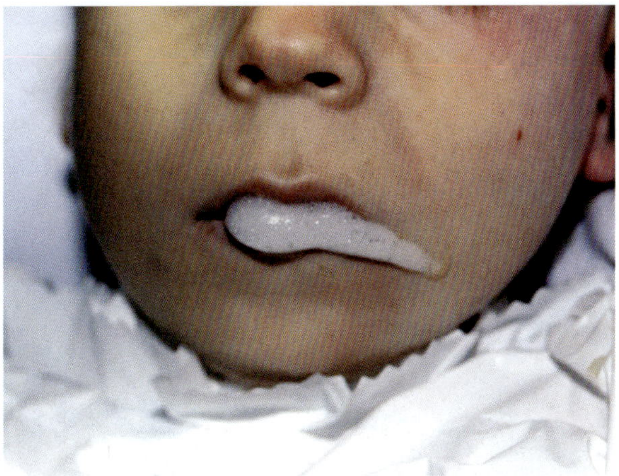

图 16.13　一位刚溺死的男孩嘴里溢出的典型羽状泡沫。随着死亡时间延长，泡沫会逐渐消失

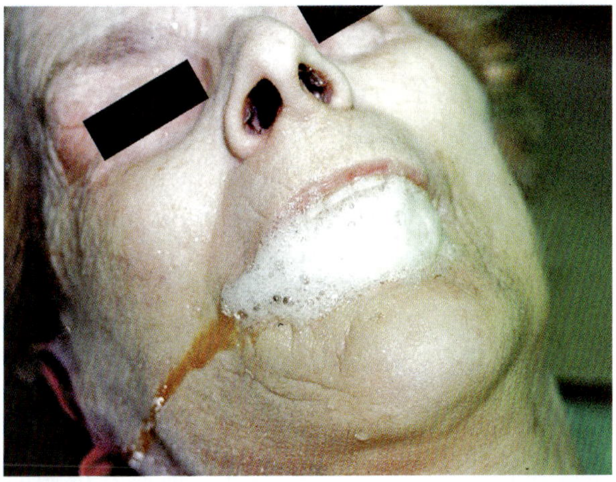

图 16.14　泡沫从溺死者的口腔溢出。它在呼吸道内持续时间较长，但口周的泡沫会随着死亡时间的延长而消失

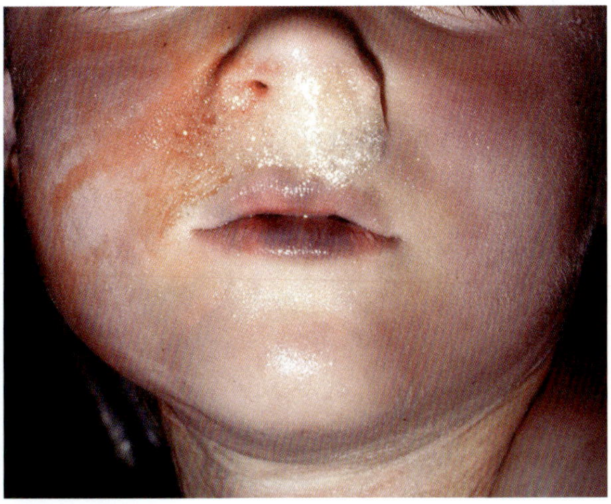

图 16.15　溺死者鼻腔中溢出淡红色泡沫

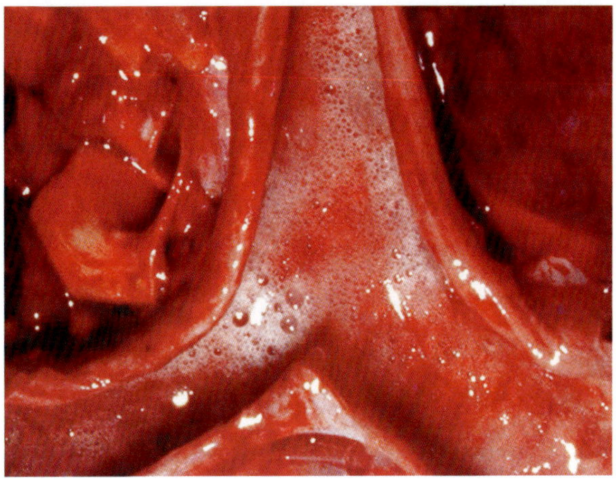

图 16.16　勒颈后被抛入海里的溺死者，其气管和主支气管内见泡沫状液体

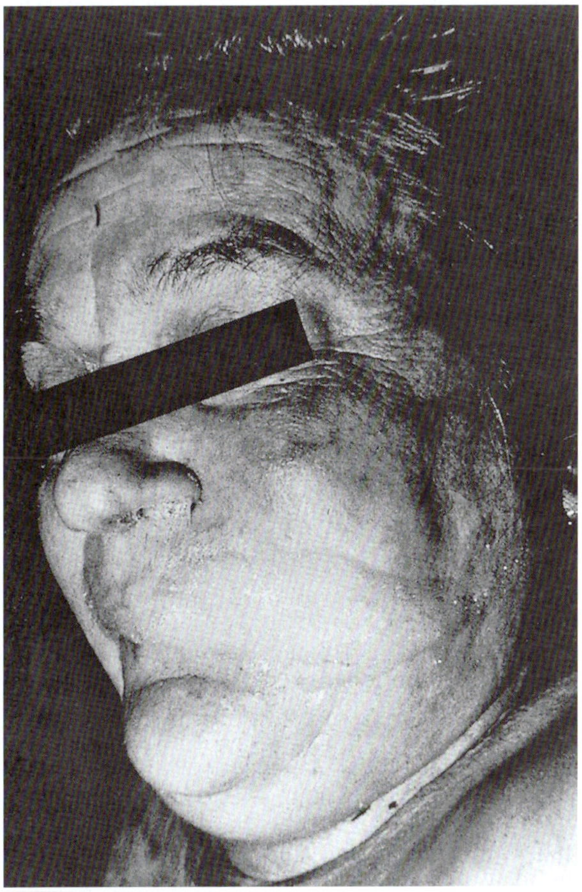

图 16.17　口周泡沫并非都由于溺死。该女性死于高血压心脏病，并伴有显著的肺水肿

诊断。但遗憾的是，即便是缺乏肺水肿表现也绝不能排除溺死，因为所谓的“干肺溺死”并不少见，此时肺脏完全正常，可能是由于吸入的水全都通过肺泡壁进入血浆。

也有人认为，在被打捞出水后才发生心脏停搏或者由于喉头痉挛阻止了水的大量进入，更容易出现“干肺溺死”，因为持续的循环功能可促使肺泡内的液体进入血浆得以被清除。然而，这一理论与现有的溺死案例多不符合。

Copeland 测量了非溺死尸体和咸水、淡水溺死尸体的肺脏重量[40]，后两组肺脏的质量没有显著差异。此外，有 10%～20% 的明确溺死者是没有额外重量增加的“干肺”案例。一般来说，溺死者的肺脏重量为 600～700 g，而非溺死者的肺脏重量为 370～540 g。但是，这两组的肺脏重量的分布范围有较大重叠。Kringsholm 等也对肺脏重量进行了研究，提出肺脏重量与浸没时间有关[41]。他们发现 7% 的案例是双肺联合的总重量不到 1 kg 的“干肺溺死”。在溺死组的其他案例 * 中，双肺的平均重量为 1 411 g，而对照组双肺重量为 994 g，需要说明的是，这些溺死尸体在水中浸没的时间都少于 24 h，在 24 h 以后，肺的重量出现下降，但胸腔渗出液增加，对于尸体水中浸没时间在 30 天以内的案例，75% 以上的肺脏和渗出液总重量为 1 000～2 200 g。Morild 研究的 133 个溺死案例中，仅 6% 的溺死者双肺重量总和小于 1 000 g[42]。

肺过度充气

除了含水量明显增加外，溺死者的肺脏还会明显膨大。移除胸骨后，可见肺脏填满胸腔（图 16.18），膨大的肺脏覆盖心前空白区。双肺向上隆起，在中线处相接，覆盖前纵隔。肺纹理苍白，有捻发感，与哮喘者的肺脏表面改变类似，因为两者具有相同的形成原因。过去将这种改变称为“水性肺气肿”（emphysema aquosum）。原发性肺气肿与溺水形成的肺过度充气相似，但后

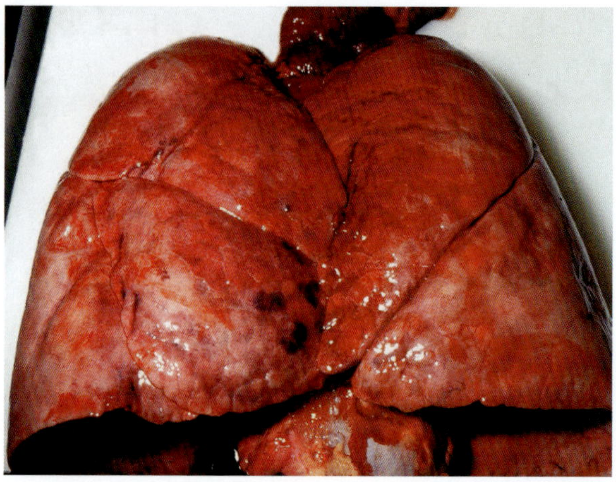

图 16.18　溺死者肺脏过度膨大（水性肺气肿），肺组织前缘重叠，右中叶出血

者不会出现肺大疱。支气管内的水肿液阻碍了肺脏塌陷，使肺脏保持吸气状态。此外，水肿液阻塞支气管形成的活瓣常常会引起肺脏的过度扩张，这又同样与哮喘类似。从胸腔取出溺死者的肺脏，在侧表面可见过度扩张所形成的明显肋骨压痕。这可能是解剖中能获得的最有价值的溺死阳性征象之一。

肺内一些部位的出血会使水肿液呈淡红色。这些出血部位很少大范围或密集分布，而是被广泛的肺水肿和肺扩张所局限化。有些出血部位靠近肺胸膜表面，可表现为肺表面边界模糊的出血斑点。溶血扩散是导致这种斑点状出血边界模糊的部分原因。无论什么死因，在叶间裂和肺门周围都会经常发现少量非特异性出血点。除此以外，溺死者的肺脏几乎不会发现胸膜下淤点性出血。

溺死的其他器官改变

溺死者其他器官没有可靠的征象改变。心脏和大静脉一般会“扩张并充盈着流动状的血液，尤其是右侧”，但这是一种主观且非特异性的征象没有参考价值，因此不做进一步研究。

几个世纪以来，许多法医学者提出溺死者的血液具有更好的流动性，21 世纪的生理学研究人

* 译者注：非干性溺死。

员也证实，淡水溺死者的血液被稀释，然而，作为解剖时的大体征象，血液的流动性完全是主观的、不可靠的。

溺死者胃内可含有水性液体，甚至是水中异物如淤泥、杂草或沙子等。但这也不能作为诊断溺死的阳性征象。因为许多确证为溺死的尸体胃内并没有水，而其他死后入水者的胃内却含有大量的水。胃内是否含有水取决于食管和贲门括约肌，而不是溺水过程；气管内出现异物也是如此。中耳和颞骨岩部出血也被认为是溺死的阳性征象，但根据作者（BK）的经验以及 Sanchez-Hanke 等的研究，这是一种非特异性征象（图 16.19）[43]，在明确排除溺死的案例中也可出现这些征象，而在典型的溺死案例中，也可能不出现此类出血。有人认为，这个现象与尸体沉入水的深度影响了耳内的静水压有关，但这与大多数法医专家的经验不相符[44]。中耳和鼻窦内液体也都不是诊断溺死的可靠征象[45, 46]。

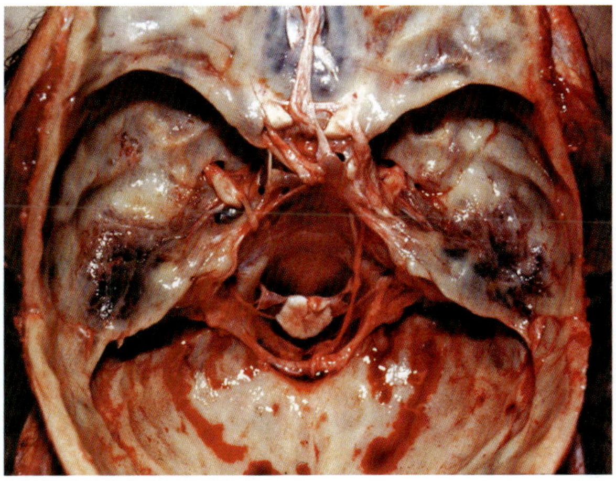

图 16.19 溺死者双侧颞骨岩部出血。尽管有人认为这个现象有助于诊断溺死，但这种改变似乎是随机出现，有时在非溺死尸体，有时在溺死尸体

溺死的血液化学改变

鉴于淡水溺死者体内血液明显稀释以及咸水溺死者体内电解质的改变，可以认为通过对血浆进行化学分析能提供诊断溺死的依据是完全合理的。但遗憾的是，这些理论上的希望未能在实践中实现。这主要是因为任何原因的死亡后，活细胞的细胞膜分离组织液和电解质的能力迅速丧失，很快就会发生生化指标的紊乱。Gettler 发表了对左、右心腔氯含量的分析结果发现，淡水溺死时血液稀释可不同程度地降低左心腔内血浆氯浓度，25 mg/100 mL 的差异有统计学意义[47]。据说在咸水中溺死会产生相反的结果。Gettler 的观点备受争议，现在已不被接受。无论是否为溺死，死后血液氯浓度都可发生变化，只是两侧心腔的变化程度不同而已。Durlacher 等的研究否定了淡水和咸水溺死导致的浓度差异，认为钠、钾和氯浓度都没有发生可靠的变化[48]。Fuller 的研究也发现了类似的结果[49]。

据 Rivers 等的研究，对溺水幸存者的血液电解质进行分析，结果并没有显示出规律性的变化。Moritz 试图用镁离子作为诊断溺死的类似标志物，但不可靠的分析结果使得其无法作为常规分析内容。这些结果再次凸显了将动物实验结果直接适用于人的危害，即使是像狗这样的哺乳动物，同样的条件相对于人体，也会引起明显不同的反应。

锶等其他化学指标也被作为诊断溺死的标志物，Azparren 等发现海水溺死尸体左、右心腔血液中锶浓度差异总是大于 75 mg/L[50]。

溺死的组织学改变

关于水中死亡尸体肺部的光学显微镜和电子显微镜下改变已有很多文献报道，特别是在欧洲大陆，然而这些研究结果让人难以理解，有时甚至相互矛盾，得到的共识就是这些组织学改变都是不稳定和不可靠的。

许多研究都试图从组织学上证实新鲜尸体和腐败尸体中“水性肺气肿”的存在。但肺泡的扩张和破裂不仅是溺死的结果，当尸体被动地浸入超过 4 m 深的水中时也可发生肺泡的扩张和破裂。肺泡扩张、肺泡壁变薄和毛细血管受压很容易被观察到，但其意义始终不明确。Reh 则根据网状纤维对这些肺进行了分类，但 Heinen 和 Dotzauer 的研究发现在非溺死尸体中也会出现类似的变化[51, 52]。Janssen 回顾了这方面研究并得出结论，认为虽然组织学证据可能有用并具有指示性，但它仍然需要进一步的证明研究[53]。

Betz 等的研究发现，当组织未发生自溶的时候，肺泡中巨噬细胞数量与肺泡扩张的大小有关，这有助于诊断溺死[54]。

Haffner 等将溺死与其他窒息死亡类型对比分析后认为，脾脏重量和脾-肝重量比的下降可作为溺死诊断指标。但是这个观点在 Hadley 和 Fowler 更大规模数据的研究中未得到证实[55, 56]。

有人认为，水中尸体皮肤软化程度可用于推断其在水中的浸没时间[57, 58]，但 Schleyer 对这种组织学改变的可靠性并不乐观[59]。

显微镜下可观察到水中尸体 3～4 周后形成的早期尸蜡，具体内容在死后变化一章中讨论。

硅藻与溺死诊断

在法医病理学中，几乎没有哪个话题能够像硅藻检验诊断溺死这样引起如此多的争论。Revenstorf 早在 1904 年首次尝试使用硅藻作为溺死诊断的方法，但他却声明是 Hofmann 于 1896 年首次在肺内液体中发现的硅藻[60]。Peabody、Pollanen、Lunetta 和 Modell 都发表了一些关于硅藻诊断溺死价值争议很好的观点[61–65]。

硅藻诊断溺死的基本前提是，当一个人在含有硅藻（有硅质细胞壁的藻类）的水中溺死时，许多硅藻会穿透肺泡壁并被运送到远端器官，如脑、肾、肝和骨髓。解剖后，可用强酸消解这些器官样本的软组织，留下具有较强抵抗力的硅藻骨架，然后在显微镜下观察发现这些硅藻，也可以在血液中寻找这些硅藻（图 16.20）。

当死后入水或在水中死于溺死以外的其他原因时，硅藻虽可通过渗透作用被动地进入肺脏，但由于心跳停止，硅藻无法通过循环系统到达远端器官。

如果硅藻检验可靠的话，它最大的优势是适用于那些没有阳性解剖学发现的腐败溺死尸体，其可作为溺死诊断的依据。此外，硅藻的群落特征可以作为溺死地点推断的依据，尤其是与咸水或淡水有关的地点。

组织消解前进行器官取样时，必须要格外注意的是样本不能被体表或取材工具所污染。

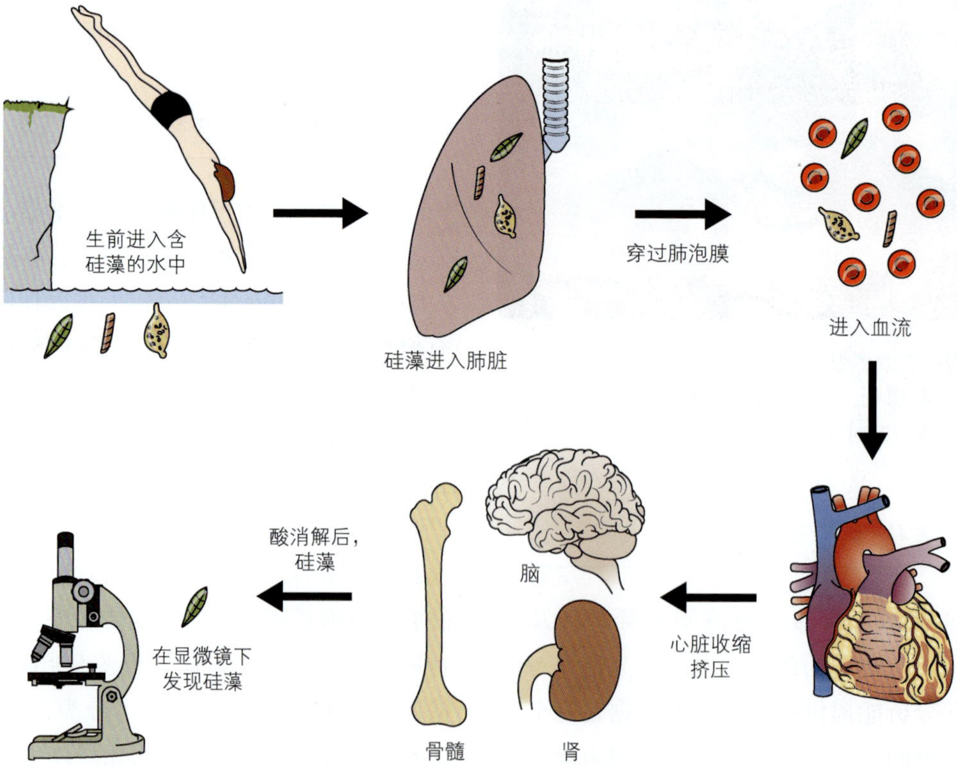

图 16.20　硅藻检验用于诊断溺死的原理。当人死后入水时，硅藻不能到达肺以外的远端器官

硅藻属于硅藻门的一类植物，两个瓣膜形成的藻壳或“盒子”相接在一起包裹细胞质内容物。它们要么呈放射对称状（中心状硅藻），要么呈细长形（羽纹状硅藻）。硅藻壳的形状非常复杂，并对腐败具有极强的抵抗力，来自侏罗纪时期的硅藻化石非常丰富。海底有 1 100 万平方英里厚的硅藻泥，陆地上隆起的海床里也有数百英尺厚的硅藻泥，这说明了硅藻检验潜在污染物的巨大数量（图 16.21，图 16.22）。

硅藻至少有 10 000 个种类，即使对于经验丰富的生物学家或植物学家来说，鉴定硅藻种类也并不是一件容易的事，但总体上做如下分类仍是很有用的：“寡盐型”硅藻生活在盐度低于 0.5‰ 的淡水水体中；“中盐型”或“高盐型”硅藻生活在盐度在 0.5‰ 以上的半咸水或海水中。

图 16.21 暗视场下的硅藻（原始放大倍数 ×350）。这些来自淡水的硅藻至少有 10 000 种不同的类型。在需要推断溺死地点时，需要生物学家提供帮助

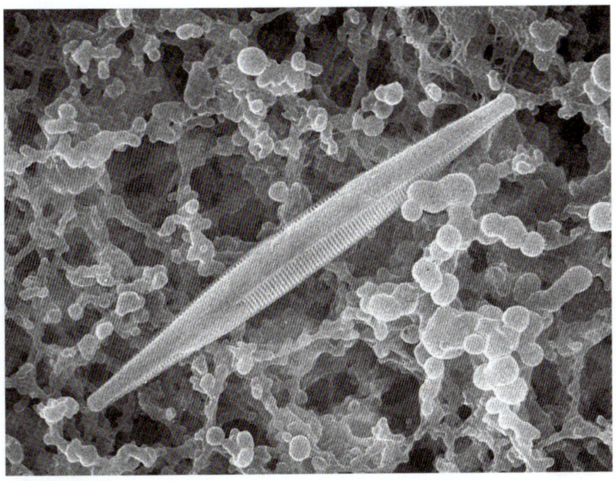

图 16.22 扫描电子显微镜下的硅藻：原始放大倍数 ×4 000，20 kV

硅藻检验的批评者指出了以下这些问题。

- 硅藻无处不在，可存在于土壤、水源和空气中。许多常用的矿物（如硅藻土）中都含有大量硅藻化石。粉笔、研磨剂甚至是牙膏等产品都由含有硅藻的原材料制作而成。然而，Mant 检验了伦敦盖伊医院（Guy's Hospital）空调系统的过滤器，在城市空气中却没有发现硅藻。
- 虽然硅藻被认为主要是通过肺部进入人体，但似乎没有理由认为硅藻不能穿透肠壁进入血流，从而到达身体的任何组织。
- 某些食物（特别是贝类）中含有大量硅藻，这些硅藻可进入血液循环并到达各组织。
- 在非溺死的动物和人体组织中发现了硅藻。Schellmann 和 Sperl 在 16 具非溺死尸体中的 15 具都发现了硅藻，而其他研究者在 34 具尸体的 33 具（包括 2 具溺水者）中并没有发现硅藻[65]。

Foged 对丹麦的溺死和非溺死尸体进行了详细调查，引用了许多支持和反对该技术可靠性的参考文献，结论是硅藻检验没有作用[66]。毫无疑问，该争议将持续下去。但是，根据溺死和非溺死尸体组织的硅藻数量差异，通过仔细分析组织中发现的硅藻与死亡地点和死亡环境中的硅藻差异，仍然有助于溺死诊断。目前，硅藻检验仅能提供提示性的辅助手段，而不能作为溺死的法定证据。最近，其他水中生物体也被提倡作为诊断溺死的检验指标，如软体原生动物和甲壳类动物。

有证据表明，使用强酸消解可显著降低硅藻的检出数量，日本研究人员采用其他方法消解组织寻找硅藻，新的硅藻消解方法如酶消解法等，这些方法可使软体微生物得以保留。他们认为这些方法对溺死诊断具有更好的特异性[67, 68]。中国研究人员认为，对肺脏浮游生物叶绿素进行分光光度检测具有诊断价值，但尚不清楚如何与死后被动进入肺脏的浮游生物相区分[69]。

（赵建 译）

参考文献

[1] Devergie A. Recherches sur les noyés. In: *Annales d' Hygiène Publique et de M*édecine *L*égale. Paris: Gabon, Libraire-Éditeur, 1829, pp. 160–96.
[2] Kolisko A. *Eduard R. v. Hofmann's Lehrbuch der Gerichtlichen Medizin*, 9th edn. Berlin: Urban & Schwarzenberg, 1903.
[3] Weber W. [On fingertips of 'washerwoman's hands' (author's transl)]. *Z Rechtsmed* 1978; 81(1): 63–6.
[4] Reh H. [Early postmortem course of washerwoman's skin of the fingers]. *Z Rechtsmed* 1984; 92(3): 183–8.
[5] Weber W, Laufkotter R. [Stages of postmortem formation of washerwoman's skin – results of systematic qualitative and quantitative experimental studies]. *Z Rechtsmed* 1984; 92(4): 277–90.
[6] Püschel K, Schneider A. [Development of immersion skin in fresh and salt water at different water temperatures]. *Z Rechtsmed* 1985; 95(1): 1–18.
[7] Bonte W, Sprung R, Huckenbeck W. [Problems in the evaluation of electrocution fatalities in the bathtub]. *Z Rechtsmed* 1986; 97(1): 7–19.
[8] Di Nunno N, Di Nunno C. Motorboat propeller injuries. *J Forensic Sci* 2000; 45(4): 917–19.
[9] Keatinge WR. *Survival in Cold Water: the Physiology and Treatment of Immersion Hypothermia and of Drowning*. Oxford: Blackwell Scientific, 1969.
[10] Bühring M, Spies HF. [Sympatho-adrenal activity in acute cold stress. The mechanism of sudden death following water immersion]. *Z Rechtsmed* 1979; 83(2): 121–7.
[11] Ishikawa H, *et al*. Screening of children with arrhythmias for arrhythmia development during diving and swimming – face immersion as a substitute for diving and exercise stress testing as a substitute for swimming. *Jpn Circ J* 1992; 56(9): 881–90.
[12] Datta A, Tipton M. Respiratory responses to cold water immersion: neural pathways, interactions, and clinical consequences awake and asleep. *J Appl Physiol* 2006; 100(6): 2057–64.
[13] Ackerman MJ, Tester DJ, Porter CJ. Swimming, a gene-specific arrhythmogenic trigger for inherited long QT syndrome. *Mayo Clin Proc* 1999; 74(11): 1088–94.
[14] Ackerman MJ, *et al*. Molecular diagnosis of the inherited long-QT syndrome in a woman who died after near-drowning. *N Engl J Med* 1999; 341(15): 1121–5.
[15] Lunetta P, *et al*. Death in bathtub revisited with molecular genetics: a victim with suicidal traits and a LQTS gene mutation. *Forensic Sci Int* 2002; 130(2–3): 122–4.
[16] Lunetta P, *et al*. Molecular screening of selected long QT syndrome (LQTS) mutations in 165 consecutive bodies found in water. *Int J Legal Med* 2003; 117(2): 115–7.
[17] Tester DJ, *et al*. Unexplained drownings and the cardiac channelopathies: a molecular autopsy series. *Mayo Clin Proc* 2011; 86(10): 941–7.
[18] Tester DJ, Ackerman MJ. Drowning. *N Engl J Med* 2012; 367(8): 777; author reply 777–8.
[19] Saxena A, Ang LC. Epilepsy and bathtub drowning. Important neuropathological observations. *Am J Forensic Med Pathol* 1993; 14(2): 125–9.
[20] Schmidt P, Madea B. Death in the bathtub involving children. *Forensic Sci Int* 1995; 72(2): 147–55.
[21] Stumpp JW, Schneider J, Bar W. Drowning of a girl with anomaly of the bundle of His and the right bundle branch. *Am J Forensic Med Pathol* 1997; 18(2): 208–10.
[22] Somers GR, Chiasson DA, Smith CR. Pediatric drowning: a 20-year review of autopsied cases: III. Bathtub drownings. *Am J Forensic Med Pathol* 2006; 27(2): 113–6.
[23] Schmidt P, Madea B. Homicide in the bathtub. *Forensic Sci Int* 1995; 72(2): 135–46.
[24] Thomsen JL, Kardel T. Intoxication at home due to carbon monoxide production from gas water heaters. *Forensic Sci Int* 1988; 36(1–2): 69–72.
[25] Tirasci Y, *et al*. Electrocution-related mortality: a review of 123 deaths in Diyarbakir, Turkey between 1996 and 2002. *Tohoku J Exp Med* 2006; 208(2): 141–5.
[26] Robbins J. *The Magnificent Spilsbury and the Case of the Brides in the Bath*. London: John Murray, 2010.
[27] Tz'u S. The washing away of wrongs. Sivin N (ed). *Science, Medicine, and Technology in East Asia*. Vol. 1. Ann Arbor: The University of Michigan Center for Chinese Studies, 1981.
[28] Falk F. Ueber den tod im wasser. *Virchows Arch* 1869; 47(1): 39–89.
[29] Bert P. *Leçons sur la Physiologie Comparée de la Respiration*. Paris: Baillière, 1870.
[30] Carrara M. Electrolytes and osmotic pressure in drowning. *Vrtlschr Gericht Med* 1902; 24: 236–40.
[31] Freimuth HC, Swann HE, Jr. Plasma specific gravity changes in sudden deaths; observations with specific reference to drowning. *AMA Arch Pathol* 1955; 59(2): 214–8.
[32] Swann HG, *et al*. Fresh water and sea water drowning; a study of the terminal cardiac and biochemical events. *Tex Rep Biol Med* 1947; 5(4): 423–37.
[33] Swann HG, Spafford NR. Body salt and water changes during fresh and sea water drowning. *Tex Rep Biol Med* 1951; 9(2): 356–82.
[34] Crosfill JW. Drowning. *Proc R Soc Med* 1956; 49(12): 1051–8.

[35] Rivers JF, Orr G, Lee HA. Drowning. Its clinical sequelae and management. *Br Med J* 1970; 2(5702): 157–61.
[36] Bolte RG, *et al*. The use of extracorporeal rewarming in a child submerged for 66 minutes. *JAMA* 1988; 260(3): 377–9.
[37] Chochinov AH, *et al*. Recovery of a 62-year-old man from prolonged cold water submersion. *Ann Emerg Med* 1998; 31(1): 127–31.
[38] Thalmann M, *et al*. Resuscitation in near drowning with extracorporeal membrane oxygenation. *Ann Thorac Surg* 2001; 72(2): 607–8.
[39] Giammona ST, Modell JH. Drowning by total immersion. Effects on pulmonary surfactant of distilled water, isotonic saline, and sea water. *Am J Dis Child* 1967; 114(6): 612–6.
[40] Copeland AR. An assessment of lung weights in drowning cases. The Metro Dade County experience from 1978 to 1982. *Am J Forensic Med Pathol* 1985; 6(4): 301–4.
[41] Kringsholm B, Filskov A, Kock K. Autopsied cases of drowning in Denmark 1987–1989. *Forensic Sci Int* 1991; 52(1): 85–92.
[42] Morild I. Pleural effusion in drowning. *Am J Forensic Med Pathol* 1995; 16(3): 253–6.
[43] Sanchez-Hanke M, Westhofen M, Puschel K. Temporal bone hemorrhages caused by intracranial congestion in different causes of death (for example: drowning). *Rechtsmed* 1996; 6(4): 120–4.
[44] Niles NR. Hemorrhage in the middle-ear and mastoid in drowning. *Am J Clin Pathol* 1963; 40: 281–3.
[45] Blumenstok L. Zur verwerthung der ohrenprobe fur die diagnose des ertrinkungstodes. *Friedreich's Bl für ger Med* 1876.
[46] Bohnert M, Ropohl D, Pollak S. [Forensic medicine significance of the fluid content of the sphenoid sinuses]. *Arch Kriminol* 2002; 209(5–6): 158–64.
[47] Gettler AO. A method for the determination of death by drowning. *JAMA* 1921; 77: 1650–2.
[48] Durlacher SH, Freimuth HC, Swan HE, Jr. Blood changes in man following death due to drowning, with comments on tests for drowning. *AMA Arch Pathol* 1953; 56(5): 454–61.
[49] Fuller RH. The clinical pathology of human near-drowning. *Proc R Soc Med* 1963; 56: 33–8.
[50] Azparren J, de la Rosa I, Sancho M. Biventricular measurement of blood strontium in real cases of drowning. *Forensic Sci Int* 1994; 69(2): 139–48.
[51] Reh H. [About the problem of 'lungs in drowning' (author's transl)]. *Z Rechtsmed* 1976; 77(3): 219–21.
[52] Heinen M, Dotzauer G. [The lung of a drowned person]. *Beitr Gerichtl Med* 1973; 30: 133–41.
[53] Janssen W. *Forensic Histopathology*. Berlin: Springer Verlag, 1984.
[54] Betz P, *et al*. Alveolar macrophages and the diagnosis of drowning. *Forensic Sci Int* 1993; 62(3): 217–24.
[55] Haffner HT, Graw M, Erdelkamp J. Spleen findings in drowning. *Forensic Sci Int* 1994; 66(2): 95–104.
[56] Hadley JA, Fowler DR. Organ weight effects of drowning and asphyxiation on the lungs, liver, brain, heart, kidneys, and spleen. *Forensic Sci Int* 2003; 137(2–3): 239–46.
[57] Ökrös S. Gerichtlich-medizinische bedeutung des elastischen fasersystems der haut. *Dtsch Z Ges Gerichtl Med* 1938; 29(6): 485–500.
[58] Dierkes K. Über die histologie der waschhaut. *Dtsch Z Gesamte Gerichtl Med* 1938; 30: 262.
[59] Schleyer F. [Histology of skin changes in the drowned]. *Dtsch Z Gesamte Gerichtl Med* 1951; 40(7–8): 680–4.
[60] Revenstorf V. Der Nachweis der aspirierten erträkungsflüssigkeit als kriterium des todes durch ertrinken. *Vjschr Gerichtl Med* 1904; 27: 274–99.
[61] Peabody AJ. Diatoms and drowning – a review. *Med Sci Law* 1980; 20(4): 254–61.
[62] Pollanen MS. *Forensic Diatomology and Drowning*. 1st edn. Elsevier Science, 1998.
[63] Lunetta P. Bodies found in Water, Epidemiological and Medicolegal Issues. Helsinki, University of Helsinki, 2005, p. 124.
[64] Lunetta P, Modell JH. Macroscopical, microscopical, and laboratory findings in drowning victims. In: Tsokos M (ed). *Forensic Pathology Reviews*. Humana Press, 2005, pp. 3–77.
[65] Schellmann B, Sperl W. [Detection of diatoms in bone marrow (femur) of nondrowned (author's transl)]. *Z Rechtsmed* 1979; 83(4): 319–24.
[66] Foged N. Diatoms and drowning – once more. *Forensic Sci Int* 1983; 21(2): 153–9.
[67] Funayama M, *et al*. Detection of diatoms in blood by a combination of membrane filtering and chemical digestion. *Forensic Sci Int* 1987; 34(3): 175–82.
[68] Matsumoto H, Fukui Y. A simple method for diatom detection in drowning. *Forensic Sci Int* 1993; 60(1–2): 91–5.
[69] Qu J, Wang E. A study on the diagnosis of drowning by examination of lung chlorophyll(a) of planktons with a spectrofluorophotometer. *Forensic Sci Int* 1992; 53(2): 149–55.

第 17 章

被忽视、饥饿和低温损伤

引言

尽管饥饿是世界上影响最广泛的灾难之一，但本章所关注的饥饿是与个体被忽视密切相关的情形，它或是一种潜在的犯罪行为，或是一种自我忽视的外在表现。与青壮年相比，婴幼儿、老年人的生活会受到更多因素的影响（图 17.1），如婴幼儿主要由父母或监护人抚养、照顾，而老年人则易患阿尔茨海默病或其他精神类疾病，并常缺乏配偶或亲人的关爱，甚至没有足够的收入来维持温饱。

许多国家已经通过立法保障儿童能够从监护人处获得生活必需品。在英国，《儿童法案》（Children Act）规定了父母、监护人或社会团体具有照顾儿童的责任[1]，该法律规定义务主体必须提供衣食、住所和教育这些最基本的需求。不幸的是，即使有政府的监管，儿童死于被完全忽视（而不是身体虐待）的丑闻仍一次又一次地被曝光于公众视野。

图 17.1　一名老年女性因被忽视而死于低温，手和足均发绀

19 世纪成立了诸如英国国家防止虐待儿童协会（National Society for the Prevention of Cruelty to Children，NSPCC）等多个志愿者组织，其目的就是解决维多利亚工业革命后人口暴增造成儿童遭到忽视的普遍问题，现在这些组织的作用已经发生了根本性改变，当前主要关注于身体、性和精神虐待，而不再是饥饿和被忽视，尽管如此，因故意或被忽视导致儿童关爱缺失和营养不良，进而引发死亡的事件仍时有发生。一般来说，营养忽视和身体伤害似乎是彼此独立的关系，受虐待的儿童通常营养良好，而消瘦的儿童通常没有身体损伤，当然也会存在许多例外的情形。

虽然被忽视和饥饿并不具有相同的含义，但由于两者关系密切常同时予以考虑，在死亡案件的调查中，法医或验尸官通常把它们作为一种潜在的犯罪行为或者是自残行为，因为只有在极少数情况下，饿死是由灾害引起的孤立无援所致，如矿井坍塌被困、遭遇海难，但近年来，出于政治或其他类似目的而绝食抗议或自愿禁食导致的死亡则较为常见。

被忽视和饥饿的一般特征

明显的特征是由食物摄入不足导致的消瘦。正常成年人维持体重每天需要消耗 1 500～1 900 卡路里的热量，当体重减少 40% 以上时就会危及生命，当然与体重下降的速度也有关系，完全禁食引起死亡的速度显然比允许少量进食的情形更快。在只允许摄入水的情况下，人通常能够生存 50～60 天，当然这也受到气候、温度、身体素质及肥胖程度的影响，而如果完全禁食禁水，人只能生存 10 天，环境温度越高生存的时间就越短。

第二次世界大战结束时，纳粹集中营就有许多死于饥饿或饱受饥饿摧残的人，他们主要分为两种类型：一类是“干”型：体形消瘦、腿部水肿，体重只有正常人的一半；幸存者则出现血压明显降低、脉搏微弱、发绀。另一类是“湿”型：面部、躯干和四肢明显水肿，伴有腹水和胸腔积液。由于他们的饮食严重缺乏碳水化合物及脂肪，体内的蛋白质被分解消耗产生能量，进而导致低蛋白血症性水肿，其中一些受害者的骨骼占身体重量的比值达到了 50%，远超过 15% 的正常值。

此外，还有一些特征就是由营养缺乏导致的继发性改变，如合并感染、维生素缺乏、皮肤病及营养性水肿等，而其中脱水、低温和肢体末端坏死是较严重的外在表现，均可导致死亡。

大多数因被忽视而致死的案例发生在 1 岁以下的婴儿[2-5]。尸检时不能粗略地对其进行估算，而应认真测量其身高、体重、顶-踵长（crown-heel）、顶-臀长（crown-rump）、头径、足长等指标，以便与年龄、出生体重、性别及种族相同的规范标准进行比较。

手腕、脚踝等能够反映四肢周径的部位须用软尺进行测量，对重要的部位还要拍照，并记录肤色和损伤部位的颜色改变及身体消瘦的特征性表现。目前“恶病质”“消瘦”和“营养消瘦症”都可作为同义词使用，但“营养消瘦症”仅限于描述婴儿。所谓“希波克拉底面容”（Hippocratic facies）不仅出现在因被忽视而所致的消瘦个体，还见于其他多种原因所致的恶病质患者，如阻塞性食管癌也可引发同样的消瘦症状，主要表现为颧骨皮肤紧贴、面颊凹陷、下颌突出，由于眼眶周围脂肪缺失引起眼窝深陷，但有时机体脱水也可产生这种眼部征象（图 17.2，图 17.3）。

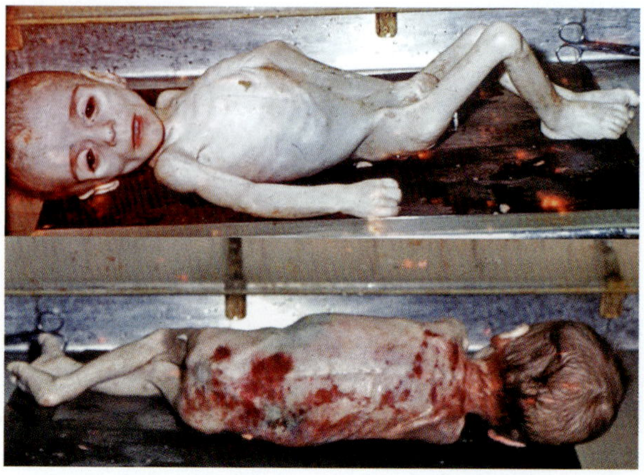

图 17.2　死于被忽视、饥饿的婴儿：四肢消瘦、舟状腹显得头相对较大，背部有大片压疮；营养不良、脱水使得眼窝和面颊凹陷，呈现“希波克拉底面容”

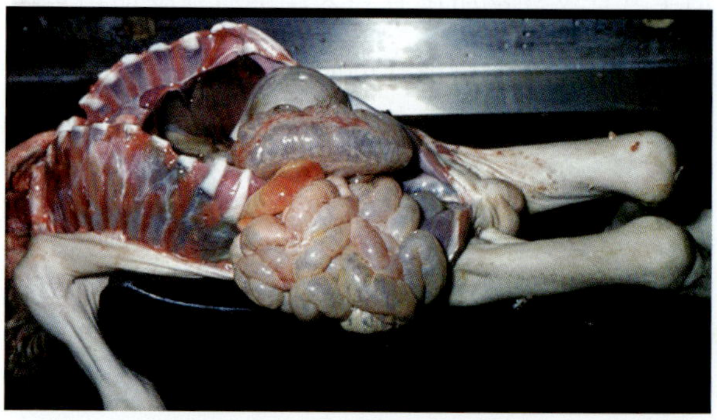

图 17.3　图 17.2 中婴儿的腹部：肠道空虚、胀气

躯干肋骨突出，肋间隙及锁骨上窝凹陷，腹部从肋缘至髂嵴明显凹陷，两侧髂嵴像翅膀一样突出，呈典型的舟状腹表现。由于脂肪和肌肉的缺失，四肢骨瘦如柴，与细窄的颈部相比，头部显得异常大，比例失调。

皮肤根据饮食中营养物质（特别是某些维生素）缺乏及机体营养丢失时间长短的差异，可呈现不同的外观，可以是苍白色、有光泽或微透明状，婴儿的皮肤几乎都会呈现一些蓝色，部分原因是皮下脂肪缺失；剥落性过度角化使皮肤显得粗糙、不平滑，不过这在老年人更为常见，部分原因是衰老。此外，有时皮肤也表现为弥漫性或点状色素沉着。

脱水是导致婴儿死亡的主要原因，也较常见，脱水者的皮肤干燥、褶皱，由于皮下脂肪和体液流失，当用手指夹住皮肤时，皮肤会保持嵴状；脑脊液压力降低使得囟门凹陷。长期饥饿引起低蛋白血症时可导致水肿，这在日常法医实践中比较少见，而在饥荒年代较为普遍，当然水肿也可由其他营养失调性疾病引起，如恶性营养不良症。

皮肤感染也较为常见（尤其是婴儿），部分是因为营养不足导致抗感染能力下降，部分是因为缺乏必要的护理和卫生。婴儿和老年人由于虚弱而长期卧床，臀部、足跟和脊柱部位均可发生压疮，并且患尿性皮炎，而排便后没有给予任何皮肤护理的婴儿压疮则更为严重（图 17.4，图 17.5）。身体的任何支撑点或摩擦部位均可出现溃疡，如肘、膝、肩和枕部，除此之外，其他部位的皮肤也可发生感染，这些感染的皮肤常呈现部分愈合结痂改变。还可发生口腔溃疡、睑缘炎和结膜炎，头发干燥易碎，有时会逐渐变色，甚至因长期营养不良而变为姜黄色。

体内脂肪组织的下降同样明显，主要是皮下脂肪组织及脂肪蓄积部位如大网膜、肠系膜和

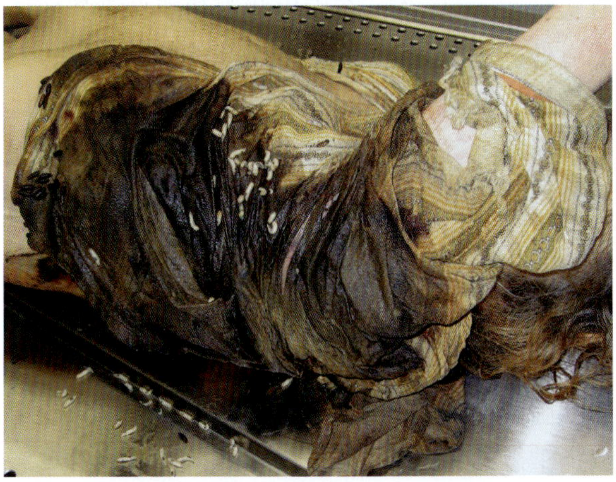

图 17.4　一名有酗酒史的老年女性糖尿病患者：曾严禁其丈夫呼叫医生，长期卧床缺乏照顾，沾有粪便和尿液的上衣滋生了不同虫龄的丽蝇幼虫和蛹，现场收集样本的昆虫学分析表明优势种群为新陆原伏蝇（*Protophormia terranovae*），它一般在喂养的介质中或及附近蛹化，在该现场情况下，从产卵到成蝇需要 2～3 周，这有助于推断死者被忽视的死亡间隔时间

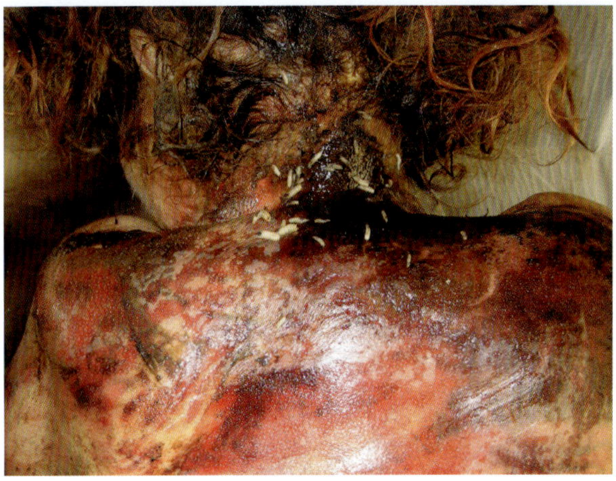

图 17.5　图 17.4 中女性的背部：沾有粪便和尿液，可见丽蝇幼虫及大面积皮肤糜烂

肾周部位的脂肪组织丢失严重，除脑组织外，各器官都出现萎缩，是故有必要对主要器官进行称重，并将其与相同性别、年龄个体的器官参照表进行比较。老年人器官萎缩会更加明显，此时要注意区分营养不良性萎缩和正常的衰老性萎缩，两者在程度上会有差别，长期饥饿导致的器官萎缩可达到异常低的程度。更为明显的内部征象是肠道空虚，从胃至结肠均充满气体呈半透明状（图 17.3）。直肠内粪便可被浓缩（尤其是在摄水不足和脱水的情况下），由此形成的粪结石可引起肠黏膜溃烂，但是对于饥饿状态的婴儿，除非是严重脱水，通常会出现水性大便。如果近期没有进食刺激排空，饥饿时胆囊仍膨胀。舌苔通常增厚，但因缺乏特异性而不具有实践应用价值。

法医学问题

有时婴儿会出现与被忽视相关的身体虐待，即使很少见，但在尸检前进行尸检成像或放射学检查仍十分必要，实际上，尸检程序必须依据“受虐儿童”规定的流程操作（具体参见第 22 章）。在无论是儿童还是成人的案件调查中，问题的关键在于明确因果关系，特别是对于基础疾病共存的案例。是癌症导致的恶病质还是恶病质者恰巧患有癌症？是肺结核引起的消瘦还是本身营养不良继发了感染？对其他诸如糖尿病、艾迪生病、慢性感染和肿瘤等的影响程度都应进行评

估。对于儿童，尤其是家族性代谢性疾病也可导致发育不良和明显消瘦。

在因营养不良引起消耗状态导致的死亡案例中，嫌疑人常被指控故意限制饮食，或者受害人由于被忽视而缺乏食物供给，针对这些指控，可提出是由所患疾病导致消耗状态引起死亡的抗辩，确实如此，有时这种抗辩的说法就是正确的。在将这类死亡完全归因于营养不良之前，控辩双方的医学专家必须采用解剖学、组织学、生物化学等各种检验方法进行全面调查，以发现任何可能引起致死性消耗状态的代谢性或病理性原因。

寒冷引发的损伤：体温过低

直到大约 40 年前，人们还认为体温过低造成的冻伤和冻死几乎只发生在那些在户外遭受极端恶劣天气影响的人，主要是登山者、极地探险者及在海上或陆地上遭遇灾害的人。在 Emslie-Smith、Duguid 及其他研究者发表重要文献之后，人们很快认可了体温过低引起的损伤在温和的气候环境及室内也很常见的观点[6-7]，在 20 世纪 60 年代，皇家医师协会和英国医学协会特别委员会对体温过低引起的损伤发表报告[8-9]。

与其他很多情况类似，老年人和婴幼儿容易出现冻伤和冻死，特别是在监护人没有及时察觉到潜在危险的情况下更易发生。

体温过低的影响因素

环境低温

由于相当大的个体差异和诸多其他因素影响，难以准确提出一个能危及生命的具体温度数值。既往人们认为霜冻严寒天气是造成冻伤的必要条件，目前则认为，温度根本不需要那么低，当气温低于 10℃时，体弱者就可发生体温过低；与室外刮风、室内通风类似的空气流动会明显加速体温下降，潮湿的环境，尤其是身着潮湿衣物时，水分蒸发也可促使体温快速下降。

年龄和体质

如前所述，老年人和儿童最容易发生冻伤。老年人由于肌肉萎缩、运动能力下降，肌肉运动所产生的热量也相应减少，而且老年人常常体形消瘦，皮下脂肪不足也会降低对机体的保温作用。甲状腺功能随着年龄增长常出现减退，特别是老年女性，甲状腺功能减退对机体的影响会在后文具体讨论。脑功能障碍——常由退行性脑血管病引起，也可造成体温调节中枢功能下降，使得老年人在低温环境下不愿意四处走动，进而忽视补充营养、保暖而影响整体健康。抑郁和精神疾病患者出现体温过低的案例并不少见，Emslie-Smith、Duguid 等都早期报道过这样的案例[6, 7]。

婴儿的体重小，体表面积与体重的比值大，因此热量更易丢失。较小的婴儿则完全依赖他人提供衣物和适宜的生活环境（图 17.10，图 17.11）。

甲状腺功能低下

任何程度的黏液性水肿都是导致体温过低的一个重要因素[10]。患有甲状腺功能低下的老年女性更容易受到寒冷的影响，大多数受害者是 70 岁以上的女性，当环境温度低于适宜温度时，就可出现体温过低，20 世纪 50 年代，Le Marquand 首次报道了这样的案例，随后 Angel 和 Sash 也有类似报道[11, 12]。在因甲状腺功能低下造成体温过低的过程中，一些药物可发挥协同作用，此时即使在相对正常的环境温度下体温也可过低，如丙米嗪、氯丙嗪和地西泮尤其危险，而巴比妥类、吩噻嗪类和酒精也具有一定危险性[13]。

食物缺乏、衣物不足和室内无供暖

这些因素与社会、经济条件有关，主要涉及处于抑郁、冷漠状态的老年人，尤其是那些患有脑动脉粥样硬化的老年人。寒冷既可以导致也可以加重思维迟钝和混乱，此时难以明确精神状态与寒冷之间的因果关系（图 17.6）。

体温过低的影响

尸检前详细阅读病史无疑能够有助于了解死亡过程，尽管如此，法医通常只是将死亡前的临床表现作为参考。

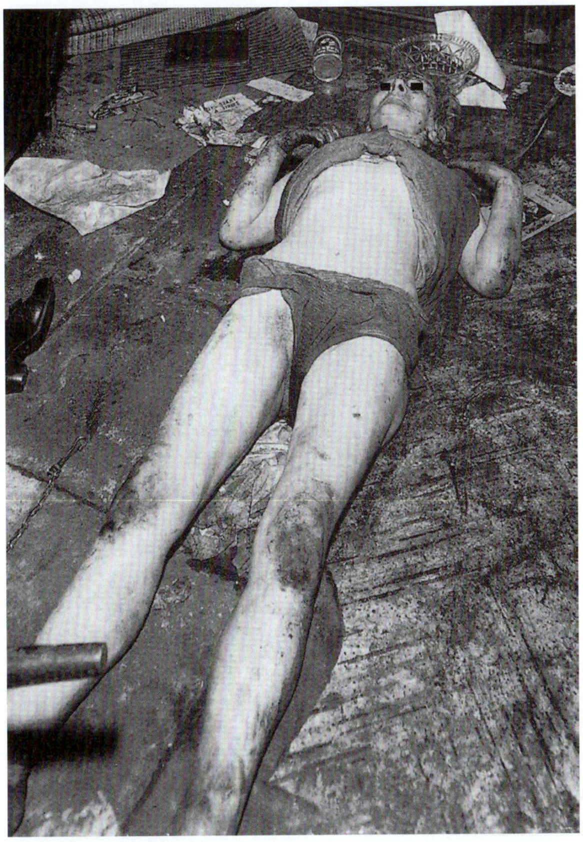

图 17.6 一名被冻死的 56 岁女性：她曾是一名护士，但住所脏乱，没有供暖设备且窗户破损，膝、手和足部皮肤低温变色且沾满污垢

有学者认为，老年人除非患有脑血管疾病、甲状腺功能低下、酒精中毒或糖尿病等，否则不会出现体温过低的情况。这种观点可能原则上正确，但是未免过于绝对。直肠温度常用于判断体温过低的严重程度，体温在 32～37℃时，除主观上感觉寒冷、伴随颤抖和血管收缩外，对机体没有任何不良影响。

当核心温度降至 24～32℃时，机体就出现意识障碍、呼吸和心率减慢、血压下降，如果该低温状态得不到缓解，将会导致死亡。而当温度进一步下降到 26℃以下时，几乎没有生还可能。虽然 Laufman 曾报道一例体温降至 18℃后又复苏成功的典型案例，但生还者仍遗留了严重的伤残[14]。

体温过低的尸检结果

在体温过低致死的案例中，尸检时可缺乏冻死的特有征象，因此，了解死亡过程就显得尤为重要。当被告知的死亡过程与客观尸检结果相矛盾时，这些听到的死亡过程信息究竟有多大的可信性，是法医判断死因时常遇到的困难，本书第 1 章对此进行了更为详细的论述。

与一些癫痫、哮喘和溺水死亡的案例相似，低温损伤致死案例中当尸检结果不明显、缺乏特异性或者根本没有阳性发现时，法医常难以做出死因判断。如果伤者被送至医院并给予“热身”救治，死亡可能在随后的几天内随时发生，此种情况下的尸检可能没有任何阳性发现，体温过低所致的皮肤色泽改变几乎全部消失，但腹腔内器官的征象可能依然存在。

体温过低致死者多数是老年人，英国皇家医师协会研究报告发现：几乎一半是 65 岁以上的老年人，而且绝大多数是女性[9]。在既往报道的案例中，约 50% 的死者出现了提示体温过低的征象，体表呈片状粉红色或棕粉红色改变[15-19]，这种改变常分布在如臀部外侧、肘部、膝部等大关节处的伸肌面，而躯体的两侧和面部相对少见（图 17.7，图 17.8）。

粉红色或棕粉红色的肤色改变还见于暴露在冷水中、户外严寒环境中的尸体，与停尸房冰箱冻存尸体的尸斑颜色很相似。颜色变化分布在大关节，亦是低体温致死的特征性改变，此外，在面颊、下颌和鼻部有时也可出现片状鲜红色改变，特别是患有心功能不全的死者，如二尖瓣狭窄者颧部皮肤潮红（图 17.9）。若尸体在片状鲜红色颜色改变区内常有少许棕褐色，并且改变区

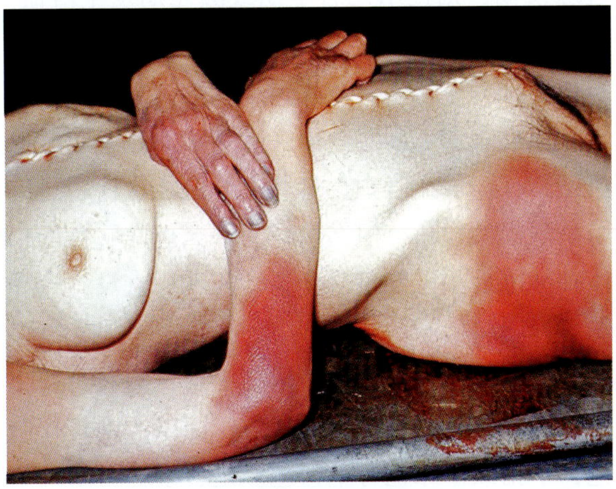

图 17.7 冻死者的臀部和肘部呈棕粉红色改变

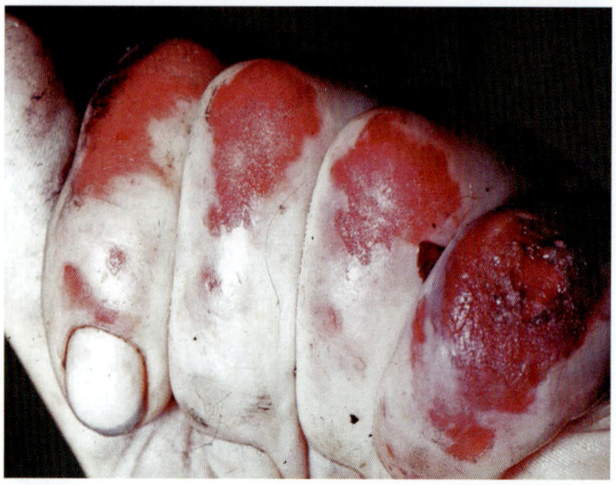

图 17.8 在威尔士冬季，一名伤者失去知觉后指关节发生冻伤，表明非极寒天气也可发生冻伤或冻死

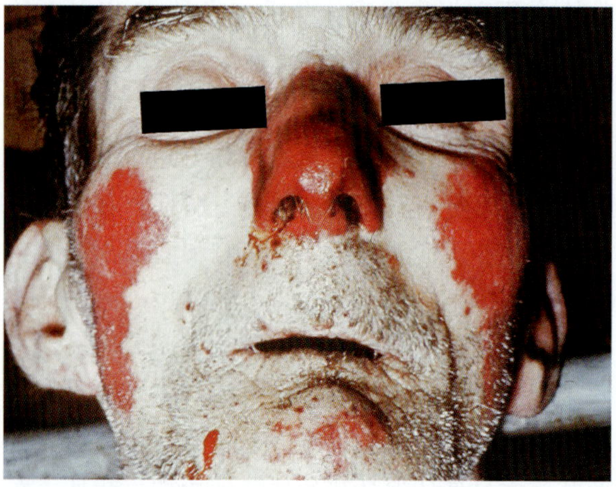

图 17.9 脸颊和鼻子呈鲜红色的冻死者：死者患有二尖瓣狭窄（颧骨潮红是临床症状之一），在威尔士冬季，死在一间没有供暖设施的房间的床上；冻伤导致鼻部组织坏死

边缘模糊，则提示死后早期或濒死期发生溶血。这种鲜红色颜色改变的原因很可能是寒冷导致组织代谢降低、氧耗量减少，皮肤毛细血管内含有氧合血红蛋白，同时，血管舒缩功能障碍引起血液淤积在浅表血管中，最终氧合血红蛋白透过皮肤呈现出的颜色。但迄今，为什么正常肤色的尸体在冰冻后呈鲜红色改变，研究者一直没有合理的解释。

除了皮肤片状鲜红色改变之外，四肢可发绀或呈白色，有时足至踝呈蓝色，踝以上则是苍白色，手指或甲床也可呈蓝色。足、小腿可出现水肿，但注意许多冻死者生前就患有充血性心力衰

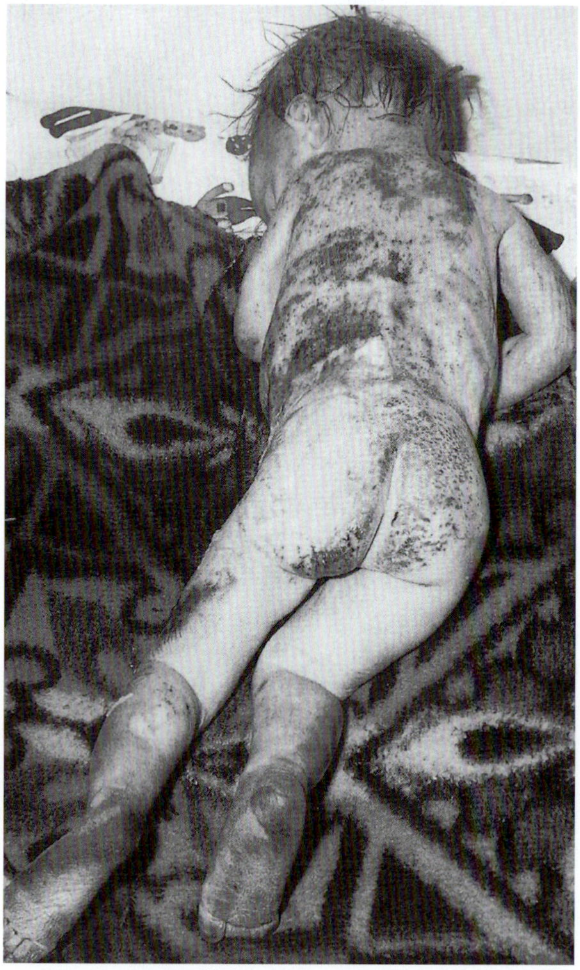

图 17.10 被忽视而导致死亡的婴儿：大面积皮肤溃烂，体重减轻；死因是并发胸部感染

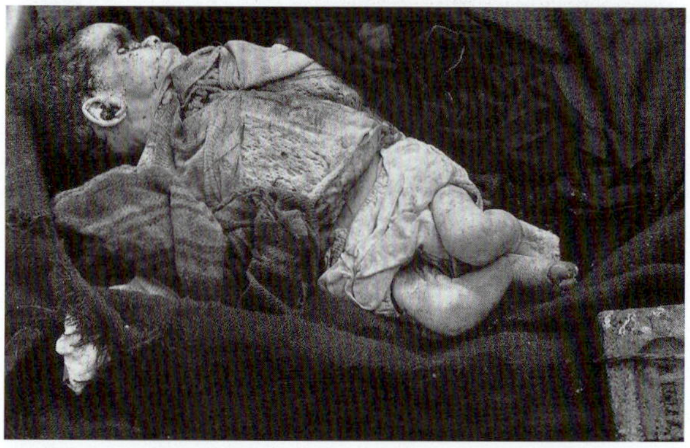

图 17.11 死于被忽视、体温过低和冻伤的婴儿：被遗弃在一间没有供暖的农舍卧室的纸箱里，身上铺盖被尿液浸湿并结冰，死后又被置入装有砖块的袋子里被抛入水井

竭；皮肤水疱较为少见，常见于臀部、大腿后部和上臂等处，水疱可出现亦可不出现在鲜红色皮肤颜色改变区，皮肤颜色的改变被认为是由皮肤水肿所致。

面部可出现黏液水肿或甲状腺功能低下的征象，老年女性尤其常见，表现为面部粗糙、眼睑水肿、眉毛脱落。即使尸表皮肤变化非常明显，而尸体内部常缺乏值得一提的特异性征象，常见的只是生前所患疾病的表现，以至于有观点认为只有患有系统性疾病的老年人才可能出现体温过低，常见的系统性疾病有退行性动脉疾病、老年性心肌变性、原发性高血压、慢性肾脏病变及阻塞性气道疾病等。下面将介绍几种相对具有特异性的损伤改变。

急性胃糜烂

作者认为：冻死者发生急性胃糜烂比急性胰腺炎更为常见，Wischnewski 对此首先进行了描述，即胃黏膜上布满许多浅表性溃疡，其底部有深棕色的出血点[20-22]。伴随大量呕血的情况较为罕见，但有时胃内容物中可含有黑色酸化的血液（图 17.12，图 17.13）。

急性胰腺炎

多数教科书都会介绍冻死者可出现急性胰腺炎，但在被证实为冻死的案例中，只有不足一半的人会出现这种病理变化。死者生前血清淀粉酶活性可升高，而最具特征性的改变是尸检中切开胰腺时，可见局限性组织变硬、色泽发黄、脂肪坏死，邻近的大网膜和肠系膜也可发生脂肪坏死。胰腺组织内可见出血，但必须注意的是，在其他原因致死的案例中，胰腺死后自溶也常引起组织出血表现。一些冻死案例中，急性胰腺炎的组织学表现为胰腺组织坏死、白细胞浸润及脂肪坏死，但在其他案例中，即便是出血性胰腺炎，显微镜下仍缺乏明显的病理改变。Preuss 等统计了 143 名冻死者的尸检结果，只发现 5 例（3.5%）胰腺出血，其中 1 例为急性胰腺炎、1 例为慢性胰腺炎；此外，对其中 62 例冻死者的胰腺组织进行回顾性组织学观察研究证实，11 例（18%）胰腺出血，24 例（39%）腺细胞发生空泡变性，15 例（24%）由于胰腺组织明显自溶而无法做出明确诊断[23]。

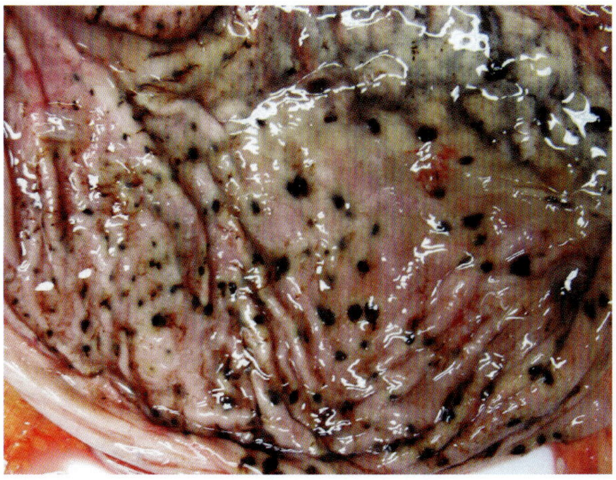

图 17.12 冻死者的胃黏膜特征性表现：弥漫性急性胃糜烂（Wischnewski 斑）

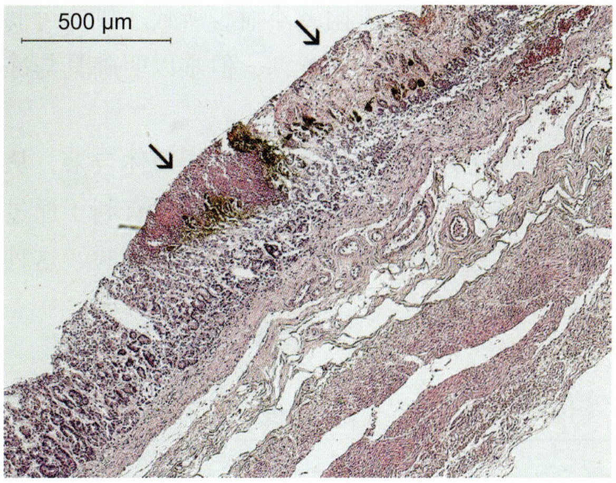

图 17.13 体温过低所致的急性胃糜烂显微结构改变（Wischnewski 斑，苏木精–伊红染色）

肺水肿

虽然肺水肿较为常见，但是患有心力衰竭的死者均会出现肺水肿。因此，肺水肿对冻死几乎没有诊断价值。

血管周围出血

常发生在脑实质特别是第三脑室壁周围，该病理改变也不具有特征性，其在脑血管疾病高发的尸检案例群体中出现率更高。血管周围出血的部分是由冷凝集素所致，从而可引起皮肤水肿、坏死，而冻伤梗死的主要原因仍是外周血管收缩。体温过低状态下许多器官都会出现微梗死，这可能是由冷凝集素阻塞小血管所致。机体可偶发下肢深静脉血栓及肺栓塞，但难以明确其与冻死之间的因果关系。

有研究者认为，低温可以减缓尸体自溶，从而更好地保存各种组织的形态结构，有利于通过组织学检验来诊断冻死，但依作者的经验，这种观点并不确切。

"Hide and die"综合征

有些冻死者会出现反常脱衣行为和躲藏行为的特殊表现[24-27]，以老年人多见，性别上没有明显差异。当尸体被发现时（通常是在家中，但并不绝对），即使环境非常寒冷，死者也呈部分裸露甚至全裸的状态；另外，有些死者会钻到某个角落或橱柜里，还有一些死者会把家具或日用品堆积在身上。实际案件中，房间内可能因此凌乱不堪，当入室勘验的警察在如此杂乱的环境中发现尸体时，第一反应会是谋杀或抢劫。

作者（BK）曾见到老人钻到小橱柜里、衣柜底部、矮架子下面、食品储藏室及户外厕所的角落里，他们被发现时可能藏在从书架抽出的一堆书下面，或是藏在一堆旧衣服、报纸或其他垃圾里。

在这些案例中，体温过低的征象通常都会出现，存在的问题是受害者究竟是由于体温过低引起精神错乱进而导致异常行为，还是由于他们自身衰老或其他脑血管疾病等导致精神失常，引发脱衣等异常行为最终导致冻死。

虽然某些研究老年病的学者认为体温过低几乎总是伴随包括脑血管病变在内的一些自然疾病，然而根据多数法医的经验，尸检中发现这些诱发因素＊的确切病理改变却并不常见。

众多学者对玻璃体液、脑脊液、血液及尿液进行生化分析，试图筛选出用于诊断体温过低的生化标志物，但迄今尚未发现可靠的指标[28-38]。

暴露致死

和婴幼儿、老年人一样，健康成年人也可发生冻死，并且纯环境条件即可引起，不需要极端天气。在很多北方国家，常见的案例就是醉酒之人发生冻死，一般寒冷的环境也可发生，典型的情形是人醉酒后睡在户外或遭遇一些意外，如跌倒致轻度颅脑损伤造成难以行动，致其在户外长时间停留即可发生冻死。酒精除了导致人行动能力丧失或静止不动外，还有一些次要作用，它可以扩张皮肤血管加速热量丢失，如果饮酒严重过量则会直接抑制体温调节中枢。除了饮酒者，其他行业人员也可发生体温过低，如山地徒步旅行者、登山者、帆船比赛选手及其爱好者、游泳者和其他级别的男女运动员都易出现筋疲力尽诱发体温过低。即便在非极端天气的情况下，英国山区每年都有冻死事件发生，在更寒冷或高纬度的地区，人们势必面临更大的冻伤、冻死风险。对于法医而言，这些国家和地区死者出现体温过低的特征表现与英国国内案例类似，但可能出现冻伤以外的附加损伤。

寒冷引发的局部损伤：冻伤

长时间暴露于寒冷的环境可对四肢末端造成不同的损伤，"浸泡足"和"战壕足"是指在寒冷潮湿的环境下造成的损伤，而此处的"冻伤"则指是在0℃以下干燥的环境所造成的损伤。从法医病理学角度，冻死的受害者可出现四肢冻伤，但单纯的四肢冻伤不足以致命，除非发生组织坏死、感染。严重冻伤可能只出现在山地、海难的幸存者或死者中，表现为脚趾的分离脱落或足部残存部分组织。但作者（BK）见过这样的案例：在0℃以下的环境中，一名被忽视的婴儿待在浸满尿液的婴儿床上多日，其由于体温过低和胸部感染而死亡，父母又将其放入装有砖块的

＊ 译者注：此处指诱发体温过低的自然疾病。

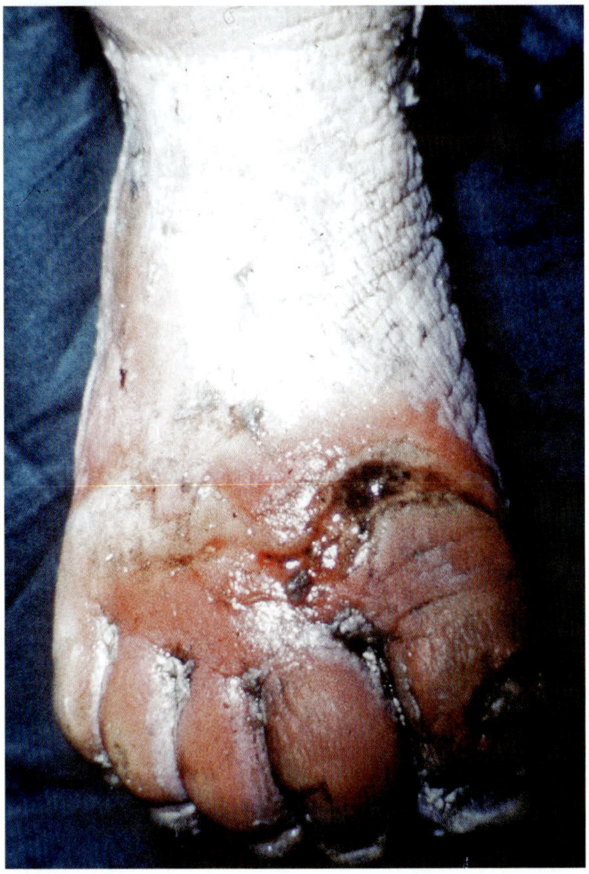

图 17.14 图 17.10 中的婴儿足部冻伤情况：足远端梗死，脱落端与肢体残端之间有一条明显的分界线

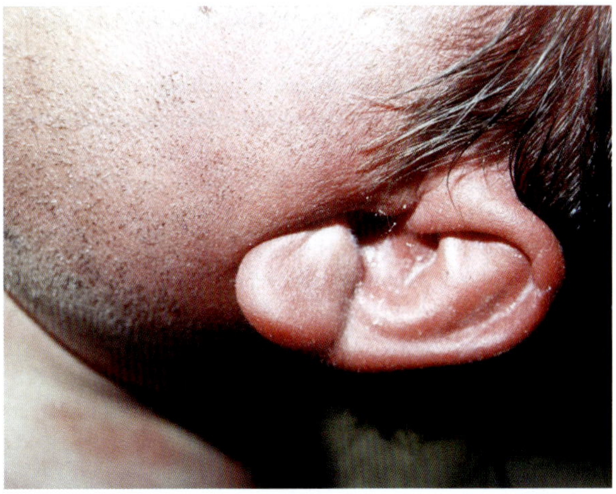

图 17.15 严重醉酒男性左耳郭冻伤：−40℃北极冬天的夜晚，醉酒后回家途中迷路，第二天被发现死亡

编织袋中并抛入水井，打捞出的尸体足部远端已经坏死分离，近端见红色的炎症反应带。冻伤对皮肤及深部组织均可造成不同程度的影响，对于轻度冻伤，组织可以完全修复，但长时间的低温环境导致血管收缩、淤血及血栓形成，进而阻断血供，冻伤组织可发生梗死和坏死（图 17.14，图 17.15）。

（史为博 译）

参考文献

[1] *Children Act 2004 (c. 31)*.

[2] Madea B, Henssge C, Berghaus G. [Child neglect death of an infant by faulty nutrition]. *Arch Kriminol* 1992; 189(1−2): 33−8.

[3] Vock R, *et al.* [Fatal child neglect in West Germany 1 January 1985 to 2 October 1990. Results of a multicenter study]. *Arch Kriminol* 1999; 204(1−2): 12−22.

[4] Vock R, *et al.* [Fatal child neglect in East Germany 1 January 1985 to 2 October 1990. Results of a multicenter study]. *Arch Kriminol* 2000; 205(1−2): 44−52.

[5] Fieguth A, *et al.* Lethal child neglect. *Forensic Sci Int* 2002; 130(1): 8−12.

[6] Emslie-Smith D. Accidental hypothermia; a common condition with a pathognomic electrocardiogram. *Lancet* 1958; 2(7045): 492−5.

[7] Duguid H, Simpson RG, Stowers JM. Accidental hypothermia. *Lancet* 1961; 2(7214): 1213−9.

[8] Famma PG, Paton WB, Bostock MI. Accidental hypothermia in the elderly. *Br Med J* 1964; 2(5419): 1255−8.

[9] Royal College of Physicians of London, C. o. A. H., *Reports*. 1966; p. 36.

[10] Wartofsky L. Myxedema coma. *Endocrinol Metab Clin North Am* 2006; 35(4): 687−98, vii−viii.

[11] Le Marquand HS, Hausmann W, Hemsted EH. Myxoedema as a cause of death; report of two cases. *Br Med J* 1953; 1(4812): 704−6.

[12] Angel JH, Sash L. Hypothermic coma in myxoedema. *Br Med J* 1960; 1(5189): 1855−9.

[13] Kortelainen ML. Drugs and alcohol in hypothermia and hyperthermia related deaths: a retrospective study. *J Forensic Sci* 1987; 32(6): 1704−12.

[14] Laufman H. Profound accidental hypothermia. *JAMA* 1951; 147(13): 1201−12.

[15] Keferstein A. Leichenbefund beim erfrierungstod. *Z f Medicinalb* 1893; 6: 201−8.

[16] Mant AK. Autopsy diagnosis of accidental hypothermia. *J Forensic Med* 1969; 16(4): 126−9.

[17] Gillner E, Waltz H. Zur symptomatik des erfrierens. *Kriminal Forens Wiss* 1971; 5: 179−85.

[18] Hirvonen J. Necropsy findings in fatal hypothermia cases. *Forensic Sci* 1976; 8(2): 155−64.

[19] Madea B, Preuss J, Lignitz E. Unterkühlung. Umstände, morphologische befunde und ihre pathogenese. *Rechtsmed* 2004; 14: 41–59.

[20] Wischnewsky SM. Ein neues kennzeichen des todes durch erfrieren. *Bote Gerichtl Med* 1895; 3: 12–20.

[21] Tsokos M, *et al.* Histological and immunohistochemical study of Wischnewsky spots in fatal hypothermia. *Am J Forensic Med Pathol* 2006; 27(1): 70–4.

[22] Preuss J, *et al.* Wischnewsky's spots in an ectopic stomach. *Forensic Sci Int* 2007; 169(2–3): 220–2.

[23] Preuss J, *et al.* Pancreatic changes in cases of death due to hypothermia. *Forensic Sci Int* 2007; 166(2–3): 194–8.

[24] Wedin B, Vanggaard L, Hirvonen J. 'Paradoxical undressing' in fatal hypothermia. *J Forensic Sci* 1979; 24(3): 543–53.

[25] Carter N, *et al.* Terminal burrowing behaviour – a phenomenon of lethal hypothermia. *Int J Legal Med* 1995; 108(2): 116.

[26] Rothschild MA, Schneider V. 'Terminal burrowing behaviour' – a phenomenon of lethal hypothermia. *Int J Legal Med* 1995; 107(5): 250–6.

[27] Turk EE. Hypothermia. *Forensic Sci Med Pathol* 2010; 6(2): 106–15.

[28] Sadler DW, Pounder DJ. Urinary catecholamines as markers of hypothermia. *Forensic Sci Int* 1995; 76(3): 227–30.

[29] Zhu BL, *et al.* Evaluation of postmortem urea nitrogen, creatinine and uric acid levels in pericardial fluid in forensic autopsy. *Leg Med (Tokyo)* 2005; 7(5): 287–92.

[30] Zhu BL, *et al.* Postmortem serum catecholamine levels in relation to the cause of death. *Forensic Sci Int* 2007; 173(2–3): 122–9.

[31] Maeda H, *et al.* Postmortem serum nitrogen compounds and C-reactive protein levels with special regard to investigation of fatal hyperthermia. *Forensic Sci Med Pathol* 2008; 4(3): 175–80.

[32] Preuss J, *et al.* The expression of heat shock protein 70 in kidneys in cases of death due to hypothermia. *Forensic Sci Int* 2008; 176(2–3): 248–52.

[33] Quan L, *et al.* Postmortem serum erythropoietin levels in establishing the cause of death and survival time at medicolegal autopsy. *Int J Legal Med* 2008; 122(6): 481–7.

[34] Jakubeniene M, *et al.* Post-mortem investigation of calcium content in liver, heart, and skeletal muscle in accidental hypothermia cases. *Forensic Sci Int* 2009; 190(1–3): 87–90.

[35] Yoshida C, et *al.* Postmortem biochemistry and immunohistochemistry of chromogranin A as a stress marker with special regard to fatal hypothermia and hyperthermia. *Int J Legal Med*, 2011; 125(1): 11–20.

[36] Wang Q, *et al.* Combined analyses of creatine kinase MB, cardiac troponin I and myoglobin in pericardial and cerebrospinal fluids to investigate myocardial and skeletal muscle injury in medicolegal autopsy cases. *Leg Med (Tokyo)* 2011; 13(5): 226–32.

[37] Palmiere C, *et al.* Usefulness of postmortem biochemistry in forensic pathology: illustrative case reports. *Leg Med (Tokyo)* 2012; 14(1): 27–35.

[38] Palmiere C, Mangin P. Postmortem chemistry update part I. *Int J Legal Med* 2012; 126(2): 187–98.

第 18 章

性侵相关的死亡

引言

在性侵害案件中，对幸存的受害者进行身体检查是法医的职责。在许多国家，警方会要求法医检查性侵案件中的受害者。对于法医病理学家而言，虽然检查幸存的受害者是件困难且烦琐的任务，超出了他们的业务范畴——但在一些司法体制下，该工作一般仍由法医病理学家负责。

本章将重点讨论性侵害导致死亡的案例，几乎所有都是强奸和他杀案件（图 18.1）。遗憾的是，在非家庭成员之间的他杀案件中，与性犯罪有关的杀人案件比例很大，常见的死亡原因包括女性拒绝发生性行为或者性犯罪动机中就包含蓄意谋杀。最常见的损伤机制是颈部受压、颅脑损伤，其次则是刀刺伤。某些情况下，死亡可直接由与性行为相关的暴力所致，特别是儿童受害者，性侵害会发生骨盆损伤从而直接导致死亡。本章只讨论性犯罪相关的暴力死亡，其他形式的暴力死亡在其他章讨论。

性侵致死案件的尸表检验

与大多数尸检一样，细致的尸表检验与病理组织检验同样重要。在性侵案件中尸表检验甚至更加重要。性侵害案件中，活体或尸体的体表检验比较类似，分为一般体表检验和会阴部检验。在全身体表检验中应仔细检查，寻找与性侵害有关的损伤。

口腔与口唇

在性侵案件中，口唇部发生粗暴的亲吻，会在受害者口唇外侧或内侧黏膜表面形成挫伤，口交性行为可引起软腭黏膜的瘀点性出血[1-3]。口交过程中，口唇可被挤压到牙齿边缘，导致黏膜

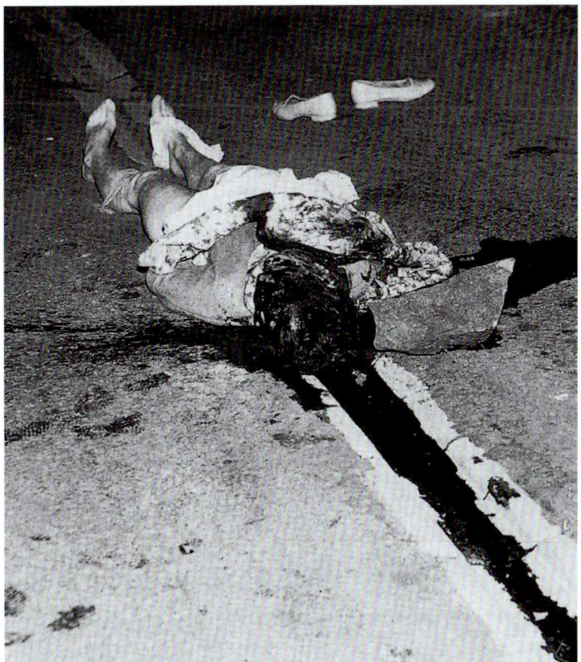

图 18.1　性侵害有时伴随严重暴力损伤，常与虐待有关：本案中，强奸后用排水沟附近的大石头造成死者严重颅脑损伤

表面擦伤、挫伤甚至撕裂创。对于所有的性侵案件，在开始检查前，都应该先取口腔拭子，以寻找口腔内射精的证据。尽管通过口腔拭子直接检出精子的可能性很低，但通过现代分析方法可以检测精液的其他成分或者男性上皮细胞。

咬伤

吮吸或啃咬可导致受害者颈、肩、胸和臀部的擦挫伤，其损伤程度轻重不一，轻微损伤到致残性咬伤都有可能发生。

吸吮性损伤一般为圆形或椭圆形挫伤，损伤区域由许多皮内点状的出血构成，这是由于皮肤被吸吮时，口腔内压力降低造成皮肤小血管破裂，这种吸吮损伤常见于颈部两侧、耳下、肩上、乳房上部和乳头周围。在口唇周围还可见新月形痕迹，其是由牙齿导致的擦伤或印痕。

实际案件中咬伤既可伴有吸吮损伤，也可独立存在。这些特征在第 26 章中有所描述，其主要特征是类似牙弓形状的擦伤或挫伤，并且每个齿痕之间保持间断不连续状。如果在咬合时，牙齿刮擦皮肤，则形成线性咬痕，较深则可形成穿透性撕裂创。在性侵案件中，撕裂性咬伤常见于乳头，可导致乳头和乳晕部分或完全撕脱。

在性侵致人死亡的他杀案件中，很有必要听取法医牙科专家的意见。此类案件都必须对这些损伤进行拍照和测量，如具备条件，还应对发现的所有牙齿凹痕进行拓印，以备日后比对。在对咬伤进行处理之前，应用棉签在损伤表面取样，尽可能获取 DNA 信息（先用无菌蒸馏水湿润的拭子棉签取样，然后再用干棉签取样；应一式两份；取样拭子应干燥保存或在−20℃条件下保存）。

体表擦伤和挫伤

除了颈前、颅脑等部位形成致命性挫伤外，还有一些挫伤可提示性犯罪。胸部由于被反复挤压和搓揉，在任何区域都可出现 1～2 cm 大小的类圆形挫伤，主要是乳头周围，且由指甲形成的线状擦伤也很常见。大腿和臀部也常见挫伤，这一般是性侵过程中强烈挣扎所造成，大腿外侧和内侧都可见擦伤和挫伤，其中典型的区域是大腿上段内侧，一般是由嫌疑人用手暴力分开被害者的双腿而造成的。嫌疑人有肛交或后位阴交意图时，用手掰开臀裂可造成肛门周围的挫伤（图 18.5）。

如果性侵发生在坚硬或粗糙的平面，受害者背部可出现擦伤和挫伤，尤其是肩部和臀部（图 18.2，图 18.3）。如果是在室外，体表可见石头或树枝留下的印痕及残留的植物，如树叶、草和绿色污渍，常附有泥土或灰尘。虽然衣着检查通常是由法庭科学专家（“犯罪学家”）所负责，但法医现场检查尸体时，自然也会注意到衣物的破损、杂乱并附着异物。

其他损伤

与其他暴力犯罪案件一样，在性犯罪案件中也应认真检查受害者的手部。挣扎反抗中指甲可出现折断，尤其见于较长且修剪整齐的年轻女性指甲，指甲碎片中偶而会有来自嫌疑人的毛发及其所穿衣物的纤维。尸检时，应将指甲剪至与手指甲床交接的游离缘处，并仔细收集所有的指甲碎片，供法医实验室检验。虽然从每根手指上收集的样本没有必要分别包装，但须将左、右手收集样本分别包装。一些法医病理学家或科学官员喜欢用带尖的小棍或牙签刮下并收集甲缝内的所

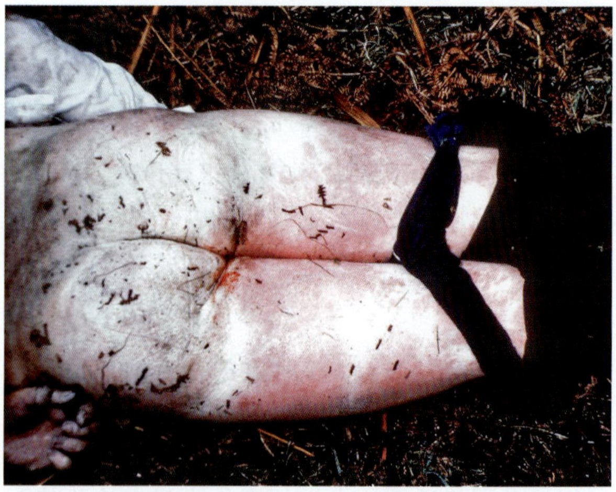

图 18.2　强奸致死案例中，法医病理学专家必须在现场或停尸房记录衣服的位置和状况以及皮肤上是否有异物。在收集微量物证时，与犯罪现场工作人员或法庭科学专家充分合作至关重要

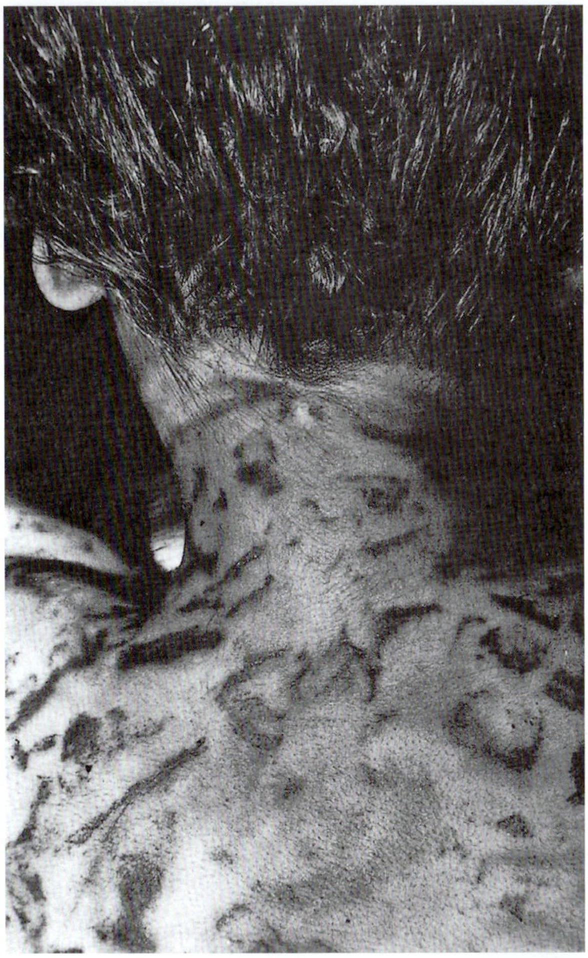

图 18.3　强奸受害者背部由灌木和地面碎片造成的多处浅表擦伤：这表明赤裸的身体被按压在地面上，颈部见一条有交叉点的勒痕

有碎屑，这样做是因为性犯罪受害者在挣扎过程中很可能抓挠行凶者，从而在甲缝中留下行凶者的血迹或皮屑，这些物证中的 DNA 信息可用于识别犯罪嫌疑人。

在其他类型的犯罪中，颅脑损伤和窒息征象比较常见。但在性犯罪案件中，一些致命性的创伤也可以提示性犯罪，尤其是锐器伤，施虐性切割或刺捅通常发生于有明显性特征的部位，如胸部、臀部、会阴及下腹部，外阴可能被毁损，形成的损伤可是切创或较深的刺创，常呈多个，甚至大量出现，以一定的特征分布或者具有明显的毁坏性，如切除整个乳房（图 18.4，图 18.6）。

凶手有时会实施斩首，有时会将器官放置在尸体附近的特定位置作为一种仪式。1888 年，伦敦发生的臭名昭著的“开膛手杰克”谋杀案

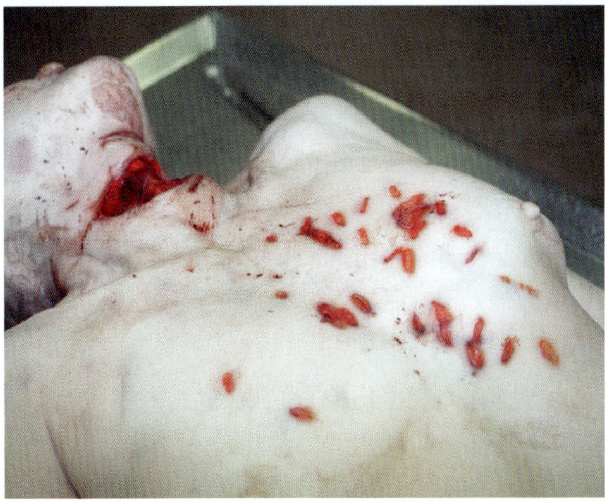

图 18.4　一些他杀案件虽然没有发生性交行为，但损伤也带有明显的性暗示：图中刺创大多集中在乳房

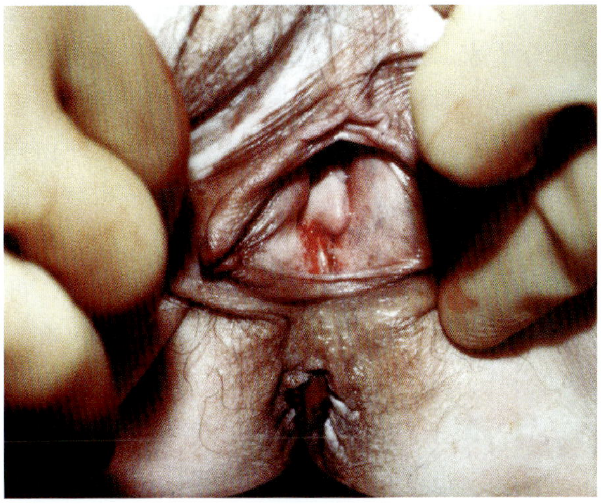

图 18.5　一名被性侵后因颅脑损伤死亡的老年女性：阴道下壁新鲜出血和黏膜擦伤

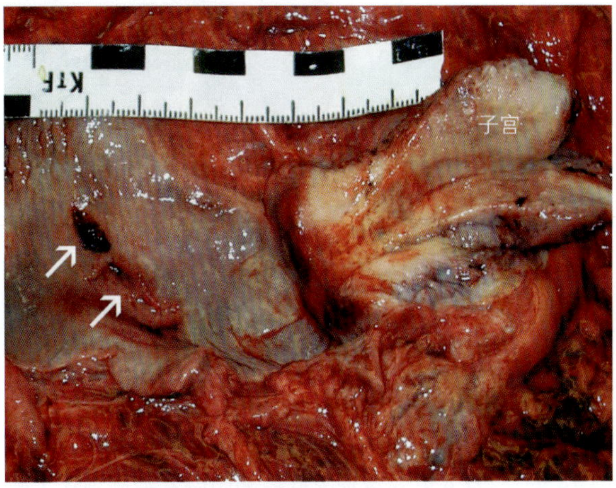

图 18.6　一名他杀案受害者的阴道壁见数个刺创（箭头）

（‘Jack the Ripper’ murders），凶手把取出的内脏器官排列展示。这种毁尸方式是一些性虐待杀人案的另一个特征[4]。还有通过腹部创口或用手经过阴道取出小肠或子宫的情形。其他体表损伤也可与生殖器创伤相连续，如分布在腹部和会阴部的刀伤或玻璃碎片伤。

生殖器官损伤

在所有体表损伤检查结束之后，法医应注意检查会阴部。与性犯罪的临床检查一样，尸检也应遵循一套标准的流程，因为不当的检验程序可导致有价值的法医学证据遗失。

外阴和肛门的外部检查，应注意有无裂创、肿胀、挫伤、出血、分泌物等（图 18.7）。尸体或服饰上任何位置的血迹或可疑精斑都应由法医病理学专家、法庭科学专家或犯罪现场警员进行采样。应注意检查阴毛内是否有异物、毛发、植物和干燥的精斑，并采集阴毛和阴毛梳理物样本；可用一个细梳子梳理阴毛，并在梳齿基底部裹上棉花，以收集松散的纤维。阴毛上的干燥精斑可剪掉取样，并将其置于干净的折叠纸中，再放入信封或塑料袋送往实验室。外阴阴唇可有明显的损伤，常见于儿童受害者。在施以严重暴力的强奸案中，年轻受害者常见会阴撕裂的征象，表现为阴道口或肛门边缘撕裂，有时甚至会导致阴道至肛门间组织的完全撕裂（图 18.8～图 18.14）。

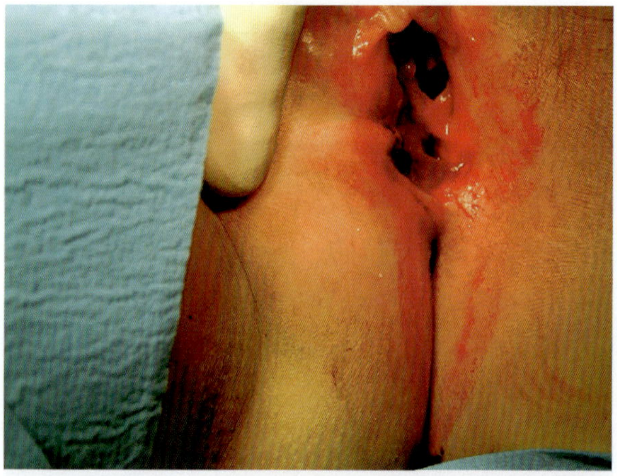

图 18.7　一名 8 岁女孩被强奸后的阴唇系带撕裂伤（图片来自 *Abuso e violenza sessuale*, Cattaneo C, et al., 2006）

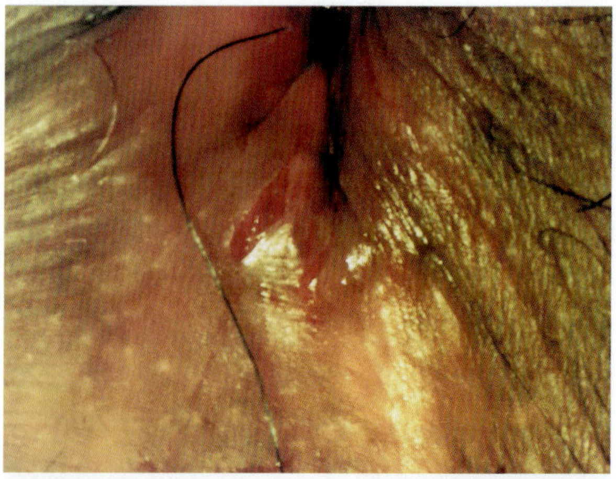

图 18.8　一名年轻女子两处肛门裂伤：她声称前一天被性虐待过（图片来自 *Abuso e violenza sessuale*, Cattaneo C, et al., 2006）

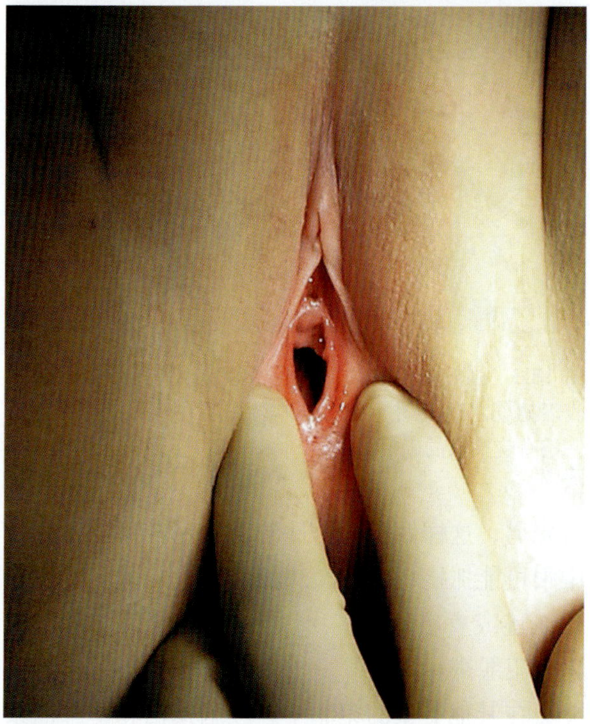

图 18.9　一名幸存的 8 岁女孩的外生殖器：她被附近居住的一名成年人反复性虐待；缺乏完整的处女膜，阴道口发红且大于正常尺寸，皮肤增厚，肛周溃疡（未显示），这些都是虐待所致

在解释尸体肛门扩张程度时必须谨慎，因为肛门括约肌松弛张开是一种正常的死后变化。无论是成人还是儿童，除非肛门扩张非常明显，否则在没有擦伤、挫伤或精液的情况下，肛门扩张很难作为认定肛交的证据。事实上，死后肛门扩张在儿童更为明显。

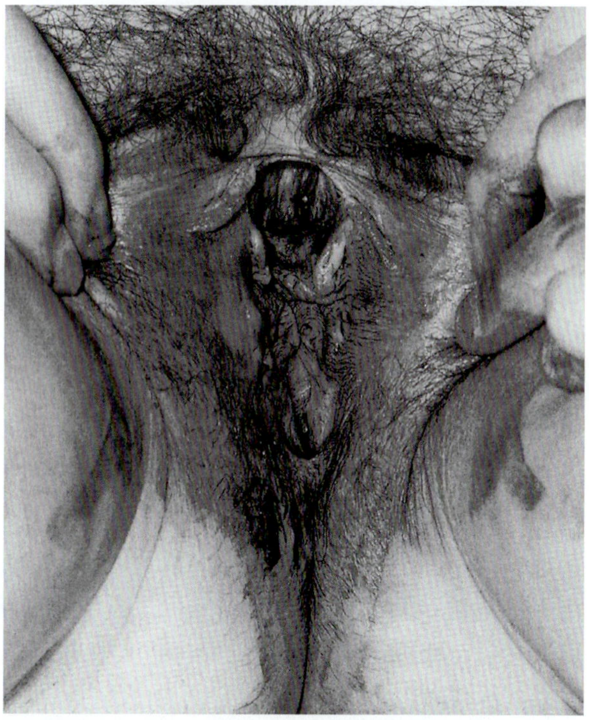

图 18.10 一起致命强奸案中阴道内壁撕裂致大量出血：血液淤积在阴道后部，此时须进行全面尸体解剖，将会阴与阴道一并取出，以显露每一处损伤，并排除自然疾病所导致的出血

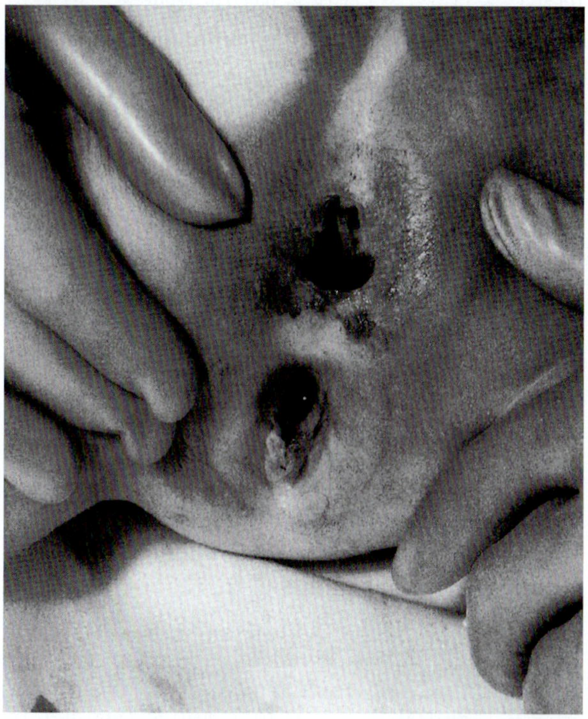

图 18.11 一名遭受强奸和肛交，最后被扼死的小女孩：外阴后部见轻微的撕裂，阴道内见一个大的裂创，阴道内充满血液；肛门广泛撕裂，尤其是在后侧；阴道和肛门拭子均检出精液成分

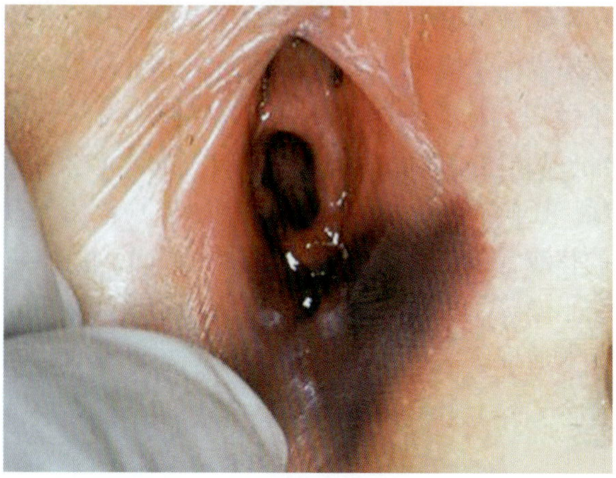

图 18.12 一名 6 岁女孩外生殖器（尿道舟状窝）挫伤（图片来自 *Abuso e violenza sessuale*, Cattaneo C, et al. 2006）

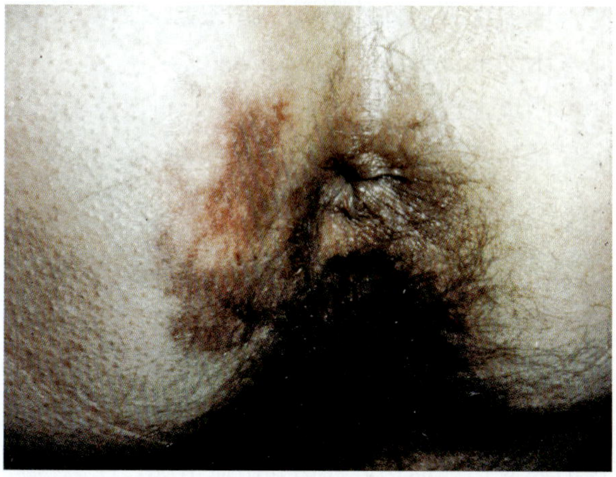

图 18.13 一例存在肛交和阴交的轮奸案中，手指造成肛门和外阴周围大面积挫伤；虽然短时间内被多名男性侵入，但肛门并未见损伤

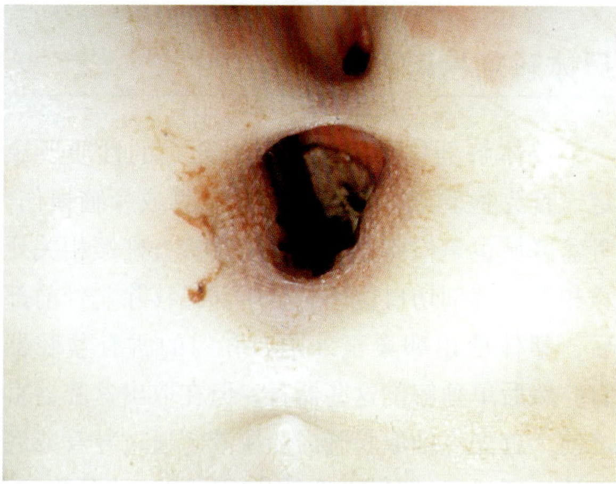

图 18.14 一名被迫肛交女孩的肛门：肛门括约肌过度扩张，肛门边缘见轻微撕裂，皮肤表面因摩擦而出现表皮赘生物。然而，死者此种程度的肛门扩张不应直接认定为肛交，因为在非肛交的情况下，死后肛门也可出现扩张

完成体表检查和评估后，应采集样本进行法医物证学检测，以确定是否存在精液和是否感染性病，并进行DNA分型，这些检验可区分精液、阴道分泌物或避孕套中的有机物或化学附着物。任何从外阴或肛门流出的液体，应该用干净的移液管收集后保存在容量最小的试管内，以防止干燥蒸发；然后用棉签（确保用于精液检测的是普通棉签，不能使用含有白蛋白或其他介质的棉签）轻轻触碰黏膜表面，一式两份取以下部位样本：

- 外阴阴唇内侧和阴道口周围。
- 肛周和肛门内部。
- 阴道中部，分开阴道下段内壁，使拭子到达未受来自阴道下段污染的区域。
- 阴道上段，子宫颈和后穹窿，再次使用铲式器械打开阴道，伸入拭子棉签取样。如果发现上段阴道内较多液体，应用移液管收集这些液体。

取样后，应检查肛门、外阴和阴道的内部，须尽可能检查到从体外所见的最深处，虽然在解剖时可以观察得更详细，但此时仍要评估这些部位的撕裂伤、擦伤、挫伤和出血情况，注意检查处女膜的情况及近期撕裂的迹象。损伤特别严重时，尤其对于儿童，阴道与直肠之间甚至与腹腔都可形成瘘管，并可伴有肠管疝。

尸体解剖检验

尸体解剖检验的顺序可由死亡的性质所决定，首先检验致命性损伤，如窒息或颅脑损伤，骨盆区域也是检验重点，与前述检查妊娠相关死亡相似，解剖切口应环绕会阴部，移除盆骨前部后，整体取出卵巢至外阴、肛门的所有盆腔器官，然后单独解剖这些器官。但在取出盆腔器官之前，首先应抽取膀胱内的尿液（通过导管或底部的小切口），留作毒理学分析样本，涉及饮酒、使用毒品后发生的性犯罪案件中，尿液中常检出酒精和毒品[5-7]。

阴道应该用大剪刀打开，切口位置的选择取决于尸表检验时肉眼发现的损伤部位，如果外阴或阴道有撕裂或挫伤，切口应尽量避开损伤部位，剖开阴道至后穹窿。肛门也以类似方式处理，仔细检查所有损伤并拍照。子宫颈和子宫也用同样的方法检查。

损伤可以是各种类型，从单纯的发红、肿胀至阴道完全撕裂，后者常发生在对较小儿童进行野蛮性侵的案件，特别是成人阴茎与婴儿阴道之间明显比例不相称时。当然，损伤也可由工具所形成，因为蓄意切割的创口并不罕见。作者（BK）见过一名被谋杀的妓女，其腹部刀伤穿过耻骨进入阴道；在另一起强奸谋杀案中，在阴道深部发现了一个破碎的牛奶瓶，这对检查人员有潜在的危险。阴道损伤（特别是由工具形成时）可通过后穹窿或阴道侧壁向上穿透进入腹腔，应在取出盆腔器官之前通过腹部解剖切口进行检查。

局部损伤的描述及评判

与临床法医实践一样，在严重性侵害案件中易对损伤进行描述。而在因损伤或其他原因所致的死亡案件中，若性侵害损伤证据很少，但案情调查提示发生一定性侵害或性行为时，对损伤的评判就变得困难。

通常认为性侵害总是伴随躯体损伤。Sugar等调查了819名年龄在15岁及15岁以上（平均年龄29.3岁）的女性，她们主要是在侵害后72 h内，以受到性侵害为主诉就诊。其中52%受害者可见擦伤和挫伤等常见的损伤类型，严重的损伤并不常见，只有少数患者可见明显的生殖器-肛门损伤（图18.15）[8]。

除非办案法医在调查性虐待案件方面受过训练并有实践经验，否则在解释调查结果时最好咨询相关专家。特别是对于可表明儿童遭受性虐待的征象，近年来对其命名和分类进行了改写与更新[9, 10]。检验者必须能够识别和分辨非特异的先天性解剖变异，如处女膜后缘的深切迹或裂口，须将其与性虐待有关的征象（如已愈合的处女膜裂创）区分开来。

Kellogg等对36名妊娠青年的生殖器官进行解剖发现，56%青年（N=22）妊娠是性虐待的结

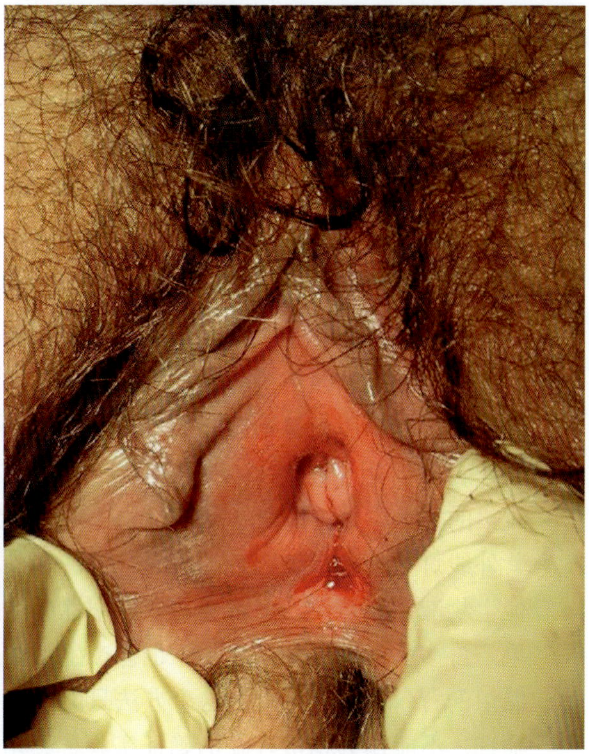

图 18.15 阴道前庭窝（舟状窝）因手指和阴茎插入造成新鲜撕裂伤伴出血

果。解剖结果表明，大多数生殖器官（82%）表现为正常，11% 疑似损伤，只有 2 例为阴茎插入性损伤。对此得出的结论是，阴茎插入未造成明显组织损伤或是急性损伤已经完全愈合[11]。

在这类案件中，需要结合尸检和辅助调查的最终结果回答下列问题：

- 是否有证据表明既往任何时间曾发生性行为？要注意，处女膜完整是否表示没有发生过性行为？处女膜完整并不能排除没有插入的性行为，理论上讲，龟头与阴唇之间接触可被认定为强奸，而这并不影响处女膜的完整性。妊娠的证据，如腹部妊娠纹、子宫颈陈旧性损伤和乳房变化，是明确曾发生性行为无可辩驳的证据。
- 是否存在近期发生性行为的证据？新鲜的处女膜撕裂、肿胀以及未上皮化的边缘、出血均可表明近期发生性行为，但这些表现在儿童和年轻女性之外的群体中相对少见。如果是初次性行为，或者是成年男性和未成年之间发生的性行为，即使是自愿发生，阴唇也可会发红，阴道口也可见轻微水肿、发炎。拭子上的精液是最好的证据，但使用避孕套时可没有精液，此时可用棉签采集避孕套的附着物。关于这些附着物的可检测性和阳性发现率，虽然文献报道并不一致，但由于这可能是表明发生性行为的唯一证据，仍值得仔细检验[12-18]。

  输精管绝育术后，虽然没有精子，但精液的化学和酶测试仍呈阳性结果。性病或一般的性传播疾病，如衣原体感染、尖锐湿疣、淋病，则是性交的推定证据，因为除了强奸案中阴茎插入引起感染之外，也可有其他感染途径。
- 如果最近发生过性交，是强行的吗？在严重受伤的情况下，尤其是发生在幼儿，这一问题比较容易做出判断，如发生阴道或直肠撕裂，或者外阴、肛门边缘、会阴有明显擦伤、挫伤或撕裂，很难用自愿性交行为解释，当无法获取精液时，必须考虑非阴茎插入的可能性，因为手指或工具也可造成同样严重的伤害（图 18.16，图 18.17）。各种

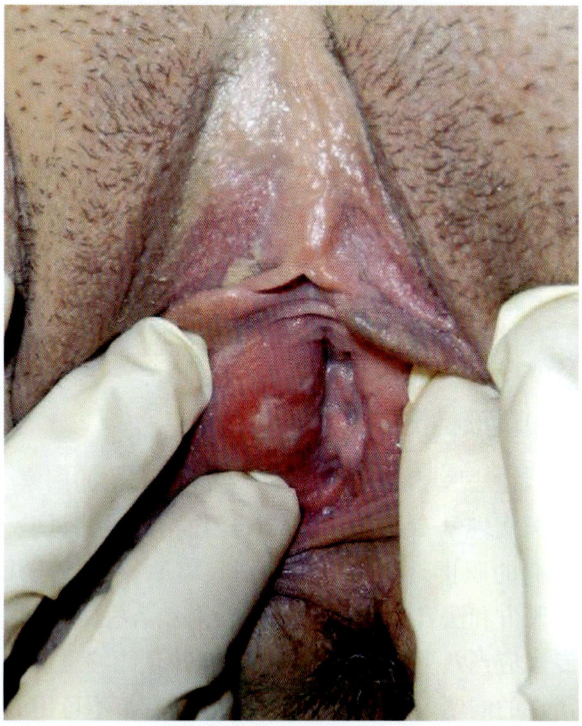

图 18.16 受到手指性侵害 3 天后，右侧小阴唇内侧见擦伤

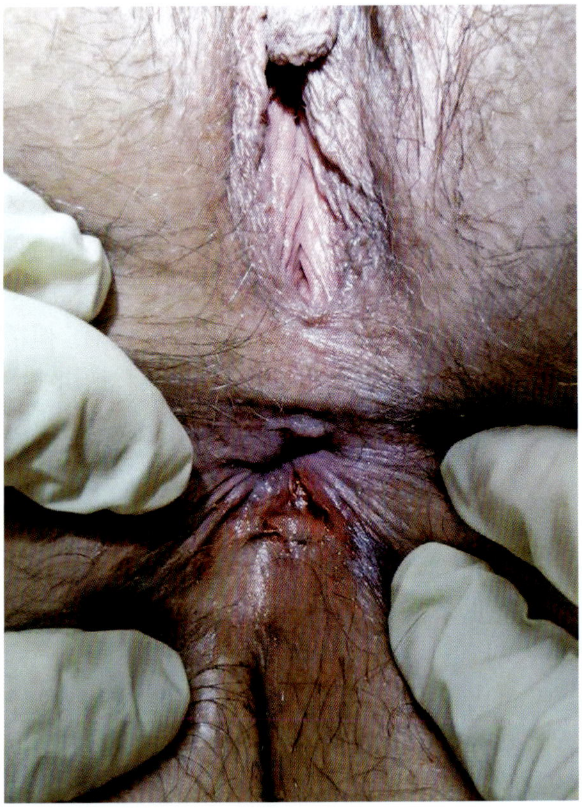

图 18.17　手指性侵导致的肛周后方见新鲜撕裂伤

各样的异物都可以被强行插入阴道和直肠，并且经常被虐待狂和变态杀手使用。作者（BK）曾报道过蜡烛、瓶子、香蕉、碎玻璃和刀子插入阴道，扫帚柄和土豆塞入直肠的案例。

在一项回顾性研究中，对 500 例阴茎-阴道强奸案（每个案件中只有 1 名嫌疑人）进行统计发现，大多数（77%）受害者未检出任何生殖器损伤[19]。因此，生殖器或机体没有任何钝器伤并不能排除强奸。

精液检测

在法医学或者警方实验室配备完善的国家，法医病理学专家不需要亲自操作精液检测试验，他们的职责是在尸检时仔细收集原始样本，并为警方和法官解读检测报告。因此，法医病理学专家应当熟悉检测的一般原则，并且能够意识到潜在的问题。在法医学设施不足或者暂不可用的地方，法医病理学专家则需要进行简单的精液检测。精液检测主要使用以下方法：

- 肉眼和镜下识别是一种筛查方法，能够识别衣服、皮肤和阴毛上的可疑污渍。精液液体从阴道或者肛门溢出容易被看到，然而白带等阴道分泌物也可被误认为精液。干燥的精液斑变硬，呈现亮银色，并受其附着织物的性质和颜色影响。皮肤上的干燥精斑容易脱落，应认真用刀片或针提取后放入容器，否则容易丢失。附着于毛发的干燥精斑应通过剪断其所依附的发束进行提取。收集可疑的皮肤斑块时，用无菌水湿润棉签并轻轻擦拭斑块，然后用干棉签重复该操作[20]。所有收集的样本应尽快检测。
- 紫外线灯下精斑呈蓝银色的荧光，但许多其他生物液体及蔬菜汁液都会造成假阳性的结果。许多去污剂，如洗衣粉，也会产生可被混淆的背景荧光。因此，这个方法只能用于筛选，不能作为精液存在的确证实验。荧光区域，特别是织物上的荧光区域，应该勾勒标记，以便进行更特异的检测。Gibelli 等发现，相较于光学显微镜，使用扫描电子显微镜能够检测到附着于晚期腐败尸体上的精子[21]。
- 酶反应试验仍具有价值，分析结果虽然不是精液存在的绝对证据，但却是强有力的推定证据。试验原理是检测源于前列腺分泌物的高浓度酸性磷酸酶，精液中酸性磷酸酶的活性是其他任何正常体液的 500～1 000 倍。但是，阴道分泌液含有内源性酸性磷酸酶，且其活性受多种因素影响，这使得对酶反应试验结果的解释变得较复杂。目前有多种检测磷酸酶的方法，包括商业化的“斑点”快速测试法，但都不应作为精液确证方法。
- 免疫学检测方法，即针对精斑提取物制备动物抗人精液血清，应由受过培训的实验室人员实施试验操作。前列腺特异性抗原（prostate specific antigen，PSA）是一种由前列腺细胞分泌产生的糖蛋白，存在于精浆、男性尿液和血液中，而女性身体的任何组织或体液均不存在前列腺特异性抗原。无论是否存在精子或酸性磷酸酶水平是否升高，前列腺特异性抗原阳性都是精液的标

志，目前已建立简单、灵敏的方法来检测前列腺特异性抗原。然而，Lunetta 和 Sippel 认为，当采用前列腺特异性抗原膜检测尸检时收集的男性直肠样本时，可能会产生假阳性结果。他们的测试结果显示，39 例男性尸体中有 64% 前列腺特异性抗原测试呈阳性，但 Y-STR 复合扩增分析证实除了受试者自身的 DNA 之外，没有其他个体来源的 DNA；与 19 例新鲜尸体相比，20 例晚期腐败尸体的前列腺特异性抗原假阳性率更高（58% vs .70%）[22]。另一组蛋白质——精胶蛋白（semenogelin，SG）由睾丸组织表达，也被用于制备免疫测定试剂盒以识别精液，精胶蛋白也可能在某些人类恶性肿瘤（如前列腺癌）中发挥作用[23]。据报道，精胶蛋白在小细胞肺癌（small cell lung carcinoma，SCLC）和少数非小细胞肺癌（non-small cell lung carcinoma，NSCLC）中存在异位表达，有人认为该标记蛋白在患癌个体中的异位表达可能存在潜在的法医鉴定风险[24]。

- DNA 提取和分析是法医生物学专家必须掌握的标准分析技术；该技术在性犯罪案件的应用中已取得显著进步，因为之前精液和阴道分泌物混合后的血型和酶型分析中存在的问题，现在在许多情况下已得到解决。聚合酶链反应等扩增技术也极大地提高了检测和识别的灵敏度。Y-STR 标记已被成功用于分析含有男性成分的混合斑痕[25]。
- 直到最近几年，从斑痕提取物中检出精子仍是法院唯一接受的精液确证证据，尽管 DNA 鉴定现在也同样可靠，但检出精子仍然是最佳证据。采用检出精子作为证据当前面临的一个问题就是，输精管绝育术作为一种男性避孕方法日渐普及，手术病例不断增加，使得精液中不再含有精子，这种情况也存在于患无精症的男性。但是，输精管绝育术不会影响磷酸酶和某些血清学试验。荧光原位杂交（fluorescence *in situ* hybridization，FISH）被认为是一种检测男性上皮细胞的灵敏、特异的方法，性交后长达 1 周时间阴道检查仍为阳性[26, 27]。甚至在没有射精的情况下，阴道拭子中也可发现 Y 染色体阳性的上皮细胞。
- 最近，作为一种小的非蛋白质编码核糖核酸，miRNA 被报道以组织特异性的方式表达，并可能在未来为法医检验工作提供体液鉴定的替代方法[28, 29]。

同性性侵

与异性性侵一样，同性性侵的致命案件中，死亡原因几乎都是一些常见损伤，如扼死、颅脑损伤。然而，同性性侵的重要性并不亚于异性性侵。事实上，法医所遇到的一些最暴力的谋杀常发生在男性同性恋案件中[30-33]。此外，部分死亡案件是由于异性恋男性被同性恋者强求时发生的异常暴力事件。

法医应高度关注受害者的肛门区域，毕竟另一方或性侵者很少发生死亡，检查应由法医或临床医生执行。检查受害者应遵循强奸案中检查女性受害者的原则，首先要检查常见的损伤，包括致命伤，以及任何具有性犯罪意图的提示性损伤，如身体任何地方的划痕，特别是背部、臀部或大腿的划痕；肛门周围和臀裂处的挫伤也具有明显的性提示特征，尤其是在发现手指形成的椭圆形挫伤时。肛门应仔细检查，并留意前述的关于肛门扩张程度的提醒，尽管儿童肛门扩张表现最为明显，但任何成年人死后都可出现肛门扩张，不能单独将其作为认定同性性侵的征象。在近期或强制性肛交中，尤其是较大阴茎与“处女”* 或年轻人进行肛交时，肛门边缘变红，有时擦伤，有时撕裂，儿童表现更为明显。低位直肠黏膜可通过括约肌而外翻出肛门。在粗暴的肛交强奸案例中，尤其是对于年轻人，甚至可能会有严重的会阴撕裂。尸检拭子棉签取样时，必须从肛门边缘

* 译者注：此处指的是首次被动肛交者。

开始，再深入肛门和直肠；还应同时提取口腔拭子；并应检查是否存在血液或润滑剂。

长期以来教科书中一直有关于长期被动同性恋的经典描述，但实践中却很罕见。所谓的“漏斗肛门”通常是一种解剖学变异，一些男性和女性的臀部在解剖结构上有一个深陷的肛门，有时背部还有一个横跨臀裂的皮肤桥，这使得肛门看起来像在漏斗的底部，但这些改变并没有实际意义。另一个经典特征据说是肛周和外围皮肤呈银色增厚——但这通常是由于长期瘙痒引起的抓挠所致，而不是同性恋性行为长时间摩擦的结果。对于有经验的临床医生来说，松弛的肛门、脱垂的肛门边缘黏膜和增厚的肛周皮肤是同性恋的确切体征，但在尸检中，只有急性损伤、存在精液或润滑剂才具有重要的证据价值。

（刘茜　译）

参考文献

[1] Schlesinger SL, Borbotsina J, O'Neill L. Petechial hemorrhages of the soft palate secondary to fellatio. *Oral Surg Oral Med Oral Pathol* 1975; 40(3): 376–8.

[2] Worsaae N, Wanscher B. Oral injury caused by fellatio. *Acta Derm Venereol* 1978; 58(2): 187–8.

[3] Terezhalmy GT, Riley CK, Moore WS. Oral lesions secondary to fellatio. *Quintessence Int* 2000; 31(5): 361.

[4] Eckert WG. The Whitechapel murders: the case of Jack the Ripper. *Am J Forensic Med Pathol* 1981; 2(1): 53–60.

[5] Jones AW, Holmgren A, Ahlner J. Toxicological analysis of blood and urine samples from female victims of alleged sexual assault. *Clin Toxicol (Phila)* 2012; 50(7): 555–61.

[6] Dinis-Oliveira RJ, Magalhaes T. Forensic toxicology in drugfacilitated sexual assault. *Toxicol Mech Methods* 2013; 23(7): 471–8.

[7] Hagemann CT, *et al.* Ethanol and drug findings in women consulting a Sexual Assault Center – associations with clinical characteristics and suspicions of drug-facilitated sexual assault. *J Forensic Leg Med* 2013; 20(6): 777–84.

[8] Sugar NF, Fine DN, Eckert LO. Physical injury after sexual assault: findings of a large case series. *Am J Obstet Gynecol* 2004; 190(1): 71–6.

[9] Adams JA. Medical evaluation of suspected child sexual abuse. *J Pediatr Adolesc Gynecol* 2004; 17(3): 191–7.

[10] Adams JA. Guidelines for medical care of children evaluated for suspected sexual abuse: an update for 2008. *Curr Opin Obstet Gynecol* 2008; 20(5): 435–41.

[11] Kellogg ND, Menard SW, Santos A. Genital anatomy in pregnant adolescents: 'normal' does not mean 'nothing happened'. *Pediatrics* 2004; 113(1 Pt 1): e67–9.

[12] Maynard P, *et al.* A protocol for the forensic analysis of condom and personal lubricants found in sexual assault cases. *Forensic Sci Int* 2001; 124(2–3): 140–56.

[13] Burger F, *et al.* Forensic analysis of condom and personal lubricants by capillary electrophoresis. *Talanta* 2005; 67(2): 368–76.

[14] Campbell GP, Gordon AL. Analysis of condom lubricants for forensic casework. *J Forensic Sci* 2007; 52(3): 630–42.

[15] Coyle T, Anwar N. A novel approach to condom lubricant analysis: *in-situ* analysis of swabs by FT-Raman spectroscopy and its effects on DNA analysis. *Sci Justice* 2009; 49(1): 32–40.

[16] Bradshaw R, *et al.* A novel matrix-assisted laser desorption/ionisation mass spectrometry imaging based methodology for the identification of sexual assault suspects. *Rapid Commun Mass Spectrom* 2011; 25(3): 415–22.

[17] Spencer SE, *et al.* Matrix-assisted laser desorption/ionization time-of-flight mass spectrometry profiling of trace constituents of condom lubricants in the presence of biological fluids. *Forensic Sci Int* 2011; 207(1–3): 19–26.

[18] Musah RA, *et al.* Direct analysis in real time mass spectrometry for analysis of sexual assault evidence. *Rapid Commun Mass Spectrom* 2012; 26(9): 1039–46.

[19] McLean I, *et al.* Female genital injuries resulting from consensual and non-consensual vaginal intercourse. *Forensic Sci Int* 2011; 204(1–3): 27–33.

[20] Sweet D, *et al.* An improved method to recover saliva from human skin: the double swab technique. *J Forensic Sci* 1997; 42(2): 320–2.

[21] Gibelli D, *et al.* Persistence of spermatozoa on decomposing human skin: a scanning electron microscopy study. *Int J Legal Med* 2013; 127(5): 975–9.

[22] Lunetta P, Sippel H. Positive prostate-specific antigen (PSA) reaction in post-mortem rectal swabs: a cautionary note. *J Forensic Leg Med* 2009; 16(7): 397–9.

[23] Canacci AM, *et al.* Expression of semenogelins I and II and its prognostic significance in human prostate cancer. *Prostate* 2011; 71(10): 1108–14.

[24] Berti A, *et al.* Expression of seminal vesicle-specific antigen in serum of lung tumor patients. *J Forensic Sci* 2005; 50(5): 1114–5.

[25] Sibille I, *et al.* Y-STR DNA amplification as biological evidence in sexually assaulted female victims with no cytological detection of spermatozoa. *Forensic Sci Int* 2002; 125(2–3): 212–6.

[26] Collins KA, *et al*. Identification of sperm and non-sperm male cells in cervicovaginal smears using fluorescence *in situ* hybridization: applications in alleged sexual assault cases. *J Forensic Sci* 1994; 39(6): 1347–55.
[27] Vandewoestyne M, *et al*. Suspension fluorescence *in situ* hybridization (S-FISH) combined with automatic detection and laser microdissection for STR profiling of male cells in male/female mixtures. *Int J Legal Med* 2009; 123(5): 441–7.
[28] Hanson EK, Lubenow H, Ballantyne J. *Identification of forensically relevant body fluids using a panel of differentially expressed microRNAs.* Anal Biochem, 2009; 387(2): 303–14.
[29] Zubakov D, *et al*. MicroRNA markers for forensic body fluid identification obtained from microarray screening and quantitative RT-PCR confirmation. *Int J Legal Med* 2010; 124(3): 217–26.
[30] Bell MD, Vila RI. Homicide in homosexual victims: a study of 67 cases from the Broward County, Florida, Medical Examiner's office (1982–1992), with special emphasis on 'overkill'. *Am J Forensic Med Pathol* 1996; 17(1): 65–9.
[31] Taff ML, Boglioli LK. Gay homicides and 'overkill'. *Am J Forensic Med Pathol* 1996; 17(4): 350–2.
[32] Taff ML, Boglioli LK. Gay homicides and 'overkill'. *Am J Forensic Med Pathol* 1997; 18(4): 411–3.
[33] Granados JA, Delgado G. Mortality by homicide in homosexuals: characterization of the cases registered in Mexico between 1995 and 2000. *Am J Forensic Med Pathol* 2008; 29(1): 43–8.

第 19 章

妊娠相关死亡

孕产妇死亡

妊娠相关死亡（涉及非法堕胎除外）虽然通常不涉及法医学问题，但它是世界范围内的重要健康问题。可喜的是，妊娠相关死亡人数呈逐年下降的趋势，从 2005 年的 53.6 万减少至 2013 年的 28.9 万。由于医疗证明中出具的死亡原因存在很大差异，确定孕产妇死亡的真实例数存在一定困难。即使是在发达国家，也可能需要进行专门调查才能得到真实的数据[1-2]。

在英国，对孕产妇持续高死亡率的担忧成为 20 世纪 20～30 年代苏格兰、英格兰和威尔士的首要地方问题。从 1952 年起，英国卫生部一直在全国范围内开展"孕产妇死亡可信性调查"项目，目前该调查由母婴咨询中心（Centre for Maternal and Child Enquiries，CMACE）牵头进行，每隔 3 年发布一次有价值的报告，帮助厘清孕产妇死亡临床和病理方面的问题。最近在乌克兰进行的一项类似调查确定了 261 例孕产妇死亡，而该国常规登记系统报告的死亡人数仅为 155 例[3]。

在 1992 年《疾病和相关健康问题的国际统计分类（第十次修订版）》（ICD-10）中，世界卫生组织将孕产妇死亡定义为，处于妊娠期或终止妊娠 42 天内的死亡，但不包括意外或偶然的原因；死因不考虑妊娠时限和地点，包括与妊娠直接相关或因妊娠及其管理而加重的任何其他原因。ICD-10 中还给出了另一个替代性概念"妊娠相关性死亡"，即在妊娠、分娩或产后一段时间内，因某种包括意外或偶然在内的原因导致的产妇死亡。孕产妇死亡的定义见表 19.1。

表 19.1 孕产妇死亡的定义

孕产妇死亡 *	处于妊娠期或妊娠终止后 42 天内的妇女死亡；与妊娠 ** 直接相关或因妊娠及其管理而加重的任何其他原因（不包括意外或偶然原因）导致的女性死亡
直接 *	死于妊娠期（妊娠、分娩和产褥期）的产科并发症和相关的干预、遗漏、不正确的治疗措施及由此导致的一系列事件
间接 *	妊娠前已患疾病、妊娠期间出现的疾病导致的死亡，上述疾病不是由产科原因直接导致的，而是因妊娠的生理影响而加重
晚期 ***	因直接或间接孕产妇原因导致的流产、流产或分娩后 42 天至 1 年死亡
意外（巧合）	死于与妊娠无关的原因，但恰好发生在妊娠期或产褥期
妊娠相关死亡 ***	发生在妊娠期间或终止妊娠 42 天内的妇女死亡，不论何种死亡原因

注：* 来自 ICD-9。
** 本术语包括分娩、异位妊娠、流产或终止妊娠。
*** 来自 ICD-10。

法医病理学对妊娠的关注点主要有两方面：一方面是疾病的发生发展导致的意外猝死，如血栓栓塞、蛛网膜下腔出血、癫痫或哮喘，以及上述疾病出现的并发症；另一方面是偶合的暴力死亡以及与堕胎相关的死亡，包括非法引产及合法的引产。

与孕产妇死亡有关的统计指标：孕产妇死亡率（maternal mortality ratio，MMR）= 在一个既定时间段内平均每 100 000 例活产中产妇的死亡人数；或孕产妇死亡率（maternal mortality rate）= 在一个既定时间段内平均每 100 000 名育龄妇女中孕产妇的死亡人数。

法医病理学专家在分析妊娠期和分娩后孕产妇的死亡原因中发挥着重要作用，系统的尸检至关重要，必要时应进行更全面的组织学检验和其他辅助检查，只有这样才能鉴别全部死亡原因，尤其是像羊水栓塞这种靠组织学检查才能明确诊断的病变。

一份来自 CMACE 的材料统计了 2006～2008 年妊娠期以及分娩后 6 周内的孕产妇死亡情况，举例说明与妊娠相关的死亡因素。在此期间，英国共报告或确认了 261 名孕产妇死亡，其中 107 人（41%）直接死亡，154 人（59%）间接死亡。孕产妇直接死亡的根本死因分类及例数详见表 19.2 以及图 19.1 和图 19.2。

表 19.2　2006～2008 年英国按死亡原因分列的孕产妇直接死亡人数

死亡原因	数量	每 100 000 名产妇的比例（%）
脓毒症 *	26	1.13
子痫前期或子痫	19	0.83
血栓形成和血栓栓塞	18	0.79
羊水栓塞	13	0.57
早孕死亡 **	11	0.48
出血	9	0.39
麻醉	7	0.31
脂肪肝	3	0.13
合计	106***	4.63****

资料来源：Cantwell R 等[3]。

* 包括脓毒症导致的早孕死亡。

** 异位妊娠、自然流产或合法终止妊娠。

*** 原版书为 107。

**** 原版书为 4.67。

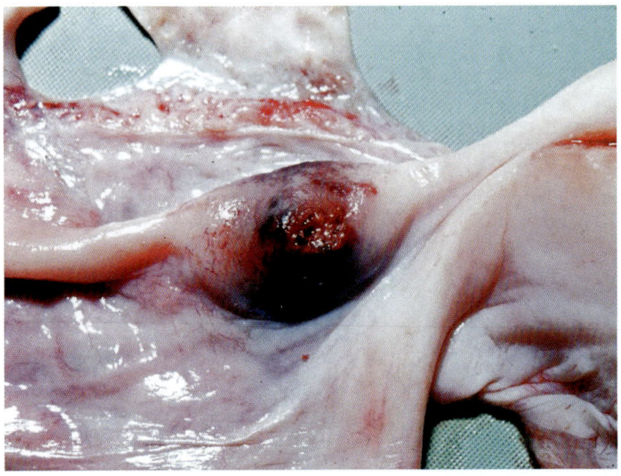

图 19.1　异位妊娠输卵管破裂致腹腔内大出血死亡（该图经 E. Lignitz 教授同意复制）

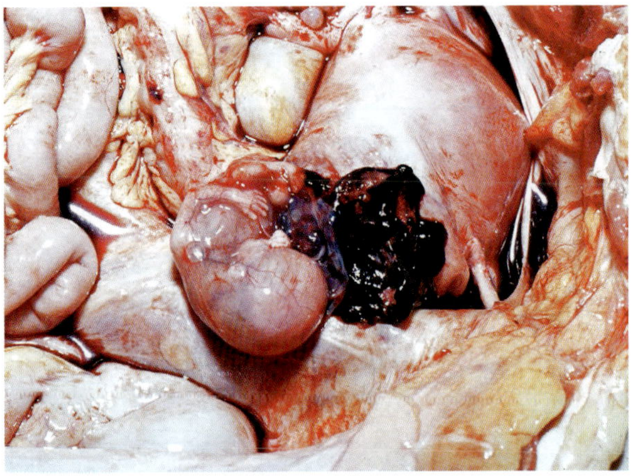

图 19.2　异位妊娠输卵管破裂后腹腔内的胎儿和胎盘，孕妇因腹腔内大出血而死亡（此图经 E. Lignitz 教授同意复制）

包括英国在内的许多国家都使用“治疗性堕胎”一词，因为大多数发达国家都规定不能应当事人要求而堕胎（表 19.3）[4]。还有“合法终止妊娠”一词，其是指除非法（即刑事）堕胎外所有的堕胎情形，它是一个更宽泛的定义。合法堕胎引起死亡的尸检调查内容与手术和麻醉过程中死亡有很多共同之处。

与堕胎相关的死亡

在 2003 年，全世界约有 4 200 万人堕胎，其中约 2 000 万人存在安全隐患；而在 2005 年，约有 7 万名妇女死于非安全性堕胎[5]。世界卫生组织将非安全性堕胎定义为由缺乏必要技能的人或

表 19.3 发达国家和发展中国家允许堕胎的理由及其占比

	为了拯救妇女生命	为了保持身体健康	为了保持心理健康	强奸或乱伦	胎儿损害	经济或社会原因	应要求
发达国家占比（%）	96	88	86	86	86	82	71
发展中国家占比（%）	97	61	58	39	38	20	16

资料来源：联合国[4]。

者在没有符合最低医疗标准的条件或者两者兼具的情形下，一种终止意外妊娠的手术[6]。

表 19.3 概述了允许堕胎的理由。绝大多数国家要么明确在继续妊娠将威胁到母亲生命时允许堕胎，要么根据一般的刑法必要性原则允许堕胎。当然也有例外，包括智利、萨尔瓦多、罗马教廷、马耳他和尼加拉瓜，上述国家都有限制堕胎的规定[4]。即使在那些可合法终止妊娠的国家，非法堕胎尽管规模很小但仍然存在，原因要么是因为合法堕胎存在限制性条件，要么是因为社会的某些阶层不希望受现行法律的约束。无论什么原因，非法堕胎都会引起相当大的发病率和死亡率风险，在医疗和社会保障水平较低的国家尤为突出。

合法终止妊娠

如果使用符合要求的医疗设备进行手术，合法堕胎孕产妇的死亡率极低。1997 年，美国每 100 000 例合法人工流产中仅有 0.6 例孕产妇死亡，低于与妊娠相关的平均死亡率[7]。人工流产所用的方法因孕龄而异，流产的风险也随着孕龄的增加而升高；此外，世界各地人工流产的方法也具有很大的区域差异。

药物方法

早期的流产诱导方法是使用各种化合物制剂，如高渗盐水、尿素和天然存在的前列腺素（prostaglandin，PG）（$PF2_{\alpha}$ 和 PGE_2）或前列腺素类似物，如卡前列素（15-甲基 $PGF2_{\alpha}$），将各种化合物制剂注入羊膜囊或通过导管注入羊膜外间隙，刺激子宫收缩，进而排出胎儿和胎盘。羊膜囊内使用高渗盐水后报告的并发症包括[8]：

- 高钠血症。
- 凝血障碍。
- 出血。
- 传染。
- 子宫颈损伤。

由于经阴道给药前列腺素类似物的发明，上述侵入性给药途径逐渐被淘汰。目前，世界卫生组织推荐的药物流产方法是使用米非司酮（也称为 RU 486，一种抗孕激素）软化子宫颈，而且其可增加子宫对前列腺素的敏感性，然后再重复使用前列腺素类似物，如吉普洛特（16，16 二甲基-反式-Δ^2-PGE_1 甲酯）和米索前列醇（合成的 PGE_1 类似物）。截至 2004 年 11 月，在该药物被批准使用 4 年后，美国使用米非司酮人工流产发生了 3 例致命并发症；在加拿大也发生 1 例：1 例是异位妊娠破裂，3 例是感染性休克。截止到 2005 年 7 月，美国食品药品监督管理局（Food and Drug Administration，FDA）已收集 4 个因脓毒症死亡的案例[9]。这些案例的特征是，4 名健康女性在明显成功接受药物流产后 1 周内，出现了与索氏梭菌相关的子宫内膜炎和中毒休克综合征（toxic shock syndrome，TSS）。临床表现包括心动过速、低血压、水肿、血液浓缩、白细胞明显升高但无发热[10]。到目前为止，尽管许多国家药物流产的使用率不断上升，如瑞典和芬兰的大多数妊娠中期堕胎都是通过药物进行的，但欧洲尚未观察到索氏梭菌引起的中毒休克综合征[11-12]。

手术方法

在美国，导致孕妇妊娠早期（前 3 个月）死亡最常见的手术是真空抽吸或抽吸刮宫术；妊娠中期最常见的手术是扩张和排空（dilatation and evacuation），包括子宫颈管扩张、真空抽吸羊水

和用镊子取出胎儿和胎盘。具有潜在死亡风险的并发症包括出血、感染、弥散性血管内凝血、栓塞、子宫穿孔及与麻醉或其他医源性原因相关的意外事故。

作为传统的手术方法，子宫切开术/子宫切除术具有最高的死亡风险，目前几乎没有国家将其作为堕胎的主要术式，也不应再被使用[13-14]。

非法堕胎死亡

非法堕胎导致死亡的原因更多，面临的风险与手术者的技能、经验和设施有密切关系。如果该手术是由医生用无菌或抗菌方式进行，必要时以抗菌敷料覆盖，与那些非专业人员使用临时器械的粗暴操作相比，风险会小很多。最常见的手术方法以及对健康和生命的相关危害如下所述（图 19.3）。

器械影响

使用器械的目的是破坏孕囊，使之随宫缩排出体外。使用器械通常也需要扩张子宫颈管，后者本身就可引起妊娠终止。实践中各种器械都使用过，从外科扩阴器到自行车轮辐，辅助堕胎者最喜欢使用的是弹性或硬质导管。若是由具有解剖学知识的医生或护士使用无菌器械操作，风险自然很小；相反，非专业人员通常根本不知道子宫与阴道的解剖关系，他们误认为子宫颈与阴道呈轴向关系，从而将该器械直接推入后穹窿，进而造成阴道拱顶穿孔，甚至穿过肠管直至肝脏；有时也可发生阴道下部或中部的穿透伤。器械若进入子宫颈，还可从侧面刺穿子宫颈管而露出。

反复笨拙地尝试将粗大的器械塞入未扩张的子宫颈管中，可造成子宫颈口严重损伤。器械即便成功进入子宫腔，也会经子宫底而进入腹腔，进而破坏腹腔内组织或器官。

使用器械堕胎的危险是出血和感染。阴道或子宫壁穿孔可导致严重的内出血或外出血；脓毒症可因污染的器械直接引起，也可由阴道、皮肤或肠道内的微生物迁移所致，常对腹腔或盆腔器官造成严重损害。

使用器械（包括注射器）堕胎另一个不太常见的危险是子宫颈休克。在未麻醉的患者中，使用器械扩张子宫颈可引起迷走神经反射兴奋，从而通过副交感神经系统传出纤维而导致心脏停搏，并且这种神经反射式休克在恐惧、紧张状态下更为常见，许多非法堕胎者更易发生。

空气吹入

在欧洲，空气吹入的风险正逐渐成为历史，但仍可偶见。该堕胎方法是使用橡胶泵（通常是

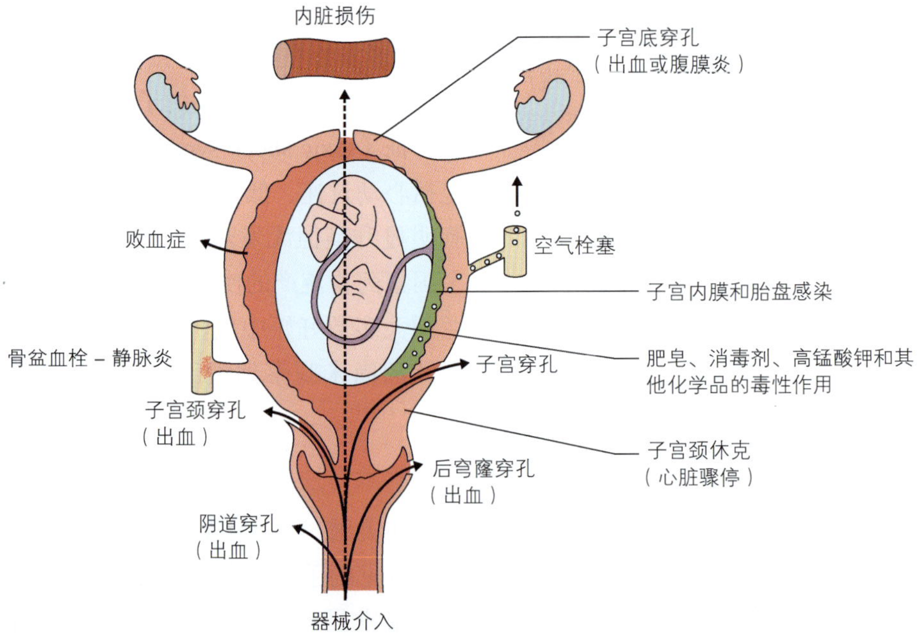

图 19.3　非法堕胎的危害

希金森灌肠注射器）将液体注入子宫腔，促使子宫壁与绒毛膜囊相剥离，从而暴露胎盘床，当剥离达一定程度时即可引发流产。此方法以前很流行，通常由孕妇和堕胎者完成。除了僵硬的喷嘴对组织造成损伤而导致出血和感染的常见风险外，空气吹入面临的主要危险就是空气栓塞，这是 20 世纪上半叶堕胎死亡的主要原因。操作方法是使用注射器喷嘴将肥皂水溶液或消毒剂等液体通过子宫颈注入子宫腔，注射器的另一端带有单向阀且浸入盛有液体的容器中，随着容器内液平面的下降。当管子的入水口高于液平面时，注射器开始向子宫腔中注入空气而不是液体，常见的是肥皂泡沫。除此操作造成风险之外，还有就是使用注射器之前应进行注水排气，否则刚开始喷注的将是空注射器中含有的大量空气，这本身就足以导致致命的空气栓塞。在所用器械提供的相当大的压力下（最高达 28 cmHg）[15]，这些空气被挤压进入胎盘床暴露的血管，然后再进入静脉窦和盆腔静脉，最终导致心脏空气栓塞。

大多数情况下空气栓塞几乎立即发生，但也有延迟的情形——这可能是因为子宫收缩进一步挤压子宫腔中的空气，进而形成空气栓塞，使得一些受害者能够在栓塞发生前离开堕胎者的场所，存活长达 2 h 或更长时间（图 19.6）[16]。如果在注入的液体中加入某些物质，如苯酚、福尔马林和松节油，某些情况下这些毒性液体会通过输卵管排入腹腔，导致化学性腹膜炎。

子宫颈扩张

另一种粗暴的方法是将一种条形物质如掌状海带或滑榆（湿润的榆树皮）塞入子宫颈，这些植物材料脱水后质硬且紧实（3～8 cm 长）。这些材料进入宫颈后，会吸收周围组织的水分，体积迅速膨胀造成子宫颈管明显扩张从而诱发流产。存在的风险是子宫颈穿孔和感染，特别是当这些条带撕裂到组织中时容易发生，因为所使用的材料通常是粗制的植物材料，常成为包括厌氧菌在内的微生物感染来源。

身体暴力

急于堕胎的女性采取了极端的体力活动，甚至利用暴力排出胚胎。疯狂的运动、骑马和用泻药进行的剧烈清洗通常是无效的，一些女性继而寻求丈夫或伙伴的暴力“治疗”，最常见的是对腹部拳打脚踢，据报道此常造成因肝、脾或肠道等器官破裂而死亡。讽刺的是，子宫内胚胎组织却常未受到损害。

注射器吸入

治疗性堕胎中最常用的抽吸方法也被用于非法堕胎手术，主要由医务或护理人员操作。连接在导管或一段塑料管上的大注射器在子宫内可产生足够的吸力，使绒毛膜囊破裂从而导致流产。只要使用无菌操作，该方法还是比较安全的，但如果胚胎组织排出不完整，一些残留的妊娠物会形成感染病灶。

药物和化学品的使用

自古以来，大量的化学物质被局部使用或口服以诱导流产，其中有些具有很好的药理学基础，而有些则具有危险性，这些应用记载更多存在于民间医学领域。局部使用的物质包括苯酚和煤酚皂、氯化汞、高锰酸钾、砷、甲醛和草酸，这些化学物质都存在危险性，既有局部腐蚀作用，也有吸收后的全身效应。使用这些化学物质后，阴道内可形成坏死的假膜，子宫颈也可受到严重损伤。

高锰酸钾是第二次世界大战期间出现的一种物质，它在堕胎中被持续使用多年。截至 1959 年共报告了 650 例，少数病例患者发生死亡。高锰酸钾会导致阴道局部组织坏死，若坏死组织被吸收，则可引起包括肾衰竭在内的致命性全身损害。高锰酸盐会引起组织坏死从而导致阴道大量出血，容易让医生误以为出现致命并发症而行刮宫术。“子宫膏”是肥皂、没药树脂和碘化钾的混合物，在 20 世纪早些时候被用于合法堕胎，但很快就普遍应用于非法堕胎者；另一种含有碘元素的类似产品名为“阻断素”；两种产品都可用于晚期流产和死胎引产。这些糊剂通过充填器挤压入子宫颈管，其中的卤素成分起刺激作用，最终导致绒毛膜囊排出。上述两种药物的使用相对安全，但空气、脂肪栓塞或药物毒性作用也可导致死亡[17-18]。

口服或注射的药物也有很多，旧的“催产药”和“通经药”的分类现在已经显得多余，其中大多数该类药物都已成为历史，因为它们的功效要么为零，要么堕胎所需的剂量已接近致命水平。这些药物包括薄荷、艾菊、芸香、赤杉、金莲花、药西瓜、芦荟、蓖麻油、肉豆蔻、鹿食草、斑蝥、棉花根、冬青和松节油。其中的很多药物如果大量服用，可引起通便、胃肠道刺激反应，还可引起其他疾病，但对子宫没有任何特异作用。还有一些药物虽可引起子宫收缩，但许多药物仅在妊娠晚期有效，因此，并不适用于妊娠1～3个月时的堕胎。

奎宁的使用存在危险，因为对子宫产生任何效应所需的剂量可能会导致金鸡纳中毒。自古以来，人们就知道麦角固醇会导致流产，但与大多数药物一样，它在妊娠晚期的作用更大；过量使用可导致周围血管痉挛和坏疽。它的应用价值类似于垂体提取物和雌激素，以及最近用得较多的前列腺素类药物。重金属（尤其是铅）过去被用于堕胎，刮去石膏表面铅化合物“二氯乙烯”涂层后将其摄入，虽然有时会导致流产，但急性、亚急性铅中毒引起的疾病和死亡更为常见。这种方法也曾成为医疗史上唯一感兴趣的方法。众所周知，大多数成功杀死胎儿的药物也可能杀死孕妇。

多种临床药物也被用于堕胎，包括氨基蝶呤、类固醇类、抗有丝分裂药物如长春新碱和麦角碱，以及其他用于恶性肿瘤的细胞毒性药物。甚至有报道称，单胺氧化酶抑制剂也是堕胎药。在所有上述药物致死性病例中，尸检结果都是非特异性或者阴性，几乎所有可用的证据都来自病史资料和毒物检测结果。

子宫内感染

无论采用何种方法清空子宫，出血或脓毒症的风险始终存在。当使用器械、膨胀物或注射器时，胎盘或其他受孕产物的任何残留组织都可成为感染的基质。多种微生物可引起脓毒症，最危险的是非溶血性链球菌和产气荚膜梭菌，有时大肠杆菌和葡萄球菌也可成为元凶（图 19.4，图 19.5）。

感染的子宫肿胀、呈海绵状、色泽浅淡，尸检时浆膜层呈棕褐色，尤其是梭菌感染时更明显；内膜层腐烂、发出恶臭甚至化脓。脓毒症可引起脾脏肿大且变软、淋巴结突出和肝肾衰竭，

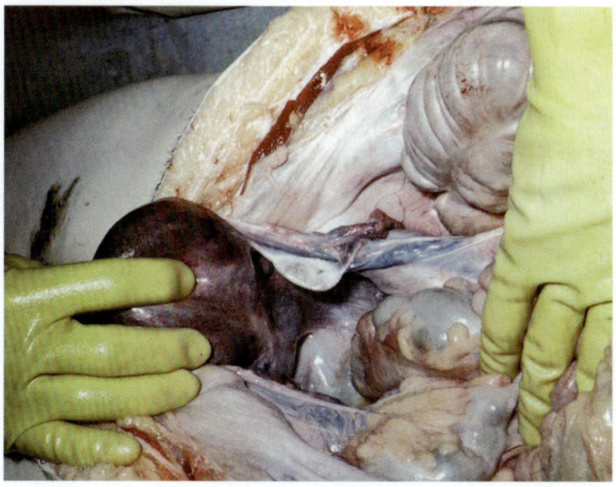

图 19.4 使用器械流产后尸检表现为感染的子宫

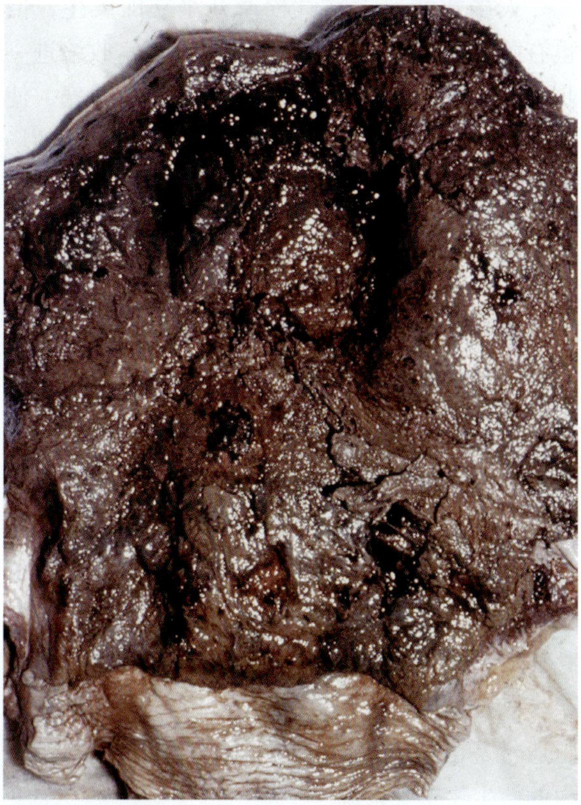

图 19.5 使用器械非法堕胎后脓毒性、坏死的子宫：子宫内膜中可见棕色巧克力状残留的妊娠物，气味难闻，培养后主要菌群为产气荚膜梭菌

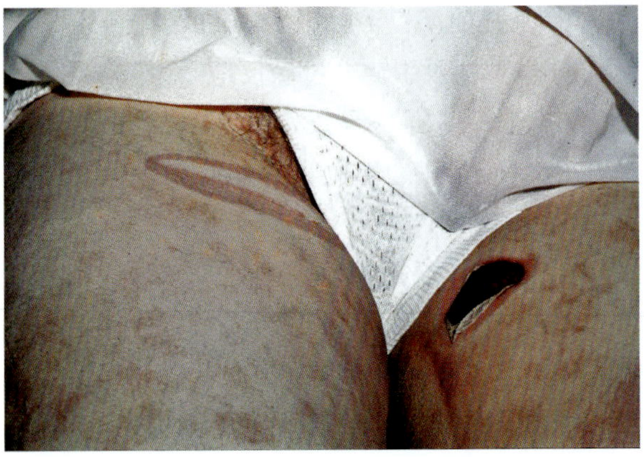

图 19.6　因非法堕胎死于空气栓塞的受害者，复苏时造成大腿上部内侧的热水瓶烧伤

严重时双侧肾脏可出现皮质坏死。由梭菌引起的脓毒症者的皮肤呈斑驳样或雨滴状古铜色特征性改变。

堕胎死亡的尸检

如果发生妊娠期或产褥期死亡，应尽一切努力进行尸检，即使死亡不属于常规应报告的死亡类别，也应进行法医检验。有些国家级指南可适用。例如，英国皇家病理学家学院（Royal College of Pathologists）出版了《尸检实践指南》（*Guidelines on Autopsy Practice*）和一套标准化的最佳操作方案，涵盖了产妇死亡在内的特殊尸检情况。当怀疑是非法堕胎时，无论发生在哪个司法管辖区，都需要尸检。

应进行常规全面尸检，并根据不同情况结合相应的辅助检验措施。在医疗护理下发生的死亡，需要提供尽可能完整的病史，尸检前与临床医生进行讨论至关重要。尸表检验须仔细观察，特别注意以下内容：

- 皮肤颜色异常，如梭菌脓毒症的古铜色改变和肝损伤引起的黄疸。
- 妊娠体征和妊娠时间，如腹部膨胀和乳房变化。
- 损伤征象，包括器械造成的外阴挫伤或擦伤及阴道出血。
- 应检查阴道是否有近期或当前妊娠的迹象，以及近期是否有尝试或成功流产的征象。任何液体都应用移液管收集以做毒物检验，并以拭子采样来进行微生物培养。
- 当考虑到可能存在空气栓塞时，尸检前须对胸部和腹部进行放射学检查。一些法医病理专家认为，在妊娠相关的死亡案例中都必须进行放射学检查，因为发现心脏、胸腔大静脉、下腔静脉、腹腔以及可能的盆腔静脉中存在气泡是判断空气栓塞的最佳方法。在少数几个尸检中心，MRI 或 CT 被用于尸检扫描，明显增加血管中检出空气栓塞的概率。

如果没有条件进行放射学检查时，仍须通过尸体解剖方法寻找空气栓塞，尽管此方法并不一定可靠。在确保切除肋骨（肋软骨）和胸骨不伤及纵隔或胸腔入口的任何静脉后，小心打开胸腔，然后首先检查心血管系统是否存在空气。本书其他章讨论的经典方法是在注入心包囊的水下原位打开心腔，气泡逸出则表示存在空气栓塞，但这项技术并不像过去认为的那样可靠。事实上，如果死亡时间只有数小时，以常规方式打开右心室，任何致死性空气栓塞都可在右心室看到泡沫内容物。但如果解剖明显延迟则空气将被吸收，此时即便放射学检查发现明确的气体，而解剖切开心脏时也难以证实。当然尸体一旦发生任何程度的腐败，就完全丧失用此方法证实空气栓塞的机会，在炎热的国家中，只有死后第一天即可如此检查。

在检查器官之前，先检查腹腔大静脉、盆腔静脉是否有气泡。子宫本身可有捻发音，浆膜下甚至盆腔壁、腹膜下可见气泡。打开子宫时，子宫壁或胎盘床上可见明显的气泡，子宫检验可在尸检后期完成。大多数教科书中关于首先打开头部，仔细取出颅骨和仔细检查脑静脉是否有气泡的常规说明可以完全忽略，因为这是法医神话在没有批判性评估的情况下，从一本书重复到另一本书的又一个例子。如第 13 章所述，脑静脉中不可能发生空气栓塞，多年前已经证明，这些静脉中的气泡是去除颅骨引起的伪影。

常规检查胸部和上腹部时，要特别注意感染征象，应进行血培养，在腹膜以及疑似感染部位进行拭子棉签取样后培养。

如强奸致死案受害者的检查一样，堕胎死亡案例尸检中亦应将盆腔器官整体切取。将腹部切口向下延伸，分别沿阴唇两侧进入臀裂，在肛门后侧两切口汇合；经切口沿着耻骨上支向两侧分离，在两侧各距耻骨联合数厘米处锯断耻骨上、下支，取出中心骨块后，将会阴切口向深处延伸直至完整取出阴道、直肠和肛门、子宫、输卵管和卵巢，然后再分别进行详细解剖。阴道应沿着任一侧边小心地打开以避免破坏中线可能存在的损伤，仔细观察阴道内的擦伤、挫伤、撕裂伤，任何异物都应注意，并保存好样本以备化学或微生物测试。应注意子宫颈的任何异常，尤其是器械留下的痕迹，如止血钳或镊子的齿印；还要注意子宫颈管的扩张状态，尽可能远离中线打开子宫，观察子宫的颜色、大小和质地及子宫腔的状态；如果绒毛膜囊仍然存在，应注意其完整性和附着的蜕膜；如果子宫腔中有胎儿，则应单独检查其成熟度和损伤情况。

如果未发现胎儿，要寻找受孕产物并观察胎盘床的状态。此外，感染、出血和空气捻发音都应注意识别，必要时还应采取适当的辅助检查。注意，应用移液管收集所有外源性液体，检查卵巢并记录任何黄体的状态。最后，还应从所有器官中提取足量的组织学样本，必要时进行特殊染色，如在肺和其他器官中寻找到羊水脱落鳞状上皮时。还要提取血液、尿液、肝脏和胃内容物并妥善保存，以供后续分析。

羊水栓塞

一部分分娩或妊娠相关的死亡是由羊水进入母体循环所致，羊水中含有胎儿鳞状上皮、胎毛、胎粪、胎粪中的类脂、绒毛膜和羊膜中的细胞以及其他细胞碎屑。羊水中的固体成分通常阻塞于肺毛细血管，而很少进入体循环造成肾、肝和脑的血管栓塞；液体成分（自然在组织学上无法分辨）则可引起“过敏反应”，造成严重的器官功能障碍，最终导致死亡。如第 13 章所述，羊水栓塞也是弥散性血管内凝血的最常见原因之一。

除了分娩时的盆腔创伤外，很多原因都可导致羊水栓塞，包括子宫破裂以及妊娠晚期使用器械堕胎时造成胎盘床静脉窦开放，随后逸出的羊水得以进入。至于羊水栓塞的详细病因和机制等是产科工作的重要内容，但从尸检的角度来看，重要的是要考虑到羊水栓塞发生的可能，并掌握尸检时发现羊水栓塞的技能。羊水栓塞的诊断依靠组织学检验，发现胎儿表皮层脱落的鳞状上皮，这些鳞状上皮在羊水中自由漂浮，肺切片采用普通苏木精-伊红染色就可发现，而且使用特殊染色可明显提高检出率（图 19.7）。弥散性血管内凝血的结果是许多器官血管中发生纤维蛋白沉积，使用纤维蛋白特殊染色有助于识别。肺切片中应用免疫组织化学技术还可以证明羊水栓塞中的来源于角蛋白、胎粪和羊水的黏蛋白以及分离的滋养层细胞[19-23]。

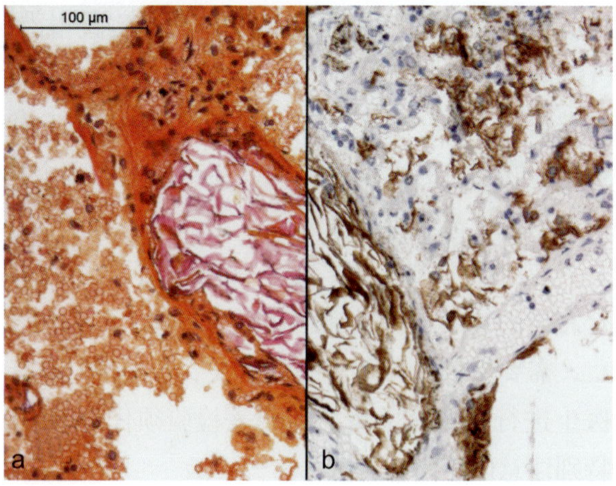

图 19.7 羊水栓塞死者肺动脉中的鳞状上皮细胞：夹竹桃红-酒石黄染色（a）与细胞角蛋白染色（b）（肺样本由赫尔辛基大学（University of Helsinki）法医学系 Hjelt 研究所 A. Sajantila 教授提供）

（汪家文　译）

参考文献

[1] World Health Organization. *Maternal Mortality in 2005: Estimates Developed by WHO, UNICEF, UNFPA, and the World Bank: WHO, UNICEF, UNFPA, and the World Bank*. Geneva: World Health Organization, 2007.

[2] World Health Organization. *World Health Statistics 2014*. Geneva: World Health Organization, 2014, p. 177.

[3] Cantwell R, *et al*. *Saving Mothers' Lives: Reviewing maternal deaths to make motherhood safer: 2006–2008. The Eighth Report of the Confidential Enquiries into Maternal Deaths in the United Kingdom. BJOG* 2011; 118 Suppl 1: 1–203.

[4] United Nations. *World Abortion Policies 2011*. Department of Economic and Social Affairs, Population Division. United Nations publication, Sales No. E. 13. XIII. 2). Data available online at www.unpopulation.org.

[5] Åhman E, Shah I. *Unsafe Abortion: Global and Regional Estimates of the Incidence of Unsafe Abortion and Associated Mortality in 2003*. P. Butler (ed). Geneva, 2007.

[6] World Health Organization (WHO). *The Prevention and Management of Unsafe Abortion: Report of a Technical Working Group*. Geneva: WHO, 1992.

[7] Bartlett LA, *et al*. Risk factors for legal induced abortionrelated mortality in the United States. *Obstet Gynecol* 2004; 103(4): 729–37.

[8] Bygdeman M, Gemzell-Danielsson K. An historical overview of second trimester abortion methods. *Reprod Health Matters* 2008; 16(31 Suppl): 196–204.

[9] Greene MF. Fatal infections associated with mifepristoneinduced abortion. *N Engl J Med* 2005; 353(22): 2317–8.

[10] Fischer M, *et al*. Fatal toxic shock syndrome associated with *Clostridium sordellii* after medical abortion. *N Engl J Med* 2005; 353(22): 2352–60.

[11] Lohr PA, Hayes JL, Gemzell-Danielsson K. Surgical versus medical methods for second trimester induced abortion. *Cochrane Database Syst Rev* 2008(1): CD006714.

[12] STAKES. *Induced abortions and sterilisations 2007*. Helsinki: Official Statistics of Finland, 2008.

[13] Binkin NJ. Trends in induced legal abortion morbidity and mortality. *Clin Obstet Gynaecol* 1986; 13(1): 83–93.

[14] Stubblefield PG, Carr-Ellis S, Borgatta L. Methods for induced abortion. *Obstet Gynecol* 2004; 104(1): 174–85.

[15] Teare D. Death in criminal abortion. *Med Legal J* 1958; 26: 132–4.

[16] Simpson K. Air embolism. *Med Legal J* 1951; 19: 81–5.

[17] Barns H. Therapeutic abortion by means of soft soap pastes. *Lancet* 1967; ii: 825.

[18] Berthelsen H, Ostervaard E. Techniques and complications in therapeutic abortion. *Dan Med Bull* 1959; 6: 105–10.

[19] Fineschi V, *et al*. The diagnosis of amniotic fluid embolism: an immunohistochemical study for the quantification of pulmonary mast cell tryptase. *Int J Legal Med* 1998; 111(5): 238–43.

[20] Fineschi V, *et al*. Complement C3a expression and tryptase degranulation as promising histopathological tests for diagnosing fatal amniotic fluid embolism. *Virchows Arch* 2009; 454(3): 283–90.

[21] Lunetta P, Penttila A. Immunohistochemical identification of syncytiotrophoblastic cells and megakaryocytes in pulmonary vessels in a fatal case of amniotic fluid embolism. *Int J Legal Med* 1996; 108(4): 210–4.

[22] Sinicina I, *et al*. Forensic aspects of post-mortem histological detection of amniotic fluid embolism. *Int J Legal Med* 2010; 124(1): 55–62.

[23] Wang J, *et al*. Evaluation of specific marker CK13 and CK10/13 combined with APM staining for the diagnosis of amniotic fluid embolism and aspiration. *Forensic Sci Int* 2014; 238: 108–12.

第 20 章

杀　婴

- 杀婴案件的发生率
- 死产
- 法医在杀婴案件中的作用
- 活产和独立存活能力的定义
- 隐瞒分娩
- 可疑死亡的新生儿尸体解剖
- 通过不提供适当的护理杀婴
- 活产与死产的鉴别
- 胎儿成熟度评估
- 参考文献

从历史上看，杀婴并不是总意味着犯罪，自人类诞生以来，牺牲儿童曾被作为一种控制人口或满足社会、经济需求的手段[1-4]。至今，这种文化和社会经济环境仍在一些国家占据重要地位，特别是在南亚国家，诸如重男轻女观念引起的选择性别堕胎现象时有发生[5, 6]。

杀婴案件的发生率

很难在世界范围内对杀婴案件的真实发生率进行可靠的统计，人们普遍认为许多杀婴案件要么未被发现，要么被错误地分类[7]，特别是近期相关的研究比较少。更为复杂的是，有关的术语和定义在不同国家和地区并不统一从而导致案件难以调查。例如，文献报道通常将杀害新生儿定义为杀害出生后 24 h 内的婴儿。但是在美国，由于联邦调查局–统一犯罪报告（Federal Bureau of Investigation–Uniform Crime Reporting，FBI–UCR）系统的规定，杀害新生儿案件中新生儿的定义为出生后 1 周以内的婴儿。根据该标准进行统计，美国 1976～1979 年，杀害新生儿案件的发生率为每 10 万活产新生儿中有 1.3 名被杀害（1.3/10 万・年），而杀婴案（＞1 周且＜1 岁）的发生率为每 10 万中有 4.3 名被杀害（4.3/10 万・年）[8]。在另一项基于世界卫生组织发布数据的研究中，比较了 23 个发达国家 1974 年的婴儿死亡率，结果为 1 岁以下儿童的平均死亡率为每 10 万名活产儿中有（2.3 ± 2.6）人死亡[9]。一项研究对美国北卡罗来纳州 1985～2000 年 16 年间 34 例新生儿死亡（4 天以内）进行调查，死亡率为 2.1/10 万[10]。

> **知识拓展 20.1　定义 ***
>
> - 杀害子女罪——故意杀害自己的孩子。
> - 杀婴罪——杀害婴儿；在许多地区的法律中，母亲杀害自己婴儿的犯罪处罚轻于一般的杀人案件罪责[19]。杀婴罪中，婴儿一般指出生后 12 个月以内的儿童，新西兰的法律比较特殊，规定婴儿为 10 岁以内的儿童[20]。
> - 杀害新生儿罪——杀婴罪的一个亚类，通常被定义为杀害出生后 24 h 内的新生儿。

在 1970～1994 年的 25 年间，芬兰共报告了 292 例杀害儿童案件（14 岁以下），在剔除 57 例

* 译者注：知识拓展 20.1 原版英文即在此位置，因此正文参考文献［19］［20］的引用前提至此。

经详细研究仍无法定性的案例后，得到的年发生率为总人口的 1.9/1 000 000（235 例），其中 56 例属于杀害新生儿[11]。一项研究统计了 1980～2000 年，芬兰共有 47 例疑似杀害新生儿的案例，发生率为每年每 10 万名活产儿中有 0.07～0.18 人被害[12]。还有研究对 1995～2005 年在奥地利和芬兰登记的所有杀害子女的案例进行比较，分别有 86 名和 66 名受害者，各自相当于每 10 万居民中有 5.2 人和 5.9 人（子女）被杀害[13]。

迄今，日本[14, 15]和芬兰[12]报道了多起杀婴案件，而来自其他国家的此类报道还很少。Resnick 对 1751～1968 年全球相关文献进行回顾发现，法国和德国各发生了 1 例[16]。1985 年，英国首次报道一起多次杀害新生儿的案件[17]。然而，2010 年 7～8 月的新闻媒体报道认为，此种案件的发生率应比科学文献中预计的更高。据英国广播公司新闻报道，一位两名成年女孩的母亲，45 岁的法国助理护士被逮捕，因为这位妈妈承认在 1989～2006 年，她杀害了自己亲生的 8 个新生儿[18]。同一篇报道还列出了在法国发现的另外 3 起多次杀婴案件：1984 年利穆赞（Limousin）有 7 名婴儿被杀；2003 年阿尔萨斯（Alsace）有 4 名婴儿被杀，4 名婴儿中至少 3 名拥有相同的血缘关系；2010 年下诺曼底（Lower Normandy）有 6 名婴儿被杀，其中 3 名拥有相同的血缘关系。2014 年 6 月芬兰媒体报道称，在一栋公寓楼的地下室里发现了 5 具不同程度腐败的婴儿尸体，一名 35 岁的女性承认在过去的 5～10 年生下了这些孩子，她还声称所有婴儿都是在家里娩出，并且出生时就已经死亡，随后她因涉嫌杀婴被捕，警方对此展开调查。

直至今日，杀婴案件仍时有发生，所以法医须判断婴儿死亡的真相。虽然不同国家对杀婴罪的法律定义不同，但医学上对杀婴的概念却是统一的，即母亲故意杀害新生儿。在 1922 年之前，英格兰和威尔士所有的杀婴行为都会被判为谋杀罪——被判有罪的母亲可能会被处以死刑。直到 1922 年杀婴行为才被设立单独的罪名，随后 1938 年的《杀婴法案》（Infanticide Act）被重新颁布，详见 Kellett 的文章[2]。

其他许多国家都缺乏针对杀婴罪的专门立法，即使是苏格兰，也没有采用英国成文法中“谋杀儿童”的单独罪名。但早在 1922 年之前的很长一段时间内，苏格兰就已经对（产后或育儿过程中）精神异常状态的母亲采取了更宽容的态度。在奥地利、哥伦比亚、芬兰、希腊、印度、韩国、菲律宾和土耳其，针对杀婴罪的法律条款也降低了刑事责任；在其他国家如意大利、挪威和瑞士，杀害儿童罪是一种特定的、罪责较低的杀人罪[20, 21]。在卢森堡，母亲在新生儿出生时或出生后立即杀害新生儿的行为属于杀婴行为，视情况按谋杀或过失杀人罪处罚，但如果母亲杀害的是非婚生子女，则将被判处 10～15 年监禁[19]。

本书并非专注于地域间的法律比较，讲述上述事实只是为了说明其与其他类型的杀人案不同，母亲杀害幼童是一种公认的医学和精神病学现象，此类案件中法医肩负着一项重大的责任，那就是要特别谨慎地对婴儿进行尸体解剖并查明死因。

1938 年英国《杀婴法案》（具体参见第 1 节）对杀婴罪的规定就与法医病理专家有关：

> “当一名妇女由于故意或疏忽造成一名不满 12 个月的儿童死亡，但事件发生时她有产后抑郁的情况，可视其犯有过失杀人罪。”[22]

值得注意的是：

- 杀婴案件只有当母亲是凶手时才适用过失杀人罪，而非谋杀罪——父亲或其他任何人都不适用。
- 尽管实际上大多数杀婴案件发生在婴儿出生后数小时甚至数分钟内，但一般是指一岁以内的儿童。
- 首先，必须是一个“婴儿”，也就是说，须是一个独立于母体的活体。
- 其次，他一定是因为母亲故意的（经过深思熟虑的）不作为或过失行为而死亡。

所有这些类型案件都需要法医的参与，即使在那些未对杀婴罪正式立法的国家和地区，通常认为母亲在分娩不久后的这种杀婴行为，是一种反常行为，而不同于普通谋杀。

死产

虽然英国从法律角度对死产进行了明确定义，但从医学的角度而言，不同国家和地区对死产的表述基本相似。在英格兰和威尔士，孕龄为 24 周以上的胎儿，“在从母体完全娩出后的任何时刻，都没有呼吸或没有表现出任何其他的生命迹象”，即为死产。

从医学角度上讲，这个定义不太令人满意，因为新生儿可能在只娩出头部时还活着，但在完全娩出前就死了，因此在法律上仍是死产。当然，实际上这种情况很少发生，因为大多数死产不是死于子宫内，就是死于分娩早期。妊娠时间未达到法律规定的孕龄就胎死腹中为流产。世界卫生组织的常规死亡率数据中缺乏死产数据，因此关于死产尚缺乏可靠的全球统计发生率数据，2% 的死产率是通过人口动态登记估算出来的[23]。早产率有很大的区域差异，可能与地区的发达程度呈负相关[24]。最近公布的早产率：澳大利亚 6.6%；芬兰 5.2%；以色列 9.4%；日本 5.2%；英国 6.0%；美国（包括所有种族）12.7%；瑞典 5.6%；智利 6.0%；孟加拉国 16.5%；冈比亚 12.3%；尼泊尔（仅农村地区）23.1%。详见 Lawn 等的文献[23]。

法医在杀婴案件中的作用

如果母亲身份不明，则需要帮助确认身份

发现新生儿死亡，尤其是死于隐蔽环境的未必一定是杀婴案件。因为那些死产、自然死亡或疏于照料致死的婴儿可能被藏匿或抛弃，在英国这种轻微罪行被称为“隐瞒分娩”。尸体解剖以及尸体附近发现的物品，如袋子、毯子和报纸，在一定程度上有助于警方寻找母亲。

尸体解剖发现的死婴种族信息及 DNA 分型结果，通常可帮助排除或确认疑似母亲。脐带断端的形态以及结扎方式（见下文）有助于判断是由专业医护人员还是院外非专业人员助产。遗憾的是，大多数被遗弃的新生儿尸体都难以找到生物学母亲，因为常常被遗弃很久后尸体才被发现，从而使得个体识别和寻找活产的证据难以明确。

评估婴儿成熟度

无论妊娠期多久，新生儿只要活着出生，都可能成为杀婴案中的受害者。如果胎儿未发育成熟而过早娩出则无法存活，因此，有必要对新生儿的成熟度和存活能力进行评估。在 1929 年英国另一部事关堕胎罪的《婴儿生命保护法》[Infant Life (Preservation) Act] 中规定，具有娩出存活能力的最小孕龄是妊娠 28 周，而当前这一孕龄规定已降低至 24 周，因为即使是孕龄更小的胎儿娩出后，在现代医疗强有力的支持下其也可能存活[25]。但若一名婴儿是早产儿，则强烈说明其在出生后没有获得医疗救治的情况下难以存活。

杀婴案件中，确定是否为死产以及是否有独立存活能力非常重要

在英国法律中，当一名女性被指控杀婴时，会事先假定胎儿为死产，故控方的责任在于证明该婴儿为活产，且有独立存活能力。Adelson 指出，美国也存在同样的法律规定，并给出以下有参考意义和有趣的评论：

> “除非法医通过检查，发现婴儿肺部扩张良好、胃内可见食物或脐带残端存在生活反应等这些确凿的活产证据，否则在法律上不能诊断活产。当对婴儿出生时的存活状态有任何疑问时，杀婴案件就无法认定。许多法院将这一观点进行了扩充，即国家有责任将婴儿活产的证明标准提升至排除任何怀疑的程度，而不是排除合理怀疑，后者则是刑事诉讼所要求的一般证明标准。”[26]

19 世纪晚期，Kockel 对 19 名存活时间为 45 min～8 d 的新生儿脐带进行组织病理学研究，观察发现活产婴儿的脐带残端可见周围性炎症带，认为新生儿脐带残端的病理学变化可有助于

确定新生儿的存活时间[27]。但随后更大样本量（包括死产）的类似研究却未能证实相同的特征性病理改变规律，故组织病理学脐带检验对诊断活产的意义仍存在争议[28-30]。根据 Janssen 的观点，组织病理学检验时，应将整个脐部连同自脐根部以远 1～2 cm 长的脐带和在腹内和腹壁内走行的 1～2 cm 脐带血管一并取出，样本应平行于脐带纵轴从皮肤边缘进行连续切片[31]。脐带组织病理学改变或许与很多因素有关，如胎儿成熟度、分娩时间和死亡原因等。一项针对 24 例死胎和 21 例正常娩出新生儿脐带样本的免疫组织化学研究显示，肥大细胞类胰蛋白酶、CD68 和 α1-抗胰蛋白酶的表达差异具有统计学意义（$P < 0.0001$）[32]。然而，该实验结果的实用价值仍需要进一步研究证实。

关于杀婴案件的法医病理学检验，法医们的研究结果充满争议，关于这项鉴定，法医仍然任重道远。

判断是否因自然疾病、故意或过失行为致死是杀婴案件的另一重点

如果法医认为可以证明死者已独立存活（或者至少是活产），则还需要证明婴儿的死亡是由疏忽或故意行为所致。虽然证明“故意”是律师的责任，但对法医而言，要么证明存在致命伤，要么证明是疏于照顾致死——这往往是一项不可能完成的任务。对案件调查部门而言，发现一名被藏匿的死婴时，如果希望以杀婴罪指控嫌疑人，则需要承担相当大的举证责任。

首先，必须找到婴儿的母亲——这通常是另一项不可能完成的任务；其次法医必须证明死婴是活产，这也经常是不可能完成的任务，尤其是当尸体已经发生腐败时，则工作更加困难，这种案件不是纯粹的医学问题。故而，做出因疏忽或故意行为致死的判断也同样困难。

因此，只有很小比例的可疑新生儿死亡案被诉诸法庭也就不足为奇了——即便在法庭上，也很少有女性被定罪，而且被定罪的女性会理所当然地得到宽大处理和同情，通常给予缓刑和精神治疗。

活产和独立存活能力的定义

英国法律并未对活产给予明确的定义，只能根据对死胎的定义进行推论，将活产作为死产的对立面来理解，婴儿应该达到 24 周及以上的胎龄；但胎龄不是“独立存活能力”的一个构成因素，而活产几乎是独立存活能力的同义词。

一个具有独立存活能力的婴儿是指无论胎龄多久，从母体产道完全娩出后能够自主呼吸或者表现出其他生命征象的婴儿，即便是此时其仍通过胎盘与母体相连。独立存活与活产几乎是同义词，因为从医学角度，大家均认可一个哭声响亮的婴儿即便一只脚仍在阴道也是活产、存活，但此时其在法律上就不符合有独立存活能力的定义要求。

存活能力

另一个相关的医学和法律概念是存活能力，即婴儿出生后存活的潜在能力。未成熟的胎儿可以活产出生，却不能独立存活。当然，与存活能力相对应的妊娠阶段不仅因胎儿状况而异，还与相应时间和地点所具备的医学知识、可用的医疗设施有关。

在英国法律中，根据 1929 年《婴儿生命保护法》的规定[25]，24 周孕龄被规定用于判断是否具有存活能力的时间。

隐瞒分娩

如前所述，在大多数司法管辖地域，隐瞒分娩都是一种相对较轻的犯罪，它在有些地域以违反人口注册制度和违反公共道德而获罪，因为婴儿死亡既没有通知当局，尸体也没有得到埋葬或其他合法方式处置。获罪是因为用藏匿尸体来掩盖分娩的行为事实，这项罪名完全与活产、独立存活能力或存活能力无关，法律也不考虑死亡原因或是否死产，为法律所考虑的只有一个问题，就是可被承认为“婴儿”的孕龄——显然，除了家庭之外，任何人都不关心早期流产。

尽管隐瞒分娩没有太多特别规定，但英国法

律规定不考虑孕龄24周以内的胎儿。在一项司法判决中（R v Matthews，CPD 8，1943），法官认为针对在法律要求出生登记的孕龄以前流产的胎儿，隐瞒分娩的指控是不能成立的[33]。

无论何种法律罪名，法医经常被要求检验婴儿尸体，虽然这既不能证明活产，也不能证明因故意伤害造成的死亡（图20.7，图20.10，图20.11），但如果能够证明被检婴儿超过具有存活能力的胎龄，那么唯一剩下的罪名就是“隐瞒分娩”。大多数被发现的腐败婴儿最终结果都是如此，其中只有很少婴儿能找到生母。

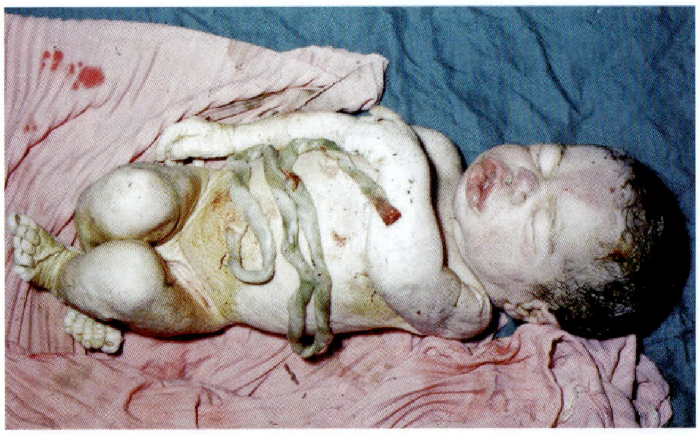

图20.2　毯子包裹的足月新生儿，被放入购物袋弃于垃圾桶：脐带被锋利工具切断，但婴儿未被清洗或喂奶；肺部也没有呼吸的阳性证据

可疑死亡的新生儿尸体解剖

除了对婴儿进行常规细致尸体解剖之外，还有许多事项须给予特别关注。

必须检查并妥善保存婴儿的衣物以及其他任何相关物品，虽然这主要是警察的职责范围，但法医也经常是从报纸、塑料袋、破布或毯子等包裹物中取出婴儿——这些尸体常常已经腐败变形且气味刺鼻，法医必须寻找母亲秘密处理尸体时留下的有助于辨认身份的物品（图20.1，图20.2，图20.5，图20.6）。

当婴儿尸体是在房屋或其他建筑物中被发现时，法医需要参与现场勘查，并且勘查时最好将

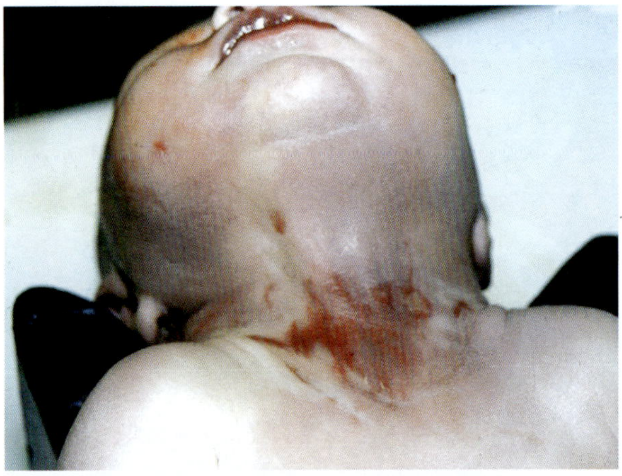

图20.3　一名死产婴儿出生后被母亲藏匿：死者颈前损伤引起警方怀疑，但实际上这是其母在独自分娩时，为了帮助胎儿顺利娩出牵拉颈部所致

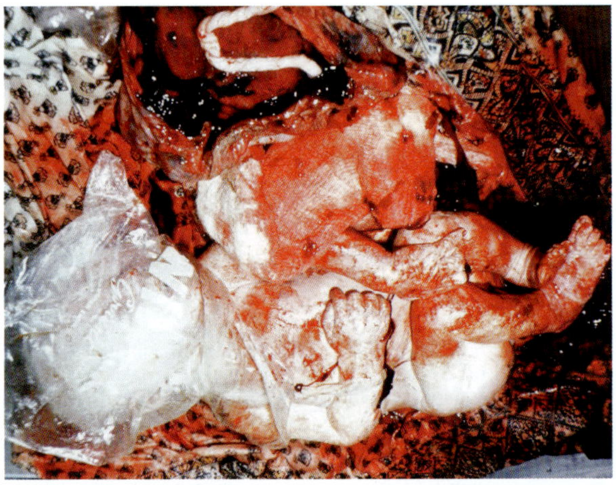

图20.1　连有脐带和胎盘的新生儿被遗弃在停车场：新生儿被窗帘包裹，头部套在塑料袋里，但并未发现窒息或活产的征象，未能找到其生母

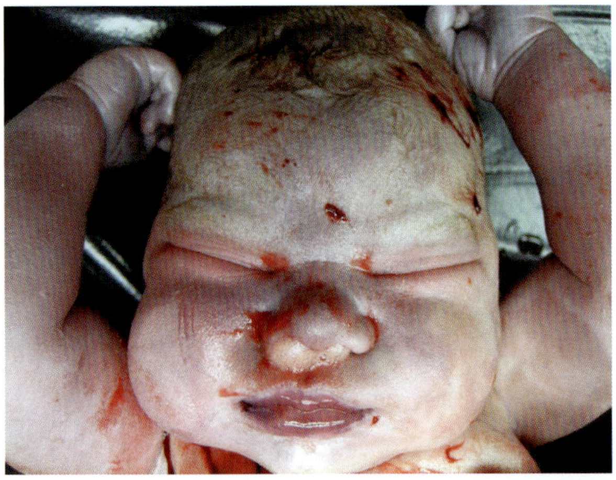

图20.4　一位年轻母亲否认妊娠，声称因腹痛如厕后发现婴儿出现在马桶内。当医护人员到达现场时发现，除了婴儿的臀部和腿部，婴儿的其他部位和胎盘都浸没在水里；注意鼻孔里流出的淡红色泡沫

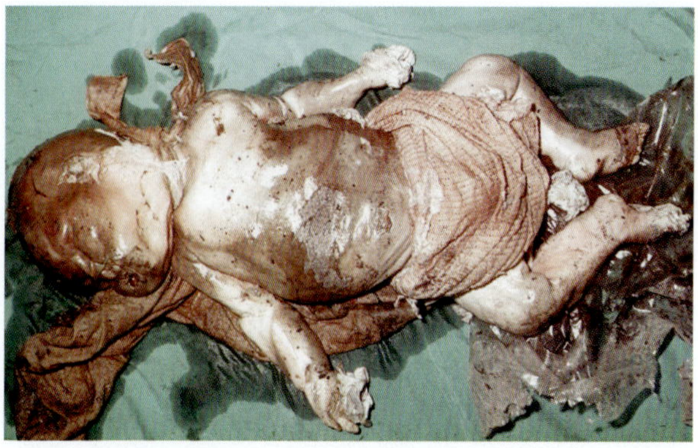

图 20.5　在乡村发现置于塑料袋内腐败的新生儿：此种程度的尸体腐败，无法确定是活产或死产；婴儿颈部围着一条打结的布条，即使婴儿非死产，也无法确定这是否与其死亡有关

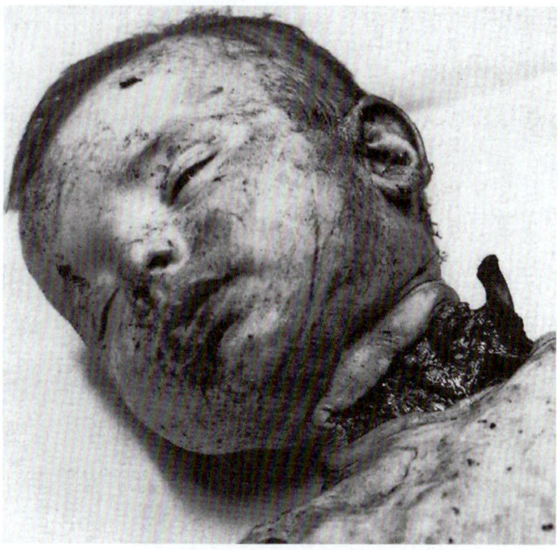

图 20.8　确定杀婴、孩子在被菜刀刎颈前已有充分呼吸

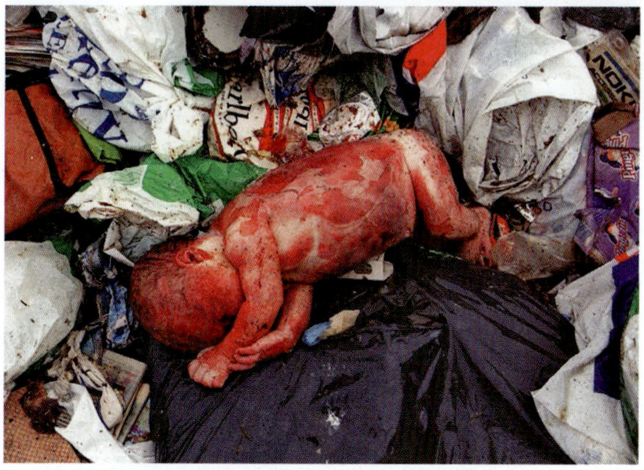

图 20.6　在垃圾场发现腐败的新生儿

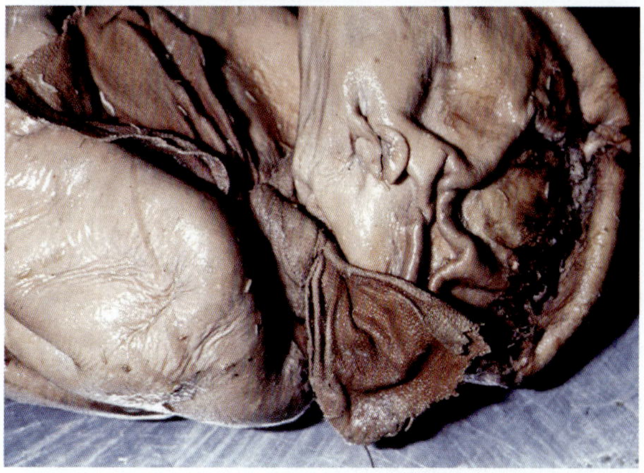

图 20.9　脖子上紧紧缠着围巾的高度腐败新生儿（图片由 E. Lignitz 教授提供）

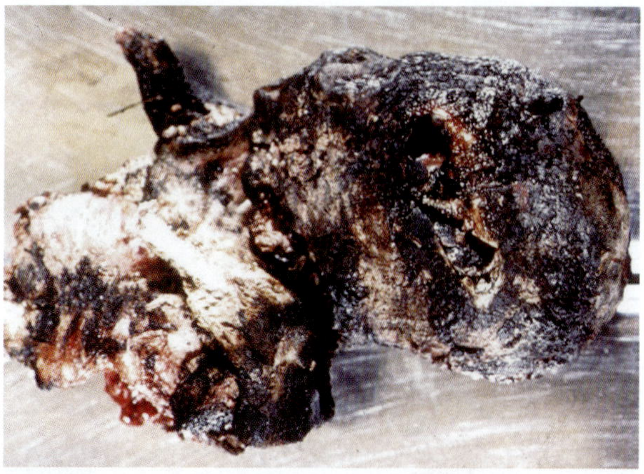

图 20.7　一具新生儿残骸，其母亲是寄宿学校在读的学生，她独自一人于周末在宿舍里分娩，然后将婴儿装进塑料袋，第二天，她离开学校回到家，试图在火炉中焚烧尸体，但没有成功，最后将焚烧过的尸体埋在雪堆中，后来被狗发现了

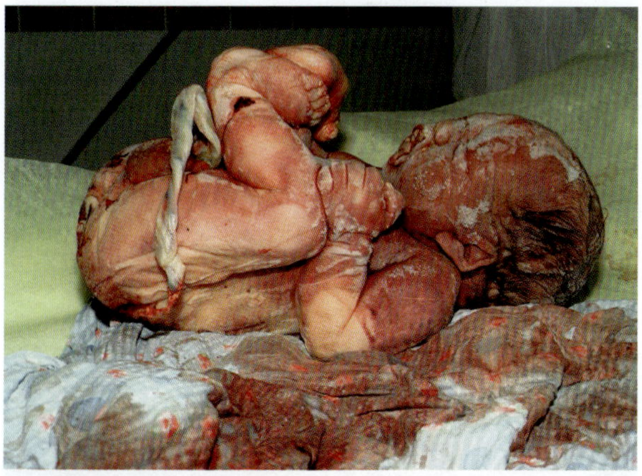

图 20.10　孩子们在家庭冰箱里发现了冷冻的新生婴儿，他们还以为自己找到了一个洋娃娃。新生儿腹部连接着脐带，婴儿与胎盘分别被置入独立的塑料袋中冷冻。该婴儿出生后，这家人还搬过两次家

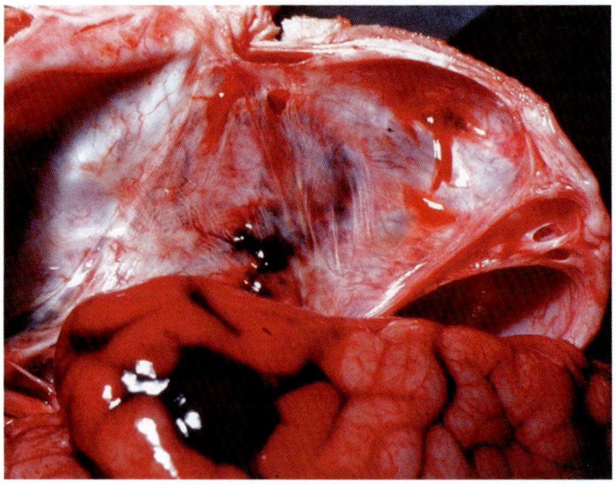

图 20.11 一例死后被遗弃的婴儿：此婴儿为活产，但在检查头颅时，发现小脑幕有一处撕裂伴邻近的脑膜出血，推测是在急产过程中头部过度受压迫所致的产伤

尸体保持原位、不要挪动。在许多有记录的案例中，婴儿尸体在马桶里被发现，此时如果看到婴儿头部有损伤或溺水的表现，必须对损伤进行分析（图 20.4）。

尸表检验时，评估尸体腐败程度至关重要。因为无论什么原因导致了腐败，几乎可以肯定已无法判断婴儿是否为活产，但必须将腐败与子宫内浸软相鉴别，因为后者是死产的明确证据。如果死亡发生在胎儿从子宫娩出前 2～3 天，除了一定程度的整体软化和细胞自溶的组织学证据外，婴儿外观基本正常；而当胎死宫内多天时，浸软的胎儿通常呈粉褐色，而不是腐败的绿色，皮肤表面可见黏液、水疱、剥脱，有时几乎呈果冻状，关节异常松动，头皮下的颅骨相互分离。浸软的胎儿通常是无菌的，但极少数情况下，如果胎膜破裂后并没有娩出，则胎儿会发生感染，最终在腐败状态下娩出。

有条件时还需要对脐带和胎盘进行检查。首先对胎盘进行测量和称重，以评估其成熟度和其他异常情况，如胎盘梗死等，这是胎儿死亡的可能原因。如果胎儿娩出后存活过一段时间，脐带是反映其独立存活能力的重要征象。虽然早期腐败使得法医无法评估娩出后的呼吸状况，但如果存活时间超过 24～48 h，脐带的生活反应可提示活产。娩出 1 天或更长时间后，脐带生活反应表现为脐带根部和邻近的腹部皮肤周围出现一圈发红的环状形态，但在娩出 1 天之内，脐带分离的证据并不可靠；此后的几天里，随着脐带的干瘪皱缩，这种现象变得更加明显，在第 5～9 天会发生脱落。然而，实践中大多数婴儿是在出生后数小时内发生死亡或被杀害，因此这些征象的实用价值小。

应认真检查脐带断端，要明确脐带是被撕断还是被切断，这些判断在某些案件中非常重要。如果婴儿因颅脑损伤致死，则被告母亲的辩护律师可辩称是在仓促的分娩过程中，婴儿不慎头朝下摔于地面所致。在此类案件中，必须测量脐带的长度，理想的情况是将胎盘端的脐带一起测量，这样就可推算分娩时外阴到地面的距离。脐带的平均长度为 50 cm，但各有差异，短于 50 cm 的更常见，而且超过 100 cm 的也并不罕见。如果脐带有结扎，则说明有专业人士或者至少是有相关知识的人在场，但实践中这种情况很少见。脐带断端可置于手中或者漂浮在水中进行检查，以便更好地观察断端的细节。Morris 和 Hunt 对 38 条脐带进行实验研究，发现它们很容易被手扯断，大多数脐带在 49 N（约 11 磅）拉力时即断裂，而最坚韧的脐带是在 117.6 N（约 26 磅）拉力下才断裂[34]。撕断的脐带末端通常是不规则的洁净横断面，如果用刀或剪刀等锋利的工具切割的脐带末端，通常是整齐的洁净横断面，当然如果工具较钝，脐带断端也可能是不规则的。

无论是在现场，还是在未被破坏的包装物中，凡是检验保持原样的婴儿尸体，都应注意是否存在脐带绕颈。通常认为分娩时脐带绕颈致死的说法并不可靠，但还是要注意脐带绕颈这一客观事实，并与其他检验发现进行综合评估。

婴儿皮肤可能有胎脂附着，这并不具有特殊意义。但如果其皮肤表面没有胎脂，则表明新生儿可能洗过澡，这提示其出生后曾存活一段时间。

胎儿发育指标的测量对于评估成熟度至关重要，如体重、身长、头臀长（坐高）、头围和足长等，都是必须测量的指标。

那些娩出后根本无法存活的畸形胎儿都有非常明显的特征，如先天无脑畸形、严重脊柱裂或腹部外翻。然而，针对此类畸形胎儿，有观点认为不可能存在符合法律规定的活产情况，但此说法也并不可靠。

大多数被法医检验的新生儿尸体，都缺乏明显损伤。尽管如此，一旦发现尸体存在损伤，显然是证明“故意行为”的最重要证据。实践中，情绪失控的母亲可造成以下多种类型的损伤。

- 勒死的特征通常表现为颈部挫伤、擦伤，但有时候这些损伤只有轻微表现。典型的特征为面部淤血、发绀、水肿和瘀点性出血，但比较少见，这可能是婴儿本身很脆弱容易发生死亡的缘故；而颈部擦伤则可能是自己分娩过程中，手忙脚乱的母亲在婴儿颈部留下的指甲印痕（图 20.3）。杀婴过程中可使用绳索，且绳索可能还会留在原位。同样还要注意的是，围绕颈部的一些物品，虽然有一定的提示性，但并不能以此直接将其判断为勒死，除非有确凿的证据表明面部或皮肤发绀、瘀点性出血及索沟处存在组织损伤。过去存在这样一种解释，围绕婴儿颈部的布绳可能是难产妇女为帮助自己分娩所使用的工具（图 20.9）。
- 捂死几乎是不可能被证明的，因为婴儿几乎不会出现结膜出血点或其他在捂死中可能见到的征象。只有施加过大压力时，在口唇和面部留下的印痕，才能成为确定捂死的证据，但必须是明确的皮内或皮下出血、擦伤或者是在口唇和口腔内部的此类损伤痕迹，而不是死后表浅、边界模糊不清的色泽改变。关于婴儿窒息的标准已在第 14 章进一步讨论。由各种异物引起咽部梗阻导致的哽死已有报道，但现在这种情况非常少见。
- 切创、刺创是常见的杀婴手段。既往曾有使用剪刀刺伤婴儿胸部或颈部甚至用刀片割喉的案件（图 20.8）。在类似案件中，有的母亲辩称这些创口是其在分娩后努力切断脐带时造成的意外。印度还发生过将长针或大头针刺入婴儿脊柱、囟门、眼睛或鼻子的杀婴案件，但欧洲没有发生过类似案件。
- 头部损伤在杀婴案件中也较为常见。母亲可能把婴儿摔在地面、将其头部直接撞击墙壁等硬质物体，或者抓住双腿将头撞向硬物，这种杀婴方式与虐待年龄稍大婴儿相似。母亲一方会辩称，损伤是因为不小心从母亲怀里或者是站立位 / 蹲位仓促分娩，造成婴儿意外跌摔于地面。尽管这种辩驳听起来有些荒谬，但作者及所有具有接生经验的医生都可以证明，一些分娩过程确实相当迅速、力量也很大，易造成婴儿损伤，常见于经产妇，所以测量脐带的长度非常重要，因为脐带的长度会减缓新生儿下落的速度。但是，在急产过程中会发生脐带断裂，这就是尸体解剖时必须仔细检查脐带断端的原因。

在这种情形下，坐便器就具有了特殊的意义，因为有些意外的分娩发生在母亲坐在马桶上如厕时。常见的报道是，妊娠的女孩（通常只有十几岁）并没有意识到自己已妊娠，误以为是因为便秘而导致腹痛，在上厕所时产下小孩。确实有些天真的女孩对她们妊娠的情况一无所知，当婴儿突然出现在坐便器中时，她们因感到大难临头似的震惊而惊慌失措。对法医而言，就需要判断婴儿头部的致命伤是否为坠入坐便器所致。一般认为这种分娩情形不太可能造成严重的骨折，即便是在急产中胎儿跌落地面，也不太可能会造成致命性损伤。自然分娩时可因头部受到过度挤压导致顶骨轻微骨折，但通常是非移位性的线性骨折，并不伴有脑实质或脑膜损伤，也不会出现头皮损伤。因此，判断究竟是分娩意外损伤还是杀婴案件，主要依据头皮和颅骨损伤的严重程度与性质。需要注意的是，虽然不能完全排除分娩导致致命性颅脑损伤的可能性，但这绝对是罕见的情形[35, 36]。

- 溺死是一种不常见的杀婴方式，更常见的是将死婴抛尸入水，其死亡可以是由于死胎、娩出后自然死亡或者杀婴。从家里的洗澡盆到广阔的大海，凡是有水的地方，都可以是婴儿溺死或死后抛尸之处。大多数情况下，母亲使用碗、水桶或浴缸等家用容器溺死婴儿，再将死婴抛尸于更广阔的水域，等到婴儿被发现时已死亡多时，并且因尸体严重腐败而增加法医病理检验工作的难度。作者（BK）曾遇这样的案例，年轻父母承认在孩子活产出生数小时后，将婴儿和一块砖头用毯子包裹一并投入河水中。3 个月后尸体被发现时，大部分残骸已尸蜡化，此时法医已无法就新生儿是否活产或者死因出具明确意见，唯一客观却有争议的证据是从死婴股骨骨髓中发现与河水中相似的硅藻。在有记录的婴儿在马桶内死亡的案例中，发现婴儿的死因不是颅脑损伤而是溺死。

通过不提供适当的护理杀婴

此种杀婴方式比较少见，法医检验也难以发现明确的证据。如果是较大的婴儿而非新生儿，故意将其饿死尸体会出现明显的征象，但是对于新生儿娩出后没有立即给予护理而致死的案例，就需要结合目击证人和临床资料证实。尸体解剖唯一可能发现的征象只有体温过低（具体参见第 17 章）以及呼吸道羊水或黏液阻塞。

活产与死产的鉴别

严格来说，法医不能提供符合英国法律意义的“独立存活”证据，即从母体完全娩出后呈存活状态，而是将此问题转化为证明活产的证据，主要通过检查新生儿娩出后是否呼吸空气予以证明；对于年龄稍大些的婴儿，胃内发现食物显然也可证明其曾经存活，但实践中大多数尸体解剖还是针对刚出生的新生儿。

前文已就脐带的变化进行了阐述，但此项检验对刚出生的新生儿缺乏意义。Polson 等提出在深部支气管（次级支气管）中发现“外源性物质”可作为死产的证据，其原理是如果土壤或沙子等外源性物质随新生儿呼吸运动进入气道，那么肺深部细支气管将阻止异物进入，故而活产新生儿肺深部细支气管不可能出现外源性异物。但实践中，上述观点的可靠性存疑[37]。

证明新生儿出生后是否曾经存在呼吸切实的困难，与法医病理学领域的死亡时间推断热点一样，这个问题也会引起更多的讨论和争议。争议的焦点是中世纪提出的肺浮扬试验理论，认为如果新生儿的肺漂浮在水面，则可证明婴儿出生后曾经有呼吸。这个试验沿用至今，虽然有所改进，但主要的判断原理并未改变。必须说明的是，作者对此试验的观点是，该试验的应用价值有限，无论如何改进，最多只是一个提示性指征，而不能作为确定性证据。

有大量案例记录证明，死胎的肺也会浮于水面，而活产婴儿的肺却会沉到水底，因此肺浮扬试验不能用于刑事审判的证据。仅仅将肺是否漂浮在水面作为判断的依据，导致过去几个世纪中很多无辜的母亲含冤被处死。这种不负责任，根据不科学的证据随意将可怜的母亲处以极刑的做法，本文作者深感悲哀。这是一个很重要的，并且直至今日仍然具有争议的问题，从已故 Polson 教授的著名教科书中有这样一段话：

> “该试验早在 1900 年就备受质疑，而且不需要再进一步讨论，因为现在已经知道它没有任何价值。活产儿的肺也可能会下沉，即使是那些活了数天的新生儿[38, 39]，而且并不是每个上浮的肺都来自活产儿……因此，肺浮扬试验没有意义，而且该试验会损坏检材而导致其他更重要的检验难以实施。”[37]

在彻底否定肺浮扬试验之前，针对其在判断死产或活产这一重要问题中的价值，存在不同的观点，有支持也有反对。首先，尸体一旦发生腐败，即便是最轻微的腐败，肺浮扬试验便会失去意义。因为很多杀婴案受害者尸体都是在经藏匿、掩埋或沉入水中后被发现，这些情形下尸体都会发生腐败，使得该试验在大多数案件中没有应用价值。即便不像严重腐败那样产生气泡，轻微的腐败也可产生显微镜下可见的气体，而这种轻微程度腐败在温暖环境的第二天就可出现，热带环境下势必出现得更早。近年来，对于急救操作中口对口人工呼吸、闭胸心脏按压以及人工给氧导致对新生儿是否曾经有呼吸的评估更加困难，甚至对其进行判断是不可能的，使得可信度饱受争议的肺浮扬试验完全失去了意义。

从积极的一面来看，如果死亡时间较短、所有组织都比较新鲜，胸腔器官整体能够浮在水面，这是对新生儿出生后曾经有呼吸的有力证明，更有说服力，也就是说如果心脏、纵隔和颈部组织都能随着肺一起上浮，几乎可以肯定肺已达到肉眼可见的充气程度。

这才应该是肺浮扬试验的适用范围。许多教科书提出了复杂的试验操作方法，如将肺小叶相互分离后然后再切成碎片，用刀片挤压，甚至用脚将肺组织在停尸房的地板上踩压后再进行浮扬试验，这些方法根本不科学，完全是在浪费时间。更糟糕的是，这样会得出不具有科学性的错误结论，甚至会导致法庭误判。

寻找呼吸证据的最佳方法是对肺进行望、触、听。死产儿的肺颜色暗淡、体积小、重量大且质实如肝，即使如此肺还是可能会上浮。此外，死产儿的肺本身呈收缩状态紧贴纵隔并充满胸膜腔，同时柔韧的胸廓向内牵拉、膈肌上抬都使得胸膜腔没有多余的空间。但实践中很少意识到这个事实，当解剖时移除胸骨打开胸膜腔后，外界气体涌入，原本狭小的胸膜腔扩张，进而使肺在胸膜腔中所占的比例显得更小。

虽然肺在一定范围内随着通气时间延长而体积逐渐增大，但未经呼吸通气的肺仍比已经呼吸一段时间的肺体积要小。根据 Polson 等的研究，未通气肺重量约为体重的 1/70；随着呼吸持续，肺内血容量不断增加，肺重量可达到体重的 1/35[37]。这似乎与尸体解剖时实际测量的数据存在差异，因为平均出生体重的婴儿双肺的重量大约为 40 g，尽管个体间的差异很大，但是尚未见双肺重量达到 85 g 的婴儿（85 g 就是一个 3 000 g 婴儿体重的 1/35）。

未通气肺的质地是均质橡胶状，边缘呈锐角，没有苍白及捻发音的区域，肺切面颜色和纹理表现为均匀、湿润，类似于硬质的草莓果冻。在耳朵旁用手指捻动一小片肺组织，听不到捻发音（图 20.12）。

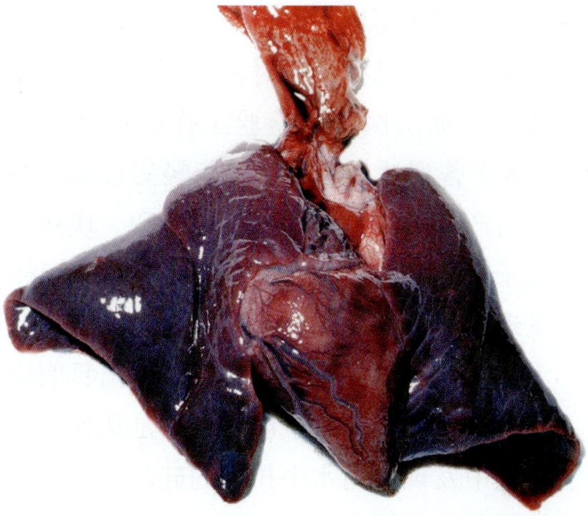

图 20.12 医院死产胎儿的双肺，肺部质实而重，挤压时没有捻发音；然而，肺的边缘部分可漂浮在水中，证明了肺浮扬试验的谬误

通气后肺的外观受呼吸时间长短以及呼吸深度的影响，但仍与上述未通气肺具有明显差异。微弱或短暂的呼吸只会影响肺的边缘，更强劲有力或更长时间的呼吸才可使全肺扩张膨胀。即便良好的通气呼吸只有一次，也可使婴儿的部分肺组织扩张。当然，无论是人工呼吸、闭胸心脏按压或是人工给氧等急救措施，都可使尸体或者活体的肺部发生膨胀，甚至对死去婴儿进行常规尸体处理，也可将空气送入肺内。完全通气的新生儿肺的大体表现明显不同：呈粉色或斑驳的大理石纹，其内侧边缘与纵隔和部分心包重叠，当然尚不如出生时间较长的新生儿那样饱满；重量增加，但也达不到如前所述的 Polson 和他的同事记录的重量；与未通气肺的锐角边缘相比，呼吸通气肺边缘（包括叶间裂）因为扩张而变得更加圆润。

两种肺的主要差异还是颜色和质地。活产肺的整个表面呈粉色，或因部分肺不张而在胸膜下形成颜色较暗的斑块；与成人类似，肺组织呈海绵状，切开时，有明显的充气感，取一块肺组织放在耳边，用手指轻轻捻压时可听到典型的捻发音。

难以分辨的情况是在过短时间内发生微弱呼吸的肺，其表现介于上述两种状态之间。此时肺前缘部分常能较好地扩张膨胀，肺舌、前横膈缘和肺下叶的中间缘等区域有时比后侧缘肺的颜色更粉、扩张得更明显。最敏感的标准还是耳旁捻发音测试，但这完全取决于法医对此声音的熟悉程度是否足以帮助他判断肺的呼吸通气情况，并准确排除所有腐败或人工复苏等原因所形成的捻发音。

若有任何疑问都要朝着没有过呼吸的方向解决，即使经过权衡后还是倾向于认为肺已经发生过呼吸，但仍应在报告中明确注明存在的不确定性。如果肺浮扬试验发现全部胸腔器官漂浮在水面，并且具备如前所述的肺部明显充气的表现，通常明确表明肺已经发生过呼吸。下沉的肺肯定不会呈粉色且具有捻发音，但深色的胎肺则可能上浮。再次强调，肺浮扬试验往往会给检验者造成误导，认为肺已经发生呼吸，因为不论外观如何，几乎所有的肺都会上浮。Lester Adelson 丰富的经验和清晰的表达使他的观点成为法医病理学界最受尊敬的声音之一，作者在此重复他的观点：

> “除非法医有无可争议的出生后存活证据，如扩张良好的肺、胃内食物或脐带残端的生活反应，否则在法律上不得诊断为活产。一旦对婴儿是否活产存在疑问，杀婴罪的指控就该被驳回。许多法院已经将婴儿是否活产的证明标准提高至排除一切怀疑，而不是排除合理怀疑，后者是刑事诉讼所要求的一般证明标准。”[26]

新生儿肺部组织学表现

在证明新生儿是否开始呼吸这个问题上，组织学表现的可靠性不尽如人意。人们曾经认为肺泡的扩张形态以及肺泡上皮的厚度可表明肺泡是否通气，但后来这些指标被证明并不可靠。根据 Shapiro 的理论，肺泡上皮的厚度和肺泡的形状更多是用于衡量胎儿的成熟度而不是用于判断出生时的呼吸情况[40]。胎儿肺发育表现为肺内支气管呈分支芽式生长，在妊娠中期（胎儿约重 800 g 或 4 个月胎龄），其表现为立方形或柱状上皮细胞构成的腺样结构。在胎儿足月前（或胎儿体重为 2 500 g），肺发育成具有薄壁的成人型肺泡结构。未经呼吸的胎儿的肺泡腔也可发生明显的扩张，如 Shapiro 介绍的一例子宫破裂后游离于腹腔的胎儿的案例即如此。未经呼吸通气的胎肺没有明显肺泡上皮结构，并且在组织学上不能与已呼吸过的肺相区分。

其他学者也描述了胎肺的成熟情况，毫无疑问的是，即便没有经过呼吸的胎肺，足月前也可发生肺泡的完全扩张[41–43]。妊娠 5 个月后，胎儿的腺样肺泡腔中就充满了羊水，实际上，有证据表明胎儿的早期肺内膜可生成羊水，因为在先天性支气管闭锁患儿的肺中也发现了羊水。当呼吸开始后，肺泡进一步扩张，部分羊水通过支气管排出，部分则被吸收回到肺循环。Ham 和 Shapiro 指出，如果扩张的肺泡内壁未覆以立方形或柱状上皮，意味着胎儿已经历发育成熟过程的 2/3，但并不意味着婴儿曾呼吸过空气[44, 45]。

这个观点在婴儿肺隔离部分的组织学表现中得到了进一步的证实，虽然这些隔离部分的肺组织未与支气管系统连接，但仍可显示出肺泡管和肺泡结构[46, 47]。将胎肺移植到动物眼球前房中仍可发育出带有终末支气管的肺泡[48]。死后的尸体处理过程也可导致空气进入胎肺。从一名已经去世的孕妇子宫内取出的死胎肺部也发现明显“呼吸过”的肺泡。

Janssen 认为，虽然急救复苏会导致死后肺部通气，但不能使死产儿肺泡完全、均匀地扩张；另外，很多曾呼吸一段时间的婴儿肺也可只出现局部肺泡扩张，大体外观呈斑片状。总之，区分这两种情况目前仍存在困难。Janssen 关于肺组织学检验的评价是有道理的：

> “根据目前的认知水平和检验能力，不能将肺部通气单独作为确定活产的指标。在各种不同的情况下，已通气的肺可能不发生肺泡扩张；相反，死产儿的肺可能会出现通气扩张表现。该检验不可能在所有的案例中都能获得确定性结论。”

一般来说，婴儿强有力地呼吸一段时间后（大多数案例中是数小时），肺组织学表现为肺泡完全且均匀扩张，类似于年龄较大儿童的肺组织。然而，许多确定活产并持续呼吸一段时间的婴儿，肺也可出现不均匀的扩张膨胀，外观上表现为胸膜下斑块状扩张。这些矛盾的表现增加了判断死产和活产的难度，许多教科书中也都列举了相应的例子。毫无疑问的是，死胎可表现为广泛的肺泡扩张，而明确存活了一段时间的婴儿也可表现为完全塌陷的肺泡。

在法医日常工作中，常需要参考这些指标做出判断，但在办理刑事案件时，证明标准是"排除合理怀疑"，如上所述，大量文献证实浮扬试验存在明确的例外情形，使得该指标的可靠性不如组织学检验。

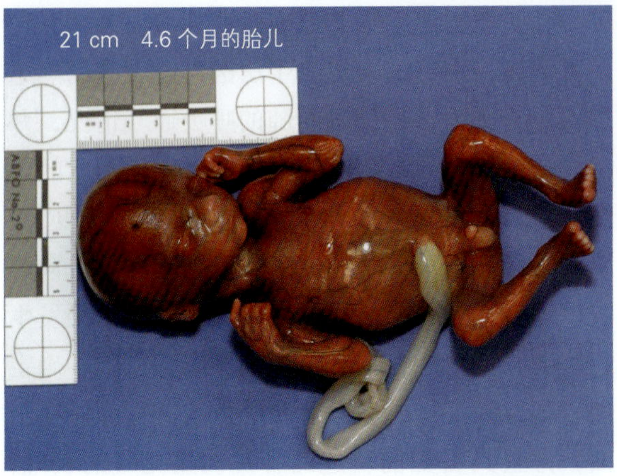

图 20.14　胎儿成熟度：胎儿身长 21 cm，胎龄约 4.6 个月

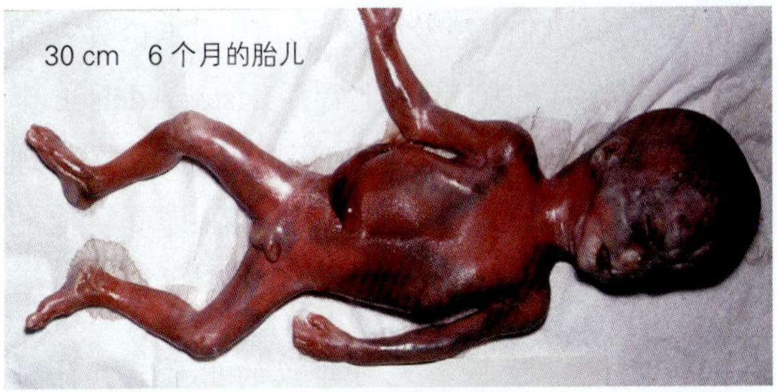

图 20.15　胎儿成熟度：胎儿身长 30 cm，胎龄约 6 个月，因为超过 5 个月（20 周）的身长（cm）约是胎龄月份的 5 倍

胎儿成熟度评估

这是尸体解剖的必检内容，法医检验不仅需要记录婴儿的大小和推测年龄，而且按照法律的要求，在判断死产或提出杀婴的指控前，必须证明婴儿的存活能力（图 20.1～图 20.15）。

首先，必须承认的是，形态学检验绝不是评估所有年龄阶段万无一失的方法，如性别、种族、营养等个体差异因素都会影响胎儿成熟度评估的准确度。骨化中心出现的时间也不像以前认为的那样一致，由于受多种生物学条件的影响，出现时间呈典型的"钟形概率曲线"，因此，尽管大部分婴儿位于曲线的中心区域，但在两端都呈现一个逐渐下降的区域。应该注意的是，足月女婴的体重通常比男婴轻至少 100 g，而同一性别内的个体差异甚至远大于不同性别间的统计差异。即使是即将足月的双胞胎，每个胎儿的体重也比单胎要轻。在上述注意事项的前提下，胎龄为 40 周的足月单胎婴儿一般具有以下重要特征：

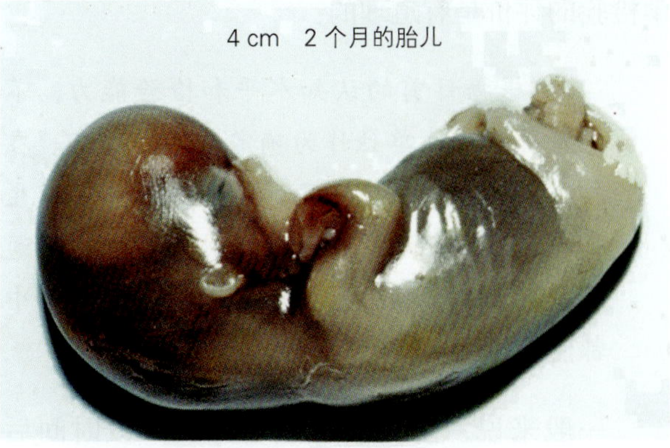

图 20.13　胎儿成熟度：孕龄第 20 周之前，胎儿的身长（cm）约是胎龄（月份）的平方（Haase's 法则）

- 体重为 2 550～3 360 g。
- 顶踵长（身长）为 48～52 cm。
- 顶臀长（坐高）为 28～32 cm。
- 头围为 33～38 cm。
- 股骨远端骨化中心几乎总是存在，直径约 6 mm。
- 没有胎毛或仅存于双肩；头发长 2～3 cm。
- 双侧睾丸降入阴囊；外阴唇闭合阴道口。
- 肚脐在剑突和耻骨中间。
- 大肠里有深色胎粪。
- 80% 的足月婴儿将在胫骨近端出现一个骨化中心；指甲和趾甲的长度并不是一个可靠的指标；更详细的信息请参阅产科和儿科工具书。

在胎龄为第 36 周时，胎儿身长约为 45 cm，体重约为 2 200 g。骨化中心通常在股骨远端出现，有时胫骨近端也同时出现；骰骨和头状骨中可能会出现骨化中心。

在胎龄为第 28 周时，胎儿的体重为 900～1 100 g，身长为 35 cm，坐高为 23 cm，足长为 8 cm。

关于胎龄和发育大小的关系，Haase 既往的经验法则是，在胎龄为 20 周之前，胎儿身长（cm）等于胎龄月份（按阴历计）的平方；超过 20 周后，胎儿的身长（cm）除以 5 即为胎龄月份。

可通过影像学方法检查骨化中心，并且需要听取放射科医生的建议，因为骨化中心影像学出现的时间可能与肉眼观察结果不同步。在尸体解剖中通常可直接进行观察，方法如下：将膝关节弯曲，经髌骨纵向切开膝关节，将股骨、胫骨末端通过切口向前暴露，再用刀从股骨末端软骨开始作持续横切，直到找到骨化中心后，并继续向上连续横切达骨化中心的核心。这样操作为了避免将股骨干的下缘误认为是骨化中心的核心；然后用类似的方法处理胫骨近端。

足部骨化中心检验方法：在第三趾和第四趾之间沿下肢轴线向上切开进入踝关节，寻找骰骨；当踝关节跖为屈位时，通过切开足背上部皮肤可暴露距骨和跟骨；跟骨和距骨的骨化中心都出现在胎龄约为 7 个月时，而骰骨的骨化中心则在足月时才出现。

在评估胎儿的骨龄方面，Fazekas 和 Kosa 的参考书具有不可估量的价值[49]。还有其他评估胎儿成熟度的非骨性方法，如检测胎肺中分泌肺泡表面活性物质的Ⅱ型肺泡上皮细胞的持续性发育情况[50]。

（岳霞　王起　译）

参考文献

[1] Moseley KL. The history of infanticide in Western society. *Issues Law Med* 1986; 1(5): 345–61.
[2] Kellett RJ. Infanticide and child destruction – the historical, legal and pathological aspects. *Forensic Sci Int* 1992; 53(1): 1–28.
[3] Kouno A, Johnson CF. Child abuse and neglect in Japan: coinoperated-locker babies. *Child Abuse Negl* 1995; 19(1): 25–31.
[4] Lagaipa SJ. Suffer the little children: the ancient practice of infanticide as a modern moral dilemma. *Issues Compr Pediatr Nurs* 1990; 13(4): 241–51.
[5] George SM. Female infanticide in Tamil Nadu, India: from recognition back to denial? *Reprod Health Matters* 1997; 5(10): 124–32.
[6] Oberman M. Mothers who kill: cross-cultural patterns in and perspectives on contemporary maternal filicide. *Int J Law Psychiatry* 2003; 26(5): 493–514.
[7] Wilczynski A. The incidence of child homicide: how accurate are the official statistics? *J Clin Forensic Med* 1994; 1(2): 61–6.
[8] Jason J, Gilliland JC, Tyler CW, Jr. Homicide as a cause of pediatric mortality in the United States. *Pediatrics* 1983; 72(2): 191–7.
[9] Christoffel KK, Anzinger NK, Amari M. Homicide in childhood. Distinguishable patterns of risk related to developmental levels of victims. *Am J Forensic Med Pathol* 1983; 4(2): 129–37.
[10] Herman-Giddens ME, *et al.* Newborns killed or left to die by a parent: a population-based study. *JAMA* 2003; 289(11): 1425–9.
[11] Vanamo T, *et al.* Intra-familial child homicide in Finland 1970–1994: incidence, causes of death and demographic characteristics. *Forensic Sci Int* 2001; 117(3): 199–204.
[12] Putkonen H, *et al.* Legal outcomes of all suspected neonaticides in Finland 1980–2000. *Int J Law Psychiatry* 2007; 30(3): 248–54.
[13] Putkonen H, *et al.* Filicide in Austria and Finland – a registerbased study on all filicide cases in Austria and Finland 1995–2005. *BMC Psychiatry* 2009; 9: 74.
[14] Funayama M, *et al.* Case report: repeated neonaticides in Hokkaido. *Forensic Sci Int* 1994; 64(2–3): 147–50.
[15] Yamauchi M, *et al.* Medico-legal studies on infanticide: statistics and a case of repeated neonaticide. *Forensic Sci Int* 2000; 113(1–3): 205–8.
[16] Resnick PJ. Murder of the newborn: a psychiatric review of neonaticide. *Am J Psychiatry* 1970; 126(10): 1414–20.
[17] Wilkins AJ. Attempted infanticide. *Br J Psychiatry* 1985; 146: 206–8.
[18] BBC. *Details emerge in French baby killing case.* [2010 29.7.2010]; Available from: http://www.bbc.co.uk/news/world-europe-10803080.
[19] *Act of June 16, 1879*, in *Code pénal.* 1879, Service central des Imprimés de l'Etat: Grand Duchy of Luxembourg.
[20] Dean PJ. Child homicide and infanticide in New Zealand. *Int J Law Psychiatry* 2004; 27(4): 339–48.
[21] Oberman M. Mothers who kill: coming to terms with modern American infanticide. *Am Crim Law Rev* 1996; 34(1): 1–110.

[22] *Infanticide Act*. UK: UK Statute Law Database (SLD), 1938.
[23] Lawn JE, *et al*. Global report on preterm birth and stillbirth (1 of 7): definitions, description of the burden and opportunities to improve data. *BMC Pregnancy Childbirth* 2010; 10 Suppl 1: S1.
[24] Beck S, *et al*. The worldwide incidence of preterm birth: a systematic review of maternal mortality and morbidity. *Bull World Health Organ* 2010; 88(1): 31−8.
[25] *Infant Life (Preservation) Act 1929*. UK: UK Statute Law Database (SLD), 1929.
[26] Adelson L. *The Pathology of Homicide*. Springfield Thomas, 1974.
[27] Kockel R. Die mikroskopischen vorgänge beim nabelschnurabfall und ihre verwertung zur bestimmung der lebensdauer neugeborener. *Beitr Path Anat* 1898; 24: 231−254.
[28] Fazekas IG, Kosa F, Fabrik E. [The periumbilical inflammatory zone of demarcation in live birth]. *Dtsch Z Gesamte Gerichtl Med* 1969; 66(2): 35−45.
[29] Fritz E. Die Bestimmung des alters von neugeborenen am hautnabel. *Beitr Gerichtl Med* 1935; 8: 28−35.
[30] Glinski LK, Horoszkiewicz S. Über mikroskopische vorgänge beim nabelschnurabfall und deren gerichtsartzliche bedeutung. *Vjschr Gerichtl Med* 1903; 24: 243.
[31] Janssen W. *Forensic Histopathology.* Heidelberg: Springer, 1977.
[32] Neri M, *et al*. Stillborn or liveborn? Comparing umbilical cord immunohistochemical expression of vitality markers (tryptase, alpha(1)-antichymotrypsin and CD68) by quantitative analysis and confocal laser scanning microscopy. *Pathol Res Pract* 2009; 205(8): 534−41.
[33] Gordon I, Shapiro HA, Berson SD. *Forensic Medicine; a Guide to Principles*, 3rd edn. Edinburgh: Churchill Livingstone, 1987.
[34] Morris JF, Hunt AC. Breaking strength of the umbilical cord. *J Forensic Sci* 1966; 11(1): 43−9.
[35] Reichard R. Birth injury of the cranium and central nervous system. *Brain Pathol* 2008; 18(4): 565−70.
[36] Zelson C, Lee SJ, Pearl M. The incidence of skull fractures underlying cephalhematomas in newborn infants. *J Pediatr* 1974; 85(3): 371−3.
[37] Polson CJ, Gee D, Knight B. *Essentials of Forensic Medicine,* 4th edn. Oxford: Pergamon Press, 1985.
[38] Dilworth T. The hydrostatic test of stillbirth. *Br Med J* 1900; II: 1567.
[39] Randolph C. The hydrostatic test of stillbirth. *Br Med J* 1901; I(19. January): 146.
[40] Shapiro HA. Microscopy of human fetal lung and the diagnosis of postnatal respiration. In: Wecht C (ed). *Legal Medicine Annual 1976*. New York: Appleton Century Crofts, 1977.
[41] Ham A, Baldwin K. A histological study of the development of the lung with particular reference to the development of the alveoli. *Anat Rec* 1941; 81: 369−79.
[42] Kuroda S, *et al*. Medicolegal studies on the fetus and infant with special reference to the histological characteristics of the lungs of liveborn and stillborn infants. *Tohoku J Exp Med* 1965; 85: 40−54.
[43] Parmentier R. L'aeration neonatale due poumon. *Rev Belg Path Med Exp* 1962; 29: 121−244.
[44] Ham A. Histology. In: *Histology*. Philadelphia: Lippincott, 1950, pp. 448−96.
[45] Shapiro H. The limited value of microscopy of lung tissue in the diagnosis of live and still birth. *Clin Proc* 1947; 6: 149−58.
[46] Potter E. Pathology of the fetus and newborn. In: *Pathology of the Fetus and Newborn*. Chicago: Year Book Publishers, 1952, p. 262.
[47] Potter E, Bohlender G. Intra-uterine respiration in relation to the development of the fetal lung. *Am J Obstet Gynecol* 1941; 42: 14−22.
[48] Waddell W. Organoid differentiation of the fetal lung: a histologic study of the differentiation of mammalian fetal lung in utero and in transplants. *Arch Path* 1949; 47: 227−47.
[49] Fazekas G, Kosa F. *Forensic Fetal Osteology.* Budapest: Akademiai Kiado, 1978.
[50] Betz P, *et al*. Determination of fetal age by immunohistochemical estimation of surfactant-producing alveolar type II cells. *Forensic Sci Int* 1992; 53(2): 193−202.

第 21 章

婴儿的猝死

- 婴儿猝死综合征的定义
- 婴儿猝死的发生率
- 影响婴儿猝死综合征的风险因素
- 婴儿猝死病史
- 死亡现场和尸表检验
- 尸体解剖
- 婴儿猝死综合征的组织学表现
- 因果关系理论
- 婴儿猝死综合征的解剖
- 摇篮死的法医学问题
- 参考文献

“婴儿猝死综合征”（sudden infant death syndrome，SIDS）的命名已被全球普遍认可，此类案件对家庭影响巨大。既往用“SUD”来命名，意思为“突如其来的意外死亡”（sudden unexpected death），但该名称本身并未包括婴儿的含义。在英国和北美，婴儿猝死综合征又被俗称为“摇篮死”[cot death（英）/crib death（美）][1]。婴儿猝死综合征的诊断必须排除其他可能导致婴儿突然意外死亡的原因（表 21.1）。

婴儿猝死综合征的定义

在 1969 年召开的西雅图国际会议上，Beckwith 将婴儿猝死综合征定义为“经系统尸检、病史回顾仍无法充分解释死因的婴幼儿突然而意外的死亡（the sudden death of any infant or young child which is unexpected by history and in whom a thorough necropsy fails to demonstrate an adequate cause of death）”[2]。此后又有研究者提出了其他定义，如在 1989 年，美国国家儿童健康和人类发展研究所（National Institute of Child Health and Human Development，NICHD）提出的定义则强调了死亡现场勘查的必要性；1992 年在悉尼举行的婴儿猝死综合征的第二届国际会议期间，Beckwith 提出婴儿猝死综合征的 3 层定义，即根据年龄、在同胞姊妹或其他近亲中是否发生类似死亡，以及尸检中发现的瘀点性出血、炎性病变或其他异常的情况，将婴儿猝死综合征划分为 3 个不同的类别[3, 4]。1994 年在挪威斯塔万格举行的婴儿猝死综合征的第三届国际会议提出了“斯塔万格定义”，强调死亡现场环境调查的重要性：在回顾临床病史、调查死亡环境和尸检后，仍不明原因的婴儿突然死亡。然而，在随后斯塔万格举行的婴儿猝死综合征全球战略会议上，1969 年的原始定义却获得了最多的支持票数。2003 年，Beckwith 提议重新审查婴儿猝死综合征的定义，并于 2004 年在加利福尼亚州圣地亚哥召开的会议中明确了婴儿猝死综合征定义和分类（表 21.2），不符合这些标准的案例应被称为“未分类婴儿死亡”（unclassified infant death，USID）或“婴儿意外猝死”（sudden unexpected death in infancy，SUDI）。

显然，采用不同的婴儿猝死综合征定义将会妨碍不同研究之间数据的比较。Byard 和 Lee 随机挑选了 2010～2011 年经同行评议后发表的 50 篇婴儿猝死综合征相关论文，以确定 3 个被国际

表 21.1　婴儿突然意外死亡的原因 *

自然死因	非自然死因
婴儿猝死综合征①	由以下原因导致的窒息
感染	• 柔软覆盖物
• 各种类型肺炎	• 口鼻阻塞
• 脑膜炎	• 胸部受压
• 胃肠炎	• 胃内容物误吸
• 心肌炎	
• 败血症	
代谢性疾病	摇晃婴儿综合征
• 脂肪酸氧化障碍	中毒
• 丙酮酸脱氢酶缺乏症	其他类型的（被掩盖的）钝性损伤
• 生物素酶缺乏症	代理型做作性障碍
• 高胰岛素血症	忽视
• 硫胺素代谢紊乱	外部原因引起的高热症
畸形	
• 血管畸形	
• 心脏畸形	
• 心肌纤维弹性增生	
• 皮埃尔・罗班综合征	
雷耶综合征	
自然原因引起的高热症	
肺部发育不良	

① 严格地说，只要婴儿猝死综合征的定义是排除性诊断（即原因不明），就不能认为是自然死因。
资料来源：经 Elsevier 许可，修改自 Bajanowski 和 Venneman。

表 21.2　圣地亚哥婴儿猝死综合征定义所使用的标准

	既往病史	死亡环境	尸检发现
一般定义	• 突然和意外死亡 • 1 岁以内 • 睡眠中的致命事件 • 临床病史无法解释的死亡	• 经环境调查后无法解释	• 经完整尸检后无法解释
分类定义			
ⅠA 型婴儿猝死综合征	1. 年龄范围（> 21 天，< 9 个月） 2. 正常的临床病史 3. 足月妊娠（≥ 37 周） 4. 正常的生长和发育 5. 同胞姐妹 / 亲属无类似死亡	• 现场勘查无法解释 • 安全的睡眠环境 • 缺乏事故的证据	1. 无致命性病理发现 2. 没有不明原因的创伤、虐待、忽视或意外伤害 3. 无实质性胸部受压 4. 毒理学、微生物学、放射学、玻璃体化学和代谢筛查
ⅠB 型婴儿猝死综合征	满足上述 1～5（与ⅠA 型相同）	没有进行现场勘查	满足上述 1～4 且 5. 未进行下列一项或多项分析：毒理学、微生物学、放射学、玻璃体化学和代谢筛查

* 译者注：婴儿猝死综合征与婴儿猝死是两个不同的概念，是婴儿猝死的其中一个原因，但本章中作者并未将两个概念进行明确区分。

续 表

	既往病史	死亡环境	尸检发现
Ⅱ型婴儿猝死综合征	与Ⅰ型标准的差异： 6. 年龄范围（0～21 天，270～365 天） 7. 新生儿 / 围产期疾病在死亡时已经痊愈 8. 在同胞姐妹、近亲属中有类似死亡	怀疑系因机械性窒息或因覆盖而捂死	满足上述 1～5 且 6. 生长和发育异常，但不认为其是导致死亡的原因 7. 较明显的炎症变化或异常，但不足以导致死亡
未分类婴儿死亡	• 不满足Ⅰ型或Ⅱ型标准	• 自然或非自然死亡的诊断不明确	• 未进行尸检

资料来源：经 Elsevier 的许可，依据 Bajanowski 和 Venneman。

认可的婴儿猝死综合征定义是否被写入论文或被引用，结果发现最常用的是 1989 年的 NICHD 定义（35.1%），其次是 2004 年的在圣地亚哥召开的会议中明确的定义（26.3%）。自 2005 年以来，尽管婴儿猝死综合征定义使用情况已有明显改善，但仍有近 1/3 的论文未能引用一个标准的定义[5]。

婴儿猝死的发生率

在国家层面，有关婴儿猝死综合征发生率统计数据的可靠性一直是个问题，世界上只有 1/3 的国家拥有正常运行的公民登记系统。2003 年底，世界卫生组织公布的死亡登记率从欧洲的近 100% 到非洲的近 10%。只有 23 个国家的数据完整度超过 90%，其中不明原因死亡者在死亡总数中占比不足 10%，并且数据均采用 ICD-9 或 ICD-10 编码。在西欧的高收入国家中，有十几个国家的数据质量中等[6]。根据 Mahapatra 等的观点，在过去 10 年中，只有约 80 个世界卫生组织成员国（占世界人口的 27%）向世界卫生组织报告了有效的死因数据[7]。此外，尸检率以及不同病理学家和临床医生的死因认定习惯也不尽相同。

根据 Rognum 的综述，在婴儿猝死中，被诊断为婴儿猝死综合征的占比为 2.5%～70%[8]。自 21 世纪初以来，在排除了许多传染性、营养性和先天性疾病后，发达国家中婴儿猝死综合征引起的婴儿死亡率大幅下降，死亡率曲线降至较低水平后趋于稳定。1990 年之前，几乎没有证据表明婴儿猝死综合征的发生率在几个世纪甚至 1 000 年来曾发生明显变化。因此，与 21 世纪初相比，1990 年以前婴儿猝死综合征占婴儿死亡总数的比例相当大。在许多发达国家，目前婴儿猝死综合征仍然是围产期后婴儿死亡最常见的单一原因。

在 1990 年，英国婴儿猝死综合征发生率约为每 1 000 名活产儿中 2 人，但该风险在不同人群间差异很大。Golding 等在其著作中提供了一个列表，全面说明了在婴儿猝死综合征发生率急剧下降之前，全球范围婴儿猝死综合征的发生率情况[9]。例如，在美国，不同地域、种族和社会群体的发生率存在很大差异，但总体发生率为 2.3/1 000；1969 年芝加哥的发生率是 3.4/1 000，相比之下，1974 年纽约北部地区的发生率只有 1.4/1 000；而不同种族之间的差异更大，非白人婴儿的发生率更高。例如，在内布拉斯加州，白人发生率为 1.9/1 000，而非白人发生率高达 5.9/1 000。然而，也有证据表明引起婴儿猝死综合征发生率差异最主要的原因是社会群体因素，而非生物种族原因。根据美国疾病控制与预防中心（Centers for Disease Control and Prevention，CDC）的数据，自 1990 年以来，美国婴儿猝死综合征的总体发生率下降了 50% 以上，目前婴儿猝死综合征是婴儿死亡的第三大原因之一。据报道，2010 年有 2 063 例婴儿猝死综合征，即每 1 000 名活产婴儿就有 0.51 例死亡[10, 11]。

如上所述，在英国和其他几个欧洲国家，婴儿猝死综合征发生率在过去几年中显著下降。在法国，1979～1993 年，新生儿婴儿猝死综合征发生率无显著变化，1995 年其发生率则急剧下降至 2/1 000；在英格兰和威尔士，该比例在 1988 年达到顶峰，即每 1 000 名活产儿有 2.3 人死亡。但在1988～1992年，婴儿猝死综合征发生率下降了69%，从2.01/1 000下降到0.63/1 000，2000年进一步下降到0.3/1 000。自1995年以来，在婴儿猝死综合征发生率下降的同时，“不确定”或“不明”原因死亡的发生率则约为1995年的10倍，从1995年的每1 000名活产婴儿0.02例死亡增加至2003年的0.19例。但是，目前还不清楚婴儿猝死率的下降和不确定原因的死亡率上升是否有联系[12]。

婴儿猝死综合征发生率下降时间几乎与卫生部和婴儿死亡研究基金会的大力宣传活动开展时间相一致，该宣传活动提倡婴儿仰卧而不是俯卧睡觉，应避免为婴儿过度保暖及在其附近吸烟，并规劝家属一旦婴儿不适要及时就医[13-21]。然而，婴儿猝死综合征发生率的下降略早于这一宣传活动，所以睡眠姿势等对死亡率下降的影响尚不完全清楚，但还有一些来自荷兰的其他证据也表明，仰睡建议降低了死亡率[22-26]。此外，在这些同期年份里出现的暖冬或许也是一个促进婴儿猝死综合征发生率下降的因素。

目前，英格兰和威尔士婴儿不明原因死亡的数据包括婴儿猝死和不确定原因的死亡。婴儿猝死（ICD-10编码R95“婴儿猝死综合征”）包括在死亡证明上任何地方提到“婴儿猝死”“摇篮死（英cot death）”“婴儿猝死综合征”“摇篮死（美crib death）”或其他类似的术语，而不确定原因的死亡（ICD-10编码R99“其他定义不清和未明确原因的死亡”）只包括死亡证明表述为“死因不确定”的案例。当该死亡不满足婴儿猝死的标准且对其原因仍有疑问时，病理学家会使用“不确定”术语表述。根据目前的数据，2010年英格兰和威尔士有254例不明原因的婴儿死亡，每1 000名活产婴儿中有0.35例因不明原因死亡[27]。

影响婴儿猝死综合征的风险因素

年龄

与大多数生物现象类似，婴儿猝死综合征发生的年龄范围也遵循“钟形曲线”。正如西雅图定义所述，曲线的两端分别是2周和2岁，但此年龄范围对绝大多数死者而言过于宽泛。死亡率高峰出现在月龄为3个月左右，大部分案例在2～7个月，9个月之后猝死发生率下降，当然也有在第二年发生猝死的病例，此时按照所有的标准，只能被称为“摇篮死”[9, 28-39]。

同样，有些婴儿在出生后第一个月内就发生意外、突然死亡，但必须承认真正的婴儿猝死综合征并不包括新生儿死亡，虽然说出生后即死亡的婴儿与出生后已经成功度过危险期却又突然死亡的婴儿之间几乎总是存在着不同，然而，对两者进行绝对的区分显然是不可能的，早产儿和低体重儿存在更高的婴儿猝死综合征发生风险，而且有些围产期死亡与婴儿猝死综合征无法区分，两者尸检都呈现出阴性结果。

性别

该综合征具有轻微但明确的性别偏向，在所有年龄段中，虽然情形不同但通常都是男婴比例更高。大多数调查结果都显示，男女比例为1.3∶1左右，男婴偏多。然而，澳大利亚土著婴儿、阿拉斯加州原住民和美国印第安人等土著人口中的婴儿猝死综合征发生率似乎与性别无关[29, 33, 34, 37, 39-47]，而且在新西兰的毛利人中，婴儿猝死综合征与性别也不具有相关性[48, 49]。

双胞胎

双胞胎的死亡风险明显多于单胎，虽然在不同的调查中数据各不相同，但双胞胎的风险至少是单胎的2倍，其部分原因在于双胞胎经常是早产儿和低体重儿，那些身体条件较差的婴儿面临的死亡风险更大[29, 50-56]。在英格兰和威尔士，对1993～1998年的活产儿和婴儿猝死综合征病例进行流行病学调查研究中，Platt和Pharoah未能观察到同卵双生子对死亡风险的任何影响[54]。然而，两位调查者在另一项研究中，观察了英格兰和威尔士6 755 416例活产儿中的3 092例单胎婴儿的婴儿猝死综合征和187 048例双胞胎活产儿中的172例婴儿猝死综合征，发现当分别计算新生儿期和新生儿期后死亡率时，同性双胞胎和异性双胞胎之间具有显著差异，该结果提示应该重新评估同卵双生子发生婴儿猝死综合征的风险[57]。

已有一些关于双胞胎在同一天死于婴儿猝死综合征的报道，此现象势必会引起人们的怀疑和困惑[58-66]。在 Beal 进行系列调查的 637 对双胞胎婴儿中，有 12 对（2%）同时死亡[51]。Bass 研究了 13 对无明显原因而同时死亡的健康双胞胎，其中 10 对被尸检者证明为同时发生的双胞胎婴儿猝死综合征，该项研究最终结果表明这 13 对双胞胎都是死于意外或其他原因引起的损伤，并且这些死亡本来是可以避免的[59]。Malloy 和 Freeman 分析了 1987～1991 年美国婴儿出生和死亡证明数据，以确定双胞胎出生（n=1 056）与单胎出生（n=23 464）的婴儿猝死综合征风险，他们发现，独立于出生体重，双胞胎婴儿猝死综合征的风险并不比单胎更高，双胞胎同时死于婴儿猝死综合征的情况相当少见（发生率为每 10 万双胎妊娠中 4.0 例）[53]，而双胞胎在同一天死亡的情况也极不常见（发生率为每 10 万双胎妊娠中 0.58 例）。作者推测，该研究结果与早期研究结果存在差异的原因可能是由于先前的研究是基于病例系列，而不是基于对整个出生队列的分析；另外，他们也承认该研究具有局限性，即在进行统计时，并不能确保死因是准确的。

季节性因素

婴儿猝死综合征发生具有明显的季节性差异，温带地区在较寒冷潮湿的月份发生率较高。在欧洲和北美地区，大多数婴儿猝死综合征发生在 10 月至次年 4 月，而澳大拉西亚地区则刚好相反[9, 25, 28, 29, 33, 38-40, 42, 43, 67-71]。热带和亚热带地区，婴儿猝死综合征发生缺乏明显的季节性规律，部分原因是在这些纬度的许多国家相对不发达，婴儿死亡率高且死亡证明和统计记录的准确性往往较低。然而，热带地区无疑也会发生婴儿猝死综合征，其发生率常被更明显的疾病所掩盖。许多研究者试图将温带地区的婴儿猝死综合征发生率与气温变化、社区呼吸道感染的发生率建立联系，虽然各项研究结果之间并不完全一致，但基本可以确定的是，呼吸道感染是诱发婴儿猝死综合征的一个因素。

社会阶层与住房条件

社会阶层和住房条件并不太适合解释摇篮死的社会流行病学表现，但有充分的证据表明，以职业和住房质量作为衡量标准的社会较低阶层与婴儿猝死综合征的发生率密切相关[34, 37, 43, 72-74]。很难将这些流行病学因素与众多的病理学理论以及与婴儿猝死有关的病因联系起来。

婴儿猝死病史

猝死婴儿的病程通常很简短，而且各病例的病程非常相似。婴儿在前一天的情况很好或者（约有一半的死者）有轻微的症状，通常是上呼吸道感染或肠胃不适。因为悲痛中的父母会尽可能使猝死的悲剧明确化，所以即使存在这些症状也可能被夸大。

此类案情通常是婴儿晚上被哄睡，第二天早上父母再去看望时发现婴儿已经死亡，或者是喂早饭时婴儿看起来还很好，但随后被发现死于睡觉的地方。大多数婴儿是在上午（在十点之前）被发现死亡，而少数是在下午和晚上死亡（或被发现死亡），发生死亡过程往往迅速且没有动静。虽然大多数死亡是在无人察觉的情况下发生，但根据作者（BK）的经验，在一些案例中婴儿在某一时刻仍然身体状况很好，但在随后 5 min 内就被发现死亡；也有一些婴儿猝死综合征记录表明是在医院甚至是在医生的怀里发生死亡。

死亡现场和尸表检验

只有很少的案例是在原始状态下勘验了现场（表 21.3），因为当发现异常情况时，婴儿通常会被紧急送往医院或家庭医生，或者是在急救车到达后先由急救医生进行复苏，并紧急送往医院。

死亡被发现时，少数孩子的口腔可有少量水肿液流出，甚至有时还带有少许血红色液体，偶见由于口腔或咽部血管淤血所致的明显出血。

表 21.3 死亡现场勘查

外部条件	周围情况	发现死亡的情况	尸表检验
房间的大小	床的类型	身体位置	死亡征象
窗户的尺寸	毯子的类型	穿着衣服	死亡时间
供暖情况	毯子的尺寸和重量	覆盖物	复苏
空气流通率	床垫的类型	流汗	暴力迹象
室温	床上的玩具	呕吐	体温
室外温度		使用的固定装置	

资料来源：经 Elsevier 许可，修改自 Bajanowski 和 Venneman。

正如下文所讨论的，口腔、鼻孔或面部可见胃内容物，但不能因此认为是胃内容物误吸导致死亡。死者的手经常被床单上的纤维缠住，似乎曾有痉挛性的抓握动作。

有的死者在床单下被发现，甚至是头朝下蜷缩在婴儿床脚，这同样没有任何意义，因为成千上万的健康婴儿习惯以这种方式睡觉，却没有发生婴儿猝死综合征。

有不少婴儿被发现时已被汗水浸湿，甚至体温升高，其意义尚不清楚，但在英国最近提出的预防建议中，包含避免过度包裹和过度保暖[50, 75]。

婴儿猝死综合征缺乏有意义的尸表检验发现。面部可能呈苍白、轻微发绀或淤血，面部和眼部均无瘀点性出血。尽管婴儿的睡姿在死因分析中很重要，但发现死亡时的姿势不一定与死亡有关，如有的婴儿被发现时面朝下，由于压力影响了尸斑的形成，口鼻周围可存在一片苍白的区域，该现象是死后所形成，因而无论如何都不能将其作为提示闷死的压迫痕迹。

尸体解剖

多年来，尸体解剖检验引起了很多争议。如婴儿猝死综合征定义所述，肉眼所见征象基本为阴性，如果在肉眼检查中发现任何重要的病变，那么死亡就不再是真正的婴儿猝死综合征，而应被归类为所发现的病变。尽管法医病理专家可基于显微镜观察而非肉眼所见进行评价，但“可被解释”的摇篮死所占比例在不同专家之间仍存在很大差异。在所有睡眠中死亡的婴儿（即摇篮死）中，大多数是真正的婴儿猝死综合征，但也有少数存在明显的病理改变；这两种情况的占比因法医病理专家而异。许多病理学家承认约 15% 的死者在尸检时能够发现一些病理改变，但这并不意味着这些病理改变（有时轻微）是构成死因的一个因素。例如，偶见死者有轻度的先天性心脏病或唐氏综合征，但并不能认为这些病变就是致死因素。总之，几乎所有的婴儿猝死综合征都是摇篮死，但不是所有的摇篮死都是婴儿猝死综合征。

如前所述，尸表征象除了口唇和鼻孔处可见的泡沫状胃内容物，以及有时在拳头里紧握的纤维之外，其他征象基本上是阴性的。尽管身长、体重及其他体格测量值与婴儿猝死综合征没有直接关系，我们也必须像其他婴儿解剖一样仔细记录这些测量数值，因为有可能该例死亡不是典型的婴儿猝死综合征。

典型婴儿猝死综合征的解剖检验结果同样缺乏特异性[39]。虽然现在有大量关于婴儿猝死综合征的镜下、微生物学和生物化学检验报告，但尚未有任何诊断标准被认可。尸检时肉眼可见以下表现：

- 肺胸膜的瘀点性出血。
- 胸腺的瘀点性出血。
- 心外膜表面的瘀点性出血或较大的血性瘀斑，尤其是心脏的背侧。自 1855 年 Tardieu 首次在婴儿死亡病例中描述这些瘀点以来，一直存在着激烈的争论，但几乎可以肯定的是，这些瘀点或瘀斑是在濒死期所形成的。

一种解释认为，它们是气道被阻塞后强行吸气的结果，而气道阻塞或是由于喉痉挛或是由于婴儿肌张力低下所致的咽部塌陷；但这些假设都没有得到证实；在真正的婴儿猝死综合征死亡中，约有 70% 的婴儿胸腔可见瘀点。胸腺出血通常很明显，表面布满瘀点和较大的瘀斑；最近有人认为，与机械性窒息相反，婴儿猝死综合征的出血位于胸腺皮质而非髓质，但很少有病理学家接受这种观点（图 21.1）。

- 气道中存在胃内容物（通常是奶渣），这常常被一些法医病理专家作为确切的死因，但没有证据表明这就是死亡的原因。这种征象或是来源于濒死期的反流，或者甚至是一种死后现象。作者（BK）对包括成人和儿童在内的 100 具尸体解剖后，发现至少 25% 尸体的气道内存在或多或少胃内容物，而几乎所有的尸体都有明显的病理改变并足以解释死因。这些问题在第 14 章中有详细讨论。

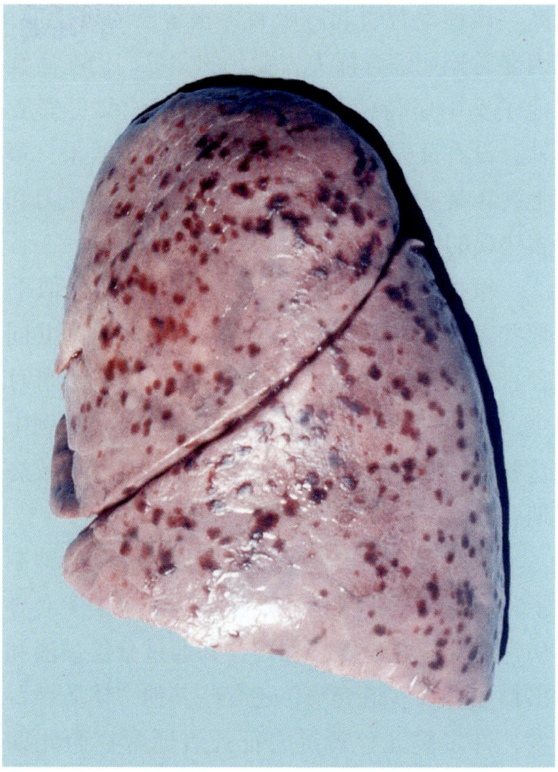

图 21.1　胸膜下出血——原“Tardieu 斑”：取材于一例婴儿猝死综合征，这些肺部瘀斑远比成人明显，70% 的婴儿猝死综合征病例可见这些改变

- 引起喉或气管支气管黏膜红肿的呼吸道感染并不常见，但它是一些婴儿猝死综合征死者较明显的大体改变。如果感染严重到产生脓液，特别是肺实质有明显的炎症改变，则该死亡不属于婴儿猝死综合征，而是属于致命的肺部感染。显微镜下发现极少量“炎症”细胞时必须谨慎解释，一些法医病理专家过于关注支气管周围散在或小灶性聚集的白细胞，而在对照组婴儿中，这种小灶性淋巴细胞聚集也很常见，因此可不予考虑。肺组织学检验结果通常是导致应被归类为真正婴儿猝死综合征的摇篮死比例发生变化的原因。
- 肺水肿很常见，通常是中等程度的肺水肿。肺表面常有斑片状的胸膜下部分塌陷，青蓝色肺区与换气较好的粉红色区域交替出现。

在一些意外死亡的婴儿中，也可发现唐氏综合征、先天性心脏病或其他慢性系统性疾病等异常情况，然而目前又没有证据表明这些疾病可导致突然死亡。此时的难点就在于是将死因归为婴儿猝死综合征，还是归为这些明显的疾病。人们自然倾向于用已知的病变解释死亡，特别是医生和父母，他们更愿意用特定疾病来解释死亡而不是用“婴儿猝死综合征”这一模糊的诊断。

然而，在多数案例中，无法解释为什么一个患有唐氏综合征的婴儿，在某天晚上状态良好，却在第二天早上被发现已经死亡——许多相对轻微的（而且往往是之前并未被诊断的）类似先天性缺陷同样也不可能以如此突然的方式导致死亡。患有唐氏综合征或室间隔缺损或其他类似疾病的儿童因婴儿猝死综合征死亡，这样的死因解释可能更符合逻辑。也必须承认的是，这些先天性缺陷可能是与婴儿猝死综合征有关的众多因素之一。因此，在填写死亡证明时，以“婴儿猝死综合征”作为第 I 部分主要死因，其他病理改变在第 II 部分中作为辅助死因才是合理的。

婴儿猝死综合征的组织学表现

婴儿猝死综合征镜下表现同样也是一个颇具

争议的话题，很多文章对此进行了讨论，但其中大部分只是纯粹的研究性资料，其他工作者常无法复制。

肺部组织学改变，尤其是肺部炎症的证据所受到的关注最多。如前所述，发现阳性结果的频率取决于观察者的标准阈值，主要的镜下发现是支气管周围的炎细胞浸润，一些工作者声称在大多数婴儿猝死综合征检材中发现了异常的炎细胞反应，而另一些人则对于成人支气管周围轻微的炎细胞数量增加未予重视。

关于其他组织学发现，多数研究人员的报道都不一致。例如，Richard Naeye 发现婴儿猝死综合征死者肺动脉管壁增厚、脑干胶质增生、肾上腺棕色脂肪沉积和颈动脉体异常，基于此有研究者提出了慢性缺氧假说[76]。对于心肌、肾上腺、甲状旁腺和肝脏的组织学改变都有研究者进行观察，但结果或者因与临床和流行病学数据相矛盾而没有通过严格的评估，或者在随后的调查中无法重现。

因果关系理论

自 20 世纪 70 年代中期以来，有 1 万多篇关于婴儿猝死的文章，现在人们只需要查阅这些文献就能跟上主流研究的步伐。这些研究涵盖牛乳蛋白过敏、家螨过敏、故意窒息、脊髓出血、肉毒杆菌病、钙缺乏、硒缺乏、生物素缺乏、维生素 E 缺乏、维生素 C 缺乏、维生素 D 缺乏、硫胺素缺乏、低血糖、甲状腺功能低下、镁缺乏、一氧化碳中毒、二氧化碳中毒、覆盖过多、咽喉功能减退、鼻腔阻塞、气管支气管炎、呼吸道合胞病毒、睡眠呼吸暂停延长、肺表面活性物质不足或异常、心脏传导缺陷、饮食中钠含量过高、枕骨大孔狭窄、高热、低体温、流感、代谢酶缺陷、免疫缺陷、高丙种球蛋白血症、有害基因突变以及许多其他疾病[17, 18, 77–110]。

在 1989 年以及之后的 1994 年，英国的新闻宣传引起了人们的极大关注，声称使用了某些阻燃化学物质的婴儿床床垫套上可有真菌生长，进而产生含有砷和锑的气体，并通过化学分析在一些婴儿猝死综合征组织样本中发现了锑[90, 111]。然而，两者之间的因果关系尚未得到证实，且该理论也不符合流行病学特点——尤其是在此类床垫套出现之前，婴儿猝死综合征已经出现了几百年甚至几千年，有关摇篮死的案例可见于《旧约》（*Old Testament*）和 12 世纪的威尔士文学作品。

在 20 世纪 70 年代和 80 年代初，有一种假说得到了广泛的支持，并开始被普遍接受。这种假说认为，在所有婴儿的睡眠中都存在正常呼吸暂停期，而在一些呼吸动力差的婴儿中该期有所延长，这引发了一个复杂的机制，即进行性缺氧和对高碳酸血症、低氧的响应不充分，使得睡眠中的婴儿进入缺氧—窒息—缺氧的恶性循环，最终死于心动过缓和心脏停搏。组织学研究结果证实了呼吸道感染、睡眠和鼻腔阻塞促进了这种急性到慢性缺氧的状态。

然而，这一引人注目的理论在很大程度上被否定了，因为在对患有睡眠呼吸暂停综合征和其他呼吸系统问题的婴儿进行前瞻性研究发现，其发生婴儿猝死综合征的风险并不比正常对照组高。该理论曾引起呼吸暂停报警器的广泛使用，因婴儿猝死综合征失去婴儿的父母们仍在后续其他子女中坚持使用报警器。除了让父母安心之外，没有证据表明它们有任何有益的效果；事实上，在某些情况下，等待警报器响起的压力和许多错误的警报反而导致了婚姻问题。

根据目前的研究，婴儿猝死综合征似乎是那些经受多个有害因素的婴儿最终死亡的共同途径，并且这些因素必须在一个婴儿身上同时发生，才能导致致命的结果。当然，每个病例中的这些有害因素可有很大不同，但最终都导致终末期急性心肺衰竭。

一些有害因素已经被认定，如睡眠会抑制脑干，病毒感染（特别是呼吸道病毒感染）会导致病毒血症、减少氧合作用，并通过分泌黏液和渗出物使有效气道变窄，还有些其他“体质性”因素，许多婴儿猝死综合征死者通常在胎儿期就有身体生理功能受损，如早产儿和低出生体重儿（尽管大多数婴儿猝死综合征都不是这两种情况）。此外，前面所列举的一系列有害因素可在特定情况下发挥作用，如个别婴儿猝死综合征病例中发现有人感染肉毒杆菌[112-115]。

因此，寻找摇篮死的“原因”是徒劳的，因为其并非单一原因所致，而且不同案例中的有害因素也并不完全相同，尽管它们的终末机制是相同的。

最困难的问题之一就是病理解释不能与流行病学研究结果相一致。事实证明，非针对性的医疗改进降低了婴儿猝死综合征发生率。例如，芬兰和荷兰等国家提供了优良的产前、产后服务，这些国家婴儿猝死综合征的发生率最低。谢菲尔德（Sheffield）项目表明，降低婴儿猝死综合征发生率最有效的方法是家庭开启各项卫生健康服务。

法医病理专家的职责是进行细致的解剖以排除任何明显的自然疾病或损伤，并用通俗易懂的语言向死者父母提供有关婴儿猝死综合征的解释和建议。英国、美国和其他一些国家有若干非常专业的慈善咨询机构，其可向父母提供文献和直接帮助，而且通常还为目前正在进行的大多数研究计划提供支持。

婴儿猝死综合征的解剖

猝死婴儿的尸检程序与其他婴儿尸检程序完全相同，也与疑似受虐待儿童的尸检程序几乎没有区别。事实上，排除虐待是首先要考虑的因素，因为尽管婴儿猝死综合征与虐待之间没有病因学联系，但有时隐蔽的虐待（或有时真正的意外）则有摇篮死的表现。一些法医病理专家和儿科病理专家坚持在尸检前进行全身影像学或放射学检查。如果具备这类设施，影像学检查当然是一个明智的选择。如同所有的儿科尸检一样，对婴儿进行全面发育测量必不可少，可监测儿童各项参数是否与年龄相符，并在已知出生体重的情况下与标准参考值进行比较。

Bajanowski 等最近提出一项关于标准化婴儿猝死综合征调查的建议，提出了标准化的尸检方案（standardized autopsy protocol，SAP），该方案与欧洲委员会关于统一法医尸检规则的建议类似，并与之相符[116]。

肉眼检查是对所有表面、孔裂和器官进行标准细致的观察，全面的组织学检验也至关重要，甚至需要法医病理专家做比常规检验更多的蜡块；特别是在肺部应广泛取样，至少需要取 6 块组织。除组织学检查外，还应从大气道和肺实质中取拭子进行微生物培养，心血管系统取样也可同时用于做细菌培养；怀疑感染时，应常规打开中耳并取拭子；应另送一块肺组织做病毒学培养；如生前有肠道紊乱史，应取回肠内容物样本进行培养。但据报道，这种微生物学和病毒学培养难以呈现阳性结果，一是由于受死亡时间的影响，二是由于所发现的许多微生物无法与共生菌或死后污染物相区分。

同样，从婴儿猝死综合征的定义来看，通常缺乏特异性的组织学发现。如果发现导致死亡的明确病理改变，则该病例将从婴儿猝死综合征类别中被剔除，并根据所发现的疾病进行分类。而当必须界定病变是否“显著”或“明确”时，问题就出现了，因为不同法医病理专家的评判阈值差异很大，尤其是对肺部炎症的诊断。

摇篮死的法医学问题

区分婴儿猝死综合征和外窒息

这是摇篮死中最古老的问题，也是一个仅从病理学角度无法解决的问题[117-122]。婴儿窒息通常缺乏特征性的尸体征象，而婴儿猝死综合征也同样缺乏特征性的尸体征象，所以在完全阴性的尸检结果中，不存在可靠的诊断标准。胸腔内瘀点性出血几乎没有诊断价值，尽管最近有一份报告称，婴儿猝死综合征中瘀点性出血局限于胸腺皮质，可据此区分婴儿猝死综合征与机械性窒息。然而，在一些已知的窒息中也可不出现瘀点性出血，如塑料袋套头引起的窒息，但约 70% 的婴儿猝死综合征见浆膜瘀点性出血。

英国每年约有 290 例婴儿摇篮死，美国约有 2 000 例，其中大部分死亡是在脸部未被遮盖、口鼻未被阻塞的睡姿下被发现，也没有人相信所有这些婴儿都是被父母所闷死。瘀点性出血对区分窒息和婴儿猝死综合征没有价值，因此，不可能通过尸检确证甚至提示一名死者是被闷死的而非婴儿猝死综合征致死。当然，所有这些都是以未检见面部淤青、抓痕或其他阳性征象为前提，因为这些阳性征象可立即将该案例与婴儿猝死综合征相区分。

通过现场或其他非医学的案情材料也可提示或证实死亡源于故意的窒息，但是这种情况极为罕见，也不为法医病理专家所关注。然而，当母亲陈述存在闷死的情形时须特别注意，因为有几个案例已证实失去孩子的母亲因悲伤和自责而欺骗自己，提供完全错误的陈述，以合理化一个无法解释的悲剧。

多发婴儿猝死

多发婴儿猝死为法医、儿科医生和调查机构带来又一个棘手问题。考虑到目前尚无婴儿猝死综合征的客观诊断标准，这意味着我们不知道真正的死因，据此就将反复突发的意外死亡案例直接进行概率统计计算似乎并不可行[123–126]。此种情形下，尽管谋杀的可能性总是存在，但也必须考虑到一些家族性的代谢性疾病或其他遗传性疾病。即使尸体解剖没有发现机械性窒息或其他可证明死亡原因的阳性证据，并且通过最详尽的医学调查也无法发现遗传性疾病的证据，法医也无法证实任何存在机械性窒息的情形，即便如此，法医仍可以也应该向调查主管部门说明他的顾虑。但是，另一方面，如果调查部门没有得到任何确凿的证据，法医继续坚持一个无法得到任何病理证据支持的假设也毫无意义。

父母的咨询

许多家庭，主要是母亲，都有强烈的愿望想知道他们的子女为什么会死亡。这种需求往往无法通过任何官方途径来获得满足，如与验尸官的接触。一旦法律程序结束，法医应与接受尸检的死者父母见面并进行解释。通常早期的咨询是由儿科医生提供的，但有些母亲希望与法医交谈。Adelson 和 Knight 都主张法医应随时为此需求提供服务，但有些法医会以虚构的法律屏障逃避这一伦理责任[28, 127]。

（俞尤嘉　译）

参考文献

[1] Barret AM. Sudden death in infancy. In: Gairdner D (ed). *Recent Adv in Pœdiatrics*. London: Churchill, 1954, pp. 301–20.

[2] Beckwith JB. Discussion of terminology and definition of sudden infant death syndrome. In: *The Second International Conference on Causes of Sudden Death in Infants*. Seattle, WA: University of Washington Press, 1969.

[3] Willinger M, James LS, Catz C. Defining the sudden infant death syndrome (SIDS): deliberations of an expert panel convened by the National Institute of Child Health and Human Development. *Pediatr Pathol* 1991; 11(5): 677–84.

[4] Beckwith, JB. *Discussion of Terminology and Definition of the Sudden Infant Death Syndrome* Ithaca: Perinatology Press, 1993.

[5] Byard RW, Lee V. A re-audit of the use of definitions of sudden infant death syndrome (SIDS) in peer-reviewed literature. *J Forensic Leg Med* 2012; 19(8): 455–6.

[6] Mathers CD, *et al*. Counting the dead and what they died from: an assessment of the global status of cause of death data. *Bull World Health Organ* 2005; 83(3): 171–7.

[7] Mahapatra P, *et al*. Civil registration systems and vital statistics: successes and missed opportunities. *Lancet* 2007; 370(9599): 1653–63.

[8] Rognum TO. [Crib death or cot death in the Nordic countries. A forensic pathologist's point of view]. *Ugeskr Laeger* 1999; 161(48): 6612–8.

[9] Golding J, Limerick S, McFarlane A. *Sudden Infant Death*. Shepton Mallet: Open Books, 1985.

[10] Martin JA, *et al*. Births: final data for 2010. In: *National Vital Statistics Reports* 2012. Hyattsville: National Center for Health Statistics, 2012.

[11] CDC. *Sudden Infant Death Syndrome (SIDS) and Sudden, Unexpected Infant Death (SUID)*. 2013 August 9, 2013 [cited 2013 Oct 29]; Available from: http://www.cdc.gov/SIDS/index.htm.

[12] Corbin T. Investigation into sudden infant deaths and unascertained infant deaths in England and Wales 1995–2003. *Health Stat Quart* 2005; 27: 17–23.

[13] Fleming P, *et al*. Bedding and sleeping position in the sudden infant death syndrome. *Br Med J* 1990; 301(6756): 871–2.

[14] Fleming PJ, *et al*. Interaction between bedding and sleeping position in the sudden infant death syndrome: a population based case-control study. *Br Med J* 1990; 301(6743): 85–9.

[15] Gilbert RE, *et al*. Signs of illness preceding sudden unexpected death in infants. *Br Med J* 1990; 300(6734): 1237–9.

[16] Cole TJ, *et al*. Baby check and the Avon infant mortality study. *Arch Dis Child* 1991; 66(9): 1077–8.

[17] Fleming PJ, Azaz Y, Wigfield R. Development of thermoregulation in infancy: possible implications for SIDS. *J Clin Pathol* 1992; 45(11 Suppl): 17–19.

[18] Gilbert R, *et al*. Combined effect of infection and heavy wrapping on the risk of sudden unexpected infant death. *Arch Dis Child* 1992; 67(2): 171–7.

[19] Golding J, Fleming P, Parkes J. Cot deaths and sleep position campaigns. *Lancet* 1992; 339(8795): 748–9.

[20] Wigfield RE, *et al*. Can the fall in Avon's sudden infant death rate be explained by changes in sleeping position? *Br Med J* 1992; 304(6822): 282–3.

[21] Stewart A, *et al*. Lessons from the New Zealand and UK cot death campaigns. *Acta Paediatr Suppl* 1993; 82 Suppl 389: 119–23.

[22] de Jonge GA, Engelberts AC. Cot deaths and sleeping position. *Lancet* 1989; 2(8672): 1149–50.

[23] de Jonge GA, *et al*. Cot death and prone sleeping position in The Netherlands. *Br Med J* 1989; 298(6675): 722.

[24] Engelberts AC, de Jonge GA. Choice of sleeping position for infants: possible association with cot death. *Arch Dis Child* 1990; 65(4): 462–7.

[25] Engelberts AC, de Jonge GA, Kostense PJ. An analysis of trends in the incidence of sudden infant death in The Netherlands 1969–89. *J Paediatr Child Health* 1991; 27(6): 329–33.

[26] de Jonge GA, *et al*. Sleeping position for infants and cot death in The Netherlands 1985–91. *Arch Dis Child* 1993; 69(6): 660–3.

[27] Office for National Statistics. Unexplained Deaths in Infancy – England and Wales, 2010. In: *Statistical Bulletin* 2012, Office for National Statistics.

[28] Knight B. *Sudden Death in Infancy: the 'Cot Death' Syndrome*. London: Faber and Faber, 1983.

[29] Rintahaka PJ, Hirvonen J. The epidemiology of sudden infant death syndrome in Finland in 1969–1980. *Forensic Sci Int* 1986; 30(2–3): 219–33.

[30] Hoffman HJ, Hillman LS. Epidemiology of the sudden infant death syndrome: maternal, neonatal, and postneonatal risk factors. *Clin Perinatol* 1992; 19(4): 717–37.

[31] Mitchell EA. The changing epidemiology of SIDS following the national risk reduction campaigns. *Pediatr Pulmonol Suppl* 1997; 16: 117–9.

[32] Oyen N, *et al*. Combined effects of sleeping position and prenatal risk factors in sudden infant death syndrome: the Nordic Epidemiological SIDS Study. *Pediatrics* 1997; 100(4): 613–21.

[33] Vege A, Rognum TO, Opdal SH. SIDS – changes in the epidemiological pattern in eastern Norway 1984–1996. *Forensic Sci Int* 1998; 93(2–3): 155–66.

[34] Leach CE, *et al*. Epidemiology of SIDS and explained sudden infant deaths. CESDI SUDI Research Group. *Pediatrics* 1999; 104(4): e43.

[35] Krous HF, *et al*. Sudden infant death syndrome and unclassified sudden infant deaths: a definitional and diagnostic approach. *Pediatrics* 2004; 114(1): 234–8.

[36] Li L, *et al*. Investigation of sudden infant deaths in the State of Maryland (1990–2000). *Forensic Sci Int* 2005; 148(2–3): 85–92.

[37] Blair PS, *et al*. Major epidemiological changes in sudden infant death syndrome: a 20-year population-based study in the UK. *Lancet* 2006; 367(9507): 314–9.

[38] Tursan d'Espaignet E, *et al*. Trends in sudden infant death syndrome in Australia from 1980 to 2002. *Forensic Sci Med Pathol* 2008; 4(2): 83–90.

[39] Bajanowski T, Vennemann M. Sudden infant death syndrome (SIDS). In: Siegel JA, Saukko PJ (eds). *Encyclopedia of Forensic Sciences*. Waltham: Academic Press, 2013, pp. 63–9.

[40] Froggatt P, Lynas MA, MacKenzie G. Epidemiology of sudden unexpected death in infants ('cot death') in Northern Ireland. *Br J Prev Soc Med* 1971; 25(3): 119–34.

[41] Oyen N, *et al*. Secular trends of sudden infant death syndrome in Norway 1967–1988: application of a method of case identification to Norwegian registry data. *Paediatr Perinat Epidemiol* 1994; 8(3): 263–81.

[42] Byard RW, Krous HF. *Sudden Infant Death Syndrome: Problems, Progress, and Possibilities*. London: Arnold; Oxford University Press, 2001.

[43] Fujita T. Sudden infant death syndrome in Japan 1995–1998. *Forensic Sci Int* 2002; 130 Suppl: S71–7.

[44] Findeisen M, *et al*. German study on sudden infant death (GeSID): design, epidemiological and pathological profile. *Int J Legal Med* 2004; 118(3): 163–9.

[45] Adams MM. The descriptive epidemiology of sudden infant deaths among natives and whites in Alaska. *Am J Epidemiol* 1985; 122(4): 637–43.

[46] Irwin KL, Mannino S, Daling J. Sudden infant death syndrome in Washington State: why are Native American infants at greater risk than white infants? *J Pediatr* 1992; 121(2): 242–7.

[47] Alessandri LM, *et al*. An analysis of sudden infant death syndrome in aboriginal infants. *Early Hum Dev* 1996; 45(3): 235–44.

[48] Borman B, Fraser J, de Boer G. A national study of sudden infant death syndrome in New Zealand. *N Z Med J* 1988; 101(848): 413–5.

[49] Mitchell EA, *et al*. Ethnic differences in mortality from sudden infant death syndrome in New Zealand. *Br Med J* 1993; 306(6869): 13–16.

[50] Kahn A, *et al.* Sudden infant death syndrome in a twin: a comparison of sibling histories. *Pediatrics* 1986; 78(1): 146–50.

[51] Beal S. Sudden infant death syndrome in twins. *Pediatrics* 1989; 84(6): 1038–44.

[52] Kleinman JC, Fowler MG, Kessel SS. Comparison of infant mortality among twins and singletons: United States 1960 and 1983. *Am J Epidemiol* 1991; 133(2): 133–43.

[53] Malloy MH, Freeman DH, Jr. Sudden infant death syndrome among twins. *Arch Pediatr Adolesc Med* 1999; 153(7): 736–40.

[54] Platt MJ, Pharoah PO. The epidemiology of sudden infant death syndrome. *Arch Dis Child* 2003; 88(1): 27–9.

[55] Getahun D, *et al.* Sudden infant death syndrome among twin births: United States, 1995–1998. *J Perinatol* 2004; 24(9): 544–51.

[56] Malloy MH, Freeman DH. SIDS among twins: a confounded relationship. *J Perinatol* 2005; 25(4): 293; author reply 294.

[57] Pharoah PO, Platt MJ. Sudden infant death syndrome in twins and singletons. *Twin Res Hum Genet* 2007; 10(4): 644–8.

[58] Smialek JE. Simultaneous sudden infant death syndrome in twins. *Pediatrics* 1986; 77(6): 816–21.

[59] Bass M. The fallacy of the simultaneous sudden infant death syndrome in twins. *Am J Forensic Med Pathol* 1989; 10(3): 200–5.

[60] Ramos V, Hernandez AF, Villanueva E. Simultaneous death of twins. An environmental hazard or SIDS? *Am J Forensic Med Pathol* 1997; 18(1): 75–8.

[61] Carter N, Rutty GN, Green MA. Simultaneous death of twins: an environmental hazard or SIDS? *Am J Forensic Med Pathol* 1998; 19(2): 195–6.

[62] Koehler SA, *et al.* Simultaneous sudden infant death syndrome: a proposed definition and worldwide review of cases. *Am J Forensic Med Pathol* 2001; 22(1): 23–32.

[63] Ladham S, *et al.* Simultaneous sudden infant death syndrome: a case report. *Am J Forensic Med Pathol* 2001; 22(1): 33–7.

[64] Balci Y, *et al.* Simultaneous sudden infant death syndrome. *J Forensic Leg Med* 2007; 14(2): 87–91.

[65] Mitchell EA, Elder DE, Zuccollo J. Simultaneous sudden unexpected death in infancy of twins: case report. *Int J Legal Med* 2010; 124(6): 631–5.

[66] Huang P, *et al.* Sudden twin infant death on the same day: a case report and review of the literature. *Forensic Sci Med Pathol* 2013; 9(2): 225–30.

[67] McGlashan ND, Grice AC. Sudden infant deaths and seasonality in Tasmania, 1970–1976. *Soc Sci Med* 1983; 17(13): 885–8.

[68] Helweg-Larsen K, Bay H, Mac F. A statistical analysis of the seasonality in sudden infant death syndrome. *Int J Epidemiol* 1985; 14(4): 566–74.

[69] Beal SM. Sudden infant death syndrome: epidemiological comparisons between South Australia and communities with a different incidence. *Aust Paediatr J* 1986; 22 Suppl 1: 13–16.

[70] Alm B, *et al.* Changes in the epidemiology of sudden infant death syndrome in Sweden 1973–1996. *Arch Dis Child* 2001; 84(1): 24–30.

[71] Mollborg P, Alm B. Sudden infant death syndrome during low incidence in Sweden 1997–2005. *Acta Paediatr* 2010; 99(1): 94–8.

[72] Fleming PJ, *et al.* Sudden infant death syndrome and social deprivation: assessing epidemiological factors after post-matching for deprivation. *Paediatr Perinat Epidemiol* 2003; 17(3): 272–80.

[73] Blair PS, *et al.* Hazardous cosleeping environments and risk factors amenable to change: case-control study of SIDS in south west England. *Br Med J* 2009; 339: b3666.

[74] Wood AM, *et al.* Trends in socioeconomic inequalities in risk of sudden infant death syndrome, other causes of infant mortality, and stillbirth in Scotland: population based study. *Br Med J* 2012; 344: e1552.

[75] Krous HF, *et al.* Sudden infant death while awake. *Forensic Sci Med Pathol* 2008; 4(1): 40–6.

[76] Naeye RL. Pulmonary arterial abnormalities in the sudden-infant-death syndrome. *N Engl J Med* 1973; 289(22): 1167–70.

[77] Money DF. Vitamin E and selenium deficiencies and their possible aetiological role in the sudden death in infants syndrome. *N Z Med J* 1970; 71(452): 32–4.

[78] Read DJ. The aetiology of the sudden infant death syndrome: current ideas on breathing and sleep and possible links to deranged thiamine neurochemistry. *Aust N Z J Med* 1978; 8(3): 322–36.

[79] Tonkin SL, *et al.* The pharyngeal effect of partial nasal obstruction. *Pediatrics* 1979; 63(2): 261–71.

[80] Johnson AR, Hood RL, Emery JL. Biotin and the sudden infant death syndrome. *Nature* 1980; 285(5761): 159–60.

[81] Southall DP, *et al.* Prolonged apnea and cardiac arrhythmias in infants discharged from neonatal intensive care units: failure to predict an increased risk for sudden infant death syndrome. *Pediatrics* 1982; 70(6): 844–51.

[82] Jeffrey HE, *et al.* Thiamine deficiency – a neglected problem of infants and mothers-possible relationships to sudden infant death syndrome. *Aust N Z J Obstet Gynaecol* 1985; 25(3): 198–202.

[83] James D, *et al.* Surfactant abnormality and the sudden infant death syndrome – a primary or secondary phenomenon? *Arch Dis Child* 1990; 65(7): 774–8.

[84] Burchell A, *et al.* Glucose metabolism and hypoglycaemia in SIDS. *J Clin Pathol* 1992; 45(11 Suppl): 39–45.

[85] Byard RW, *et al.* *Clostridium botulinum* and sudden infant death syndrome: a 10 year prospective study. *J Paediatr Child Health* 1992; 28(2): 156–7.

[86] Fleming KA. Viral respiratory infection and SIDS. *J Clin Pathol* 1992; 45(11 Suppl): 29–32.

[87] Fleming PJ, *et al.* Interactions between thermoregulation and the control of respiration in infants: possible relationship to sudden infant death. *Acta Paediatr Suppl* 1993; 82Suppl 389: 57–9.

[88] Fleming PJ, *et al.* Fire retardants, biocides, plasticisers, and sudden infant deaths. *Br Med J* 1994; 309(6969): 1594–6.

[89] Platt MS, *et al.* Endotoxemia in sudden infant death syndrome. *Am J Forensic Med Pathol* 1994; 15(3): 261–5.
[90] Blair P, *et al.* Plastic mattresses and sudden infant death syndrome. *Lancet* 1995; 345(8951): 720.
[91] Sawczenko A, Fleming PJ. Thermal stress, sleeping position, and the sudden infant death syndrome. *Sleep* 1996; 19(10 Suppl): S267–70.
[92] Hagan LL, *et al.* Sudden infant death syndrome: a search for allergen hypersensitivity. *Ann Allergy Asthma Immunol* 1998; 80(3): 227–31.
[93] Caddell JL. A review of the status of magnesium and related minerals in the sudden infant death syndrome (SIDS). *Magnes Res* 2000; 13(3): 205–16.
[94] Buckley MG, Variend S, Walls AF. Elevated serum concentrations of beta-tryptase, but not alpha-tryptase, in sudden infant death syndrome (SIDS). An investigation of anaphylactic mechanisms. *Clin Exp Allergy* 2001; 31(11): 1696–704.
[95] Fleming PJ, *et al.* The UK accelerated immunisation programme and sudden unexpected death in infancy: case-control study. *Br Med J* 2001; 322(7290): 822.
[96] Sawaguchi T, *et al.* From physiology to pathology: arousal deficiency theory in sudden infant death syndrome (SIDS) – with reference to apoptosis and neuronal plasticity. *Forensic Sci Int* 2002; 130 Suppl: S37–43.
[97] Sawaguchi T, *et al.* Association between sleep apnea and reactive astrocytes in brainstems of victims of SIDS and in control infants. *Forensic Sci Int* 2002; 130 Suppl: S30–6.
[98] Alm B, *et al.* Vitamin A and sudden infant death syndrome in Scandinavia 1992–1995. *Acta Paediatr* 2003; 92(2): 162–4.
[99] Turillazzi E, *et al.* Heterozygous nonsense SCN5A mutation W822X explains a simultaneous sudden infant death syndrome. *Virchows Arch* 2008; 453(2): 209–16.
[100] Opdal SH, *et al.* Mitochondrial DNA point mutations detected in four cases of sudden infant death syndrome. *Acta Paediatr* 1999; 88(9): 957–60.
[101] Opdal SH, *et al.* Possible role of mtDNA mutations in sudden infant death. *Pediatr Neurol* 2002; 27(1): 23–9.
[102] Morris JA. Common bacterial toxins and physiological vulnerability to sudden infant death: the role of deleterious genetic mutations. *FEMS Immunol Med Microbiol* 2004; 42(1): 42–7.
[103] Tester DJ, Ackerman MJ. Sudden infant death syndrome: how significant are the cardiac channelopathies? *Cardiovasc Res* 2005; 67(3): 388–96.
[104] Wedekind H, *et al.* Sudden infant death syndrome and long QT syndrome: an epidemiological and genetic study. *Int J Legal Med* 2006; 120(3): 129–37.
[105] Opdal SH, Rognum TO. The IL6–174G/C polymorphism and sudden infant death syndrome. *Hum Immunol* 2007; 68(6): 541–3.
[106] Tester DJ, *et al.* A mechanism for sudden infant death syndrome (SIDS): stress-induced leak via ryanodine receptors. *Heart Rhythm* 2007; 4(6): 733–9.
[107] Courts C, Madea B. Genetics of the sudden infant death syndrome. *Forensic Sci Int* 2010; 203(1–3): 25–33.
[108] Dettmeyer RB, Kandolf R. Cardiomyopathies – misdiagnosed as sudden infant death syndrome (SIDS). *Forensic Sci Int* 2010; 194(1–3): e21–4.
[109] Hu D, *et al.* A novel rare variant in SCN1Bb linked to Brugada syndrome and SIDS by combined modulation of Na(v)1. 5 and K(v)4. 3 channel currents. *Heart Rhythm* 2012; 9(5): 760–9.
[110] Courts C, Grabmuller M, Madea B. Dysregulation of heart and brain specific micro-RNA in sudden infant death syndrome. *Forensic Sci Int* 2013; 228(1–3): 70–4.
[111] Emery JL. Sleeping position, cot mattresses, and cot deaths. *Lancet* 1988; 2(8613): 738–9.
[112] Aureli P, Ferrini AM. [Identification of C. botulinum spores in a case of sudden infant death in Italy. Description of a clinical case]. *Minerva Pediatr* 1988; 40(2): 125–6.
[113] Bartram U, Singer D. [Infant botulism and sudden infant death syndrome]. *Klin Padiatr* 2004; 216(1): 26–30.
[114] Fischer D, Freislederer A, Jorch G. [Sudden death of twins: botulism because of contamination by pap vegetables]. *Klin Padiatr* 2004; 216(1): 31–5.
[115] Nevas M, *et al.* Infant botulism acquired from household dust presenting as sudden infant death syndrome. *J Clin Microbiol* 2005; 43(1): 511–3.
[116] Council of Europe. Recommendation no. R (99) 3 of the Committee of Ministers to member states on the harmonization of medico-legal autopsy rules. *Forensic Sci Int* 2000; 111(1–3): 5–58.
[117] Cashell AW. Homicide as a cause of the sudden infant death syndrome. *Am J Forensic Med Pathol* 1987; 8(3): 256–8.
[118] Bajanowski T, *et al.* Unnatural causes of sudden unexpected deaths initially thought to be sudden infant death syndrome. *Int J Legal Med* 2005; 119(4): 213–6.
[119] Bohnert M, Grosse Perdekamp M, Pollak S. Three subsequent infanticides covered up as SIDS. *Int J Legal Med* 2005; 119(1): 31–4.
[120] Vennemann B, *et al.* Suffocation and poisoning – the hardhitting side of Munchausen syndrome by proxy. *Int J Legal Med* 2005; 119(2): 98–102.
[121] Krous HF, *et al.* Pulmonary intra-alveolar hemorrhage in SIDS and suffocation. *J Forensic Leg Med* 2007; 14(8): 461–70.
[122] Krous HF, *et al.* A comparison of pulmonary intra-alveolar hemorrhage in cases of sudden infant death due to SIDS in a safe

sleep environment or to suffocation. *Forensic Sci Int* 2007; 172(1): 56–62.
[123] Carpenter RG, *et al*. Repeat sudden unexpected and unexplained infant deaths: natural or unnatural? *Lancet* 2005; 365(9453): 29–35.
[124] Di Maio VJ. Repeat sudden unexpected infant deaths. *Lancet* 2005; 365(9465): 1137–8; author reply 1138.
[125] Bacon CJ, Braithwaite WY, Hey EN. Uncertainty in classification of repeat sudden unexpected infant deaths in Care of the Next Infant programme. *Br Med J* 2007; 335(7611): 129–31.
[126] Nobles R, Schiff D. Misleading statistics within criminal trials. *Med Sci Law* 2007; 47(1): 7–10.
[127] Adelson L. *The Pathology of Homicide*. Springfield Thomas, 1974.

第 22 章

致命性儿童虐待

目前，已有大量关于虐待儿童综合征的出版物，其中不乏一些专门关注该主题的国际期刊。虐待儿童是儿科面临的一个主要问题，所以关注该领域的大多是临床医生。若不及时实施干预，受虐儿童最终可能遭受致命性的损伤，因此，法医病理学家也经常会接触到类似的悲剧性案件。本章的内容将专门探讨虐待儿童综合征在死后尸检时的一些表现，这些表现很大程度上和临床医生所见的生前非致命性损伤相吻合。

儿童虐待概述

尽管对虐待儿童综合征的认识仅可追溯到 20 世纪中叶，但几乎所有经典特征皆出自 1860 年 Tardieu 的描述[1]；1946 年 Caffey 发表了他的第一篇广为人知的论文，1962 年 Kempe 和他的同事发表关于“虐待儿童综合征”的调查研究[2, 3]。自此之后，大量相关论文开始涌现，促进了医疗界对该问题的强烈关注与重视，这与 20 世纪对此问题缺乏认识形成了鲜明对比。

虐待儿童综合征，又称为“受虐待的儿童”或“童年时遭受非意外性的损伤”，虽然对其定义的语言描述各不相同，但都是指婴幼儿或儿童遭受来自父母或监护人多次反复的、非意外情况下的物理性损伤。

大多数遭受致命性损伤的受害者年龄较小，其中超过 2/3 的受害者都在 3 岁以下[4-30]。

这类致命性虐待儿童案件的真实发生率尚不清楚[31]。据统计，2012 年美国约有 1 640 名儿童死于受虐待和忽视，死亡率为 2.20/10 万儿童，男：女比例为 2.54 : 1.94。近 3/4（70.3%）的儿童死亡年龄小于 3 岁。4/5（80%）的儿童死亡事件由其父母一方或双方造成[32]。Putnam-Hornstein 等关联分析了 1999～2006 年 514 232 名出生在加利福尼亚州的儿童，并参考关于受虐儿童的保护性服务、出生与死亡等重要数据信息，以估计儿童在 5 岁前遭受致命性损伤风险的变化，他们报告指出，先前受过躯体虐待的儿童遭受致死性损伤的概率是受忽视儿童的 1.7 倍[28]。

在英格兰，每一例虐待或忽视儿童致死的案例都要接受由多个机构参与的重大事件审查（Serious Case Review，SCR）。北爱尔兰、苏格兰和威尔士也有类似的案件审查机制，其目的是吸取经验教训，帮助当地专业人员和机构共同努力以保障和促进儿童福祉。地方儿童保护委员会（Local Safeguarding Children Board，LSCB）对下述情况必须进行重大事件审查：

- 已知或怀疑儿童遭受虐待或忽视。
- 儿童已死亡或儿童受到严重损伤，且案件受到关注，政府部门、相关委员会成员或其他相关人员已经进行协作以保护儿童。

每个地方儿童保护委员会都必须将任何可能最终接受重大事件审查的案例情况告知教育、儿童服务和技能标准办公室（the Office for Standards in Education，Children's Services and Skills，OFSTED）。

Sidebotham 等回顾了 2005～2009 年全部进行重大事件审查的 457 例案件，其中 276 例最终死亡，男性占比 59%。案件涉及儿童的年龄在 0～215 月龄，中位数年龄为 16 个月，非白人种族占 27%，29.5% 的儿童在事发前接受过儿童保护服务；108 例死亡被认为是儿童因受躯体虐待、忽视而直接造成的；在另外 138 例案件中，虐待是促成死亡的一个因素，但非直接死因；30 例案件中死亡原因尚不清楚；若以年龄组内估计的常住人口为基线，每年致死性儿童虐待的发生率为 1.44/10 万人（0～4 岁）；去除死亡与虐待不直接相关的案例，则每年致死性虐待的发生率平均为 0.67/10 万人（0～4 岁）[26]。

此外，虐待儿童综合征还包括心理虐待和性虐待，但法医病理学家一般更多关注于具有致死性的躯体性损伤。虽然从广义上讲，所有的儿童凶杀案都隶属儿童虐待事件，而且一些案件确实逾越了慢性损伤和单一损伤之间的界限，但这一术语通常用于那些反复遭受虐待最终可能致死的情况。

“儿童虐待”的定义本身是有争议的，现在被认为不可接受的行为在维多利亚时期可能就是可被接受的，甚至是理想的管教手段。然而，无论社会态度如何，损伤儿童身心的行为绝对是不允许的。

尽管如此，对法医来说，将某一损伤贴上“儿童虐待”或“非意外性损伤”（non-accidental injury，NAI）的标签是带有相当贬损和批判意味的。所以“成人诱导性损伤”可能是一种更加中立的描述，因为它将关于动机的评判留给那些对整个事件情况有更全面了解的人。话虽如此，那些形式更严重的损伤毫无疑问属于“虐待”的范畴，但对于那些程度更轻的损伤，几乎不可能将故意殴打和因恼怒、恐慌，甚至是非专业抢救而导致的粗暴行为相区分。

在为防止再次发生施虐行为、降低死亡风险而提供干预措施之前，需要明确地辨识出非致死性的儿童虐待行为——如果在损伤行为不构成犯罪的情况下，诬告或定罪家长或监护人，也会酿成悲剧。

有些时候，儿科医生、外科医生、放射科医生和法医可能过于“热情”，以至于过度解读那些原本不那么恶劣的伤害案例和情节。尽管保护儿童及其兄弟姐妹是医生的天职和义不容辞的责任，但医学判断本身不应受情绪性偏见的影响，且应限制在每一个案例中能被鉴定证实的范围内，否则难免有失公正。十几年前，清白无辜的家长就害怕带意外受伤的孩子去看医生，因为他们怕被控以非意外伤害的罪名。

儿童虐待中的致伤方式及死因

绝大多数死亡都是人为造成的，包括徒手击打、晃动、抛甩、摔落及烧伤或捂闷[12，19–21，33–39]；少数案例是钝器打击所致，如皮带殴打造成非致命性挫伤。枪击、勒死、刺伤都是典型他杀致死的损伤类型，与虐待儿童综合征有显著不同。

最常见的死亡原因来自头部损伤[40–42]，其次是腹腔器官破裂，还包括其他一系列不同程度的损伤[18，43，44]。

儿童虐待中的损伤类型

基于尸检结果，我们将对各种类型的损伤展开描述，尽管其中许多类型并不直接导致或促进死亡，但在尸检工作中，对该类损伤的辨识检验仍非常重要，其可对鉴别意外性损伤和蓄意虐待起到决定性作用。

皮肤擦挫伤

在儿童虐待领域的研究中，法医 Cameron、Johnson 和 Camps 提出过一句经典的格言警句“皮肤和骨骼能够告诉我们很多儿童因年龄尚小或出于恐惧害怕而不敢说出的故事”“The skin and bones tell a story which the child is either too young or too frightened to tell”（图 22.1～图 22.3）[45]。

皮肤擦挫伤是最常见的损伤类型，可见于身体的任何部位。但致命性颅脑损伤案例中的受害者可能并不存在体表擦伤[46]。Maguire 等对 88 例 0～18 岁确定受到虐待及内脏损伤的儿童进行系统性研究，发现高达 80% 腹部损伤的案例中并未出现腹部擦挫伤[47]。

然而，一些特定部位的擦挫伤有助于判断及鉴别诊断虐待损伤。

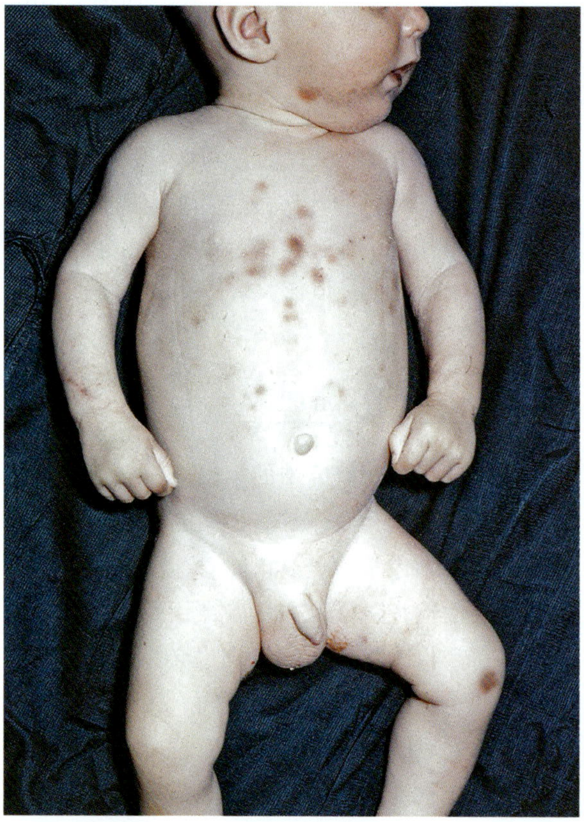

图 22.1 男性保姆虐待婴儿造成胸部、腹壁多处指尖挫伤。母亲回到家中后，发现孩子病情非常严重，婴儿于急诊住院期间死亡

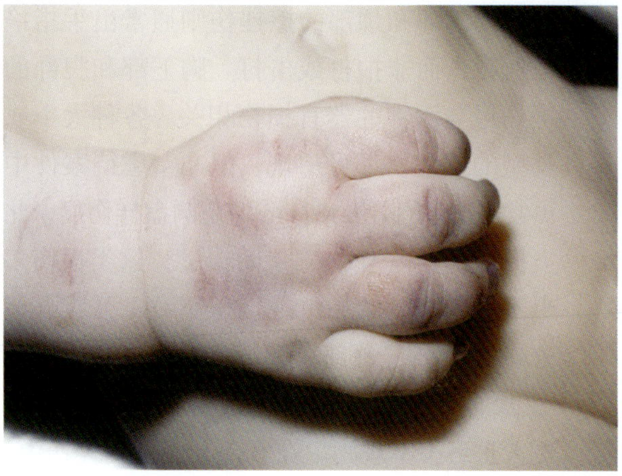

图 22.2 精神病母亲虐待儿童形成的手腕、手背挫伤

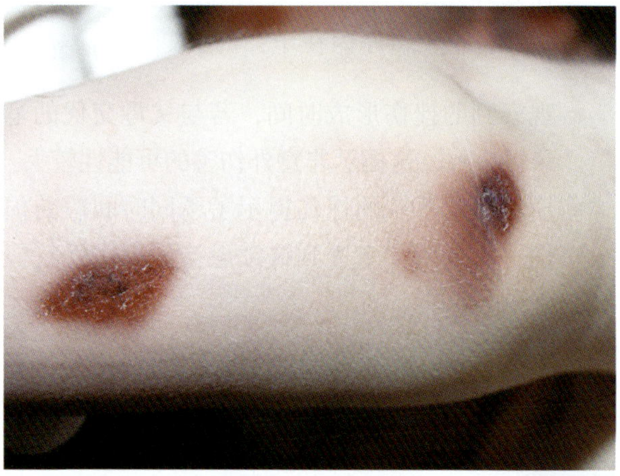

图 22.3 精神病母亲虐待儿童留下的上肢擦伤

- 位于四肢的擦挫伤，尤其见于手腕、前臂、上臂、大腿和婴幼儿的脚踝周围。因为这些部位常是成年人抓住儿童的“把手”。婴幼儿下肢出现的损伤提示他们曾被人抓住大腿，或拎起脚踝摇摆，因而可造成头部损伤；对于年龄大些的儿童，更多的是被抓住上肢而形成摇摆伤。
- 若遭受掌掴或皮带鞭打，则常常在臀部出现挫伤。大腿的挫伤并不常见，但若出现在外侧可提示遭到拍打；若出现在内侧，则可能指向性侵犯。
- 面部常由于掌掴或扇打造成挫伤，尤其是双颊及口面部位，有时也出现在前额及耳部，同时嘴部和双眼的损伤也很常见。由于头发的存在，头皮挫伤相对少见，但可能造成头部的深部损伤。

- 胸部、腹部和颈部的擦挫伤则通常由手指掐压所致，而非拍打或击打。胸下部和腹部的挫伤可与深部的器官损伤相关。各种大小或类型的擦挫伤都可出现，但儿童虐待案件中更常见的是直径 1～2 cm 的小圆盘样伤痕，此类损伤曾被称为“六便士挫伤”，这类损伤多由于成人指掌的拍打或掐压所致，可成群地分布于四肢、颈部、胸部和腹部（图 22.4～图 22.5）。扇打或击打造成的挫伤痕迹范围更大且形态不规则。在臀部和躯干的挫伤中，偶尔可见部分清晰或近乎完整的手掌印痕。

在处理儿童虐待这类案例时，判断挫伤的损伤时间非常重要，原因在于：

- 观察到的挫伤形成时间，若与父母交代的笔录不一致，这提示非意外伤害的可能性较大。
- 新鲜程度不一的挫伤提示了不同时间段的损伤，这也是儿童遭到持续虐待的标志性特征之一。

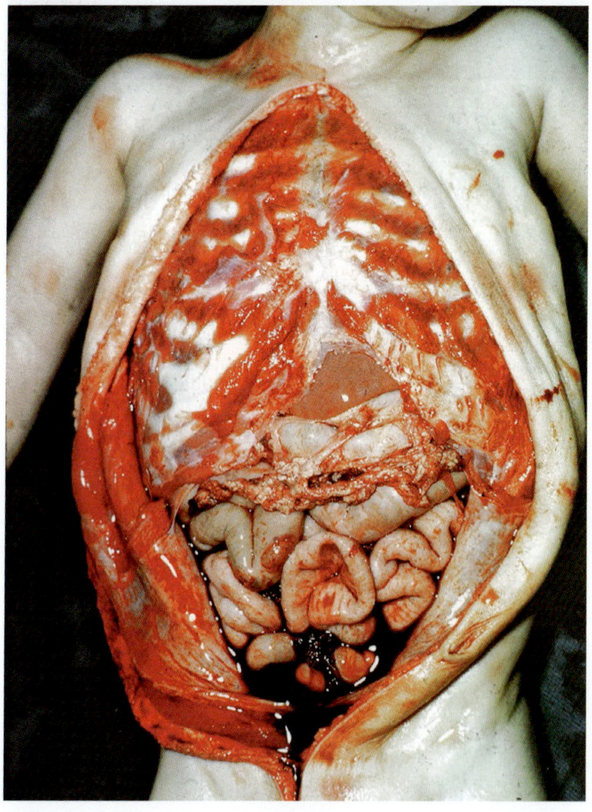

图 22.4　一名遭男性保姆虐待的婴儿，尸检发现广泛的腹腔积血

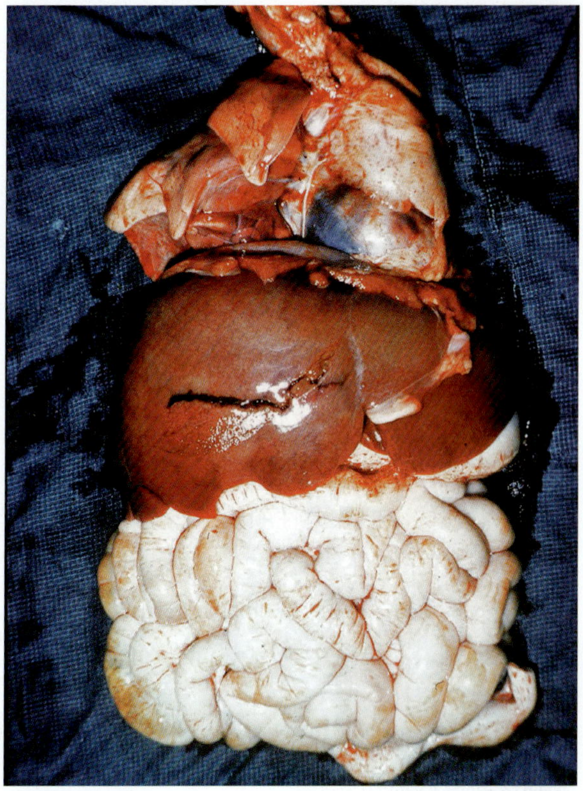

图 22.5　图 22.1 和 22.4 所示婴儿见贯穿肝脏全层的撕裂伤。在儿童虐待案例中，颅脑损伤是最常见的死亡原因，其次是腹腔器官破裂

尽管无法准确判断挫伤的形成时间，但颜色差异显著的挫伤肯定不是同一时间段所形成的。并且任何带有黄色的挫伤，都表明距离施害的时间已超过 18 h，第 4 章中已对挫伤的类型和新鲜程度进行了更详细的论述。

儿童虐待中的骨骼损伤

这是儿童虐待研究中的第二部分。无论是从临床还是病理学角度，骨骼损伤的诊断很大程度上需要依靠影像学检查。正如对存活的受害者需要进行全面检查一样，在对涉嫌致死性儿童虐待案例进行尸检前，放射学检查也必不可少[48-52]。在排除儿童受伤前已有骨骼疾病、接受过持续影像学检查之后，推荐在尸检前应对所有儿童进行虚拟解剖或常规的放射性骨骼扫描。这一检查措施本应囊括所有儿童突发性死亡的案例，但由于缺乏设备和资金，许多法医不得不将该措施仅用于可能遭受虐待的儿童死亡案例。

儿童虐待案例中的骨骼损伤类型广泛，关于该主题的出版物也很多，包括 Cameron 和 Rae 编写的一本教科书，Evans 和 Knight 撰写的放射学相关章节，以及 Brogdon 的著作[53-55]。

Worlock 等对比了 35 例受虐待儿童和 826 例对照组的骨折情况后，发现遭受虐待的儿童年龄全部都在 5 岁以内，而对照组中 85% 的儿童大于 5 岁。受虐待的婴幼儿中更可能出现多处骨折及头颈部的挫伤；除以胸部损伤为主的案例外，肋骨骨折几乎只见于受虐待的儿童；肱骨骨干常见螺旋骨折，而典型的骺端粉碎性骨折并不常见。最终的研究结论是，在发现骨折的 18 月龄以下儿童中，每 8 人中就有 1 人遭受过虐待[56]。

King 等分析了 189 名受虐儿童的 429 例骨折，观察到大约一半的患儿为单处骨折，最易发生骨折的部位是肱骨、股骨和胫骨，横行骨折是最常见的类型[15]。Duffy 等在一项包含 703 名儿童的大型回顾性分析研究中，评估了骨骼调查法（skeletal survey，SS）对识别出那些极有可能发生隐匿性骨折的可行性：若 SS 结果为阳性，则记为一个 SS，用以表示发现了一处之前未被觉察出的骨折；在 703 例 SS 中，10.8% 显示为阳性结果；年龄小于 6 个月，或明显遭受过危及生命的突发事件，或有疑似虐待造成头部损伤的儿童，其 SS 结果阳性率最高；在 SS 结果为阳性的儿童中，79% 有不少于 1 处的骨折愈合征象[50]。

对 2003～2009 年疑似受虐待的 2 岁以下儿童展开 SS 检测，Karmazyn 等评估统计了上述结果中骨折的发生率及部位。共计 930 名儿童（515 名男童，415 名女童）达到该项研究的纳入标准，这些儿童平均年龄 6 个月；在 317 名儿童（占 34%）身上发现骨折，166 名（18%）检测到多处骨折；最常发生在长骨（21%）、肋骨（10%）、头骨（7%）和锁骨（2%）；有 10 名儿童（1%）的骨折发生在脊柱（3 例）、骨盆（1 例）、手部（6 例）和足部（2 例），这 10 名儿童都存在身体受到虐待的其他迹象[51]。

Hughes-Roberts 等对 195 例疑似非意外伤害的受试者生前骨骼调查（live skeletal survey，LSS）和死后骨骼调查（post-mortem skeletal survey，PMSS）之间的潜在差异性进行了评估，结果显示，PMSS 的阳性率（11/128；8.6%）相对 LSS（16/67；23.8%）明显更低，但实际遭受的损伤却没有显著差异；结果呈阳性的 SS 案例中，死亡儿童年龄［平均（2.7 ± 3.4）个月］显著低于存活儿童［(7.8 ± 6.9）个月］[52]。

下面总结一些相对重要的骨性损伤。

颅骨骨折

在致命性儿童虐待案例中，颅骨骨折很常见，常伴发颅内出血尤其是硬膜下出血，但从统计数值上看，发生硬膜下血肿的婴儿中，伴有颅骨骨折者却不足一半[57]。在 4 465 例儿童头部损伤案例中，有 1 187 名发生颅骨骨折，但很少出现神经系统征象和颅内损伤。与非颅骨骨折案例相比，颅骨骨折案例发生硬膜下出血的概率是其 2 倍（图 22.6）。

本书在第 5 章已经探讨了骨折与头部损伤的关系，但这里还需要注意到儿童虐待案中的一些

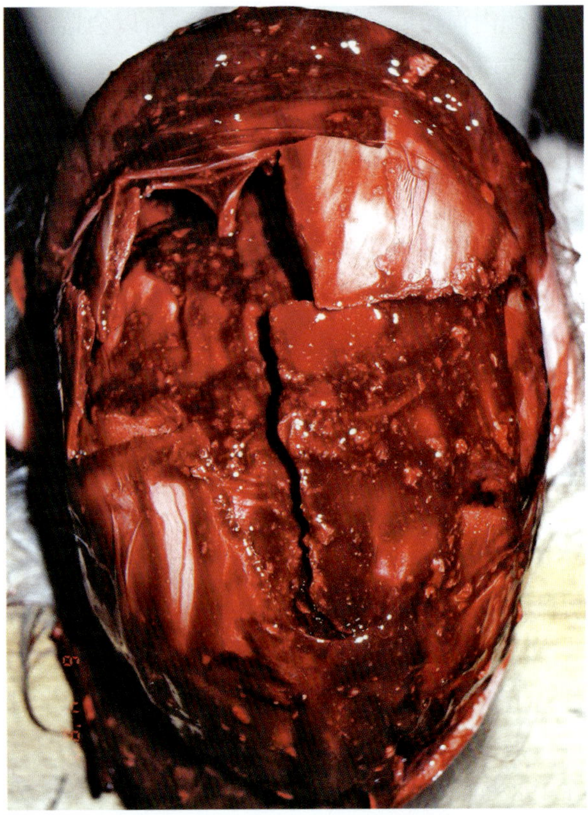

图 22.6 婴儿遭精神病母亲反复向地板撞击后发生颅骨骨折

特殊之处，毕竟它属于一类易引起争议的案件，尤其在进入审判阶段后。

颅骨骨折最常发生在枕顶骨区，但仅从解剖学或放射学的角度，无法将虐待儿童所致颅骨骨折与意外摔伤进行区分，然而一些放射科医生并不认同这一观点。相对成年人而言，婴幼儿颅骨的柔韧性更好，可缓冲一些冲击力而不易骨折。少数情况下，就像用拇指按压乒乓球那样，顶骨会向内“凹陷”但不破裂。同时，婴幼儿的颅骨虽比成年人的更薄，但脑体积和重量相对比则较大。这意味着存在以下两种相反的骨折机制：

- 颅骨单薄使得更小的力量即可造成骨折。
- 颅骨具有弹性，冲击力所致的扭曲变形容易恢复，因此相对厚度而言，需更大的力才会使柔韧的颅骨发生骨折。

尽管颅骨具有一定柔韧性，但事实上与成年人相比，更小的机械力量即可造成婴幼儿颅骨骨折；而且由于头盖骨更易变形，当颅骨受到瞬间的压力时会挤压内部的大脑结构（包括脑膜），造成颅内损伤后又恢复原始形状，所以会造成存在脑实质损伤却未发现颅骨骨折的情况。

现有大量有关儿童虐待中婴幼儿骨折（尤其是颅骨骨折）方面的文献，但其中一些存在自相矛盾的情形。

引起较多争议的主题是，哪种情况可导致：① 儿童颅骨骨折；② 脑部损伤。这两种损伤类型并非同义词，因为多数婴幼儿或成年人颅骨骨折时，并不伴有明显脑部损伤或神经症状。引起颅骨骨折的外力能够但不一定会导致脑实质或脑膜损伤。

关于颅骨骨折的研究，Weber 通过将婴儿尸体从“桌面高度”（约 82 cm，34 英尺）水平位置坠落至各种类型接触面上进行研究[58]，15 名未满 8 个月大的婴儿被动坠落至混凝土、地毯和油毡上，所有的婴儿在颅骨不同部位均发生了骨折；大多数发生在顶骨，也有少数延伸至枕骨。在 1985 年，Weber 又一次从“桌面高度”将婴儿尸体坠落至松软的垫子上（如 10 cm 厚泡沫垫和 8 cm 厚双层毛毯）[59]，正如预期那样，骨折发生率明显降低，厚泡沫垫上发生 1 例，双层毛毯上的 25 次实验中有 4 次发生骨折。

Holczabeck 等分析了 380 例因跌落而前去就医的 1 岁以下婴儿病历记录[60]，发现大多数是意外，2 例明确遭受虐待，1 例怀疑为虐待所致；除了这 3 例案例损伤机制不明外，其余案例的跌落高度为 35～1.1 m。36 例（9.5%）遭受了严重损伤，其中 2 例因颅骨骨折接受了手术但最终仍然不幸死亡。17 例（4.5%）有颅骨骨折，其中 13 例还伴有上下肢骨折，6 例有锁骨骨折。

Reichelderfer 等认为当跌落重力大于 50 *g* 时，可造成严重的头部损伤；而从 7.5 cm（3 英寸）的高度摔落至混凝土地面就可产生（150～200）*g* 的重力，0.3 m（1 英尺）高度跌落将产生至少（475～525）*g* 的重力[61]。

Helfer 等研究了 246 例从床上或低于 90 cm 高度摔落的婴幼儿案例，并未发现严重损伤或死亡[62]。这些案例中，161 例发生在家中，175 例造成包括 2 处颅骨骨折在内的损伤；85 例发生在医院，其中 28 例造成损伤，1 例颅骨骨折。Nimityongskul 和 Anderson 调查了 76 例发生在医院的儿童坠落案例，其中 75% 的儿童小于 5 岁[63]，跌落的高度为 30～91 cm，仅有一例存在可疑颅骨骨折。

在 Williams 研究的 398 例坠落案例中，106 例有独立证人[64]，14 例所致严重损伤的坠落发生在 4.5～12.2 m，但 3 m 以下高度坠落案例中均未出现危及生命的损伤，仅发现 3 例颅骨骨折。类似的研究中，Reiber 对一系列颅内出血的尸检案例进行分析，发现 3 例颅骨骨折死亡婴幼儿是从不足 1 m 高处跌落且已经经证人证实[41]。一名 21 个月大的幼儿从 1.5～1.8 m 高度跌落导致硬膜下出血，但颅骨未骨折；另一名 17 个月大的儿童仅从 0.6～0.9 m 高度掉落，就导致了硬膜下出血和脑挫伤。基于此，Reiber 对此类看似矛盾的文献进行了很好的归纳，认为与儿童坠落相关的观点大体分为两类——“重大损伤-严重坠落”类型和“重大损伤-轻微坠落”类型。

Hall 等的一系列文章证实，即使从低处坠落也偶尔会导致严重或致命性的损伤[65]。在一项长达 4 年的研究中，18 例死亡是从不足 0.9 m 的高度坠落，其中 2 例有医护人员在场目击，且排除虐待的可能；另有 16 例类似的死亡案例没有目击者，但并未被证实是虐待所致。

Chadwick 等分析了 317 例儿童摔落案例，发现从低于 1.2 m 高度摔落的 100 个案例中有 7 例死亡，但该研究中数据的真实性值得怀疑，因为从 3～13.7 m 高度坠落的案例中也只出现了 1 例死亡[66]。Hobbs 研究了颅骨骨折的 89 名儿童，其中 29 名遭到虐待，在其中死亡的 20 名儿童中，有 19 名遭到了虐待[67]。受虐待婴幼儿的骨折具有以下特点：形态多样复杂，或凹陷状，较宽，呈“生长状”——即骨折线在骨折发生后进一步增宽。意外性骨折多见于顶骨区，常呈狭窄、线性且单一的特点。

Leventhal 等研究了 104 例婴幼儿颅骨骨折，结论为 34% 由虐待造成，62% 由意外所致，其余的原因不明确[68]。Billmire 和 Myers 指出，在所有婴幼儿头部损伤（排除单纯性骨折）的案例中，64% 是由虐待所致，而在严重颅内损伤中，95% 是由虐待所致[40]。

Plunkett 利用美国消费品安全委员会的数据库，回顾分析了 18 起在游乐场娱乐设施坠落所致的头部损伤事件；受害者年龄为 12 个月～13 岁，其中 10 名儿童年龄在 5 岁以下；坠落高度为 0.6～3 m，但其中只有 10 例有确切的坠落高度记录；在 10 名年龄最轻的受害者中，有一半没有目击者，且只有 4 人在死后接受全面尸检，1 人进行部分尸检。这位学者由此推论——当婴幼儿或儿童从低于 3 m 的高度摔落时可能会遭受致命性的头部损伤，但这一观点引起多方争议[69-71]。

Thompson 等在一项研究中，回顾了 79 例 0～4 岁儿童于家中坠落的案件。受伤的严重程度按照简易损伤等级（AIS）进行评定。评价为 AIS 一级的主要表现为撕裂伤和挫伤，其中两名儿童伴有桡骨头半脱位；AIS 二级的主要表现包括 6 块颅骨、2 块锁骨、3 处桡骨尺骨、4 处肱骨上髁、1 处股骨和 1 处跖骨部位的骨折；只有 2 例属于 AIS 三级，皆表现为小的、孤立的硬膜下血肿，1 例是位于左侧额叶后区的 3 mm 大的硬膜下血肿，1 例是位于右侧前顶叶区非常薄的硬膜下血肿，且伴有右侧顶叶一处极小的凹陷性骨折。这 2 例硬膜下血肿的儿童临床表现良好，未出现神经系统异常症状；所有案例中 AIS 二级或更严重的损伤仅限于一个部位，也未出现 AIS 四级或更严重的损伤。造成无或轻度损伤类别儿童的平均坠落高度为 80 cm，中度及重度损伤类别儿童的平均坠落高度则是 91 cm；并且发现，家具高度、撞击速度和儿童体重指数是决定最终损伤严重程度的最大影响因素。受中度或重度损伤的儿童往往从更高高度坠落、撞击速度更快且 BMI 相对低于轻微或无损伤的儿童[72]。

从以上各研究文献的报道数据看出，结论缺乏一致性。

尽管未成熟颅骨有更大的灵活延展性，但一旦变形程度超过其弹性极限，仍会发生断裂骨折。儿童骨折的机制与成人相似，但由于儿童颅骨有开放骨缝和囟门，所以和成人骨折还存在差异。儿童颅骨骨折线往往止于骨缝，但如果骨折线与骨缝两线相交，常常会出现横向位移，导致骨折线两边发生错位。大多数情况下，看似是骨折线和骨缝交叉，实则是两条独立的骨折线相互靠近或分离，起止点或终止点轻度偏移所致。最常见的例子是儿童被头顶朝下摔落于地面，两块顶骨可能发生从头顶前部至冲击点的横向变形断裂，双侧骨折线同时向下延伸至顶骨隆起处。双侧骨折线上端终止于矢状缝，也可能“交错”偏移 1 cm 左右。

另外，还有一种常见的骨折类型是起于额顶缝，向后走行，穿过顶骨的水平裂缝，通常还会向下延伸至颅底，这是由头侧面或顶部遭受打击或摔落所致。颅骨顶点受到外力冲击时，这类骨折可同时发生在双侧，伴有颅骨顶部明显凹陷，并沿最大应力线出现裂缝。虽然婴幼儿颅骨的板障尚未形成或仅部分形成，但这种情况出现在颅骨外板层更为常见。当然，这种双侧骨折也可由头部两侧不同的撞击力造成，头皮或头皮下的挫伤可帮助判断。

顶颞部交界区比额骨更易受累，因为年幼

婴幼儿颅骨尚有额顶缝，所以与已融合的颅骨相比具有更好的伸展性。枕骨骨折发生率远低于颅顶部或侧面颅骨骨折。尽管如此，Weber 的实验指出，婴儿从较低高度跌落时也可能发生枕骨骨折。无论颅骨穹窿骨折发生于何处，只要足够严重，骨折线就可能延伸至颅底骨，但这种情况在虐待儿童案例中并不常见。

无论骨折与否，颅骨间缝都可发生“扩张”（分离），头部受撞击后连接松散的颅骨板很容易变形分离。如前所述，骨折宽度在受伤后可进一步增大（有时是由于颅内压升高所致），很多研究者认为这种所谓的“生长状的骨折”与虐待损伤的联系更为紧密，但从逻辑上，骨折的发生发展应该更与外力打击的程度而非打击行为的动机相关。

肢体骨折

这类损伤在虐待儿童损伤中最为典型，多见于长骨的干骺端和骨骺，而且也是导致骨膜损伤的因素。大多数肢体损伤是间接造成的，也就是说骨骼损伤的机制是由异常角度的扭转、折曲或牵引力所致，而非外力直接作用于骨骼所致。抓着手腕或脚踝晃动儿童，或者紧握手臂、小腿拖拉以及将四肢作为“手柄”剧烈摇晃儿童，都是造成四肢损伤的常见机制。

干骺端撕裂及骨骺边缘破裂时，在 X 线片上可以看到分离的骨碎片。摆动、扳转或扭转的动作都可造成干骺端的碎裂。小块的皮层骨和骨钙化带也可从骨干撕脱。骨骺甚至可能与干骺端直接分离。Cameron 和 Rae 认为，干骺端骨折实际上就是虐待儿童损伤的特异性损伤[53]。

Kleinman 等在一项回顾性骨骼调查中比较了婴幼儿中典型干骺端损伤的发生率（低危组：样本量 42，年龄 0.4～12 个月，平均年龄 4.4 个月；高危组：样本量 18，年龄 0.8～10.3 个月，平均年龄 4.6 个月），9 例高危组婴儿中，至少发现一处典型的干骺端损伤，在低危组中则没有发现干骺端损伤。这也再次印证了，典型干骺端损伤是虐待儿童中的一个高特异性指标[73]。

婴幼儿的骨膜只是松散地附着于骨表面，当受到剪切或牵引力作用时很容易翻卷。在平均年龄为 4.8 岁的 63 名儿童 82 处骨折损伤研究中，3 名儿科放射科医生在不知道骨折损伤时间的前提下，对 228 张影像学图片进行评估[74]；在骨折后 1～2 天的影像学图片中，有 59% 被发现存在软组织肿胀；在骨折 15～35 天获取的骨膜图片中，有 62% 是骨折后第 5 天首次出现骨膜反应，血液会聚积在翘起的骨膜下，并快速钙化（通常伤后 7～14 天），由此形成影像学上一种典型的沿着骨干分布的骨包壳征象，这个骨包壳在末端更厚，整体呈凹凸不平、不规则的形状[54, 75]，在近一半的病例中，1 周内可观察到这种影像学特征[76]。钙化的边缘可能延伸到干骺端和骨骺，或者在两者之间，导致在骨端，尤其是股骨下端周围产生“桶柄”环效应。但必须注意到，对于出生不久的婴幼儿，如果是臀位分娩，分娩过程中的牵拉可导致下肢长骨骨膜下出血，进而影像学也可表现出骨膜增厚。也有人认为，单纯的生长发育也可以导致微弱的骨膜下钙化，但这种钙化是对称的，且限于骨干中心部位，远离干骺端。

婴幼儿出现长骨骨干的螺旋骨折，则必须考虑到可能存在虐待损伤。因为这种损伤常常是遭受扭转变形的结果，不太可能发生于意外情况。

如 Caffey 所描述，由于干骺端碎片重新组合聚集，长骨轴的下端可能呈方形[2]。骺软骨的损伤可导致骨生长的永久性缺陷，有时会出现由损伤后充血所致的加快生长。由于骨中心纵向生长的延缓，长骨可发生轴向偏斜，干骺端可杯状变形。

虽然上述的干骺端和骨骺损伤是典型的虐待儿童损伤，但骨干的横向及螺旋骨折也非常常见。在 Kogutt 等报道的 100 例骨折案例中，这些骨折类型比骨末端的损伤更为常见[77]。

胸廓损伤

除了分娩时偶尔会发生围产期骨折，婴幼儿肋骨的意外骨折非常少见[78]。

Melville 等强调在 SS 中很少见到第一肋骨骨折，并描述了在 3 名受虐儿童中 4 处第一肋骨前部骨折的案例，在其文献中报道的第一肋骨骨折均是由虐待所致；同时，和其他肋骨骨折相比，第一肋骨骨折尤其指向为儿童虐待损伤[79]。

在虐待儿童案中常见肋骨骨折，通常是一侧或两侧几根相邻的肋骨同时受到损伤。骨折可能是新鲜的，也可能是陈旧的，在影像学上表现出不同特点。陈旧性骨折最典型的特点是在一侧或双侧椎骨旁沟的垂线位置，可看到连续的骨痂形成，其在 X 线片上表现为串珠样的外观特点（图 22.7）。通常肋骨骨折容易发生在肋骨角，需要足够的时间才能长出新骨痂——至少约需要 10 天，但具体时间其实众说纷纭，甚至经验丰富的放射科医生关于骨折新旧日期的判断也与实际损伤时间存在一定的偏差。

多发性肋骨后侧骨折更常见于年龄偏小的婴儿，他们被大人置于腋窝下，将肋骨从一侧挤压到另一侧。这种骨折是意外造成，还是出于愤怒或不耐烦的暴力行为，又是一个极具争议的问题。同时，这也超出了医生的解决能力范围（图 22.8）。

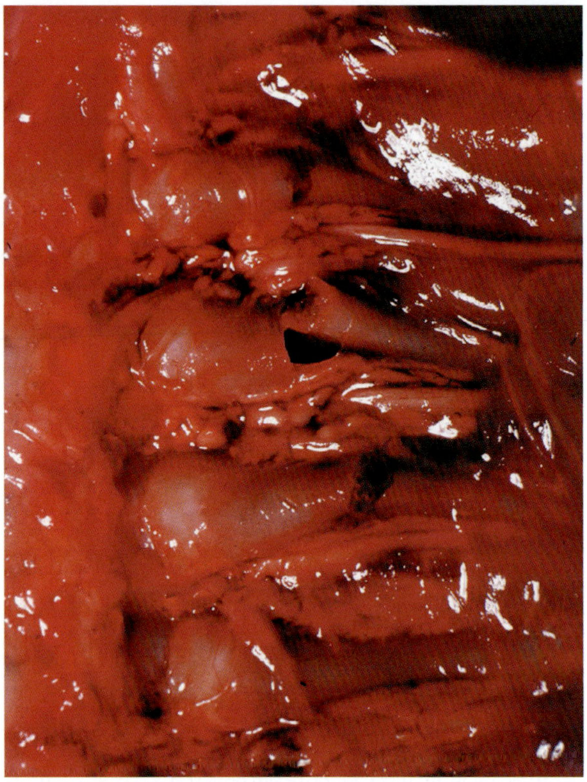

图 22.8　一名受虐婴儿的新近肋骨骨折。骨折位于椎旁沟中的肋骨颈附近，由双侧挤压胸部所致

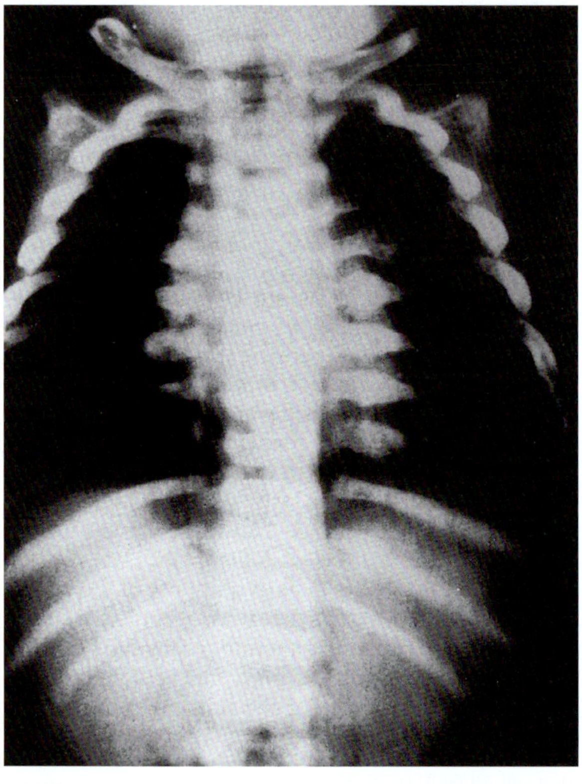

图 22.7　一名婴儿的胸片显示肋骨颈处有多个骨痂形成，沿椎旁沟呈串珠样外观表现。这些征象表明先前由成人用双手侧向挤压所致的多发性骨折

这些距肋骨头约 1 cm 的骨折，是肋骨被杠杆样撬压于椎骨横突直至达断裂点所致。如果这些新鲜骨折线未能与穿过身体 X 射线平行成一条直线，则很难或几乎不可能在 X 线片上看到，这就解释了为什么影像学家和病理学家的报告之间偶尔会出现不同。通常而言，骨折在 1～2 周后会更加明显，尤其是骨痂出现之后。

如果该种损伤是近期发生的（大概伤后不到 10 天），没有显著的骨痂形成，需要结合 X 线片和尸检加以确认。然而，就像其他部位的骨折一样，甚至和颅骨相比，肋骨更易出现影像学和解剖学诊断的不一致。尸检发现的部分骨折在影像学上也许不能看到，相反地，也存在部分骨折在影像学上能够观察到，但尸检时即使经过再缜密的解剖也可能难以发现。

位于腋窝线的肋骨骨折可因前后而非侧向挤压所致，但这一机制并非绝对。尸检时若发现新鲜骨折，法医需要考虑心肺复苏抢救时闭胸心脏按压所致的可能，而一些儿科和影像科医生会极力否认这种可能。位于腋窝线的肋骨骨折实际上并不常见，但关于该问题学界也有不同的观点，正如儿童虐待的其他问题一样，发表的文献似乎更倾向认为此类损伤主要仍由虐待所致，而不是意外。

必须承认，富有弹性的婴儿肋骨不太可能因正规的闭胸心脏按压而骨折，因为婴儿的闭胸心脏按压力量来自手指；然而，有时处于明显崩溃或者死亡恐慌的非专业人士可能误将成人闭胸心脏按压方法施加于弱小的婴儿胸廓之上，这种情况下可偶见婴儿肋骨骨折。

胸廓其他部位的骨折更可能是由直接暴力击打所致，如拳击、脚踢。有时锁骨也可发生骨折，常由晃动一侧手臂形成的间接暴力所引起。肩胛骨或胸骨骨折极少见，在排除如交通事故造成的明显损伤之外，可由“父母处罚”所致。

无论骨折发生在哪个部位，怀疑虐待的主要骨损伤特征是骨折新旧程度不一、形态各异。这与儿童经常发生的意外性骨折不同，通常这些意外性骨折表现为单一的损伤特点。能够反映新旧不一、多部位骨折的影像学资料是证明虐待的有力证据。

骨折损伤时间推断

与挫伤一样，尽管根据骨痂形成状态推断损伤时间并不准确，但影像学中明显的骨痂显像差异能够提示损伤的发生[54]。然而，在同一个体中，同时发生的不同部位类似骨折中，也可见不同程度、不同成熟度的骨痂表现，故亦不应武断地相信放射学诊断的结果。健康儿童的骨折愈合速度很快，在几个月内，异常表现就可完全消失，具体愈合时间取决于最初损伤的严重程度。

虽有人提出可通过组织学表现准确判断骨折损伤时间，但实际上也存在一定差异。

骨疾病和婴幼儿骨折

在对儿童骨折的鉴别诊断和对虐待儿童指控的辩护中，都必须考虑到一些可能导致骨骼异常脆弱的“脆性骨疾病”。在此基础上，正常的家长看护行为，甚至婴幼儿的自发动作，都有可能会造成我们所观察到的骨折。

首先，必须强调，只有少数受伤的婴儿存在这类病理异常。在刑事审判或儿童保护程序中，儿童存在骨病被用作辩护证据时，必须参考该领域的放射科医生或儿科医生出具的意见。

保留原始的 X 线片也很重要，因为副本可能难以显示原件中较小、较模糊的异常征象。不过这种情况也正在发生变化，传统的 X 线成像越来越多地被转换为数字图像，或被直接生成数字图像的成像系统所取代，数字图像被存储在数据库中，并以电子信息的形式保存。

成骨不全症

成骨不全症（osteogenesis imperfecta, OI）是一组具有多样表型的遗传病，可仅表现为具有骨折倾向的无症状个体，也可是严重的骨骼畸形或围产期死亡。1979 年，Sillence 等根据临床表现将成骨不全症分为Ⅰ～Ⅳ 4 种类型，现今的成骨不全症分型方法囊括了更多其他类型[80-83]。成骨不全症是一种显性或隐性遗传的结缔组织病，患者异常表达的胶原蛋白导致不同程度的骨脆性增加、韧带松弛、皮肤脆弱，有时还会出现蓝色巩膜、听力缺陷和牙齿异常。

Ⅱ型和Ⅲ型成骨不全症患者有明显的骨病表现，这种表现易于与虐待儿童所致的损伤区分。

Ⅰ型成骨不全症占全部病例的 40%，典型的表现包括有家族史、蓝色巩膜、Wormain 骨（缝间骨），常伴有牙齿异常，同样易于与儿童虐待鉴别。可能导致鉴别困难的是Ⅳ型成骨不全症（仅占成骨不全症总发病率的 5% 左右），但必须指出的是，在所有以患有成骨不全症、自身骨骼脆弱为由来为虐待作辩护的法医学案件中，这种理由真正被采纳的案件非常少。

ⅣB 型成骨不全症是较大的一个成骨不全症亚型，特点是牙本质发育不全；ⅣA 型成骨不全症患者无成骨不全症家族史，无骨质疏松表现，巩膜正常，但颅骨骨折和干骺端骨折发生率高。ⅣA 亚型和ⅣB 亚型成骨不全症都具有 Wormain 骨表现，但有学者推测ⅣA 型成骨不全症的部分病例实质上确实为虐待所致。

据计算，只有骨折，而无家族史，无 Wormain 骨表现或牙本质发育不全的Ⅳ型成骨不全症在 1 岁以下婴儿的发生率为 1/（100 万～300 万）。在一个拥有 50 万人口的城市中，每 100～300 年才可能出现 1 例。

最新的基因检测技术可为约 95% 的病例提供成骨不全症证据。Ojima 等和 Sing Kocher、Dichtel 的病例报告对该问题进行了十分有意义的研究[84, 85]。Morild 等测量了其他方面正常的婴儿猝死综合征婴儿骨强度并获取了一条基线，将这条基线与将成骨不全症作为儿童虐待指控辩护的案例进行比较[86]。

婴儿骨皮质增生症

婴儿骨皮质增生症也称 Caffey 病，受累骨干周围出现大量的骨膜新生骨，最常累及肋骨、尺骨、锁骨，尤以下颌骨多见。该疾病在 3 岁以上婴儿中罕见。

先天性梅毒

先天性梅毒尽管极为罕见，但该疾病的表现与儿童虐待所致的变化相似。先天性梅毒所致的骨膜增厚与外伤相似，但更趋于对称。干骺端可能会发生断裂甚至分离，与其相邻的骨体存在骨质疏松。

铜缺乏症

铜缺乏症较为罕见，该疾病具有放射学特征，其中长骨体部的骨膜增厚可能伴有对称性干骺端突出、骨质疏松症、骨折和干骺端杯形畸形。铜质缺乏可造成赖氨酰氧化酶损伤，故铜缺乏症中可出现毛发异常。铜缺乏症的放射学表现可与儿童虐待综合征相混淆。其他的临床特征包括精神性运动发育迟缓、肌张力减退、皮肤苍白、皮肤和毛发色素减退、头皮静脉突出、铁粒幼细胞贫血和中性粒细胞减少。

Menke 综合征

Menke 综合征（“卷发”综合征）为另一种罕见情况，也与铜缺乏症有关，患者有干骺端异常。该疾病只累及男性，表现为毛发异常、颅骨缝间骨和智力低下[87–91]。

儿童虐待中的头部损伤

受虐儿童最常见的死亡原因是伴或不伴颅骨骨折的颅内损伤。脑损伤不仅是最常见的致命损伤，也是造成严重、通常是永久性的神经功能损伤的原因。

硬膜下血肿是受虐儿童头部损伤的典型表现，在 Tardieu 1860 年写的文章中被提及，当时他描述了一侧大脑出血和其他典型征象[1]。硬膜下血肿最常见于危及生命的严重损伤，在第 5 章中详细讨论该主题。婴儿发生硬膜下血肿最常见的原因是对颅骨的直接撞击，如击打或坠落。有学者认为，没有冲击只是单纯的剧烈摇晃也是硬膜下出血的常见原因。Guthkelch 等在 1971 年首次提出摇晃婴儿可能是导致硬膜下血肿的原因，Caffey 稍晚也提出了同样的观点[92, 93]。Guthkelch 认为，由于并非所有硬膜下血肿患儿都存在头部外伤，表明在某些情况下并非直接暴力，而是反复的加速或减速导致了硬膜下血肿。

Duhaime 等调查了 13 例据称因摇晃致死的病例，其中 7 例没有头部外伤，但 13 例都在尸检中发现了硬膜下血肿的证据。在婴儿模型中，他们将撞击所致冲击力与剧烈摇晃进行比较；69 个受摇晃婴儿受到的平均切向加速度小于 10g（g 为重力加速度），而 60 次撞击的平均值为 428g；摇晃的平均时间为 106 ms，而撞击的平均时间仅为 20 ms[94]。

Gennarelli 等以及 Gennarelli 与 Thiabault 的研究表明，相较于平稳的减速，速度的变化率和减速的持续时间——“应变速率”最具有破坏性，跌倒后头部撞击固定平面是高应变速率损伤的一个例子，而低应变速率损伤发生于头部减速持续时间较长的情形，头部的非冲击性摇晃是一种低应变速率的机械损伤。高应变速率损伤可导致桥静脉破裂性硬膜下血肿，但这种相对低强度的损伤，还不足以引起脑组织破裂（图 22.15）；相较之下，低应变速率损伤更容易导致脑挫伤，只有在施加较大力量时才会造成血管损伤[95, 96]。

Geddes 和 Whitwell 指出，目前还没有关于婴儿头部损伤的正式系统性神经病理学研究，而且把弥漫性轴索损伤作为婴儿头部损伤常见表现的循证基础尚不充分[97]。事实上，现代诊断方法还未能建立弥漫性轴索损伤的诊断标准，但大家目前已普遍接受这些案例中存在弥漫性轴索损伤的观点。此外，Shannon 等的研究是对非意外伤害中微观损伤的首次正式研究，其表明这些案例中的轴突损伤是由缺血性或血管性因素所致，但这一事实在很大程度上被忽视或误解了[98]。在一个由 53 名外伤致死婴儿所构成的病例组中，只有 2 名婴儿发生了弥漫性轴索损伤，并且他们都有多处颅骨骨折和严重的头部外伤，组内最多见的组织学发现是 84% 病例都具有的广泛性缺氧损伤[99, 100]；其中 11 例（21%）中仅 8 名儿童具有颅颈交界区损伤以及伴随脑干尾侧传导束轴突损伤的大体和显微镜下证据。这一发现与成人颈椎过度屈曲/过度伸展的损伤模式一致，也表明了可能的机制为脑干受损死亡、呼吸暂停和缺氧性脑肿胀。在另一项对 50 例儿科病例开展的硬膜下血肿系统性研究中，包括 5 个月以下不伴头部损伤婴儿的宫内死亡，大多数病例（36/50）发现了硬膜下的新鲜出血[101]；该研究的作者认为这是一种严重缺氧的表现，类似于分娩中窒息或早产时发现的内脏出血，而非由外伤引起，并假设缺氧程度足以导致大量静脉血外渗于硬膜内和硬膜下。

假如摇晃可导致硬膜下血肿，但撞击是比摇晃更常见的硬膜下血肿病因。硬膜下血肿很可能由对婴儿头部的钝性打击所致，当头部与平面接触后所受外力扩散到接触点周边较大的区域时，则不会引起头皮外部损伤、头皮下出血和颅骨骨折，但此时所受到外力传递至颅内会形成高应变速率的剪切力，从而导致硬膜下血肿。此外，正如本书其他部分所讨论的，死亡通常不是由硬膜下血肿的直接刺激或占位效应所引起，而是由其深部内在隐匿性脑损伤所导致。弥漫性轴索损伤、脑水肿和随之而来的循环障碍才可能是致命因素，但由于儿童在 12～24 h 即相对快速地死亡，这些神经元损伤可能很难甚至不可能在组织学检查中被发现。再者，与成人相比，弥漫性轴索损伤的显微镜下特征在婴儿中似乎更不常见、也不甚明显，尽管使用免疫细胞化学技术，如第 5 章中描述的 β-淀粉样前体蛋白标记法，也只能在伤后数小时内提供可用的标记。上述这些因素结合起来可以否定任何指向撞击损伤的证据，因此，根据摇晃损伤原理，不需要上述任何损伤表现证明而出现的硬膜下血肿更易让人理解。

Howard 等研究了 28 例 18 个月以下婴儿的硬膜下血肿病例[102]。所有病例的病史都更符合撞击损伤，而非摇晃致伤；其中 6 名白人婴儿的跌落高度低于 0.9 m（3 英尺）。例如，从椅子或站立成人的怀中跌落，8 名非白种人婴儿从坐姿或站姿跌倒，或从床上滚落至铺有地毯的地板上；其中 3 名婴儿遭受过摇晃，但同时也存在撞击损伤的迹象，这类摇晃发生于婴儿跌倒后的复苏过程中；该研究中有 47% 的白人婴儿和 20% 的非白种人婴儿发生颅骨骨折。作者指出："我们的研究结果不支持将摇晃作为造成硬膜下血肿的唯一原因，同时也表明非意外伤害是硬膜下血肿较少见的成因，这一点与人们的既往认识不同。"

据报道，日本的婴儿在坐着或站立时向后摔倒，头部撞到日本的榻榻米垫（一种较厚的草编垫子）后出现硬膜下血肿。Aoki 和 Masuzawa 发表了对 26 例此类急性硬膜下血肿病例的系列研究，患儿都伴有视网膜出血，但无意识丧失，据作者所述，这些硬膜下血肿并非由殴打导致[103]；当 Rekate 质疑双侧硬膜下血肿伴视网膜出血是否可能由此类轻微的头部损伤造成时，作者回应为，他们的系列病例研究"可能包含了一些由虐待所致的损伤"[104]。这个例子说明当人们试图在特定的案例中评估科学理论有效性时可能会出现的困难，原因在于文献中病例信息的不足。

虐待儿童中大多数直接撞击损伤是运动中的头部撞击固定物体所引起，而非固定的头部遭受撞击所致，后者当然也会发生，但通常由力量相当强的掌掴所致。用武器击打孩子的头部或用紧握的拳头直接猛击孩子头部并不寻常。运动中的头部形成损伤要么是由于在非意外情况下摔倒，要么是由故意摇晃或将孩子扔到坚硬的平面所致，此时通常是握住婴儿的脚踝或手腕以借力。例如，作者（BK）曾遇到的一个案例，父亲抓住 1 个月大婴儿的脚踝，将其头部撞至运河边的石头上，然后将脱掉的衣物拿到街市上出售，再把尸体扔到河中。

其他几种头部受伤的机制也已被不同研究者描述过，包括作者（BK）所遇到的一些案例，其中父亲在一类名为“向上-起飞”（up-and-away）的抛接游戏中将婴儿抛向空中，但由于某种原因在孩子下坠时未能接住，以至于孩子直接掉落到地面上。在没有目击证人的情况下，此类情况可能会引起难以反驳的蓄意恶意行为指控。

据推测，剧烈摇晃有时会导致硬膜下腔的血管破裂，故在硬膜下血肿的病因认定中仍应接受摇晃是除撞击之外的另一种成因。婴儿的头部相对较大、较重，其颈部肌肉不发达且往往张力较低。因此，身体的重复晃动——通常由成人在腋下夹住婴儿，会导致婴儿头部做过度的屈伸运动，以及较重的大脑和颅骨发生相对旋转运动。

硬膜外出血在儿童虐待中并不常见，这可能是因为儿童的脑膜动脉并不像成人那样在未成熟颅骨的深沟甚至管道中走行。蛛网膜下腔出血则是大脑皮质挫伤不可避免的常见伴随表现。

如第 5 章所述，虐待儿童可引起任何类型的脑损伤，但在所有类型儿童脑损伤中，脑水肿的发生比成人更为常见。事实上，很大一部分头部损伤儿童的死亡是由颅内压升高所致，而不伴有颅骨骨折、脑膜出血或可见的脑损伤。典型的尸检征象可包括脑重量增加、扁平脑回、脑沟闭塞和裂隙状脑室。在成人中颅内压升高为更常见的征象，如经小脑幕间隙的海马沟回疝、继发性脑干出血和小脑扁桃体疝，在儿童中这种征象则比较少见。

当头部严重受伤时，无论是否伴有颅骨骨折，都可能发生脑挫伤或裂伤。此类损伤的位置通常与遭受外部打击的部位有关。尽管许多儿童虐待案件都涉及跌倒或摔倒在地，但儿童中典型的对冲伤并不像成人那样常见。虽然对冲伤在理论上可以发生，但当案情提示可能出现对冲伤时，其往往并不存在，可能与婴儿颅骨内部轮廓更平滑有关。

足以导致头部损伤的坠落距离正如前文提及的那样，这一问题在各文献中和医学专家证人之间仍存在相当大的争议。毫无疑问，无论从可靠的传闻证据还是从实验数据（如 Weber 的实验数据）来看，婴儿颅骨骨折是可能发生在高度非常低的被动跌落中的，包括从不超过桌子或椅子高度的跌落（82 cm；34 英寸）[58]。然而，如上文所述，颅骨骨折经常发生在没有明显内部脑损伤的情况下，当然反过来也是如此。低高度跌落可导致大脑或脑膜损伤的证据不如证明颅骨骨折的证据那么令人信服，但这种可能性是存在的，且不能被顽固、教条的意见所否定。评价头部损伤的物理基础的问题在于，进行真正的人体实验几乎是不可能的，在当前的伦理环境下，Weber 在死亡婴儿身上进行的研究可能都无法重复，且研究者显然不可能从活体身上获得数据，而动物模型的研究结果并不可靠，虽然说法医、律师和法院经常遇到的难题必须依靠可靠的统计数据来解决，而这种在动物模型中的研究结果在任何情况下都无法给出明确的答案。如果一个现象切实发生过一次，那么无论统计权重与其频率相比如何，它都可能会再次发生，因为已经建立了一个先例，就不能否认其可能性。

问题之一是“证明标准”：在刑事法庭上，其标准为“排除合理怀疑”；而对民事案件而言，证明只需要通过“概率平衡”的测试，在这种情况下，统计数据就更有说服力。

依靠法医学专家证人的经验也非常困难，因为他们在既往案件的传闻记忆中在分析成伤原因时无法提供令人满意的数据。如果成年人被指控存在故意或疏忽行为，他们很可能会捏造或歪曲受伤时的情形，声称婴儿是从椅子、手臂或床上跌落下来。即使在真正的意外事故中，愧疚感、悲伤和恐慌带来的模糊回忆往往会导致他们不能够准确描述当时的情况，所以法医既往的办案经验通常比受指控的成人、律师和法庭所想象的价值要小，且法医对既往案件真实情况的认识往往也存在不足或谬误。

在美国，对新科学证据的专家证言只有在满

足特定规则时才被法庭采信："公认的科学原理或发现……充分确立以在其所属的特定领域获得普遍认可时［Frye *vs.* United States 案，293 F. 1013，1014（哥伦比亚特区巡回法院. 1923）］"。1993 年，美国联邦最高法院对专家证言的准入进行了重大改革，Daubert *vs.* Merrell Dow Pharmaceuticals 案取代了 Frye 裁决，由法官而非科学界来作为评判科学证据可信度的"守门人"。1999 年，另一个同样重要的判决是 Kumho Tire *vs.* Carmichael 案，裁定初审法院的"守门"义务扩展至所有专家证言。在有关虐待性头部损伤 / 摇晃婴儿综合征的专家意见的争议中，这项裁决对"守门人"的挑战可在 Narang 和 Findley 等的详细评论中进行研究[105–108]。

美国儿科学会在 2009 年建议儿科医生在描述头部受到的损伤及其情况时使用一个更自然的术语，即虐待性头部外伤（abusive head trauma，AHT）[109]。2011 年，英国皇家检控署发布了一份法律指南，以提供有关上诉法院和高等法院在非意外性头部损伤（non-accidental head injury，NAHI）案件中所采取立场的信息，据该指南所述："现在应该避免使用'摇晃婴儿综合征'一词，因其可被认为具有情感内涵，且更重要的是，它没有充分描述头部受伤的成因范围。"[110]

儿童虐待中的内脏损伤

内脏器官的损伤几乎都局限于腹部，因为心脏和肺很少受伤[39, 47]。如前所述，腹部内脏破裂是继头部损伤后受虐儿童死亡的第二大原因，多由下胸部或腹部遭受强力撞击造成。直接拳击或用力"戳"是常见的致伤机制，而非跌落或遭受抛掷，后两者是引起头部受伤的常见原因。常见的借口是孩子跌倒，或被一些凸出的障碍物所绊倒，如玩具或家具；有时这可能是真实的，需要重点判断间接证据是否与法医学发现相符。肝脏经常受损，最常见的是任一肝叶的深裂伤，有时是完全穿透伤，更罕见的还有肝组织的解离。腹腔积血是导致死亡的直接原因。低位肋骨或肩胛胸骨区是最有可能的撞击部位（图 22.4，图 22.5）。

小肠是另一个常见的受伤靶器官，其中十二指肠或空肠是最常见的损伤部位（图 22.9）。位于腹部正中的十二指肠第二段受到打击时很容易受伤，因为在这个区域，十二指肠要跨过中线，很容易夹在受压迫的前腹壁和腰椎凸起之间。由于儿童的肠道组织较薄，此时肠道几乎可被"断头"，并可被完全横断，看起来几乎像用外科手术刀切的一样整齐。另一种情况是，肠壁在打击当时可能不会渗漏或破裂，但在随后的数小时甚至数天内，肠壁因缺血和坏死的影响可发生延迟破裂，导致腹膜炎的延迟发生。

同样的损伤也可发生在空肠，虽然空肠的断裂不会那么锐利，此处的损伤通常伴有肠系膜撕裂和腹腔出血，伴或不伴有肠内容物渗漏（图 22.10）。

胃破裂也会在虐待儿童案例中出现，但必须将其与非损伤性原因所致的胃破裂以及特别是心肺复苏引起的胃破裂仔细鉴别，后者会在胃黏膜中产生线性撕裂甚至全层破裂。

眼、耳、口部的损伤

作为常见面部损伤的一部分，熊猫眼、巩膜和结膜出血很常见，但眼球内部损伤在尸检中较少见。在普遍认识儿童虐待综合征之后的一段时间，人们发现相当一部分受害者，无论存活与

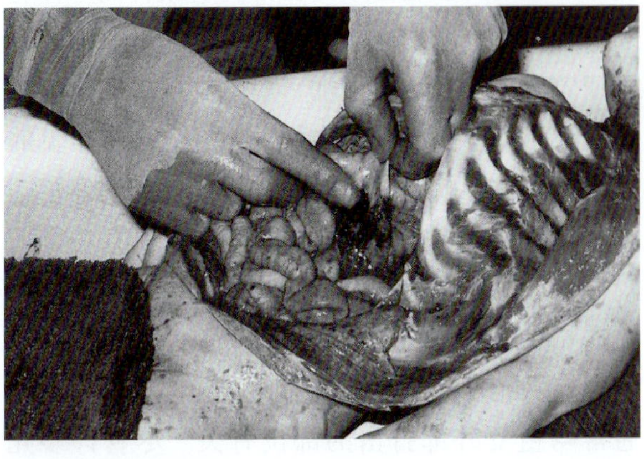

图 22.9　一名腹部正中受击打的儿童十二指肠破裂：击打暴力使较薄的前腹壁凹陷，导致十二指肠被压在腰椎上，是致命性儿童虐待中相对常见的死亡机制。肠道可能当即被切断，也有可能在随后数天内因血供受损而发生梗阻，继而破裂

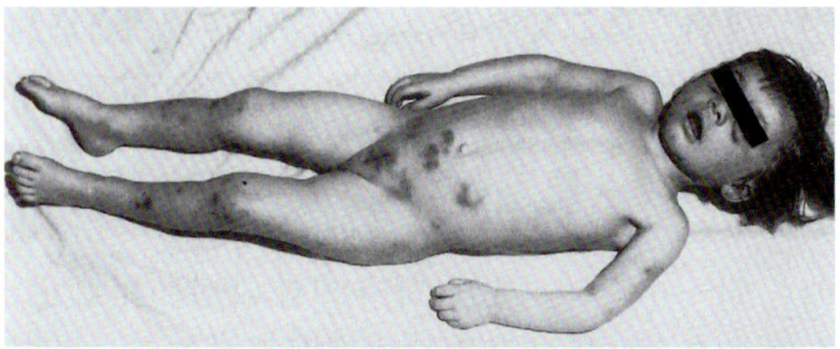

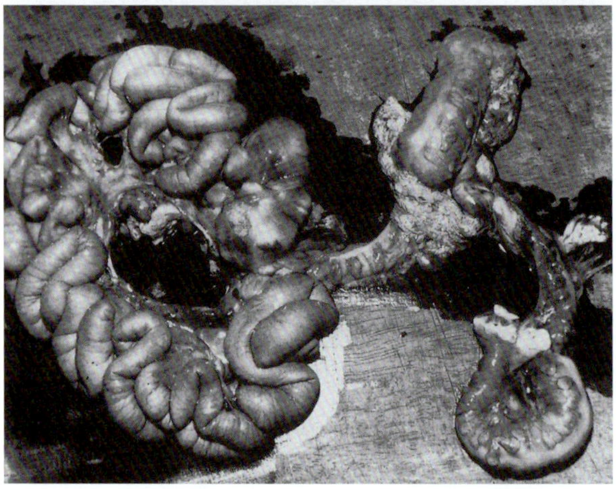

图 22.10　一名全身多处挫伤的儿童，面部、颈部、腹部、背部、腿部共计 80 处；家中的男性成人声称她“洗澡时滑倒了”；尸检中发现大量的腹腔积血，由多次肠系膜破裂所致

否，都存在严重的眼球内部损伤。对头部的直接暴力和摇晃会导致受害者玻璃体积血、晶状体脱位、视网膜剥脱和视网膜出血（图 22.14）[111]。

后者也可能由心肺复苏所致，因在闭胸心脏按压过程中对儿童胸部施加了剧烈的压力；关于此主题的这些文献是有争议的，许多文章证实了这种机制[112–115]，但也有文章对其予以否认[116–118]。此外，关于儿童虐待各类损伤的成因，不同的临床医生、法医都持各自观点，并再一次展开激烈的争论。当然，眼球内部损伤也常常继发于头部损伤引起的颅内压升高，并非主要由直接暴力所致。生活中，这些损伤都可通过检眼镜进行诊断，但在尸检中，必须通过解剖来证实。为了尽可能避免儿童尸体的外形缺损，可通过摘除玻璃体并更换假体的方法检查眼部损伤，或如 Gilliman 等所述，从颅前窝打开眼眶并整体取出眼球和眼眶内容物[119]。

外耳受伤很常见，因为虐待儿童者通常会选择显眼的目标，如面部、头部、手臂、臀部和耳朵。耳郭出现的擦伤甚至撕裂，通常是由掌掴所致。严重头部撞击对内耳造成的损伤可通过临床检查进行诊断，尽管其通常是在继发性耳聋的病因追溯中被发现。尸检时，这种微小结构的损伤很难被肉眼观察到，但有时在常规检查该区域是否存在中耳脓毒症时，可发现进入颞骨岩部的出血。

婴儿和年龄较大的儿童通常会遭受口周部的掌掴，这种击打通常具有切向的分力，可造成组织的横向移动，并可能撕裂黏膜系带（图 22.11）。当嘴唇被猛拉向一侧时，连接上牙龈和上唇的中间黏膜系带可被撕裂。撕裂的唇系带被普遍认为是虐待的特征表现；然而，最近文献综述不支持根据单一的唇系带撕裂诊断虐待[120–123]。黏膜系带撕裂的另一个可能原因是将奶瓶奶嘴强行塞入不愿意张口的婴儿口中，奶嘴没有进入牙龈之间，而是挤在牙龈和嘴唇之间，从而导致唇系带撕裂。如所有口腔损伤一样，此类损伤愈合迅速，并且在数天内，除了炎性息肉和（或）缺失的黏膜系带以外，并无其他所见（图 22.12）。

口唇本身的损伤很常见，损伤类型根据儿童是否有牙齿萌出而有所不同，但无论如何，都可出现挫伤、肿胀、擦伤，有时还可出现外部裂伤。即使未萌出牙齿婴儿，口唇内侧黏膜也可形成擦挫伤，如果击打力量足够大，还可造成撕裂伤；对于已萌出牙齿的儿童，如果口唇因暴力被

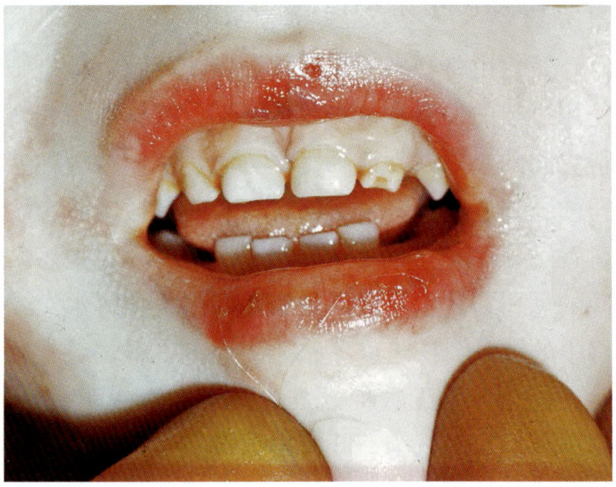

图 22.11　口唇擦伤，由掌掴唇部所致。当孩子长大到有牙齿萌出时，嘴唇内部可能会出现撕裂伤。该儿童上唇中线后的黏膜系带破裂（图中未显示），强烈提示上唇受到打击

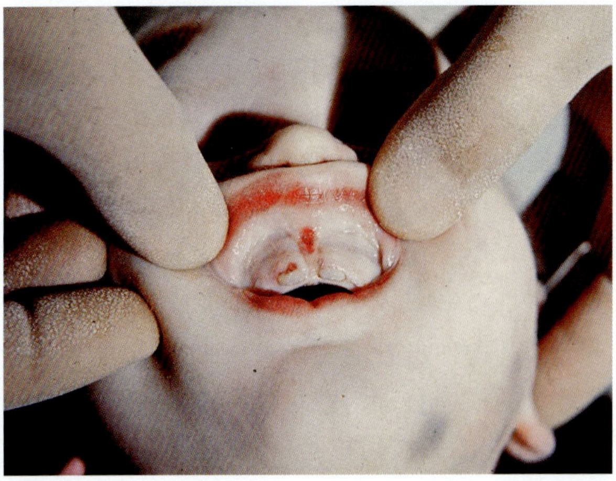

图 22.12　一位儿童的上唇系带撕裂，这是一种典型的唇部切向受力打击所致损伤

挤向牙齿，尤其是门牙的切割边缘，则更有可能发生撕裂伤。

牙齿也可受损，尤其是年龄较大的儿童。牙槽窝完全撕裂，牙齿松动、断裂都可发生。在年龄较小的婴儿中，发育中的牙齿可被挤压回牙槽中，就像击打钉子进入孔中一样。当发现牙齿和颌骨损伤时，无论是在活体检查还是尸检，都应尽可能寻求口腔科专业医生提供意见。

儿童虐待中的烧伤

不幸的是，热损伤在受虐婴儿中并不少见。损伤类型可以是烫伤、烧伤或特殊情况下的电击伤[9, 13, 19, 22, 33, 35, 124-128]。

烫伤由将受害者浸入高温液体所致，常见于使用过热的洗澡水。有些情况下，意外损伤和虐待之间的界限并不清晰，但有时是被作为一种惩罚的方式。曾有一个案例，一名儿童被施虐者故意置于 80℃以上的水中，以作为对其一直抱怨太冷的惩罚；其他原因的烫伤也可由故意将水壶或锅中的沸水倒在儿童身上所致。

烧伤可由无数种方式造成，这是一种蓄意、施虐狂性质的行为。儿童被强行摁坐在烹饪用电热环或加热板上烙上热铁铲或电烙铁的烙印，或被压在火栏上。受虐儿童中较常见的一种特殊类型烧伤是香烟灼伤，虽然不会导致死亡，但可被发现，最常见于未被衣物遮盖的皮肤处，如手、手臂、颈部和头部；这类烧伤的形状通常为圆形，但如果香烟斜压在皮肤上，伤痕可为三角形。规则的形状和大小通常可以提示烧伤的性质，不过一些皮肤病的表现可能会与陈旧烧伤相似，如一小块脓疱疮。新鲜的香烟灼伤呈红色，有时带有深红色的窄边，愈合时呈粉红色，继而在表面出现银色的光泽。

儿童虐待中的咬痕

大多数皮肤表面的咬伤都是在性犯罪或虐待儿童中出现。根据作者（BK）的经验，所有儿童的咬伤都由其母亲造成，不过已发表的文献表明男性和女性监护人都可咬伤他们的婴儿。本主题将在第 26 章进行更详细讨论，但由于它们在儿童虐待中相对常见，因此本章也对其进行总结。

受虐儿童身体的任何部位都可发现咬伤[125, 129]。常见的部位是手臂、手背、脸颊、肩膀、臀部和腹部（图 22.13）。咬痕通常由两个相对的半圆形

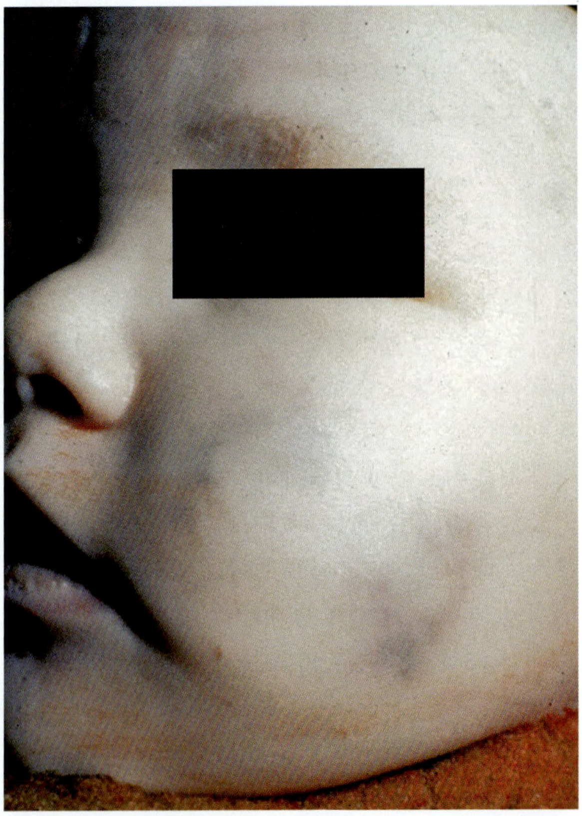

图 22.13　一个受虐儿童脸上的成人咬痕：死因是颅骨骨折和硬脑膜下出血

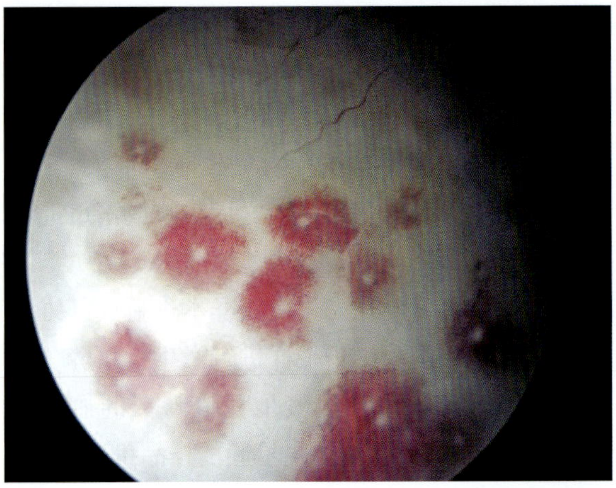

图 22.14　一名 3 个月婴儿的视网膜出血，遭摇晃后失去生命征象，经急诊医生成功复苏。但未恢复自主呼吸而需要机械通气，6 天后因桥静脉破裂导致硬膜下血肿而死亡；尸检中未发现击打伤

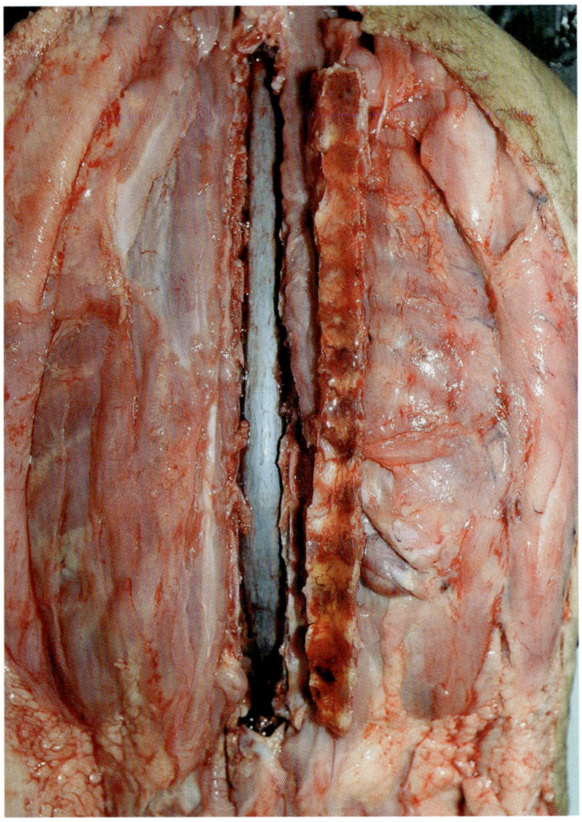

图 22.15　图示婴儿同图 22.14，出血已扩散至脊髓硬膜下腔

构成，也可能并不完整。有时也可出现单个牙印，或表现为一条实线的牙弓印痕。咬痕是擦伤或挫伤，或两者的结合。伤痕中央可出现因吸力造成的融合性瘀点，但这在性侵犯中更为常见，即所谓的“爱痕”；在儿童虐待中，伤痕中心通常完好无损。应仔细测量牙弓大小，以确定到底是由成人，还是由另一个儿童甚至由有时在辩护中声称的动物所造成。

对于年龄较大的儿童，必须牢记其自我咬伤的可能性，作者（BK）曾经遇到一名年轻人在手臂上多次咬伤自己。

与所有口腔科问题一样，此时经验丰富的牙科医生的建议对解决面临的法医学问题也同样非常有帮助。不仅可确认或排除可疑损伤，还可识别单个牙印，制作皮肤上任何残留印痕的铸型，并采集唾液拭子进行个体识别；还可检查所有嫌疑人，将他们的牙列与残留印痕进行对比，父母常用的借口是由家中的其他孩子甚至宠物狗所致。但如果没有法医牙科医生的帮助，法医病理学专家必须尽可能对受虐儿童进行全面的检查，详细内容请参见第 26 章。

儿童虐待中的其他损伤

受虐儿童可能受到其他各类损伤，有些损伤是异乎寻常、带有施虐狂性质的。这些受虐儿童的头发可能被成团拔除（毛发脱落），在头皮上留下假性脱发。手指可因为过度伸展而被折断，指尖可因为受击打或由其他方式被压碎。臀部、大腿和腹部皮肤上可发现皮带或绳索留下的印痕。“捏”或“拧”的痕迹并不少见，其由成人用指甲夹住一部分皮肤形成，表现为两个相对的小半圆形或三角形瘀伤，其间通常有一个清晰的间隔。

儿童虐待中的尸检

这与任何法医尸检的常规程序一样，但必须密切注意一些特征性的表现，由于虐待儿童的心理驱使，特别是在发生死亡的情况下，法医必须严谨细致地进行尸检。Knight 在《儿科法医学和病理学》(*Paediatric Forensic Medicine and Pathology*) 中详细介绍了儿童虐待的尸检[130]。以下事项必须牢记：

- 应尽可能查看现场，尽管儿童通常已经被转移到医院的急诊科室，回顾性的现场查看仍然非常有价值，评估诸如地板及其覆盖物的性质、跌倒位置、椅子高度及墙壁、门和家具之间的尺寸和空间方位等内容，因为儿童与室内陈设发生碰撞的说法是一道永恒的辩护防线，在某些案件中也可能是真实的。
- 儿童应尽可能穿着原来的衣物接受检查。
- 应记录清洗前的尸体外观和其他化妆操作；当儿童死于医院急诊科室时，这种富于同情心的行为可能会抹除有用的证据，同情和正义之间的平衡有时很难调和。
- 应仔细询问是否对儿童实施过任何复苏尝试，因这些举措可造成一些人工假象。
- 如果存在任何虐待嫌疑，应在尸检开始前进行完整的尸检成像和（或）放射学骨骼检查。
- 必须进行全面的身体测量，包括体重、冠-踵长度、冠-臀长度、足长和头径。
- 必须进行细致的尸表检验，应涵盖身体的每一处，包括所有身体孔道；注意必须检查口腔和口唇内部。
- 必须对任何异常发现进行完整的摄影记录。在怀疑有挫伤的地方，推荐同时使用红外线和紫外线敏感胶片证实，但在解读胶片时需要一定经验先排除人为因素造成的假阳性。
- 无论是发现抑或怀疑存在挫伤，都需要对皮下组织进行广泛解剖检查；必须在可疑区域做切口进行检查，若要避免体表皮肤不必要的缺损，则可通过剥离皮肤以抵达受损部位从而充分暴露损伤。
- 必须根据实际情况对血液、尿液、胃内容物、肝脏、玻璃体液和脑脊液进行全面取样。最好尽可能收集多种样本，因为丢弃不需要的样本很容易，但之后很难或不可能再次获取。
- 适当的情况下，采集皮肤样本进行成纤维细胞培养，使用拭子采样进行微生物培养。采集用于分组和检测其他血液特征的血液样本，并保留足够 DNA 检验的样品量。
- 咬痕需要擦拭采集唾液，并制作由牙齿凹痕的铸型；法医牙科医生的合作至关重要（具体参见第 26 章）。
- 需要对所有器官进行系统解剖，并全部取材进行组织学检查；如果无法进行全身影像学检查，则可对分离后的骨骼或胸廓进行 X 线检查。如果存在多处肋骨骨折，可分离胸廓软组织后，再对分离的骨性胸廓进行 X 线检查，并进一步取骨组织块脱钙处理，以尝试明确损伤时间。
- 如果有明显脑损伤，或怀疑存在脑损伤，应小心取出大脑，并将其悬浮于福尔马林溶液中直至完全固定。如果存在颅内损伤或脑水肿，则绝不应进行“湿切”。
- 应摘除双侧眼球进行组织学检查：为了达到美容的目的，可取下整个眼球并更换义眼，或者可以通过颅前窝底部入路将眼球和眼眶内容物整体摘除。

（李立亮　译）

参考文献

[1] Tardieu A. Étude médico-légale sur les sévices et mauvais traitements exercés sur des enfants. *Ann Hyg Pub Med Leg* 1860; 13: 361–98.

[2] Caffey J. Multiple fractures in the long bones of infants suffering from chronic subdural hematoma. *Am J Roentgenol* 1946; 56: 163–72.

[3] Kempe CH, *et al.* The battered-child syndrome. *JAMA* 1962; 181: 17–24.

[4] Silverman FN. Unrecognized trauma in infants, the battered child syndrome, and the syndrome of Ambroise Tardieu. Rigler Lecture. *Radiology* 1972; 104(2): 337–53.

[5] Herbich J, *et al.* [Differential diagnosis in child abuse]. *Beitr Gerichtl Med* 1973; 31: 97–101.

[6] Caffey J. The whiplash shaken infant syndrome: manual shaking by the extremities with whiplash-induced intracranial and intraocular bleedings, linked with residual permanent brain damage and mental retardation. *Pediatrics* 1974; 54(4): 396–403.

[7] Lauer B, ten Broeck E, Grossman M. Battered child syndrome: review of 130 patients with controls. *Pediatrics* 1974; 54(1): 67–70.

- 应尽可能查看现场，尽管儿童通常已经被转移到医院的急诊科室，回顾性的现场查看仍然非常有价值，评估诸如地板及其覆盖物的性质、跌倒位置、椅子高度及墙壁、门和家具之间的尺寸和空间方位等内容，因为儿童与室内陈设发生碰撞的说法是一道永恒的辩护防线，在某些案件中也可能是真实的。
- 儿童应尽可能穿着原来的衣物接受检查。
- 应记录清洗前的尸体外观和其他化妆操作；当儿童死于医院急诊科室时，这种富于同情心的行为可能会抹除有用的证据，同情和正义之间的平衡有时很难调和。
- 应仔细询问是否对儿童实施过任何复苏尝试，因这些举措可造成一些人工假象。
- 如果存在任何虐待嫌疑，应在尸检开始前进行完整的尸检成像和（或）放射学骨骼检查。
- 必须进行全面的身体测量，包括体重、冠-踵长度、冠-臀长度、足长和头径。
- 必须进行细致的尸表检验，应涵盖身体的每一处，包括所有身体孔道；注意必须检查口腔和口唇内部。
- 必须对任何异常发现进行完整的摄影记录。在怀疑有挫伤的地方，推荐同时使用红外线和紫外线敏感胶片证实，但在解读胶片时需要一定经验先排除人为因素造成的假阳性。
- 无论是发现抑或怀疑存在挫伤，都需要对皮下组织进行广泛解剖检查；必须在可疑区域做切口进行检查，若要避免体表皮肤不必要的缺损，则可通过剥离皮肤以抵达受损部位从而充分暴露损伤。
- 必须根据实际情况对血液、尿液、胃内容物、肝脏、玻璃体液和脑脊液进行全面取样。最好尽可能收集多种样本，因为丢弃不需要的样本很容易，但之后很难或不可能再次获取。
- 适当的情况下，采集皮肤样本进行成纤维细胞培养，使用拭子采样进行微生物培养。采集用于分组和检测其他血液特征的血液样本，并保留足够 DNA 检验的样品量。
- 咬痕需要擦拭采集唾液，并制作由牙齿凹痕的铸型；法医牙科医生的合作至关重要（具体参见第 26 章）。
- 需要对所有器官进行系统解剖，并全部取材进行组织学检查；如果无法进行全身影像学检查，则可对分离后的骨骼或胸廓进行 X 线检查。如果存在多处肋骨骨折，可分离胸廓软组织后，再对分离的骨性胸廓进行 X 线检查，并进一步取骨组织块脱钙处理，以尝试明确损伤时间。
- 如果有明显脑损伤，或怀疑存在脑损伤，应小心取出大脑，并将其悬浮于福尔马林溶液中直至完全固定。如果存在颅内损伤或脑水肿，则绝不应进行“湿切”。
- 应摘除双侧眼球进行组织学检查：为了达到美容的目的，可取下整个眼球并更换义眼，或者可以通过颅前窝底部入路将眼球和眼眶内容物整体摘除。

（李立亮　译）

参考文献

[1] Tardieu A. Étude médico-légale sur les sévices et mauvais traitements exercés sur des enfants. *Ann Hyg Pub Med Leg* 1860; 13: 361−98.

[2] Caffey J. Multiple fractures in the long bones of infants suffering from chronic subdural hematoma. *Am J Roentgenol* 1946; 56: 163−72.

[3] Kempe CH, *et al*. The battered-child syndrome. *JAMA* 1962; 181: 17−24.

[4] Silverman FN. Unrecognized trauma in infants, the battered child syndrome, and the syndrome of Ambroise Tardieu. Rigler Lecture. *Radiology* 1972; 104(2): 337−53.

[5] Herbich J, *et al*. [Differential diagnosis in child abuse]. *Beitr Gerichtl Med* 1973; 31: 97−101.

[6] Caffey J. The whiplash shaken infant syndrome: manual shaking by the extremities with whiplash-induced intracranial and intraocular bleedings, linked with residual permanent brain damage and mental retardation. *Pediatrics* 1974; 54(4): 396−403.

[7] Lauer B, ten Broeck E, Grossman M. Battered child syndrome: review of 130 patients with controls. *Pediatrics* 1974; 54(1): 67−70.

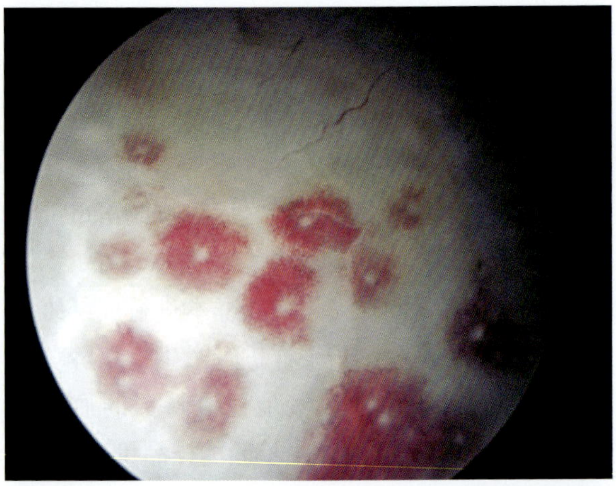

图 22.14　一名 3 个月婴儿的视网膜出血，遭摇晃后失去生命征象，经急诊医生成功复苏。但未恢复自主呼吸而需要机械通气，6 天后因桥静脉破裂导致硬膜下血肿而死亡；尸检中未发现击打伤

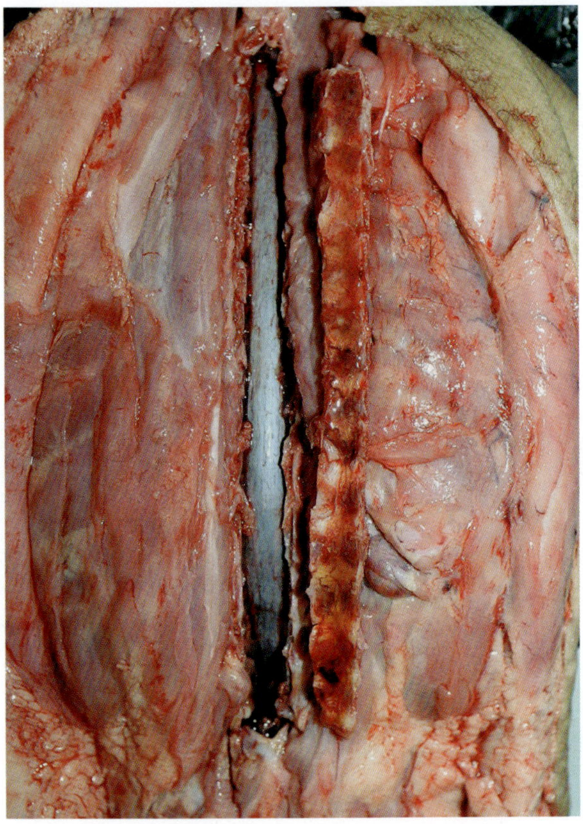

图 22.15　图示婴儿同图 22.14，出血已扩散至脊髓硬膜下腔

构成，也可能并不完整。有时也可出现单个牙印，或表现为一条实线的牙弓印痕。咬痕是擦伤或挫伤，或两者的结合。伤痕中央可出现因吸力造成的融合性瘀点，但这在性侵犯中更为常见，即所谓的“爱痕”；在儿童虐待中，伤痕中心通常完好无损。应仔细测量牙弓大小，以确定到底是由成人，还是由另一个儿童甚至由有时在辩护中声称的动物所造成。

对于年龄较大的儿童，必须牢记其自我咬伤的可能性，作者（BK）曾经遇到一名年轻人在手臂上多次咬伤自己。

与所有口腔科问题一样，此时经验丰富的牙科医生的建议对解决面临的法医学问题也同样非常有帮助。不仅可确认或排除可疑损伤，还可识别单个牙印，制作皮肤上任何残留印痕的铸型，并采集唾液拭子进行个体识别；还可检查所有嫌疑人，将他们的牙列与残留印痕进行对比，父母常用的借口是由家中的其他孩子甚至宠物狗所致。但如果没有法医牙科医生的帮助，法医病理学专家必须尽可能对受虐儿童进行全面的检查，详细内容请参见第 26 章。

儿童虐待中的其他损伤

受虐儿童可能受到其他各类损伤，有些损伤是异乎寻常、带有施虐狂性质的。这些受虐儿童的头发可能被成团拔除（毛发脱落），在头皮上留下假性脱发。手指可因为过度伸展而被折断，指尖可因为受击打或由其他方式被压碎。臀部、大腿和腹部皮肤上可发现皮带或绳索留下的印痕。“捏”或“拧”的痕迹并不少见，其由成人用指甲夹住一部分皮肤形成，表现为两个相对的小半圆形或三角形瘀伤，其间通常有一个清晰的间隔。

儿童虐待中的尸检

这与任何法医尸检的常规程序一样，但必须密切注意一些特征性的表现，由于虐待儿童的心理驱使，特别是在发生死亡的情况下，法医必须严谨细致地进行尸检。Knight 在《儿科法医学和病理学》（*Paediatric Forensic Medicine and Pathology*）中详细介绍了儿童虐待的尸检[130]。以下事项必须牢记：

[126] Hicks RA, Stolfi A. Skeletal surveys in children with burns caused by child abuse. *Pediatr Emerg Care* 2007; 23(5): 308–13.

[127] Hayek SN, *et al*. The efficacy of hair and urine toxicology screening on the detection of child abuse by burning. *J Burn Care Res* 2009; 30(4): 587–92.

[128] Maguire S. Which injuries may indicate child abuse? *Arch Dis Child Educ Pract Ed* 2010; 95(6): 170–7.

[129] Andree C, Thomas P. [Bite marks in fatal child abuse: a case report]. *Kinderkrankenschwester* 2004; 23(2): 75–7.

[130] Knight B. The autopsy in child abuse. In: Mason JK (ed). *Paediatric Forensic Medicine and Pathology*. London: Chapman and Hall Medical, 1989, p. 516.

[88] Osaka K, *et al*. Congenital hypocupraemia syndrome with and without steely hair: report of two Japanese infants. *Dev Med Child Neurol* 1977; 19(1): 62–8.
[89] Lott IT, *et al*. Abnormal copper metabolism in Menke's steelyhair syndrome. *Pediatr Res* 1979; 13(7): 845–50.
[90] Williams DM, Atkin CL. Tissue copper concentrations of patients with Menke's kinky hair disease. *Am J Dis Child* 1981; 135(4): 375–6.
[91] Martinez-Granero MA, *et al*. [Menkes' disease: anatomo-clinical presentation of a case]. *Rev Neurol* 1997; 25(139): 465–70.
[92] Guthkelch AN. Infantile subdural haematoma and its relationship to whiplash injuries. *Br Med J* 1971; 2(5759): 430–1.
[93] Caffey J. On the theory and practice of shaking infants. Its potential residual effects of permanent brain damage and mental retardation. *Am J Dis Child* 1972; 124(2): 161–9.
[94] Duhaime AC, *et al*. The shaken baby syndrome. A clinical, pathological, and biomechanical study. *J Neurosurg* 1987; 66(3): 409–15.
[95] Gennarelli TA, Adams JH, Graham DI. Acceleration induced head injury in the monkey. I. The model, its mechanical and physiological correlates. *Acta Neuropathol Suppl* 1981; 7: 23–5.
[96] Gennarelli TA, Thibault LE. Biomechanics of acute subdural hematoma. *J Trauma* 1982; 22(8): 680–6.
[97] Geddes JF, Whitwell HL. Inflicted head injury in infants. *Forensic Sci Int* 2004; 146(2–3): 83–8.
[98] Shannon P, *et al*. Axonal injury and the neuropathology of shaken baby syndrome. *Acta Neuropathol* 1998; 95(6): 625–31.
[99] Geddes JF, *et al*. Neuropathology of inflicted head injury in children. I. Patterns of brain damage. *Brain* 2001; 124(7): 1290–8.
[100] Geddes JF, *et al*. Neuropathology of inflicted head injury in children. II. Microscopic brain injury in infants. *Brain* 2001; 124(7): 1299–306.
[101] Geddes JF, *et al*. Dural haemorrhage in non-traumatic infant deaths: Does it explain the bleeding in 'shaken baby syndrome' ? *Neuropathol Appl Neurobiol* 2003; 29(1): 14–22.
[102] Howard MA, Bell BA, Uttley D. The pathophysiology of infant subdural haematomas. *Br J Neurosurg* 1993; 7(4): 355–65.
[103] Aoki N, Masuzawa H. Infantile acute subdural hematoma. Clinical analysis of 26 cases. *J Neurosurg* 1984; 61(2): 273–80.
[104] Rekate HL. Subdural hematomas in infants [letter]. *J Neurosurg* 1985; 62(2): 316–7.
[105] Grivas CR, Komar DA. Kumho, Daubert, and the nature of scientific inquiry: implications for forensic anthropology. *J Forensic Sci* 2008; 53(4): 771–6.
[106] Narang S. A Daubert-analysis of abusive head trauma/shaken baby syndrome. *Hous J Health L & Pol'y* 2011; 11: 505–633.
[107] Findley KA, *et al*. Shaken baby syndrome, abusive head trauma, and actual innocence: getting it right. *Hous J Health L & Pol'y* 2012; 12: 209–312.
[108] Moreno JA. What do pediatric healthcare experts really need to know about Daubert and the rules of evidence? *Pediatr Radiol* 2013; 43(2): 135–9.
[109] Christian CW, Block R. Abusive head trauma in infants and children. *Pediatrics* 2009; 123(5): 1409–11.
[110] The Crown Proscecution Service. Non-accidental head injury (NAHI, formerly referred to as shaken baby syndrome [SBS]) – prosecution approach. 2011.
[111] Gilliland MG, Luckenbach MW, Chenier TC. Systemic and ocular findings in 169 prospectively studied child deaths: retinal hemorrhages usually mean child abuse. *Forensic Sci Int* 1994; 68(2): 117–32.
[112] Bacon CJ, Sayer GC, Howe JW. Extensive retinal haemorrhages in infancy – an innocent cause. *Br Med J* 1978; 1(6108): 281.
[113] Goetting MG, Sowa B. Retinal hemorrhage after cardiopulmonary resuscitation in children: an etiologic reevaluation. *Pediatrics* 1990; 85(4): 585–8.
[114] Weedn VW, Mansour AM, Nichols MM. Retinal hemorrhage in an infant after cardiopulmonary resuscitation. *Am J Forensic Med Pathol* 1990; 11(1): 79–82.
[115] Kramer K, Goldstein B. Retinal hemorrhages following cardiopulmonary resuscitation. *Clin Pediatr (Phila)* 1993; 32(6): 366–8.
[116] Gilliland MG, Luckenbach MW. Are retinal hemorrhages found after resuscitation attempts? A study of the eyes of 169 children. *Am J Forensic Med Pathol* 1993; 14(3): 187–92.
[117] Odom A, *et al*. Prevalence of retinal hemorrhages in pediatric patients after in-hospital cardiopulmonary resuscitation: a prospective study. *Pediatrics* 1997; 99(6): E3.
[118] Pham H, *et al*. Retinal hemorrhage after cardiopulmonary resuscitation with chest compressions. *Am J Forensic Med Pathol* 2013; 34(2): 122–4.
[119] Gilliland MG, *et al*. Guidelines for postmortem protocol for ocular investigation of sudden unexplained infant death and suspected physical child abuse. *Am J Forensic Med Pathol* 2007; 28(4): 323–9.
[120] Teece S, Crawford I. Best evidence topic report. Torn frenulum and non-accidental injury in children. *Emerg Med J* 2005; 22(2): 125.
[121] Maguire S, *et al*. Diagnosing abuse: a systematic review of torn frenum and other intra-oral injuries. *Arch Dis Child* 2007; 92(12): 1113–7.
[122] Welbury R. Torn labial frenum in isolation not pathognomonic of physical abuse. *Evid Based Dent* 2007; 8(3): 71.
[123] Koe S, *et al*. Medical, social and societal issues in infants with abusive head trauma. *Ir Med J* 2010; 103(4): 102–5.
[124] Darok M, Reischle S. Burn injuries caused by a hair-dryer – an unusual case of child abuse. *Forensic Sci Int* 2001; 115 (1–2): 143–6.
[125] Kos L, Shwayder T. Cutaneous manifestations of child abuse. *Pediatr Dermatol* 2006; 23(4): 311–20.

[47] Maguire SA, *et al.* A systematic review of abusive visceral injuries in childhood—their range and recognition. *Child Abuse Negl* 2013; 37(7): 430–45.
[48] Kleinman PK, *et al.* Inflicted skeletal injury: a postmortem radiologic-histopathologic study in 31 infants. *Am J Roentgenol* 1995; 165(3): 647–50.
[49] Belfer RA, Klein BL, Orr L. Use of the skeletal survey in the evaluation of child maltreatment. *Am J Emerg Med* 2001; 19(2): 122–4.
[50] Duffy SO, *et al.* Use of skeletal surveys to evaluate for physical abuse: analysis of 703 consecutive skeletal surveys. *Pediatrics* 2011; 127(1): e47–52.
[51] Karmazyn B, *et al.* The prevalence of uncommon fractures on skeletal surveys performed to evaluate for suspected abuse in 930 children: should practice guidelines change? *Am J Roentgenol* 2011; 197(1): W159–63.
[52] Hughes-Roberts Y, *et al.* Post-mortem skeletal surveys in suspected non-accidental injury. *Clin Radiol* 2012; 67(9): 868–76.
[53] Cameron JM, Rae LJ. *Atlas of the Battered Child Syndrome.* Edinburgh: Churchill Livingstone, 1975.
[54] Evans KT, Knight B. *Forensic Radiology*, 1st edn. Oxford: Blackwell Scientific Publications, 1981.
[55] Brogdon BG. Child abuse. In: Thali M, Viner MD, Brogdon BG (eds). *Brogdon's Forensic Radiology*. Boca Raton: CRC Press, 2011, pp. 255–78.
[56] Worlock P, Stower M, Barbor P. Patterns of fractures in accidental and non-accidental injury in children: a comparative study. *Br Med J Clin Res Ed* 1986; 293(6539): 100–2.
[57] Harwood Nash CE, Hendrick EB, Hudson AR. The significance of skull fractures in children. A study of 1,187 patients. *Radiology* 1971; 101(1): 151–6.
[58] Weber W. [Experimental studies of skull fractures in infants]. *Z Rechtsmed* 1984; 92(2): 87–94.
[59] Weber W. [Biomechanical fragility of the infant skull]. *Z Rechtsmed* 1985; 94(2): 93–101.
[60] Holczabek W, Lachmann D, Zweymuller E. [Downfall in infancy]. *Dtsch Med Wochenschr* 1972; 97(43): 1640–6.
[61] Reichelderfer TE, Overbach A, Greensher J. Unsafe playgrounds. *Pediatrics* 1979; 64(6): 962–3.
[62] Helfer RE, Slovis TL, Black M. Injuries resulting when small children fall out of bed. *Pediatrics* 1977; 60(4): 533–5.
[63] Nimityongskul P, Anderson LD. The likelihood of injuries when children fall out of bed. *J Pediatr Orthop* 1987; 7(2): 184–6.
[64] Williams RA. Injuries in infants and small children resulting from witnessed and corroborated free falls. *J Trauma* 1991; 31(10): 1350–2.
[65] Hall JR, *et al.* The mortality of childhood falls. *J Trauma* 1989; 29(9): 1273–5.
[66] Chadwick DL, *et al.* Deaths from falls in children: how far is fatal? *J Trauma* 1991; 31(10): 1353–5.
[67] Hobbs CJ. Skull fracture and the diagnosis of abuse. *Arch Dis Child* 1984; 59(3): 246–52.
[68] Leventhal JM, *et al.* Fractures in young children. Distinguishing child abuse from unintentional injuries. *Am J Dis Child* 1993; 147(1): 87–92.
[69] Plunkett J. Fatal pediatric head injuries caused by short-distance falls. *Am J Forensic Med Pathol* 2001; 22(1): 1–12.
[70] Spivack B. Fatal pediatric head injuries caused by short-distance falls. *Am J Forensic Med Pathol* 2001; 22(3): 332–6.
[71] Schaber B, *et al.* Fatal pediatric head injuries caused by short distance falls. *Am J Forensic Med Pathol* 2002; 23(1): 101–3; author reply 103–5.
[72] Thompson AK, *et al.* Pediatric short-distance household falls: biomechanics and associated injury severity. *Accid Anal Prev* 2011; 43(1): 143–50.
[73] Kleinman PK, *et al.* Prevalence of the classic metaphyseal lesion in infants at low versus high risk for abuse. *Am J Roentgenol* 2011; 197(4): 1005–8.
[74] Prosser I, *et al.* A timetable for the radiologic features of fracture healing in young children. *Am J Roentgenol* 2012; 198(5): 1014–20.
[75] Halliday KE, *et al.* Dating fractures in infants. *Clin Radiol* 2011; 66(11): 1049–54.
[76] Cameron JM. The battered baby. *Br J Hosp Med* 1970; 4: 769–74.
[77] Kogutt MS, Swischuk LE, Fagan CJ. Patterns of injury and significance of uncommon fractures in the battered child syndrome. *Am J Roentgenol Radium Ther Nucl Med* 1974; 121(1): 143–9.
[78] Polson CJ, Gee D, Knight B. *Essentials of Forensic Medicine*, 4th edn. Oxford: Pergamon Press, 1985.
[79] Melville JD, Lukefahr JL, Clarke EA. First rib fractures in abused infants: a report of three cases. *Clin Pediatr (Phila)* 2012; 51(5): 426–30.
[80] Sillence DO, Senn A, Danks DM. Genetic heterogeneity in osteogenesis imperfecta. *J Med Genet* 1979; 16(2): 101–16.
[81] Ben Amor IM, Glorieux FH, Rauch F. Genotype-phenotype correlations in autosomal dominant osteogenesis imperfecta. *J Osteoporos* 2011; 2011: 540178.
[82] Forlino A, *et al.* New perspectives on osteogenesis imperfecta. *Nat Rev Endocrinol* 2011; 7(9): 540–57.
[83] Cundy T. Recent advances in osteogenesis imperfecta. *Calcif Tissue Int* 2012; 90(6): 439–49.
[84] Ojima K, *et al.* An autopsy case of osteogenesis imperfecta initially suspected as child abuse. *Forensic Sci Int* 1994; 65(2): 97–104.
[85] Singh Kocher M, Dichtel L. Osteogenesis imperfecta misdiagnosed as child abuse. *J Pediatr Orthop B* 2011; 20(6): 440–3.
[86] Morild I, Gjerdet NR, Giertsen JC. Bone strength in infants. *Forensic Sci Int* 1993; 60(1–2): 111–19.
[87] Stanley P, Gwinn JL, Sutcliffe J. [The osseous abnormalities in Menke's syndrome]. *Ann Radiol (Paris)* 1976; 19(1): 167–72.

[8] Brown RH. The battered child syndrome. *J Forensic Sci* 1976; 21(1): 65–70.
[9] Zumwalt RE, Hirsch CS. Subtle fatal child abuse. *Hum Pathol* 1980; 11(2): 167–74.
[10] Christoffel KK, Liu K, Stamler J. Epidemiology of fatal child abuse: international mortality data. *J Chronic Dis* 1981; 34(2–3): 57–64.
[11] Creighton SJ. An epidemiological study of abused children and their families in the United Kingdom between 1977 and 1982. *Child Abuse Negl* 1985; 9(4): 441–8.
[12] Showers J, *et al.* Fatal child abuse: a two-decade review. *Pediatr Emerg Care* 1985; 1(2): 66–70.
[13] Caniano DA, Beaver BL, Boles ET, Jr. Child abuse. An update on surgical management in 256 cases. *Ann Surg* 1986; 203(2): 219–24.
[14] Knight B. The history of child abuse. *Forensic Sci Int* 1986; 30(2–3): 135–41.
[15] King J, *et al.* Analysis of 429 fractures in 189 battered children. *J Pediatr Orthop* 1988; 8(5): 585–9.
[16] Ledbetter DJ, *et al.* Diagnostic and surgical implications of child abuse. *Arch Surg* 1988; 123(9): 1101–5.
[17] McClain PW, *et al.* Estimates of fatal child abuse and neglect, United States, 1979 through 1988. *Pediatrics* 1993; 91(2): 338–43.
[18] Bouska I. [Causes of death in fatal cases of child abuse 1964–1988]. *Cas Lek Cesk* 1995; 134(11): 344–6.
[19] Ellis PS. The pathology of fatal child abuse. *Pathology* 1997; 29(2): 113–21.
[20] Ohtsuji M, *et al.* [Fatal child abuse in Japan and Germany. Comparative retrospective study]. *Arch Kriminol* 1998; 202(1–2): 8–16.
[21] Vock R, *et al.* [Fatal child abuse (caused by physical violence) in Germany during 1 January 1985 to 2 October 1990. Results of a multicenter study]. *Arch Kriminol* 1999; 203(3–4): 73–85.
[22] Sibert JR, *et al.* The incidence of severe physical child abuse in Wales. *Child Abuse Negl* 2002; 26(3): 267–76.
[23] Hobbs C. The prevalence of child maltreatment in the United Kingdom. *Child Abuse Negl* 2005; 29(9): 949–51.
[24] Newton AW, Vandeven AM. Update on child maltreatment. *Curr Opin Pediatr* 2008; 20(2): 205–12.
[25] Schnitzer PG, *et al.* Public health surveillance of fatal child maltreatment: analysis of 3 state programs. *Am J Public Health* 2008; 98(2): 296–303.
[26] Sidebotham P, *et al.* Fatal child maltreatment in England, 2005–2009. *Child Abuse Negl* 2011; 35(4): 299–306.
[27] Damashek A, Nelson MM, aBonner BL. Fatal child maltreatment: characteristics of deaths from physical abuse versus neglect. *Child Abuse Negl* 2013; 37(10): 735–44.
[28] Putnam-Hornstein E, *et al.* Risk of fatal injury in young children following abuse allegations: evidence from a prospective, population-based study. *Am J Public Health* 2013; 103(10): e39–44.
[29] Palusci VJ, Covington TM. Child maltreatment deaths in the U. S. National Child Death Review Case Reporting System. *Child Abuse Negl* 2014; 38(1): 25–36.
[30] Ross AH, Juarez CA. A brief history of fatal child maltreatment and neglect. *Forensic Sci Med Pathol* 2014; 10(3): 413–22.
[31] Schnitzer PG, Gulino SP, Yuan YY. Advancing public health surveillance to estimate child maltreatment fatalities: review and recommendations. *Child Welfare* 2013; 92(2): 77–98.
[32] *Child Maltreatment 2012*. Washington: A. f. C. a. F. U. S. Department of Health and Human Services, Administration on Children, Youth and Families, Children's Bureau, 2012.
[33] Russo S, *et al.* Scald burns complicated by isopropyl alcohol intoxication. A case of fatal child abuse. *Am J Forensic Med Pathol* 1986; 7(1): 81–3.
[34] Merrick J. [Child abuse and the lack of care. 2. An epidemiologic and social pediatric study of fatal child abuse and neglect in Denmark in 1970–1979]. *Ugeskr Laeger* 1989; 151(14): 874–7.
[35] Reece RM. Unusual manifestations of child abuse. *Pediatr Clin North Am* 1990; 37(4): 905–21.
[36] Arieff AI, Kronlund BA. Fatal child abuse by forced water intoxication. *Pediatrics* 1999; 103(6 Pt 1): 1292–5.
[37] Boos SC. Constrictive asphyxia: a recognizable form of fatal child abuse. *Child Abuse Negl* 2000; 24(11): 1503–7.
[38] Pandya NK, *et al.* Child abuse and orthopaedic injury patterns: analysis at a level I pediatric trauma center. *J Pediatr Orthop* 2009; 29(6): 618–25.
[39] Dedouit F, *et al.* Lethal visceral traumatic injuries secondary to child abuse: a case of practical application of autopsy, radiological and microscopic studies. *Forensic Sci Int* 2011; 206(1–3): e62–6.
[40] Billmire ME, Myers PA. Serious head injury in infants: accident or abuse? *Pediatrics* 1985; 75(2): 340–2.
[41] Reiber GD. Fatal falls in childhood. How far must children fall to sustain fatal head injury? Report of cases and review of the literature. *Am J Forensic Med Pathol* 1993; 14(3): 201–7.
[42] Bennett S, *et al.* Head injury secondary to suspected child maltreatment: results of a prospective Canadian national surveillance program. *Child Abuse Negl* 2011; 35(11): 930–6.
[43] Vock R, Schellmann B, Schaidt G. [Isolated injuries of intestinal tract due to body maltreatment (author's transl)]. *Z Rechtsmed* 1980; 84(2): 155–9.
[44] Dye DW, Peretti FJ, Kokes CP. Histologic evidence of repetitive blunt force abdominal trauma in four pediatric fatalities. *J Forensic Sci* 2008; 53(6): 1430–3.
[45] Cameron JM, Johnson HR, Camps FE. The battered child syndrome. *Med Sci Law* 1966; 6(1): 2–21.
[46] Atwal GS, *et al.* Bruising in non-accidental head injured children; a retrospective study of the prevalence, distribution and pathological associations in 24 cases. *Forensic Sci Int* 1998; 96(2–3): 215–30.

第 23 章

与外科手术相关的死亡

引言

在大多数司法体系中，对于各种外科手术、侵入性检查操作或麻醉后短期内发生死亡的案件，都需要进行法医学调查；同样，如果医务人员或亲属认为这些诊疗行为和患者死亡之间存在因果关系，无论两者的发生相隔多长时间，法医都会被质询这些诊疗行为是否直接引起死亡或是促进死亡发生。要想有效地开展调查，就必须对死者进行尸检，这是一项难度大且具有专业敏感性的工作（图 23.6，图 23.11）。

参与调查的病理学专家应尽可能独立于被调查的机构，无论死亡发生于该机构还是诊疗行为由该机构所实施，这也是调查主管机关有必要保留法医学服务的部分原因，这一点非常重要，不是因为两者之间可能存在相互勾结，而是由于保障公众和个人利益的需要。此外，被调查机构的内部人员都是该外科或麻醉医生的同事，若处于调查者的重要位置也将面临执业中的尴尬地位。

有时在独立的临床顾问处获取技术咨询和专家意见，但所邀请的临床顾问需要与涉事医疗机构无任何利益关联，更不能是涉事医疗机构的成员。

与手术和麻醉相关的尸检

涉及此类死因鉴定时存在较多困难，以下事项需要特别注意：

- 对于麻醉相关死亡案件，与任何其他类型死亡相比，尸体形态学改变非常少甚至完全缺乏，因此临床专家的建议和全面临床资料的收集极为重要。
- 从技术上说，因手术本身及其后遗症的影响（特别是胸、腹部手术），术后死亡尸体尸检更加困难，术后渗出、脓毒症、粘连、出血、水肿及解剖结构变异均可使解剖变得复杂，当无法获取全部外科手术内容信息时尤甚；尸体死后变化可进一步增加解剖难度：如胃肠道手术缝线的脱落可能是由自溶所致，解剖中的分离操作也会进一步破坏这些自溶和失活的组织结构。
- 在诊疗过程中，时常需要将外科和麻醉器械置于患者体内，如导气管、气管插管、留置针、血管套管、自留式导尿管、伤口引流管、胸腔引流管、监测电极和金属或塑料假体。重要的是，尸检前不应移除这些医疗器械，因为需要确认其放置的位置是否合适、通畅。拥有司法管辖权的验尸官或医学检验员都应要求被调查的医疗机构内的医生、护士、医技或搬运人员不得对尸体进行任何变动。已经发生过一些医疗意外有关的这种重要证据因疏忽而被舍弃的事件。

- 在对尸体进行任何处理（如翻动尸体以观察背部），尤其是在开始解剖操作之前，须检查麻醉时气管插管的位置。如果临床资料反映出插管位置可能存在错误，则应对尸体行影像学检查，至少在尸检前应获取尸体前后位及侧位的影像学资料。

在麻醉中误将气管插管插入食管并不少见，尸检时应仔细检查。如果气管插管位置正确，可通过体表皮肤感触到，若仍存在疑问，可原位在颈部中线做小切口，再小心地打开气管，便可以发现是否存在插管过错。有时气管插管插入食管后虽然已被纠正，但仍可形成损伤，此时，法医可在食管黏膜发现环形水肿，且与气管内插管位置相符。因插管位置错误，一氧化二氮（笑气）或其他麻醉气体进入食管，可引起胃和肠扩张，同时可提取胃肠内含气体样本，检测分析其化学成分。

- 需要要求医院检验科室保留死者生前的血液或体液样本，以便对样本进行分析检查，如通过输血事故中的血型检查、恶性高热时的代谢异常或肌酸磷酸激酶活性检查、毒（药）物分析来排除或确认有无药物使用过错。
- 尸检前需要了解比常规尸检更全面的信息，如患者的既往病史以及其他相关信息；有时护理记录比病历记录价值更大，因为护理记录常常更详细，且记录周期更短。

临床医生参与尸检也同样重要。事实上，对于麻醉相关的死亡案件，临床医生参与尸体解剖具有更重要的意义，甚至比死后解剖还重要，毕竟此类死亡的解剖检验常缺乏形态学证据。令人遗憾的是，近年来，临床医生参与尸检的人数明显减少，临床尸体解剖也显著下降。尽管如此，仍应尽最大努力要求临床医生参与，因为其最了解患者诊疗过程，并能向法医提供临床诊疗过程中的细节内容。尸检过程中与临床医生进行讨论是非常必要的，除非参与解剖的只是一位低年资的医生，尤其是其对该患者病情所知甚少或者一无所知。

在与麻醉相关的死亡中，法医通过与临床医生（这类案件中指的是麻醉师）的沟通，实际上将会获得与分析死因有关的全部信息。当尸体解剖只能提示很少，甚至根本未发现任何解释死因的征象时，法医、外科医生和麻醉师之间的讨论将有助于得出可接受的死因结论，也是提供给案件调查机构最好的共识意见。

- 在尸检过程中，必须注意检查手术所致的肺气肿、气胸或者空气栓塞。当患者以坐姿行外科手术时，如颅后窝神经外科手术或某些甲状腺切除术，存在空气进入开放静脉或静脉窦的可能性。

输液或输血均有可能发生意外，尤其是对于为加快输液速度而采用正压输入的情形，要时刻谨记发生空气栓塞的可能。

手术和麻醉后死亡的原因和方式

“手术死亡”和“麻醉死亡”是两个相对宽泛的术语，描述欠准确并且与实际情况也常不相符，若不经仔细考虑就使用，将引起法医学调查，甚至是民事诉讼。

与手术或侵入性检查相关的死亡可分为以下几类：

- 直接由需要手术或麻醉的原发疾病或损伤本身所致。
- 直接由与将进行的手术或检查无关的疾病或异常情况所致。
- 由手术或侵入性检查本身或其并发症所致。
- 由麻醉本身或其并发症所致。

上述分类须进一步细化。

直接由需要手术或麻醉的原发疾病或损伤本身引起的死亡

许多死亡是所患疾病或者受到损伤本身所致，却在针对这些疾病或损伤而进行的手术、侵入性检查或麻醉过程中发生。实际上，一些“英雄式”手术所针对的疾病或损伤本身导致死亡难以避免，且采用这些紧急手术只是挽救生命的唯一机会。这种医疗干预措施是存在一些成功的概率或者甚至是缓解损伤的概率，否则就不合理，当然决定不采用手术救治也存在较大难度。此种情形下，法医调查需要证实死亡是由自身疾病或损伤引起的，而不需要考虑医疗干预因素。

美国麻醉医师协会（American Society of Anesthesiologists，ASA）对手术中的死亡风险进行分级，具体如下：

- ASA 1 级：并无严重疾病。
- ASA 2 级：患有严重疾病但对其活动没有限制。
- ASA 3 级：患有严重疾病且部分活动受限。
- ASA 4 级：患有持续威胁生命健康的严重疾病且活动受限。
- ASA 5 级：患有严重疾病且无论是否接受治疗，预估将在 24 h 内发生死亡。

该协会建议：1～3 级患者发生死亡应进行充分调查，因为预估他们应该存活；4 级中的择期手术以及非急诊手术患者也预估存活，因此也应开展调查。原则上，在英国无论是验尸官还是检察官制度，只要医生向相应司法部门上报了突发性死亡事件，均需要开展调查且不存在例外。

法医在完成尸检后出具鉴定意见时常遇到一些问题，最严苛的问题是："如果没有手术，患者是否会发生死亡？"有时这样的问题不可能有明确的答案，手术和疾病引起死亡的概率或许并无差异。例如，对主动脉瘤患者进行手术，当医生切开皮肤时，主动脉瘤突然发生破裂，多数人认为患者自身疾病是主要死因，但即便这样的案例，也要考虑术前准备和麻醉因素会引起血压轻微升高，进而诱发动脉瘤破裂。

即便研究表明高达 1/5 的致死性肺动脉栓塞中，没有发现任何诱发因素（具体参见第 13 章），但如果患者在消化性溃疡择期胃切除术后 7 天死于肺动脉栓塞，那就很难否定手术与死亡之间的关联性。

当创伤和外科手术因素同时存在时，就不可能将两者对死亡的参与作用进行明确划分。常见的案例如股骨颈或股骨干骨折老人在牵引制动数天后死亡，以及致命性的支气管肺炎、肺动脉栓塞或急性心力衰竭均可能由原发性损伤、手术应激或术后卧床制动所引起。

由与手术无关的疾病或异常情况引起的死亡

如果死亡是由于手术之外的疾病或异常情况所致，则必须将术前已知的病情和未知的情况进行区分。

如果术前能确定疾病，那么需要对疾病进行术前评估，以确保手术的合理性。例如，患有慢性阻塞性气道疾病合并非梗阻性疝气的患者，择期手术与预防性手术被认为具有最小的手术风险；但是如果患者的疝气已发生绞窄，且可能进展为致命性肠梗阻，此时手术风险 / 受益比会发生显著变化，那么围手术期死亡风险会增加，手术和麻醉方式也需要进行相应调整以降低患者的不利风险。

ASA 5 级作为手术死亡风险预判标准的准确性和可靠性常受到质疑。当高危患者被评为 ASA 5 级时，将会陷入两难的境地，因为手术和可能挽救患者生命的医疗措施都会被拒绝。在过去的几年间，也提出了一些其他的评估手术并发症或死亡风险的评分系统，其中就包括死亡率和并发症率的生理和手术严重程度评分系统（physiological and operative severity score for enumeration of mortality and morbidity，POSSUM）、修正手术风险的朴次茅斯预测方程（p-POSSUM）、手术风险评分量表（surgical risk score，SRS）以及急性生理学和慢性健康状况评分系统 Ⅱ（acute physiology and chronic health evaluation Ⅱ，APACHE Ⅱ）[1, 2]。

有时某些隐匿性疾病难以被医生发现，此时评估手术风险将存在困难，因为医生缺少评估死亡风险的诊断手段（如潜在性嗜铬细胞瘤的死亡风险评估）；但是如果医生对常见风险因素如高血压、肺部疾病或缺血性心脏病，也未采取合理预防措施，那么会导致医疗法律问题，因为这些常见风险因素通过病史回顾即可被诊断[3, 4]。

由手术技术失败引起的死亡

某些特殊情况下，死亡是因手术技术失败所致（图 23.1，图 23.2，图 23.4，图 23.8，图 23.9，图 23.12），这种情况常常是无意的，应区别于真正的医疗“事故”，有时是因简陋的手术环境、解剖结构变异甚至医疗设备故障。如果是由于手术操作错误或者缺乏资质导致，那就应该针对医疗过错开展法律诉讼。对于医疗损害案件，法医应更加谨慎地出具详细、客观和公正的鉴定意见。对于医疗损害致死案件，外科医生有必要共同参与鉴定，以便对尸检中的客观发现达成共识意见。

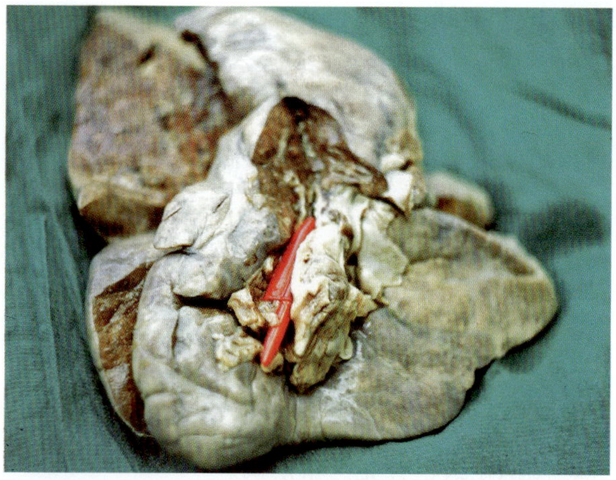

图 23.3　圆珠笔帽引起支气管阻塞：助产士用其压住孕妇舌头，孕妇分娩数天后死于肺炎

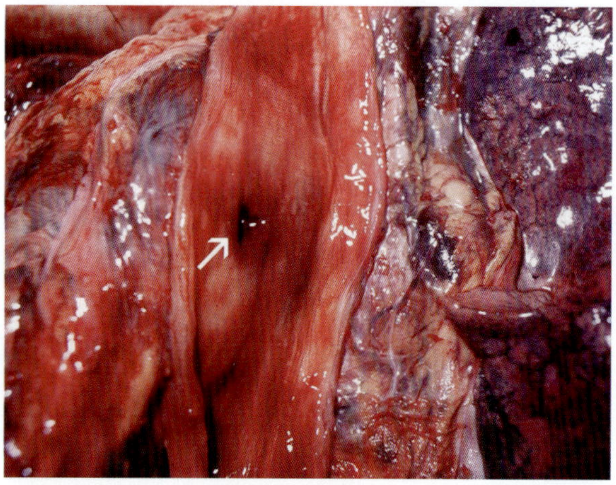

图 23.1　吻合口破裂导致主动脉-食管瘘（箭头所示）：人工血管替换胸主动脉 18 天后发生了致命性呕血

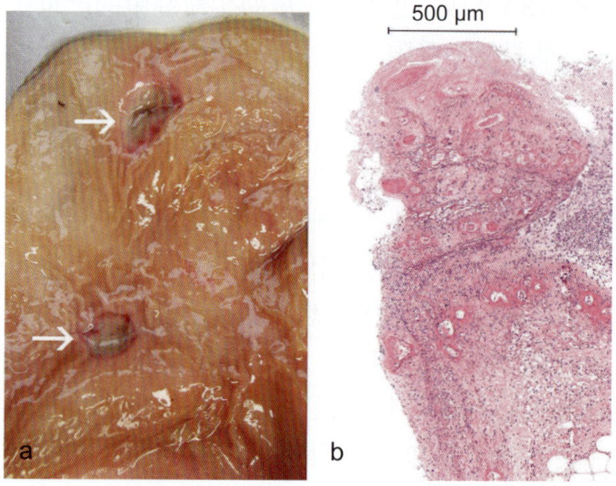

图 23.4　（a）直肠活检后两天，直肠黏膜见两处组织缺损（箭头），其中一处穿破直肠壁；（b）穿孔的直肠壁镜下示出血、纤维蛋白和显著炎症反应

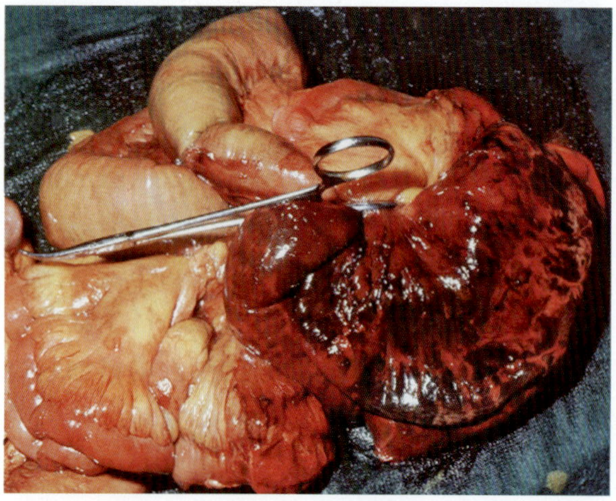

图 23.2　腹部手术后遗留的血管钳柄部引起患者肠管绞窄性坏死：术后第 6 周因尘肺病尸检鉴定时被意外发现

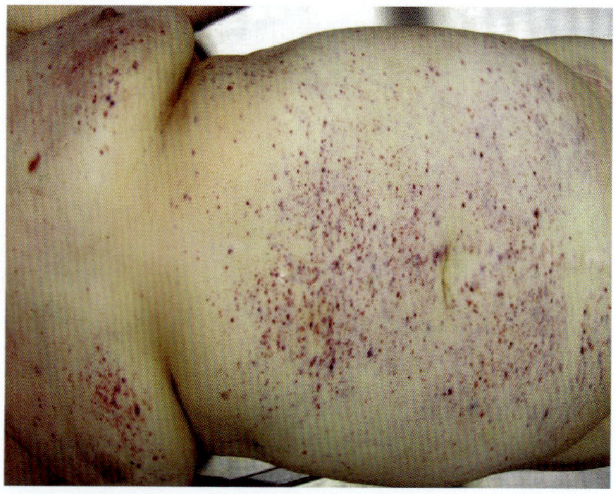

图 23.5　风湿性多肌痛患者发生血小板减少性紫癜：该患者使用皮质类固醇疗效不佳，故接受了免疫抑制治疗，随后引起骨髓损伤，终因大肠杆菌脓血症死亡

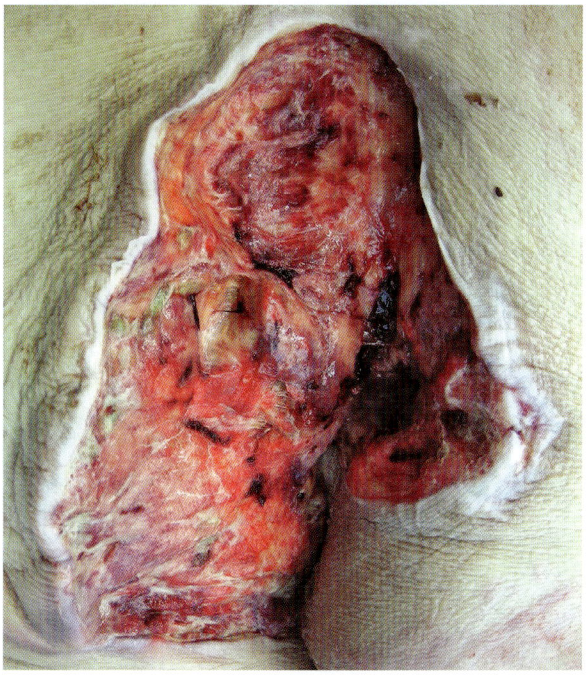

图 23.6　骶部巨大慢性压疮：应重视其在导致死亡后果参与因素中的可能作用，护理和治疗过程中可能存在的过错

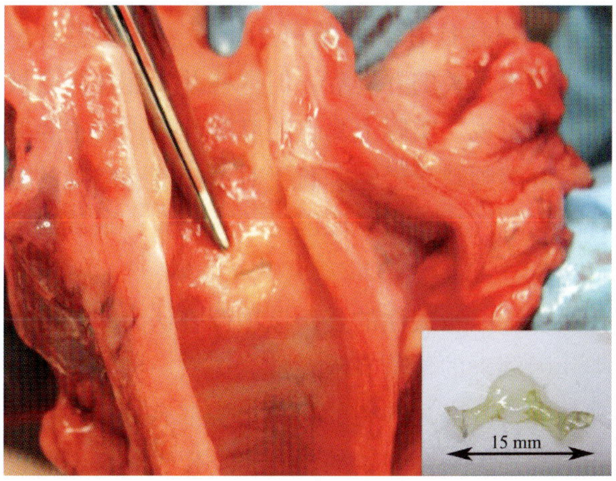

图 23.7　17 个月大的婴儿因“突然咳嗽”于 6 个月前住院，考虑气道异物但支气管镜检未发现异常，故患儿持续性咳嗽被认为是由哮喘引起，药物治疗暂时缓解其症状；随后患儿因病情突然恶化再次入院，数天后死亡；尸检发现气管黏膜溃疡及塑料玩具碎片嵌入气管，医方两次支气管镜检查均未发现

若由设备故障引起死亡，如果怀疑设备存在故障，专家须对麻醉设备、气体供应、设备连接以及手术室所有精密硬件设备开展全面检查。设备检查虽然不是法医职责，但由于法医需要做出最终的死亡原因鉴定，所以任何的设备故障信息都应提交给法医。

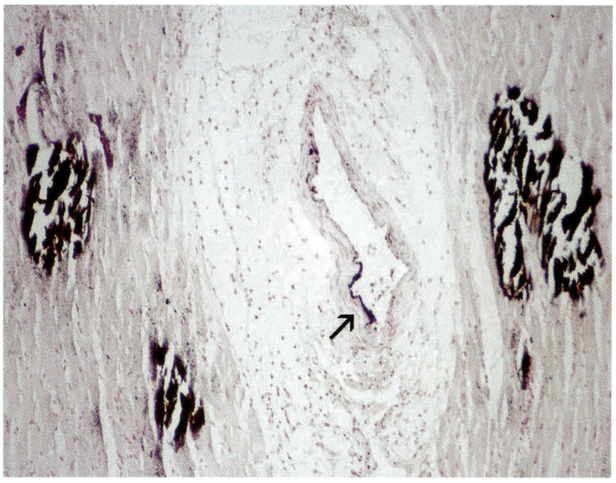

图 23.8　因手部重建术中神经重建时手臂血液循环中断，术后出现横纹肌溶解性肌红蛋白尿和急性肾衰竭导致心肌和血管内皮钙化（箭头所示）；Von Kossa 染色，放大倍数 ×100

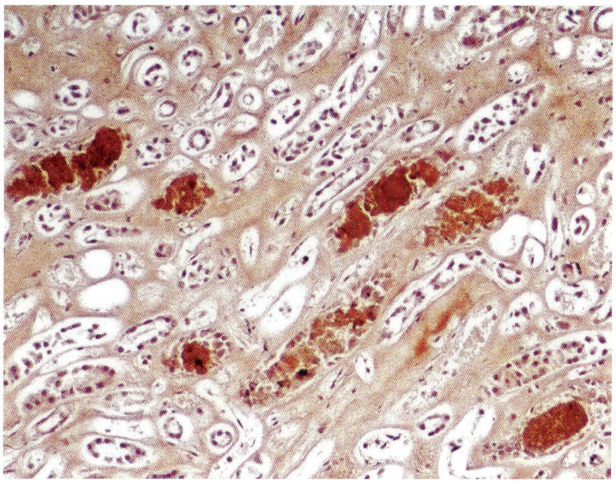

图 23.9　肾小管中的肌红蛋白，多克隆兔抗人肌红蛋白（DakoCytomation Denmark A/S）抗体免疫组织化学染色

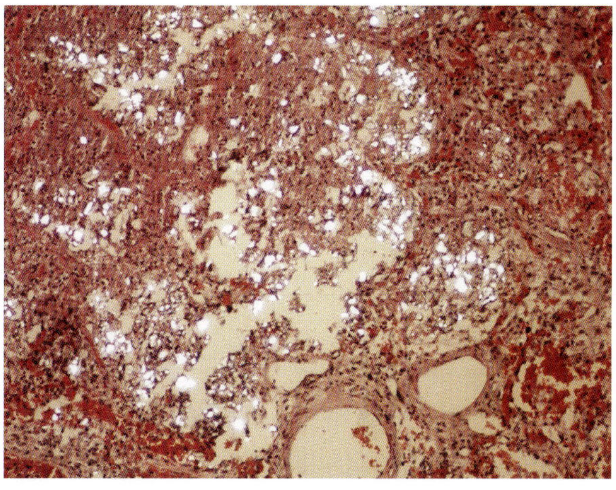

图 23.10　造影剂吸入（硫酸钡）使得肺泡中见双折射物质

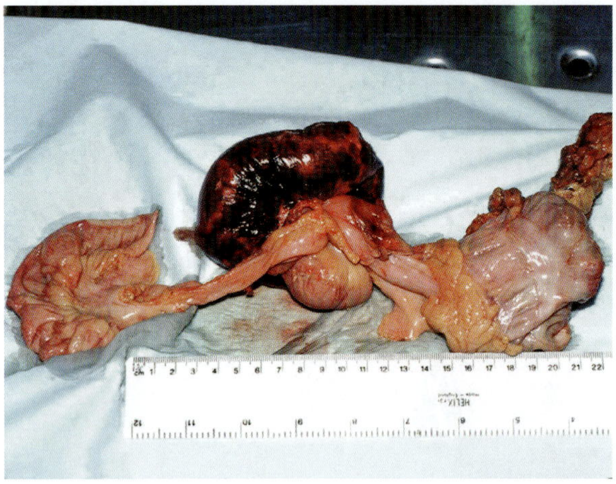

图 23.11　十几岁女孩在急诊治疗期间因肠梗阻死亡。据称，即便是在父母多次请求下，家庭医生仍因疏忽也未及时探视患者

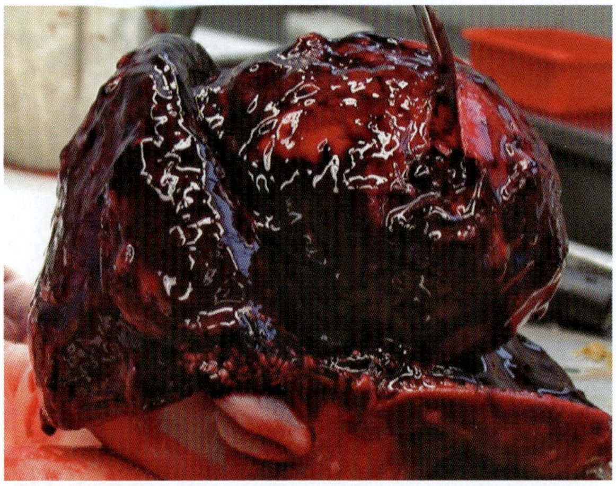

图 23.12　分娩中使用胎头吸引器引起了罕见的患儿弥漫性头皮下血肿和左顶骨骨折

麻醉给药引起的死亡

上述分类基本涵盖了大多数围手术期和手术后死亡，甚至迟发性死亡。真正的“麻醉死亡”相对罕见，但由于其具有潜在的法医学意义，仍需要更为细致地讨论。

麻醉相关死亡

与外科相关死亡相比，麻醉相关死亡的尸体解剖更需要在麻醉师的共同参与下完成。不但是因为真正的麻醉性死亡很少有甚至缺乏客观的解剖发现，而且由于法医缺乏现代复杂麻醉技术的培训和经验，此类案件如果没有麻醉医生指导，法医难以单独做出合理的鉴定意见。

大多数麻醉相关死亡不是由麻醉剂本身引起，而是由麻醉过程的其他因素所致，并且患者常因严重疾病或损伤才需要麻醉，因此死亡并非麻醉单一因素所致，更可能是多种因素共同参与。麻醉时发生死亡使得部分家属和律师认为麻醉是引起患者死亡的主要甚至是唯一原因，因为麻醉和死亡在时间上具有紧密的相关性。

当排除麻醉以外的因素致死后，才考虑麻醉相关死亡。20 世纪 80 年代初，麻醉医师协会调查显示：每 166 名患者中就有 1 人在术后 6 天内死亡，但每 10 000 名患者中仅有 1 人完全是因麻醉引起死亡。每 1 700 人中有 1 人是由麻醉作为参与因素的死亡（非完全麻醉原因），并且多数死亡是可以避免的[5]。

有调查还显示：30 年来尽管麻醉技术迅速发展，但麻醉致死的原因并没有显著变化，麻醉引起死亡往往在麻醉给药 24 h 后。许多患者患有与手术无关的并发症，但这些并发症往往会被麻醉师忽视。实际上真正的麻醉性死亡的主要原因是麻醉师缺乏经验和疏于对低年资麻醉师的监管。麻醉性死亡常见原因之一就是允许缺氧期的存在。

被法医所关注的是，该项调查认为尸检对此类死因调查的价值有限，常会提供一些无关的发现如支气管炎，39% 的尸检报告都有缺血性心脏病的记载。需要强调的是，此类死亡调查不能仅依靠法医完成，而必须高度依靠临床资料和其他医生的配合。更早期的调查研究表明：急性心力衰竭就是麻醉意外死亡最常见的原因。

某综合大学附属医院对 15 年间单纯因麻醉而致心脏停搏的回顾性研究发现，163 240 例麻醉给药过程中，27 例患者发生心脏停搏，15 年间的发生率为 1.7/10 000（17/10 万）。其中 14 名患者（0.9/10 000）（9/10 万）经抢救无效死亡。儿童麻醉风险比成人高 3 倍，急诊手术风险是择期手术的 6 倍。近 1/2 患者因未充分通气引起麻醉性心脏停搏，另有 1/3 是因吸入麻醉剂过量所致[6]。

Reid 和 Brace 的研究表明：心脏停搏主要是

神经源性呼吸道刺激所致，如喉镜检查或气管插管都可导致轻度麻醉中患者心脏停搏。经验不足的麻醉师不能使患者保持在与所实施外科手术相适应的无意识状态，因为有研究表明，在轻度麻醉时，这些检查或插管操作可引起心脏停搏[7]。

对由 869 483 名患者参与的研究中，Arbous 等对其中 811 名在麻醉后 24 h 内死亡或无意识昏迷状态的患者进行评估，以确定与麻醉之间的关系。围手术期 24 h 内的死亡发生率为 8.8/10 000（88/10 万），围手术期昏迷发生率为 0.5/10 000（5/10 万），麻醉相关死亡发生率为 1.4/10 000（14/10 万）。119 例麻醉相关死亡患者，62 例（52%）与心血管管理有关，57 例（48%）与麻醉管理有关，12 例（10%）与通气管理有关，12 例（10%）与患者监测有关；其中 30 例（25%）麻醉相关死亡与患者术前准备不足有关。在麻醉诱导过程中，麻醉方式的选择［n=18（15%）］和麻醉师的操作［n=8（7%）］与死亡关系最为紧密；在麻醉期持续期间，心血管管理［n=43（36%）］、通气管理［n=12（10%）］和患者监测［n=12（10%）］是最常见的因素。在恢复期和术后期，患者监测是最常见的因素［n=12（10%）］[8]。

Braz 等对 1954～2007 年发表的巴西和全球范围内的其他国家，关于围手术期内与麻醉相关死亡的发生率、原因研究文献进行系统评价：在过去 20 年中麻醉相关死亡率在下降，即每 10 000 例麻醉中死亡不足 1 人。与麻醉相关死亡的主要原因是与麻醉过程和给药有关的气道管理和心血管事件[9]。

在系统综述和 meta 分析中，Bainbridge 等对 2011 年 2 月之前发表的所有研究进行分析（包括了所有语言论文）且样本量超过 3 000，报告了全麻混合型外科手术患者围手术期死亡率。他们评估了过去 50 年间围手术期风险和麻醉相关死亡率是否下降。共有 87 项研究符合纳入标准，其中接受全麻外科手术的患者超过 2 140 万次麻醉给药。完全麻醉相关死亡率逐年降低，从 20 世纪 70 年代之前的 357 人 / 每百万（95%CI：324～394）下降到的 20 世纪 70～80 年代的 52 人 / 每百万（95%CI：42～64），直到 20 世纪 90 年代至 2000 年的 34 人 / 每百万（95%CI：29～39）（$P < 0.000\ 01$）。围手术期总死亡率逐年下降，从 20 世纪 70 年代之前的 10 603 人 / 每百万（95%CI：10 423～10 784），下降到的 20 世纪 70～80 年代的 4 533 人 / 每百万（95%CI：4 405～4 664），直到 20 世纪 90 年代至 2000 年的 1 176 人 / 每百万（95%CI：1 148～1 205）（$P < 0.000\ 1$）。如 ASA 评分所示，手术患者的基线风险状态在过去的几十年中呈上升趋势（$P < 0.000\ 1$）。因此研究得出结论：尽管患者的基线风险增加，但围手术期死亡率在过去的 50 年间显著下降[10]。

缺氧是麻醉期间和术后最令人担忧的不良事件之一，也是心脏停搏的潜在诱发因素。呼吸衰竭也可导致此类死亡，而缺氧就是典型的原因，尽管有时是由设备故障所致，但更常见的原因是麻醉师缺乏经验，特别是麻醉师不熟悉设备操作。过量麻醉剂会抑制呼吸中枢，并造成氧分压螺旋式下降，从而使机体低氧。除非采取合理措施（如辅助呼吸），否则过度用药和使用肌肉麻痹剂会导致呼吸衰竭。在临床引入脉搏血氧仪后，术前和术后均可以持续监测患者血氧饱和度和脉搏，但最近对 22 992 名患者的数据分析未能发现血氧监测组和对照组之间心血管、呼吸、神经或感染并发症的统计学存在差异[11]。

气道阻塞是另一个危险因素，可因血液、牙齿、义齿、连接管故障、喉痉挛、拭子和颈部异常姿势所致（图 23.3，图 23.7）。虽然胃内容物反流是引起气道阻塞的真正危险因素，但袖带式气管导管的使用显著降低了其引起阻塞的风险。从法医的角度来看，死者气道中检出胃内容物须有临床证据表明系生前所致，因为约 1/4 尸检均可在气道中发现胃内容物，但大部分是濒死期或死后形成，而不是导致死亡的原因（具体参见第 14 章）。

偶尔也会见到关于麻醉设备故障的报道[12-19]。其中提到了连接管故障，可发生在连接管内部，而难以从外部发现；流量计也会报错，但更常见的是瓶装或管道供气使用混乱，以及无意使用了错误物质或连接了空瓶。

火灾并不少见，最危险就是烧灼术引燃含乙醇的皮肤消毒剂；所有带电设备都有潜在的危险，如故障的电刀、除颤仪和热反射治疗仪都可导致死亡。有报道心肺复苏期过程中，氧气通过（胃）穿孔 * 进入腹腔，热反射治疗仪作为火源引起火灾[20]。

易燃性气体和蒸汽，如环丙烷和乙醚的爆炸，有时也是灾难性的[21]。

局部和硬膜外麻醉的风险

局部麻醉的并发症通常很少发生，并且常常是暂时性的，严重并发症发生率很低。Fisher 将其分为三大类：技术相关、设备障碍和患者管理不善[22]。

局部静脉麻醉（intravenous regional anaesthesia，IVRA；也称 Bier 阻滞）是一种应用于手和前臂外科手术的麻醉技术，与严重的并发症和死亡有关[23, 24]。Aitkenhead 强调，血管内注射局麻药可引起心脏停搏，特别是注射布比卡因时，要么是无意的，要么与 Bier 阻滞有关，后者主要原因是止血带使用不当或过早释放或者将麻醉药迅速注入大静脉[25]。

抽脂术是许多国家常见的美容手术之一。运用肿胀麻醉技术，向皮下大剂量注射用生理盐水稀释的利多卡因和肾上腺素，实现广泛的皮肤和皮下组织区域麻醉。通过这种方式，手术靶组织变得水肿而坚实，或者说是肿胀，使得能够在局部麻醉下完成大容量抽脂[26]。

德国学者 lehnhardt 等调查报道，在 1998～2002 年，有 72 例患者在抽脂术后发生了严重并发症，其中 23 例死亡；最常见的并发症是细菌感染，如形成坏死性筋膜炎、气性坏疽和不同类型的脓毒症[27]。

Martinez 等报告一例抽脂后的疑难并发症，一名 38 岁女性患者在门诊行腹部、双侧臀部和大腿抽脂术，麻醉后约 30 min，患者出现了强直-痉挛性抽搐，经心肺复苏无效而死亡，系统解剖没有发现任何特异性改变，考虑为过敏性休克，但又无法解释死亡原因。毒物分析死者心血中利多卡因浓度为 4.9 mg/L、甲哌卡因浓度为 16.2 mg/L。根据尸检发现、临床病史及毒物分析结果，法医最终判定患者系过量使用局麻药而死亡。法院判定患者因医方严重疏忽大意引起过失杀人[28]。

在法国的一项多机构研究中，Auroy 等在 5 个月的研究期内前瞻性地评估了与局部麻醉相关严重并发症的发生率和特点。研究了约 103 730（应为 103 560）例局部麻醉案例，其中包括了 40 640 例脊髓麻醉，30 413 例硬脊膜外麻醉，21 278 例周围神经阻滞和 11 229 例局部静脉麻醉。98 例发生严重并发症，其中 97 例有随访信息，89 例并发症全部或部分由局部麻醉所致；32 例心脏停搏患者中有 7 例死亡，26 例脊髓麻醉患者心脏停搏中有 6 例死亡。硬脊膜外麻醉 3 例心脏停搏，周围神经阻滞 3 例心脏停搏。与其他类型局部麻醉患者［（1.0 ± 0.4）/10 000］相比，脊髓麻醉患者心脏停搏发生率更高［（6.4 ± 1.2）/10 000］，并具有统计学意义（$P < 0.05$）[29]。

由于易被污染或超剂量会造成脊髓损伤并引起了法律诉讼，脊髓注射麻醉剂遭到了非议，但目前硬脊膜外和脊髓麻醉又受到了医生青睐，特别是在产科。

产科局部镇痛会在血管内、神经鞘内和硬脊膜下注射麻醉剂，医生疏忽大意可危及患者生命。麻醉剂向上扩散会导致瘫痪，对血管舒缩系统影响会导致血压急剧下降。全脊髓麻醉时，向上扩散的麻醉剂会阻断所有交感神经传出冲动。因此，如果麻醉剂在上胸椎和颈椎脊髓液平面的浓度足够高，将阻断所有呼吸肌运动纤维的传出。

有学者曾对 553 905 名产妇进行了有关硬脊膜外分娩镇痛及麻醉并发症的回顾性研究，其数据来源于 1987～2003 年英国泰晤士河西南地区多家医院的产科临床病历资料。研究结果显示，有 145 550 名产妇实施了硬膜外分娩镇痛及麻醉

* 译者注：根据原文献，此处为胃穿孔。

手术，约占总研究人群（553 905 人）的 26.3%。其中，手术过程中因麻醉剂误入血管、蛛网膜下腔及硬脊膜下腔而导致并发症的发生概率分别为 1/5 000［0.02%（95%CI：0.014～0.029）］、1/2 900［0.035%（95%CI：0.027～0.046）］、1/4 200［0.024%（95%CI：0.017～0.033）］；因硬膜外麻醉并发高位或全脊髓麻醉的发生率为 1/16 200［0.006%（95%CI：0.003～0.012）］。值得注意的是，上述结果并没有随着研究的不同阶段而发生明显的起伏；同时，各医院之间的并发症发生率也没有因科室规模大小及硬膜外分娩镇痛手术使用频次而呈现差异性的改变[30]。在法医学实践中很少有机会能够处理硬膜外麻醉或镇痛后死亡的案件；如需要尸检，法医应着重提取死者的脑脊液样本以明确麻醉药剂的使用浓度。此外，法医还需要在解剖过程中对硬脊膜上的穿刺部位予以确认，尽管在多数情况下该检查较难实现。如果硬脊膜外导管仍在原位，可通过向该导管内注入活性剂、染料或墨汁用于确定麻醉剂是否进入硬脊膜下腔。

恶性高热

恶性高热（malignant hyperthermia，MH）是一种罕见的骨骼肌药物遗传性疾病，由卤代烷挥发性麻醉剂、去极化肌肉松弛剂使用引起，在极少数情况下剧烈运动和（或）热暴露也会引起[31～33]。

恶性高热的易感性具有常染色体显性遗传特征，并具有可变表达和不完全外显率，易感性基于骨骼肌纤维中钙的调节而改变。澳大利亚麻醉师首先报道了恶性高热，并对一位有家族史（10 人死于麻醉）的患者进行研究[34]。50%～70% 恶性高热与 RYR1 受体突变有关，也与其他钙离子通道基因突变有关。当该病被触发时，肌质网异常释放高浓度钙离子，使机体处于高代谢状态，从而引发心动过速、肌肉僵硬、高碳酸血症及高热的临床表现[31]。

恶性高热在麻醉中的发生率为 1∶5 000 到 1∶(50 000～100 000)；近年来，美国恶性高热的发生率有所上升[35, 36]。人群恶性高热遗传基因突变发生率高达 1/3 000。随着恶性高热临床表现及病理生理学研究逐渐深入，发现丹曲林钠是恶性高热的特异性拮抗剂，使得恶性高热死亡率从 30 年前的 80% 以上下降到如今的不到 7%[31, 35, 37～39]。

对于恶性高热综合征患者，其家庭成员需要接受检查，最好是肌肉活检。离体骨骼肌收缩试验（*in vitro* muscle contracture test，IVCT）是确诊标准，用来评估个人对恶性高热的易感性以及如果接受麻醉后是否会面临发病危险[40]。常推荐使用基因检测[41～43]。

尸检几乎没有任何明显阳性发现，死因诊断也是基于临床表现。恶性高热特征包括体温突然升高（有时候可达到 43℃），骨骼肌僵硬，心动过速和呼吸困难。氟烷麻醉剂可引起肝损伤，称为氟烷性肝炎，少数情况发展为暴发性肝衰竭[44～47]。发生率为 1∶(35 000～600 000)，如果在一个月内再次进行氟烷麻醉，则发病率为 1∶(6 000～22 000)。这是免疫介导药物不良反应的典型例子。

尸体解剖程序

通常尸检的目的是发现和排除围手术期死亡中的自然疾病和机械性阻塞。然而，排除药物作用的可能性也很重要（图 23.5）。因此，对于麻醉相关死亡案件进行鉴定时，应对吸入性麻醉剂和其他药物进行死后毒化分析[48, 49]。随着毒物分析技术的发展，吸入性麻醉剂在许多组织中（包括血液，是最具有检验价值的样本）均可被检测到。应使用内衬金属箔的盖子玻璃管保存样本；并且试管中应尽可能装满样本，仅在需要时于冷藏 4℃环境中打开。使用抗凝剂（乙二胺四乙酸 EDTA 或者肝素锂），并且添加 1% 氟化钠，尽量抑制酶的活性。除了常规毒化样本（股静脉血、尿液、胃内容物、玻璃体液）外，其他组织样本（脑、肺、肝脏、肾脏、皮下脂肪，各约 10 g）也应该被保存。在毒化分析前，血液样本与其他样本放置于相同存储环境（温度在 −5℃～4℃），不添加任何防腐剂[50]。

即便发现了明显的手术过错，法医也应谨慎对待，不要直接做出结论，也不要让这些因素干扰调查。需要对尸体开展全面、深入的组织病理学检查，以排除潜在的自身性疾病，如淋巴瘤或心肌炎，同时要评估需要行外科手术疾病的严重程度（图 23.10）。要对术中提取任何样本进行调查，并送组织病理医生检查。须对大脑行组织病理学检查（尽可能在固定之后切开）。尽管大多数患者死亡过程较快，大脑缺氧的组织学改变难以被发现，但典型组织学改变常在海马 Sommer 区 *。

（徐祥　译）

参考文献

[1] Jones HJ, de Cossart L. Risk scoring in surgical patients. *Br J Surg* 1999; 86(2): 149–57.
[2] Brooks MJ, Sutton R, Sarin S. Comparison of Surgical Risk Score, POSSUM and p-POSSUM in higher-risk surgical patients. *Br J Surg* 2005; 92(10): 1288–92.
[3] Preuss J, *et al*. Non-diagnosed pheochromocytoma as a cause of sudden death in a 49-year-old man: a case report with medicolegal implications. *Forensic Sci Int* 2006; 156(2–3): 223–8.
[4] Howell SJ, *et al*. Risk factors for cardiovascular death within 30 days after anaesthesia and urgent or emergency surgery: a nested case-control study. *Br J Anaesth* 1999; 82(5): 679–84.
[5] Lunn J, Mushin W. *Mortality Associated with Anaesthesia*. London: Nuffield Provincial Hospital Trust, 1982.
[6] Keenan RL, Boyan CP. Cardiac arrest due to anesthesia. A study of incidence and causes. *JAMA* 1985; 253(16): 2373–7.
[7] Reid L, Brace D. Irritation of the respiratory tract and its reflex effect upon the heart. *Surg Gyn Obst* 1940; 70: 157–62.
[8] Arbous MS, *et al*. Mortality associated with anaesthesia: a qualitative analysis to identify risk factors. *Anaesthesia* 2001; 56(12): 1141–53.
[9] Braz LG, *et al*. Mortality in anesthesia: a systematic review. *Clinics (Sao Paulo)* 2009; 64(10): 999–1006.
[10] Bainbridge D, *et al*. Perioperative and anaesthetic-related mortality in developed and developing countries: a systematic review and meta-analysis. *Lancet* 2012; 380(9847): 1075–81.
[11] Pedersen T, Moller AM, Hovhannisyan K. Pulse oximetry for perioperative monitoring. *Cochrane Database Syst Rev* 2009(4): CD002013.
[12] Lohmann G. Fault with an Ohmeda Excel 410 machine. *Anaesthesia* 1991; 46(8): 695.
[13] Lum ME, Ngan Kee WD, Robinson BJ. Fault in a Selectatec manifold resulting in awareness. *Anaesth Intensive Care* 1992; 20(4): 501–3.
[14] Gregg AS, Jones RS, Snowdon SL. Flow reversal through a Mark III halothane vaporizer. *Br J Anaesth* 1993; 71(2): 303–4.
[15] Kidd AG, Hall I. Fault with an Ohmeda Excel 210 anaesthetic machine. *Anaesthesia* 1994; 49(1): 83.
[16] Hay H. Delivery of an hypoxic gas mixture due to a defective rubber seal of a flowmeter control tube. *Eur J Anaesthesiol* 2000; 17(7): 456–8.
[17] Armstrong P, Flick R. An intermittent fault involving an Ulco anaesthetic machine. *Anaesth Intensive Care* 2001; 29(2): 204–5.
[18] Cheng CJC, Bailey AR. Flow reversal through the anaesthetic machine back bar: an unusual assembly fault. *Anaesthesia* 2002; 57(1): 86–8.
[19] Prophet N, Davey A. Fault in Blease Frontline 860 anaesthetic machine. *Anaesthesia* 2009; 64(3): 335; discussion 335–6.
[20] Dhebri AR, Afify SE. Free gas in the peritoneal cavity: the final hazard of diathermy. *Postgrad Med J* 2002; 78(922): 496–7.
[21] Kalkman CJ, Romijn C, van Rheineck Leyssius AT. [Fire and explosion hazard during oxygen use in operating rooms]. *Ned Tijdschr Geneeskd* 2008; 152(23): 1313–6.
[22] Fischer B. Complications of regional anaesthesia. *Anaesth Intensive Care Med* 2007; 8(4): 151–4.
[23] Reynolds F. Bupivacaine and intravenous regional anaesthesia. *Anaesthesia* 1984; 39(2): 105–7.
[24] Guay J. Adverse events associated with intravenous regional anesthesia (Bier block): a systematic review of complications. *J Clin Anesth* 2009; 21(8): 585–94.
[25] Aitkenhead AR. 2 Injury attributed to anaesthesia. *Baillière's Clin Anaesthesiol* 1996; 10(2): 251–76.
[26] Kucera IJ, *et al*. Liposuction: contemporary issues for the anesthesiologist. *J Clin Anesth* 2006; 18(5): 379–87.
[27] Lehnhardt M, *et al*. Major and lethal complications of liposuction: a review of 72 cases in Germany between 1998 and 2002. *Plast Reconstr Surg* 2008; 121(6): 396e–403e.
[28] Martinez MA, *et al*. Reporting a fatality during tumescent liposuction. *Forensic Sci Int* 2008; 178(1): e11–16.
[29] Auroy Y, *et al*. Serious complications related to regional anesthesia: results of a prospective survey in France. *Anesthesiology* 1997; 87(3): 479–86.

* 译者注：海马 CA1 区。

[30] Jenkins JG. Some immediate serious complications of obstetric epidural analgesia and anaesthesia: a prospective study of 145,550 epidurals. *Int J Obstet Anesth* 2005; 14(1): 37–42.
[31] MacLennan DH, Phillips MS. Malignant hyperthermia. *Science* 1992; 25**6**(5058): 789–94.
[32] Wappler F. Malignant hyperthermia. *Eur J Anaesthesiol* 2001; 18(10): 632–52.
[33] Carsana A. Exercise-induced rhabdomyolysis and stress-induced malignant hyperthermia events, association with malignant hyperthermia susceptibility, and RYR1 gene sequence variations. *Scientific WorldJournal* 2013; 2013: 531465.
[34] Denborough MA, *et al*. Anaesthetic deaths in a family. *Br J Anaesth* 1962; 34(6): 395–6.
[35] Rosenberg H, *et al*. Malignant hyperthermia. *Orphanet J Rare Dis* 2007; 2: 21.
[36] Rosero EB, *et al*. Trends and outcomes of malignant hyperthermia in the United States, 2000 to 2005. *Anesthesiology* 2009; 110(1): 89–94.
[37] Denborough M. Malignant hyperthermia. *Lancet* 1998; 352(9134): 1131–6.
[38] Wappler F. Anesthesia for patients with a history of malignant hyperthermia. *Curr Opin Anaesthesiol* 2010; 23(3): 417–22.
[39] Kim DC. Malignant hyperthermia. *Korean J Anesthesiol* 2012; 63(5): 391–401.
[40] Ording H, *et al*. *In vitro* contracture test for diagnosis of malignant hyperthermia following the protocol of the European MH Group: results of testing patients surviving fulminant MH and unrelated low-risk subjects. The European Malignant Hyperthermia Group. *Acta Anaesthesiol Scand* 1997; 41(8): 955–66.
[41] Urwyler A, *et al*. Guidelines for molecular genetic detection of susceptibility to malignant hyperthermia. *Br J Anaesth* 2001; 86(2): 283–7.
[42] Girard T, *et al*. Molecular genetic testing for malignant hyperthermia susceptibility. *Anesthesiology* 2004; 100(5): 1076–80.
[43] Rosenberg H, Rueffert H. Clinical utility gene card for: malignant hyperthermia. *Eur J Hum Genet* 2011; **19**(6).
[44] Ger R. Halothane re-examined. *Br Med J* 1964; 2(5405): 325–6.
[45] Mushin WW, *et al*. Halothane and liver dysfunction: a retrospective study. *Br Med J* 1964; 2(5405): 329–41.
[46] Mushin WW, Rosen M. Halothane hepatitis. *Br Med J* 1971; 3(5771): 431–2.
[47] Mushin WW, Rosen M, Jones EV. Post-halothane jaundice in relation to previous administration of halothane. *Br Med J* 1971; 3(5765): 18–22.
[48] Pihlainen K, Ojanpera I. Analytical toxicology of fluorinated inhalation anaesthetics. *Forensic Sci Int* 1998; 97(2–3): 117–33.
[49] Ojanpera I, Hyppola R, Vuori E. Identification of volatile organic compounds in blood by purge and trap PLOT-capillary gas chromatography coupled with Fourier transform infrared spectroscopy. *Forensic Sci Int* 1996; 80(3): 201–9.
[50] Flanagan RJ, Fisher DS. Volatile substances and inhalants. In: Siegel JA, Saukko PJ (eds). *Encyclopedia of Forensic Sciences*. Waltham: Academic Press, 2013, pp. 230–42.

第 24 章

气压性损伤与死亡

引言

外部压力变化对身体的损伤通常发生在特定职业或军事医学领域，而不是法医的主要工作内容，存在的例外主要是在娱乐潜水和运动潜水时发生意外，两者均使用由 Jacques-Yves Cousteau 和 Émile Gagnan 于 1943 年在法国海军工作时设计的开路呼吸器——SCUBA（自携式水下呼吸装置）设备，该设备又称“水肺”[1]。当在这些情况下发生死亡时，尽管很少涉及犯罪因素，但通常仍需要官方参与调查，或是进行司法调查或内部调查。损害事件会涉及民事赔偿诉讼，此时，法医会作为提供尸检证据的专家证人参与诉讼。

潜水会造成各种损伤，基于以下原因[2]：

- 环境条件的影响：如静水压力增加对身体结构和功能产生影响，主要由于气体密度增加使得呼吸负荷升高而影响呼吸、外部压力增加，使得周围血被挤入胸腔而减少肺容量进而影响呼吸机制、呼吸设备存在增加了无效腔通气等，所有这些因素都可导致通气障碍和二氧化碳潴留；由于压力的快速变化，特别是潜水上升过程中压力膨胀造成气压伤或减压病，也将进一步直接损伤组织。
- 潜水员的个人特点：如浮力控制能力差、缺乏合理的潜水计划以及在压力环境下引起恐慌。
- 自身存在疾病：如冠心病、糖尿病或癫痫等。
- 设备故障以及因气体混合不当或气体污染而中毒。
- 潜水环境的潜在危害：如低水温、强烈的洋流或物理性损伤。

早在 1670 年，杰出的科学家 Robert Boyle（1627～1691 年）通过各类动物实验，证明了大气压力突然降低对机体的影响[3, 4]。Calder 提到 1631 年在斯德哥尔摩发生的一起事故可能是对减压病（dysbaric illness，DI）最早的观察案例之一。1628 年，“瓦萨”号战舰在处女航中倾覆沉没，试图打捞过程中一名潜水员在浮出水面时出现“吐血”症状[5]。1839 年，一位名叫 Triger 的法国采矿工程师报告了一例对减压病症状的早期观察结果，他在开采煤矿过程中使用加压的金属管或金属盒子，即所谓的“沉箱”，以通过流沙层进入丰富的煤脉[6]。19 世纪，沉箱被广泛用于河流的桥墩和桥台的水下施工[7]。1854 年，法国 Douchy 煤矿报告了与沉箱相关的多种医学问题，其中包括两起死亡事故[8]。1878 年，Paul Bert 明确了减压病的发生原因，证明高压力外部环境可使大气中的氮溶解在血液和组织液中，快速减压会在体内形成气泡，从而产生各种有害影响[9]。因为气泡可引起静脉淤滞，阻塞血管，导致组织缺血性损伤和内皮损伤[10]。气泡的来源尚不明确，但动物实验表明，气泡可在血管周围组织内形成，并通过内皮间隙进入血管[11]；此外，肺气压伤也会导致血管内气泡形成，当气体膨胀使肺泡毛细血管破裂并进入动脉循环[12]。

压力效应损害多半来源于大气压力的突然下降，这可能发生在高压降低到正常大气压时（高压暴露），也可能发生在从正常大气压下降到低压时（低压暴露）。第一种情况常见于潜水员上升到水面上的减压，第二种情况常见于高空中的飞机突然失压或在航天器外的太空漂浮。其中第一种情况造成的损伤和死亡最为常见，主要是因为近年来与海上石油工业有关的潜水活动大幅增加，海上石油工作在英国是最危险的职业之一。

气压病、气压障碍病或减压病是 3 个可相互替代的专业术语，涵盖了与减压相关的广泛且复杂的病理生理状态，而气压伤则指的是因气体释放到组织中造成的机械性损伤[10]。

潜水时，水深每增加 10 m 压力就会增加 1 个大气压——101 kPa，相当于 760 mmHg 的压力。因此，对非刚性潜水服的气体供应压力必须与潜水深度的压力相匹配，使得潜水允许深度取决于所使用的潜水设备，并受到法律法规的限制。例如，在英国，潜水超过 50 m 深度时，不得使用氮 / 氧气混合设备，而必须使用氦气等气体设备[13]。同样，表面减压只允许在小于 50 m 深度的地方进行。

当气体以更高的压力供应时，所含氮气（以及少量的二氧化碳）将逐步溶解于血浆和组织液中。溶解量可由亨利定律计算：气体在液体中的溶解度与其分压成正比，该定律由英国的一名医生和化学家 William Henry（威廉·亨利，1775～1836 年）在 1803 年提出。当潜水超过 30 m 时，可能会产生氮麻醉（一种类似醉酒的状态），此时人的定位、判断和理性思维能力均会减弱；而造成机体损害更常见的情形是一名潜水员待在高压环境下足够长的时间将导致组织液中存在明显的氮溶解，当迅速恢复到正常的大气压环境时，体液中溶解的气体溢出（像拔出软木塞时释放出香槟泡一样），在血液循环、组织和关节腔中形成气泡引起“减压病”，并产生广泛的临床症状和体征。

循环中的气泡会阻塞小血管，引起气体栓塞从而导致机体梗死，特别是在脊髓等中枢神经系统；此外，这种气泡会干扰凝血系统，导致血小板聚集和弥散性血管内凝血；还可因皮下积气而引起皮下气肿。

物理损伤

当突然发生减压或减压过程太快时，可因气体体积的变化造成机体物理性损伤。随着潜水员上升，体腔内的气体会显著膨胀，如果这些气体不能逐渐释放到体外，则很容易在体腔内产生压力效应。当鼻窦堵塞或小气泡被困在牙髓腔时，可引起鼻窦和牙齿损伤；中耳也可被累及而致鼓膜破裂。虽然这些损伤本身一般都不致命，但可因疼痛和功能障碍导致溺水，最终造成死亡。

胸腔可发生更严重的气体压力效应损伤，如果潜水员上升时肺里的空气没有被排出，肺泡壁可因气体压力增加而破裂，导致间质性肺气肿——空气冲破肺泡壁进入肺泡间隔、小叶间隔和叶间隔。肺胸膜表面可出现肺大疱，若肺大疱破裂，可形成气胸。气体还可进入纵隔，向上扩散至颈部。除了发生气胸外，虽然气体不能沿着肺动脉逆血流移行，但可进入肺毛细血管和静脉，造成左心腔空气栓塞，导致左心房和左心室的充盈中断，心脏失去泵血功能，如果此时气体容积足够大，本身就具有致命性。

虽然实践中大多数情况下并不会发生上述严重后果，但即使少量的气体进入动脉循环也可影响靶器官的小动脉和毛细血管，特别是心肌、脊髓和大脑，引起微梗死、出血性坏死和重要组织功能丧失。这种肺气压损伤（pulmonary barotrauma，PBT）并不一定局限于深度潜水，恰恰相反，肺气压损伤的风险在浅水中最高，因为环境压力在 0 m 与水下 10 m 的海水之间是翻倍的，而且在该深度范围内气体体积的相对变化最大[1]。

许多事故发生在相对较浅的水域中，常见于运动潜水而不是专业潜水人员。佩戴水肺的潜水运动在世界范围内广受欢迎，特别是在许多比较温暖、清澈的水域。世界各地的休闲潜水人群数量尚不清楚，很可能达数百万人[12]。据估计，英国每年大约有 10 万名潜水员完成超过 300 万次的潜水[2]。2009 年，根据英国 Sub-Aqua 俱乐部（British Sub-Aqua Club，BSAC）发布的年度事故发生率报告，共发生了 453 起严重事故，其中 381 起发生在英国，造成 14 人死亡[14]。

1972 年，澳大利亚和新西兰启动了一个名为“Stickybeak”的项目，以分析潜水死亡人数[15]。在 1972～1996 年，该项目共记录了 207 例因潜水导致死亡的案例[16, 17]。

2006 年，美国潜水员警报网络（Divers Alert Network，DAN）首次尝试收集全球潜水死亡人数的数据，总计收集了 138 人死亡的报告，其中，75 名潜水员来自美国和加拿大。来自欧洲的死亡人数高居第二，达 35 人死亡。亚太地区报告 25 人，其中拉丁美洲报告 5 人，日本报告 1 人，南部非洲没有报告任何死亡人数。在 75 名死亡的美国或加拿大休闲潜水员中，64 名为男性，11 名为女性。其中 59 起（79%）的事件发生在美国或加拿大国内，16 起（21%）发生在国外；死亡率最高的是佛罗里达州（29%）和加利福尼亚州（19%）[18]。

气压障碍病和气压损伤死亡的尸检

该领域的大量研究报告中，许多都是关注于临床治疗效果。大多数与潜水有关的死亡是由溺水直接所致，当然气压障碍病可导致或促进溺水的发生。尸检时必须对溺水原因进行调查（具体参见第 16 章），并排除或确认任何关于气压障碍病或气压损伤的证据。

在一些包括详细了解设备在内的专家顾问到场之前，不得进行尸检。如果死者是在医院或减压舱最终死亡，那么这会丢失许多原始信息，因为失去了对潜水服和呼吸设备进行现场检查的机会。无论如何，由于多数法医都不是这一领域的专家，应尽可能邀请海军人员或死者死亡时所使用设备的商家参与尸检。1989 年启动的澳大利亚潜水意外事故发生率监测研究中，前 1 000 起事故的报告分析结果说明这一点非常重要，该结果显示，在 426 起与设备相关的意外事故中，其中 128 起（30%）造成了人员伤害；并且发生意外事故的有 87% 是人为失误所致[19]。前面提到在“Stickybeak”项目的 207 起潜水死亡事故中，112 起涉及潜水设备，其中 43 起（37%）与潜水员的死亡直接相关[15, 16, 17]。

曾有建议主张该类尸检应在减压舱中进行，以避免尸体暴露于大气压时尸体内气体发生消散。这在实际工作中很难执行，除非尸检是在军事部门或有专门的商业设备商支持下进行，这些部门才拥有精通这类程序的医学专家。

必须注意的是，死后减压过程中很可能会在体内形成新的气泡，死亡发生时这些气泡并不存在。法医要对此进行鉴别非常困难，除非如前所述尸检本身可以在特定的压力环境下进行。因此，在血管和组织中发现的气体必须排除是死后形成。鉴别主要是观察气体量，大量的气泡不太可能仅仅从附近的静态液体和组织中积累，更有可能是被循环中的气体带到那里形成“气体栓塞”。

在专家对潜水设备完成包括拍照在内的所有必要检查之前，不应贸然对尸体进行解剖，包括为死者脱去潜水设备。在进行任何解剖之前，对头部、颈部、胸部、腹部以及主要关节要进行必要的全面摄影、X 线、CT。关于肺内容物诸如确定氧氮比等的化学分析，应在尸检前咨询相关毒理学实验室，以确保最佳的取样方法。

尸表检验时应注意观察肤色。体温过低有时是潜水的一个相关危险因素。然而，许多水中发现的尸体都呈亮粉色，正如冷藏的尸体通常是粉红色一样，这可能是死后表现。极少数情况下，大腿和躯干皮肤出现的大理石样皮疹可认定为减压病的特征性表现[12, 20]。当外部压力过大时，在氯丁橡胶干泳衣内遭受“挤压”的人身上，在体表还可看到红色的线性印痕。通常情况下，头部、颈部和胸部的皮肤擦伤是气压损伤的迹象。应用耳镜检查鼓膜，发现是否存在新鲜的破裂。

在打开体腔前，应先分离取出大脑，并使用一种特殊的技术检测大脑动脉中的气体。首先用动脉钳原位夹闭大脑中动脉、基底动脉和椎动脉，然后再切断这些动脉，取出大脑浸于水下，移除动脉钳，观察是否有气泡从血管的断端逸出。在脑静脉中检测气泡没有任何意义，它常是一种人为现象，因为如果软脑膜静脉中不吸入一些空气，就不可能顺利分离颅盖骨。无论如何，脑动脉中的气体都不可能大量地穿透毛细血管进入皮质静脉而被发现。

瘀点性出血可出现在中枢神经系统（包括脊髓）中的任何部位。如果死者存活一天或更长时间，可观察到早期梗死。组织学上表现为白质的血管周围可见环状出血；在存活数周的幸存者中，因受空气栓塞影响，在胸段脊髓侧面和背面可出现软化灶。

必须仔细检查是否存在皮下、纵隔、腹膜后和肺胸膜下气肿。在肺内，肺泡膜的破裂可以使空气进入肺循环和（或）到达肺周围形成胸膜下大疱。气体还可通过肺门进入另一侧肺。此外，局部支气管狭窄可将空气局限在单个肺叶中，引起肺的局部扩张。

胸部检查首先应进行X线、CT扫描，如果不具备此条件，可解剖肋间隙至壁层胸膜，用手术刀尖端切开胸膜直接观察下方的肺是否存在塌陷，但必须考虑到胸膜是否存在粘连的情况；或者也可以在外侧皮瓣内注满水的情况下刺穿肋间隙。同样，心脏也应该进行影像学检查，看心腔内是否存在气泡。如果气体从周围组织液内逸出，它将通过静脉回流至心脏而集中，此时右心腔的气体将比左心腔多；如果已经发生肺损伤，那么气体将经肺静脉系统进入左心腔；但没必要将心包腔内注满水后再剪开心脏，因为如果死亡是由心室内大量气体所致，那么心腔内的空气泡沫会非常明显。然而，也有部分学者主张在取出胸腔内的器官之前，先用夹子夹住主要的胸腔血管和气管，然后把它放置在水下再松开夹子，看看是否会出现气泡，以及在哪个部位出现气泡。

组织学上缺乏特异性改变，但也有一些不同的观点（图24.1）。在富含脂质的组织（如脂肪组织和肾上腺皮质）中，可出现泡沫状的微气泡；肝脏内可能因空气栓塞而出现脂肪样改变；肺发生气压损伤后，肉眼可发现水肿、斑片状出血、肺泡撕裂和局灶性肺气肿等改变。此外，心肌可出现小灶性坏死。

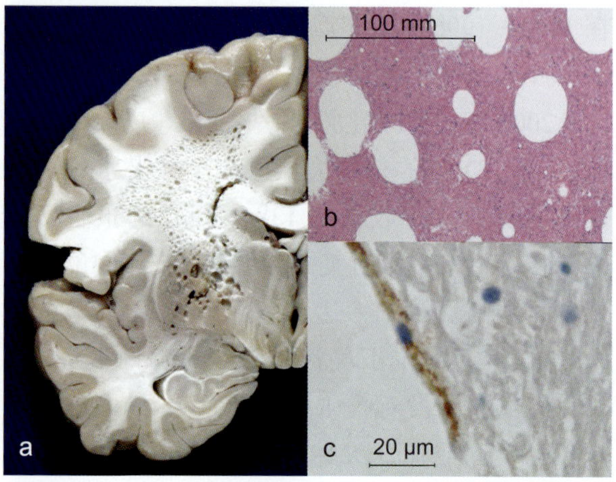

图24.1 （a）水肺潜水事故死者的脑组织经福尔马林溶液固定后，脑实质内显示大量空泡；（b）经苏木精-伊红染色脑组织内空泡；（c）免疫组织化学染色证实气泡存在血管内，$CD31^+$ 内皮细胞排列于气泡壁，但必须注意的是，当尸体从深水区上升到水面的过程中，也可产生这些气泡，因此不能认为这些气泡属于一种生活反应，亦不能据此明确其死亡原因[21]

无论是在减压后引起的休克，还是在水中或高海拔环境下的减压过程，都可发生脂肪栓塞，在肺、心肌、脑和肾脏等靶器官中不仅可见脂肪细胞，还发现骨髓造血细胞。关于减压情形下脂肪栓子的来源存在争议，有观点认为是由脂肪组织被气泡破坏所致，也有人则认为原因更复杂，涉及血脂的再分配，与纤维蛋白的产生和弥散性血管内凝血有关。

（夏冰　译）

参考文献

[1] Tetzlaff K, Thorsen E. Breathing at Depth: Physiologic and Clinical Aspects of Diving while Breathing Compressed Gas. *Clinics Chest Med* 2005; 26(3): 355–80.

[2] British Thoracic Society guidelines on respiratory aspects of fitness for diving. *Thorax* 2003; 58(1): 3–13.
[3] Boyle R. New pneumatical experiments about respiration. These experiments, made by that indefatigable benefactour to Philosophy, the Honourable Robert Boyle in order to bring some more light to the doctrine of respiration, as well as to minister occasion to inquisitive naturalists to make farther researches into the same, were by their noble author communicated to the publisher of these papers; who esteem'd it more convenient to make them a part of these tracts (they taking up the room but of a few sheets) than to publish them any other way. *Phil Trans* 1670; 5(57–68): 2011–31.
[4] Boyle R. [New Pneumatical Experiments about Respiration. Continued]. *Phil Trans* 1670; 5(57–68): 2035–56.
[5] Calder IM. Dysbarism. A review. *Forensic Sci Int* 1986; 30(4): 237–66.
[6] Triger AG. Memoir sur un appareil a air comprime par le placement des puit de mines at autres travaux, sous le eaux et dans les sables submerges. *Comptes rendus de l'Academie des Sciences* 1841; 13: 884–96.
[7] Butler WP. Caisson disease during the construction of the Eads and Brooklyn Bridges: A review. *Undersea Hyperb Med* 2004; 31(4): 445–59.
[8] Pol B, Watelle TJJ. Memoire sur les effets de la compression de l'air appliquee au creusement des puits a houille. *Ann D'Hygiene Publique et de Medecine Legale Ser. 2* 1854; 1: 241–79.
[9] Bert P. *La pression Barométrique: Recherches de Physiologie Expérimentale*, 1st edn. Paris: G. Masson, 1878.
[10] Marroni A, *et al.* Dysbaric illness. In: Mathieu D (ed). *Handbook of Hyperbaric Medicine*. Dordrecht: Springer, 2006, pp. 173–216.
[11] Smith-Sivertsen J. The origin of intravascular bubbles produced by decompression of rats killed prior to hyperbaric exposure. In: *Fifth Symposium on Underwater Physiology*. 1972. Freeport, Bahamas: Bethesda, Md. : FASEB, 1976.
[12] Vann RD, *et al.* Decompression illness. *Lancet* 2011; 377(9760): 153–64.
[13] HSC. *Commercial diving projects offshore. Diving at Work Regulations 1997.* T. H. a. S. Executive, Editor. HSE Books, 1998, p. 47.
[14] *National Diving Committee Diving Incidents Report – 2009*. Cumming B (ed). 2009, p. 45.
[15] Walker D. *Report on Australian diving deaths: 1972–1993*. Melbourne, 1998.
[16] Acott CJ. Recreational scuba diving equipment problems, morbidity and mortality: An overview of the Diving Incident Monitoring Study and Project Stickybeak. *SPUMS J* 2003; 33(1): 26–30.
[17] Walker D. *Report on Australian diving deaths: 1994–1998*. Melbourne, 2002.
[18] Pollock NW, *et al. Annual Diving Report – 2008 Edition*. Pollock NW (ed). Durham: Divers Alert Network, 2008, p. 139.
[19] Acott CJ. Human error and violations in 1,000 diving incidents: a review of data from the Diving Incident Monitoring Study (DIMS). *SPUMS J* 2005; 35(1): 11–17.
[20] Kalentzos VN. Images in clinical medicine. Cutis marmorata in decompression sickness. *N Engl J Med* 2010; 362(23): e67.
[21] Oehmichen M, Auer RN, Konig HG. Special physical trauma. In: *Forensic Neuropathology and Associated Neurology*. Berlin: Springer, 2006, p. 262.

第25章

猝死病理学

引言

事实上，所有的法医不仅需要检验刑事、意外、自杀及可疑死亡，还需要检验各种自然死亡。这部分自然死亡大多数是急速、意外、临床上无法解释死因或其他即便是无暴力因素参与但死因模糊的死亡。

接触到大量的自然死亡案例对法医的职业生涯是大有裨益的：仅仅专一性地处理外伤和刑事案件对法医职业素质的培养极为不利，这样会使他们日渐脱离病理解剖工作，失去接触和认识疾病过程、非损伤组织和器官的机会。而工作内容涉及自然死亡，意味着经常需要与临床学家和非法医领域的病理学家产生职业交往，这必将使他们在知识和思路的相互交流中获益匪浅。完全工作在法医专有领域，意味着脱离于病理学、临床医学现状，这对于法医学专家保持区分轻重缓急的能力和紧跟当代医学前沿的意识极为不利（图25.25）。

在自然疾病案件中持续积累经验，还能够收获到另一个不可或缺的好处：刑事和诉讼案件中部分最棘手的问题并非来自严重、快速致死、外伤性死亡，而是来自合并有自然疾病或者外伤后出现并发症的死亡。例如，遭袭击之后再死于脑卒中，或者不引人注意的小的意外事故后出现的致死性肺栓塞，这些案件的死因鉴定难度远比枪伤或刺创死亡案件大得多。

本章的重点并非试图重复讲述许多优秀的病理教科书已记载的有关病程的详细描述，而是简要地列举法医病理学家和验尸官病理学家在工作中常见的可造成急性或意外死亡的疾病谱。

猝死

猝死有权威的定义，也有约定俗成的含义。世界卫生组织将其定义为症状出现后24 h内发生的自然死亡，然而多数临床医生和病理学家认为这个时限太长，所以有人仅将疾病发作后1 h内出现的死亡视作猝死[1]。我们应当意识到，某个死亡对于外部观察者来说可能表现为急速性和意外性，但它对于疾病本身的病程而言并非如此。这些患病的死者在生前可能无症状，未意识到自己的慢性疾病，或者有症状但主观认为无碍健康大局。另外，死者无法或者不愿意联络别人，同时夹杂着内心的恐惧，使得他们生前无法将症状告知到包括医生在内的任何人。

在许多行政区域，死亡证明仅依赖主治医师签发，前提是他近期曾诊治该患者，并确信他死于所患有的潜在致死性疾病。临床医师所确信诊断的、未经解剖的死者的死因有20%～50%是错误的，这些工作一般与我们无关联；但是，在临床医师无法如此签发死亡证明的地方，死亡通常会被提出进行法医学调查。在许多国家，这类死亡调查成为迄今法医学解剖的最重要组成部分。自从英国的水手谋杀案（一名全科医生在1975～1998年杀死了至少215个患者）曝光后[2]，人们对死亡证签发程序是否恰当有了更多的担忧。2012年，在英格兰和威尔士，有227 721个死亡被报告给验尸官，这相当于全部死亡登记案例的46%。其中，42%的案例（94 814例）申请了尸体解剖[3]。

“急速性”或“意外性”的描述并非总是精确的，而“难于解释”是法医学调查的常见理由。尽管患者生前处于诊疗护理之下，有时临床医师难以确定死亡原因。即使经过解剖，某些案例的死亡原因依然不清楚，这种悬而未决的尸检问题会被讨论[4-7]。

猝死的直接死因几乎都可以在心血管系统中找到，虽然有些案例的病灶并不在心脏或大血管。例如，严重的脑出血、蛛网膜下腔出血、异位妊娠破裂、咯血、呕血及肺栓塞，加上心脏疾病和主动脉瘤，构成了猝死的大多数血管系统病因。

心脏病猝死

在西方国家，缺血性心脏病显然是引起猝死的最常见病因。“缺血性心脏病”这个名词往往被宽泛和非精确地运用，且常被作为“冠状动脉粥样硬化”的同义词使用。当然，后者是缺血性心脏病的最主要病因，但不是唯一病因。

更复杂的是，“冠状动脉粥样硬化”或“冠状动脉粥样化”是导致大多数猝死的这种常见退行性疾病的准确命名，但是“冠状动脉性心脏病”已经如此根深蒂固地被大众使用，以至于被当作冠状动脉粥样硬化的代名词，尽管患者可能还存在其他的冠状动脉疾病。

缺血性心脏病包括：

- 冠状动脉粥样硬化。
- 高血压心脏病。
- 主动脉瓣疾病。
- 冠状动脉开口异常。
- 其他冠状动脉疾病，如多发性动脉炎。
- 心肌病性心脏增大。
- 部分先天性心脏病。

冠状动脉粥样硬化

冠状动脉粥样硬化有时被称作男性死亡的“头号杀手”，是西方社会中导致猝死的最常见病因。有关动脉粥样硬化发生机制的概念已经发生了变化。1815年，伦敦的外科医生Joseph Hodgson发表了一篇血管疾病的专题论文，认为炎症是动脉粥样硬化病变的基础原因[8, 9]。1853年，Karl von Rokytansky提出了动脉粥样硬化发生的污垢理论，1856年Rudolf Virchowthe提出了脂质假说，1908年Sir William Osler又提出了动脉粥样硬化发生的炎症和感染病因学说[10-12]。如果不深究现代概念相当复杂的细节（超出了本书范围），根据目前的认知，动脉粥样化形成机制可以概括为，初始的损害（如化学、机械和免疫因素）导致血管内皮功能失调，继而引起一连串复杂的细胞炎症和免疫反应[13-16]。这些变化可依次形成在组织学上能清晰可辨的病理学分期。例如，根据Mahmoudi等改良的美国心脏协会分级系统可将动脉粥样硬化的病程分级如下：[16, 17]

- 病理性内膜增厚——疏松，脂质富集，纤维组织，无脂核。
- 纤维帽粥瘤——有明确的脂核，伴厚的、有时为多层的纤维组织帽；局灶性钙化；可见淋巴细胞明显浸润，尤其是在脂核边缘。
- 薄纤维帽粥瘤——脂核，伴有薄的、有时为炎症性纤维帽。冠状动脉粥瘤厚度＜ 80 μm，颈动脉粥瘤厚度＜ 200 μm。
- 斑块破裂——有纤维帽破裂和相关血栓形成的清晰证据。
- 斑块侵蚀——内皮衬破溃伴血栓形成。有时可在早期病变如病理性内膜增厚中看到。
- 纤维钙化病变——伴有纤维化和大面积钙化的病变。这是脂核营养障碍性钙化的结果。
- 钙化性结节——严重的钙化性病变，可能是动脉粥样硬化过程的终末期表现之一。

冠状动脉粥样硬化的基本机制是冠状动脉的一个或多个主要分支因动脉粥样硬化病变及其并发症而引起的狭窄或闭塞。引起死亡的确切狭窄程度仍然存在争议：心脏病理学家认为，至少要失去 80% 的正常管腔时才有可能导致心肌坏死的发生。如果死者生前症状以及死亡现场具有明显的提示，即便在尸检中发现死者冠状动脉管腔的损失比例十分低，大多数法医病理学家仍会将死亡归咎于冠状动脉粥样硬化。局灶性心肌纤维化，甚至罕见情况下新近心肌梗死，也可见于冠状动脉粥样斑块较小的情况。如何在尸检过程中对冠状动脉的狭窄程度进行量化是另一个难题。由于空虚的管腔缺乏正常的管内压力，血管壁呈松弛、塌陷状态且无法伸展。在存活状态下，同一根冠状动脉的管腔会比死后显得更大，冠状动脉只有维持在一定动脉压力下固定才能保持管腔的原始大小。虽然病理学家观察到的冠状动脉均处于死后状态，但正常与病变血管可以进行比较，即便冠状动脉管腔的绝对大小不准确，但管腔的相对狭窄程度仍然可得到可靠的观察结果。

冠状动脉粥样硬化可表现为局灶性、不规则的斑块状病变，其形态大小及其引起的狭窄程度因部位而异。有时候，斑块数量少、分布范围小，而整条冠状动脉的其他部分表现为几乎正常的管腔。这就意味着，在尸检时必须以不超过 3 mm 的间隔进行横向切割，对冠状动脉主要分支的各个部分进行细致的检查。而以很宽的间隔做数个观察切面是无法对冠状动脉系统的整体状况做出可靠估计的。正如链子的承重能力依赖于其最薄弱的环节，冠状动脉的供血能力取决于其最狭窄的部位。

连续的两个横向切面，即便仅仅相隔 0.5 cm，也有可能会遗漏切面两侧造成冠状动脉严重狭窄的斑块或血栓。尽管纵向剖开冠状动脉可以避免这种情况，但由此造成的频繁交叉切口使得狭窄程度无法被准确测量，因此这种检查方法的弊端反而更大。如第 1 章所述，折中方案是解决这一难题的最佳答案。

斑块通常呈偏心分布，留下一个新月形残余腔；但也可能表现为一种弥漫性更强的病变，此时广泛的纵向病变使冠状动脉缩窄，形成一个向心性狭窄甚至是“针孔”状的管样节段。在作者（BK）的印象中，这类病变在年轻个体中更常见，且这种病变不太可能继发溃疡和钙化改变。这两种类型的病变经常在同一个患者身上发现，而它们的发病机制可能没有本质区别。

冠状动脉粥样硬化损伤并发症

溃疡斑块

在斑块损伤由单纯的内皮增厚进展到累及管壁中层的过程中，通常会发生脂质的浸润。当覆盖在其表面的内皮层形态完整时，斑块对生命的威胁仅仅来自其突出隆起导致的管腔缩窄。但当其表面的纤维帽在中心坏死过程的压力和侵蚀下开始崩解时，斑块可能会向冠状动脉管腔内自发破裂。这会导致许多后果，如一系列急性症状甚至死亡。

首先，一个大的斑块可能会突然破裂，并将斑块内的浆液性物质释放到管腔内，从而导致血管机械性阻塞，或进一步增加血管的狭窄程度。当遇上缓慢的血流时，加之促血栓成分的作用，斑块破裂处可诱发血栓形成。又或者，斑块的纤维帽横跨管腔，导致血管突然、完全闭塞。更加危险的是，如果斑块的破裂口朝向血流的“上游”，纤维帽在血流的作用下被抬起，游离形成类似瓣膜的结构，导致血管阻塞。当血流以相反的方向淌过纤维帽时，尽管不会引起纤维帽位移，但斑块中柔软且有光泽的内容物会被血流冲刷下来，并随之流向下游。有时在组织学切片中可以看到游离的纤维帽皮瓣，但很难将其与切片制作过程中的人为损坏相区别；相比而言，解剖直视下检查是最佳方案，此时可用放大镜或低倍显微镜纵向检查连续两个切面的内膜。

斑块内容物可能随血运流向下游，并最终影响甚至完全堵塞冠状动脉的小分支。在组织学上，可以用脂质染色法看到阻塞内容物。而由此引发的多发性小梗死灶，则可通过传统的组织学切片染色方法，或者利用更加便捷的酶组织化学、荧光或免疫组织化学等技术观察到。在病程较长的冠心病患者心肌组织中，许多常见的小纤维化病灶可能就是由这些斑块内容物堵塞冠状动脉所致。

出血

出血常常发生在动脉粥样硬化斑块内，且血液通常流向软化的、坏死的斑块中心。这种“内膜下出血”可造成冠状动脉的血运功能突然下降，从而导致猝死的发生。有关出血的来源至今仍存在争议，而斑块周围小血管破裂出血被认为是最可能的机制。正常情况下，冠状动脉的内膜不存在血液供应，但在结构紊乱、组织学变形的病变冠状动脉内膜中，可能存在供血性小血管，而这些小血管可被斑块的进展与延伸所侵蚀（图 25.1）。

不论是新鲜的抑或是陈旧性出血，均可在动脉粥样硬化斑块的组织学切片中观察到。我们有理由去推测，这种出血可能是由劳累或情绪等而导致血压突然升高引起的。尽管如此，当血管被粥样斑块侵蚀到一定程度时，这些因素严格来说可能并不是引起出血事件的必要条件。

当血液被突然释放到动脉粥样硬化病灶内时，可以迅速使病变范围扩大，并可能将斑块的纤维帽挤向狭窄管腔的另一侧。不仅如此，出血还可使斑块破裂——内膜下出血可沿血管轴向延伸，形成“小夹层”。Patterson 认为，内膜下出血在冠状动脉血栓形成中起着重要作用，其在很早以前就研究了内膜下出血对急性冠状动脉闭塞的影响[18]。同年，Wartmann 证实，内膜下出血可在纤维帽未破裂的情况下引起冠状动脉闭塞[19]。尽管 English 和 Williams 等不认同在动脉压力下的内膜下出血能压迫管腔[20]，但包括 Davies 和 Pomerance 等在内的其他学者指出，冠状动脉内的血流动力学特点表明不同部位血管内的血压大相径庭，而在某些情况下，血流的抽吸效应反而促进了内膜下出血的发生[21]。以 Drury 为代表的学者提出，斑块内的血液并非来自壁层血管的出血，而是来自斑块破裂时从冠状动脉腔内渗出的血液[22]。然而，这似乎只是少数人的观点，因为在内膜完整的斑块内仍可观察到许多出血（甚至是含有含铁血黄素的陈旧性出血）。无论血液的确切来源是什么，内膜下出血对迅速减少冠状动脉的可用管腔的影响是显而易见的。有时候，出血甚至可通过进一步牵扯和破坏覆盖在斑块表面的内膜帽而诱发血栓形成。

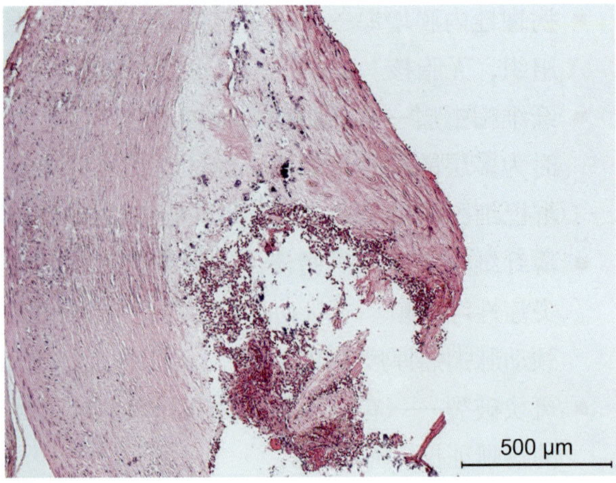

图 25.1 冠状动脉伴有部分钙化较大的粥样斑块和新鲜破裂

冠状动脉血栓

动脉粥样硬化斑块可能不会发生前面所提到的那些显著变化，但也会发生一些较为隐匿的病变。例如，渐进性的斑块内坏死可能会侵蚀管腔表面并暴露出纤维脂肪成分。这种正常内皮层的丧失为血栓的形成提供了一个滋生地，使得血栓逐渐分层增生成为可能，从而进一步缩小管腔。特别是当多种病变同时存在，导致斑块扩张而使斑块表面粗糙时，可使管腔闭塞。因此，附壁血栓可能完全堵塞或进一步缩小已经发生粥样硬化病变的残余管腔，最终造成远端心肌血供减少。

狭窄的管腔绝不是血栓形成的必要条件，因为有时可在老年人中观察到血栓形成于一些异常宽大甚至看似动脉瘤的冠状动脉中。有些冠状动脉管腔的宽度即便达到了 1 cm，却也形成了牢固的血栓，这可能要完全归咎于内膜的损伤。血栓形成往往发生在被重新疏通的血管中，这些继发性血栓形成一般出现在阻塞部位重新建立血运之后。与此同时，多发性冠状动脉血栓形成也绝非罕见。这种情况大多是梗死后发生的、最初的血栓引起心肌坏死，导致血液循环停滞，再加上组织损伤的促血栓形成作用，导致易凝血的血流迟缓。

也有人指出，冠状动脉血栓可能伴随着身体其他部位的血栓形成。例如，在冠状动脉血栓形成后，可能会出现因腿部静脉血栓而引起的肺栓塞。反之，在出现非致命性肺栓塞后，也有可能发生冠状动脉血栓。血液的易凝固性、循环系统的瘀滞及长期卧床等，都是明显的可引起冠状动脉血栓的危险因素。

冠状动脉狭窄或闭塞的部位

整个冠状动脉系统对粥样硬化病变的易感性并非均匀一致的。首先，分布于心外膜下脂肪组织内的冠状动脉主干是最常发生动脉粥样硬化的部位。一旦动脉深入心肌，那些位于更远端的心肌内分支就不太容易发生明显的，尤其是黏液性、退行性动脉粥样硬化。即便如此，这些远端分支仍可表现出增厚的内膜。

其次，粥样硬化病变在冠状动脉三大分支中的发生率也存在差异。左冠状动脉前降支的前 2 cm 处是最常见的闭塞部位，其发生率比主干更高，其次才是右冠状动脉。但值得注意的是，右冠状动脉血栓形成的部位往往比左冠状动脉更远，通常见于绕右心缘走行于主动脉与冠状动脉后室间支起始点之间房室沟的这段血管。

第三个最常见的部位是冠状动脉左旋支的近端，即左冠状动脉主干分叉以后的不远处。左冠状动脉主干，即左冠状动脉前降支和左旋支分叉处与主动脉之间的这一小段血管（有时候不存在）亦是粥样硬化病变的好发处。因为冠状动脉闭塞有时会发生在冠状动脉发出的最初几毫米位置，因此在尸检时，一定要对左、右两支冠状动脉从近端到冠状动脉开口做连续的横切。

心肌梗死

法医病理学家和临床医生对心肌梗死（myocardial infarction，MI）的认识有不同的侧重点。对于临床医生而言，胸痛和休克等临床症状往往意味着梗死的发生。诚然，与那些未来得及接受治疗而直接被送往太平间的逝者相比，发生心肌梗死的幸存患者比例要高得多。最近，欧洲心脏病学会 / 美国心脏病学会心肌梗死重新定义委员会发表了一份共识文件，该共识从病理学、生物化学、心电图学、影像学、临床试验、流行病学和公共政策等 7 个角度考察了心肌梗死新定义的科学和社会影响[23]。

在猝死个体的病理检查中，明显梗死灶大多来自意外发现，而非必然的结果。心肌梗死在不同猝死尸检群体中的检出率差异较大，不同的心肌坏死检查方法可能是其中的一个原因。但说到明显肉眼可见的梗死，据作者（BK）的研究估计，不到 1/4 的死于冠状动脉粥样硬化疾病的个体存在心肌梗死。在一项基于芬兰人群的尸检调查中，作者（PS）指出，心肌梗死在死于冠状动脉粥样硬化疾病个体内的 5 年（1987～1991 年）平均发生率为 13.5%。我们将在后面详细探讨这一观察结果与心源性猝死机制的联系。

几乎所有的心肌梗死都是由动脉粥样硬化病变及其并发症引起的。少数是由于其他原因引起冠状动脉阻塞的结果，如多发性动脉炎、其他血管炎、各种类型的栓塞、梅毒引起的冠状动脉开口闭塞、严重的主动脉狭窄、某些冠状动脉或大血管的先天性异常、主动脉根部夹层动脉瘤及影响冠状动脉的肿瘤或结节病。

大多数梗死是由于过量的冠状动脉血栓形成引起的，但这种观点也需要进一步推敲。在有些梗死灶的供血血管中并没有发现明显的血栓，而这一现象的比例可通过更细致的检查而降低。然而，毫无疑问的是，在动脉粥样硬化引起的内膜下出血、斑块破裂或单纯严重狭窄等情况下，供血血管的严重狭窄可能导致心肌坏死。此外，破裂斑块的聚集性碎片可使供血血管栓塞性闭塞引起远端心肌组织“微梗死”。但值得一提的是，已经有研究指出部分血栓可能是梗死后形成的[24]。

一般认为，只有当冠状动脉的管腔缩小到原有大小的 20% 或更小时，才足以引起供血区心肌坏死。然而，许多具有丰富猝死尸检经验的病理学家都有过这样的经历，那就是冠状动脉管腔在没有达到 80% 及以上狭窄的情况下，仍然发现了证据确凿的梗死病变。而这一令人尴尬的情况偶尔也会发生在几乎正常的冠状动脉中。

相反的情况则更为常见，即发现冠状动脉发生完全血栓栓塞而无梗死迹象。针对这种情况的合理解释，要么是有效的侧支循环提供了替代的血液供应，要么是受害者在梗死迹象形成之前就去世了。

可在尸检中识别的心肌梗死有如下几种类型：

- 左心室大部分甚至全部的心内膜下区域受累的一种层状梗死，有时梗死区域可扩展到一半及以上的心室壁厚度。这是因为所有冠状动脉供血都来自心外膜表面，由心肌内层血供的灌注压力降低所致。层状梗死是冠状动脉主要分支广泛狭窄的结果，但通常还有另一个因素，即血压下降或血液的氧合破坏了本已不足的血供，使心室壁外层几乎消耗了全部的可用氧气和营养物质，只留下很少的氧气和营养物质供给心室壁内层。这一部分将在高血压和主动脉狭窄中进一步讨论。
- 区域或局灶性梗死在单纯的冠状动脉疾病中更为常见，这类梗死是由冠状动脉局部闭塞或严重狭窄引起的。根据梗死的严格定义，存在血管供应阻断的梗死是真正意义上的心肌梗死，它与因高血压或主动脉瓣疾病等引起的灌注压相对不足所产生的层状梗死有着本质上的区别。区域性梗死表现为一种边界清晰的心肌坏死区，尽管任何侧支供应都可能改变其大小和位置，但这主要取决于血管闭塞的部位。几乎所有的梗死都发生在左心室。Wartmann 和 Hellerstein 发现，6%～9% 的梗死涉及右心室，而 7% 的梗死涉及心房。与之不同的是，Cushing 报告的数据显示 17% 的梗死涉及心房。然而，这些梗死灶大多合并有左心室梗死[25, 26]。

右心室和心房对梗死的相对免疫大概是由于这两个部位心肌壁相对较薄，不需要大量的血液供应，也没有类似左心室的供血灌注梯度，因此更容易从心腔内的血液中获得氧气等成分。不仅如此，圆锥动脉（局部的小分支动脉，如窦房结的分支动脉）以及冠状动脉左旋支与右冠状动脉之间吻合通道的存在，都有利于这些区域心肌组织的存活。而由于侧支循环的存在，左心室梗死的部位并不总是与冠状动脉闭塞或血栓形成的部位一一对应。

Wartmann 和 Souders 的研究还表明，许多梗死只涉及特定的肌层，是因为该肌层失去了某一特定血管的供血[27]。但不管怎样，心肌梗死的形态显然不能仅凭一个简单的理论就能解释清楚。正如在显微镜下所观察到的片状心肌损伤呈现出相邻纤维甚至同一纤维节段的心肌坏死和存活交替的特点，而仅凭冠状动脉灌注理论是无法合理解释这一现象的。

早期心肌损伤与梗死的尸检诊断

在尸检中发现心脏的急性病变（如早期心肌梗死）具有重要的法医学意义。例如，在致命的交通事故中，甚至在铁路事故或空难中，如果能证明驾驶员（或飞行员）患有急性的、导致失能的心肌病变，那将对整个事故的调查以及法律责任的划分起到至关重要的作用。又如，在怀疑是刑事案件的死亡中，如果在死者心脏中发现较为新鲜的心肌梗死，那么可能考虑该病灶与个体的死亡存在因果关系，或者至少对其死亡有一定的贡献。因此，穷尽所有适用的检查手段以发现心肌纤维损伤的组织学证据是十分重要的。近年来，基于死后磁共振成像（post-mortem magnetic resonance imaging，pmMRI）技术的研究结果表明，pmMRI 可以辅助诊断尸检时肉眼看不到的早期心肌损伤，因此在条件允许的情况下，其可以作为传统尸检的一种补充检查手段（图 25.2～图 25.4）[28-30]。

不同病理学文献对心肌梗死的肉眼观描述千差万别，原因之一是那些作者所描述的梗死的发生时间迥异。在人体上是很难确定梗死的发生时间，因为无论梗死临床症状的出现有多么突然，它往往比冠状动脉闭塞相关病变的出现要晚得多。而在动物实验中，人们可以在某一时间结扎冠状动脉，并在此之后的不同时间间隔内进行连续的处理与观察，从而可以获得对梗死发生时间的准确估计。

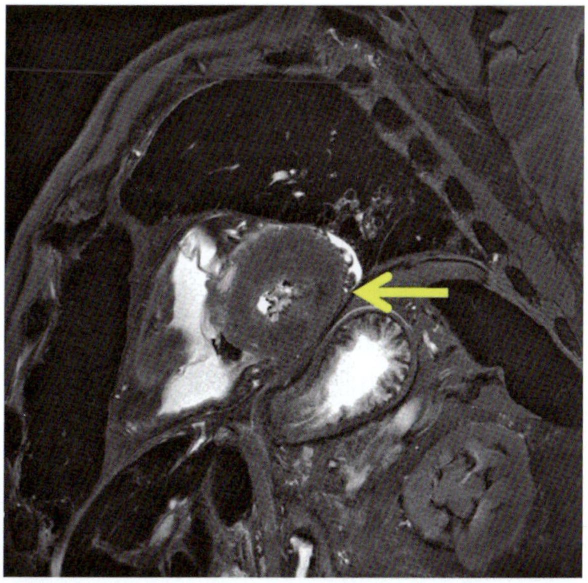

图 25.2 pmMRI 可以作为传统尸检的一种补充检查手段，以显示非常早期的心肌缺血。T_2 加权心脏短轴图像（Achiva 3-T pmMRI；飞利浦医疗保健事业部，贝斯特，荷兰）。上图中，心脏后外侧壁表现为不明显的低信号区（暗），心外膜下边缘无高信号区（亮）。箭头指示无水肿反应的新发缺血区（转载经 C. Jackowski 教授许可）

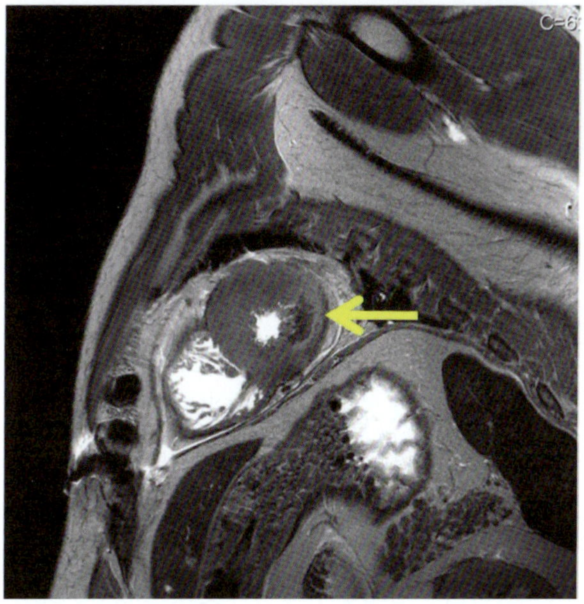

图 25.3 pmMRI（Achiva 3-T pmMRI；飞利浦医疗保健事业部，贝斯特，荷兰）显示急性心肌梗死：T_2 加权心脏短轴图像。心脏侧壁显示局部低信号区（暗）伴心外膜下边缘高信号区（亮），提示此处发生细胞坏死、水肿和细胞反应（箭头）（转载经 C. Jackowski 教授许可）

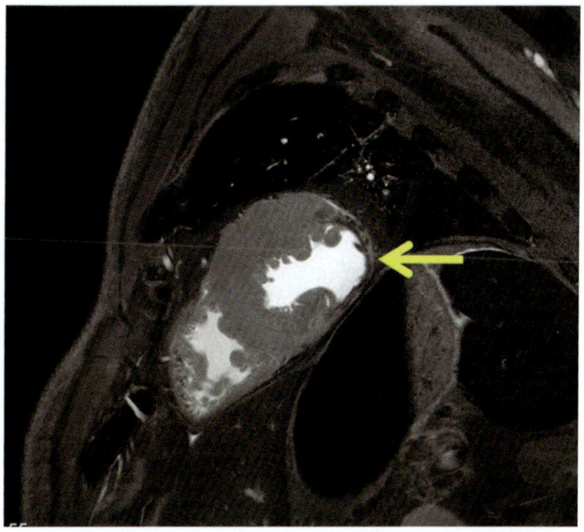

图 25.4 pmMRI（Achiva 3-T pmMRI；飞利浦医疗保健事业部，贝斯特，荷兰）显示左心室肥厚伴纤维瘢痕：T_2 加权心脏短轴图像。箭头指示肥厚的左心室伴变薄、瘢痕性心肌侧壁（箭头）（转载经 C. Jackowski 教授许可）

根据胸痛和休克的时间来判定梗死的发生时间不可生搬硬套、一概而论。当一个冠心病患者死亡时，如在急性症状出现 8 h 后发生死亡，尽管人们寄希望于在组织学或组织化学上看到早期梗死的征象，但有时往往看到的是一个边界清晰的黄色或虎纹状心肌坏死区，这提示心肌梗死的发生已有数日。有时候，尽管死者有长期的临床症状，但其心肌组织可能并不表现出任何肉眼观或镜下的损伤迹象。

以下是心肌梗死不同阶段的典型表现，需要注意的是，心肌梗死征象与下面的时间划分并非完全一一对应的关系：

- 在最初的 12～18 h，甚至 24 h 内，肉眼可见的心肌改变并不明显。当这段可变时期临近尾声时可检见第一个征象，即受损区域心肌水肿。肿胀的心肌纤维将血液从纤维之间的血管中挤压出来，从而引起该区域心肌组织苍白。当用手术刀切开受损区域心肌组织时，可发现原本湿润而有光泽的正常组织切面变得更加颗粒化且暗淡无光。但即便观察到这一特征也必须谨慎对待，因为在用剪刀剪开的正常心肌上，破碎的心肌纤维边缘亦会呈现出类似的干燥、无光泽的肉眼观。
- 从第 1 天结束时开始，到第 2 天和第 3 天，病变区域逐渐变得更加分明且肉眼观呈现黄色。伴随着心肌细胞的破裂，红色条纹结构开始出现，这既有可能是扩张的小血管，也有可能是心肌纤维间的出血区域。这些红色条纹配以黄色背景很容易让人联想到老虎条纹，因此称之为“虎纹状”。但有时这种条纹状病变区域以黄色为主或者红色条纹可能在几天后会消退。

随着时间的推移，病变区的边界变得更加明显，此时在周边受损较轻的心肌组织中可能出现一个红色区域。梗死灶的大小取决于观察方法——肉眼所见的大小一般比传统的组织学检查可观察到的面积要小，而后者又比酶学所显示的面积要小。这是因为在酶学检测中，可以发现有更广泛的周边纤维受损，尽管这种损伤可能是可逆的。

- 经过数日到数周的发展，梗死灶变得更加柔软、易碎，正如其以前的名称“心肌软化”（myomalacia cordis）所描述的那样。也正是在这个阶段（大约从第 2 天或第 3 天开始），梗死灶破裂入心包腔。有些病理学教科书提及心脏破裂发生在早期梗死，但这种说法是错误的。
- 从第 3 周开始，梗死灶的中心变成半透明的灰色胶状，在观察切面呈凹陷状。这个阶段坏死组织黏稠且仍可能伴有陈旧的出血，但愈合阶段已悄然发生。在接下来的 1～2 个月的时间里，根据梗死灶的大小，梗死部位开始逐渐愈合，纤维组织逐步取代死亡的心肌组织，并最终形成瘢痕。即使在这个阶段之后，往往仍可在新生的纤维组织周围存在一个狭窄的心肌坏死区域，但这个区域可能需要通过特殊的染色或酶组织化学技术来证实。

层状梗死经历同样的变化周期，但病变程度通常较轻。心肌纤维化的最终分布较为广泛但也较薄，以心内膜下特别是在室间隔的左心室部位最为常见。此处的心肌纤维化表现为一大片闪亮的薄层结构，而其下方的心肌组织隐约可见。心尖处也可能出现广泛的纤维化，且该部位的心肌组织可能被纤维组织全部替代，进而导致心室游离壁形成瘤样结构。梗死区域可以贯穿整个心室壁，从心内膜延伸到心外膜，也可以局限于内层心肌组织。从冠状动脉的走行与分布来看，梗死灶几乎不可能局限于心外膜下外层心肌组织。乳头肌位于冠状动脉供血的末端，因此格外容易发生心肌缺血，梗死常常累及。中心部位的心肌组织可能坏死甚至破裂。梗死通常不直接影响心内膜下区，即便心内膜下 3～4 层心肌纤维显示出缺血性损伤，它们也能够正常存活下去。这可能是由于这些部位的心肌纤维能从心室血液中获得足够的氧气和营养物质来维持生命，但这似乎并不能防止梗死区域附壁血栓的形成。

心肌损伤和梗死的镜下表现

围绕心肌损伤和梗死的镜下表现，已有大量文献报道，其中不乏涉及其形态学变化以及不同检查手段下的特征改变，如传统的组织学检查方法、酶组织化学法、荧光研究、免疫组织化学法以及透射和扫描电子显微镜等。在此，本文仅做简单的介绍。

形态学改变

正如大体观一样，心肌损伤和梗死的镜下形态改变在不同病例之间亦存在千差万别。不仅如此，根据镜下形态改变来评估发病时间进而推断梗死的发生时间也同样面临着许多困难。尽管如此，推断心肌损伤或梗死的发生时间可能具有非常重要的法医学意义，譬如当患有心脏病的死者发生交通事故或涉及刑事案件的时候。借助动物实验，人们已经观察到：在冠状动脉结扎后的最初 30 s 内，心肌纤维即可发生明显的改变。其中，第一个变化便是糖原的损失，因为在这段时间里细胞从有氧呼吸转变为无氧呼吸。显而易见，这一结果是无法在人体上观察到的。而在人体上可观察到的第一个变化又常常带有强烈的主观意愿，这表现在即便基于同一份检查样本，不同病理学家对“是否存在明显的缺血损伤”这一问题往往提出不同的意见。最早的一些镜下改变类似于心肌自溶，如胞质颗粒度的变化。梗死灶水肿导致心肌纤维间隙模糊，整体切面观呈现粉红色，质硬。但考虑到不同实验室之间可能存在检材处理质量的差异，检查者须留心组织切片厚度对镜下观察与诊断带来的影响。随着细胞肿胀，胞质颗粒感明显，即以前所描述的“混浊性肿胀”。

在光镜下看到的早期心肌损伤形态学改变大多是非特异性的，包括间质水肿、充血和小的出血点。只有当心肌纤维受伤时，才可能观察到肌纤维的过度拉伸，表现为肌节长度延长至约 2.5 mm[31]。在大鼠和犬肌节梗死模型中，冠状动脉结扎后 15 min 可观察到心肌纤维过度拉伸征象[32]。细胞浸润现象程度不一，大多数梗死灶在最初的几天内可见中性粒细胞浸润，并在随后的 1 周左右时间内逐渐被单核细胞反应所取代。

收缩带又称肌原纤维变性和凝固性肌细胞溶解，是各种不同病理条件下常见的描述用语。这种改变表明心肌细胞受到了不可逆的损伤。梗死灶周围心肌的镜下改变最初由 Smith 等描述：收缩带变得致密而不规则，在苏木精-伊红染色中，嗜酸性横带与心肌细胞中染色较浅的颗粒带交替出现[33]。这种病变不仅在各种心肌损伤实验模型中被观察到，也在钾、镁等元素缺乏，恶性高热，吸毒者的心脏以及心脏性猝死等案例中被提及（图 25.5，图 25.6）[34-41]。

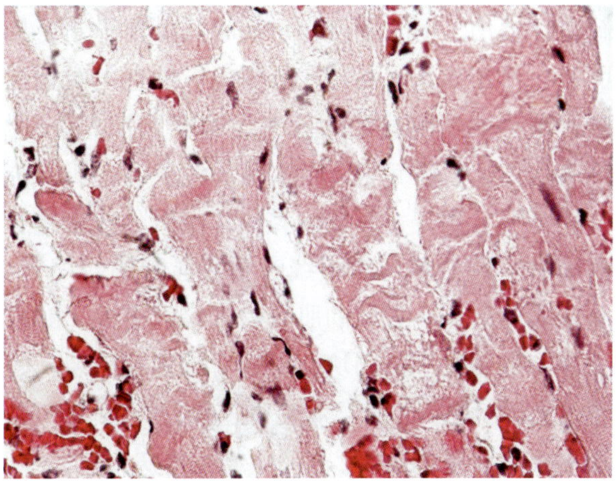

图 25.5　心肌收缩带（苏木精-伊红染色，放大倍数 ×500）

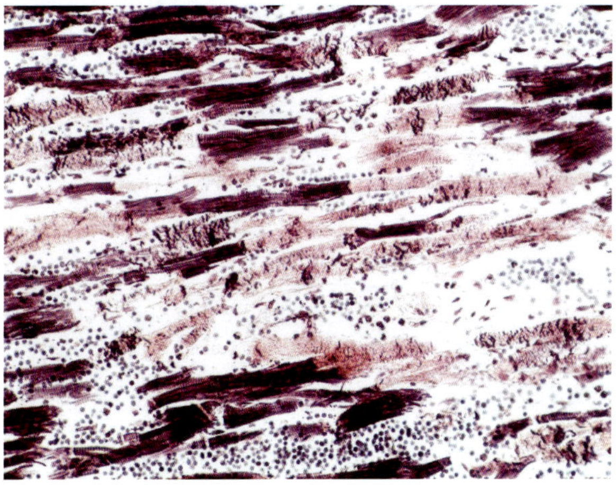

图 25.6　新鲜心肌梗死灶内心肌收缩带（磷钨酸-苏木精染色，放大倍数 ×250）

心肌收缩带也可出现于胸部挫伤甚至心肺复苏后，这两种情况都运用了闭胸心脏按压，且均存在注射心脏兴奋剂（如去甲肾上腺素）的情况。事实上，儿茶酚胺作用似乎能够引起这种纤维结构破坏，而类似现象也可能出现在触电或心脏应激等情形中。在苏木精-伊红染色切片中，病变区域颜色苍白，常由肌纤维溶解引起，肌膜往往缺失。尽管这种形态改变表明心肌细胞受到了新鲜的、不可逆的损伤，且在心脏性死亡中更为常见，但它并不是心脏性死亡的特异性病理改变。

磷钨酸-苏木精染色是显示心肌收缩带的最佳方法，因此这种染色方法应被用于所有心肌组织切片上，且其优先级别应高于苏木精-伊红染色。尽管磷钨酸-苏木精染色不能显示早期的缺血性损伤，但它能使非早期的缺血性损伤更加明显。不仅如此，通过在低倍镜下检查大面积视野，还可使遗漏病灶的概率远远小于苏木精-伊红染色切片。磷钨酸-苏木精染色下的心肌纤维横纹变形、断裂，形成均匀的“沙质”外观或当断裂发生在心肌纤维横线时形成显著的收缩带。收缩物质起初在完整的肌膜内聚集成更厚、颜色更深、形似汉字的团块，但随后细胞膜破裂，使嗜碱性内容物散布于细胞外基质中（图 25.7），即形成所谓带状病变。

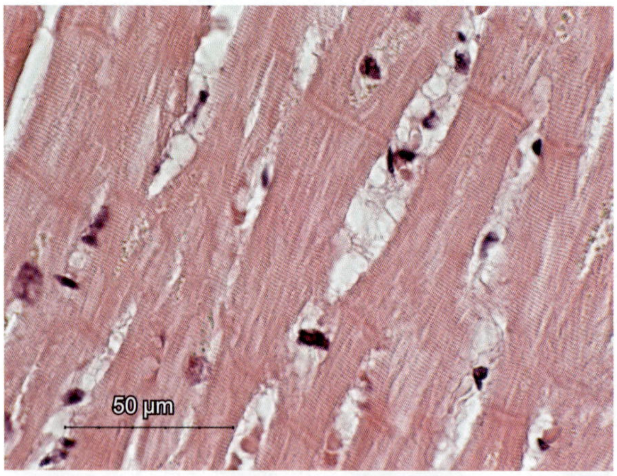

图 25.7　出血性休克的带状病变

带状病变表现为在心肌闰盘部位的一个超收缩区域。在出血性休克后的实验犬以及人身上都有观察到这类病变，而这些变化被认为在低血容量休克中普遍存在，甚至是其特征性病理改变。通过诱导休克，实验动物在休克发生后 15 min 即可观察到带状病变。儿茶酚胺也被认为在带状病变的发生发展过程中起到了关键作用[42, 43]。

心肌纤维断裂实际上总是（至少在某种程度上）存在于正常成人心脏中，且左心室壁中更常见[44]。尽管心肌纤维断裂通常与死后变化有关，但也被证实常见于心脏性猝死个体的心肌样本中。早期心肌损伤可能增加心肌的脆性，导致在固定以及切割后心肌纤维断裂现象的增加。然而，这一现象并不能作为心肌损伤的阳性标志（图 25.8）。

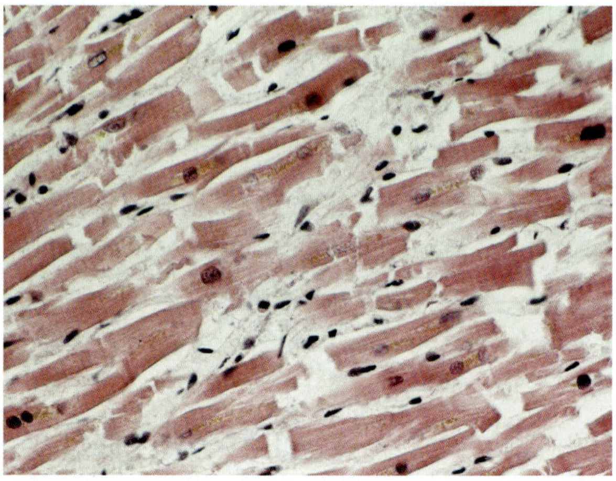

图 25.8　心肌纤维断裂（苏木精-伊红染色，放大倍数 ×500）

波浪状肌纤维最早由 Glogner 提出，他在一些脚气病患者的心脏和骨骼肌中发现了螺旋状的肌纤维[45]。类似的波浪样斑片状心肌纤维形变在心肌脂肪变性以及早期和晚期心肌梗死中均可见到，在心脏性死亡和非心脏性死亡患者的右心室壁则更常见。然而，这种病变对死亡原因的诊断并无明显意义，它仅仅提示此处为濒死损伤[46]。

晚期改变

晚期梗死是指在梗死发生 18～24 h 以后，此时梗死的大体改变已经很明显，因此组织学检查只是一个辅助确认的流程。即便到了这个阶段，梗死的组织学征象也仍然存在非常大的差异，特别是在细胞浸润这一方面。肌纤维在梗死的晚期呈进行性变性，这一现象容易在心肌组织的纵切面上观察到。与此同时，嗜酸性粒细胞嗜酸性增强，直至细胞内部结构瓦解。随后，心肌细胞水肿消退，取而代之的是肌纤维间水肿，从而导致肌纤维分离。由于心肌纤维皱缩、断裂，分离现象变得更加明显。

尽管核缺失并不是梗死的一个早期征象，但在梗死的第 2～4 天，心肌细胞核会变空、变暗，最终呈幽灵样消失。但值得注意的是，有时在完全坏死的梗死灶中仍然可以看到残存的细胞核。细胞浸润程度不一，有时甚至根本不发生细胞浸润，这也与大多数教科书中的既定描述存在出入。然而，一般来说，大多数梗死灶在最初几天有中性粒细胞浸润，随着病程进展而逐渐消退，并大约 1 周的时间内被单核细胞反应所取代。这一过程主要包括巨噬细胞清除坏死的心肌细胞碎片及成纤维细胞在修复过程中形成新的胶原蛋白。

到第 1 周结束时，肌纤维已经开始分解，新的毛细血管和成纤维细胞开始出现。诚然，这些改变的发生时间并非绝对。一般来说，梗死的实际发生时间要比大多数检查者所推测的要早，所以梗死的发生时间通常是被低估了。到第 4 周时，早期纤维化已经很明显，但仍有坏死的、尚未完全修复的肌肉陷窝，这些病灶的愈合速度缓慢且不均，主要受梗死面积的影响。也正是从这个时间点开始，梗死灶内细胞群发生动态变化，即白细胞数量锐减，从而为成纤维细胞、巨噬细胞和新生血管的出现提供足够的空间。

心肌梗死发生后的短短数周内要准确推断其发生时间不是不可能，但的确很困难，而且有时候同一梗死灶的不同部位可能表现出截然不同的改变。当所有病变部位经过足够长时间的演变后，都处在纤维化形成的末期，我们才能推测此时距离梗死的发生可能至少已经过去了 3 个月。尽管如此，这种推测的准确性仍然取决于梗死灶的大小以及其他尚无法估量的因素，如年龄和其他伴随疾病等。

组织化学法

在苏木精-伊红染色中，嗜酸性粒细胞增多是细胞损伤的一种早期表现形式，这可能是胞质蛋白与嗜酸性粒细胞结合增加导致的。在染色常用的 pH 下，伊红带负电荷。当多肽链变性后，更多带正电荷的反应位点得以暴露，增加了其与伊红结合的可能性。胞质嗜碱性的丧失通常反映了多核糖体从粗面内质网的脱离与分散，亦被认为是嗜酸性粒细胞增多的一个原因。

增多的嗜酸性粒细胞有时均匀地分布在病灶内，但常呈片状集中于损伤严重的区域。这一现象可以在苏木精-伊红染色的冷冻切片中更早且更清楚地被看到，还可通过放置绿色滤光片来增强对比度。片状的深染结构可在各种原因的死亡病例中被观察到，因此其诊断价值有限。必须注意排除组织切片在制片过程中人为造成的部分区域增厚，因为这样的组织切片细胞量更丰富，所以看起来粉红色更明显一些。这些早期变化在梗死发生后（推测时间点）的最初 8～12 h 通常是观察不到的。

酸性品红（acid fuchsin，AF）原先被认为在人体或动物实验中有助于证实早期心肌梗死，但随后发现各研究结果并不一致，因此该观点具有误导性。

也有研究称，苏木精 / 碱性品红 / 苦柠檬酸染色（haematoxylin/basic fuchsin/picric acid stain，HBFP）可显示早期心肌缺血，且不受死后自溶的影响。在单个悬浮心肌细胞完全缺氧的实验中，不同损伤程度的心肌细胞在悬液中呈现不同的形态，碱性品红被那些呈不规则收缩状的受损心肌细胞吸收，但不被未受损或坏死的心肌细胞吸收。然而，在第一批有希望的研究报告之后，矛盾的实验结果逐渐增多。该方法已被证实会产生前后矛盾的实验结果，因此被认为是不可靠和非特异性的，对诊断没有价值[47-49]。

荧光法

荧光法已应用于动物实验和人类心脏中以显示早期心肌梗死和心肌退行性变。主要通过两种手段实现这一目的：一种是使用荧光染料，如吖啶橙，对不固定的冷冻切片或石蜡切片进行染色；另一种是利用伊红的荧光特性对心肌组织进行苏木精-伊红染色。静脉或腹腔注射四环素也被用于心肌梗死实验中显示心肌灌注区。Carle 认为，只有高嗜酸性细胞会自发荧光，但 Badir

和 Knight 发现，嗜酸染色正常的心肌组织在紫外线下也会发出黄色荧光，而这一点已经被 Saukko 和 Knight 证实（图 25.9）[50-52]。

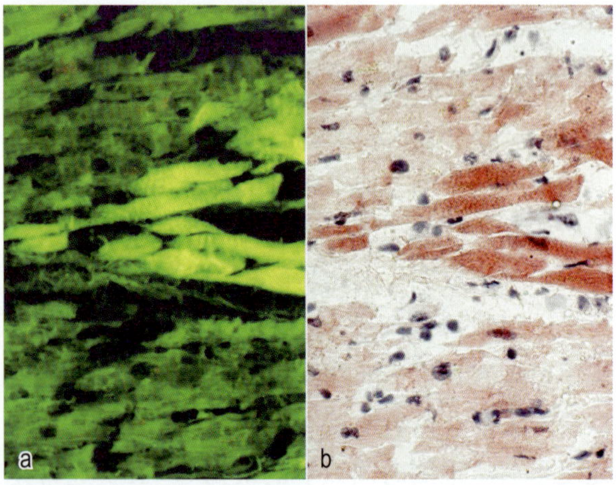

图 25.9　新鲜心肌梗死中受损心肌纤维呈现的亮黄色伊红荧光（a）与苏木精-伊红染色冰冻切片（b）中所见的嗜酸性增高完全对应

吖啶橙染色的完整心肌冰冻切片显示金棕色荧光，并随着缺血时间的增加而变成绿色荧光。石蜡包埋的正常心肌组织伊红荧光显示橄榄绿荧光，而在受损组织中变成黄色荧光。死后自溶似乎对荧光没有任何显著影响，但高百分比的假阳性率至少表明，伊红荧光明显是一种过于敏感的损伤标志，能够显示濒死期缺血改变。

所有经典组织化学染色法的一个主要共同障碍是人们对这些显色反应的基础知之甚少。考虑到可能的法律影响，将这些诊断方法应用于法医学实际工作是不可取的，因为它们的诊断意义至少在现阶段来说是值得怀疑的，而且人们甚至不确定这些方法实际测量的到底是什么。

酶组织化学法

通过以四氮唑蓝作为氢的受体，Rutenburg 等在各物种心肌组织中发现了大量的琥珀酸脱氢酶。自此，该方法也被广泛应用于尸检中，琥珀酸脱氢酶失活得以在梗死的人心肌组织中观察到[53]。酶组织化学法很快广泛应用于动物实验，也在尸检中用于诊断早期心肌梗死。酶组织化学法主要通过在含有或不含外源底物和辅酶的四唑盐培养基中培养厚的心肌切片（宏观方法）或在显微镜下观察的冷冻切片染色（微观方法）来检测各种氧化酶（图 25.10～图 25.14）。一般认为，酶组织化学法可能是特定酶类真实生化活性的半定量指标。因此，与之前讨论的传统组织化学法相比，酶组织化学法可能是一种更加科学、可靠的心肌代谢与损伤的生化指标。回顾以往所有研究可以发现，不同作者或不同实验室之间的结果有很大的差异，这表明酶组织化学法结果的解读并没有那么简单。Hiltunen 等评估了作者（PS）

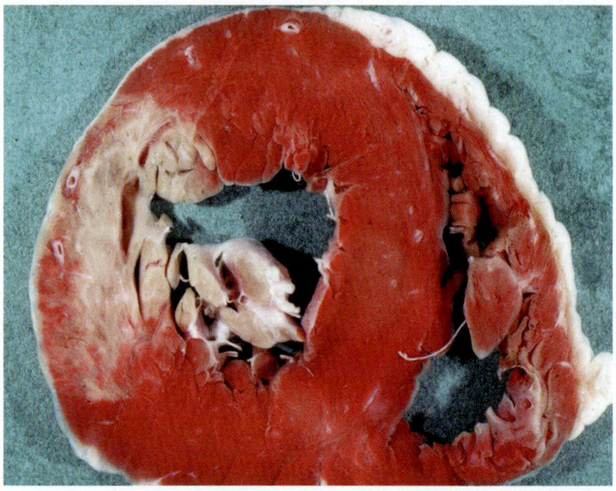

图 25.10　左心室侧壁梗死 5～10 h。用三苯基四唑氯化铵对心脏切片进行染色，可使梗死灶清晰可见。三酚基四唑氯化铵通过组织脱氢酶的活性将正常心肌染成红色，而梗死灶不着色。尽管部分心外膜下心肌纤维仍存活，但梗死范围几乎跨越整个心室壁（透壁性）。位于冠状动脉分支远端的乳头肌尤其容易发生梗死

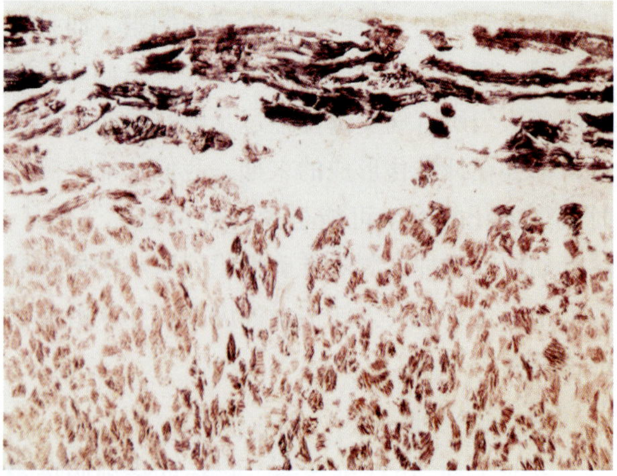

图 25.11　早期心肌损伤的酶组织化学法染色。这张显微照片显示邻近心内膜的肌纤维中有强烈的琥珀酸脱氢酶反应，而其他部位反应相对减弱，提示其他部位存在早期损伤（放大倍数 ×100）

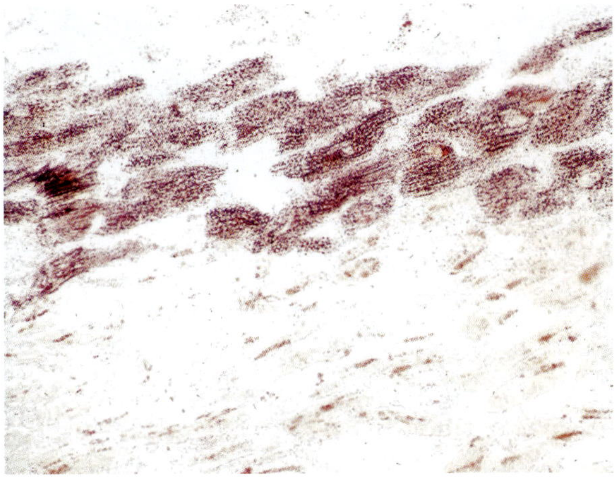

图 25.12　β-羟丁酸脱氢酶染色的新鲜心肌梗死灶，显示大血管（照片上半部分空白区域）附近的心肌纤维呈阳性反应。图片下半部分显示梗死的肌纤维和一些脂褐素，但没有酶反应（放大倍数 ×160）

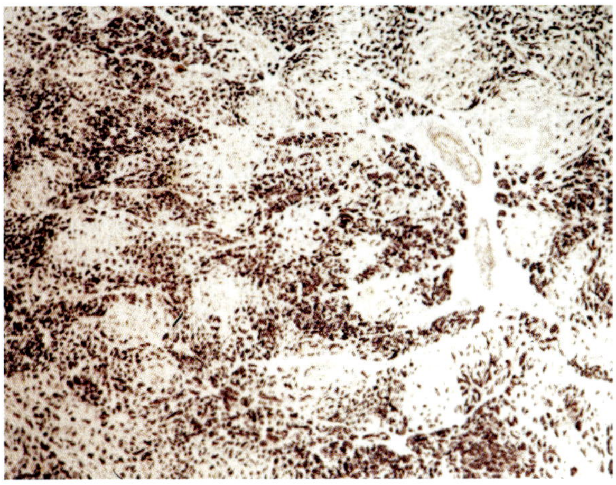

图 25.14　提示早期损伤的苹果酸脱氢酶反应斑片状缺失。事实上，这类损伤是由呼吸治疗和心脏起搏引起人为的濒死期延长所致。这种损伤在苏木精-伊红染色中同样明显，这也强调了在使用更敏感的方法时用常规方法对照染色的必要性

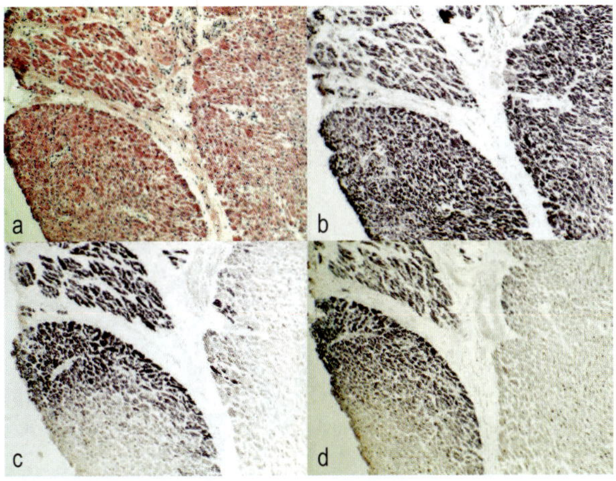

图 25.13　心肌损伤的大小取决于显示心肌损伤的方法。这是采用 4 种不同染色方式的尸检心脏样本连续切片。苏木精-伊红染色冷冻切片（a）未发现任何损伤，而提示苹果酸脱氢酶活性的相邻切片（b）染色反应强烈且均匀。切片（c）为琥珀酸脱氢酶染色，显示了几乎整张切片不同程度的酶失活。右侧 β-羟基丁酸脱氢酶活性染色的（d）切片显示了略大的损伤区域（放大倍数 ×100）

在尸检样本中使用的酶组织化学方法，他们在全身缺血的动物模型中比较了酶组织化学反应与酶的实际生化活性[46, 54]。他们的研究结果指出，尽管酶组织化学法被冠以“酶”的名字，但酶组织化学反应性并不一定与酶的实际生化活性相关。这一结果表明可能存在其他因素，如辅酶系统或组织化学反应的其他辅助因素，起到了酶反应的限速作用。因此，与传统组织化学类似，酶组织化学方法存在这样的困境——除非任何特定酶组织化学法的生化基础被彻底理解，否则将其用于法医学实际工作是不可靠的。

免疫组织化学法

随着免疫组织化学技术的进步及其在临床病理实际应用中所取得的良好效果，加上新抗体的层出不穷，越来越多的文献利用动物模型或人体尸检样本报道了早期心肌损伤的潜在分子标志物。而且已有研究证实，缺血对心肌的细胞膜、收缩蛋白、细胞骨架和亚细胞器的损害相对较快，因此，寻找更优诊断方法的主要思路便是将目标对准心肌纤维的各个组分，如基底膜（Ⅳ型胶原纤维、纤维连接蛋白、层粘连蛋白）、细胞骨架蛋白（肌动蛋白、肌间线蛋白、α-微管蛋白、β-微管蛋白）、细胞基质焦点黏附分子（纽蛋白、踝蛋白）、膜相关蛋白（肌营养蛋白、血影蛋白）、末端补体复合物（C5b-9）和脂肪酸结合蛋白质（fatty acid-binding protein，FABP）等。尽管已有大量的研究在该领域展开探索，但由于样本以及研究设计上的不足，各研究结果十分矛盾，难以评估免疫组织化学法的实用性。

尽管人们对心肌损伤的病理生理学有了更深入的了解，但其作为死亡原因的诊断意义——不

论通过何种方式检见心肌损伤，或肉眼直视或传统镜下检查或应用更加复杂的染色技术，并不一定能证明该损伤正是死亡的原因，除非已经排除了其他死亡原因的可能性——这一实际问题并没有得到改变。经验法则是，使用越敏感的方法，就越有可能无法将生前变化与濒死期和自溶性变化区别开[55]。

心肌梗死的并发症

心脏破裂

心脏破裂是造成心包积血和心包压塞的最常见原因，而破裂总是在梗死基础上发生的。在心脏收缩期，软化、坏死的心肌因心室血液的内部压力而移动，此时心肌的外部压力没有发生与之抗衡的升高。高血压会增加梗死心肌破裂的风险，但更关键的因素是心肌自身衰老或软化。也正因为如此，老年女性是心脏破裂的高危人群。但在年轻男性中更常见的是广泛的透壁性心肌梗死。最常见的破裂部位是左心室游离壁的远端。室间隔偶尔也会破裂并随之引起左右心室血液分流。这类患者如存活下来，在临床上能听诊到经典的病理性心脏杂音。

破裂不会发生在新发梗死的早期阶段，而通常发生在梗死后 1～2 天，此时坏死性软化灶已经完全形成。血液通常借由肌束之间的迂回通道流向心包腔，而不是直接从心室壁上的瘘管破溃入心包腔。破裂部位的梗死灶可能不是特别明显，这是因为出血斑块可能会将其掩盖，但在镜下仍可以看到破口及其周边部位的心肌组织已经坏死。

心包积血是尸检时发现的病理状态，不完全等同于心包压塞的概念。心包压塞是由于血液在封闭的心包腔内逐渐积聚而引起的一种临床状态。随着外部压力的上升，心脏在舒张期不能完全扩张以使大静脉充盈。随着心输入量的减少，每搏输出量也减少。静脉回流受阻，并导致面部和颈部充血、发绀，直至发生死亡（图 25.15，图 25.16）。

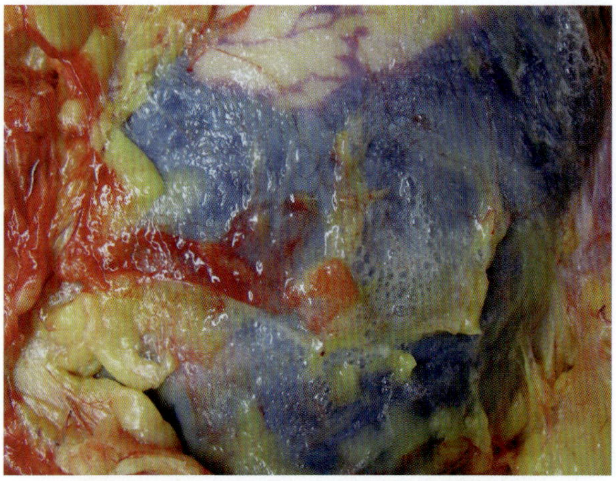

图 25.15　心包压塞时心包腔中的血液闪烁可见

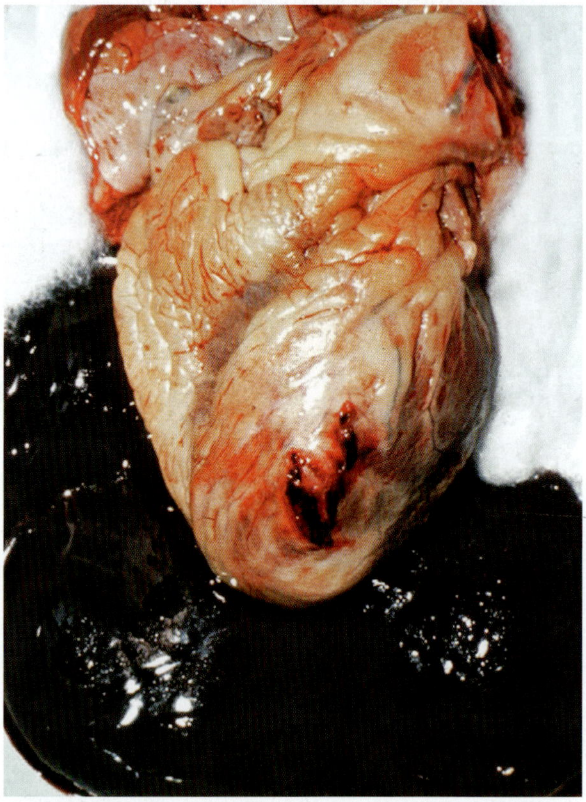

图 25.16　由左心室前壁梗死灶破裂导致的心包积血。巨大的血凝块造成了心包压塞并引起了死亡

附壁血栓

当梗死发生在左心室心内膜时，将几乎不可避免地发生附壁血栓。虽然此时在心内膜下通常会快速生长一层薄薄的活细胞（虽然是病态的），但它们似乎并不能阻止血小板和纤维蛋白的沉积（图 25.17）。

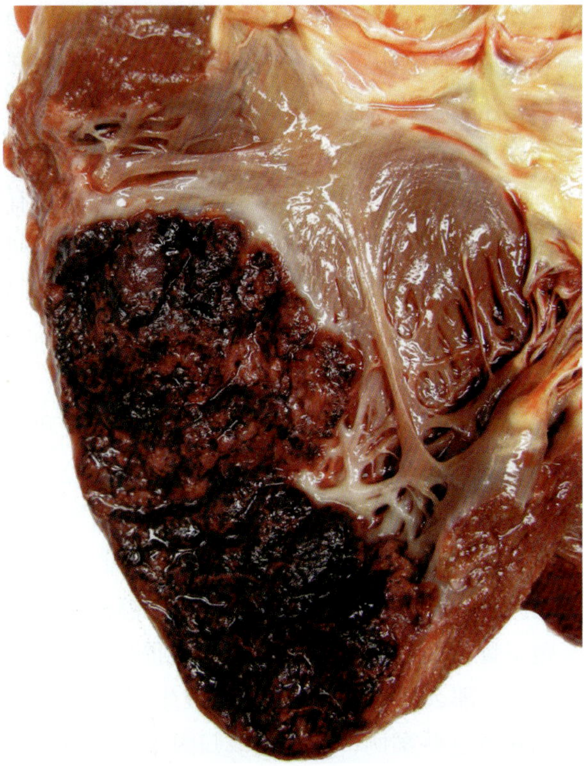

图 25.17　大面积的室间隔前侧梗死伴附壁血栓形成

血栓常缠绕在心室远端的肉柱之间，从而助于其黏附。当血栓广泛存在时，可能会填满整个心室的顶端区域。离心内膜最近的血栓自然是较早形成的，经常可以看到明显的分层（Zahn 线）。表面的血栓是最新形成的，其排列较紊乱且易碎，因此这部分血栓的碎片容易脱落形成栓子，并进入动脉循环，可引起肾脏、大脑、脾脏甚至心肌本身的梗死。

心包炎

心包炎的发生与全层（透壁性）心肌梗死有关，也是西方国家中引起心包炎最常见的原因。心包膜脏层呈紫红色是因为其下的心肌梗死部位表面有血管红晕。颗粒状的纤维蛋白沉积使其表面失去光泽，而丝线状的纤维蛋白可将心包膜的脏层与壁层连接起来。炎症愈合后，可能会形成纤维性粘连，导致部分甚至全部心包腔隙消失。

心肌纤维化

心肌纤维化在前面已经提及——由于心肌组织无法新生，愈合的梗死灶被致密的胶原蛋白所取代。大的梗死愈合斑块可出现在左心室的任何部位，这取决于所闭塞的是哪一段血管。发生在左心室前外侧壁的纤维化常见，但室间隔以及左心室后壁则更常见。纤维化斑块通常呈多发、不规则状、散在分布于整个心室壁上（图 25.18）。

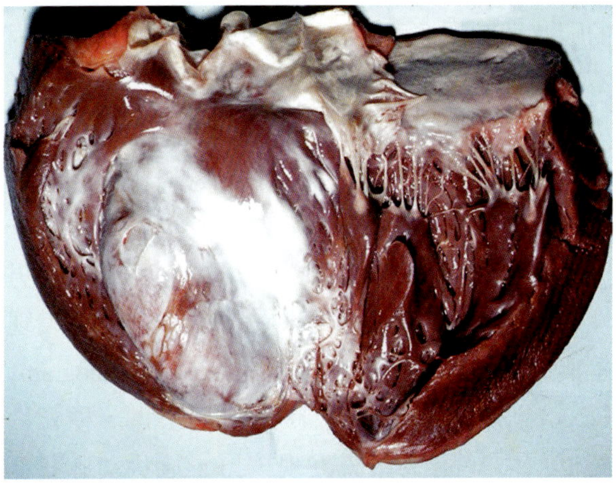

图 25.18　广泛的心肌纤维化占据了室间隔和心尖，并伴有左冠状动脉前降支的严重闭塞。在心尖附近，所有的心肌都已被瘢痕组织所取代。这种类型的病变极易导致猝死，以及临床上明显的心律失常，这是因为此处室间隔纤维化侵袭了心脏传导系统的左束支

根据 Linzbach 和 Akuamoa-Boateng 等主导的一项囊括了 7 200 多例的大型尸检样本研究，弥漫性纤维化虽然常见于老年人群，但它并不是一种纯粹的衰老指征。它通常是由冠状动脉的循环问题引起，或由既往的炎症反应过程导致[56]。

室壁瘤

心脏室壁瘤主要发生在一个被大面积纤维化所取代的透壁性心肌梗死部位，通常是左心室游离壁的远端。在收缩期，心腔内血液向无支撑区域心肌释放压力，并逐渐使将其突入心包腔形成疝样结构。室壁瘤发生后可能会发生各种变化，包括室壁钙化、心包粘连或附满血栓。瘤壁坚韧而富含纤维，虽然缺乏弹性，但几乎不会破裂——这又与病理教科书中的一些论述相矛盾。

冠状动脉灌注不足相关死因

即使采用了最先进的检测技术，大多数因冠

状动脉灌注不足而猝死的人死后并不能检见心肌梗死。甚至于，绝大多数也可能不存在冠状动脉血栓，尽管按照定义来说，严重的冠状动脉狭窄是应该存在的。

根据目前的认知，除非能找到一些引发栓塞的原因，否则那些罕见的仅伴有中度甚至极轻微的冠状动脉粥样斑块的心肌梗死不得不归入死因不明的范畴。尽管临床医生在对这种情况的患者进行心导管检查或心脏手术时，肯定会看到冠状动脉痉挛，但很明显的是，在尸检时将这种情况作为形态学诊断依据是经不起质疑的。

El-Maraghi 和 Sealye 报告了一名 25 岁的男性运动员，入院后第 4 天即表现出胸痛，并发现了典型的下壁心肌梗死心电图（electrocardiogram，ECG）波形，并于住院 15 个月后去世。梗死后第 12 周，心导管检查发现该男子冠状动脉各部位均正常。一年后，他出现一过性胸痛，在随后的一天突然晕倒，并最终死亡。死后 16 h 的血管造影显示，左前降支（left anterior descending branch，LAD）中间 1/3 段呈圆柱形狭窄，而右冠状动脉（right coronary artery，RCA）中间 1/3 段有明显的节段性不规则狭窄。尸检时发现皱褶的右冠状动脉内膜上存在广泛纵向排列的环状隆起，与死后影像学表现相对应[57]。由于对复发性心肌梗死缺乏其他更好的解释，作者们认为这些发现支持了冠状动脉痉挛假说。Roberts 等在尸检时发现，3 例 Prinzmetal's 心绞痛（变异型心绞痛）患者的冠状动脉主干部分有相当大的固定后狭窄，而这些患者在生前都有严重的冠状动脉痉挛现象[58]。他们还发现，尸检时观察到的狭窄是由动脉粥样硬化斑块造成的固定后狭窄以及痉挛产生的狭窄共同产生的结果。

内膜弹力纤维层的折叠程度被认为可以反映正常动脉的收缩与舒张状态[59]。基于这一观点，Mortensen 等比较了 24 名猝死的冠心病（coronary artery heart disease，CHD）死者（冠心病组）和 24 名因非冠心病原因突然死亡的死者（对照组）之间心外膜冠状动脉内膜弹力纤维层的折叠程度[60]。他们发现，冠心病组的右冠状动脉远端内膜弹力纤维层折叠的平均百分比明显高于对照组，而在其余冠状动脉分支中则没有发现这种差异。也有研究指出，冠状动脉中膜平滑肌收缩带可能是生前冠状动脉痉挛的死后标志物[61]。

在大多数突然的冠状动脉病变死亡的尸检中，通常可检见严重而长期的冠状动脉狭窄，有时因斑块破裂或内膜下出血而出现完全闭塞。同时，也常常会有部分血栓形成，即斑块或狭窄部位形成附壁血栓，进一步缩小管腔，但又并不完全使其闭塞。

在许多这样的病例中，常常可发现宏观和微观的心肌纤维化证据，包括局灶性梗死部位愈合后形成的大块瘢痕组织，以及广泛的弥漫性纤维化。在心内膜下和乳头肌中也可能有纤维化现象。然而，在许多猝死病例中，并没有足够的肉眼甚至镜下证据表明冠状动脉系统或心肌存在任何新发病变，那么这些个体为什么会发生死亡呢？

对于这些案例，死亡应该归因于心脏节律问题，而不是心肌机械泵功能的丧失。心肌，尤其是起搏和传导系统，很容易受到缺血和缺氧的影响。这可能引起心脏节律紊乱，包括异位心搏、心房颤动、心室颤动甚至心脏停搏，还有心脏传导阻滞以及其他各种原因引起的缺血性心脏病的许多临床表现。此外，许多死者同时也是高血压患者，左心室肥大加剧了相对性冠状动脉灌注不足。任何心脏重量超过 450 g 的人都有可能发生猝死，无论是否有冠状动脉狭窄[62]。在没有大面积梗死的情况下，这种猝死的机制似乎是慢性缺氧引起的电解质紊乱，因此突然的应激（如运动或情绪激动）也会诱发上述心律失常。但值得一提的是，即便没有这些因素的影响，有些个体在睡着或休息时也仍然会发生死亡。众所周知，心肌对儿茶酚胺敏感，是一种对肾上腺素的内在生理反应。经胃肠外给予过量的儿茶酚胺可引起心律失常，甚至对肌纤维产生收缩带损伤。而其他药物，如有机溶剂，甚至可以增加心肌对生理剂量去甲肾上腺素的敏感性，并导致心室颤动和猝死。

那些心肌纤维化的患者可能会有阻断传导系统的额外风险，从而导致一定程度的心脏传导阻滞或收缩冲动传播障碍，使个体更容易发生心律失常和心脏停搏。这种情况特别容易发生在室间隔被巨大纤维斑块占据时，因为传导系统左束支穿透此处并支配心尖区，其正常功能可能会因密集的纤维化而完全丧失。

如果有新发冠状动脉血栓形成但没有出现梗死灶，这可能意味着尚未经过足够的时间以使其显现。当然，心脏泵血效率仍会因此受到影响，而且心脏电解质紊乱的风险也已经悄然上涨，所以前面提到的所有问题都存在于这类病例中。没有出现梗死的另一个原因可能是存在足够的侧支循环，尽管避免了心肌坏死的发生，但新发冠状动脉闭塞也能进一步加重心肌的缺血和缺氧状态，并引起心脏电解质紊乱的所有潜在后果。

如果有梗死，那么同样存在上述所有的危险。除此以外，心肌机械泵功能的丧失也会产生一定的影响。在大面积梗死的情况下，其影响甚至可能波及整个心脏输出量的很大一部分，从而导致明显的低输出量性心力衰竭。而在此期间，猝死可能随时发生。此外，心肌梗死并发症的风险（如破裂和栓塞）始终存在。

传导系统在心脏猝死中的作用正引起越来越多的关注，特别是随着新的组织学和免疫组织化学技术的出现。Song 等描述的一种改良的心脏传导系统取样技术，通过纵向切面制片，这种方法在减少工作量的同时还可观察心脏传导组织的不同组成部分之间的连续性[63]。这种方法仅通过 4～5 块组织蜡块即可显示窦房结（sinoatrial node，SAN）、房室结（atrioventricular node，AVN）和希氏束（His bundle）的远端部分以及心脏传导系统的各束支。尽管可以识别大量的异常组织学形态，但通常很难，甚至不可能将形态与功能联系起来。不论在房室结还是在窦房结，抑或是在希氏束及其分支，纤维化或其他病变的出现并不一定意味着该病变在死亡中起了作用。而且有研究已证明，随着年龄的增长，传导系统也会发生重塑——许多明显非心脏疾病原因的死者，在尸检时可检见传导系统的病变[64, 65]。不管怎样，现在积累的传导系统相关新知识可能对调查心脏性猝死很有帮助。其中原因显而易见，有相当一部分死亡事件，其冠状动脉和心肌组织均未检见急性病变，其死亡原因可能是由于心律失常和心脏停搏造成的，其中起搏冲动的传导异常可能是重要原因。James 认为，在那些由完全心脏传导阻滞或各种心律失常逐渐进展而来的猝死中，细胞凋亡，即程序性细胞死亡，可能是引起其传导系统组织学形态异常的一种合理解释[66-68]。

高血压可能以多种方式引起个体死亡，如肾衰竭、动脉瘤破裂或脑出血。但在此，我们仅关注一个较为常见的高血压相关死因，即原发性心力衰竭[69]。心源性哮喘或阵发性夜间呼吸困难的临床表现是由高血压性左心室衰竭相关肺部水肿造成的，而这种形式的水肿同样也是致命的高血压心脏病的一个标志性尸检征象。

由于高血压和冠状动脉粥样硬化之间存在着病因学上的联系，这两种疾病往往同时出现于猝死个体，因此很难明确这两种疾病各自对心肌的影响。然而，在没有并发冠状动脉疾病的情况下，“单纯”因高血压心脏病导致的死亡则可以确定其心肌影响。当左心室被迫在全身动脉压力较高的情况下工作时，心肌纤维会变得肥大。这些心肌纤维的数量可能不会增加，但它们的长度以及厚度肯定增加了，常伴随有增大的、不规则的细胞核。这种因心肌纤维增大而导致的左心室质量增加，即众所周知的高血压相关向心性肥厚（图 25.19，图 25.32，图 25.33）[62, 70]。

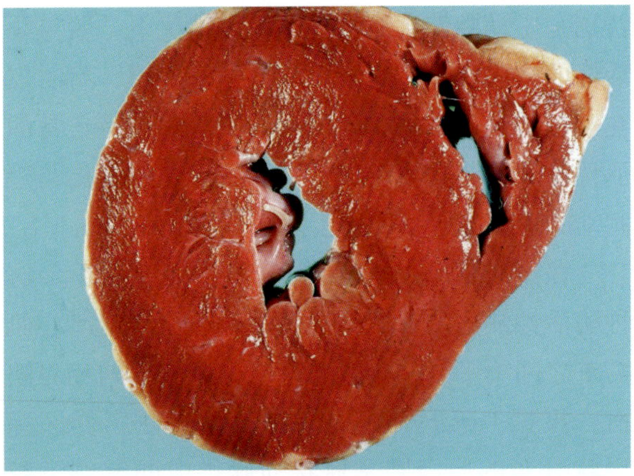

图 25.19　高血压相关心脏肥大患者的左心室向心性肥厚。该组织切片用氯化三苯四氮唑染色，以显示脱氢酶的活性；在一些斑驳的区域，特别是室间隔中，显示出苍白的颜色，这是由于心肌纤维质量增加引起相对心肌缺血而导致的酶活性降低

如果把 360～380 g 作为普通体型男性的心脏重量上限，那么在高血压疾病患者中则可能会出现重量为 500～700 g 的心脏。大于这个重量的心脏通常也可由其他原因引起，如瓣膜病或心肌病。有些人会认为高血压并不会导致猝死，但大多数法医病理学家都会对此持坚定的反对意见，因为他们都实施过许多找不到其他合理死因的此类尸检。左心室的最终衰竭略早于右心室停搏，因此肺动脉压力迅速上升，从而导致组织液从肺泡膜渗出。而这一病理生理变化在尸检中的通常表现是从肺部切面自由流淌出来的大量肺水肿液体。

猝死个体的生前病史资料往往不多，且不一定存在高血压的证据。倘若在没有瓣膜病或心肌病的情况下出现向心性肥厚，加之其他血管和器官（如肾脏）的特征性病理改变，则可认为是血压升高的有力证据。有时，心脏重量可能处于正常值范围内，却表现有相对的左心室增厚，这亦可表明生前存在高血压。在老年人的心脏中，理应出现的心脏萎缩（伴随表面血管迂回）可能会被左心室肥大所掩盖，从而使心脏维持正常重量。

本书作者（BK）在 1973 年发表的调查报告佐证了高血压心脏病是一种特殊的疾病。在这项调查中，作者指出在肥厚的左心室壁内侧部分存在严重的酶缺陷[71]。这种病变不是高血压所特有的，凡可引起左心室增大的疾病皆有此表现，特别是主动脉瓣疾病。在严重的情况下，脱氢酶活性的缺陷几乎从心内膜延伸到心外膜，有时仅在一个狭窄区域心肌组织内的脱氢酶维持正常的活性。从某些角度来讲，这种酶活性的缺失与冠状动脉疾病的层状梗死相似。

在纯粹的高血压以及主动脉瓣疾病中，这种酶活性缺失的原因是冠状动脉供血与增厚心肌需求之间不平衡，导致心室壁内侧部分的相对缺血。根据 Farrer-Brown 的图示，这种病变区呈层状分布的原因则是冠状动脉供应的解剖学特点[72, 73]。心室壁的不同层面分布有不同的动脉模式。心内膜下区由具有许多分支的动脉供应，以提供大量的、集中的血液供应。除此以外，另一组血管则直接穿过心室壁，没有分支。当然，所有的冠状动脉供应均来自心外膜表面。这组血管为乳头肌和心肌小梁供血，而第三组常平行于心外膜下方的周向走行，随后向外和向内发出分支。

Farrer-Brown 发现，这些血管的末端存在两级分化，一级是动脉，而其下一级则是毛细血管。心内膜下区树状分支的方向继续沿着上一级冠状动脉的主要路线。这些分支所供应的心肌面积很小。这与心室壁中层的血管分布形成鲜明对比，这层的血管分支与上一级冠状动脉走行形成一定的夹角，随后分叉供应更广泛的心肌区域，包括那些由心内膜下区末端分支供应的心肌区域。这些解剖学上的差异表明，中层的各血管要比其他层的血管供应更大的心肌范围。这可能很好地解释了这个中心区更容易受到缺氧变化的影响，表现为酶活性降低和层状坏死。在实际案例中，除了紧邻心内膜的心肌层外，更靠内的心肌层也会受到影响，但心外膜下的浅表心肌层几乎不受影响。在高血压心脏病中，心肌受损的原理与主动脉瓣狭窄一样，似乎是相对的冠状动脉灌注不足。而在单纯的冠状动脉疾病中，心肌受损的原理则是部分正常大小的心肌因冠状动脉狭窄或闭塞导致局部血流减少而缺血，由此产生的局灶性坏死部位因血管阻塞的位置而异。

在高血压心脏病中，正常的冠状动脉试图供应更大范围的心肌群，因此，在供需之间也存在着同样的不平衡。然而，由于没有局灶性阻塞，这种情况所产生的病变往往是弥漫性的，而且主要以中层以及内层为损伤最严重的部位。这可能归咎于上述血管的微观解剖学特点。同样的病变也可以在任何非心因性严重持续低血压发作中看到，但大多数时候，这类患者在死亡早期并不会出现层状心肌损伤的形态学证据。

主动脉瓣疾病猝死

与冠状动脉类似，主动脉瓣狭窄（而非关闭不全）也会导致猝死。大多数主动脉瓣病变基本是退行性的，最常见的是特发钙化性主动脉瓣狭窄，这种病变多见于老年男性。风湿性主动脉瓣狭窄总是先影响二尖瓣后影响主动脉瓣，所以单独的主动脉瓣病变不能归咎于风湿，而应当将其视为原发性退行性病变。风湿性瓣膜病越来越少见，一方面是由于风湿热的发病逐渐减少，另一方面则是越来越多的风湿性瓣膜病变在早期阶段，即在明显的心室肥厚及其心肌病变出现之前，就通过手术干预而得到治愈。

在常见的钙化病中，瓣膜常因增厚而变得僵硬，多数情况下还会出现瓣膜连合部位融合。在主动脉瓣叶上以及深部的主动脉窦中还可能出现较大的、不规则的赘生物。在病变的晚期，整个瓣膜可能是一个几乎无法辨认的、白垩质肿块，瓣口宽度几乎不足以容纳一支铅笔。这种类型的瓣膜可能从出生起就是二瓣化畸形，这种情况无疑会促使钙化的发生。然而，许多狭窄的瓣膜看上去像二瓣化畸形，但实际情况并非如此，这可能是由于退行性病变过程破坏抑或抹去了瓣叶之间的连合点而造成的。这通常可以通过以下事实来证明，即仍然可以看到连合点的痕迹，或者两个残存的两片瓣叶大小不等，且两连合点的位置夹角是 120° 而不是 180°。

不管是什么原因造成的主动脉瓣狭窄，都会阻碍左心室的流出道，导致左心室肥大，以便维持相等的射血容积通过较窄的瓣口。此外，如果同时伴有主动脉瓣反流，心肌则必须进一步额外做功，以试图射出反流的血液（图 25.20）。

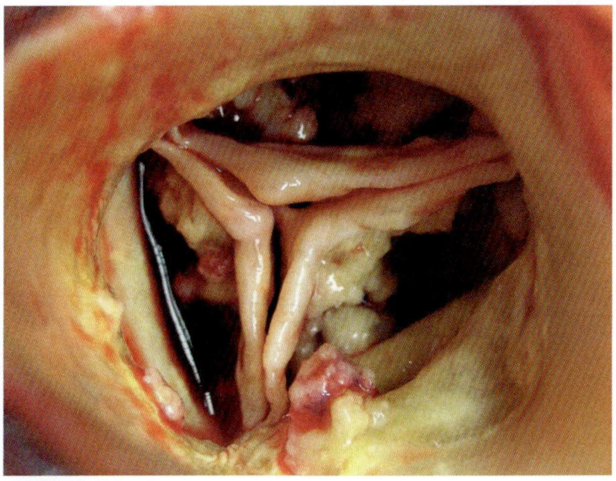

图 25.20　钙化性主动脉瓣狭窄是一个常见的（特别是在老年男性中）猝死原因。通常会伴有明显的左心室肥大，以及大面积（特别是内层）心肌缺血

严重的主动脉瓣狭窄引起猝死的主要原因可能是使左心室增大，这种心腔的尺寸甚至超过了高血压病患者的心脏。一些“最大的”心脏（除了一些心肌病）往往见于主动脉瓣疾病，其重量可达 800 g，在极端情况下甚至达 1 000 g。主动脉瓣狭窄的另一个影响是降低冠状动脉灌注压，如果还伴有反流的话，这种情况就会更糟。因为在收缩期，心脏的收缩阻止了心肌内动脉的血液流动，所以冠状动脉的供血动力来自近端主动脉的舒张压。一个不太常见的影响可能是主动脉窦和主动脉根部的钙化组织使冠状动脉开口变形，导致进入冠状动脉的血液被部分阻挡。增大的心肌质量合并冠状动脉血流减少，往往在伴有冠状动脉粥样硬化的情况下而变得更糟，所以主动脉瓣疾病患者有相当大的死亡风险。老年男性是这类疾病的高发群体。其他心脏瓣膜的病变很少单独导致猝死，但其引起的慢性心功能不全（主要是充血性心力衰竭）有时会突然导致死亡。风湿性二尖瓣狭窄就是这样一种病变，但更直接导致猝死的二尖瓣病变可能是脱垂的瓣膜[74，75]。

心肌病猝死

心肌病是一类异质性较大的，与心脏功能障碍有关的心肌疾病群体。尽管它们的病因各不相同且大多仍未阐明，但它们在病理上有许多共同点值得特别关注。它们是仅次于冠状动脉疾病的第二猝死病因，即占所有心脏性猝死病例的 10% ～15%，因此有必要对它们进行简单介绍，而其详细内容可查阅有关心脏病理学的专业文献与书籍。心肌病最突出的特点是个体可以在没有高血压或瓣膜病变的情况下呈现出一个大的心脏。这类疾病以年轻人居多，这可能是因为在年龄较大的人群中，动脉粥样硬化性冠状动脉疾病和高血压可能与心肌病表型重叠，使心肌病的单独诊断变得十分困难甚至无法做到。唯一的例外是存在明确的心肌病相关组织学证据，或者在没有瓣膜病变的情况下心脏重量过大（超过 700 g）。心肌病是心力衰竭的最常见原因，也是儿童和成人死亡的重要原因之一。根据 1995 年

世界卫生组织 / 国际心脏病学会及联合会心肌病定义和分类工作小组的报告，心肌病被分为以下几种主要类型：扩张型、肥厚型、限制型和致心律失常型右心室心肌病[76]。

扩张型心肌病（dilated cardiomyopathy，DCM）是充血性心力衰竭的最常见原因。根据诊断标准的不同，扩张型心肌病的年发病率为 2/100 000～8/100 000。其中 30%～40% 的扩张型心肌病为家族性扩张型心肌病（familial dilated cardiomyopathy FDCM），但它也可能是特发性的，或由病毒感染、免疫反应或毒性作用（如酒精性扩张型心肌病）导致。特发性扩张型心肌病（idiopathic dilated cardiomyopathy，IDCM）的特点是心室腔扩张和心肌收缩力下降，不伴有冠状动脉、瓣膜或心包疾病。组织学上往往没有特异性表现。然而，在 10% ～34% 的扩张型心肌病患者中发现了病毒基因组。

肥厚型（梗阻性）心肌病的描述最早见于伦敦法医病理学家 Donald Teare 于 1958 年报告的法医尸检案例中[77]。尽管他注意到并描述了室间隔的不对称肥厚，并由此导致室间隔膨出部分阻塞了部分左心室流出道，但这类心肌病主要（75%）是非梗阻性的，因此，肥厚型心肌病是目前使用最多的名称。肥厚型心肌病是一种原发性肌节疾病，以左心室和（或）右心室肥厚为特征，并且在大多数情况下以常染色体遗传为主。肥厚型心肌病是由编码心脏肌节蛋白质的基因突变引起的。

20% ～30% 的肥厚型心肌病是家族性的，这种疾病可能发生在从婴儿到老年的任何年龄，但大多数死亡发生在中年早期。肥厚型心肌病患者的心脏重量可从正常的 400～800 g 到 1 kg。比总重量更惊人的是其肥厚的左心室，如上所述，通常在室间隔近端部位最明显。

组织学上，肥厚型心肌病心肌表现为不规则的增大纤维，伴多形性核改变。室间隔膨出部分曾经被认为是横纹肌瘤或错构瘤，或异常肾上腺素能组织，通常表现为异常的纤维排列模式，如肌纤维层次的丢失，被纵横交错且混乱的肌束所替代（图 25.21）。间质纤维化在肥厚型心肌病中

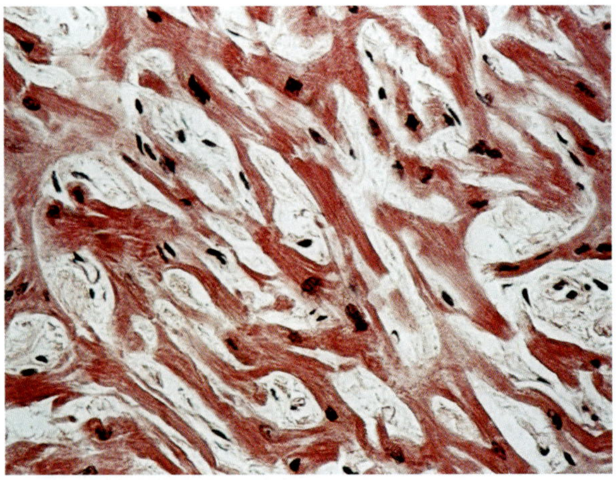

图 25.21　肥厚型心肌病肌纤维紊乱

十分常见，尽管间质细胞数量可能增加，但不存在炎症浸润，类似于活动性心肌炎。

据世界卫生组织的报告，限制型心肌病的特征是在心脏收缩功能和室壁厚度正常或接近正常的情况下，其中一个或两个心室的充盈受限及舒张容量减少，可伴有间质纤维化增加。限制型心肌病可能是特发性的，也可能与其他疾病相关，如心脏淀粉样变、心脏血色素沉着病以及伴或不伴高嗜酸性粒细胞增多的心内膜纤维弹性变性。

致心律失常型右心室心肌病（arrhy-thmogenic right ventricular cardiomyopathy，ARVC）是一种原发性心肌疾病，其特征是渐进性右心室心肌纤维脂肪变性、心律失常和有较高的猝死风险。除了具有可变外显率和多表型的家族性常染色体显性遗传模式外，致心律失常型右心室心肌病还存在两种常染色体隐性遗传模式。

世界卫生组织公布的心肌病分类还包括：

- 特定心肌病——与特定心脏疾病或全身疾病相关，包括缺血性、瓣膜性、高血压性、炎症性、代谢性、全身性（如结缔组织或神经肌肉疾病）。
- 未分类的心肌病——不便归入任何一组，如纤维弹性增生以及单纯性心肌致密化不全（isolated noncompaction of ventricular myocardium，INVM），后者是一种罕见病，其特征是小梁网过度突出，可伴有室性心律失常和全身性栓塞。

心肌炎

许多传染病可引起急性心肌炎，而急性心肌炎可能是导致死亡的直接原因。其中一个最典型的例子是白喉，虽然这实际上不涉及法医学问题。对法医学而言，更重要的是单纯性心肌炎，这种疾病通常是原发性的，且病因不明。它还有许多被人熟知的名称，如 Fiedler 心肌炎或 Saphir 心肌炎。有报道称，单纯性心肌炎在猝死个体中的发病率极高，常被认为是导致司机或飞行员心功能丧失，从而引起道路和空中事故的根本原因[78]。在 30～40 年前，由于组织学诊断标准相当模糊，心肌炎在当时是一种“流行”的法医病理学诊断。随后发现，许多创伤导致死亡的个体心肌中也能检出多发单个核细胞浸润灶，但这类死亡是非常迅速的，因此心功能丧失不可能是事故的原因。

Stevens 和 Ground 在 263 名飞行员中发现了 6 例心肌炎病例，而这些飞行员都未曾受到心脏事件的影响。在此之后，他们还观察了大量其他事故类型的死者，这些个体的疾病显然与创伤无关。他们发现，大约有 5% 的年轻男性存在组织学意义上的心肌炎病变，因此他们认为将心肌炎作为死亡原因是不恰当的[79]。他们所定义的心肌炎组织学诊断标准是，在一个病灶中观察到至少 100 个炎症细胞，或在多个病灶中均观察到至少 50 个炎症细胞。而淋巴细胞群，尤其是心外膜下存在 40 个及以下的炎症细胞则不被纳入。

在澳大利亚，Tongue 等做了类似的研究，但他们在每颗心脏中观察了整个心室横切面多达 18 个部位的切片。他们的结果表明，检查范围越大，在与心脏性猝死现场无关的死亡病例中发现的炎症细胞浸润病灶数量就越多。通过 18 个完整的切片，他们发现 90% 的事故死者都有心肌炎病变，如果检查范围足够大，这一比例可能会达到 100%[80, 81]。

达拉斯标准是由 8 名心脏病理学家提出的，旨在为病理学工作者提供统一且易于应用的标准，以诊断心内膜活检中的心肌炎[82, 83]。根据这一定义，只有当心肌细胞坏死或变性，或两者同时存在，伴有周围炎症浸润时，才能诊断心肌炎。半定量的炎症浸润程度可分为轻度、中度和重度，其分布特征分别为局灶性、融合性和弥漫性。炎症浸润的细胞类型，即淋巴细胞、中性粒细胞、嗜酸性粒细胞或巨细胞，可作为病因的鉴别诊断。Feldman 和 McNamara 认为，达拉斯标准可能低估了心肌炎的真实发生率[84]。

在芬兰，一项研究回顾性收集了 1970～1998 年所有记录在案的以心肌炎为主要死因的死亡证明（n=639）。所有有心脏解剖样本和临床资料的病例（n=142）均纳入了该研究。心脏样本由 3 名经验丰富的病理学家使用达拉斯标准重新独立检查，以确定是否存在心肌炎。该研究结果显示，组织病理学可识别的心肌炎在儿童中较在成人中更常见（分别为 75% 和 28%，P=0.001）。性别、尸检类型（医院完成或法医完成）或尸检日期（1987 年之前或之后）对本研究中达拉斯阳性心肌炎的检出率无影响。在常规尸检中，对心肌炎的过度诊断倾向多见于那些无明显原因的猝死案例[85]。本研究中，基于死亡证明的致死性心肌炎发病率为 0.46 / 10 万，而经组织病理学诊断校正的发病率为 0.15 / 10 万（图 25.22～图 25.24）[86]。

在众多的病原体中，病毒被认为是引起心肌炎的重要原因。聚合酶链反应和原位杂交等分子生物学技术为病毒性心肌炎的诊断提供了新的可

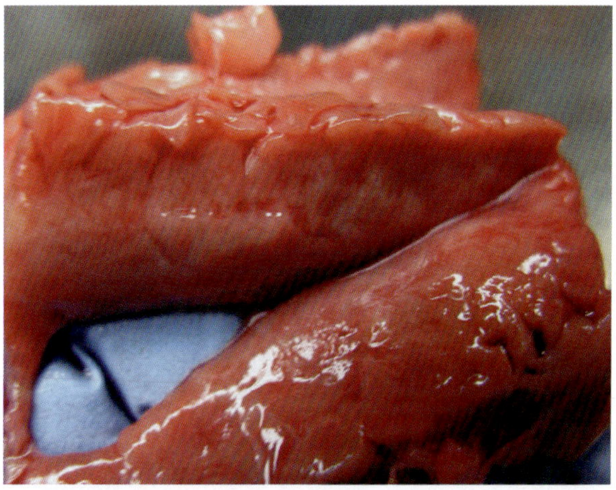

图 25.22 心肌炎必须通过显微镜诊断，但心肌的肉眼观有时也可提示正在进行的病理过程。2 个月大的婴儿因疲劳、饮食不良、呕吐 4 天后突然死亡，心肌切面苍白、斑驳、水肿，镜检显示为心肌炎（图 25.23）

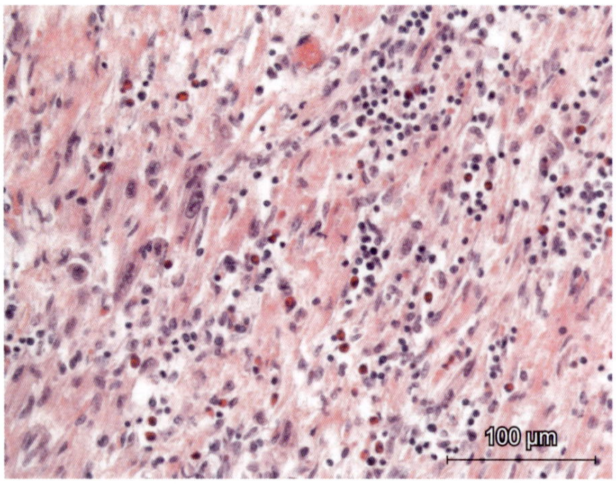

图 25.23　所有左心室壁样本均可检见心肌纤维损伤，伴大量的炎症细胞浸润，这些炎症细胞包括淋巴细胞、巨噬细胞、浆细胞和嗜酸性粒细胞

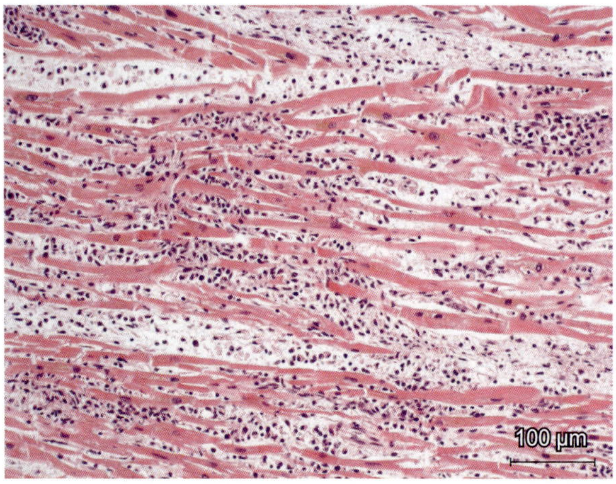

图 25.24　伴有心肌细胞破坏的严重弥漫性淋巴细胞性心肌炎（苏木精-伊红染色，放大倍数 ×10）

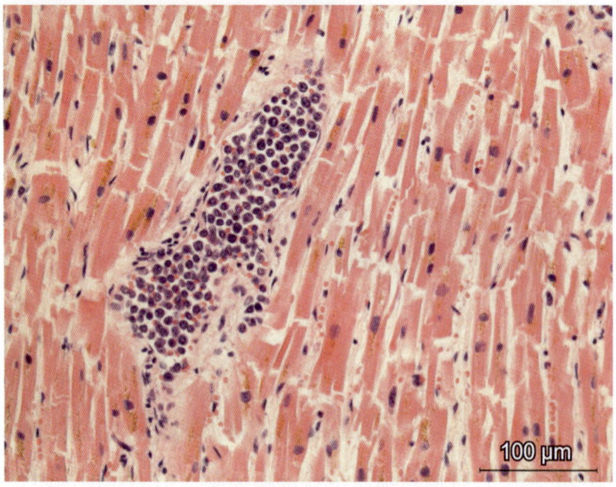

图 25.25　镜下检查偶尔可以显示恶性全身性疾病，如血管内大 B 细胞淋巴瘤。该疾病以大的非典型淋巴细胞浸润为主要表现，可通过免疫组织化学证实为 B 细胞

能，而病毒基因组已在心肌活检和尸检样本中被检测到。然而，有研究提示，这两种方法对病毒的检出率以及所识别的病毒种类均有显著差异。

作者团队曾开展一项围绕致命性心肌炎的研究，该研究纳入了 40 例（男女各 20 名；中位数年龄为 49 岁）符合达拉斯标准的心肌炎患者和 12 例作为对照的意外死亡个体，采用聚合酶链反应和原位杂交法检测心脏样本中的病毒基因组（涵盖有腺病毒、巨细胞病毒、肠道病毒、人类疱疹病毒 6、流感病毒 A 和流感病毒 B、细小病毒 B19 和鼻病毒）。在 17 例（43%）心肌炎患者的心脏中检出有病毒核酸，包括巨细胞病毒（15 例）、细小病毒 B19（4 例）、肠道病毒（1 例）和人类疱疹病毒 6（1 例）。在 4 名心肌炎患者中，除细小病毒 B19 或肠道病毒基因组外，还同时发现了巨细胞病毒 DNA。该研究未在致死性心肌炎患者中检出腺病毒、鼻病毒或流感病毒 DNA。在巨细胞病毒聚合酶链反应阳性患者中，仅有 67% 的个体经原位杂交技术显示心肌细胞中存在病毒 DNA。其中，只有 1 例患者免疫功能低下。而在对照组中，只检测到人类疱疹病毒 6（1 例）和细小病毒 B19（1 例）DNA[86, 87]。

这一结果很好地提醒我们：病毒核酸样本的存在，即聚合酶链反应阳性，并不能证明心肌中有活跃的炎症过程。假设样本没有被污染，而且病毒也没有被血细胞（淋巴细胞）携带，尽管聚合酶链反应阳性结果能表明心脏受到了病毒感染，但还不足以证明发生了心肌炎。而利用原位杂交技术在心肌纤维内进一步定位病毒基因组，以及满足心肌炎的其他形态学诊断标准，两者综合考虑就可以推测病毒感染与心肌炎之间可能的因果关系。

此外，药物可能通过直接毒性作用或免疫介导机制引起心肌炎[88, 89]。

也许，我们可以做出这样的总结：除非发现多处红润病灶，并在必要时借助特殊染色方法检见肌原纤维坏死，否则单纯存在于心肌纤维间质的、不累及心肌纤维的温和单个核细胞浸润灶不应当被认为是心肌炎。心肌纤维的坏死，无论其范围有多局限，是最重要的确定性标准。如果存在冠状动脉狭窄性疾病，那么将很难甚至无法将由此产生的炎症细胞增多、心肌纤维化和心肌纤维坏死与心肌炎的病变区分开来。

如果说有一种心脏疾病在猝死病理中被低估了，那么它一定是心脏结节病。除非对每一例猝死病例进行常规组织学检查，否则心脏结节病以及相当多的心肌淀粉样病变必定会被漏诊，而这些病变需要通过特殊的染色手段以显现[90]。

衰老心肌——老年人死亡

在许多老年个体尸检中，往往无法发现能够明确死因的具体病变。在人口老龄化日益明显的发达国家，解决这一问题也自然成为病理学家更常见的工作任务。在这种情况下，回顾死亡过程就变得特别重要，它可为优先考虑哪些不确定的病变区域来推断死因提供一些线索。例如，如果死者存在中度冠状动脉疾病，那么若他死于突然的呼吸困难或胸痛而非慢性衰竭，则法医病理学家更有理由相信是冠状动脉病变导致的死亡。许多老年人仍然保持有良好的、畅通的冠状动脉，即便在冠状动脉血管壁上可能出现了钙化——如果他们没有这样好的血管，他们可能活不到 88 岁或 95 岁。

如果除了大多数器官存在一般的增龄性萎缩外没有任何尸检发现，同时也无法基于病史对具体的死亡过程进行判断，那么只要法医病理学家能排除任何非自然死亡原因，就可以合理地将死亡归因于老年性心肌退行性变。世界卫生组织颁布的 ICD-10 标准为这种疾病提供了一个代码。尽管如此，许多心脏病理学家似乎不愿承认该疾病的存在，并总是希望找到一些更具体的疾病过程。但本书作者认为，在排除其他原因的情况下，将老年性心肌退行性变作为死因诊断是可以接受的。老年心脏通常很小，但高血压可能使心室在很早以前就增大，使得此类患者老年时的心脏重量可能维持在正常水平。更重要的是心脏外观，老年心脏的表面和肌肉是棕色的，呈松弛和柔软状态。在尸检时，可以毫不费力地用拇指插入心肌中。如果以前没有心肌肥大等病态表现，老年心脏的重量可能下降到 300 g，甚至 250 g。心脏萎缩的一个典型征象是心外膜表面冠状动脉的走行蜿蜒曲折，以前降支最为明显。心肌已经存在萎缩，心尖与心脏基底部相隔较近，因此血管必须皱起以适应缩小的心脏表面空间，从而使血管弯曲更加明显。

显微镜下，老年心肌的心肌纤维大小不一，可能伴有非缺血原因导致的细微弥漫性纤维化及明显的脂褐素团块沉积于心肌细胞核的两极。然而遗憾的是，这些病变特征均缺乏死因诊断的价值，因为那些与此完全不相关的原因（如创伤）所致死亡的老年人也可能存在同样糟糕的心肌病变。

认为老年性心肌退行性变是一个合理死亡原因的理由来自对不同物种寿命的考虑。即使没有特定的致命疾病，每个物种的寿命也相当一致，如人类的寿命为 70～90 岁。没有人能活到 150 岁，所以一定有某些内在的因素限制了寿命的长短。心功能的优劣直接决定了生存期的长短，因此将心脏收缩功能作为影响寿命的主要因素似乎是合理的。所有的组织都会衰老，然而脾脏或拇指的衰老不会像心肌那样能立即影响到生命的维持。

动脉瘤破裂猝死

心血管系统中最常见的心脏自身以外的猝死原因是动脉瘤破裂，且几乎都是主动脉或脑血管破裂。主动脉瘤主要有 3 种类型，且每种类型都能发生灾难性破裂。

动脉粥样硬化性动脉瘤

动脉粥样硬化性动脉瘤是最常见的动脉瘤，主要见于腹主动脉[91]。尽管动脉粥样硬化可影响整个主动脉，但通常出现在横膈膜以下时更严重，可能是因为在这一段血管附近的较大分支产生了显著的血流动力学影响。湍流和“文丘里效应”（Venturi effect）是已知的导致脂肪条纹和动脉粥样硬化斑块局灶性发展的重要机制，因为它们可首先在肋间血管分叉口周围检见，并在髂总动脉的主要分叉处变得更加严重。尽管动脉瘤可以发生在主动脉的任何位置，但大多数都集中在横膈膜以下。然而，除了夹层动脉瘤之外，任何发生在胸腔段的主动脉瘤更有可能是从动脉粥样硬化进展而来，而不是由梅毒导致的，而且梅毒相关主动脉瘤的好发部位实际上仅限于主动脉弓。大多数动脉粥样硬化性动脉瘤呈梭形或囊状，膨隆部分可沿血管长轴呈两侧对称，而一侧突出多于另一侧的情况更常见。动脉粥样硬化的纤维脂肪变性过程对中膜的渐进性破坏可引起主动脉壁薄弱，持续的内部血压导致血管膨隆的出现，晚年的高血压倾向也对此进程有影响。内膜的损伤或完全破坏导致血小板和纤维蛋白沉积，从而在扩张的动脉瘤内形成附壁血栓。这可能部分或全部填满动脉瘤的囊腔，在某些情况下附壁血栓可达数厘米厚，伴有明显的分层，称之为“Zahn 线”。动脉瘤壁可能含有类似于邻近动脉壁的钙化碎片。

大多数动脉瘤会在患者的一生中始终保持完整，仅在尸检时被偶然发现。也正因为如此，由于猝死人群的选择性偏倚，动脉瘤破裂的发生率在法医病理学尸检中较高。当破裂发生时，瘤壁最薄弱的地方被瘤体内包含的血液穿破，动脉内血液常渗漏到腹膜后组织内，循迹于肠系膜根部和肾脏周围，而不是自由流入腹膜腔。有时可检见大的肾周血肿，但更常见的明显出血部位则是在腰背部的中心区域。通常在尸检开始时即可明确诊断，因为只要打开腹部，把肠管移到一侧，就可以在腰椎上方看到一个暗红色的、自肠系膜根部隆起的血性山丘样结构。

动脉修复术的成功应用已显著降低了许多动脉缺损的死亡率。尽管如此，这类疾病围手术期死亡率仍然很高，这往往是因为患者在手术开始时实际上已处于垂死状态，或者因为残余主动脉壁的严重钙化和退化使手术丧失技术可行性。

夹层动脉瘤

主动脉夹层动脉瘤破裂比动脉粥样硬化性动脉瘤破裂要少见得多。然而，这并不代表夹层动脉瘤破裂在猝死中罕见，实际上它是引起心包积血和心包压塞的第二大常见原因。尽管动脉粥样硬化性动脉瘤通常发生在腹部，但夹层动脉瘤可以跨越从髂动脉到主动脉瓣的整个血管长度，以胸主动脉夹层影响最为明显[92]。

夹层动脉瘤的核心病变是主动脉中膜变性，即所谓的中膜坏死。较厚的弹性中膜在中间层呈囊性变性，产生一个类似三明治的血管壁，即中间存在一个柔软的解离面。这种病变的病因尚不明确，可同时影响中膜的弹性纤维和肌肉成分。这种病在 50 岁以上人群中比较常见，男性更好发。在尸检中看到的许多主动脉都有这种变性，但并不伴随动脉瘤，因为血液无法从主动脉管腔进入潜在的解离空间。

在大多数夹层动脉瘤导致死亡的案例中，血液往往会经由动脉粥样斑块的裂口穿过血管壁，这是一种与中膜坏死平行存在且完全独立的病理过程。当血液在高动脉压力下进入血管壁内侧的裂口时，会导致中膜分裂成两层，夹层随即在主动脉壁内快速向上和向下延伸。向上延伸部分可能会撕裂主动脉弓部，并越过心包与主动脉连接处。夹层内血液经常会在主动脉环上方这个部位穿过残余的中膜外层和外膜，从而进入心包。这会导致类似前述心肌梗死破裂的大量心包积血和心包压塞。夹层远端可向下延伸到髂动脉甚至股动脉，并将其包裹在血液中。在动脉夹层的幸存者中，可较为罕见地出现解离面形成的次级腔进一步破裂，并与主动脉腔连通，从而形成“双管”主动脉。这种情况在尸检中偶尔会发现（图 25.26，图 25.27）。

夹层动脉瘤患者通常死于心包压塞，但也有一些夹层并不发生心包压塞。这些个体的死亡机制目前不太清楚，可能是由于主动脉管腔的突然狭窄及其导致的冠状动脉口和冠状动脉根部压力升高。在 50 岁以下人群中，有一种少见的中膜坏死原因，称为埃尔德海姆（Erdheim）变性，有时亦称为“黏液样中膜变性”，常与马方综合征（Marfan syndrome）有关。马方综合征是一种遗传性疾病，其临床特征为累及蛛网膜、视神经、听觉和骨组织等部位的病变。Janik 等最近对非创伤性和自发性血胸的原因进行了系统的文献调查，整理了可能导致主动脉夹层的各种血管疾病（图 25.28）[93]。

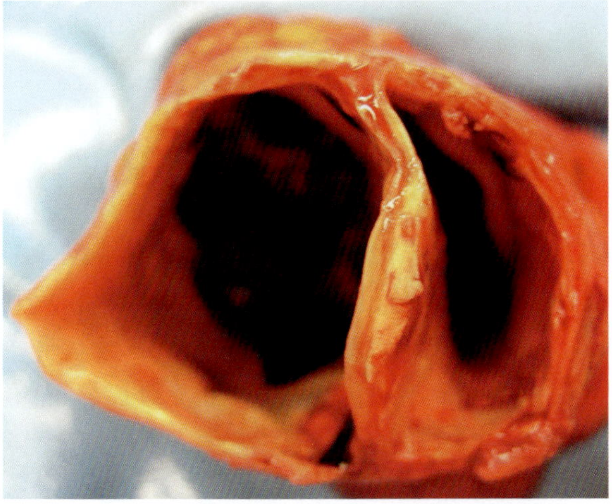

图 25.26　主动脉夹层幸存者中的“双管”主动脉

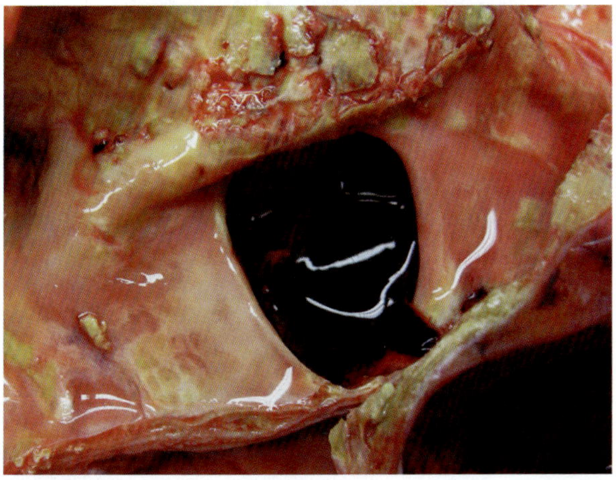

图 25.27　打开一例主动脉夹层幸存者“双管”主动脉的假腔

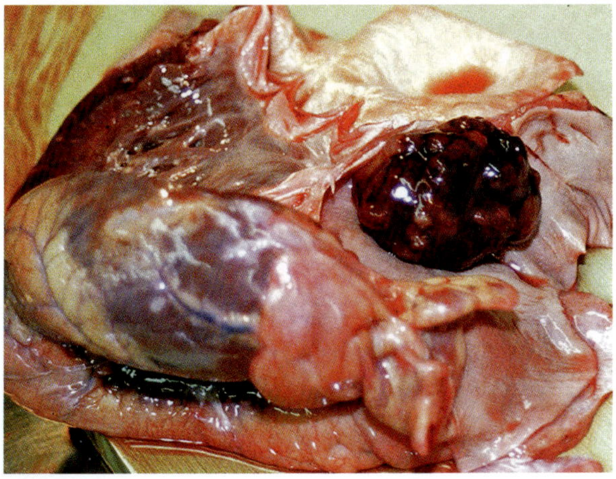

图 25.28　左心房黏液瘤导致的猝死。在体位改变时，二尖瓣内可见球状黏液性肿瘤。未检见其他明显的足以引起死亡的原因

梅毒性主动脉瘤

梅毒性主动脉瘤在当今社会并不常见，这主要得益于在梅毒的早期阶段即可获得相应有效的治疗，使得三期梅毒相对罕见。然而，在世界上的某些地区，三期梅毒并不像在欧洲地区和美国那样罕见[94]。

梅毒性主动脉瘤几乎总是发生在主动脉胸段，通常在主动脉弓。发生在动脉瘤之前的梅毒性主动脉炎，表现为胸腹主动脉内膜上不规则的波纹状病变，但当其与动脉粥样硬化共同存在时，主动脉粥样硬化可以掩盖其典型表现。这些弯曲的线性折叠病变，就像粗糙的皱纹，常被比作橡树的树皮。如果将主动脉从周围的结缔组织中剥离并被置于强光下，可以通过“Gough 试验”观察到主动脉中膜内的半透明窗口。当病灶融合时，这些薄弱的斑块可在内部血压的作用下膨隆成动脉瘤。梅毒性主动脉瘤是所有动脉瘤中体积最大的，有时几乎填满了整个上胸部。梅毒性主动脉瘤壁薄且脆，并且可能会有几个单独的隆起融合形成大的动脉瘤。

瘤体增大带来的压力可能会逐步侵蚀支气管、食管、肺血管、肺甚至是胸廓。当侵袭至胸廓时，动脉瘤即可在皮下检见，而且在以往，胸部搏动性肿瘤的外部破裂必定是一个突发事件。常见的破裂方式是破入胸膜腔、食管或支气管，从而导致突然大量的吐血或咯血。可能无法在组织学检查中确认梅毒大动脉炎的存在，因为疾病的反应期可能已经过了很久，但大体病理表现本身就足以作为诊断依据。

其他血管的致命性动脉瘤

除脑动脉外，其他血管的致命性动脉瘤很少见。动脉粥样硬化性膨出可发生在髂动脉和股动脉，有时也可发生在肠系膜动脉。结节性多动脉炎可因炎症过程侵蚀血管壁而产生小动脉瘤，但这些个体的死亡并不是由破裂的直接影响造成的，而是由冠状动脉、肾动脉及其他动脉问题引起的。感染性真菌性动脉瘤在普通老百姓中很少见，创伤性动静脉瘘也是如此，但两者在战争伤亡个体中并不少见。Ishikawa 等的研究报道，一个位于内皮素编码基因上的罕见致病性突变可增加肺动静脉畸形（pulmonary arteriovenous malformation，PAVM）的易感性。肺动脉畸形可能会使肺动脉自发破裂，导致严重的血胸进而引起猝死。根据文献报道，有近一半的肺内肺动静脉畸形可见于遗传性出血性毛细血管扩张症患者（Osler-Weber- Rendu 综合征）中[95]。

脑动脉瘤破裂相关猝死

头颈部损伤与蛛网膜下腔出血（subarachnoid hemorrhage，SAH）的关系已在第 5 章中进行了讨论，但在这一章中，我们仅仅关注脑基底 Willis 环动脉瘤的自发破裂，这亦是绝大多数自发性蛛网膜下腔出血的原因[96]。Willis 环动脉瘤破裂的机制尚不清楚，但可能是由于慢性炎症过程导致动脉瘤壁变性，增加了出血的风险。在大多数西方国家中，蛛网膜下腔出血的总体发病率每年在 6～8 人 /100 000 人，但也存在显著的区域差异。例如，蛛网膜下腔出血在日本人群和芬兰人群中的发病率大约是全球其他地区的 2 倍[97-100]。

如果排除冠状动脉疾病，蛛网膜下腔出血是青年到中年群体最常见的死亡原因之一。女性在 50 岁前发生冠状动脉闭塞的可能性相对较低，但动脉瘤破裂的比例则要比男性高得多。当遇到育龄期妇女突然死亡时，首先考虑妊娠、自我中毒、肺栓塞和蛛网膜下腔出血的并发症是一个有用的经验法则。

蛛网膜下腔出血几乎可以立即导致死亡，但其机制尚不清楚。常常可以看到这样的案例——原本健康的人突然晕倒，当被目击者发现时已经死亡。在这些例子中，心脏停搏必然在一定程度上参与了死亡的进程，这是由于脑干突然浸泡于喷射而出、冲击脑底部的动脉血中（图 25.29，图 25.30）。与冠状动脉疾病一样，动脉痉挛亦被认为是颅内动脉瘤破裂导致猝死的原因，但尚无任何证据支持这一说法。大多数蛛网膜下腔出血的病程要长得多，临床症状和体征往往允许手术干预，或者通常自发消退。

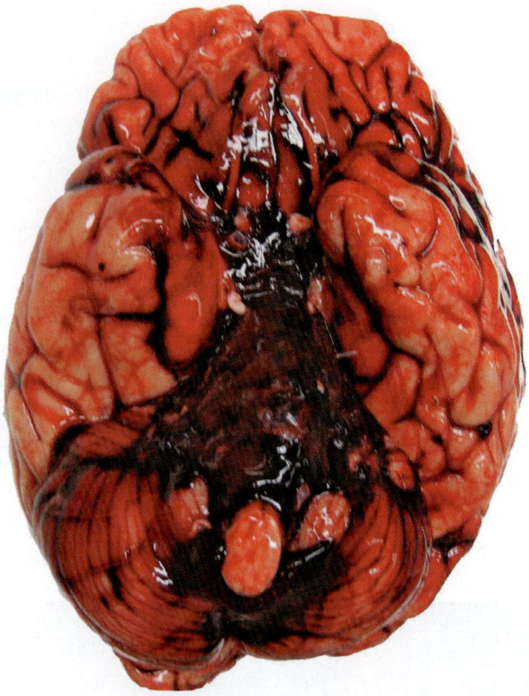

图 25.29 致密的基底蛛网膜下腔出血导致人迅速死亡。充盈基底池的血凝块掩盖了破裂的 Willis 环颅内动脉瘤；在尸检时，必须在水流下将其取出，并小心地进行钝性分离，以避免进一步损伤血管

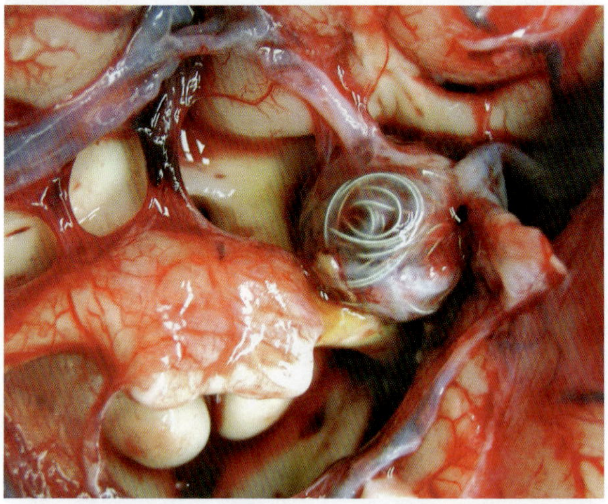

图 25.30 未破裂的 Willis 环颅内动脉瘤经血管内螺旋圈固定治疗

然而根据定义，我们在这里重点关注的是突然或迅速的死亡。在常见的尸检案件中，死者要么在被发现死亡时无可追溯病史，要么迅速而莫名其妙地死亡，要么在出现如严重头痛和快速昏迷等典型症状体征后死亡。许多人死于身体或精神上的劳累，特别是性交或剧烈的体育运动。而

那些发生在打斗、争吵期间或之后不久的死亡事件已在“头部和脊柱损伤”这一章（具体参见第 5 章）中进行了介绍，这类案件涉及因果关系判断，是法医学上的重要问题。

在尸检中，蛛网膜下腔出血的诊断是不证自明的。因为出血点通常在 Willis 环，所以出血最密集的部位往往在颅底上方，尤其是脑基底池。血液通常向外侧扩散，可能覆盖大脑半球整个表面及后脑，并向下进入椎管。血液通常是亮红的新鲜血；如果出血后存活 1 周左右，血红蛋白发生变化时，则会呈现褐色。约 3 天后，利用 Perls 染色可检出含铁血黄素[101]。

寻找出血点有时是困难的。大约 85% 的自发性蛛网膜下腔出血中存在动脉瘤，但其余的案件即使经过细致检查也不一定能发现动脉瘤。这可能是因为一些小动脉瘤在破裂时发生了结构破坏，但出血点也可能是在没有动脉瘤的情况下发生的血管内血液渗漏，引起血管内血液渗漏的原因是后面提到的血管薄弱点。

一个特别是在儿童中相对罕见的出血原因是动脉系统中存在血管畸形，如血管瘤、动静脉吻合或脑膜中的异常血管。死后血管造影可能有助于在合并创伤的同时对自然病变引起的颅内出血进行示踪[102, 103]。

虽然颅内动脉瘤通常被称为“先天性的”，但它们本身并不是在个体出生时便存在。大脑动脉壁的缺陷可能是在胎儿发育晚期出现。Willis 环的前身是大脑基部不规则胚胎动脉网，主要由一些“不必要的”血管经萎缩而形成。这些冗余血管与存活大动脉连接的原始部位会在弹性纤维层和胶原纤维层上留下了一个“窗口”，其通常出现在两条血管的连接处。当血压在成年期上升时，这个“窗口”便成了血管的一个薄弱点，可能会形成“膨隆”，即单发或多发的薄壁动脉瘤。在某一阶段，血压或血流速度突然而剧烈的上升都可能撕裂本已紧张的血管囊性结构，并导致血液在完全动脉压下外渗到蛛网膜下腔。如果没有发现动脉瘤，那么就必须假定在囊性结构出现之前，血管壁一开始便存在一个薄弱点。

在尸检中寻找小动脉瘤可能是困难的，因为厚厚的血凝块被包裹在脑膜和血管中。遇到这种情况时，应当使用手术刀柄或组织钳头进行钝性剥离。多余的血液应当不断地用流水冲洗掉。一个可行方法是，首先仔细地捆扎或夹住其他血管和颈动脉的两个断端，然后把水注入椎动脉的一个断端，随即观察水是从哪里漏出来的。然而，在解剖过程中将大脑取出时，许多小血管会被人为撕裂，如果使用这种方法则可发现多个部位发生漏水。寻找动脉瘤最好是在新鲜而未固定的大脑上进行，因为福尔马林固定会使血凝块变硬，在不撕裂血管和动脉瘤的情况下无法将其移除。在连续的水流中逐步进行钝性解剖也同时十分重要。动脉瘤破裂最常见的部位是前交通动脉，其次是后交通动脉、基底动脉和大脑中动脉[104, 105]。动脉瘤有时可发生在动脉的大脑皮质面，且部分埋在大脑表面，因此很难发现。如果在 Willis 环的表面检查中没有发现肿胀（尸检时肿胀可能表现为完全塌陷，特别是发生破裂时），应在钝性分离后将血管轻轻抬离大脑表面，以便检查血管下面的组织。有时埋藏在脑组织内的动脉瘤破裂出血会主要流向大脑皮质，可能被误认为是脑出血。颅内动脉瘤通常为多发性且大小不一，直径为几毫米到几厘米，但一般为 3～8 mm。

肺动脉血栓栓塞

肺动脉血栓栓塞在第 13 章中已有详细的讨论，但在这里仍需要强调，它是最难得到确诊的死亡原因（图 25.34）[106, 107]。有研究数据显示，经尸检提示由肺动脉血栓栓塞引起的死亡中，只有不到一半的案例在生前可被主治医生诊断出来。然而矛盾的是，许多在临床上被怀疑死于肺动脉血栓栓塞的人通过尸检并未发现栓塞征象。因此，与其说总体的统计数据是错误的，不如说统计对象是错误的！

肺动脉血栓栓塞在高龄或肥胖人群中更为常见，在大多数情况下往往存在一个易感因素，如创伤、外科手术、卧床或其他原因导致的行动不

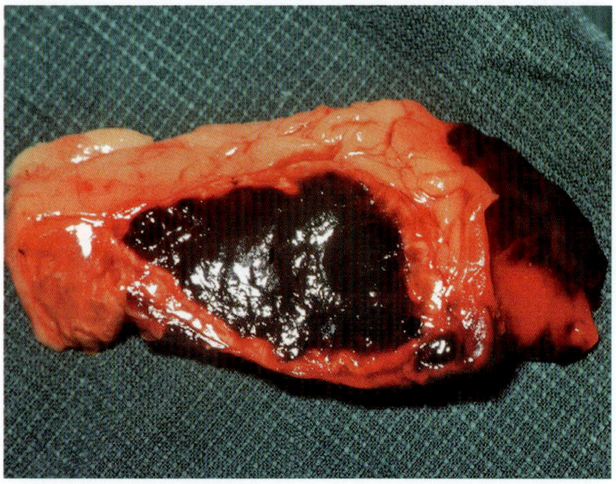

图 25.31　在交通意外中多处受伤后数天出现肾上腺出血。没有明显的腹部损伤。新鲜出血灶占据了髓质，皮质沿出血周围伸展开来

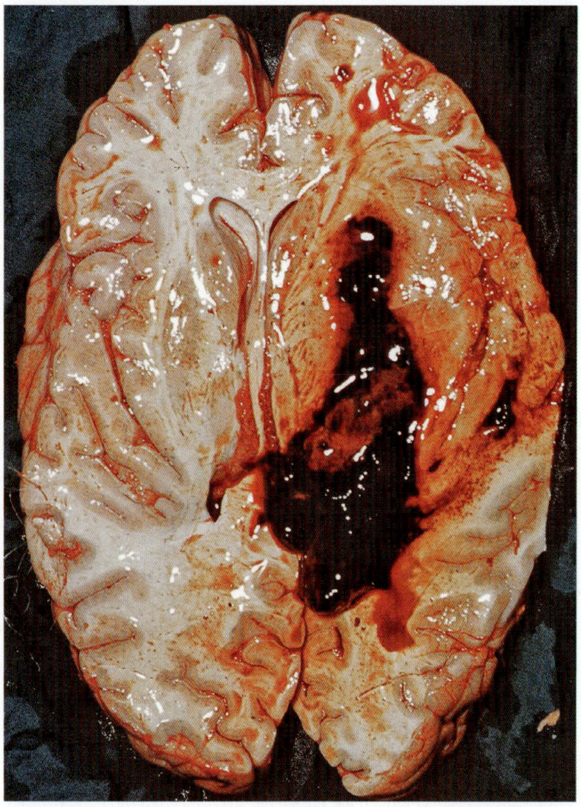

图 25.32　高血压患者近期大量脑出血。出血起源于大脑中动脉的一个豆状核纹状体分支的外囊区域，随后破入侧脑室的后角

便等，甚至久坐也会导致深静脉血栓形成，就像那些第二次世界大战中在防空洞内躺椅上睡觉的人一样。最近也有报道旅行相关静脉血栓形成的风险，特别是在长途飞行中，但这种风险的大小仍然不确定[108, 109]。

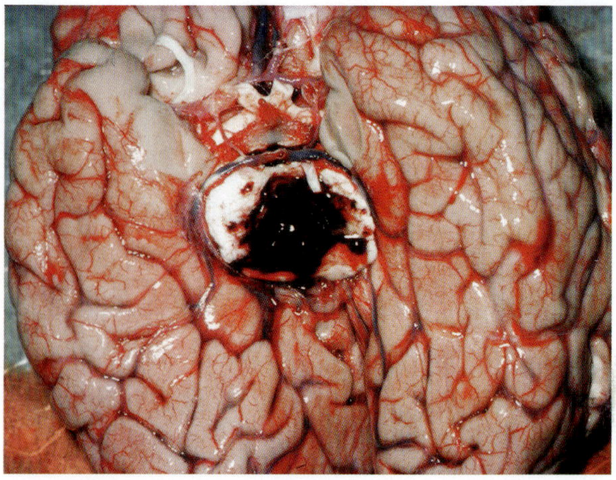

图 25.33　高血压患者脑桥大出血。脑干内出血的情况和不规则分布将该原发性出血与颅内压升高常见的继发性出血分开来。然而，自然的颅内出血有时可引发意外跌倒或交通事故，而由此造成的头部损伤可能增大确认脑出血性质的难度

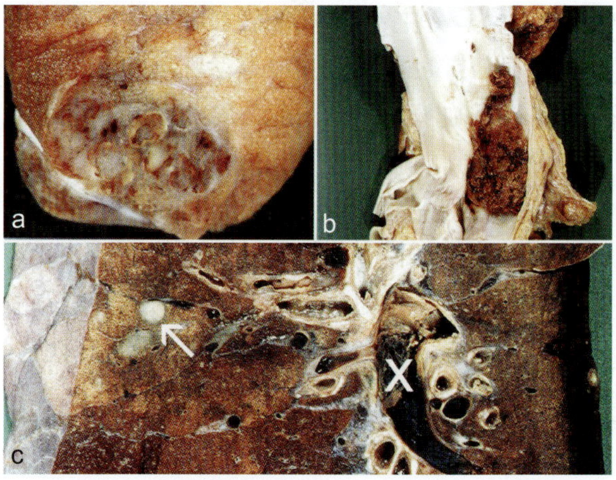

图 25.34　肺动脉血栓栓塞的一个罕见原因。转移性胚胎癌 + 睾丸精原细胞瘤（a）和由于局部淋巴结转移（b）以及（c）肺转移（白色箭头）和大量肺栓塞（白色 X）而造成附着于下腔静脉壁上的血栓形成

然而，有相当大比例的肺动脉血栓栓塞是在没有任何这些常见易感因素的情况下意外发生的，据作者（BK）估计，这一比例高达 20%，这些死亡事件的法律因果关系判断颇为棘手。在刑事案件中尤其如此，因为这类案件往往要求达到很高的证据标准，而不像民事诉讼那样允许各种盖然性平衡。

癫痫猝死

与一般人群相比，癫痫患者的死亡率更

高[110，111]。几乎每个法医病理学家或行政辖区的类似检验者都有过这种经历，在对癫痫猝死个体进行尸检时，没有发现任何形态学改变。癫痫患者可以在非癫痫状态下意外死亡，但在癫痫发作状态下也可能不会发生死亡。的确，许多这样的死亡案件由于缺少目击证人而无法确定患者死亡时是否处于癫痫发作状态，但有足够的证据表明，不论处于哪种状态，这些患者的死亡都非常迅速。

当然，许多癫痫患者的死亡情形和场景较为明显，如在床上发作时，脸被压在枕头里，使唾液和黏液与口鼻周围的纺织物形成了一个密封空间，从而导致窒息。除此以外，癫痫患者也会因癫痫发作而溺死在浴缸里，或因发作所致虚弱状态而遭受其他创伤性死亡。

除了这些原因，癫痫患者似乎可以在没有明显直接原因的情况下发生死亡，而这类死亡的机制尚不清楚。有人认为，癫痫患者发生了大规模的脑放电或神经元风暴，进而导致心脏停搏，但这仅仅是假设。当所有死因调查都已完成（包括抗癫痫药物过量毒理学筛查），在尸检结果基本呈阴性后，法医病理学家有理由将“癫痫”记录为可接受的死亡原因。

尸检时应当在舌尖及舌尖的远端寻找咬痕，后者往往提示死者生前有癫痫发作。大脑的详细检查是必要的，以寻找创伤后癫痫的蛛丝马迹。在一些不伴有冠状动脉狭窄的癫痫患者中，斑片状心肌纤维化已有报道，且被认为是癫痫发作时呼吸暂停引起间歇性缺氧的结果[112]。鉴于在实验性血脑屏障（blood brain barrier，BBB）破裂后浦肯野细胞可被血浆蛋白标记[113]，Ikegaya 等利用免疫组织化学方法研究了 50 例猝死病例中纤维蛋白原阳性浦肯野细胞的分布。其中，24 例个体有癫痫史，26 例个体无癫痫史[114]。他们将 > 30% 的纤维蛋白原阳性浦肯野细胞作为诊断界限，以指示新发大面积血脑屏障破裂。他们发现，在 24 例拥有高比例纤维蛋白原阳性浦肯野细胞的个体中，有 22 例存在癫痫病史；其余两例中，一名患有不明原因脑白质病，而另一名患有原发性高血压。只有 2 例拥有低比例纤维蛋白原阳性浦肯野细胞的个体存在癫痫病史。浦肯野细胞的纤维蛋白原免疫阳性改变并不是癫痫特异性结果，也可发生在任何导致血脑屏障破裂的情况下，其根本机制最有可能是由于浦肯野细胞从脑脊液中摄取了流经小脑表面的纤维蛋白原。人体内引起蛋白质累积所需的时间尚不清楚。除了纤维蛋白原外，其他血浆蛋白也可作为一种分子标志物或成为一个辅助检查方法，来评估癫痫发作导致猝死的可能性（图 25.35）。

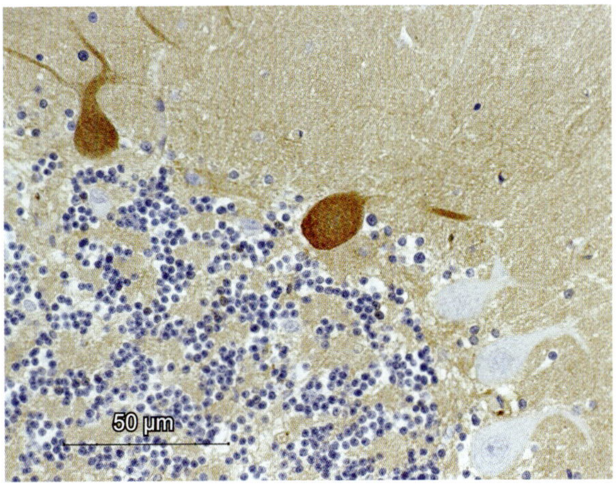

图 25.35 一例有癫痫病史的猝死患者中 2 个纤维蛋白原阳性浦肯野细胞和 3 个阴性浦肯野细胞（过氧化物酶–二氨基联苯胺四盐酸盐免疫染色，放大倍数 ×20）

支气管哮喘猝死

据估计，全球每年死于哮喘的人数约为 25 万[115]。哮喘是由遗传因素和环境因素共同引起的疾病，许多过敏原可诱发急性哮喘发作，如花粉、灰尘、动物制品、化学品（药物）、传染性病原体及其他因素，如寒冷或体育锻炼[116]。与癫痫一样，支气管哮喘患者可随时发生突然意外的死亡，而并不一定是处于哮喘状态或者是急性哮喘发作。其机制尚不清楚，但经验表明，这类死亡并不罕见。在 20 世纪 60 年代的英国、澳大利亚和新西兰，因哮喘而猝死的人数激增，其中仅英国就增加了 45%。该现象被认为是由过度使用含有支气管扩张剂的吸入器造成的，但来自澳大利亚的数据结果并不符合这一假设[117–122]。这些肾上腺素能药物，如果过量使用则会直接作用于心肌，导致心动过速、心律失常和心室颤动。

即便临床医生已经有意识地迅速降低了这类危险，使得这些物质没有被过量使用，但支气管哮喘猝死事件仍然持续发生。

哮喘相关猝死的问题在一份来自挪威 11 例死亡案例的报告中得到了讨论，其中 7 名死者在死亡时被发现手中仍紧握着吸入器[123]。药物的过量使用似乎很常见。茶碱衍生物与拟交感神经药物的联合使用往往会加重支气管扩张剂的心脏毒性。而有一些死亡事件会发生在吸入器中的药物耗尽但推进剂仍然有效的情况下。调查者认为许多因素可导致死亡的发生，如哮喘时发生缺氧和呼吸性酸中毒，增加了心肌的兴奋性；与此同时，茶碱和拟交感神经药物等也可引起心室纤颤。

根据全球哮喘防治创议（global initiative for asthma，GINA）组织发布的最新关于“哮喘管理和预防的全球战略”的报告，在小部分个体中使用长效 β_2 激动剂可能会增加哮喘相关死亡的风险。因此，长效 β_2 受体激动剂不应单独被用于哮喘治疗，而只能与适当剂量的吸入型糖皮质激素联合使用[115]。

在哮喘相关猝死尸检中，除了明显的慢性哮喘相关病变可被证实外，几乎不会有其他有意义的病理学发现（图 25.36）。打开哮喘猝死者胸腔时，可以看到肺部膨隆填满胸腔而不是像大多数死者一样塌陷，双肺呈苍白色，海绵状质地，用手指按压时形成不可回溯的凹陷。肺切面可见管壁明显增厚的支气管，常被大量清澈的黏液堵塞。然而，这并不能解释个体突然晕倒与死亡，其机制仍然不清楚。

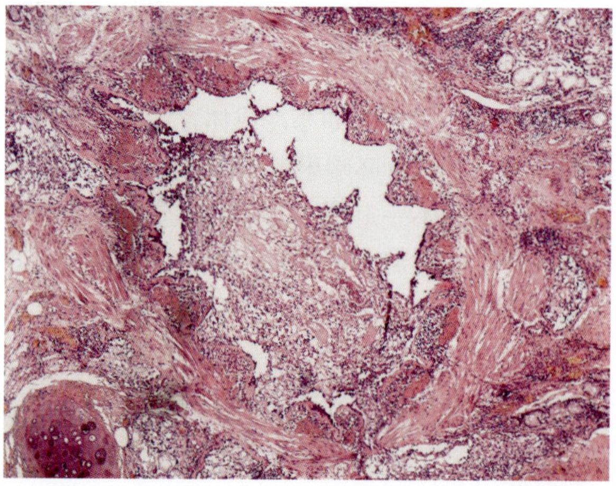

图 25.36　哮喘猝死者支气管横切面显示富含细胞的黏液，支气管壁软组织折叠，基底膜增厚，肌层肥大（苏木精-伊红染色，放大倍数 ×10）

两名在哮喘发作中死亡的儿童尸检发现肾上腺皮质萎缩，这两名儿童自婴儿期以来均使用类固醇吸入器、类固醇短效口服制剂或类固醇肠外制剂、类固醇皮肤制剂进行治疗[124]。在一组 11 例儿童期哮喘猝死病例中，有 8 例出现了明显的生长迟缓。病毒性呼吸道感染是这类猝死个体常见的病理学发现[125]。

呼吸道阻塞

第 14 章已经讨论了由异物引起的机械阻塞，但是一些迅速的死亡，如果不是真正的猝死，可能是由暴发性自然疾病导致。

咽后脓肿（扁桃体周围脓肿）破裂导致脓性和坏死性物质涌入咽喉，现在比较罕见[126, 127]。白喉在发达国家也鲜为人知（英国在 1986～2008 年报告了 5 例白喉相关死亡病例，均为未接种疫苗的患者），因此大多数医生遇到这类患者时，很少考虑到毒血症、致命性心肌炎和分离咽膜引起的喉梗阻等因素[128]。

由流感嗜血杆菌引起的儿童暴发性会厌炎是一种严重的、可危及生命的疾病。它是一个重要的儿科急症，儿科医生和麻醉师应该立即留意任何新发喘鸣的儿童。喉口的严重感染性水肿可在发病数小时内引起儿童死亡，此时可能需要迅速插管或气管造口以挽救生命。自 1992 年 10 月在英国引入流感嗜血杆菌（*Haemophilus influenzae*，Hib）结合疫苗以来，这种病原菌的感染率已大大降低[129]。在对 1987 年 12 月至 2001 年 1 月 Alder Hey 医院接受的 40 名会厌炎儿童患者回顾性研究中，有 8 名（20%）儿童是在引入 Hib 结合疫苗后出现会厌炎的。28 名（70%）儿童的血液培养中分离出流感嗜血杆菌，其中 12 名儿童感染 B 型流感嗜血杆菌——7 名发生在 1993 年以前，5 名发生在 1993 年以后。在这 5 名引入 Hib 疫苗后出现的儿童中，已知有 4 名已完成全部接种。在整个研究中，没有儿童死亡，也没有出现任何长期后遗症[130]。

咯血

鉴于肺结核在发达国家不太常见又容易治疗，咯血致死的情况很少见，因为大多数严重性呼吸道出血都是由肺结核引起的。然而，即使是在“发达”国家，现如今结核病复苏的警告信号同样很明显。这一祸害卷土重来的部分原因是人类免疫缺陷病毒（human immunodeficiency virus，HIV）感染者的机会性感染，但除了获得性免疫缺陷综合征（acquired immunodeficiency syndrome，AIDS）以外，肺结核似乎仍在蔓延。令人担忧的是，人群对几十年前引发肺结核治疗革命性变化的药物的耐药性日益增加[131]。

支气管肿瘤很少引起致命性咯血，除非大血管被肿瘤细胞侵蚀。累及主动脉或其他大血管的梅毒性大动脉炎现在几乎已经成为历史。

除非主动脉被侵蚀，呼吸道出血很少会导致个体失血过多而死亡，但较小的出血可能会填满气道，导致窒息死亡或喉部因突然血液泛滥而导致迷走神经反射性心脏停搏。

胃肠道出血

出血可发生在消化道的任何位置，虽然现代输血技术及心肺复苏方法使胃肠道出血相关死亡现今不常见，但在法医学实践中，独居或无法获得救助的人在没有任何医疗干预的情况下发生死亡却很常见。

口腔或咽外科手术出血，如拔牙或扁桃体切除术等，很少会导致个体死亡，但偶尔也会因血液和血凝块阻塞气道而引起死亡。食管侵袭性癌组织可能会侵蚀主动脉或纵隔的其他大血管，但最常见的出血来源是食管下端曲张的静脉，这是由肝纤维化相关门静脉高压引起的。在尸检时往往很难对食管静脉曲张进行诊断，因为静脉往往已经塌陷，但在没有胃溃疡或十二指肠溃疡，而贲门周围血管因充血而呈现淡蓝色的情况下，病变往往更易诊断，特别是当伴有肝硬化和脾大时。

胃肠道大出血的其他原因还包括胃和十二指肠消化性溃疡，这些溃疡灶可以侵蚀它们底部的大血管。急性浅表的糜烂，可在胃内产生大量血液，存在需要手术切除的可能性，但它们很少引起致命性出血（图 25.37）。

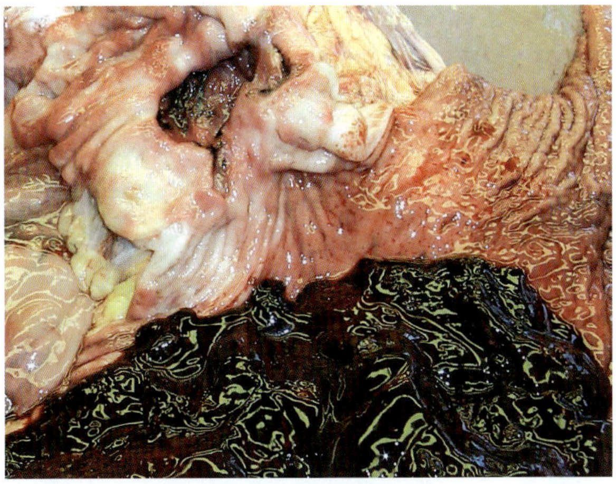

图 25.37　因胃溃疡血管糜烂而引起的致死性大出血

胃部的癌灶可以生长到很大体积，而火山口形胃癌可能会引起大血管穿孔，导致严重出血。除某些出血性疾病外，小肠出血是罕见的。更常见的是结肠病变部位出血，如癌症和溃疡性结肠炎。结肠息肉有时是恶性的，可引起黑粪症，甚至直肠大出血。但现在这些情况即便发生也很少是致命性的，除非延误或没有得到医疗干预。

致死性腹部病变

致死性腹部病变虽然常出现在外科急诊中，但有些腹部疾病患者并没有得到治疗，因为他们要么是因为是独居者而没有机会寻求帮助，要么是拒绝寻求医疗援助。这些患者很可能在被发现死亡时，没有任何病历记录以提示死因。

肠系膜血栓形成和梗死就是其中一种情况。血栓形成可能实际上是由栓子导致，而不是由原位血栓形成，其中最常见的原因是主动脉及其肠系膜分支的动脉粥样硬化。血管供应范围内的肠段可变黑甚至坏死，病变范围可能涉及几乎整个空肠和回肠。即使是由栓子导致，其余大部分动脉系统也会形成血栓，在解剖中切断肠系膜时，动脉的断端可能会显示出死前牢固的血栓栓子。这种情况的肠道会呈现蓝红色甚至几乎是黑色，其浆膜失去光泽，而坏死部位的肠壁质脆。

另一种情况是肠绞窄。在缺乏医疗照顾的情况下甚至有时在医疗疏忽的情况下，肠绞窄也可引起突然且迅速的死亡（图 25.38）。

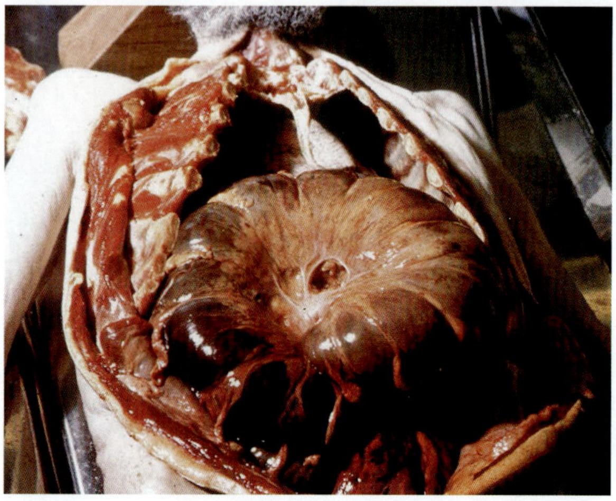

图 25.38 乙状结肠扭转引起的结肠巨大膨胀。死者生前有明确的腹痛史

股疝和腹股沟疝，以及发生在腹腔内纤维带下的内部绞窄，都有可能引起肠扭转，从而切断其血液供应，随后导致肠道坏死。而扭转部位以上的肠道则可能会发展为肠梗阻，并变得松弛、扩张。

尸检时需要注意区分死后尸体血液坠积造成的暗红色肠管和真正的肠道梗死。当牵拉肠道时，由于相互依赖的肠管供血，可以看到坠积的血液被隔断，而真正坏死的暗红色通常是连续的，且浆膜颜色暗淡质脆。

暴发性腹膜炎可出现在各种原因中，如果不及时诊断或治疗，可导致死亡。现如今急性阑尾炎和阑尾脓肿造成的死亡并不常见，但当结肠憩室穿孔时，无论是发炎引起的抑或是仅仅因粪石膨胀侵蚀引起的，都常可导致死亡。

老年肠道与其他结构（如子宫或输卵管）的黏附后撕裂也会导致腹膜炎，而肠道癌组织（通常难以从宏观上将其与慢性憩室炎区分）也可导致穿孔，从而使肠内容物进入腹膜。

消化性溃疡穿孔，通常是十二指肠溃疡，可导致化学性腹膜炎。尸检的表现很直接，即在腹膜腔内发现混浊液体。如果穿孔发生在死亡数小时前，则还可发现早期炎症改变。穿孔最常见于十二指肠后表面。

泌尿生殖系统

泌尿系统中很少有能导致突然或迅速死亡的器官，但女性生殖器官除外。妊娠的并发症在已其他章讨论过（具体参见第十九章），但这里应该强调的是，异位妊娠（通常发生在输卵管内）可能会发生破裂，从而导致大量腹膜内出血。人工流产，除非在可靠的医疗措施下，是引起大出血、空气栓塞、阴道或子宫穿孔、感染或因使用有毒物质而导致死亡的另一个原因。

损伤与疾病的关系

当一个患有疾病的人在遭受创伤后或者遭受创伤后伴发了明显疾病而发生死亡，其死因判断便是法医学中最棘手的难题之一。此时，创伤和疾病对死亡的相对贡献度则成为一个需要解决的法医学实际问题（图 25.31）。

例如，作者（BK）曾对一名 82 岁的老年男性进行了尸检。该死者生前健康状况良好，曾被一个邮局分局的劫匪绑了起来，并受了轻微伤。在他被释放后不到 2 h 便出现身体微恙，随后发生偏瘫，不久便死于大面积脑出血。劫匪被控除抢劫罪外还犯有杀人罪，但地方法官驳回了这一指控，理由是脑出血可能是一种自然疾病，与此次绑架无关。随后，控方获得了一份私人起诉书以绕过地方法官。在刑事法院，被告被判犯有过失杀人罪，理由是因被攻击和捆绑而造成的生理以及心理压力很可能（排除合理怀疑）使受害者血压升高，而血压升高足以导致一个原本健康的人在短时间内出现脑出血。

这个边缘案例说明了一个人同时发生创伤和自然疾病时便会引起法医学问题。这种窘境常见于个体发生颅内动脉瘤破裂引起的蛛网膜下腔出血，且同时有头部损伤时。

对患有严重自然疾病且同时遭受损伤的个体进行尸检时，必须回答下列问题：

- 死亡是否完全由疾病引起，而与损伤无关。
- 死亡是否完全由损伤造成，而与疾病无关。
- 死亡是否由损伤与疾病共同导致。

实际上，遇到这个问题的最常见情形包括冠状动脉疾病、肺栓塞和蛛网膜下腔出血。

冠状动脉粥样硬化

在损伤发生之前的几个月甚至几年时间里，冠状动脉粥样硬化可能已经存在了，因此，损伤与疾病的起源不相干性是毫无争议的，但往往很难在以一点来说服死者亲属和律师。此外，除非胸部正面遭受直接打击，对心脏表面及冠状动脉系统造成直接的创伤（因为动脉粥样斑块脱落引起内膜下出血或引发冠状动脉血栓形成是一种罕见事件），否则冠状动脉状态的恶化不能归咎于损伤。如果个体的冠状动脉系统的状态原本已经很差，那么辩方就可以合理地主张其死亡可在任何时间发生。刑事案件的证据标准很高，必须“排除合理怀疑”，而在民事纠纷中，只需要达到“盖然性的平衡”。

与其证明外伤直接导致冠状动脉状态恶化，不如说与外伤事件相关的生理与心理压力对原本虚弱的心脏造成了更大的负担，从而加速了心力衰竭。

在遭受外伤的情况下，肾上腺的“战斗或逃跑”反应可能会被触发，人们普遍认为肾上腺释放的内源性儿茶酚胺（如去甲肾上腺素）会导致慢性缺氧的心脏发生心室颤动和心脏停搏。在有些案例中甚至可以发现形态学证据，如在心肌纤维中，特别是在心外膜下层发现收缩带。

除了尸检结果外，死亡情形或现场评估往往也影响着法庭对外伤与疾病关系的态度。如果一名此前没有心脏相关症状的男性在遭受攻击或剧烈活动后立即死亡，法庭更有可能假定其死亡与外伤有关，而不会认为与外伤发生前长时间处于心脏功能障碍边缘之类的心脏问题有关。

陪审团一般很可能会认为，男性遭受袭击后当场死亡太过巧合，即便有证据显示他的冠状动脉狭窄已经存在了好几年。做出这种判断主要取决于个体的死亡情形，尤其是在遭受外伤到死亡时间很短的情况下。

“严格的检验法则”会使相关人员提出一个问题：“如果袭击没有发生，他会死吗？”从医学角度来说，这个问题通常是无法回答的，但法庭有权从时间的即时性对巧合性进行常识性解释，并将“排除合理怀疑”检验应用于此。

当一个人的身体状况十分脆弱时，可能会因遭受相对轻微的创伤而死亡，但这在法律上不能作为辩护依据，因为法律上规定，“行凶者在遇见受害者时就必须对自己行为承担责任”*。换句话说，行凶者是否知道受害者生病与否并不重要，如果死亡是由其非法行为造成的，那么杀人罪的指控就可能成立。然而，公诉人并没有盲目地遵从这一法官附带意见，因为在强有力的证据能够从医学上证明受害者生前患有严重的自然疾病，且随时都有可能自然死亡的情况下，刑事起诉（使用公共资金）是否能够成功实际上是一个政治问题。冠状动脉疾病十分普遍，因此在任何因果关系被采纳之前，必须在时间上显示出外伤与死亡的密切联系。但是，如果可以确定袭击可能导致已经因冠状动脉狭窄而受损的心肌发生梗死，那么实际死亡本身就不一定会在袭击后不久发生。不仅仅是一次猛击或一些身体外伤可能导致心肌梗死或心律失常，如上所述，甚至是伴随受伤而产生的不安情绪，又或者是对受伤的恐惧，都可能会导致死亡。一次拳头挥击可能并非真正意义上的“猛击”，也可能并没有击中受害者，但感受到威胁的人可能会出现短暂的高血压或心动过速，从而引发内膜下出血、心律失常、

* 译者注：此为法学术语“蛋壳脑袋规则（eggshell skull principle）”的内涵。

脑出血、蛛网膜下腔出血等，从而导致死亡。然而，在这样的事件中，很少甚至没有形态学发现可以作为证据，因此其在法庭上被接受的可能性很小，除非死亡环境十分明确。也正是这些案件，给警察和病理学家带来了难题，他们很难决定是否应当逮捕并指控已实施刑事犯罪的潜在的罪犯。

作者（BK）曾遇到一个典型的案例：一位老年男性因停车问题与另一位老年男性发生口角。他们扭打在一起，尽管只是互相打了几下，但其中一名男性立即出现胸痛和呼吸困难等症状，随即发生死亡。另一名男性因此被逮捕，但由于尸检显示明显的心脏增大、广泛的心肌纤维化和肉眼可见的闭塞性冠状动脉粥样硬化，因此检方决定不提供任何证据并撤销了指控。尽管如此，“严格的检验法则”提出的“如果没有发生口角，受害者是否有可能在那个特定时间死亡？”的答案很可能是否定的。

在民事案件中，损害赔偿和保险赔付中的这类判断结果将影响到大笔金钱的赔付。在这里，证据标准要低得多，因为原告只需要证明有 51% 或更高的概率出现这种关联，而不需要提供具有更高刑事责任标准的证据。

民事问题的实际例子如下：1 名工人正在用手摇轮钻从雇主的卡车上卸下车轮。在满压力负荷下，轮毂上的双头螺栓突然发生折断，这名工人在自己肌肉力量的作用下被甩到地上。他受到了惊吓并且很快就出现胸痛，第 2 天便去世了。尸检并未发现新鲜心肌梗死，但检见长期的左心室肥厚、心肌纤维化和狭窄的冠状动脉粥样硬化。尽管雇主的责任引发了争议，但双方最终达成了协议。

最近在美国和德国大规模人群中开展的方法学、统计学的研究表明，体力消耗和心脏性猝死之间存在无可争辩的关系。Mittleman 等调查了 1 228 名急性心肌梗死患者，发现在铲雪、慢跑或性活动等高强度体力活动期间或活动后 1 h 内，梗死的发生率增加了 6 倍[132]。在德国，Willich 等研究了 1 194 名同样疾病的患者，结果显示梗死风险增加了 2 倍[133]。这两项调查都表明，那些久坐的人发生梗死的风险更大，而梗死风险降低无疑与长期适度运动有关[134]。已有一些关于突然剧烈运动增加心肌梗死风险的机制被提出，包括动脉粥样硬化斑块的分裂和脱落。也有研究指出，久坐不动的人突然高强度运动时，血小板激活会增加。在早期的文献中，Siscovick 等在原发性心脏停搏人群中发现了相同趋势，即久坐者费力性运动会增加其心脏停搏的风险，而习惯性运动则会起到保护作用[135]。

蛛网膜下腔出血

蛛网膜下腔出血是外伤与自然疾病相互作用的另一个难题。如果大脑动脉上的颅内动脉瘤破裂，通常会断言是某种外伤性事件导致了动脉瘤破裂的发生。这个问题在第 5 章中讨论过，但在此仍需要强调的问题是要确定外伤本身是否为引起动脉瘤破裂的机械因素。

即便没有外部创伤，动脉瘤自发破裂也较为常见，是引起青年与中年人非剧烈运动相关死亡的熟知原因。然而，在诸如慢跑、性活动和体育运动等单纯活动中，动脉瘤亦有可能发生破裂，其原因可能是血压和脉搏的瞬间上升。前面已提及，儿茶酚胺可能是肾上腺反应中的一种强效因素，可导致血压升高。因此，当动脉瘤破裂发生在打架或争吵的期间或之后不久，究竟是头部遭受的机械打击还是争吵带来的情绪应激对动脉瘤破裂起到了最核心的作用，这一点仍存在争议。关于外伤在动脉瘤破裂中所扮演的角色，也有很多医学上的争论，因为许多人坚持认为动脉瘤在颅骨内深处，高血压引起的内部压力才更有可能是其破裂原因。

诚然，当一个只有数毫米大小的小动脉瘤破裂时，很难认为外部打击可导致其破裂。但在更特殊的情况下，如一个组织菲薄的球状动脉瘤，则更容易认同颅内应力可能起到了重要作用。酒精中毒的作用是另一个备受争议的因素，已在第 5 章中讨论过。颅内动脉瘤死亡的法律问题与冠状动脉疾病的法律问题相似。尽管在大多数情况下，出血会立即或很快发生，但时间间隔对界定外伤与疾病对死亡的贡献仍十分重要。

尸体解剖并不能绝对厘清外伤与已有疾病

对死亡的相对贡献度。除非动脉瘤大而脆弱，否则形态学结果主要用于确认诊断、评估损伤及排除任何其他致命疾病。在英格兰和威尔士，当尸检中发现动脉瘤时，检方以往通常不起诉行凶者，但在苏格兰和欧洲大陆地区，这种情况并不存在。然而，1978 年在直布罗陀发生的一起案件中，一名英国水手被判犯有谋杀罪，起因是其在一次醉酒斗殴中踢了另一名水手，后者最终因动脉瘤破裂而死于蛛网膜下腔出血，此后类似案件也常常被提起指控[136]。

肺栓塞

外伤和自然疾病相互作用的另一个典型例子是肺栓塞。这已在第 13 章中讨论，但这类问题在法医学案例中十分重要，故在此特别重申其法医学意义。

深静脉血栓（deep vein thrombosis，DVT）几乎总是在腿部静脉中形成，是受伤及其相关行动不便的常见后果。循环减慢、血管壁局部损伤和凝血功能增强的 Virchow 三要素是引起深静脉血栓的主要原因，尽管这 3 个要素不存在时也会发生深静脉血栓。当腿部受伤时，深静脉血栓更有可能发生在同侧肢体，但它也可能发生在对侧或双侧；当另一条腿受伤时，不能排除致命栓子来自对侧肢体的可能性。

肺栓塞通常发生在受伤或手术后 2 周左右，但因果机制起作用的时间范围可能为 2～90 天。然而，当间隔超过几周时，认定这种因果关系就变得越来越困难。

从法医学角度来说，如果要建立联系，就必须证明深静脉血栓是在外伤事件之后才发生的。如果一个人在受伤一周后发生了致命的栓塞，但从组织学上看，深静脉血栓似乎已经存在了数周，那么很明显，肺栓塞不可能是由受伤引起的。然而，栓子可能比腿部静脉最远端（可能远至足部）的血栓形成的时间要晚得多，因为深静脉血栓无疑会发生进行性近端延伸。因此，仍然可以这么认为，尽管最初的血栓形成早于损伤发生的时间，但后者促进了血栓的进展，并最终导致了栓子释放入血。然而，如果整个过程完全发生在外伤事件之后，那么这种推测的合理性就会变得更弱。

利用组织学检查方法推测栓子的形成时间应该纳入常规检查范围，尽管它比腿部静脉血栓形成时间推测所得到的回报少且难度大，而后者必须在静脉壁完好的情况下进行镜下检查。栓子与内膜连接部位为推测血栓形成时间提供了最多信息。下肢深静脉血栓比肺动脉血栓栓塞更为常见。在 100 例连续的尸检中，Knight 和 Zaini 检出了 32 例深静脉血栓，但仅检出 10 例肺栓塞，且均不是致命性病理改变[137]。

在第 13 章中涉及的一个法律问题是，尽管外伤、手术和不活动是深静脉血栓进展的重要因素，但后者往往发生在这 3 种情形都不存在的情况下。因此，很难坚持认为任何外伤事件是后续致命性肺栓塞的原因，因为许多致命性栓塞发生在没有外伤的情况下。在一系列法医病理学和临床病理学尸检案例中，25% 的致命性肺栓塞是在既往无外伤史或手术史的卧床患者中“突然”发生的[137]。随后，Knight 和 Zaini 研究了 38 000 份尸检报告，发现 10% 因肺栓塞而死亡的患者没有任何易感因素的病史[138]。这些比例的差异是由病史报告标准的变化以及多年来病理学家报告习惯的显著变化造成的，事实上，在上述的大规模尸检报告中，从 1908～1928 年的 20 年里，没有一例致命性肺栓塞的记录！

即便忽略这些研究的可疑统计值，毫无疑问的是有相当大比例的致命性肺栓塞不能归因于之前的外伤。这也为控方声称某些刑事伤害与死亡之间存在“因果关系”的案件提供了辩护。法官决定是否将这个问题移交给陪审团是一个法律问题，而一个关系到陪审团做出决定的事实问题则是，在即使保守推测至少 10% 的肺栓塞与外伤无关的情况下，这种关系是否可以“排除合理怀疑”。在作者（BK）的经历中，有几起法庭案件对基本相同的病理证据做出了截然不同的判决。

在通常与道路交通事故或工伤有关的民事案件中，原告的负担要轻得多，因为“盖然性平衡”检验更容易得到满足。

（成建定　译）

参考文献

[1] Goldstein S. The necessity of a uniform definition of sudden coronary death: witnessed death within 1 hour of the onset of acute symptoms. *Am Heart J* 1982; 103(1): 156–9.

[2] Smith J. *The Shipman Inquiry, First Report*. 2002, p. 336.

[3] *Coroners Statistics 2012 England and Wales*. London: Ministry of Justice, 2012, p. 40.

[4] Moritz AR. Medical investigation of obscure and suspicious deaths in the interest of public safety. *Northwest Med* 1947; 46(11): Unknown.

[5] Knight B. The obscure autopsy. *Forensic Sci Int* 1980; 16(3): 237–40.

[6] Cordner SM. Deciding the cause of death after necropsy. *Lancet* 1993; 341(8858): 1458–60.

[7] Pollanen MS. Deciding the cause of death after autopsy – revisited. *J Clin Forensic Med* 2005; 12(3): 113–21.

[8] Hodgson JA. *Treatise on the Diseases of arteries and Veins, Containing the Pathology and Treatment of Aneurisms and Wounded Arteries*. London: T Underwood, 1815.

[9] Fye WB. A historical perspective on atherosclerosis and coronary artery disease. In: Fuster V, Topol EJ, Nabel EG (eds). *Atherothrombosis and Coronary Artery Disease*. Philadelphia: Lippincott Williams & Wilkins, 2005, pp. 1–14.

[10] von Rokitansky C. *A Manual of Pathological Anatomy*. London: Sydenham Society, 1852, Vol. 4.

[11] Virchow R. *Phlogose und Thrombose im Gefäßsystem*. Gesammelte Abhandlungen zur wissenschaftlichen Medicin. Frankfurt: Meidinger Sohn, 1856.

[12] Osler W. Diseases of the arteries. In: Osler W (ed). *Modern Medicine: its Practice and Theory*. Philadelphia: Lea and Febiger, 1908, pp. 429–47.

[13] Fuster V, *et al*. The pathogenesis of coronary artery disease and the acute coronary syndromes (1). *N Engl J Med* 1992; 326(4): 242–50.

[14] Fuster V, *et al*. The pathogenesis of coronary artery disease and the acute coronary syndromes (2). *N Engl J Med* 1992; 326(5): 310–18.

[15] Kaperonis EA, *et al*. Inflammation and atherosclerosis. *Eur J Vasc Endovasc Surg* 2006; 31(4): 386–93.

[16] Mahmoudi M, Curzen N, Gallagher PJ. Atherogenesis: the role of inflammation and infection. *Histopathology* 2007; 50(5): 535–46.

[17] Stary HC. Natural history and histological classification of atherosclerotic lesions: an update. *Arterioscler Thromb Vasc Biol* 2000; 20(5): 1177–8.

[18] Patterson JC. Capillary rupture with intimal haemorrhage as a causative factor in coronary thrombosis. *Arch Pathol* 1938; 25: 474–87.

[19] Wartmann WB. Occlusion of the coronary arteries by haemorrhage into their walls. *Am Heart J* 1938; 15: 459–66.

[20] English JP, Williams FA. Haemorrhagic lesions of the coronary arteries. *Arch Intern Med* 1943; 71: 594–602.

[21] Davies MJ, Pomerance A. *The Pathology of the Heart*. Oxford: Blackwell Scientific Publications, 1975.

[22] Drury RA. The role of intimal haemorrhage in coronary occlusion. *J Pathol Bacteriol* 1954; 67: 207–15.

[23] Myocardial infarction redefined – a consensus document of The Joint European Society of Cardiology/American College of Cardiology Committee for the redefinition of myocardial infarction. *Eur Heart J* 2000; 21(18): 1502–13.

[24] Baroldi G, *et al*. Coronary occlusion: cause or consequence of acute myocardial infarction? *Clin Cardiol* 1990; 13(1): 49–54.

[25] Wartmann WB, Hellerstein HK. The incidence of heart disease in 2000 consecutive autopsies. *Ann Intern Med* 1948; 28: 41–50.

[26] Cushing EH. Infarction of the cardiac auricles. *Br Heart J* 1942; 4: 17–26.

[27] Wartmann WB, Souders JC. Localisation of myocardial infarction with respect to the muscle bundles of the heart. *Arch Pathol* 1950; 50: 329–38.

[28] Jackowski C, *et al*. Postmortem unenhanced magnetic resonance imaging of myocardial infarction in correlation to histological infarction age characterization. *Eur Heart J* 2006; 27(20): 2459–67.

[29] Jackowski C, *et al*. Magnetic resonance imaging goes postmortem: noninvasive detection and assessment of myocardial infarction by postmortem MRI. *Eur Radiol* 2011; 21(1): 70–8.

[30] Jackowski C, *et al*. Post-mortem cardiac 3-T magnetic resonance imaging: visualization of sudden cardiac death? *J Am Coll Cardiol* 2013; 62(7): 617–29.

[31] Linzbach AJ, Linzbach M. [Cardiac dilatation]. *Klin Wochenschr* 1951; 29(37–38): 621–30.

[32] Hort W. [Ventricular dilatation and muscle fiber extension as the earliest morphological finding in heart infarct]. *Virchows Arch Pathol Anat Physiol Klin Med* 1965; 339: 72–82.

[33] Smith AJ. On the histological behaviour of the cardiac muscle in two examples of organization of myocardial infarct. *Univ Pennsylv Med Bull* 1904–05; 17: 227–34.

[34] Baroldi G, *et al*. Myocardial contraction bands. Definition, quantification and significance in forensic pathology. *Int J Legal Med* 2001; 115(3): 142–51.

[35] Karch SB, Billingham ME. The pathology and etiology of cocaine-induced heart disease. *Arch Pathol Lab Med* 1988; 112(3): 225–30.

[36] Arnold G, Fischer R. Myocardial ‘contraction bands’. *Hum Pathol* 1987; 18(1): 99–101.

[37] Karch SB, Billingham ME. Myocardial contraction bands revisited. *Hum Pathol* 1986; 17(1): 9−13.
[38] Rossi L, Matturri L. [Contraction bands in myocardial infarct: a histopathologic-clinical problem revisited]. *G Ital Cardiol* 1985; 15(4): 359−64.
[39] Rajs J, Falconer B. Cardiac lesions in intravenous drug addicts. *Forensic Sci Int* 1979; 13(3): 193−209.
[40] Falk E, Simonsen J. The histology of myocardium in malignant hyperthermia: a preliminary report of 11 cases. *Forensic Sci Int* 1979; 13(3): 211−20.
[41] Fenoglio JJ, Jr, Irey NS. Myocardial changes in malignant hyperthermia. *Am J Pathol* 1977; 89(1): 51−8.
[42] Martin AM, Jr, Hackel DB. An electron microscopic study of the progression of myocardial lesions in the dog after hemorrhagic shock. *Lab Invest* 1966; 15(1 Pt 2): 243−60.
[43] Martin AM, Jr, *et al*. Mechanisms in the development of myocardial lesions in hemorrhagic shock. *Ann N Y Acad Sci* 1969; 156(1): 79−90.
[44] Stamer A. Untersuchungen über die fragmentation und segmentation des herzmuskels. *Beitr Pathol* 1907; 42: 310−53.
[45] Glogner, cited by Stamer (1907). *Virchows Arch Pathol Anat* 1903; 171.
[46] Saukko P. Evaluation of diagnostic methods for early myocardial injury in sudden cardiac deaths. *Acta Univ Oul*, 1983; D107; *Anat Pathol Microbiol* 17.
[47] Edston E. Evaluation of agonal artifacts in the myocardium using a combination of histological stains and immunohistochemistry. *Am J Forensic Med Pathol* 1997; 18(2): 163−7.
[48] Knight B. A further evaluation of the reliability of the HBFP stain in demonstrating myocardial damage. *Forensic Sci Int* 1979; 13(3): 179−81.
[49] Leadbeatter S, Wawman HM, Jasani B. Further evaluation of immunocytochemical staining in the diagnosis of early myocardial ischaemic/hypoxic damage. Forensic Sci Int 1990; 45(1−2): 135−41.
[50] Carle BN. Autofluorescence in the identification of myocardial infarcts. *Hum Pathol* 1981; 12(7): 643−6.
[51] Badir B, Knight B. Fluorescence microscopy in the detection of early myocardial infarction. *Forensic Sci Int* 1987; 34(1−2): 99−102.
[52] Saukko P, Knight B. Evaluation of eosin-fluorescence in the diagnosis of sudden cardiac death. *Forensic Sci Int* 1989; 40(3): 285−90.
[53] Rutenburg AM, Wolman M, Seligman AM. Comparative distribution of succinic dehydrogenase in six mammals and modification in the histochemical technic. *J Histochem Cytochem* 1953; 1: 66−81.
[54] Hiltunen JK, Saukko P, Hirvonen J. Correlations between enzyme histochemical reactions and respective enzyme activities in global ischaemic rat hearts. *Br J Exp Pathol* 1985; 66(6): 743−52.
[55] Saukko PJ, Pollak S. Histology. In: Jamieson A, Moenssens A (eds). *Wiley Encyclopedia of Forensic Science*. Chichester: John Wiley, 2009, pp. 1468−73.
[56] Linzbach AJ, Akuamoa-Boateng E. [Changes in the aging human heart. I. Heart weight in the aged]. *Klin Wochenschr* 1973; 51(4): 156−63.
[57] El-Maraghi NR, Sealey BJ. Recurrent myocardial infarction in a young man due to coronary arterial spasm demonstrated at autopsy. *Circulation* 1980; 61(1): 199−7.
[58] Roberts WC, *et al*. Sudden death in Prinzmetal's angina with coronary spasm documented by angiography. Analysis of three necropsy patients. *Am J Cardiol* 1982; 50(1): 203−10.
[59] Svendsen E, Tindall AR. The internal elastic membrane and intimal folds in arteries: important but neglected structures? *Acta Physiol Scand Suppl* 1988; 572: 1−71.
[60] Mortensen ES, *et al*. Evidence at autopsy of spasm in the distal right coronary artery in persons with coronary heart disease dying suddenly. *Cardiovasc Pathol* 2007; 16(6): 336−43.
[61] Factor SM, Cho S. Smooth muscle contraction bands in the media of coronary arteries: a postmortem marker of antemortem coronary spasm? *J Am Coll Cardiol* 1985; 6(6): 1329−37.
[62] Linzbach AJ. Herzhypertrophie und kritisches herzgewicht. *Klin Wochenschr* 1948; 26(29−30): 459−63.
[63] Song Y, *et al*. A modified method for examining the cardiac conduction system. *Forensic Sci Int* 1997; 86(1−2): 135−8.
[64] Song Y, *et al*. Age-related variation in the interstitial tissues of the cardiac conduction system; and autopsy study of 230 Han Chinese. *Forensic Sci Int* 1999; 104(2−3): 133−42.
[65] Song Y, *et al*. Histopathological findings of cardiac conduction system of 150 Finns. *Forensic Sci Int* 2001; 119(3): 310−7.
[66] James TN. Long reflections on the QT interval: the sixth annual Gordon K. Moe Lecture. *J Cardiovasc Electrophysiol* 1996; 7(8): 738−59.
[67] James TN. Congenital disorders of cardiac rhythm and conduction. *J Cardiovasc Electrophysiol* 1993; 4(6): 702−18.
[68] James TN. Normal and abnormal consequences of apoptosis in the human heart. From postnatal morphogenesis to paroxysmal arrhythmias. *Circulation* 1994; 90(1): 556−73.
[69] Bikkina M, Larson MG, Levy D. Asymptomatic ventricular arrhythmias and mortality risk in subjects with left ventricular hypertrophy. *J Am Coll Cardiol* 1993; 22(4): 1111−6.
[70] Linzbach AJ. [The muscle fiber constant and the law of growth of the human ventricles]. *Virchows Arch* 1950; 318(5): 575−618.
[71] Knight B. The myocardium in sudden death from hypertensive heart disease or aortic stenosis. *Med Sci Law* 1973; 13(4): 280−4.
[72] Farrer Brown G. Nornal and diseased vascular pattern of myocardium of human heart. I. Normal pattern in the left ventricular free

wall. *Br Heart J* 1968; 30(4): 527–36.
[73] Farrer-Brown G. *A Colour Atlas of Cardiac Pathology.* London: Wolfe Medical Publications, 1977.
[74] Catellier MJ, *et al.* Cardiac pathology in 470 consecutive forensic autopsies. *J Forensic Sci* 1990; 35(5): 1042–54.
[75] Pounder DJ. Floppy aortic valve presenting as sudden death. *Forensic Sci Int* 1984; 25(2): 123–31.
[76] Richardson P, *et al.* Report of the 1995 World Health Organization/International Society and Federation of Cardiology Task Force on the definition and classification of cardiomyopathies. *Circulation* 1996; 93(5): 841–2.
[77] Teare D. Asymmetrical hypertrophy of the heart in young adults. *Br Heart J* 1958; 20: 1–8.
[78] Saphir O. Myocarditis: general review with analysis of 240 cases. *Arch Pathol* 1942; 33: 88–99.
[79] Stevens PJ, Ground KE. Occurrence and significance of myocarditis in trauma. *Aerosp Med* 1970; 41(7): 776–80.
[80] Tonge JI, *et al.* Traffic crash fatalities. Injury patterns and other factors. *Med J Aust* 1972; 2(1): 5–17.
[81] Tonge JI, *et al.* Traffic-crash fatalities (1968–73): injury patterns and other factors. *Med Sci Law* 1977; 17(1): 9–24.
[82] Aretz HT. Myocarditis: the Dallas criteria. *Hum Pathol* 1987; 18(6): 619–24.
[83] Aretz HT, *et al.* Myocarditis. A histopathologic definition and classification. *Am J Cardiovasc Pathol* 1987; 1(1): 3–14.
[84] Feldman AM, McNamara D. Myocarditis. *N Engl J Med* 2000; 343(19): 1388–98.
[85] Kytö V, *et al.* Diagnosis and presentation of fatal myocarditis. *Hum Pathol* 2005; 36(9): 1003–7.
[86] Kytö V, *et al.* Incidence of fatal myocarditis: a population-based study in Finland. Am *J Epidemiol* 2007; 165(5): 570–4.
[87] Kytö V, *et al.* Cytomegalovirus infection of the heart is common in patients with fatal myocarditis. *Clin Infect Dis* 2005; 40(5): 683–8.
[88] Ferris JA, Rice J. Drug-induced myocarditis: a report of two cases. *Forensic Sci Int* 1979; 13(3): 261–5.
[89] Haas SJ, *et al.* Clozapine-associated myocarditis: a review of 116 cases of suspected myocarditis associated with the use of clozapine in Australia during 1993–2003. *Drug Saf* 2007; 30(1): 47–57.
[90] Fleming HA. Death from sarcoid heart disease: United Kingdom series 1971–1986, 300 cases with 138 deaths. In: Grassi C (ed). *Sarcoidosis and other Granulomatous Disorders*. Amsterdam: Excerpta Medica, 1988, pp. 19–33.
[91] Moll FL, *et al.* Management of abdominal aortic aneurysms clinical practice guidelines of the European society for vascular surgery. *Eur J Vasc Endovasc Surg* 2011; 41 Suppl 1: S1–S58.
[92] Hagan PG, *et al.* The International Registry of Acute Aortic Dissection (IRAD): new insights into an old disease. *JAMA* 2000; 283(7): 897–903.
[93] Janik M, *et al.* Non-traumatic and spontaneous hemothorax in the setting of forensic medical examination: a systematic literature survey. *Forensic Sci Int* 2014; 236: 22–9.
[94] Tavora F, Burke A. Review of isolated ascending aortitis: differential diagnosis, including syphilitic, Takayasu's and giant cell aortitis. *Pathology* 2006; 38(4): 302–8.
[95] Ishikawa T, *et al.* Pulmonary arteriovenous malformation causing sudden death due to spontaneous hemothorax. *Int J Legal Med* 2010; 124(5): 459–65.
[96] Zacharia BE, *et al.* Epidemiology of aneurysmal subarachnoid hemorrhage. *Neurosurg Clin N Am* 2010; 21(2): 221–33.
[97] Sarti C, *et al.* Epidemiology of subarachnoid hemorrhage in Finland from 1983 to 1985. *Stroke* 1991; 22(7): 848–53.
[98] Broderick JP, *et al.* Intracerebral hemorrhage more than twice as common as subarachnoid hemorrhage. *J Neurosurg* 1993; 78(2): 188–91.
[99] Linn FH, *et al.* Incidence of subarachnoid hemorrhage: role of region, year, and rate of computed tomography: a meta-analysis. *Stroke* 1996; 27(4): 625–9.
[100] de Rooij NK, *et al.* Incidence of subarachnoid haemorrhage: a systematic review with emphasis on region, age, gender and time trends. *J Neurol Neurosurg Psychiatry* 2007; 78(12): 1365–72.
[101] Perls M. Nachweis von eisenoxyd in gewissen pigmenten. *Virchows Arch Pathol Anat* 1867; 39(1): 42–8.
[102] Karhunen PJ, Servo A. Sudden fatal or non-operable bleeding from ruptured intracranial aneurysm. Evaluation by postmortem angiography with vulcanising contrast medium. *Int J Legal Med* 1993; 106(2): 55–9.
[103] Ehrlich E, Farr T, Maxeiner H. Detection of arterial bleeding points in basilar subarachnoid hemorrhage by postmortem angiography. *Leg Med (Tokyo)* 2008; 10(4): 171–6.
[104] Forget TR, Jr, *et al.* A review of size and location of ruptured intracranial aneurysms. *Neurosurgery* 2001; 49(6): 1322–5; discussion 1325–6.
[105] Molyneux A, *et al.* International Subarachnoid Aneurysm Trial (ISAT) of neurosurgical clipping versus endovascular coiling in 2143 patients with ruptured intracranial aneurysms: a randomised trial. *Lancet* 2002; 360(9342): 1267–74.
[106] Cameron HM, McGoogan E. A prospective study of 1152 hospital autopsies: I. Inaccuracies in death certification. *J Pathol* 1981; 133(4): 273–83.
[107] Stein PD, Matta F. Acute pulmonary embolism. *Curr Probl Cardiol* 2010; 35(7): 314–76.
[108] Philbrick JT, *et al.* Air travel and venous thromboembolism: a systematic review. *J Gen Intern Med* 2007; 22(1): 107–14.
[109] Schobersberger W, Schobersberger B, Partsch H. Travel-related thromboembolism: mechanisms and avoidance. *Expert Rev Cardiovasc Ther* 2009; 7(12): 1559–67.
[110] Nashef L, Ryvlin P. Sudden unexpected death in epilepsy (SUDEP): update and reflections. *Neurol Clin* 2009; 27(4): 1063–74.
[111] Rugg-Gunn FJ, Nashef L. Sudden unexpected death in epilepsy. In: Shorvon S, Pedley TA (eds). *Blue Books of Neurology*. Philadelphia: Saunders, 2009, pp. 211–40.

[112] Falconer B, Rajs J. Post-mortem findings of cardiac lesions in epileptics: a preliminary report. *Forensic Sci* 1976; 8(1): 63−71.
[113] Sokrab TE, *et al.* A transient hypertensive opening of the blood-brain barrier can lead to brain damage. Extravasation of serum proteins and cellular changes in rats subjected to aortic compression. *Acta Neuropathol (Berl)* 1988; 75(6): 557−65.
[114] Ikegaya H, *et al.* Accumulation of plasma proteins in Purkinje cells as an indicator of blood-brain barrier breakdown. *Forensic Sci Int* 2004; 146(2−3): 121−4.
[115] Global Initiative for Asthma (GINA). Global strategy for asthma management and prevention updated 2009. Medical Communications Resources Inc, 2010. www.ginasthma.org
[116] Parsons JP, Mastronarde JG. Exercise-induced bronchoconstriction in athletes. *Chest* 2005; 128(6): 3966−74.
[117] Speizer FE, *et al.* Investigation into use of drugs preceding death from asthma. *Br Med J* 1968; 1(5588): 339−43.
[118] Inman WH, Adelstein AM. Rise and fall of asthma mortality in England and Wales in relation to use of pressurised aerosols. *Lancet* 1969; 2(7615): 279−85.
[119] Macdonald JB, Seaton A, Williams DA. Asthma deaths in Cardiff 1963−74: 90 deaths outside hospital. *Br Med J* 1976; 1(6024): 1493−5.
[120] Jackson RT, *et al.* Mortality from asthma: a new epidemic in New Zealand. *Br Med J Clin Res Ed* 1982; 285(6344): 771−4.
[121] Gandevia B. Pressurized sympathomimetic aerosols and their lack of relationship to asthma mortality in Australia. *Med J Aust* 1973; 1(6): 273−7.
[122] Stolley PD, Schinnar R. Association between asthma mortality and isoproterenol aerosols: a review. *Prev Med* 1978; 7(4): 519−38.
[123] Morild I, Giertsen JC. Sudden death from asthma. *Forensic Sci Int* 1989; 42(1−2): 145−50.
[124] Busuttil A. Adrenal atrophy at autopsy in two asthmatic children. *Am J Forensic Med Pathol* 1991; 12(1): 36−9.
[125] Champ CS, Byard RW. Sudden death in asthma in childhood. *Forensic Sci Int* 1994; 66(2): 117−27.
[126] Brook I. Microbiology and management of peritonsillar, retropharyngeal, and parapharyngeal abscesses. *J Oral Maxillofac Surg* 2004; 62(12): 1545−50.
[127] Reynolds SC, Chow AW. Severe soft tissue infections of the head and neck: a primer for critical care physicians. *Lung* 2009; 187(5): 271−9.
[128] Wagner KS, *et al.* Diphtheria in the United Kingdom, 1986−2008: the increasing role of *Corynebacterium ulcerans*. *Epidemiol Infect* 2010; 138(11): 1519−30.
[129] Hargreaves RM, *et al.* Changing patterns of invasive *Haemophilus influenzae* disease in England and Wales after introduction of the Hib vaccination programme. *Br Med J* 1996; 312(7024): 160−1.
[130] McEwan J, *et al.* Paediatric acute epiglottitis: not a disappearing entity. *Int J Pediatr Otorhinolaryngol* 2003; 67(4): 317−21.
[131] Corbett EL, *et al.* The growing burden of tuberculosis: global trends and interactions with the HIV epidemic. *Arch Intern Med* 2003; 163(9): 1009−21.
[132] Mittleman MA, *et al.* Triggering of acute myocardial infarction by heavy physical exertion. Protection against triggering by regular exertion. Determinants of Myocardial Infarction Onset Study Investigators [see comments]. *N Engl J Med* 1993; 329(23): 1677−83.
[133] Willich SN, *et al.* Physical exertion as a trigger of acute myocardial infarction. Triggers and Mechanisms of Myocardial Infarction Study Group [see comments]. *N Engl J Med* 1993; 329(23): 1684−90.
[134] Curfman GD. Is exercise beneficial − or hazardous − to your heart? [editorial; comment] [see comments]. *N Engl J Med* 1993; 329(23): 1730−1.
[135] Siscovick DS, *et al.* The incidence of primary cardiac arrest during vigorous exercise. *N Engl J Med* 1984; 311(14): 874−7.
[136] Knight B. Trauma and ruptured cerebral aneurysm. *Br Med J* 1979; 1: 1430−1.
[137] Knight B, Zaini MR. Pulmonary embolism and venous thrombosis. A pattern of incidence and predisposing factors over 70 years. *Am J Forensic Med Pathol* 1980; 1(3): 227−32.
[138] Knight B. Fatal pulmonary embolism: factors of forensic interest in 400 cases. *Med Sci Law* 1966; 6(3): 150−4.

第 26 章

法医牙科学

引言

法医牙科学是指基于口腔医学的知识解决法医问题，拥有独立的学科体系，依赖于口腔医学而不仅仅是病理学相关知识。因此如果条件允许，涉及牙齿和颌骨的案件建议牙科医生早期介入进行尸检或其他检查。

此类案件需要牙科医生帮助解决专业问题，然而前提是牙科医生要感兴趣或者有能力处理法医问题。同样的问题也存在于病理学、解剖学和其他相关学科，由于该领域的专家缺少足够的兴趣和经验，而很少参与处理法医相关问题。因为法医牙科学家兼具法医学和口腔医学知识，因此能够专业地解决法医牙科学问题，当然全职法医牙科学家只占少数，多数情况是从事口腔医学教学和研究的人员协助完成该类案件。

世界上许多地方法医牙科学家匮乏。在发展中国家甚至可能没有法医牙科学家，就算有也是在其首府的医学院而非首府的其他地区，甚至在欠发达地区，受距离和交通限制，法医牙科学家也无法赴现场检查尸体，只能先将检材保存后运输，再由法医牙科学家对该检材进行查验。在某些情况下，检材证据的提供、经费和案件重要性不足等诸多问题，导致法医牙科学家无法在早期参与查验甚至全程无法参加查验，则只能由病理学家或者法医在调查的初期或者整个过程中来处理牙齿相关问题。

本章仅为医生提供法医牙科学检验的指导，而并非鼓励以病理学家取代法医牙科学家或放弃牙科学检验。必须强调的是，当案件十分严重时，应该集中所有力量为法医牙科学提供援助。本章的剩余部分仅作为理想状态下调查各种原因而无法实现时的“紧急方案”。如果无法在早期获得专业的法医牙科学家的意见，病理学家应尽可能收集和保留详细记录和物理样本，以便后续辅助法医牙科专家进一步检查。

牙科学可以提供的检查主要分为两大类：

- 齿痕分析。
- 对单独个体或者重大灾难后的个体识别。

齿痕

法医牙科学家的两个主要兴趣之一也与病理学家的工作直接相关，即对体表创伤的分析。首先需要关注的是无生命体上的齿痕如食物上的齿痕。这更多属于法医牙科学中的“犯罪学领域”。利用牙齿证据来识别嫌犯留在犯罪场所物体上的齿痕。这很少涉及法医病理学家的工作，除非警察要求他们检查苹果或奶酪等物体上是否留有牙齿异常的嫌疑人的特殊齿痕时[1, 2]。

法医病理学家们还要清楚如何保存齿痕，以

便可以随后被法医牙科学家检查。如果说附有齿痕的物体为黄油、奶酪、猪油、蜡和巧克力等可塑性物体，则可将其储存在冰箱中防止融化或流动。但同时，为防脆性增加和破裂，也不能对其深度冷冻。证据样品的保存方法应尽量依据法医学原则。犯罪现场容易发现被啃咬的水果尤其是苹果，Marshall 等提议使用一种用于提取水果的偏亚硫酸盐液体 Campden 溶液瓶子，或者加入 5% 乙酸的 40% 甲醛水溶液来保存。一般的福尔马林组织液保存效果较差，冷藏保存会使水果枯萎。无论警方采用何种推荐方法进行保存，都应该对样本进行拍照，镜头与齿痕垂直且应附有标有刻度的比例尺（图 26.2）[3, 4]。如果条件允许，应进行唾液提取（见下文）并保存水果以便后期检查。

留在人体的齿痕是十分常见的，尤其在虐待儿童和成人性侵犯案件中（图 26.1）[5–7]。对于前者，齿痕可以在婴儿身上的任何部位，其中以手臂、手、肩、脸颊、臀部和躯干较为常见。以作者经验，儿童身上的齿痕多来自其母亲，但也并不是一成不变的。父母的常见借口是孩子被其他兄弟姐妹或者狗咬伤，尽管有时这种解释是正确的，但多数为父母所为，但也可能是孩子自己造成的[8–10]。因此齿痕的正确检验十分重要，以判断其大小是来自一个成年人还是另一个儿童，或者来自动物，动物齿痕形状与人的齿痕完全不同。

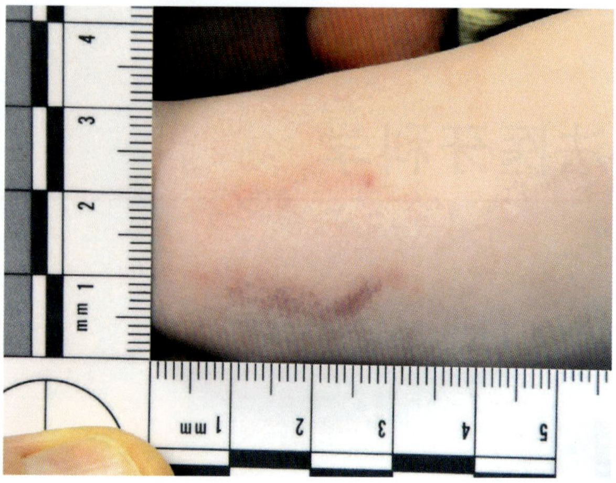

图 26.2　一个 6 周婴儿受到 2.5 岁儿童的伤害后右侧小腿处前方的齿痕，图为伤害发生后 4 天

对于后者，人的齿痕经常发生在强奸或者其他性犯罪案件中。当没有法医或者“警察外科医生”时，病理学家应当承担起对性谋杀或性犯罪受害者的齿痕检查，这也是尸检的重要内容（图 26.3～图 26.5）。

在此类犯罪中，齿痕多有性别指向性或者分布于身体的任何部位。多出现在胸部和乳头，但在颈部、肩、大腿、腹部、耻骨甚至是外阴都可能出现。需要更加关注于辨别那些所谓的“爱的齿痕”，尤其是伴有吮吸出血点，部分由于过度兴奋而出现的接受性性交。但是当损害出现在胸部和乳头部时，更可能具有暴力和虐待因素。一项由 Freeman 等对 778 个齿痕的研究表明，最易

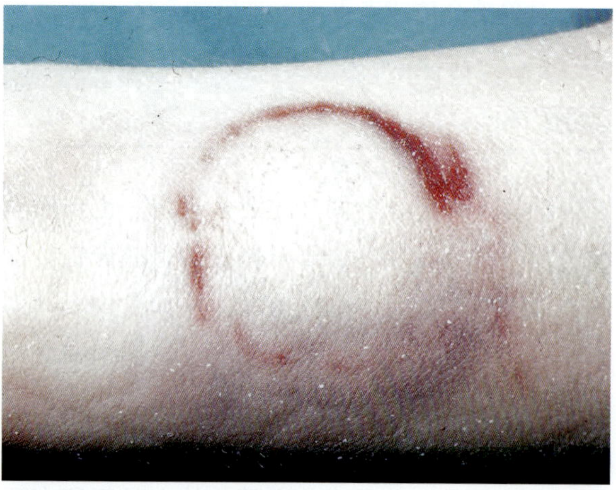

图 26.1　在儿童虐待案件中儿童手臂上的齿痕。施害人为其母亲，齿印在一个象限稍淡，另一侧的缺口较一般小

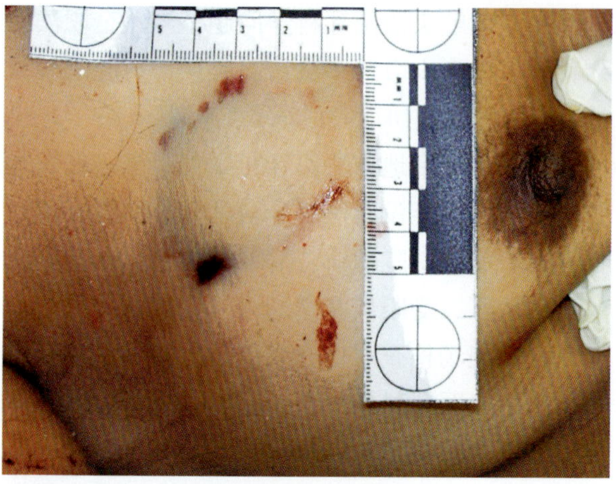

图 26.3　50 岁女性右侧胸部的齿痕，其在性侵过程中被勒死（由 Crisitina Cattaneo 教授提供）

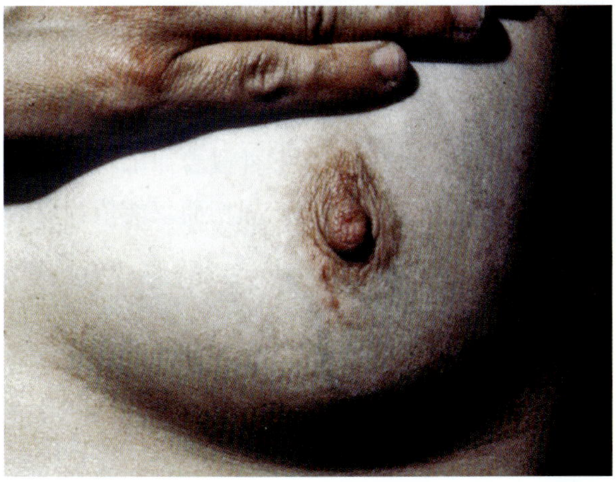

图 26.4 在性侵过程中乳头上的齿痕。此损伤太小无法做牙齿匹配，但是在齿痕处可通过拭子来提取唾液和 DNA 进行行凶者识别

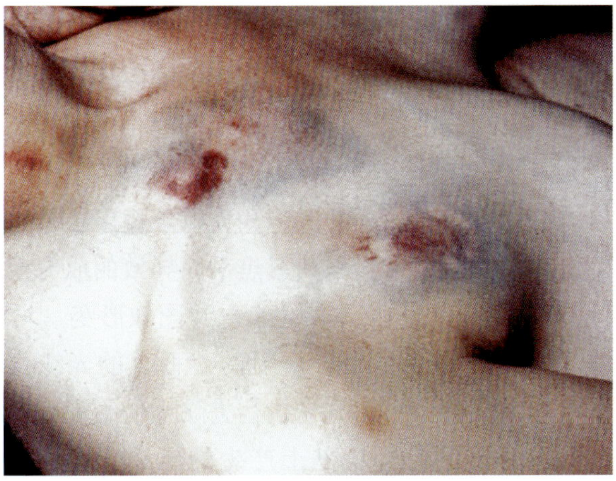

图 26.5 性侵过程中的齿痕。图左侧齿痕没有显著的特征，但是其位置为典型的性指向性的咬伤。另一侧中央有汇流瘀点以及由于吮吸和舌压力造成的红色挫伤。有与下唇相关的半圆形苍白区域，但是值得注意的特征是牙齿闭合时上前牙在皮肤上滑动造成的线性擦伤。两处咬伤周围都有大面积挫伤

出现齿痕的部位是胸部，其次是手臂。如果按性别来划分，男性多发生在手臂而女性多发生在胸部。数据显示，齿痕的位置和数量似乎与犯罪类型和受害者的年龄有关[7]。

当警察在追捕逃犯时也可能出现咬伤。在体育比赛中，尤其是足球和摔跤比赛中以及受害者在被施暴过程中，受害者设法咬伤攻击者时都会出现齿痕。在这种情况下，齿痕可以出现在任何部位，但是手部、手指、鼻部、前臂、耳甚至是口唇更易成为目标。

一些齿痕由自身造成，如面部摔伤导致舌头和口唇咬伤。一些齿痕由受害者自身故意造成，其出于多种动机包括为获得精神障碍的认定而伪造受伤等。各种齿痕（尤其是吮吸型）出现在可以被吮咬的区域如肩和手臂均有自身造成的嫌疑，这种情况多发生在大龄儿童和青春期女孩。

齿痕自然形态

尽管称为齿痕，但是对皮肤造成印痕的口腔组织成分可能不全是牙齿。如果用力啃咬，口唇也会在皮肤上留下短暂的印痕，尤其是在儿童身上，这种印痕存在时间短暂，很快就会消失，除非其伴随有瘀点，否则不会持续至死亡。吮吸可以导致大量的点状出血点，由小瘀斑或大瘀斑融合形成中央汇合的挫伤（图 4.21）。

人类齿痕仅显示小部分牙弓，多由尖牙到尖牙的前牙区造成，两侧形成由上下颌分离造成的左右一致的间隙。人类的齿痕为近圆形或浅椭圆形。较深的抛物线形牙弓或者“U”形牙弓多来自动物[11-15]。这些牙齿可以产生清晰、独立的痕迹或者因相互碰撞而形成连续或间断的断线痕迹。随着时间的流逝，清晰的齿痕开始扩散并且模糊，逐渐失去其原有形状。但是皮肤上的擦伤在结痂愈合之前，表面仍会保留完整的原有形态。

齿痕可能由于擦伤、挫伤、裂伤或者以上两种或三种情况的组合而形成。齿痕的清晰度由多种因素决定。若齿痕的外形不规则或者呈弯曲形，则提示仅有一部分牙列与软组织接触。若咬合时有压迫性作用，则会导致大面积皮下出血并横向扩散，使边缘线模糊。若咬伤发生于数天前，则擦伤和撞击伤会恢复，出血被吸收使得存留的可识别信息减少。当牙齿咬合时，最典型的表现是上、下颌牙末端有一定距离的弓形结构，包括它们上下相对的凹陷区。在齿痕中有时也会出现没有牙齿印痕的吮吸瘀点，也称作“爱的齿痕”。这是由于口唇紧贴皮肤形成密闭空间，通过吮吸使其中的空气气压降低而产生，导致皮下小静脉破损形成出血瘀斑。如果用力吸吮会导致瘀点融合而形成严重的挫伤甚至是血肿。此外，舌通过推挤组织远离上腭产生的压力会加重挫

伤，这种损害常发生在性爱或者性侵案件中女性的脖子和胸部。这在儿童虐待案件中也不少见，但有时也出现在自残事件中。这种吸吮性损伤一般由人为因素造成，若谎称其为家养宠物造成则可以立即被揭穿。

咬伤常常由牙齿在相对平坦的皮肤表面造成，常伴有组织的嵌入。在性侵犯过程中的咬伤，尤其是胸部或乳头，软组织通常先被吸入口腔然后再被咬伤。这样当皮肤组织再次松弛或变平时自然会影响齿痕的形状。

有时齿痕可能不是两条相对的牙弓，而更像是一条直线。这种情况常指上颌切牙刮掉皮肤组织留下一系列平行的印痕，有时长约数厘米。

下颌切牙可能在上切牙印痕下方留下一条曲线印痕或者断续的线，这是由于在闭口运动中，下前牙在上前牙形成齿槽印痕后进而在其相对的位置由下前牙嵌入皮肤。

齿痕检验主要解决的问题是辨别施暴者，因此，如果没有经验丰富的牙科医生参与，问题很难解决。除非牙列，尤其是切牙和尖牙有明显的特征，否则在法律纠纷中非牙科医生的证明效力可信度较低。一些法医牙科学家认为齿痕在识别过程中仅可以排除嫌疑人，就是说当嫌疑人的牙齿与齿痕不相符时可以排除其犯罪嫌疑，但是不能因为齿痕与嫌疑人相似而直接认定其为施暴者。鉴于许多法医牙科学家对该观点存在争议，对于法医病理学家来说面对这种问题除非前牙区有明显特征，否则不可以由此直接认定施暴者嫌疑。

缺失的牙齿、异位严重的牙齿、实质性缺损的牙齿或者明显不连续的牙齿都可以帮助进行个体识别，这在排除嫌疑认定中很有效，尤其是在儿童虐待案件中涉及家庭内的特定人群。

对于法医病理学家而言，认识到齿痕鉴定的局限性非常重要，因此建议他们收集好物证以便法医牙科学家进一步认定。

齿痕调查

如前所述，应尽一切努力收集证据以方便专家之后进行分析。首先要对齿痕进行仔细和全方位拍摄。如果有警方介入，病理学家或法医病理学家应指导其获取重要特征。如取证照片，尽管是技术方面的专家也不希望因拍摄角度欠佳或拍摄画面不全而为后续检验带来麻烦。尤其是在若干天后，专家们回顾案件或者律师将其递上法庭时，已经无法看到原始损伤而仅能依赖取证照片。

照片应该从各个角度拍摄尤其是垂直方向，使胶片与损害区域为直角。一些警方取证人员坚持拍摄切线镜头，这样容易缩短损害区域的真实形状。在尽量接近损害的区域应放置一个精确的标尺，但是该标尺不能触及或者遮蔽损害区域的任何细节。如美国法医牙科学委员会（American Board of Forensic Odontology，ABFO）推荐的特殊标尺，其包括两个呈直角的标尺以及一个通过其交点的正圆用以校正拍照导致的形变[3]。

齿痕经常在曲面如面部、胸部或者胳膊等部位被发现，因此无法在平面上重建，这可能会导致末端轻微缩短的现象，但从不同角度拍摄可以克服这一问题。小的透镜孔径以及短聚焦长度可以避免由于损害区偏离聚焦平面导致的成像模糊，过短的聚焦长度本身也会导致图像形变。

拍照时光线是十分重要的，垂直的光线会导致细节缺失，而侧方光线会去除小的不规则区域，尤其是牙齿在皮肤上产生的压痕。应该同时拍摄有清晰焦点和合适曝光率的黑白照片与彩色照片。推荐使用红外感光胶片来显影不清晰的瘀斑，但依然会有伪影。无论是使用短聚焦距离还是长聚焦距离，损伤区域应该尽量占据照片的主要构图并且应该拍摄到尽可能多的细节。应拍摄更多的一般镜头及广角镜头照片，以便于确定齿痕和相关解剖标志点的位置关系。在拍摄过程中，应注意防止由于高能钨丝灯位置过近导致皮肤温度升高。这些设备应该距离皮肤有一定距离或者仅短时间使用。闪光灯可以避免皮肤烧伤的危险，从而避免齿痕发生形变。

齿痕拍照完成后，应该获取齿痕处的拭子以便获取唾液斑。尽管不总是有效，但这种方法对施暴者进行 DNA 个体识别分析有重要作用。一些专家建议先将无菌棉签用生理盐水或清水沾湿再轻柔地在齿痕上摩擦，如果样本干燥，则直接送 DNA 实验室，否则应该进行冷冻。

在拍摄照片和提取无菌拭子后，若缺少牙科学家的帮助，病理学家可以做的事情很少。如果设备允许并且操作者有经验，可制作齿痕的模型[16-18]。这个过程包括用可塑性材料覆于齿痕表面，待其硬固后制作出损害区域的阴模。此程序主要使用含有催化硬化剂的橡胶或硅基介质。满意度较差的材料为水基糊剂，如熟石膏，需要在其液态时置于表面，待其硬固后再移除。这种材料齿痕区域容易受到破坏，后期仍需要进一步检查。由一个病理学家完成上述过程是不可能的，因此该过程常由牙科医生或者曾经制作过其他印模的法医学家来完成，完整的印模应该后续交给法医牙科学家进行检查。目前，也可以使用非接触的 3D 扫描来重建损害区域形状和大小[17-21]。

在验尸之后，可以将携带有齿痕的皮肤组织移除并在福尔马林中保存以便后续检验。皮肤缩水和形变在此过程中不可避免，因此，无法单独用此样本进行精细的齿痕匹配，但若可以获得含有精确标尺的高质量照片，则其可作为齿学证据的有效补充。

同所有的擦伤和挫伤一样，建议在第一次尸检之后过几天重新检查尸体，病损外观可能会明显增强。对齿痕而言，原先模糊的损害在死后 1～2 天将变得更加清晰，消失的损害也会出现。如果想要确定这种效应是否会出现，建议延迟移除缺损部位的皮肤，除非由于气候条件或者缺少制冷设备无法很好保存的尸体。

嫌疑人牙列与齿痕的匹配

对于一名病理学家而言，很少尝试这样专业性较高的工作，除非当时或者之后一段时间没有法医牙科学家。如同先前所提到的，除非齿痕和嫌疑人的牙齿上均有十分明显的特征，否则齿痕分析仅可依据与嫌疑人牙列缺乏相关性，而排除一定数量的潜在施暴者。如果牙列和齿痕均没有明显特征，也没有专业的牙科学意见，那么就连排除嫌疑也无法实现。当仅有病理学家可以参与调查时，应该依据以下原则开展工作：

- 被警方列为嫌疑人的个体以及可以接触到受害者牙齿的个体都应被检查。在多数司法权规定中，检查前需要获得上述个体的知情同意。医生需要解释将要进行的操作以及进行该操作的原因。需要明确的是，上述操作是为了司法调查，结果将用作证据而并不与诊断或治疗的个人福利相关。

任何拒绝行为都会阻碍后续行动。当处理涉及儿童的案件，尤其是虐待儿童案件时，必须获得其父母或者监护人的知情同意。知情同意最好手写，许多警察还为此制订特殊的表格。如果不是手写的知情同意，至少要获得口头同意。口头同意至少要有一个见证人，见证人最好由不相关个体或警察以外的独立人士担任。

- 获得知情同意后，检查牙列并通过图表和文字记录以下要点。如果该牙列与齿痕可能相关或者完全不相关时应该拍摄照片。
  - 是否有全口义齿或者局部义齿，如果有，在事故发生时是否佩戴义齿?
  - 上下颌牙列的数目。
  - 记录缺失牙的图谱，尤其是切牙和尖牙。
  - 记录咬合，是否为对切咬合，是否有下前牙前突。
  - 记录缺损的牙齿或者有显著畸形的牙齿，并对其进行画图记录和描述。
  - 记录任何不规则或有明显变化的前牙切缘轮廓。
  - 评估所有牙齿的大小和突度，尤其是尖牙和前牙，以及任何发育异常，如前牙区多生牙。
  - 记录任何牙齿的方向异常，如前后向倾斜或扭转，间隙和不规则间距是重要的因素。

虽然病理学家可能缺少经验或者缺少材料来制取牙齿印模，但是如果无法获得牙科医生帮助，也可以求助于当地牙科医生以获得蜡或其他咬合记录方式。如果仍然行不通，还可以尝试使用任何可塑性材料制取咬合印模，如使用黏土、橡皮泥或者蜂蜡等材料制取模型，这比什么都不做要好，尤其是需要记录一些独有的特征时。最后，无论是从对牙齿的观察检查角度还是来自模型的比较角度，都应尝试将齿痕特征与嫌犯的牙列进行对比，当然这一阶段已经假定排除由动物造成咬伤的可能性。

可通过多种方式进行比较，不同的法医牙科学家有自己的工具和技术。如果明显的畸形出现在牙齿中，并且畸形牙也作用于病损区，那么应该在齿痕中有所体现。一些法医牙科学家更喜欢匹配齿痕照片与牙齿照片或印痕，前者打印比例要求 1∶1。牙齿印痕来自模型的咬合记录，通过在前牙切缘处涂抹墨水并将其转移至透明薄片进而拍摄成照片来确定相关性。另有一些法医牙科学家喜欢把牙齿照片放在齿痕照片上对比，这种操作同样需要确认对应的放大率。

在齿痕中，有齿印是更好的证据，换句话说，齿印表明牙槽骨上附有牙齿，但是齿印中的缺口区域则可能就是该处牙缺失或者该处的边缘没有在皮肤上形成印痕，这可能是由牙冠较短、不均匀或者牙齿磨损所致。在匹配齿痕和嫌疑人牙齿的过程中，必须考虑到牙齿咬入过程中皮肤表面的变形和牙齿咬入的角度。需要再次强调的是排除嫌疑比正面认定嫌犯的做法更加安全，除非在牙列中有一些独一无二的特征。

在实践中，6 颗上前牙和 6 颗下前牙可提供的信息最多。当尖牙突出且尖锐时可以为案例提供特别的帮助。前磨牙和磨牙使用较少，这是由于他们的外形较低且处于颌骨后部。

与人们所想的不同，因为牙列的角度和弧度有大面积重叠，成人和儿童的齿痕难以从量化的角度加以区分[22]。

牙齿的个体识别

法医牙科学的主要贡献在于身份识别领域，特别是在像空难和海难等群体性灾难中[23-28]。在空难中，牙齿信息调查和 DNA 分析是识别肢解和烧毁尸体身份最成功的手段，因为多数情况下乘客清单提供了可以获得牙科记录的特定人群信息[29]。在此类灾难中，牙科医生的参与是必不可少的，但对象的规模太大而无法试图写一本这种性质的书。

除了大规模伤亡外，法医牙科学还经常用于法医病理学家直接关注的个人身份问题，如因为事故、自杀和谋杀导致的多数尸体身份不明的案件（图 26.10）。

与第 3 章中讨论的骨骼残骸（牙齿证据是其中的一部分）一样，有两种主要的调查途径：

- 重构一般身份，试图明确不明身份人员的年龄、性别和种族。
- 比较鉴定，根据生前口腔记录确认或排除个体身份。

再次强调，当没有法医牙科学专业知识时，病理学家只能以“次优”的方式扮演牙科医生的角色。与咬痕不同的是，这种材料可能保存的时间更久，并且在可能的情况下，病理学家应保留照片、图表甚至是真实牙列，以备有专业的口腔意见可供参考。然而，当刑事调查的时间紧迫，并且无法获得牙科医生帮助时，尽管对口腔影像或牙齿切片等特殊技术不太了解，病理学家也必须尽其所能完成调查。

重构一般身份

与骨骼遗骸不同，人类来源的牙齿检材很少受到质疑。在严重腐烂或骨骼化的尸体中，颌骨通常完好无损，但在干燥的骨骼中，牙齿可能会变松并脱落，尤其是单根尖牙和切牙。

即使在碎片化的尸体和骨骼中，下颌残骸和牙齿也很容易辨认，即使是外行人也是如此。在牙齿脱落被单独发现的情况下，它们通常仍然可以被识别为人的牙齿，而不是被识别为大多数家养或农场动物的牙齿。在存在大型灵长类动物的国家，可能会有一些混淆，但是比较少见。确定了人类来源后，下一个判定是性别，这里牙齿的鉴别价值很差，尽管完整的下颌骨更有帮助，如第 3 章所述。尽管男性牙齿较女性大，但鉴别作用不显著。

女童的牙齿钙化和萌出比男童要早。尽管根据骨骼推断性别更为准确，但在骨骼年龄已知的情况下，仍可根据牙齿萌出早晚判断性别。即使在拔牙或个体死亡后的数月内仍可从牙齿中提取到牙髓组织，可通过 DNA 确定性别。

根据牙齿判断种族也较为困难，最显著的特征是蒙古人种的铲形上中切牙。这些牙齿的后表面中央有一凹陷，有两个边缘条，使牙齿的舌面看起来像一个带有卷边的煤铲。该牙齿特征主要在中国人、蒙古人、因纽特人和日本人群中出现，但在少数非蒙古人种中也有发现。大约 91% 的中国人和日本人、95% 的美洲原住民、84% 的因纽特人、46% 的巴勒斯坦阿拉伯人、90% 的芬兰人可以出现这种牙齿，但在黑种人和澳大利亚原住民中很少见。在高加索人群中，上颌的侧切牙通常比中切牙小，尤其在女性人群中，这一特征在黑种人或蒙古人种中不存在或不太明显。高加索人也有长而尖的尖牙根，这是蒙古人种所没有的特征。釉质结节是牙齿釉质表面的小结节，在蒙古人种牙齿中更为常见。上颌磨牙舌面上的小结节，称为卡氏尖，在白种人中最常见，在其他大多数种族中很少见[30, 31]。牛牙或“牛牙症”在蒙古人种中最常见：磨牙牙髓腔宽而深，根部融合弯曲。上颌第三磨牙先天缺失在蒙古人种中最为常见，但可发生在任何种族中。黑种人牙齿偏大，并且他们的磨牙上通常有更多的牙尖，最多可见 8 个，下颌第一前磨牙有两个舌侧尖是另一多见的特征。

牙齿与年龄息息相关，尤其是在生命的前 20 年。乳牙的萌出顺序是明确的，且与恒牙形态不同（图 26.6）。这只是一个牙齿萌出的平均时间表，具体时间容易受到性别、种族、饮食、疾病和环境多种因素的影响。同样，根据牙齿推断年龄需要利用口腔医学专业知识来提高准确性。通过胎儿牙齿判断年龄也需要胚胎学家或牙科医生的专业知识。在第三磨牙萌出且根尖孔闭合后推断 30 岁左右成年人年龄变得十分困难。法医牙科学在成人年龄推断方面进行了大量研究，Gustafson 在这一领域是比较著名的[32–36]。

Gustafson 提出的成人年龄推断方法已被评估牙骨质半透明性、牙周病和牙齿长度（在第 3 章介绍）的 Lamendin 法以及通过 X 线评估牙髓腔增龄性变化的方法所取代[37–47]。

然而，向病理学家讲述这些程序和方法似乎意义不大，因为他们需要专门的技术、设备和知识，还要查阅法医牙科学教科书和原论文了解标准细节。

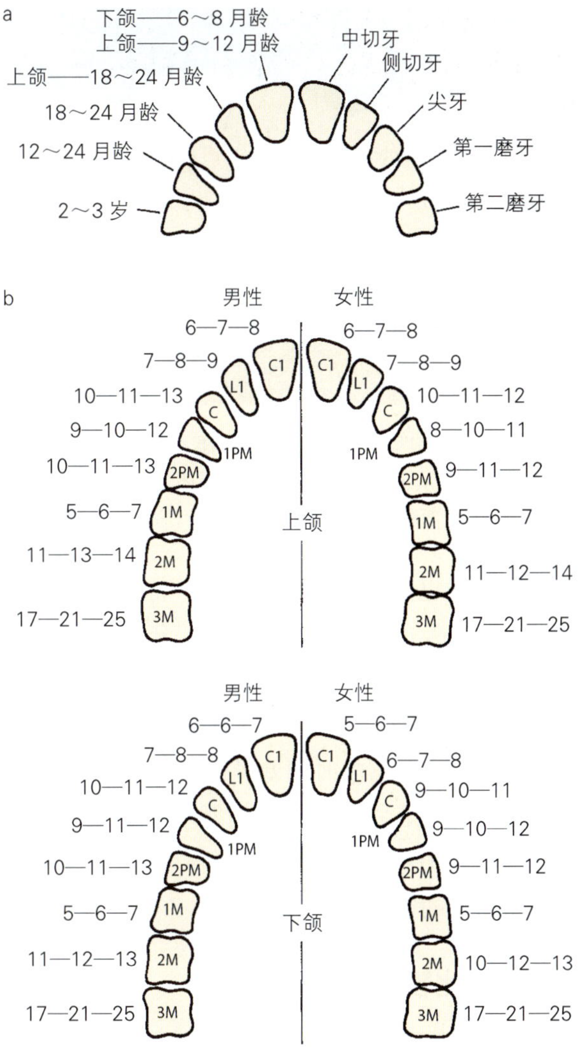

图 26.6　（a）乳牙萌出时间（平均时间）；（b）恒牙萌出时间；分别显示早萌、正常萌出和晚萌时间，中间为正常萌出时间

从一般的增龄性变化而言，比较明显的指标是牙齿磨耗、清洁度和表面颜色的状态，这些指标可能会随着年龄的增长而变化。然而，多数变化取决于口腔护理情况，而牙齿磨耗则会随着年龄增加而显著，同时喜好偏硬食物的饮食习惯也会加速牙齿磨耗。在西欧，一些陈旧骨骼遗骸仍可见到磨耗严重的牙齿，有时甚至已经磨耗至牙龈水平。这通常表明，这些骨骼和牙齿来自 19 世纪中叶或更早的人类，即在现代碾磨方法能够从面粉中去除磨石粉尘之前的时期（图 26.7）。

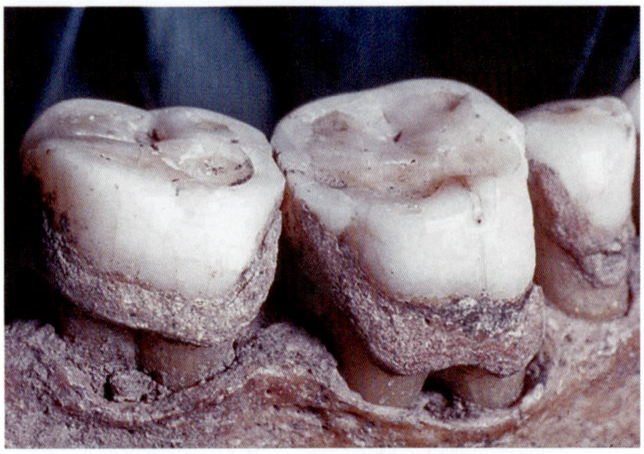

图 26.7　19 世纪早期的严重牙齿磨耗。偏硬的饮食习惯导致牙齿磨耗从而暴露牙本质，当时还未出现现代研磨方法，食用的面粉中可能含有石粉

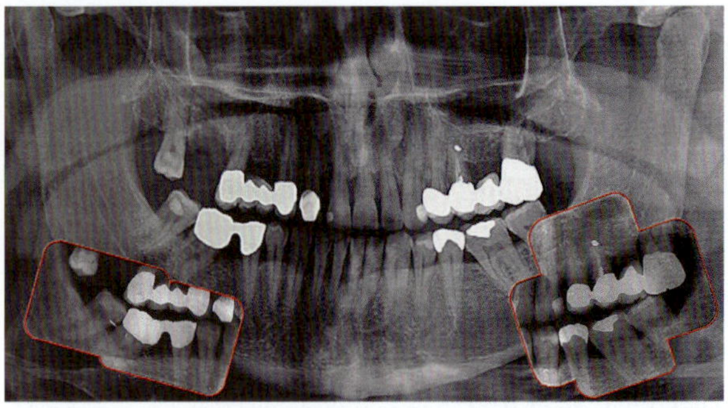

图 26.8　死后根尖 X 线片（红框区域）和生前曲面断层片的牙科学比较。个体识别基于以下特征：13-14-15 连冠，基牙为 13，15；12 单冠；24-25-26-27 连冠；25 牙髓金属桩和靠近根尖的高密度影像存在；23、34、35、36 和 47 存在充填体；45 和 46 牙冠相接处的金属连接体（Cristina Cattaneo 教授授权转载）

无牙颌也是增龄性特征之一，特别是在口腔医学还未普及的较早时期，即使是年轻人也经常由龋齿导致全口牙齿脱落。一旦牙齿脱落，牙槽骨边缘就会萎缩，但这是一个较差的年龄推断指标，因为牙齿脱落的时间差异很大。

近期，也有将来自牙髓的氨基酸（尤其是天冬氨酸）外消旋性作为年龄推断方法，但这是一个非常专业的领域[48-58]。

牙齿比较鉴定

为了确定个体身份，需要将观察到的牙齿特征与预先保存的口腔记录相匹配，后者可以从之前的诊断和治疗记录中获得（尽管有些人没有生前的口腔治疗记录，也可以通过对比生前的微笑照片所显露的上颌牙弓进行鉴定）（图 26.8）[25-28, 45, 59-61]。要使用这种方法，必须满足以下条件：

- 一些附带证据可以证实尸体身份信息，以便寻找就医记录。
- 也可以在特定人群中匹配口腔记录。例如，飞机或轮船上已知的乘客信息或登记在册的失踪人员信息。而要比对一个城市甚至整个国家的庞大人口的口腔数据很难实现。英国曾尝试将国家卫生服务局的口腔记录电子化，以便在数据库中进行搜索匹配，但数据匹配的结果和质量不尽如人意。
- 身份不明人员有口腔治疗史。就诊的医生或者医院已知；就诊记录可追溯，并且包含足够的临床信息以提供特征识别。口腔 X 线片常常是有效的信息。然而，多数情况下这些标准并不能得到满足。

口腔记录需要包括生前最近一次的牙列和颌骨情况，也可能出现死者生前在其他医疗机构接受过治疗却没有留下相关信息的情况。如果出现口腔记录与死者的口腔状态不符，可能存在以下两种可能：

- 如果记录表明某些条件是不可逆的，但在死者体内并不存在，则可以排除匹配。例如，如果口腔记录表明某颗牙齿已被拔除，但死者颌骨内仍可见该牙齿，则可以确定身份信息不匹配。
- 如果牙齿中存在充填体，但口腔病例中没有记录，那么这些治疗可能是后来发生的并且没有记录。当然，只有排除了第一点，第二点存在的差异才可以接受。

绘制牙齿图谱

在没有法医牙科学专业人员的情况下，记录尸体牙列状态的最佳人选自然是牙科医生，对他们来说，这就是日常工作。他们绘制的牙齿图谱可用于将来的个体识别程序。在仅有病理学家在场的情况下，就需要绘制牙齿图谱，这也是本章关注的内容。不幸的是，经过多年努力虽然有许多不同绘制颌骨内容的方法出现，但仍无国际公认的记录系统。出于个体识别的目的，病理学家对牙齿数量、位置和状态的记录在未来都可以转换为必要的任一图谱。

记录图谱的主要方法有两种：第一种是英国国家健康服务等大型口腔服务机构常用的图谱，如图 26.9 所示。另一种是使用更图像化的牙齿表示方法，其可以更精确的方式记录牙齿特征。这两种方法以及衍生出的其他方法，都有描述牙齿位置的符号，包括 4 个象限，右上、左上、右下和左下。然而，编号顺序存在相当大的差异，特别是涉及从左到右以及从上到下的过渡点时，常常容易混淆且通常不可互换。病理学家不必过多关注这个问题，因为他们绘制的图表总是可以转变成以后需要的任何图谱系统。例如，如果一个未知身份的尸体牙齿记录被绘制在一张常用图表上，随后当获得潜在“身份”的牙齿记录时，则该记录可以转入与临床记录相同的系统中。如口腔记录与尸体存放地点不一致时，可以通过电话、传真、电子邮件或其他的通信形式来传输信息。这在空难等交通事故中尤其重要，因为在这些事故中，受害者的居住地可能远离死亡现场。

在图表或解剖图上，每颗牙齿都由一个图形符号表示，该图形符号提供与口腔中相对应牙齿数量一致牙齿表面。门牙和尖牙有 4 个表面，而前磨牙和磨牙有一个额外的面，即咬合面。在这些图表上，标记了填充物、牙冠、龋齿和损伤的位置，当然，缺失的牙齿也被删除了。

在绘制牙齿图谱时，法医病理学家需要相关个体有良好的口腔暴露，这是首要问题。在相对新鲜的尸体上，因尸僵作用可能要用较大力气才能打开口腔。但是在打开尸体口腔时，不应使用过大的力量，尤其是不能使用金属器械撬开尸体口腔，因为这可能损坏到牙齿。如果作用于下颌上压力无法打破僵硬状态，或者在没有时间等待僵硬消失的情况下，可能需要将尸检切口延伸到颈部呈“V”形并从面颊下剖开皮肤，以获得咬肌和颞肌的通道，然后从下颌骨的上方将上颌骨与下颌骨分开，使下颌变得可移动。在此过程中必须注意不要损坏面部皮肤。

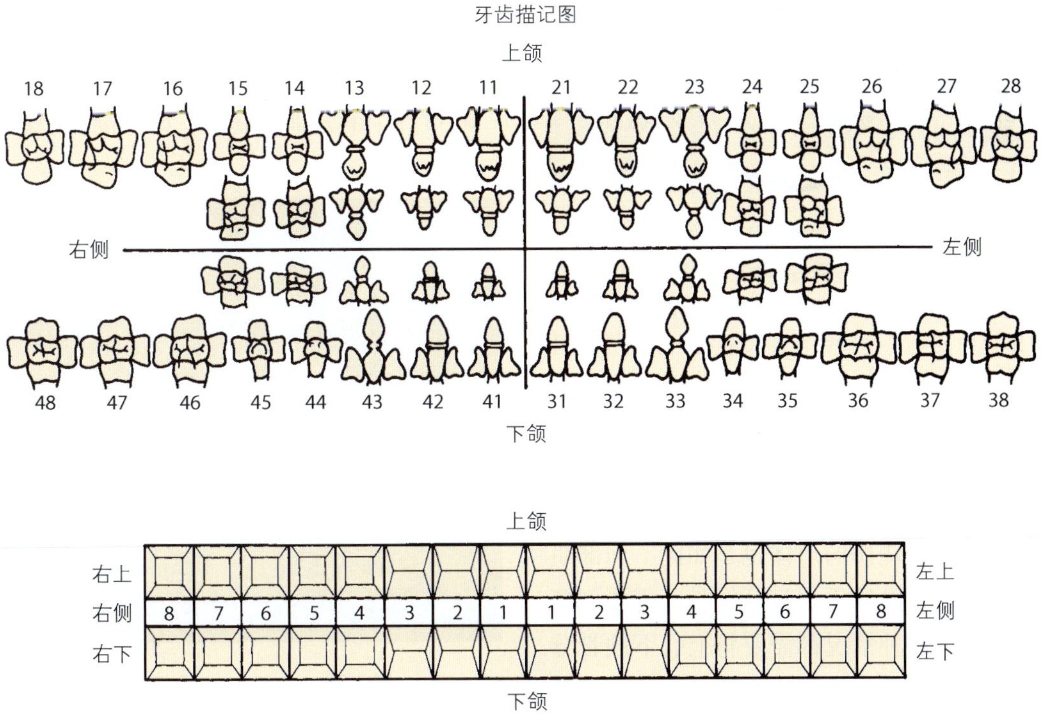

图 26.9　用于记录牙齿特征的多种图表中的两种。上图表为国际刑警组织设计的“牙齿描记图”。该图表显示每颗牙齿的每个表面，包括乳牙。下图表为英国国家医疗服务局使用，设计简单。两个图标牙齿颊侧均位于顶部和底部，牙齿舌侧与颊侧相对

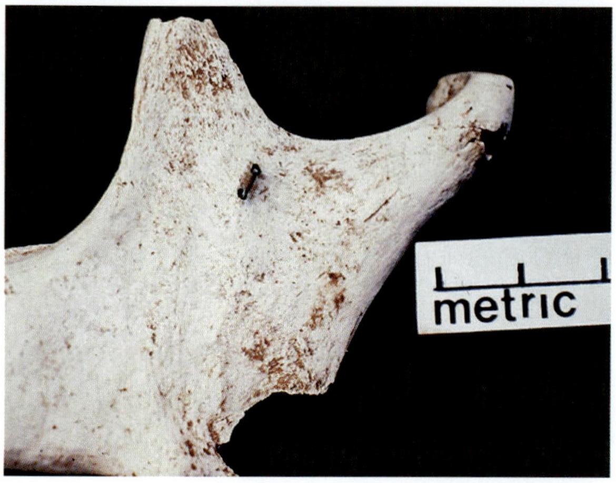

图 26.10　排除凶杀案的捷径。一具颅骨被发现埋在郊区的花园里。当看到下颌骨升支带有一根用于连接弹簧以将下颌固定到颅骨上的铜丝时，最初的凶杀案怀疑被否定了。警方调查证实，这所房子以前属于医学院的一名教职员工

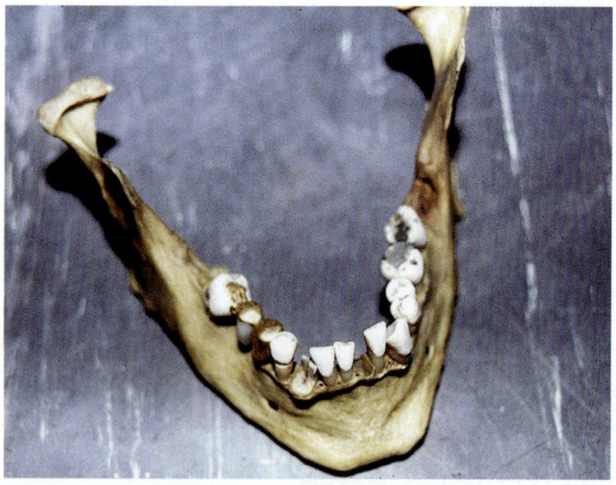

图 26.11　在可疑情况下发现的骨骼尸体的下颌骨。仅根据牙齿特征确定身份，如下颌右侧的贵金属桥和树脂填充牙以及众多的银汞合金填充物。从与医院获得的口腔 X 线片的比较中证实了这些特征。具有突出的方形联合区域的下颌通常是男性

当尸体发生腐烂时，一般不会出现僵硬。如果尸体严重腐败，则不需要再考虑美观，可彻底地去除颌骨。严重烧伤的尸体也是如此，面部肌肉的热收缩可能会导致无法打开颌骨，需要剖开局部软组织。这两种情况都需要将上、下颌骨分别保存以备后续检查，从而确定死者身份。下颌骨可以在颞下颌关节处分离并完整地将其移除。上颌骨下部，包括上颌、上颚和面部骨骼的下部，可以在摘取下颌骨后去除。这是通过在鼻孔下边缘水平用锯切开上颌骨来完成的，注意不要损伤任何牙根。拍照和制图后，颌骨可以保存在冰箱中，也可以清除软组织后作为干骨保存。同时，应牢记随着现代 DNA 鉴定技术发展，应保留部分软组织以备后续测验。当然，任何全口或局部义齿或任何其他类型的义齿都要记录下来，并安全保留以供检查。即使是无牙颌的人也可能因牙龈或上颚上的压力痕迹而显示出戴过义齿的迹象。在可能的情况下，应尽量对不明尸体的头部进行 X 线片或 CT 检查（如第 3 章所述），通过其他非牙齿特征如颅骨测量或额窦进行个体身份识别。同时，X 线片也能显示头部或牙齿表面观察不到的特征，如断针、断根或先天性异常，这些特征可能与临床影像或生前记录相匹配。影像学在法医牙科学中占有特殊的地位，但专业技术和知识可能超出了病理学家的能力范围（图 26.12，图 26.13）。

当成功通过不同方式检查牙弓时，需要在图表上寻找并记录以下特征：

- 拔牙创——无论是近期的还是远期拔牙创都应该从牙槽的状况中记录下来。
- 充填物——包括数量、位置和成分。
- 修复体——包括金、瓷或不锈钢。
- 口腔中的其他修复体，如桥接或牙套。

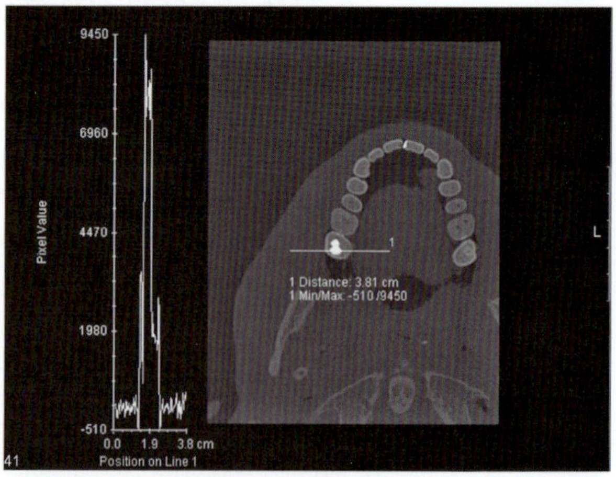

图 26.12　使用 CT 进行尸检成像可以快速了解牙齿状态，并有助于通过测量放射密度［称为亨斯菲尔德单位（HU）］来检测、定位和识别尸体中的任何异物。该图显示了高分辨率 CT 重建的牙列。修复材料填充物密度为 4 000～9 000 HU（经 C. Jackowski 教授许可转载）

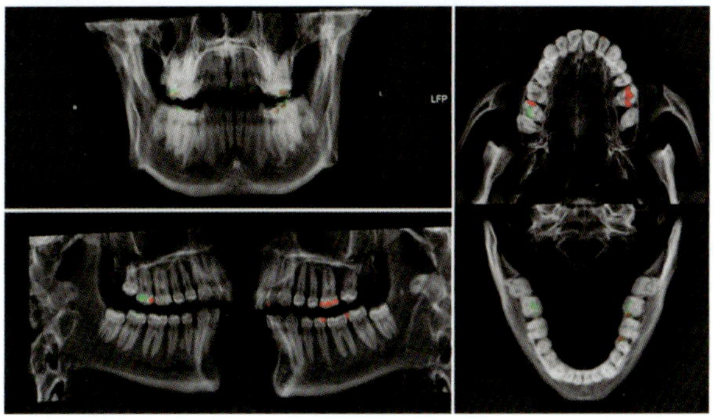

图 26.13 使用专用 VR 预设对与图 26.12 中相同的数据集进行体积渲染，可以对不同填充材料进行颜色渲染，从而使牙列中感兴趣的投影可视化（经 C. Jackowski 教授许可转载）

- 牙冠。
- 损伤牙。
- 牙齿、颌骨或牙龈的病理状况。
- 先天性缺陷——如釉珠、卡氏尖或异位牙。
- 错位牙——如旋转或倾斜。
- 口腔卫生状况——包括龋齿、牙菌斑、色素牙和牙龈炎。
- 种族特征——如铲形上中切牙或多尖磨牙。

当所有可用信息都被检查并录入图表后，就可以与任何生前记录进行比较。这些记录通常不如尸检图表详细和准确，很大程度上取决于这些记录的质量和日期。如前所述，必须考虑到临床记录有时会比较陈旧。匹配的过程需要有经验的牙科医生，其主要工作就是核对尸体牙齿特征和患者生前口腔记录情况，包括缺失牙、充填物、修复体和重大创伤和其他异常（图 26.11）。

临床图表上没有描述但在尸体颌骨中出现的特征即可以排除匹配——尽管现在口腔技术发展已经取得了令人瞩目的成就，但充填材料不会消失，拔除的牙齿也不会恢复。牙齿信息匹配成功即可认为个体身份成功识别是常识问题，当然也要考虑其他非牙齿因素，如牙齿特征可以匹配并且表明是女性，然而其他信息清楚地表明失踪者是男性。最后，为了避免重复工作，必须再次强调，尽管法医病理学家可能是数据和物证的收集者，但如果物证非常关键（如在凶杀案调查中），哪怕需要将这些详细记录通过邮件发送到另一个国家，也必须尽一切努力让法医牙科学专家对材料进行评估。

粉红牙

在对腐烂的尸体进行尸检时，有时会看到牙齿呈明显的粉红色，尤其是在牙龈线附近。通过对这种有趣的现象进行的大量研究表明，颜色是牙本质被血红蛋白染色所导致[62-71]。曾经认为一氧化碳在变色中发挥作用，但这种观点已经被否定。该现象是窒息性死亡的特征的说法也不准确，尽管可能提示器官存在显著“充血”的死亡原因，但这是一种非特异性特征——由于牙髓中的血液滞留而导致粉红色（图 26.14）。

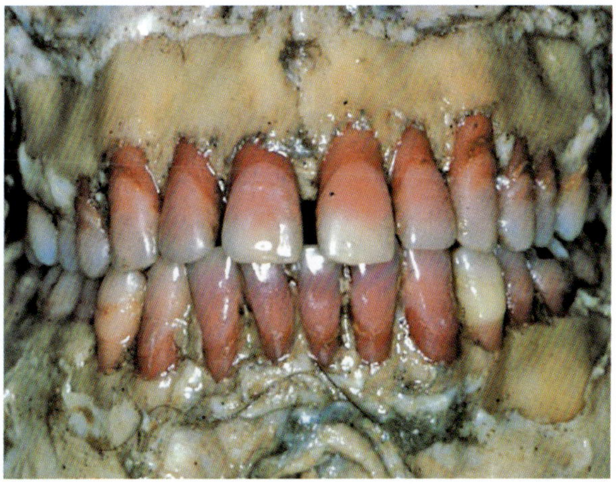

图 26.14 一具腐烂尸体的粉红色牙齿在因吸毒过量死亡后被丢弃在农村。体内没有一氧化碳，粉红色是由血红蛋白染色牙本质引起的（经 David Whittaker 教授许可转载）

（郭昱成 高原 译）

参考文献

[1] Marshall W, Potter J, Harvey W. Bite marks in apples – forensic aspects. *Criminol* 1974; 9: 21–6.
[2] Webster G. A suggested classification of bite marks in foodstuffs in forensic dental analysis. *Forensic Sci Int* 1982; 20(1): 45–52.
[3] Hyzer WG, Krauss TC. The Bite Mark Standard Reference Scale – ABFO No. 2. *J Forensic Sci* 1988; 33(2): 498–506.
[4] Wright FD. Photography in bite mark and patterned injury documentation – Part 2: A case study. *J Forensic Sci* 1998; 43(4): 881–7.

[5] Jessee SA. Recognition of bite marks in child abuse cases. *Pediatr Dent* 1994; 16(5): 336–9.
[6] Banaschak S, Brinkmann B. The role of clinical forensic medicine in cases of sexual child abuse. *Forensic Sci Int* 1999; 99(2): 85–91.
[7] Freeman AJ, Senn DR, Arendt DM. Seven hundred seventy eight bite marks: analysis by anatomic location, victim and biter demographics, type of crime, and legal disposition. *J Forensic Sci* 2005; 50(6): 1436–43.
[8] Anderson WR, Hudson RP. Self-inflicted bite marks in battered child syndrome. *Forensic Sci* 1976; 7(1): 71–4.
[9] Sobel MN, Perper JA. Self-inflicted bite mark on the breast of a suicide victim. *Am J Forensic Med Pathol* 1985; 6(4): 336–9.
[10] Warnick AJ, Biedrzycki L, Russanow G. Not all bite marks are associated with abuse, sexual activities, or homicides: a case study of a self-inflicted bite mark. *J Forensic Sci* 1987; 32(3): 788–92.
[11] McCarty VO, Cox RA, Haglund B. Death caused by a constricting snake – an infant death. *J Forensic Sci* 1989; 34(1): 239–43.
[12] Lauridson JR, Myers L. Evaluation of fatal dog bites: the view of the medical examiner and animal behaviorist. *J Forensic Sci* 1993; 38(3): 726–31.
[13] Murmann DC, *et al.* A comparison of animal jaws and bite mark patterns. *J Forensic Sci* 2006; 51(4): 846–60.
[14] Shields LB, *et al.* Dog bite-related fatalities: a 15-year review of Kentucky medical examiner cases. *Am J Forensic Med Pathol* 2009; 30(3): 223–30.
[15] Pomara C, *et al.* Cave canem: bite mark analysis in a fatal dog pack attack. *Am J Forensic Med Pathol* 2011; (32(1): 50–4.
[16] McKinstry RE. Resin dental casts as an aid in bite mark identification. *J Forensic Sci* 1995; 40(2): 300–2.
[17] Martin-de las Heras S, *et al.* Computer-based production of comparison overlays from 3D-scanned dental casts for bite mark analysis. *J Forensic Sci* 2005; 50(1): 127–33.
[18] Martin-de las Heras S, *et al.* Effectiveness of comparison overlays generated with DentalPrint software in bite mark analysis. *J Forensic Sci* 2007; 52(1): 151–6.
[19] Evans S, Jones C, Plassmann P. 3D imaging in forensic odontology. *J Vis Commun Med* 2010; 33(2): 63–8.
[20] Bush MA, Bush PJ, Sheets HD. Similarity and match rates of the human dentition in three dimensions: relevance to bitemark analysis. *Int J Legal Med* 2011; 125(6): 779–84.
[21] Martin-de-Las-Heras S, Tafur D. Validity of a dichotomous expert response in bitemark analysis using 3-D technology. *Sci Justice* 2011; 51(1): 24–7.
[22] Cattaneo C. (Personal communication). 2014.
[23] Syrjanen SM, Sainio P. Forensic dentistry – recent development towards an independent discipline in modern dentistry. *Proc Finn Dent Soc* 1990; 86(3–4): 157–70.
[24] Valenzuela A, *et al.* The application of dental methods of identification to human burn victims in a mass disaster. *Int J Legal Med* 2000; 113(4): 236–9.
[25] De Valck E. Major incident response: collecting ante-mortem data. *Forensic Sci Int* 2006; 159 Suppl 1: S15–9.
[26] Hinchliffe J. Forensic odontology, Part 1. Dental identification. *Br Dent J* 2011; 210(5): 219–24.
[27] Cattaneo C, Gibelli D. Identification. In: Siegel JA, Saukko PJ (eds). *Encyclopedia of Forensic Sciences*. Waltham: Academic Press, 2013, pp. 158–65.
[28] Clément JG. Odontology. In: Siegel JA, Saukko PJ (eds). *Encyclopedia of Forensic Sciences*. Waltham: Academic Press, 2013, pp. 106–13.
[29] Peschel O, Eisenmenger W. Airplane crashes and other mass disasters. In: Siegel JA, Saukko PJ (eds). *Encyclopedia of Forensic Sciences*. Waltham: Academic Press, 2013, pp. 188–92.
[30] Hsu JW, *et al.* Logistic analysis of shovel and Carabelli's tooth traits in a Caucasoid population. *Forensic Sci Int* 1997; 89(1–2): 65–74.
[31] Hsu JW, *et al.* The effect of shovel trait on Carabelli's trait in Taiwan Chinese and Aboriginal populations. *J Forensic Sci* 1997; 42(5): 802–6.
[32] Gustafson G. Age determination on teeth. *J Am Dent Assoc* 1950; 41: 45–50.
[33] Gustafson G. *Forensic Odontology*. London: Staples Press, 1966.
[34] Maples WR, Rice PM. Some difficulties in the Gustafson dental age estimations. *J Forensic Sci* 1979; 24(1): 168–72.
[35] Metzger Z, Buchner A, Gorsky M. Gustafson's method for age determination from teeth—a modification for the use of dentists in identification teams. *J Forensic Sci* 1980; 25(4): 742–9.
[36] Kashyap VK, Koteswara Rao NR. A modified Gustafson method of age estimation from teeth. *Forensic Sci Int* 1990; 47(3): 237–47.
[37] Lamendin H, *et al.* A simple technique for age estimation in adult corpses: the two criteria dental method. *J Forensic Sci* 1992; 37(5): 1373–9.
[38] Borrman H, *et al.* Inter-examiner variation in the assessment of age-related factors in teeth. *Int J Legal Med* 1995; 107(4): 183–6.
[39] Kvaal SI, *et al.* Age estimation of adults from dental radiographs. *Forensic Sci Int* 1995; 74(3): 175–85.
[40] Kolltveit KM, Solheim T, Kvaal SI. Methods of measuring morphological parameters in dental radiographs. Comparison between image analysis and manual measurements. *Forensic Sci Int* 1998; 94(1–2): 87–95.
[41] Baccino E, *et al.* Evaluation of seven methods of estimating age at death from mature human skeletal remains. *J Forensic Sci* 1999; 44(5): 931–6.
[42] Soomer H, *et al.* Reliability and validity of eight dental age estimation methods for adults. *J Forensic Sci* 2003; 48(1): 149–52.

[43] Bosmans N, *et al*. The application of Kvaal's dental age calculation technique on panoramic dental radiographs. *Forensic Sci Int* 2005; 153(2–3): 208–12.

[44] Brkic H, Milicevic M, Petrovecki M. Age estimation methods using anthropological parameters on human teeth-(A0736). *Forensic Sci Int* 2006; 162(1–3): 13–16.

[45] Kvaal SI. Collection of post mortem data: DVI protocols and quality assurance. *Forensic Sci Int* 2006; 159 Suppl 1: S12–S14.

[46] Meinl A, *et al*. On the applicability of secondary dentin formation to radiological age estimation in young adults. *J Forensic Sci* 2007; 52(2): 438–41.

[47] Landa MI, *et al*. Application of the method of Kvaal *et al*. to digital orthopantomograms. *Int J Legal Med* 2009; 123(2): 123–8.

[48] Ogino T, Ogino H, Nagy B. Application of aspartic acid racemization to forensic odontology: post mortem designation of age at death. *Forensic Sci Int* 1985; 29(3–4): 259–67.

[49] Masters PM. Age at death determinations for autopsied remains based on aspartic acid racemization in tooth dentin: importance of postmortem conditions. *Forensic Sci Int* 1986; 32(3): 179–84.

[50] Ritz S, Schutz HW, Schwarzer B. The extent of aspartic acid racemization in dentin: a possible method for a more accurate determination of age at death? *Z Rechtsmed* 1990; 103(6): 457–62.

[51] Ohtani S, Yamamoto K. Age estimation using the racemization of amino acid in human dentin. *J Forensic Sci* 1991; 36(3): 792–800.

[52] Ohtani S, Yamada Y, Yamamoto T. Improvement of age estimation using amino acid racemization in a case of pink teeth. *Am J Forensic Med Pathol* 1998; 19(1): 77–9.

[53] Ritz-Timme S, *et al*. 'Improvement' of age estimation using amino acid racemization in a case of pink teeth. *Am J Forensic Med Pathol* 1999; 20(2): 216–7.

[54] Waite ER, *et al*. A review of the methodological aspects of aspartic acid racemization analysis for use in forensic science. *Forensic Sci Int* 1999; 103(2): 113–24.

[55] Ritz-Timme S, *et al*. Age estimation: the state of the art in relation to the specific demands of forensic practise. *Int J Legal Med* 2000; 113(3): 129–36.

[56] Ohtani S, Yamamoto T. Strategy for the estimation of chronological age using the aspartic acid racemization method with special reference to coefficient of correlation between D/L ratios and ages. *J Forensic Sci* 2005; 50(5): 1020–7.

[57] Dobberstein RC, *et al*. Degradation of biomolecules in artificially and naturally aged teeth: implications for age estimation based on aspartic acid racemization and DNA analysis. *Forensic Sci Int* 2008; 179(2–3): 181–91.

[58] Sakuma A, *et al*. Comparative analysis of aspartic acid racemization methods using whole-tooth and dentin samples. *Forensic Sci Int* 2012; 223(1–3): 198–201.

[59] Blau S, *et al*. Missing persons-missing data: the need to collect antemortem dental records of missing persons. *J Forensic Sci* 2006; 51(2): 386–9.

[60] Chomdej T, Pankaow W, Choychumroon S. Intelligent dental identification system (IDIS) in forensic medicine. *Forensic Sci Int* 2006; 158(1): 27–38.

[61] Brown KA. Procedures for the collection of dental records for person identification. *J Forensic Odontostomatol* 2007; 25(2): 63–4.

[62] Beeley JA, Harvey W. Pink teeth appearing as a post-mortem phenomenon. *J Forensic Sci Soc* 1973; 13(4): 297–305.

[63] Kirkham WR, *et al*. Postmortem pink teeth. *J Forensic Sci* 1977; 22(1): 119–31.

[64] Clark DH, Law M. Post-mortem pink teeth. *Med Sci Law* 1984; 24(2): 130–4.

[65] Brondum N, Simonsen J. Postmortem red coloration of teeth. A retrospective investigation of 26 cases. *Am J Forensic Med Pathol* 1987; 8(2): 127–30.

[66] Van Wyk CW. Pink teeth of the dead: 1. A clinical and histological description. *J Forensic Odontostomatol* 1987; 5(2): 41–50.

[67] Ikeda N, *et al*. A scanning electron microscopy and electron probe X-ray microanalysis (SEM-EPMA) of pink teeth. *J Forensic Sci* 1988; 33(6): 1328–31.

[68] van Wyk CW. Postmortem pink teeth. Histochemical identification of the causative pigment. *Am J Forensic Med Pathol* 1989; 10(2): 134–9.

[69] Sainio P, *et al*. Postmortem pink teeth phenomenon: an experimental study and a survey of the literature. *Proc Finn Dent Soc* 1990; 86(1): 29–35.

[70] Borrman H, Du Chesne A, Brinkmann B. Medico-legal aspects of postmortem pink teeth. *Int J Legal Med* 1994; 106(5): 225–31.

[71] Campobasso CP, *et al*. Pink teeth in a series of bodies recovered from a single shipwreck. *Am J Forensic Med Pathol* 2006; 27(4): 313–6.

第 27 章

中毒与法医病理鉴定

引言

毒理学涉及许多不同的研究方向，在如此庞大的学科中，不同专家的关注点和兴趣点不同。临床毒理学更关注中毒患者的诊断和治疗；分析毒理学主要承担实验室研究的复杂任务；法医病理学的关注点则在于评估中毒是否会导致死亡或在死因中的参与度。尽管这些分支之间有紧密的联系，但也存在本质上的差别，因此很少有在这三个方向均有所成就的专家。就法医病理学方向而言，其主要任务是排除或确认死亡中的中毒因素，收集适当的分析样本，根据已知病史、临床表现和尸检所见对实验室分析的结果进行解释。

在法医病理鉴定的死因分析过程中，需要实验室的毒物分析人员提供专家意见，包括案件中涉及毒物的治疗浓度、中毒浓度和致死浓度等信息。而这些数据必须是在了解死者生前的病理和生理状态的情况下进行评估。因此，应由法医而不是毒物分析人员出具死亡原因的最终鉴定意见。但一些实验室会在报告中明确指出是某种特定药物导致的死亡，这种情况虽非常少见，却是不合理的。

在实际案例中，人们发现死后检出的毒物浓度有可能低于致死浓度，甚至未达到中毒浓度范围。因此，法医需要征求临床毒理学专家的意见，以明确死者生前的症状或体征是否有助于明确死因。判断是否中毒致死是经常遇到的法医学问题，需要法医和毒物分析人员共同分析得出结论。甚至在一些死因明确的案例中，如血液中碳氧血红蛋白饱和度达到 50% 时，也不能由毒物分析人员认定其死因，因为受害者也可能存在颅骨骨折等其他死亡原因。同时，法医也有义务为实验室分析提供最理想的分析样本和案件的相关信息。

致死量的概念

包括一些医生在内的许多人对“致死量”的概念有一定程度的误解，他们认为大多数的有毒物质都有一个相对恒定的致死量。不仅普通民众甚至律师、警察、验尸官等相关人员都认为，进入机体的毒物剂量与血液和组织中的毒物浓度、造成伤害的程度甚至死亡之间都存在不同程度的线性关系。

人们通常会认为，通过血液和组织中的毒

物浓度进行反推，可以推测出最初入体的准确毒物剂量。这也是验尸官及相关人员非常关注的问题，用药过量的程度有助于区分意外和自杀，他们可由此来判断死者是否有潜在的自杀动机。

对法医而言，确定毒物的致死量存在一定的难度。实验室的定量分析结果往往与已发表的该物质产生毒性作用时血液和组织中毒物浓度数据不一致，已发表的毒物毒性数据之间也存在较大差异，相关原因将在后续章节进行探讨。显而易见的是，单一阈值浓度的致死量是不存在的，也就是说，没有一个高于该浓度就会致死、低于该浓度就可以存活的阈值浓度。致死量是一个浓度范围，尽管其上限或下限在不同权威机构之间有所差异，但大多中毒案例的毒物浓度都在这个范围内。也有一些例外情况，如有些个体在远高于致死量上限仍然存活，有些个体在低于致死量下限却已经死亡[1]。在这种情况下，法医难以确定是否为中毒死亡时，可通过评估其他非毒理学数据为毒物浓度的差异来做出解释，得出合理的死亡原因。但有时很难向律师和警察解释生物学个体之间差异较大的问题，他们更期望得到明确的结论，甚至会觉得法医是在推脱责任或妨碍他们的工作。

对专业知识了解的律师会提出半数致死量（median lethal dose，LD_{50}）的概念，但这对个案没有实质性的帮助。LD_{50}是药理学家和毒理学家在动物实验中应用的一种基于统计学的评估方式，是经过大量动物实验后得到的毒性剂量，一半的动物在这个剂量预计会发生死亡。在比较不同物质的毒性时，LD_{50}有一定的指导意义。但对于中毒的个体来说，不能确定他处于代表大多数生物反应的经典钟形曲线的上端还是下端。

相对于LD_{50}来说，积累来自毒物学实验室实际人类中毒数据有更大的科学价值，这样可以逐步建立起一个血液和组织中毒物浓度的大型数据库，同时记录中毒当时的临床状态、毒性反应及致死数据等[2-5]。许多已发表的研究表明，虽然毒物中毒浓度的数据差异很大，但其对于大多数毒物案件却可以起到指导作用。

公开发表的毒物致死浓度的数据差异

许多出版物提供了大量有关毒物的治疗浓度、中毒浓度和致死浓度数据，但这些数据之间存在相当大的差异。因此，在有毒物学专家提供专业意见的前提下，法医仍然很难将死亡合理地归因于某种特定药物或毒物。且由于存在不同版本的中毒浓度和致死浓度数据，法医做出的结论可能会受到同事、验尸官、警察、律师和其他人的质询、审问、怀疑或批评。在刑事法庭的交叉盘问中，对方律师也可能会对法医的解释提出质疑。

英国谢菲尔德皇家海莱姆医院（Sheffield's Royal Hallamshire Hospital）的化学病理学和毒理学专家 A. R. W. Forrest 博士指出这些已发表数据存在差异的一些原因。他表达了这样一种观点：即使存在数据的差异，但是从不同数据出发得到的结论并没有很大的不同。

首先，文献报道中的案例数较少，有些只是个案报道。从统计学角度来看，这并不是一个适合建立参考值范围的数据基础。来源于大型实验室数据库积累的毒物数据更适用于建立毒性数据的参考值范围。例如，英国内政部法医学服务部门的中央计算机存储了所有来自实验室的数据资料。

其次，分析技术的种类繁多，其方法和准确度的差别很大[1]。不同实验室所采用的检测技术不同，会导致实际检测结果缺乏一致性。例如，在一个死亡案例中，用常规方法能检测到对乙酰氨基酚的原型和代谢物，但若采用针对对乙酰氨基酚的特定检测方法则可能得到不同的血药浓度。换句话说，不同方法的检测结果无法进行比较。

再次，不同的取样部位也会有较大的差异。有些药物在股静脉血与心脏血液中会存在数倍的浓度差[6-8]。

最后，数据的差异还可能是由于法医或毒物分析人员只检测了一种物质，忽视甚至是遗漏死者可能服用的其他毒物，而错误地把检测到的该物质浓度认为是致死浓度。例如，在简单的毒物学筛查中，一些由于过量使用而导致患者死亡的

新的药（毒）物可能被漏检。在这种情况下，被检测出的物质浓度往往被认定为导致死亡的主要原因，尽管这些致死浓度信息在很多数据库或报道中都有记录，然而事实上该浓度并不是真正的致死浓度。

这些情况突显了将分析要求局限在已知或认为已服用物质的危险性。通常来说，有效的毒物筛查可能会发现其他未被怀疑的物质，有时甚至会比最初怀疑的物质毒性更大。

然而，受毒物分析有效性以及检测费用的限制，在许多地方很难对某一案件进行全面的毒物学筛查，尤其是进行无明确目的的筛查。取而代之的是仅对一个已知或高度怀疑的毒物进行定量检测。在实验室设备和资金支持严重受限的情况下，仅对涉嫌杀人案件进行全面的毒物学筛查才被认为是可行和合理的。在一些国家，投毒杀人案相对少见，因此也难以获得对意外中毒、服毒自杀和医源性中毒案件进行全面筛查所需要的资金支持。

疑似中毒的尸体解剖

在对疑似中毒者进行尸检时，法医面临最困难的问题，不是在检验的技术程序上，而是对所有可用信息的最终评估。

20 世纪以来，在西方国家，投毒是一种常见的杀人方式，用于谋杀、自杀和意外事故的毒物类型也有了明显的变化，因此中毒尸体解剖的性质也发生了巨大的改变。在前些年中毒案例中常见的腐蚀性毒物、重金属和生物碱等物质，不论通过大体的尸体解剖观察还是简单的分析方法都相对容易被检测。近年来，随着毒物分析技术的进一步提高，一些低灵敏度、需要大量样本的旧方法逐渐被检测灵敏度可达到皮克级的新方法所取代。

分析技术的改进使得像酸、碱、酚、砷、锑和士的宁等毒物更容易被检测到。因此，在西方国家，上述毒物逐渐被一些在人体中基本不会导致大体变化甚至组织学变化的物质所取代。这些物质大多是药物或农药，与旧的“重磅炸弹”似的毒物相比，它们在低剂量时就能发挥作用。对于用于合法医学治疗的大多数药物，当死后发现较低的含量时，就出现了另一个问题——这仅仅是治疗量，还是致死量药物的代谢末端?

在某些国家和地区，如东南亚、非洲和印度次大陆地区，可造成严重机体损害并且在尸检中能观察到明显病变的中毒仍然很常见。其中一些毒物在后续章节中进行了描述。但在大多数中毒案例中，尸检的主要作用是评估其他非中毒因素包括创伤和疾病，同时为实验室分析收集适当的检材。收集合适的样本、合理保存并送到毒物分析实验室的整个过程是非常重要的。

疑似中毒后医院死亡

相当一部分疑似中毒者是在医院死亡的，因此在尸检前获得并研究临床病历至关重要。即使临床医生未证实甚至没有怀疑患者中毒，法医也会根据后续信息提出不排除中毒的可能。无论是否已知中毒，生前调查的结果都可能对法医鉴定提供很大的帮助。如果在死亡前就已知或怀疑中毒，很可能已经进行了毒物分析，这些结果对于死因分析很有价值。

无论是否怀疑中毒，医院实验室可能仍保存死者生前的血液或尿液样本（用于生化或血液检查），这些生前样本可被用于回顾性分析。由于尸体解剖时受取材缺陷、死后变化及生前毒物浓度更高的影响，生前的样本能在更大程度上准确地反映体内毒物浓度，因此可能比尸体解剖时采取的体液更有价值。

此外，许多因药物过量在医院死亡的患者一般都有留置的导尿管。护理人员通常会在患者死亡时移除导尿管，丢弃剩余尿液。如果在医院建立起临终尿样收集机制，那么可以获得更有价值的分析样本。

用于毒物分析的尸检样本收集

对疑似中毒死亡案件的调查取决于人体体液和组织样本的取样方式。采集的样本不合理、样本量不足、取样部位不合适、保存容器不恰当、保存方式不当、往实验室运输过程中延迟或储存方式不合理，都可能影响结果的准确性。这样会导致出现假阴性或仅检测出部分毒物的错误结果，甚至产生错误的超高结果，从而导致死亡原因判定错误。因此，获得正确分析结果的前提条件是，样本必须处于最佳状态，法医应为分析人员提供尽可能准确和全面的案件信息，以便选择最合适的分析技术，同时考虑到所有可能存在的干扰物质。

在已经滋生蛆虫的腐败尸体中，通常难以收集到用于毒物分析的组织或液体样本，这种情况下双翅目和其他节肢动物可作为毒物分析的替代样本。这一相对较新的法医昆虫学领域又称为昆虫毒理学[9-13]。

毒物分析的样本收集时间

很显然，取样时间与死亡时间的间隔越短越好。一些有毒物质，如一氧化碳在体内能形成稳定的化合物，但很多毒物（尤其是挥发性物质和一些药物）会在死后自溶或腐败的影响下被降解。如果死后数小时内无法进行尸检，低温保存对于减缓尸体腐败和自溶过程至关重要。如果能预见由于未获得知情同意或授权等原因而导致尸检延迟，可以通过体表穿刺（如用针和注射器穿刺股静脉）来获取血液样本。将血液在适当条件下保存，必要时可加入防腐剂，为避免溶血也可以将血清或血浆中分离出来后保存。同样，也可以通过导尿管或耻骨联合上缘穿刺获得尿液样本，除非有明确的规定禁止这种行为。

在一些司法管辖区，由于宗教、财政或行政的原因可能很难获得尸检授权。若怀疑中毒也只能被批准进行尸表检验和外部取样，这种情况下只能采用静脉血、尿液和玻璃体液进行所有的毒物筛查。

毒物分析样本的信息提供

当样本被送至毒物分析实验室时，应提供与该案例密切关联的信息。如果仅在申请表上登记死者的个人信息、列出送检样本，再加上“是否有毒物？”这样一个简短的检测要求，不仅不会产生提示效果，而且会显得非常不专业。信息不充分使得毒物分析工作者无法有效和安全地进行分析工作，这样的委托要求可能会被合理地拒绝。因此必须提供以下资料，在必要时可以当面或电话讨论加以补充：

- 死者的个人信息，包括年龄、性别和职业（尤其是涉及农业或工业领域）。
- 简要地描述症状及疾病的持续时间。
- 死亡时间以及取样的日期和时间。
- 法医的姓名、地址和电话。
- 提供的所有样本清单，并注明每个样本的取样位置。
- 样本中是否添加防腐剂及防腐剂的性质。
- 如果样本在送检过程中出现延误，应注明样本的保存条件（如冷藏或冷冻）。
- 任何与样本有关的特殊风险必须提前告知实验室。例如，传染性疾病，特别是乙型或丙型肝炎病毒、HIV 感染，其他如肺结核、破伤风、炭疽、气性坏疽或任何其他细菌或病毒疾病也应特别报告。如果死者属于高危人群，如吸毒者，即使未确认患有肝炎和艾滋病，也必须及时告知实验室。包括英国在内的很多地区，一些毒物分析实验室不接收未经乙型肝炎和 HIV 抗体筛查的高危人群血液样本；如果抗体呈阳性，实验室可能会拒绝接收样本，或者在严格控制的条件下进行样本分析。

如果样本中可能存在某些有害物质，如放射性同位素或某些战争气体，也必须提前警示分析人员。

- 如果死亡与谋杀或过失杀人等犯罪行为相关，则必须采取严格的预防措施以确保证据的连续性。每个容器必须仔细贴上标签，最好由法医会签。一些司法管辖区要求对盛放样本的容器和（或）运输外包装进行密封，同时附带有与容器上的标签序列号完全一致的“证据标签”。这些容器必须由法医交给一个指定的人，通常是警方调查组的证物官，或是参加尸检的法医。警官必须亲自将样本交给实验室工作人员，并进行记录以保持完整的证据链，防止法庭上样本的真实性被质疑。

毒物分析样本的包装

用于收集和运送样本的容器存在一定的差异。一些实验室会提供自己的工具包，如英格兰和威尔士内政部法庭科学服务中心（Home Office Forensic Science Service in England and Wales）提供的工具包。该工具包是一个带有样本存放说明书的塑料包，包括一个带密封盖的大塑料罐，用于盛放肝脏；一个带密封盖的小塑料瓶，用于盛放胃内容物；几个通用的 30 mL 塑料或玻璃试管，用于盛放血液和尿液；一个装有氟化物的小瓶，用于测定血液乙醇含量；以及一个无菌注射器和几根针头。不同的实验室提供的工具包可能不同，但容器的用途一般是类似的。图 27.1 是在芬兰使用的一种取样包。在其他地区，法医可自行准备符合以下规范的容器：

- 应使用新的容器收集样本，如果使用盛放过其他样本的容器，要经过严格清洗和消毒。

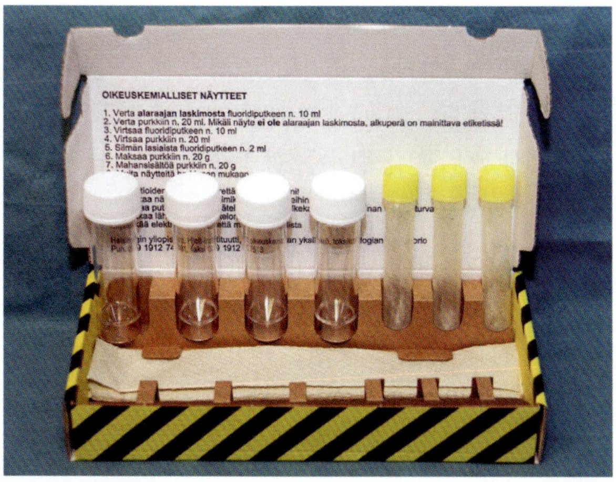

图 27.1　赫尔辛基大学 Hjelt-Institue 法医学研究所法医毒物分析部门提供的毒物取样包，芬兰法医尸检的所有毒物分析样本均在这里进行检验。该部门推荐的用于常规尸检的毒物样本包括：① 10 mL 股静脉血保存于含氟化物的样本瓶；② 20 mL 股静脉血保存于不含氟化物的大样本瓶；③ 10 mL 尿液保存于含氟化物的样本瓶；④ 20 mL 尿液保存于不含氟化物的大样本瓶；⑤ 2 mL 玻璃体液保存于含氟化物的样本瓶；⑥ 20 g 肝脏；⑦ 20 g 胃内容物

即使是新的容器，也最好在使用前进行清洗和消毒（除非说明书明确规定没有必要这样做）。所有的容器必须是化学清洁的，而不仅仅是肉眼可见的清洁。尤其是盖子内的橡胶、塑料或其他密封物，可能带有以前样本的残留物甚至碎片。

- 血液应收集在约 30 mL 带螺纹盖的通用容器中，或在能满足检测需求的前提下也可收集在约 5 mL 的带盖塑料试管中。尿液和胆汁最好保存在 30 mL 的通用容器中。胃内容物可保存在容量至少为 250 mL 的玻璃或塑料瓶中，要求具有纸板或塑料衬垫的螺纹盖，可以密封。毒物可能在胃黏膜的皱褶和隐窝甚至胃壁的血液中浓度更高，因此有些实验室要求提供胃壁和所有的胃内容物。如果需要采集整个器官，可能需要更大的容器。肝脏是毒物分析需要的常规检材，最好取 50 g 左右，而不用取整个肝脏，同时应将肝脏的总重量告知实验室。肝脏可以保存在一个更大的玻璃或塑料容器中。若实验室需要完整器官时，则需要一个大约 3 L 的容器。量少的样本如玻璃体液或脑脊液等，可保存在 5 mL 的小玻璃瓶或试管中。

肠道内容物，不论是否包括肠组织，都可以放在类似于盛放肝脏的大玻璃罐或塑料罐中。

塑料容器特别是聚丙烯材料制成的容器，具有不易碎的特点，因此越来越多地被使用。然而，有些物质如可卡因，在分析时可能会受到容器壁或瓶盖中塑化剂的影响。通常法医应征求与之合作的毒物分析工作者的意见来选择合适的容器。在分析挥发性物质如滥用溶剂时，必须在打开尸体后，尽快提取肺或其他组织并将其密封于一个带有聚四氟乙烯或铝箔内衬盖子的玻璃容器[14]。

样本中的防腐剂

样本在被送达实验室之前最好保持其原始状态，但也有一些样本需要添加防腐剂来保持其最适合分析的状态。除了防腐剂，血液中有时还需要添加抗凝剂。样本保存最典型的例子是血液乙醇检测，对样本的不当处理可能会使原本的乙醇含量出现或高或低的变化。常用的防腐剂有氟化钠或氟化钾，如果从体内取样后数小时内不进行分析，则必须添加防腐剂。

在取样前已经发生的死后变化的影响是无法避免的。这些死后变化的影响因素是可变的，一部分取决于死后尸体所处的环境，另一部分取决于尸体微生物群落。在温暖的环境中，酵母菌和其他产酒菌群经过发酵可产生一定数量的乙醇。据报道，死后尸体 24 h 内产生的乙醇浓度可高达 150 mg/100 mL[15-20]。

防腐剂可阻止从体内提取的血液或尿液发生进一步的变化。一般情况下，1%～2% 的氟化钠或氟化钾即可达到防腐的目的。例如，尿液和玻璃体液需要进行乙醇测定，也应添加氟化物。由于可卡因及其代谢物在体外不稳定，用于分析这类药物的样本中也应添加氟化物。

常规血液样本中可能形成大量的氰化物，不适用于氰化物检测。因此，如果样本不能及时进行检测，则需要在用于分析氰化物及一氧化碳（碳氧血红蛋白）的血液样本中添加氟化物。在所有毒物分析中，都应提交两份血液样本，一份是容量至少 25 mL 的普通血液样本，另一份是少量的含氟血液样本。

血液样本需要进行胰岛素检测时，应采取特别的预防措施。红细胞溶血会释放酶，从而降解胰岛素中的 S-S 键并破坏其免疫反应性，因此在取得样本后应立即离心分离出血清。同时，还应采集肝素化的样本以用于糖化血红蛋白和果糖胺的测定。玻璃体液、血液、尿液以及疑似胰岛素注射部位组织、未注射胰岛素部位的对照组织，在用于葡萄糖检测时都应添加氟化物[8]。

毒物分析样本的取样部位

在过去因为未考虑到体液样本的取样部位，所以导致毒物分析结果存在较大的偏差。不同取样部位的毒物浓度可能存在显著差异。在实际情况中，组织从动脉血中吸收化合物，静脉回流中药物浓度较低，因此用动脉血分析时得到的药物浓度和静脉血可能会有所不同。同样，因为血液可从肠道吸收化合物，所以门静脉血中的物质浓度在通过肝脏之前可能更高。死后大多数物质浓度的变化是由于酶和微生物的不均匀破坏，以及从高浓度部位向低浓度扩散引起的。死后细胞膜屏障的破坏使小分子等物质易于通过组织进入血管。

扩散效应使机体许多物质的死后浓度不可信，这使得钠、钾、钙、葡萄糖、尿素和其他生理成分是否存在的解释变得极为困难。同样，体内毒物浓度也会由于取样部位的不同存在较大的差异。例如，伦敦沼泽门地铁撞车事故（Moorgate Tube disaster，1975 年）表明，不同取样部位的血液乙醇浓度存在较大差异。在这次事故中，地铁司机和很多乘客遇难，司机的尸体在温暖的环境中数天后才被找到。因此，查明是不是司机饮酒导致事故的发生至关重要。对尸体不同部位采集的 4 份样本进行检测，得到血液乙醇浓度在（20～80）mg/100 mL，这种差异可能是由于腐败导致乙醇产生的速率不同。在这个案例中没有证据表明司机生前曾经饮酒[21]。

大多数关于取样导致差异的研究都是关于乙醇。存在争议的是，胃中的乙醇在死后是否会扩散到邻近器官，并使这些部位的血液乙醇浓度升高。即使死后变化很小，对于个案也是十分有价值的。

如果一个人在临死前饮酒，乙醇没有足够的时间被吸收入体，那么死后胃中的乙醇不会影响生前的血液乙醇含量，也不会由此影响他的大脑功能和行为。然而，如果对从心腔采集的血液进行分析，由于受到邻近器官胃中乙醇死后扩散的污染，就会得到错误的过高检测结果。如果没有认识到这个问题，可能会产生严重的法律后果。

针对这个问题一些学者得到相反的研究结果。Gifford 和 Turkel 将乙醇灌入尸体胃中后，发现心脏血液的乙醇浓度增加了（25～106）mg/100 mL[22]。随后，他们比较了乙醇检测阳性尸体中股静脉血和心包腔内血液中乙醇浓度，发现后者的浓度更高。然而，Plueckhahn 和 Ballard 对这项结果提出异议，他们认为心包液中的乙醇浓度通常比心脏血液或周围血中的乙醇浓度高大约 20 mg/100 mL[23]。Plueckhahn 继续沿用将乙醇注入尸体胃中的方法，在注入后 6～50 h 采集多个部位的样本。他的结果表明，乙醇在心包液和胸腔液中有明显的扩散，但对心室内的血液中扩散的影响是最小的。

Pounder 和 Yonemitsu 将含有乙醇、右丙氧芬和对乙酰氨基酚的混合物灌入尸体的气管中，模拟胃内容物误吸[24]。48 h 后进行尸检，并对不同部位采集的样本进行药物浓度检测。股静脉血中未检测出这些物质，胸腔血管中检测出高达 130 mg/100 mL 的乙醇，肺静脉中乙醇平均含量为 58 mg/100 mL，乙酰氨基酚浓度高达 1 934 mg/L（平均 969 mg/L），这些假阳性结果显然是由死后扩散导致。这种情况下胃内容物可能发生反流，使服下的药物进入气管。说明了取样部位不当导致错误结果的危险性，提示在这种情况下股静脉是首选的取样部位。

Winek 等研究发现，在经胸腔穿刺取样时血液乙醇浓度可能会升高，尤其是在胃肠道受损的外伤案例中[25]。因此，一些研究者用心脏血液作为对照，这一点让人对结果产生质疑。

基于以上原因，心脏血液容易受到死后弥散的影响，导致乙醇或其他物质的污染，应尽量避免使用。尽可能使用外周静脉血进行毒物分析。

毒物分析样本的提取

血液

尸检时有多种采集血液样本的方法，但更需要注意的是不能取哪些样本。首先，在取出内脏后不应从体腔内采集被污染的血液，也不能从椎旁沟或骨盆抽吸或掬取“血液”，更准确地说是血性液体。这些样本可能会被尿液、肠道内容物、胃内容物、淋巴、胸腔积液和腹水以及组织的渗出物污染，导致分析结果不可信。

当出现严重的血胸或心包积血时，可以在解剖提取器官之前，即开胸后立即采集未被污染的血液或血凝块，这是仅次于血管内取血的最佳方法。但是，因为如前一节所述，对于涉及乙醇和其他可发生死后弥散的物质，用以上方法采集的样本可能会受到由胃中死后弥散的污染，导致血液样本的检测结果不可信。对于一氧化碳的检测，在没有其他可用血液样本时，如尸体被严重焚烧，也可采取干净的胸腔血。一氧化碳气体通过肺吸收入血，不会受到胃肠道扩散的干扰。即便血液取样有一定的困难，但只要足够细心和坚持，尸检中取不到外周静脉血的情况还是很少见的。

一般来说，获取静脉血最好的方法是在解剖开始前分离股静脉，抽血前将血管近心端结扎，尽量避免从可能会发生死后再分布的腹股沟和腹部区域抽血。然而，与活着的患者不同的是，尸体的静脉通常是摸不到的，所以需要丰富的实践经验。一旦进入静脉管腔，通常可以顺利地抽出 25 mL 血液，也可通过按摩腿部使血液向近端流动，条件允许的话也可抬高腿部改善血流缓慢的问题。正如前面讨论的，尽管颈静脉血的样本满意度不如股静脉，但也可经皮穿刺获取样本。颈静脉在死亡后尤其是在充血性死亡的情况下有时能看到和摸到。同样也可以选择锁骨下静脉采血。

经皮穿刺收集血液样本时，一些法医更喜欢用一种专为从带橡胶盖的小瓶中抽吸样本而设计的针，而不用临床上用于抽血或注射的针。同样的针也可用来收集玻璃体液。例如，美国 Becton Dickinson 公司生产的 16 号紫色轴心、带 1 英寸（1 in ≈ 2.54 cm）针头的针或类似装置。

在一些尸检率比较低的国家，经皮取样几乎是唯一可行的死后侦查方式，这些地区的医生往往十分擅长尸体静脉穿刺。包括作者在内的许多法医都是在实际尸检过程中学会熟练采集血液样本，这与外部静脉穿刺取样一样可行，且节省了新的注射器和针头。在尸体解剖取出内脏后，采取外周血的一般流程是在骨盆边缘附近横切股静脉或髂外静脉，然后抬高、按摩腿部，在切断的静脉处放置容器（如 30 mL 通用容器）以取血。

同样，也可切断锁骨下静脉后，在胸腔上部的切口下放置容器取血，同时抬起手臂，必要时进行按摩使血液快速进入容器。这两种方法都能提供充足、干净的外周静脉血，但也要小心避免任何来自体腔的污染。在收集过程中，容器的外部可能会被弄脏，因此需要将血液样本转移到一个或多个新的试管中，必要时添加防腐剂。

另一种收集静脉血的方法是在尸检开始时切开颈内静脉，这样可取到足够的血液。当主切口完成后，剥离颈部皮肤的皮瓣，必要时可通过分离胸锁乳突肌来暴露出颈静脉。与之前的方法一样，在静脉被横切时，将瓶子紧靠静脉切口处收集血液。但这也会导致血液溢出到由剥离的皮肤形成的囊袋中，形成一个蓄积池，积聚大量的血液。如果血流不足，可通过抬高或降低头部使血液从上方静脉回流。

按压胸部可以收集更多的血液样本，但也存在问题，压迫胸部使血液从心脏通过上腔静脉流出，这可能会影响乙醇或其他可能发生死后弥散的药物浓度。因此，应避免从心腔、下腔静脉、门静脉或肝静脉取血，这些部位采集的血液与外周血的药物浓度存在差异。尽可能向分析实验室提交 30 mL 血液和 5 mL 或 10 mL 含氟血液。

尿

在尸检之前或不进行尸检时，可通过导尿管或用注射器和长针在耻骨联合上缘穿刺取尿。尸检时通常要等到取出内脏后才能处理膀胱，用注射器和针头穿刺膀胱基底部即可获得尿液样本。或者用手将膀胱底部向上拉，然后用刀在腹侧面做一个矢状切口，切口不应有血渍。流出的尿液可以直接收集到 30 mL 的通用容器中。若只有少量尿液存在，则需要扩大切口，用无针头注射器将残留尿液吸出。

胆汁

在较早的分析方法中，胆汁可用于某些毒物如吗啡和氯丙嗪的分析，这些物质在肝脏中浓缩并排泄到胆囊。胆汁太黏稠，无法用针吸入，因此建议直接将其收集到瓶子里。

脑脊液

脑脊液多用于微生物和病毒学研究，通常较少用于毒物分析。如有需要，可采用活体患者的取样方式通过腰椎或脑池穿刺收集脑脊液。但死后由于缺乏鞘内压力，用这种方式很难或无法获得脑脊液。

尸检开始前尸体呈侧卧位，并由助手使其尽可能弯曲。如果是婴儿，可保持坐姿，使脊柱尽可能向前弯曲。在腰椎或下段胸椎间隙进针，感觉到刺穿硬脊膜后立即停止。由于鞘内压力不足，用注射剂抽吸脑脊液时应保持一定的力度。另一种方法是针沿着枕骨下方的中线向上推进，直到与枕骨大孔后方颅骨接触的位置。针略微回抽后，再次推进直到穿过寰枕膜后部进入基底池后，抽吸脑脊液。由于血液中物质的浓度与脑脊液不同，在切除脑组织后，从颅后窝中取出的脑脊液由于受血液污染的影响而不能用于毒物分析。也可通过针头穿刺或切开皮质从侧脑室获得干净的脑脊液。

玻璃体液

玻璃体液比其他的体液不容易发生腐败，因此在明显发生尸体腐败的案例中玻璃体液是更适合的检材。玻璃体液也可被用来推断死亡时间（具体参见第 2 章）（图 2.35）。

取玻璃体液时可用细针从外眦处穿过巩膜进行穿刺。掀起眼睑，尽量从侧面进针，以便在抽出针头时掩盖刺痕，不影响外观。玻璃体液黏性大，可用注射器缓慢吸出。抽出玻璃体液会使眼球塌陷，这时可用同一注射器在眼球中注入水，使球体再次膨胀达到修复和美观的目的。

胃内容物

如前所述，胃内容物可以直接收集到容量至少为 250 mL 的广口玻璃或塑料容器中。首先清洗胃的外部，去除血液和其他污染物，并连同附着的器官一起拉至解剖板或水池边缘。沿胃大弯小心剪开胃壁，胃内容物直接流进下方放置的罐子里（图 1.19）。当大部分胃内容物流出后，完全剪开胃大弯检查胃黏膜。将多余的胃内容物刮掉，收集胃黏膜上的粉末、胶囊或药片，放入收集胃内容物的罐子或单独的小容器中。这些沉积物可为实验室提供浓度更高的样本。所有未溶解的药片或胶囊都应仔细保存，实验师或药剂师可通过它们的外观和颜色来辨别毒物类型。有些实验室需要做胃壁分析，因此送检样本时应该事先了解实验室的要求。在检查完包括十二指肠的黏膜在内的组织器官后，切下部分胃壁，将其放在收集胃内容物的罐子里，或分开单独放置。

肠内容物

肠内容物一般不做常规分析，但是在怀疑如重金属中毒等一些特殊的具有胃肠毒性化合物中毒时，需要检测肠内容物。同样，这种检测也需要预先咨询毒物分析者的意见。采集肠内容物时先将十二指肠和回肠的起始端与末端均用线缝合结扎。在缝合点外侧将肠切开，并以常规方法剥离肠系膜。完整的肠道盛放在一个大的容器（如肝脏用的容器）中并送到实验室。若需要检查肠黏膜，则可在切开肠道后将其放在大的洁净托盘里。剪断一端结扎线，将内容物从另一端挤至合适的罐子里，然后打开肠腔，将肠壁与内容物一同送至实验室。一般毒物分析很少需要取大肠和肠内容物，而且大多毒物实验室不热衷于处理和储存大量的粪便。但在如砷和锑等一些重金属中毒时，可能需要进行肠内容物分析。

呕吐物

一般在尸检中很少收集呕吐物，但若在气管中发现大量呕吐物时则应采集。一般来说，急救人员和警察经常在疾病或濒死事件现场收集呕吐物，并将其一同送往医院或太平间。如果怀疑死亡与中毒有关，呕吐物应贴上标签妥善保存，并与其他样本一起送至实验室进行毒物学检查。

其他体液

一般尸检中很少收集血液以外的其他体液，但在不能获得干净血液时也可收集其他体液来进行分析，如心包液、滑膜液、胸腔积液和腹水等，可将其用于很多化合物的定性分析。但在这些样本中毒物的浓度与血液浓度之间几乎没有相关性。这些类型的液体检材可使用与玻璃体液同样的防腐剂和容器进行收集及运输。

挥发性物质

因滥用溶剂、气体或挥发性物质导致的死亡，可从肺中分离出毒物。尸检打开胸腔时肺中气体会发生逸散，因此需要先将主支气管结扎。然后将肺门分离，并将其立即放入玻璃容器中，用聚四氟乙烯或铝箔内衬的盖子密封，尽快送至实验室分析。普通塑料（即聚乙烯）袋对挥发性物质具有渗透性，因此，不能用作挥发性物质中毒时的容器。

用于挥发性物质检测的血液样本不能用塑料管或“monovette”型采血管/注射器的组合，因为甲苯或其他挥发性化合物在其中储存几天后浓度会大大降低。也不能用带有橡胶隔片密封的小瓶，挥发性化合物会通过橡胶逸出。最适合的保存容器是带有铝箔内衬或聚四氟乙烯衬垫盖子的玻璃管。这种类型的玻璃管常用于实验室的闪烁计数，也可用于收集有机溶剂样本。在任何可能处理有机溶剂滥用死亡的解剖室都应备有这种类型的容器。盛放样本的容器应装满血液，勿留有空隙，以避免物质挥发至容器的上部空间，4℃保存，不能冷冻。

人体组织

某些毒物的分析可能需要人体组织。因为许多毒物及其代谢物在肝脏中富集，在血液和尿液中浓度下降很长一段时间后，肝脏中仍可检测到，所以肝脏是毒物分析中最常用的组织样本。根据不同实验室的要求，可以保存整个肝脏或取50～100 g 肝脏样本进行分析。如果取的是部分肝脏，应从远离主要血管和胆管的外周取样。

组织的毒物分析有时还需要取脑和肾，一般50～100 g 检材就足够一般检测。与肝脏一样，应记录器官的原始总重量，并告知毒物分析工作人员。

对于其他组织来说，疑似毒物注射部位的皮下组织或肌肉应被切下，并提交实验室。通常是根据针头的穿刺痕迹来识别注射部位，并取注射部位周围椭圆形的皮肤和组织区域进行分析，这种切除方式有利于最后缝合。一般取样范围在针孔周围直径数厘米。取样的深度取决于针迹延伸的深度，可能需要进入深层肌肉。X线在一些罕见的案件中可能会有帮助。例如，伦敦的乔治·马尔科夫（George Markov）政治谋杀案，很可能是从隐藏在伞中的高压空气射出的一个小球体来进行的[26]，而这个被发射出来的球体，携带一种疑似蓖麻毒素的烈性毒素。尸检时用X线发现了死者皮肤上有球体穿过的痕迹。对注射部位取样时，同时也应取远离注射部位的区域作为对照样本送至实验室。通常从对侧对称区域取样，但要注意的是对药物依赖和胰岛素使用者，可能会频繁在两侧对称区域交替进行注射，这种情况下应选取远离注射部位的身体组织。

可被用于注射的毒物很多，胰岛素、吗啡、海洛因、可卡因和其他滥用药物是最常见的[27-37]。臭名昭著的美国科波里诺案（Coppolino case）中，在一具被挖出的女性尸体臀部的针孔周围检出了琥珀胆碱，所以法庭以此为依据，最终判定她的麻醉师丈夫谋杀罪成立。

（曹洁　译）

参考文献

[1] Ferner RE. Post-mortem clinical pharmacology. *Br J Clin Pharmacol* 2008; 66(4): 430−3.

[2] Druid H, Holmgren P. A compilation of fatal and control concentrations of drugs in postmortem femoral blood. *J Forensic Sci* 1997; 42(1): 79−87.

[3] Jones AW, Holmgren A. Concentration distributions of the drugs most frequently identified in post-mortem femoral blood representing all causes of death. *Med Sci Law* 2009; 49(4): 257−73.

[4] Schulz M, *et al*. Therapeutic and toxic blood concentrations of nearly 1,000 drugs and other xenobiotics. *Crit Care* 2012; 16(4): R136.

[5] Launiainen T, Ojanpera I. Drug concentrations in post-mortem femoral blood compared with therapeutic concentrations in plasma. *Drug Test Anal* 2014; 6(4): 308−16.

[6] Jones GR, Pounder DJ. Site dependence of drug concentrations in postmortem blood − a case study. *J Anal Toxicol* 1987; 11(5): 186−90.

[7] Pounder DJ, Jones GR. Post-mortem drug redistribution − a toxicological nightmare. *Forensic Sci Int* 1990; 45(3): 253−63.

[8] Jones GR. Postmortem specimens. In: Siegel JA, Saukko PJ (eds). *Encyclopedia of Forensic Sciences*. Waltham: Academic Press, 2013, pp. 270−4.

[9] Goff ML, Lord WD. Entomotoxicology. A new area for forensic investigation. *Am J Forensic Med Pathol* 1994; 15(1): 51−7.

[10] Gagliano-Candela R, Aventaggiato L. The detection of toxic substances in entomological specimens. *Int J Legal Med* 2001; 114(4−5): 197−203.

[11] Introna F, Campobasso CP, Goff ML. Entomotoxicology. *Forensic Sci Int* 2001; 120(1−2): 42−7.

[12] Tracqui A, *et al*. Entomotoxicology for the forensic toxicologist: much ado about nothing? *Int J Legal Med* 2004; 118(4): 194−6.

[13] Gosselin M, *et al*. Entomotoxicology, experimental set-up and interpretation for forensic toxicologists. *Forensic Sci Int* 2011; 208(1−3): 1−9.

[14] Skopp G. Postmortem toxicology: artifacts. In: Siegel JA, Saukko PJ (eds). *Encyclopedia of Forensic Sciences*. Waltham: Academic Press, 2013, pp. 292−9.

[15] Nicloux M. Neoformation d' alcool ethylique dans le cadavre humain en voie de putrefaction. *Compte Rendu des Séances de la Societé de Biologie* 1936; 121: 975−8.

[16] Wagner K. Über die veranderlichkeit des alkoholgehaltes von leichenblut und nicht steril aufbewahrten blutproben. *Dtsch Z ges gerichtl Med* 1936; 26(1−3): 276−92.

[17] Corry JE. A review. Possible sources of ethanol ante- and postmortem: its relationship to the biochemistry and microbiology of decomposition. *J Appl Bacteriol* 1978; 44(1): 1−56.

[18] Lewis RJ, *et al*. Ethanol formation in unadulterated postmortem tissues. *Forensic Sci Int* 2004; 146(1): 17−24.

[19] Ziavrou K, Boumba VA, Vougiouklakis TG. Insights into the origin of postmortem ethanol. *Int J Toxicol* 2005; 24(2): 69−77.

[20] Kugelberg FC, Jones AW. Interpreting results of ethanol analysis in postmortem specimens: a review of the literature. *Forensic Sci Int* 2007; 165(1): 10−29.

[21] Cox HJ, Rutter LF. Letter: Moorgate tube disaster: disputed alcohol findings. *Lancet* 1975; 1(7914): 1036−1.

[22] Gifford A, Turkel M. Diffusion of alcohol through stomach wall after death. *JAMA* 1956; 161: 866−8.

[23] Plueckhahn VD, Ballard B. Factors influencing the significance of alcohol concentrations in autopsy blood samples. *Med J Aust*

1968; 1(22): 939–43.
[24] Pounder DJ, Yonemitsu K. Postmortem absorption of drugs and ethanol from aspirated vomitus – an experimental model. *Forensic Sci Int* 1991; 51(2): 189–95.
[25] Winek CL, Jr, Winek CL, Wahba WW. The role of trauma in postmortem blood alcohol determination. *Forensic Sci Int* 1995; 71(1): 1–8.
[26] Musshoff F, Madea B. Ricin poisoning and forensic toxicology. *Drug Test Anal* 2009; 1(4): 184–91.
[27] Koskinen PJ, *et al*. Importance of storing emergency serum samples for uncovering murder with insulin. *Forensic Sci Int* 1999; 105(1): 61–6.
[28] Marks V. Murder by insulin. *Med Leg J* 1999; 67(4): 147–63.
[29] Marks V, Richmond C. Kenneth Barlow: the first documented case of murder by insulin. *J R Soc Med* 2008; 101(1): 19–21.
[30] Samuels A. Murder by insulin. *Med Leg J* 2008; 76(1): 34.
[31] Marks V. Insulin murders. *Med Leg J* 2009; 77(2): 39–47.
[32] Marks V. Murder by insulin: suspected, purported and proven – a review. *Drug Test Anal* 2009; 1(4): 162–76.
[33] Maltby, J. R., *Criminal poisoning with anaesthetic drugs: murder, manslaughter, or not guilty.* Forensic Sci, 1975. 6(1–2): p. 91–108.
[34] Bailey, D. N. and R. F. Shaw, *Cocaine- and methamphetaminerelated deaths in San Diego County (1987): homicides and accidental overdoses.* J Forensic Sci, 1989. 34(2): p. 407–22.
[35] Dyer, C., *Public inquiry hears how Shipman killed patients with diamorphine.* BMJ, 2001. **322**(7302): p. 1566.
[36] Smith, J., *The Shipman Inquiry, First Report*. 2002. p. 336.
[37] Pounder, D. J., *The case of Dr. Shipman.* Am J Forensic Med Pathol, 2003. 24(3): p. 219–26.

第 28 章

乙醇的法医学问题

- 引言
- 乙醇的作用方式
- 乙醇的吸收
- 乙醇的清除
- 乙醇浓度：单位和各种乙醇饮料
- 乙醇的生理效应
- 急性酒精中毒的死亡方式
- 慢性酒精中毒
- 甲醇
- 参考文献

引言

乙醇是全球最常见的消耗性液体，其相关案件与法医病理学关联密切，因此有必要在此单独论述。乙醇滥用是引起许多交通、家庭和工业事故的主要原因，而许多他杀案件亦与乙醇大量摄入有关。乙醇也是许多毒性物质的佐剂，当其与一些单独使用时不致命的药物联用时，可产生致死效应。长期乙醇滥用不但可导致机体一些靶器官病变，而且还可因粗心大意导致冻死、烧死等案例发生。

在司法实践中，法医需要全面了解乙醇的作用及其代谢过程和对机体的影响，有助于理解尸体解剖的阳性发现，帮助案件调查机构明确死亡与乙醇的内在关联。

乙醇的作用方式

乙醇为酒类主要成分，俗称酒精，是一种易溶于水的小分子，进入人体后能够在含水的组织中迅速扩散。

不同组织细胞内的乙醇浓度略有差别，如红细胞内乙醇含量少于血浆内乙醇的含量，因此全血液乙醇浓度会略低于分离出的血浆或血清中的浓度。乙醇在大多数体液中处于浓度平衡状态，但 Plueckahn 研究发现，胸腔积液和心包液中乙醇的浓度高于血浆中的乙醇浓度[1]。

当液体浓度平衡时间足够长时，房水、血液和脑脊液中的乙醇含量也会逐渐呈现平衡状态。

综上所述，乙醇会通过机体含水组织迅速扩散，但它几乎不溶于脂肪，因此不会扩散到脂肪组织中。这一科学理论具有重要的实践意义，因为当摄入等量的乙醇时，拥有大量脂肪储备的人由于体液含量较低，相比于相同体重但脂肪储备少的人而言，其血液中乙醇浓度将更高。这在女性饮酒案件中表现得尤为明显，因为女性脂肪存储普遍较多，使得她们在饮用等量乙醇的情况下，其血液中乙醇浓度比相同体重的男性至少高出 25%。因此，在血液乙醇浓度与饮酒量相关的计算中，必须考虑到男女性别差异。

酒后行为效应是由乙醇对脑细胞的作用所引起，其严重程度与血液中乙醇浓度成正比。因为乙醇的分子量小，很容易通过血脑屏障进入脑细胞外液，包围神经元。一般而言，乙醇对神经元具有抑制作用，但这一事实与那些饮酒后明显表现出兴奋的情况并不一致。乙醇降低神经元活性的作用方式类似于缺氧。低浓度乙醇仅作用于大脑皮质中特定和敏感的细胞，较低级的脑功能相对不受影响，而当这些高级的大脑区域受到抑制时，其对低级脑功能区域的抑制被解除，从而使那些原始和不受约束的行为被宣泄出来，正如 Thomas de Quincey（1785～1859 年）的描述“清醒使人伪装”。

随着血液乙醇浓度的增加，大脑功能进一步被抑制，当中脑和延髓的生命中枢受到影响时，则有致命的心肺衰竭危险。乙醇也会通过作用于体温调节中枢，引发血管舒张、收缩，引起机体体温变化。大量血管扩张，特别是皮肤血管发生扩张时，可导致机体热量大量丢失并增加低体温风险。当血液中乙醇浓度较低时，表现为心率加快，但当乙醇浓度超过 300 mg/100 mL，达到危险范围时，可发生心动过缓，此时可出现轻微、不稳定的血压升高，更多体现在收缩压，因此，收缩压和舒张压之间的脉压增加。目前，尚无直接证据证明乙醇可引起冠状动脉扩张，乙醇导致脑动脉扩张（从而加重颅内出血）的说法也不确定。乙醇还具有利尿作用，过量饮用啤酒等同时摄入乙醇和大量水分会导致机体电解质紊乱。在健康测试中，研究人员发现短期饮酒可导致受试者产生短暂性甲状旁腺功能减退，这是引起受试者出现短暂性低钙血症、高钙尿和高镁尿等症状的部分原因。在酒精中毒患者中，低镁血症尤其常见。

乙醇的吸收

一般情况下，乙醇进入人体的唯一途径是口服，在极少数情况下乙醇可能经鼻吸入。在一个案例中，一名患有舌底肿瘤（导致吞咽困难）的男性患者，因擅自使用加压泵通过塑料管直接饮用水果白兰地，导致了急性酒精中毒死亡。

乙醇一经口服，几乎同时被吸收入血液，并且一旦含有乙醇的血液到达肝脏，即开始代谢。因此，血液中乙醇浓度（包括脑部）一直处于吸收和清除的动态平衡中，其峰值决定了最大行为效应。这种平衡通常用“血液-乙醇浓度曲线”来表示，此曲线可表明乙醇生理效应的强度和持续时间。

虽然乙醇在整个胃肠道都能被吸收，但实际上这种吸收主要限于胃和小肠上段，仅有少量乙醇经回肠或结肠进行吸收。然而，当乙醇与食物一起服用时，其被吸收的量可能会减少，因为部分乙醇未被吸收入血。大部分乙醇由肝脏代谢，只有不足 10% 的乙醇通过呼吸、汗液和尿液排出体外[2]。当吸收缓慢时，更多的乙醇由门静脉血液进入肝脏被直接代谢，从而无法进入体循环。由于小肠上段（即十二指肠和空肠）具有黏膜层较薄、血供丰富、表面积较大的特征，与胃黏膜相比，其对乙醇具有更大的吸收能力。这一理论具有实际意义，因为在以下两种情况下饮酒时乙醇吸收得更快：

- 既往行胃切除术或胃肠造口术，乙醇饮料可迅速到达小肠上段。
- 胃处于排空状态，此时液体几乎没有延迟地通过幽门进入十二指肠。

相反，饱食状态时乙醇将被滞留在胃中，直至消化到足以将胃内容物排空入十二指肠为止[3]。脂肪含量高的食物会使这一过程变得更加缓慢，饮用牛奶也有明显的延缓作用。虽然在此期间仍会有一部分乙醇被胃黏膜吸收，但吸收率没有十二指肠和空肠高。因此，充盈的胃可通过延迟乙醇排空和促进食物与乙醇混合来在物理上减少其经胃黏膜吸收入血，从而阻碍乙醇的吸收。

影响乙醇吸收速度的另一个因素是乙醇浓度[4-8]。浓度为 10%～30% 的乙醇容易被快速吸收，当空腹饮用雪莉酒、波特酒或经“混酒器”稀释过的烈酒（如金酒用奎宁水稀释或威士忌用苏打水稀释）时，乙醇可被快速吸收[9]。据报道，碳酸饮料（含有溶解二氧化碳的饮料，如香槟、奎宁水、苏打水或柠檬汁）也会加速乙醇的吸收。然而，Ploutz Snyder 等通过 MRI 表明，胃内气体体积随摄入饮料的碳酸化程度而显著变化，当总胃内容物增加时，液体排空亦被延迟[10]。

根据 Roine 的研究成果，在禁食状态下，高浓度比低浓度乙醇饮料更易产生更高的血液乙醇浓度（blood alcohol concentration，BAC）；而在餐后饮酒则正好相反[7]，乙醇浓度非常高的饮料反而会减缓乙醇进入血液的速度。例如，40% 以上的纯烈酒或利口酒可导致以下几种情况。

- 幽门痉挛，从而延缓乙醇随着胃排空进入十二指肠。
- 胃壁激惹，形成黏液屏障，减缓乙醇的吸收。
- 胃动力降低，延迟胃排空。

在空腹和最佳乙醇浓度下，乙醇在饮用后 30～90 min 大部分都会被吸收入血液。根据 Wilkinson 等的研究，在分别饮用含有 11 g、22 g、36 g、45 g 乙醇的相同体积饮料后，血液乙醇浓度达到峰值的平均时间分别为 22 min、40 min、55 min、60 min[11]。

据计算，如果乙醇直接进入小肠，98% 的乙醇将在 10 min 内被吸收，大部分吸收时间延迟是由胃内滞留所致。不同的人，甚至同一人在不同时间，无论同时吃什么食物，乙醇吸收的速率都存在很大差异，但目前普遍接受的平均时间是 60 min 内 60% 的乙醇被吸收，90 min 内 90% 的乙醇被吸收。

然而，胃中食物可使这一平均吸收时间至少延长一倍，而脂肪含量高的饮食可使乙醇完全吸收时间延迟数小时。这对乙醇吸收和代谢之间的动态变化有重要影响，因为后者的速率相对稳定（见下文）。因此可以解释如下问题：经门静脉吸收乙醇的速率越慢，血液乙醇浓度的峰值就越低。事实上，此时乙醇吸收曲线变成一条长而平缓的曲线，不会出现尖峰。所以，饱餐很容易使驾驶员的血液乙醇浓度保持在法定酒驾阈值之下，而饮酒量相同但空腹饮酒者可能会迅速超过这一阈值。顺便提及的是，之前所说在饮酒量相同的情况下，由于体脂含量不同，男女性乙醇吸收量也有所差异，这种情况即使在饱腹状态下也依然存在。

有些药物可通过改变胃排空的速度而影响乙醇吸收率[12]。阿托品、氯丙嗪、三环类抗抑郁药、普环啶、安非他命、吗啡、抗腹泻药物、可待因（甲基吗啡）、美沙酮、海洛因、哌替啶等会延缓胃排空，而止吐药西沙必利、甲氧氯普胺及抗生素红霉素则会加速胃排空。

乙醇的清除

吸收入体内的乙醇几乎全部在肝脏解毒，只有 2%～10% 以原型排出体外，这意味着大量饮酒会给肝脏带来巨大的代谢负担，这是长期饮酒导致肝脏受损的原因。乙醇的清除过程为肝脏中的酶将其氧化为乙醛，再进一步氧化为乙酸。代谢的第一阶段由醇脱氢酶参与完成，第二阶段的转化速率明显增快，所以乙醛很少长时间聚积，乙酸被进一步迅速氧化为二氧化碳和水，还有一部分乙酸则被微粒体氧化酶系统分解。

乙醇清除率（alcohol elimination rate，AER）对血液乙醇浓度吸收曲线的形状、峰值高度和乙醇血症持续时间等研究具有至关重要的意义，这也是对血液、呼吸或尿液中乙醇浓度进行回顾性分析的关键。虽然乙醇吸收率因受许多因素影响而不稳定，但肝脏解毒的速率比较稳定，相对不受外部因素的影响。尽管如此，这并不意味着它是绝对恒定不变的，因为即使是同一个人在不同的时间段，其肝脏解毒速率仍存在差异，只是相对接近。关于这一问题人们进行了大量的实验研究，结果虽然不尽相同，但都证明乙醇清除率只在一个相当小的范围内存在变化。饮酒前进食可增加乙醇清除率，根据 Ramchandani 等的研究，与空腹饮酒相比，无论饮食成分如何，餐后饮酒的平均乙醇清除率显著提高了 45%，其分析认为乙醇清除率被提高的机制可能是由进食引起的肝血流量增加和乙醇代谢酶活性升高所致[13]。

Holford 对 11 项研究进行回顾性分析后发现，乙醇平均清除率保持在 12.6～26.8 mg/100（mL・h）[14]。Neuteboom 和 Jones 观察了 1 300 名被警察拦下的司机检测的血液乙醇浓度，并计算出 95% 受试者的乙醇清除率在 12～38 mg/100（mL・h）[15]，其中个别人的乙醇清除率超过了 48 mg/100（mL・h）。乙醇清除率表现出随着乙醇浓度的增加而增加的特征，对此也有不同的解释。

总体而言，普遍认为血液乙醇浓度在达到峰值后的下降速率约为 15 mg/100（mL・h），但这一速率受许多因素的影响，并且存在相当大的个体差异[9]。Holford 建议将这一速率提高至 18.7 mg/100（mL·h）[14]。该速率适用于那些不经常饮酒的健康成年人，以及轻度至中度饮酒者和那些可能偶有大量饮酒的人。必须通过查阅大量关于乙醇代谢的文献书籍才能了解这一速率的具体变化范围，一般而言，乙醇清除率在 12～27 mg/100（mL·h）范围变化。

例如，以约 18 mg/100（mL·h）作为清除速率平均值，一名中等体型的男性每小时可清除约 9 g 乙醇，该数值变化范围为 7～16 g。英国卫生部和几所皇家医学院在推荐乙醇合理摄入量时使用含有 8 g 乙醇的乙醇饮料作为一个单位[9]。半品脱啤酒、一种单一计量的烈酒或一标准杯的佐餐酒大约含有 1 U 或 8 g 标准乙醇饮料[9]。

与普通人相比，长期酗酒者能够更快地清除乙醇，至少其在成瘾后期肝脏发生严重损害之前是这样。尽管研究者对此实验证据还存在一些争议，但 Bonnichsen 等研究人员已经证明，血液乙醇含量较高的老年人和长期酗酒者的乙醇清除率更高[16]；后者的乙醇清除率可超过 40 mg/100（mL·h），而位于威尔士生产呼吸测试设备的 Lion 实验室发现长期酗酒者的这一速率甚至超过了 50 mg/100（mL·h）。

人体吸收的乙醇有 90%～98% 在肝脏中代谢并清除出血液，仅有少量经肾脏、肺、汗液、唾液和乳腺以原型排泄。肾小球滤过液中的乙醇与血浆中的乙醇保持平衡状态，但由于水在肾小管中被重吸收，所以尿液中乙醇浓度高于血浆，两者比值约为 123∶100，因此，英国酒驾的法定标准为血液乙醇浓度 80 mg/100 mL，而尿液乙醇浓度为 107 mg/100 mL。

在任何时候，尿液中的乙醇浓度显然不能准确地反映血液乙醇浓度，除非是通过输尿管插管导尿这种罕见情况。血液乙醇浓度始终处于变化之中，不是上升就是下降，几乎不存在静止状态，因此肾小球滤过液中的乙醇含量也处于不断变化之中，于是先前滤过的尿液与之后滤过的尿液在膀胱中进行混合，直至膀胱排空。所以尿液中的乙醇浓度只能反映两次排尿之间的平均浓度；还有一个易错点是，开始饮酒之前产生的尿液（不含乙醇）已经储存在膀胱中，并会稀释之后含乙醇的尿液，故在使用尿液进行酒后驾驶测试的国家，警方要指示受试者先排空膀胱，再在随后的 1 h 内收集尿液，以避免稀释乙醇。

乙醇呼吸检测仪现在被许多国家和地区用于测量乙醇摄入量，或作为血液分析前的筛查测试，有些地方甚至已将其直接作为一种举证证据，取代血液 / 尿液乙醇检测。虽然对于该检测方法的科学准确性仍然存在一些争议，但通常乙醇呼吸检测仪的测试结果很高时，其测量误差基本可忽略不计；只有检测结果为临界值时，才会进行更准确的血液乙醇含量分析。

37℃时肺泡中的空气与肺毛细血管中血浆的乙醇浓度处于平衡状态，其体积比约为 2 300∶1[17]。对于这个比值的真实性存在一些争议，研究得出的数值介于（2 100～2 400）∶1。如果进行足够深的呼气以排出死腔空气，那么此时收集到的样本能够用于分析以反映血液乙醇含量。如果未完全排出死腔空气，或空气通过死腔时温度下降，则会产生轻微的误差。然而，在使用呼吸测试结果作为证据的大多数国家中，违法行为直接针对的是呼气中乙醇超标，而不是指呼气乙醇水平超过违法行为标准的血液中乙醇含量水平，这有效避免了辩方以呼气乙醇浓度与血液乙醇浓度之间存在科学疑问为由提出的辩护策略。

乙醇浓度：单位和各种乙醇饮料

乙醇在血液、尿液和呼出气体中的浓度（通常称为“水平”）采用不同的度量单位表示，这可能导致一些混淆。血液、尿液和其他体液中最广泛使用的浓度单位是每计量单位体积稀释剂中乙醇的质量，如每 100 mL 中乙醇的质量（mg/100 mL）；“分升”这一表达可代替 100 mL（mg/dL）。在欧洲一些国家，乙醇浓度用“千分率”表示，即克每升（g/L），相当于毫克每毫升（mg/mL）；还有在其他地方，尤其是在美国，常常直接用“百分比”进行表示，但这种表示方法容易引起歧义，因为它不能明确表示百分比指的

是体积 / 体积、体积 / 重量、重量 / 重量，还是重量 / 体积。通常情况下，此时的百分比指的是重量 / 体积，除非另有说明。

呼气乙醇浓度的计量单位通常为微克每 100 mL（μg/100 mL）。就乙醇浓度而言，重量 / 体积比非常重要，因为乙醇的比重为 0.79，含乙醇的混合物比水要轻。各种乙醇饮料中，制造商的介绍和标签中却几乎总使用“体积 / 体积”（*v/v*）表示浓度，但计算机体生理乙醇含量则是采用一定体积体液中乙醇的质量（*w/v*）为计算单位。因此，这些表示单位之间必须进行转换，特别是对于乙醇浓度较高的饮料更是如此，如威士忌等许多烈酒，若被贴上 40%（*v/v*）的标签，但其重量 / 体积只有约 32%；而对于 4%（*v/v*）啤酒等乙醇含量低的饮品来说，几乎不需要进行单位转换，因为计算中其他因素导致的内在误差还要更大。

普通饮料的大致乙醇含量（*v/v*）如下：

- 啤酒、淡啤酒、烈性黑啤酒：3%～5%。
- 苹果酒（存在差异）：5%。
- 佐餐葡萄酒（未加强型）：9%～12%。
- 强化葡萄酒（雪莉酒、波特酒、苦艾酒）：18%～20%。
- 烈酒（白兰地、杜松子酒、威士忌、朗姆酒、伏特加）：37%～42%。
- 利口酒（存在差异）：15%～55%。

近年来，实践中使用“乙醇单位”的做法变得更加流行，与其说是为了计算乙醇浓度，不如说是为了粗略估计乙醇摄入量，这与过量饮酒和长期饮酒的后遗症有关。1 U（在英国即为 8 g 乙醇）基本上是“一杯酒”，要么是半品脱啤酒，要么是一杯佐餐酒，也可以是一小杯烈酒。然而，1 U 或“标准乙醇饮料”中的乙醇含量在世界范围内并不相同，因此对乙醇摄入量的合理限制建议也存在差异[9]。例如，建议男性每周饮酒不超过 21 U，女性不超过 14 U，以避免增加肝脏受损的风险[18]。一些观察性研究表明，适度饮酒（女性每天最多喝一杯，男性每天最多喝两杯）会降低患冠心病的风险。Thomsen 法医学尸体解剖中，比较了一组饮酒者（*n*=441）和不饮酒对照者（*n*=255）的冠状动脉和主动脉粥样硬化程度，发现饮酒的男性和老年女性冠状动脉粥样硬化等级明显较低，而年轻女性则相反[19]。最近一篇系统回顾和荟萃分析囊括了 63 项研究共 1 686 名受试者，为乙醇的保护作用提供了进一步的间接数据支持[20]。

饮酒和非饮酒情况下的血液乙醇浓度的计算

在这方面，最重要的观点就是强调无论是饮酒还是未饮酒的情形，通过检测某个时间点的乙醇浓度逆向估算采样前某时间的乙醇水平，所得到的结果是完全不可靠和不准确的，最多只能粗略估算，无法提供准确的浓度数值。在此未做深入探讨，如在某交通事故致死案件中为解决饮酒与驾驶相关问题，试图估计交通事故或其他事件发生之前的某个时间，存活司机的血液乙醇水平或呼气乙醇水平。在刑事和民事纠纷中，往往需要根据尸体解剖时血液或尿液乙醇测试结果，判断死者在某些具体时间段的乙醇状况，航空、铁路、潜水和工业事故也会存在同样的潜在问题，只是相对较少。当死者的醉酒状态可能提供某种辩护的情况下，可能会因为对方当事人的鲁莽驾驶而引发刑事诉讼。在通常涉及保险公司的民事案件中，明显升高的血液乙醇水平可能被判定为共同过失。

无论何种原因，法医必须对尸体的乙醇水平进行谨慎解释，特别是当需要进行逆向性估算时更应如此。少数情况下，法医会被问及这样的问题，如死者服用乙醇饮料的种类和时间，在某特定时间（例如在死亡时）死者血液或尿液中乙醇可能达到什么水平等。此时必须注意避免过于精确的计算。根据饮酒量计算大致的血液乙醇浓度时，目前使用的方法主要有众所周知的“Widmark 因子法”或者其他对“Widmark 因子法”进行修正或简化的计算方法。

1932 年，Widmark 提出了著名的体内乙醇总量计算公式，通过已知体重并假设内环境达到平衡时，就可推算出血液乙醇浓度[21, 22]。

Widmark 方程为

$$A=r\times p\times C_o$$

或

$$r=A/(p\times C_o)$$

式中，A 是摄入体内乙醇总量（g）；C_o 是估算的血液乙醇浓度；p 是体重（单位为 kg）；r 是 Widmark 因子，（男性为 0.68，女性为 0.55），该因子存在性别差异是由于脂肪与水的比例不同：水占体重的比例男性约为 54%，女性约为 44%。

Widmark 因子法经过了大量的研究和修正。Hume 和 Fitzgerald 认为，使用人体水分分布使其显得过于复杂[23]；Gullberg 和 Jones 公布了重新评估 Widmark 方程的数据，声称能够从单次血液乙醇测定中估计出总饮酒量，误差为 ±20%[24]。Pounder 和 Kuroda 则认为，使用玻璃体液（在腐烂或受损的尸体中有时用玻璃体液替代血液样本）推测血液乙醇浓度存在过大误差，不具有实际应用价值[25]。

利用 Widmark 方程得到一个有用的估算方法：男性每千克体重摄入 0.2 g 乙醇后，血液乙醇浓度约为 25 mg/100 mL。

以下是一些相关事实：

- 血液乙醇浓度达到曲线峰值后下降的平均速率约为 15 mg/100（mL·h）。
- 摄入的乙醇质量可根据酒的浓度（*v*/*v*）和摄入量进行计算。例如，如果饮用两个英国计量单位的 40% *v*/*v* 威士忌，那么 15 mL 血液将含有（40×0.8）=32% *w*/*v*，32% *w*/*v*×15=4.8 g 乙醇。
- 应计算乙醇质量 / 千克体重值。
- 男性空腹时，以 0.2 g 乙醇 / 千克体重的比例饮酒将使其血液乙醇浓度达到约 25 mg/100 mL 的水平。
- 对于女性，这样的饮酒量引起血液乙醇浓度可高出 20%～25%。
- 如果只喝啤酒，血液乙醇浓度峰值将明显降低，有时只有饮用葡萄酒或烈酒的 50%。
- 在用餐期间或饭后饮酒会使血液乙醇浓度代谢曲线明显压平。

乙醇的生理效应

无论是书面意见还是出庭作证，法医经常被要求对处于某一血液乙醇水平或一定量饮酒后的受害者行为能力进行评估。虽然法医通常并不是酒精中毒领域内的临床专家，只是一名掌握一般原则知识的医学从业者，并且在所从事法医工作积累了一些酒后行为的亲历经验而已。因此，法医可提供一些常识协助法院，但前提是法医有类似工作经验，否则不应仅就临床表现发表过于具体的观点，这些内容应该由负责酒精中毒方面的精神科医生、警察外科医生或负责意外事故和紧急情况的官员提供，因为他们经常处理醉酒患者，具有丰富经验。法医可向律师、警察或法院提供以下常用的相关知识，特别是在不同血液乙醇水平下的可能行为能力和意识水平（表 28.1）。

表 28.1 中的项目可能是实践中“最坏的情况”，因为在相应特定的血液乙醇水平时，许多人的行为受到的影响很轻。女性通常在较低浓度水平即受到更明显的影响，当然也有例外，“世界纪录”保持者是一位在高达 1 510 mg/100 mL 乙醇浓度下幸存的女性[26]。在澳大利亚，许多被警察随机拦下的司机体内血液乙醇水平都超过 500 mg/100 mL。

表 28.1 不同血液乙醇浓度下的一般行为谱

血液乙醇浓度（mg/100 mL）	一般行为
超过 30	驾驶等复杂技能受损
30～50	驾驶能力明显退化
50～100	出现客观表现，如喋喋不休，逐渐丧失自控能力，大笑和一些感觉障碍
100～150	言语不清，站立不稳，可伴有恶心
150～200	明显的醉酒，恶心，步履蹒跚
200～300	昏睡，呕吐，可出现昏迷
300～350	昏睡或昏迷，具有吸入呕吐物的危险
超过 350	具有呼吸中枢麻痹导致死亡的危险

急性酒精中毒的死亡方式

酒精中毒死亡并不罕见，血液乙醇水平超过

300 mg/100 mL 时就可发生。酒精中毒最常见原因的是慢性酒精中毒，不喜欢饮酒者很少达到致命的血液乙醇浓度峰值。关于酒精中毒死亡率的流行病学研究表明，致命的血液乙醇浓度有相当大的差异，部分受试者在血液乙醇水平低于 300 mg/100 mL 时也可甚至发生死亡[27-31]。导致死亡的原因可能是乙醇直接抑制了脑干的呼吸中枢，也可能通过其他继发原因造成死亡，如吸入呕吐物窒息而死。正如第 14 章所讨论的，除非有死前目击者的证据，否则使用“呕吐物吸入”作为死亡原因必须非常谨慎。主要例外情况是急性酒精中毒，如果能够证实胃内容物被大量吸入至二级支气管，那么在没有严重自然疾病、损伤或其他毒物中毒的情况下，高浓度的血液乙醇含量才可被合理地解释为其引起胃内容物误吸致死。许多此类死亡事件发生在死者被警方拘留期间，因此常会引起相当大的抗议、媒体宣传和纪律调查。

醉酒的人往往伴随多种类型的致命性创伤。大多数凶杀案都是由酗酒导致的攻击性行为所引起。无论是由醉酒司机还是由醉酒的行人步入快车道，道路交通事故通常与饮酒的安全隐患有关。醉酒者经常频繁摔倒，而且摔倒往往具有致命性，如醉酒者从楼梯或台阶上摔落致头部受伤，其主要是由醉酒时的粗心大意或步态不稳所致，但从高处坠落则不太常见——1982 年利兹市对海伦 · 史密斯臭名昭著的审判就是一例。

醉酒后吸烟的人还可因烧伤或一氧化碳中毒而死亡，常见的一种情况是醉酒者上床睡觉时吸烟，香烟点燃了被褥。有时醉酒者也可因步态不稳，打翻煤气、电或煤油取暖器，引发致命的火灾而死。

溺水现象也时有发生，尤其是在河流或码头地区。一个典型的事件是，醉酒的水手深夜回到船上时，从桥或舷梯掉进水里。有时死亡也并非由溺水直接所致，而是突然受到冷水刺激或冷水突然进入咽喉刺激迷走神经，导致心脏停搏。醉酒状态似乎使受害者对这种血管迷走性休克更为敏感，这或许是乙醇引起皮肤血管明显扩张的缘故。作者就曾在某码头遇到一例此类案例，一名水手和他的女伴参加聚会并饮酒，随后两人都不慎坠入水中。

慢性酒精中毒

慢性酒精中毒者的病理特征非常广泛，此处只进行简要回顾。慢性酒精中毒是指长期持续、有规律地酗酒，而不包括间歇性地“狂饮”，对于第二种情况，机体经过一段时间可恢复健康。

尸体解剖时，虽然部分酗酒者可发现容易被忽视的营养不良征象，但大部分长期酗酒表现为肥胖甚至水肿，水肿是由于慢性心力衰竭所致。明显的病理改变发生在肝、心和脑，但这些病变很难直接确定是由乙醇所致。通常肝损害的早期阶段表现为脂肪肝，并伴有肝体积增大。根据性别和体型差异，肝的正常重量范围在 1 300～1 600 g，但脂肪肝的肝重量可超过 2 000 g。肝表面颜色浅淡、触之油腻，但这并非所有脂肪肝特有表现，特别在早期或损伤较轻时，看似表面正常但肝实质内却可见斑片状淡黄色区域。

如果这些患者继续饮酒，脂肪肝将进展为肝纤维化，即在肝包膜下形成褶皱，此时肝硬化程度仍相当轻微，结节直径只有 5～10 mm；进展至后期，肝进一步变小，收缩为坚硬的灰黄色组织块，重量只有 800～1 200 g。

如果缺乏长期酗酒史，则很难或不可能仅根据解剖所见确定病因。类似的肝脏病理改变也可能发生在肝炎后遗症中，而不太可能是由某些饮食或代谢缺陷所致。脾脏可增大、变硬，胃食管交界处可见静脉曲张，但这两种表现都是门静脉高压的结果，难以为肝纤维化的确切病因诊断提供帮助。血清中 γ-谷氨酰转肽酶的水平是证实肝损伤和乙醇损害进展或缓解的一个有价值的指标，其正常水平低于 36 U，而肝损伤可使其升高数倍。酒精性心肌病确实存在，并且可在临床上被明确诊断，但是否仅根据病理学表现明确鉴别诊断仍是一个有争议的问题。心脏体积增大，通常可见斑片状纤维化，伴有多种炎细胞浸润、心肌纤维肥大、斑片状坏死、透明变性、水肿和空泡化，其他病理改变还包括心肌细胞核增大、多形性改变，但这些变化都不具有特异性，高血压心脏病、冠状动脉狭窄和其他类型的心肌炎中也可出现这些改变。然而，结合明确的慢性酒精中毒史，如果可以排除其他原因，这些相对非特异性的变化就可以归因于乙醇的作用（具体参见第 25 章）；更具有特异性的心肌损伤是由添加到商用啤酒中的钴所引起，有几例此类案件报道[32, 33]。酒精性脂肪肝患者发生全身脂肪栓塞的现象偶有记载。心肌和脑的微梗死也可发生，但这方面改变在目前为止的研究中经常被忽视。由于常规检查中通常不使用脂肪染色，目前还不清楚脂肪肝患者在弥漫性靶器官栓塞方面，与对照组相比是否存在差异。

甲醇

甲醇是一种无色、高度易燃的液体，属于水溶性醇类，味道和气味略甜。甲醇是一种常见的工业溶剂，被作为合成前体，也用于各种商业产品中，如挡风玻璃洗涤液、除冰溶液、防冻剂、油漆去除剂和野餐燃料等。一些发酵乙醇饮料中含有少量甲醇以作为乙醇同系物[34–36]。

内源性血液中甲醇浓度约为 1.5 mg/L，尿甲酸浓度为 12～17 mg/L[37, 38]。大量饮酒会阻碍内源性甲醇的氧化，因为肝脏的醇脱氢酶大量参与乙醇代谢，导致甲醇以内源性和外源性的方式积累[35]。

甲醇从胃肠道中被迅速吸收并氧化，主要由醇脱氢酶转化为甲醛，再由醛脱氢酶转化为剧毒的甲酸，引起严重的代谢性酸中毒。甲醇致死量差异较大（成人为 100～200 mL），但摄入 30 mL 就有潜在的致命危险，摄入 10 mL 时可导致失明[37]。中枢神经系统、视网膜、视神经及基底节，特别是壳核，似乎对甲醇中毒损伤很敏感（图 28.1，图 28.2）。甲醇中毒事件通常见于自杀、意外或因摄入上述商业产品引起。据报道，有使用甲醇代替乙醇非法制造饮料，造成了群体性甲醇中毒。近期，Beno 等报道了一例儿童甲醇中毒致死的案例[39]。

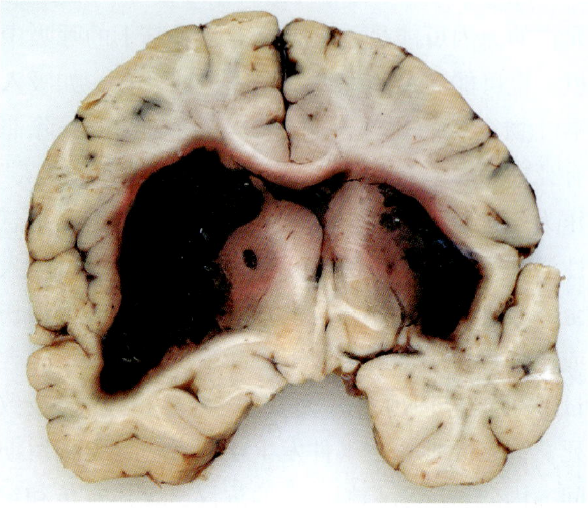

图 28.1 一名 45 岁的酒精中毒患者：因饮用了含甲醇的挡风玻璃液导致急性甲醇中毒和壳核坏死，伴有大量新鲜脑内出血

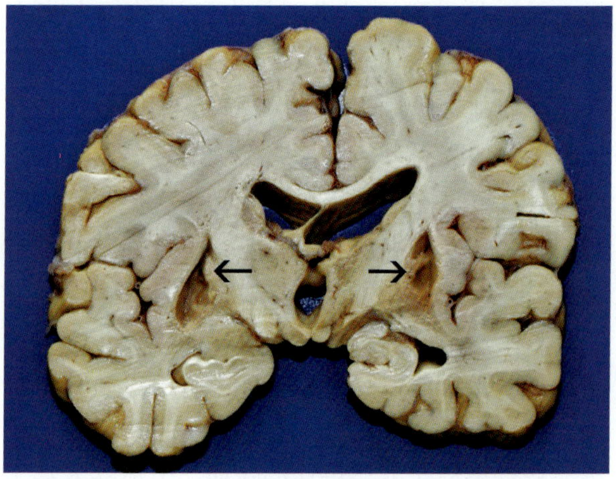

图 28.2 双侧壳核坏死后囊性变：一位 52 岁的酗酒者，11 年前饮用含甲醇的挡风玻璃液后导致急性甲醇中毒

（曹玥 译）

参考文献

[1] Plueckhahn VD, Ballard B. Factors influencing the significance of alcohol concentrations in autopsy blood samples. *Med J Aust* 1968; 1(22): 939–43.
[2] Cederbaum AI. Alcohol metabolism. *Clin Liver Dis* 2012; 16(4): 667–85.
[3] Gentry RT. Effect of food on the pharmacokinetics of alcohol absorption. *Alcohol Clin Exp Res* 2000; 24(4): 403–4.

[4] Lolli G, Rubin M. The effect of concentration of alcohol on the rate of absorption and the shape of the blood alcohol curve. *Q J Stud Alcohol* 1943; 4: 57–63.
[5] Roine RP, *et al.* Effect of concentration of ingested ethanol on blood alcohol levels. *Alcohol Clin Exp Res* 1991; 15(4): 734–8.
[6] Roine RP, *et al.* Comparison of blood alcohol concentrations after beer and whiskey. *Alcohol Clin Exp Res* 1993; 17(3): 709–11.
[7] Roine R. Interaction of prandial state and beverage concentration on alcohol absorption. *Alcohol Clin Exp Res* 2000; 24(4): 411–2.
[8] Roberts C, Robinson SP. Alcohol concentration and carbonation of drinks: the effect on blood alcohol levels. *J Forensic Leg Med* 2007; 14(7): 398–405.
[9] Rajendram R, Hunter R, Preedy V. Alcohol: absorption, metabolism, and physiological effects. In: Caballero B (ed). *Encyclopedia of Human Nutrition*, 3rd edn. Waltham: Academic Press, 2013, pp. 40–9.
[10] Ploutz-Snyder L, *et al.* Gastric gas and fluid emptying assessed by magnetic resonance imaging. *Eur J Appl Physiol Occup Physiol* 1999; 79(3): 212–20.
[11] Wilkinson PK, *et al.* Pharmacokinetics of ethanol after oral administration in the fasting state. *J Pharmacokinet Biopharm* 1977; 5(3): 207–24.
[12] Lennernas H. Ethanol-drug absorption interaction: potential for a significant effect on the plasma pharmacokinetics of ethanol vulnerable formulations. *Mol Pharm* 2009; 6(5): 1429–40.
[13] Ramchandani VA, Kwo PY, Li TK. Effect of food and food composition on alcohol elimination rates in healthy men and women. *J Clin Pharmacol* 2001; 41(12): 1345–50.
[14] Holford NH. Clinical pharmacokinetics of ethanol. *Clin Pharmacokinet* 1987; 13(5): 273–92.
[15] Neuteboom W, Jones AW. Disappearance rate of alcohol from the blood of drunk drivers calculated from two consecutive samples; what do the results really mean? *Forensic Sci Int* 1990; 45(1–2): 107–15.
[16] Bonnichsen R. Oxidation of alcohol. *Q J Stud Alcohol* 1966; 27: 554–60.
[17] Wigmore JG. Breath alcohol. In: Siegel AJ, Saukko PJ, Houck MM (eds). *Encyclopedia of Forensic Sciences*. Waltham: Academic Press, 2013, pp. 313–17.
[18] Alcohol and the heart in perspective. Sensible limits reaffirmed. A Working Group of the Royal Colleges of Physicians, Psychiatrists and General Practitioners. *J R Coll Physicians Lond* 1995; 29(4): 266–71.
[19] Thomsen JL. Atherosclerosis in alcoholics. *Forensic Sci Int* 1995; 75(2–3): 121–31.
[20] Brien SE, *et al.* Effect of alcohol consumption on biological markers associated with risk of coronary heart disease: systematic review and meta-analysis of interventional studies. *Br Med J* 2011; 342: d636.
[21] Andreasson R, Jones AW. Erik M. P. Widmark (1889–1945): Swedish pioneer in forensic alcohol toxicology. *Forensic Sci Int* 1995; 72(1): 1–14.
[22] Friel PN, Logan BK, Baer J. An evaluation of the reliability of Widmark calculations based on breath alcohol measurements. *J Forensic Sci* 1995; 40(1): 91–4.
[23] Hume DN, Fitzgerald EF. Chemical tests for intoxication: what do the numbers really mean? *Anal Chem* 1985; 57(8): 876A–878A, 882A, 884A passim.
[24] Gullberg RG, Jones AW. Guidelines for estimating the amount of alcohol consumed from a single measurement of blood alcohol concentration: re-evaluation of Widmark's equation. *Forensic Sci Int* 1994; 69(2): 119–30.
[25] Pounder DJ, Kuroda N. Vitreous alcohol is of limited value in predicting blood alcohol [see comments]. *Forensic Sci Int* 1994; 65(2): 73–80.
[26] Johnson RA, Noll EC, Rodney WM. Survival after a serum ethanol concentration of 11/2%. *Lancet* 1982; 320(8312): 1394.
[27] Poikolainen K. Alcohol poisoning mortality in four Nordic countries. In: *The Finnish Foundation for Alcoholic Studies*. Forssa, 1977.
[28] Lahti RA, Vuori E. Fatal alcohol poisoning: medico-legal practices and mortality statistics. *Forensic Sci Int* 2002; 126(3): 203–9.
[29] Jones AW, Holmgren P. Comparison of blood-ethanol concentration in deaths attributed to acute alcohol poisoning and chronic alcoholism. *J Forensic Sci* 2003; 48(4): 874–9.
[30] Jones AW, Holmgren P. Urine/blood ratios of ethanol in deaths attributed to acute alcohol poisoning and chronic alcoholism. *Forensic Sci Int* 2003; 135(3): 206–12.
[31] Lahti RA, *et al.* Under-recording of ethanol intoxication and poisoning in cause-of-death data: causes and consequences. *Forensic Sci Int* 2011; 212(1–3): 121–5.
[32] Kesteloot H, *et al.* An enquiry into the role of cobalt in the heart disease of chronic beer drinkers. *Circulation* 1968; 37(5): 854–64.
[33] Alexander CS. Cobalt-beer cardiomyopathy. A clinical and pathologic study of twenty-eight cases. *Am J Med* 1972; 53(4): 395–417.
[34] Greizerstein HB. Congener contents of alcoholic beverages. *J Stud Alcohol* 1981; 42(11): 1030–7.
[35] Jones AW, Lowinger H. Relationship between the concentration of ethanol and methanol in blood samples from Swedish drinking drivers. *Forensic Sci Int* 1988; 37(4): 277–85.
[36] Kruse JA. Methanol and ethylene glycol intoxication. *Crit Care Clin* 2012; 28(4): 661–711.
[37] Moffat AC, Osselton D, Widdop B (eds). *Clarke's Analysis of Drugs and Poisons*. London: Pharmaceutical Press, 2004, p. 1235.
[38] Drummer OH. Alcohol congeners and the source of ethanol. In: Siegel AJ, Saukko PJ, Houck MM (eds). *Encyclopedia of Forensic Sciences*. Waltham: Academic Press, 2013, pp. 318–22.
[39] Beno JM, *et al.* Homicidal methanol poisoning in a child. *J Anal Toxicol* 2011; 35(7): 524–8.

第 29 章

一氧化碳中毒

一氧化碳中毒原因

一氧化碳（carbon monoxide，CO）中毒是法医毒理学中仅次于酒精中毒和药物中毒以外最常见的中毒情况[1]。虽然天然气（不含 CO）已替代“煤气”作为加热燃料并广泛使用，已经基本消除了导致 CO 中毒的主要来源。然而，在其他方面仍然存在着 CO 中毒致死的危险，如化工燃料不完全燃烧时产生的 CO。由于 CO 对血红蛋白具有很强的亲和力，即使是低浓度的 CO 也会在体内蓄积造成中毒。

目前，已有诸多文献报道环境和工业领域 CO 中毒的相关案例，但仍有必要对 CO 中毒的诸多问题进行再次讨论。在疑似（甚至有时并非疑似）CO 中毒案例的尸检中，要重点考虑以下几种可能的中毒原因。

机动车尾气

目前，在日常生活中用天然气取代煤气（CO 含量高达 7%）之后，CO 作为一种常见的自杀方式已经比较少见[2]。“把头埋入煤气炉里”，这种曾在英国及许多其他国家中最常见的自杀方式随之改变。以 1961 年英国的情况为例，共有 2 711 例自杀，1 014 例意外死于 CO 中毒。此后，自杀者主要从内燃发动机中获得 CO 以用于自杀[3]。汽油发动机的尾气中含有高达 5%～7% 的 CO，若发动机空转、有故障或调试不当，CO 的含量则更高。柴油发动机比汽油发动机产生的 CO 要少得多。通常情况下，排气管将这些尾气排入大气，在一些大城市，机动车尾气排放所造成的大气中低水平 CO 污染，可以使执勤的交警体内碳氧血红蛋白饱和度达 10%。而当机动车在密闭的室内排放尾气，则可能在短时间内使 CO 浓度积累达到致命程度。据计算，一台 1.5 L 排量的汽油发动机在一个封闭的车库内运转时，10 min 内就能在周围空间中产生致命浓度的 CO。

有些自杀者将车停放于车库，坐在车里并留有一扇打开的车窗，利用尾气排放的 CO 进行自杀。更常见的是，自杀者将车停于车库以外的地方或者偏僻的停车位，安装一些特殊的装置来将汽车尾气输送到车内。最常见的是采用吸尘器上的软管，将其一端插入汽车排气管内，另一端通过车窗引入车内。

现在大多数以汽油为燃料的机动车都安装了催化式排气净化器，这大大减少了 CO 的排放量，并转化了汽车尾气中的 3 种主要污染物：CO、未燃烧的碳氢化合物和氮氧化物。前两种污染物被催化后可充分燃烧，氮氧化物则被还原为氮气。

除了自杀，CO 中毒还常见于汽车尾气导致的意外事故。尤其在室外气温较低的情况下，汽修工人或车主在封闭的车库里维修车辆时，未能及时意识到危险而致 CO 中毒死亡。这主要是由于 CO 中毒具有隐蔽性，可在人毫无察觉的情况下引起意外的麻痹和昏迷[4, 5]。

通常情况下，如果机动车排气系统故障导致尾气通过车底盘或发动机隔板渗入车内，或空调热交换器泄漏导致尾气进入车内等情况，也可能导致驾驶人员发生 CO 中毒。因强风把车辆外部尾气吹进货车或卡车打开的门里则较为少见。还有一种情况，这些车辆使用来自排气管周围的空气直接为乘客供暖，而其中的热交换器发生泄漏，从而导致车内人员 CO 中毒。

还有一些小型飞机的发动机舱和驾驶舱紧邻，发动机舱中的废气泄漏至驾驶舱，使驾驶舱内的飞行员发生 CO 中毒，虽然并非致命性中毒，但足以使飞行员失去驾驶能力，从而导致坠机身亡。这种情况也可见于公路机动车驾驶过程中。值得注意的是，需要对 CO 中毒和酒后驾驶人员进行鉴别诊断，因为两者在中毒过程中的某一阶段具有非常相似的临床症状。

此外，也有报道"水肺"潜水员的气瓶在汽油驱动的压缩机进行灌装过程中被 CO 污染而导致死亡的相关案例[6]。

家用燃气设备

家用燃气设备在氧气供应受限的情况下，可发生不完全燃烧而产生 CO。例如，以天然气作为燃料，天然气本身不含 CO，但由于设计、维护或排气管道通畅的缺陷，天然气会有部分氧化为 CO；用于集中供暖的固态燃料，也可能有一定的进风限制或排烟系统部分堵塞；石蜡（煤油）加热器可能在氧气摄入不足的情况下燃烧，而且任何其他形式的碳氢燃料设备都可能发生故障，燃烧的部分产物是 CO。

本书作者已经处理了多起由于错误安装天然气炉导致通风不足，不完全燃烧产生的 CO 反向扩散到屋内而造成死亡的案例。另外，燃气设备，尤其是热水器也是浴室的重要危险因素之一。除了用电危险、洗浴中不幸溺水、潮湿地面引起滑倒等危险因素外，空间小和常用的燃气热水器或"烧水锅炉"，使浴室成为非正常死亡的常见场所。设备安装不当、煤烟或鸟窝造成排烟管道堵塞也是常见的危险因素。

房屋火灾

房屋或其他建筑物火灾是 CO 中毒致死的另一个常见原因。如第 11 章所述，房屋火灾中的大部分死亡原因并不是烧伤，而是烟雾吸入。其中，CO 中毒是主要原因，虽然氰化物、光气和丙烯醛等其他有害气体也是造成死亡的部分原因。许多房屋火灾的受害者死于远离火焰的地方，可能在不同的房间甚至不同的楼层，因为 CO 可以渗透到相当远的距离，导致熟睡或困在大楼其他地方的人发生 CO 中毒死亡。

工业生产

许多工业生产过程都可能导致 CO 中毒的发生。特别是在钢铁工厂，工业煤气和水煤气的生产和储存是必不可少的过程。水煤气中的 CO 含量可高达 40%，以往经常会在家用燃气中加入水煤气，这也显著增加了煤气中的 CO 含量。多类工业生产过程都会使用到 CO，如 Mond 法冶炼镍等，而其他涉及燃烧和加热的工业生产过程都会产生 CO。另外，在煤矿开采过程中也时刻存在着 CO 中毒的风险，CO 可以直接从煤层逸出，也可以由煤矿深处时常发生的小火产生。

不完全燃烧

任何气态燃料的不完全燃烧都会产生 CO。当火焰撞击到冷金属表面或燃烧物表面覆盖有烟灰时，都会使燃料发生不完全燃烧从而产生 CO。实际上，以丁烷或丙烷为燃料的电器在使用时可产生少量的 CO，这些电器在大篷车、露营面包车和小船等狭小空间中使用时，鉴于通风不畅等原因将可能导致 CO 蓄积引起中毒死亡。

一氧化碳中毒者的尸检

详细的案例资料会给死亡原因提供诸多线索。在线索很明显的情况下，如死亡现场为死者在机动车内，有一根管子从排气筒引入车内，那么法医的注意力会直接指向 CO 中毒。然而，很多情况下的案例资料可能并不详尽，只有法医和相关人员保持高度警惕，才能发现 CO 中毒证据。事实上，许多案例都是由法医在观察尸体皮肤或组织颜色时首先识别出 CO 中毒的。一些 CO 中毒致死的案件常被缺乏判别能力的临床医生（特别是全科医生）诊断为“自然死亡”，而事实上，无论是自杀还是意外，CO 中毒才是真正的死亡原因。未进行系统尸体解剖是 CO 中毒漏检的主要原因，因为“樱桃红色”尸斑多数情况只在身体下坠的位置才能被发现，在解剖床上的大体观察是不易看到的。尽管颈部两侧和颈后部相对容易观察到，但粗略的检查仍不容易观察到“樱桃红色”尸斑。本书作者回忆起在参与尸检的自杀事件中，至少有一起案件中亲属将尸体放回床上后被家庭医生误诊为冠状动脉血栓。

在尸检中，最显著的尸表特征是皮肤颜色改变，特别是在死后血液坠积的区域（图 29.1）。当血液中碳氧血红蛋白饱和度超过 30% 时，典型的樱桃红色尸斑通常会很明显；低于 30% 的情况下，则需要技术相对熟练的人员在充分照明的情况下才可能被发现；低于 20%，则无法观察到典型的樱桃红色尸斑。有时颜色较深的发绀可能会掩盖尸体皮肤颜色，但是在坠积性充血的边缘和组织内部较为明显。

当死者为贫血状态时，由于没有足够的血红蛋白来显示这种颜色，所以樱桃红色可能很淡，甚至观察不到。同时，在有色人种的死者身上，尸体颜色也容易被掩盖，但是仍可观察到嘴唇、甲床、舌头、手掌和脚底内侧的颜色变化。此外，樱桃红色改变也可出现在眼睑内，但在巩膜处很少见。

少数案例可见体表相关部位的皮肤水疱，如小腿、臀部、手腕和膝盖周围，类似于所谓的“巴比妥水疱”[7]。但这些并不是 CO 中毒的特异性表现，其原因可能是深度昏迷时身体完全不能活动，静脉回流障碍而导致水肿的结果。因为大多数 CO 中毒导致的死亡较迅速，所以这种水疱较为少见。内部组织器官的特征是颜色改变。血液和肌肉会因为碳氧血红蛋白和碳氧肌红蛋白的存在而呈樱桃红色（图 29.2）。如果在体内碳氧血红蛋白饱和度较低、光线比较差的解剖条件下，可能很难看到典型的樱桃红色改变。这种情况下，用水稀释血液，滴在白色背景的瓷水槽或搪瓷秤盘上进行观察，能更容易观察到粉红色。在低温或尸体冷藏后的颜色变化会有所不同。有些法医患有红色视觉障碍，因此难以区分不同红色间的细微变化，这时就需要通过实验室分析来定量分析血液中的碳氧血红蛋白饱和度。CO 中毒致死的另一个征象是，即便含有 CO 的组织被甲醛溶液固定，但是它不会像正常组织一样快速被脱色，而是在很长一段时间内保持樱桃红色。如果尸检时怀疑 CO 中毒，可通过两种方法进行快速判断。一是 NaOH 法，即在白色瓷砖上或白色背景的试管里加入约 10% 的 NaOH 溶液，然后在该溶液中加入几滴血液。正常血液由于产生高铁血红蛋白会立即变成棕绿色，而 CO 中毒者的血液颜色会保持为樱桃红色。需要注意的是，6 个月以下婴儿和成人不同，其血液颜色变化可

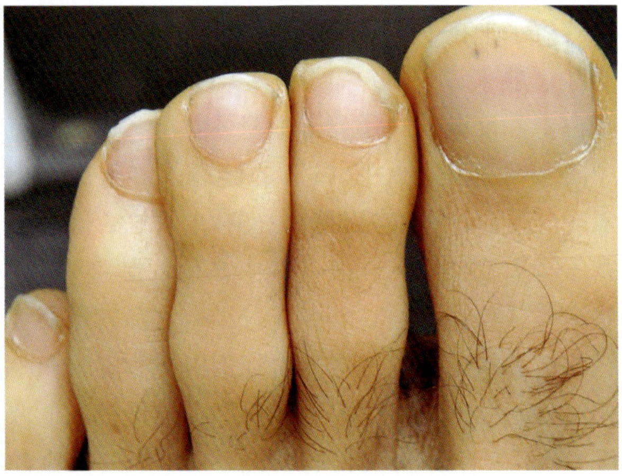

图 29.1　CO 中毒者趾甲呈樱桃红色

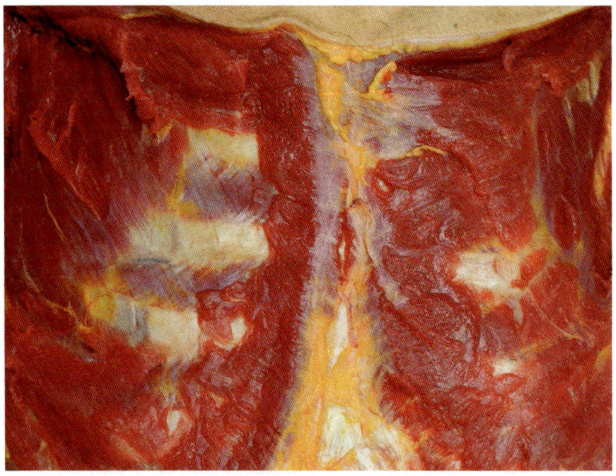

图 29.2　CO 中毒者胸大肌呈樱桃红色

能需要几小时才能形成，可出现假阳性。二是煮沸法，是 1857 年由 Hoppe 提出，该方法是将 3 mL 的血液放入试管，用 6 mL 的自来水稀释后水浴加热。CO 中毒者血液会变成砖红色，而正常人血液会变成灰褐色[8]。但是，在需要准确定性时不建议使用这些简易的替代方法。

尸检的其他征象是非特异性的，以肺水肿较为多见。本书作者发现 CO 中毒者的大脑白质异常坚固，脑组织在从颅骨中取出后仍可保持原有的大体形状，这可能是由水肿或脑组织中一些细微的改变引起的。

然而，这些替代方法都不能取代实验室检查，而应按常规方式从外周静脉采集血液进行分析。与大多数毒理学分析不同的是，即使是受污染的血液样本也可以用于碳氧血红蛋白饱和度的检测。心腔血液、体腔血液和骨髓中血液，都可以用于计算碳氧血红蛋白百分比。因为计算的是碳氧血红蛋白与总血红蛋白的比例，而非血液中碳氧血红蛋白的绝对浓度，所以几乎任何含有血红蛋白的检材都可以用来检测。尤其是严重烧焦的尸体，液态血液较难获得，则需要使用含有血红蛋白的其他体液或骨髓进行实验室检测。

法医发现，多数急性 CO 中毒的死亡病例中都没有特征性的病理学改变。早在一个多世纪前，从一些未死亡的急性 CO 中毒病例中发现，严重的 CO 暴露可造成中枢神经系统的损伤，如大脑基底节神经元坏死，尤其是纹状体和苍白球损伤并形成软化灶。另外，在 CO 中毒后 5 天内即可在上述损伤区域观察到泡沫细胞和小胶质细胞的增生等变化，甚至中脑黑质亦可发现损伤改变。迟发性 CO 中毒死亡时，脑白质可发现多发瘀点和局灶性出血。以上这些临床症状和病理学变化，在神经学出版物中都有详细描述。

同时，心肌可出现细小的局灶性坏死。Korb 和 David 甚至在急性 CO 中毒的死亡病例中也发现了类似的病理改变[9]。然而，Fineschi 等在 26 例急性 CO 中毒致死和 45 例头部外伤致死的病例对照研究中发现，CO 中毒的特征性形态学改变是无法明显确认的，而这些变化可能是由于组织恢复供氧后的肾上腺素应激反应所导致的心肌损害，而不是 CO 或缺氧对心肌细胞的直接作用[10]。Fracasso 等报道了 26 例 CO 中毒致死者中，有 24 例心肌组织的免疫组织化学染色结果显示心肌纤维连接蛋白表达增加，且主要局限于右心室[11]。

急性 CO 中毒引起缺氧后，在冠状动脉正常的情况下诱发急性心肌梗死的情况很少见，但是在伴有冠状动脉疾病的病例中较为多见[12–14]。

血液分析

一氧化碳对血红蛋白的亲和力是氧气的 200～300 倍。因此，空气中即使只有浓度很低的 CO，摄入体内后也会竞争性地结合血红蛋白，降低血液的携带氧气能力。以往研究者们认为 CO 的毒理作用都源于缺氧，但后来的研究发现，CO 可以干扰其他含铁蛋白的功能，如肌红蛋白和包括细胞色素家族在内的多种酶蛋白分子。

因为 CO 的主要影响抑制了氧的运输，所以血液中碳氧血红蛋白在总血红蛋白中的百分比较其绝对数值更重要。贫血者总血红蛋白量较低，死后尸表不会表现出典型的樱桃红色。发生 CO 中毒时，剩余的非结合血红蛋白仍可用于氧气运输，这对维持生命至关重要。例如，一名贫血者每 100 mL 血红蛋白含量只有 8 g，其中 4 g 血红蛋白被 CO（饱和度 50%）所占据，这比一个含 14 g 血红蛋白（其中 4 g 被 CO 被占据）的人的状况要糟糕得多。有许多数据表明，碳氧血红蛋白饱和度与临床症状具有密切联系，但是其中毒及致死水平在不同的人群中存在较大差异。

一般来说，CO 中毒致死案例中的碳氧血红蛋白饱和度既反映了死者的身体状况，也反映了中毒发生速度。60 岁以下的健康人群很少在碳氧血红蛋白饱和度为 50%～60% 时死亡，除非暴露于含有高浓度 CO 的空气中，死者在 CO 通过肺内气体交换并与红细胞充分结合之前就已经死亡，这种情况通常在碳氧血红蛋白饱和度为 40% 左右的时候即可发生。如果机体在缓慢摄入低浓度 CO、生存时间较长的情况下（空气中 CO 的浓度和生存时间存在一定的相关性），尸检血液样本中的碳氧血红蛋白饱和度可达到 80% 左右。

但是，老年人可能会在碳氧血红蛋白饱和度相对较低（如 30%）的情况下死亡。对于一些在碳氧血红蛋白饱和度只有 25% 时就发生死亡的案例，目前还无法找到确切原因。其中的一个原因可能是贫血，当部分血红蛋白被 CO 占据时，血红蛋白携氧的储备就会大大减少。对于老年人来说，衰老的心肌已经处于脆弱状态，任何额外的缺氧都会导致其衰竭；而婴儿也可能在相对较低的 CO 浓度下发生死亡，因为其呼吸频率较高，可加快 CO 的摄入。值得注意的是，碳氧血红蛋白饱和度的致死范围广且无规律可循。当两个或更多的受害者在同一 CO 环境暴露时，即使是相同年龄和相近身体健康状况的人，死后碳氧血红蛋白饱和度也可能完全不同。另外，患有基础疾病，如冠状动脉疾病、呼吸功能不全等受害者，在 CO 浓度较低的情况下也很可能发生死亡；而患有心肌功能不全或气道阻塞性疾病的人，却可能因机体已经存在缺氧状态而使 CO 中毒症状尤为严重；镇静催眠类药物或酒精也可能与 CO 发生协同作用。

血液中碳氧血红蛋白饱和度的常用分析方法包括紫外分光光度法和气相色谱法。碳氧血红蛋白较稳定，在死后较长时间内的腐败尸体中也可以进行检测。因为机体在死后不再继续吸收 CO，所以火灾中烧死的尸体碳氧血红蛋白饱和度升高（超过 10%）则可提示火灾发生时存在呼吸活动（生前烧死）；但尚不能反推上述情况，如第 11 章所强调的，在火灾中（特别是由汽油燃烧引起的大火）迅速死去，血液碳氧血红蛋白检测结果可能为阴性。

Kojima 等还探讨了死后血液中形成碳氧血红蛋白的可能性，并对影响结果误差的原因进行了分析。他们发现，死后产生的 CO 对碳氧血红蛋白饱和度不存在显著影响，但认为体腔液体不能用于碳氧血红蛋白饱和度的测定[15-17]。

此外，枪伤是导致局部碳氧血红蛋白和碳氧肌红蛋白形成的重要来源之一。在枪伤中，富含 CO 的推进剂气体可通过接触或短程排放被吹入创口，尤其是射入口附近的组织，并且有人认为这是一种区分射入口和出口的方法。虽然理论上从弹道的一端到另一端会有浓度梯度，但是事实上子弹的整个弹道可能会被一层 CO 气膜覆盖，导致 CO 近距离扩散进入血液和肌肉（具体参见第 8 章）。

还有，在战争、军事和恐怖袭击时，人群有可能暴露于高浓度的 CO 环境中，如枪战的爆发可使 CO 在封闭的空间中大量释放，造成危险；或在几乎没有通风的地方引爆炸药也会使 CO 迅速积聚，并在爆炸的物理危险过后仍持续较长时间。

（文迪　译）

参考文献

[1] Varma DR, Mulay S, Chemtob S. Carbon monoxide: from public health risk to painless killer. In: Ramesh CG (ed). *Handbook of Toxicology of Chemical Warfare Agents*. San Diego: Academic Press, 2009, pp. 271–92.

[2] Kreitman N. The coal gas story. United Kingdom suicide rates, 1960–71. *Br J Prev Soc Med* 1976; 30(2): 86–93.

[3] Bowen DA, *et al*. Carbon monoxide poisoning. *Forensic Sci Int* 1989; 41(1–2): 163–8.

[4] Raub JA, *et al*. Carbon monoxide poisoning – a public health perspective. *Toxicology* 2000; 145(1): 1–14.

[5] Guzman JA. Carbon monoxide poisoning. *Crit Care Clin* 2012; 28(4): 537–48.

[6] Austin CC, *et al*. Carbon monoxide and water vapor contamination of compressed breathing air for firefighters and divers. *J Toxicol Environ Health* 1997; 52(5): 403–23.

[7] Myers RA, Snyder SK, Majerus TC. Cutaneous blisters and carbon monoxide poisoning. *Ann Emerg Med* 1985; 14(6): 603–6.

[8] Hoppe F. Über die einwirkung des kohlenoxydgases auf das hämatoglobin. *Virchows Arch Pathol Anat Physiol Klin Med* 1857; 11: 288–9.

[9] Korb G, David H. [Fluorescent microscopy and electronoptic studies on the myocardium in rats after poisoning with illumination gas]. *Dtsch Z Gesamte Gerichtl Med* 1962; 52: 549–57.

[10] Fineschi V, *et al*. Myocardial findings in fatal carbon monoxide poisoning: a human and experimental morphometric study. *Int J Legal Med* 2000; 113(5): 276–82.

[11] Fracasso T, *et al*. Immunohistochemical expression of fibronectin and C5b-9 in the myocardium in cases of carbon monoxide

poisoning. *Int J Legal Med* 2011; 125(3): 377−84.
[12] Ebisuno S, *et al*. Myocardial infarction after acute carbon monoxide poisoning: case report. *Angiology* 1986; 37(8): 621−4.
[13] Marius-Nunez AL. Myocardial infarction with normal coronary arteries after acute exposure to carbon monoxide. *Chest* 1990; 97(2): 491−4.
[14] Mokaddem A, *et al*. [A rare cause of myocardial infarction: carbon monoxide intoxication]. *Tunis Med* 2004; 82(3): 320−3.
[15] Kojima T, *et al*. Postmortem formation of carbon monoxide. *Forensic Sci Int* 1982; 19(3): 243−8.
[16] Kojima T, Yashiki M, Une I. Experimental study on postmortem formation of carbon monoxide. *Forensic Sci Int* 1983; 22(2−3): 131−5.
[17] Kojima T, *et al*. Production of carbon monoxide in cadavers. *Forensic Sci Int* 1986; 32(2): 67−77.

第 30 章

有机磷中毒

引言

在过去的半个世纪里，人们合成了许多结构不同的有机磷（organophosphorus，OP）化合物，其中有 100 多种有机磷化合物被用作杀虫剂[1, 2]。这些合成化合物彻底改变了世界各地的农业习惯。世界卫生组织将杀虫剂（主要基于对大鼠的急性口服和皮肤毒性）划分为Ⅰa 级（极度危险）到Ⅲ级（轻度危险）3 个级别，以及“不可能产生急性危害的活性成分”。在已完成工业化的国家，大多数Ⅰa 级杀虫剂被禁止或严格控制，但在发展中国家则没有这种管制，Ⅰa 级农药可以在没有任何安全措施的前提下自由获取[3]。发展中国家由于人口数量多，土地面积大，加之宽松的管制措施和淡薄的安全工作意识，有机磷化合物泛滥的情况最为严重[4, 5]。在农业生产过程中，不合规的农药使用和存储方式常常导致意外事件，造成人民生命财产损失。除此以外，该药物常被用于服毒自杀。根据 Gunnell 等的保守估计，全世界每年约有 26 万人死于农药自杀，占全球自杀人数的 30%[6]。尽管因有机磷化合物意外中毒而死亡和使用杀虫剂杀人的情况较少见，但仍有相关报道[7-11]。

例如，斯里兰卡从 1975～1980 年，平均每年有 13 000 名急性农药中毒患者被送入公立医院，其中约有 1 000 人死亡[12]。统计显示，2002～2009 年，在台湾地区自杀方式中农药中毒排行第三[13]。2011 年，斯里兰卡共有 1 757 人死于服用有机磷化合物自杀，占所有自杀案件的 46.6%[14]。杀虫剂是最主要的高度危险的农用化工产品，尤其是有机磷化合物，如对硫磷和除草剂（如百草枯）。

百草枯中毒

百草枯是一种除草剂，在种植作物前将其喷洒在杂草和其他植被上。它被叶子吸收并迅速杀死植物，但在与土壤接触时会失活，因此不会伤害随后种植的种子或幼苗。百草枯（相对较少使用的名字是对草快）是联吡啶化合物，其化学成分是 1，1′-二甲基-4，4′-联吡啶。商业上生产的百草枯是浓度为 10%～30% 二氯盐褐色浓缩液，商标名为 Gramoxone，而园艺用途的百草枯为棕色颗粒制剂，商标为 Weedol，浓度约为 5%。

百草枯中毒大部分通过口服摄入，尽管通过喷雾吸入而导致的中毒也时有报道。另外，Fernandez 等报道了静脉注射百草枯后自杀的案例[15]。一般情况下，口服毒物后只有约 5% 能够被消化道吸收[16, 17]。口服中毒常见于故意吞食毒物浓缩液，或是误服未标记或标记错误的瓶子中的有毒液体。研究表明，口服 Gramoxone 5 mL 就会导致死亡。据此估算，百草枯的最小致死量约为 1 g[18]。从出厂包装中分装百草枯浓缩物是造成意外死亡的重要因素。由于专用存储容器的成本较高，百草枯常常被分装保存在如柠檬水等其他饮料瓶中。这种没有标签的容器非常危险，在爱尔兰等国，这种分装储存百草枯的方式涉嫌违法。若人（如儿童）在不知情时饮用分装瓶子里的“饮料”，会立刻产生中毒症状。

百草枯一般以浓缩液形式售卖，几乎对人体所有上皮组织都有刺激性。尽管相比较于强酸或强碱造成严重的结构损伤，百草枯较为温和，但仍然对口唇、咽和食管等具有腐蚀作用。百草枯主要攻击的器官是肺和肝脏。肺毒性主要来源于直接吸入、吞咽刺激性物质以及呕吐时胃内容物反流。而肝脏毒性主要来源于毒物通过口服被胃肠道吸收入血。百草枯肝毒性很强，它会引起肝小叶中心坏死，在电镜下可见巨大的线粒体和晶体包涵体。肾脏毒性则体现为弥漫性肾小管损伤，2～3天可发展为肾衰竭。

肺在修复过程中大量的纤维化增生是百草枯最主要的病理特征[19-21]。如果体内毒物浓度较低或清除较快，急性肝肾衰竭很少导致迅速死亡，但由肺毒性造成的进行性肺损伤仍可在接下来的2周内致人死亡。百草枯进入人体后的1～2天，可发生肺细胞损伤，出现空泡和坏死，常可见肺透明膜形成。随着病程的进展，百草枯到达肺远端，刺激肺泡内层细胞，导致弥漫性肺水肿和出血。具体机制可能是百草枯与组织相互作用，产生包括过氧化氢在内的过氧化物，从而造成氧化应激损伤，此时使用氧疗会加重损伤。

人体的自我修复在毒物摄入后几天内开始进行。间质细胞和肺泡内皮细胞迅速分裂并充满肺泡（包括Ⅰ型和Ⅱ型）。在第1周内，单核细胞形成圆形“成纤维细胞”并堵塞肺泡，气体交换开始受到阻碍。如果此时患者仍然存活，肺泡开始出现纤维化增生，网状纤维和胶原蛋白沉积，最终形成一个僵硬的肺[22, 23]。

百草枯中毒的尸检

由于百草枯浓缩液从口中流出，口唇和口腔周围可能会出现溃疡。口腔黏膜可能变红或脱落，食管可能出现更严重的改变，包括上皮脱落等表现。这些病理改变不一定会同时在死者体内观察到，某些时候，检验发现死者上消化道是正常的。同样，胃可能会出现糜烂和斑片状出血，肝脏肉眼可见苍白或斑点状脂肪改变，这种肉眼可见的病理改变不常见。除肺外，其他器官通常无特殊改变。如果患者出现肾衰竭，肾脏可呈现皮质苍白。

如果百草枯中毒患者存活一周以上，肺部可能会显示出典型变化：体积增大伴随硬度增加，在解剖时从胸部取出仍可保持固定形状。在部分案例中可见纤维蛋白性胸膜炎和轻微的血性胸腔积液。切开肺后可见水肿和斑片状出血，该现象在生存较久的患者中有时难以见到。百草枯中毒者法医病理切片检查，在未知案情或病史的情况下，肺部病变容易被误诊为弥漫性肺炎。在1例使用百草枯进行谋杀的案例中，患者住进医院的前两周被误诊为“病毒性肺炎”，直到投毒者坦白了投毒的种类才真相大白。在百草枯中毒的尸检中，除了完整的组织学样本需要小心提取外，还需要提取的检材包括血液样本、尿液样本、胃内容物样本、肺样本和肝脏样本。

在大多数情况下，百草枯中毒由于死亡过程相对较长，临床诊疗及变化容易被观察和记录。

毒理学

致死量通常依赖于血药浓度。百草枯血浆致死浓度为吞食后24 h > 0.2 mg/L，48 h > 0.1 mg/L。与此同时亦存在个体差异，临床诊疗中也观察到血浆浓度超过致死量，但最终没有死亡的患者[24-26]。Scherrmann等测量了53名吞食百草枯患者的尿液浓度，在摄入后24 h检测，发现所有浓度低于1 mg/L的患者存活率100%，浓度超过1 mg/L的患者则有较高死亡概率[27]。百草枯代谢较为缓慢，需要较长时间才能从体内排出，因此在死亡较久的患者尸检中仍可被检测到。在法医实践中记录过死亡26天后检测尿液百草枯的浓度为0.07 mg/L[16, 28]。尸检分析所测定的浓度与生前摄入的浓度呈正相关。吞食百草枯后，第1天血浆浓度在0～63 mg/L，平均值为15 mg/L；尿液中浓度在20～1210 mg/L，平均值为462 mg/L。7天后平均血浆浓度下降至

0.8 mg/L，尿液中浓度下降至 4.5 mg/L。2～3 周后，平均血浆浓度为 0.5 mg/L，尿液中浓度为 0.6 mg/L。

有机磷农药

有机磷农药在世界范围内被大量使用，在南亚、非洲和其他地方造成数千人死亡。其中最常见的有机磷农药是对硫磷、马拉硫磷和敌敌畏等，其他有机磷农药使用较少。有机磷对昆虫等节肢动物和人的毒性作用机制相似，通过抑制胆碱酯酶而发挥毒性。

对硫磷毒性极强，可通过皮肤、结膜、肺和肠道吸收。对血浆和红细胞胆碱酯酶有抑制作用，可导致乙酰胆碱在神经肌肉连接和其他神经递质部位积聚，造成随意肌和不随意肌的过度兴奋。

其他有机磷化合物包括马拉硫磷，其毒性比对硫磷小得多，常用于园艺工作。其他有机磷化合物还有治螟磷、二嗪农、四磷酸六乙酯（hexaethyltetraphosphate，HETP）、四乙基焦磷酸酯（tetraethylpyrophosphate，TEPP）、八甲基焦磷酸酰胺（octamethylpyrophosphamide，OMPA）和内吸磷等。

一般情况下，口服有机磷化合物后 1 h 内即可死亡，也有几小时后死亡的病例报道。当胆碱酯酶活性下降到正常的 30% 时，就会出现中毒症状。机体摄入 125～175 mg 有机磷化合物时即达到致死浓度，但也有少量的存活案例报道。

尸检在辨别农药种类时非常重要，由于对硫磷溶解在煤油中，具有特征性气味，在尸检中可通过嗅觉辨别。由于绿色着色剂常被添加到农药的商品化产品中，因此，解剖胃内可见一种油性的、带绿色的浮渣。尸检可见胃黏膜出血，但这是一种非特异性表现，属于出血性肺水肿的伴随现象。

本书作者（BK）在东南亚从事病理学工作时，观测到太平间里的一个实用的诊断标志。尸检时苍蝇和绿头蝇喜欢靠近对硫磷中毒死亡的尸体。这些经验可用于没有检测条件的实验室进行辅助判断。

毒理学

死后毒理学检验对急性中毒鉴定具有重要作用。这种物质不受死后自溶的影响，并且可从腐烂的尸体中检测到。对硫磷致死浓度为 0.5～34 mg/L，平均值为 9.0 mg/L；尿中致死浓度在 0.4～78 mg/L，平均为 10 mg/L；肝脏致死浓度在 0.1～120 mg/L，平均为 11 mg/L[16]。

马拉硫磷的毒性要小得多，但如果大剂量摄入也会导致死亡。估计致死量约为 60 g[29]。由于马拉硫磷作为杀虫剂历史较长，在不同地区采用不同的生产制造工艺，因此马拉硫磷杀虫剂产品中普遍存在很多杂质，其中一些杂质较它本身毒性更大。

Jadhav 等研究了 6 例疑似马拉硫磷自杀中毒者死后肺、肝、肾、脾、脑、心脏、血液、肌肉、尿液和胃内容物中的毒物分布。他们采用高效液相色谱法进行定量分析，发现死者血液中马拉硫磷的浓度为 175～517 mg/L[30]。Zivot 等报道了一名 80 岁的女性自杀的案例，她吞食了混有马拉硫磷的水果饮料，随后出现了胆碱能中毒症状。伴随着治疗过程，她的症状随呼吸衰竭和肾衰竭而逐渐恶化，并在入院 12 天后宣告死亡。她死前血马拉硫磷浓度为 23.9 mg/L，死后毒理学分析显示其胆碱酯酶活性大大降低[31]。Thompson 等使用气相色谱-质谱法测定了一组马拉硫磷的自杀案例，他们的平均死后血药浓度为 1.8 mg/L[32]。

Pannell 等统计了南澳大利亚近 20 年共 5 例与马拉硫磷相关案例的死亡特征，所有案例都是受害者自己摄入马拉硫磷。其中有 4 例通过口服，1 例通过静脉注射而死亡。在所有口服过量马拉硫磷的案件中，至少一例发生了因为死后反流而污染太平间的情况。在对一名死者进行毒理分析发现，体内的苯二氮䓬类、美沙酮类、阿片类和三环类抗抑郁药物和乙醇的含量均达到亚致死水平，而血液中的马拉硫磷浓度仅为 0.34 mg/L。另一名死者生前血液中马拉硫磷的浓度为 5.5 mg/L。他们对含有氟化钠防腐剂的血液样本进行分析后，观察到使用氟化钠作为防腐剂保存的血液样本中马拉硫磷浓度为 0.1 mg/L，而未使用氟化钠保存的血液样本中马拉硫磷浓度为

1.1 mg/L[33]。其他农药和杀虫剂包括氯代化合物，如艾氏剂、林丹和狄氏剂。其他类型农药包括氨基甲酸酯（吡咯烷酮、3，4，5-三甲威和涕灭威）、二硝基苯酚、除虫菊酯和鱼藤酮等。酚类农药包括磷酸二硝基甲酚（DNOC）和二硝基丁基苯酚。所有这些中毒致死都没有任何特定的尸检特征，所以此类案件法医鉴定的主要依据是病史、现场环境以及尸检后对血液、尿液和肝脏的毒物分析。

（曾晓锋　洪仕君　译）

参考文献

[1] Kwong TC. Organophosphate pesticides: biochemistry and clinical toxicology. *Ther Drug Monit* 2002; 24(1): 144–9.

[2] Worek F, *et al*. Diagnostic aspects of organophosphate poisoning. *Toxicology* 2005; 214(3): 182–9.

[3] WHO. *The WHO recommended classification of pesticides by hazard and guidelines to classification: 2009*. Geneva: WHO, 2010.

[4] Bull D. *A Growing Problem: Pesticides and the Third World Poor*. Oxford: OXFAM; Supplier, Third World Publications, 1982.

[5] Thundiyil JG, *et al*. Acute pesticide poisoning: a proposed classification tool. *Bull World Health Organ* 2008; 86(3): 205–9.

[6] Gunnell D, *et al*. The global distribution of fatal pesticide selfpoisoning: systematic review. *BMC Public Health* 2007; 7: 357.

[7] Stephens BG, Moormeister SK. Homicidal poisoning by paraquat. *Am J Forensic Med Pathol* 1997; 18(1): 33–9.

[8] Book RG. Homicidal poisoning by paraquat. *Am J Forensic Med Pathol* 1998; 19(3): 294–5.

[9] Daisley H, Simmons V. Homicide by paraquat poisoning. *Med Sci Law* 1999; 39(3): 266–9.

[10] Ozdemir C, *et al*. Homicidal poisoning by injection of methidathion: the first ever report. *Hum Exp Toxicol* 2009; 28(8): 521–4.

[11] Sakunthala Tennakoon DA, Karunarathna WD, Udugampala US. Carbofuran concentrations in blood, bile and tissues in fatal cases of homicide and suicide. *Forensic Sci Int* 2013; 227(1–3): 106–10.

[12] Van der Hoek W, *et al*. Pesticide poisoning: a major health problem in Sri Lanka. *Soc Sci Med* 1998; 46(4–5): 495–504.

[13] Chang S-S, *et al*. The impact of pesticide suicide on the geographic distribution of suicide in Taiwan: a spatial analysishttp://dx.doi.org/10.1186/1471–2458–12–260

[14] Sri Lankan Police Services. *Mode of suicides*. 2011.

[15] Fernandez P, *et al*. A fatal case of parenteral paraquat poisoning. *Forensic Sci Int* 1991; 49(2): 215–24.

[16] Baselt RC. *Disposition of Toxic Drugs and Chemicals in Man*, 8th edn. Baselt RC (ed). Foster City: Biomedical Publications, 2008, xviii.

[17] Conning DM, Fletcher K, Swan AA. Paraquat and related bipyridyls. *Br Med Bull* 1969; 25(3): 245–9.

[18] Moffat AC, Osselton D, Widdop B (eds). *Clarke's Analysis of Drugs and Poisons*, 3rd edn. London: Pharmaceutical Press, Vol. 2. 2004.

[19] Torre C, *et al*. Lung morphology in experimental acute paraquat poisoning. SEM observations. *Am J Forensic Med Pathol* 1984; 5(2): 125–9.

[20] Schultek T, Markwalder C. [Morphology of a paraquat poisoning]. *Z Rechtsmed* 1985; 94(4): 317–24.

[21] Harsanyi L, Nemeth A, Lang A. Paraquat (gramoxone) poisoning in south-west Hungary, 1977–1984. Toxicological and histopathological aspects of group intoxication cases. *Am J Forensic Med Pathol* 1987; 8(2): 131–4.

[22] Agarwal R, *et al*. Experience with paraquat poisoning in a respiratory intensive care unit in North India. *Singapore Med J* 2006; 47(12): 1033–7.

[23] Beligaswatte AM, *et al*. An outbreak of fatal pneumonitis caused by contamination of illicit alcohol with paraquat. *Clin Toxicol (Phila)* 2008; 46(8): 768–70.

[24] Scherrman JM, *et al*. [Acute paraquat poisoning: prognostic and therapeutic significance of blood assay]. *Toxicol Eur Res* 1983; 5(3): 141–5.

[25] Kala M. Pesticides. Moffat AC, Osselton D, Widdop B (eds). *Clarke's Analysis of Drugs and Poisons*, 3rd edn. London: Pharmaceutical Press, pp. 202–26.

[26] Dinis-Oliveira RJ, *et al*. Acute paraquat poisoning: report of a survival case following intake of a potential lethal dose. *Pediatr Emerg Care* 2006; 22(7): 537–40.

[27] Scherrmann JM, *et al*. Prognostic value of plasma and urine paraquat concentration. *Hum Toxicol* 1987; 6(1): 91–3.

[28] Beebeejaun AR, Beevers G, Rogers WN. Paraquat poisoningprolonged excretion. *Clin Toxicol* 1971; 4(3): 397–407.

[29] Baer KN. Malathion. In: Wexler P (ed). *Encyclopedia of Toxicology*, 2nd edn. New York: Elsevier, 2005, pp. 3–5.

[30] Jadhav RK, *et al*. Distribution of malathion in body tissues and fluids. *Forensic Sci Int* 1992; 52(2): 223–9.

[31] Zivot U, Castorena JL, Garriott JC. A case of fatal ingestion of malathion. *Am J Forensic Med Pathol* 1993; 14(1): 51–3.

[32] Thompson TS, *et al*. Case study: fatal poisoning by malathion. *Forensic Sci Int* 1998; 95(2): 89–98.

[33] Pannell M, *et al*. Death due to malathion poisoning. *J Clin Forensic Med* 2001; 8(3): 156–9.

第 31 章

药物中毒

引言

药物中毒在许多国家都很常见，尤以经济发达、医疗水平较高的国家为甚[1-5]；并且在多数国家，药物过量致死人数都超过了其他毒物中毒致死的人数。中毒原因以自杀和意外最为常见（图 31.1）。

造成上述现象多是由于药物无论是按医生的处方开具，还是在药店自行购买，都很容易获取；同时，国家医疗保障制度使得公民的用药花费大幅降低甚至免费，无形中增加了使用药物自残、自杀或意外摄入药物导致中毒（儿童居多）的可能。更不幸的是，一次性开具大量的处方药物也可造成居民家中药物的过量存储，这都使得居民更容易获取过量药物。

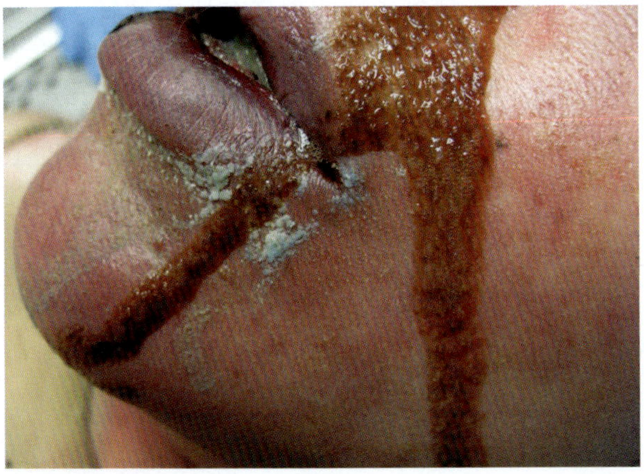

图 31.1 中毒者口鼻周围的呕吐物中残留彩色药物颗粒，毒物分析结果确定中毒者为可待因和对乙酰氨基酚中毒

只有少数药物中毒者难以康复，而且死于药物中毒的人数还是相当庞大的，这也引起了药品管理部门和法医病理学家们的关注。但是，尸检中药物中毒致死的死因判定往往是很困难的，主要原因包括以下几项。

- 药物性质可能尚未确定或者未知。
- 中毒的药物可能不止一种。
- 服药到死亡的间隔时间较长，血液、尿液和组织中的药物浓度已降到致死浓度、中毒浓度甚至治疗浓度以下。
- 缺乏设备，难以进行药物分析。
- 药物致死血浓度等相关数据缺乏。
- 大多数药（毒）物中毒在尸检时几乎没有典型特征，诊断基本依赖于实验室检查结果。
- 尸体死后变化增加了药（毒）物分析的难度，或者使其准确性降低甚至无法进行。
- 服药到死亡的间隔时间较长，药物已经胃肠道被吸收、排泄，导致药物无法在药（毒）物分析中检测到。

- 摄入的药物本体可能迅速被代谢为一种或多种代谢产物，增加了药（毒）物分析和结果解释的难度。

尸检

药物中毒致死者尸检时常常缺少尸表特征，这使法医十分沮丧。除非有指向性或建议性的用药史，如死者处于特殊的环境或在所处的环境中发现了药瓶，否则尸检可能只能漫无方向地进行。在尸检时如果没有发现显著的形态学变化，则必须考虑进行全面的毒物筛查，而毒物筛查在一些地区可能根本没有条件进行或者非常昂贵。

现在多数常用的药物经过设计合成后，性质都比较温和，对组织和消化道的刺激性小。在法医学实践中遇到的大多数药物中毒都是通过口服，虽然其中的活性成分对靶器官或组织具有较强的药理学作用，但一般不会对消化道造成损害；从胃肠道或其他器官的大体或镜下检查中几乎无法获得药物使用的证据。药片或胶囊等剂型包装也只负责搭载药物活性成分进入体内，一般无任何副作用。

药物中毒致死的机制主要是中枢抑制导致的呼吸循环衰竭，这种死亡方式仅引起一些尸检时的非特异性改变，无法说明死亡的根本原因。例如，急性充血性心力衰竭、肺水肿、脑水肿、全身器官广泛性充血、黏膜散在的出血点等，这些对法医病理工作者毫无用处，最终还是需要依靠（药）毒物分析的结果进行判断。

但是，也有一些药物虽然不造成机体特异性损害，但在尸体解剖时可见某些特征性改变，如阿司匹林中毒死亡时可见广泛的胃黏膜出血点。但是，这也不足以提供在法律上可接受的死亡原因，除非存在绝对可信的环境证据，并在胃内容物中发现大量残存未溶解的药物。即便如此，这些物质也可能并不是阿司匹林或者不仅仅是阿司匹林，除非有药物分析的确证。

毒物分析

如第27章所述，药物中毒的死因鉴定要靠法医病理和毒物分析工作者的通力合作。法医病理通过尸检来确认、评估或排除尸体所存在的疾病与创伤，并为（药）毒物分析提取合适的检材；毒物实验室则通过技术分析得出定性和定量结果。毒物分析人员向法医解释这些结果，提供药物在不同体液或组织中的治疗浓度、中毒浓度和致死浓度数据，并阐述其吸收、代谢和转化过程。然后，法医将这些信息与所了解的案情和尸检发现进行核对，最终为司法部门提供最佳的调查解释。然而，最常遇到的问题是引起药物中毒时血液和组织中的药物浓度等相关信息不完整（尤其是新开发的药物或者低毒性的药物），因为中毒后的生存时间使药物浓度从最初的致死水平降至治疗水平，甚至于降至更低的限度。

文献中公布的死后药物浓度范围往往比较宽泛，这一般是由用药剂量的差异、用药后存活时间的不同、个体的生物学差异所致；以及服药到死亡时间的不同、药物死后再分布和药物代谢导致的。同时，死后尸检时的取样部位、检材种类和分析方法的不同都导致治疗浓度、中毒浓度和致死浓度之间无法设定严格的阈值范围[6-8]。值得注意的是，参考文献中大多都未明确是基于全血还是血浆基质分析而得的数据。Osselton等注意到，92篇关于血液中毒物分析方法的论文中只有12篇是采用全血进行的分析[9]。

在部分地区，死者若未被怀疑存在中毒情况，多数是常规提取检材冻存后备检。Holmgren等研究了46种药物在死后血液中的稳定性，以及在−20℃含有氟化钾的玻璃器皿中储存1年可能带来的影响。结果发现：血液中有5种物质浓度下降（乙醇、去甲基米安色林、7-氨基硝西泮、四氢大麻酚和佐匹克隆）；2种物质浓度上升（凯托米酮和硫代嘧啶）。但是他们认为，这些变化不会影响日常法医检案中的结果解释。也有研究报道，玻璃体液在没有氟化钾的玻璃器皿中储存1年后，乙醇和佐匹克隆的浓度明显降低[10]。

我们常使用不同类型的数据库作为参考，通过死后血液中的药物浓度估计其导致死亡的概率。Schulz等出版了包含近1 000种药物和其他外源性物质的治疗和中毒血药浓度汇编[3]。他们使用以下临床分类对分析数据进行分组：① 治疗浓度，给予对治疗有效的药物剂量后的血浆药物浓度，不产生或产生很小的副作用，包括“正常浓度”即不产生或产生很小毒性作用时的血浆药物浓度。② 中毒浓度，产生毒性或临床相关副作用时的血浆药物浓度。③ 昏迷-致死浓度，导致昏迷时的血浆药物浓度和导致死亡时的全血药物浓度。但是，正如作者指出的那样：“然而，这些数据指的是死亡前还是死亡后股静脉血或心血中的药物浓度，却鲜为人知。”

Druid 和 Holmgren 采用了一种不同的方法来编制死后的毒理学参考数据。他们采用高灵敏度和高特异性的方法检测了瑞典 24 876 例尸检时股静脉血液中的药物浓度，报道了由于药物中毒致死的案例中前 25 种检出率最高的药物种类，并列出了结构式、分析方法的定量限、检出频率、平均药物浓度及中位数、90% 位数、95% 位数和 97.5% 位数的药物浓度[11]。

Druid 和 Holmgren 根据瑞典提供的毒理学数据汇编了 83 种药物在血中的致死浓度，这些数据均来源于标准化的检测方法，包括采样位置、取样技术、分析方法、样品储存和样品前处理方法，数据来源案件的致死原因包括以下几种：① 单一种类毒物中毒；② 多种毒物及毒物与酒精的混合中毒；③ 中毒以外的其他原因致死；④ 药驾导致的交通事故。同时，这些药物浓度数据也与疑似药驾驾驶员的血药浓度以及以往报道中的致死和治疗血浓度进行了比较[12]。

和瑞典一样，芬兰所有尸检的法医毒物样本都是在赫尔辛基大学法医学部海吉尔特研究所的实验室进行分析。芬兰的法医尸检率相对较高。2012 年共进行了 9 982 例尸检，占死亡总数的 19.3%；其中，有 6 500 例实施了法医毒物学检测，对样品进行了常见药（毒）物和毒品的筛选和定量分析。同时，为了与 Jones 和 Holmgren 的研究进行比较以评估血药物浓度数据的适用性，Launiainen 和 Ojanpera 利用芬兰数据库分析了 2000 年 1 月 1 日至 2010 年 12 月 31 日 11 年内共 57 903 例尸检中的股静脉血液样本，列出了 129 种药（毒）物的正常（中位数）浓度和中毒浓度，为药物浓度的结果解释提供了参考数据（表 31.1）。他们认为，这些药物浓度的中位数可作为死后血药浓度的正常范围，而高百分位数浓度则可代表中毒浓度范围。该研究还表明，使用临床治疗范围的血药浓度来解释死后毒理学结果，可能会导致将正常的死后血药浓度作为致死水平的错误判断[13]。

表 31.1　129 种药物的死后外周血浓度分布和致死中毒比例

	药　物	案例 N	LOQ mg/L	死后平均值 mg/L	死后中位值 mg/L	死后高百分位数 mg/L			血浆中的治疗范围[a] mg/L	致死中毒比例 %	死后血液与血浆比值[b]
						90%	95%	97.5%			
1	醋丁洛尔	85	0.25	11	0.84	25	86	100	0.2～2	20	1
2	阿普唑仑	940	0.02	0.09	0.05	0.20	0.30	0.40	0.005～0.05	13	1
3	4-甲基氨基比林	330	2/3[c]	25	15	58	82	103	10[d]	1	1
4	胺碘酮	125	0.5	3.4	1.8	7.7	11	15	1～2	1	1
5	阿米替林	1 589	0.1	1.5	0.40	2.9	5.5	8.8	0.05～0.3	27	1.3
6	氨氯地平	313	0.006	0.10	0.07	0.20	0.26	0.34	0.003～0.015	3	4.5
7	苯丙胺	565	0.04	0.91	0.28	2.1	3.7	6.2	0.02～0.1	12	2.8
8	阿替洛尔	415	0.2	1.3	0.64	2.6	4.6	6.9	0.1～1	6	1
9	倍他洛尔	124	0.003	0.22	0.10	0.31	0.41	0.43	0.005～0.05	2	1.9
10	比哌立登	30	0.1	0.20	0.10	0.30	0.30	0.66	0.05～0.1	0	1
11	比索洛尔	3 633	0.01	0.12	0.05	0.17	0.26	0.43	0.01～0.1	1	1
12	布比卡因	49	0.2	1.2	0.40	1.6	3.0	4.3	0.5～1.5	0	0.80

续　表

药　物		案例 N	LOQ mg/L	死后平均值 mg/L	死后中位值 mg/L	死后高百分位数 mg/L			血浆中的治疗范围[a] mg/L	致死中毒比例 %	死后血液与血浆比值[b]
						90%	95%	97.5%			
13	丁丙诺啡	671	0.000 2	0.003 3	0.001 2	0.005 8	0.009 3	0.022	0.000 5～0.005	45	1
14	咖啡因	22 125	1/3[c]	4.0	3.0	7.5	10	13	4～10	0	0.75
15	卡马西平	1 482	1/0.3[c]	7.9	6.2	13	19	27	2～8	2	1
16	卡维地洛	134	0.003	0.05	0.02	0.08	0.13	0.43	approx 0.02～0.15	0	1
17	塞利洛尔	105	0.03	2.1	0.28	2.7	5.2	6.9	0.05～0.5	6	1
18	西替利嗪	99	0.001	0.41	0.10	0.92	1.9	2.9	approx 0.02～0.3	0	1
19	氯氮䓬	1 714	0.2	1.4	0.70	3.5	5.2	7.6	0.4～3	1	1
20	氯喹	47	0.2	12	1.3	43	62	69	0.02～0.5	15	2.6
21	氯丙嗪	246	0.05	1.0	0.30	2.2	3.9	6.5	0.03～0.1	11	3.0
22	氯普噻吨	519	0.1	1.7	0.30	3.0	5.2	9.0	0.02～0.3	18	1
23	西酞普兰	3 542	0.1	0.97	0.40	1.4	2.4	5.3	0.05～0.11	4	3.6
24	氯硝西泮	77	0.01	0.06	0.03	0.10	0.20	0.31	0.02～0.08	5	1
25	氯氮平	445	0.1	2.5	1.1	4.4	8.9	17	0.35～0.6	13	1.8
26	可待因	1 903	0.02	0.72	0.16	1.8	3.2	5.1	0.03～0.25	23	1
27	赛克利嗪	48	0.005	1.1	0.30	1.2	2.1	6.0	0.1～0.25	2	1.2
28	去甲西泮	9 459	0.02	0.21	0.10	0.50	0.70	1.0	0.2～0.8	0	0.13
29	右美沙芬	54	0.1	0.69	0.40	1.6	2.2	2.8	0.01～0.04	15	10
30	右旋丙氧芬	249	0.1	6.5	2.6	12	17	38	0.05～0.3	59	8.7
31	地西泮	7 404	0.02	0.17	0.09	0.4	0.6	0.8	0.1～2	0	0.90
32	双氯芬酸	20	0.3/0.5	2.5	1.3	6.6	7.1	8.5	0.5～3	0	1
33	地尔硫䓬	315	0.1	2.5	0.30	1.8	7.9	22	0.03～0.13	9	2.3
34	苯海拉明	57	0.005	0.35	0.20	0.80	0.90	0.96	0.05～0.1	0	2.0
35	地西拉嗪	52	0.003	0.70	0.10	1.8	3.9	6.4	approx 0.3	42	0.33
36	多奈哌齐	102	0.003	0.23	0.20	0.41	0.49	0.60	approx 0.03～0.075	0	2.7
37	多塞平	678	0.05	2.4	0.60	6.7	12	15	0.01～0.2	42	3.0
38	度洛西汀	109	0.01	0.37	0.14	0.64	1.1	2.4	0.03～0.12	8	1.2
39	麻黄碱	156	0.04	0.66	0.21	1.1	1.6	3.1	0.02～0.2	2	1.1
40	乙基吗啡	71	0.02	0.44	0.10	1.3	2.6	2.8	0.3～0.6	6	0.33
41	依托考昔	55	0.5	3.5	1.2	4.2	5.5	6.8	1.3～3.6	0	0.92
42	芬太尼	419	0.000 1	0.012	0.005 8	0.023	0.040	0.061	0.001～0.01[e]	12	1
43	氟卡尼	101	0.2	4.7	1.9	9.8	19	23	0.4～0.8	18	2.4
44	氟康唑	275	0.1	6.3	3.8	15	23	28	approx 1～5	0	1
45	氟西汀	649	0.2	0.80	0.50	1.6	2.5	3.6	0.12～0.5	3	1
46	氟伏沙明	79	0.03	2.6	0.70	7.7	11	21	0.06～0.23	13	3.0
47	呋塞米	294	0.1	2.6	0.90	5.5	9.5	16.7	2～5	0	0.45
48	加巴喷丁	135	1	29	11	60	103	157	approx 0.5～6	8	1.8
49	加兰他敏	44	0.01	0.21	0.11	0.38	0.46	1.1	appr. 0.03～0.06	0	1.8
50	格列美脲	177	0.01	0.31	0.03	0.26	0.61	1.2	0.09～0.5	1	0.33

续 表

药　物	案例 N	LOQ mg/L	死后平均值 mg/L	死后中位值 mg/L	死后高百分位数 mg/L 90%	95%	97.5%	血浆中的治疗范围[a] mg/L	致死中毒比例 %	死后血液与血浆比值[b]
51 氟哌啶醇	94	0.003	0.05	0.01	0.06	0.29	0.40	0.005～0.017	5	1
52 羟基卡马西平	475	5/3[c]	27	22	52	66	92	10 ～35	0	1
53 羟基氯喹	165	1	14	10	30	35	52	−0.1	14	100
54 羟嗪	159	0.2	0.80	0.30	1.6	2.8	5.3	0.05～0.1	16	3.0
55 布洛芬	379	10	26	19	45	62	89	15 ～30	0	1
56 吲哚美辛	9	0.5	1.2	1.1	1.6	1.7	1.8	0.3～1	0	1.1
57 氯胺酮	118	0.1	1.1	0.50	2.2	4.1	6.3	1～6	1	0.50
58 酮洛芬	80	0.3	3.2	1.3	5.7	7.6	16	approx 3.7	0	0.34
59 拉贝洛尔	62	0.01	0.20	0.09	0.30	0.45	1.2	0.03～0.18	0	1
60 拉莫三嗪	338	1/0.5[c]	5.7	3.8	12	18	25	3～14	4	1
61 左乙拉西坦	105	3	26	15	55	76	94	10 ～40	1	1
62 左美吗嗪	1 602	0.1	0.99	0.40	1.9	3.2	5.0	0.005～0.025	23	16
63 利多卡因	2 391	0.1	0.81	0.40	1.8	2.8	4.1	1.5～5	0	0.27
64 锂	165	0.5	3.2	2.0	6.3	9.4	13	4～8	7	0.50
65 劳拉西泮	802	0.01	0.06	0.03	0.10	0.20	0.30	0.08～0.25	0	0.38
66 MDMA	57	0.04	0.76	0.30	2.1	3.5	4.0	0.1～0.35	0	1
67 美哌隆	161	0.05	1.5	0.40	3.3	9	14	0.03～0.1	32	4.0
68 甲丙氨酯	20	10	74	28	121	159	434	5～10	5	2.8
69 美索哒嗪	85	0.2	0.75	0.50	1.3	1.6	2.7	0.15 ～1	0	1
70 二甲双胍	1 376	1	15	6	36	69	110	0.1～1	6	5.5
71 美沙酮	207	0.05	0.59	0.40	1.3	1.8	2.2	0.1～0.5	43	1
72 甲基苯丙胺	51	0.04	1.7	0.18	1.2	2.2	25	−0.1	10	1.8
73 甲氧氯普胺	681	0.05	0.21	0.10	0.4	0.6	0.7	0.05～0.15	0	1
74 美托洛尔	2 078	0.05	0.96	0.20	1.1	2.0	5.0	0.035～0.5	2	1
75 米安舍林	387	0.05	0.37	0.20	0.70	0.97	1.9	0.015 ～0.07	7	2.9
76 咪达唑仑	172	0.02	0.14	0.07	0.40	0.54	0.84	0.04～0.1	2	1
77 米氮平	2 179	0.05	0.49	0.20	0.80	1.7	2.9	0.03～0.08	6	2.5
78 吗氯贝胺	135	0.1	15	1.9	41	61	120	0.3～1.0	13	1.9
79 吗啡	1 094	0.02	0.20	0.07	0.37	0.67	1.1	0.01～0.1	4	1
80 萘普生	202	10	43	33	78	100	120	20 ～50	1	1
81 硝苯地平	43	0.2	0.31	0.10	0.46	0.69	0.89	0.025～0.15	2	1
82 硝西泮	37	0.05	0.13	0.06	0.30	0.42	0.50	0.03～0.1	11	1
83 奥氮平	1 127	0.05	0.41	0.20	0.60	1.1	2.2	0.02～0.08	5	2.5
84 邻甲苯海明	284	0.1	0.95	0.30	1.6	3.5	6.2	0.1～0.2	4	1.5
85 奥沙西泮	6 277	0.02	0.28	0.07	0.7	1.2	1.9	0.2～1.5	0	0.35
86 奥卡西平	71	0.3	1.2	0.60	2.4	4.0	5.3	0.4～2	1	1
87 羟可待酮	1 259	0.02	0.34	0.10	0.50	0.84	1.7	0.005～0.1	8	1
88 对乙酰氨基酚	3 100	5/10[c]	32	15	62	110	190	10 ～25	2	1
89 帕罗西汀	326	0.004	0.81	0.24	1.4	2.2	3.8	< 0.01～0.05	18	4.7
90 奋乃静	283	0.01	0.08	0.01	0.08	0.18	0.36	0.001～0.02	2	1
91 哌替啶	46	0.1	0.50	0.30	0.90	1.1	1.9	0.1～0.8	2	1

续 表

	药 物	案例 N	LOQ mg/L	死后平均值 mg/L	死后中位值 mg/L	死后高百分位数 mg/L 90%	95%	97.5%	血浆中的治疗范围[a] mg/L	致死中毒比例 %	死后血液与血浆比值[b]
92	芬纳西泮	20	0.03	0.13	0.09	0.20	0.22	0.41	0.02～0.04	0	2.1
93	苯巴比妥	7	10	29	30	44	49	52	10 ～30	0	1
94	去甲基麻黄碱	65	0.05	0.49	0.14	0.98	1.4	2.5	0.1～0.5	0	1
95	苯妥英	37	10	14	13	22	25	31	5～15	0	1
96	福尔可定	73	0.2	0.37	0.19	0.80	1.0	1.5	approx 0.07～0.2	3	1
97	普瑞巴林	380	0.2	15	8.0	35	52	96	2～5	12	1.6
98	丙嗪	339	0.1	4.5	1.2	11	19	26	0.01～0.05	42	24
99	丙泊酚	299	0.1/0.5[c]	2.5	1.3	5.0	8.2	11	approx 2～8	1	0.65
100	普萘洛尔	1 078	0.02	1.8	0.13	5.4	11	16	0.02～0.3	15	1
101	伪麻黄碱	127	0.05	0.81	0.24	1.5	2.4	3.6	0.5～0.8	0	0.48
102	喹硫平	505	0.2	0.62	0.90	13	30	44	0.1～0.5	18	1.8
103	奎宁	322	0.2	3.5	1.0	4.7	23	34	1～7	3	1
104	利培酮	622	0.002	0.014	0.004	0.029	0.044	0.086	approx 0.006	1	1
105	卡巴拉汀	56	0.003	0.03	0.01	0.05	0.08	0.12	0.008～0.02	2	1
106	罗哌卡因	44	0.1	0.90	0.70	2.1	2.4	2.9	−1.5[f]	0	1
107	水杨酸	733	5/3[c]	48	11	83	150	430	20 ～200	2	0.55
108	舍曲林	445	0.1	0.55	0.30	1.0	1.7	2.3	0.05～0.25	5	1.2
109	西地那非	44	0.03	0.41	0.10	0.44	0.53	4.3	approx 0.05～0.5	2	1
110	西他列汀	68	0.01	0.61	0.36	1.3	2.1	2.8	0.05～0.38	0	1
111	索他洛尔	120	0.25	2.8	2.0	5.5	8.1	11	0.5～3	1	1
112	舒必利	95	0.02	4.2	1.1	7.5	23	33	0.05～0.4	18	2.8
113	替马西泮	6 283	0.02	0.34	0.09	0.90	1.4	2.3	0.02～0.15	2	1
114	四氢大麻酚	347	0.001	0.005	0.002	0.008	0.013	0.024	0.005～0.01	0	0.40
115	茶碱	52	10	25	15	34	88	107	8～15	4	1
116	硫利达嗪	283	0.1	1.3	0.70	2.9	4.3	5.3	0.1～2	6	1
117	替扎尼定	107	0.003	0.12	0.02	0.27	0.48	0.90	approx 0.015	7	1
118	托吡酯	56	1/3[c]	16	8.8	21	27	40	2～10	2	1
119	曲马多	1 581	0.1	3.1	0.90	6.50	13	21	0.1～1	18	1
120	曲唑酮	58	0.2	2.1	0.40	4.7	9.6	20	0.7～1	7	0.57
121	甲氧苄啶	419	1	3.7	2.3	6.7	9.3	13	1.5～2.5	0	1
122	曲米帕明	248	0.1	1.1	0.60	2.4	3.4	4.7	0.01～0.3	19	2.0
123	丙戊酸	956	1/3[c]	51	28	75	110	230	40～100	2	0.70
124	文拉法辛	824	0.1	3.7	0.60	5.7	17	33	0.1～0.4	17	1.5
125	维拉帕米	174	0.1	2.1	0.35	5.9	9.7	13	0.02～0.25	16	1.4
126	华法林	425	0.5	0.81	0.70	1.1	1.6	2.4	1～3	0	0.70
127	唑吡坦	287	0.1	0.59	0.30	1.4	2.0	2.9	0.08～0.15	19	2.0
128	佐匹克隆	2 577	0.02	0.34	0.10	0.8	1.5	2.4	0.01～0.05	13	2.0
129	珠氯噻醇	171	0.001	0.10	0.05	0.20	0.30	0.58	0.004～0.05	3	1

LOQ：最低定量限；MDMA：3，4-亚甲基二氧基甲基苯丙胺。

a～f 见原文献。在 Launiainen T, Ojanperä I. 的善意许可下转载。Drug concentrations in post-mortem femoral blood compared with therapeutic con- centrations in plasma. *Drug Test Anal* 2014; 6: 308～316.（doi: 10.100 2/dta.1507.［Epub ahead of print］).

与以往的尸检中死后血药浓度数据相比较，上述数据库的优点在于这些数据是来源于更大量的尸检样本，并且有较好的标准化取样过程，能更可靠地解释实际案例中的毒物分析结果。在可能的情况下，每一个案件都应听取法医或毒物分析工作者的建议。

在这一章的其余部分提供了不同来源案例中致死浓度的信息摘要。

虽然药物种类的选择是随意的，但代表了在自杀和意外中毒案件中最常见的药物。

镇痛类药物中毒

阿司匹林（乙酰水杨酸）和水杨酸盐

阿司匹林是使用最为广泛的解热、镇痛、抗炎类药物，并曾在儿童误服药物意外死亡及成年人服药自杀的案件中频繁出现。英国在过去的 20 年里，用阿司匹林进行自杀的事件已经显著减少，目前阿司匹林中毒致死已经罕见。

阿司匹林的治疗剂量一般为 325～975 mg（1～3 片）。极少数情况下，阿司匹林过敏患者服用治疗剂量后即可出现荨麻疹、血管神经性水肿、低血压、血管舒缩障碍以及喉头水肿甚至导致死亡。

为治疗关节炎或风湿性疾病而长期服用水杨酸盐的患者一般每天服用 3～5 g，长期服用可使血药浓度积累达到急性过量服药致死时的药物浓度范围，如用药量为 3 g/d 的患者血药浓度范围为 44～330 mg/L[14]。

除药物过敏外，成年人摄入少于 50 片（约 16 g）阿司匹林很少会引起死亡[15]。口服 975 mg 药物 2 h 后的血药浓度范围（以总水杨酸盐计）为 30～100 mg/L（平均 77 mg/L），8 h 后可迅速降至 25 mg/L 左右[16]。

阿司匹林是尸检时少数几种可以引起明显病理改变的药物之一，尽管这些改变在尸检中不具有特异性。如果发生了呕吐，在呕吐物中可见暗红色或红色血性残渣，少数情况可见皮肤出血点等出血征象。

解剖后可见胃内容中混有大量尚未吸收的药物残渣。在短时间内口服大量药物（几百片）后，这些药片开始逐渐溶解，然后聚集成灰色或灰白色的团块。此时，胃黏膜被刺激性酸性物质腐蚀，这种刺激可局限于胃体，也可以弥散分布于贲门和胃底。严重者，在胃黏膜可见散在分布的点状溃疡，有时甚至可引起明显的呕血或黑便。胃黏膜出血点或瘀斑等非器质性改变，则可能是阿司匹林的抗凝作用所导致的出血，类似的出血点可通过浆膜向其他器官如胸膜壁层和心外膜扩散。在非中毒病例的尸检中偶尔可见死亡前服用的阿司匹林药片，即使只有一片药物黏附在胃黏膜上也可能导致细小的溃疡发生。

死后的法医毒物学分析需要提取血液、尿液、胃内容物和肝脏样本。阿司匹林在胃中可能停留数天，或形成部分不溶性团块。这也是为何在抢救时有必要通过洗胃将大量的阿司匹林排出体外，从而避免全身毒性反应。可溶性阿司匹林片剂或阿司匹林泡腾片的出现使胃内不再形成这种不溶性团块，所以上述现象如今已经少见。在尸检过程中，可以留取部分不溶性团块送检，另一部分团块可在尸检室内使用 10% 的氯化铁溶液进行快速检测。如果少量的溶液添加于尿样或不溶性团块表面时立即出现紫蓝色，则提示死者曾服用阿司匹林；如果是阴性则可排除服用阿司匹林的可能性，但注意这种方法不能取代实验室分析。

中毒血药浓度水平（以总水杨酸盐计）一般为 300～500 mg/L，尽管死亡或生存者的实际血药浓度可能远高于或低于该水平；而致死案例中的血药浓度范围可能在 60～7 300 mg/L，一些权威人士倾向于把致死血药浓度的最低水平定为 500 mg/L。中毒死亡时，肝脏中的药物浓度可达 2.5～1 000 mg/kg，尿液中的药物浓度可达 20～1350 mg/L，这提示机体可以承受较高浓度范围的水杨酸水平[17]。值得注意的是，水杨酸盐的血液清除率是相当慢的，在过量服用的情况下其半衰期可达 1 天。同时，水杨酸盐亦存在死后再分布现象[15]。

对乙酰氨基酚中毒

对乙酰氨基酚又称 N-乙酰-p-氨基酚或 49-羟基乙酰苯胺。它是一种解热镇痛药，但没有阿司匹林的抗炎作用。由于对胃黏膜没有刺激性，而常被用作阿司匹林的替代品。

对乙酰氨基酚的应用广泛，尤其是与其他药物如可待因和右丙氧芬联合使用时。因此，对乙酰氨基酚是自杀引起的药物中毒案件中最为常见的药物之一。对乙酰氨基酚单独使用的治疗剂量为 500 mg，过量服用达到 20 g 以上可致死，但与其他药物（如右丙氧芬）联合使用时，致死量则要小得多。对乙酰氨基酚的肝毒性较强，并且在肝酶 P450 酶（微粒体混合氧化酶）的作用下可转化成有毒化合物 N-乙酰对苯醌。正常情况下，谷胱甘肽和其他巯基化合物会起到解毒的作用，但对乙酰氨基酚过量时解毒功能被耗尽，有毒物质则会导致严重的中央小叶性肝坏死。癫痫患者或慢性酒精中毒患者在服用对乙酰氨基酚的同时服用其他药物，如苯巴比妥或苯妥英钠，可激活 P450 酶从而加重其肝毒性。

尸检中，对乙酰氨基酚中毒者胃肠道无特征性病理变化。即便是超大剂量使用对乙酰氨基酚也很少会导致中枢抑制而迅速死亡，而大多数病例在服药后 2～4 天发生死亡，同时伴有肝衰竭。尸检时可见肝脏增大，但质量一般低于正常水平 1 500 g，颜色呈浅黄或褐色，伴有肝小叶中心区坏死；肾脏可见肾小管坏死；偶见心肌纤维发生损伤。

相关分析数据显示，口服 324 mg 治疗剂量的对乙酰氨基酚后，6 h 的血药浓度范围为 2～6 mg/L，最高浓度可达 25 mg/L。药物在血浆中的半衰期是反映肝毒性的重要指标，在服药 4 h 后血药浓度达 300 mg/L，且药物在血浆中的半衰期超过 2 h 时是非常危险的[15]。药物用量为 10～15g 时，血药浓度可达 100～400 mg/L（平均 250 mg/L）；尿液中药物浓度可达 150～800 mg/L。但是，应注意药物浓度水平均取决于服药剂量和存活时间。同时，对乙酰氨基酚亦存在死后再分布现象。

右丙氧芬等一些药物及乙醇与对乙酰氨基酚联合使用时，可显著降低其致死量。在基于 1992～1995 年瑞典 Linköping 法医化学部 15 800 例股静脉血液样本的死后血药浓度数据汇编中，对乙酰氨基酚是检出频率最高的药物[12]。其中，139 例因对乙酰氨基酚与其他药物和（或）乙醇联合使用导致死亡的案例中，对乙酰氨基酚的平均浓度为 170 mg/L（范围 90～320 mg/L）。

抗抑郁药中毒

三环类抗抑郁药常被用于自杀，且部分发生于持有该类药物处方的抑郁症患者中。

这类药物中，阿米替林（Amitriptyline）、度硫平、多塞平（doxepin）和曲米帕明（trimipramine）具有镇静作用，而普罗替林（protriptyline）、去甲替林（nortriptyline）、丙米嗪（imipramine）、氯米帕明（clomipramine）、伊普吲哚、洛非帕明（lofepramine）、地昔帕明（desipramine）和布替林镇静作用较小，或者几乎没有镇静作用。

四环类抗抑郁药［如马普替林和米安色林（mianserin）］和其他类型的抗抑郁药（如单胺氧化酶抑制剂）与某些食物和药物同时服用时会发生危险，特别是那些富含酪胺成分的食物（如奶酪、酵母提取物、红酒和豆类等）或具有拟交感神经作用的药物（如苯氧丙肼、及苯环丙胺、异卡波肼和苯乙肼等）可引起高血压危象，并增加脑血管出血的风险。

Reis 等基于 1992～2005 年瑞典 8 591 例法医尸检中股静脉血液检测结果，报道了 15 种抗抑郁药的死后血药浓度的参考值。他们将这些抗抑郁药阳性的死后血药浓度数据（n=2 737）分成了以下 3 组：A 组（n=330）是因单一抗抑郁药物中毒致死者；B 组（n= 864）是一种以上抗抑郁药物，或与乙醇联合使用中毒致死者；C 组（n=1 800）是抗抑郁药不足以致死，但因其他原因致死者。这些组的数据均与药物治疗监测组（T 组，n=16 809）进行了比较[18]。

苯二氮䓬类药物中毒

苯二氮䓬类药物因具有镇静和安眠作用而被

广泛使用，可分为短效、中效和长效药物。

长效苯二氮䓬类药物包括氟西泮、硝西泮、地西泮、氯他唑仑、氯硝西泮、氯西泮、美达西泮和阿普唑仑；中效苯二氮䓬包括氯普唑仑、氯甲西泮、替马西泮、氟硝西泮、劳拉西泮、溴西泮和奥沙西泮；短效苯二氮䓬类药物是三唑仑。

吩噻嗪类药物中毒

吩噻嗪类药物包括氟哌啶醇（苯丁酮）、氯甲唑、氯丙嗪、氟奋乃静、二苯基丁基哌啶、丙嗪、三氟拉嗪和丙氯拉嗪。

虽然尸检征象是非特异性的，但如果在服药后迅速死亡，且案情调查排除了其他原因，通过法医毒物分析就可以判断死亡原因。

巴比妥类药物中毒

直到大约 30 年前，临床上使用巴比妥类药物所造成的巨大问题在医疗发达国家中已基本缓解。除非有特别说明，医生们会自愿将这类药物在处方中剔除。巴比妥类药物作为镇静催眠剂的使用导致了广泛滥用，巴比妥类药物曾一度是最为流行的成瘾性药物。苯二氮䓬类等非巴比妥类镇静催眠药物的发展，大大减少了对具有致死风险的传统巴比妥类药物的需求。

巴比妥类药物的种类繁多，按照起效速度（与毒性程度有关）可分为以下几种。

- 长效巴比妥类药物：巴比妥、苯巴比妥和苯妥英，仍用于治疗癫痫。
- 中效巴比妥酸盐：异戊巴比妥、异戊巴比妥钠、正丁巴比妥、戊巴比妥。
- 短效巴比妥酸盐：环己巴比妥、环巴比妥、司可巴比妥和硫喷妥。

因为短效巴比妥类药物可通过抑制呼吸中枢迅速引起死亡，所以在中毒致死者血液中的药物浓度水平是相对较低的。作者（BK）曾见有服用超大剂量司可巴比妥后，在 20 min 内迅速死亡的案例。

尸检中，其表现为一般的心肺衰竭，常伴有发绀或淤血。虽然这些症状都是非特异性的，但急性巴比妥酸盐中毒的肺部淤血可能比其他任何情况都要严重，淤血器官呈紫黑色，整个静脉系统充满了暗红色的血液。皮肤表面可能有“巴比妥水疱”，特别是臀部、大腿后侧、小腿和前臂，我们在 CO 中毒一章中讨论过，这些水疱可见于所有深度昏迷状态后死亡的尸体。

消化道可见药物局部侵蚀的痕迹，胃黏膜可受到药物所产生的碱性物质的严重损害，如异戊巴比妥钠是一种弱有机酸钠盐，可在胃内发生水解产生碱性；胃底可增厚、呈现颗粒状，并伴有出血症状。胃内容物反流会腐蚀胃贲门和食管下部，在口鼻处可出现黑褐色血液（图 31.2）。

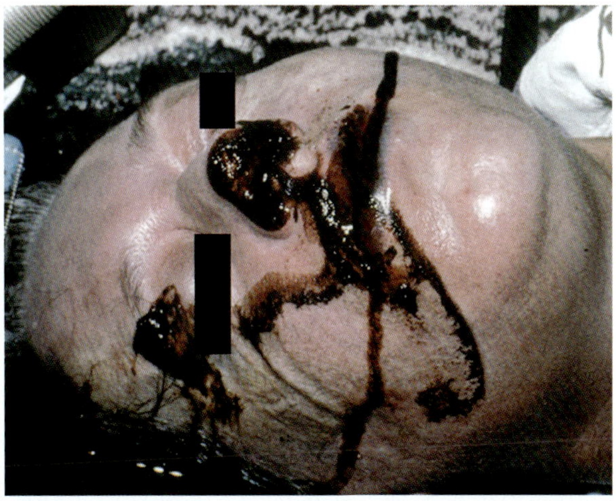

图 31.2　胃内容物反流对嘴唇和脸部的损伤。这是一起异戊巴比妥钠自杀案件，碱性的药物与腐蚀胃黏膜后的血液混合在一起

巴比妥药物的胶囊也会在口腔、食管和胃内留下特有的痕迹，如不同厂家的胶囊颜色各异，则可留下不同颜色的痕迹；异戊巴比妥钠胶囊的蓝绿色可能会使胃内容物染色，甚至在开腹时透过肠壁可见；甚至还可见一些红色、黄色或蓝色染色的明胶胶囊。与其他多种药物一样，巴比妥类药物与乙醇混合使用会大大增加死亡的危险。

总之，由于英国、澳大利亚、挪威和瑞典等国家对巴比妥类药物处方使用的限制，巴比妥类药物导致的死亡已显著下降[19, 20]。

胰岛素中毒

以往注射胰岛素致死是罕见的，但现在却并不少见。1991 年英国贝弗利·阿利特（Beverley Allitt）案表明，胰岛素导致的死亡多发于医护人员和糖尿病患者及其周围容易获取胰岛素的人群[21]。

由于药物分析技术的发展，目前检测体液和组织中的胰岛素水平已经可以较容易实现，胰岛素中毒致死的漏检案例显著减少。

胰岛素中毒的原因包括意外、自杀和他杀[22-32]，如意外事件常见于医务人员误读了胰岛素包装或安瓿瓶上的标签导致的医疗事故。本书作者以前的一位学生，在她第一次实习的第四天，错误地认为包装盒上书写的胰岛素单位数是安瓿瓶内的总量，而实际上是每毫升的胰岛素单位数，从而在对患者进行垂体功能测试时使用了 10 倍正常剂量的胰岛素。

胰岛素自杀的事件也并不少见，本书作者曾见到医生用生理盐水滴注胰岛素；也见过一个非糖尿病患者从邻居的冰箱里偷来胰岛素并进行腹壁注射。

在英国和美国，用胰岛素杀人和蓄意杀人已经引起了数起臭名昭著的案件。如本书作者知道的一个案例中，一名先前身体健康的 48 岁男子因意识丧失而被送往急诊室，并被怀疑为减压病。直到患者开始出现低血糖症状（最低血糖值为 0.3 mmol/L），才开始中止减压病的治疗，转而进行低血糖的诊断和治疗。对入院时抽取的血清样本进行重新检测后，发现患者血清中的胰岛素浓度很高，达 75 mU/L，并在后来的数小时内进一步增加到 240 mU/L；且低血糖期 C 肽浓度低于检出限 0.1 nmol/L 以下，提示患者以某种方式接受了外源性胰岛素，医护人员随即将这种情况通知了警方。由于严重低血糖性脑损伤，患者维持植物状态 2 个月后因多器官衰竭而死亡。法院在随后的刑事调查中获得了相关证据，可以证明死者的妻子（一名护士）策划了该起谋杀[27]。

当然，口服胰岛素是无效的，胰岛素必须通过注射的方式来发挥其降糖作用。在尸检时，根据现场环境或发现的注射针孔，可初步判断使用胰岛素的可能性，应该注意保存外周血血液样本以及注射部位的皮肤和皮下组织，并取注射部位另一侧的皮肤作为对照。

糖尿病患者用于注射胰岛素的细针几乎不会在皮肤上留下针孔，本书作者在尸体皮肤上对一些这样的针头进行了测试，发现拔出针头后一般无法立即看到注射痕迹，除非有细小血管受损。

虽然胰岛素在死后几天到几周内依然存在于体内，但就采集样本而言，越快越好。最好将血清与红细胞分离后冷冻储存，并尽快送检；没有条件的情况下也可以直接将全血送检。皮肤和组织样本应该冷冻保存于冰箱，不要用福尔马林固定。实验室可以对猪或牛来源的胰岛素进行检测和辨识，如果治疗使用的胰岛素为人源性的，则难以与患者自身的胰岛素进行区分。除了对胰岛素本身进行免疫分析，检测胰腺产生的 C 肽水平也有助于区分内源性和外源性胰岛素。总之，法医对胰岛素中毒致死的判定还需参考这个领域专家的分析和解释。

试图通过检测死后体液中的葡萄糖水平来证明低血糖是胰岛素诱导的并不可行，死后的这种判断也是不可靠的。人们通常用玻璃体液作为基质来估计生前的葡萄糖代谢情况[33, 34]，玻璃体中的葡萄糖浓度在死后早期呈下降趋势，然后趋于稳定[33, 35]。因此，玻璃体中血糖含量降低并不一定提示生前有低血糖[33]。但是，这种初始阶段葡萄糖浓度的下降对应着乳酸浓度的急剧上升[35]。

Traub、Coe 及近期 Hess 等也提出，对于葡萄糖代谢的评估必须基于葡萄糖和乳酸水平的联合分析[36-39]。然而，其他研究者却认为使用葡萄糖和乳酸的联合分析并不能解决问题，而且会过多地估计胰岛素中毒的可能性，而忽略了还可能存在糖尿病酮症酸中毒等情况[35, 40, 41]。

（文迪　译）

参考文献

[1] Centers for Disease Control and Prevention. Unintentional poisoning deaths – United States, 1999–2004. *Morb Mortal Wkly Rep* 2007; 56: 93–6.

[2] Muazzam S, *et al*. Differences in poisoning mortality in the United States, 2003–2007: epidemiology of poisoning deaths classified as unintentional, suicide or homicide. *West J Emerg Med* 2012; 13(3): 230–8.

[3] Schulz M, *et al*. Therapeutic and toxic blood concentrations of nearly 1,000 drugs and other xenobiotics. *Crit Care* 2012; 16(4): R136.

[4] Murphy SL, Xu J, Kochanek KD. Deaths: Final Data for 2010. *National Vital Stat Rep* 2013; 61(4): 167.

[5] Centers for Disease Control and Prevention. Number of Deaths From Poisoning, Drug Poisoning, and Drug Poisoning Involving Opioid Analgesics – United States, 1999–2010. *Morb Mortal Wkly Rep* 2013; 62(12): 20.

[6] Ferne, RE. Post-mortem clinical pharmacology. *Br J Clin Pharmacol* 2008; 66(4): 430–43.

[7] Linnet K. Postmortem drug concentration intervals for the nonintoxicated state – a review. *J Forensic Leg Med* 2012; 19(5): 245–9.

[8] Jones GR. Interpretation of results. In: Siegel JA, Saukko PJ (eds). *Encyclopedia of Forensic Sciences*. Waltham: Academic Press, 2013, pp. 243–8.

[9] Osselton MD, Hammond MD, Moffat AC. Distribution of drugs and toxic chemicals in blood. *J Forensic Sci Soc* 1980; 20(3): 187–93.

[10] Holmgren P, *et al*. Stability of drugs in stored postmortem femoral blood and vitreous humor. *J Forensic Sci* 2004; 49(4): 820–5.

[11] Jones AW, Holmgren A. Concentration distributions of the drugs most frequently identified in post-mortem femoral blood representing all causes of death. *Med Sci Law* 2009; 49(4): 257–73.

[12] Druid H, Holmgren P. A compilation of fatal and control concentrations of drugs in postmortem femoral blood. *J Forensic Sci* 1997; 42(1): 79–87.

[13] Launiainen T, Ojanpera I. Drug concentrations in post-mortem femoral blood compared with therapeutic concentrations in plasma. *Drug Test Anal* 2014; 6(4): 308–16.

[14] Gupta N, Sarkissian E, Paulus HE. Correlation of plateau serum salicylate level with rate of salicylate metabolism. *Clin Pharmacol Ther* 1975; 18(3): 350–5.

[15] Baselt RC. *Disposition of Toxic Drugs and Chemicals in Man*, 8th edn. Baselt RC (ed). Foster City: Biomedical Publications, 2008, xviii.

[16] Hollister LE, Kanter SL. Studies of delayed-action medication. IV. Salicylates. *Clin Pharmacol Ther* 1965; 6: 5–11.

[17] Rehling CJ. Poison residues in human tissues. *Prog Chem Toxicol* 1967; 3: 363–86.

[18] Reis M, *et al*. Reference concentrations of antidepressants. A compilation of postmortem and therapeutic levels. *J Anal Toxicol* 2007; 31(5): 254–64.

[19] Mann JJ, *et al*. Suicide prevention strategies: a systematic review. *JAMA* 2005; 294(16): 2064–74.

[20] Sarchiapone M, *et al*. Controlling access to suicide means. *Int J Environ Res Public Health* 2011; 8(12): 4550–62.

[21] Hunt J, Goldring J. The case of Beverley Allitt. *Med Sci Law* 1997; 37(3): 189–97.

[22] Sturner WQ, Putnam RS. Suicidal insulin poisoning with nine day survival: recovery in bile at autopsy by radioimmunoassay. *J Forensic Sci* 1972; 17(4): 514–21.

[23] Hansch CF, De Roy G. An extraordinary case: suicide with insulin in a grave dug by the victim himself. *Z Rechtsmed* 1977; 79(4): 319–20.

[24] Haibach H, Dix JD, Shah JH. Homicide by insulin administration. *J Forensic Sci* 1987; 32(1): 208–16.

[25] Lutz R, *et al*. Insulin injection sites: morphology and immunohistochemistry. *Forensic Sci Int* 1997; 90(1–2): 93–101.

[26] Kernbach-Wighton G, Puschel K. On the phenomenology of lethal applications of insulin. *Forensic Sci Int* 1998; 93(1): 61–73.

[27] Koskinen PJ, *et al*. Importance of storing emergency serum samples for uncovering murder with insulin. *Forensic Sci Int* 1999; 105(1): 61–6.

[28] Marks V. Murder by insulin. *Med Leg J* 1999; 67(Pt 4): 147–63.

[29] Batalis NI, Prahlow JA. Accidental insulin overdose. *J Forensic Sci* 2004; 49(5): 1117–20.

[30] Marks V, Richmond C. Kenneth Barlow: the first documented case of murder by insulin. *J R Soc Med* 2008; 101(1): 19–21.

[31] Samuels A. Murder by insulin. *Med Leg J* 2008; 76(1): 34.

[32] Marks V. Murder by insulin: suspected, purported and proven – a review. *Drug Test Anal* 2009; 1(4): 162–76.

[33] Forrest AR. ACP Broadsheet no 137: April 1993. Obtaining samples at post mortem examination for toxicological and biochemical analyses. *J Clin Pathol* 1993; 46(4): 292–6.

[34] Boulagnon C, *et al*. Post-mortem biochemistry of vitreous humor and glucose metabolism: an update. *Clin Chem Lab Med* 2011; 49(8): 1265–70.

[35] Zilg B, *et al*. Postmortem identification of hyperglycemia. *Forensic Sci Int* 2009; 185(1–3): 89–95.

[36] Traub F. [Method for the detection of lethal glucose metabolism disorders in the corpse (diabetes mellitus and hypoglycemia)]. *Zentralbl Allg Pathol* 1969; 112(4): 390–9.

[37] Coe JI. Postmortem chemistries on human vitreous humor. *Am J Clin Pathol* 1969; 51(6): 741–50.

[38] Coe JI. Postmortem chemistry of blood, cerebrospinal fluid, and vitreous humor. *Leg Med Annu* 1977; 1976: 55−92.
[39] Hess C, Musshoff F, Madea B. Disorders of glucose metabolism − post mortem analyses in forensic cases: part I. *Int J Legal Med* 2011; 125(2): 163−70.
[40] Palmiere C, Mangin P. Postmortem chemistry update part I. *Int J Legal Med* 2012; 126(2): 187−98.
[41] Palmiere C, *et al*. Is the formula of Traub still up to date in antemortem blood glucose level estimation? *Int J Legal Med* 2012; 126(3): 407−13.

第 32 章

麻醉剂和致幻剂中毒

引言

毒品滥用已成为威胁全世界人类健康的严峻问题。联合国 1961 年通过的第一个国际禁毒公约《麻醉品单一公约》(Single Convention on Narcotic Drugs)，与 1971 年通过的《精神药物公约》(Convention on Psychotropic Substances) 和 1988 年通过的《联合国禁止非法贩运输麻醉药品和精神药物公约》(UN Convention against Illicit Traffic in Narcotic Drugs and Psychotropic Substances) 一起，构成了国际合作解决世界毒品问题的法律基础。

在英国，管制药物是指受《滥用药物法案(1971 年)》(Misuse of Drugs Act 1971) 管制的药物，在该法案的附录 2 中，根据管制药物造成的危害程度将其分为 A、B、C 3 类。其中，A 类药物危害最大，包括可卡因、摇头丸、海洛因、致幻蘑菇、美沙酮、甲基苯丙胺、注射用苯丙胺和麦角酰二乙胺；B 类药物包括苯丙胺、巴比妥类、大麻，以及 2010 年 4 月收录的包括甲卡西酮在内的卡西酮类合成药物，2012 年 6 月 13 日收录的包括 2-苯甲基哌啶 (2-DPMP) 和二苯基脯氨酸 (D2PM) 在内的哌苯甲醇类药物；C 类药物包括合成代谢类固醇、镇定剂、氯胺酮、苯二氮䓬类，以及 2009 年 12 月收录的 140 多种合成大麻素类以及哌嗪类药物 (如苄基哌嗪) 和 γ-羟丁酸内酯[1]。在此，我们仅从法医病理学角度对这些物质所致的死亡案例进行讨论。

常见的吸毒方式有口服、烟吸、鼻吸、静脉注射、皮下或较少见的肌内注射等。在尸检时如何提取用于毒物分析的检材，需要视其滥用方式而定。因为多类毒品混合滥用和同时使用非毒品成分的情况十分常见，所以即便在一定程度上确定了其主要滥用方式，通常也需要提取多种检材。例如，即使存在明显静脉注射的征象时，仍需要提取死者的胃内容物进行检验。如前一章所述，应按照标准提取检材，包括若干份静脉血 (一份添加含氟类防腐剂)、胃内容物、肝脏和尿液样本。有时也需要采集额外的检材，如胆汁、脑脊液、玻璃体液、脑组织或肾脏。如果毒品可能是通过鼻腔吸入的，如可卡因和海洛因，则应该用干拭子从双侧鼻孔分别取样进行实验室分析。得益于分析技术的巨大进步，如今也可以使用唾液、汗液和毛发等生物样本进行毒物分析。因为绝大多数药物都能进入并相对稳定地存在于头发中，毛发分析能提供长期摄入毒品的证据 (几周、几个月或几年)[2, 3]，所以应该收集至少 50 mg 的头发，从头顶后部尽可能贴近头皮的地方剪取大约铅笔粗细的发束，然后在室温、干燥环境下将头发储存在铝箔、信封或塑料管中[3]。

当死者生前注射过药物时，应该采取注射部位的皮肤和皮下组织及非注射处的对照组织，采集的组织在进行实验室分析前应冷藏保存，但不能使用福尔马林固定。同时，特别应注意进行全面的组织学检查，尤其是在肺部可能发现异物栓塞颗粒。肺毛细血管可以过滤掉注射毒品中的大颗粒杂质掺合物，因此肺部肉芽肿是吸毒者静脉注射纯度较低的毒品死亡后的常见组织病理学特征[4-13]；如滑石粉（水合硅酸镁；$Mg_3Si_40_{10}$［OH］$_2$）就极易形成肺部肉芽肿[14, 15]，镜下可见异物巨细胞，且偏振光显微镜下可见结节中心的双折射结晶。异物有时也可能是棉线，这通常来自注射前用于过滤毒品溶液中杂质颗粒的纱布。此外，因为吸入滑石粉亦会刺激肺部，所以以鼻吸方式滥用毒品的人群中也有肺部异物肉芽肿的报道[16-18]。

相关研究发现，与健康的年轻人相比，药物滥用者肺部的噬菌体数量增加。然而，Lockemann 和 Püschel 研究了肺部铁染色反应的结果后，发现了相互矛盾的结果，并认为肺部噬菌体数量增加不是药物滥用人群的特征性病理改变[19]。

如可卡因和海洛因等药物可能通过鼻腔途径摄入，则应从每个鼻孔取干拭子。

吗啡及其他阿片类物质中毒

阿片类物质是指从天然植物罂粟中提取的生物碱或经人工合成可使机体产生类吗啡效应的一类物质，以吗啡为主要代表。它们可以通过口服或注射等多种途径滥用，如鸦片和海洛因可以通过烟吸摄入，海洛因也可通过鼻黏膜吸收，但吗啡本身则难以经胃肠道吸收。

常见的阿片类物质包括鸦片、吗啡、海洛因、可待因、二氢可待因、埃托啡、美沙酮、罂粟碱、哌替啶、地匹哌酮、右吗拉胺、右丙氧芬、喷他佐辛、环佐辛、地芬诺酯、丁丙诺啡、曲马多、芬太尼等。

尸检

阿片类药物致死者尸检缺乏特异性。因此，毒物分析是认定其是否为吸毒致死的重要手段。当然，某些病理学特征仍然可以提供有价值的信息。首先，阿片类吸毒者体表常存在注射瘢痕（图 32.1），新鲜的注射瘢痕与疾病诊治过程中留下的针孔一样，多位于手臂，常见于肘前窝或前臂及手背的静脉走行处。因为大多数人为右利手，所以注射瘢痕多见于左臂。但在长期滥用者中，静脉硬化可能会导致双手手臂被随意使用。当手部血管因血栓和瘢痕的形成而无法使用时，滥用者也会选择足背静脉来注射药物；大腿是相对罕见的注射部位，但如同腹壁一样，大腿可能是通过皮下而非静脉注射毒品，这种注射方式被称为“爆皮”，会导致皮下硬化、皮下脂肪坏死、脓肿的发生，如果注射部位深入肌层，还会导致慢性肌炎[20-22]。吸毒者体表常见文身，这些文身通常由与毒品相关的怪异图形组成（图 32.2）。

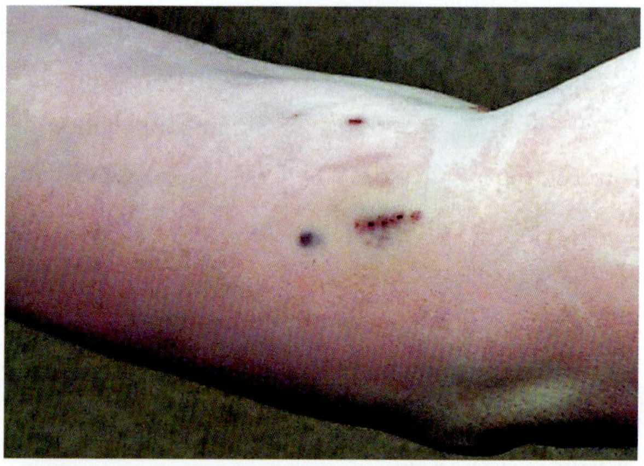

图 32.1　吸毒者手臂上新鲜的注射针孔

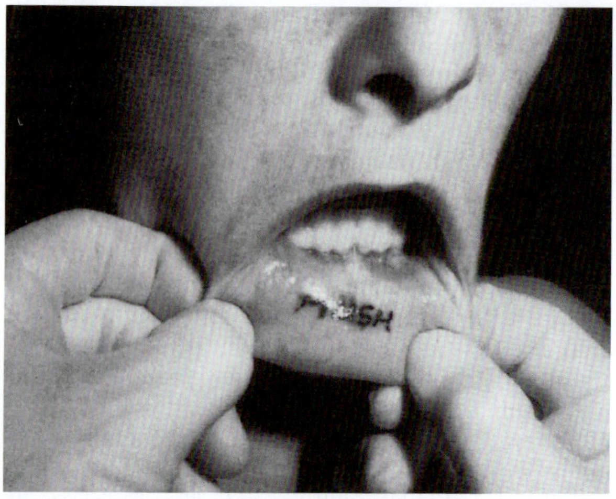

图 32.2　毒贩下唇内的文身

其中一类文身由数字组成，如“3”和“5”，指英语字母表中的第 3 和第 5 个字母，即 C 和 E，代表可卡因和“口服吸毒者”（eater）。数字“8”和“13”代表第 8 个和第 13 个字母，即 H 代表海洛因，M 代表大麻。数字“99.9”和“999”则表示“纯度较高的海洛因”[23]。

长期滥用毒品者，身体消瘦、肮脏，并伴有皮肤表面溃疡等感染征象。极少数情况下，血栓或脓毒症栓子会导致指骨的坏死，并且体表有时能发现陈旧的注射痕迹，并伴有瘀斑，且陈旧性瘀斑通常会发生颜色改变。静脉可能在静脉炎发生的地方表现为反复的纤维化，或者在皮下形成伴有硬化的条索状血管和陈旧性静脉血栓。

长期滥用毒品者突然死亡时可伴发肺水肿，可见有泡沫从口腔或鼻孔流出，故易与溺死混淆。如 Polson 等所报道的，当吸毒者被发现死在浴室或洗手间这些常见的吸毒场所时，很容易造成溺死的误判[24]。肺水肿是长期滥用阿片类物质，尤其是海洛因滥用人群迅速死亡的一个显著特征。值得注意的是，初次吸食者死亡原因多为原发性心脏停搏，泡沫多是血性的，易与溺死混淆。其中的原因尚不清楚，但通常被认为是某种“过敏”现象，这一解释显然难以令人满意；也有人认为，可能是由毒品中掺杂的诸如奎宁之类的物质引起的，但这一说法缺少足够的证据支持。

阿片类物质导致的死亡一般非常迅速，以至于发现尸体时针头尚残留在静脉中。这种情况经常发生在公厕或者常有其他吸毒者在场，这些吸毒者可能因非法持有和使用毒品，以及与死亡事件有关的刑事罪名而遭到指控。

阿片类物质中毒死亡缺乏更具体的特征性尸检表现。虽然针尖样瞳孔是吗啡等阿片类物质中毒的主要临床症状之一，但因为中毒致死后可能发生不同类型的瞳孔改变，瞳孔可能变小、变大甚至双侧瞳孔大小不一致，所以这种变化没有毒品特异性并可能发生在其他类型的死亡案例中。

初次吸食毒品时，有些人在第一次注射海洛因或吗啡时就发生猝死。死亡原因可能是由于毒品引发的心律失常和心室颤动后心脏停搏。致死原因可能与阿片类物质使心肌细胞对儿茶酚胺的敏感性改变有关，但是这种作用与因跌入冷水或非法堕胎导致猝死的诱因类似，所以也是缺乏特异性的。

阿片类物质滥用者大多是乙型肝炎、丙型肝炎、HIV 感染或艾滋病的高危群体，因此对吸毒者进行尸检时应加强自身防护。不同部门对待这类尸检的方式不同，但疑似感染者应在尸体解剖前进行检测，除非相关尸检机构允许接受所有种类病例，并能够采取恰当的防护措施[25]。提取的血液和组织等检材应在容器或包装袋上标注清楚，防止造成实验室检测人员的感染。除非存在紧急原因，如果乙型肝炎或丙型肝炎病毒呈阳性，特别是当受害者出现黄疸等肝脏功能异常迹象时，可以拒绝进行全面尸检。在这种情况下，所有程序必须采取严格的安全预防措施（具体参见第 1 章）。

对于艾滋病患者和 HIV 阳性携带者，人们的看法和做法在目前的认知状态下差别很大。尽管临床上对死于艾滋病的患者要常规进行尸检，但在医院对冻存的尸体进行尸检，与法医对新鲜尸体进行尸检所存在的风险性是完全不同的。如第 1 章所述，人死亡后 HIV 可能还会在尸体中存活数天。

毒物分析结果

同所有毒物中毒死亡的案例一样，实验室毒物分析结果的解释可能存在诸多难点，如吸食毒品较长时间后才导致死亡，血液、尿液以及组织中的毒品含量已经下降甚至消失。许多毒品摄入后在体内迅速分解，代谢物的检测可能是吸食毒品的唯一标志。多数情况下，中毒致死量的数据仅能提供一些参考，不同个体的敏感性可能会使不同死亡案例中的浓度数据差异巨大，对案件的判断毫无益处。例如，部分人由于个体特质，可能在首次使用了常规剂量的毒品后就迅速死亡，此时的毒物定量分析结果就无法支撑死因的判断。

对于长期滥用毒品者，当形成药物耐受性时，体液和组织中的药物浓度可能远远高于非耐受滥用者的致死水平。一般来说，毒物分析包括定性分析和定量分析，前者可显示近期服用了哪些药物，而后者可显示体内药物的含量，药物及其代谢物在不同类型的体液和组织中存在的时间长短存在较大差异。

毒物分析的定量结果是有较高价值的，尤其是案例中达到中毒和致死范围的高浓度水平数据，所以对于中毒和致死范围相关数据的积累至关重要。这些范围都是大量的死亡案例中调查得来的。但如前所述，不同实验室数据的最小值和最大值都有所不同。因为毒物特殊的敏感性和药物耐受性问题，这些公布的范围只起到参考作用。如果可能涉及其他因素，发生在该范围之外（通常是含量较低时）的死亡不能排除是由相关药物造成的。这些因素可能包括乙醇及其他药物单独或同时作用、死亡延迟和过度药物敏感性等。

因此，尽管毒物分析是整个调查过程中重要的组成部分，但不能单纯依靠毒物分析的结果进行判断。只有将所有已知事实联系起来并加以解释，将环境、自身疾病、创伤和其他有毒物质的存在等情况与实验室分析数据相结合，才能得出最合理的死亡原因。

总之，毒物实验室的检验结果是判定吸毒者死亡原因的重要参考，尤其是在已知药物的致死浓度和关键代谢产物时，但毒物分析人员不应成为死因的唯一仲裁者[26-32]。

美沙酮

美沙酮替代递减疗法是目前阿片类成瘾的常规戒毒方法之一。但是，苏格兰的一项研究表明，尽管最初使用美沙酮是为了替代海洛因，但美沙酮造成的死亡人数甚至超过海洛因[33]。美沙酮作为镇痛剂在临床应用时，其作用比吗啡更强，而且口服和注射的效果几乎一致。然而，它还具有很强的镇静作用，而且几乎和其他阿片类药物一样容易成瘾。

无论是从通过海洛因成瘾替代治疗的合法途径，还是从非法途径获取美沙酮，它的滥用问题都造成了大量的死亡案例。大多数死亡案例发生在口服药物之后，由于不存在耐受现象，即使 50 mg 美沙酮也可能致命，造成一些人在替代治疗开始时就发生猝死[34]。Caplehorn 和 Drummer 也曾报道，较低浓度的苯二氮䓬类药物就可能增加其死亡风险，还可以通过诱发上呼吸道阻塞而加重美沙酮中毒[35, 36]。

在毒品案件不同的检材中，肝脏的浓度是最高的。相关数据显示，死亡案例中的美沙酮浓度与海洛因替代脱毒治疗时给予维持剂量后的美沙酮浓度几乎一致，这对于判定死亡原因造成了一定困难。Manning 等公布的 10 例死亡案例药物浓度显示，血液药物浓度平均值为 1.0 mg/L（范围为 0.4～1.8 mg/L）；肝脏药物浓度平均值为 3.8 mg/L（范围为 1.8～7.5 mg/L）；胆汁药物浓度平均值为 7.5 mg/L（范围为 2.9～18.0 mg/L）；脑内药物浓度平均值为 1.0 mg/L（范围为 0.5～1.4 mg/L）[37]。在另一个由 Milroy 和 Forrest 分析的包括 50 例成人死亡案例的研究中，美沙酮的平均浓度为 0.58 mg/L（中位数为 0.44 mg/L，范围为 0.08～2.7 mg/L）[38]。

致幻剂

致幻剂很少是死亡的直接原因，服用致幻剂引起的异常行为而导致的创伤更多地引起死亡。例如，死于麦角酰二乙胺滥用的受害者可能认为他可以飞，因此他可能会从一个高楼的窗户纵身跳下。有些药物也可能有直接的毒性作用，但是像许多成瘾性药物一样，尸检结果的发现往往是阴性的或者完全没有特异性病理变化。

苯环己哌啶

苯环己哌啶，即 1-（1-苯基环己基）哌啶盐酸盐，通常被称为 PCP 或“天使粉”，一般用作其他毒品的替代品或与其他毒品混合使用[39-49]。已有多例苯环己哌啶致死的案例报道，死亡的主要机制包括过热、颅内出血和心力衰竭等。

苯环己哌啶在进入体内后会在尿液中存在很长一段时间。用药 1 周后，仍可从尸检样本中检出。

麦角酰二乙胺

麦角酰二乙胺，即 LSD，为德语“lysergsäurediäthylamide”的缩写，是已知药力最强的致幻剂，极易被人体吸收。但如上所述，致幻剂本身很少直接引起死亡。麦角酰二乙胺属于吲哚类致幻剂，这类物质还包括墨西哥蘑菇（墨西哥裸盖菇）中含有的赛洛西宾和赛洛新[50-53]。

麦司卡林，即三甲氧基苯乙胺，可从中美洲仙人掌属植物（*Lophophora williamsii*）中提取，也是一种强致幻剂，但同样很少直接导致死亡。

大麻

大麻在世界各地有不同的名称，其中至少含有 6 种活性成分，其中四氢大麻酚是最主要的活性成分。虽然目前对大麻的作用尚存在争议，但普遍认为单独使用大麻，不易造成中毒死亡。尿液、血液以及口唇、手指擦拭物的毒物分析可以提供吸食大麻的证据。

苯丙胺类药物

苯丙胺类药物最初用来消除疲劳和抑制食欲，但其由于强烈的副作用，如今已经鲜有正规医疗场所使用苯丙胺类药物。右苯丙胺和甲基苯丙胺是最常见的苯丙胺类药物，在黑市上仍然十分泛滥。单独滥用苯丙胺导致死亡的情况并不常见，苯丙胺类药物中毒者尸检无特征性病理改变，偶见有血压升高引起的脑出血和蛛网膜下腔出血。

关于苯丙胺类毒品的毒性数据表明，使用 10 mg 治疗剂量的苯丙胺后 2 h 血药浓度约为 0.035 mg/L；而使用 30 mg 苯丙胺后 2～5 h 血药浓度达峰值，4.5 h 降至 0.084 mg/L。长期大量滥用者的血药浓度可能高达 2～3 mg/L。在一些少见的特殊死亡病例中，尸检时的血药浓度范围更广，为 0.5～41 mg/L（平均值为 8.6 mg/L），这取决于过量服药的剂量和死亡经过时间；肝脏中的药物浓度为 474 mg/kg（平均值为 30 mg/kg）；尿液中药物浓度普遍较高，为 25～700 mg/L，平均值为 237 mg/L。

摇头丸

近年来，越来越多新的苯丙胺类衍生物不断涌现。最常见的是 3，4-（亚甲二氧基）甲基苯丙胺（3，4-methylenedioxymethamphetamine，MDMA），也被称为“摇头丸”“XTC”或“亚当”，还有 3，4-亚甲二氧基苯丙胺（3，4-methylenedioxyamphetamine，MDA）和 *N*-甲基-MDA（*N*-methyl-MDA, MDM）。MDMA 于 1914 年研发问世，并在一段时间内作为一种治疗心理疾病的药物使用，现在被作为一种非法的致幻剂广泛滥用。虽然 MDMA 导致的死亡人数很少，但在美国和英国都偶有报道。作者（BK）对英国的第一例死亡病例进行了尸检，死者为一名男性，其在受到警方质询后吞下了相当数量的 MDMA，除了明显的全身紫癜性充血状态外，没有其他特殊表现，死因鉴定完全是依靠毒物分析提供的数据。

自本书初版以来，MDMA 导致的死亡人数显著增加，并开始在青少年群体中泛滥，尤其是在“狂欢”派对中。高热、脱水和肌细胞溶解是其死亡的潜在机制[54-67]。

可卡因

可卡因及其相关毒品，如“crack”，与海洛因一起构成了烈性毒品问题的核心，滥用致死尤为严重。由于可卡因在口服时很快就会被破坏，所以通常是通过注射或吸入的方式服用。据报道，通过直肠给药吸收会导致死亡[68]。一些可卡因走私者可能因藏匿在消化道的毒品包装破裂而中毒死亡[69-73]。在印度，还存在通过尿道注入可卡因的方式滥用，妓女则可能在阴道内使用可卡因。

在可卡因泛滥严重的地区，有相当比例的胎儿死亡事件与滥用毒品有关。1990 年，Morild 和 Stajic 的系列报道显示，在纽约 103 例胎儿死亡中，就有 64 例死于可卡因中毒[74]；并且，胎儿死亡、胎盘早剥和流产都是由母亲滥用可卡因造成的。

有报道称，通过鼻黏膜摄入 20～30 mg 的可卡因即可导致死亡，口服 1 g 可卡因可能也不会致死。与其他毒品一样，可卡因长期滥用也会出现明显的耐受性，所以很难估算出致死量。可卡因静脉注射常用的剂量约为 100 mg，致死量一般要高出 10 倍，而长期滥用者则可以忍受更大的剂量。通过鼻黏膜的吸收效果较差，要达到相同的效果往往需要更大的剂量。虽然大多数资料中都提到了长期滥用者可发生鼻中隔溃疡甚至穿孔，但这些都是罕见的病变。

可卡因中毒致死多见于药物敏感者或滥用过量时，初次吸食者也可因心脏停搏而猝死[75-77]，但其尸检结果亦缺乏特异性。尽管可卡因和海洛因中毒致死的主要机制都包括心律失常，但海洛因中毒导致的肺水肿征象在可卡因中毒者中却并不常见[17]。

可卡因中毒致死者有时可在毒品注射部位、附近淋巴结、肺部或其他器官发现用于稀释毒品的掺杂物。掺杂物包括滑石粉、淀粉、奎宁、乳糖和葡萄糖等，可卡因颗粒本身也可能作为微栓子被发现。由于士的宁具有与奎宁一样的苦味，有时也被掺杂进可卡因中。贩毒者若蓄意下毒则往往采用增加士的宁含量，或提供较纯的可卡因或海洛因而导致药物过量。

可卡因是自主神经系统的兴奋剂和刺激因子，继而引起血压急剧升高，有时超过 300 mmHg，严重时甚至可能导致脑出血[78, 79]。

可卡因滥用者常合并肝炎、心内膜炎和艾滋病，尸检有时也能发现注射引起的感染性并发症。曾经在纽约和加利福尼亚地区，吸毒者因共用注射器而导致疟疾的传播，最初将奎宁掺进毒品中也是为了同时治疗疟疾。

滥用可卡因致死者常见化脓性感染，多出现静脉炎症和远端栓塞性脓肿；注射部位可能会溃烂，并伴有局部淋巴结炎；心脏损害较明显，肉眼观可见右心室扩张，常伴有三尖瓣等心脏瓣膜受累。感染中涉及的微生物众多，主要是溶血性和非溶血性链球菌、粪链球菌、金黄色葡萄球菌、铜绿假单胞菌及真菌。血培养结果常显示混合菌群，有时难以分离出真正的致病微生物。当然，致病菌也可能出现明显的优势生长现象，应听取微生物学家的建议来评估血培养的阳性结果。

通过静脉注射的任何毒品，如果含有淀粉或滑石粉等颗粒物质，当未溶解的成分在肺毛细血管中被过滤掉时，则会导致在肺内形成异物肉芽肿，有时可见折射晶体物质沉积在肺部。

对于采用鼻吸方式的滥用者应采用棉签对双侧鼻孔进行取样，并同时将未用过的棉签作为对照一并送检。尸检时应常规采集血液、尿液、胃内容物、肝脏和玻璃体液样本。不同死亡案例的血液浓度差异很大，为 1～21 mg/L，平均值是 5.3 mg/L[80, 81]。

值得注意的是，在样本中检测出可卡因及其代谢物并不总是因为吸毒，作为一种有效的局部麻醉剂和血管收缩剂，以往在临床上也被用于耳鼻喉和眼科手术[82]。

策划药

“策划药”一词指通过对管制药品在化学结构上进行修饰，而用以模拟具有特异精神活性作用的管制药物，策划药合成目的是使毒品兼具娱乐性并规避法律管制。MDMA、摇头丸和丙二醛等就是最早的策划药。

根据 Iversen 等的说法，目前欧洲已报告了 200 多种策划药，其中 2012 年增加了 73 种，2013 年每周都会新增[83]，其中包括 2，5-二甲氧基苯丙胺、2，5-苯胺、β-酮基苯丙胺（卡西酮类）、苯环己哌啶、哌嗪、吡咯烷酮类、芬太尼、哌啶和色胺类药物等[42-44, 46, 49, 67, 83-108]。由于毒品生产者不断用新的策划药替代已经被管制的成分来躲避检测和法律管制，当这些药物流入市场时，人们通常对它们还缺乏认识，因此对消费者构成了严重的健康危险，也给法医毒理学家和司法机构带来了巨大且持续的挑战。

（文迪　译）

参考文献

[1] Reitox National Focal Point. *2012 National report: United Kingdom (2011 data) TO THE EMCDDA*. Davies C, *et al.* (eds). 2012, p. 258.

[2] Skopp G, Potsch L, Moeller MR. On cosmetically treated hair – aspects and pitfalls of interpretation. *Forensic Sci Int* 1997; 84(1–3): 43–52.
[3] Kintz P. Value of hair analysis in postmortem toxicology. *Forensic Sci Int* 2004; 142(2–3): 127–34.
[4] Krainer L, Wishnick SD, Berman E. Parenteral talcum granulomatosis – a complication of narcotic addiction. *Lab Invest* 1962; 11(8): 671–4.
[5] Wendt VE, *et al*. Angiothrombotic pulmonary hypertension in addicts. 'Blue velvet' addiction. *JAMA* 1964; 188: 755–7.
[6] Butz WC. Pulmonary arteriole foreign body granulomata associated with angiomatoids resulting from the intravenous injection of oral medications, e. g. propoxyphene hydrochloride (Darvon). *J Forensic Sci* 1969; 14(3): 317–26.
[7] Siegel H. Human pulmonary pathology associated with narcotic and other addictive drugs. *Hum Pathol* 1972; 3(1): 55–66.
[8] Kalant H, Kalant OJ. Death in amphetamine users: causes and rates. *Can Med Assoc J* 1975; 112(3): 299–304.
[9] Robertson CH, Jr, Reynolds RC, Wilson JE, 3rd. Pulmonary hypertension and foreign body granulomas in intravenous drug abusers. Documentation by cardiac catheterization and lung biopsy. *Am J Med* 1976; 61(5): 657–64.
[10] Davis LL. Pulmonary 'mainline' granulomatosis: talcosis secondary to intravenous heroin abuse with characteristic x-ray findings of asbestosis. *J Natl Med Assoc* 1983; 75(12): 1225–8.
[11] Kringsholm B, Christoffersen P. Lung and heart pathology in fatal drug addiction. A consecutive autopsy study. *Forensic Sci Int* 1987; 34(1–2): 39–51.
[12] Passarino G, *et al*. Histopathological findings in 851 autopsies of drug addicts, with toxicologic and virologic correlations. *Am J Forensic Med Pathol* 2005; 26(2): 106–16.
[13] Dettmeyer RB, *et al*. Widespread pulmonary granulomatosis following long time intravenous drug abuse – a case report. *Forensic Sci Int* 2010; 197(1–3): e27–30.
[14] Bainborough AR, Jericho KW. Cor pulmonale secondary to talc granulomata in the lungs of a drug addict. *Can Med Assoc J* 1970; 103(12): 1297–8.
[15] Hopkins GB, Taylor DG. Pulmonary talc granulomatosis. A complication of drug abuse. *Am Rev Respir Dis* 1970; 101(1): 101–4.
[16] Hollinger MA. Pulmonary toxicity of inhaled and intravenous talc. *Toxicol Lett* 1990; 52(2): 121–7; discussion 117–9.
[17] Oubeid M, *et al*. Pulmonary talc granulomatosis in a cocaine sniffer. *Chest* 1990; 98(1): 237–9.
[18] Johnson DC, Petru A, Azimi PH. Foreign body pulmonary granulomas in an abuser of nasally inhaled drugs. *Pediatrics* 1991; 88(1): 159–61.
[19] Lockemann U, Pueschel K. Siderophages in the lung of drug addicts. *Forensic Sci Int* 1993; 59(2): 169–75.
[20] Graham CA, McNaughton GW, Crawford R. 'Popping' : a cause of soft tissue sepsis in chronic drug abusers. *Eur J Emerg Med* 1999; 6(3): 259–61.
[21] Milroy CM, Parai JL. The histopathology of drugs of abuse. *Histopathology* 2011; 59(4): 579–93.
[22] Iyer S, Subramanian P, Pabari A. A devastating complication of 'skin popping' . *Surgeon* 2011; 9(5): 295–7.
[23] Borokhov A, Bastiaans R, Lerner V. Tattoo designs among drug abusers. *Isr J Psychiatry Relat Sci* 2006; 43(1): 28–33.
[24] Polson CJ, Green MA, Lee M. *Clinical Toxicology*, 3rd edn. London: Pitman Medical, 1983.
[25] Burton JL. Health and safety at necropsy. *J Clin Pathol* 2003; 56(4): 254–60.
[26] Osselton MD. Drugs of abuse; postmortem blood. In: Siegel JA (ed). *Encyclopedia of Forensic Sciences*. Oxford: Elsevier, 2000, pp. 646–50.
[27] Kalasinsky KS, *et al*. Blood, brain, and hair GHB concentrations following fatal ingestion. *J Forensic Sci* 2001; 46(3): 728–30.
[28] Engelhart DA, Jenkins AJ. Detection of cocaine analytes and opiates in nails from postmortem cases. *J Anal Toxicol* 2002; 26(7): 489–92.
[29] Gaulier JM, *et al*. Analytical aspects of volatile substance abuse (VSA). *J Forensic Sci* 2003; 48(4): 880–2.
[30] Drummer OH. Postmortem toxicology of drugs of abuse. *Forensic Sci Int* 2004; 142(2–3): 101–13.
[31] Drummer OH. Recent trends in narcotic deaths. *Ther Drug Monit* 2005; 27(6): 738–40.
[32] Fu S, Stojanovska N. Designer drugs. In: Siegel JA, Saukko PJ (eds). *Encyclopedia of Forensic Sciences*. Waltham: Academic Press, 2013, pp. 36–44.
[33] Seymour A, Black M, Oliver JS. Drug related deaths in the Strathclyde region of Scotland, 1995–1998. *Forensic Sci Int* 2001; 122(1): 52–9.
[34] Drummer OH, *et al*. Methadone toxicity causing death in ten subjects starting on a methadone maintenance program. *Am J Forensic Med Pathol* 1992; 13(4): 346–50.
[35] Caplehorn JR, Drummer OH. Methadone dose and post-mortem blood concentration. *Drug Alcohol Rev* 2002; 21(4): 329–33.
[36] Caplehorn JR, Drummer OH. Fatal methadone toxicity: signs and circumstances, and the role of benzodiazepines. *Aust N Z J Public Health* 2002; 26(4): 358–62; discussion 362–3.
[37] Manning T, *et al*. Evaluation of the Abuscreen for methadone. *J Forensic Sci* 1976; 21(1): 112–20.
[38] Milroy CM, Forrest AR. Methadone deaths: a toxicological analysis. *J Clin Pathol* 2000; 53(4): 277–81.
[39] Burns RS, *et al*. Phencyclidine – states of acute intoxication and fatalities. *West J Med* 1975; 123(5): 345–9.
[40] Noguchi TT, Nakamura GR. Phencyclidine-related deaths in Los Angeles County, 1976. *J Forensic Sci* 1978; 23(3): 503–7.
[41] Corales RL, Maull KI, Becker DP. Phencyclidine abuse mimicking head injury. *JAMA* 1980; 243(22): 2323–4.
[42] Graeven DB, Sharp JG, Glatt S. Acute effects of phencyclidine (PCP) on chronic and recreational users. *Am J Drug Alcohol Abuse* 1981; 8(1): 39–50.

[43] Brunet BL, *et al.* Toxicity of phencyclidine and ethanol in combination. *Alcohol Drug Res* 1985; 6(5): 341–9.
[44] Poklis A, *et al.* Phencyclidine and violent deaths in St. Louis, Missouri: a survey of medical examiners' cases from 1977 through 1986. *Am J Drug Alcohol Abuse* 1990; **16**(3–4): 265–74.
[45] Casari C, Andrews AR. Application of solvent microextraction to the analysis of amphetamines and phencyclidine in urine. *Forensic Sci Int* 2001; 120(3): 165–71.
[46] Mozayani A, *et al.* A multiple drug fatality involving MK-801 (dizocilpine), a mimic of phencyclidine. *Forensic Sci Int* 2003; 133(1–2): 113–7.
[47] Pestaner JP, Southall PE. Sudden death during arrest and phencyclidine intoxication. *Am J Forensic Med Pathol* 2003; 24(2): 119–22.
[48] Cox D, *et al.* Distribution of phencyclidine into vitreous humor. *J Anal Toxicol* 2007; 31(8): 537–9.
[49] deRoux SJ, Sgarlato A, Marker E. Phencyclidine: a 5-year retrospective review from the New York City Medical Examiner's Office. *J Forensic Sci* 2011; 56(3): 656–9.
[50] Lee RE. A technique for the rapid isolation and identification of psilocin from psilocin/psilocybin-containing mushrooms. *J Forensic Sci* 1985; 30(3): 931–41.
[51] Keller T, *et al.* Analysis of psilocybin and psilocin in Psilocybe subcubensis Guzman by ion mobility spectrometry and gas chromatography-mass spectrometry. *Forensic Sci Int* 1999; 99(2): 93–105.
[52] Kamata T, *et al.* Liquid chromatography-mass spectrometric and liquid chromatography-tandem mass spectrometric determination of hallucinogenic indoles psilocin and psilocybin in 'magic mushroom' samples. *J Forensic Sci* 2005; 50(2): 336–40.
[53] Anastos N, *et al.* The determination of psilocin and psilocybin in hallucinogenic mushrooms by HPLC utilizing a dual reagent acidic potassium permanganate and tris(2,2'-bipyridyl) ruthenium(II) chemiluminescence detection system. *J Forensic Sci* 2006; 51(1): 45–51.
[54] Fineschi V, Masti A. Fatal poisoning by MDMA (ecstasy) and MDEA: a case report. *Int J Legal Med* 1996; 108(5): 272–5.
[55] Rutty GN, Milroy CM. The pathology of the ring-substituted amphetamine analogue 3,4-methylenedioxymethylamphetamine (MDMA, 'Ecstasy'). *J Pathol* 1997; 181(3): 255–6.
[56] Fineschi V, *et al.* Adam (MDMA) and Eve (MDEA) misuse: an immunohistochemical study on three fatal cases. *Forensic Sci Int* 1999; 104(1): 65–74.
[57] Gill JR, *et al.* Ecstasy (MDMA) deaths in New York City: a case series and review of the literature. *J Forensic Sci* 2002; 47(1): 121–6.
[58] De Letter EA, *et al.* Immunohistochemical demonstration of the amphetamine derivatives 3,4-methylenedioxymethamphetamine (MDMA) and 3,4-methylenedioxyamphetamine (MDA) in human post-mortem brain tissues and the pituitary gland. *Int J Legal Med* 2003; 117(1): 2–9.
[59] Lua AC, *et al.* Profiles of urine samples from participants at rave party in Taiwan: prevalence of ketamine and MDMA abuse. *Forensic Sci Int* 2003; 136(1–3): 47–51.
[60] De Letter EA, *et al.* Interpretation of a 3,4-methylenedioxymethamphetamine (MDMA) blood level: discussion by means of a distribution study in two fatalities. *Forensic Sci Int* 2004; 141(2–3): 85–90.
[61] Kalasinsky KS, Hugel J, Kish SJ. Use of MDA (the 'love drug') and methamphetamine in Toronto by unsuspecting users of ecstasy (MDMA). *J Forensic Sci* 2004; 49(5): 1106–12.
[62] Concheiro M, *et al.* Determination of MDMA, MDA, MDEA and MBDB in oral fluid using high performance liquid chromatography with native fluorescence detection. *Forensic Sci Int* 2005; 150(2–3): 221–6.
[63] Han E, *et al.* The prevalence of MDMA/MDA in both hair and urine in drug users. *Forensic Sci Int* 2005; 152(1): 73–7.
[64] De Letter EA, *et al.* Postmortem distribution of 3,4-methylenedioxy-N,N-dimethyl-amphetamine (MDDM or MDDA) in a fatal MDMA overdose. *Int J Legal Med* 2007; 121(4): 303–7.
[65] Pilgrim JL, Gerostamoulos D, Drummer OH. Deaths involving MDMA and the concomitant use of pharmaceutical drugs. *J Anal Toxicol* 2011; 35(4): 219–26.
[66] Russell MJ, Bogun B. New 'party pill' components in New Zealand: the synthesis and analysis of some beta-ketone analogues of 3,4-methylenedioxymethamphetamine (MDMA) including betak-DMBDB (beta-ketone-N,N-dimethyl-1-(1,3-benzodioxol-5-yl)-2-butanamine). *Forensic Sci Int* 2011; 210(1–3): 174–81.
[67] Chen C, *et al.* Increases in use of novel synthetic stimulant are not directly linked to decreased use of 3,4-methylenedioxy-N-methylamphetamine (MDMA). *Forensic Sci Int* 2013; 231(1–3): 278–83.
[68] Doss PL, Gowitt GT. Investigation of a death caused by rectal insertion of cocaine. *Am J Forensic Med Pathol* 1988; 9(4): 336–8.
[69] Gherardi R, *et al.* A cocaine body packer with normal abdominal plain radiograms. Value of drug detection in urine and contrast study of the bowel. *Am J Forensic Med Pathol* 1990; 11(2): 154–7.
[70] Rouse DA, Fysh R. Body packing presenting as sudden collapse. *Med Sci Law* 1992; 32(3): 270–1.
[71] Stichenwirth M, *et al.* Suicide of a body packer. *Forensic Sci Int* 2000; 108(1): 61–6.
[72] Koehler SA, *et al.* The risk of body packing: a case of a fatal cocaine overdose. *Forensic Sci Int* 2005; 151(1): 81–4.
[73] Bruck S, *et al.* [Atypical 'body packing syndrome' – a case report]. *Arch Kriminol* 2006; 218(1–2): 35–43.
[74] Morild I, Stajic M. Cocaine and fetal death. *Forensic Sci Int* 1990; 47(2): 181–9.
[75] Tardiff K, *et al.* Analysis of cocaine-positive fatalities. *J Forensic Sci* 1989; 34(1): 53–63.
[76] Karch SB. Introduction to the forensic pathology of cocaine. *Am J Forensic Med Pathol* 1991; 12(2): 126–31.

[77] Rump AF, Theisohn M, Klaus W. The pathophysiology of cocaine cardiotoxicity. *Forensic Sci Int* 1995; 71(2): 103−15.

[78] Mittleman RE, Wetli CV. Cocaine and sudden 'natural' death. *J Forensic Sci* 1987; 32(1): 11−19.

[79] Davis GG, Swalwell CI. The incidence of acute cocaine or methamphetamine intoxication in deaths due to ruptured cerebral (berry) aneurysms. *J Forensic Sci* 1996; 41(4): 626−8.

[80] Baselt RC. *Disposition of Toxic Drugs and Chemicals in Man*, 8th edn. Baselt RC (ed). Foster City: Biomedical Publications, 2008, xviii.

[81] Pilgrim JL, Woodford N, Drummer OH. Cocaine in sudden and unexpected death: a review of 49 post-mortem cases. *Forensic Sci Int* 2013; 227(1−3): 52−9.

[82] Bailey KM, *et al*. Cocaine detection in postmortem samples following therapeutic administration. *J Anal Toxicol* 2009; 33(8): 550−2.

[83] Iversen L, White M, Treble R. Designer psychostimulants: pharmacology and differences. *Neuropharmacology* 2014; 87: 59−65.

[84] Balikova M. Nonfatal and fatal DOB (2,5-dimethoxy-4-bromoamphetamine) overdose. *Forensic Sci Int* 2005; 153(1): 85−91.

[85] da Costa JL, *et al*. Chemical identification of 2,5-dimethoxy-4-bromoamphetamine (DOB). *Forensic Sci Int* 2007; 173(2−3): 130−6.

[86] Jankovics P, *et al*. Detection and identification of the new potential synthetic cannabinoids 1-pentyl-3-(2-iodobenzoyl) indole and 1-pentyl-3-(1-adamantoyl)indole in seized bulk powders in Hungary. *Forensic Sci Int* 2012; 214(1−3): 27−32.

[87] Andreasen MF, *et al*. A fatal poisoning involving Bromo-Dragonfly. *Forensic Sci Int* 2009; 183(1−3): 91−6.

[88] Cottencin O, Rolland B, Karila L. New designer drugs (synthetic cannabinoids and synthetic cathinones): review of literature. *Curr Pharm Des* 2014; 20(25): 4106−11.

[89] Kesha K, *et al*. Methylenedioxypyrovalerone ("bath salts"), related death: case report and review of the literature. *J Forensic Sci* 2013; 58(6): 1654−9.

[90] Zawilska JB, Wojcieszak J. Designer cathinones − an emerging class of novel recreational drugs. *Forensic Sci Int* 2013; 231(1−3): 42−53.

[91] Gregg RA, Rawls SM. Behavioral pharmacology of designer cathinones: a review of the preclinical literature. *Life Sci* 2014; 97(1): 27−30.

[92] Hull MJ, *et al*. Postmortem urine immunoassay showing falsepositive phencyclidine reactivity in a case of fatal tramadol overdose. *Am J Forensic Med Pathol* 2006; 27(4): 359−62.

[93] de Boer D, *et al*. Piperazine-like compounds: a new group of designer drugs-of-abuse on the European market. *Forensic Sci Int* 2001; 121(1−2): 47−56.

[94] Antia U, *et al*. Pharmacokinetics of 'party pill' drug N-benzylpiperazine (BZP) in healthy human participants. *Forensic Sci Int* 2009; 186(1−3): 63−7.

[95] Westphal F, *et al*. Structure elucidation of a new designer benzylpiperazine: 4-bromo-2,5-dimethoxybenzylpiperazine. *Forensic Sci Int* 2009; 187(1−3): 87−96.

[96] Abdel-Hay KM, *et al*. Differentiation of methylenedioxybenzylpiperazines (MDBP) by GC-IRD and GC-MS. *Forensic Sci Int* 2010; 195(1−3): 78−85.

[97] Abdel-Hay KM, *et al*. Differentiation of methylenedioxybenzylpiperazines (MDBPs) and methoxymethylbenzylpiperazines (MMBPs) By GC-IRD and GC-MS. *Forensic Sci Int* 2011; 210(1−3): 122−8.

[98] Abdel-Hay KM, DeRuiter J, Randall Clark C. GC-MS and GC-IRD studies on the six ring regioisomeric dimethoxybenzoylpiperazines (DMBzPs). *Forensic Sci Int* 2013; 231(1−3): 54−60.

[99] Sauer C, *et al*. Acute poisoning involving the pyrrolidinophenonetype designer drug 4'-methyl-alpha-pyrrolidinohexanophenone (MPHP). *Forensic Sci Int* 2011; 208(1−3): e20−5.

[100] Westphal F, *et al*. Spectroscopic characterization of 3,4-methylenedioxypyrrolidinobutyrophenone: a new designer drug with alpha-pyrrolidinophenone structure. *Forensic Sci Int* 2011; 209(1−3): 126−32.

[101] Ojanpera I, *et al*. Blood levels of 3-methylfentanyl in 3 fatal poisoning cases. Am J Forensic Med Pathol 2006; 27(4): 328−31.

[102] CoopmanV, *et al*. LC-MS/MS analysis of fentanyl and norfentanyl in a fatality due to application of multiple Durogesic transdermal therapeutic systems. *Forensic Sci Int* 2007; 169(2−3): 223−7.

[103] Thompson JG, *et al*. Fentanyl concentrations in 23 postmortem cases from the hennepin county medical examiner's office. *J Forensic Sci* 2007; 52(4): 978−81.

[104] Ojanpera I, *et al*. An epidemic of fatal 3-methylfentanyl poisoning in Estonia. *Int J Legal Med* 2008; 122(5): 395−400.

[105] Lafreniere NM, Watterson JH. Detection of acute fentanyl exposure in fresh and decomposed skeletal tissues. *Forensic Sci Int* 2009; 185(1−3): 100−6.

[106] Lafreniere NM, Watterson JH. Detection of acute fentanyl exposure in fresh and decomposed skeletal tissues part II: the effect of dose-death interval. *Forensic Sci Int* 2010; 194(1−3): 60−6.

[107] Palmer RB. Fentanyl in postmortem forensic toxicology. *Clin Toxicol (Phila)* 2010; 48(8): 771−84.

[108] Sato S, *et al*. Studies on 1-(2-phenethyl)-4-(N-propionylanilino) piperidine (fentanyl) and related compounds VII. Quantification of alpha-methylfentanyl metabolites excreted in rat urine. *Forensic Sci Int* 2010; 195(1−3): 68−72.

第 33 章

腐蚀性和金属毒物中毒

引言

毒理学是一门涵盖面较广的学科，其内容大部分涉及毒物性质、毒理作用、临床表现、生物化学、作用机制及各类有毒物质中毒的治疗。许多法医学教科书，尤其是来自亚洲的教科书，使用了大部分篇幅介绍了数百种不同毒物的上述特性。但是，世界大多数地区的病理学家很少（甚至从未）遇到过其中大部分的毒物。因为大多数毒物的尸体改变缺乏特异性，所以教科书上的内容难以协助死因鉴定。因此，本章选择讲述引起特征性改变或法医检案经常遇到的毒物。本章介绍了一系列可归类为腐蚀性毒物中毒的尸体改变，无论其是否为主要死因。此外，本章内容将从尸检所见和相关的毒物检验结果的角度讨论几种重金属毒物。

氰化物

氰化物是一种在自杀、意外和他杀案件中较常见的毒物[1-8]。它在许多建筑物火灾中引起中毒死亡，因为有毒烟雾吸入而非烧伤是大多数受害者的致死原因（具体参见第 11 章）。尽管急性氰化物中毒的尸检诊断很少引发争议，但是在尸体，甚至储存的待检血液样本中，氰化物可发生破坏和重新合成，因此毒物分析可能难以解释。急性氰化物中毒案件中约 70% 是自行服用，受害者常吞服氰化钠或氰化钾。这类案件可能是意外或工业生产事故，氰化物来源于盐类或为工业生产过程中的游离气体。另外，杏、桃和李等水果的种子都含有剧毒的氰基糖苷，如苦杏仁苷。食用杏后发生严重中毒的案例已有报道。杏仁，特别是苦杏仁品种（*P. amygdalus amara*）的果实种子含有大量的苦杏仁苷。苦杏仁苷在消化道中的水解可释放氢氰酸并导致氰化物中毒[9-12]。

他杀氰化物中毒罕见，可见于大屠杀中，如圭亚那的琼斯镇惨案，或在犹太大屠杀（齐克隆 B）以及对付中东平民时将氰化物作为战争武器。在美国部分地区，氰化物被用于在毒气室中执行死刑（1924～1999 年）[13-18]。

氰化物仅以游离氰化氢的形式发挥毒性作用，因此口服氰化盐后，化合物与水或胃酸接触后释放氢氰酸，该过程仅需要几秒钟。氰化物的致死量很小，为 150～300 mg，这使得它可以在第二次世界大战结束时被纳粹分子用作隐藏的自杀药[19]。氰化物的毒性作用在很大程度上取决于其纯度，因为它们在储存中易于分解，且旧样品中的氰化物可能仅有一半仍具有活性。

氰化物中毒的尸检

氰化物通过与细胞色素氧化酶的三价铁离子

结合而发挥作用，阻止细胞呼吸中的氧摄取。氰化物不能与血红蛋白直接结合，但可以通过中间化合物高铁血红蛋白与之结合。氰化物因其碱性而具有中等腐蚀性，能够引起局部组织损伤，这与其通过酶抑制所产生的非特异性毒性无关。

氰化物中毒的尸表特征差异很大。一般认为过量的氧合血红蛋白（因为组织摄氧受阻）和氰化高铁血红蛋白可使血液为砖红色。死者皮肤常被描述为深粉红色或鲜红色，可能会与碳氧血红蛋白混淆。本书作者所见的少数病例显示出明显的暗紫色尸斑，这可能是由呼吸肌麻痹导致红细胞缺乏氧合引起的。除了皮肤的颜色和口唇周围的黑色呕吐物外，氰化物中毒可没有其他尸表改变。

许多人无法察觉到死者身体周围氰化物特殊的苦杏仁味，这与性别等个体遗传因素有关。这种能力对于病理学家和停尸房员工很重要，因为死于氰化物中毒的尸体可能会危害其他人的健康[20–22]。作者（BK）的前同事曾在解剖一例吞食大量氰化钾死者后立即患病并暂时性残疾，原因可能是他在检查其内脏时，吸入了死者胃中氰化氢而引起中毒。

由于氧合血红蛋白无法被组织利用，体内组织也可能因氧合血红蛋白过多而显示鲜粉红色，这可能比氰化高铁血红蛋白的存在更为常见。这类案件中死者胃壁可能会受到严重腐蚀，且剥离的黏膜被血液染色而发黑（图 33.1）。这主要是由于氰化物水解后产生的钠盐或钾盐具有强碱性，而氰化氢本身不会造成这种损伤。在不太严重的情况下，胃黏膜有深红色的条纹，其中皱襞已被腐蚀，而中间的褶皱腐蚀则相对不明显。胃内可能含有来源于胃壁糜烂和出血的血液或含氰化盐的血液。如果氰化物溶液较稀，对胃的损害较小，仅有粉红色胃黏膜或瘀点性出血，但是最终尸检中也可能发现具有类似苦杏仁味的未溶解的白色氰化物晶体或粉末。

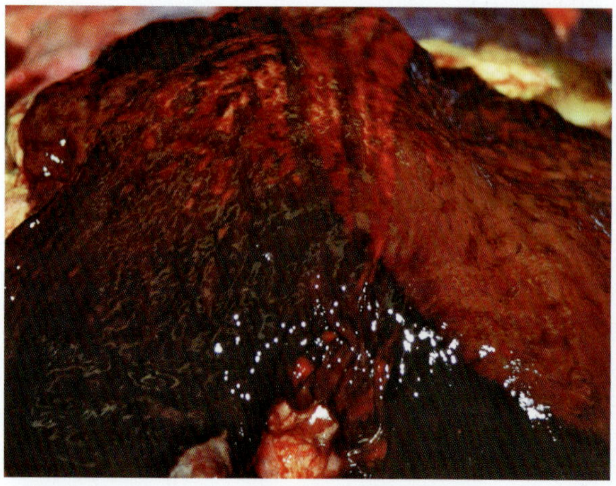

图 33.1　氰化物中毒胃黏膜出血

氰化物中毒导致的死亡通常很快，因此几乎没有毒物进入肠道。尸检发现死者食管，尤其是下 1/3 的食管黏膜，可能受损，其中一部分损伤可能是死后贲门括约肌松弛所致胃内容物反流造成的。其他器官无特异性变化，氰化物中毒的诊断依据是病史、气味和体内组织（通常是皮肤）的红色。

毒物分析

常规的血液、胃内容物、尿液和呕吐物检材都应进行毒物分析。需要特别注意确保样品在包装、运输或拆开包装时不会对实验者造成危害，并应提前警告实验室检材可能含有氰化物。如果办案或尸检中对检材的收集和保存有疑问，应及时向毒物分析实验室寻求建议和帮助。

检材送检时效性很重要，应避免血液样本长期储存导致的氰化物产生[23, 24]。

Ballantyne 向人血液中添加不同浓度的氰化物，浓度范围来自急性氰化物中毒死亡案件中所测得的浓度。他发现在 20℃、4℃和−20℃这 3 种不同温度中储存样本，第 1 周内的所有样本中的氰化物浓度均下降。1 周后，氰化物浓度会随储存温度而改变。储存温度为−20℃时浓度变化最小，而室温保存时浓度变化最大。在不添加氰化物的对照血液样本中，−20℃时即可在体外产生氰化物。基于这些发现，他建议氰化物含量低的血液应保存于 4℃条件下，但氰化物含量高的血液最好保存于−20℃条件下以减少氰化物的转化[25]。

McAllister 等通过比较经或未经氟化钠处理的 14 名接受尸检的火灾受害者血液样本在 25～30 天氰化物的稳定性。在氟化钠处理后 9～11 天和处理后 25～30 天检测处理组和对照样品中的氰化物浓度。与对照样品相比，用 2% 氟化钠处理的样品在 25～30 天血氰化物浓度改变显著减少，浓度非常接近起始浓度，而未经处理样品的氰化物则显著增加。根据该结果，他们建议在火灾受害者的血液样本中添加 2% 的氟化钠，以减少细菌引起的浓度变化[26]。

氰化物的死后血药浓度取决于服用量和从给药到死亡的时间间隔。尽管后者通常以分钟为单位进行测量，但低剂量中毒或经治疗后受害者可能能够存活数小时甚至数天。

假设血液中没有死后氰化物生成的现象，那么毒物分析中发现的任何氰化物的量都是受害者摄入氰化物的证据，它本身即是异常的，且能够作为中毒的证据。尽管如此，Karhunen 等报道的一例死后焚尸案件中，受害者血液中的氰化物含量高达 10 mg/L，这可能是氰化物在高温打开的体腔中被动扩散所致[27]。

在一个服毒死亡案例队列中，氰化物血液浓度为 1～53 mg/L，平均为 12 mg/L。其中脾脏是氰化物浓度最高的组织，可能是因为它含有大量红细胞。在同一队列中，脾脏中氰化物浓度为 0.5～398 mg/L，平均为 44 mg/L[28]。Rhee 等报道了 21 例口服氰化物中毒死亡的案件。研究发现，心脏血液、外周血和胃中氰化物的浓度范围（平均值 ± 标准差）分别为 0.1～248.6 mg/L [（38.1 ± 56.6）mg/L]、0.3～212.4 mg/L [（17.1 ± 45.1）mg /L] 和 2.0～6398.0 mg/kg [（859.0 ± 1 486.2）mg/kg]。心脏血液与外周血中氰化物浓度比和胃内容物与外周血浓度比的范围分别为 0.3～10.6（平均 3.4）和 3.4～402.4（平均 86.0）。综上所述，从不同类型的死后检材中氰化物浓度以及氰化物浓度比的差异，可以确定氰化物的死后再分布，以及死亡是否由口服氰化物所致[29]。

腐蚀性酸、碱和酚

腐蚀性毒物以前是常见的自杀用药，可能因为腐蚀性毒物在自杀中引起的痛苦较大，目前在西方国家这类案件相对较少。在世界某些地区，腐蚀性无机酸仍然经常被用作他杀、人身伤害（泼硫酸）和自杀。在马来西亚，特别是在泰米尔族橡胶工厂工作的年轻女性，经常将橡胶生产中使用的试剂（如甲酸和乙酸）用于自杀。

目前，在英国，酸和碱极少引起死亡。虽然偶尔发生使用硫酸进行人身伤害，但很少导致死亡。然而有时会发生采用腐蚀性酚类如石炭酸和来苏尔（煤酚皂溶液）自杀的案件。从毒理学角度来看，这种损害通常是接触部位的组织结构损伤，而非全身中毒，一般不会造成死亡，除非受害者存活时间较长而发生肾衰竭或胸部感染等并发症。所有腐蚀性物质都具有以下共同特征。

- 腐蚀性液体可能会溢出体外，皮肤腐蚀痕可能有助于推断受害者口服毒物时的姿势。口唇可能被灼伤，并且从口到下颌、颈部和胸部可能会出现流淌和喷溅痕迹。口周的灼伤形态有时可能提示盛装毒物的容器形状，因为杯子的宽边可能会在脸颊上留下痕迹，而瓶子的小瓶口则可能会完全伸入口中。如果受害者处于站立位或坐位，那么这些液体流注痕可能会沿着下颌蔓延至胸部和腹部。如果受害者呈仰卧位，液体可能横行流过面部和脸颊，直至项部。由于喷溅和呛咳，液体也可自鼻孔溢出。如果被害人本能地用手遮挡面部，那么手也可能会受到腐蚀。
- 根据腐蚀性毒物的性质，口腔内部可能会被腐蚀，舌头肿胀或皱缩。咽、喉和食管都会被腐蚀。如果生存时间超过几分钟，会出现声门水肿。腐蚀性毒物反流至喉部和气道可能会引起呼吸道黏膜受损，吸入液体或蒸汽可能会导致急性肺水肿和出血。
- 食管下段和胃迅速损伤、变色、黏膜剥脱甚至穿孔。尝试安置胃管可能会穿透软化的食管或胃壁。如果存活时间足够长，部分腐蚀性毒物可到达并损伤小肠，但是由于时间因素和幽门痉挛，这种情况很少见。
- 所有腐蚀性毒物均可反流至肺引起肺水肿从而导致死亡；如果存活一天或更久，可能最终出现暴发性支气管肺炎。

不同的腐蚀性毒物对软组织的作用不同，尽管无机酸并没有太大的不同，但有时通过外观和气味可以区分（图 33.2）。酚类化合物通常只能通过气味来辨别。强酸可使组织脱水，使蛋白质凝固并将血红蛋白转化为正铁血红素。

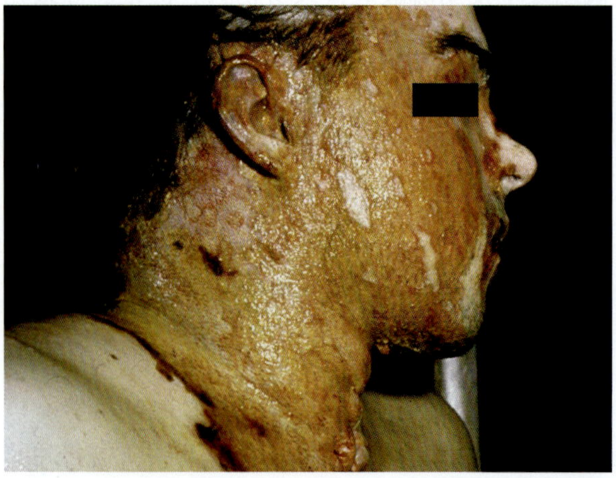

图 33.2　工伤事故，一个装有 100 L 氯磺酸的玻璃容器破损，倾倒在一名工人身上，导致其面部和胸部大面积烧伤

浓硫酸具有极强的腐蚀性，与水或组织接触时会产生大量热量。组织会变为灰黑色，干燥且脱水。实际上，它们可能会因产生的热量而炭化成黑色焦痂。胃壁可能呈灰色、深棕色或黑色，或颜色混杂，这具体取决于每个部位出血量。穿孔也可能发生。

食管和胃可能呈灰色肿胀，取决于胃中酸的含量和食物的量。舌头可呈灰色或黑色且变形。

硝酸中毒与硫酸相似，但黏膜呈棕黄色外观。面部皮肤灼伤呈边界清晰的黄色或棕色痕迹，通常从口角向下延伸。如果酸液较多，胃内容物可能会产生黄色烟雾。胃内呈黄褐色组织剥脱，胃穿孔不如硫酸中毒常见。

盐酸具有类似的作用，尤其是对黏膜，但对完整皮肤的伤害不如硫酸和硝酸。胃可能会变得黏滑、柔软并伴随穿孔。组织呈灰色至黑色，取决于出血量（图 33.3）。

浓氢氧化钠也具有腐蚀性，但柔软、滑腻的黏液是典型的强碱组织损伤的外观特征，一般被腐蚀的部位呈白色或灰色。

苯酚和来苏尔也会以与酸和碱相似的作用破坏人体组织。石炭酸（纯苯酚）使组织变硬并被漂白，因此在面部和皮肤上会看到坚硬、破裂且发白的表面。在体内，食管和胃也会变硬。来苏尔是苯酚和甲酚的混合溶液，能够使组织变为棕紫色，但其作用类似于苯酚（图 33.4）。

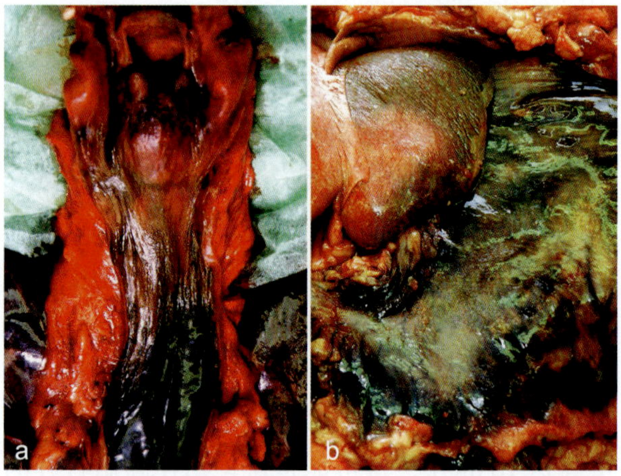

图 33.3　摄入浓盐酸和乙醇自杀对喉、食管（a）和胃（b）的腐蚀

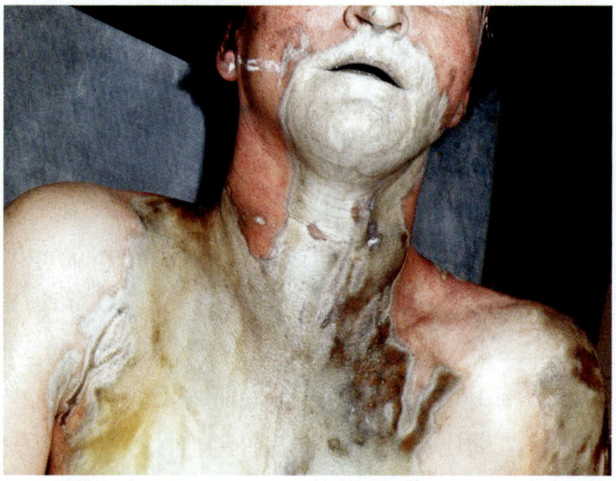

图 33.4　来苏尔自杀受害者的皮肤烧伤。流注形态清楚地表明受害者在饮用液体处于站立或坐位

草酸和草酸盐

草酸和草酸盐不像无机酸那样具有腐蚀性，但是也具有毒性，并且通常起效迅速，在数分钟或数小时内使受害者因休克或血钙过低而死亡。草酸具有局部腐蚀性，虽然其局部组织损伤是非致命的，但是它具有致命的全身性作用。

尸检时，如果吞咽了大量白色晶体状草酸固

体或浓草酸溶液，局部组织表现为脱色，口腔、咽和食管的黏膜变白，可被局部出血染成红色。胃中有来自受损黏膜的含酸性正铁血红素的血液，呈深棕色或黑色，胃壁上散布着急性糜烂。草酸钙晶体可能出现在胃内容物或黏膜表面剥脱层中。

草酸急性中毒幸存者后期死亡可能是由于低钙血症引起的肌肉包括心肌功能异常所致。因为人体内的钙遇草酸后形成不溶性的草酸钙沉淀。受害者常于中毒 2～10 天后死于肾衰竭。肾小管坏死，以近曲小管为主。尽管在肾脏组织学中已证实了草酸钙晶体的存在，但这可能并非肾小管坏死的原因。

乙二醇中毒

乙二醇虽然一般不认为是一种腐蚀性毒物，但它具有与草酸盐中毒相同的特征，并且相对于由无机酸引起的死亡，乙二醇中毒也不容忽略。乙二醇被广泛用于汽车发动机的防冻剂及工业溶剂，所以很容易获得。它们的化学成分与乙醇类似，所以可能被滥用而成为自杀或极少数谋杀案件的毒物来源[30-32]。这类案件涉及的化合物有乙烯、二乙烯、丙烯和己二醇。它们毒性差异很大，而案件中最常见的是乙二醇。当饮入乙二醇超过 100～200 mL 时，除非接受透析等急救，否则肯定是致命的。

乙二醇的毒性作用开始类似于醉酒，但受害者通常在服用第一天就会陷入昏迷和死亡。它在体内代谢的过程是乙二醇—乙二醛—乙醇酸—甲酸—乙醛酸—草酸，其中约 1% 被转化为草酸而导致中毒。

这类案件尸检时没有局部损伤，通过使用偏光显微镜或通过共聚焦激光扫描显微镜可观察到草捆状的双折射草酸钙晶体在受损组织中的广泛沉淀（图 33.5）[33-36]。长期以来，晶体沉积是乙二醇致死的原因抑或仅为副作用具有争议性。最近的研究表明，草酸钙一水合物（calcium oxalate monohydrate，COM）晶体在肾脏组织中的沉积会导致肾小管坏死，从而导致肾衰竭[30, 34, 37]。

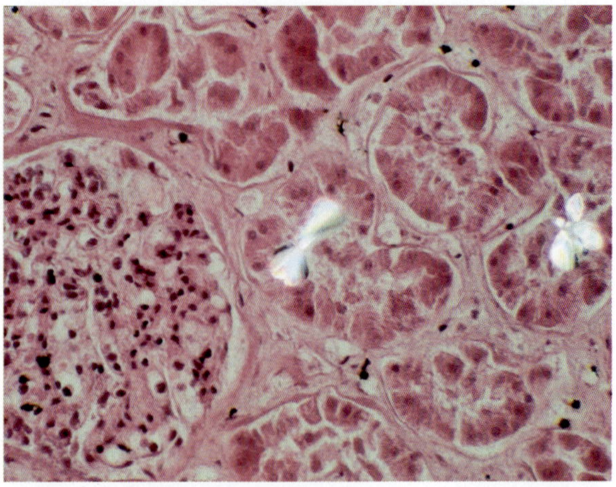

图 33.5　在偏振光显微镜下观察乙二醇中毒肾脏中的双折射草酸钙晶体

并且有研究发现，乙二醇中毒者的肾脏中肾小管坏死表现类似于草酸盐中毒，在间质组织和肾小管中可见结晶。另外，中毒会引发脑水肿或化学性脑膜炎，弥漫性肝损害也时有发生。

原发性高草酸尿症（primary hyperoxaluria，PH）分为Ⅰ型、Ⅱ型和Ⅲ型，是一种罕见的常染色体隐性遗传疾病，涉及草酸盐的过度生产[38-40]。Pien 等报道了一例罕见的患者，因反复出现恶心、呕吐和脱水症状而住院治疗，每次都发现他有乳酸性酸中毒。第一次入院时，他的血液中发现了羟基乙酸，所以他被诊断为乙二醇中毒。但是两年后该患者在第三次入院时，医生考虑到他可能存在代谢紊乱，才检测到其线粒体中氧化磷酸化复合物Ⅰ的缺乏[41]。Woolf 等报道的病例与 Pien 的结果相反，一名原本健康的 6 个月大婴儿突然出现反复呕吐、嗜睡和代谢性酸中毒，使得在治疗中大量寻找其先天性代谢功能异常的情况，而未将该婴儿患病时的数据与未患病的血液和尿液样本的测试结果进行比对，所以在该患儿第三次住院期间才诊断出他是由乙二醇故意投毒而导致的中毒，并在该婴儿食用的两瓶配方奶粉中检测到了乙二醇。虽然没有足够的证据确定投毒者，但是办案者认为保姆因照顾患儿时间与其发病时间吻合而嫌疑最大[42]。

乙二醇中毒的实验室分析

血液中毒物浓度取决于乙二醇摄入到中毒

的时间间隔。中毒剂量通常大于 300 mg/L，但第二天采集的样品平均值会高达 2 400 mg/L。乙二醇中毒者的大脑含有的浓度范围为 300～4 000 mg/kg，尿液中范围为 600～10 000 mg/L，平均为 5 700 mg/L[28]。

金属毒物

金属毒物种类繁多，其中大部分来自元素周期表的上游，因此通常将它们描述为“重金属”。绝大多数慢性或急性金属毒物中毒案件源于受害者生活环境或职业危害。现在金属毒物相关的自杀、意外和他杀引起的急性中毒案件已逐渐减少，这不仅因为其他毒物的存在，还因为人们对重金属的环境和工业危害有了更深入的认识和管制。在 19 世纪，重金属投毒在他杀案件中很常见，但现在在西方国家很少见，主要是因为现在人们知道它们很容易被检出。

由于许多教科书和专著都对这个主题进行了详尽的论述，因此本章仅讨论砷，并论述它与其他金属毒物在法医学中的区别。

砷

砷是所有动物组织的组成元素，在地球上含量丰富。这就要求在分析人体检材中的砷时需要格外谨慎，因为当健康人的饮食中富含鱼类或贝类时，排泄物中的砷含量可能会超过慢性砷中毒时的砷含量。同样，在涉及中毒案件中，如果需要挖掘尸体，必须对周围土壤和坟墓中的水进行全面对照取样，以确保检材中的砷与环境中砷污染无关（具体参见第 1 章）。

砷元素本身无毒，只有在化合物状态下才有毒性。这种毒性一般通过与线粒体酶，特别是丙酮酸氧化酶和某些磷酸酶的巯基基团结合，干扰细胞呼吸而引发中毒反应。砷在血管内皮中具有特异性靶点，引起通透性增加、组织水肿和出血，造成多种组织，特别是消化道损伤。

摄入三氧化二砷时，这种无味的白色粉末可能会导致中毒，另外铜、钠和钾的亚砷酸盐、铅和钙的砷酸盐、雄黄和工业生产中的气态砷也可能会引起砷中毒。目前在法医实践中，罕见的砷中毒病例通常来自三氧化二砷或一种亚砷酸盐中毒[43-47]。

砷中毒可能是急性的也可能是慢性的。慢性砷中毒大多数与环境污染或职业病相关。自杀一般是急性砷中毒，而罕见的他杀案件可能是急性砷中毒也可能是慢性砷中毒。

砷的致死量

如果空腹服用砷化物溶液，致死量可能仅约 150 mg，但一般案件中通常认为 250～300 mg 为砷的最低致死量。这是因为已经有许多砷中毒存活的案例，并且有一些证据表明人体可以逐步对砷产生耐受性。砷的过量服用可能会导致呕吐，并且从“休克”到心肺衰竭的致死过程仅需要数小时，如果受害者因肝肾衰竭而导致死亡，此过程可延迟至数天。在慢性砷中毒案件中，致死量很难推断，因为如果摄入量超过人体正常排泄率，砷就会逐渐积累。

尸检

急性砷中毒受害者在数小时内就死亡，常不能见到特殊病变。尸检中发现其上消化道可能有轻度刺激，如胃黏膜变红，尤其是沿胃壁皱褶的顶部边缘。在急性砷中毒中，胃壁出现红色天鹅绒样损伤，因为胃壁表面可能包被黏液，毒物颗粒可能嵌顿于褶皱内部。因此，与大多数怀疑中毒的案件类似，胃内容物和胃壁应该同时送样进行毒物分析。急性砷中毒时肠道通常没有病理表现。

除了胃部，一般尸检所见的其他病变是左心室壁的心内膜下出血。当然，这是在突发低血压的任何严重休克条件下的常见病理表现，并且在任何严重机体损伤中均可见到，同时伴有血容量、血压下降和神经源性休克。头部受伤和颅内压升高是这些病变可能出现的其他情况（具体参见第 13 章）。本书作者（BK）在军事空难的受害者中观察到这些现象，是由于受害者在遭受撞击时心肌被从其底部撕裂造成的。1940 年，Sheehan 在产科灾难中对心内膜下出血进行了相

对准确的描述[48, 49]，即出血位于室间隔的上部和相对的乳头肌上。作者（BK）见过的最严重的情形是在一起三氧化二砷严重过量的自杀案件中，出血导致心内膜下血疱形成。这些提示了在进行毒物分析之前要进行详细的病理诊断，尽管偶然也会发现其真正死因。

在慢性砷中毒中，病理诊断中显示的情况大不相同，除非有某些砷中毒病史或间接证据，否则诊断起来非常困难。在过去，许多临床医生都为这种误诊而烦恼，因为临床上许多慢性砷中毒经常被诊断为肠胃炎。

砷中毒死亡的尸体的保存一直以来是法医们争论的热点。虽然对此进行了无休止的讨论，但是没有任何科学证据证明某一观点的正确性，但是最有可能的解释是，慢性砷中毒引起的腹泻脱水会延缓正常尸体因潮湿而引起的腐败过程。

从体表观察，砷中毒者的皮肤可有广泛异常，表面干燥，呈鳞状或角化过度。临床上会出现雨滴状的点状色素沉着，但尸体表现可能很不明显，需要及时记录。这种情况在皮肤弯曲部位更常见，如前额和颈部，并伴随一些脱发。砷中毒者会出现面部水肿，并有黏液性水肿。

胃可能表现为慢性胃炎，黏膜和浆膜下层增厚。胃部黏液形成明显，褶皱处可能会出现片状的炎性发红。有时还会出现出血性胃炎，并伴有急性和慢性糜烂。小肠扩张并普遍偏红，黏膜增厚，镜下表现为非特异性充血水肿，与其他肠炎无异。

胃肠黏膜溃疡极少出现。内容物可能较多，呈液态，通常用“米汤样”来描述。大肠部分可能无病理变化或变化极小，其内容物类似于小肠，可能为液体。肝脏可出现脂肪变或肝组织坏死，一般发生于在肝小叶周围。砷中毒导致的严重肝损伤可能与黄疸有关。肾脏会因慢性砷中毒而发生损伤，并有非特异性肾小管坏死。心肌也可有心肌纤维损伤，胞质凝聚伴随脂肪变性。

检材提取和毒物分析

在急性中毒案件中，主要取胃和胃内容物，小肠更佳，所取肠管两端扎紧。另外，还应采取血液、尿液和肝脏样本，表 33.1 为 49 例急性三氧化二砷中毒死亡案例中机体不同组织样本砷的浓度水平。

表 33.1　49 例急性三氧化二砷中毒死亡案例中机体不同组织样本砷的浓度水平

不同组织样本浓度	范　围	平均值
血液样本（mg/L）	0.6～9.3	3.3
肝脏样本（mg/kg）	2.0～120	29
肾脏样本（mg/kg）	0.2～70	15
脾样本（mg/kg）	0.5～62	8.8
大脑样本（mg/kg）	0.2～4.0	1.7

资料来源：From Rehling C. J. Poison residues in human tissues. In: Stolman A. (ed). *Progress in Chemical Toxicology*. New York: Academic Press, 1967, pp.363-86.

在慢性中毒案件中，除非已根据案情调查和大体解剖明确了砷中毒的诊断，否则需要采取较多类型的检材，包括以下几种。

- 周围静脉血样本。
- 胃和内容物样本。
- 小肠和内容物样本。
- 大肠内容物样本。
- 尿液样本。
- 胆汁样本。
- 肝脏样本。
- 肾脏样本。
- 指甲屑或完整指甲样本。
- 头发样本——至少 20 根头发的全长，包括发根。

除非长期接触砷，否则血液中的砷浓度仅在吸收后出现短暂升高。砷含量最高的组织是富含巯基（SH-）的组织，如皮肤、头发和指甲等。健康人体砷的浓度范围如下：尿液中砷的浓度为 5～50 μg/L，血液中砷的浓度为 0.5～2 μg/L，肝脏中砷的浓度为＜ 60 μg/kg（干重），指甲中砷的浓度为＜ 10^3 μg/kg（干重）[28, 50, 51]。

以前认为，口服砷需要 1～2 周才能进入毛发和指甲等角化组织。然而，通过更灵敏的分析技术发现，砷可以在口服数小时后进入头发。以

往认为，砷会迅速分泌到汗液中，并扩散到头发和指甲上。已通过中子活化分析的研究证实了这一点，但是其机制仍不清楚。这证明了通过分析不同的发干位置可以估计砷服用的时间点和持续暴露的时间范围。停止暴露后，砷还可以在角蛋白中保存数年。

锑

锑在许多方面与砷相似。除工业暴露外，常见引起锑中毒的物质是被称为“酒石催吐剂”的酒石酸锑钾，其常被用于自杀或他杀，也见于意外案件。其病理和毒理特点与砷相似，成年人酒石酸催吐剂的致死量约为 1 g。与许多其他毒物类似，因个体差异很大，故该最低致死量的参考价值有限。非职业接触人员的体液和组织中锑浓度为零或不超过 1 μg/L[52]。

Baselt 报道了一例三氯化锑急性中毒的案例，毒物分析发现锑浓度如下（mg/L 或 mg/kg）：血液中锑的浓度为 4～6；肝脏中锑的浓度为 45；肾脏中锑的浓度为 32；胆汁中锑的浓度为 404[28]。

铊

尽管在过去的一个世纪中，其他重金属的法医学重要性有所下降，但近年来，铊已被多次用于他杀，有时见于群体性他杀中毒。铊被用作杀鼠剂，并广泛用于工业，特别是玻璃制造。它的法医病理学特点尚不明确，因为可以通过影像学方法观察到铊存在于肠道中和分布于肝脏中，因此，在病理学家怀疑铊中毒时，应在尸检前对尸体进行 X 线检查。另一个独特的方面是，它可能是火化后唯一可以被确认的他杀毒物。在 1971 年一例英国的案件中，Young 投毒致 2 人死亡，数人中毒，在其中一名受害者的骨灰中检出铊。

铊的致死量约为 1 g[53]，具体取决于铊化合物的类型。铊盐有几种不同的种类，如乙酸盐、硫酸盐或硝酸盐。铊致死量为 6～40 mg/kg 体重，平均约为 12 mg/kg 体重。

虽然铊中毒死亡案件的解剖所见多变且缺乏特异性，但是有记录表明心肌可变白并出现苍白条纹。脱发是引起人们怀疑铊中毒的最典型的临床症状，因为铊以前也被用作脱毛剂。这种作用大约在给药后 1 周开始，但在这段时间内脱发可能并不明显。中毒后可致大量毛发脱落，而不是使毛发变得变稀疏。另外，眉毛的外 1/3 脱落也是一个明显的铊中毒表现，尽管这一区域也是甲状腺功能减退时毛发脱落的部位。

对铊中毒存活者的头发根部进行检查时可能会发现其被黑色物质包被，这并非由铊本身引起，而是由黑色素的过量所致。在存活了一段时间的受害者中，肝坏死和肾小管坏死是非特异性的表现。

（曾晓锋　洪仕君　译）

参考文献

[1] Pasi A, Morath M, Hartmann H. [Cyanide poisoning: forensic toxicology observations in the study of 54 cases of fatal poisoning]. *Z Rechtsmed* 1985; 95(1): 35–43.
[2] Fernando GC, Busuttil A. Cyanide ingestion. Case studies of four suicides. *Am J Forensic Med Pathol* 1991; 12(3): 241–6.
[3] Padwell A. Cyanide poisoning. Case studies of one homicide and two suicides. *Am J Forensic Med Pathol* 1997; 18(2): 185–8.
[4] Froldi R, Cingolani M, Cacaci C. A case of suicide by ingestion of sodium nitroprusside. *J Forensic Sci* 2001; 46(6): 1504–6.
[5] Musshoff F, *et al*. Cyanide fatalities: case studies of four suicides and one homicide. *Am J Forensic Med Pathol* 2002; 23(4): 315–20.
[6] Gill JR, Marker E, Stajic M. Suicide by cyanide: 17 deaths. *J Forensic Sci* 2004; 49(4): 826–8.
[7] Zhu BL, *et al*. [Two suicide fatalities from sodium cyanide ingestion: differences in blood biochemistry]. *Chudoku Kenkyu* 2004; 17(1): 65–8.
[8] Musshoff F, Kirschbaum KM, Madea B. An uncommon case of a suicide with inhalation of hydrogen cyanide. *Forensic Sci Int* 2011; 204(1–3): e4–7.
[9] Sayre JW, Kaymakcalan S. Cyanide poisoning from apricot seeds among children in central Turkey. *N Engl J Med* 1964; 270: 1113–5.
[10] Shragg TA, Albertson TE, Fisher CJ, Jr. Cyanide poisoning after bitter almond ingestion. *West J Med* 1982; 136(1): 65–9.
[11] Akyildiz BN, *et al*. Cyanide poisoning caused by ingestion of apricot seeds. *Ann Trop Paediatr* 2010; 30(1): 39–43.

[12] Nader R, *et al.* Child cyanide poisoning after ingestion of bitter almonds. *Clin Toxicol (Phila)* 2010; 48(6): 574–5.
[13] The Guyana tragedy – an international forensic problem. *Forensic Sci Int* 1979; 13(2): 167–72.
[14] Thompson RL, Manders WW, Cowan WR. Postmortem findings of the victims of the Jonestown tragedy. *J Forensic Sci* 1987; 32(2): 433–43.
[15] Heyndrickx A, Heyndrickx B. Management of war gas injuries. *Lancet* 1990; 336(8725): 1248–9.
[16] Wong SH. Challenges of toxicology for the millennium. *Ther Drug Monit* 2000; 22(1): 52–7.
[17] Greenfield RA, *et al.* Microbiological, biological, and chemical weapons of warfare and terrorism. *Am J Med Sci* 2002; 323(6): 326–40.
[18] Bismuth C, *et al.* Chemical weapons: documented use and compounds on the horizon. *Toxicol Lett* 2004; 149(1–3): 11–18.
[19] Uitti RJ, *et al.* Cyanide-induced parkinsonism: a clinicopathologic report. *Neurology* 1985; 35(6): 921–5.
[20] Andrews JM, *et al.* The biohazard potential of cyanide poisoning during postmortem examination. *J Forensic Sci* 1989; 34(5): 1280–4.
[21] Forrest AR, Galloway JH, Slater DN. The cyanide poisoning necropsy: an appraisal of risk factors. *J Clin Pathol* 1992; 45(6): 544–5.
[22] Nolte KB, Dasgupta A. Prevention of occupational cyanide exposure in autopsy prosectors. *J Forensic Sci* 1996; 41(1): 146–7.
[23] Curry AS. Cyanide poisoning. *Acta Pharmacol Toxicol (Copenh)* 1963; 20: 291–4.
[24] Curry AS. *Poison Detection in Human Organs*, 2nd edn. American lecture series. Springfield: Charles C. Thomas, 1969.
[25] Ballantyne B. Changes in blood cyanide as a function of storage time and temperature. *J Forensic Sci Soc* 1976; 16(4): 305–10.
[26] McAllister JL, *et al.* The effect of sodium fluoride on the stability of cyanide in postmortem blood samples from fire victims. *Forensic Sci Int* 2011; 209(1–3): 29–33.
[27] Karhunen PJ, Lukkari I, Vuori E. High cyanide level in a homicide victim burned after death: evidence of post-mortem diffusion. *Forensic Sci Int* 1991; 49(2): 179–83.
[28] Baselt RC. *Disposition of Toxic Drugs and Chemicals in Man*, 8th edn. Baselt RC (ed). Foster City: Biomedical Publications, 2008, xviii.
[29] Rhee J, *et al.* Distribution of cyanide in heart blood, peripheral blood and gastric contents in 21 cyanide related fatalities. *Forensic Sci Int* 2011; 210(1–3): e12–15.
[30] Porter WH. Ethylene glycol poisoning: quintessential clinical toxicology; analytical conundrum. *Clin Chim Acta* 2012; 413 (3–4): 365–77.
[31] Armstrong EJ, *et al.* Homicidal ethylene glycol intoxication: a report of a case. *Am J Forensic Med Pathol* 2006; 27(2): 151–5.
[32] Leth PM, Gregersen M. Ethylene glycol poisoning. *Forensic Sci Int* 2005; 155(2–3): 179–84.
[33] Raekallio J, Jaaskelainen AJ, Makinen PL. The simple demonstration of calcium oxalate crystals in kidneys of victims of ethylene glycol poisoning. *J Forensic Sci* 1967; 12(2): 238–40.
[34] Pomara C, *et al.* Calcium oxalate crystals in acute ethylene glycol poisoning: a confocal laser scanning microscope study in a fatal case. *Clin Toxicol (Phila)* 2008; 46(4): 322–4.
[35] Takahashi S, *et al.* Brain death with calcium oxalate deposition in the kidney: clue to the diagnosis of ethylene glycol poisoning. *Leg Med (Tokyo)* 2008; 10(1): 43–5.
[36] Wollersen H, *et al.* Oxalate-crystals in different tissues following intoxication with ethylene glycol: three case reports. *Leg Med (Tokyo)* 2009; 11 Suppl 1: S488–90.
[37] McMartin K. Are calcium oxalate crystals involved in the mechanism of acute renal failure in ethylene glycol poisoning? *Clin Toxicol (Phila)* 2009; 47(9): 859–69.
[38] Cochat P, Rumsby G. Primary hyperoxaluria. N Engl J Med 2013; 369(7): 649–58.
[39] Falk N, *et al.* Primary hyperoxaluria type 1 with systemic calcium oxalate deposition: case report and literature review. *Ann Clin Lab Sci* 2013; 43(3): 328–31.
[40] Worcester EM, *et al.* A test of the hypothesis that oxalate secretion produces proximal tubule crystallization in primary hyperoxaluria Type I. *Am J Physiol Renal Physiol* 2013; 305(11): F1574–84.
[41] Pien K, *et al.* An inherited metabolic disorder presenting as ethylene glycol intoxication in a young adult. *Am J Forensic Med Pathol* 2002; 23(1): 96–100.
[42] Woolf AD, *et al.* Intentional infantile ethylene glycol poisoning presenting as an inherited metabolic disorder. *J Pediatr* 1992; 120(3): 421–4.
[43] Bradwell D. Reconstruction of an arsenic poisoning. *J Forensic Sci* 1963; 8(2): 295–302.
[44] Cross JD, Dale IM, Smith H. A suicide by ingestion of a mixture of copper, chromium and arsenic compounds. *Forensic Sci Int* 1979; 13(1): 25–9.
[45] Quatrehomme G, *et al.* Acute arsenic intoxication: forensic and toxicologic aspects (an observation). *J Forensic Sci* 1992; 37(4): 1163–71.
[46] Hinwood AL, *et al.* Exposure to inorganic arsenic in soil increases urinary inorganic arsenic concentrations of residents living in old mining areas. *Environ Geochem Health* 2004; 26(1): 27–36.
[47] Lech T, Trela F. Massive acute arsenic poisonings. *Forensic Sci Int* 2005; 151(2–3): 273–7.
[48] Sheehan HL. Subendocardial haemorrhages in shock. *Lancet* 1940; 235(6088): 831–2.
[49] Sheehan HL. The pathology of obstetric shock. *J Obstet Gynaecol* 1940; 47: 218–31.

[50] Stoeppler M, Vahter M. Arsenic. In: Herber RFM, Stoeppler M (eds). *TraceElement Analysis in Biological Specimens*. Amsterdam: Elsevier, 1994, pp. 291–320.
[51] National Research Council. *Arsenic in Drinking Water*. Washington: National Research Council, 1999.
[52] Braithwaite R. Metals and anions. In: Moffat AC, Osselton MD, Widdop B (eds). *Clarke's Analysis of Drugs and Poisons*. London: Pharmaceutical Press, 2004, pp. 259–78.
[53] Johnson H. R v Young – murder by thallium. *Med Leg J* 1974; 42(3): 76–90.

第 34 章

有机溶剂致死

- 挥发性物质滥用
- 滥用物质
- 致死性溶剂滥用的尸体解剖
- 参考文献

工业生产和日常生活中广泛使用的有机化合物可能会导致中毒或死亡，尤其是在使用不当或误用的情况下。而其他有机物质，通常是气体，在某些情况下使用或滥用也可能致死。

挥发性物质滥用

自 19 世纪初以来，人们开始出于娱乐消遣的目的吸入一些挥发性化合物，如乙醚、氯仿和一氧化二氮等[1, 2]。

在全球范围内，这一现象于 20 世纪 60 年代在世界上一些地区自发地、独立地出现，包括故意吸入各类物质，特别是有机溶剂，以达到扭曲意识的目的。其获得的效果各不相同，从一种类似酒精中毒的状态，到获得快感（或伴有情欲性质）和感知扭曲，再到产生幻觉。滥用挥发性物质的人员大多是 14～22 岁的年轻男性，少数可超过这个年龄范围。大多数的死亡发生在独自吸入者身上，Anderson 等报道约 70% 的滥用挥发性物质造成的死亡都是年轻的单独吸入者[3]。当然，挥发性物质滥用也可以是一种群体性活动，在一些学校甚至城市的街道都可以发生。

起初，最常见的吸入物质是强力胶，因此“嗅胶”这个名字很快就和这种行为联系在一起，但是事实上现在许多的吸入性物质都不是强力胶。与性窒息造成的死亡类似，尽管其致死的概率相对较低，但由于有大量的儿童和年轻人沉溺于此，这就意味着每年都会发生可观数目的死亡。

挥发性物质滥用的常用方法是将含有一定量的溶剂或者化学物质放在一个塑料袋里，可以是大的黑色聚乙烯垃圾袋，甚至是薯片的包装袋。吸入时会将袋子开口套住鼻子和嘴，一直循环吸入袋子内气体，握着袋子的手和呼出气体的温度会促进溶剂的挥发，如此挥发性物质便可以通过肺部薄膜被吸收到血液中。如果吸入的物质不是强力胶，也可将其抹在手帕或抹布上，然后直接捂在口鼻上吸入[4, 5]。

挥发性气体的滥用可经口鼻直接吸入，常见的是丁烷或丙烷类气体。它们可以从野营、取暖或烹饪用的大钢瓶中获取，或从用于打火机加油的小安瓿瓶中得到。还有一些药用气雾剂可直接从加压气雾罐中得到，包括用于缓解肌肉不适的止痛喷雾剂等。此外，最简单的方式就是直接从容器的开口处进行嗅闻，譬如罐头、易拉罐和机动车的加油口都可以采用这种方式。部分灭火器含有的有机溴衍生物也常常被滥用性吸入，导致心肌对儿茶酚胺的敏感性提升。

溶剂滥用的危险

猝死

挥发性溶剂滥用致死的常见原因是心律失常导致的心脏停搏[6-8]。很多溶剂似乎都能使心肌对儿茶酚胺（如去甲肾上腺素）的作用趋于敏感，一些轻微的刺激如突然的“逃跑或搏斗”，甚至会在吸入溶剂后相当长的一段时间里诱发心室颤动而致死。本书作者（BK）亲历的一个案件如下：一个小男孩经常从经停的火车上偷灭火器，并吸入其中的含溴气体。有一天，当他看到一个警察在向他靠近，因为以前和警察有过过节，吓得他立马从他的朋友身边跑开了，尽管这名警察当时只是在遛狗。后来男孩就没有再出现，直至被发现死在了灌木丛中，尽管事发那天他没有吸入含溴气体。尸体解剖除了发现他血液中残留的有机物质以外，其他的尸检和毒理学结果都是显示阴性。

除了上述猝死的这种情况外，实际上心肌炎导致的猝死也偶有发生。例如，另外一个案例：一个 15 岁的女孩在吸入汽车油箱的汽油时发生坠亡，本书作者（BK）在进行尸检时也仅仅只能发现弥漫性间质性心肌炎，伴有轻微的肌原纤维坏死。

化学效应

为了制备浓缩的挥发性气体的方法本身就很危险，此外，封闭空间内的持续呼吸会造成机体缺氧和高碳酸血症，从而进一步增加了挥发性气体的毒性作用。当使用大号塑料袋进行吸入时，追求性快感的自虐者有时会将头整个包扎在塑料袋内，这可能会因窒息而迅速死亡（具体参见第 14 章）。很难辨别这种案例中性缺氧是否参与死因的构成，因为缺氧刺激与吸入挥发性气体的致幻作用结合时既能带来性快感，又会增加死亡风险。

另一种严重的风险是呕吐，在挥发性溶剂的作用下受害者在呕吐后往往没有足够的能力去清理自身的声门和气道。然而，需要注意的是，在尸检时也需要加以辩证地看待气道中发现的胃内容物，因为这也可能是溶剂导致死者发生心室颤动，并进一步引起濒死性反流所形成的。这种鉴别具有医学和法律层面上的重要意义，因为同伴吸食者或其他的旁观者可能会被指控未能及时清理受害者呼吸道，而事实上这不是致其死亡的原因。所以说，这种案件里呕吐物吸入不能像酒精中毒那样被认为是死因，但尸检结果应该有一些间接证据来支持这个结论，如证明呕吐是发生在濒死期之前。

物理损害

当滥用来自钢瓶的丁烷或丙烷等气态物质，或吸入气雾罐中的推进剂时，在化学效应的基础上又增加了一定的物理损害风险。在吸气的过程中，气体通常被引导或喷射到张开的嘴中，高压气体的释放会通过“冰箱效应”而快速冷却，而这对腭、咽和喉的影响可能会引起反射性心脏停搏[9, 10]。本书作者（BK）就处理过两个类似的案例，其中一名死者是在校园里使用小型丙烷加油机时，在有他人在场的情况下几乎瞬间倒地死亡。虽然这一现象的发生机制仍有争议，但咽喉敏感区的突然闭合肯定与冷水进入鼻咽时所致猝死的机制类似。

长期使用者的危险

长期吸入者可能会发生肝脏损伤，如典型的卤代烃暴露，肝脏脂肪改变，并可伴有肾脏损害[1, 3, 6, 11–13]。

滥用物质

甲苯

甲苯是自然环境中分布最广泛的一类碳氢化合物，天然存在于原油、天然气矿床及火山和森林火灾的排放物中[14]。甲苯是最早被发现能作为“嗅胶”的物质之一，因为它是许多强力胶的溶剂。甲苯是一种芳香烃，在工业上被广泛用作黏合剂和涂料的溶剂和稀释剂。它的许多特性类似于苯（另一种可用于溶剂吸入的物质）。在工业生产过程中，甲苯会导致急性和慢性中毒。机体若暴露于高浓度的甲苯（10 000～30 000 ppm*）环境中可在几分钟内导致醉酒、精神错乱和昏迷[15, 16]。

* 译者注：1 ppm = 1 mg/L。

在非致命性甲苯滥用中，Bonnichsen 等检测到血液中甲苯浓度为 0.3～7.0 mg/L，尿液中甲苯浓度高达 5 mg/L[17]。甲苯血液浓度为 1.0～2.5 mg/L 的人群可表现出一定的中毒迹象，而浓度为 2.5～10 mg/L 的人群有一半的人因症状明显而入院，那些昏迷或死亡的人血液中甲苯浓度超过 19 mg/L。Nomiyama 等发现三起死亡病例中甲苯的血液浓度为 50～80 mg/L[18]。Baselt 引用的甲苯致死浓度范围为 10～48 mg/L，中毒死亡者血液中甲苯的平均浓度为 22 mg/L，其肺中的平均值为 12 mg/kg，其大脑中的平均值为 47 mg/kg。据报道，长期滥用甲苯者的脑部异常改变包括脑电图改变、脑炎并偶见脑萎缩发生[11, 19-21]。

汽油、二甲苯和苯

这些物质在结构上与甲苯非常相似，不过一般而言苯更容易引起中毒。二甲苯是邻二甲苯、间二甲苯和对二甲苯的混合物，其中间二甲苯占主导地位[22]。二甲苯与甲苯和大多数其他溶剂一样，若皮肤接触，则会灼伤皮肤。Bux 等研究了死后汽油暴露对 18 具尸体皮肤的影响，暴露时间在 10 min～24 h。他们观察到最早暴露 2 h 后皮肤出现初期变化包括肿胀和起皱，上层细胞脱落，在组织学上表现为棘细胞层的非活性棘层松解，在表皮内形成大疱[23]。Byard 等观察到一系列汽油吸入性死亡中的异常面部特征，其中死者躺在床上从一个放在脸上的罐子里吸入汽油时发生死亡。由于头部重量导致死者口鼻被紧紧地压在罐子上，由此在脸上留下了圆形印痕，这一特征有助于揭示案件发生的具体细节[24]。

Martinez 等报道，一名 51 岁男性在维修加油站附近检修孔内电话线时，吸入意外泄漏的汽油蒸汽而发生猝死。死者面部、颈部、前胸、上下肢和背部皮肤有大片的起疱和脱皮。尸检时发现其体内尤其是呼吸道内有强烈汽油味。在不同组织中检测出的汽油浓度分别为，心脏血液中的浓度为 35.7 mg/L，尿液中未检出，玻璃体液中的浓度为 1.9 mg/L，肝脏中的浓度为 194.7 mg/kg，肺脏中的浓度为 147.6 mg/kg，胃内容物中的浓度为 116.6 mg/L（总计 2.7 mg/L）[25]。

Carnevale 等报道了一个 25 岁男性的死亡案例，死者在试图使用柔性塑料管从油箱中卸汽油时意外摄入了汽油而致死，尸检在各器官和体液中均检出汽油，但尿液中未检出。其浓度为，心脏血液中的浓度为 51.5 mg/L，肝脏中的浓度为 663 mg/L，肺脏中的浓度为 457 mg/L，脑中的浓度为 44.2 mg/L，肾脏中的浓度为 51.5 mg/L[26]。

据报道，苯在空气中的浓度阈值为 1～5 ppm，目前工作场所的浓度阈值限值为 0.5 ppm（1.6 mg/m^3）[16]。长期接触苯会导致骨髓抑制和严重的再生障碍性贫血，但这不是短期溶剂滥用的特征。

二氯甲烷和 1，2-二氯乙烷

它们作为溶剂存在于油漆剥离剂中，也存在于许多其他工业产品中。其中一种被滥用的物质是打字机校正液的溶剂[27, 28]。在法医学文献中，不同的研究者报道了几起二氯甲烷意外中毒致死事件[29-34]。

丁烷和丙烷

前面已经提到，丁烷和丙烷可以直接从加压容器中获得。因为丁烷和丙烷是轻质碳氢化合物，所以来自石油蒸馏的上部馏分。

氟碳化合物

这类物质现在被认为是对大气层中的臭氧层影响最为严重的成分，它们被广泛用作气溶胶容器中的制冷剂和推进剂，因而被大量滥用来使其产生欣快感和幻觉。这些不同的氟碳化合物是进行编号而非命名，如两个氟原子被并入分子，而不是类似四氯化碳那样以几个氯原子进行命名。一般用于推进剂的是 FC-11 和 FC-12。

像四氯化碳一样，一种用溴代替氟的类似物被用作灭火器。Baselt 和 Cravey 首次报道了一名 15 岁男孩故意吸入氟碳化合物而中毒死亡的案例[35]。1970 年，Bass 报道了 110 例猝死病例，包括氟碳化合物引发的猝死[36]。如前所述，这些物质会使心肌对循环儿茶酚胺异常敏感。致命病例中 FC-12 的血药浓度范围为 0.6～12 mg/L，平均值为 3.0 mg/L；FC-11 的血药浓度范围为 1.2～32 mg/L，平均值为 12 mg/L，FC-12 的含量为 0.9～134 mg/kg，平均值为 33 mg/kg；FC-11 的含量为 5.8～94 mg/kg，平均值为 43 mg/kg[16]。

四氯化碳

四氯化碳是一种透明、无色、不可燃和易挥发的液体，具有独特的甜味。水中的浓度阈值为 0.52 mg/L，空气中的浓度阈值大于 10 ppm[37]。四氯化碳以前被广泛用作脱脂剂、干洗剂和灭火器，但现在主要用于生产氟氯烃和其他氯代烃。四氯化碳毒性很强，只要 3～5 mL 就能致死，虽然如此，它曾经还是治疗肠道蠕虫的药物[16]。与四氯化碳相关的中毒案件一般是与工业生产有关，但它也可能用于自杀和滥用。长期接触四氯化碳会导致肝脏和肾脏的损害，同时饮酒会加重这种损伤。此外，即使仅仅在工业生产过程中有所接触，也会产生成瘾现象。

与大多数卤代烃一样，四氯化碳中毒后会产生肝毒性，如果中毒程度低且持续时间长，小叶中心坏死通常会出现在脂肪改变之前。在致死案例中，很可能会出现急性黄色肝萎缩。此外，大量饮酒会使肝损伤明显恶化。其肾脏毒性包括肾小管坏死和皮质弥漫性脂肪变性等。

尸检发现血液中四氯化碳浓度变化范围可以很大，其中一例死亡案例血液中浓度为 260 mg/L[38]。Korenke 和 Pribilla 报道了一起案例，在吸入四氯化碳一周后，死者肝脏中四氯化碳的浓度为 142 mg/kg，肺中的浓度为 39 mg/kg[39]。

其他卤代烃

其他卤代烃与四氯化碳具有相似的作用，但毒性水平随分子中氯原子的数量而变化。其毒性作用从小到大依次是氯甲烷、二氯甲烷、氯仿和四氯化碳。另外，广泛用于麻醉和干洗的三氯乙烯也有毒性，其他几种类似的化合物已经成为工业和溶剂滥用中死亡的重要原因。大多数患者的病理特征较为相似，急性过量摄入或者吸入都会对中枢神经系统产生急性毒性，而在其他一些慢性中毒案例中会出现肝脏和肾脏损伤。

致死性溶剂滥用的尸体解剖

尽管，往往发现疑似中毒死亡的儿童或者年轻人，都会进行剧烈的心肺复苏并呼叫救护车进行抢救，因此很少会在第一现场发现中毒死者的尸体，但仍需要尽可能进行现场勘查。死者“嗅胶”的工具往往会在第一现场保持其初始状态。

尸检时，应仔细检查死者衣服，尽管其经常在心肺复苏时就被脱下。任何带有黏合剂或溶剂的污渍都应该进行检测，虽然这些是挥发性的，但都应该保存起来以供法医调查。最好的方法是尽快把它们装进一个带有盖子（聚四氟乙烯或铝箔衬垫材质）的玻璃容器里，以保留所有的挥发性气体。

尸表检验时，应注意检查死者颜面部是否有长期或近期溶剂滥用的痕迹。如果长期将袋子贴在脸部下方，面部皮肤会被胶水或溶剂污染而留下皮肤损伤[24]。这些损伤可能是由于溶剂的刺激作用而引起的红斑和红色丘疹，病变部位可有感染或抓挠伤，并结痂。从大体检查的角度来看，其余的尸检结果可能是无意义的。极少情况下会因为溶剂，尤其是卤代烃的长期滥用而出现脂肪肝。此外，应进行完善的组织病理学检查以评估心肌、肝脏和大脑的状态，更紧迫的任务是需要尽快提取检材进行毒理学分析。

心肺复苏，包括口对口吹气和闭胸心脏按压，加上机械通气和通氧等剧烈动作，都可能会使肺部的大量溶剂挥发。然而如果其已经被吸收，就必然会从肺组织回到肺泡中，这种情况下用于检测血液或组织中挥发性毒物的顶空气相色谱法通常足以检测该物质。此外，在血液和组织中也可以检测到溶剂的存在。

采用常规方式收集血液样本，有时也会采用装有氟化物的管子。肺组织应该完好无损地送到实验室进行检查。以前的做法是在取出内脏之前用 50 mL 注射器从气管中抽气，然后将其密封送至实验室进行检测。但这存在实际操作困难，最好的方法是打开胸膜腔，在肺门周围用绳子结扎，将其拉紧以阻塞主支气管，并切断肺门。实际上，如果没有上述操作直接把肺切除，避免挤压里面的空气，并迅速将肺放入一个有聚四氟乙烯或铝箔衬垫的玻璃容器里，这种方案也是可行的。

尿液样本、未固定的肝脏和大脑组织也应提供给毒理学实验室进行检查，此外也应基于每个实验室的要求进行取材。

（曾晓锋　洪仕君　译）

参考文献

[1] Flanagan RJ, Streete PJ, Ramsey JD. Volatile substance abuse. In: *United Nations International Drug Control Programme Technical Series*. Vienna, UNODC, 1997.

[2] Defalque RJ, Wright AJ The short, tragic life of Robert M. Glover. *Anaesthesia* 2004; 59(4): 394−400.

[3] Anderson HR, Macnair RS, Ramsey JD. Deaths from abuse of volatile substances: a national epidemiological study. *Br Med J Clin Res Ed* 1985; 290(6464): 304−7.

[4] Williams JF, Storck M. Inhalant abuse. *Pediatrics* 2007; 119(5): 1009−17.

[5] Ghodse H, *et al*. Trends in UK deaths associated with abuse of volatile substances, 1971−2008. Report. London: International Centre for Drug Policy, St. George's University of London, 2010, xiii.

[6] Flanagan RJ, *et al*. An introduction to the clinical toxicology of volatile substances. *Drug Saf* 1990; 5(5): 359−83.

[7] Adgey AA, Johnston PW, McMechan S. Sudden cardiac death and substance abuse. *Resuscitation* 1995; 29(3): 219−21.

[8] El-Menyar AA, El-Tawil M, Al Suwaidi J. A teenager with angiographically normal epicardial coronary arteries and acute myocardial infarction after butane inhalation. *Eur J Emerg Med* 2005; 12(3): 137−41.

[9] Albright JT, *et al*. Upper aerodigestive tract frostbite complicating volatile substance abuse. *Int J Pediatr Otorhinolaryngol* 1999; 49(1): 63−7.

[10] Cvetkovski S, Dietze P. The incidence and characteristics of volatile substance use related ambulance attendances in metropolitan Melbourne, Australia. *Soc Sci Med* 2008; 66(3): 776−83.

[11] Complications of chronic volatile substance abuse. *Lancet* 1988; 2(8608): 431−2.

[12] Ramsey J, *et al*. An introduction to the practice, prevalence and chemical toxicology of volatile substance abuse. *Hum Toxicol* 1989; 8(4): 261−9.

[13] Cairney S, *et al*. The neurobehavioural consequences of petrol (gasoline) sniffing. *Neurosci Biobehav Rev* 2002; 26(1): 81−9.

[14] Rushton L, Cameron K. Selected organic chemicals. In: Holgate ST, *et al*. (eds). *Air Pollution and Health*. London: Academic Press, 1999, pp. 813−38.

[15] Longley EO, *et al*. Two acute toluene episodes in merchant ships. *Arch Environ Health* 1967; 14(3): 481−7.

[16] Baselt RC. *Disposition of Toxic Drugs and Chemicals in Man*, 8th edn. Baselt RC (ed). Foster City: Biomedical Publications, 2008, xviii.

[17] Bonnichsen R, Maehly AC, Moeller M. Poisoning by volatile compounds. I. Aromatic hydrocarbons. *J Forensic Sci* 1966; 11(2): 186−204.

[18] Nomiyama K, Nomiyama H. Three fatal cases of thinnersniffing, and experimental exposure to toluene in human and animals. *Int Arch Occup Env Health* 1978; 41(1): 55−64.

[19] Ron MA. Volatile substance abuse: a review of possible longterm neurological, intellectual and psychiatric sequelae. *Br J Psychiatry* 1986; 148: 235−46.

[20] Chadwick OF, Anderson HR. Neuropsychological consequences of volatile substance abuse: a review. *Hum Toxicol* 1989; 8(4): 307−12.

[21] Garland EL, Howard MO. Volatile substance misuse: clinical considerations, neuropsychopharmacology and potential role of pharmacotherapy in management. *CNS Drugs* 2012; 26(11): 927−35.

[22] Moffat AC, Osselton D, Widdop B (eds). *Clarke's Analysis of Drugs and Poisons*. London: Pharmaceutical Press, 2004, pp. 1706−7.

[23] Bux R, Stengel PD, Schnabel A. Dermal lesions after post mortem petrol-exposure. *Forensic Sci Int* 2006; 163(1−2): 115−8.

[24] Byard RW, Chivell WC, Gilbert JD. Unusual facial markings and lethal mechanisms in a series of gasoline inhalation deaths. *Am J Forensic Med Pathol* 2003; 24(3): 298−302.

[25] Martinez MA, Ballesteros S, Alcaraz R. Reporting a sudden death due to accidental gasoline inhalation. *Forensic Sci Int* 2012; 215(1−3): 114−20.

[26] Carnevale A, Chiarotti M, De Giovanni N. Accidental death by gasoline ingestion. Case report and toxicological study. *Am J Forensic Med Pathol* 1983; 4(2): 153−7.

[27] Wodka RM, Jeong EW. Cardiac effects of inhaled typewriter correction fluid. *Ann Intern Med* 1989; 110(1): 91−2.

[28] Wodka RM, Jeong EW. Myocardial injury following the intentional inhalation of typewriter correction fluid. *Mil Med* 1991; 156(4): 204−5.

[29] Winek CL, Collom WD, Esposito F. Accidental methylene chloride fatality. *Forensic Sci Int* 1981; 18(2): 165−8.

[30] Kim NY, Park SW, Suh JK. Two fatal cases of dichloromethane or chloroform poisoning. *J Forensic Sci* 1996; 41(3): 527−9.

[31] Goulle JP, *et al*. Fatal case of dichloromethane poisoning. *J Anal Toxicol* 1999; 23(5): 380−3.

[32] Takeshita H, *et al*. Postmortem absorption of dichloromethane: a case study and animal experiments. *Int J Legal Med* 2000; 114(1−2): 96−100.
[33] Fechner G, *et al*. Fatal intoxication due to excessive dichloromethane inhalation. *Forensic Sci Int* 2001; 122(1): 69−72.
[34] Zarrabeitia MT, *et al*. Accidental dichloromethane fatality: a case report. *J Forensic Sci* 2001; 46(3): 726−7.
[35] Baselt RC, Cravey RH. A fatal case involving trichloromonofluoromethane and dichlorodifluoromethane. *J Forensic Sci* 1968; 13(3): 407−10.
[36] Bass M. Sudden sniffing death. *JAMA* 1970; 212(12): 2075−9.
[37] WHO. Carbon tetrachloride. In: *International Programme on Chemical Safety II. Series*. Geneva: World Health Organization, 1999.
[38] Cravey RH. *Disposition of Toxic Drugs and Chemicals in Man*. Baselt RC (ed). Foster City: Biomedical Publications, 1978.
[39] Korenke HD, Pribilla O. [Suicide by single inhalation of carbon tetrachloride (CCl4), with resulting leukoencephalopathy]. *Arch Toxikol* 1969; 25(1): 109−26.

附 录

欧盟部长委员会第 R（99）3 号提案

部长委员会向各成员国提出的第 R（99）3 号提案——法医学尸体解剖通用规则

该提案于 1999 年 2 月 2 日召开的第 658 次部长代表会上由部长委员会通过。

根据《欧洲理事会章程》（Statute of the Council of Europe）第 15.b 条规定，部长委员会基于下列理由提出本提案：

实现欧盟各成员国之间进一步团结。

维护《保护人权与基本自由公约》（Convention for the Protection of Human Rights and Fundamental Freedoms）精神，尤其是不得对任何人实施酷刑，也不得让任何人受到非人道或侮辱性的虐待或惩罚，维护个人生命权。

在欧盟各成员国中，基于法医学目的（明确死亡原因、死亡方式或确定死者身份）或其他原因的尸体解剖工作已为常规操作。

国家质量控制系统是保障法医学尸体解剖规范化的重要手段。

强调法医学解剖过程中调查、记录、拍摄和取材的重要性，以满足遵循基本医学科学原则和法律程序的要求。

在欧洲和世界范围内人口流动日益增加和司法程序逐步国际化的大背景下，需要建立起一套统一的法医学解剖规则和报告指南。

进一步贯彻《欧洲委员会遗体转运协定》（Council of Europe Agreement on the Transfer of Corpses）[《欧洲条约汇编》第 80 号（European Treaty Series No. 80）]，同时也为了解决跨国转运遗体过程中的种种困难。

尸体解剖规范化进程的重要性不言而喻，特别是因为其有助于进一步揭露独裁政权犯下的非法处决和谋杀罪行。

维护法医工作者的独立性和公正性，并为他们提供必要的法律和技术支持，保证他们能适当地履行职责，促使他们不断深造和进步。

国家质量控制系统对于保障法医学尸体解剖的工作顺利实施有着十分重要的作用。

加强国际合作，以期在欧洲范围内逐步统一法医学尸体解剖程序。

本提案的撰写参考了以下材料：

欧洲委员会议会第 43 届常会通过的关于统一尸检规则的第 1159（1991）号提案。

1991 年联合国大会通过的《联合国标准解剖章程》（Model Autopsy Protocol of the United Nations）。

国际刑事警察组织（国际刑警组织）大会于 1997 年通过的《灾难受害者识别指南》（Disaster Victim Identification Guide）。

（1）本提案对各成员国提出以下建议

i. 将本提案中的原则及规则作为各国的内部标准。

ii. 可视情况采纳或补充本提案，以逐步贯彻本提案中的原则和规则。

iii. 构建质量控制体系，保证顺利贯彻本提案中的原则和规则。

（2）请各成员国政府通知欧洲委员会秘书长采取措施以保障本提案中的原则和规则的顺利实施。

法医学尸体解剖程序原则和规则

建议范围

（1）若怀疑为非自然死亡，主管部门人员应当在适当的时候，并在至少一名法医的陪同下勘查现场、检查尸体，然后决定是否进行尸体解剖。

（2）对于确切的或者是疑似的非自然死亡者，无论其死亡了多久，都必须进行尸体解剖，尤其是以下几种情形。

a. 他杀或疑似他杀。

b. 猝死，包括婴幼儿猝死。

c. 侵犯人权，如涉嫌使用酷刑等虐待行为。

d. 自杀或疑似自杀。

e. 疑似医疗事故。

f. 意外事故，包括交通事故、职业安全事故、家庭安全事故。

g. 职业性疾病和损害。

h. 工业或环境灾害。

i. 受羁押人员的死亡，或警察、军队相关人员的死亡。

j. 身份不明或白骨化尸体。

（3）法医必须完全独立和公正地履行职能，不应受到任何形式的压力，在履行其职责时，尤其在陈述检验结果和结论时，应时刻保持客观。

原则Ⅰ——现场勘查

A. 总则

（1）对于确定或疑似为非自然死亡的案件，首诊医生应当及时报告给主管部门，然后由主管部门指派有资质的法医或能胜任法医检验工作的医生进行尸检。

（2）对于他杀或死亡性质不明的案件，应立即通知法医赶往尸体所在现场。所有参与人员，特别是司法机关人员、法医和警察之间，应当密切协作。

B. 尸检

（1）警察应执行以下任务

a. 记录现场所有人的身份。

b. 拍摄尸体的原位照片。

c. 详细记录有关痕迹，收集所有相关物证（包括武器、弹头等）以备进一步检验。

d. 按照法医要求，从现场目击者那里获得死者的身份信息和其他相关信息，尽可能找到其死前最后目击者。

e. 在法医的协助下，用纸袋保护死者的双手和头部。

f. 保护现场及周围环境的完整性。

（2）法医应尽早完成以下工作

a. 获取与死亡相关的所有信息。

b. 正确地拍摄尸体照片。

c. 记录尸体的位置，以及尸体位置与衣着、尸斑和尸僵的相互关系，同时也应记录尸体的腐败程度。

d. 检查并记录尸体和现场所有生物学证据（包括血迹）的分布情况及特点。

e. 对尸体进行初步检查。

f. 除非尸体已高度腐败或白骨化，否则均应记录周围环境温度和尸体直肠深部温度，并结合尸斑、尸僵等发现来推断死亡时间。

g. 确保尸体在安全、低温、不受外界干扰的状态下运输和保存。

原则Ⅱ——尸体解剖人员

尸体解剖应当至少由两名法医进行，其中至少一名具有法医病理学资质。

原则Ⅲ——个体识别

根据国际刑事警察组织大会于1997年通过的《灾难受害者识别指南》，个体识别应参照以下几个方面进行：肉眼辨认、随身物品、生理特征、牙科学鉴定、人类学鉴定、指纹和遗传学鉴定。

（1）肉眼辨认：应由死者亲友或者近期见过

死者的人员对尸体进行辨认。

（2）随身物品：应描述和记录死者的衣物、饰物以及口袋内的物品情况，这些都有助于确定死者身份。

（3）生理特征：可以通过尸表检验和尸体解剖来明确。

（4）牙科学鉴定：若条件许可，应当由具有法医牙科学经验的牙科医生对死者的牙齿和颌骨进行检验。

（5）人类学鉴定：白骨化尸体和高度腐败的尸体应当进行人类学鉴定。

（6）指纹：应尽量由警察提取。所有参与人员之间应相互配合。

（7）遗传学鉴定：应尽量由法医遗传学家进行遗传学鉴定。

从尸体上提取生物检材时，应注意防止检材污染，并确保保存方式恰当。

原则Ⅳ——总论

（1）法医学解剖及其相关工作必须符合医学伦理道德，必须尊重死者。

（2）尽可能为死者近亲属提供看望遗体的机会。

（3）尸体解剖开始之前，至少应完成以下工作。

a. 记录尸体解剖的日期、时间和地点。

b. 记录参与解剖的法医、助手和其他所有在场人员的姓名，并注明每个人在尸检中扮演的角色和作用。

c. 拍摄尸体（包括穿衣时和脱衣后）和所有相关发现的彩色照片，有条件者也可以录像。

d. 脱去死者衣物，检查并记录衣物、饰物的情况，对尸体损伤和衣物破损之间的相对关系进行检验和核实。

e. 有条件者可对尸体进行 X 线检查，对尸体中的异物进行鉴定和定位，尤其是涉嫌虐待儿童的案件。

（4）解剖之前，可以通过擦拭尸体体窍（如阴道、肛门等）的方式收集生物学微量证据，用于今后进一步鉴定。

（5）若死者死前曾于医院就医，则应提取就医时的血液样本、X 线片及相关医学记录。

原则Ⅴ——解剖程序

Ⅰ. 尸表检验

（1）衣着检查是尸表检验的重要组成部分，应详细描述和记录所有发现，尤其是当衣物破损或污染时：必须全面描述每一处新鲜破损，并与尸体上的损伤部位仔细比对。若有矛盾之处，也应当详细记录和描述。

（2）尸表检验记录必须包括以下几个方面内容。

a. 年龄、性别、体型、身高、种族、体重、营养状况、肤色和其他特殊特征（如瘢痕、文身或截肢等）。

b. 尸体现象，包括尸僵和尸斑（分布、程度、颜色及压之是否褪色）、腐败程度及环境所致的尸体变化。

c. 检查和描述尸体原始状态，必要时也应记录体表附着物或其他微量物证提取情况，尸体解剖、清洗后复检时的情况也应记录。

d. 检查尸体背侧皮肤情况。

e. 应仔细描述和检查头面部和五官，包括以下几个方面：头发（和胡须）的颜色、长度、密度和分布情况；鼻骨；口腔黏膜，齿列和舌头；耳朵，耳后区域和外耳道；眼睛（虹膜和巩膜的颜色，双侧瞳孔、巩膜、结膜的形态及其一致性）；皮肤（包括有无皮肤瘀点）；面部五官内若有液体流出，其颜色和气味。

f. 颈部：检查颈部活动度有无增大，颈部皮肤有无擦伤、挫伤（包括皮肤瘀点）等损伤痕迹。

g. 胸部：形态和稳定性；乳房外观，乳头和色素沉着情况。

h. 腹部：膨隆情况，色素沉着、瘢痕、挫伤等异常形态。

i. 肛门和生殖器。

j. 四肢：形状和异常活动情况，是否存在畸形；是否存在注射针孔痕和瘢痕；手掌皮肤和指（趾）甲情况。

k. 甲缝残留物。

（3）需要对所有损伤（包括擦伤、挫伤、创伤等）的形状、大小、方向、角度、边缘及其与体表解剖标志的相对位置等信息进行详细描述、记录和拍照。咬痕则需要通过擦拭的方式提取遗留的生物成分，必要时可对咬痕铸型。

（4）还必须描述创口是否存在生活反应，创腔内、创周异物情况，以及各种继发性改变（如颜色变化、创口愈合及感染等）。

（5）可通过切开局部皮肤的方式来鉴别皮内和皮下出血。

（6）若条件允许，应当对损伤部位取材并进一步行组织学和组织化学检查。

（7）必须记录近期或既往医疗、手术和抢救相关的痕迹。经法医检验之前，不得移除任何尸体上的医疗设备。

（8）在此阶段，必须预先设计好尸体解剖方案，并决定是否拍摄 X 线片或行其他影像学检查。

Ⅱ. 尸体解剖

1. 总论

（1）必须详细记录所有因尸体解剖和取材留下的痕迹。

（2）颅腔、胸腔、腹腔均需要逐层打开检查。必要时也应检查脊髓腔和关节腔。

（3）体腔的检查和描述应该包括是否存在积气（气胸），测量积液和积血的体积，体腔内壁情况，解剖毗邻关系的完整性，脏器外表面情况和位置；粘连和体腔闭塞情况，损伤和出血情况。

（4）每一例尸体解剖都必须仔细暴露和分离颈部的肌肉及其他组织（详见特殊检查部分）。

（5）必须遵照既定的病理解剖学规则检查和切开所有器官及相关血管（如颅内动脉、窦道、颈动脉、冠状动脉、肺动脉、肺静脉、主动脉、腹腔脏器动静脉、股动脉和下肢静脉）。必须打开相应管腔（如中央及外周气道、胆道、输尿管）。必须打开所有的空腔脏器，描述和记录其中内容物的颜色、黏稠度和体积，必要时保留部分样本。必须切开所有脏器，观察和描述切面情况。如果发现脏器损伤，则解剖操作可能与常规方法、步骤有所不同，此时需要进行适当的描述和记录。

（6）必须准确记录所有脏器损伤的大小和位置。描述损伤时，需要记录损伤与周围解剖标志物的相对位置关系。

（7）必须记录主要脏器的重量。

2. 分论

（1）头部

a. 打开颅骨之前，必须刮除骨膜，以便暴露颅骨骨折部位或排除颅骨骨折。

b. 检查和描述头皮、颅骨（包括内、外表面）及颞肌的情况。

c. 必须描述颅骨和骨缝厚度及外观，脑膜外观，脑脊液、脑动脉壁和血管窦壁及其内容物情况，还必须检查颅骨的完整性，包括颅骨与 C1、C2 椎体的连接情况。

d. 若已确定存在或可能存在颅脑损伤时（如需要进一步仔细检查或已明显自溶、腐败时），都应在固定之后再切开脑组织。

e. 常规打开中耳并暴露鼻窦。

f. 仅在必要时进行面部解剖，也尽量不要破坏死者面容。

（2）胸部和颈部：切开胸壁时所选择的术式应便于观察气胸和胸壁（包括后胸壁）情况。解剖颈部时应注意在原位充分显示各层解剖结构。

（3）腹部：打开腹腔时所选择的术式应便于逐层检查腹壁（包括后外侧壁）。在某些情况下，尤其是为了暴露损伤部位和清除积液，必须进行原位解剖。解剖脏器时应系统地观察其解剖结构的连续性。整段肠道均应解剖，并描述和记录其内容物情况。

（4）骨

a. 尸体解剖时必须对胸廓、脊柱和骨盆进行检查。

b. 对于外伤致死的案件，必要时应仔细解剖四肢，也可拍摄 X 线片作为补充。

（5）特殊检查

a. 若怀疑存在颈部损伤，则应在切除大脑和胸腔脏器之后再对颈部进行解剖，以免血液污染视野。

b. 如果怀疑空气栓塞，条件允许者可以行影像学检查，解剖时则应小心打开胸腔，分离胸骨中下段 3/4 的区域，随后在心包中注水并在水下打开心脏，然后对外溢的空气或气体进行测量和采样。

c. 为了充分暴露特殊损伤，可以对常规解剖术式进行调整，但需要特别记录和说明。

d. 外伤致死的案件中，应当完全暴露尸体背部和四肢的所有结构（包括软组织和肌肉）。

e. 对于确定的或疑似的性侵犯案件，应首先提取阴道和肛门拭子，之后再将性器官连同外生殖器、直肠和肛门一起整体提取，最后再将它们分离。

（6）取材：取材的范围因案情而异，但至少应遵循以下几个原则。

a. 所有尸体解剖案件均应提取主要脏器的组织学检材、外周血血液样本（用于乙醇检材、药物分析和遗传学鉴定）、尿液和胃内容物。

b. 对于难以明确死亡原因的案件，应当增加提取的样本量（包括血液、玻璃体液、脑脊液、胆汁、头发和其他相关组织）以用于代谢产物检测和毒物分析。

c. 对于机械性损伤死亡的案件，应当提取损伤部位的组织样本，用于损伤时间的推断和创腔内异物的认定。

d. 可以提取骨骼及其他骨性结构用于后续重建工作。

e. 若个体识别是案件中最核心的问题，则可提取颌骨及其他骨组织检材。

f. 若颈部受到过或疑似受到过勒颈等形式的压迫时，则需要保留整个颈部结构（包括肌肉、神经和血管等）用于组织学检查，并仔细解剖舌骨和喉软骨。

g. 收集到的生物样本需要妥善密封保存，并送往相关实验室。

h. 某些样本和体液需要用特殊的方式提取，并尽早分析。

（7）尸体解剖的后续工作：解剖工作结束之后，法医应当庄重地归还尸体。

原则Ⅵ——解剖报告

（1）尸体解剖报告与解剖过程同样重要。如果一份解剖报告不能清晰、准确和永久地反映出法医的发现和结论，那么这样的报告就没有任何意义。解剖报告是整个尸体解剖程序中不可或缺的一环，必须慎重撰写。

（2）尸体解剖报告需满足以下要求。

a. 系统、详细、全面和客观。

b. 不仅仅对同行专家而言，即便是对非专业人士而言，也应通俗易懂。

c. 逻辑清晰，结构合理，各部分内容易于查阅。

d. 以便于阅读和长期存放的纸质形式保存，即便保存了电子版也应有纸质副本。

e. 采用论证式“论文”的形式书写。

（3）草拟尸体解剖报告时，应至少包括以下几个方面内容。

a. 符合相关法定要求的法律序言（需要时撰写）。

b. 检案编号、计算机检索代码和国际疾病分类代码（ICD）代码。

c. 死者的详细信息，包括姓名、年龄、性别、地址和职业，未知名尸体除外。

d. 死亡日期、死亡地点和死亡时间（仅在已知时填写）。

e. 尸体解剖的日期、时间和地点。

f. 参与解剖法医的姓名、资质和职称。

g. 在场人员及其职能。

h. 尸体解剖委托单位名称。

i. 辨认尸体人员的姓名。

j. 参与死者死前诊治的医护人员姓名和地址。

k. 由警察、法官、亲属或者其他人员向法医提供的死亡经过等信息，如果有可能，上述材料均应在卷宗内保存。

l. 死亡现场情况（如果法医到达了现场），遵循上述原则Ⅰ部分中的内容。

m. 尸表检验情况，遵循上述原则Ⅴ部分中的内容。

n. 尸体解剖情况，需要对每一个脏器进行描述，遵循上述原则V部分中的内容。

o. 所有用于毒理学、遗传学、组织学、微生物学和其他相关检验的样本清单，为确保证据的连贯性，上述所有样本都应由法医依照相关法律规定检验和鉴定。

p. 辅助检查结果（如放射学、牙科学、昆虫学和人类学检查等）也应包含在报告内。

q. 法医根据尸检发现所得出的结论是尸体解剖报告中最重要的部分之一，尸体解剖结束后的初步结论只是临时的，因为后续发现可能会对初步结论进一步修正，法医应对所有发现做出全面解释，从而抓住最重要的信息，提供最准确的结论，对于某些具有重要意义但委托单位并没有提及的问题，也应当予以说明。

r. 根据最终的尸检发现和检验结果做出死亡原因诊断（需要参照ICD-10），如果死亡原因存在多种可能性而又无法具体区分时，法医应该对这些原因按可能性大小排列并逐一描述，如果确实难以做出明确的死因诊断，则结论应描述为“死因不明”。

s. 报告应由法医仔细核对，注明日期并签名。

（4）尸体解剖日期和临时报告的撰写日期之间不应超过一天，并应尽早出具最终报告。

第R（99）3号提案附录

特殊程序（举例）

（1）压迫颈部（缢死、扼死和勒死）：对尸体所在现场的勘验十分重要。例如，寻找是否存在椅子或类似的站立平台，寻找是否存在可用于勒颈的工具，观察结绳方法，用胶布粘取并提取尸体手掌和其他部位表面遗留的微量物证。

a. 勒痕：深度、宽度、勒沟、方向、起止点、勒沟边缘皮肤隆起、皮下出血带，注意是否有多处勒痕；颈部其他特异性损伤：由于工具滑动形成的表皮剥脱，纺织物编织图案和结构所形成的纹路，皮肤出血点，发绀区，抓痕，勒痕附近的水疱。

b. 面部五官出血情况。双侧瞳孔是否等大，尸斑分布情况，淤血情况。

c. 挣扎导致的损伤，抵抗伤，被强行胁持时留下的损伤。

d. 解剖分离颈部软组织、肌肉和器官前，应注意采取措施避免血液污染视野，这一点十分重要。

（2）溺死

a. 应详细记录以下几个方面内容：蕈样泡沫，鸡皮样改变，浸泡所致改变，附着的泥土和藻类，水中动物造成的损伤，周围环境（如岩石和船只）造成的损伤，指甲、皮肤的缺失情况，尸斑分布情况。

b. 提取胃内容物，详细描述肺脏情况（包括重量、大小、膨胀程度）并取样，对肺、肝脏及其他可能发现硅藻和其他溺液中异物的组织进行取样。

c. 如果有必要，也应当对溺死区域水样（如河水、浴缸水）进行取样。

（3）性犯罪相关死亡：犯罪现场的调查和记录尤为重要，尤其是涉及致伤方式推断时。所有损伤都必须连同标尺一起拍摄。必要时，可在紫外线灯光线下检查尸体皮肤，并使用胶带粘取证据。应搜索和收集外源性（非受害者的）生物检材，包括阴毛、身体表面（如咬痕中的）的分泌物。这些检材后续可用于DNA分析，所以必须妥善保存，防止污染。强烈建议对外生殖器进行“整体”解剖提取。还需要仔细分离、提取甲缝中残留异物和抓落的毛发。

（4）虐待儿童所致死亡：描述和记录体表损伤和瘢痕，也可行X线检查判断有无骨折，综合评价受害儿童的营养状况和被护理情况。

可以考虑提取下述检材：所有的损伤区域、区域淋巴结、内分泌器官、免疫组织以及不同部位的肠道等进行组织学检查。

（5）杀婴/死产：有必要采用特殊解剖术式来暴露大脑镰及小脑幕；描述产瘤的位置；将所有骨折部位整体提取；检查各个骨化中心是否出现，以及其大小。检查胸腔脏器时需要特别注意：肺的饱满程度，全肺和部分肺的浮扬试验。但是，必须考虑肺浮扬试验的局限性。必须描述所有阳性发现。就腹腔脏器而言，必须检查胃肠道内气体含量。脐带和胎盘都必须进行形态学和组织学的检查。

（6）猝死：尸体解剖结束之后的工作策略可分为以下三大类。

a. 尸检发现能充分地解释死亡原因（如心包积血、主动脉破裂），一般认为这类案件能很好地解决。

b. 尸检发现能解释死亡，但也存在其他的可能性，这一类案件需要进一步行相关检查，以排除中毒和各种慢性疾病引起的死亡。

c. 尸检发现不能或不足以解释死亡原因，这一类案件需要进一步全面检查。

尤其是婴幼儿猝死的案例，更全面的调查必不可少。

（7）枪击死：应开展以下几个方面的工作。

a. 仔细描述案件现场武器、子弹、弹壳、周围环境破坏情况，以及与受伤人员的相对位置。

b. 彻底检查衣物，描述相关破损情况，并仔细取样。

c. 全面检查和记录体表（包括衣物和手上的）血迹。

d. 详细描述子弹射入口和射出口的特征、距离足底的距离及体内弹道情况。

e. 仔细记录枪口印痕。

f. 提取射入口和射出口周围皮肤样本，提取之前切勿清洗皮肤。

g. 如果有必要，可在解剖前或解剖中行 X 线检查。

h. 确定子弹的运行轨迹及其方向。

i. 最终判断射击方向、射击顺序、是否存在生活反应及受害者的位置。

（8）爆炸死

a. 除了明确死因外，尸检对于协助重建爆炸性质、判断爆炸装置的类型和制造者等至关重要，尤其是在劫机等恐怖行动中。

b. 必须对尸体进行全身 X 线检查以发现和定位所有的金属异物，如雷管部件等，这可能有助于对爆炸装置的识别。

c. 某些损伤方式有可能揭示死者是否为此次爆炸的引爆者，如主要损伤集中在下腹部则提示爆炸时死者可能将爆炸装置放在其大腿上。

d. 尸体解剖过程中，所有经 X 线发现的组织内异物都必须小心保存、备检。

e. 必须提取人体组织、衣物等样本用于化学分析，以确定爆炸物的类型。

（9）钝器伤和（或）锐器伤：需要注意以下几点。

a. 对可疑武器或物品进行检查（特别注意尺寸大小）。

b. 对衣物进行全面的检查和检验，包括破损和污迹等。

c. 逐层解剖和描述所有损伤，包括损伤的大小、致伤物相关痕迹及生活反应等。

（10）烧死：需要注意以下几点。

a. 检查遗留的衣物残片。

b. 皮肤烧伤部位特殊的形状和类型。

c. 寻找热作用改变和相关的特殊表现。

d. 证明或排除使用过助燃剂。

e. 寻找生活反应：如一氧化碳、氰化物、炭末吸入，皮肤损伤等。

（11）疑似中毒死亡

1）如果尸体解剖不能明确死因或者怀疑中毒死亡，则应至少提取外周血、尿液、胃内容物、胆汁、肝脏和肾脏组织等。

2）若怀疑为某些特定毒物中毒，取样应：

a. 催眠药、镇静剂、精神活性药物、心脏药物、镇痛剂和杀虫剂：参照前述 1）中提到的检材。

b. 药物滥用：除前述 1）中提到的检材以外，还应提取脑脊液、脑组织、注射部位及毛发。

c. 挥发性脂溶性物质，如助燃剂和其他溶剂：除前述 1）中提到的检材以外，还应提取左心腔血液、脑组织、皮下脂肪组织、肺组织及衣物等。

d. 食物中毒：除前述 1）中提到的检材以外，还应提取肠道内容物，如有可能，尽量从 3 个不同部位提取。

e. 怀疑慢性中毒（如重金属、药物、杀虫剂等）：除前述 1）中提到的检材以外，还应提取毛发、骨骼、脂肪组织及肠内容物等。

（12）腐败尸体

a. 腐败尸体也应该行全面解剖。

b. 放射学检查可以排除骨骼损伤或异物的存在（如子弹）。

c. 应当行毒物分析（特别是乙醇定量分析），但应当慎重解释分析结果。

（王琪　译）